La révolution des corps

Cet ouvrage fait partie de la collection *Sciences Humaines et Technologie*
fondée et animée par le laboratoire RECITS (EA n° 3897)
de l'université de technologie de Belfort-Montbéliard.

Responsable scientifique :
Robert Belot, professeur des universités.

Les Presses universitaires de Strasbourg et le Pôle éditorial de l'UTBM remercient le Conseil scientifique de l'Université Marc-Bloch, le laboratoire RECITS de l'UTBM, le Conseil général du Bas-Rhin, le Conseil régional d'Alsace et la Société des Amis des Universités de l'Académie de Strasbourg pour le soutien accordé à cette publication.

Laurent Heyberger

La révolution des corps

Décroissance et croissance staturale
des habitants des villes et des campagnes
en France, 1780-1940

Préface
Emmanuel Le Roy Ladurie

Presses universitaires de Strasbourg
Pôle éditorial multimédia de l'UTBM

Je tiens tout particulièrement à remercier M. le Professeur Michel Hau pour son aide et ses conseils, dispensés sans compter et pour m'avoir fait découvrir au printemps 2000 une branche de l'histoire économique et sociale encore peu connue en France.

Je souhaite également remercier M. le Professeur John Komlos, de l'Université de Munich, qui m'a fait bénéficier de la primeur de ses dernières recherches, ainsi que Marco Sunder, de l'Université de Munich, pour ses conseils statistiques et informatiques, toujours dispensés avec une grande gentillesse.

Je remercie également M. le Professeur Robert Belot, de l'Université de Technologie de Belfort-Montbéliard pour ses encouragements et son aide lors de la publication de cet ouvrage.

Je remercie aussi M. le Professeur Jörg Baten, de l'Université de Tübingen, pour ses conseils ainsi qu'Olivier Richard, de l'Université Marc Bloch, pour son aide paléographique dans la lecture des sources allemandes.

Merci à tous les personnels des différents services d'archives et de bibliothèque départementaux, municipaux et autres, pour leur gentillesse et leur disponibilité.

Un grand merci à Jacqueline et François Heyberger, pour leur soutien et leur aide, ainsi qu'à Delphine pour sa charmante présence et sa bonne humeur quotidienne.

Laurent Heyberger

ISBN
PUS 2-86820-267-5
UTBM 2-914279-19-1

© Presses universitaires de Strasbourg
© Pôle éditorial de l'Université de Technologie de Belfort-Montbéliard

Préface

L'ÉTUDE D'HISTOIRE ANTHROPOMÉTRIQUE de Laurent Heyberger vient heureusement réinvestir un champ historique que mon élève Guy Soudjian fut l'un des rares à explorer dans les années 1970, suite à mes premières recherches lors des années 1960 et 1970.

Au point de départ de la belle thèse, faut-il dire la belle ouvrage de M. Heyberger, figurent les fameux contrastes, tels qu'ils s'imposaient avant la révolution contemporaine des statures, celles-ci allongées plus tard et sur le tard en raison des hauts niveaux de vie de notre époque. Or, au temps de Louis XVI et de Louis XVIII encore, le Limousin des jeunes mâles était à 1,60 m; mais l'Alsace se situait, elle, à 1,64 m ainsi que la Brie; et puis la Seine-et-Marne à 1,65 m. Les Gaulois d'Ile-de-France et les Germaniques de la rive gauche du Rhin se trouvaient ainsi à égalité, dès lors qu'était considérable déjà (relativement) leur niveau de développement économique. C'était plus précisément la réussite d'une micro-agriculture à la flamande, voire à la chinoise pratiquée par les Alsaciens en leur style propre. Contentons-nous ici d'une confrontation entre un Limousin de nabots et une Seine-et-Marne de semi-géants.

Avant la Révolution, d'abord, nous le disions à l'instant. Juste avant! Il s'agit ici des années 1780. N'insistons pas trop sur la crise économique chère à Labrousse et qui, dix années durant, aurait préparé le grand bouleversement. Viticulture mise à part, cette « crise » en fait est très courte, centrée sur l'an 1788. Du Capitole à la Roche Tarpéienne. Il est vrai par ailleurs que les décennies 1760-1780 semblent présenter un minimum statural sur la période 1745-1920 pour les trois régions rurales étudiées. Insistons simplement sur les différences socioprofessionnelles en zone francilienne : le vigneron effectivement est un peu plus petit que le domestique qui heureusement pour lui mange à la table du maître; et le cultivateur est plus grand d'un centimètre, par rapport au vigneron ou au manouvrier. Le charretier, pour sa part, se défend bien. Il doit avoir des copains aubergistes au long des routes. Peut-être des copines. On est loin des idées de Taine sur la quasi-famine universelle de l'ensemble de la décennie 1780, même s'il y a en effet une petite crise de subsistances (une crisette) en 1775 après une grosse en 1770; puis une troisième, politiquement bien plus sérieuse, en 1788, et même une quatrième en 1795 (Prairial!).

S'agissant de l'Alsace, les vignerons locaux, cette fois, se défendent bien, notamment aux extrémités sud et nord-ouest de cette région. Notre auteur dit très justement que l'anthropométrie alsacienne n'est pas physiocratique (i. e. céréalière) mais viticole. La Seine-et-Marne s'inscrivait, elle, dans le sillage du docteur Quesnay, leader de la secte des physiocrates de la « grande culture » céréalière.

Mais restons-en à la vallée rhénane. Les salaires à Mulhouse ? La progression des niveaux de vie s'y révèle assez lente : l'indice salarial y est à 84 dans les années 1820 ; à 93 dans les années 1830 ; puis 90, pour la décennie 1840 ; ensuite 98 et 113 sous le Second Empire, lui-même fidèle à son image de champion d'une certaine croissance. La guerre de 1870 se traduira bien sûr par un léger recul. Globalement, quel contraste entre cette croissance, même modeste, des salaires réels et la baisse « coïncidentale » de la stature des Mulhousiens. Et justement : là réside l'apport « à la marge » de l'histoire anthropométrique ; elle nuance notre préexistante vision de l'évolution des niveaux de vie urbains lors de la première révolution industrielle.

Antithétique des deux départements du Haut-Rhin et du Bas-Rhin, la région limousine pour 1782-90 domine tout de même de quatre centimètres les populations actuellement les plus petites au monde. Mais le niveau de vie limousin baisse de 1801 à 1826 et les statures avec lui, la responsabilité du régime napoléonien étant évidente quant à ce déclin. Crise aussi en 1846-1851...

Evoquer le Massif central notamment limougeot, c'est bien sûr se référer aux maçons du « Jadis » qui sont aussi des migrants. Or ces spécialistes de l'artisanat du bâtiment se révèlent plus hauts de taille que leurs collègues des mêmes villages et de métiers différents, ce qui s'explique sans doute par le motif qu'ils ont accès à l'argent, du simple fait qu'ils sont itinérants et surtout salariés. Et donc, vers 1820-1850, ils atteignent les 1,62 m voire 1,63 m, contre 1,59 m pour les domestiques agricoles. Cessons de dire, en conséquence, que la migration saisonnière est avant tout une expression de la misère !

*

Un peu de court terme, maintenant, avec un revenez-y vers l'est de la France, sinon l'ouest de l'Allemagne. A Sélestat, chute des statures en 1788-89, et en 1794-95 aussi. Et puis encore (après un petit sursaut) va survenir une perte de 1,2 centimètres en cinq ans, de 1818 à 1823.

Alors, un livre des métiers, à l'ouest de la Forêt Noire ? « Géants d'Alsace » pour l'époque : tels sont les tonneliers ! Et puis les charpentiers, de vrais *malabars* ! Dans le même genre, un peu moins grands parfois, les bouchers, c'est normal ; les meuniers, bien nourris ; les maréchaux-ferrants, les charrons, les uns et les autres membres d'une élite du savoir faire technique, lequel n'est point spécifiquement agricole, on s'en serait douté. Avec les cultivateurs, par contre, on descend un petit peu, on perd un centimètre...

Incidemment le recul du vignoble alsacien va s'avérer fâcheux si l'on en croit notre auteur : les viticulteurs sont en effet plus grands que les gens du textile qui justement

Préface

tendent à s'accroître en nombre. Enfin fait remarquable, le Directoire, de bonne heure, a redressé les statures: est-ce la fin des années les plus rudes de la Révolution française telles que 1792-1795? Ou bien faut-il mettre en cause la baisse du taux de natalité, déclin amorcé dès les dernières années du xviiie siècle...?

Deux mots aussi sur les victimes du système, à Mulhouse: parmi eux (c'est professionnel!) figurent les *rattacheurs*. Ce sont les malheureux enfants ou ex-enfants qui réparent le fil cassé sous les machines textiles: ces petits gaillards ne s'élèvent qu'à 1,60 m à peine au-dessus du sol. Quel contraste avec le maçon (1,65 m), le mécanicien (1,69 m), le cultivateur (1,69 m), le commis-négociant (1,68 m). Voilà donc des situations tranchées: il y a bel et bien des salaires intéressants et des salariés moins défavorisés parmi les hautes strates du prolétariat usinier.

La Brie, derechef: un vrai succès! Ce vieux pays français connaît une espèce de révolution agricole, malgré quelques accidents; et parallèlement une grosse poussée de stature entre 1799 et 1811. Pour une fois Napoléon, en pays briard, n'a pas fait le malheur de la France. Et puis cette belle croissance centimétrique de la Brie continue pendant ce que l'auteur du livre appelle les «Trente Glorieuses»: belles années 1821-1856 malgré quelques petits accidents en 1826, 1831, 1836, 1842...

Zoom sur l'arrondissement de Melun: la stature y est certainement plus élevée que dans le Massif central; les cordonniers et les bergers ne sont qu'à 1,64 m; mais dès qu'on en arrive aux journaliers, aux manouvriers, aux charretiers, on est à 1,66 m; et le cultivateur, lui, grimpe à 1,69 m. Il faut donc relativiser les exagérations péjoratives de la *Terre* de Zola, livre d'un ethnographe en calèche, marqué par le mépris à l'encontre des paysans; un dédain qu'on rencontre aussi chez Karl Marx, Maupassant, Stendhal, Balzac...

Quelques crises quand même autour de notre capitale: 1802-1803, 1811-1812, 1817, 1847. Une chronologie familière à beaucoup d'historiens, fussent-ils strictement événementiels.

Quoi qu'il en soit, disons (en considérant toujours l'exemple de la Brie) que la modernisation agricole, sur le mode paradoxal, constitue une bien meilleure affaire pour les jeunes hommes que ne l'est par ailleurs la modernisation industrielle. Marc Bloch aurait apprécié cette conclusion...

*

Quid des périodes plus récentes? Nous évoquerons d'abord à leur sujet au terme d'un nouveau «round» chronologique quelques unes des données qu'a exhumées M. Heyberger tout au long de son parcours. Soit dit en passant, par exemple: en Limousin répétons-le, les cultivateurs sont et demeurent plus petits que les maçons car ils mangent moins de viande, et sont davantage désargentés. Plus les paysans sont nombreux, en proportion, et moins grands sont les conscrits d'une région donnée. C'est spécialement net dans le Limousin du Sud, plus pauvre. Et puis en cette province, les menus alimentaires sont à base de pommes de terre et de châtaignes, peu

« grandissantes » ; la consommation de lait est faible, car les vaches sont employées à tirer l'araire. Tout cela « rapetisse » les hommes et les femmes !

Alsace, fin du XVIIIe et XIXe siècles : les statures s'allongent, répétons-le, vers la fin du Directoire, et elles se « surdimensionneront » plus encore, et plus tard, au bénéfice de la « cohorte » née en 1848. Le goitre et le crétinisme disparaissent grâce à l'ingestion accrue de l'iode contenue dans les poissons de mer, de plus en plus importés sur place...

Alphabétisation : les garçons qui savent lire et écrire sont plus grands ; les illettrés plus petits. C'est vrai de l'Alsace, encore elle ; mais aussi de la Seine-et-Marne, du Limousin... Quant aux *religions*, les protestants de Mulhouse et d'ailleurs sont à 1,66 m, les juifs à 1,65 m, les catholiques : 1,64 m ! Malheureux papistes ! Il s'agit sans doute de prolétaires venus du plat pays, pour travailler dans les industries de la grande ville manufacturière du Haut-Rhin...

Encore des moyennes, tri-provinciales, pour le coup : Alsace, Limousin et Seine-et-Marne. Le plus petit dans cet échantillon ternaire, c'est le tailleur. Par contre le laboureur est à 1,69 m, grand et costaud... L'étudiant lui-même est à niveau légèrement plus déprimé 1,68 m. Le maréchal-ferrant, 1,67 m : ce gars trapu brandit la masse. Depuis les années 1780 jusqu'aux années 1840, on notait déjà la performance de l'agriculture et la contre-performance de l'artisanat rural : le laboureur grandit, le maréchal-ferrant et le tailleur rapetissent, au moins dans le relatif.

L'Alsace devenue allemande va connaître une belle période bismarckienne et lors des débuts de Guillaume II : l'instituteur, ce personnage essentiel de l'Allemagne impériale domine, de sa haute taille, les autres catégories socioprofessionnelles. Il précède de peu les commis aux écritures, 1,68 m, individus auxquels Flaubert et Courteline, plus à l'Ouest, vont conférer leur dimension existentielle.

Le bœuf. *Suivons le bœuf* et ceci nous ramène bien sûr au Massif central loin de la vallée du Rhin. En 1808, 8 000 bœufs quittent la Haute-Vienne pour Bordeaux et Paris. Mais en 1885, ce sont 33 000 ci-devant taureaux qui effectuent un trajet analogue vers Lyon, Bordeaux, Paris... La clé de ce succès, c'est l'irrigation des prairies *Claudite jam ripas pueri, sat prata biberunt*. La corrélation est remarquable entre l'accroissement du poids des bœufs et l'augmentation de la hauteur des jeunes éleveurs en cette portion du Massif central : ceux-ci gagnent ainsi quelques centimètres ou millimètres. Et puis le prix de la viande est maximum lors des années 1895-1898, c'est une jolie période pour ceux qui la produisent. Malgré tout, les contrastes professionnels restent marqués : le journalier de Haute-Vienne demeure figé à 1,62 m ; en revanche, le paveur de ce même département plafonne à 1,67 m. Le *paveur* ! Les travailleurs limousins du bâtiment sont décidément, répétons-le, plus grands que les cultivateurs issus de la même région.

Les archives militaires nous renseignent aussi sur divers effectifs : ainsi les maçons limousins, ces grands personnages de l'histoire d'hier, depuis la construction du Château de Versailles, voici belle lurette... Leur nombre est maximal en 1873 puis il baisse dès 1882...

Préface

Très intéressants aussi les contrastes à l'intérieur même du Limousin entre l'arrondissement de Bellac plus ouvert au marché, et celui de Saint-Yrieix, davantage fermé aux échanges. La stature s'en ressent : elle est plus basse à Saint-Yrieix, plus haute à Bellac...

*

La première croissance nationale vraie concerne les jeunes gens nés en 1880 et qui auront vingt ans en 1900 : bons, hélas, pour la mort en 14-18, du moins s'agissant d'un certain nombre d'entre eux. Par la suite, on dira trop de mal de l'entre-deux-guerres, autrement dit des années 1920 et 1930, qu'il s'agisse d'auteurs tels que Pierre George, Fourastié, Augé-Laribé... En fait le soldat français de 1940 est le plus grand, mais oui, « question stature » qu'on ait connu dans notre longue histoire militaire. Le professeur Malinvaud a bien senti cette croissance particulière et si remarquable au fil des *roaring twenties* ; elles se continueront jusque dans les années 1930, soi-disant de crise. On sent aussi ce processus dans le cadre de l'intra-régional quand Saint-Yrieix, au temps de Poincaré et Léon Blum, finit par s'aligner sur Bellac... au terme d'une montée vers les hauteurs anthropométriques. Le Limousin pour sa part rattrape la Brie : ce rattrapage est déjà net en 1918. En Alsace, le col blanc (1,70 m) garde son avantage certes, par rapport au col bleu (1,64 m). En Haute-Vienne les étudiants sous la IIIe République sont à 1,70 m ; les domestiques agricoles à 1,63 m.

Au total, c'est en quelque sorte une histoire au centimètre près qui renouvelle les études d'histoire anthropologique en France.

EMMANUEL LE ROY LADURIE

LISTE DES ABREVIATIONS

ADBR	Archives départementales du Bas-Rhin
ADHR	Archives départementales du Haut-Rhin
ADHV	Archives départementales de Haute-Vienne
AMM	Archives municipales de Mulhouse
ADSM	Archives départementales de Seine-et-Marne
AHPML	*Annales d'hygiène publique et de médecine légale*
arr.	arrondissement
BMSAP	*Bulletins et mémoires de la Société d'anthropologie de Paris*
BSAP	*Bulletins de la Société d'anthropologie de Paris*
cl. ex.	classe examinée en
dép.	département
MSAP	*Mémoires de la Société d'anthropologie de Paris*
N	effectif
RMMCPM	*Recueil des mémoires de médecine, de chirurgie et de pharmacie militaires*

La taille des hommes devient d'autant plus haute, et leur croissance s'achève d'autant plus vite que, toutes choses étant égales d'ailleurs, le pays est plus riche, l'aisance plus générale ; que les logemens, les vêtemens, et surtout la nourriture, sont meilleurs, et que les peines, les fatigues, les privations éprouvées dans l'enfance et la jeunesse sont moins grandes.

Louis-René Villermé, 1829

Introduction

Mesurer les niveaux de vie grâce à la stature moyenne des populations : voilà un projet *a priori* étrange et qui pourtant remonte au début du XIXe siècle. Le docteur Louis-René Villermé fut le premier en 1829 à établir un lien entre taille et bien-être des populations humaines. Les interprétations de la stature ont subi par la suite bien des vicissitudes qui ont jeté le discrédit sur les études anthropométriques. A partir des années 1860, les scientifiques français, à la suite de Broca, le traducteur de Darwin, se sont engagés dans la voie sans issue de l'explication raciale de la stature humaine. Résultat d'un long processus de maturation, la croissance économique et anthropométrique sans précédent du XXe siècle ainsi que le discrédit de la pseudo science nazie ont mis un terme définitif aux interprétations raciales de la taille. Bien loin des conceptions de Broca, la stature moyenne est désormais considérée comme un indice de malnutrition chronique, utilisé par l'Organisation Mondiale de la Santé (OMS) pour évaluer les niveaux de vie de ce que l'on désigne désormais sous le vocable de « pays du Sud » et de ce que l'on appelait jusqu'en 1989 le Tiers-Monde.

Emmanuel Le Roy Ladurie fut l'un des premiers historiens à se pencher sur l'étude historique de la taille. Les archives militaires françaises sont parmi les plus riches au monde et c'est dès 1969 que Le Roy Ladurie a compris tout l'intérêt que revêtaient les données issues de la conscription française. Cependant, ce sont surtout les historiens anglo-saxons qui ont développé le domaine de l'histoire anthropométrique à partir des années 1970, sous l'impulsion de Robert Fogel, à tel point que la *New Anthropometric History* représente l'une des principales branches de la *New Economic History* anglo-saxonne. La nouvelle histoire anthropométrique constitue désormais une discipline reconnue, qui dispose depuis peu à l'échelle internationale d'une revue et d'une rencontre bisannuelle. Très peu présente en France pour des raisons qui tiennent autant à des réserves d'ordre théorique qu'à une certaine méfiance vis-à-vis des sources quantitatives, comme l'ont rappelé récemment F. Crouzet et I. Lescent-Giles, la *New Economic History* à la française peut passer pour un des parents pauvres de l'histoire française. Il nous a donc paru important de remédier, à notre très modeste échelle, à cette faiblesse actuelle de l'historiographie française. Il n'est pas question pour autant d'adopter tous les présupposés de la *New Economic History*, mais plutôt d'humaniser notre recherche, de lui donner corps et chair, de ne pas prononcer trop vite le divorce entre histoire sociale et histoire économique. Que serait une étude historique des niveaux de vie des maçons limousins sans le témoignage de Martin Nadaud ?

Avant de justifier le choix des régions retenues pour cette étude anthropométrique de la France qui couvre les années de naissance 1780 à 1920, il paraît opportun d'évoquer ici quelques grands principes d'une discipline historique encore peu connue en France. Tout d'abord, la stature rend compte des apports et dépenses en énergie des populations, pourvu que l'on considère la stature *moyenne*, et non la stature *individuelle*, qui peut connaître des variations importantes d'un individu à l'autre au sein d'une population au niveau de vie idéalement uniforme. La stature moyenne est *indice de développement humain*, la stature individuelle est expression d'un *potentiel génétique individuel*.

La stature moyenne, que l'on appelle aussi actuellement « *niveau de vie biologique* » ou « *indice de nutrition nette* », est saisissable à l'échelle historique grâce aux registres d'origine militaire où, dans un grand effort du « pouvoir d'écriture » cher à Michel Foucault, les administrations du XIXe siècle ont consigné la stature de millions d'individus. C'est donc la stature des conscrits que nous étudions. Mais que nous dit la taille de jeunes gens âgés de 20 ans ? La stature moyenne adulte rend principalement compte des conditions de vie aux époques où la croissance du corps humain est la plus rapide, aux moments où des modifications éventuelles des conditions de vie auront le plus d'impact sur la construction du corps humain. C'est donc *dans les premières années de l'existence*, environ de la naissance à l'âge de 3 à 4 ans, puis *au cours d'une adolescence* dont les contours sont d'autant plus flous au XIXe siècle qu'ils le sont encore de nos jours, que la société imprime sa marque dans la chair et les os des conscrits. C'est pourquoi les études d'histoire anthropométrique actuelles citent la stature moyenne *à la date de naissance* de la cohorte concernée, et non à la date d'examen, comme le faisaient les premiers chercheurs il y a une vingtaine d'années. Nous citons ainsi les statures à la date de naissance lorsque nous traitons de la question des tailles relativement aux professions des conscrits, ceci dans un esprit de clarté et parce que la viscosité de la société est telle que la profession du conscrit est un indice sinon de la profession du père[1], du moins du capital culturel et social du conscrit et de sa famille. De plus, la profession du conscrit influence directement et de manière significative sa taille à l'âge de vingt ans. Voilà pourquoi la stature des conscrits nés entre 1780 et 1920 nous permet d'observer les niveaux de vie biologiques de 1780 (année de naissance) à 1940 (année d'examen).

---

1   On peut estimer que les deux tiers des conscrits exercent le même métier que leur père. Pour le Bas-Rhin, c'est le cas de 57 % des conscrits nés en 1848. (d'après les listes de recensement qui mentionnent ces deux informations.)

Introduction

On voit donc que la stature à vingt ans constitue un indice *synthétique* des niveaux de vie. On ne peut se baser sur la stature moyenne d'une cohorte de naissance pour en déduire les conditions de vie qui prévalent durant la seule année de naissance ou la seule année d'examen des conscrits. L'intérêt de cet indice est précisément qu'il rend compte de toutes les influences, positives ou négatives, subies par les jeunes gens durant les vingt premières années de leur existence. On ne cherchera donc pas uniquement dans les valeurs obtenues pour les cohortes de naissance 1846-1847 une trace de la crise économique qui sévit alors, car l'influence néfaste de cette dernière a pu être compensée par la forte hausse des salaires réels du Second Empire.

La stature moyenne constitue un indice *synthétique* de niveau de vie, qui enregistre toutes les expériences du corps durant les vingt premières années de l'existence. La stature moyenne ne rend donc pas uniquement compte des salaires, ni mêmes des revenus des individus, des familles ou des populations, mais elle nous renseigne aussi sur les *dépenses d'énergie* des populations passées, c'est-à-dire sur les agressions physiques du monde extérieur. Travail des enfants dans les manufactures, lutte de leurs organismes contre des maladies épidémiques qui monopolise des nutriments nécessaires à la croissance, mauvaise situation sanitaire des villes dans les premiers temps de l'industrialisation : tous ces facteurs ne sont pas mesurables par le PIB par habitant ou par l'évolution du salaire moyen. C'est une vision plus écologique des niveaux de vie que propose l'histoire anthropométrique dont les résultats viennent parfois nuancer, voire contredire ce que nous connaissons des conditions de vie durant l'industrialisation d'après les salaires et revenus par habitant.

De plus, pour le XIXe siècle, en l'absence de connaissance précise sur les salaires, voire en l'absence de salaire pour une grande partie de la population qui vit de sa petite exploitation agricole, la stature constitue un instrument de recherche puissant, qui permet de cerner le niveau de vie de toute une population, et non plus des seuls salariés agricoles ou ouvriers. L'anthropométrie permet de comparer le niveau de vie des citadins et des ruraux, des petits exploitants et des salariés agricoles, mais aussi des artisans, si nombreux encore dans la France rurale du XIXe siècle. L'anthropométrie autorise également une comparaison des niveaux de vie entre le début du XXe siècle et les périodes antérieures, sans les multiples biais et raccordements inhérents aux indices traditionnels de niveau de vie. L'étude des maladies de malnutrition, autrement dit l'anthropologie physique, présente l'avantage de fournir un indice de niveau de vie plus complet que le seul indice anthropométrique. Cependant, la définition des maladies évolue avec les progrès de la médecine, alors que la toise enregistre toujours de la même façon la stature. Par la simplicité même de l'objet étudié, l'étude anthropométrique présente l'avantage d'instaurer un espace d'investigation historique homogène. Cet espace est également continu, contrairement à celui de l'anthropologie physique. En effet, avec l'extinction de la disgrâce physique au début du XXe siècle, les observations portant sur la physiopathologie des conscrits n'ont plus lieu d'être et les courbes de pourcentage de réformés de l'anthropologie physique sont alors condamnées à être très proches de zéro. Au contraire, la stature moyenne constitue un indice de niveau de vie biologique même pour les sociétés déjà relativement riches du début du xxe siècle.

Encore faut-il que le lecteur ne s'attende pas à des évolutions trop spectaculaires au cours des temps historiques : *le biologique impose ici son rythme autant que le social.* Les changements de stature à l'échelle historique et humaine peuvent paraître négligeables vu les différences staturales qui existent actuellement entre individus. En fait, ce que nous étudions ici, c'est la stature moyenne de groupes d'individus, dont *les évolutions ne peuvent généralement dépasser 1,5 millimètre par an soit, dans le meilleur des cas, 15 centimètres par siècle*. La chose peut paraître modeste comparée à l'écart-type d'une population, qui est de 6,9 centimètres, indépendamment de l'époque considérée. Mais un écart de stature de 4 centimètres entre deux professions constitue une différence de niveau de vie considérable au regard d'une amélioration possible de 1,5 centimètre par décennie.

Ces principes élémentaires d'histoire anthropométrique étant posés, quelles sont les questions auxquelles l'histoire anthropométrique peut apporter des éléments de réponse ? Le problème des niveaux de vie est très vaste, et son étude à travers cent quarante années permet de saisir le phénomène de l'industrialisation dans son ensemble. L'anthropométrie permet-elle d'ajouter un éclairage supplémentaire sur le problème de ce que l'on nomme « la voie française de l'industrialisation », cette dernière étant comprise comme le phénomène global de modernisation de la société et tout particulièrement de l'économie ? Il est un fait largement établi par la majorité des historiens économistes que la voie française de l'industrialisation se singulariserait par une croissance économique sans accélération sensible, comme c'est le cas dans d'autres pays, et par des phases de ralentissements marqués.

Mais cette industrialisation moins rapide permet à la France de connaître une évolution de son niveau de vie biologique globalement moins heurtée que les pays aux taux de croissance et d'urbanisation plus importants. Les recherches de Michiel Van Meerten et de David Weir ont montré que, contrairement à bien des pays, tels les Etats-Unis, la Grande-Bretagne, l'Irlande ou l'Allemagne, la France n'a pas connu de déclin de la stature durant les premiers temps de l'industrialisation. Cette originalité nationale justifie une fois de plus que l'on évoque la voie française vers la modernité. Mais cette voie traduit-elle un miracle économique français, où l'agriculture est assez performante pour garantir un équilibre entre population et subsistance, ou n'est-elle pas plutôt le symptôme du retard d'un pays de petits propriétaires malthusiens ? La stature des Français résiste-t-elle mieux au choc de la première industrialisation parce que la France a su s'industrialiser sans s'urbaniser, c'est-à-dire parce qu'elle a connu une forme d'industrialisation plus diffuse que d'autres pays, ou parce qu'elle est entrée la première dans ce que l'on appelle la transition démographique et que l'atonie relative de la fécondité française, dans un grand nombre de régions, a permis à chacun de manger mieux, sans que la productivité de l'industrie et surtout de l'agriculture n'augmente sensiblement ? La transition agricole a-t-elle finalement lieu au début du XIXe siècle, ou n'est-ce là que « faux-semblants » d'une croissance qui, selon Michel Morineau, ne vient pas avant les années 1850 ? Les années 1780-1850 sont indiscutablement celles pour lesquelles les indices traditionnels de niveau de vie sont les plus sujets à l'approximation et à l'erreur. L'apport de l'histoire anthropométrique est donc ici particulièrement précieux.

Par la suite, à la fin du XIXe siècle, la Grande Dépression a particulièrement touché l'économie d'un pays encore largement agricole et trop tourné vers la céréaliculture. L'évocation de la voie française est-elle donc pertinente pour cette époque ? Comment les Français ont-ils vécu dans leur chair et leurs os cette Grande Dépression ? La France a-t-elle vu son niveau de vie biologique baisser suite à des difficultés économiques ? Si tel est le cas, il faut bien admettre que le pays a suivi une voie singulière alors que les autres pays européens, plus urbanisés et plus industrialisés, ont alors connu une croissance staturale sensible.

Enfin, le début du XXe siècle constitue-t-il la période de médiocrité économique que l'on s'est si souvent plu à décrire ? L'anthropométrie confirme-t-elle que la France n'a pas connu de croissance économique soutenue et durable dans son histoire avant les Trente Glorieuses ? La Première Guerre mondiale et la dépression économique des années 1930 ont-elles compromis l'amélioration du niveau de vie biologique des Français ? La petite unité de production constitue-t-elle un frein à la modernisation de l'économie agricole et industrielle ?

L'existence d'une voie française du développement semble *a priori* confortée par les séries anthropométriques nationales de Van Meerten et Weir : la France n'a pas connu de baisse catastrophique du niveau de vie au début de l'industrialisation, puis elle a expérimenté une élévation plutôt lente de la stature par rapport aux autres pays en cours d'industrialisation. Mais pour qui veut mieux comprendre les mécanismes de cette voie française, il est nécessaire de descendre à l'échelle régionale. La petite propriété, spécificité bien française renforcée par la Révolution, constitue-t-elle une garantie contre la baisse du niveau de vie puis un frein à la modernisation ? La faible croissance démographique des villes françaises a-t-elle été un atout pour le niveau de vie des Français et à quelle époque ? La faiblesse de l'élevage français a-t-elle ralenti la modernisation de l'agriculture et de l'économie française ? Quand le niveau de vie biologique des ouvriers a-t-il dépassé celui des petits cultivateurs ? Autant de questions qui rendent nécessaire une approche régionale, par l'intermédiaire de sources établies à l'échelle individuelle, qui permettent de beaucoup mieux cerner les facteurs qui déterminent les niveaux de vie biologiques que les sources nationales utilisées par Weir et Van Meerten.

La France dispose d'un système administratif et législatif de qualité dès la période révolutionnaire qui a permis de constituer des séries de données continues depuis 1800 environ. La conscription instaurée par la loi Jourdan-Delbrel en l'an VI a produit des collections de registres qui comportent des mentions de stature pour la quasi totalité des jeunes Français nés après 1780. Le chercheur qui se consacre à l'histoire anthropométrique de la France dispose donc d'un ensemble de données tout à fait exceptionnel par sa qualité en comparaison de la plupart des autres pays qui, bien souvent, ont une armée de métier ne fournissant des indications que sur une partie sélectionnée de la population masculine. La présente recherche s'appuie sur un important corpus de statures relevées à l'échelle individuelle : 298 000 données, dont environ 290 000 concernent l'époque conscriptionnelle. Ce corpus représente l'équivalent de plus de trois contingents nationaux des années 1830 et 1840 (3,6 pour être plus précis).

Bien sûr, malgré la constitution de ce corpus important, il n'est pas possible de proposer une étude anthropométrique pour chaque type d'économie régionale que l'on pourrait identifier en France aux XIXe et XXe siècles. Il a fallu opérer un choix difficile et nécessairement discutable. L'idée maîtresse qui a présidé à ce choix était de montrer que la France se nomme diversité.

Nous avons donc tout d'abord retenu la Brie, en l'occurrence l'arrondissement de Melun, comme région témoin de la grande culture à la française. Dès les années 1780, la Brie est couverte de grandes exploitations à dominante céréalière et sa population est principalement constituée de salariés agricoles. Le paysage agraire et social de la région connaît bien sûr des modifications au cours de cent quarante ans : la vigne disparaît, la petite puis la moyenne propriétés reculent devant la grande, l'arrondissement de Melun s'urbanise à partir du début du XXe siècle. Globalement, c'est une région au mode de production de plus en plus capitaliste, à la population agricole de plus en plus prolétarisée qui se dessine au cours de ces cent quarante années. Région au sol très riche, de quasi monoculture céréalière et d'élevage du mouton, du moins dans un premier temps, la Brie est très ouverte sur le marché dès les années 1780, elle fait partie de la première couronne de ravitaillement de Paris, celle qui, en temps ordinaire, alimente la capitale en froment. C'est l'une des régions françaises où la mécanisation puis la motorisation de l'agriculture se font assez précocement, le tracteur trouvant dans les grandes exploitations de Seine-et-Marne un terrain d'emploi privilégié. La Brie représente le modèle de la modernité agricole telle que la définissent aussi bien les physiocrates de la fin du XVIIIe siècle que les ingénieurs agronomes du début du XXe siècle. Ajoutons un critère anthropométrique au choix de cette région : le département de Seine-et-Marne compte parmi les plus favorisés de France, que l'on considère le *Livret général de recrutement* de 1820 (vingt-cinquième sur quatre-vingt-six, taille moyenne : 167 cm pour les classes nées en 1796-1799), l'étude de Le Roy Ladurie de 1972 (vingt-septième sur quatre-vingt-six, taille moyenne : 166,6 cm pour les classes nées en 1799-1806) ou la recherche de d'Angeville datant de 1836 (vingt-neuvième sur quatre-vingt-six, classes nées en 1805-1813). Les Briards sont donc assez grands dans la France du début du XIXe siècle, preuve de la productivité relativement élevée de l'agriculture du département.

A l'opposé extrême de la Brie, nous avons retenu l'une des régions, si ce n'est la région qui fournit les plus petits conscrits français au début du XIXe siècle : le

Introduction

Limousin (Haute-Vienne, *Livret général* : soixante-dix-huitième sur quatre-vingt-six, taille moyenne : 164 cm ; Le Roy Ladurie : soixante-seizième sur quatre-vingt-six, taille moyenne : 164,4 cm pour les classes nées en 1799-1802, d'Angeville : quatre-vingt-sixième sur quatre-vingt-six). Ce sont plus précisément certains cantons des arrondissements de Bellac et de Saint-Yrieix, dans le département de la Haute-Vienne qui ont retenu notre attention. L'arrondissement de Bellac, au nord de la Haute-Vienne, fait partie du Limousin migrant dont Alain Corbin a si bien décrit les mécanismes économiques et politiques à son âge d'or, dans les années 1840-1880. Arrondissement peuplé de maçons migrant chaque année pour louer leur force de travail à Paris, Lyon ou Bordeaux, il représente cette France rurale qui n'est pas pour autant exclusivement agricole et qui trouve dans les migrations saisonnières le complément de ressource indispensable à une agriculture de bien médiocre qualité. L'arrondissement de Bellac s'oppose avec netteté à l'arrondissement de Saint-Yrieix. Celui-ci, au sud de la Haute-Vienne, témoigne des plus forts archaïsmes de la France du début du xixe siècle. Région presque exclusivement tournée vers l'agriculture, l'arrondissement de Saint-Yrieix constitue un espace clos, où les maigres ressources du sol nourrissent très mal la population sans doute la plus petite de France au début du xixe siècle. Le Limousin, malgré une superficie moyenne des exploitations agricoles supérieure à celle de bien d'autres régions françaises, peut être considéré comme une région de petite culture. En effet, la pauvreté des sols et la médiocrité des techniques agraires sont telles que la surface minimale nécessaire à l'alimentation d'une famille est ici bien plus grande qu'en Brie. Ce qui passerait déjà ailleurs pour une exploitation de taille moyenne ne constitue donc en Limousin qu'un minimum vital. Région de la châtaigne et du seigle, le Limousin est l'une des régions de France où l'on mange le moins bien tout au long du xixe siècle. Le maigre bétail qu'on y élève est exporté vers les marchés extérieurs pour procurer le numéraire indispensable au paiement de l'impôt et de quelques achats absolument nécessaires. Ce n'est qu'à la fin du xixe siècle que la race bovine limousine acquiert une certaine réputation qui témoigne d'améliorations agricoles tardives.

La Brie, riche région de grande culture céréalière, le Limousin, pauvre contrée de petite culture et d'élevage : le contraste économique, social et anthropométrique ne peut être plus grand. L'étude d'une autre région s'impose donc, afin de nuancer quelque peu ce tableau très en relief de l'économie française. Nous avons retenu l'Alsace, terre riche mais de petite, voire de micro-culture. La polyculture à la flamande, pratiquée sur un terroir qui semble trop exigu pour une population très nombreuse, représente en quelque sorte une troisième voie du développement rural à la française. L'Alsace a fait l'admiration d'Arthur Young à la veille de la Révolution, mais l'explosion démographique du début du xixe siècle ne remet-elle pas en cause ce tableau peut-être un peu trop optimiste ? A première vue, l'Alsace est riche : pour la stature moyenne, le Bas-Rhin est classé septième sur quatre-vingt-six dans le *Livret général de recrutement* pour les classes nées en 1796-1799 (taille moyenne : 168,3 cm), il est dix-neuvième selon Le Roy Ladurie (taille moyenne : 167,2 cm, classes nées en 1799-1806) et treizième selon d'Angeville pour les classes nées en 1805-1813. La micro-exploitation alsacienne, engagée dans la transition agricole, semble donc assurer aux habitants du Bas-Rhin un niveau de vie biologique meilleur que dans la majorité des autres régions au début du XIXe siècle. Nous avons plus spécifiquement retenu l'arrondissement de Sélestat, au sud du Bas-Rhin, près de Colmar, comme espace témoin de l'évolution des campagnes alsaciennes. Cette zone représente en effet assez bien les trois milieux écologiques alsaciens : les marécages du bord du Rhin, appelés Grand *Ried*, les terres plus riches de la plaine d'Alsace où l'on cultive le blé et bien d'autres plantes et enfin les Vosges et le piémont viticole, plus à l'Ouest. Région rurale aux activités artisanales nombreuses et variées, région de polyculture, l'Alsace présente un visage plus diversifié que la Brie ou le Limousin ainsi que des indices anthropométriques élevés. Mais comment la région évolue-t-elle alors que la pression démographique est importante jusqu'aux années 1840 et que les structures agraires restent très morcelées jusqu'à la Seconde Guerre mondiale ?

Le développement important et précoce de l'industrie textile puis mécanique dans le département du Haut-Rhin peut être considéré comme une réponse au surpeuplement rural qui menace l'Alsace au début du XIXe siècle. Symbole de cette industrialisation, Mulhouse devient rapidement l'un des plus grands centres de production textile et mécanique français des trois premiers quarts du XIXe siècle. La ville champignon, à la croissance démographique extrêmement rapide, devient vers le milieu du siècle la « ville aux cent cheminées ». Les barons d'industrie locaux, les fameux *Herrenfabrikanten* de Mulhouse, ont d'ailleurs très vite adopté l'expression de l'un d'entre eux, Daniel Dollfus-Ausset, qui désigne Mulhouse comme « le Manchester français » car tout ici se déroule au rythme de la révolution industrielle anglaise : point de décalage mais synchronie avec ce qui se passe à la même époque dans le Lancashire. Au côté des trois régions agricoles, Brie, Limousin et Alsace rurale, l'étude du niveau de vie biologique d'un grand centre industriel et urbain paraît nécessaire, ne serait-ce que pour observer ce qu'il serait advenu du niveau de nutrition nette des Français si le pays avait suivi la voie anglaise de l'industrialisation. Le Manchester français constitue-t-il un espace de plus grande prospérité attirant les ruraux alsaciens les plus pauvres ? Vaut-il mieux vivre à la campagne qu'à la ville ? La misère des villes industrielles des premiers temps de l'industrialisation est-elle une réalité visible par la stature ? Si c'est le cas, s'agit-il d'une misère importée ou d'une misère secrétée par la ville ? Quel est exactement le rôle que l'on peut attribuer à la ville dans la pauvreté des citadins ? Est-ce le milieu urbain lui-même qui est hostile au développement du corps au travers de mauvaises conditions hygièniques et sanitaires, ou est-ce l'industrie aux bas salaires qui entretient la pauvreté des ouvriers ? A quelles époques le niveau de vie biologique des citadins est-il supérieur à celui des ruraux ?

L'histoire comparée de la stature de quatre ensembles territoriaux permet de mieux cerner les originalités de l'évolution de chaque région dans une branche de l'histoire économique et sociale où la signification et l'interprétation des résultats peuvent

Introduction

paraître délicates, dans la mesure où l'histoire anthropométrique est une discipline encore jeune. C'est pourquoi une distance critique s'impose, l'éclairage des sources littéraires est indispensable, surtout aux échelles régionale et locale qui sont celles que nous avons adoptées. Ici plus qu'ailleurs, le résultat chiffré mérite donc explication et mise en perspective. Ainsi, dans le souci de présenter les sources telles qu'elles nous sont données et dans celui de montrer les difficultés qu'elles posent, nous décrivons le cadre administratif et technique qui a produit les sources dont nous disposons. Il ne s'agit pas de donner au lecteur des chiffres tombés du ciel, mais de montrer que la toise donne la mesure du problème. La présentation critique des sources ouvre donc notre travail, mais elle ne serait pas pleinement intelligible si nous ne l'avions accompagnée d'un exposé des interprétations passées de ces mêmes sources. En effet, épistémologie et méthodologie sont ici intimement liées. Pour fonder leur interprétation raciale de la stature militaire, les anthropologues français du XIXe siècle se sont appuyés sur des lectures erronées des statistiques. Ces erreurs d'interprétation ont provoqué le discrédit moralement louable mais scientifiquement infondé des études anthropométriques. Il nous paraît donc particulièrement important de montrer comment un tel malentendu a pu se construire et comment les sources sont actuellement traitées et interprétées avant d'exposer les résultats de nos recherches sur les niveaux de vie. Ceux-ci retracent, comme nous l'avons dit, trois grands moments de l'industrialisation à la française. Tout d'abord se pose au tournant des XVIIIe et XIXe siècles la question des « faux-semblants », réels ou non, du démarrage économique dans un pays dominé par la petite exploitation agricole. Dans la seconde moitié du XIXe siècle, c'est la spécificité française de la Grande Dépression qui est au centre du débat. Enfin, avec le XXe siècle naissant, c'est le rythme de croissance de l'économie française qui fait problème : dynamisme ou atonie ? Les évolutions régionales et locales de la Brie, du Limousin, de l'Alsace rurale et de Mulhouse, le Manchester français, permettent d'apporter des éléments de réponse tout en saisissant mieux les différents facteurs à l'œuvre dans la voie française vers le mieux-être.

Partie I

*Les sources anthropométriques
interprétations passées et actuelle,
problèmes épistémologiques et méthodologie*

En 1816, l'article «géant» du *Dictionnaire des sciences médicales* donne l'occasion à Virey[1] de fournir une explication onanique au déclin contemporain supposé de la stature des Européens : les « habitudes molles et efféminées » de ces derniers perturbent leur croissance. « L'évolution de la puberté est bientôt avancée par la précocité du moral, par de pernicieux plaisirs solitaires qui, sollicitant prématurément les organes sexuels, énervent la jeunesse. Dès lors, la nutrition, détournée en grande partie par l'excrétion du sperme, arrête l'accroissement, les individus restent courts de taille[2]. » Les Germains d'autrefois étaient beaucoup plus grands que les Européens du début du XIXe siècle car ils avaient des mœurs jugées plus viriles, comme l'attesta en son temps Tacite.

Outre ce premier facteur sexuel et moral, Virey avance toute une théorie des humeurs, censée expliquer les différences de statures moyennes existant à son époque : « Comme les plantes qui végètent à l'ombre et dans une humidité tiède, s'allongent beaucoup, il en est à peu près de même de l'homme. Certainement nos campagnards déssêchés à l'ardeur du soleil, dans leur travaux rustiques, sont généralement de plus courte taille que les citadins, les bourgeois, ou même les artisans casaniers du même pays, qui se tiennent dans l'ombre des maisons et à molle température. […] Il est certain que des boissons chaudes, humectantes, mucilagineuses, facilitent l'allongement, tout comme une plante bien arrosée croît rapidement […] les peuples œnopotes ou buveurs de vin, sont de plus courte taille et plus ardens, que leurs voisins, accoutumés au laitage, à la bière, etc.[3]. » Les théories de Virey, comme celles de beaucoup d'autres de ses collègues, sont directement inspirées de la médecine hippocratique, du cinquième siècle avant notre ère[4].

On mesure alors l'importance considérable du célèbre article de Louis-René Villermé datant de 1829[5]. Faisant table rase du passé, le médecin hygiéniste affirme clairement pour la première fois que ce sont la pauvreté et la sous-nutrition qui expliquent les différences de statures moyennes dans l'empire napoléonien. C'est également la première fois qu'une étude médicale et anthropométrique s'appuie sur les

---

1   Julien-Joseph Virey (1775-1844) est pharmacien aux armées sous le Ier Empire puis fait des études de médecine. Membre de la Société de Pharmacie et de l'Académie de médecine.
2   J.-J. VIREY, article «géant», dans *Dictionnaire des sciences médicales*, t. 17, Paris, 1816, p. 560.
3   *Ibidem*, p. 552-554.
4   J. M. TANNER, *A History of the study of human growth*, Cambridge, 1981, p. 4 et 119-120.
5   L.-R. VILLERME, «Mémoire sur la taille de l'homme en France», dans *AHPML*, 1, 1829, p. 351-399.

sources conscriptionnelles pour asseoir ses résultats sur des bases statistiques robustes. Les fondements de l'anthropométrie moderne sont posés.

Mais bientôt l'éminent traducteur de Darwin, l'anthropologue Paul Broca, développe une théorie promise à un trop bel avenir : sur le territoire national coexistent depuis une période fort reculée de l'Antiquité deux peuples gaulois : les Celtes au Sud et les Kimris (ou Kymris) au Nord. « Dans la France celtique, les hommes sont plus petits, plus velus et plus bruns » et, comme il se doit, dans la France kimrique, les conscrits sont plus grands, moins poilus et davantage blonds[6]. De telles affirmations vont acquérir le statut de vérité scientifique grâce à une erreur statistique couramment reproduite et jamais rediscutée.

Jusqu'au début des années 1960, on trouve des études anthropologiques françaises qui tentent de mettre à jour les caractères anthropométriques de supposées races et sous races nationales aux origines aussi diverses qu'antiques. Ce n'est donc pas avec l'écroulement du régime nazi et le discrédit concomitant des théories raciales que les études s'inspirant de Broca disparaissent complètement du paysage scientifique français, contrairement à ce que l'on avait cru précédemment[7].

Comme on le voit, le discours sur la taille des Français a subi de multiples inflexions au cours des deux derniers siècles, inflexions qui ne correspondent pas toujours à ce que nous croyons connaître de l'évolution de l'anthropologie. Les sources anthropométriques militaires ont été très diversement interprétées, les deux principales explications proposées s'articulant l'une autour du phénomène social, l'autre autour du phénomène racial. Le conte racial repose en bonne partie sur une erreur d'interprétation statistique des sources conscriptionnelles. Au vu des zones d'ombre et d'incertitude de l'anthropométrie française, il nous a paru indispensable d'éclaircir quelque peu l'épistémologie de ce domaine de recherche afin de mieux asseoir dans l'esprit du lecteur le bien fondé de l'anthropométrie historique actuelle. Il n'est toutefois pas question de suivre un exposé chronologique exaustif des théories anthropométriques, mais de résumer ces dernières en trois temps forts : celui de la naissance des théories sociales et raciales, celui du règne du conte racial et celui du renouveau actuel de l'anthropométrie en histoire.

Comme nous l'avons dit, le conte racial repose sur une erreur d'interprétation statistique des sources. Il paraît donc aussi capital de présenter en détail les sources conscriptionnelles car, en histoire anthropométrique peut-être plus qu'ailleurs, épis-

---

6   P. BROCA, « Recherches sur l'ethnologie de la France », dans *MSAP*, 1, 1860, p. 24.

7   M. A. VAN MEERTEN, « Développement économique et stature en France, XIXe-XXe siècles », dans *Annales Economies Sociétés Civilisations*, 45, 1990, p. 763 : « Après la deuxième guerre mondiale, les théories basées sur les facteurs raciaux sont totalement discréditées et ce sont les considérations sur l'accroissement séculaire qui servent de bases aux recherches du lien entre stature et niveau de vie » ; ainsi que L. HEYBERGER, *Santé et développement économique en France au XIXe siècle. Essai d'histoire anthropométrique*, Paris, 2003, p. 15 (L'Harmattan, collection « Acteurs de la Science »).

témologie et méthodologie sont étroitement liées pour expliquer les interprétations passées et actuelle des sources conscriptionnelles.

De la fin du Directoire à l'effondrement de la IIIe République, le cadre législatif de notre étude évolue en fonction des événements qui scandent la vie politique du pays. Les sources dont nous disposons reposent sur un socle commun, la conscription militaire, appliquée à partir de la loi Jourdan-Delbrel votée par le Conseil des Anciens le 19 fructidor an VI[8]. Suivant les régimes politiques et les menaces extérieures, la masse des conscrits effectivement incorporés dans les armées a pu varier, mais la totalité d'une classe d'âge, ou peu s'en faut, a laissé dans les archives une trace écrite permettant d'évaluer la stature moyenne de la jeunesse masculine française. Ainsi, ce n'est pas une histoire des niveaux de vie paysans mais bel et bien une histoire des niveaux de vie de toute la population rurale que l'anthropométrie historique permet de reconstituer : histoire rurale et non simplement histoire agraire[9]. Même l'Alsace du IIe *Reich* répond à cette règle d'exhaustivité, puisque l'armée allemande est alors constituée de *Wehrpflichtigen* (conscrits)[10].

Nous avons donc collecté environ 298 000 données individuelles, soit l'équivalent de plus de trois contingents nationaux des années 1830 et 1840. A titre de comparaison, selon une estimation de John Komlos réalisée en 1998, l'histoire anthropométrique internationale avait dépouillé à cette date, à l'issue d'une vingtaine d'années de recherche, environ 500 000 données[11]. En fait, ce sont environ 290 000 statures individuelles de conscrits que nous étudions. Les autres statures sont d'origine non conscriptionnelle et la date de prise de mesure se situe alors entre 1734 et la Révolution[12]. Il n'a pas été possible de faire reposer l'étude sur d'autres

---

8   5 septembre 1798. Il est à noter toutefois que la conscription est officiellement abolie par la Charte de 1814 (article 12) et que la loi Gouvion Saint-Cyr du 10 mars 1818 fait reposer le recrutement de l'armée d'abord sur les engagements volontaires. Les appels de classes redeviennent de droit la base du recrutement par la loi du 21 mars 1832, alors qu'ils n'ont cessé de l'être de fait depuis 1818.

9   Voilà qui répond en partie aux attentes actuelles d'une certaine histoire rurale : « en histoire économique, les paysans sédentaires ont caché les ruraux mobiles et les autres catégories sociales, d'autant plus que ces dernières, dans une certaine mesure, étaient moins attachées au sol : *exit* alors meuniers, maréchaux, charrons et cordiers et aussi le petit monde des artisans de l'alimentation, boulangers et aubergistes en particulier, et les professions très particulières qui, reléguées dans la catégorie "divers" des analyses statistiques, ont peu de chance de réapparaitre », J.-M MORICEAU, *Terres mouvantes. Les campagnes françaises du féodalisme à la mondialisation 1150-1850. Essai historique*, Paris, 2002, p. 46.

10   *Reichs-militärgesetz* du 2 mai 1874, article 10, *Reichs-Gesetzblatt*, 1874, p. 48.

11   J. KOMLOS, « Histoire anthropométrique : bilan de deux décennies de recherche », dans *Cahiers de l'ISMEA, Economies et Sociétés. Histoire économique quantitative*, AF 29, 2003, p. 4.

12   La date extrême de naissance est 1704, elle se trouve dans les archives de la milice royale de Haute-Alsace, ADHR, C 1185 (document de 1734) et C 1188 (document de 1744).

sources anthropométriques que la conscription car les effectifs alors étudiés sont trop faibles. Pour le XVIIIe siècle, la contribution de John Komlos[13], basée sur l'armée de métier, pourrait peut-être demander confirmation par les archives de la milice royale dont les membres sont tirés au sort et non engagés volontaires[14]. La milice royale peut en effet, par certains aspects, être considérée comme l'ancêtre de la conscription militaire de la Révolution. Malheureusement, les données collectées concernant la milice ne permettent pas de constituer un corpus suffisamment important pour être exploité et fournir des *trends*. Les sources d'époque révolutionnaire antérieures à la loi Jourdan-Delbrel souffrent du même problème d'effectif. Enfin, des sources autres que militaires peuvent fournir des indications précieuses sur l'anthropométrie de certains groupes sociaux qui échappent exceptionnellement à la conscription. Ainsi les passeports des nobles émigrés en Europe lors de la Révolution mentionnent la stature du porteur afin de l'identifier. Mais ici encore les effectifs disponibles sont très réduits par rapport aux registres de la conscription. Celle-ci présente l'avantage de fournir des données abondantes et des séries continues. Cependant, l'exploitation statistique de la masse considérable de documents ainsi produits par l'administration doit faire face à plusieurs problèmes.

Il faut tout d'abord définir la nature des documents qui forment le cadre de la collecte des données. Suivant les régimes et les aléas politiques ce cadre a légèrement changé. Si ces changements n'affectent que très peu la composition sociologique des échantillons, ce qui est essentiel pour notre étude, ils impliquent d'autres modifications dont il faut tenir compte pour l'exploitation statistique. La remarque est particulièrement importante pour le début de période où la conscription se met en place dans un pays qui assume partiellement l'héritage révolutionnaire. Par exemple, jusqu'en 1805, les conscrits sont appelés par année révolutionnaire de naissance, puis Napoléon impose le retour au calendrier grégorien.

Ensuite, il s'agit de savoir comment les conscrits étaient toisés et avec quels instruments. Ainsi, en cent quarante ans, la manière d'arrondir les mesures et, plus généralement, la minutie avec laquelle celles-ci sont reportées sur les documents changent considérablement. On passe aussi progressivement de l'ancien système de mesure au système métrique.

Il est nécessaire, pour mesurer le bien-être, pour comparer la stature moyenne à différentes époques, d'avoir un cadre législatif stable, une uniformisation des unités et instruments de mesure, mais aussi de toiser des individus du même âge. De la fin du

---

13   J. KOMLOS, « Histoire anthropométrique de la France de l'Ancien Régime », dans *Histoire Economies et Société*, 22, 2003, p. 519-536.

14   De plus, la stature minimale de réforme de la milice est inférieure d'un pouce à celle de l'armée de métier durant la plus grande partie du XVIIIe siècle, ce qui rend les évaluations de statures plus sûres avec la milice.

XVIIIe siècle au milieu du XXe siècle, la taille adulte est atteinte à un âge de plus en plus précoce. Cette accélération de la croissance reflète l'amélioration des conditions de vie. Mais elle implique aussi que, pour le début de la période, la taille à l'âge de 18 ans soit sensiblement inférieure à la taille à l'âge de 20 ans. Or, de 1798 à 1940, l'armée fait appel aux conscrits à l'âge de 20 ans révolus, à l'exception notoire des périodes de guerres. Les conflits napoléoniens, la guerre franco-allemande de 1870-1871 et la Première Guerre mondiale viennent perturber une série continue de données qui cesse alors d'être une série homogène. En effet, les appels anticipés des périodes troublées amènent sous la toise des jeunes gens dont la croissance staturale n'est pas achevée à cette époque. Se pose alors le problème de l'évaluation de la croissance qui intervient entre cet âge variable et l'âge normal d'examen au XIXe siècle que l'on peut fixer à 20 ans et 6 mois.

Enfin, il existe en France jusqu'en 1901, et dans le IIe *Reich*, une stature minimale légale, en deçà de laquelle le conscrit est réformé ou ajourné. La taille minimale légale a beaucoup varié en cent quarante ans et l'enregistrement complet des données n'a pas toujours été effectué. On remarque souvent un sous-effectif apparent en deçà de cette stature, les préposés ayant jugé inutile de reporter la stature des conscrits réformés pour défaut de taille. Cela entraîne bien évidemment un problème dans le calcul de la stature moyenne. Si on calcule la taille moyenne à partir des données brutes sans modifications, celle-ci sera artificiellement majorée par la sous-représentation des effectifs des plus petits, réformés ou ajournés pour défaut de taille. Avant d'aborder les problèmes méthodologiques actuellement posés par les sources, il est utile de retracer brièvement l'évolution des interprétations passées des sources anthropométriques. En effet, dans une certaine mesure, les problèmes épistémologiques passés peuvent être éclairés par des explications méthodologiques d'ordre statistique. Ainsi, on comprendra mieux les enjeux d'une bonne méthode statistique de traitement des données.

Chapitre I
Naissance de deux traditions : interprétations sociales et raciales de la stature (années 1780-1859)

I – Le temps des précurseurs et des « théoriciens du développement » (années 1780 – années 1830)

a) Les études antérieures à Villermé (années 1780-1828)

Le célèbre article de Villermé datant de 1829 ne constitue pas le premier travail anthropométrique français. Au XVIIIe siècle déjà, les premières Lumières sont jetées sur la taille humaine. A l'occasion de leurs nombreux récits de voyages, les scientifiques et les explorateurs ne manquent pas d'agrémenter leurs descriptions des peuples exotiques du portrait type de l'indigène. Dans celui-ci figure en bonne place la mention d'une stature qui n'est pas encore moyenne statistique mais plutôt taille générale ou stature commune déduite par le seul sens de l'observation du voyageur.

Parmi les érudits du siècle des Lumières, Constantin Volney (1757-1820), frotté de médecine, membre de l'Institut et comte d'Empire, tient une place à part. On peut le considérer comme le premier à avoir avancé le concept de « genre de vie » ou de « système de vie », articulant nature et culture, espace et temps[1]. Dans son célèbre *Voyage en Egypte et en Syrie* (1787), Volney décrit les différentes « races » égyptiennes selon un schéma original pour l'époque : dans « l'ethnie » des Arabes, les Bédouins subissent une famine endémique, ce sont donc de « petits hommes secs et brûlés », alors que les fellahs ont « pris une taille plus forte et plus élevée : effet naturel d'une nourriture plus abondante que celle des déserts ». Chez les Bédouins, « les chaiks,

---

[1] S. CARPENTARI MESSINA, « Penser l'altérité : les « races d'hommes » chez Volney », dans *L'Idée de « race » dans les sciences humaines et la littérature (XVIIIe et XIXe siècles) Actes du colloque international de Lyon (16-18 novembre 2000)*, dir. S. MOUSSA, Paris, 2003, p. 128-129 (L'Harmattan, collection « Histoire des sciences humaines »).

c'est-à-dire les riches et leurs serviteurs [sont] toujours plus grands et plus charnus que le peuple[2] ». Chez Volney, les conditions et niveaux de vie sont déjà pris en compte pour livrer une description très originale de peuples exotiques, mais la toise n'est pas encore l'instrument qui mesure et permet de comparer ces observations.

Le premier à utiliser la toise pour mesurer la croissance de la stature humaine fait faire un grand pas à l'anthropométrie. Il s'agit du comte Philibert Guéneau de Montbeillard (1720-1785), érudit membre de l'Académie des sciences, arts et belles lettres de Dijon[3], qui mesure la croissance de son fils entre 1759 et 1777. Cela nous fournit la première courbe de croissance d'un enfant. Les observations de Guéneau de Montbeillard sont publiées par son ami et collaborateur Buffon dans son quatrième supplément à l'*Histoire naturelle*[4]. Depuis, elles sont passées à la postérité et sont mondialement connues de ceux qui s'intéressent à l'auxologie[5]. Cependant, il manque à l'étude de Guéneau de Montbeillard la vertu du grand nombre : son étude repose sur un cas unique. Il reste donc à entreprendre des mesures du corps humain à l'échelle d'une population entière.

A notre connaissance, pour cette étape encore, c'est un Français qui innove. Le chirurgien Jacques Tenon (1724-1816), membre de l'Institut, professeur au Collège de chirurgie (1757) réalise la première étude proprement anthropométrique d'une population humaine. C'est-à-dire qu'il est le premier à utiliser une toise afin de mesurer la taille de plusieurs individus et à calculer la moyenne correspondante. Tenon se serait volontiers contenté d'utiliser des sources déjà constituées, mais il remarque déjà que les registres des armées européennes sont biaisés car ils ne comprennent pas les statures des soldats en-dessous de la taille minimale légale requise[6]. « La détermination de la stature commune des hommes en France, à l'aide de la taille militaire[7], qui n'était nulle part plus basse, si ce n'est peut-être en Espagne, était trop vague, trop incertaine pour que Tenon s'en contentât entièrement[8]. » C'est donc vers 1783 (selon

---

2   S. CARPENTARI MESSINA, *loc. cit.*, p. 119.

3   Sur son œuvre, voir P. BRUNET, « Guéneau de Montbeillard », dans *Mémoires de l'Académie des Sciences, Arts et Belles-Lettres de Dijon*, 1925, p. 125-131.

4   J. M. TANNER, *op. cit.*, p. 102-104.

5   Nous rappelons que ce terme désigne l'étude scientifique de la croissance de l'état fœtal jusqu'à l'âge adulte et ses variations entre individus et populations. Si le mot fut inventé en 1919 par le médecin militaire français Paul Godin (1860-1935), le sens actuel est dû au grand chercheur anglais James Tanner (J. M. TANNER, *ibidem*, p. 226.)

6   L.-R. VILLERME, « Extrait de notes manuscrites relatives à la stature et au poids de l'homme, lesquelles notes, ont été trouvées dans les papiers de feu Tenon, membre de l'Institut de France », dans *AHPML*, 5, 1833, p. 28.

7   Villermé désigne par là ce que nous appelons actuellement la stature minimale légale de réforme.

8   *Ibidem*, p. 30.

Villermé) que Tenon « suivit, par conséquent, une autre méthode pour les environs de Paris, du moins pour le village de Massy, situé près de Palaiseau, dans une plaine abondante en froment et en vins, où l'habitant était bien nourri, et les familles s'alliaient peu avec celles des villages voisins » : sur les 970 habitants, il toise 140 hommes de 15 à 82 ans et 92 femmes des mêmes âges. Tenon remarque déjà que l'être humain atteint (à l'époque) sa taille adulte vers 25 ans et qu'il se tasse à partir de 46 ans[9]. Il ne toise donc finalement (sans chaussure) que 60 hommes et 60 femmes de 25 à 46 ans et obtient une taille moyenne de 5 pieds 1 pouce 6 lignes et 1 fraction pour les hommes (166,5 cm) et 4 pieds 7 pouces et 8 lignes pour les femmes (150,6 cm).

C'est donc à Massy-Palaiseau qu'est réalisée la première enquête anthropométrique moderne. Cette première étude anthropométrique est restée pendant longtemps ignorée dans l'historiographie et l'épistémologie de l'anthropométrie : elle n'apparaît pas dans le magistral ouvrage de James Tanner, alors qu'elle traite pourtant d'un problème auxologique. Avant Quételet, et bien que n'utilisant pas la loi de Laplace-Gauss pour décrire la population de Massy[10], Tenon est donc le premier à toiser un échantillon d'une population civile dans un but scientifique[11]. Par sa rigueur extrême, Tenon s'interdit l'utilisation de sources militaires, si bien que la première étude anthropométrique ne repose que sur quelques dizaines de données.

Antoine-Audet d'Hargenvilliers (1768-1835), fils d'un mégissier d'Houdan (Seine-et-Oise) est le premier à publier des résultats de sources conscriptionnelles[12]. Entré au bureau de la guerre en 1793, chef de bureau de la conscription et bras droit des directeurs successifs de la conscription de 1807 à 1815, il écrit un compte général sur le recrutement des classes de l'an VII à l'an XIII. Dans la tradition des mémoires statistiques adressé au Prince au XVIIIe siècle, le compte général « n'est qu'un mémoire confidentiel, à l'usage de l'Empereur seul[13] ». Les résultats du compte rendu, par ailleurs trop généraux, restent donc inconnus à l'époque. En revanche, le petit livre

---

9   On sait depuis que l'être humain rapetisse en vieillissant par tassement de la colonne vertébrale. A l'échelle des populations et non des individus, la stature moyenne augmente, elle, d'une génération à l'autre par allongement des membres inférieurs. Nos ancêtres étaient des « courts sur pattes », d'autant plus petits qu'ils étaient âgés.

10   Et pour cause : cette loi fut découverte quelques années après l'enquête anthropométrique de Tenon.

11   Nous rappelons que des populations masculines entières (ou presque) sont déjà toisées au XVIIIe siècle avant Tenon... par les responsables du recrutement de la milice royale. (Les troupes du roi sont un autre cas de figure, où la population toisée est un peu biaisée par l'aspect volontaire du recrutement).

12   Sur sa vie, voir G. VALLÉE, *Compte général de la conscription de A.-A. d'Hargenvilliers publié d'après le manuscrit original avec une introduction et des notes*, Paris, 1937. Gustave Vallée fut dans les années 1930 le pionnier des études de sociologie historique portant sur la conscription napoléonienne.

13   *Ibidem*, p. XXIX.

qu'écrit d'Hargenvilliers en 1817 pour réclamer le rétablissement de la conscription comporte quelques rares indications plus précises sur la stature des conscrits français[14]. C'est également dans ce livre que l'on trouve à notre connaissance la première mention d'une observation promise à un bel avenir chez les tenants d'une explication raciale de la stature : « Plus on hausserait la taille exigée pour le service, plus on tendrait à la dégénération de l'espèce » car les petits, restés au foyer, sont les seuls à faire des enfants[15]. D'Hargenvilliers est le premier à demander un abaissement de la stature minimale légale afin d'assurer la reproduction des grands Français[16]. C'est pour des considérations semblables que, semble-t-il, le lobby des anthropologues obtient du Corps législatif l'abaissement de la taille minimale légale en 1868[17].

b) L'apport fondamental de Villermé (1829)

On a vu que Volney est sans doute le premier à avancer une explication sociale de la stature moyenne (1787), que Guéneau de Montbeillard est le premier à utiliser la toise dans une étude auxologique à l'échelle individuelle (1759-1777), qu'il appartient vraisemblablement à Tenon de réaliser la première étude anthropométrique moderne (vers 1783) et qu'enfin d'Hargenvilliers est le premier à publier des données sur la stature des conscrits (1817). Il revient au célèbre médecin hygiéniste Louis-René Villermé (1782-1863) d'être le premier à synthétiser les apports de ces prédécesseurs. Le « Mémoire sur la taille de l'homme en France », publié dans la première livraison des *Annales d'hygiène publique et de médecine légale*, en 1829, bénéficie d'un grand retentissement. Il constitue une recherche emblématique du mouvement hygiéniste, qui veut voir dans les conditions de vie des Français, souvent mauvaises, la cause des pathologies qui les affectent[18]. Les « statisticiens moraux », comme on nomme aussi

---

14   A.-A. D'HARGENVILLIERS, *Recherches et considérations sur la formation et le recrutement de l'armée en France*, Paris, 1817, p. 52-53 et 65.

15   *Ibidem*, p. 54. Ce n'est donc pas Villermé qui lance le débat, comme semble le suggérer J. M. TANNER, *op. cit.*, p. 163.

16   A.-A. D'HARGENVILLIERS, *ibidem*, p. 118. C'est bien cette taille (4 pieds 10 pouces) qui sera adoptée par la loi de 1818.

17   C'est Tillancourt qui arrache en 1868 un abaissement d'un centimètre de la taille minimale légale, en citant abondamment les travaux de la Société d'Anthropologie de Paris. Broca se félicite alors d'avoir jouer un rôle dans l'amélioration de la prétendue race française, voir P. BROCA, « Nouvelles recherches sur l'anthropologie de la France en général et de la basse Bretagne en particulier », dans *MSAP*, 1868, p. 206.

18   Bien sûr, les hygiénistes oublient de ce fait quelque peu le rôle des microbes et des contagions dans la propagation des maladies. Pour un exemple de débat entre contagionistes (tel Moreau de Jonnès, directeur de la SGF) et infectionnistes (auxquels les hygiénistes sont quasiment assimilables), voir A. DESROSIERES, *La Politique des grands nombres. Histoire de la raison statistique*, Paris, 2000[2] (1re édition 1993), p. 108.

les hygiénistes, sont des « réformateurs savants et militants »[19], plus ou moins adeptes de la théorie des miasmes[20]. Partisans d'explications macrosociales des morbidités, les hygiénistes appuient leurs démonstrations sur les vertus de la moyenne afin de montrer le bien fondé de l'hygiène de masse et de la médecine préventive[21].

Les sources conscriptionnelles ne pouvaient donc fournir meilleur terrain d'investigation pour l'hygiéniste de talent qu'est Villermé. Elles ont la vertu des grands nombres, puisque Villermé peut comparer les extrêmes de la France des cent trente départements en s'appuyant pour chacun de ces derniers sur des milliers de données. Elles sont précises et facilement compréhensibles de la part des néophytes. Elles se prêtent à une interprétation sociale, pourvu que l'on connaisse un minimum de géographie. Il n'est pas question d'affirmer que Villermé a lu et Volney, et Buffon, et Tenon et d'Hargenvilliers lorsqu'il rédige son célèbre article. Cependant, nous savons de Villermé lui-même qu'il a eu connaissance du livre de d'Hargenvilliers et qu'il a découvert l'existence du manuscrit de Tenon au moment de la correction de son mémoire sur la taille de l'homme[22]. En outre, il est très probable que Villermé a lu Volney et Buffon, car il s'agit de deux sommités intellectuelles de l'époque dont le médecin hygiéniste ne peut ignorer les écrits.

Un autre élément permet de resituer la pensée de Villermé en son temps et de relativiser sa nouveauté : le médecin utilise pour son étude des rapports préfectoraux du Ier Empire (1812 et 1813) qui devaient, selon les consignes du pouvoir parisien, comprendre des informations « sur la taille des conscrits, sur l'âge de leur développement complet [...] et, ce qui nous importe particulièrement, sur les causes inhérentes aux localités ou bien aux occupations habituelles qui pouvaient modifier assez la constitution des jeunes gens pour apporter des différences notables dans la taille et les réformes[23] ». Villermé peut donc consulter des travaux qui abondent dans son sens... du moins jusqu'à une certaine limite : les rapports préfectoraux sont en effet probablement pour la plupart empreints des théories à la mode, issues de la médecine hippocratique ou au mieux de l'aérisme. Le préfet de Seine-et-Marne écrit ainsi : « L'inégalité entre cantons provient de motifs établis par la nature de la constitution physique des hommes des différents pays. L'homme, surtout celui qui vit à la campagne, est comme la végétation du pays qu'il habite, il est sain et robuste là où elle est belle et vigoureuse,

---

19   A. DESROSIERES, *op. cit.*, p. 106.

20   Ils constituent donc en quelque sorte, mais avec bien des nuances, les héritiers des aéristes de la fin du XVIIIe siècle, regroupés autour de Vicq d'Azir et de la Société royale de médecine. A ce sujet, voir J.-P. DEVAISE, J.-P. GOUBERT, E. LE ROY LADURIE *et alii*, *Médecins, climat et épidémies à la fin du XVIIIe siècle*, Paris, 1972. Pour les aéristes, la qualité de l'air détermine les conditions de morbidité des populations.

21   A. DESROSIERES, *ibidem*, p. 109.

22   L.-R. VILLERME, « Mémoire... », *loc. cit.*, p. 352 et 393.

23   *Ibidem*, p. 352.

il est faible là où elle languit. Ainsi, dans les cantons de l'arrondissement de Meaux, les hommes sont en général grands, forts, bien constitués, dans ceux de l'arrondissement de Fontainebleau, ils sont, au contraire, généralement petits et faibles[24]. » Virey n'aurait certainement pas renié de tels propos qui comportent toutefois déjà une part de bon sens : une agriculture performante nourrit bien ses agents, une agriculture médiocre les nourrit mal. Cependant, on peut se demander si la société a sa place dans le raisonnement du préfet de Seine-et-Marne et si l'histoire de cette dernière n'est pas plus naturelle que sociale. Pour le préfet, ce ne serait pas tant l'agriculture, fait humain, que la richesse dite naturelle du sol qui serait en jeu[25].

Villermé va quant à lui avancer un système d'explications économiques et sociales de la stature des conscrits napoléoniens. Il pose en introduction une question d'importance pour l'époque : la stature dépend-t-elle du climat ? L'analyse de différents départements à l'échelle de l'arrondissement va lui permettre de répondre et de réfuter les hypothèses hippocratiques et aéristes tant à la mode à cette époque. D'emblée, Villermé rejette clairement l'explication raciale des différences de taille : « je dois prévenir qu'il ne s'agit point, dans ce travail, des différences que l'on peut observer entre des hommes de races ou d'origines différentes, mais bien des différences qui résultent *à la longue*, parmi les hommes d'une même origine ou race, des conditions différentes dans lesquelles ils vivent ou ont été élevés[26] ». C'est là un postulat qui lui sera sévèrement reproché à la fin du siècle par les anthropologues et médecins tenants du conte racial.

En une vingtaine de pages, Villermé passe en revue quatorze départements pour étayer sa démonstration[27]. Il s'inspire en partie de la pensée de préfets hygiénistes avant l'heure, comme le préfet de la Nièvre : « d'après M. le préfet, le principal travail, l'exploitation des bois, c'est-à-dire leur coupe, leur flottage et leur voiturage, serait moins pénible que celui des moissons, qui, proportion gardée, occupe un plus grand nombre de bras dans les arrondissemens de Cosne et de Nevers[28] ». Mais plus important que le travail, le préfet insiste sur la nourriture et la richesse : « Je lis, dans la

---

24   Cité par A. CREPIN, *Levées d'hommes et esprit public en Seine-et-Marne de la Révolution à la fin de l'Empire (1791-1815)*, thèse d'histoire, atelier de reproduction des thèses, Lille, 1990, p. 474.

25   Richesse dite naturelle, car du moment que l'agriculture apparaît, il n'est plus de paysage naturel, mais uniquement des paysages humains, où la maîtrise plus ou moins grande de techniques plus ou moins complexes modifie plus ou moins le paysage originel. Le sol n'est donc pas à rigoureusement parler un élément naturel du paysage : il a été gratté, retourné, fumé depuis des siècles et commence à être amendé.

26   L.-R. VILLERME, « Mémoire… », *loc. cit.*, p. 355.

27   *Ibidem*, p. 353-373 : Bouches-de-la-Meuse (chef-lieu : La Haye), Apennins (chef-lieu : Chiavari), Gard, Nièvre, Côtes-du-Nord, Loir-et-Cher, Indre, Dordogne, Puy-de-Dôme, Haute-Loire, Landes, Seine, Rhône et Aisne.

28   *Ibidem*, p. 358.

réponse de M. le préfet, que dans les arrondissemens de Cosne et de Château-Chinon, le sol est moins bon et les fortunes beaucoup plus inégalement réparties que dans les deux autres. Ce n'est, ajoute-t-il, que dans les arrondissemens de Clamecy et Nevers où l'on récolte du froment; tandis que dans celui de Cosne, la terre ne produit pour la nourriture, à bien dire, que du seigle et de la vigne, et dans celui de Château-Chinon que du seigle et du sarrasin. En outre, ce dernier a beaucoup d'étangs marécageux» propices aux maladies[29]. De manière générale, les alimentations à base de bouillies sont associées par les préfets aux arrondissements donnant les conscrits les plus petits.

Le troisième département cité, celui du Gard, permet à Villermé de réfuter les théories aéristes: l'air pur de la montagne coexiste avec de petits conscrits et ne donne pas naissance à des géants. La voie est alors libre pour la démonstration à base sociale et économique. Ainsi, le témoignage du préfet de Haute-Loire est le premier à notre connaissance qui dresse un parallèle entre stature militaire et physique des animaux domestiques. La chose sera reprise plus tard par les zootechniciens de la fin du siècle, pour montrer que c'est avant tout la richesse de l'agriculture qui détermine la stature animale et humaine, c'est-à-dire le bien-être animal et humain. «Dans l'arrondissement de Brioude, les cantons de Blesle et Auzon, distans au plus de deux myriamètres (environ quatre lieues), forment deux chaînes de montagnes divisées par l'Allier. La chaîne de Blesle, recouverte d'une couche profonde de terre noire, substantielle, propre à la culture des grains, nourissant des bois vigoureux, de nombreux troupeaux, des bestiaux estimés, offre des hommes bien portans et d'une belle stature. L'autre chaîne, celle d'Auzon, ne présente, au contraire, surtout dans sa moitié la plus élevée, que des objets comme dégradés, une terre légère, des récoltes médiocres, des bouquets de bois épars et rabougris, des animaux d'une assez chétive apparence, et des hommes en général d'une petite stature et peu vigoureux[30].» Villermé reprend à son compte cette observation dans ses conclusions, en lui donnant un tour plus social et moins biologique[31].

---

29 L.-R. VILLERME, «Mémoire…», *loc. cit.*, p. 356-357. On peut également voir les réponses pré-hygiénistes du préfet de la Dordogne (p. 362), celles du préfet du Puy-de-Dôme (p. 362-363), ainsi que les réponses citées *infra*.

30 *Ibidem*, p. 364.

31 *Ibidem*, p. 387-388. La référence à la richesse dite naturelle du sol disparaît et l'on peut alors supposer que la richesse générale de l'agriculture a des origines en partie humaines: «Si, dans les endroits où l'on voit de riches et abondantes récoltes, des arbres vigoureux, des animaux très-grands, des bestiaux très-nombreux, les hommes ont ordinairement une stature élevée, tandis qu'ils sont petits là où les récoltes sont maigres, les arbres épars et rabougris, les bestiaux, rares et chétifs, c'est qu'avec les premières circonstances l'aisance est plus ou moins générale, et qu'il n'y a que pauvreté ou misère avec les secondes» et p. 395.

Il établit également un fait qui sera très discuté au cours du siècle : la stature supérieure des citadins parisiens et lyonnais par rapport aux ruraux des environs. Villermé met en parallèle pour chaque arrondissement de Paris la stature moyenne des conscrits et la proportion des locations imposées à la seule contribution personnelle pour constater que plus cette proportion, c'est-à-dire l'aisance, est grande, plus la stature s'élève[32]. Cette observation de Villermé va faire couler beaucoup d'encre. Ses détracteurs n'écrivent au plus tôt que vers le milieu du siècle. Or nous verrons qu'à cette époque la ville n'est plus ce qu'elle était quarante ou cinquante ans auparavant, à l'époque où Villermé écrit. Avec l'urbanisation et l'industrialisation naissante, la stature des habitants des villes a entre-temps diminué en raison de la dégradation des conditions de vie des citadins.

Quoi qu'il en soit, la conclusion de Villermé est très claire : « Il résulte des faits passés en revue dans ce mémoire, que tout ce qui amène la pauvreté dans un pays, dans un lieu quelconque, la répand ou l'entretient, a pour effet de diminuer la stature commune, de retarder le développement du corps, et même d'augmenter la proportion des infirmités, et qu'au contraire, tout ce qui entretient l'aisance ou la rend plus générale, a pour effet d'accroître la taille commune, de diminuer le nombre des infirmes et des difformes, en un mot d'améliorer l'espèce sous tous les rapports physiques[33]. » Ainsi s'explique la différence générale entre Français du Nord et Français du Sud[34].

Villermé va jusqu'à poser les fondements de ce qui sera l'histoire anthropométrique, avec un regard sur les sources littéraires autrement plus critique que ne le sera celui des anthropologues tenants de la théorie raciale. « On dira peut-être que chez nous-mêmes il y avait, dans ces siècles que nous appelons pauvres et barbares, des hommes plus grands, plus forts qu'aujourd'hui, et l'on en alléguera comme preuves, les exploits, vrais ou exagérés, de plusieurs châtelains. Mais ces hommes n'appartenaient-ils pas à la classe riche de la société d'alors ? Et que prouvent-ils, si ce n'est la faiblesse des autres ? La question est de savoir si la masse du peuple avait alors plus de force, plus de vigueur qu'aujourd'hui, si les serfs en avaient autant que nos paysans, et si, en général, leur taille était plus ou moins haute que celle de ces derniers[35]. »

La pensée de Villermé est reconnue aujourd'hui dans le milieu médical pour la grande valeur de ses interprétations très modernes de la stature moyenne humaine[36].

---

32   L.-R. VILLERME, « Mémoire… », *loc. cit.*, p. 370.
33   *Ibidem*, p. 388.
34   *Ibidem*, p. 391.
35   *Ibidem*, p. 394.
36   Ainsi, le biologiste James TANNER, qui fait référence au niveau international sur la question, évoque Villermé dès le début de son ouvrage sur l'histoire de l'étude de la croissance humaine (*op. cit.*, p. 4.) : « The Great emphasis that Villermé, early in the nineteenth century, placed on poverty and undernutrition as the mains determinants of growth has to be seen in the light of

Nous avons montré que cette pensée n'est pas sortie de nulle part, mais qu'elle s'appuie plutôt sur les apports antérieurs, notamment ceux des préfets d'Empire. Son grand mérite est d'avoir su systématiser les conclusions de ces derniers et surtout d'avoir choisi avec force et netteté l'interprétation économique et sociale de la stature moyenne, à une époque où l'onanisme réducteur de Virey tenait encore lieu d'explication scientifique de la baisse de la stature humaine.

c) Les « théoriciens du développement » : Dupin et d'Angeville

Villermé n'est cependant pas le seul à exploiter les sources conscriptionnelles dans des études à but économique et social. Il n'est d'ailleurs pas le premier : le baron Charles Dupin, membre de l'Institut et de l'Académie royale des sciences, dans un ouvrage écrit entre 1826 et 1827 et publié en 1828, évoque la répartition spatiale de la stature en France afin d'étayer sa théorie d'une ligne Saint-Malo-Genève séparant la France entre régions développées au Nord et régions attardées au Sud[37]. Il s'agit pour lui d'envisager la stature comme un indice de la qualité de la main-d'œuvre, ce qu'il appelle la « force humaine [...] applicable(s) aux travaux utiles ». Ici encore, nous pouvons noter la modernité de la pensée de l'auteur. Ce n'est que récemment que l'histoire anthropométrique envisage les conséquences de la sous-nutrition (c'est-à-dire des petites statures moyennes) sur la productivité d'une société donnée. Cependant, pour Dupin, la stature n'est pas fonction de critères sociaux mais plutôt de la race. Il faut toutefois faire extrêmement attention au sens du mot « race » qu'emploie Dupin : en 1828, il n'a encore aucune connotation biologique[38].

Un autre « théoricien du développement », comme l'appelle E. Le Roy Ladurie, Adolphe d'Angeville (1796-1856), reprend le travail de Dupin tout en le précisant considérablement[39]. Ancien marin frotté de cartographie, d'Angeville réalise la première carte anthropométrique de France à l'époque où la SGF, ancêtre de l'INSEE, n'est pas encore véritablement née[40]. C'est par l'indice robuste que constitue la pro-

---

the current opinions he was arguing against, and those opinions were directly descended from *Airs, Waters and Places* [ouvrage d'Hippocrate] ».

37 C. DUPIN, *Forces productives et commerciales de la France*, Bruxelles, 1828, t. I, p. 50-52 pour la stature, t. II p. 352 pour la ligne Saint-Malo-Genève.

38 Sur cette question très délicate, nous renvoyons à l'ouvrage collectif sous la direction de S. MOUSSA, *passim*.

39 A. d'ANGEVILLE, *Essai sur la statistique de la population française considérée sous quelques-uns de ses rapports physiques et moraux*, Bourg-en-Bresse, 1836, réédition précédée d'une introduction d'E. Le Roy Ladurie, Paris, La Haye, 1969. Pour une présentation complète de la vie et de l'œuvre de d'Angeville voir l'introduction d'E. Le Roy Ladurie, également reproduite dans *Le Territoire de l'historien*.

40 Carte 5, hors texte dans l'édition de 1969. Voir carte reproduite ici en figure 1.

portion de réformés pour défaut de taille que d'Angeville saisit la répartition des statures sur le territoire national. La Haute-Vienne, que nous avons retenue dans notre étude comme témoin de la France au niveau de vie biologique le plus faible, apparaît bien comme le département où la proportion de réformés pour défaut de taille est la plus élevée selon d'Angeville pour les classes 1825 à 1833 : 818 réformés pour 1 000 recrues[41]. Il s'agit là d'une valeur extrêmement haute, qui signifie que la stature moyenne du département n'est que légèrement au-dessus de la taille minimale légale de réforme de l'époque, soit environ 157 cm[42]. Nous verrons que les chiffres de d'Angeville sont confirmés par nos propres résultats. Les départements de Seine-et-Marne, du Bas-Rhin et du Haut-Rhin apparaissent beaucoup mieux lotis. Par ordre croissant de proportion de réformés pour défaut de taille, le premier est classé vingt-neuvième, le second treizième et le dernier vingt-cinquième.

D'Angeville attribue la haute stature moyenne de la moitié nord de la France à la présence des villes[43], comme l'a fait Villermé. Il pose des hypothèses dont nous aurons l'occasion de tester la validité : « Les départements de la *Haute-Vienne*, de la *Corrèze*, de la *Charente*, de la *Dordogne* et du *Lot*, qui sont contigus, semblent être l'agglomération où les tailles sont le plus généralement faibles ; c'est aussi la partie de la France où l'on consomme le plus de *châtaignes* : car, sur les 2 700 000 hectolitres que l'on récolte en France, ces cinq départements en consomment 1 436 000. Il est remarquable aussi que ces cinq départements font partie de ceux où l'instruction primaire est le moins répandue ; et c'est aussi dans ces populations qu'on trouve, en général, le plus de cas de réforme pour cause de *teigne* et *scrofules*, indices d'une grande malpropreté[44]. » Derrière la précision illusoire des chiffres donnés, notons l'intérêt des hypothèses avancées par d'Angeville : alimentation végétalienne, très faible niveau d'instruction et, par comparaison implicite avec la France du nord, espace rural très peu urbanisé.

Si l'ouvrage de d'Angeville aborde davantage que Dupin la question de la stature, ces deux érudits sont avant tout préoccupés par des problèmes de développement général et non particulièrement de développement anthropométrique. En dehors du mémoire de Villermé, les travaux centrés sur la stature restent très peu nombreux jusqu'aux années 1850. Ainsi, à notre connaissance, seule une thèse de médecine d'influence hygiéniste portant sur la stature est encore publiée en 1840 par Timothée Puel

---

41   A. d'ANGEVILLE, *op. cit.*, p. 303.
42   Environ, car la taille minimale de réforme change à deux reprises entre 1825 et 1833. Voir Chapitre VII : la stature minimale légale : un problème statistique délicat et A. d'ANGEVILLE, *ibidem*, p. 47.
43   *Ibidem*, p. 49 : « les départements où la population urbaine est la plus nombreuse sont aussi ceux où la taille est la plus élevée », chose qui serait confirmée par le département des Bouches-du-Rhône, au Sud mais de grande taille et urbanisé.
44   *Ibidem*, p. 49.

de Figeac sur les cantons de Latronquière et de Livernon, dans le département du Lot[45]. L'auteur y fait remarquer la taille supérieure des habitants du plateau calcaire par rapport à celle des habitants des montagnes granitiques, dont le régime alimentaire est beaucoup plus pauvre, à base de seigle, pommes de terre, châtaignes et sarrasin[46]. Mais en dehors de la thèse de Puel de Figeac, les recherches sur la stature ne traitent pas de celle-ci du point de vue social, mais du point de vue racial. Il reste à déterminer comment et quand est né le conte racial de la France des petits Celtes et des grands Kimris.

II – L'invention du conte racial (années 1820-1859)

a) Le rôle des historiens libéraux (années 1820)

Les débats entre polygénistes et monogénistes du XVIIIe siècle font appel aux observations anthropométriques *de visu*. A cette époque, l'idée polygéniste, c'est-à-dire selon laquelle les humains n'ont pas tous la même origine, peut passer pour progressiste et scientifique, dans la mesure où elle s'oppose à la vision chrétienne et adamique de l'origine de l'humanité. Cependant, il faut se garder de toute généralisation hâtive : le grand Buffon était monogéniste, alors que Voltaire était polygéniste. Pour lui, l'observation anthropométrique, même très empirique et imprécise, est une preuve qu'il existe plusieurs races humaines aux origines distinctes[47]. Il faut toutefois prendre garde à la notion que recouvre alors le mot race et qui n'est pas la même qu'actuellement, comme nous allons le voir. Quoi qu'il en soit, c'est avec le XIXe siècle que naît

---

45 T. PUEL DE FIGEAC, *Essai sur les causes locales de la différence de taille qu'on observe chez les habitants des deux cantons de Latronquière et de Livernon (arrondissement de Figeac, département du Lot)*, thèse de médecine, Paris, 1840.

46 Cité par G. LAGNEAU, « Influence du milieu sur la race. Modifications mésologiques des caractères ethniques de notre population », dans *Comptes rendus de l'Académie des sciences morales et politiques*, 43, 1895, p. 416.

47 Dans *l'Histoire de l'empire de Russie*, Voltaire réfute l'influence du milieu sur les caractères physiologiques des Lapons et préfère voir dans leur physique l'intervention du Créateur qui adapte chaque peuple au milieu auquel il l'a destiné : les Lapons sont « presque tous petits, tandis que leurs voisins et les peuples d'Islande sous le cercle polaire sont d'une haute stature ; ils semblent faits pour leur pays montueux, agiles, ramassés […] On a prétendu sur la foi d'Olaüs, que ces peuples étaient originaires de Finlande et qu'ils se sont retirés dans la Laponie où leur taille a dégénéré. […] Il serait peut-être aussi convenable de dire que l'herbe qui croît en Laponie vient de l'herbe du Danemark et que les poissons particuliers à leurs lacs viennent des poissons de Suède. Il y a grande apparence que les Lapons sont indigènes, comme leurs animaux sont une production de leur pays, que la nature les a faits les uns pour les autres » (cité par J.-M. MOUREAUX, « Race et altérité dans l'anthropologie voltairienne », dans *L'Idée de « race »…, op. cit.*, dir. S. MOUSSA, p. 49-50. Pour une fois, l'ironie voltairienne vient bien mal à propos.

le conte racial, même si l'anthropométrie avait pu être convoquée auparavant pour étayer telle ou telle thèse au XVIII siècle. La chose méritait d'être signalée, car c'est bien l'enjeu polygéniste qui ressortira avec force à la fin du XIX siècle, lorsque le mot race aura pris son sens biologique.

La naissance du mythe des deux races françaises est à la fois trop connue et méconnue. Sous la Restauration, les historiens libéraux, pour des raisons qui leur sont propres et qu'il n'est pas nécessaire de développer ici, propagent le mythe d'une Révolution de 1789 qui se ramènerait à un soulèvement de la race gauloise, ignoble au sens étymologique du terme, contre la race noble, héritière des conquérants germaniques du V siècle[48]. Le mythe naît d'un compte rendu que le jeune Augustin Thierry publie dans le *Censeur Européen* du 2 août 1820 sur un ouvrage traitant des Etats-Unis d'Amérique à propos duquel il évoque l'histoire française[49]. La lutte entre les deux races y est en fait d'ordre social, politique et juridique, mais le compte rendu est lu trop superficiellement et trop rapidement par la suite : « les jeux étaient faits : l'autorité du grand historien avait transformé les propos rapides d'un compte rendu en vulgate, inlassablement répétée depuis[50] ». Pour justifier sa vision de la Révolution, Augustin Thierry va abusivement placer sous la plume de théoriciens du XVIII siècle tel Boulainvilliers des propos sur la race biologique, pourtant absente de leur univers intellectuel. On glisse du fait social au fait biologique : la race devient essence naturelle et Thierry participe grandement à un malentendu sur la signification du mot qui fait de Gobineau l'héritier de Boulainvilliers[51].

Mais c'est le frère d'Augustin, Amédée Thierry (1797-1873), qui apporte en 1828 une pierre bien plus importante et pourtant un peu moins connue à la construction de l'édifice racial des anthropologues des années 1850-1880. Dans son *Histoire des Gaulois*, Amédée Thierry opère un glissement fondamental : ce ne sont plus les races gauloise et franque qui sont les actrices de l'histoire, mais deux peuples beaucoup plus antiques : les Galls et les Kimris, tous deux appartenant à la famille gauloise. « Aussi loin que l'on puisse remonter dans l'histoire de l'Occident, on trouve la race des Galls occupant le territoire continental compris entre le Rhin, les Alpes, la Méditérannée, les Pyrénées et l'Océan[52]. » Au VII siècle av. J.-C., les Kimris remontent le Rhin et

---

48 Le tout premier écrit qui mentionne l'existence des deux races en tant que soi-disant ethnies serait le *Qu'est-ce que le Tiers-Etat ?* de Sieyès. Voir à ce sujet D. VENTURINO, « Race et histoire. Le paradigme nobiliaire de la distinction sociale au début du XVIII siècle », dans *L'Idée de race…, op. cit.*, dir. S. MOUSSA, p. 21. et C. SAMINADAYAR-PERRIN, « Antiquité et naissance des nations : modèles scientifiques et logiques discursives », *ibidem*, p. 385-407.

49 Pour cette référence et le passage suivant, voir D. VENTURINO, *loc. cit.*, p. 19-38.

50 *Ibidem*, p. 22.

51 On retrouve ce malentendu entre autres chez Marc Bloch et Hannah Arendt, *ibidem*, p. 24.

52 A. THIERRY, *Histoire des Gaulois depuis les temps les plus reculés jusqu'à l'entière soumission de la Gaule à la domination romaine*, T. I, 1828, p. 1-2.

Naissance de deux traditions : interprétations sociales et raciales de la stature (années 1780-1859)

font irruption en Gaule[53]. Suite à leur invasion, la Gaulle comprend deux peuples, les Galls au Sud et les Kimris au Nord. La ligne de démarcation entre les deux zones de peuplement n'est plus comme chez Dupin ou d'Angeville la ligne Saint-Malo-Genève, mais une diagonale inverse, qui court du Nord-Est au Sud-Ouest.

Chez Amédée Thierry, les races des Galls et des Kimris ne semblent pas de nature biologique et essentialiste[54]. Cependant, l'auteur pose dans son introduction une contre-vérité historique lourde de conséquences si d'aventure l'on passe de la signification sociale à la signification biologique du mot race : son ouvrage cherche à « faire connaître une race de laquelle descendent les dix-neuf vingtièmes d'entre-nous, Français[55] ». Cette vision totalement anhistorique de l'histoire de France, qui nie l'importance des apports migratoires de vingt-sept siècles de mouvements démographiques, devait se retrouver amplifiée dans les écrits historiques postérieurs. Tout se passe comme si le VIIe siècle passé, l'histoire de France se déroulait en vase clos, bien à l'abri des influences extérieures. Le peuple gaulois, constitué comme personne morale et presque physique, devient acteur de l'histoire, au même titre que tel ou tel grand personnage historique. On retrouve là la mystique des historiens libéraux du début du XIXe siècle, qui font du peuple plutôt que des rois les véritables héros de l'histoire nationale[56].

La réalité que désigne Amédée Thierry lorsqu'il évoque les races gauloises est avant tout sociale, comme nous l'avons dit. Pourtant, à la fin de la rédaction de son ouvrage, lorsqu'il a connaissance des travaux du grand physiologiste William Edwards[57], Thierry

---

53 A. THIERRY, *Histoire des Gaulois...*, op. cit., p. 36. Les Kimris arrivent, « refoulant la population envahie au pied des chaînes de montagnes qui coupent diagonalement la Gaulle du nord-est au sud-ouest, depuis les Vosges jusqu'aux monts Arvernes » (p. 37).

54 Voir la note 1 p. 37 : « J'ai été conduit à déterminer ainsi la limite des deux races par un grand nombre de considérations tirées : 1. de la différence des idiomes, telle qu'on peut la déduire des noms de localités, de peuples et d'individus ; 2. de la dissemblance ou de la conformité des mœurs et des institutions ; 3. et surtout de la composition des grandes confédérations politiques qui se disputèrent l'influence et la domination. ». La définition de la race s'apparente donc plutôt à la notion de peuple, et Thierry admet de toute façon, comme son frère pour les Gaulois et les Francs, que les deux races ont pu se mêler.

55 *Ibidem*, p. II.

56 P. II : « A mesure que ma tâche s'avançait, j'éprouvais une préoccupation philosophique de plus en plus forte ; il me semblait voir quelque chose d'individuel, de constant, d'immuable sortir du milieu de tant d'aventures si diversifiées […] ainsi que dans l'histoire d'un seul homme, à travers tous les incidents de la vie la plus romanesque, on voit se dessiner en traits invariables, le caractère du héros. Les masses ont-elles donc aussi un caractère, type moral, que l'éducation peut bien modifier, mais qu'elle n'efface point ? En d'autres termes, existe-t-il dans l'espèce humaine des familles et des races, comme il existe des individus dans les races ? Ce problème […] comme j'achevais ce long ouvrage, me parut résolu par le fait ». Dans la somme de Thierry, « une race gauloise s'y montre constamment identique à elle-même » dans « l'histoire d'un seul peuple, antérieurement à tout mélange de sang étranger, du moins à tout mélange connu ».

57 Etabli à Paris depuis 1808 pour y étudier les sciences.

est prêt à accepter, sous la puissante influence de l'érudit anglais, une conception biologique de la race : « malgré toute les diversités de temps, de lieux, de mélanges, les caractères physiques des races persèverent et se conservent plus ou moins purs, suivant des lois que les sciences naturelles peuvent déterminer[58] ». Dès lors, bien que l'historien laisse le soin de prouver la permanence physique et biologique de la race au naturaliste, ce sont bien les conditions nécessaires à une anthropologie raciale qu'offre Amédée Thierry à W. Edwards et à ses successeurs, sans se défendre nullement de la chose.

b) L'apport du physiologiste William Edwards (1829)

On peut considérer à bien des égards que c'est le mémoire de William Edwards (1777-1842), paru en 1829, qui fonde le mythe anthropologique des deux races françaises. De même que l'article de Villermé acquière une valeur programmatique pour les hygiénistes et pour tous les tenants d'explications sociales de la stature moyenne, de même l'article d'Edwards constitue le véritable point de départ des recherches pour les tenants d'explications raciales. Des deux côtés, le coup est marqué par l'inauguration de grandes revues : Villermé écrit dans la première livraison des *Annales d'hygiène publique et de médecine légale* (1829), Edwards fournit le premier article des *Mémoires de la Société d'Ethnologie* (1841)[59]. En fait l'article de 1841 est la reproduction d'un ouvrage à succès de 1829[60]. Les pensées d'Edwards et de Villermé sont donc contemporaines. Celle d'Edwards aura toutefois un impact bien plus fort sur l'anthropométrie française que celle de Villermé. Dans sa lettre à Amédée Thierry, qui fut donc publiée originellement en 1829, Edwards entend éclairer des lumières de la physiologie les découvertes de Thierry[61]. Par un voyage en France et de simples observations visuelles des habitants, Edwards entend démontrer l'existence des deux races de Thierry[62] : il s'agit d'une « question de faits fondée sur le témoignage des sens »[63] à une époque où la carte de d'Angeville n'est pas encore parue[64].

---

58   A. THIERRY, *Histoire des Gaulois...*, op. cit., p. LXXI.
59   W. EDWARDS, « Des caractères physiologiques des races humaines considérées dans leurs rapports avec l'histoire, lettre à M. Amédée Thierry auteur de l'Histoire des Gaulois », dans *Mémoires de la Société d'Ethnologie*, 1, 1841, p. 1-108.
60   Nos citations se rapportent à la pagination du texte de 1841.
61   *Ibidem*, p. 5 : « Si les formes du langage laisssent des traces dans les idiomes modernes qui décèlent leur antique origine, que penserons-nous des formes du corps ? Seront-elles moins persistantes ? »
62   Bien qu'il se défende de tout parti pris : « Vous avez remarqué dans le cours de mon récit que mes observations ont été faites sans idées préconçues » (*ibidem*, p. 65.)
63   *Ibidem*, p. 58.
64   Quand bien même elle le serait, l'ouvrage de d'Angeville passa inaperçu de ses contemporains.

La stature moyenne telle qu'observée par le naturaliste, nous dirions donc plutôt la stature la plus commune qu'il croit observer, constitue un des principaux traits physiques et raciaux qu'Edwards identifie. Chez les Galls, « la tête est plus ronde qu'ovale, [que] les traits sont arrondis, et la taille moyenne[65] ». Au contraire, de l'embouchure de la Somme à la Seine, « c'est ici que je distinguai pour la première fois la réunion des traits qui constitue l'autre type, et souvent dans une telle exagération que j'en fus vivement frappé : la tête longue, le front large est élevé, le nez recourbé, la pointe en bas, et les ailes du nez relevées, le menton fortement prononcé et saillant, la stature haute[66] ». L'auteur croit même voir se mêler sur le marché de Châlons les Galls, plus nombreux, et les Kimris[67]. Voilà les bourgeois, les artisans aisés de Châlons et les riches paysans des alentours promus au titre de Kimris et les petits artisans, journaliers et autres petites gens devenus des Galls.

La Bourgogne est considérée comme espace de contact privilégié entre les deux peuples gaulois. Le mythe est promis à un succès rapide et considérable : lors de son passage à Dijon en 1837, Stendahl n'est-il pas convaincu d'identifier dans les rues de la ville les Kymris et les Galls[68] ? Le lien entre économie, société et anthropométrie, tissé par Villermé, d'Angeville et Dupin dans les années 1820 et 1830, disparaît donc dès les années 1830 pour un long moment.

c) Les Séquanais de Lélut (1841)

Lélut est le premier chercheur à marier la toise et la race dès 1841. Son œuvre anthropométrique est restée assez peu connue, bien qu'il soit le premier Français à utiliser des chiffres précis pour estimer la stature des prétendus Kimris[69]. Les réseaux de connaissances ne sont d'ailleurs pas étrangers à la chose : tout comme Edwards, Lélut fréquente la Société d'ethnologie de Paris. En tant que médecin de la prison du dépôt des condamnés, Lélut peut accéder aux dossiers anthropométriques des détenus. Pour lui, qui connaît les travaux de Tenon, de d'Hargenvilliers et de Villermé, les sources militaires présentent des inconvénients que n'ont pas les sources carcérales : pas de

---

65 W. EDWARDS, *loc. cit.*, p. 54.
66 *Ibidem*, p. 55.
67 *Ibidem*, p. 52.
68 *Mémoire d'un touriste*, cité par S. MOUSSA, « introduction », dans *L'Idée de « race »…, op. cit.*, dir. S. MOUSSA, p. 11.
69 F. LELUT, « Recherches pour servir à la détermination de la taille moyenne de l'homme en France, lues à la Société ethnologique de Paris, dans la séance du 28 mai 1841 », dans *Gazette médicale de Paris*, 7 août 1841, p. 500-504 ; article enrichi « Essai d'une détermination ethnologique de la taille moyenne de l'homme en France », dans *AHPML*, 31, 1844, p. 297-316, article reproduit dans F. LELUT, *Physiologie de la pensée. Recherche critique des rapports du corps à l'esprit*, t. II, Paris, 1862, p. 98-123. Les citations se rapportent à cette dernière version du texte.

taille minimale légale et une population toisée indépendamment de condition d'âge[70]. L'auteur est toutefois conscient qu'il existe un biais sociologique propre aux sources carcérales : les prisonniers « appartiennent, bien entendu, en presque totalité, ou pour mieux dire, en totalité, à la classe basse de la population[71] ».

Cependant, les statures des condamnés ne suffisent pas à la curiosité de l'auteur, car trop peu sont issus de province. Lélut se rend donc en 1839 à Gy, sa ville natale de Haute-Saône, afin de relever la stature de 753 de ces concitoyens des classes de l'an IX à 1838. La stature obtenue est alors nettement supérieure aux résultats parisiens, ce qui s'explique selon l'auteur par l'origine raciale des habitants de Gy[72]. Les Francs-Comtois sont certes les descendants des petits Galls, mais Edwards n'a pas pris la peine de visiter cette région. Les Séquanais, bien qu'appartenant aux peuples galls, constituent donc un cas particulier au sein de ces derniers[73].

Lélut ouvre ici une porte qui n'est pas prête de se refermer, et les supposées races et sous-races françaises vont se multiplier au cours de la seconde moitié du XIXe siècle, bien que le canevas général des Kimris et des Galls ne soit jamais remis en cause. La multiplication même des sous-races devrait alerter les anthropologues de l'époque sur l'invalidité de la théorie raciale. Au lieu de cela, on assiste à la multiplication des entités ethnologiques au passé plus antique les unes que les autres. A chaque arrondissement, voire à chaque canton, on croit trouver un reliquat de quelques anciens peuples préservés par miracle de plusieurs siècles d'invasions et de migrations plus pacifiques. A la fin des années 1840, il reste à un Villermé de la théorie raciale de synthétiser les apports de Thierry, Edwards et Lélut. Ce sera le privilège du plus célèbre anthropologue français du XIXe siècle, Paul Broca (1824-1880)[74].

d) Broca : la première anthropométrie nationale à fondement racial (1859)

Le fondateur de l'école française d'anthropologie physique publie en 1859 le résultat de ses recherches sur l'ethnologie de la France dans la première livraison des *Mémoires de la Société d'anthropologie de Paris*, société dont il est précisément le

---

70   F. LELUT, *loc. cit.*, p. 106.
71   *Ibidem*, p. 110.
72   *Ibidem*, p. 118-123.
73   « Si les Francs-Comtois actuels ont une stature élevée, c'est d'abord que leurs ancêtres, les Séquanais, étaient de grande race et de grande taille », *ibidem*, p. 121.
74   Sur Broca, voir C. BLANCKAERT, *Monogénisme et polygénisme en France de Buffon à Paul Broca (1749-1880)*, thèse, Paris I, 1981, 3 vol. ; ainsi que *Les politiques de l'anthropologie. Discours et pratiques en France (1860-1940)*, dir. C. BLANCKAERT, Paris, 2001 ; du même auteur, « « l'anthropologie personnifiée » Paul Broca et la biologie du genre humain », préface à la réédition de P. BROCA, *Mémoires d'anthropologie*, Paris, 1989 (édition originale 1859), p. I-XLIII ; et J. M. TANNER, *op. cit.*, p. 163-164.

fondateur la même année. Les hygiénistes et leurs successeurs se sont rangés sous la bannière de Villermé, prestigieux membre fondateur des *Annales d'hygiène publique et de médecine légale*, de même les tenants de l'explication raciale de la stature se référeront aux travaux de Broca de 1859 comme acte fondateur de la thèse biologique. Faisant pendant à l'année 1829 pour les hygiénistes et leurs successeurs, l'année 1859 marque les esprits de beaucoup de médecins et anthropologues disciples de Broca qui évoquent les « trois glorieuses de 1859 », en référence à la création de la Société d'Anthropologie de Paris, à la « consécration académique des recherches sur les "Antiquités celtiques et antédiluviennes" de Jacques Boucher »[75] et à la publication de *On the Origins of Species* de Charles Darwin.

La recherche de Broca peut être considérée comme fondatrice alors même que Lélut a publié dans les années 1840 un article qui soutient la même thèse biologique que Broca, en s'appuyant sur le même type de sources. Cependant, Lélut n'a pas fourni une étude couvrant l'ensemble du territoire national, il n'a donc pas donné de stature concernant la France des supposés Galls. Surtout, il n'occupe pas la même place que Broca dans le monde scientifique. La logique des réseaux de connaissances et d'influences joue ici à plein. Broca est à la croisée de deux mondes et mène deux carrières de front : celle d'anthropologue et celle de médecin. Docteur en médecine en 1849, il devient membre de l'Académie de médecine en 1866, professeur à la faculté de médecine de Paris (1867), secrétaire général puis président de la Société de Chirurgie (1858 et 1865). Enfin, pour clore le versant médical de ses activités, il est également membre de la Société anatomique (1847) et de la Société de Biologie. Du côté anthropologique, il crée le Laboratoire d'Anthropologie de l'Ecole des Hautes Etudes en 1868, la *Revue d'Anthropologie* en 1872 et l'Ecole d'Anthropologie de Paris en 1876. Fondateur de la Société d'Anthropologie de Paris, il édite deux publications à l'audience importante : les *Mémoires de la Société d'Anthropologie de Paris* (1859) et les *Bulletins de la Société d'Anthropologie de Paris* (1859).

Ce sont donc les articles de Broca parus en 1859 qui constituent la référence pour la thèse raciale, au sens biologique du terme[76]. Broca souhaite asseoir sur les statistiques nationales de la conscription les affirmations livresques et peu rigoureuses d'Edwards sur l'existence des deux races gauloises[77]. Broca reprend les mêmes *topoï* qu'Edwards sur le physique des « Galls », rebaptisés « Celtes », et des Kimris. Edwards avait plus ou moins emprunté ces lieux communs à *la Guerre des Gaules* de Jules César.

---

75   C. BLANCKAERT, « l'anthropologie personnifiée… », *loc. cit.*, p. I.
76   P. BROCA, « Recherches sur l'ethnologie de la France », dans *MSAP*, 1, 1859, p. 1-56, une carte hors texte ; du même auteur, « Recherches sur l'ethnologie de la France », dans *BSAP*, 1, 1859, p. 6-30 (compte rendu et discussion à propos de l'article précédent).
77   Ainsi, Georges Pouchet se félicite que « ce qu'on n'avait pu admettre jusqu'ici que par voie de supposition se trouve maintenant établi sur des preuves scientifiques et rigoureuses », P. BROCA, « Recherches… », *loc. cit.*, dans *BSAP*, p. 17.

Quoi de plus logique, puisque les Français du XIXe siècle sont censés descendre presque directement des contemporains du général romain? Broca y ajoute toutefois un élément descriptif supplémentaire promis à un bel avenir : la couleur des cheveux et le système pileux. « Dans la France celtique, les hommes sont plus petits, plus velus et plus bruns »[78], alors que les Kimris sont bien sûr plutôt de grands blonds glabres. Les statistiques militaires ne peuvent pas étayer cette thèse, puisque Broca ne connaît pas *à l'échelle individuelle* la corrélation entre couleur des cheveux et stature, ni même d'ailleurs la répartition départementale de la couleur des cheveux[79]. Mais peu importe pour le grand anthropologue : Broca utilise les statistiques sur la répartition départementale du défaut de taille de son collaborateur, le médecin militaire Boudin, pour asseoir l'existence des deux races gauloises[80]. C'est d'une simple confrontation entre d'une part les observations littéraires de César, d'Amédée Thierry, d'Edwards, et d'autre part les observations anthropométriques de Boudin à l'échelle départementale que naît le conte racial.

Dans la France du Sud, où l'on trouve beaucoup de réformés pour défaut de taille, vivent les descendants des Celtes ou Galls, dans la France du nord, où se trouvent peu de réformés pour défaut de taille, habitent les descendants des Kimris. Broca va même beaucoup trop loin, dépassant largement ce que peuvent indiquer les sources conscriptionnelles : « Dans la *zone kimrique*, les hommes grands et blonds sont en majorité ; dans la *zone celtique*, la majorité est composée d'hommes bruns et d'une taille moins élevée », alors que, comme l'avait pressenti Edwards, la zone intermédiaire entre Seine et Loire est une zone de contact, baptisée « *zone kimro-celtique* »[81]. En fait, les nuances raciales sont encore plus subtiles que cela : Broca distingue 15 départements kimriques purs, 6 départements germanisés au pourcentage de réformés pour défaut de taille plus élevé (dont les départements alsaciens) et enfin deux groupes de départements kimro-celtiques, l'un en Normandie et l'autre au Sud[82].

Broca n'est donc pas un tenant de la théorie de races pures qui traversent les âges sans modification. Par conséquent, il fait figure de modéré dans le débat anthropologique de l'époque sur la pureté des prétendues races humaines. Certains membres de la Société d'Anthropologie de Paris sont plutôt des tenants de la thèse des races pures, mais lors du débat qui suit la présentation de son travail, Broca tient à défendre l'idée

---

78   P. BROCA, « Recherches… », *loc. cit.*, dans *MSAP*, p. 24.
79   Il le reconnaît lui-même, *ibidem*, p. 25.
80   M. BOUDIN, *Traité de géographie et de statistique médicales et des maladies endémiques*, Paris, 1857, t. II, p. 238-240. (réédition enrichie de l'ouvrage de 1843 où ne figurent pas les données reprises par Broca en 1859, celles-ci concernent d'ailleurs les classes dites 1831 à 1849, en fait les classes 1837 à 1849. Pour cette correction, voir P. BROCA, « Nouvelles recherches… », *loc. cit.*, dans *MSAP*, p. 151).
81   P. BROCA, « Recherches… », *loc. cit.*, dans *BSAP*, p. 11.
82   P. BROCA, « Recherches…, », *loc. cit.*, dans *MSAP*, p. 43.

de croisements entre race celte et race kimrique ou entre race kimrique et race germanique. Il en veut pour preuve que tout croisement, même entre deux races de haute stature (kimrique et germanique), ne peut se traduire que par un abaissement de la taille moyenne des hybrides, comme c'est le cas en Alsace-Lorraine[83]. C'est là un point très important, comme nous le verrons par la suite. Les successeurs de Broca franchiront une étape supplémentaire, en croyant montrer par des artifices statistiques que le croisement est impossible.

Par ailleurs, la thèse de Broca et de ses successeurs n'exclut pas entièrement le rôle des facteurs sociaux. Mais soit ceux-ci sont constamment considérés comme exerçant une influence secondaire par rapport à la race au sens biologique du terme[84], soit ils ne jouent un rôle important que dans le retard de croissance staturale, mais non sur la stature finale des populations[85]. Or on sait actuellement qu'un retard de croissance à l'âge de 20 ans n'est que très partiellement rattrapé par la suite et que les écarts anthropométriques à cet âge rendent bien compte d'inégalités de niveau de vie biologique qui se lisent aussi à l'âge adulte[86]. En fait, plutôt que d'essayer d'avancer une construction

---

83 Réponse de Broca à Pouchet, P. BROCA, «Recherches…», *loc. cit.*, dans *BSAP*, p. 18 et 25-26.

84 P. BROCA, «Recherches…,», *loc. cit.*, dans *MSAP*, p. 43 : «Certes, je ne prétends pas que les éléments ethnologiques soient la seule et unique cause des variations de la taille humaine. L'alimentation, le genre de vie, l'aisance ou la misère exercent bien quelque influence sur la croissance du corps, et il parait que, toutes-choses égales d'ailleurs, les habitants des campagnes, condamnés à des travaux rudes et ingrats, ont la taille un peu moins élevée que les habitants des villes. Mais j'ai beau passer en revue toutes les causes, réelles ou imaginaires, qui pourraient être invoquées pour expliquer les différences de la taille dans les diverses régions de la France, je n'en trouve aucune qui puisse rendre compte des résultats consignés sur notre carte.», voir aussi P. BROCA, «Recherches…», *loc. cit.*, dans *BSAP*, p. 14 et l'article «taille» de J. BERTILLON qui fait alors autorité dans *Dictionnaire encyclopédique des sciences médicales*, 3e série, t. 15, 1885, p. 581-649 et plus particulièrement p. 589.

85 Voir à ce sujet l'article «croissance» de E. DALLY qui fait alors autorité, dans *Dictionnaire encyclopédique des sciences médicales*, 1re série, t. 23, 1879, p. 372-400 et plus particulièrement p. 381 ; voir également le rapport de G. LAGNEAU (membre d'une commission responsable du rapport avec BROCA et BERGERON), sur le mémoire du docteur COSTA portant sur les «Etudes statistiques et médicales sur le recrutement dans le département du Nord», dans *Bulletins de l'Académie de médecine*, 2e série, 44, t. IX, 1880, p. 607-614 et plus particulièrement p. 612.

86 Pour s'en convaincre, il n'y a qu'à regarder les cartes anthropométriques de la France de la fin du XVIIe siècle ou du XVIIIe siècles dressées par J. Komlos. Ces cartes concernent les adultes et pourtant de très fortes inégalités spatiales apparaissent. On peut aussi comparer les *trends* quasi identiques des adolescents et des adultes français pour le XVIIIe siècle, afin de voir que les niveaux de vie biologiques des premiers et des seconds sont très proches ; J. KOMLOS, «Histoire anthropométrique de la France de l'Ancien Régime», *loc. cit.*, version française ne comprenant pas de cartes, pour celles-ci, voir la version anglaise, plus complète, «An anthropometric history of early-modern France», dans *European Review of Economic History*, 7, 2003, p. 159-189, cartes p. 172-173.

intellectuelle complexe, qui rendrait compte elle-même le plus possible d'un réel complexe, Broca renonce : il envisage l'hypothèse que la taille moyenne soit « le résultat de l'ensemble des conditions hygiéniques ; que plusieurs influences d'inégale importance peuvent s'associer ou se combattre ». Mais finalement il ne la retient pas : « Dans cette hypothèse éclectique, la hauteur de la taille serait en quelque sorte la résultante d'une foule de circonstances locales qui, par leur complexité même, échaperaient à l'analyse. Partout où l'homme trouverait un milieu favorable, il deviendrait plus grand[87]. » La (re)construction intellectuelle complexe et exigeante, rebaptisée « éclectique », est ainsi déconsidérée et justifie le passage au mode conditionnel. Avec son explication raciale et surtout avec son autorité dans les milieux médical et anthropologique, Broca entrave pour au moins une quarantaine d'années le développement des thèses économiques et sociales. Au côté de Boudin, il exerce une influence décisive sur les recherches anthropométriques, influence qui se fait sentir bien après sa mort.

---

87 P. BROCA, « Recherches… , », *loc. cit.*, dans *MSAP*, p. 49.

Chapitre II
Apogée et déclin du conte racial (années 1860 – années 1950)

I – Le succès de Boudin et Broca ou l'apogée du conte racial (années 1860 – années 1890)

a) Le mandarinat de Boudin et Broca et la multiplication des études anthropométriques à fondement racial (années 1860 – années 1890)

De part ses titres et ses fonctions, Paul Broca exerce un véritable mandarinat sur les études anthropométriques jusqu'à sa mort (1880) et l'influence de ses idées reste très forte même après sa disparition. C'est que Broca est le fondateur des périodiques, de la société et des institutions d'enseignement qui monopolisent la parole anthropométrique encore après 1880. L'éminent anthropologue s'est également assuré le précieux concours de son aîné, le docteur Boudin (1806-1867), médecin militaire très écouté dans le milieu de l'armée[1] et membre fondateur au côté de Broca de la Société d'Anthropologie de Paris. Boudin est l'auteur de plusieurs travaux célèbres sur l'anthropométrie raciale de la France, principalement au début des années 1860, alors que le bruit court que la prétendue race française est en dégénérescence[2]. Avant même le

---

1 « A distinguished army surgeon » selon J. M. TANNER, *op. cit.*, p. 163.
2 M. BOUDIN, *Etudes sur le recrutement des armées*, Paris, 1849 ; *Traité de Géographie…*, *op. cit.* ; édition de 1857 ; *Etudes ethnologiques sur la taille et le poids de l'homme chez divers peuples et sur l'accroissement de la taille et de l'aptitude militaire en France*, Paris, 1863 ; texte intégralement reproduit sous le même titre dans *RMMCPM*, 3e série, 9, 1863, p. 169-207 et 10, 1863, p. 1-43 ; texte partiellement reproduit sous le titre « L'accroissement de la taille et l'aptitude militaire en France », dans *BSAP*, 4, 1863, p. 250-254 ainsi que dans *Journal de la Société de statistique de Paris*, 4, 1863, p. 177-201 et dans *MSAP*, 2, 1865, p. 221-259. Les écrits de Boudin de 1863 répondent en fait à un article paru dans le *Siècle* du 3 mai 1863 qui prétend que la stature moyenne des Français diminue (« Serions-nous bientôt forcés de

traumatisme de Sadowa, thèse raciale et chauvinisme font bon ménage, l'Allemagne inquiète jusque dans les cabinets d'érudits[3]. Grâce à sa position au sein de l'armée, Boudin va également être à l'origine d'un certain nombre de travaux entrepris par des médecins militaires de différents départements français et tendant à confirmer, si possible à l'échelle cantonale, les théories raciales de Broca[4].

A côté des *Mémoires de la Société d'Anthropologie de Paris*, des *Bulletins* de la même société et de la *Revue d'Anthropologie*, Broca et Boudin utilisent les publications médicales de l'armée pour faire paraître un grand nombre d'études anthropométriques à fondement racial : les *Recueils des mémoires de médecine, de chirurgie et de pharmacie militaires* ainsi que les *Archives de médecine et de pharmacie militaires*. Broca lui-même produit une recherche qui va faire autorité sur la Bretagne, région de la France celte et qui sera confirmée par d'autres travaux[5]. La Bretagne apparaît alors comme le lieu de la coexistence sans croisement de la race celte antique, réfugiée dans l'intérieur des terres, et de la race des grands

---

l'abaisser [la taille minimale légale] encore ? Avons-nous en perspective une race lilliputienne ? », dans *Etudes ethnologiques…, op. cit.*, p. 2.) P. BROCA apporte également sa contribution au débat (« Sur la prétendue dégénérescence de la population française », dans *Bulletin de l'Académie de médecine*, 32, 1867, p. 547-601). Pour Boudin comme pour Broca, l'article du *Siècle* les oblige à montrer que la proportion de réformés pour défaut de taille diminue. Cependant, seul Broca admet que les conditions de vie peuvent exercer une influence positive sur la stature. Broca voudrait aussi expliquer la croissance staturale par un taux de natalité de la prétendue race kimrique plus fort que celui de la race celte, race de petits (P. BROCA, « Sur la dégénérescence… », *loc. cit.*, p. 586). Pour d'autres références concernant ce débat, voir L. HEYBERGER, *op. cit.*, note 10 p. 17.

3 M. BOUDIN, *Etudes ethnologiques…, op. cit.*, p. 1 : « Depuis quelques années, un des thèmes favoris de la presse périodique étrangère consiste à représenter la France comme en pleine décadence au point de vue de sa population recrutable, à telles enseignes, que la composition de l'armée se trouverait sérieusement compromise sous le double rapport de la taille et des autres conditions sanitaires. […] mais voici maintenant les journaux français eux-mêmes qui se mettent de la partie », voir aussi P. BROCA, article « Anthropologie », dans *Mémoires d'anthropologie*, Paris, 1871, p. 17, article repris du *Dictionnaire encyclopédique des Sciences médicales*, t. V, Paris, 1866.

4 Enquête collective encore très appréciée d'Henri Vallois… en 1943 : « Sous la vigoureuse impulsion de leur fondateurs, ces deux organismes [Société d'Anthropologie de Paris et Laboratoire d'Anthropologie de l'Ecole Pratique des Hauts Etudes] entreprenaient une série d'enquêtes sur les caractères anthropologiques des Français », H. VALLOIS, *Anthropologie de la population française*, Toulouse, Paris, 1943 (Didier, collection (au titre prometteur) « Connais ton pays ».)

5 P. BROCA, « Nouvelles recherches… », *loc. cit.*, dans *MSAP*, 1868, p. 147-211 ; A. CHASSAGNE, médecin-major au 35e RI, « Contribution à l'ethnographie de la Basse-Bretagne (1874-1879) », dans *Revue d'Anthropologie*, 2e série, 4, 1881, p. 439-447 ; LE CARGUET, P. TOPINARD, « Contribution à l'anthropologie de la Basse-Bretagne. La population de l'ancien pagus cap Sizun (« pointe du Raz ») », dans *Revue d'Anthropologie*, 3e série, 3, 1888, p. 159-168 ; R. COLLIGNON, « L'anthropologie au conseil de révision ; méthode à suivre. Son application à l'étude des populations des Côtes-du-Nord », dans *BSAP*, 4e série, 1, 1890, p. 736-805.

conquérants du Ve siècle de notre ère, qui habitent sur les côtes bretonnes. Amédée Chassagne invente la « Kabylie bretonne », montagne peuplée de petits Celtes[6].

Le ton était donné pour toute une série d'études anthropométriques à fondement biologique et racial, concernant, dans l'ordre chronologique mais sans prétention d'exhaustivité : la Creuse[7], l'Indre[8], la Haute-Loire[9], le Doubs[10], le Nord[11], la Seine[12], le Calvados[13], la Marne[14], l'Isère[15], la Lorraine[16], les Côtes-

---

6 A. CHASSAGNE, *loc. cit.*, p. 440.

7 Docteur F. VINCENT, « Etudes anthropologiques sur le département de la Creuse », dans *Bulletins de la Société des Sciences naturelles et archéologiques de la Creuse*, 1, 1864, p. 9-65. L'auteur ne se réfère qu'à W. Edwards (p. 21), il faut dire que l'article de Broca est encore trop récent. Nous verrons que les affirmations du docteur Vincent sont un peu trop optimistes pour les conscrits de Napoléon, même si, en Limousin, les maçons se portent mieux que les cultivateurs : « Il est permis d'affirmer que la génération actuelle qui transforme nos grandes cités ; qui couvre la surface de la France, sur le réseau des voies de fer, de plus de travaux d'art que les Romains n'en avaient exécutés pendant tout le temps de leur domination ; à qui la capitale, elle-même, est redevable de tous ces beaux travaux [...] il est permis d'affirmer, dis-je, que cette génération n'est point inférieure à celles qui ont construit les arènes de Nîmes, les donjons du moyen-âge et nos vieilles églises romanes. Il est permis de conclure aussi, que les soldats d'Austerlitz, de Malakoff et de Solférino n'ont point dégénéré de ceux qui faisaient, au vainqueur de l'Asie, cette fière réponse : « Nous ne craignons que la chute du ciel » » (p. 62-63). Même peur de « l'abâtardissement de notre espèce » et parallèle entre la stature des « grenadiers de nos armées » et celle des « guerriers du siège de Troie », chez LELUT, *loc. cit.*, p. 100-101. Ici encore, les « Français du dix-neuvième siècle » sont censés avoir une généalogie anthropologique bien étrange : ils descendent certes des Gaulois, comme le veut Edwards, mais aussi des Athéniens...

8 BERTRAND, « Etudes statistiques sur le recrutement dans le département de l'Indre de 1838 à 1864 », dans *RMMCPM*, 3e série, 14, 1865, p. 289-318.

9 Le chef de bataillon au 15e de ligne V. PARRON, « Notice sur l'aptitude militaire en France suivie d'un essai de statistique militaire de la Haute-Loire sous le rapport physique et moral », dans *Annales de la Société d'agriculture, sciences, arts et commerce du Puy*, 28, 1866-1867, p. 349-438, voir aussi G. MOUILLE, « Des causes d'exemption du service militaire dans le département de la Haute-Loire », dans *RMMCPM*, 3e série, 18, 1867, p. 273-318.

10 A. BERTILLON, article « moyenne », dans *Dictionnaire encyclopédique des sciences médicales*, 2e série, t. 10, Paris, 1876, p. 296-324.

11 Docteur COSTA, *loc. cit.*

12 ZABOROWSKI, « Taille des Parisiens à 20 ans », dans *Revue d'Anthropologie*, 5, 1882, p. 180.

13 Docteur AUBERT, (rapport sur ses recherches par G. LAGNEAU), « Etudes statistiques sur le recrutement dans le département du Calvados », dans *Bulletins de l'Académie de médecine*, 2e série, 48, t. 13, 1884, p. 1071-1085 ainsi que R. COLLIGNON, *Anthropologie du Calvados et de la région environnante*, Caen, 1894.

14 Docteur ANTONY, médecin-major, *Etudes statistiques et médicales sur le recrutement dans le département de la Marne*, Reims, 1884.

15 R. LONGUET, médecin-major, « Etude sur le recrutement dans l'Isère. Etiologie du goitre », dans *Archives de médecine et de pharmacie militaires*, 3, 1884, p. 162-179, plus précisément p. 168-173.

16 R. COLLIGNON, *Anthropologie de la Lorraine*, Nancy, 1886.

du-Nord[17], la Savoie[18], l'Eure[19], le pays basque[20], le Limousin ainsi que les départements de la Charente et de la Dordogne[21], la Vienne[22], les Vosges[23], le Puy-de-Dôme[24] et l'Alsace[25].

b) L'Alsace-Lorraine, enjeu ethnologique et politique entre France et Allemagne (1898-1901)

En fait, l'article de Georges Hervé sur la stature des Alsaciens répond à une étude entreprise par un chercheur allemand, le docteur G. Brandt[26]. Dans le contexte particulier de l'annexion de l'Alsace-Lorraine à l'Allemagne, le débat prend ici un ton particulier, car l'enjeu est bien évidemment d'importance: les Alsaciens-Lorrains sont-

---

17   R. COLLIGNON, «L'anthropologie au conseil...», *loc. cit.*
18   ZABOROWSKI, «Anthropologie. Les chemins de fer et l'accroissement de la taille. L'accroissement de la taille en Savoie», dans *Revue scientifique*, 50, 1892, 2ᵉ semestre, p. 302-306.
19   Docteur G. CARLIER, «De la taille dans l'arrondissement d'Evreux», dans *BSAP*, 4ᵉ série, 3, 1892, p. 64-66; du même, «Les conscrits des cantons d'Evreux-Nord et d'Evreux-Sud considérés au point de vue anthropologique», dans *BSAP*, 4ᵉ série, 4, 1893, p. 470-478.
20   R. COLLIGNON, «La race basque», dans *L'Anthropologie*, 5, 1894, p. 276-287 ainsi que *Anthropologie du sud-ouest de la France. Première partie. Les Basques. Deuxième partie: Basses-Pyrénées, Hautes-Pyrénées, Landes, Gironde, Charente-Inférieure, Charente*, Paris, 1895.
21   R. COLLIGNON, *Anthropologie de la France: Dordogne, Charente, Corrèze, Creuse, Haute-Vienne*, Paris, 1894. Voir aussi A. MASFRAND, chapitre «Anthropologie», dans ASSOCIATION FRANCAISE POUR L'AVANCEMENT DES SCIENCES, *Le Limousin. Notices scientifiques, historiques, économiques*, Paris, 1890, réédition, Paris, 1996, p. 91-104 et plus particulièrement p. 99-104 (Office d'édition du livre d'histoire, collection «Monographie des villes et villages de France»).
22   Docteur ATGIER, «Anthropologie de la Vienne aux temps actuels», dans *BSAP*, 4ᵉ série, 9, 1898, p. 617-637.
23   LIETARD, correspondant de l'Académie de médecine, «De la résistance des types anthropologiques aux influences des milieux», dans *Bulletins de l'Académie de médecine*, 3ᵉ série, 39-40, 1898, p. 539-551.
24   Docteur BOUCHEREAU, médecin-major, *Coloration des yeux et des cheveux de la population du plateau central de la France*, Montluçon, 1899. Pour la taille, voir p. 18-19, avec une vision nuancée de l'auteur: «La taille est un caractère ethnique variable et subordonnée aux conditions du milieu, bien plus qu'aux influences de la race», alors que c'est la pigmentation qui indique plutôt la prétendue appartenance ethnique.
25   G. HERVE, «La taille en Alsace», dans *Revue de l'école d'anthropologie de Paris*, 1901, p. 161-177.
26   G. BRANDT, *Die Körpergrösse der Wehrpflichtigen des Reichslandes Elsass-Lothringen nach amtlichen Quellen bearbeitet*, deuxième fascicule des *Beiträge zur Anthropologie Elsass-Lothringens*, dir. SCHWOLBE (G.), Strasbourg, 1898.

ils de « race » allemande ou française ? On comprend que les sources utilisées par le savant allemand dans un tel débat ne peuvent être qu'allemandes, et c'est donc sur les classes 1872 à 1894 que Brandt s'appuie[27].

La monumentalité de l'étude, qui comporte 105 561 statures, confirme la réputation de sérieux de la recherche allemande du IIe *Reich*. C'est donc une magnifique carte en couleur[28] qu'offre Brandt comme principale conclusion de son travail. L'auteur pose bien la question de l'influence des facteurs économiques et sociaux sur la stature[29]. Il fournit ainsi un gros travail statistique dont on ne trouve presque pas d'équivalent en France, en calculant par exemple dans son huitième tableau la part des Alsaciens-Lorrains de moins de 156 cm dans les grandes villes et dans leurs environs proches (*Umgebungen*)[30]. On voit ainsi que dans la majorité des cas, les habitants des villes du *Reichsland* sont légèrement plus petits que ceux de leurs proches environs. Mais globalement, Brandt n'adhère pas à la thèse économique et sociale[31]. C'est bien à une anthropologie raciale que le savant allemand veut aboutir : il fournit une statistique qui montre que les francophones sont plus petits que les germanophones[32] et très habilement, ce sont finalement des anthropologues français, Broca, Boudin et Topinard qui sont cités pour introduire l'hypothèse de l'influence du facteur racial[33], mais la conclusion est évidente : les grands Alsaciens-Lorrains, majoritaires, sont les descendants d'anciens peuples germaniques, les Francs et Alamans alors que les petits, des montagnes de l'Ouest, sont les descendants des premiers occupants celtes refoulés là par les envahisseurs[34].

---

27 G. BRANDT, *op. cit.*, p. 3.
28 Témoin de la supériorité de l'industrie allemande, en particulier chimique : aucune étude française anthropométrique ne comporte de carte en couleur aux XIXe et XXe siècles. Voir carte reproduite en figure 19.
29 *Ibidem*, p. 10.
30 *Ibidem*, p. 14. 8 villes de plus de 10 000 habitants. Brandt essaie aussi de voir la différence de niveau de vie entre Thann (ville de l'indutrie textile) et Vieux-Thann (village limitrophe à dominante agricole) afin de cerner l'influence des métiers. (p. 18).
31 *Ibidem*, p. 20.
32 Tableau 13 p. 21.
33 *Ibidem*, p. 22-23.
34 *Ibidem*, p. 23-24.

Figure 1 : La première carte anthropométrique de la France par d'Angeville (1836)

(A. D'ANGEVILLE, *Essai sur la statistique de la population française considérée sous quelques-uns de ses rapports physiques et moraux*, Bourg-en-Bresse, 1836, réédition précédée d'une introduction d'E. Le Roy Ladurie, Paris, La Haye, 1969, carte hors-texte n° 5)

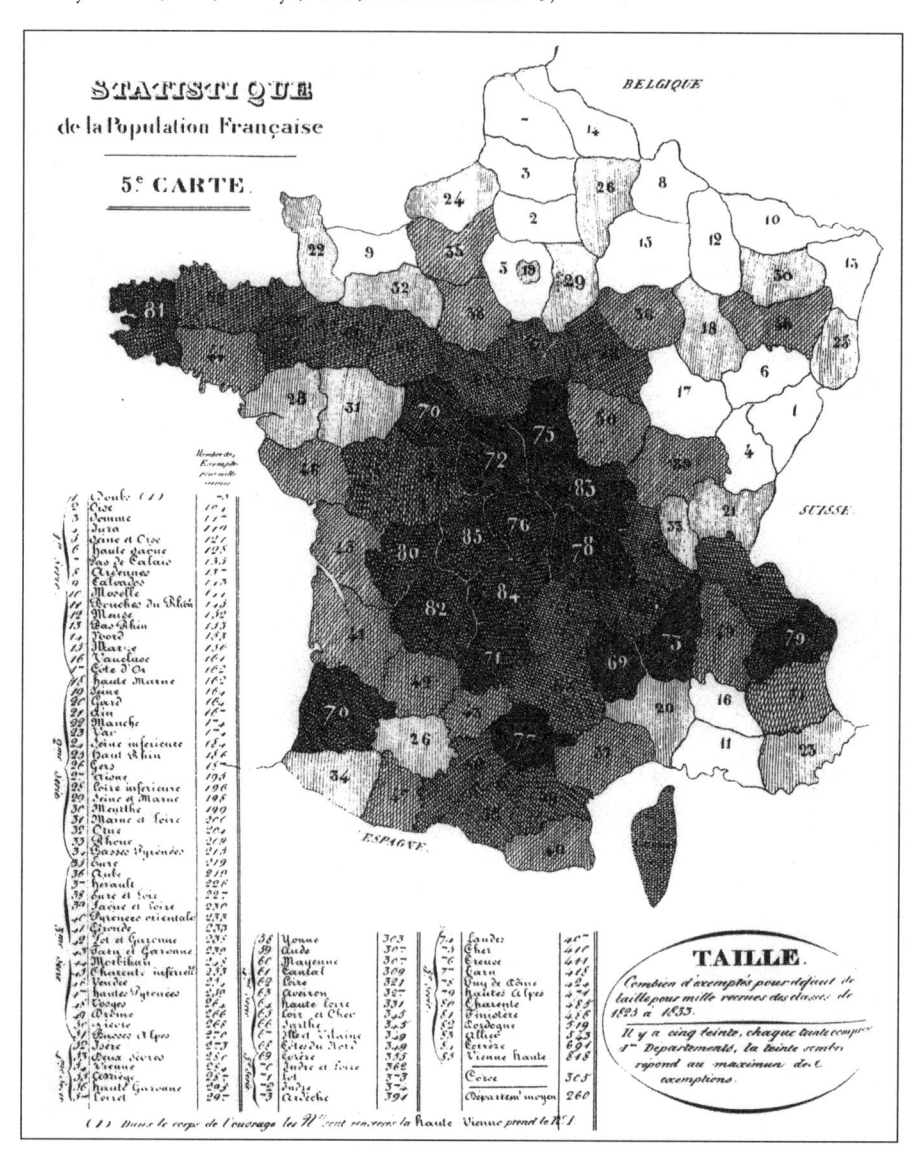

Figure 2 : Les deux races gauloises
d'Adolphe Bertillon (1876)

(A. BERTILLON, article « moyenne », dans *Dictionnaire encyclopédique des sciences médicales*, 2e série, t. 10, Paris, 1876, p. 306)

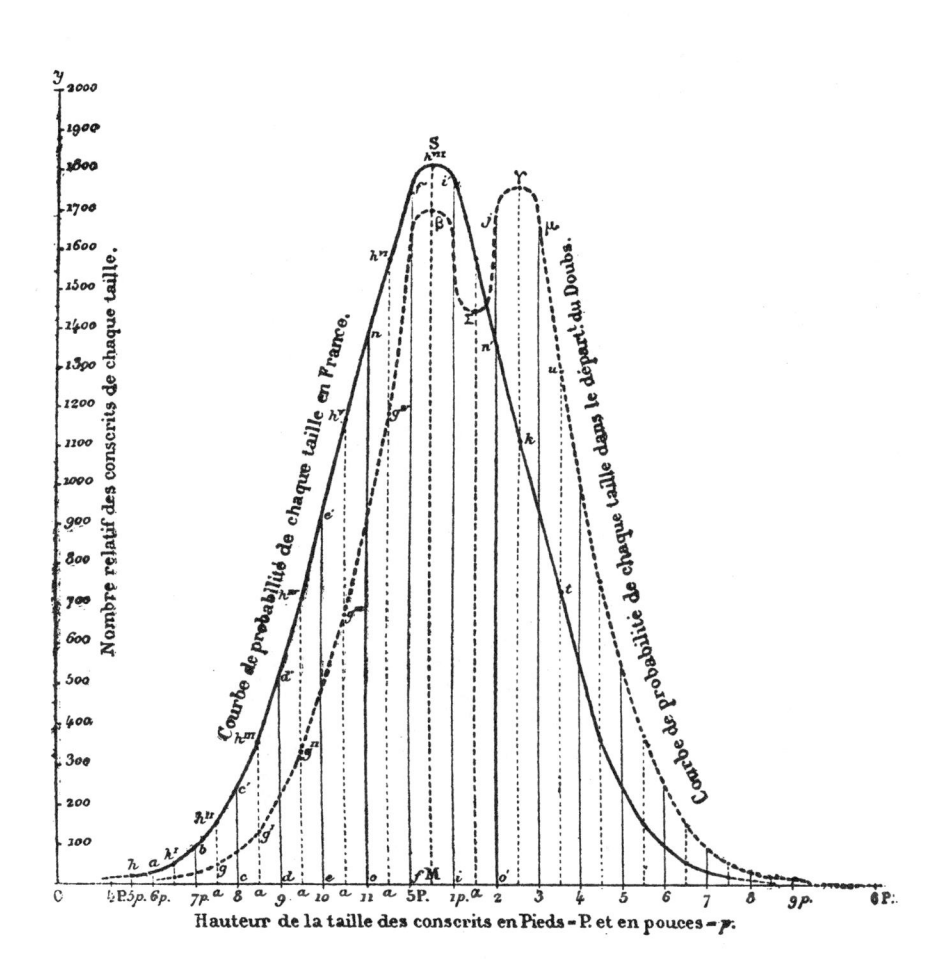

Figure 3 : La carte de France des Celtes et des Kimris selon Jacques Bertillon (1885)

(J. BERTILLON, « Anthropologie. La taille en France », dans *Revue scientifique*, 10, 16, 1885, p 485.)

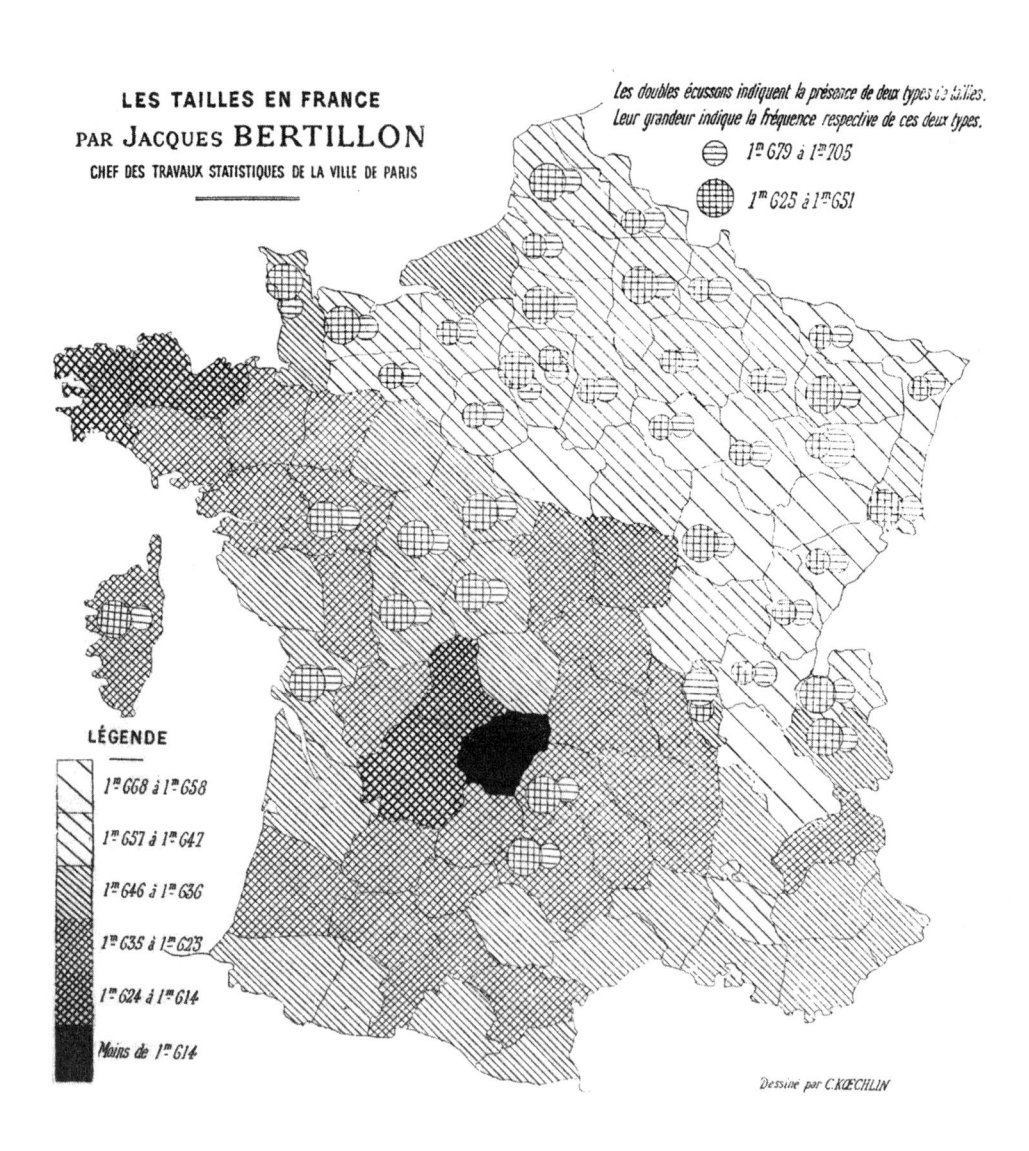

Apogée et déclin du conte racial (années 1860 – années 1950)

Figures 4 : Les Celtes et les Kimris vosgiens de Liétard (1898)

(LIETARD, « De la résistance des types anthropologiques aux influences des milieux », dans *Bulletins de l'Académie de médecine*, 3ᵉ série, 39-40, 1898, p. 547-549)

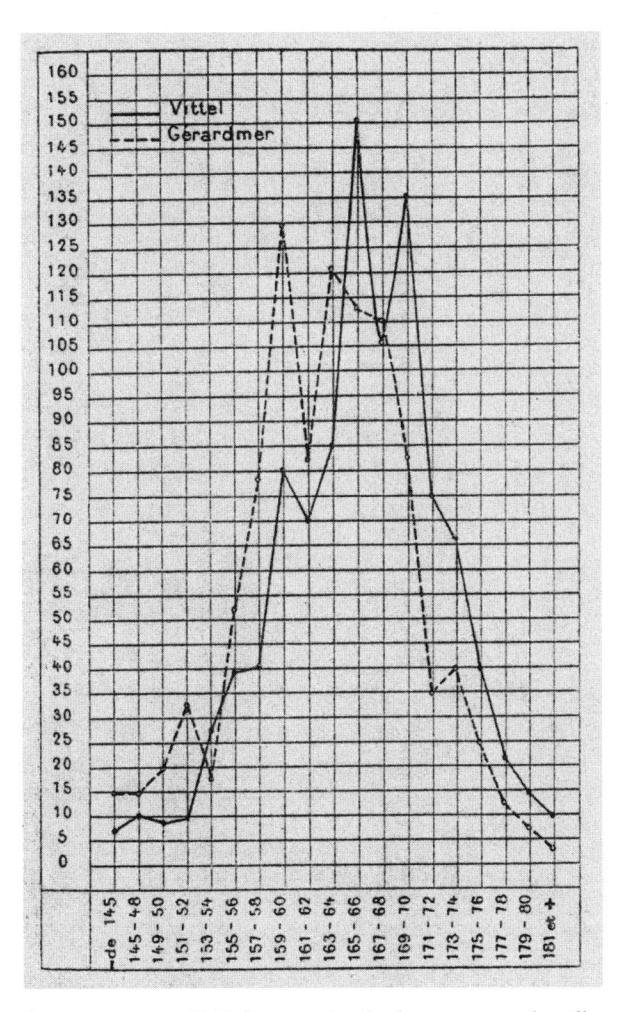

Proportions pour 1000 des conscrits de chaque groupe de tailles dans les cantons de Gérardmer et Vittel.

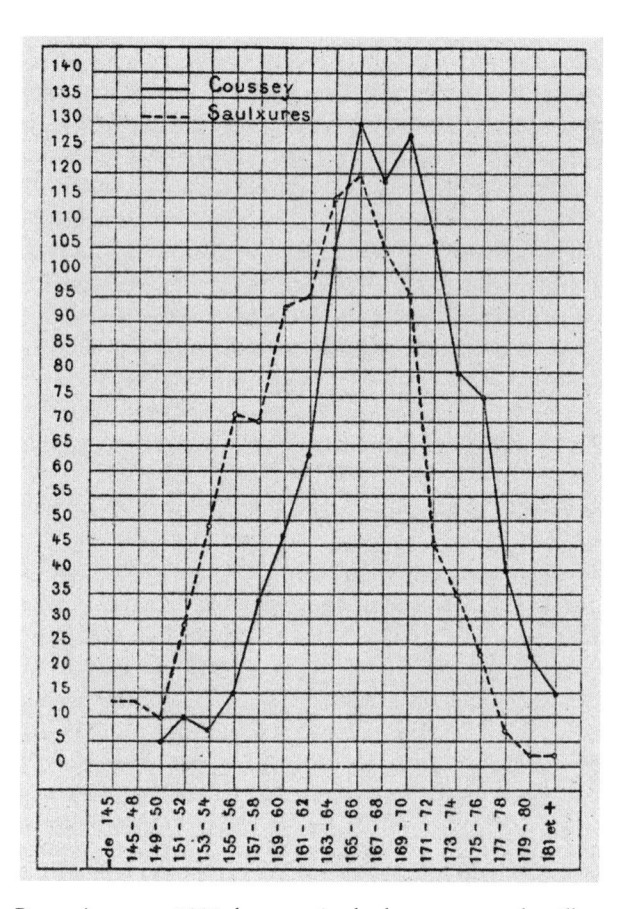

Proportions pour 1000 des conscrits de chaque groupe de tailles
dans les cantons de Saulxures et Coussey.

Apogée et déclin du conte racial (années 1860 – années 1950)

Figures 5 : Les histogrammes de Carret (1882)

(J. CARRET, *Etudes sur les Savoyards*, Chambéry, 1882, p. 13, 18, 59 et 62.)

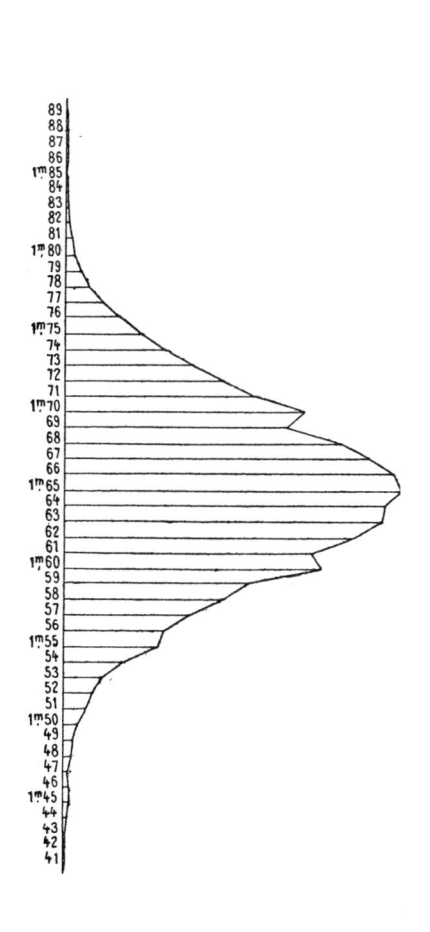

Fig. 1. Tailles des conscrits de la Savoie.
Huit classes, 1872-79.

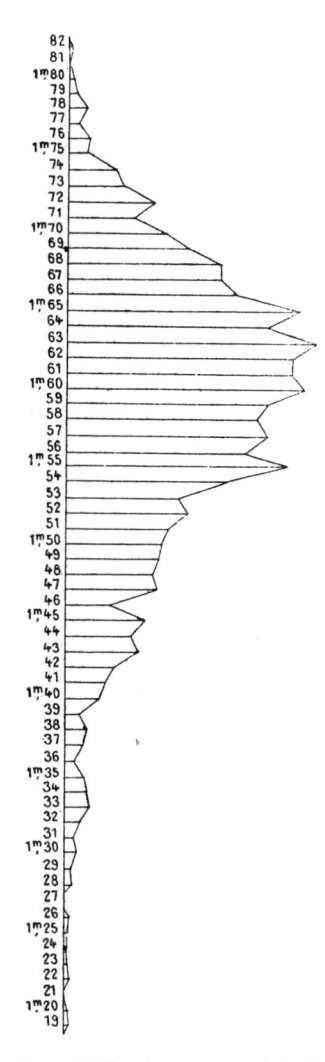

Fig. 2. Tailles des conscrits de la Savoie.
Deux classes, 1811-12.

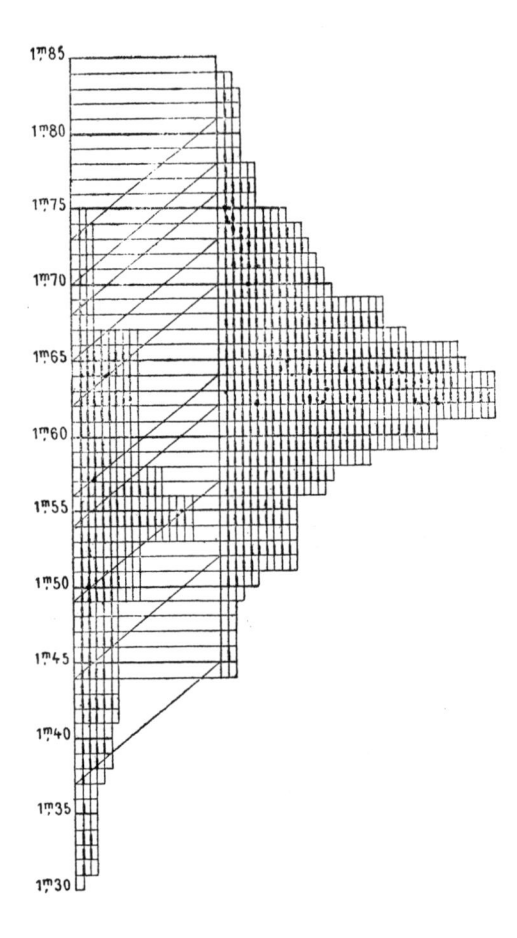

Fig. 9. Conscrits de 12 communes des cantons de Modane et St-Michel. Epoques 1811-12 et 1872-79 comparées.

Apogée et déclin du conte racial (années 1860 – années 1950)

Figure 6 : Quételet et la girafe ou la zootechnie au secours de la thèse mésologique selon Ménard (1885)

(S.-Y. MENARD, *Contribution à l'étude de la croissance chez l'homme et les animaux (physiologie et hygiène comparées)*, Paris, 1885, planche hors-texte)

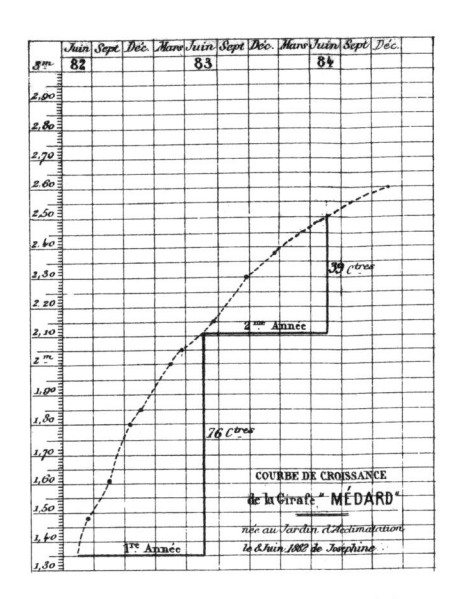

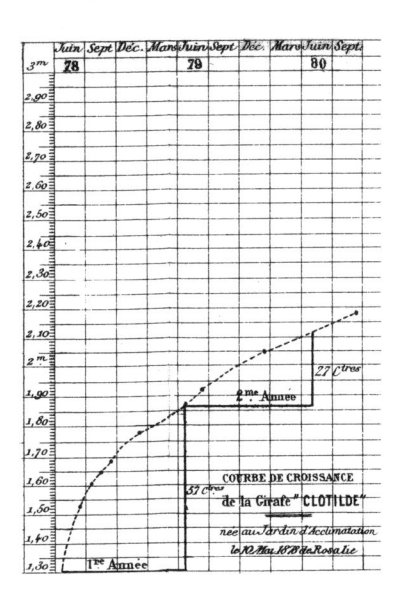

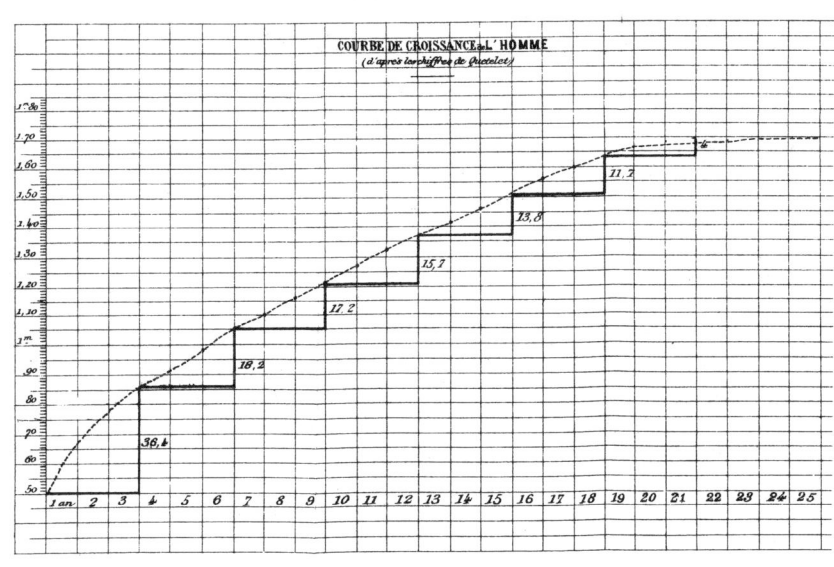

Bien sûr, Georges Hervé ne peut pas accepter les conclusions de Brandt, tout en restant dans la perspective de la thèse raciale. Nécessité faisant force de loi, l'anthropologue français est amené à malmener quelque peu la vulgate répétée sans cesse depuis Broca : il existe des mouvements importants de populations depuis l'antiquité et le dogme des deux races françaises, même nuancé par Broca pour l'Alsace-Lorraine, ne peut tenir. Hervé évoque (avec raison) « la formidable dépopulation » du XVIIe siècle en Alsace[35], suivie d'un mouvement de repopulation. « Faute d'avoir tenu compte de ce fait capital, la théorie ethnologique de M. Brandt, comme presque tout ce qu'ont écrit nos voisins sur les origines de la population alsacienne contemporaine, reste sans base sérieuse[36]. » La lucidité de l'auteur est toutefois très partielle et il ne va pas jusqu'à étendre son raisonnement à l'ensemble de la France et à l'ensemble de son histoire. Il va sans dire que la repopulation de la région se fait essentiellement au moyen de Suisses ou de régnicoles venus de Franche-Comté[37]. En ce qui concerne la zone de dépression staturale des Vosges, dont nous reparlerons, elle s'explique par la présence d'une « race vosgienne », venue entre le XIe et le XVIIe siècle des plateaux lorrains. La conclusion est évidente : « En résumé, toute une partie de l'Alsace annexée, l'Alsace romane ou welche, est habitée par une population incontestablement française[38]. »

De part et d'autre du Rhin, l'anthropologie est mobilisée pour justifier la construction de l'objet nation, dans une perspective raciale[39]. Le cas alsacien amène à réviser la vulgate celto-kimrique de Broca, mais non à briser le dogme de la race. En voulant radicaliser et asseoir plus fermement la première autant que le second, les anthropologues héritiers de Broca vont apporter à la théorie raciale des raffinements qui reposent en fait sur une grossière erreur statistique, sans cesse répétée durant une vingtaine d'années[40].

---

35   G. HERVE, *loc. cit.*, p. 168.
36   *Ibidem*, p. 168.
37   *Ibidem*, p. 169-174.
38   *Ibidem*, p. 177.
39   En fait, le débat anthropologique sur la composition raciale des nations française et allemande était engagé de part et d'autre du Rhin avant même que les fusils aient fini de parler, en 1870-1871. A l'initiative de Buloz, directeur de la *Revue des deux mondes*, les érudits français se mobilisent pour donner leur conception de la nation, voir A. de QUATREFAGES, « Histoire naturelle de l'homme, la race prussienne », dans *Revue des deux mondes*, 15 février 1871, cité par F. HARTOG, *Le XIXe siècle et l'histoire. Le cas Fustel de Coulanges*, Paris, 1988, p. 52-53.
40   Nous ne présentons pas dans ce chapitre tous les articles soutenant la thèse raciale. Pour plus de références, voir la bibliographie.

II – La démystification statistique du conte racial ou du bon usage des histogrammes

a) Les distributions bimodales découvertes par Adolphe et Jacques Bertillon (1876 et 1885)

Les recherches de Broca publiées en 1859 et 1868 donnent lieu à toute une série d'études régionales ou départementales dont le but est de confirmer l'existence des deux prétendues races celte et kimrique. D'autre part, le polygénisme de Broca va se trouver radicalisé par Bertillon père et fils ainsi que par d'autres anthropologues français, au point de devenir caricatural. Nous avons vu que pour Broca, les croisements entre race celte et race kimrique était non seulement possibles mais en plus rendus nécessaires pour valider sa théorie. Par exemple en Alsace-Lorraine, la stature des hybrides germano-kimriques est inférieure à celle des Kimris ou des Germains purs, pourtant tous deux de grande taille. C'est que, selon Broca, un croisement ne peut qu'amener une diminution de la stature moyenne des hybrides obtenus.

Cependant, en 1876, Bertillon père (1821-1883) apporte une nuance importante à la théorie échafaudée par Broca : les deux races coexistent mais ne se mêlent pas dans l'espace qui leur est commun, la France kimro-celtique, entre Seine et Loire[41]. Pour démontrer sa découverte, le médecin s'appuie sur ce qui allait devenir les « célèbres conscrits du Doubs d'Adolphe Bertillon » selon le mot d'Alain Desrosières[42].

Normalement, on sait depuis Quételet que la stature humaine répond à une distribution gaussienne, c'est-à-dire que la distribution des effectifs d'une population selon des classes de stature correspond à une courbe en cloche de forme régulière, où le sommet de la cloche représente à la fois la moyenne, la médiane et le mode de la population[43]. Il s'agit pour Bertillon de montrer que derrière une moyenne peut en fait se cacher deux modes distincts. Si l'on répartit la population des conscrits du Doubs en classes de stature et que l'on représente cette distribution par un histogramme, on remarque que cette distribution, dont la moyenne est 166,9 cm, admet deux modes, c'est-à-dire que deux classes de statures sont nettement plus représentées que toutes les autres et que ces deux modes ne correspondent pas à la moyenne. Le premier correspond à l'intervalle de classe 5 pieds à 5 pieds 1 pouce (162,5 à 165,1 cm) et le second à l'intervalle 5 pieds 2 pouces à 5 pieds 3 pouces (167,9 à 170,5 cm). Autrement dit, la stature moyenne des conscrits du Doubs n'est qu'un

---

41   A. BERTILLON, *loc. cit.*, p. 296-324, et plus particulièrement p. 302-308. L'hypothèse avait déjà été émise en 1863 par Bertillon (voir p. 307.)
42   A. DESROSIERES, *op. cit.*, p. 122.
43   Quételet admet par ailleurs que si l'on mélange deux populations de moyennes différentes, on obtient une population bimodale.

artifice arithmétique qui cache en fait deux populations distinctes, identifiables par les deux modes observés par Bertillon. Ces deux modes correspondent en fait aux deux moyennes de deux populations d'origine raciale différente qui ne se sont pas croisées et dont les caractères anthropométriques sont encore distincts. Les plus petits sont bien évidemment les Celtes et les plus grands les Kimris. L'histogramme produit par Bertillon pour fonder sa thèse prouve donc la cohabitation sans mélange à travers des siècles des deux prétendues races gauloises[44]. Le mythe de la pureté raciale fait donc un pas décisif par rapport à la thèse de Broca, qui admettait et même nécessitait les croisements entre races.

Bertillon père n'a démontré sa théorie que pour les conscrits du Doubs. Son fils Jacques (1851-1922) va généraliser ses observations à l'ensemble de la France. Dans un article de 1885, il produit une carte anthropométrique du pays qui ne se contente pas de figurer les moyennes départementales, mais aussi par des « doubles écussons », « la présence de deux types de tailles », c'est-à-dire de deux modes dans la population[45]. Ces deux modes correspondent bien évidemment aux deux moyennes des deux prétendues races gauloises. Le mode 162,5-165,1 cm de la race celte est représenté par un écusson quadrillé, le mode 167,9-170,5 cm de la race kimrique est figuré par un écusson rayé. La grandeur des écussons de chaque département « indique la fréquence respective des deux types » de taille. Le lecteur peut ainsi constater que la France au Nord de la ligne Saint-Malo-Genève comporte globalement une population mixte, alors que la France du sud possède une population essentiellement celte.

b) Liétard et les conscrits vosgiens : raffinement statistique, apogée et crise du conte racial (1898)

La théorie, démontrée à l'échelle nationale et départementale, va également l'être à l'échelle cantonale, atteignant probablement ici le comble du raffinement, mais également ses limites. Liétard, correspondant de l'Académie de médecine, publie en 1898 une étude sur les conscrits du département des Vosges. Les moyens déployés par l'auteur sont exceptionnels pour l'époque : Liétard a relevé à l'échelle individuelle 36 000 statures[46]. L'objectif de l'auteur est très clair : il s'agit de voir, du facteur social ou racial, quel est le plus important. La multiplication des écrits tenant de la thèse

---

44 A. BERTILLON, *loc. cit.*, p. 306, voir histogramme reproduit ici en figure 2.
45 J. BERTILLON, « Anthropologie. La taille en France », dans *Revue scientifique*, 10, 16, 1885, p. 485. Voir carte reproduite ici en figure 3. Voir également un texte très proche du même auteur, article « taille », dans *Dictionnaire encyclopédique des Sciences médicales*, 3e série, t. 15, Paris, 1885, p. 581-649.
46 LIETARD, *loc. cit.*, p. 541.

économique et sociale dans les années 1890[47] amène en effet les anthropologues héritiers de Broca à préciser leur démonstration, comme on l'a d'ailleurs vu chez Brandt pour l'Alsace-Lorraine. C'est plus précisément l'idée des Bertillon de deux populations coexistant sans se mêler qu'entend défendre Liétard.

Pour les besoins de sa démonstration, l'auteur retient quatre cantons du département vosgien. Tout d'abord, deux cantons de petits conscrits, Gérardmer et Saulxures. Le premier est retenu pour sa distribution bimodale de la stature[48], le second pour sa distribution monomodale. Ensuite, deux cantons de grands conscrits, Vittel et Coussey, le premier retenu en raison de sa distribution bimodale, le second pour sa distribution monomodale de la stature. L'auteur compare ensuite les deux cantons à distribution bimodale, Gérardmer, canton de petits conscrits, et Vittel, canton de grands conscrits[49]. L'auteur conclut très logiquement que «les deux maxima de Gérardmer, ne correspondent pas à ceux de Vittel, mais qu'ils ont été reportés plus bas vers les cotes faibles et sont attachés aujourd'hui à celles de $1^m, 59 - 1^m, 60$ et de $1^m, 63 - 1^m, 64$, soit presque 6 centimètres, en moyenne, de moins qu'à Vittel» (165-166 cm et 169-170 cm)[50]. La conclusion qu'il tire de ces observations est tout à fait originale : la présence de deux modes aussi bien à Gérardmer qu'à Vittel prouve l'existence de deux races distinctes, le décalage général de 6 cm entre les deux populations résulte des différences de condition de vie entre les deux cantons :

> «Ce qui s'est passé apparaît dès lors avec évidence, et se lit clairement sur les diagrammes où les deux courbes sont superposées. Tous les éléments de l'une des courbes ont été, sous l'influence des actions nocives multiples auxquelles il a été fait allusion, repoussées en bloc vers les tailles faibles, sans que la symétrie en ait été troublée. L'événement a eu lieu comme si un niveau passant sur la tête de chaque individu l'avait abaissé proportionnellement à sa taille.
> Ainsi s'explique que la courbe qui avait primitivement deux sommets comme toutes les autres courbes de la région, puisque la population, l'histoire le montre, était composée de deux éléments distincts, ait conservé sa forme, malgré le très grave déplacement que ces sommets aient dû supporter, et qui les a repoussés de 6 centimètres vers les cotes faibles, sans beaucoup modifier la valeur de leurs coefficients[51].»

Ainsi, les principes raciaux sont saufs : Liétard admet bien, contraint et forcé, le rôle des facteurs économiques et sociaux, mais comme chez Broca, c'est bien encore le

---

47   Pour cet aspect, voir section suivante : les thèses économiques et sociales : de la marginalité à l'autorité (années 1880 – années 1950).

48   C'est par abus de langage que l'on dit couramment «distribution de la stature», puisqu'il s'agit en fait de la distribution *des effectifs d'une population selon des classes de statures*. Pour ne pas alourdir davantage notre texte, nous nous en tenons à l'usage courant de l'expression.

49   *Ibidem*, p. 547, voir les histogrammes reproduits ici en figures 4.

50   *Ibidem*, p. 546.

51   *Ibidem*, p. 548.

facteur racial qui joue le principal rôle dans la détermination de la stature. Pour autant, Liétard se demande si les deux modes des populations de Vittel et de Gérardmer ne sont pas dus à deux populations non pas d'origine raciale différente, mais vivant dans des conditions différentes au sein d'un même canton, provoquant ainsi deux maxima de stature. Pour répondre à cette question, Liétard se penche sur les deux cantons monomodaux de Coussey et Saulxures. Il insiste sur les mauvaises conditions de vie dans le canton de Saulxures, dont la stature moyenne est la plus faible :

> « Par conséquent, [...] les conditions étaient parfaites pour qu'il se formât, avec l'aide de la population attaquée par ces influences nocives, un deuxième type, inférieur, distinct du premier, d'origine hygiénique, pour ne pas dire pathologique, et dont l'existence eût été révélée par la courbe des tailles. Au lieu de cela, nous voyons, au contraire, comme tout à l'heure, la masse entière des tailles rejetée du côté des chiffres faibles [...] et surtout sans qu'il se soit dessiné dans la courbe un second *culmen*, comme la théorie qui est discutée l'aurait voulu[52]. »

Ainsi, la comparaison des histogrammes monomodaux des cantons de Saulxures et de Coussey, aux moyennes et modes inégaux, montre que l'influence du milieu n'est pas assez forte pour créer un nouveau type de taille. Tout au plus constate-t-on que les populations de ces deux cantons sont issues de la même race mais que les mauvaises conditions de vie dans le canton de Saulxures abaissent la stature de l'ensemble de la population cantonale. La démonstration de Liétard parachève alors la théorie raciale du XIXe siècle et l'hypothèse d'un facteur social pouvant expliquer les courbes bimodales, un moment évoquée par Jacques Bertillon, peut être écartée[53].

Le conte racial paraît alors à son apogée. Gustave Lagneau, président de la Société d'Anthropologie (1872), membre de l'Académie de médecine, président de la Société de médecine de Paris (1869), et donc à plus d'un titre successeur de Broca[54], écrit ainsi en 1895 que les théories des monogénistes, « ardents défenseurs de l'unité biblique de

---

52 LIETARD, *loc. cit.*, p. 549-550.
53 « Par conséquent, lorsque, dans une circonscription territoriale quelconque, on constate une répartition des différences de tailles se traduisant par une courbe à deux sommets, il en faut conclure à la présence dans la population de deux races mélangées, encore incomplétement fusionnées, mais non de deux types d'hommes dont le second ait été, les circonstances aidant, différencié du premier. » (LIETARD, *loc. cit.*, p. 551.)
54 voir notamment G. LAGNEAU, article « France, anthropologie », dans *Dictionnaire encyclopédique des Sciences médicales*, t. 4, p. 557-794 et t. 5, p. 1-127, Paris, 1879 ; carte de cet article tirée à part sous le titre : *La Géographie anthropologique et médicale de la France (carte ethnographique)*, extrait de la *Gazette hebdomadaire de médecine et de chirurgie*, slnd ; « Rapport de la commission permanente de l'anthropologie de la France », dans *BSAP*, 6, 1865, p. 332-361 ; « Quelques remarques ethnologiques sur la répartition géographique de certaines infirmités en France », dans *Mémoires de l'Académie de médecine*, 29, 1869-1870, p. 293-317 ; tiré à part sous le même titre, Paris, 1871 et les références déjà citées *supra*.

l'espèce humaine», «peuvent être conformes à certains dogmes religieux, à certaines inductions philosophiques ; mais assurément elles sont préconçues et indémontrées » : « jamais aucun climat n'a métamorphosé un nègre en blanc ou réciproquement[55] ». Le transformisme plus ou moins explicite de Villermé est rejeté avec force. Tout au plus, comme Liétard, Lagneau admet que les facteurs sociaux jouent un rôle secondaire. Ils peuvent entraver la pleine réalisation de « la taille ethnique normale »[56], mais non rendre compte des principales différences de statures constatées en anthropologie.

c) La non validité de l'hypothèse d'une distribution professionnelle bimodale

Quels sont les ressorts de la théorie raciale démontrée par Bertillon père et ses successeurs après 1876 ? Toute leur démonstration repose sur l'observation de deux modes au sein des mêmes populations, censés témoigner de la présence de deux races distinctes. La chose s'observe à l'échelle nationale, à l'échelle départementale et à l'échelle cantonale. Si le chercheur du XXIe siècle doit bien évidemment écarter l'hypothèse raciale, comment pour autant expliquer cette anomalie de distribution ?

Dans un précédent travail, nous avons émis l'hypothèse que les deux pics observés par Bertillon fils dans les distributions des effectifs des conscrits suivant les classes de taille pouvaient s'expliquer par des facteurs sociaux : chaque pic aurait pu représenter « deux classes sociales particulièrement nombreuses, l'une étant plus favorisée que l'autre[57] ». C'est là faire l'hypothèse du tout social contre le tout racial. Les remarques de Liétard n'y changent rien, car cet auteur n'a pas produit d'histogramme selon la variable profession. C'est seulement si, au sein d'une même population, on ne constate pas de double mode dû à des causes socioprofessionnelles que l'on peut conclure que les facteurs sociaux ne jouent aucun rôle dans l'anomalie de distribution évoquée par les anthropologues du XIXe siècle. Pour arriver à une telle conclusion, il faut représenter la distribution des effectifs d'une population cantonale selon les classes de taille pour les deux principales professions de ce canton. Autrement dit, il s'agit par exemple de voir si la sous-distribution des effectifs des cultivateurs n'admet pas un mode à 163 cm et la sous-distribution des effectifs des maçons un autre mode à 168 cm. Nous nous sommes livrés à cet exercice pour le canton de Mulhouse ; on peut en voir le résultat plus loin dans le présent travail[58]. Même pour les deux professions représentées les plus nombreuses (fileurs et ouvriers de fabrique), le profil obtenu ne peut correspondre à ce

---

55 G. LAGNEAU, « Influence du milieu… », *loc. cit.*, p. 290-311 et 412-444, ici p. 290-291.
56 *Ibidem*, p. 443-444.
57 L. HEYBERGER, *op. cit.*, p. 18.
58 Voir chapitre IX, V – L'agglomération mulhousienne : la dégradation sensible du niveau de vie du Manchester français (1796-1859), graphique 45 : « La société urbaine du XIXe siècle telle qu'elle est : stature de quelques professions dans le canton de Mulhouse, cohortes de naissance 1822-1850 ».

que nous avions précédement avancé sans avoir accès à des sources individuelles permettant de se livrer à une telle expérience. *A fortiori*, plus l'on considère un nombre important de professions, plus la somme des sous distributions issues de chaque métier se rapproche du profil général de la distribution de la population prise dans son ensemble, c'est-à-dire comprenant tous les métiers. L'explication à base sociale que nous avions tantôt avancée n'est donc pas validée par les faits.

d) La tentative d'explication de Desrosières

Alain Desrosières propose une interprétation alternative de la distribution bimodale des conscrits du Doubs. Pour lui, ce sont les modalités de la conscription qui expliquent les anomalies de distribution : « la tranche de taille correspondant au deuxième maximum est celle qui permet d'accéder à la cavalerie et au génie, et d'échapper ainsi à l'infanterie[59] ». Il n'est pas question d'affirmer que les conscrits aient pu tricher avec les toiseurs, ce qui est quasiment impossible[60], mais plutôt que ceux-ci arrondissent les statures légèrement inférieures à la taille minimale légale de la cavalerie et du génie afin de fournir à l'armée son contingent dans ces armes.

Pour vérifier l'hypothèse de Desrosières, nous construisons un histogramme représentant la répartition des effectifs des conscrits de l'arrondissement de Melun par classes de taille[61]. Selon la carte de Jacques Bertillon, la Seine-et-Marne se trouve bien dans la France aux doubles écussons, à la fois kimrique et celte. Nous retenons les années d'examen 1851 à 1860 car d'une part dans ces années les tailles exigées pour les différentes armes n'ont pas été modifiées[62] et d'autre part ces dates correspondent aux classes qu'a utilisées Bertillon père pour étayer sa thèse raciale[63]. On assure ainsi la rigueur de la démonstration. Le premier histogramme proposé est réalisé avec des classes de taille telles qu'elles figurent dans les documents utilisés par Adolphe Bertillon, qui sont des comptes rendus départementaux[64]. On voit qu'il s'agit alors

---

59   A. DESROSIERES, *op. cit.*, p. 122.
60   Voir *infra*, chapitre IV, IV – De Louis-Philippe à Albert Lebrun. Liste de tirage, liste de recrutement et liste de recensement.
61   A l'exception des graphiques 1 et 3, pour les histogrammes en pouces, comme pour ceux en centimètres, les indications portées en abscisse indiquent les centres de classes.
62   Les tailles minimales exigées dans chaque arme restent les mêmes de 1847 à 1860. Voir la circulaire 598 du bureau du recrutement du 13 avril 1860 et le décret du 13 avril 1860 modifiant les dispositions de la circulaire 328 du 23 août 1847 et l'ordonnance du 23 juillet 1847.
63   A. BERTILLON, *loc. cit.*, p. 307.
64   Nos données sont relevées à l'échelle individuelle et ne sont donc pas affectées par ce phénomène (voir paragraphe suivant) mais nous les avons réorganisées de façon à ce qu'elles apparaissent sur le premier histogramme telles qu'un observateur pourrait les voir d'après les comptes rendus départementaux, en suivant les classes de taille indiquées en intitulé de colonne dans ces documents.

d'intervalles de classe correspondant à un pouce, même si ces intervalles sont traduits en centimètres dans les documents d'origine militaire. On observe bien deux pics correspondant aux deux classes de taille mises en évidence par les Bertillon : 162,5 à 165,1 cm et 167,9 à 170,5 cm, alors que la moyenne de l'échantillon (167,6 cm) correspond plutôt à une dépression (classe 165,2-167,8 cm).

La théorie raciale des Bertillon serait donc vérifiée. Pour voir si la théorie de Desrosières est valide, descendons d'un degré dans la précision de nos observations. C'est là un luxe que permettent nos données, relevées à l'échelle individuelle et non tirées de comptes rendus comme c'est le cas pour les deux travaux des Bertillon déjà cités. Selon les textes alors en vigueur, une partie seulement de la cavalerie et du génie n'accepte que les hommes de plus de 170 cm[65], mais il existe aussi de nombreuses armes, dont une bonne partie de la cavalerie et du génie, qui ont comme minimum de taille 167 cm[66]. Il faut donc s'attendre à ce que l'on observe deux maxima causés par les tailles minimales militaires, à 167 et 170 cm. Notons tout de suite que pour le premier maximum, la théorie de Desrosières semble caduque, puisque, déjà à l'échelle du premier histogramme, la classe 165,2-167,8 cm n'est pas en sureffectif comme cela devrait être le cas. De fait, si l'on observe bien l'histogramme qui donne la distribution des effectifs par intervalles de classe d'un centimètre (graphique 2), on remarque bien deux maxima, mais à 165 et 169 cm. Le premier est le plus net, il ne correspond à aucune taille minimale légale, pas même à celle des pompiers de Paris (162 cm). C'est donc là une affaire d'arrondi à un chiffre rond, d'autant plus surreprésenté qu'il est proche de la stature moyenne de l'échantillon (167,6 cm). Quant au second maximum, à 169 cm, il ne correspond pas à la taille minimale légale invoquée par Desrosières.

e) L'effet de la conversion des toises en mètres : l'importance des intervalles de classe et des arrondis

On doit plutôt penser au problème qu'ont les personnels qui remplissent les comptes rendus départementaux. A l'époque de Bertillon père, les toises sont déjà toutes étalonnées en système métrique[67]. Pourtant, les documents fournis, bien

---

65 Cas des régiments de dragons et de lanciers, mais pour le génie cela n'est valable que pour les compagnies d'ouvriers. En revanche, deux autres corps recrutent également à cette taille : régiments d'artillerie et le régiment des pontonniers. Ce sont donc en tout quatre à cinq types d'armes qui ont comme taille minimale 170 cm.

66 C'est le cas des corps du train des équipages militaires, des compagnies d'ouvriers des équipages militaires, des régiments de chasseurs et de hussards, des régiments de chasseurs d'Afrique et des régiments du génie, soit six armes différentes.

67 Pour ces problèmes, voir chapitre V de la présente partie.

Graphique 1

Histogramme de distribution des effectifs des conscrits briards par classes de stature telles que figurant dans le compte rendu départemental utilisé par A. Bertillon, classes 1851-1860 (N = 4 139)

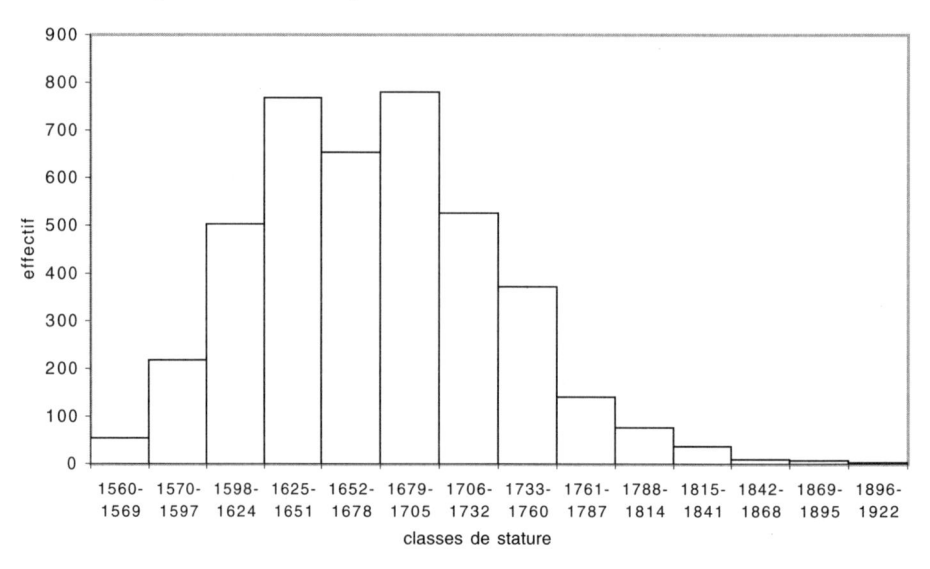

(Sources : ADSM, série R, listes de tirage au sort)

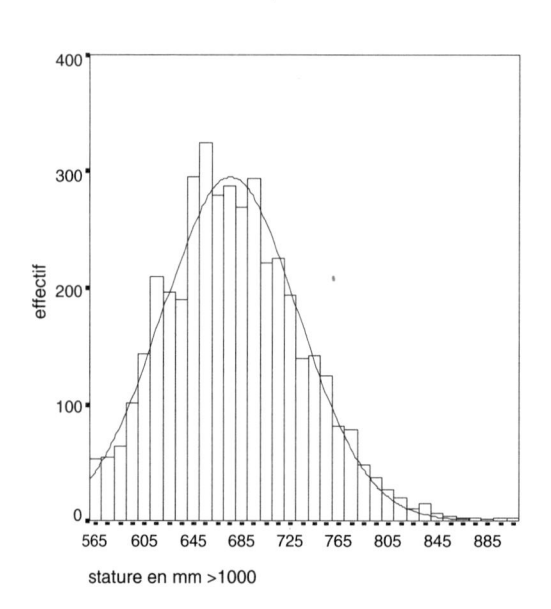

Graphique 2

Histogramme de distribution des effectifs des conscrits briards par classes de stature de 1 cm cl. ex. 1851-1860
N = 4 139

(Sources : ADSM, série R, listes de tirage au sort)

Apogée et déclin du conte racial (années 1860 – années 1950)

Graphique 3

Histogramme de distribution des effectifs des conscrits alsaciens par classes de stature telles que figurant dans le compte rendu départemental utilisé par A. Bertillon, classes 1851-1860 (N = 5 785)

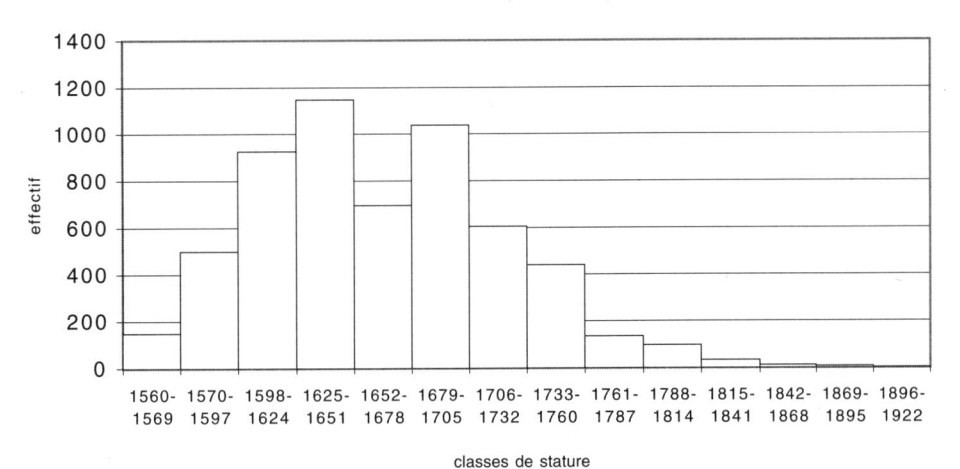

(Sources: ADBR, série R, listes de tirage)

Graphique 4

Histogramme de distribution des effectifs des conscrits alsaciens par classes de stature de 1 cm
cl. ex. 1851-1860
N = 5 785

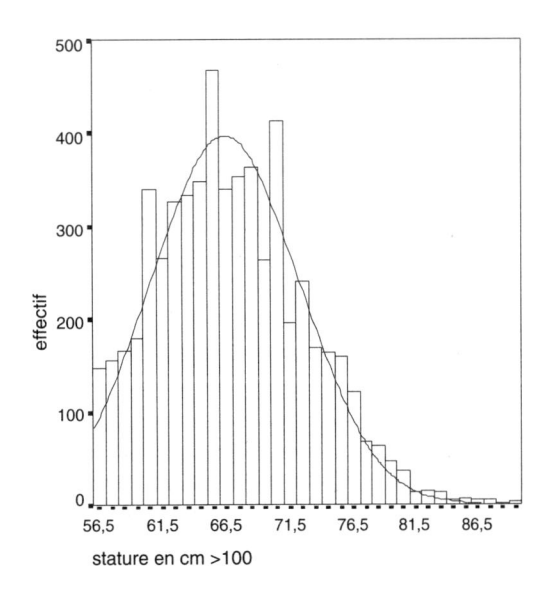

(Sources: ADBR, série R, listes de tirage)

qu'exprimés en millimètres, se réfèrent en fait à un étalonnement en pieds et pouces. Le système de mesure gravé sur les règles des toises ne correspond donc pas à celui des colonnes des tableaux des comptes rendus. Ainsi, la classe des prétendus Celtes (162,5 - 165,1 cm) comprend trois statures rondes exprimées en centimètres : 163, 164 et 165 cm. C'est la même chose pour la classe des prétendus Kimris (167,9 - 170,5 cm) qui comprend les statures 168, 169 et 170 cm. En revanche, la classe qui comprend la stature moyenne de l'échantillon (165,2 - 167,8 cm) ne comporte que deux statures rondes exprimées en centimètres : 166 et 167 cm. Ajoutons qu'il est très courant, comme nous le verrons plus loin, d'arrondir les statures à des chiffres pairs ou à des chiffres ronds à la dizaine ou à la demi-dizaine, comme nous le voyons déjà très nettement sur le deuxième histogramme.

La classe des prétendus Celtes comporte deux de ces chiffres privilégiés (164 et 165), la classe des prétendus Kimris également (168 et 170 cm), mais la classe qui comprend la moyenne de l'échantillon n'en a qu'un (166 cm), encore est-il bien désavantagé car il est très proche de 165, chiffre rond très apprécié. Les anomalies de distribution sont donc considérablement réduites entre les deux histogrammes grâce au passage des données telles que les voit Bertillon aux données telles qu'elles figurent sur les documents à l'échelle individuelle.

D'autre part, pour certains départements, un autre phénomène peut amplifier la déformation des histogrammes tels que les voit Bertillon : les phénomènes d'arrondis dans le système métrique de mesure. Nous avons représenté les conscrits alsaciens (arrondissement de Sélestat) selon les mêmes méthodes que pour l'arrondissement de Melun. On observe la même déformation que dans l'histogramme briard exprimé en pieds et pouces convertis en centimètres (graphique 1), la déformation est même encore plus nette : la classe 165,2-167,8 est très sensiblement en sous-effectif alors même que la moyenne se situe dans cette classe (166,5 cm). Mais à l'échelle des données individuelles (graphique 4), on lit très nettement de gros arrondis à 160, 165 et 170 cm. Les deux premiers arrondis, qui ne correspondent à aucune taille minimale légale, montrent bien que si les toiseurs donnent leur préférence à la stature 170 cm, ce n'est pas pour une question de recrutement des cavaliers, mais bien par affinité pour les chiffres ronds. D'autre part, les arrondis privilégiés à 165 et 170 cm, visibles dans le second graphique alsacien, accentuent très sensiblement les sureffectifs des classes prétendument celtes et kimriques du graphique 3. Inversement, la classe 165,2-167,8 du graphique 3 perd des conscrits de 166 cm dont la taille est abusivement arrondie à 165 et qui passent alors dans la classe des prétendus Celtes.

Si l'on considère les histogrammes de Liétard, le problème n'est plus exactement le même, puisque ce chercheur a pris la peine de relever des statures individuelles. Mais, malhonnêteté ou aveuglement intellectuels, Liétard ne produit pas d'histogramme avec intervalles de classe de 1, mais de 2 cm. Dès lors, les arrondis qu'auraient pu voir Liétard sont quelque peu masqués. Pourtant, le premier maximum d'effectif de l'histogramme de Gérardmer pour la classe 159-160 cm s'explique bien par un surenregistrement de la stature 160. De même, pour l'histogramme de Vittel, les deux maxima correspondent très nettement à des arrondis à 165 et 170 cm, on voit même à gauche de la distribution les effets de l'arrondi à 160 cm. Les deux races de Liétard ne sont que des arrondis des toiseurs à la dizaine et demi-dizaine. Ces arrondis sont visibles, quoique moins nettement, sur les histogrammes des populations monomodales de Coussey et Saulxures. Mais quoi de plus logique, puisque dans ces cantons l'absence des deux races, c'est-à-dire des deux modes, n'est due qu'au plus grand zèle des toiseurs qui arrondissent beaucoup moins les statures aux chiffres ronds que dans les cantons de Vittel et de Gérardmer.

La belle théorie des Bertillon, Liétard et de bien d'autres ne repose finalement que sur de simples questions de précision des sources utilisées. Tout le mythe de la coexistence sans mélange de deux prétendues races provient d'une erreur d'analyse des histogrammes. Plutôt que de voir l'effet de prétendues races, de facteurs sociaux ou de statures minimales légales, il faut comprendre la présence des deux sureffectifs de tailles du XIXe siècle comme un problème de précision des représentations cartographiques et graphiques. C'est faute d'être descendus jusqu'aux sources individuelles ou, lorsque cela était fait, faute d'avoir ventilé les données par intervalles d'un centimètre, que les anthropologues du XIXe siècle tenants de la thèse raciale ont pu inventer puis entretenir et développer le mythe des deux races gauloises. C'est d'un mauvais usage des histogrammes que provient le conte racial. L'histoire de ce mythe, que nous avons retracée ici, montre l'importance des analyses de la distribution des effectifs selon des classes de stature appropriées et du bon usage des histogrammes. Nous verrons dans les chapitres suivants que ces analyses sont encore importantes actuellement pour le chercheur en histoire anthropométrique. Épistémologie et méthodologie de l'anthropométrie sont intimement liées. Au XIXe siècle, un seul chercheur a pris la peine d'analyser les données anthropométriques au moyen d'histogrammes avec intervalles de classe d'un centimètre. Ce qu'il a découvert a fort gêné les anthropologues héritiers de Broca, mais l'aveuglement aidant, les thèses du docteur Jules Carret ont été niées avec plus ou moins de bonheur par les tenants de la thèse raciale. C'est le début d'une autre époque, où la thèse économique et sociale reprend peu à peu de l'audience.

III – Les thèses économiques et sociales : de la marginalité à l'autorité (années 1880 – années 1950)

Alors que le conte racial est principalement le fait des anthropologues et des médecins militaires, la thèse économique et sociale va être remise au goût du jour par des communautés intellectuelles de tradition différente, tant le mythe des deux races gauloises imprègne le milieu de l'anthropologie française jusque dans les années 1900[68]. Les positions acquises au sein de la communauté des anthropologues français par les tenants de la thèse raciale interdisent toute remise en question de cette thèse de l'intérieur de la communauté. Le renouveau ne pouvait venir que de l'extérieur. Encore que la parole au sein de la Société d'Anthropologie de Paris ne soit pas entièrement monopolisée par les anthropologues, mais Broca règne en mandarin sur son petit monde et sa mort (1880) permet aux langues de se délier quelque peu. Ainsi, en 1888, Sanson, professeur de zootechnie réputé, remercie l'anthropologue Manouvrier d'avoir défendu en séance la thèse économique et sociale face à Lagneau et termine par ses mots : « Quoi qu'il en soit, je remercie pour mon compte M. Manouvrier de nous avoir apporté des faits anthropologiques incontestables à l'appui d'une thèse que j'ai été durant longtemps le seul à soutenir ici contre un adversaire d'une autorité devant laquelle tout le monde s'inclinait[69]. » L'ombre de Broca plane encore sur la Société d'Anthropologie de Paris huit ans après sa disparition.

a) Les Savoyards de Jules Carret : une étude très novatrice (1882)

C'est un esprit original, le docteur Jules Carret (1844-1912), député radical de la Savoie (1883-1889), journaliste et libre penseur qui, en 1882, va jeter un pavé dans la marre celto-kimrique alors que, comme il l'écrit lui-même : « les opinions de Broca n'ont jamais été, que je sache, sérieusement combattues[70] ». Son étude sur les Savoyards, qui montre un accroissement de 6 cm entre les années de conscription 1810 et 1870 fait grand bruit dans le milieu de l'anthropologie française car « par ce seul fait », Carret aura « suffisamment réfuté la croyance à l'immuabilité ethnique de la stature[71] ». Le dogme racial, qui repose sur l'invariabilité de la stature des Celtes et des Kimris, vole alors en éclat[72]. Le travail de Carret est très fraîchement accueilli par les anthropologues français, en avril 1881, à Alger, lors d'un congrès de l'Association française pour l'avancement des sciences[73].

---

68   Voir la synthèse raciale tardive de Joseph DENIKER, *Les races de l'Europe II. La taille en Europe*, Paris, 1908, comportant en annexe une carte anthropométrique des prétendues races européennes.
69   Discussion à l'issue de la présentation des travaux de L. MANOUVRIER, « Sur la taille des Parisiens », dans *BSAP*, 3e série, 11, 1888, p. 178
70   J. CARRET, *Etudes sur les Savoyards*, Chambéry, 1882.
71   *Ibidem*, p. 8.
72   Broca « pensait, et on pense après lui, que, dans aucune portion de la France ou de la Gaule, la taille moyenne n'a pu varier sensiblement depuis l'époque de Jules César, ou depuis un temps plus reculé », « On n'accordait pas que la diminution passagère de la taille moyenne, causée par la pauvreté, pût dépasser quelques millimètres, ou même pût être réellement mesurée », *Ibidem*, p. 5-6.
73   La communication a provoqué, selon l'expression euphémique de Carret, « une discussion très-longue, et empreinte de quelque vivacité,-qui même recommença le lendemain », *ibidem*, p. 45-46.

L'études du docteur Carret repose sur l'exploitation de données collectées à l'échelle individuelle, concernant les conscrits des classes 1811-1812 et 1872-1879. Pour les besoins de sa démonstration, Carret est le seul érudit du XIXe siècle qui prend la peine de produire des histogrammes d'une grande précision, avec des intervalles de classe qui permettent de saisir les problèmes d'arrondi que nous avons déjà évoqués. La qualité des documents est exceptionnelle pour cette époque[74]. Ainsi, le docteur est en mesure de voir que les sureffectifs observés par les anthropologues ne correspondent en fait qu'à des chiffres ronds[75]. Mais Carret ne va pas jusqu'à en déduire que le mythe racial repose sur une erreur statistique. Le principal axe de sa démonstration n'est pas là. Il s'agit pour lui avant tout de montrer que la stature moyenne des Savoyards a sensiblement augmenté en quelques années.

Il estime la stature moyenne des conscrits des classes 1811-1812 à 158,2 cm et celle des conscrits des classes 1872-1879 à 164,9 cm[76]. Il note par ailleurs que les conscrits de l'époque napoléonienne ont été levés par anticipation et qu'il faut donc majorer leur stature car la croissance humaine n'est pas achevée à 19 ans au début du XIXe siècle. Au vu de nos connaissances auxologiques actuelles, la correction proposée par Carret (4 mm)[77] est trop faible, bien que nous ne puissions pas estimer avec certitude quelle était alors la croissance entre 19 ans et demi et 20 ans et demi en Savoie. Il serait en tout cas plus plausible d'estimer actuellement que la croissance entre les classes 1811-1812 et 1872-1879 à âge constant se situe aux environs de 4 à 5 centimètres, ce qui reste considérable. De toute façon, ce n'est pas sur ce point que les anthropologues héritiers de Broca attaquent Carret. On en sait alors encore trop peu sur l'auxologie.

L'histogramme produit par Carret pour les classes 1811-1812 permet de voir une déformation de la distribution normale des effectifs vers le bas de celle-ci. En-dessous d'environ 150 cm, les conscrits sont en sureffectifs[78]. En revanche, en 1872-1879, une telle déformation n'existe plus. Nous attribuons ce changement à la disparition des fameux crétins des Alpes au cours du XIXe siècle. En effet, on sait que le crétinisme est une maladie qui se traduit entre autres par un arrêt prématuré de la croissance staturale. Le nombre important de conscrits mesurant moins de 150 cm sur l'histogramme de 1811-1812 rend compte de ce phénomène[79]. Il faut donc admettre que l'amélioration

---

74   D'ailleurs les planches ont coûté très cher et l'impression n'a pu se faire que grâce aux efforts financiers conjoints de Carret et de l'Association française pour l'avancement des sciences (J. CARRET, *op. cit.*, p. 4.)
75   *Ibidem*, p. 14.
76   *Ibidem*, p. 17.
77   *Ibidem*, p. 24.
78   Voir les graphiques de l'ouvrage de Carret reproduits ici en figures 5.
79   On verra *infra* que, dans nos sources, les crétins que nous avons relevés pour le XIXe siècle étaient extrêmement petits, même par rapport à une population elle-même beaucoup plus petite qu'actuellement.

des conditions de vie dans les Alpes entre la fin du Ier Empire et le début de la IIIe République a permis la disparition du crétinisme[80]. Voilà l'une des principales modalités de l'amélioration du niveau de vie biologique des Savoyards mise en évidence.

Carret n'a cependant pas relevé la cause de la déformation de son histogramme de 1811-1812, mais il explique bien l'augmentation de la stature moyenne des conscrits savoyards par des causes d'ordre économique et social. Ainsi, à notre connaissance, c'est le premier chercheur français, voire le premier chercheur au monde, à envisager un rapport entre degré d'instruction et stature : il note que les illettrés des classes du début de la IIIe République possèdent une stature moyenne inférieure de 1 cm à celle de l'ensemble des conscrits. De façon très moderne, Carret n'y voit pas une relation directe entre instruction et stature, mais le reflet d'un rapport indirect où l'instruction n'est qu'un indice du capital familial, aussi bien culturel que financier : les illettrés « sont petits, parce qu'ils appartiennent à des familles généralement pauvres[81] ». Près d'un siècle avant Emmanuel Le Roy Ladurie, le docteur radical Jules Carret posait donc de façon pertinente le rapport entre instruction et stature[82].

Suivant la même logique économique et sociale, Carret attribue la hausse de la stature des Savoyards avant tout au mieux-être de la population, et plus spécifiquement à l'augmentation de la quantité et à l'amélioration de la qualité de l'alimentation[83]. Selon un comité d'experts de l'OMS, lorsque la situation d'une population humaine s'améliore, c'est l'ensemble de la distribution des effectifs selon les classes de stature qui se déplaçe vers les statures supérieures[84]. Autrement dit, la forme de la distribu-

---

80   Le recul sensible du crétinisme est par ailleurs attesté par les observateurs contemporains (1867) : « Le voyageur qui parcourait il y a une cinquantaine d'années les vallées de la Tarentaise et de la Maurienne se voyait entouré à la descente de la diligence par toute une population de goitreux et de crétins, quelques-uns sourds-muets montrant ostensiblement leur cou orné de tumeurs plus ou moins volumineuses », cité par G. BILLY, « La Savoie. Anthropologie physique et raciale », dans *BMSAP*, 11e série, 3, 1962, p. 172.

81   J. CARRET, *op. cit.*, p. 84.

82   E. LE ROY LADURIE, N. BERNAGEAU, Y. PASQUET, « Le conscrit et l'ordinateur. Perspectives de recherche sur les archives militaires du XIXe siècle français », dans *Studi Storici*, 10, 1969, p. 260-308 ; E. LE ROY LADURIE, N. BERNAGEAU, « Etude sur un contingent militaire (1868) : mobilité géographique, délinquance et stature, mise en rapport avec d'autres aspects de la situation des conscrits », dans *Annales de démographie historique*, 1971, p. 311-337, version citée ci-après reproduite dans E. LE ROY LADURIE, *Le Territoire de l'historien*, Paris, 1973 ; E. LE ROY LADURIE, M. DEMONET, « Alphabétisation et stature : un tableau comparé », dans *Annales Economies Sociétés Civilisations*, 35, 1980, p. 1329-1332.

83   J. CARRET, *op. cit.*, p. 81.

84   L'OMS s'intéresse plutôt à la dégradation des conditions de vie et c'est donc une relation symétriquement opposée qui est en fait envisagée. La logique générale reste toutefois la même. OMS, *Utilisation et interprétation de l'anthropométrie. Rapport d'un comité OMS d'experts*, Genève, 1995, série de rapports techniques, 854, p. 25 : « Le déplacement de la totalité de la

tion reste identique, toujours semblable à une courbe gaussienne, alors que la moyenne de la population augmente. La distribution normale est un phénomène d'ordre naturel, alors que le déplacement de la moyenne (et de l'ensemble de la distribution) est un phénomène d'ordre économique et social[85]. Dans une approche toujours aussi moderne, le docteur Carret en fait une admirable démonstration en représentant sur un histogramme les changements qui ont affecté la distribution des conscrits des communes des cantons de Modane et de Saint-Michel entre 1811-1812 et 1872-1879[86]. Avec l'amélioration des conditions de vie, c'est l'ensemble de la pyramide anthropométrique qui se déplace vers le haut.

La démonstration du docteur Carret n'évacue pas pour autant toute référence à la race, mais la conception qu'en a le médecin est si spéciale que cette dernière ne joue finalement plus aucun rôle dans la détermination de la stature. Pour Carret, l'existence même d'une distribution normale des effectifs est la preuve que le brassage interracial entre les deux races gauloises est très poussé. Le docteur produit un histogramme tout à fait original sur lequel figure le croisement théorique de deux races au cours de cinq générations. A l'origine, Carret suppose deux races comme celle des Celtes et des Kimris, toutes deux si pures que chacune ne comporte qu'un type anthropométrique, l'une à 148 cm et l'autre à 180 cm. A la première génération, le croisement des deux races produit un grand nombre d'individus du type métis, qui possèdent une taille « dont la hauteur sera la moyenne des tailles extrêmes », soit 164 cm[87], alors que les types purs sont moins nombreux qu'auparavant. A la deuxième génération, les « métis, intermédiaires aux métis du premier degré et aux extrêmes » apparaissent, soient de nouveaux individus à 172 et 156 cm[88]. Il y a désormais cinq types différents de stature. A la troisième génération, ce sont quatre nouveaux types qui apparaissent et l'on compte alors en tout neuf types différents. Le processus se poursuit ainsi à travers les âges, si bien que les races pures originelles deviennent peu à peu les moins représentées, comme le démontre très clairement l'histogramme de Carret. Finalement, « les croisements entre deux races distantes par la taille tendent donc à fournir des groupes de taille régulièrement espacés »[89] et ce

---

    courbe anthropométrique [...] se produit souvent là où se situent des problèmes nutritionnels », l'écart-type de la population reste le même, mais pendant une grande famine « on voit que la totalité de la distribution est décalée [...] et que tous les individus, et pas seulement ceux qui sont en dessous du seuil [d'intervention déterminé par les organismes de secours], sont atteints ». Les interventions doivent donc s'adresser à toute la population et non aux seuls individus qui sont en-dessous du seuil.

85 OMS, *op. cit.*, p. 33 et 46.
86 Voir histogramme reproduit ici en figures 5.
87 J. CARRET, *op. cit.*, p. 62.
88 *Ibidem*, p. 63.
89 *Ibidem*, p. 64.

sont bien les fondements du conte racial qui sont sapés par la démonstration du médecin : « on ne trouvera pas une race, grande ou petite, où tous les hommes aient uniformément la même taille. Les races pures n'existent qu'en théorie[90] ». En effet, Carret donne finalement une définition du mot « population », qui ruine la notion de race : « un assemblage d'individus, tous métis à divers degrés par un nombre presque infini de caractères »[91] et s'il conserve la terminologie raciale de l'anthropologie de Broca, c'est bien, semble-t-il, pour ne pas trop choquer son auditoire : « Une race sera, si l'on veut, une population ayant acquis quelque caractère, devenu assez uniforme et fixe, pour donner un rythme lors du croisement avec une autre race [...] Il y a des races, il n'y a pas de races pures. Je ne pense même pas qu'il y ait une seule race possèdant un caractère quelconque absolument uniforme. » A en juger par l'exemple de la stature, ce n'est là que précaution littéraire pour ne pas trop heurter les anthropologues français, puisqu'il n'existe déjà quasiment plus de représentants des deux races originelles à la quatrième génération et donc a fortiori encore moins après vingt cinq siècles de croisement : « le degré de fusion des deux races est un chronomètre relatif[92] ».

b) Ironie statistique : les tenants du conte racial répondent à Carret

Le travail de Carret est vivement attaqué par les anthropologues. Pour Adolphe Bertillon, Carret a oublié de voir l'effet des migrations des réfractaires qui passent en nombre la frontière en 1811-1812 pour échapper à la guerre. Or ces réfractaires sont censés être plus grands que les autres Savoyards[93]. Quand bien même ce serait le cas, l'argument est caduc puisque Carret prouve qu'il y a en proportion moins de réfractaires en 1811-1812 qu'en 1872-1879[94]. De toute façon, le phénomène n'a pu prendre une telle importance qu'il se traduise par une baisse de la stature moyenne des conscrits de l'ensemble du département.

Quant à Jacques Bertillon, il attaque le raisonnement de Carret justement par l'angle qui rend toute la théorie raciale caduque et qui constitue précisément toute la qualité du travail de Carret : les histogrammes. Bertillon fils rend hommage à la recherche de Carret, mais il refuse d'en commenter davantage les résultats sous le prétexte que l'étude de Carret n'est pas assez précise : « Je ne puis malheureusement rendre qu'un compte assez imparfait de sa curieuse brochure, parce que l'auteur a remplacé le plus souvent les nombres absolus par des diagrammes [...] et je ne puis non plus

---

90   J. CARRET, *op. cit.*, p. 74.
91   *Ibidem*, p. 105.
92   *Ibidem*, p. 106.
93   *Ibidem*, p. 46. Pourquoi ? On ne le saura jamais puisque par définition les réfractaires n'ont pas été toisés... la réfutation raciale repose sur des arguments invérifiables.
94   *Ibidem*.

citer les chiffres qu'ils représentent, puisque je ne les connais pas[95]. » Ironie statistique : c'est au nom de ce qui constitue précisément leur principale erreur que les anthropologues français condamnent les travaux de Carret.

Ces derniers donnent cependant le signal d'un renouveau de la thèse économique et sociale. Les explications mésologiques, c'est-à-dire se rapportant à l'influence du milieu, ne sont cependant pas adoptées totalement et immédiatement après la publication de la recherche de Carret. Certains anthropologues qui soutenaient tantôt la thèse raciale hésitent à se convertir à la thèse mésologique. Ainsi, en 1884, le médecin-major Longuet publie une étude à fondement racial[96] puis, un an plus tard, il se penche sur la Haute-Savoie pour vérifier les théories de Carret et « mettre en question un classement ethnique passé à l'état de dogme, l'origine celtique de la race savoyarde[97] ». Mais finalement, par une nouvelle erreur d'interprétation des sources, Longuet croit préserver la théorie raciale : on peut « tout en respectant les chiffres, sauvegarder les principes[98] ».

c) Controverse à propos du rôle des chemins de fer dans l'élévation de la stature (années 1880-1890)

Malgré ces réponses non pertinentes des tenants du conte racial, la confrontation des deux thèses est lancée et, à la suite de la recherche de Carret, on débat du rôle des chemins de fer dans l'amélioration de la stature moyenne. Les tenants de la thèse mésologique voient tout naturellement dans l'arrivée du train un facteur de mieux-

---

95   J. BERTILLON, article « taille », *loc. cit.*, p. 632.
96   R. LONGUET, *loc. cit.*
97   R. LONGUET, « Etudes sur le recrutement dans la Haute-Savoie (1873-1885). Etiologie du goitre (suite et fin) », dans *Archives de médecine et de pharmacie militaires*, 6, 1885, p. 449. L'enjeu est d'importance. Evoquant les objections de Bertillon et Letourneau (pour ce dernier, voir *infra*) au travail de Carret, Longuet note p. 451 : « On conçoit en effet leur résistance à cette attaque du grand principe de l'invariabilité de la taille, caractère ethnique de premier ordre, **colonne de l'anthropologie** » (souligné par nous).
98   *Ibidem*, p. 451. L'auteur part d'une remarque tout à fait fondée : les causes de réformes sous la IIIe République sont beaucoup plus variées que sous le Ier Empire, où « le grand criterium de l'aptitude » était constitué par la taille (p. 452). Par conséquent, le nombre de réformés pour défaut de taille est artificiellement gonflé sous Napoléon I par rapport aux époques postérieures. Mais si la remarque de Longuet est fondée, elle n'en est pas pour autant pertinente : la seule observation attentive de l'histogramme de Carret pour 1811-1812 montre très nettement qu'il n'y a pas d'autre anomalie de distribution des effectifs selon la taille que celle causée par le crétinisme alors que l'examen de l'histogramme des classes 1872-1879 ne montre pas de sous-enregistrement des petits conscrits. Les distributions ne sont aucunement affectées pas les statures minimales en vigueur, à quelque époque que ce soit. (on peut comparer la très bonne qualité de l'enregistrement des données savoyardes à celle de nos propres sources pour les mêmes époques en se référant aux histogrammes que nous produisons *infra*.) Les chiffres de Carret ne souffrent donc d'aucun biais statistique, contrairement à ce que prétend Longuet.

être, de contact avec le monde extérieur, de possibilité d'exportation et d'importation, d'enrichissement du régime alimentaire. Les tenants de la thèse raciale rétorquent que les changements anthropométriques, qu'ils sont bien obligés de constater, sont trop rapides pour être d'origine économique : c'est bien plutôt la migration de grands travailleurs accompagnant la construction du chemin de fer qui explique l'élévation rapide de la stature. Ce à quoi les avocats de la thèse mésologique répondent non sans raison que l'apport migratoire des employés des chemins de fer est beaucoup trop faible pour expliquer l'élévation de la stature moyenne de toute une population[99].

Rien n'y fait, l'ironie facile des anthropologues tient lieu de réponse : « Car enfin, les Savoyards qui ont grandi de 16 centimètres[100] en deux générations à peine, parce qu'ils ont été un peu mieux nourris et un peu mieux logés, pourquoi s'arrêteraient-ils en si beau chemin, pourquoi mettant à profit une aptitude aussi extraordinaire, ne se transformeraient-ils pas au bout d'un siècle en colosses de plus de 2 mètres de haut ? » « Est-ce à dire que les mendiants ont donné naissance à des millionnaires, que les goitreux ont eu des enfants sains et grands, et que les crétins eux-mêmes sont devenus intellectuels[101] ? » Zaborowski préfère envisager que la vertu chancelante des paysannes savoyardes, de moins en moins croyantes, a succombé aux charmes des hommes d'équipe piémontais venus lors de la construction des lignes de chemins de fer, donnant naissance à une génération de grands bâtards[102].

d) Quételet et la girafe Clotilde : l'apport des zootechniciens et des vétérinaires au renouveau de la thèse mésologique (années 1860-1880)

Pourtant, le doute s'installe chez les anthropologues et les médecins militaires. Le dogme des deux races gauloises est conservé, mais on s'en autorise une interprétation très libre. Pour sauvegarder les principes, on admet que les facteurs économiques et sociaux jouent un rôle secondaire, mais les seules influences que l'on puisse chiffrer sont bien celles liées à l'environnement. Georges Carlier écrit ainsi des travaux d'une grande qualité, tout en restant attaché à la vulgate celto-kimrique de Broca[103]. C'est

---

99 R. COLLIGNON, « L'anthropologie au conseil de révision… », *loc. cit*, p. 763-804, article comprenant une retranscription des débats entre Collignon, Sanson, Lagneau et d'autres ; discussion des mêmes, de Manouvrier et Zaborowski suite à la présentation du livre de G. LAGNEAU sur les *Modifications mésologiques des caractères ethniques de notre population*, dans *BSAP*, 4e série, 6, 1895, p. 147-155.
100 Erreur ou exagération volontaire de l'auteur : Carret estime l'augmentation à 6 cm.
101 ZABOROWSKI, « Anthropologie. Les chemins de fer… », *loc. cit.*, p. 302-306.
102 « Les mœurs se relâchent toujours pendant leur séjour » (*ibidem*, p. 304).
103 G. CARLIER, *loc. cit.*, 1892 et 1893, et surtout *Des rapports de la taille avec le bien-être. Etude faite dans l'arrondissement d'Evreux*, Paris, 1892 ainsi que « Recherches anthropologiques sur la croissance. Influence de l'hygiène et des exercices physiques », dans *MSAP*, 2e série, 4, 1893, p. 265-346.

le premier au monde à mettre en évidence les variations saisonnières de la croissance staturale[104]. Ce médecin militaire est également le premier en France et l'un des premiers au monde à calculer la stature des conscrits selon leurs professions, ce qui implique un énorme travail à partir de données individuelles[105]. Il semble qu'alors la seule étude connue en France sur le même sujet soit celle mentionnée par Bertillon fils dans son article sur la taille et concernant les conscrits saxons[106]. Des grands étudiants (169,7 cm) aux petits artisans du fer (ferronniers, cloutiers, mouleurs, tourneurs en fonte, fondeurs... 164,5 cm) de l'arrondissement d'Evreux, c'est un nouveau regard qui apparaît en anthropométrie. Ainsi, Carlier réalise un numéro d'équilibriste entre les deux théories qui s'affrontent : si « la race fixe une moyenne idéale autour de laquelle oscillent les cas individuels, ceux-ci sont particulièrement influencés par les conditions du milieu, d'alimentation, d'exercice et bien-être (sic)[107] ».

Ce n'est donc pas des anthropologues ou des médecins militaires qu'il faut attendre une remise en question radicale de la thèse celto-kimrique, mais plutôt d'éléments qui proviennent d'autres horizons intellectuels et d'autres réseaux d'influence. Avec l'avènement d'une agriculture de plus en plus scientifique et tournée vers l'idée de productivité à la fin du XIXe siècle, ce sont les zootechniciens qui, dans un premier

---

104 J. M. TANNER, *op. cit.*, p. 206.
105 G. CARLIER, *op. cit*, p. 27 : « il n'a pas encore été publié, croyons-nous, de statistique de ce genre établie sur des documents français », résultats donnés p. 28-29.
106 J. BERTILLON, article « taille », *loc. cit.*, p. 486 ; G. CARLIER, *op. cit.*, p. 30.
107 G. CARLIER, *op. cit.*, p. 54. A la même époque, d'autres chercheurs, tellement obnubilés par l'idée de race, refusent d'admettre que la profession influence la taille et préfèrent inverser le rapport logique entre ces deux variables : les races de grands sont prédestinées aux emplois bien payés et les races de petits aux emplois inférieurs. L. CHALUMEAU, *Influence de la taille humaine sur la formation des classes sociales*, Genève, 1896, p. 9-10 : « Si les villes possèdent de nombreux représentants d'une race grande, il faut que cette race ait été poussée par son intelligence à quitter la campagne pour venir dans ces agglomérations urbaines où les qualités individuelles conduisent à des positions supérieures, c'est qu'elle possédait une plus grande capacité pour s'élever... ». L'idée de race supérieure qui fera tant de dégats dans les années 1930-1940 n'est pas loin chez ce Suisse licencié ès lettres : la population helvétique est composée d'« une ou plusieurs races grandes et douées de tout ce qu'il faut pour réussir, de goûts relevés accompagnés de l'énergie nécessaire qui permet de les satisfaire et d'une ou de plusieurs races petites condamnées par leur peu de capacités à tous les rôles subalternes. Entre ces deux extrêmes se trouvent des métis de toutes sortes occupant les positions médiocres, beaucoup même montant jusque dans les premiers rangs à cause du petit nombre des représentants des grandes races ou bien grâce à des alliances familiales dans lesquelles l'anthropologie n'a joué aucun rôle. Disons en passant, pour rassurer les nombreuses personnes ne possédant pas la haute stature de la race privilégiée, qu'il y a sans doute des fréquentes exceptions dont elles font sûrement partie » (p. 15). « On est ainsi amené [...] à considérer les différentes couches sociales comme autant de races » (p. 18), mais l'auteur, généreux, accorde qu'« Il ne sera pas déplacé d'ajouter quelques mots sur le rôle et la valeur de ces petits brachycéphales envers lesquels on pourrait nous accuser de partialité » (p. 19). Une seule certitude : Lucien Chalumeau était grand.

temps, vont apporter à la thèse mésologique les contributions les plus engagées. Dans une France où les progrès de l'agriculture et en particulier de l'élevage deviennent sensibles, la croissance en poids et en taille des animaux d'élevage invite les spécialistes de l'agriculture, auréolés du prestige de la scientificité, à se pencher sur un éventuel parallèle entre la croissance des humains et la croissance des animaux domestiques. Une agriculture de plus en plus prospère nourrit vraisemblablement de mieux en mieux ses paysans et ses animaux domestiques. Le rapprochement a dû être d'autant plus facilité que la Grande Dépression s'est traduite en France par un essor de l'élevage au détriment de la céréaliculture. C'est tout particulièrement le cas des bovins, dont l'élevage fait des progrès sensibles dans la quantité (le nombre) mais aussi dans la qualité (le poids) des bêtes produites, comme nous le verrons bien plus en détail dans un chapitre suivant[108].

Le champion du parallèle entre niveau de vie des bovins et niveau de vie des hommes est très certainement André Sanson (1826-1902), vétérinaire, professeur à l'Ecole vétérinaire de Toulouse (1857) puis professeur de zoologie et de zootechnie à l'Ecole Nationale d'Agriculture de Grignon (1872) ainsi qu'à l'Institut National Agronomique (INA). Membre de la Société d'Anthropologie de Paris depuis 1862, il n'a de cesse de rappeler les premières observations sur ce parallèle, faites par Joseph-Pierre Durand de Gros (1826-1900) dès les années 1860[109]. Lors de la discussion qui suit la présentation d'un travail de Collignon sur les fameux conscrits bretons, Sanson évoque la ceinture dorée du littoral où « la taille des animaux est plus élevée qu'à l'intérieur » et en conclut que « la taille n'est pas véritablement un caractère de race » : la kabylie bretonne chère aux anthropologues raciaux n'est qu'un mythe[110]. Dans une autre discussion, l'agronome rappelle qu'il s'est souvent opposé à Broca sur la question de la taille des animaux et regrette le manque de débat sur la question avec Lagneau[111].

D'autres érudits soutiennent la thèse sociale à l'aide d'arguments zootechniques : Durand de Gros et de Lapouge[112], Jules Carret[113], ainsi que les médecins-major

---

108 Voir chapitre XIV, II – Le conscrit et le bœuf.
109 J.-P. DURAND DE GROS, *De l'influence des milieux sur les caractères de race chez l'homme et chez les animaux*, Paris, 1868, du même, « Excursion anthropologique dans l'Aveyron », dans *BSAP*, 1869, p. 193.
110 Discussion suivant la présentation du travail de R. COLLIGNON, « L'anthropologie au conseil... », *loc. cit.*, p. 798 ainsi que p. 804 où Sanson reprend la parole car il « désire insister sur ce fait très net : c'est qu'il y a une relation nécessaire entre la fertilité du sol et la taille des animaux, ce qui le conduit à s'élever contre la notion émise par Broca que la différence de taille indique une différence de race ». René Collignon n'est bien sûr pas d'accord avec Sanson.
111 Discussion à la suite de la présentation de la recherche de L. MANOUVRIER, « Sur la taille des Parisiens », dans *BSAP*, 3e série, 11, 1888, p. 176-178.
112 J.-P. DURAND DE GROS et G. DE LAPOUGE, « Matériaux pour l'anthropologie de l'Aveyron », dans *Bulletin de la Société languedocienne de géographie*, 20, 1897, p. 306.
113 J. CARRET, *op. cit.*, p. 82.

Carlier[114] et Aubert[115], mais la contribution la plus originale vient indubitablement de Saint-Yves Toussaint Ménard qui consacre sa thèse à la comparaison de la croissance humaine et animale[116]. Ménard est vétérinaire, professeur de zootechnie à l'Ecole des Arts et Manufactures et sous-directeur du jardin zoologique d'acclimatation. C'est donc encore de la zootechnie que vient la contestation de la thèse raciale, bien que le vétérinaire amateur de girafes semble quelque peu hésiter entre les deux grandes thèses qui se combattent. Ménard produit d'étranges graphiques mettant en parallèle la croissance staturale de deux girafes du jardin d'acclimatation, Clotilde et Médard et la croissance staturale humaine d'après Quételet (voir figure 6). Entre les girafes Clotilde et Médard d'une part et l'homme moyen de Quételet d'autre part, une certaine similitude se dégage. De même, le rôle de l'alimentation est important chez l'homme comme chez l'animal : l'influence de la nourriture est « très puissante [...] elle est plus que toute autre dans notre dépendance et [qu'] elle nous permet de diriger en quelque sorte la croissance des enfants et des jeunes animaux. ». Un pas décisif est franchi par rapport aux tenants de la thèse raciale : « L'effet de la nourriture peut s'exercer sur la marche de la croissance, sur sa durée et sur la taille définitive ». Le zootechnicien est bien conscient des différences de richesse des agricultures régionales en France mais aussi, chose plus rare à l'époque, des progrès de l'élevage à l'intérieur même de certaines régions et de la modification morphologique des bovins qui s'en suit : « De nos jours, on voit s'élever assez rapidement la taille de certaines races par la seule amélioration de la nourriture, consécutive aux progrès agricoles[117]. » L'auteur, beaucoup trop optimiste en 1885, en arrive même déjà à la conclusion que désormais « l'opinion de Broca rencontre peu de partisans[118] ». Quoi qu'il en soit, en dressant un parallèle audacieux entre les statistiques de Quételet et la girafe Clotilde, Ménard contribue à remettre en cause une théorie encore dominante dans les années 1880.

e) Des anthropologues aux pédiatres : changement de modèle, changement de société (années 1890-1960)

Ce n'est qu'à partir des années 1890 que les publications soutenant la thèse économique et sociale vont se multiplier sous l'effet d'un changement des mentalités. Les transformations sociales de plus en plus rapides provoquées par la révolution indus-

---

114 G. CARLIER, « Recherches anthropologiques sur la croissance. Influence de l'hygiène... », *loc. cit.*, p. 321.
115 Docteur AUBERT, « Notes sur le département de l'Ain (Dombes, Bresse et Bugey) », dans *Revue d'anthropologie*, 3e série, t.3, 1888, p. 458.
116 S.-Y. MENARD, *Contribution à l'étude de la croissance chez l'homme et les animaux (physiologie et hygiène comparées)*, Paris, 1885, p. 73 et p. 88-93.
117 *Ibidem*, p. 88-93.
118 *Ibidem*, p. 90.

trielle permettent aux contemporains de concevoir que les changements de conditions de vie, sensibles en quelques années seulement, peuvent améliorer la stature moyenne des populations. Par ailleurs, le lieu privilégié de l'observation anthropométrique change, et c'est là un signe supplémentaire de l'évolution des mentalités. La toise quitte de plus en plus les salles de mairie et les casernes pour se transporter dans les écoles de la République. L'idéologie républicaine et le patriotisme teinté de désir de revanche aidant, on prend de plus en plus soin de la jeunesse française et l'on s'intéresse à sa croissance et son bien-être[119]. Il faut cependant se garder de faire de ce mouvement vers l'anthropométrie scolaire une spécificité française causée par le traumatisme de 1870-1871 ou par l'idéologie si particulière des républicains d'alors : la chose s'observe à la même époque dans d'autres pays[120].

L'étude emblématique de cette période reste indubitablement les tables de croissance des docteurs Gaston Variot (1855-1930) et Chaumet, qui vont faire référence jusque dans les années 1930[121], où elles seront remplacées par des tables qui tiendront compte des nouveaux rythmes de croissance provoqués par l'amélioration des conditions de vie. Ces premières années de renouveau de la thèse économique et sociale sont placées sous le signe des pédiatres : c'est en 1894 que Léon Dufour fonde la première Goutte de lait, centre de pédiatrie qui observe la croissance des nourrissons et distribue aussi du lait stérilisé (Variot en fonde également une dans son dispensaire de Belleville)[122]. Diagnostiquer et agir pour améliorer la situation : le credo des pédiatres va peu à peu gagner du terrain dans la première moitié du XXe siècle. Avec le développement industriel (et celui de l'élevage), la possibilité d'agir sur le biologique paraît de plus en plus nécessaire et souhaitable et les travaux du début du XXe siècle avancent des conclusions sur l'auxologie qui sont encore aujourd'hui globalement exactes[123]. Ainsi,

---

119 Le docteur REUSS salue en ces termes l'ouvrage, à la thèse pourtant mésologique, du docteur Armand Laurent sur la croissance des enfants : « tous nous devons concourir à l'œuvre commune du relèvement de la Race. M. Laurent […] a fait plus qu'œuvre d'hygiéniste : il a fait œuvre nationale et patriotique », compte rendu dans *AHPML*, 3e série, 33, 1895, p. 571.

120 C'est particulièrement le cas en Italie et aux Etats-Unis d'Amérique, J.-M. TANNER, *op cit.*, p. 197-233, chapitre 9 : « Educational auxology : school surveys and school surveillance », notamment p. 205.

121 G. VARIOT, CHAUMET, « Table de croissance des enfants parisiens de 1 à 16 ans », dans *Compte rendus de l'Académie des Sciences*, janvier 1906 ; et dans G. VARIOT, *Traité d'hygiène infantile*, Paris, 1910, p. 627-629.

122 J. M. TANNER, *op. cit.*, p. 270.

123 Voir notamment J. COMBY, « Les maladies de croissance », dans *Archives générales de médecine*, 7e série, 20, 1890, vol. 1, p. 129-150 et 292-306 ; A. LAURENT, *Les Lois de la croissance et l'éducation physique*, Paris, 1894, extrait de *La médecine infantile*, 15 novembre et 15 décembre 1894 ; G. VARIOT, « L'atrophie infantile comme facteur de l'abaissement de la taille dans les faubourgs de Paris », dans *BMSAP*, 5e série, 5, 1904, p. 633-637 et, de qualité nettement moindre, l'ouvrage du docteur eugéniste E. APERT, *La Croissance*, Paris, 1921. Ces recherches

le docteur Comby, qui étudie les enfants des faubourgs de La Villette, avance la notion de *ration de croissance*, par opposition à la *ration d'entretien* des adultes[124]. Les besoins spécifiques de l'enfant commencent à être davantage pris en compte et l'idée de politique de santé publique fait son chemin. Une expérience menée dans deux écoles primaires de Lyon en 1933 montre que la consommation de lait favorise la croissance[125]. Le fameux verre de lait de Mendès-France, distribué aux écoliers français au début des années 1950, est en fait le résultat d'un long processus de maturation : la première distribution de lait dans une école française a lieu à Brive en 1914, le mouvement en faveur de la distribution à l'école prend de l'ampleur après 1933 et la première proposition de loi de Mendès-France en faveur d'une telle mesure remonte à 1937[126].

Cependant, dans un premier temps, la protection alimentaire des écoliers et l'anthropométrie scolaire ne sont pas les seules manifestations de ce retour à la thèse économique et sociale. L'idée mésologique va d'abord s'appuyer sur les sources conscriptionnelles, plus traditionnelles, en montrant par exemple qu'il existe des variations intercommunales de la stature qui s'expliquent par des facteurs sociaux[127]. L'étude de

---

viennent profondément renouveler toute une littérature aux conclusions douteuses, voir par exemple, sur l'allaitement des bébés, le grand succès de librairie de M. LEVY, *Traité d'hygiène publique et privé*, Paris, 1862⁴, p. 883-889.

124 J. COMBY, *loc. cit.*, p. 299.

125 En trois mois, le groupe qui boit du lait a grandi de 0,2 cm de plus que le groupe témoin qui ne reçoit aucun supplément alimentaire (P. VIGNE, L. WEIL, « Quelques expériences concluantes de distribution de lait aux enfants des écoles », dans *Avenir médical*, 31, 1934, p. 56-58).

126 J. SUTTER, *La Protection alimentaire des écoliers*, Paris, 1945, p. 144 et 147-148.

127 C. CHOPINET, « Etude sur la taille dans la subdivision de Saint-Gaudens (Pyrénées centrales) », dans *Revue des Pyrénées et de la France méridionale*, t. 2, 1890, p. 397-425 ; voir aussi l'étude des docteurs BOUCHEREAU et L. MAYET sur les arrondissements de Lyon : « Contribution à l'étude de la géographie anthropologique du département du Rhône », dans *BMSAP*, 5ᵉ série, 6, 1905, p. 426-448 ainsi que les études sur les arrondissements de Paris : anonyme, « Statistique de la ville de Paris sur la taille », dans *Revue d'Anthropologie*, 4, 1881, p. 175-176 et 371 et L. MANOUVRIER, « Sur la taille des Parisiens », *loc. cit.* Une contribution curieuse dans cet ensemble des années 1890-1900 : Eugène PITTARD observe que dans le Valais suisse, contre toutes attentes, les conscrits sont plus grands au-dessus de 1 300 m, mais aussi sur les versants Nord et sur les sols cristallins (E. PITTARD, « Influence du milieu géographique sur le développement de la taille humaine », dans *Comptes rendus de l'Académie des sciences*, 143, juillet-décembre 1906, p. 1186-1188). Cela vient contredire les recherches précédentes, car l'auteur ne prend pas garde que les sociétés européennes modernes ont atteint un degré de technicité tel que la stature ne dépend plus de facteurs naturels ou, autre possibilité, que les conscrits des sols cristallins des ubacs élevés vivent sur des versants essentiellement tournés vers la production de lait bénéfique pour la croissance. La pensée de Pittard est (heureusement) unique : « les conclusions ci-dessus pourraient se retourner contre une supposition admise partout : à savoir que le développement plus grand de la taille humaine marque un progrès organique. On a interprété l'augmentation de la

Charles Chopinet est ainsi la première à notre connaissance qui observe la stature à très grande échelle, à l'intérieur même d'un canton : il étudie cinq vallées de la région de Saint-Gaudens, dans les Pyrénées orientales, classées selon des critères hygiénistes et en déduit que les grands conscrits se rencontrent surtout sur les adrets et les petits dans les vallées basses, profondes et humides, où la misère et la mauvaise alimentation règnent. Malgré de réelles innovations, comme le calcul de la stature selon la profession des conscrits par Carlier, l'anthropométrie militaire connaît un long moment de disgrâce entre les années 1900 et 1945, tant l'anthropométrie scolaire rencontre de succès au début du XXe siècle. A notre connaissance, entre les années 1900 et 1945, une seule étude, mais de qualité, utilise les données conscriptionnelles dans un travail soutenant la thèse économique et sociale. Il s'agit de l'étude du docteur Paul Queyroi, que nous aurons l'occasion d'analyser plus en détail lorsque nous étudierons l'évolution anthropométrique du Limousin[128].

Globalement, entre les recherches basées sur les conscrits et sur les écoliers, les sources de l'anthropométrie se diversifient à la fin du XIXe siècle. Par ailleurs, l'anthropométrie scolaire, et plus tard universitaire, permet enfin de collecter des données anthropométriques sur les femmes[129].

De même que, dans la seconde moitié du XIXe siècle, la thèse raciale avait ses organes privilégiés de diffusion, tels les publications de la Société d'Anthropologie de Paris et de l'école d'Anthropologie de Paris, la thèse économique et sociale à nouveau à l'honneur au début du XXe siècle possède les siens. Comme nous avons vu que cette dernière était surtout le fait de pédiatres et de médecins civils, il est logique que les périodiques médicaux soient privilégiés mais, signe que les mentalités ont résolument évolué à partir des années 1890 et encore plus des années 1900, les *Bulletins et Mémoires de la Société d'Anthropologie de Paris*, fondés par Broca, publient nombre de travaux tenant de la thèse mésologique.

Dans le prolongement de la biométrie anglo-saxonne fondée par Karl Pearson, une nouvelle revue française s'occupe de plus en plus d'anthropométrie scolaire :

---

taille comme une fonction de la misère physiologique moins grande due à l'ensemble des conditions économiques actuelles. Il est parfaitement possible que nous vivions dans une erreur et que le plus grand développement de la taille corresponde à une moins grande valeur organique moyenne. Les résultats ci-dessus n'auraient pas besoin d'autres interprétations ». (p. 1188).

128   P. QUEYROI, « Evolution sociale et alimentation dans les campagnes », dans *Annales d'Hygiène Publique, Industrielle et Sociale* (fait suite à *AHPML*), 1930, p. 609-630.

129   M. AUBENQUE, « note sur l'évolution de la taille des étudiantes », dans *Biotypologie*, 24, 1963, p. 124-129 ; M. PINEAU, « Evolution à dix ans d'intervalle du poids et de la stature chez les filles de 13-14 ans en fin d'études primaires », *ibidem*, 26, 1965, p. 171-202. Voir aussi une étude très rare sur la stature des femmes adultes : A. MARIE, L. MAC-AULIFFE, « Statistique anthropométrique. Influence du milieu social sur le développement de la taille chez la femme », dans *Comptes rendus de l'Académie des sciences*, 1911, p. 1499-1500.

Apogée et déclin du conte racial (années 1860 – années 1950)

Biotypologie[130]. On connaît bien les visées eugénistes de Pearson et de ses successeurs, mais la revue française, tout en s'inspirant des méthodes statistiques de Pearson et de ses successeurs, publie dans les années 1930 et 1950-1960 toute une série de travaux sur l'anthropométrie scolaire ou extra scolaire dans une perspective résolument économique et sociale[131]. La revue *Biotypologie*, devenue après 1966 *Revue de la Société de biométrie humaine*, rend bien hommage à Spearman[132], inventeur des tests d'intelligence dont la pertinence et le but sont très discutables[133], mais elle ne publie aucune recherche anthropométrique à visée eugéniste.

---

130 La Société de Biotypologie est fondée en 1932 par Henri Laugier à l'initiative d'Edouard Toulouse, la première livraison de la revue vient un an après. Voir H. PIERON, « Vingt ans de biotypologie », dans *Biotypologie*, 13, 1952, p. 1-5.
131 A.-B. et A. FESSARD, D. KOWARSKI, H. LAUGIER, « Recherches biotypologique sur l'évolution avec l'âge de quelques indices biométriques chez l'enfant », dans *Biotypologie*, 2, 1934, p. 49-67 ; A.-B. et A. FESSARD, J. LAUFER, H. LAUGIER, « Nouvelles tables de croisssance des écoliers parisiens. poids. taille », *ibidem*, 3, 1935, p. 106-133 ; G. TEISSIER, « Croissance relative et étapes du développement », *ibidem*, 3, 1935, p. 68-78 ; M. BADONNEL, E. TOULOUSE, D. WEINBERG *et alii*, « Enquête biotypologique sur un groupe d'enfants issus de mères syphilitiques traitées », *ibidem*, 4, 1936, p. 7-39 ; L. CASSIN, docteur WEISMANN-NETTER, « Action du milieu social et des conditions de vie sur le développement physique des écoliers », *ibidem*, 5, 1937, p. 1-7 ; L. CASSIN, H. LAUGIER, D. WEINBERG, « Enquête sur les caractères biotypologiques des enfants en relation avec les conditions de vie des familles », *ibidem*, 7, 1939, p. 21-55 ; docteur BENAIGES, « Etude de la croissance des écoliers de la ville de Toulouse », *ibidem*, 7, 1939, p. 264-280 ; G. ICHOK, « La taille des conscrits dans les régions urbaines et rurales », *ibidem*, 7, 1939, p. 233-244 ; docteur F. MILHAUD, M. FAUTREL, « Corrélations taille-poids chez les conscrits citadins intellectuels et manuels et chez les ruraux », *ibidem*, 10, 1949, p. 47-49 ; V. LEDOUX, « Normes biométriques d'apprentis parisiens », *ibidem*, 13, 1952, p. 62-67 ; P. DELAUNAY, J. DESCHAMPS, « Etude de la croissance staturale et pondérale des adolescents en fonction du stade pubertaire », *ibidem*, 17, 1956, p. 217-233 ; « Note documentaire sur la statistique des tailles des étudiants au cours de ces dernières années », *ibidem*, 18, 1957, p. 202-214 ; H. MONOD, H. PINEAU, « Nouvelles données anthropométriques concernant les jeunes adultes français », *ibidem*, 19, 1958, p. 24-31, A. BENECH, B. MATHIEU, E. SCHREIBER, « Dimensions de la famille et caractères biologiques des enfants », *ibidem*, 21, 1960, p. 4-36 ; J. BURSTIN-STORA, M. DEMANGEON, docteur NACCACHE, « Note sur quelques mesures biométriques de garçons de fin d'études primaires », *ibidem*, 23, 1962, p. 89-94 ; R. KHERUMIAN, E. SCHREIBER, « Répartition départementale de la stature, du poids et de la circonférence thoracique en France métropolitaine », *ibidem*, 24, 1963, p. 1-27 ; A. BENECH, « Poids et taille de deux générations de garçons en fin d'études primaires », *ibidem*, 26, 1965, p. 145-167.
132 Livraison de 1947. Spearman est venu en novembre 1936 à la Société de Biotypologie (H. PIERON, *loc. cit.*, p. 2.)
133 A. DESROSIERES, *op. cit.*, p. 143 et 177-179.

f) Henri Vallois et les derniers avatars de la thèse raciale (1943-1962)

Contrairement à *Biotypologie*, les *Bulletins et Mémoires de la Société d'Anthropologie de Paris* se font jusqu'au début des années 1960 le dernier support des thèses raciales désuètes de Broca[134]. La chose s'explique par plusieurs raisons. Tout d'abord, on peut évoquer le même facteur psychologique que pour les anthropologues du XIXe siècle[135]. Dans une France qui s'industrialise à grands pas et où les brassages de populations sont de plus en plus fréquents, certains esprits chagrins et quelque peu nostalgiques voudraient brosser un tableau anthropologique bien illusoire de la vieille France des terroirs et des clochers qui disparaît de plus en plus vite. L'exogamie croissante des années d'après-guerre est d'ailleurs citée parmi les éléments d'ordre scientifique motivant les recherches à visée raciale[136]. Le mirage de l'isolat racial joue donc encore comme il l'avait fait au XIXe siècle, lorsque les Bertillon et autres Liétard croyaient discerner la prétendue race celte de la prétendue race kimrique jusqu'au sein des cantons.

Mais le principal facteur expliquant ce regain de la thèse raciale ne semble pas être une nostalgie passéiste, affublée du faux nez d'arguments scientifiques. Disons plutôt que le facteur psychologique plante le décor de cet ultime retour de la thèse raciale,

---

134 Ainsi, pour G. OLIVIER, «mis à part les Corses, les Bretons, les Basques et les Alsaciens-Lorrains, le facteur racial semble n'influencer que de façon douteuse sur la stature». Cela fait encore beaucoup d'exceptions! («Documents anthropométriques sur les conscrits du Nord de la France», dans *BMSAP*, 10e série, 8, 1957, p. 50); G. BILLY, *loc. cit.*, met en évidence le «type alpin» dont la Savoie constitue l'un des «fiefs» (p. 2) et donne la «formule raciale de la population savoyarde» (p. 124) même si l'auteur est bien forcé d'admettre une «évolution diachronique des paramètres raciaux» (p. 161) qui s'explique essentiellement par des facteurs économiques (p. 176-178).
D'autres études se montrent beaucoup plus prudentes et n'évoquent pas la thèse raciale mais avancent une étrange explication à l'augmentation de la stature des conscrits d'après-guerre : la croissance est plus précoce qu'avant. En fait, ce phénomène ne constitue pas une explication mais une modalité de la croissance de la stature à l'âge de 20 ans ou à l'âge adulte. En outre, cette explication présente le désavantage de ne pas clairement affirmer que la stature finale (adulte) augmente depuis le XIXe siècle, comme si les auteurs se rattachaient à l'idée des anthropologues du XIXe siècle que ce n'est pas la taille finale qui augmente, mais que c'est seulement le rythme de croissance qui est modifié. Enfin, cette explication permet de ne pas toujours évoquer les facteurs économiques et sociaux qui pourraient expliquer l'accroissement statural. Voir P.-R. GIOT, *Armoricains et Bretons, étude anthropologique*, thèse de science naturelle, Rennes, 1951, p. 117 ; J. BRIARD, P.-R. GIOT, J. L'HELGOUACH, «Données anthropologiques sur les populations du Nord-Ouest de la France», dans *BMSAP*, 10e série, 7, 1956, p. 309-315 ; G. OLIVIER, *loc. cit.*, p. 51 : «Autrefois, on ne connaissait comme principales causes de variation de la taille [...] que les différences de conditions de vie et de milieu social. Mais un auteur moderne, Morant, estime que l'accroissement de la stature est dû à une accélération de la vitesse de croissance» (l'auteur n'adhère pas totalement à cette explication très en vogue).

135 C. SAMINADAYAR-PERRIN, *loc. cit.*, p. 400.
136 G. BILLY, *loc. cit.*, p. 1.

il en constitue le contexte favorable. En effet, comment expliquer sinon que la thèse raciale ne réapparaisse que dans les publications de la Société d'Anthropologie de Paris[137] ? C'est qu'ici encore, comme au XIXe siècle, jouent des questions d'influences personnelles, de mandarinat et de générations. Les recherches alors publiées par la Société d'Anthropologie sont en fait inspirées par le même homme très influent : Henri Vallois (1889-1981), anthropologue, paléontologue et médecin, directeur de l'Institut de Paléontologie humaine de Paris (1942), directeur du Musée de l'Homme et professeur au Muséum d'Histoire Naturelle (1950-1959) et surtout directeur du Laboratoire d'Anthropologie du Musée de l'Homme (1938), titre qui lui permet de diriger un certain nombre de recherches.

Nous avons vu que les études anthropométriques des années 1930, principalement entreprises par la Société de Biotypologie à partir de 1932, sont exclusivement axées sur la détermination des facteurs économiques et sociaux qui influencent la taille, le plus souvent des enfants. Mais à l'issue de cette décennie, le professeur Vallois publie un ouvrage de vulgarisation soutenant avec force la thèse raciale. L'*Anthropologie de la population française* du grand scientifique paraît à un moment particulièrement critique de l'histoire de France (1943) et s'insère dans une collection au titre évocateur : « Connais ton pays ». L'*Anthropologie* de Vallois constitue le premier volume de la collection, avant l'entrée dans l'histoire avec le deuxième volume, consacré à l'antiquité celte, comme si le vieux mythe celto-kimrique de Broca pouvait encore tenir. Bien sûr, il faut prendre garde : que Vallois soutienne la thèse raciale ne signifie pas qu'il est raciste.

Cependant, à l'heure où les décrets contre les Juifs sont promulgués par Vichy, et alors que l'anthropométrie française n'avait plus de base raciale depuis les années 1900, Vallois rappelle que « la *race* est un groupe naturel, formés d'Hommes présentant une communauté de caractères physiques héréditaires » dont la stature fait partie[138], même s'il reconnaît que la race juive n'existe pas… puisque les Juifs constituent une ethnie de deux races[139]. Les théories de Vallois s'appuient sur des données anthropométriques publiées par Deniker en 1908, comme si la stature des Français était une donnée immuable de l'histoire naturelle, « caractère physique héréditaire[140] ». L'auteur s'interdit donc de voir toute modification géographique à travers le temps de la stature en France : son ouvrage s'appuie sur les recherches des anthropologues de la

---

137 A l'exception notoire d'un article du docteur Fred MILHAUD, « Etude sur les courbes de fréquence des tailles et des poids des conscrits manuels et non manuels », dans *Biotypologie*, 11, 1950, p. 81-87. C'est là le dernier avatar de la thèse des Bertillon : la multimodalité des courbes de Milhaud suggère que « l'hypothèse raciale n'est pas invraisemblable. » (p. 86) et p. 84 l'auteur prend un simple arrondi à 170 cm pour l'un des modes à cause raciale qu'avait cru voir Bertillon (« Il y a au moins un mode aux environs de 170, ainsi que l'avait noté Bertillon »).

138 H. VALLOIS, *op. cit.*, p. 13.

139 *Ibidem*, p. 113.

140 *Ibidem*, p. 36-40.

Société d'Anthropologie de Paris, toutes antérieures à 1900, comme il se plait à le rappeler[141]. Vallois produit une carte anthropologique et raciale de la France en recoupant les données anthropométriques (stature, couleur des yeux et des cheveux, indice céphalique) et en arrive à identifier six zones anthropologiques[142]. Le fait que ces différents indices ne se recoupent pas géographiquement aurait dû alerter l'auteur : à strictement parler, la définition que donne Vallois de la race aurait dû se traduire par une superposition parfaite des trois indices. Qu'à cela ne tienne : Vallois définit l'« X racial de la France », dont la forme détermine des zones anthropologiques régionales, avec entre autres les Alsaciens-Lorrains, grands brachycéphales blonds, les Limousins petits brachycéphales bruns et l'étrange noyau breton[143].

Ces six zones doivent selon lui leur existence à divers mouvements de peuplement très anciens, même si parfois les observations ne correspondent pas vraiment aux faits historiques[144]. Quoi qu'il en soit, c'est cette théorie néo-raciale qui sert de *vade mecum* aux chercheurs que dirige le professeur Vallois après guerre et dont on a évoqué les résultats, tous publiés dans la revue fondée par le champion de la théorie raciale du XIXe siècle, Broca[145].

Paradoxalement, c'est aussi une recherche issue du Laboratoire de Vallois au Musée de l'Homme et publiée par la Société d'Anthropologie de Paris en 1964 qui va résolument réévaluer le rôle des facteurs sociaux et placer l'anthropométrie française dans une perspective de recherche novatrice. C'est donc depuis le début des années 1960 que la thèse économique et sociale règne sans ombre sur l'anthropométrie française, qu'elle soit le fait des anthropologues, des médecins ou des historiens. L'influence de Vallois n'aura été qu'un intermède (1943-1962) dans la lente poussée de la thèse mésologique, de plus en plus forte à partir des années 1890.

---

141 H. VALLOIS, *op. cit.*, p. 36. Vallois est toutefois bien obligé d'évoquer très rapidement l'élévation de la stature des Français depuis les années 1900, qu'il attribue à l'amélioration générale des conditions de vie (p. 40).

142 *Ibidem*, p. 62-64.

143 Voir la carte de la p. 61.

144 *Ibidem*, p. 76-95.

145 Signalons également une thèse sous la direction de Vallois, S. DE FELICE, *Recherches sur l'anthropologie des Françaises*, Paris, 1958 (thèse de 1953). Selon l'auteur, la Française moyenne qui se dégage de son très faible échantillon (N = 143) renvoie « évidemment [à] un mélange de plusieurs races » (p. 271).

Chapitre III
Le renouveau des études anthropométriques (des années 1960 à nos jours)

I – De Chamla à Le Roy Ladurie : le temps des pionniers (années 1960-1980)

a) Chamla : la première étude diachronique d'envergure (1964 et 1977)

L'étude de 1964 de Marie-Claude Chamla pose les bases de l'histoire anthropométrique de la France[1]. De fait, depuis et à part l'étude du docteur Jules Carret sur les Savoyards, en 1882, aucun chercheur français ne s'est penché sur l'évolution de la stature à long terme. Chamla évoque bien les recherches de Boudin et Broca des années 1860, mais nous avons vu que dans ces dernières le but des deux médecins n'était pas tant de mettre l'accent sur les causes mésologiques du changement que sur les facteurs démographiques, dans une perspective avant tout raciale et chauvine. Bien sûr, nous avons vu d'autre part que les études comparant la stature de petits groupes à des intervalles d'une ou de deux décennies se multiplient dans les années 1930-1950 : comparaison de la taille des enfants en âge scolaire, de groupes d'étudiants, voire de conscrits chez le docteur Queyroi. « Ces observations restent cependant accidentelles en raison de la rareté des études systématiques échelonnées sur des périodes de temps assez rapprochées pour permettre de suivre attentivement l'évolution du phénomène[2]. » D'autre part, Chamla note que le problème du rapport variable existant entre stature à l'âge adulte et stature à l'âge conscriptionnel a pu freiner les études sur le long terme[3]. En effet, on sait que la croissance staturale est plus tardive au XIXe qu'au XXe siècle : comme nous l'avons vu, encore dans les années 1950-1960, certains

---

1 M.-C. CHAMLA, « L'accroissement de la stature en France de 1880 à 1960 », dans *BMSAP*, 11e série, 6, 1964, p. 201-278.
2 *Ibidem*, p. 202-203.
3 *Ibidem*, p. 203.

auteurs y voient un obstacle insurmontable à la comparaison des statures des conscrits du XIXe et du XXe siècles.

Chamla entend cependant fournir une étude couvrant la plus longue période possible afin de saisir l'augmentation séculaire de la stature des Français : ses sources lui permettent d'étudier les classes 1880 à 1960. Ses sources ne sont pas les mêmes que les nôtres : elle ne peut observer que les conscrits effectivement incorporés et non les réformés pour diverses causes puisqu'elle utilise des registres matricules et des feuillets nominatifs de contrôle produits par les autorités militaires[4], alors que nous utilisons des sources établies par les autorités civiles et concernant tous les conscrits. Nous voyons donc mal comment Chamla peut exclure de son étude « les sujets atteints de troubles pathologiques ayant ou pouvant avoir une répercussion sur la stature : rachitisme, claudication, cyphose ou scoliose prononcées, nanisme, débilité mentale », à moins qu'il ne s'agisse de conscrits dont la réforme a été prononcée au cours du service[5]. Quoi qu'il en soit, un problème important demeure : en excluant, pour des raisons de sources ou de méthode, les conscrits présentant des pathologies en rapport avec les troubles de croissance staturale, Chamla sous-estime nécessairement la croissance staturale qui intervient entre les années de conscription 1880 et 1960, car elle surestime la stature moyenne des conscrits du début de son étude. Nous avons vu en effet avec l'exemple savoyard du docteur Carret qu'au XIXe siècle le crétinisme est responsable d'une importante déformation de la courbe gaussienne des tailles vers le bas de la distribution. En éliminant les crétins, les rachitiques, etc, Chamla donne une image optimiste du niveau de vie biologique des conscrits, surtout au XIXe siècle, alors que ces maladies sont encore très présentes, preuve supplémentaire du mauvais état sanitaire des Français à côté de la stature moyenne médiocre.

Cette remarque étant faite, il reste que l'étude de Chamla est la première à mettre en évidence l'allongement des Français, en moyenne de 4,6 cm entre les classes 1880 et 1960, avec une accélération après 1920[6]. Les facteurs explicatifs avancés par Chamla sont surtout d'ordre mésologique : nutrition, instruction, conditions de travail, d'habitat et d'hygiène, urbanisation[7]. Chamla note à ce propos que si l'urbanisation est favorable aux grandes tailles, les différences constatées avec la campagne « seraient dues essentiellement aux différences de composition professionnelle des populations considérées[8] ». C'est là un point important de l'histoire du bien-être des populations françaises et étrangères. Les recherches actuelles d'histoire anthropométrique négligent quelque peu cet effet de structure qui peut expliquer soit la baisse de

---

4   M.-C. CHAMLA, *loc. cit.*, p. 204-205.
5   *Ibidem*, p. 206.
6   *Ibidem*, p. 208-209.
7   *Ibidem*, p. 245-248.
8   *Ibidem*, p. 248.

la stature des citadins au cours du XIXe siècle, soit la stature supérieure de ces derniers au début du XIXe et au XXe siècles. Dans un premier temps, si la ville concentre des activités traditionnelles à hauts revenus, même si les conditions hygiéniques sont défavorables, les citadins seront plus grands que les ruraux. Puis, avec la première vague d'industrialisation, le nombre d'ouvriers du textile mal payés augmente beaucoup plus en ville que dans les campagnes, d'où une éventuelle baisse de la stature citadine due à un effet de structure, mais aussi peut-être à la dégradation des conditions de vie des villes, indépendamment de la modification de la composition socioprofessionnelle de ces dernières. Enfin, le même phénomène peut jouer dans l'éventuelle amélioration du niveau de vie des citadins par rapport aux ruraux au XXe siècle : la ville, davantage peuplée de cols blancs à hauts revenus, possède un niveau de vie biologique globalement meilleur que la campagne, peuplée de petits artisans et de cultivateurs. Quoi qu'il en soit, cette remarque de Chamla mérite amplement discussion car il s'agit de déterminer la ou les causes de l'éventuelle dégradation puis amélioration des conditions de vie des travailleurs urbains aux XIXe et XXe siècles. Les études étrangères actuelles d'histoire anthropométrique restent souvent trop peu précises sur la question.

Enfin, Chamla évoque le facteur génétique : l'éclatement des isolats génétiques a pu contribuer à un brassage de la population française et par là à l'élévation de la stature[9]. Il faut cependant garder à l'esprit que les isolats génétiques correspondent aussi à des isolats économiques et sociaux et donc que l'augmentation de la stature peut aussi bien traduire la fin d'un isolement génétique qu'économique, sanitaire et social. D'ailleurs le docteur Queyroi en a donné une très bonne illustration en 1930. Dans une région où, vers 1900, Queyroi a parlé à des personnes n'étant jamais monté dans une voiture à cheval ou ayant vu arriver au village la première de celles-ci, l'endogamie règne en maîtresse jusqu'aux années 1920. Queyroi note en conséquence que l'exogamie, même en 1930, est trop faible pour avoir déjà joué un rôle dans l'augmentation rapide de la stature qu'il observe[10].

Chamla est à l'origine d'une série de travaux publiés dans les *Bulletins et Mémoires de la Société d'Anthropologie de Paris* traitant de l'augmentation de la stature des Français et de ses causes sociales[11]. En particulier, la contribution commune de 1977 reprend les chiffres de 1964 et en fait une analyse au moyen de calculs de régression

---

9   M.-C. CHAMLA, *loc. cit.*, p. 248-249.
10 P. QUEYROI, *loc. cit.*, p. 610 et 612.
11 G. OLIVIER, « Révision des données sur la stature et la corpulence en France », dans *BMSAP*, 13e série, 2, 1975, p. 163-177 ; M.-C. CHAMLA, G. DEVIGNE, A. JACQUARD *etalii*, « L'accroissement de la stature en France. I. l'accélération du phénomène », dans *BMSAP*, 13e série, 4, 1977, p. 197-204 ; M.-C. CHAMLA, G. DEVIGNE, E.-R. IAGOLNITZER *et alii*, « L'accroissement de la stature en France. II les causes du phénomène : analyse univariée », dans *BMSAP*, 13e série, 4, 1977, p. 205-214 ; M.-C. CHAMLA, « L'évolution récente de la stature en Europe occidentale (période 1960-1980) », dans *BMSAP*, 13e série, 10, 1983, p. 195-224.

afin de voir si la cause de l'élévation de la stature est soit le brassage génétique, soit l'amélioration des conditions de vie, soit une explication inconnue qu'il resterait à déterminer[12]. La seule conclusion certaine de cette analyse statistique est que stature et conditions de vie évoluent de concert[13]. Enfin, la contribution de 1977 comporte des analyses de corrélation à l'échelle individuelle entre stature et divers variables biologiques et sociales pour les conscrits des années 1973-1974 que nous nous proposons de reconduire, lorsque cela est possible, aux époques antérieures[14]. L'apport de Marie-Claude Chamla et de ses collaborateurs (1964 et 1977) reste encore aujourd'hui essentiel en histoire anthropométrique, non seulement pour la France, mais aussi pour les autres pays, où ces recherches sont encore discutées[15].

Dans la même perspective méthodologique et dans des buts similaires, signalons également trois thèses de biologie animale soutenues à la fin des années 1970 sous la direction de J. Hiérnaux et portant toutes sur le département de la Haute-Vienne[16]. Il s'agit de travaux d'anthropologie qui ont pour but d'analyser les « différences biologiques et psychologiques entre agriculteurs et non agriculteurs en milieu rural »[17] mais, malgré leurs titres prometteurs, ils sont malheureusement basés sur des effectifs très faibles et leurs conclusions sont donc parfois peu fiables statistiquement.

b) Le Roy Ladurie et ses successeurs français : l'invention de l'anthropométrie historique (de 1969 à nos jours)

Parallèlement et en partie grâce au renouveau de l'anthropométrie dans le milieu des sciences dites exactes, les historiens ont commencé à s'intéresser à la stature passée des Français. Ce sont les travaux pionniers d'Emmanuel Le Roy Ladurie et de ses col-

---

12 M.-C. CHAMLA, G. DEVIGNE, E.-R. IAGOLNITZER *et alii*, *loc. cit.*, p. 205.
13 *Ibidem*, p. 206.
14 Voir p. 207. Variables disponibles pour les époques antérieures (pour certaines années) : densité de population, migration géographique, catégorie socioprofessionnelle, dimension de la famille, degré d'instruction. Variables non disponibles dans nos sources mais étudiées par Chamla et ses collaborateurs : consanguinité, exogamie, capacité mentale (dont la détermination et la définition même posent des problèmes de pertinence, comme nous l'avons déjà dit.)
15 Voir J. BATEN, *Ernährung und wirtschaftliche Entwicklung in Bayern (1730-1880)*, Stuttgart, 1999, p. 28-30.
16 D. BLEY, *Démographie et anthropologie d'une population agricole limousine. Ses conditions de travail*, thèse de doctorat, spécialité biologie animale, mention anthropologie, Paris VII, 1978 ; G. BOETSCH, *Anthropologie et socio-démographie d'une population agricole limousine. Habitation et habitat*, thèse de doctorat, spécialité biologie animale, mention anthropologie, Paris VII, 1978 ; T. LAVOUX, *Châteauponsac (Haute-Vienne) de 1820 à nos jours, évolution démographique. Avenir scolaire et professionnel des enfants et influence de la dimension de la famille sur leur croissance*, thèse de doctorat, spécialité biologie animale, mention anthropologie, Paris VII, 1979.
17 G. BOETSCH, *op. cit.*, p. 1.

laborateurs qui, encore aujourd'hui, font figure de travaux de référence en ce qui concerne l'histoire anthropométrique en France et à l'étranger.

Il revient à Le Roy Ladurie et à ses collaborateurs d'avoir proposé les premiers (après leur lointain prédécesseur Jules Carret) des corrélations entre degré d'instruction et stature des conscrits du XIXe siècle[18]. En 1969, Le Roy Ladurie, Bernageau et Pasquet remarquent que la stature d'un échantillon aléatoire de 1 637 conscrits français de la classe 1868 est, à l'échelle individuelle, positivement corrélée avec l'instruction[19]. Les auteurs notent que le rapport n'est pas direct entre stature et instruction : cette dernière renvoie au capital culturel, lui-même en rapport étroit avec le capital social du conscrit ou de sa famille. C'est au final une relation entre capital social et stature qu'il faut envisager[20].

Dans une contribution postérieure (1971), le rôle de l'instruction dans la détermination de la stature est réévalué à la hausse : « la scolarisation, en diminuant la dose de travail physique infligé au jeune enfant, a-t-elle tendance à stimuler la pousse humaine[21] ? » Par ailleurs, l'échantillon étudié, toujours issu de la classe 1868, est élargi à 11 819 conscrits, soit un dixième des jeunes gens qui ont tiré un mauvais numéro cette année là. Le Roy Ladurie et Bernageau observent que les conscrits remplacés par des jeunes gens payés à cet effet sont en moyenne plus grands que les conscrits non remplacés. C'est qu'il faut avoir une certaine aisance pour acheter son remplaçant, aisance qui permet aussi de mieux se nourrir et mieux se soigner, donc d'être en moyenne plus grand que ceux qui ne peuvent se payer de remplaçants. Par ailleurs, la différence de stature[22] entre plusieurs groupes de professions constitués par les auteurs[23] est bien moindre que la différence, au sein du même groupe professionnel, entre conscrits remplacés instruits d'une part et conscrits non remplacés analphabètes d'autre part. Les différences interprofessionnelles sont considérées comme révélatrices des genres de vie et la différence entre conscrits remplacés instruits et conscrits non remplacés analphabètes comme révélatrice des niveaux de vie. Selon Le Roy Ladurie et Bernageau, les niveaux de vie importent donc davantage que les genres de vie dans la détermination de la stature des jeunes gens.

---

18   E. LE ROY LADURIE, N. BERNAGEAU, Y. PASQUET, *loc. cit.* ; E. LE ROY LADURIE, N. BERNAGEAU, *loc. cit.* ; E. LE ROY LADURIE, M. DEMONET, *loc. cit.*

19   E. LE ROY LADURIE, N. BERNAGEAU, Y. PASQUET, *loc. cit.*

20   Jules Carret était arrivé à la même conclusion en 1882, voir *supra*.

21   N. BERNAGEAU, E. LE ROY LADURIE, *loc. cit.*, p. 111.

22   Saisie au moyen de la part des conscrits de moins de 159 cm et de celle des conscrits de plus de 170 cm.

23   voir tableau XVI p. 114 : le classement va du groupe « cultivateurs-forêts », le plus défavorisé, aux groupes « moyens et supérieurs, commerce, alimentation, employés d'Etat, autres employés, enseignants, professions libérales, cadres moyens, artistes, étudiants ».

Le Roy Ladurie et Zysberg explorent par ailleurs en 1979 les variations diachroniques de la stature des conscrits français, en comparant l'échantillon de la classe 1868 à un nouvel échantillon de 10 900 individus de la classe 1887. La stabilisation de la stature entre ces deux dates, « (au cours d'un siècle et plus, d'allongement des tailles) suggère que le déclenchement de la crise économique, après 1873, dans nos campagnes, a pu stopper pour plus d'une décennie les changements biologiques qu'induisait normalement l'amélioration séculaire plus ou moins régulière du niveau de vie[24] ». L'analyse chronologique de la stature moyenne et ses explications socioéconomiques se trouvaient fondées en histoire, même si cette contribution de 1979 reste longtemps sans continuation en France.

Avec les travaux de Le Roy Ladurie et de ses collaborateurs dans les années 1969-1980 se trouvent posées les bases d'une histoire économique et sociale dont l'ordinateur constitue l'outil essentiel et l'anthropométrie le moyen d'investigation. Après la publication de la fameuse *Anthropologie du conscrit français* en 1972[25], la thèse de Guy Soudjian, élève de Le Roy Ladurie, marque en 1978 le point culminant de ce renouveau de l'histoire sociale envisagée du point de vue anthropologique[26]. La thèse de Soudjian reprend certaines hypothèses des travaux antérieurs de Le Roy Ladurie et les analyse à travers l'étude de 10 000 dossiers individuels de conscrits parisiens des classes 1868-1869 (conscrits nés en 1848-1849). Elle montre, à la suite des travaux de Villermé, un Ouest parisien de grande stature et un Est de petits[27] et l'inégalité anthropométrique entre conscrits lettrés et illettrés[28]. Les conscrits remplaçants, assez pauvres pour accepter contre argent de remplacer dans le service militaire les conscrits les plus riches, apparaissent comme les plus petits, alors que les remplacés sont les plus grands et que les non remplacés occupent une place intermédiaire entre les deux groupes précédents[29]. Plus la stature moyenne d'une profession est élevée, plus le pourcentage de remplacés augmente. Les professions libérales s'opposent nettement aux « petits métiers » et aux journaliers[30].

---

24 E. LE ROY LADURIE, A. ZYSBERG, « Anthropologie des conscrits français (1868-1887) », dans *Ethnologie française*, 9, 1979, p. 47.

25 J.-P. ARON, P. DUMONT, E. LE ROY LADURIE, *Anthropologie du conscrit français d'après les comptes numériques et sommaires du recrutement de l'armée (1819-1826). Présentation cartographique*, Paris, 1972.

26 G. SOUDJIAN, *La Population parisienne à la fin du Second-Empire d'après les archives du recrutement militaire*, thèse de doctorat, Paris I, 1978. Voir aussi du même auteur, « Quelques réflexions sur les statures des jeunes Parisiens sous le second Empire », dans *Ethnologie française*, 9, 1979, p. 69-84.

27 G. SOUDJIAN, *op. cit.*, p. 157.

28 *Ibidem*, p. 162.

29 *Ibidem*, p. 163-164.

30 *Ibidem*, p. 166.

Le renouveau des études anthropométriques (des années 1960 à nos jours)

D'un point de vue diachronique, la stature des Parisiens semble décliner d'environ deux centimètres des classes 1819-1826 (nées en 1799-1806) à la classe 1890 (née en 1870), alors que, toujours selon Soudjian, la moyenne française croît à partir des cohortes nées au milieu du XIXe siècle[31]. L'auteur répugne cependant à faire appel au seul facteur socioéconomique pour expliquer cette baisse de la stature et il invoque le rôle de «rythmes cycliques commandés par des mécanismes génétiques complexes, encore mal connus»[32] qui détermineraient «seuils minima et maxima, entre lesquels la stature varie en fonction des conditions de vie». Le rapport entre variation diachronique de la stature et niveau de vie n'est pas encore fermement établi chez Soudjian.

Dans le prolongement des travaux de Le Roy Ladurie, Michel Hau développe dans les années 1980 et 1990 les recherches de type anthropologique sur l'Alsace, en se servant des symptômes de malnutrition relevés par les conseils de révisions (goitre, rachitisme, caries, faiblesse de constitution, taie sur l'œil, etc.)[33]. Ces recherches plus anthropologiques qu'anthropométriques débouchent notamment sur la thèse de Jean-Michel Selig, mais aussi sur des mémoires plus courts qui mettent tous en évidence la dégradation du niveau de vie biologique des conscrits de l'Alsace rurale durant la Restauration[34]. La contribution de Selig (1996) reste la plus importante à ce jour en France : l'auteur a relevé 53 000 dossiers individuels correspondant aux conscrits de l'arrondissement de Colmar (Haut-Rhin) nés entre 1811 et 1850[35]. Au moyen de 18 variables relevées par conscrit[36], Selig offre un tableau très précis de la physiopathologie des ruraux alsaciens des débuts de l'industrialisation.

---

31   G. SOUDJIAN, *op. cit.*, p. 178.

32   *Ibidem*, p. 180.

33   Voir notamment M. HAU, «Pauvreté rurale et dynamisme économique : le cas de l'Alsace au XIXe siècle», dans *Histoire, Economie et Société*, 6, 1987, p. 113-138.

34   J.-M. SELIG, *Malnutrition et développement économique dans l'Alsace du XIXe siècle*, Strasbourg, 1996 ; du même auteur, «Physiopathologie et niveaux de vie. Les conscrits des campagnes alsaciennes au XIXe siècle», dans *Histoire moderne et contemporaine. Informatique*, 9, 1986, p. 5-26 ; R. CASPAR-PRANGE, *Anthropologie des ruraux du vignoble alsacien 1806-1870*, mémoire de maîtrise, Université des Sciences Humaines de Strasbourg, 1983 ; de meilleure qualité que le précédent : B. MEYER, *Anthropologie des ruraux du Nord de l'Alsace au XIXe siècle. Physiopathologie des conscrits des cantons de Sarre-Union et de Drulingen (1805-1868)*, mémoire de maîtrise, Université des Sciences Humaines de Strasbourg, 1983 ; et plus récemment : Y. WUNSCH, *La Physiopathologie des conscrits strasbourgeois de 1816 à 1869*, mémoire de maîtrise, Université Marc Bloch (anciennement Université des Sciences Humaines de Strasbourg), 2002.

35   J.-M. SELIG, *op. cit.*, 85.

36   *Ibidem* p. 90 : année d'examen, commune d'origine, métier, bon (pour le service), réformé, petit (moins de 157 cm), faible (de constitution), rachitisme, goitre, crétinisme, caries ou mauvaises dents, varices ou varicocèles, hydrocèle, hernie, scrofules, taies sur l'œil, exempté (du service), arrêt de développement.

Les sources françaises présentent l'avantage de fournir au chercheur des indications non seulement sur la stature, mais aussi sur les autres indices de malnutrition observables dans l'aspect extérieur du corps humain. Les sources étrangères sont bien souvent beaucoup plus laconiques et ne mentionnent que la stature. Cependant, dans la perspective d'une comparaison internationale ou d'une comparaison à long terme, qui n'est pas dans l'optique de Selig mais plutôt dans la nôtre, les indices anthropologiques présentent le désavantage d'être tributaires dans leur définition des avancées des connaissances médicales, des traditions médicales et des législations nationales[37].

L'étude d'anthropologie physique de Selig demeure une référence en la matière, dans la mesure où l'auteur vise à cerner très précisément les niveaux de vie des conscrits dans les années de conscription 1831-1870, au moment clef de la première industrialisation. Selig a montré que les années de conscription 1823 et 1847 constituaient encore des périodes de crises importantes dans le monde rural alsacien, alors que la crise de 1856 n'affecte plus de manière sensible les indices anthropologiques de niveau de vie[38].

En dehors des travaux d'E. Le Roy Ladurie, quelques études anthropométriques de qualité sont entreprises par des chercheurs français dans une perspective historique. Corvisier est le premier à travailler sur la stature pour l'Ancien Régime[39], Jean-Claude Toutain, dans son étude sur l'alimentation des Français aux XIXe et XXe siècles, envisage que les données anthropométriques puissent faire l'objet d'une exploitation statistique dans la perspective d'une histoire des niveaux de vie, tentant des parallèles entre données économiques et données anthropométriques[40]. Enfin J. Houdaille se penche sur des données du début de l'époque contemporaine[41]. Certes, en dehors de

---

37 A partir des mêmes symptômes, on ne diagnostique pas nécessairement la même maladie au début du XIXe siècle et au début du siècle suivant. De plus, l'extinction de certaines maladies de malnutrition au cours du XIXe siècle, tels le crétinisme ou le goitre, interdit de prolonger l'étude anthropologique au XXe siècle, si ce n'est pour constater que depuis 1900 ou même avant ces deux pathologies ont disparu en France. Au contraire, l'indice anthropométrique continue d'être pertinent au XXe siècle, puisque les rythmes d'augmentation de la stature moyenne nous renseignent alors sur la plus ou moins grande rapidité de l'amélioration du niveau de vie biologique. L'indice anthropométrique permet aussi de comparer le niveau de nutrition nette de différents pays, sans se soucier des différences de nomenclatures médicales des sources militaires qui ne peuvent manquer de brouiller les cartes des études anthropologiques.

38 J.-M. SELIG, *op. cit.*, p. 796-797.

39 A. CORVISIER, *Les Contrôles de troupes de l'Ancien Régime. t. 1, Une source d'histoire sociale. Guide des recherches*, Vincennes, 1968, p. 82-84 et surtout, du même auteur, *L'Armée française de la fin du XVIIe siècle au ministère de Choiseul. Le soldat*, t. 1, Paris, 1964, p. 636-650.

40 J.-C. TOUTAIN, «La consommation alimentaire en France de 1789 à 1964», dans *Economies et sociétés. Cahiers de l'ISEA*, 5, 1971, p. 1909-2049 et plus particulièrement p. 1992-1996.

41 J. HOUDAILLE, «La taille des Français au début du XIXe siècle», dans *Population*, 25, 1970,

ces travaux, le problème de la stature fait des apparitions dans les recherches historiques françaises postérieures aux publication d'E. Le Roy Ladurie, mais l'anthropométrie ne constitue jamais le point central de l'argumentation historique, mais plutôt un élément de réflexion parmi d'autres[42].

II – La naissance et le développement de la *New Anthropometric History* (de 1979 à nos jours)

Parallèlement aux travaux de Le Roy Ladurie se développent aux Etats-Unis d'Amérique les premières recherches de la nouvelle histoire anthropométrique *(New Anthropometric History)*. Deux élèves de Robert Fogel, R. H. Steckel et J. Komlos entreprennent des travaux novateurs sur la question de la stature d'un point de vue historique. Conformément au credo de la *New Economic History* anglo-saxonne, les analyses de statures seront alors essentiellement économétriques et l'histoire anthropométrique est plus économique que sociale, même si son objectif de procurer à l'histoire un indice synthétique de niveau de vie biologique peut donner lieu à des interprétations sociales et écologiques[43]. En fait, le principal mérite de la nouvelle histoire

---

    p. 1297-1298 ; du même auteur, « La croissance des enfants au début du XIXᵉ siècle, dans *Population*, 33, 1978, p. 185-187 ; du même, « Stature et promotion sociale au début du XIXᵉ siècle », dans *Population*, 34, 1979, p. 1145-1147 ; du même, « La taille des Parisiens en 1793 », dans *Population*, 38, 1983, p. 173-177.

42 Voir par exemple A. CORBIN, *Archaïsme et modernité en Limousin au XIXᵉ siècle 1845-1880. I. La rigidité des structures économiques, sociales et mentales*, Paris, 1975, Limoges, 1998², p. 101-105 ; A. ARMENGAUD, « chapitre II Le rôle de la démographie », dans *Histoire économique et sociale de la France. Tome III : l'avènement de l'ère industrielle (1789-1880)*, vol. 1, dir. F. BRAUDEL, E. LABROUSSE, Paris, 1976, p. 203-205 ; Y. LEQUIN, *Les ouvriers de la régions lyonnaise (1848-1914). 1. La formation de la classe ouvrière régionale*, Lyon, 1977, p. 434-437 et t. 2. *Les intérêts de classe et la république*, Lyon, 1977, p. 1-3 et 42-43 ; P. GUILLAUME, *Histoire sociale de la France au XXᵉ siècle*, Paris, 1993, p. 52 ; J.-M. BOEHLER, *Une Société rurale en milieu rhénan : la paysannerie de la plaine d'Alsace (1648-1789)*, t. 2, 1995², p. 1777-1780 ; P. BOULANGER, *Géographie historique de la conscription et des conscrits en France de 1914 à 1922, d'après les comptes rendus sur le recrutement de l'armée*, atelier de reproduction des thèses, Lille, 1998, p. 482-499 ; G. DUMONT, *Sur les traces d'Antoine Delfosse mineur de 1768 à 1823. Enquête sur les premiers temps de l'industrie minière dans le Nord de la France*, Lewarde, 1999, (Centre Historique Minier de Lewarde, collection « Mémoires de Gaillette » n° 5), p. 95-96.

43 Pour une présentation plus détaillée de la nouvelle histoire anthropométrique, voir J. KOMLOS, « De l'importance de l'histoire anthropométrique », dans *Annales de démographie historique*, 1995, p. 211-223 ; du même auteur, « Shrinking in a Growing Economy ? The Mystery of Physical Stature during the Industrial Revolution », dans *The Journal of Economic History*, 58, 1998, p. 779-802 ; R. H. STECKEL, « Strategic Ideas in the Rise of the New Anthropometric History and their Implications for Interdisciplinary Research », *ibidem*, p. 804-821 ; J. KOMLOS, « Histoire anthropométrique : bilan… », *loc. cit.* ; et L. HEYBERGER, *op. cit.*, p. 21-35.

anthropométrique est de faire travailler en collaboration étroite historiens économistes et biologistes, tout en étant ouverte sur les apports de la médecine, de l'anthropologie ou de l'économie contemporaines. En revanche, on peut regretter comme on l'a dit en introduction un manque de regard critique historique face aux documents et aux résultats des recherches.

L'article inaugurant ce nouveau courant historique est de R. H. Steckel (1979) et s'insère dans un vif débat concernant le niveau de vie des esclaves noirs d'Amérique[44]. Au moyen de sources anthropométriques, Steckel montre que ces derniers étaient relativement grands pour l'époque, probablement en raison de conditions de vie matérielles meilleures en Amérique qu'en Europe ou en Afrique au début du XIXe siècle. Les propriétaires d'esclaves nourrissaient assez bien ceux qu'ils considéraient comme leur capital humain. Bien évidemment, le niveau de vie biologique n'est pas le seul élément constitutif du bien-être humain, et il serait tout à fait déplacé de déduire de ces données anthropométriques que les esclaves noirs des plantations d'Amérique étaient plus heureux que les habitants contemporains de l'Afrique.

La contribution de Steckel « donna lieu à une véritable avalanche de recherches sur l'histoire anthropométrique[45] ». Ces dernières ont montré qu'il existe des cycles longs de la stature et on a même récemment découvert des cycles de stature plus courts[46]. Deux cycles longs à la baisse sont identifiables dans l'histoire anthropométrique de l'Europe et des Etats-Unis d'Amérique, le premier entre les années 1760 et la fin de l'ère napoléonienne et le second entre les années 1830 et 1840 environ. Puis la stature moyenne des Européens connaît un cycle à la hausse jusqu'à la Première Guerre mondiale[47].

Les difficultés d'approvisionnement des villes durant la première industrialisation, alors que le monde citadin est en croissance démographique mais que la révolution des transports n'a pas encore eu lieu, expliquent en partie les baisses de la stature entre 1760 et 1840. Une découverte de l'historiographie anglo-saxonne, corollaire de cette observation, est l'impact bénéfique qu'exerce sur le niveau de vie biologique l'éloignement du marché dans les débuts de l'industrialisation, « en ce que toute la production du domaine ou de la ferme familiale était consommée par la famille. Aucune exception à cette règle générale n'a été trouvée: il en allait partout de même du Maryland au Japon et cela explique l'avantage de taille des Irlandais et des Ecossais

---

44   R. H. STECKEL, « Slave Heights Profiles from Coastwise Manifests », dans *Explorations in Economic History*, 16, 1979, p. 363-380.

45   J. KOMLOS, « Histoire anthropométrique: bilan… », *loc. cit.*, p. 4. Pour une présentation de ces travaux, voir pénultième note.

46   Les recherches sur les cycles anthropométriques et leur rapport aux cycles économiques sont encore embryonnaires, voir U. WOITEK, « Height cycles in the 18th and 19th centuries », dans *Economics and Human Biology*, 1, 2003, p. 243-257.

47   J. KOMLOS, « Histoire anthropométrique: bilan… », *loc. cit.*, p. 5-7.

par rapport aux Anglais[48] ». Par la suite, avec l'intégration des espaces périphériques au marché, « les paysans qui vivaient jusque là en autosubsistance mais ne connaissaient pas les principes fondamentaux d'une production alimentaire équilibrée vendirent les éléments nutritifs essentiels à la santé de leurs enfants qui, par conséquent, furent bloqués dans leur croissance (et furent en moins bonne santé)[49] ».

Par ailleurs, les tenants de la nouvelle histoire anthropométrique anglo-saxonne émettent parfois un jugement sévère sur les travaux français des années 1970. Pour Steckel, les historiens français n'ont pas assez travaillé dans une perspective interdisciplinaire et il leur manque donc des connaissances biologiques leur permettant de saisir plus précisément la signification de gain ou perte de stature à l'échelle historique[50]. De fait, il revient aux historiens français d'avoir ouvert le champ des recherches de l'anthropologie historique, en ayant le souci d'établir des liens entre stature et facteurs culturels ou économiques. Cependant, on peut regretter que, faute de connaissances biologiques approfondies, les historiens français se soient engagés sur la voie de l'anthropologie et non de l'anthropométrie, qui est beaucoup plus facile à mettre en œuvre, permet des analyses de corrélation, ainsi que des comparaisons simples entre espaces différents et époques différentes, même lorsque la législation militaire est modifiée. La nouvelle histoire anthropométrique, née à la fin des années 1970 dans le monde anglo-saxon, ne se penche sur le cas français qu'après avoir défriché quelque peu les terrains d'investigation américain et anglais, dans les années 1990. La qualité et l'ancienneté des sources françaises font alors le bonheur des chercheurs étrangers.

III – La nouvelle histoire anthropométrique de la France (des années 1990 à nos jours)

a) Les travaux établissant un lien direct entre nutrition et stature

Plusieurs chercheurs se sont penchés sur l'histoire anthropométrique de la France depuis le début des années 1990. John Komlos a ainsi étudié la stature des classes aisées de la société française au XIXe siècle[51], mais il a surtout récemment exploité les plus vieilles archives anthropométriques au monde, celles de l'armée française de 1686 à 1780, et proposé ainsi un *trend* de la stature des Français pour les cohortes de nais-

---

48 J. KOMLOS, « Histoire anthropométrique : bilan… », *loc. cit.*, p. 10.
49 *Ibidem*, p. 11.
50 R. H. STECKEL, « Strategic Ideas… », *loc. cit.*, p. 809 et 817.
51 J. KOMLOS, « The Nutritional Status of French Students », dans *Journal of Interdisciplinary History*, 24, 1994, p. 493-508.

sance 1666 à 1760[52]. La corrélation négative qu'il établit entre prix du blé et stature moyenne indique que plus les prix augmentent, plus la stature des Français du XVIIIe siècle diminue[53]. Nous avons prolongé cette corrélation pour le début du XIXe siècle, tout en montrant la fin plus précoce de cette dépendance au prix du blé pour la stature moyenne et plus tardive pour la part des réformés pour défaut de taille[54]. Toujours dans la perspective d'un parallèle entre disponibilités alimentaires et stature, signalons la contribution de Jörg Baten qui montre une corrélation positive entre les disponibilités départementales en lait de vache vers 1870 et la part des grands parmi les conscrits français[55]. Plus un département produit de lait de vache par habitant, plus la stature des conscrits augmente. C'est que le lait, de plus en plus consommé à la fin du XIXe siècle, contient beaucoup de protéines et de calcium, éléments nécessaires à la croissance.

b) Les *trends* de Van Meerten et de Weir (1990-1997) : une histoire anthropométrique nationale sans à-coup

Nos propres recherches de 2003 n'auraient pas été possibles sans les travaux de Van Meerten et Weir, qu'il est nécessaire de présenter plus en détail, puisqu'ils nous servent encore ici de point de comparaison pour nos séries régionales. Michiel A. Van Meerten est le premier à produire une série de statures moyennes annuelles à l'échelle nationale pour les cohortes de naissance 1796 à 1902[56]. Un peu plus tard, David R. Weir propose une estimation alternative de la même série qu'il prolonge jusqu'en 1784 (année de naissance)[57]. Compte tenu du nombre extrêmement important de conscrits toisés durant les deux siècles, il n'est bien sûr pas question pour les auteurs de faire reposer leurs estimations nationales sur des données individuelles.

---

52   J. KOMLOS, « Histoire anthropométrique de la France de l'Ancien Régime », *loc. cit.*, ainsi que « An anthropometric history of early-modern France », *loc. cit.*
53   *Ibidem*, p. 523 et 530.
54   L. HEYBERGER, *op. cit.*, p. 63-80.
55   J. BATEN, « Kartographische Residuenanalyse am Beispiel der regionalökonomischen Lebensstandardforschung über Baden, Württemberg und Frankreich », dans *Historisch-thematische Kartographie. Konzepte-Methoden-Anwendung*, dir. E. EBELING, Bielefeld, 1999, p. 98-109.
56   M. A. VAN MEERTEN, *loc. cit.* Statures moyennes annuelles calculées de différentes façons pour les cohortes de naissance 1796-1966.
57   D. R. WEIR, « Parental Consumption Decisions and Child Health During the Early French Fertility Decline, (1790-1914) », dans *The Journal of Economic History*, 53, 1993, p. 259-274 ; voir surtout une version plus travaillée de la même recherche sous le titre « Economic Welfare and Physical Well-Being in France, 1750-1990 », dans *Health and Welfare during Industrialization*, dir. R.H. STECKEL, R. FLOUD, Chicago, 1997, p. 161-200.

Le renouveau des études anthropométriques (des années 1960 à nos jours)

Ce sont donc les comptes rendus nationaux des années 1830 à 1922 qui sont utilisés. Ce sont ces mêmes sources que P. Boulanger a récemment utilisées dans une thèse d'histoire militaire[58] et que nous avons utilisées dans notre précédent travail[59]. Il s'agit de sources imprimées dont les résultats sont donnés par départements. Avec un tel maillage, on ne peut donc fournir de stature corrélée avec des facteurs explicatifs à l'échelle individuelle tels que métier, instruction, taille de la fratrie, etc.

Cependant, ces deux travaux nous offrent une synthèse très précieuse sur l'évolution générale du niveau de vie biologique des Français sur deux siècles. Ils nous permettent de comparer nos évolutions régionales et de voir en quoi elles s'éloignent du modèle national. Ils nous donnent les moyens d'un survol à haute altitude de la stature des Français aux XIXe et XXe siècles. Ils s'accordent sur l'évolution générale du niveau de vie biologique, mais c'est bien le moins que l'on pouvait attendre de recherches basées sur les mêmes sources. Comme on le voit sur les différents graphiques de synthèse proposés ici, la stature à l'échelle nationale a presque constamment augmenté de 1784 à 1966, même si le rythme semble s'être particulièrement accéléré à partir des années de naissance 1940, soit, bien sûr, au début des Trente Glorieuses. Il faut toutefois prendre garde à bien différencier les statures réellement observées des statures reconstituées à partir d'indices économiques traditionnels tels que PIB, car la fiabilité de ces dernières séries est parfois douteuse (nous reviendrons dans peu sur cette question). L'autre enseignement majeur que l'on tire de ces travaux, c'est qu'il n'y a pas en France de baisse de la stature nationale dans les premiers temps de l'industrialisation, contrairement à d'autres pays européens et extra européens[60].

Nous avons fait figurer sur le graphique 5 la courbe de synthèse nationale de la stature des Néerlandais afin que l'on mesure le phénomène et que l'on relativise le cas

---

58   P. BOULANGER, *La France devant la conscription. Géographie historique d'une institution républicaine. 1914-1922*, Paris, 2001.
59   L. HEYBERGER, *op. cit.*
60   Voir notamment J. KOMLOS (dir.), *Stature, Living Standards, and Economic Development. Essays in Anthropometric History*, Chicago, 1994 ; J. KOMLOS (dir.), *The Biological Standard of Living in Europe and America, 1700-1900*, Aldershot, 1995 ; R. H. STECKEL, R. FLOUD, *op. cit.* ; J. KOMLOS, « Shrinking… », *loc. cit.*, R. H. STECKEL, « Strategic Ideas… », *loc. cit.*, T. CUFF, J. KOMLOS (dir.), *Classics in Anthropometric History*, St Katharinen, 1998, J. KOMLOS, « Histoire anthropométrique : bilan… », *loc. cit.* ; ainsi que les contributions plus récentes présentées aux deux premières conférences internationales d'Economics and Human Biology (Tübingen 2002 et Munich 2004) dont on aura partiellement les résultats dans les deux premiers numéros d'*Economics and Human Biology*, 1, 2003 et 2, 2004). La stature moyenne nationale a baissé durant plusieurs décennies au XIXe siècle aux Etats-Unis, en Grande-Bretagne, en Allemagne, en Australie, au Mexique, en Irlande, aux Pays-Bas, etc.

français[61]. Tout d'abord, la France échappe bien globalement à la logique malthusienne au XIXe siècle, contrairement aux Pays-Bas, dont les habitants voient leur stature moyenne diminuer sensiblement jusque vers 1840. Ensuite, les grands blonds néerlandais contemporains que tout un chacun peut voir sur les côtes françaises à l'époque des migrations estivales ne sont pas les descendants de géants bataves ou de quelconques peuples conquérants plus ou moins germains. La haute stature moyenne des Néerlandais est le résultat de processus historiques tels que la croissance économique, les progrès de la médecine et de l'hygiène, etc. La croissance anthropométrique française est en fait comparée ici à l'une des plus fortes qui soient en Europe à partir des années de naissance 1860[62].

Graphique 5
Stature des Français et des Néerlandais,
cohortes de naissance 1784-1920

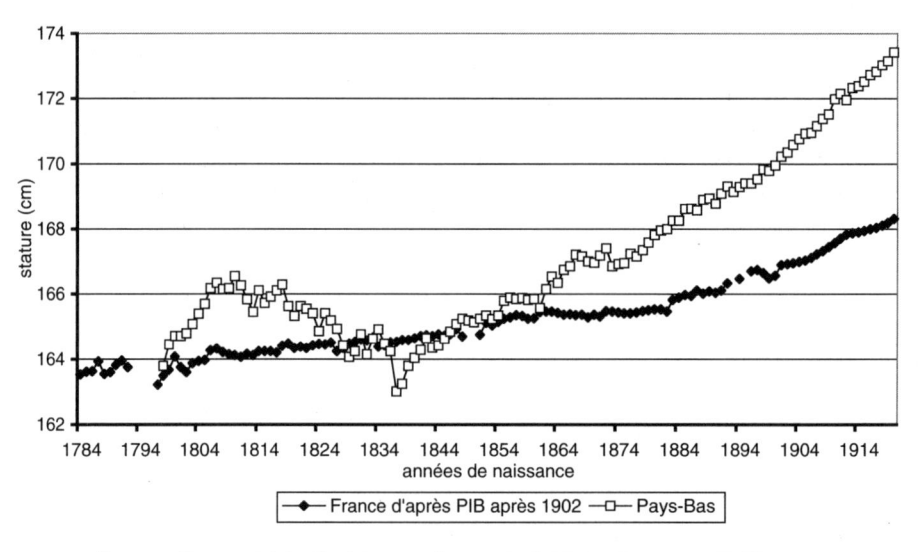

(Sources: France: M.A. Van Meerten, *loc. cit.*, D.R. Weir, «Economic Welfare...», *loc. cit.*; Pays-Bas: J. W. Drukker, V. Tassenaar, *loc. cit.*)

---

61   Source: J. W. DRUKKER, V. TASSENAAR, «Paradoxes of Modernization and Material Well-Being in the Netherlands during the Nineteenth Century», dans R. H. STECKEL, R. FLOUD, *loc. cit.*, p. 331-377.
62   J. KOMLOS, «Histoire anthropométrique: bilan...», *loc. cit.*, p. 6.

c) Comparaison de la fiabilité des estimations proposées pour le *trend* national

Avant d'examiner en détail nos propres sources, il est nécessaire de voir quelle est la qualité des séries nationales calculées par Van Meerten et par Weir. Pour des raisons de fiabilité, nous avons préféré utiliser la série de statures moyennes nationales de Weir lorsque cela était possible (cohortes de naissance 1784-1902). En effet, les graphiques représentant les résultats des deux recherches montrent qu'il existe certains biais dans les estimations de Van Meerten. A petite échelle (cohortes de naissance 1784-1966, graphique 6), la différence entre les deux estimations de Van Meerten (stature observée, stature calculée d'après PIB) et celle de Weir est très faible. Les deux recherches sont d'ailleurs basées sur les mêmes sources imprimées. Cependant, si l'on considère les statures moyennes observées par Van Meerten et par Weir entre les cohortes 1796 et 1902 (graphique 7), on remarque deux principales différences.

La première se manifeste pour la période 1796-1846. Elle est due à un problème assez délicat de report de statures prises en centimètres et exprimées de même dans les tableaux de synthèse où la stature est exprimée en pieds pouces et lignes convertis en centimètres[63]. Nous avons vu que ce problème était à l'origine au XIXe siècle d'erreurs d'interprétation des sources anthropométriques de la part des Bertillon et d'autres anthropologues à leur suite. Ce problème n'a pas été vu par Van Meerten, en revanche il est pris en compte dans les estimations de Weir. Il ne concerne que les données agglomérées et non les données individuelles sur lesquelles nous travaillons[64]. La seconde différence d'estimation s'observe pour les cohortes de naissance 1894 à 1900. Elle correspond donc aux classes examinées pendant la Grande Guerre. Van Meerten attribue faussement la baisse de la stature moyenne qu'il a observée à l'occupation allemande des départements du Nord, qui ont une stature moyenne élevée, et à une estimation douteuse du PIB pendant la guerre[65]. En fait, il n'a pas vu que les classes 1914 à 1920 étaient levées par anticipation et donc que les conscrits, plus jeunes qu'auparavant, n'ont pas fini leur croissance de rattrapage de l'adolescence[66]. On verra plus en détail comment Weir corrige ces chiffres et pourquoi nous avons préféré laisser des années en blanc sur nos graphiques[67].

---

63 Voir D.R. WEIR, « Economic Welfare… », *loc. cit.*, p. 194-196. Sur le problème de l'adunation dans nos sources (et à propos de ce qu'est l'adunation) voir Chapitre V : le conscrit et la toise, la mesure du problème ainsi que *supra*.

64 Voir chapitre II, II – La démystification statistique du conte racial ou du bon usage des histogrammes.

65 M.A. VAN MEERTEN, *loc. cit.*, p. 768 et 770.

66 Sur le problème des levées anticipées et de la croissance à l'adolescence, voir Chapitre VI : le conscrit et la guerre : un problème d'âge.

67 Voir Chapitre VI.

LA RÉVOLUTION DES CORPS

On remarque d'ailleurs sur le graphique de la période 1816-1902 (graphique 8) que, pour les années 1898-1900, la courbe de la stature moyenne observée selon Weir plonge par rapport à la courbe de la stature estimée d'après le PIB selon Van Meerten. La croissance staturale calculée par Weir entre l'âge d'examen et vingt ans et demi semble donc douteuse, d'autant plus que les estimations du PIB pour ces années sont plutôt faibles : la différence entre les deux courbes devrait donc être minime[68]. Quoi qu'il en soit, si l'on fait abstraction des deux erreurs d'estimation de Van Meerten (1796-1846/47 et 1894-1900), qui concernent davantage le niveau que l'évolution de la stature moyenne, on voit qu'il semble exister une relation étroite entre stature et PIB.

Graphique 6
Trois estimations de la stature des Français (cohortes de naissance 1784-1966)

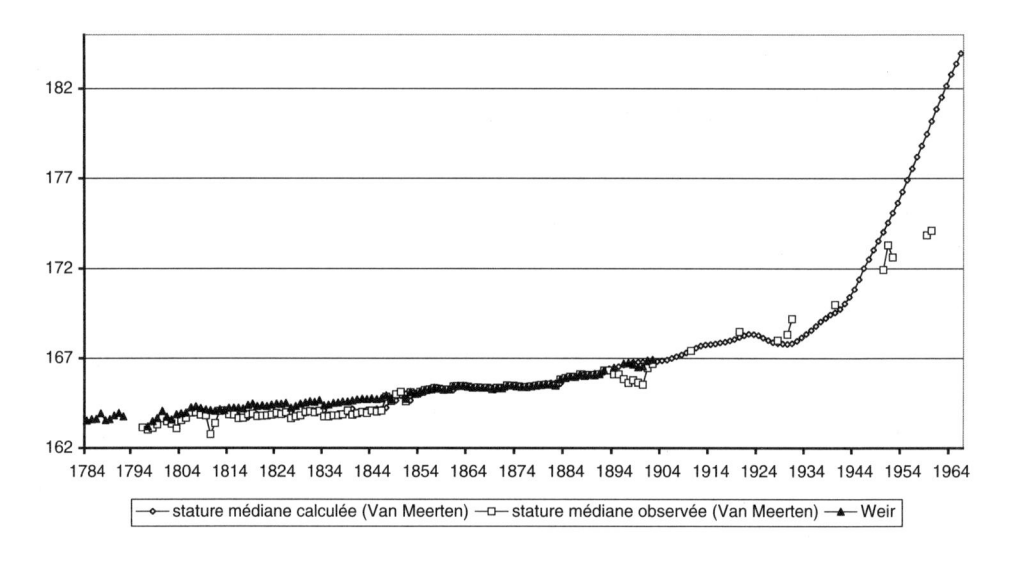

(Sources : M.A. Van Meerten et D.R. Weir)

---

68   On remarque par ailleurs qu'il existe assez étrangement un décrochement dans la courbe de la stature moyenne calculée d'après le PIB en 1847 (graphique 8). Or on a vu que le décrochage de la courbe de la stature moyenne observée par Van Meerten en 1846 (graphique 7) était dû à un problème de conversion d'unité de mesure. Cependant, alors que la courbe de la stature moyenne calculée d'après le PIB devrait ignorer ce problème de conversion d'unité de mesure de la taille des conscrits, on remarque une étrange synchronie entre les deux séries proposées par Van Meerten, avec un décalage de seulement un an entre le bond de 1846 (stature observée) et celui de 1847 (stature calculée).

Graphique 7

Deux estimations de la stature des Français, cohortes de naissance 1796-1902

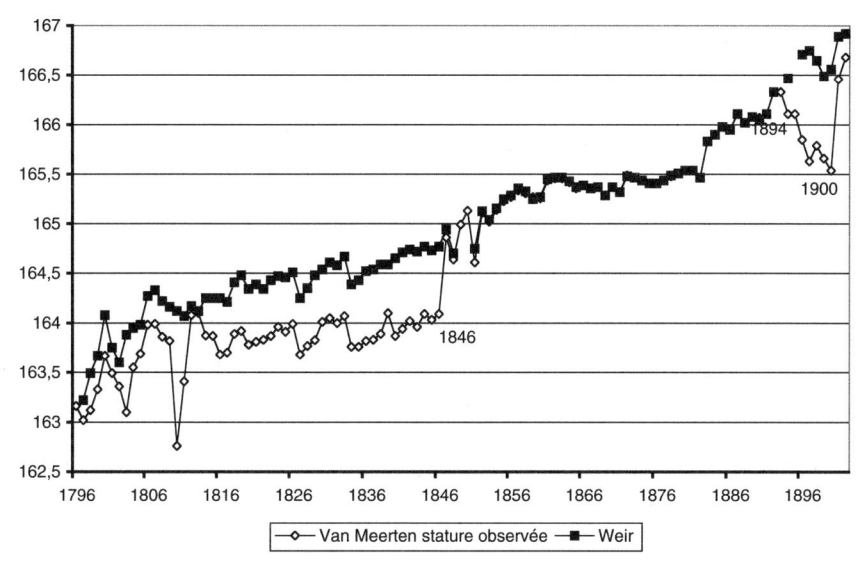

(Sources : M.A. Van Meerten et D.R. Weir)

Graphique 8

Estimation de la stature des Français d'après le PIB et d'après les sources militaires cohortes de naissance 1816-1902

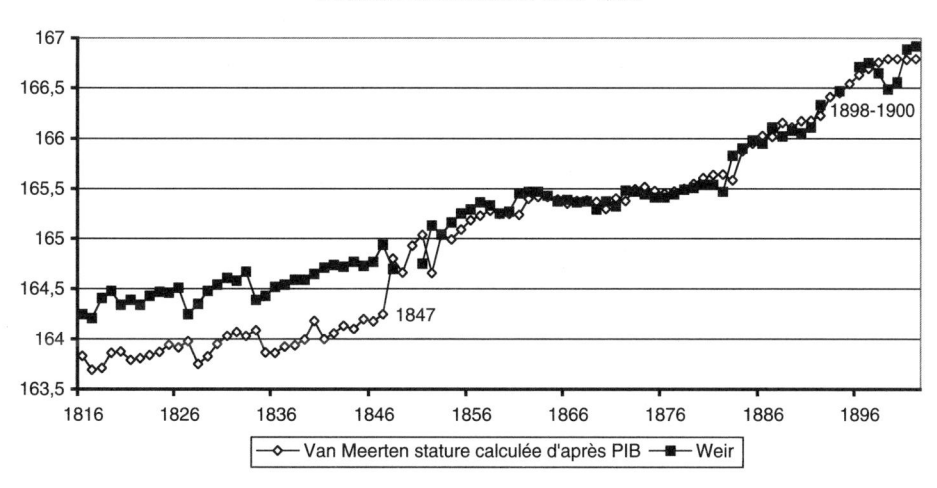

(Sources : M.A. Van Meerten et D.R. Weir)

Graphique 9
Stature médiane calculée et observée d'après M.A. Van Meerten cohortes nées en 1902-1966

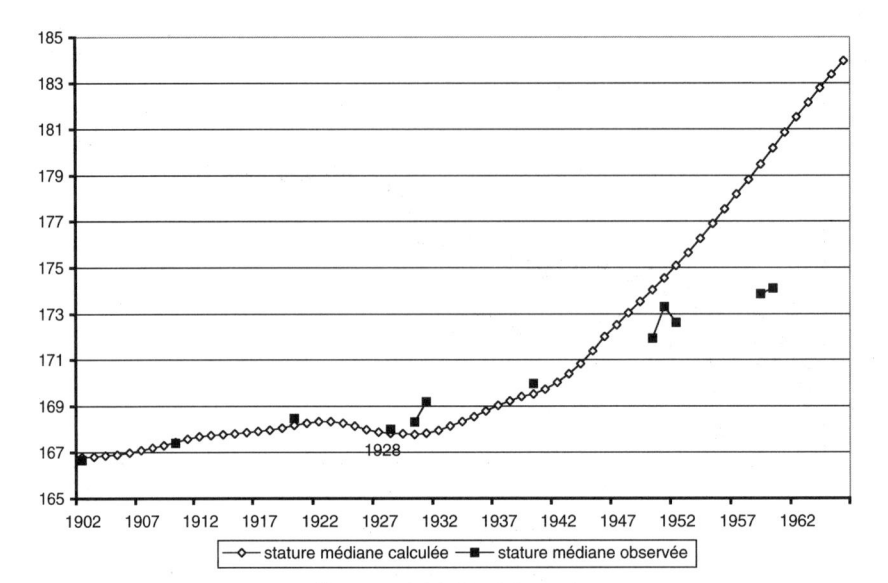

(Sources : M.A. Van Meerten)

Graphique 10
Stature observée et stature calculée d'après le PIB (Van Meerten), données corrigées par les estimations de D.R. Weir cohortes de naissance 1903-1920

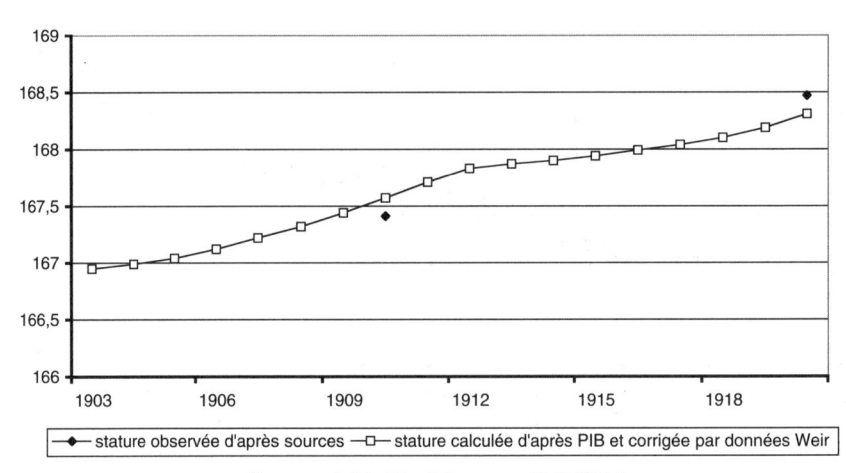

(Sources : M.A. Van Meerten et D.R. Weir)

Le renouveau des études anthropométriques (des années 1960 à nos jours)

Si l'on prend en compte ces erreurs, il est bien évident que ce sont les estimations de Weir qui sont les plus robustes, même si elles sont discutables pour les périodes qui correspondent aux années d'examen durant les guerres et après-guerres (cohortes de naissance 1784-1798 et 1894-1900)[69].

d) Le problème du rapport entre PIB et stature moyenne nationale

Les séries de Van Meerten ne perdent pas pour autant tout intérêt. En effet, à partir de la classe 1922, née en 1902, le ministère de la guerre ne publie plus de compte rendu national du recrutement. Les séries de M.A. Van Meerten et D.R. Weir s'arrêtent donc après cette année. La série reconstituée que propose Van Meerten pour les années de naissance 1903 à 1966 repose sur une extrapolation d'après l'évolution du PIB français[70]. A partir d'une corrélation linéaire effectivement observée pour le xixe siècle entre PIB et stature moyenne tirée des sources militaires, Van Meerten se propose de reconstituer l'évolution de la stature moyenne des Français à partir de la cohorte de naissance 1903 au moyen de l'évolution connue du PIB. La méthode a été critiquée avec pertinence par Weir[71]. Derrière une corrélation globalement significative jusqu'aux cohortes examinées en 1922, il faut bien admettre que de nombreux facteurs intermédiaires viennent s'interposer entre PIB par habitant et niveau de nutrition nette. Les gains de revenus se traduisent-ils tous par une augmentation de la ration alimentaire équivalente, quelle que soit l'époque considérée ? A suivre la loi d'Engel, rien n'est moins sûr. On peut supposer que suivant l'état de développement de la société, suivant l'évolution des goûts alimentaires, l'importance du chômage saisonnier, la répartition des nutriments entre parents et enfants, le système d'assurance sociale (ou son absence), et suivant encore bien d'autres facteurs, la relation entre PIB et stature moyenne est très indirecte.

Nos quatre séries chronologiques, constituées d'après des données individuelles, et non agglomérées comme c'est le cas pour Weir et Van Meerten, sont donc les seules à retracer d'après des sources conscriptionnelles le *trend* de la stature des Français après l'année de naissance 1902. Nous avons toutefois utilisé les données de Van Meerten pour les cohortes de naissance 1902-1920, afin de comparer nos statures moyennes observées à la stature moyenne nationale extrapolée par Van Meerten.

La corrélation entre stature moyenne calculée d'après le PIB et stature moyenne observée peut être vérifiée après la cohorte de naissance 1902, grâce à quelques données éparses disponibles concernant la stature moyenne observée. On voit que, sur la

---

69   Le problème est trop complexe pour être traité à ce stade de notre réflexion, on se reportera donc aux chapitres IV à VII pour en avoir une vision complète.
70   Pour les deux séries proposées par M.A. VAN MEERTEN, *loc. cit.*, p. 775-777.
71   D. R. WEIR, « Parental Consumption… », *loc. cit.*

période 1902-1966 (graphique 9), la relation est un peu moins bonne après 1928 (classe 1948). Pour la période que nous étudions (1902-1920, graphique 10), la stature moyenne nationale calculée d'après le PIB constitue donc encore une très bonne approximation de la stature moyenne observée. Toutefois, nous n'avons pas utilisé comme telles les données calculées d'après PIB par Van Meerten. En effet, nous avons retenu comme estimations les plus fiables pour la période 1784-1902 les chiffres de Weir qui, rappelons le, s'arrêtent en 1902. Pour assurer la continuité de la série nationale que nous utilisons de 1784 à 1920, nous avons converti par une simple règle de trois les dernières années du *trend* national de Van Meerten (1903-1920, stature calculée d'après PIB) en statures compatibles avec le *trend* de Weir (1784-1902). Ainsi se trouvent posées les bases d'une comparaison entre des données nationales reconstituées et nos données régionales constituées à partir de fichiers de statures individuelles. On aura plus loin l'occasion de discuter les corrélations spatiales et chronologiques que propose David Weir dans ses travaux sur la France du XIXe et XXe siècles en les confrontant à nos propres résultats. A ce stade de notre réflexion, après avoir vu brièvement quels sont les résultats de Van Meerten et de Weir et quels sont les problèmes que posent leurs méthodes de calcul, voyons quels sont les problèmes méthodologiques que posent nos propres sources.

Chapitre IV
Des sources diverses pour un objet unique : le conscrit

I – La représentativité sociologique du conscrit : question de sexe, question d'âge, question d'occupation

De 1798 à 1940, les sources dont nous disposons sont produites par un système de conscription qui comprend toute ou presque toute une classe d'âge d'hommes. Les sources de la conscription, les seules à fournir un sondage continu de la stature humaine, présentent-elles de graves inconvénients lorsqu'on les considère du point de vue de leur représentativité de la totalité de la société française ?

a) Une histoire d'hommes

Le principal biais introduit par ce type de sources concerne les femmes, exclues de l'institution militaire et du concours à la formation de l'armée. La moitié de la population française échappe ainsi à l'enquête anthropométrique, et seules des sources bien particulières, par exemple d'origine carcérale, peuvent apporter quelques lumières sur la question[1]. Rien n'indique pourtant que le *trend* de la stature masculine corresponde exactement à celui de la stature féminine. Il semble qu'en période de crise, la stature des femmes baisse plus précocement que celle des hommes[2]. Cela peut s'expliquer du fait d'une meilleure adaptation naturelle à un milieu hostile : théorie

---

1   La chose a été faite pour le Royaume-Uni (P. JOHNSON et S. NICHOLAS, « Health and Welfare of Women in the United Kingdom, 1785-1920 », dans R. H. STECKEL, R. FLOUD, *op. cit.*, p. 201-249. On note aussi des études plus anciennes menées en France : voir notamment LELUT, *loc. cit.*
2   Voir une synthèse à ce sujet dans J. KOMLOS, « Histoire anthropométrique : bilan... », *loc. cit.*, p. 16-18.

d'ordre biologique, quelque peu lénifiante lorsqu'on l'envisage d'un point de vue social. Cette baisse précoce peut aussi s'expliquer par la priorité donnée, en temps de crise, à l'alimentation du chef de famille ou, plus généralement, des hommes de la famille qui ramènent à l'économie domestique ses principaux revenus. On admettra donc que ce biais sexuel est d'importance considérable, bien qu'il soit impossible d'y remédier, alors que l'on procède actuellement à une réévaluation de la contribution féminine au revenu national par l'intermédiaire de l'économie domestique[3].

b) Une histoire de jeunes

Le deuxième biais concerne la composition socioprofessionnelle des échantillons, en relation avec l'âge des conscrits. La structure professionnelle de la classe d'âge 20 ans ne peut être tenue pour totalement assimilable à celle de la population masculine totale : à l'âge de 20 ans, ni juge ni notaire, très peu de directeurs de fabrique ou de contre-maîtres[4]. En revanche, beaucoup de manouvriers, journaliers ou domestiques. Les sources de la conscription sont un cliché instantané de la jeunesse masculine française, pris en début de vie professionnelle, elles ne peuvent saisir les cycles de vie des conscrits.

Toutefois, ces sources restent de grande qualité. D'abord parce que le profil général d'une population donnée à l'âge de 20 ans diffère finalement peu de celui de la population totale : Alain Corbin, qui s'est donné la peine de comparer les listes du recensement de la population du Limousin avec les listes de tirage au sort, arrive à cette conclusion[5], de même que Jean-Claude Farcy pour une région de grande culture comme la Beauce[6]. Ensuite, parce qu'avant de devenir notaire, le conscrit est étudiant en droit ou clerc d'avoué ; avant de devenir contre-maître, il est tourneur en fer ou simple ouvrier de fabrique. Même si, dans les sources de la conscription, n'apparaissent pas tous les métiers de l'âge adulte, il reste un fait essentiel : les fils de la bourgeoisie restent des conscrits favorisés et les fils de journaliers restent des fils de prolétaires, même à l'âge de 20 ans. La toise enregistre donc cette inégalité, non pas entre notaire et journalier, mais entre étudiant et journalier.

---

3   En fait le problème n'est pas nouveau. Voir S. L. ENGERMANN, «The Standard of Living Debate in International Perspective : Mesures and Indicators», dans R. H. STECKEL, R. FLOUD, *op. cit.*, p. 27-28.

4   Alain CORBIN note les faibles effectifs des professions libérales, des rentiers, des propriétaires et des métayers parmi les conscrits limousins, *op. cit.*, note 20 p. 17.

5   *Ibidem*, p. 17.

6   J.-C. FARCY, *Les Paysans beaucerons au XIXe siècle*, Chartres, 1988, p. 387-388.

c) Une histoire qui exclut les intellectuels ?

Un dernier biais existe entre la population civile et masculine âgée de 20 ans et celle que l'on retrouve dans les sources de la conscription : la sous-représentation des intellectuels. Au XIXe siècle, au gré des fluctuations de la législation, la plupart des conscrits qui suivent des études sont dispensés[7]. Ainsi est bien connu le cas des vocations religieuses qui se multiplient étrangement sous la Restauration, alors que le régime accorde sans compter les dispenses pour ceux qui se destinent au service de Dieu. Au début de la IIIe République, ce sont les instituteurs ou élèves instituteurs qui sont très peu toisés, puisque la loi les dispense, à titre conditionnel, de service militaire[8]. Il est alors fréquent que ces conscrits fassent valoir leurs droits avant même de se déplacer devant les autorités compétentes, mais il arrive aussi que l'on trouve mention du passage sous la toise de certains d'entre eux[9]. Les intellectuels sont donc parfois sous-représentés dans nos échantillons, mais leurs effectifs, très réduits au XIXe siècle, permettent de tenir ce dernier biais pour négligeable.

Voici donc une population exclusivement masculine, âgée de 20 ans révolus, et ne comprenant pas toujours les intellectuels. Malgré ces défauts de représentativité, les sources de la conscription possèdent un avantage très grand sur d'autres types de sources de l'histoire anthropométrique qui sont issues d'armées de métier. En effet, avec un recrutement basé sur le principe du volontariat, les biais dus à l'enrôlement pour causes économiques peuvent être assez élevés. En période de crise, les volontaires, issus des couches les plus défavorisées de la population, se pressent aux portes des casernes et la stature moyenne des volontaires baisse donc davantage que la stature moyenne de la population civile. Avec la conscription obligatoire et presque universelle, ce type de biais n'existe pas, puisque des causes de réforme ou de dispense fixées par la loi décident seules de l'incorporation ou non. La sélection légale des conscrits repose sur des cadres constants. Il reste à déterminer si les sources que l'on exploite ont été constituées avant ou après cette sélection et si cette sélection n'exerce pas une influence sur l'échantillon, avant même qu'elle n'ait été opérée officiellement.

---

7   Loi du 10 mars 1818, article 15, loi du 21 mars 1832, article 14 et loi du 27 juillet 1872, article 20.

8   Disposition valable jusqu'à la loi du 15 juillet 1889. L'article 23 de cette loi stipule que les instituteurs laïcs effectuent un service d'un an.

9   Dans l'Alsace allemande, les fils de la bourgeoisie peuvent contracter un engagement volontaire d'un an mais ils sont toutefois obligés de figurer sur les listes de la conscription et sont toisés avant le choix des jeunes gens incorporés dans l'armée, comme tout conscrit. Voir J. BATEN, G. FERTIG, « After the Railway Came : Was the Health of Your Children Declining ? A Hierarchical Mixed Models Analysis of German Heights », communication à l'European Social Science History Conference d'Amsterdam, 2000, article aimablement communiqué par Jörg Baten, p. 7.

II – La Ire République et l'Empire : les tableaux de la conscription

La loi Jourdan-Delbrel du 19 fructidor an VI fixe le cadre légal des relevés de stature pour la période 1798-1814 et, au-delà, pose les fondements idéologiques de la conscription pour le XIXe siècle. Selon cette loi, tous les jeunes Français âgés de 20 à 25 ans sont conscrits, au sens littéral du terme, c'est-à-dire qu'ils sont inscrits ensemble sur les tableaux de la conscription. Il n'existe pas alors de liste de tirage au sort comme au XIXe siècle, car le mode de désignation des conscrits pour le service armé personnel n'a pas été précisé par la loi Jourdan, de peur que le tirage au sort n'évoque à trop d'esprits le souvenir de la milice royale[10]. C'est cependant ce dernier mode de désignation qui est le plus souvent choisi dans les faits, avant qu'il ne soit officiellement établi en 1805[11].

Ainsi, les listes de tirage au sort n'existent que depuis l'an XIV pour le Bas-Rhin[12], encore ne font-elles mention de la stature des conscrits qu'à partir de l'année 1811[13]. D'autre part, le conseil de recrutement (futur conseil de révision) n'apparaît qu'à partir de l'an X[14] et on ne dispose pas toujours des documents qu'il a produits[15]. Les listes de la conscription sont donc les sources les plus utiles à la confection d'une série continue de données.

Le document de base de travail pour la période s'intitule « tableau de la conscription » ou « tableau des conscrits[16] ». Il est dressé par les autorités civiles locales, et ce sont donc ces dernières qui toisent les conscrits au début de l'année révolutionnaire,

---

10 A. CREPIN, *La Conscription en débat ou le triple apprentissage de la nation, de la citoyenneté, de la République (1798-1889)*, Arras, 1998, p. 29.
11 Voir J.-M. SELIG, *op. cit.*, p. 22-23.
12 ADBR 1 RP 125.
13 Toujours pour le Bas-Rhin. ADBR 1 RP 149. A cette date, l'intitulé des documents change. On passe de « contrôle des conscrits de l'an X, suivant le rang qui leur a été assigné par le sort » (ce qui les apparente plutôt à des listes du contingent), à « liste de tirage des conscrits ».
14 Voir à ce sujet A. CREPIN, *Levées d'hommes...*, *op. cit.*, p. 164.
15 A. CREPIN, *ibidem*, p. 167, J. CARRET, *op. cit.*, p. 15 : « Alors, comme aujourd'hui, les conscrits devaient être mesurés deux fois. Beaucoup de documents correspondent à nos listes de tirage. Quelques-uns, rares, correspondent à nos carnets de tournée de révision. »
16 Le répertoire de la série R des ADHV porte, pour les cotes que nous avons utilisées (ADHV, 1 R 46 à 1 R 58), le descriptif suivant : « registre du contingent ». Y sont donc inclus normalement les seuls conscrits jugés bons pour le service militaire et faisant partie du contingent. On remarque cependant qu'il y figure nombre de réformés (ou ajournés) pour défaut de taille, ce qui ne devrait exister dans une liste de cette nature. On remarque aussi que le nombre de conscrits toisés est largement supérieur à l'effectif du contingent départemental, alors qu'il devrait, au mieux, lui être égal (puisque quelques statures individuelles nous manquent). Par exemple, pour l'année 1807 (classe née en 1787) : N contingent officiel = 587, mais N toisés = 1178. Il semble donc qu'on ait ici affaire à un tableau des conscrits et non à un registre du

normalement en vendémiaire[17]. A l'origine, les conscrits sont recensés dans les listes par ordre de naissance, car l'ordre de départ est donné du plus jeune au plus vieux[18]. Ceci peut occasionner des retards, car l'opération du classement n'est pas simple : c'est le cas de la sous-préfecture de Bellac pour l'an XII[19]. En effet, dans un premier temps, l'administration demandait l'âge des conscrits exprimé en jours, mois et années au 1er vendémiaire de l'année de conscription, et fournissait des tableaux de conversion entre cet âge et la date grégorienne de naissance du conscrit, ce qui permettait de remplir avec moins de difficulté les tableaux[20]. Puis, devant les retards provoqués par ce calcul complexe, elle accepte de se contenter de dates de naissance grégoriennes[21]. A partir de l'an XIV, les tableaux rangent les conscrits par canton et non plus par date de naissance[22]. Malgré les changements intervenus dans la confection des tableaux, Annie Crépin note le « soin extrême, parfois [l']excès de scrupules » des agents municipaux qui remplissent cette tache[23]. En Alsace, les instructions sont d'ailleurs traduites en allemand afin de faciliter leur bonne application[24]. Les sources nous sont

---

contingent. La remarque vaut pour les cotes 63 à 90. (Par ailleurs, le répertoire de la série R indique que la profession n'est mentionnée qu'à partir de la classe 1811, alors qu'en fait c'est le cas depuis 1807.)

17   Pour une présentation complète et claire de la production de ces documents et du contexte de cette production, voir A. CREPIN, *Levées d'hommes...*, *passim*.

18   A. CREPIN, *La Conscription en débat...*, *op. cit.*, p. 12. Voir par exemple la circulaire portant sur la formation des tableaux de la première classe de l'an VIII, datée du 11 brumaire an VIII, p. 5, ADHV, 1 R 15.

19   Lettre du 21 vendémiaire an XII, les tableaux de l'an XI et XII ne seront envoyés au préfet que le 29 frimaire. ADHV, 1 R 29.

20   Voir un exemple de tableau de conversion dans la circulaire du 11 brumaire an VIII, ADHV, 1 R 15.

21   A. CREPIN, *Levées d'homme...*, *op. cit.*, p. 155. L'ancien mode de spécification de la date de naissance est abandonné pour la conscription de l'an IX, « 1° parce qu'il est contraire au vœu de la loi, en ce qu'elle prescrit expressément que l'année, le mois et le jour de naissance soient indiqués ; 2° parce qu'il assujettirait, sans aucune utilité, les sous-préfets et les maires à des calculs longs, pénibles, et qui d'ailleurs occasionneraient inévitablement des erreurs. Les maires et sous-préfets devront suivre celui que la loi a tracé : ainsi, à l'ancienne formule, Pierre, âgé de 20 ans, 1 mois, 1 jour ; ils substitueront celle indiquée par la loi, Pierre, né le 21 août 1780 : l'âge devant déterminer l'ordre du classement, on ne peut appeler trop particulièrement leur attention sur la nécessité de le désigner exactement. » (*Instruction du Ministre de la Guerre aux Préfets des Départements et aux Sous-Préfets sur la formation du Tableau de la première Classe de la Conscription de l'an 9*, ADBR, 1 RP 10).

22   Pour le Bas-Rhin et la Seine-et-Marne, pour la Haute-Vienne, c'est déjà le cas pour l'an VII et XI à XIII.

23   Au contraire, G. VALLE considère qu'ils sont « truffés d'inexactitudes », A. CREPIN, *Levées d'hommes...*, *op. cit.*, p. 18.

24   Voir par exemple ADBR, 1 RP 10.

apparues comme étant rédigées avec un grand soin, avec le souci de l'exactitude, bien qu'en début de période, l'administration ne dispose pas de tableaux imprimés de qualité comparable à ceux utilisés à partir de 1818.

N'en demeure pas moins que, pour obtenir des statures moyennes par année de naissance grégorienne et non par année de naissance révolutionnaire, comme les donnent les sources jusqu'en 1805, il faut opérer quelques manipulations statistiques. En effet, entre un conscrit né en 1783 et examiné en l'an XII et un autre examiné en l'an XIII, il existe une différence de croissance staturale correspondant à l'année écoulée[25]. Il ne suffit donc pas de faire une simple moyenne pour obtenir la stature moyenne de l'année de naissance 1783[26].

Les données de l'époque révolutionnaire et impériale sont indéniablement celles qui demandent le traitement statistique le plus délicat, et ce sont donc celles qui sont le plus sujet à discussion. Les tableaux des conscrits constituent par ailleurs un héri-

---

25   Les estimations de D. R. WEIR ne prennent pas en compte ce problème. Voir L. HEYBERGER, « Estimer la stature des Alsaciens (1780-1794). Problèmes méthodologiques et résultats », dans *Histoire et Mesure*, 18, 2003, p. 82.

26   On s'est proposé de faire cette opération de deux manières différentes qui ont donné strictement les mêmes résultats. Prenons l'exemple de la cohorte de naissance 1783 pour l'arrondissement de Barr-Sélestat. 378 conscrits ont été toisés en brumaire an XII et 140 conscrits en vendémiaire an XIII.
La première méthode consiste à calculer la croissance à ajouter à chacun de ces deux groupes en fonction de leurs âges respectifs. Puis, en pondérant par les effectifs respectifs des deux groupes, on calcule une moyenne de ces deux croissances. Enfin, on ajoute cette moyenne à l'estimation de la stature à âge réel d'examen.
La seconde méthode consiste à corriger à l'échelle individuelle la stature par la croissance correspondant à la date d'examen. Il faut alors spécifier deux points de troncation par année grégorienne de naissance lors du calcul de la stature (pour la question des points de troncation, voir *infra*, chapitre VII la stature minimale légale : un problème statistique délicat). Le premier est égal au point de troncation effectivement observé sur les histogrammes de distribution, auquel on ajoute la croissance (correspondant à l'an XII) qui permet de standardiser la taille à l'âge de référence choisi. Le second répond à la même logique, avec une croissance correspondant à l'an XIII.
Enfin, précisons que pour le début de période, certaines données ne sont disponibles qu'à l'échelle de l'arrondissement, puisque les conscrits ne sont pas recensés par canton, mais par date de naissance. On a donc dû procéder à une rétroconversion des premières données du *trend* au moyen d'une règle de trois, avec comme référence la stature de la première année retenue dans l'étude des listes de tirage au sort des années 1830-1940. Le même raisonnement a été suivi pour l'étude diachronique des professions. Les espaces retenus pour les *trends* de la période 1780-1794 (années de naissance) sont :
– pour le Bas-Rhin : arrondissement de Barr-Sélestat.
– pour la Haute-Vienne : 1) de 1782 à 1790, tout le département, 2) de 1791 à 1794, arrondissement de Bellac seul.
– pour la Seine-et-Marne : arrondissement de Melun et cantons de Donnemarie et de Nangis (de l'arrondissement de Provins).

tage important pour les époques postérieures, puisqu'ils instituent un certain nombre de principes et méthodes que l'on retrouve dans la production des documents de la conscription jusqu'en 1940[27]. Tout d'abord, dans ces tableaux, comme dans les listes de tirage, listes de recensement ou de recrutement des XIXe et XXe siècles, la totalité (ou peu s'en faut) des jeunes gens d'une classe d'âge sont toisés[28]. En effet, et c'est là le deuxième acquis, le passage sous la toise que nous étudions se fait sous l'autorité du sous-préfet, et non du conseil de révision, même si ce sont principalement les autorités municipales qui toisent les conscrits[29]. Enfin, le pouvoir autoritaire napoléonien s'imposant de plus en plus, le canton devient le cadre de base des opérations de la conscription[30].

III – La Restauration et les débuts de la monarchie de Juillet : recours forcé aux listes du contingent

L'effondrement de l'empire napoléonien marque un coup d'arrêt brutal pour la machine conscriptionnelle : nos séries s'interrompent après la classe 1814. Elles reprennent suite à la loi Gouvion Saint-Cyr de 1818, et c'est par rétroactivité que sont levées les classes 1816 et 1817[31]. Officiellement, la conscription, devenue odieuse aux Français suite aux excès de « l'Ogre de Corse », est abolie par la Charte de 1814 (article 2). Le principe d'une nation en armes est difficile à admettre pour les Bourbons et mal perçu par les voisins européens. C'est pourquoi, d'après l'article premier de la loi Gouvion Saint-Cyr, « l'armée se recrute par des engagemens volontaires, et, en cas d'insuffisance, par des appels (…) ». Cette situation va perdurer jus-

---

27   Y compris d'un point de vue formel. Les tableaux de la conscription de la fin de l'Empire préfigurent les documents produits de 1818 à 1940. Voir dossier de documents reproduits.

28   Contrairement aux sources militaires, qui ne comprennent, par définition, que les jeunes gens reconnus bons pour le service.

29   A l'origine, ce sont les autorités municipales qui décident du sort des conscrits (A. CREPIN, *Levées d'hommes…, op. cit.*, p. 161 pour l'an IX et X, p. 191 pour l'an XI). La fin de la toute puissance des autorités municipales dans le choix des conscrits est scellée en fructidor an XIII. Voir J.-M. SELIG, *op. cit*, p. 23. (erreur d'une année républicaine de la part de l'auteur), ainsi que A. PIGEARD, *L'Armée de Napoléon 1800-1815 Organisation et vie quotidienne*, Paris, 2000, p. 187.

30   A. CREPIN, *Levées d'hommes…, op. cit.*, p. 202 à propos des opérations de la classe de l'an XII : « C'est désormais le canton qui devenait la base de la conscription et ce sont les listes établies par le Sous-Préfet dans chaque canton qui faisaient autorité. Toutes les opérations de la conscription se faisaient désormais au canton, et non dans la commune […] les maires et les adjoints n'étaient plus que les témoins passifs de la vérification des listes, de la visite des conscrits, de leur désignation. »

31   Loi du 10 mars 1818, article 7.

qu'au rétablissement officiel, en 1832, de la conscription comme base du recrutement de l'armée[32]. De fait, c'est une conscription qui ne dit pas son nom qui est rétablie en 1818 : les engagements volontaires ne parviennent pas du tout à satisfaire les besoins en hommes.

Les sources qui pourraient alors servir à la constitution de notre base de données sont au nombre de trois : tableau de recensement, liste de tirage au sort, liste du contingent. Elles sont toutes constituées dans l'année qui suit le vingtième anniversaire de la classe concernée[33]. Les tableaux de recensement sont établis en premier par les maires, au mois de janvier[34]. Ils comportent une colonne réservée à la mention de la taille, mais celle-ci n'est complétée qu'après le tirage au sort[35]. Les listes de tirage comportent la stature des conscrits, mais aussi des renseignements sur l'état physique et sanitaire des conscrits. Ces listes sont constituées à la suite des tableaux de recensement, toujours en début d'année[36], sous l'autorité des sous-préfets, à l'échelle cantonale. Le tirage au sort décide de l'ordre de passage des conscrits devant le conseil de révision. Un premier examen des conscrits a lieu au moment du tirage, mais surtout, quelques mois après, la décision du conseil de révision concernant chacun est reportée sur ces listes. Il paraît donc plus intéressant d'étudier ces dernières, pour lesquelles on a relevé les causes de réformes pour le début de la décennie de conscription 1840, afin de jeter un éclairage plus complet sur le niveau de vie biologique de la jeunesse masculine française. Malheureusement, dans ces listes, pour la Restauration et les débuts du règne de Louis-Philippe, la colonne réservée à la mention de la taille des conscrits n'est pas renseignée[37].

Tous les jeunes gens âgés de 20 ans révolus sont inscrits sur les listes de tirage au sort, contrairement aux listes du contingent qui ne comprennent que les conscrits jugés bons pour le service par le conseil de révision, et qui sont les dernières à être dressées,

---

32   Loi du 21 mars 1832, article premier : « L'armée se recrute par des appels et des engagements volontaires (…) ».

33   Par exemple, pour la classe 1820, c'est-à-dire née en 1800, les opérations de la conscription ont lieu en 1821.

34   Dans notre exemple en janvier 1821. Loi du 10 mars 1818, article 11. Pour la chronologie des opérations, voir également les manuels du recrutement du XIXe siècle. Pour une description complète des opérations de la conscription entre 1818 et 1870, voir J.-M. SELIG, *op. cit.*, p. 25-36. Le sous-préfet réunit et vérifie les tableaux par canton.

35   Voir le modèle de tableau n° 8 reproduit p. 448-449 du *Manuel du recrutement* de 1825 ou le modèle de tableau de recensement adressé aux maires pour la classe 1832, ADBR, 1 RP/CI6.

36   Le plus souvent en février.

37   Les premières listes de tirage au sort comprenant la taille des conscrits sont disponibles pour :
– 1831 pour l'arrondissement de Sélestat,
– 1836 pour l'arrondissement de Melun,
– 1842 pour le canton de Mulhouse,
– 1843 pour les arrondissements de Bellac et Saint-Yrieix.

au moment où le conseil se réunit au chef-lieu de canton, vers le mois de juin. La stature est alors prise par les sous-officiers qui accompagnent le capitaine de recrutement ou par un préposé, comme le sergent de ville, un garçon de salle ou un garde champêtre, qui doivent alors être désignés par le préfet. L'opération peut dégénérer, le recours à la force est parfois nécessaire : « un gendarme devra, sur la réquisition de l'autorité civile, se tenir près de la toise, pour, au besoin, prêter force et assistance[38] ».

Avec les listes du contingent, on dispose de la stature des conscrits jugés aptes au service militaire, soit au mieux de la moitié masculine d'une classe d'âge. Malgré cet inconvénient, les listes du contingent sont les seules sources disponibles pour les années de conscription 1816 à 1831, voire 1843 pour la Haute-Vienne. Il faut alors augmenter le nombre de cantons étudiés, afin de maintenir un effectif annuel de conscrits suffisant pour que l'estimation de la stature moyenne repose sur des bases solides[39]. Ainsi, pour les règnes de Louis XVIII, Charles X et en partie de Louis-Philippe, ce sont les conseils de révision qui fournissent à l'anthropométrie les données indispensables à la constitution d'une série continue.

---

38 *Manuel du recrutement* de 1825, article 492 p. 148-149, d'après la décision du 7 août 1820 et la circulaire du 22 juin 1821.

39 On procède alors bien évidemment à une conversion afin de standardiser les données : une règle de trois permet de passer des estimations brutes aux estimations prenant pour base les cantons retenus lors de l'étude des listes de tirage au sort (conversion faite sur une année commune : cf. pénultième note pour les dates). On a suivi la même méthode pour l'étude diachronique des professions, bien que la composition socioprofessionnelle du contingent puisse être différente de celle de la totalité de la classe, puisque les plus petits, les plus pauvres, c'est-à-dire les conscrits exerçant les métiers les moins qualifiés, sont légèrement sous-représentés du fait de l'application stricte de la taille minimale légale dans les listes du contingent. L'effectif suffisant pour l'étude de la stature peut être fixé entre 400 et 500 individus par an, le minimum qu'il est préférable de ne pas dépasser étant de 250.
Les cantons retenus pour l'étude des listes du contingent sont :
– Pour le Bas-Rhin : 1) de 1816 à 1824 : Barr, Benfeld, Bischwiller, Bouxwiller, Brumath, Drulingen, Erstein, Geispolsheim, Haguenau, Hochfelden, La Petite Pierre, Lauterbourg, Marckolsheim, Marmoutier, Molsheim, Niederbronn, Oberhausbergen, Obernai, Rosheim, Sarre-Union, Saverne, Sélestat, Seltz, Soultz, Strasbourg, Truchtersheim, Villé, Wasselonne, Wissembourg et Woerth. 2) de 1825 à 1831 : Barr, Benfeld, Bischwiller, Brumath, Erstein, Geispolsheim, Haguenau, Lauterbourg, Marckolsheim, Molsheim, Oberhausbergen, Obernai, Rosheim, Sélestat, Strasbourg, Truchtersheim, Villé et Wasselonne.
– Pour le Haut-Rhin : on a conservé le seul canton de Mulhouse, car on a pour but d'évaluer le *trend* du niveau de vie d'un milieu exclusivement urbain et industriel en pleine croissance démographique (contrairement au Bas-Rhin). On a donc dû calculer des moyennes mobiles de 11 ans pour maintenir un effectif suffisant par année. Puis une règle de trois a permis de standardiser les résultats pour la commune de Mulhouse seule. Ceux-ci diffèrent très peu de ceux du canton complet.
– Pour la Seine-et-Marne : la totalité des cantons du département.
– Pour la Haute-Vienne : 1) de 1816 à 1831 : la totalité des cantons du département. 2) de 1832 à 1843 : Bellac, Châlus, Châteauponsac, Le Dorat, Limoges nord, Magnac-Laval, Mézières,

IV – De Louis-Philippe à Albert Lebrun : liste de tirage, liste de recrutement et liste de recensement

a) Le déroulement des opérations de la conscription et les listes de tirage au sort (1818-1872)

La période qui s'ouvre avec l'exploitation des listes de tirage au sort dans les années de conscription 1830-1840 se caractérise par une grande homogénéité des sources, et ce jusqu'en 1940. Seule l'annexion de l'Alsace-Lorraine au IIe *Reich* vient quelque peu perturber ce tableau.

Les listes de tirage au sort, puis, après 1872, les listes de recrutement cantonal[40], sont des documents qui sont complétés en deux temps bien distincts. La page de gauche est renseignée au moment du tirage au sort, en présence du sous-préfet. On y trouve l'état civil du conscrit ainsi que sa profession, sa stature, les motifs éventuels de réforme que le conscrit veut faire valoir devant le conseil de révision et les observations éventuelles du sous-préfet[41]. Au moment du recensement puis du tirage au sort, on ne peut savoir exactement combien de jeunes gens il faudra examiner quelques mois plus tard, lors du conseil de révision, pour atteindre le contingent cantonal exigé. Celui-ci sera formé après examen des jeunes gens, suivant l'ordre des numéros échus aux conscrits lors du tirage. Certains seront réformés, d'autres seront déclarés bons pour le service et, une fois l'effectif du contingent cantonal atteint, les conscrits qui ont tiré les derniers numéros (ou «bons» numéros) lors du tirage au sort ne sont pas examinés, ils sont définitivement libérés. Avant le conseil de révision, le sous-préfet ne peut donc savoir à l'avance combien il sera nécessaire de réformer, entre autres, de jeunes gens pour défaut de taille. Ceux-ci sont donc tous toisés, du premier au dernier numéro.

Les statures que l'on relève sur les listes de tirage au sort sont prises par les secrétaires de mairie, au moment de la confection des listes de recensement. En effet, l'étude de Jules Carret de 1882 sur la Savoie évoque deux passages sous la toise, le premier se faisant «à la mairie de leur commune, avant l'opération du tirage au sort […] Ces chiffres sont inscrits aux cahiers intitulés *Listes de tirage*[42] ». Carret indique aussi

---

Nexon, Rochechouart, Saint-Germain-les-Belles, Saint-Junien, Saint-Laurent-sur-Gorre, Saint-Mathieu, Saint-Sulpices-les-Feuilles, Saint-Yrieix.

40 Les listes de recrutement cantonal portent des entêtes diverses : simples «listes de tirage au sort» (Seine-et-Marne, 1872-1880), puis «listes de tirage au sort et de recrutement cantonal» (Seine-et-Marne, 1881-1904, Haute-Vienne 1873-1904), elles peuvent bien évidemment aussi être appelées «listes de recrutement cantonal» (Seine-et-Marne, 1905-1912, 1929-1936).

41 Pour un jeune homme déclarant être sourd, le sous-préfet peut ainsi noter que le fait est confirmé par le maire et les conscrits de sa commune. Pour des exemples de listes et tableaux employés de 1831 à 1940, voir le dossier de documents reproduits.

42 J. CARRET, *op. cit.*, p. 9.

Des sources diverses pour un objet unique : le conscrit

que les conscrits non toisés lors du recensement le sont au moment du tirage, mais il s'agit alors d'une minorité[43], comme c'était déjà le cas sous la Restauration[44]. La loi précise par ailleurs que les jeunes gens, juste après le tirage, font valoir d'éventuels motifs d'exemption et que le sous-préfet ajoute ses observations[45]. Les conscrits voulant se faire réformer pour défaut de taille sont alors toisés en présence du sous-préfet qui doit donner son avis sur le motif de réforme invoqué[46]. Quoi qu'il en soit, il est bien acquis que la page de gauche des listes de tirage au sort, qui comprend la mention de la stature, est renseignée au moment du tirage au sort, même si la stature a pu être prise exceptionnellement au moment du tirage et non au moment du recensement. Le second passage sous la toise se fait lors du conseil de révision, cinq à six mois plus tard.

La page de droite comporte deux colonnes qui font immédiatement suite aux colonnes « taille », « motif d'exemption […] que les jeunes gens […] se proposent de faire valoir » et « observations du sous-préfet » de la page de gauche. Il s'agit des rubriques « décision » et « motif de la décision » du conseil de révision. Ainsi, la conception des tableaux facilite leur lecture lors du conseil de révision et simplifie la décision à prendre[47]. Si les listes de tirage nous renseignent sur les décisions du conseil de révision, elles ne le font, bien sûr, que jusqu'au dernier conscrit déclaré bon pour le service ou réformé. Les conscrits ayant obtenu les derniers numéros, éventuellement libérés[48], ne subissent pas l'examen, bien qu'ils aient été toisés auparavant.

---

43   J. CARRET, *op. cit.*, p. 9 : « Quant (*sic*) les conscrits viennent au chef-lieu de canton sans que leur tailles soient inscrites aux listes de tirage, ils sont mesurés, durant l'opération de tirage au sort, par les gendarmes présents. »

44   Avant le tirage au sort, « Les sous-préfets vérifieront si la taille de tous les jeunes gens inscrits au tableau de recensement y est indiquée, et dans le cas de la négative, ils prendront des informations près des maires et des jeunes gens de la commune, et rempliront les lacunes qu'ils auraient découvertes », circulaire du 6 avril 1821 cité dans le *Manuel du recrutement* de 1825, article 300, p. 112.

45   Loi du 10 mars 1818, article 12, loi du 21 mars 1832, article 12, loi du 27 juillet 1872, article 15.

46   « Si les jeunes gens réclament l'exemption, comme n'ayant pas la taille fixée par la loi, le sous-préfet, avant d'inscrire ses observations sur la liste du tirage, fera toiser les réclamans, lesquels, à cet effet, seront placés sur le marche-pied d'un double mètre poinçonné et étalonné, dont la traverse sera élevée à un mètre cinq cent soixante dix millimètres » (article 331 du *Manuel du recrutement* de 1825, p. 118.)

47   Il y aurait d'ailleurs toute une histoire de la roublardise paysanne et de la perception populaire du corps à écrire en comparant les colonnes « motif invoqué par le conscrit », « observation du sous-préfet », « décision » et « motif de la décision du conseil de révision ».

48   Il arrive que dans certains cantons où les conditions de vie sont particulièrement mauvaises, le contingent souhaité ne soit pas atteint. Tous les numéros tirés sont alors « mauvais », puisque les conscrits sont soit bons pour le service, soit réformés, mais il n'y a aucun libéré. (Le cas s'est présenté plus d'une fois.)

On dispose donc de la stature de tous les conscrits, bons pour le service, réformés, et libérés. En revanche, on ne possède de renseignements médicaux que sur les jeunes gens examinés par le conseil de révision. La rédaction en deux temps des listes de tirage au sort explique que, pour certains conscrits, la colonne réservée à la mention de la stature porte « défaut de taille » ou indique une taille inférieure à la taille minimale légale et que la colonne décision du conseil de révision porte « bon » ou « b » (bon pour le service militaire). Entre le mois de janvier ou de février et le mois de mai-juin, le conscrit a grandi et dépasse désormais la taille minimale légale[49]. Il est également possible que le jeune homme se soit volontairement tassé lors de la pré visite médicale, durant le tirage au sort ou le recensement, pour être réformé, et que le conseil de révision soit davantage strict sur la position à observer sous la toise[50].

J.-M. Selig, qui a étudié les listes de tirage pour la période de conscription 1831-1870 dans l'arrondissement de Colmar, attribue les statures inscrites dans ces sources au conseil de révision[51]. Nous avons expliqué pourquoi et comment, en fait, ces documents sont complétés en deux étapes bien distinctes, tirage au sort vers le mois de février et examen du conseil de révision vers les mois de mai-juin. La stature est prise au moment du recensement ou, plus rarement, un mois plus tard, lors du tirage au sort.

b) Les opérations de conscription après la loi de Cissey (27 juillet 1872)

Avec la loi organique de 1872, le service militaire devient obligatoire pour tous. Cependant, la loi de Cissey du 27 juillet 1872 n'abolit pas le tirage au sort. En effet, les jeunes gens tirant un numéro bas (« mauvais numéro ») servent cinq ans, alors que ceux tirant un numéro élevé (« bon numéro ») ne servent qu'un an, voire six mois. Compromis politique entre partisans conservateurs d'une armée à effectif réduit et à durée de service long, d'une part, et promoteurs d'une armée républicaine de masse, de l'autre[52], la loi de 1872 conserve les trois moments forts des opérations

---

49 Le cas est litigieux : « Le conseil de révision ne dispensera de comparaître, pour être toisés en séance, que les jeunes gens qui, déjà toisés publiquement par les soins du sous-préfet, auront, sans réclamations, été reconnus ne pas avoir la taille » (Solution donnée le 25 novembre 1820, article 507 du *Manuel du recrutement* de 1825, p. 151-152.)

50 J. CARRET (*op. cit.*, p. 11) note : « beaucoup de conscrits tiennent à se rapetisser, espérant être réformés pour défaut de taille », mais l'opération est beaucoup plus rapide lors du conseil de révision que lors de la première prise de mesure : le sergent « prend d'une main son conscrit par le menton, l'appuie à la toise, presse son genou contre les genoux de l'homme, afin de dresser les jambes et d'appuyer sur les talons, jette un coup d'œil aux pieds, et brusquement abaisse le bras mobile de la toise sur la tête du patient ; le chiffre de la taille est annoncé avant que le conscrit se soit reconnu et ait pu mettre en jeu les moyens préconçus ».

51 J.-M. SELIG, *op. cit.*, p. 58.

52 Voir A. CREPIN, *La Conscription en débat…*, *op. cit.*, p. 205-213.

de recrutement de l'armée mis en place auparavant : recensement, tirage au sort, conseil de révision.

Les listes de tirage au sort et de recrutement cantonal de la IIIe République se présentent donc de la même manière que les listes du tirage au sort antérieures à 1872. Sur la page de gauche figurent la stature, prise au moment du recensement ou du tirage au sort, ainsi que le motif de réforme éventuel que veut faire valoir le conscrit[53]. Sur la page de droite, on trouve la décision et le motif de la décision du conseil de révision. Le document est complété en deux temps, comme dans la période 1818-1872.

Le tirage au sort est aboli par la loi du 21 mars 1905. En effet, le passage d'un service militaire d'une durée de trois ans (1889) à un service de deux ans (1905) diminue le nombre d'hommes sous les drapeaux. Il est donc nécessaire de supprimer la portion de conscrits libérés des obligations militaires par le sort, afin de compenser l'effet de la réduction du temps de service[54]. Les registres de la conscription changent donc quelque peu d'aspect pour la fin de notre étude : la stature est toujours mentionnée mais les motifs d'exemption sont supprimés. Les registres s'intitulent désormais listes ou tableaux de recensement, ou encore listes de recrutement, comme pour l'époque antérieure.

V – Les *Rekrutierungsstammrollen* : le cas particulier de l'Alsace de 1871 à 1918

a) Le *Kreis* et la commune, bases administratives civiles de la conscription

L'histoire particulière de l'Alsace de 1871 à 1918 est à l'origine d'une série de registres d'une grande homogénéité et d'une grande qualité : les *Rekrutierungsstammrollen* (registres de recrutement)[55], appelés aussi *Musterungslisten* (listes d'enrôlement) ou *Alphabetische Listen* (listes alphabétiques)[56]. Les registres allemands sont datés de l'année de naissance de la cohorte et non, comme en France, de l'année d'examen, d'où une série qui commence en 1851 (*Alphabetische Liste pro 1851*, année de

---

53 Voir dossier de documents reproduits. Pour les registres comportant des renseignements médicaux, tels listes de tirage et de recrutement, il existe un délai légal de communication au lecteur de 150 ans à compter de la date de naissance. Il faut donc demander une dérogation à la Direction des Archives de France pour les registres postérieurs à l'année d'examen 1871. Les documents reproduits ici sont donc anonymés afin de respecter la loi.

54 J.-C. JAUFFRET, J. MAURIN, « L'appel aux armes, 1872-1914 », dans *Histoire militaire de la France. 3. de 1871 à 1940*, dir. G. PEDRONCINI, Paris, 1992, p. 82.

55 Pour la ville de Mulhouse.

56 Pour le *Kreis* de Sélestat.

recrutement 1871) et s'achève en 1898. C'est la loi militaire allemande du 2 mai 1874 qui organise le recrutement de l'armée en Alsace durant la période étudiée[57].

Le recrutement, comme en France après 1872, est fondé sur un service à la base sociologique très large[58], le *Wehrpflichtige* pouvant être considéré comme l'équivalent du conscrit, bien que, comme en France, il existe un système de loterie qui décide de l'ordre d'examen des conscrits[59]. De la même manière qu'en France, le numéro échu à la loterie permet de faire un service plus ou moins long[60]. Comme en France, ce sont des autorités civiles, les communes *(Gemeinde)*[61], qui produisent les registres. Puis la *Kreisdirektion* réunit les feuillets communaux en un seul registre

---

57 *Reichs-Gesetzblatt* de 1874, *Reichs-Militärgesetz* du 2 mai 1874, p. 47-55 en ce qui concerne le recrutement. Par la suite, de nombreuses lois vont légèrement modifier la loi de 1874, mais n'affectent pas la stabilité du cadre de notre étude (loi du 6 mai 1880, loi du 27 janvier 1890, loi du 26 mai 1893, loi du 18 août 1896, loi du 25 mars 1899, etc).

58 Article 10 : « *Alle Wehrpflichtigen sind, wenn sie nicht freiwillig in den Heeresdienst eintreten [...] vom 1. Januar des Kalenderjahres an, in welchem sie das 20. Lebensjahr vollenden, der Aushebung unterworfen (militärpflichtig). Sie haben sich zu diesem Zwecke vor den Ersatzbehörden zu gestellen, bis über ihre Dienstverpflichtung den Bestimmungen dieses Gesetzes gemäß endgültig entschieden ist, jedoch höchstens zweimal jährlich.* » (Toutes les personnes astreintes au service militaire, quand elles n'entrent pas volontairement dans le service armé, sont soumises à la sélection militaire (conscrit) à compter du 1er janvier de l'année où elles atteignent l'âge de 20 ans révolus. Dans ce but, elles doivent se présenter devant le service de recrutement, au maximum deux fois par an, jusqu'à ce que, conformément aux dispositions de cette loi, il soit statué définitivement sur leurs obligations de service [militaire].)

59 *Reichs-Militärgesetz* du 2 mai 1874, article 13 : « *Die Reihenfolge, in welcher die in einem und demselben Jahre geborenen Militärpflichtigen auszuheben sind, wird in jedem Aushebungsbezirke durch das Loos bestimmt.* » (L'ordre dans lequel les conscrits nés dans une seule et même année doivent être sélectionnés, sera, dans chaque district de recrutement, déterminé par le sort.)

60 Suite de l'article 13 : « *Auf diejenigen Militärpflichtigen, welche in Folge hoher Loosnummer in dem ersten Jahre ihrer Dienstpflicht nicht zur Einstellung in den Militärdienst gelangen, kann in den beiden nächstfolgenden Jahren zurückgegriffen werden, jedoch nur dann, wenn in dem Aushebungsbezirk der Rekrutenbedarf des Jahres in anderer Weise nicht gedeckt werden kann. Die im dritten Jahre übrig bleibenden Militärpflichtigen werden der Ersatzreserve überwiesen.* » (En ce qui concerne les conscrits qui, en raison de leur numéro de tirage élevé, n'accèdent pas dans la première année de leur devoir de service au service militaire, il est possible de les rappeler dans les deux années suivantes, cependant uniquement dans le cas où il n'est pas possible de remplir d'une autre manière le contingent de l'armée dans le district de recrutement. Ceux qui restent conscrits dans la troisième année seront versés dans la réserve.)

61 Article 31 : « *Die Gemeinden oder gleichartigen Verbände haben unter Kontrole der Ersatzbehörden Stammrollen über alle Militärpflichtigen zu führen. Die Militärpflichtigen und deren Angehörige haben die Anmeldungen zur Stammrolle nach Maßgabe der gegenwärtig bestehenden Vorschriften zu bewirken.* » (Les communes, ou des associations de même nature, doivent tenir un registre sur tous les conscrits sous le contrôle du service de recrutement. Les conscrits et leurs parents proches doivent obtenir une inscription sur les registres conformément aux instructions existantes actuellement.)

pour tout le *Kreis*. La comparaison a ses limites : le maillage administratif allemand ne reprend pas le canevas des arrondissements français. Dans notre étude, cela ne pose pas de problème pour la commune de Mulhouse, qui reste une *Gemeinde* (commune). Mais l'arrondissement de Sélestat disparaît, partiellement remplacé par le *Kreis* du même nom. Or, dans les registres du *Kreis*, les jeunes gens sont inscrits par ordre de commune. Le canton, base de la conscription française, disparaît. Nous avons donc établi *a posteriori* la liste des cantons sélectionnés dans l'arrondissement de Sélestat pour la période française en fonction des découpages de la période allemande. Les cantons français retenus correspondent exactement aux limites du *Kreis*. Il s'agit des cantons de Barr, Marckolsheim, Sélestat et Villé.

b) Intérêts et limites des sources allemandes

Les *Musterungslisten* de l'époque allemande présentent de petites difficultés d'exploitation supplémentaires par rapport aux sources françaises : elles sont rédigées en écriture Sütterlin. En revanche, là où, par exemple, les listes de tirage au sort ne mentionnaient que des journaliers, manouvriers ou domestiques agricoles, l'administration allemande, fidèle à sa réputation de rigueur, use d'un vocabulaire beaucoup plus précis : *Landwirtknecht mit Ochsen* (domestique agricole avec bœufs), *Landwirtknecht mit Kuhen* (domestique agricole avec vaches) ou *Landwirtknecht mit Pferden* (avec chevaux), *Ackerknecht mit Pferden* (valet agricole avec chevaux), *Dienstknecht mit Pferden* (valet avec chevaux), *Ackerergehilfe mit Pferden, Ochsen* ou *Kuhen* (aide agricole avec chevaux, bœufs ou vaches), *Landwirt Tagner mit Pferden, Kuhen* ou *Ochsen* (journalier agricole avec chevaux, vaches ou bœufs), *Landwirt Tagner ohne Pferde* (journalier agricole sans cheval), etc[62], et certains mots de dialecte se glissent dans nos sources[63]. Les registres allemands indiquent aussi avec plus de précision les degrés de qualification des conscrits : apprenti, *(Lehrling)*, compagnon *(Geselle)*, aide *(Gehilfe* et *Gehülfe)* ou ouvrier confirmé.

Le début du régime allemand marque une lacune dans nos séries. Dans le *Kreis* de Sélestat, les registres existent dès l'année de conscription 1871, mais les effectifs toisés sont faibles, voire très faibles en 1871 et 1872[64]. Le risque est alors grand que la composition sociologique très particulière de l'échantillon ne fausse les résultats : nous sommes dans une période de très forte migration, beaucoup d'optants partent

---

62   Les mêmes nuances se retrouvent pour d'autres professions comme cultivateur et laboureur. D'autres professions apparaissent qui n'étaient pas traduites du dialecte au français, comme *Lebkuchenbäcker* (pâtissier fabricant de petits gâteaux sucrés appelés *Lebkuchen*).

63   Comme *Rebmann* que l'on trouve pour *Winzer* (vigneron).

64   40 conscrits en 1871, 90 en 1872. La centaine de conscrits est dépassée en 1873, les 250 en 1877. On a donné les résultats à partir de 1873, car la série se raccorde très bien à la série antérieure de l'époque française, bien qu'on n'atteigne pas alors un effectif de conscrits très grand.

d'Alsace pour la France. A Mulhouse, les effectifs sont nettement suffisants dès la première année disponible, en 1876 : 288 conscrits toisés. La fin du régime allemand marque également une petite lacune dans les séries alsaciennes : on dispose de la classe née en 1898 dans les archives allemandes, mais on n'a pas conservé les registres de la classe née en 1899, pourtant examinée dès juin 1917 par les autorités[65]. Le premier contingent français est constitué des jeunes gens de cette dernière classe[66], mais les registres de la conscription française ne débutent qu'à la classe 1920 (pour Mulhouse) ou 1922 (pour l'arrondissement de Sélestat). A compter de la classe 1921, les règles communes de la conscription française s'appliquent à l'Alsace[67], et les listes de recensement constituent, comme en Seine-et-Marne et en Haute-Vienne, la base de notre travail.

---

65   P. BOULANGER, *La France devant la conscription...*, *op. cit.*, p. 306. D'une manière générale, sur le problème de la transition entre régime allemand et régime français de conscription, voir le chapitre IX de cet ouvrage (« Conscription et réintégration territoriale : la question de l'Alsace-Lorraine »).
66   *Ibidem*, p. 306.
67   *Ibidem*, p. 309.

Chapitre V
Le conscrit et la toise :
la mesure du problème

I – La Ire République et l'Empire : les difficultés de l'adunation

a) L'application de la réforme métrique : pragmatisme des républicains et autoritarisme de Napoléon

La période révolutionnaire et impériale représente un moment décisif pour l'outillage statistique de la France, d'un point de vue politique et administratif. La volonté d'unification et d'uniformisation nationale des révolutionnaires se traduit par la création du nouveau système des poids et mesures. Cette « unification voulue des systèmes de référence » a été baptisée « adunation » par Sieyès[1].

Les tableaux de la conscription constituent naturellement un champ d'application privilégié de l'adunation, car ils sont doublement l'expression de la volonté d'unification nationale. D'une part, ce sont des documents officiels rédigés par la République, dans tous les départements de la République. D'autre part, ils concernent tous les citoyens d'une même classe d'âge susceptibles de porter les armes pour défendre la République, ils sont en quelque sorte les témoignages écrits de l'existence de la nation en armes.

La loi a donc voulu imposer le nouveau système métrique dans la rédaction des tableaux de conscrits. On se heurtait alors à un obstacle d'importance : comment équiper, sur tout le territoire national, toutes les administrations, d'une toise étalonnée en mètre ? Le législateur, prudent et pragmatique, a su imposer l'adunation en théorie tout en maintenant en pratique l'ancien système de mesure. Si les tableaux doivent donner la stature de chaque conscrit en millimètres, la toise reste étalonnée en pieds, pouces et lignes. L'administration centrale fournit donc, en annexe de ses circulaires, des tableaux

---

1   A. DESROSIERES, *op. cit.*, p. 45.

de conversion du système ancien au système métrique[2]. En Alsace, le souci d'être partout écouté va jusqu'à traduire en allemand les tableaux de conversion[3].

Les maires des petites communes rurales ont cependant bien du mal à accepter les nouvelles mesures. Ainsi, en vue de la constitution des tableaux pour la conscription de l'an XIII, le préfet de la Haute-Vienne tient à préciser aux sous-préfets des arrondissements de Bellac, Rochechouart et Saint-Yrieix l'attitude à adopter face à ce problème : « Comme plusieurs maires ne sont pas familiers avec les mesures métriques, je vous prie de leur observer que pour lever toutes difficultés à cet égard, ceux qui se trouvent dans le cas peuvent constater la taille des conscrits par pieds, pouces et lignes[4]. »

Avec le temps, le pouvoir central se fait plus exigeant. Napoléon, en digne héritier autoritaire de la Révolution, tient à appliquer l'adunation à la lettre mais aussi à respecter la réforme dans son esprit. Plus de conversion en millimètres après la prise de mesure, mais des toises métriques : tel est l'objectif affiché par l'empereur en 1810[5].

Force est de constater que, malgré les injonctions du pouvoir impérial, la méthode des tableaux de conversion associés aux toises non métriques subsiste jusqu'à l'effondrement de l'Empire. Cependant, il est piquant de remarquer que c'est dans le Limousin, la région la plus archaïque de notre étude, pour reprendre l'expression d'Alain Corbin, que le nouveau système métrique commence à être appliqué en premier[6].

b) La nécessaire reconversion des mesures originales en pouces décimaux

L'histogramme de distribution des effectifs des conscrits par classes de taille telles que relevées dans les documents originaux, en l'an X, XI et XIII (graphique 11),

---

2   Voir l'instruction du Ministre de la Guerre aux administrations centrales et municipales de la République du 11 Brumaire an VIII dont le tableau n° 2 est joint pour faciliter « le calcul des nouvelles mesures de hauteur » et pour faire « connaître les rapports des anciennes mesures aux nouvelles », ADHV, 1 R 15. Voir figure 21 du dossier de documents reproduits.

3   ADBR, 1 RP 10. Voir figure 16 du dossier de documents reproduits.

4   Lettre du 11 fructidor an XI, ADHV, 1 R 29.

5   « MM. Les préfets doivent veiller à ce que la mesure dont se serviront les sous-préfets, pour vérifier la taille des conscrits, ne soit point divisée en pieds, pouces, et lignes. Ce doit être partout une mesure métrique. L'intention formelle de Sa Majesté sur ce point est exprimée dans une lettre que Son Excellence le Ministre de l'intérieur a écrite au Directeur de la conscription, le 27 août 1810. « On ne doit point, dit son Excellence, se borner à traduire les mesures anciennes en mesures nouvelles ; on doit se servir de mesures nouvelles, sans aucun retour aux mesures anciennes » », Instruction générale sur la conscription 1811 du Directeur général de la conscription et des revues, 18 février 1811, p. 23 ; ADBR, 1 R 15.

6   C'est le cas dès 1806... soit l'année du retour à l'ancien calendrier grégorien. L'adunation remporte décidément des succès très contrastés.

Le conscrit et la toise : la mesure du problème

Graphique 11

Stature des conscrits exprimée
en millimètres
arr. Melun et Provins
cl. ex. an X, XI et XIII
N = 2 178

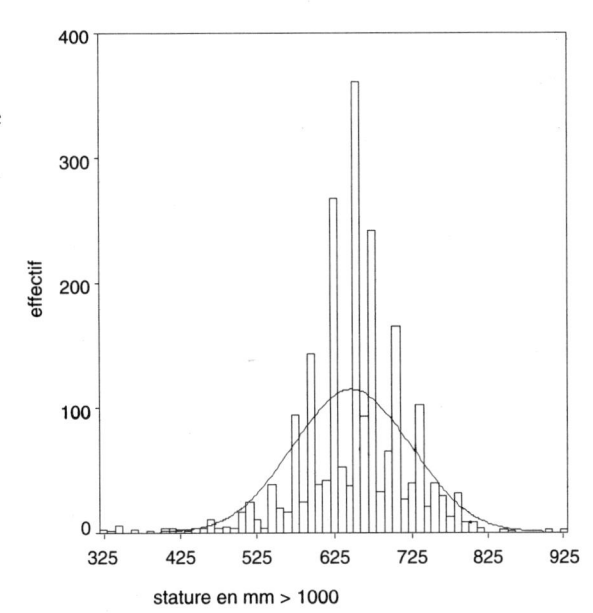

(Sources : ADSM, série R,
tableaux de la conscription)

stature en mm > 1000

Graphique 12

Stature des conscrits exprimée
en pouces
arr. Melun et Provins
cl. ex. an X, XI et XIII
N = 2 178

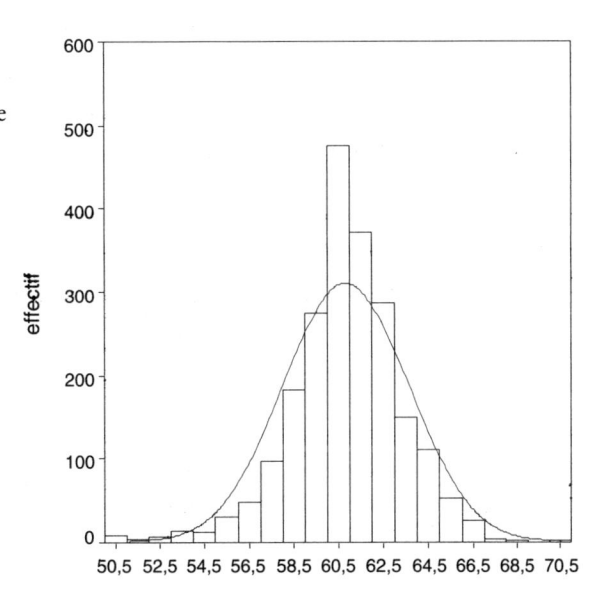

(Sources : ADSM, série R,
tableaux de la conscription)

stature en pouces

montre bien, pour les arrondissements de Melun et Provins, la méthode de mesure précédemment décrite[7]. On constate très clairement que la distribution normale des effectifs est perturbée par un problème d'intervalles de classe, causé par la conversion en millimètres de mesures prises en pieds, pouces et lignes. On a donc utilisé les tableaux de conversion dont disposaient alors les administrations, mais dans le sens inverse de celui alors pratiqué[8].

On obtient une stature exprimée en pieds, pouces et lignes[9], que l'on convertit en système décimal exprimé en pouces. L'histogramme de distribution ainsi obtenu (graphique 12) présente un profil beaucoup plus régulier, même si la taille minimale légale vient légèrement tronquer la distribution pour les classes de taille inférieures à ce minimum.

Pour la période comprise entre l'an VII et 1814, la conversion en pouces des données brutes est nécessaire à l'analyse préalable des statures afin de déterminer plus sûrement les anomalies éventuelles dans la distribution normale des effectifs, en particulier les phénomènes de troncation à gauche de la taille minimale légale[10]. A cette époque, l'adunation n'en est encore qu'à sa petite enfance.

II – De la Restauration à la fin de la IIIe République : histoire d'arrondis, histoire de zèle administratif

a) Les années 1816-1901 : l'âge d'or du mètre

Après la chute de Napoléon, les problèmes de mesure n'existent pratiquement plus. Tout d'abord, de 1818 aux années 1830-1840, les listes du contingent répondent aux souhaits exprimés par Napoléon I : elles comprennent des statures mesurées avec une toise métrique. Nous sommes alors en présence de documents rédigés non au moment du recensement ou du tirage au sort, mais pendant le conseil de révision et par le conseil de révision.

Il est donc normal que l'histogramme qui figure la distribution des effectifs des conscrits de Seine-et-Marne des classes 1816 à 1836 (graphique 13) marque une très nette troncation à 156-157 cm, puisque les jeunes gens bons pour le service doivent

---

7   Nous rappelons que pour les histogrammes en pouces, comme pour ceux en cm, les indications portées en abscisse indiquent les centres de classes.

8   Voir par exemple ADHV, 1 R 15. Tableau reproduit dans le dossier de documents, figure 21.

9   Le pied (32,483 cm) comprend 12 pouces (2,707 cm), chaque pouce comprend 12 lignes (0,2255 cm). M. LACHIVER, *Dictionnaire du monde rural. Les mots du passé*, Paris, 1997, p. 1034, 1303, 1357.

10 Voir chapitre VII La stature minimale légale : un problème statistique délicat.

dépasser ces tailles minimales légales. En ces années 1820-1830, au début de l'existence du mètre, lors d'une phase de conquête de l'espace national par ce dernier, on remarque que la nouvelle mesure est employée avec rigueur par les conseils de révision. En effet, la distribution des effectifs est très régulière, très proche d'une distribution normale parfaite[11]. Au cours des décennies 1820 et 1830, l'adunation, dans sa grande enfance, est en progrès.

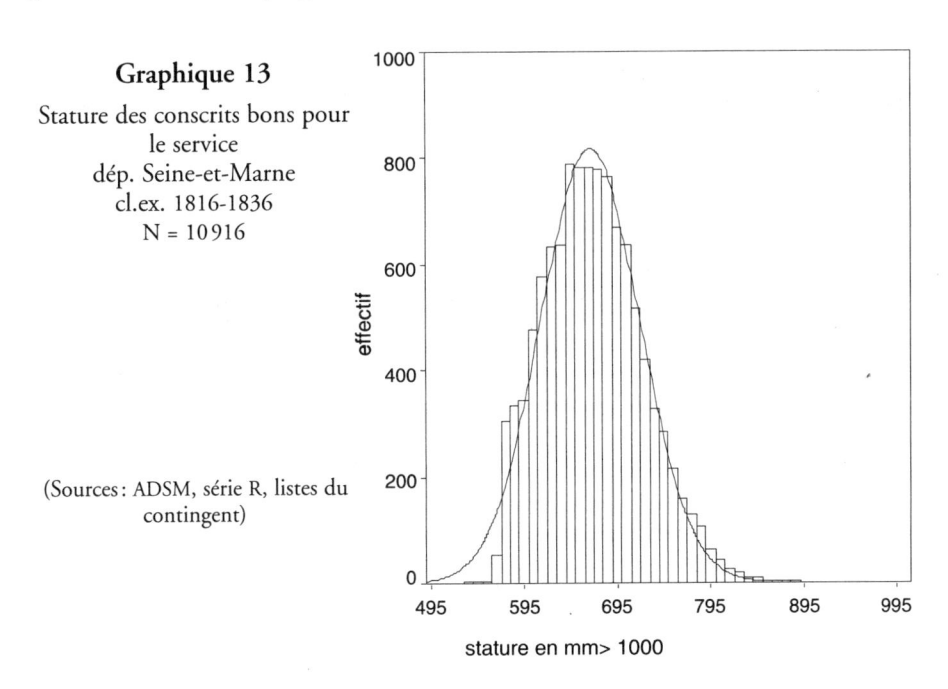

Graphique 13

Stature des conscrits bons pour le service
dép. Seine-et-Marne
cl.ex. 1816-1836
N = 10 916

(Sources : ADSM, série R, listes du contingent)

stature en mm> 1000

La période qui s'ouvre avec l'exploitation des listes de tirage au sort change à peine les données du problème. Cette fois-ci, c'est au moment du recensement ou du tirage qu'a lieu le passage sous la toise que nous étudions. Même si tous les conscrits sont alors toisés, toutes les statures ne sont pas reportées. Pour les jeunes gens dont la taille est inférieure à la stature minimale légale, on trouve, le plus souvent, dans la colonne réservée au motif de réforme avancé par le conscrit, la mention « défaut de taille », ou encore « d.t. », mais pas de donnée chiffrée dans la colonne réservée à la taille. Le phénomène de troncation à gauche de la taille minimale est cependant beaucoup moins visible que dans les listes du contingent, car nombre de conscrits dont la taille est trop petite, voient tout de même leur stature reportée sur la liste de tirage. De plus, la très

---

11   Mis à part la troncation due à l'existence de la taille minimale légale.

petite échelle utilisée pour l'histogramme concernant l'arrondissement de Sélestat (1831-1868, graphique 14) masque en partie ce phénomène de troncation.

Vers les années 1840-1860, on se familiarise peu à peu avec le système métrique, on s'imagine de mieux en mieux quels sont les ordres de grandeur perceptibles par l'œil. Ainsi, les tailles, d'abord exprimées en millimètres, en héritage de la conversion de l'ancien système en système métrique selon la méthode utilisée sous la Révolution et le Ier Empire, sont ensuite exprimées en centimètres[12]. L'adunation colonise tous les esprits. La période couvrant les années 1830-1840 à 1901 constitue une sorte d'optimum pour l'observation de la stature individuelle en France. Tout d'abord, la taille minimale de réforme est alors relativement basse (156 puis 154 cm). Ensuite, l'adunation, dans son adolescence, rend les statistiques très fiables, alors que les arrondis sont encore peu nombreux. En effet, le système de mesure est assez maîtrisé pour passer aux statures exprimées en centimètres, sans toutefois qu'il soit trop intériorisé, ce qui autoriserait des arrondis hardis. De 1872 à 1901, la taille d'ajournement est très basse (154 cm) et l'administration locale manie encore la toise avec rigueur. L'histogramme de distribution des effectifs des conscrits de l'arrondissement de Melun (1872-1903, graphique 15) en est un très bon exemple.

Les arrondis des statures varient en fonction des régions, suivant que les préposés à la toise sont plus ou moins familiers du système métrique[13]. Ainsi, dans l'arrondissement de Sélestat, des arrondis assez importants aux dizaines et demi-dizaines sont visibles dès le milieu du siècle, alors que dans l'arrondissement de Melun, la toise est maniée avec plus de rigueur encore dans les années 1872-1903. Les histogrammes des trois régions étudiées présentent des profils réguliers, avec peu d'arrondis, et les éventuelles anomalies observées dans les distributions normales des effectifs s'expliquent par l'existence de statures minimales légales[14] ou par l'emploi de toises d'un certain type[15]. Les conditions d'évaluation de la stature paraissent donc satisfaisantes, et nous

---

12 Les comptes numériques et sommaires publiés jusqu'en 1866 donnent d'ailleurs des intervalles de classe encore exprimés en pieds et pouces exacts, convertis en millimètres, ce qui pose problème puisque les conscrits sont déjà mesurés avec des toises métriques depuis quelques années. Cela perturbe la distribution normale des effectifs que l'on peut étudier dans de telles sources (D. R. WEIR, « Economic Welfare... », *loc. cit.*, p. 194-195). Voir *supra* la preuve erronée qu'en tire la famille Bertillon pour fonder sa théorie raciale de l'anthropométrie.

13 Au XIXe siècle, Jules Carret est le seul observateur vraiment attentif de ces phénomènes d'arrondi : les résultats du conseil de révision présentent des sur-effectifs à 160 et 170 cm, « peut-être du[s] à l'attraction produite sur le sergent par les nombres ronds. » (et aussi : « Un *nombre rond*, comme 1 m 60, nombre facile à dire, et mieux gravé que ses voisins sur la toise. ») J. CARRET, *op. cit.*, p. 14.

14 Pour la stature minimale légale, voir chapitre VII la stature minimale légale : un problème délicat.

15 Pour la description des toises et les effets de leur emploi sur les valeurs relevées, voir chapitre V, III – La toise, objet de tous les soins.

Le conscrit et la toise : la mesure du problème

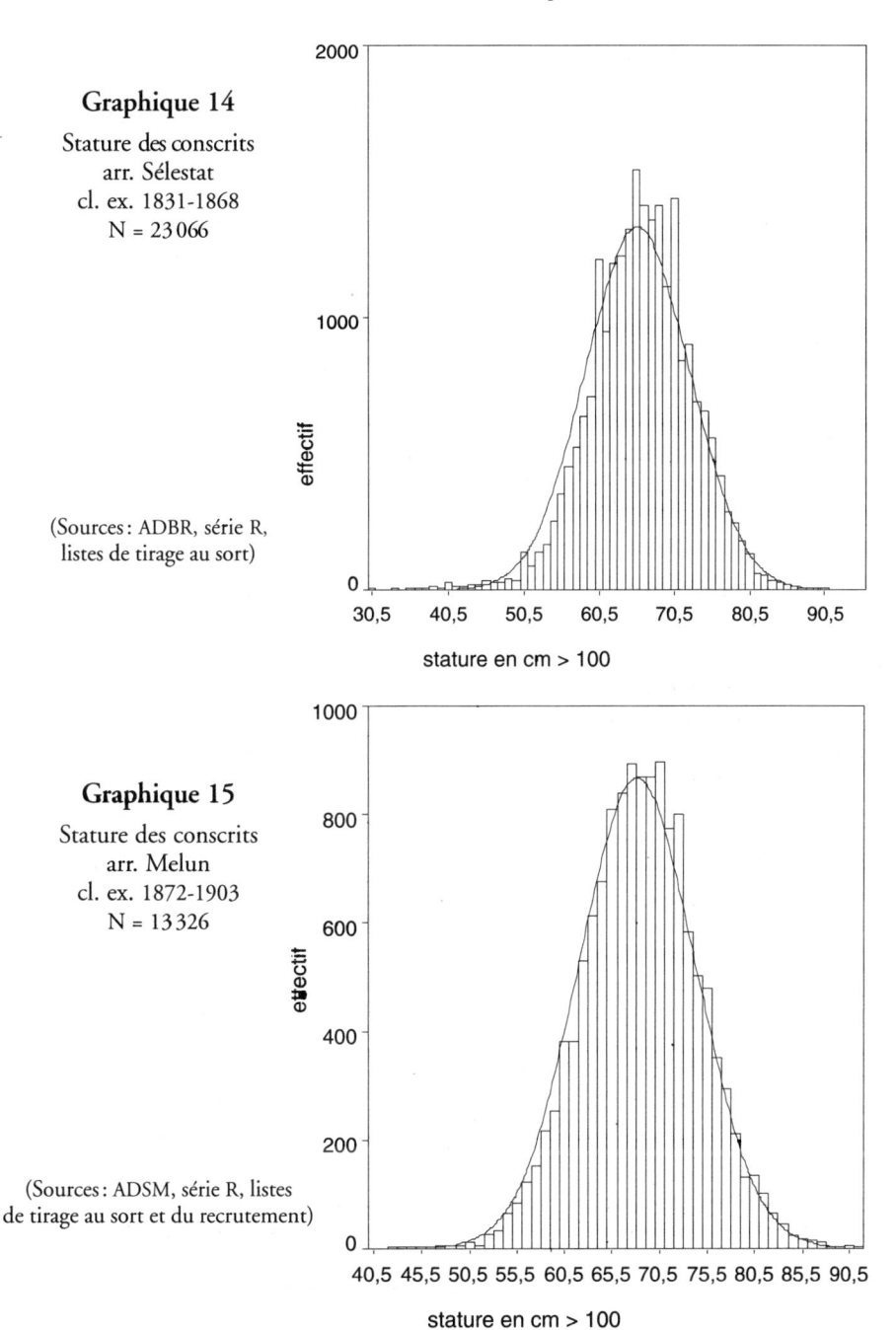

Graphique 14

Stature des conscrits
arr. Sélestat
cl. ex. 1831-1868
N = 23 066

(Sources : ADBR, série R,
listes de tirage au sort)

stature en cm > 100

Graphique 15

Stature des conscrits
arr. Melun
cl. ex. 1872-1903
N = 13 326

(Sources : ADSM, série R, listes
de tirage au sort et du recrutement)

stature en cm > 100

sommes loin de la description catastrophique qu'en donne Jules Carret en 1882 : « en Savoie, un petit nombre de mairies sont pourvues de la *toise* réglementaire. Un maire me disait qu'il avait appuyé tous les conscrits contre une porte, leur traçant un trait de crayon au-dessus de la tête, et avait mesuré la distance du trait au sol avec un mètre de poche. Dans d'autres mairies on est moins soigneux : le secrétaire, se fiant à son coup d'œil, estime, restant assis, la hauteur du conscrit debout, et écrit. Là où on possède une toise, et c'est l'exception, il est bien rare qu'on fasse ôter les chaussures d'un conscrit avant de le mesurer. Si, l'opération faite, on prend le soin de déduire de la hauteur totale l'épaisseur approximative des talons des chaussures, on a un chiffre à peu près exact. Si la déduction n'a pas lieu, les tailles sont exagérées de 2 ou 3 centimètres[16] ». Voilà de quoi donner des sueurs froides à l'historien quantitativiste. Heureusement, pour les raisons déjà énoncées, nous pouvons écarter l'hypothèse de l'absence de toise[17].

b) Le XXᵉ siècle : lacunes et arrondis

Un problème plus grave existe en fait pour le début du XXᵉ siècle, on se heurte à des lacunes importantes dans le relevé des statures des conscrits, certaines années de conscription sont en effet totalement vierges en ce qui concerne la stature des jeunes gens, alors que les autres rubriques sont toujours renseignées. L'arrondissement de Saint-Yrieix est le plus touché : lacune pour 1886 et 1887 et 1894-1902[18]. Suit l'arrondissement de Bellac : lacune pour 1885[19] et, en commun avec l'arrondissement de Saint-Yrieix, pour 1902-1906. L'arrondissement de Melun est moins touché : lacune pour 1903-1908[20]. Les déficiences communes à la Haute-Vienne et à la Seine-et-Marne entre 1903 et 1907 laissent à penser que l'abolition de la stature minimale d'ajournement, en 1901, joue un rôle dans ce phénomène.

Les fonctionnaires chargés du relevé de la stature des conscrits ont dû provisoirement juger inutile de pratiquer une opération dont l'enjeu n'était plus évident. Cette

---

16 J. CARRET, *op. cit.*, p. 9. A notre connaissance, unique témoignage de l'opération du passage sous la toise en mairie.

17 Les profils des histogrammes obtenus correspondent à une courbe de Gauss régulière, sans déformation due au coup d'œil du secrétaire de mairie et attestent de l'usage d'une mesure réglementaire. L'emploi de la toise est par ailleurs confirmé par une déformation spécifique de la courbe, sans conséquence pour nos résultats (voir *infra* dans le présent chapitre).

18 Pour proposer un *trend* continu et commun aux deux arrondissements limousins, on a fait une règle de trois entre le *trend* de l'arrondissement de Bellac et le *trend* commun des deux arrondissements, vu que l'évolution individuelle des deux arrondissements est parallèle.

19 Même remarque que dans la note précédente : règle de trois entre le *trend* de l'arrondissement de Saint-Yrieix et le *trend* commun des deux arrondissements.

20 Quelques conscrits toisés seulement en 1903.

situation est heureusement évitée pour l'Alsace du IIe *Reich* où une taille minimale reste en vigueur.

Enfin, une dernière période s'ouvre après l'abolition de la stature minimale d'ajournement. Après une lacune dans le relevé des statures (1903-1907), les séries reprennent, mais la rigueur passée n'est plus de mise : l'enjeu est moins important. De plus, l'adunation est totalement achevée. Les repères mentaux associés au système métrique sont désormais fortement ancrés dans les esprits, les préposés à la toise se permettent donc des arrondis osés. La perception du temps change, le soin apporté aux opérations de la conscription n'est peut-être plus le même qu'autrefois, la chose se fait peut-être plus rapidement. La technique de report des statures des années 1920-1930 est à l'image de la société industrielle et urbaine qui la produit : de plus en plus rapide, cherchant le rendement maximum, parfois au prix de l'exactitude qui était le propre des fonctionnaires du XIXe siècle.

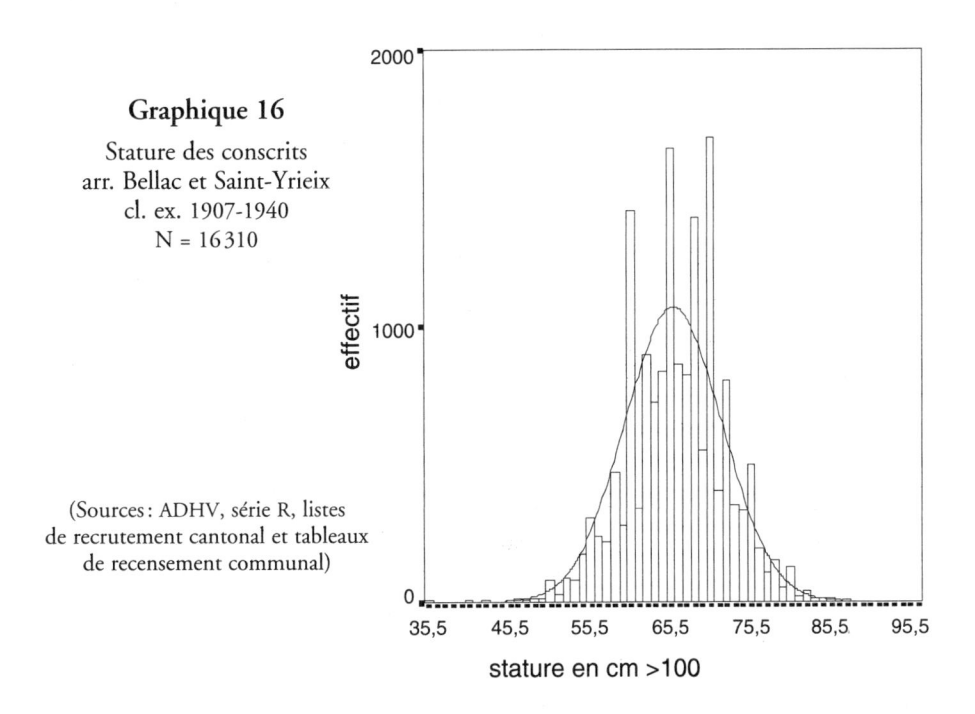

Graphique 16

Stature des conscrits
arr. Bellac et Saint-Yrieix
cl. ex. 1907-1940
N = 16 310

(Sources : ADHV, série R, listes de recrutement cantonal et tableaux de recensement communal)

Le phénomène est particulièrement visible sur l'histogramme de distribution des effectifs des conscrits de Haute-Vienne des classes 1907-1940 (graphique 16) : le préposé à la toise annonce les statures avec de très nets arrondis de 5 cm en 5 cm à partir de 155 et jusqu'à 175 cm, avec de nettes préférences pour les chiffres ronds à la dizaine : 160 et 170 cm[21]. Enfin, et c'est là un phénomène que l'on observe encore actuellement dans l'étude de la taille contemporaine, la préférence pour les chiffres pairs se lit sur l'histogramme : il y a plus de personnes mesurant 162 que 161 ou 163 cm. On est loin des timides arrondis du XIXe siècle. Tous ces arrondis n'ont cependant pas une incidence fâcheuse sur nos statures moyennes, dans la mesure où ils jouent aussi bien en-deçà qu'au-delà de celles-ci. Beaucoup plus grave : dans les années 1930, on ne relève plus la taille dans les départements de la Corrèze et de la Creuse[22].

III – La toise, objet de tous les soins

a) Les somatomètres Lavergne et Naudin (milieu du XIXe siècle)

Comme on l'a vu, le regard et l'esprit du préposé à la toise sont très importants lors de la prise de mesure. Encore faut-il savoir de quel instrument celui-ci dispose pour officier. Les informations à ce sujet sont surtout nombreuses pour le XIXe siècle. C'est dans les années 1830-1840 que l'adunation semble s'imposer dans les faits, c'est-à-dire que les toises métriques se généralisent dans les opérations de tirage au sort. Certains fabricants proposent aux administrations des toises de confection industrielle, dont la plus courante semble être le somatomètre Lavergne, de Poitiers[23], qui est employé dans le Bas-Rhin et la Haute-Vienne[24]. A lire la publicité faite pour cet instrument, l'historien qui étudie l'évolution de la stature en viendrait à douter de la véracité de ses résultats antérieurs à l'invention du formidable objet qui « doit les succès qu'il a déjà obtenus à une grande solidité, à un mécanisme simple, ingénieux, et surtout à la précision avec laquelle il permet de mesurer la taille de l'homme, précision qui manque à toutes les toises employées jusqu'à présent. » Le somatomètre Lavergne a reçu deux médailles d'argent en 1842 et 1845, et son inventeur aimerait le voir utilisé « dans toutes les préfectures, mairies, régiments, etc. » Il est vendu au prix de 25 francs, grâce à l'amélioration des procédés de fabrication.

Le seul concurrent à l'échelle industrielle que l'on trouve à ce somatomètre est la toise Naudin, œuvre du balancier-mécanicien Naudin de Rouen[25]. Cependant cette

---

21 Notons que la taille modale réelle (donc moyenne et médiane) est tout de même très visible, une fois ces phénomènes évacués : elle est proche de 168 cm.
22 Les autres rubriques des listes de recensement sont cependant renseignées.
23 Prospectus dans ADHR, 1 R 103.
24 Informations tirées du prospectus.
25 Prospectus dans ADHR, 1 R 103 et dans ADSM, 1 R 216.

toise, beaucoup plus chère (135 francs), semble d'un fonctionnement assez étrange, compte tenu des standards actuels. Elle est «composée d'un patin sur lequel sont assemblés 3 montants par des tenons et boulons, celui de derrière destiné à poser le dos de l'homme donne une grande solidité à l'instrument au moyen des cercles et de la traverse dormante du haut». La traverse mobile servant à la constatation de la taille coulisse sur les deux montants extérieurs. Sur cette traverse mobile, se trouvent «des flèches gravées sur l'instrument et correspondant avec la ligne droite qui touche la tête de l'homme». Aussitôt que la traverse est immobile, on peut «constater avec une précision mathématique la taille de l'individu, tant à droite qu'à gauche de l'instrument». L'existence d'une telle traverse couplée à trois montants doit surtout augmenter les imprécisions dans la constatation de la stature par le jeu qui peut apparaître dans les glissières des deux montants extérieurs ou entre le socle de la toise et les deux montants extérieurs. La traverse n'est alors plus horizontale et, plus la traverse est longue, plus l'erreur est grande[26].

b) L'adunation en pratique: l'exemple du département de Seine-et-Marne (début des années 1840)

En fait, les nouvelles toises métriques les plus courantes semblent être de facture artisanale. C'est le cas dans le département de Seine-et-Marne, où la toise de l'ébéniste Holstein, de Melun, conquiert les mairies en 1841-1842.

Cette toise a servi de modèle pour équiper nombre de communes du département au début des années 1840 en nouvelles toises métriques.

Les négociations sont alors parfois rudes entre les autorités préfectorales et les maires des chefs-lieux de canton concernés. Ainsi, certains maires acceptent d'engager des dépenses pour l'acquisition d'une toise[27], un plan et un devis leur sont envoyés[28]. Le maire de Rebais tente alors de faire fabriquer la toise par des artisans locaux, mais la construction de l'instrument dépasse le savoir-faire de ceux-ci[29]. Les maires s'en remettent finalement à l'ébéniste de Melun, choisi par le capitaine du

---

26 La toise Naudin est de toute manière très chère, et son aire d'influence ne semble pas dépasser les départements du nord-ouest.

27 Lettre du sous-préfet de l'arrondissement de Fontainebleau aux maires de La Ferté-Gaucher, Rebais, Fontainebleau, Montereau et Lorrez-le-Bocage du 3 mars 1841: «Le conseil municipal de votre commune ayant voté des fonds pour l'achat d'un double mètre, j'ai l'honneur de vous communiquer le dessin du modèle de celui existant chez M. le capitaine du recrutement à Melun, et dont l'expérience a démontré les avantages.» ADSM 1 R 216.

28 Pour le plan, voir dossier de documents reproduits, figure 22. Lettre de la préfecture au maire de Montereau du 3 mars 1841: le devis établi par l'artisan du capitaine de recrutement évalue la dépense à 25 francs. ADSM 1 R 216.

29 Lettre du maire de Rebais au sous-préfet du 7 mars 1841.

Figure 7 : Tableau modèle en allemand servant à la bonne rédaction des tableaux de conscrits pour le Bas-Rhin

ADBR, 1 RP 10.

A noter : les professions des conscrits, représentatives du tissu social local en col. 9 (*Schneider* [tailleur], *Maurer* [maçon], *Färber* [teinturier], *Bierbrauer* [brasseur de bière], *Handelsmann* [commerçant]). Le tableau présente bien des statures prises en pieds et pouces traduites en millimètres (col. 8)

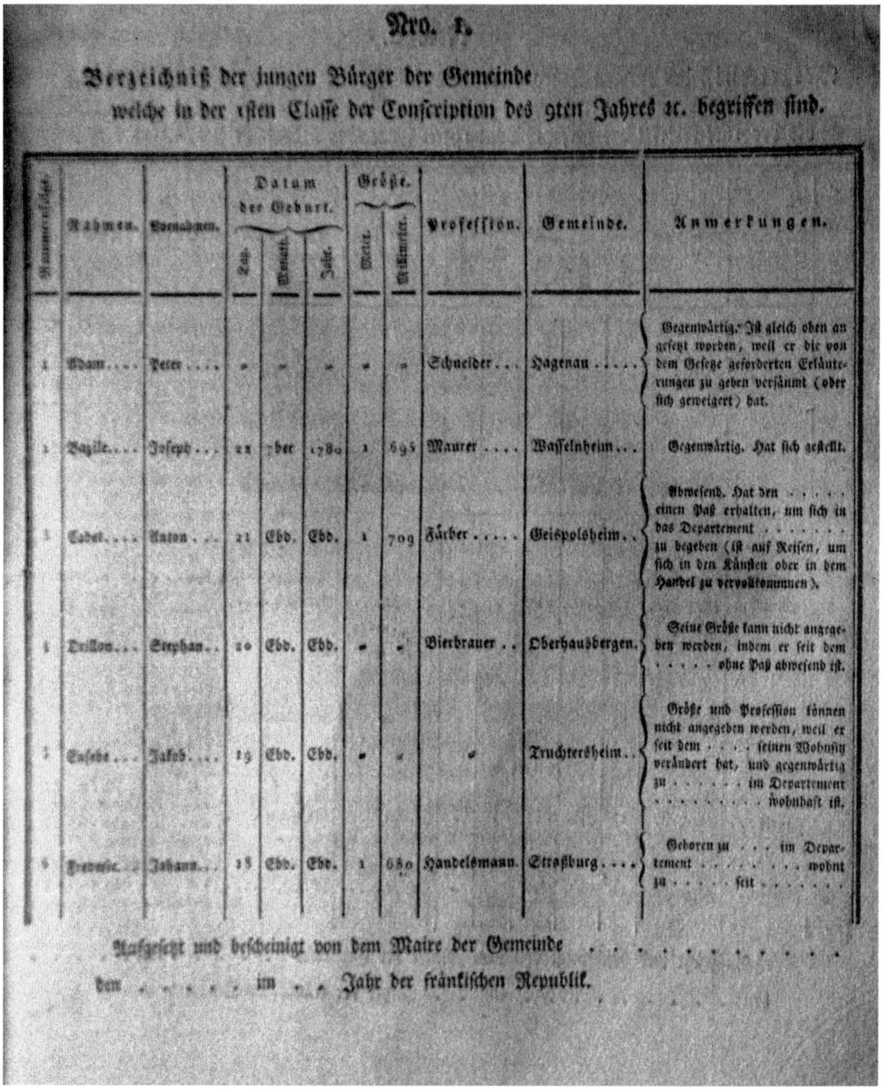

Nro. 1.

Verzeichniß der jungen Bürger der Gemeinde welche in der 1sten Classe der Conscription des 9ten Jahres ꝛc. begriffen sind.

[illegible]	Nahmen.	Vornahmen.	Datum der Geburt. Tag.	Monath.	Jahr.	Größe. Meter.	Millimeter.	Profession.	Gemeinde.	Anmerkungen.
1	Adam	Peter	„	„	„	„	„	Schneider ...	Hagenau	Gegenwärtig. Ist gleich oben angesetzt worden, weil er die von dem Gesetze geforderten Erläuterungen zu geben versäumt (oder sich geweigert) hat.
2	Bazile	Joseph ...	22	7ber	1780	1	695	Maurer	Wasselnheim ...	Gegenwärtig. Hat sich gestellt.
3	Cadet	Anton ...	21	Ebd.	Ebd.	1	709	Färber	Geispolsheim ..	Abwesend. Hat den ..... einen Paß erhalten, um sich in das Departement .... zu begeben (ist auf Reisen, um sich in den Künsten oder in dem Handel zu vervollkommnen).
4	Drillon ...	Stephan ..	20	Ebd.	Ebd.	„	„	Bierbrauer ..	Oberhausbergen.	Seine Größe kann nicht angegeben werden, indem er seit dem ..... ohne Paß abwesend ist.
5	Eusebe ...	Jakob	19	Ebd.	Ebd.	„	„	„	Truchtersheim ..	Größe und Profession können nicht angegeben werden, weil er seit dem .... seinen Wohnsitz verändert hat, und gegenwärtig zu ...... im Departement .... wohnhaft ist.
6	[illegible]	Johann ...	18	Ebd.	Ebd.	1	680	Handelsmann.	Straßburg	Geboren zu ... im Departement .... wohnt zu ..... seit ....

Aufgesetzt und bescheinigt von dem Maire der Gemeinde ....

den .... im ... Jahr der fränkischen Republik.

Partie I

Figure 8 : Tableau de la conscription du Bas-Rhin pour l'an XIII

ADBR, 1 RP 35.

A noter : l'ordre d'inscription par jour de naissance (colonne 4), le souci d'économie du papier : les conscrits se suivent de très près. Une certaine similitude avec les listes de la milice provinciale alsacienne et limousine.

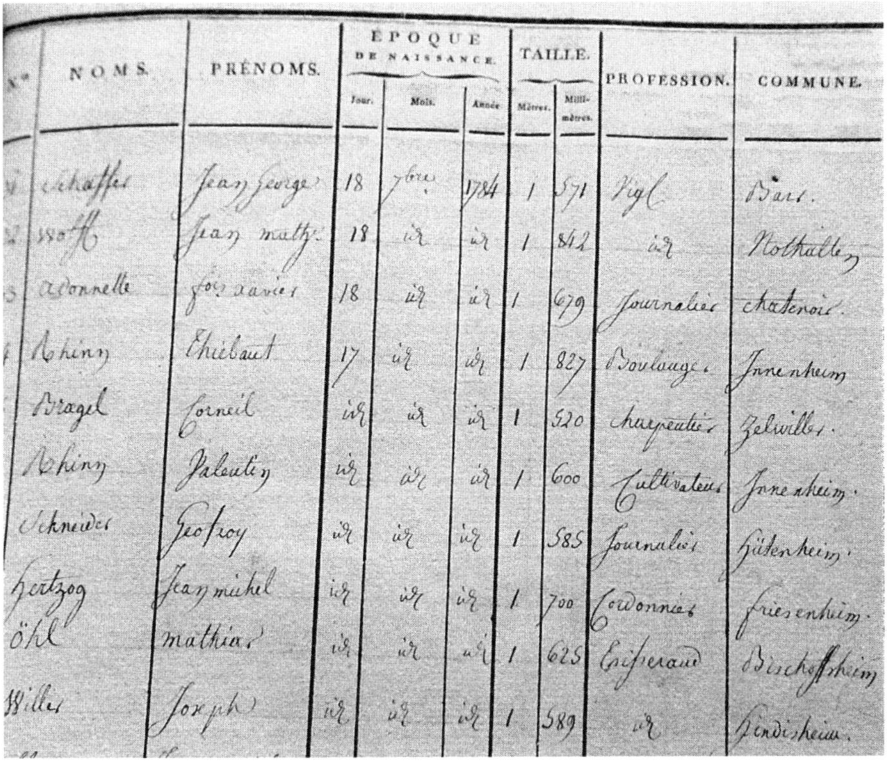

N°	NOMS.	PRÉNOMS.	ÉPOQUE DE NAISSANCE.			TAILLE.		PROFESSION.	COMMUNE.
			Jour.	Mois.	Année.	Mètres.	Millimètres.		
1	Schaffer	Jean George	18	7bre	1784	1	571	Vigr	Bars.
2	Wolff	Jean math.	18	id	id	1	842	id	Nothalten
3	Adonnelle	fois xavier	18	id	id	1	679	Journalier	Chatenois.
4	Schiny	Thiebaut	17	id	id	1	827	Boulanger	Innenheim
5	Bragel	Corneil	id	id	id	1	520	Charpentier	Zelwiller.
6	Schiny	Valentin	id	id	id	1	600	Cultivateur	Innenheim.
7	Schneider	Geofroy	id	id	id	1	585	Journalier	Gütenheim.
8	Hertzog	Jean michel	id	id	id	1	700	Cordonnier	Friesenheim.
9	Öhl	Mathias	id	id	id	1	625	Eniseraud	Bischoffsheim.
10	Willer	Joseph	id	id	id	1	589	id	Hendisheim.

Figure 9 : Tableau de la conscription du Bas-Rhin pour l'an XIV

ADBR, 1 RP 37.
A noter : les années de naissance 1784-1785 mélangées (colonne 3) et les statures converties en millimètres (colonnes 4 et 5). Professions en colonne 6.

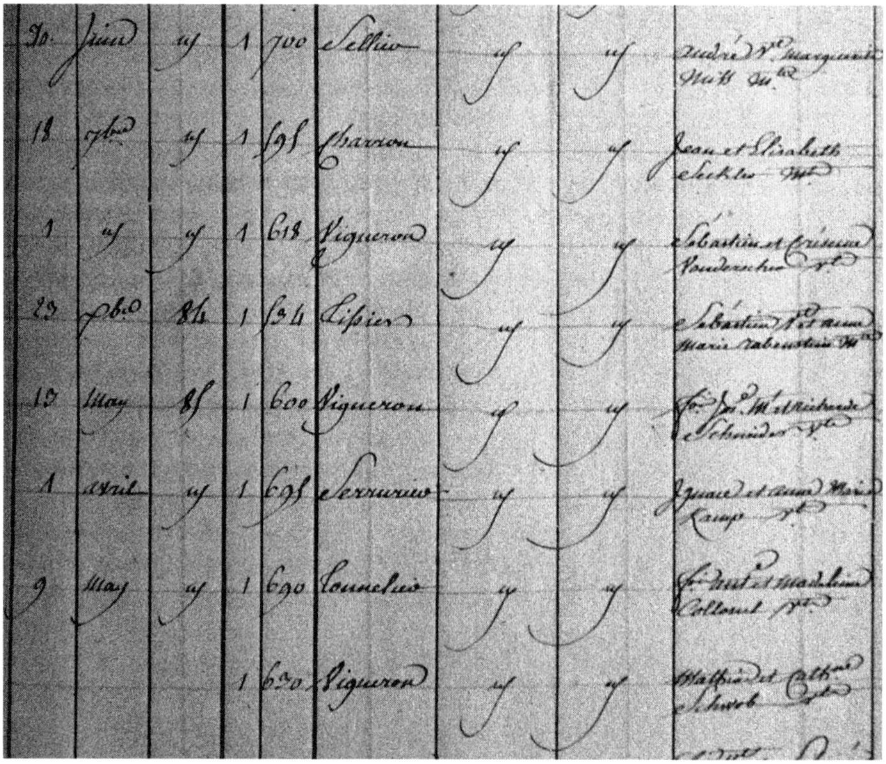

Partie I

Figure 10 : Tableau de la conscription du Bas-Rhin, classe 1813 (examinée en 1812), page de gauche

ADBR, 1 RP 91.
A noter : le document préfigure dans sa forme les listes de tirage du XIXe siècle, il y a moins de conscrits par page qu'auparavant. Taille en col. 4, profession en col. 7.

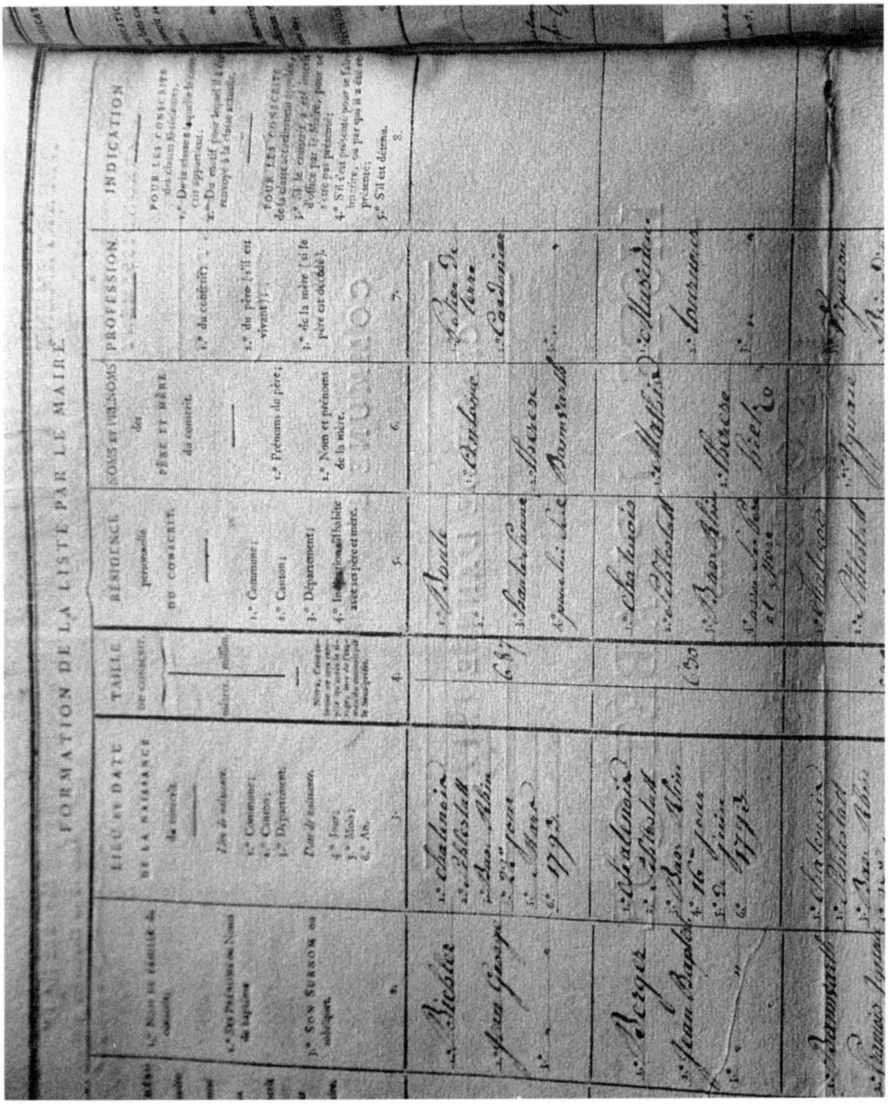

LA RÉVOLUTION DES CORPS

Figure 11 : Liste de tirage au sort, arrondissement de Sélestat, classe 1842, page de gauche

ADBR, 1 RP 591.
A noter : l'adunation est en voie d'achèvement Le premier conscrit mesure 1700 mm (col. 6), le second 1640 : plus de toise en pieds et pouces, mais pas encore de taille exprimée en centimètres.

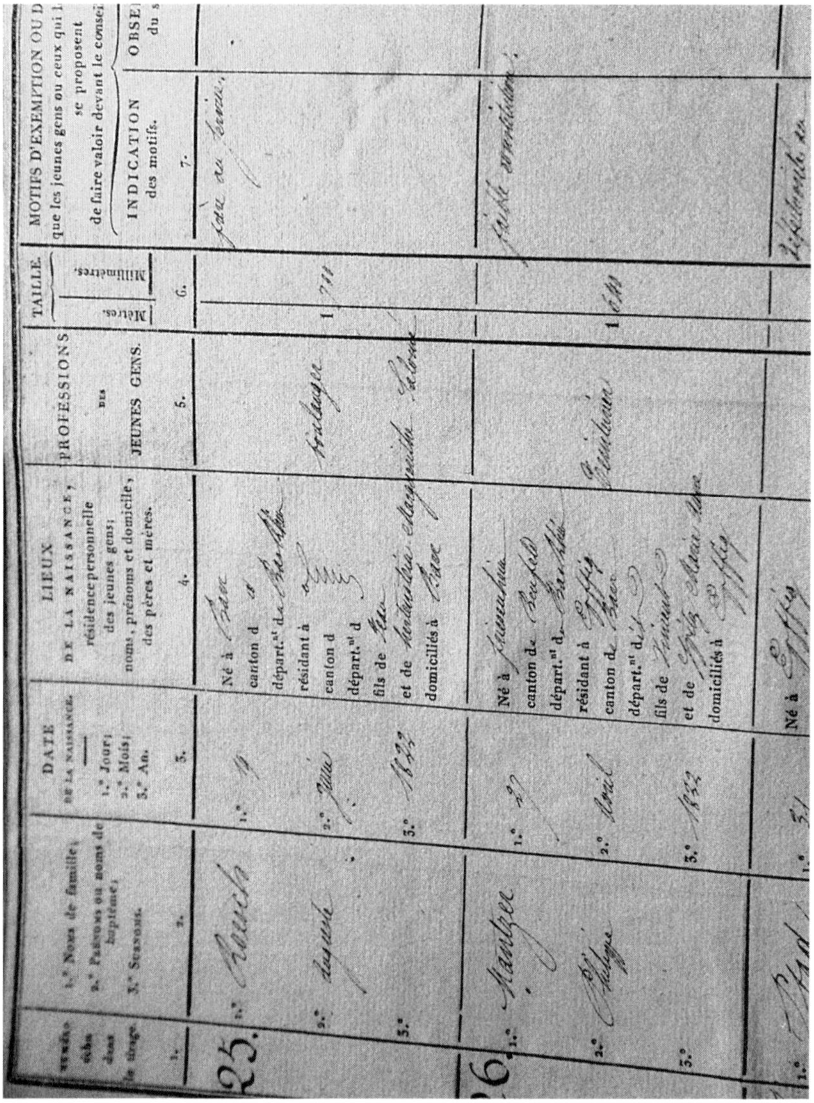

146

Figure 12 : Liste de tirage au sort et de recrutement, canton de Mormant, classe 1893, page de gauche

ADSM, 1 R 702.

A noter : la grande ressemblance avec les listes de tirage de la période 1818-1872. Le système métrique est parfaitement adopté, pour preuve les statures données en cm et non plus en mm comme c'était encore le cas dans la liste alsacienne de 1842. L'écriture paraît beaucoup plus soignée que sur la page de droite, preuve (?) du sérieux des opérations de tirage au sort. Le document est anonymé, conformément à la loi en vigueur.

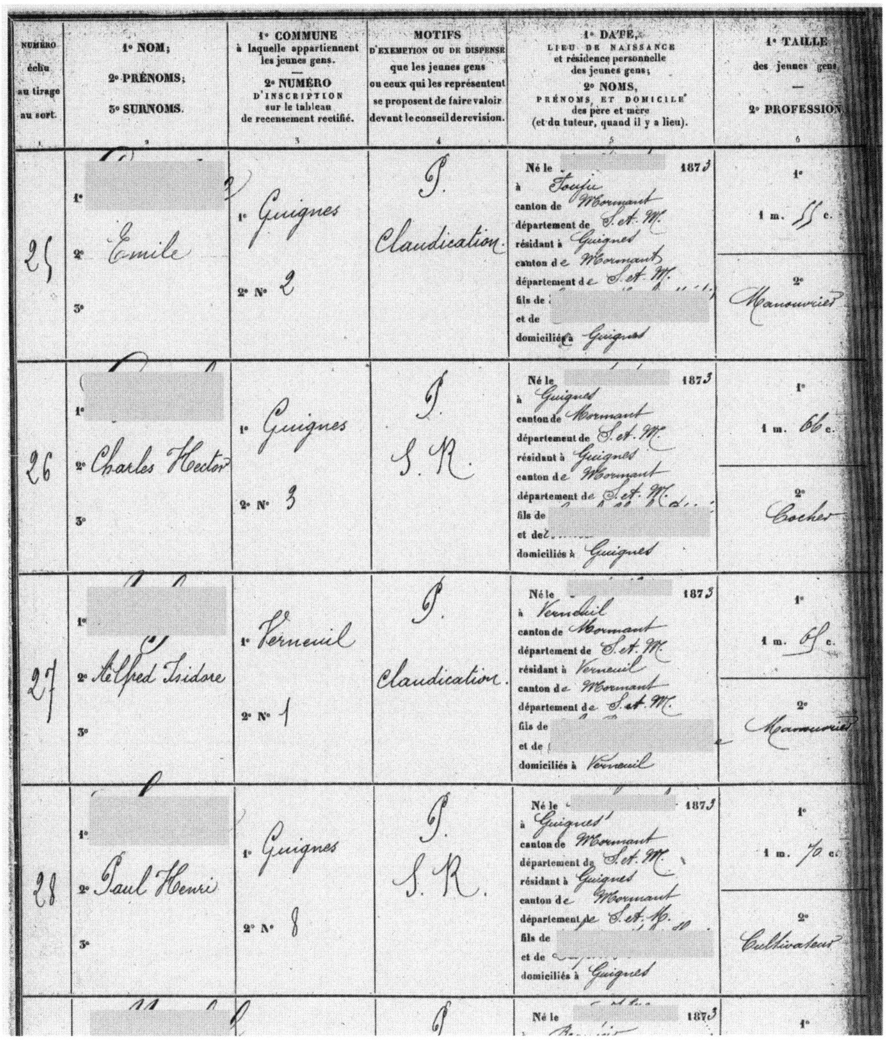

Numéro échu au tirage au sort.	1° Nom ; 2° Prénoms ; 3° Surnoms.	1° Commune à laquelle appartiennent les jeunes gens. 2° Numéro d'inscription sur le tableau de recensement rectifié.	Motifs d'exemption ou de dispense que les jeunes gens ou ceux qui les représentent se proposent de faire valoir devant le conseil de revision.	1° Date, lieu de naissance et résidence personnelle des jeunes gens ; 2° Noms, prénoms, et domicile des père et mère (et du tuteur, quand il y a lieu).	1° Taille des jeunes gens 2° Profession
1	2	3	4	5	6
25	1° 2° Emile 3°	1° Guignes 2° N° 2	P. Claudication.	Né le 1873 à Touquin canton de Mormant département de S. et M. résidant à Guignes canton de Mormant département de S. et M. fils de et de domiciliés à Guignes	1° 1 m. 55 c. 2° Manouvrier
26	1° 2° Charles Hector 3°	1° Guignes 2° N° 3	P. S. R.	Né le 1873 à Guignes canton de Mormant département de S. et M. résidant à Guignes canton de Mormant département de S. et M. fils de et de domiciliés à Guignes	1° 1 m. 66 c. 2° Cocher
27	1° 2° Alfred Isidore 3°	1° Verneuil 2° N° 1	P. Claudication.	Né le 1873 à Verneuil canton de Mormant département de S. et M. résidant à Verneuil canton de Mormant département de S. et M. fils de et de domiciliés à Verneuil	1° 1 m. 65 c. 2° Manouvrier
28	1° 2° Paul Henri 3°	1° Guignes 2° N° 8	P. S. R.	Né le 1873 à Guignes canton de Mormant département de S. et M. résidant à Guignes canton de Mormant département de S. et M. fils de et de domiciliés à Guignes	1° 1 m. 70 c. 2° Cultivateur
			P	Né le 1873	1°

LA RÉVOLUTION DES CORPS

Figure 13 : Liste de tirage au sort et de recrutement, canton de Mormant, classe 1893, page de droite

ADSM, 1 R 702.
A noter : les décisions du conseil de révision et les différentes parties du contingent dans lesquelles sont affectés les conscrits, conformément à l'article 33 de la loi du 15 juillet 1889. Les jeunes gens savent lire, écrire et compter (chiffre 3 en première colonne).

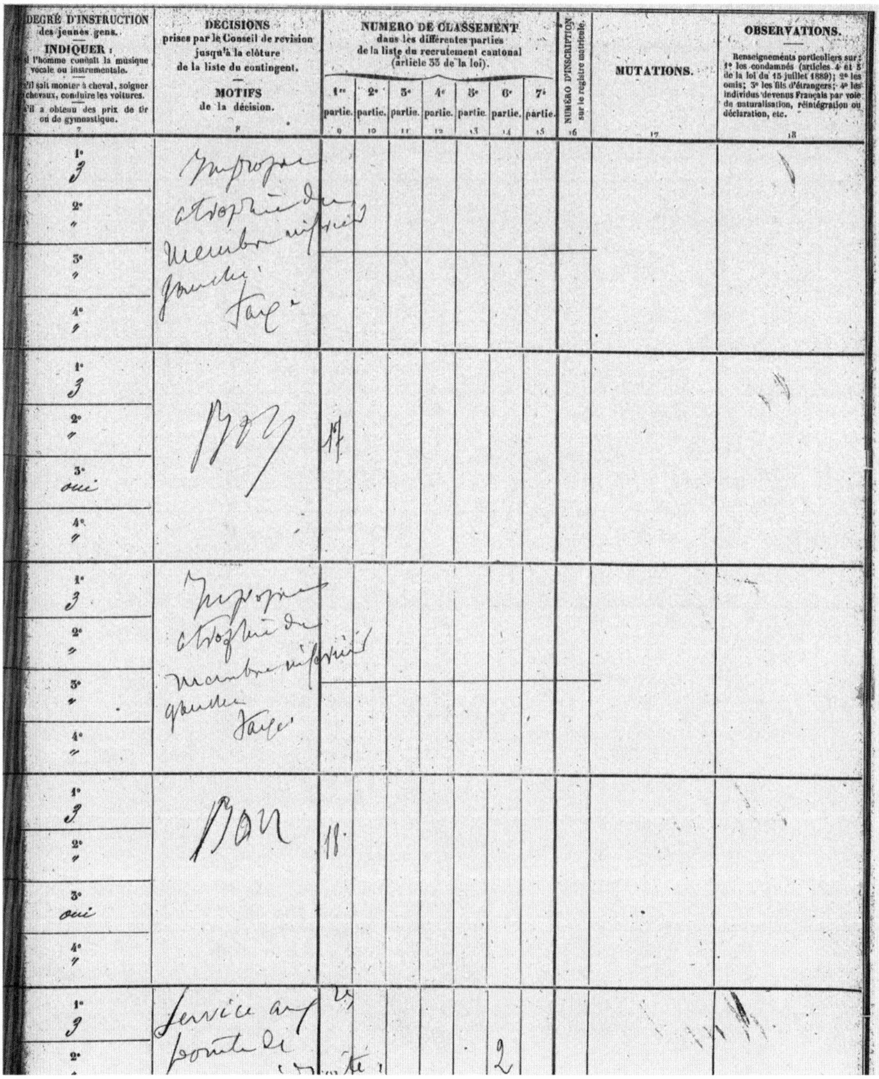

Figure 14 : *Alphabetische Liste pro 1856*, *Kreis* de Sélestat, page de gauche

ADBR, 392 D 6.

A noter : l'écriture Sütterlin. Le conscrit, de religion catholique (*K.* en col. 7), est cultivateur (*Ackerer* en col. 8), tout comme son père (col. 5, rubrique c). Le document est anonymé, conformément à la loi en vigueur.

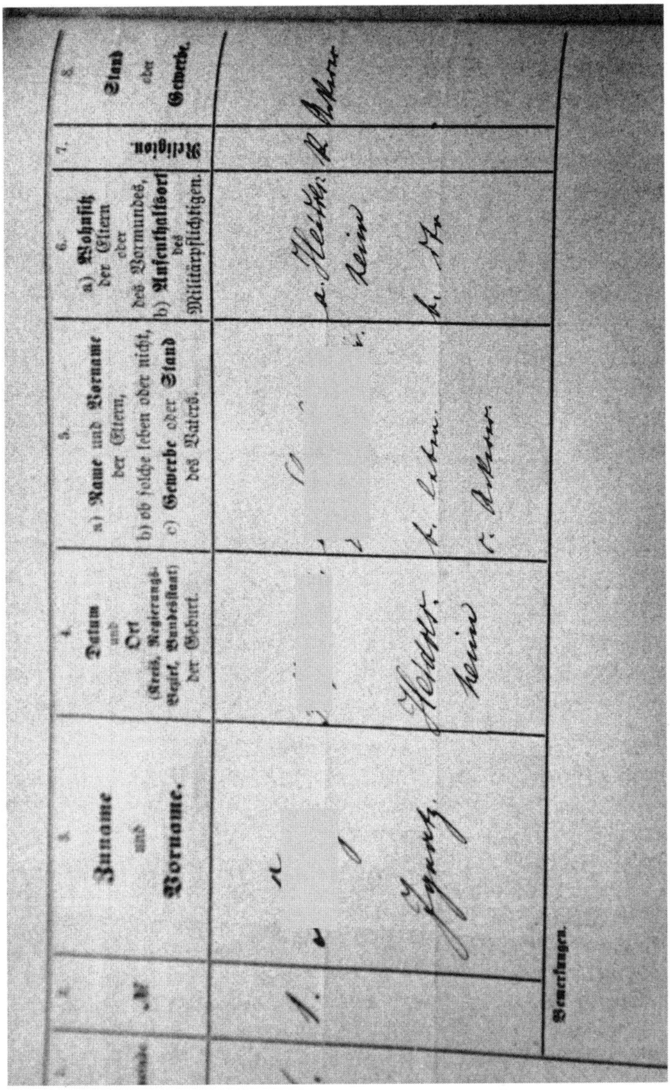

1. №	2. Zuname und Vorname.	4. Datum und Ort (Kreis, Regierungs-Bezirk, Bundesstaat) der Geburt.	5. a) Name und Vorname der Eltern, b) ob solche leben oder nicht, c) Gewerbe oder Stand des Vaters.	6. a) Wohnsitz der Eltern oder des Vormundes, b) Aufenthaltsort des Militärpflichtigen.	7. Religion	8. Stand oder Gewerbe.
1.					K.	Ackerer

Bemerkungen.

LA RÉVOLUTION DES CORPS

Figure 15 : *Alphabetische Liste pro 1856*, *Kreis* de Sélestat, page de droite

ADBR, 392 D 6.
A noter : la belle croissance de ce conscrit, qui grandit d'un centimètre par an de 1876 à 1878 (col. 11). Le conscrit a tiré le numéro 198 lors de la loterie (col. 14).

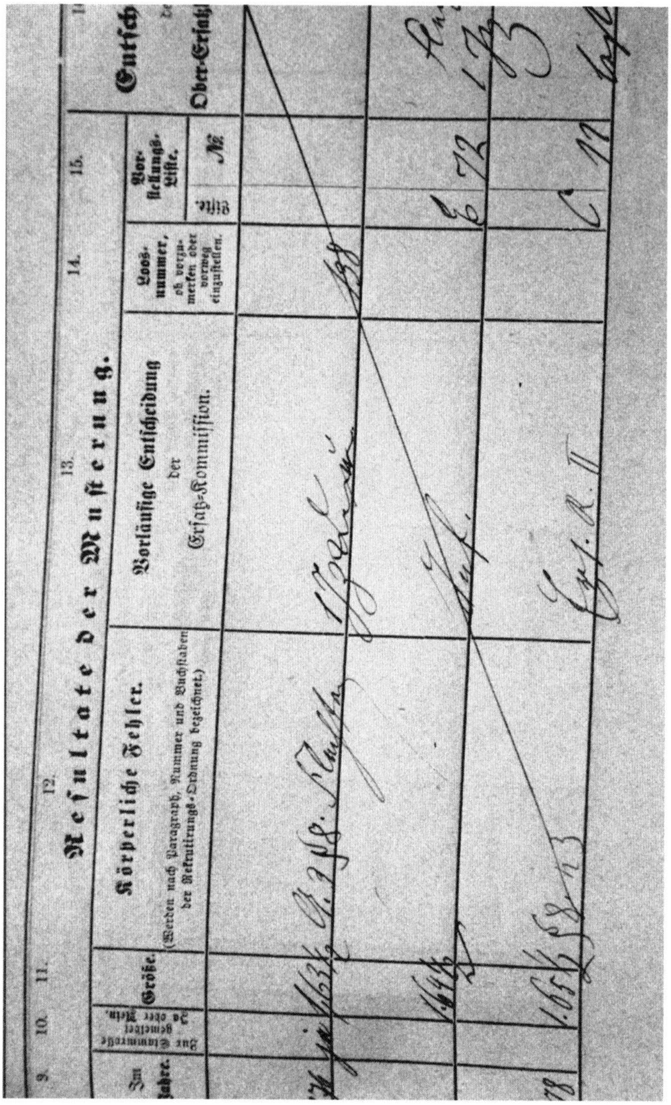

Partie I

Figure 16: Tableau de conversion servant à l'adunation traduit en allemand

ADBR, 1 RP 10.

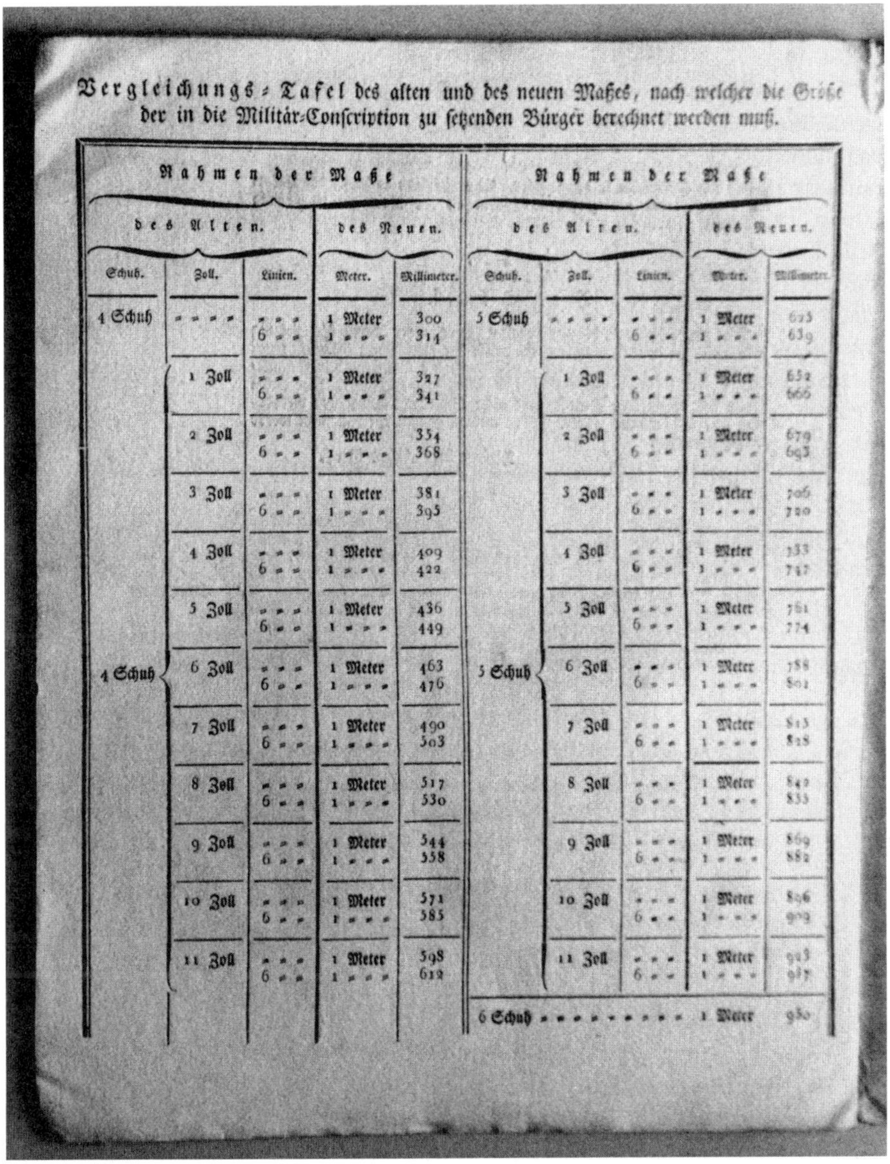

Vergleichungs-Tafel des alten und des neuen Maßes, nach welcher die Größe der in die Militär-Conscription zu setzenden Bürger berechnet werden muß.

Nahmen der Maße					Nahmen der Maße				
des Alten			des Neuen		des Alten			des Neuen	
Schuh	Zoll	Linien	Meter	Millimeter	Schuh	Zoll	Linien	Meter	Millimeter
4 Schuh	– – –	– – –	1 Meter	300	5 Schuh	– – –	– – –	1 Meter	625
		6 – –	1 – – –	314			6 – –	1 – – –	639
	1 Zoll	– – –	1 Meter	327		1 Zoll	– – –	1 Meter	652
		6 – –	1 – – –	341			6 – –	1 – – –	666
	2 Zoll	– – –	1 Meter	354		2 Zoll	– – –	1 Meter	679
		6 – –	1 – – –	368			6 – –	1 – – –	693
	3 Zoll	– – –	1 Meter	381		3 Zoll	– – –	1 Meter	706
		6 – –	1 – – –	395			6 – –	1 – – –	720
	4 Zoll	– – –	1 Meter	409		4 Zoll	– – –	1 Meter	733
		6 – –	1 – – –	422			6 – –	1 – – –	747
	5 Zoll	– – –	1 Meter	436		5 Zoll	– – –	1 Meter	761
		6 – –	1 – – –	449			6 – –	1 – – –	774
4 Schuh	6 Zoll	– – –	1 Meter	463	5 Schuh	6 Zoll	– – –	1 Meter	788
		6 – –	1 – – –	476			6 – –	1 – – –	801
	7 Zoll	– – –	1 Meter	490		7 Zoll	– – –	1 Meter	815
		6 – –	1 – – –	503			6 – –	1 – – –	828
	8 Zoll	– – –	1 Meter	517		8 Zoll	– – –	1 Meter	842
		6 – –	1 – – –	530			6 – –	1 – – –	855
	9 Zoll	– – –	1 Meter	544		9 Zoll	– – –	1 Meter	869
		6 – –	1 – – –	558			6 – –	1 – – –	882
	10 Zoll	– – –	1 Meter	571		10 Zoll	– – –	1 Meter	896
		6 – –	1 – – –	585			6 – –	1 – – –	909
	11 Zoll	– – –	1 Meter	598		11 Zoll	– – –	1 Meter	923
		6 – –	1 – – –	612			6 – –	1 – – –	937
					6 Schuh	– – –	– – –	1 Meter	950

recrutement, pour fabriquer la toise modèle à un prix approchant celui du somatomètre Lavergne[30]. Cependant, par pingrerie ou par conservatisme, ou peut-être les deux à la fois, certains maires refusent d'engager les dépenses pour l'achat et se contentent dans un premier temps de faire modifier les graduations de l'ancienne toise en centimètres[31].

c) La toise de l'ébéniste Holstein de Melun : un modèle répandu au XIXe siècle

La toise de l'ébéniste Holstein représente certainement un type d'instrument de facture artisanale alors fort répandu, fabriqué en bois, à l'exception de la règle graduée en millimètres, de 154 à 200 cm, qui est en cuivre (voir figure 22). Les autres graduations (de 100 à 154 cm) sont gravées sur le montant unique, semble-t-il de 10 cm en 10 cm. Les toises employées dans l'arrondissement de Saint-Yrieix (mais non de Bellac) semblent construites sur le même principe. En effet, on lit très clairement sur l'histogramme 17 qu'en deçà de 154 cm, les statures, bien que relevées par le préposé, sont arrondies à la dizaine de centimètres près, comme si la règle ne possédait pas de graduation intermédiaire entre 100 et 154 cm[32].

Le montant unique repose sur une plate-forme. Celle-ci possède des pieds réglables qui assurent l'aplomb de la toise. La mesure se prend par un pied coulissant, monté sur ressort en acier, lui-même monté sur roulettes en cuivre coulissant dans une rainure pratiquée dans le montant de l'appareil. Les toises artisanales du Bas-Rhin semblent conçues selon la même logique : elles sont principalement en bois, de préférence un bois dur, de bonne qualité, qui ne s'altère pas, qui se déforme probablement peu sous l'effet des modifications de conditions climatiques, ce qui est important dans la fabrication d'un mètre servant à une opération qui décide du sort de bien des jeunes gens. Les ateliers de MM. Rollé et Schwilgué, qui fournissent Niederbronn et Seltz, dans les années 1840, utilisent le noyer[33], puis

---

30   Les prix des instruments livrés en 1842 varient un peu. Les paiements à l'ordre de l'ébéniste Holstein sont réclamés par la préfecture aux maires de Lagny et Lizy-sur-Ourcq le 22 mars. Mandat de 30 francs touché par Holstein en mars pour la toise de Lizy-sur-Ourcq (mais correspondance de la ville de Lizy au préfet du 7 février faisant état de 25 francs), devis d'une autre toise à 23 francs. (ADSM, 1 R 216.)

31   Lettre du 20 avril 1841 du sous-préfet au préfet : la publicité du sous-préfet pour la toise métrique Holstein est un échec : « Je n'ai pu obtenir de leur faire adopter ce modèle malgré les avantages que j'en ai reconnu et que j'ai fait valoir sur l'ancienne mesure, qu'ils se sont contenté de faire modifier. » ADSM 1 R 216.

32   Il semble beaucoup moins probable que les arrondis soient dus à l'existence de la taille minimale légale (alors 156 cm), puisque les mesures sont prises au centimètre près jusqu'à 154 et non 156 cm. Le profil de l'histogramme prouve ainsi par cette anomalie que les conscrits sont bel et bien toisés, contrairement à ce que laisseraient craindre les témoignages recueillis par Jules Carret.

33   Dossier de vérification des poids et mesures 1841-1869, exercice 1844 pour Niederbronn, exercice 1845 pour Seltz, ADBR, 1 R 1180.

Le conscrit et la toise : la mesure du problème

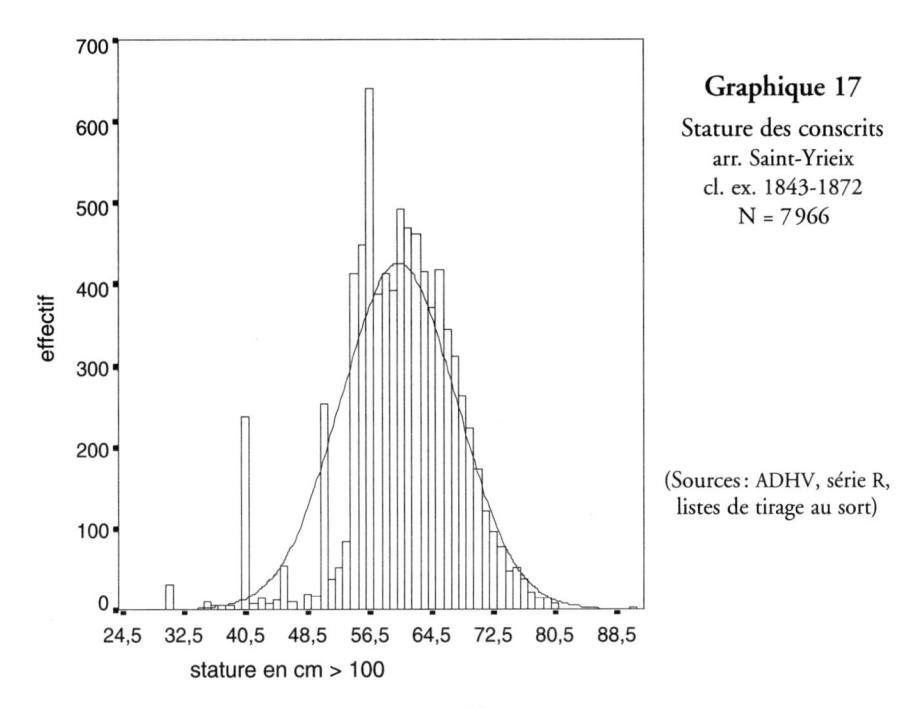

Graphique 17

Stature des conscrits
arr. Saint-Yrieix
cl. ex. 1843-1872
N = 7 966

(Sources : ADHV, série R,
listes de tirage au sort)

Niederbronn acquiert une toise en poirier[34]. L'indicateur coulissant comporte une partie de cuivre[35].

La bonne conformation des toises pour le conseil de révision est contrôlée chaque année par le vérificateur des poids et mesures de l'arrondissement. En général, aucun problème n'est signalé, et le rapport indique simplement que la marque de la vérification périodique[36] a été appliquée afin d'attester la bonne conformité de la toise. Mais il arrive aussi que le vérificateur signale aux autorités préfectorales des anomalies qui doivent être supprimées avant le conseil de révision[37]. Ainsi, le rapport d'un vérificateur alsacien confirme que l'adunation, déjà observée en Seine-et-Marne avec la toise de l'ébéniste Holstein, se poursuit dans les années 1840[38].

---

34 Exercice 1856, ADBR, 1 R 1180. Le bois de poirier est utilisé dans la gravure sur bois pour sa dureté.
35 Exercices 1844, 1845 et 1856.
36 Il s'agit d'une lettre de l'alphabet, à raison d'une par année. Par exemple pour le Bas-Rhin : K en 1850, L en 1851, etc. Voir ADBR, 1 R 1180.
37 Un « rajustage » (sic) est nécessaire pour la toise de Villé en 1842. *(Ibidem).*
38 Lettre du maire de Munster au préfet le 14 avril 1845 suite au rapport du vérificateur : « Je m'empresse de vous informer que les réparations [...] qui consistaient à faire disparaître de l'une des parois montant (sic) de cette mesure, la division par pieds usuels et par pouces, ont été effectuées » (réponse à la lettre du préfet du 7 avril). ADHR, 1 R 103.

Chapitre VI
Le conscrit et la guerre :
un problème d'âge

I – La Révolution, l'Empire et le début de la Restauration : période troublée de grandes variations

a) La fixation de l'âge de référence de notre étude

L'étude de l'évolution de la stature nécessite que l'âge d'examen des conscrits soit le même d'une année à l'autre. Aux XVIIIe et XIXe siècles, voire même au début du XXe siècle, une comparaison entre la stature moyenne d'un groupe âgé de 18 ans et celle du même groupe âgé de 22 ans ne donne pas les mêmes résultats, alors que ce serait le cas de nos jours[1]. La croissance est plus tardive dans des sociétés de disette que dans des sociétés d'abondance et médicalisées. Il s'agit là d'une vieille observation, qui remonte aux origines même de l'anthropométrie française, puisque le phénomène est connu dès l'étude de Tenon, dans les années 1780[2].

Il faut donc fixer un âge de référence, sur lequel sont standardisées les statures observées à des âges anormaux, c'est-à-dire à des âges trop bas ou trop élevés. On a choisi de prendre pour référence l'âge de 20 ans et 6 mois, qui correspond à l'âge où les conscrits passent sous la toise lors du recensement au XIXe siècle, soit l'âge le plus répandu dans notre étude[3].

---

1   J. M. TANNER, *op. cit.*, p. 116.
2   Voir aussi L.-R. VILLERME, « Mémoire sur la taille… », *loc. cit.*, p. 355 : dans les Apennins, particulièrement pauvres, fin de la croissance à 22, voire 23 ans au début du XIXe siècle. J. KOMLOS retient cet âge pour déterminer la taille adulte (« An anthropometric History of Early Modern France », *loc. cit.*, p. 161.) ; G. BRANDT signale le même phénomène de retard de croissance pour les conscrits d'Alsace et d'autres régions, *Die Körpergröße…, op. cit*, p. 3.
3   On peut estimer qu'à de très rares exceptions près, la période de recrutement 1830-1840 à 1914 correspond à ce critère. (On rappelle que les listes de tirage ne comprennent pas de tailles individuelles entre 1818 et les années 1830-1840.)

L'âge de référence de 20 ans et 6 mois présente l'avantage de permettre beaucoup plus facilement les comparaisons internationales car c'est un âge rond, très utilisé dans les études concernant les pays étrangers.

b) La croissance staturale de l'adolescence retenue pour corriger les données de 1800 à 1869 et les problèmes liés à la période 1800-1818

De la classe examinée en 1800 à celle examinée en 1869, les éventuelles standardisations de stature à l'âge de 20 ans et 6 mois ont été réalisées grâce à une croissance moyenne. Celle-ci est calculée avec des observations tirées de l'étude de John Komlos sur la France du XVIIIe siècle et aimablement communiquées par l'auteur[4] et des observations sur soldats allemands du XVIIIe siècle[5]. Après avoir utilisé, dans un premier temps, les faibles croissances observées parmi les miliciens de Haute-Alsace au XVIIIe siècle[6], nous ne les avons finalement pas retenues comme plausibles. En effet, l'étude des écrits anthropométriques du XIXe siècle sur la question a dégagé une nette majorité de références abondant dans le sens d'une croissance forte entre 18 et 22 ans, comme le montrent les résultats de John Komlos. Les croissances faussement modestes des miliciens alsaciens du XVIIIe siècle peuvent s'expliquer par l'âge minimum d'entrée dans la milice, qui inciterait les examinateurs à ne choisir, parmi les miliciens de 18 et 19 ans, que les plus grands, ce qui fausserait la croissance entre 18 et 20 ans. Le tableau suivant indique la croissance retenue pour la correction des statures annuelles et les deux séries de données qui servent de base à son calcul. La croissance de 21,5 ans à 22,5 ans est obtenue sur le principe d'une suite géométrique décroissante de 19,5 à 22,5 ans.

La période 1800-1818 concentre ici encore le maximum de difficultés. De 1800 à 1805, pour une même année grégorienne de naissance, les conscrits sont toisés dans deux années révolutionnaires d'examen différentes: on a donc deux âges différents d'examen pour une même cohorte de naissance grégorienne de conscrits[7]. Il faut ramener les statures effectivement observées dans les deux années révolutionnaires à l'âge standard de 20,5 ans. Les prises de mesures se font alors régulièrement, en début d'année révolutionnaire.

Ce n'est plus le cas après 1805. Avec la suppression du calendrier révolutionnaire, en 1806, Napoléon inaugure une violation permanente de la loi Jourdan-Delbrel, qui

---

4 J. KOMLOS, « Histoire anthropométrique de la France de l'Ancien Régime », *loc. cit.*
5 J. KOMLOS, « Height and Social Status in Eighteenth-Century Germany », dans *Journal of Interdisciplinary History*, 20, 1990, pp. 607-621.
6 L. HEYBERGER, « Estimer la stature… », *loc. cit.*, p. 83, 85-87 et 90-91. Sources: ADHR, C 1184 à C 1189.
7 20 ans et 4 ou 5 mois et 21 ans et 4 ou 5 mois.

Tableau 1 : Croissance des Français et des Allemands au XVIIIe siècle entre 18,5 et 22,5 ans

Période de croissance	Français, XVIIIe siècle	Allemands, XVIIIe siècle	Moyenne utilisée dans la présente étude de 1800 à 1869
18,5 à 19,5 ans	2,3 cm	3 cm	2,65 cm
19,5 à 20,5 ans	1,3 cm	1,2 cm	1,25 cm
20,5 à 21,5 ans	1 cm	0,4 cm	0,7 cm
21,5 à 22,5 ans			0,4 cm

(sources : d'après les travaux se rapportant à J. KOMLOS, « Height and Social Status… », *loc. cit.* et J. KOMLOS, « Histoire anthropométrique de la France de l'Ancien Régime », *loc. cit.*, aimablement communiqué par l'auteur.)

perdure jusqu'en 1814[8]. L'Empire a besoin de plus en plus d'hommes pour ses guerres européennes, il anticipe donc les opérations de la conscription au gré des pressions extérieures plus ou moins fortes. Les appels des classes seront globalement de plus en plus précoces, mais l'appel le plus précoce a lieu pour la classe née en 1790[9], suivie de près par l'année 1794[10].

Enfin, après les excès vers le bas de « l'Ogre de Corse », la loi Gouvion Saint-Cyr inaugure le rétablissement tardif de la conscription par des excès vers le haut : la loi de 1818 appelle les classes 1816 et 1817, soit des jeunes gens âgés de près de 22,5 et 21,5 ans[11].

II – De 1819 à 1914 : un long fleuve tranquille

Les listes du contingent utilisées entre 1819 et les années 1831-1843 sont régulièrement tenues. La seule particularité de cette période est que le passage sous la toise

---

8   L. BERGES, *Résister à la conscription : 1798-1814. Le cas des départements aquitains*, Paris, 2002, *passim*.
9   Elle est appelée à l'âge de 18 ans et 7 mois dans le Bas-Rhin. Pour les dates d'examen, voir L. HEYBERGER, « Estimer la stature… », *loc. cit.*, p. 93.
10 Classe appelée à l'âge de 18 ans et 8 mois.
11 Légère correction également pour la classe 1818, examinée en octobre 1819.

alors étudié a lieu environ 6 mois après l'âge de référence fixé. On enlève donc la croissance correspondante à ces 6 mois pour toutes les années de cette période[12].

Pour la période couverte par les listes de tirage au sort (1831-1843 à 1872), puis par les listes de recrutement cantonal de la Seine-et-Marne et de la Haute-Vienne (1872-1914), les résultats ont été conservés tels quels, à l'exception de la classe 1870, lorsqu'elle était disponible[13]. Pour cette année, une légère correction est nécessaire[14].

De 1871 à 1914, l'Alsace constitue un cas particulier. Selon les indications de la loi allemande[15] les jeunes gens sont alors examinés, pour une bonne partie d'entre eux, deux ou trois fois, dans des années successives. Les documents font état de dates d'examen plus précoces qu'en France, en février[16] ou mars[17] de l'année du vingtième anniversaire, c'est-à-dire 9 mois avant l'âge de référence retenu dans notre étude[18]. On corrige donc les données en conséquence. On utilise pour cela les sources alsaciennes elles-mêmes, qui nous fournissent la croissance des conscrits entre 19,75 et 20,75 ans.

Pour calculer cette correction, il est bien évident que l'on ne retient que les conscrits pour qui l'on dispose de la taille à la fois à 19,75 et à 20,75 ans[19]. En

---

12 Soit 0,35 cm.
13 La série s'interrompt en 1869 pour le Bas-Rhin et la Seine-et-Marne.
14 Les républicains appellent dès septembre 1870 la classe née en 1850, au lieu de janvier-juillet 1871.
15 Voir la loi de 1874, article 13: «*Auf diejenigen Militärpflichtigen, welche in Folge hoher Loosnummer in dem ersten Jahre ihrer Dienstpflicht nicht zur Einstellung in den Militärdienst gelangen, kann in den beiden nächstfolgenden Jahren zurückgegriffen werden, jedoch nur dann, wenn in dem Aushebungsbezirk der Rekrutenbedarf des Jahres in anderer Weise nicht gedeckt werden kann. Die im dritten Jahre übrig bleibenden Militärpflichtigen werden der Ersatzreserve überwiesen.*» (En ce qui concerne les conscrits qui, en raison de leur numéro de tirage élevé, n'accèdent pas dans la première année de leur devoir de service au service militaire, il est possible de les rappeler dans les deux années suivantes, cependant uniquement dans le cas où il n'est pas possible de remplir d'une autre manière le contingent de l'armée dans le district de recrutement. Ceux qui restent conscrits dans la troisième année seront versés dans la réserve.)
16 Le plus généralement pour Mulhouse.
17 Le plus généralement pour le *Kreis* de Sélestat.
18 Par exemple, les conscrits nés en 1864 sont examinés en février-mars 1884.
19 On ne compare pas ce qui ne peut être comparé, à savoir la stature moyenne de tous les conscrits disponibles à 19,75 ans et la stature moyenne de tous les conscrits disponibles à 20,75 ans: ces deux groupes ne sont pas identiques, il y a beaucoup moins de conscrits mesurés à la fois à 19,75 et 20,75 ans qu'à 19,75 ans seulement. L'erreur a été commise par Godin, médecin militaire français inventeur du mot «auxologie». Il a comparé, dans une énorme étude longitudinale (1903), la croissance du corps humain de 6 mois en 6 mois, prenant au total $1,3*10^5$ mesures (qui ne concernent pas toutes la stature debout du corps humain). Cependant ces dernières n'étaient pas prises sur les mêmes individus de 6 mois en 6 mois, d'où des anomalies dans ses observations. Voir à ce sujet J. M. TANNER, *op. cit.*, p. 224-225.

Le conscrit et la guerre : un problème d'âge

Graphique 18

Croissance entre l'âge de 19 ans 9 mois et de 20 ans 9 mois des *Wehrpflichtigen* ruraux examinés entre 1873 et 1913 (N = 14 062)

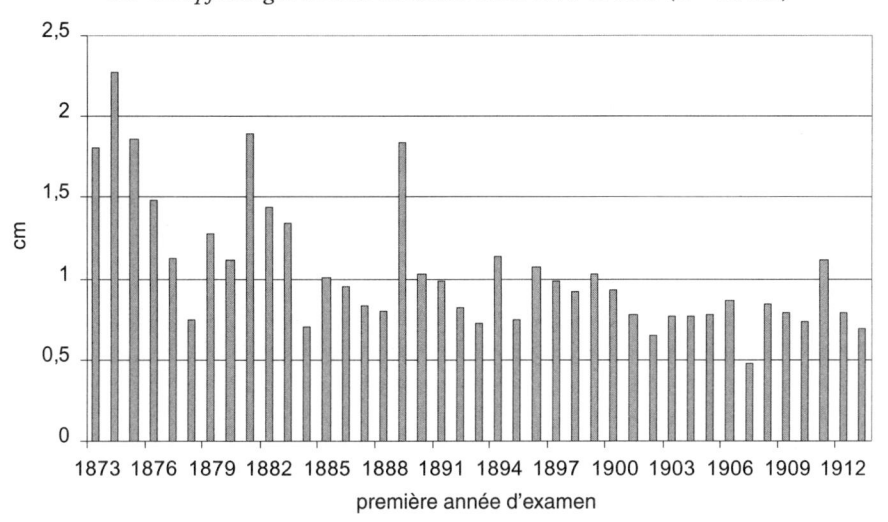

(Sources : ADBR, série R, *Alphabetische Listen*)

Graphique 19

Croissance entre l'âge de 19 ans 9 mois et de 20 ans 9 mois des *Wehrpflichtigen* mulhousiens examinés entre 1876 et 1913 (N = 10 274)

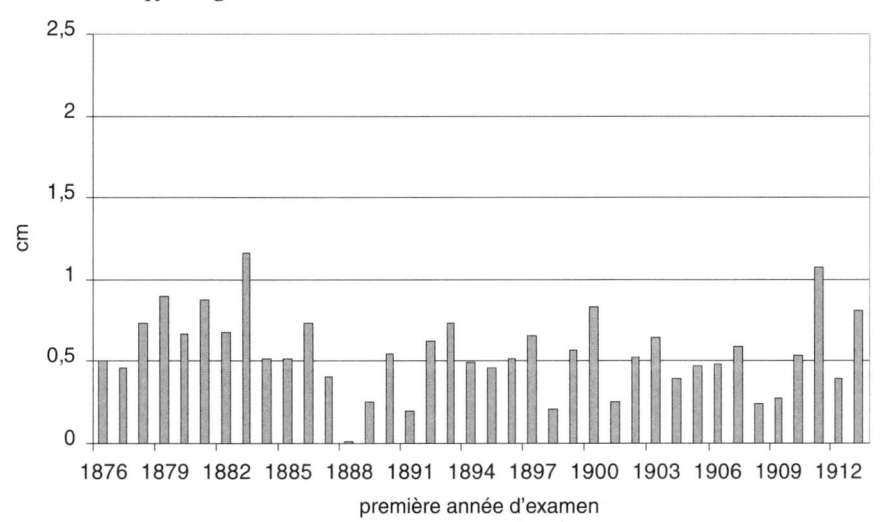

(Sources : AMM, série HI, *Rekrutierungsstammrollen*)

revanche, les statures moyennes annuelles qui servent de base aux *trends*, qui sont standardisées à l'âge de 20,5 ans, sont calculées d'après le corpus de tous les conscrits âgés de 19,75 ans. Ceux-ci sont les plus nombreux, les *trends* n'en sont donc que plus fermement établis. Les sources allemandes nous fournissent donc un matériau très précieux, qui n'a pas son équivalent en France ou même dans d'autres pays: un sondage continu nous permettant de suivre l'évolution d'une partie de la croissance de l'adolescence, année par année, sur une longue période (voir graphiques 18 et 19).

III – Le xxe siècle: la Grande Guerre et ses conséquences dans l'organisation de la conscription jusqu'en 1940

a) Les levées anticipées de la Première Guerre mondiale et l'évolution de la croissance staturale de l'adolecence des conscrits alsaciens entre 1873 et 1914

Durant la Grande Guerre, la IIIe République et le *Reich* ont usé des mêmes artifices que Napoléon cent ans plus tôt pour répondre aux besoins croissants en hommes[20]. En France, les classes 1915 à 1920 sont appelées par anticipation, la dernière en septembre 1918. Même phénomène en Allemagne, pour les classes 1915 à 1919. Avec la précipitation des opérations de recrutement, on aurait pu craindre que les registres ne comportent plus de statures. Ce n'est le cas que pour la ville de Mulhouse (de 1916 à 1919). C'est en fait un problème d'âge qui se pose ici. Les statures moyennes ont été corrigées, lorsque la levée anticipée n'était pas trop précoce, par les données tirées de la croissance des conscrits alsaciens des dernières années d'avant-guerre. Nous avons alors procédé sur le principe d'une croissance de l'adolescence tardive (19,75-20,75 ans) de plus en plus faible au début du xxe siècle[21]. Il n'a pas été possible de trouver des données publiées à l'époque, sur cette période précise de la croissance, et suffisamment fiables, pour corriger les statures moyennes. En effet, on publie alors beaucoup sur la croissance à l'âge de la scolarité obligatoire[22], mais très peu sur l'adolescence. Si c'est

---

20   Pour la France, notons un appel anticipé dès la classe 1913, en août-septembre 1913.
21   Tous les *trends* ont été traités avec la même croissance de rattrapage, adaptée aux durées respectives de croissance suivant les départements. La croissance observée annuellement dans le *Kreis* de Sélestat entre 19,75 et 20,75 ans sert de référence (voir graphique 18). Elle est en corrélation négative avec le temps (R^2 = 0.43) de 1873-1874 à 1913-1914. Elle passe de 1,81 cm en 1873-1874 à 0,69 cm en 1913-1914. On a donc calculé les croissances de rattrapage annuelles postérieures à 1913-1914 à l'aide de l'équation de la droite de régression obtenue pour la période 1873-1874 à 1913-1914, c'est-à-dire qu'on a supposé que le phénomène de croissance de plus en plus faible se prolongeait linéairement après 1913. (équation de la droite: y = -0.0219x + 1.5508.)
22   Voir chapitre II, III – e) Des anthropologues aux pédiatres: changement de modèle, changement de société (années 1890-années 1960).

le cas, la population étudiée n'est sociologiquement pas représentative de la population totale : il s'agit de classes sociales aisées, dont la taille finale est très nettement supérieure à celle de nos populations[23]. Leurs croissances ne sont donc pas comparables. David Weir a résolu la question d'une manière qui ne nous paraît pas satisfaisante, car il suppose que la croissance à cet âge est un phénomène linéaire, alors qu'elle pourrait bien plutôt se modéliser par une suite géométrique décroissante[24]. Malheureusement, les statures des années de conscription 1916-1920 pour la France et 1917-1919 pour le *Kreis* de Sélestat n'ont pu être corrigées et standardisées à l'âge de 20,5 ans, faute de renseignements satisfaisants sur la croissance entre 17 et 19 ans.

b) La croissance staturale de l'adolescence dans les années 1920-1930

Enfin, les deux dernières décennies de nos *trends* présentent une particularité. Tout d'abord, les périodes d'examen des jeunes gens varient sensiblement entre 1921 et 1924. Ensuite elles se stabilisent entre 1924 et 1927[25]. Enfin, de la classe 1928[26] aux classes 1936-1938[27], l'appel de la classe est divisé en deux fractions, A et B, appelées à un an d'intervalle. Il existe donc une éventuelle différence de croissance entre la fraction A, plus jeune, et la fraction B. En fait, la stature moyenne de la fraction A est très légèrement supérieure à celle de la fraction B[28] et ce mode d'appel n'a donc aucune influence sur nos données. Les conscrits sont très certainement tous toisés à la même date lors d'un pré examen. On n'a donc effectué aucune correction pour la période 1928-1940[29].

---

23   Voir E. APERT, *La Croissance*, Paris, 1921 et pour l'Allemagne de la même époque R. MARTIN, *Lehrbuch der Anthropologie in systematischer Darstellung*, Jena, 1914. Sur les études auxologiques du début du XXe siècle et leurs défauts, voir J. M. TANNER, *op. cit.*, p. 197-298 et 299.

24   D. R. WEIR, « Economic Welfare… », *loc. cit.*, p. 197.

25   De 1920 à 1928 (Alsace) ou 1927 (Seine-et-Marne et Haute-Vienne), on a utilisé le même procédé de correction que pour les premières années de la Grande Guerre : principe d'une croissance linéairement décroissante calculée d'après les données du *Kreis* de Sélestat entre 1873-1874 et 1913-1914.

26   En fait ce mode d'appel commence plus tôt, en 1922, mais n'a pas alors d'effet concret sur nos données.

27   Selon les départements.

28   Par exemple pour l'arrondissement de Melun, de la classe 1928 à la classe 1936 : fraction A, stature moyenne = 168,56 cm ; fraction B, stature moyenne = 168,48 cm. Bien que les cahiers des deux fractions de la même classe soient datés à un an d'intervalle, il est aussi possible que la prise de mesure ait lieu la première année pour les deux fractions, ce qui expliquerait l'absence de différence entre les deux fractions. La conclusion reste la même pour notre étude.

29   La taille à l'âge réel d'examen devrait encore être très faiblement corrigée pour atteindre la taille à l'âge standard de 20,5 ans mais on considère que le phénomène de croissance staturale entre 19,5 et 20,5 ans est déjà achevé dans les années 1930.

En résumé, il a été nécessaire de faire des ajustements importants en raison de changements d'âge de 1800 à 1818 et de 1915 à 1927. Hors de ces périodes, les modifications apportées aux données sont mineures ou inexistantes. Les années où la correction semblait trop hasardeuse ont été écartées. Bien que très délicat, le problème de l'âge variable des conscrits ne doit pas être considéré comme un obstacle insurmontable à l'étude de la taille. Il nécessite seulement d'être traité avec une grande rigueur.

Chapitre VII
La stature minimale légale, un problème statistique délicat

I – Fondements statistiques du problème

a) Le problème des échantillons tronqués et sa solution statistique

L'histoire anthropométrique doit faire face à un problème majeur dans l'exploitation des bases de données : il existe des tailles minimales de réforme ou d'ajournement dans pratiquement toutes les armées aux XVIIIe et XIXe siècles. Comme on l'a vu, la distribution des effectifs d'une population selon les classes de stature répond à la loi de Laplace-Gauss. Les effectifs d'une population donnée sont normalement distribués en fonction de la stature, comme on le voit dans l'histogramme concernant l'arrondissement de Melun des classes examinées de 1872 à 1903 (graphique 15). L'écart-type de la distribution normale est à peu près constant, mais la moyenne peut varier, quelle que soit la population considérée. Le but est d'estimer la stature moyenne de la population à partir d'un échantillon partiel de celle-ci. On entend par « échantillon partiel » le fait que la distribution normale des effectifs par classes de stature est perturbée par l'existence d'une stature minimale de réforme qui provoque généralement un sous-enregistrement des statures en dessous du minimum de taille requis, alors que les effectifs restent normalement distribués au-delà de cette limite. Pour estimer la stature moyenne de la population, on applique une méthode qui a été éprouvée par les chercheurs en histoire anthropométrique, l'estimation par la méthode du maximum de vraisemblance[1]. Il

---

1   On suit en cela les conclusions de John Komlos, qui bénéficie d'une expérience de 20 ans en la matière. J. KOMLOS, « How to (and How Not to) Analyse Deficient Height Samples », Department of Economics, Université de Munich, note de travail inedite, à paraître dans *Historical Methods*. Voir un exposé critique des différentes techniques d'évaluation de la taille moyenne dans M. HEINTEL, « Estimating Means and Trends of Normal Samples with Shortfall », Department of Economics, Université de Munich, note de travail n° 96-20, 1996.

s'agit de maximiser la vraisemblance de la distribution partiellement connue, sachant que celle-ci est normale[2]. En fait, la plupart du temps, on a utilisé une version de cet estimateur améliorée récemment par Brian A'Hearn et John Komlos[3]. Il s'agit d'imposer à l'ordinateur un écart-type constant et égal à 6,86 cm, soit l'écart-type généralement observé dans les populations actuelles et passées. Cela permet d'affiner l'estimation et de la rendre plus sûre[4].

b) Le point effectif de troncation α

Afin d'appliquer la méthode précédemment décrite, il faut déterminer avec précision à partir de quelle stature la distribution des effectifs n'est plus normale. On appelle cette stature α, que l'on désigne encore sous le nom de point de troncation. Le problème est que α ne correspond pas toujours à la stature minimale légale en vigueur, il peut être en-dessous, en cas de forts besoins en hommes, en temps de guerre par exemple. Il est donc nécessaire d'analyser avec minutie les histogrammes de distribution des effectifs afin d'identifier α pour chaque année du *trend* ou chaque unité écologique étudiée, commune, canton, arrondissement ou département.

C'est là la principale difficulté, le reste n'est que question de programmation du calcul. On peut alors imposer à l'ordinateur un α identique pour toute une série d'années ou de cantons, de professions[5], ou plusieurs α. Par exemple, lors de l'analyse des *trends* révolutionnaires, l'âge d'appel a beaucoup varié. Même avec une stature minimale légale constante, α varie si l'on corrige les données à l'échelle individuelle par les croissances correspondantes pour arriver à la stature à l'âge standard. On a même alors deux α par année grégorienne de naissance, α_1 et α_2 puisqu'on a deux croissances de rattrapage par an[6]. On spécifie alors à l'ordinateur un point de troncation unique, mais qui a été en fait auparavant défini comme variable. On voit qu'ici encore la période révolutionnaire est celle qui pose le plus de problèmes.

---

2   Voir à ce sujet T. H. WONNACOTT et R. J. WONNACOTT, *Statistique. Economie-Gestion-Sciences-Médecine (avec exercices d'application)*, Paris, 1991 (1re édition anglaise 1972), p. 637-655.

3   B. A'HEARN, «A restricted maximum likelihood estimator for truncated height samples», dans *Economics and Human Biology*, 2, 2004, p. 5-19.

4   Cette nouvelle méthode donne pratiquement les mêmes *trends* que le maximum de vraisemblance avec écart-type variable, sauf que les statures obtenues sont généralement plus basses. Il faut donc prendre garde lorsque l'on compare nos résultats avec des études antérieures, utilisant la méthode avec écart-type variable. Les statures y sont généralement surévaluées, même si les *trends* restent exacts.

5   Ces variables sont codées en langage binaire, par exemple «ouvrier de fabrique» est codé «1» et toutes les autres professions codées «0».

6   Voir à ce sujet Chapitre IV, II, et Chapitre VI, I.

II – Le point effectif de troncation α et son rapport ambigu à la stature minimale de réforme

a) Les incertitudes de la période 1800-1814

Il n'est pas question ici de faire un inventaire de tous les points de troncation que nous avons effectivement observés lors de nos analyses, la chose serait fastidieuse. Il paraît en revanche utile d'exposer quelques exemples afin d'avertir les chercheurs éventuels en histoire anthropométrique à propos d'un sujet délicat.

La recherche de α nécessite de connaître la stature minimale de réforme. C'est pour la période 1800-1814 que la détermination de la stature minimale légale est la plus difficile. Les auteurs contemporains ne s'entendent pas sur la question. Un seul fait est acquis avec certitude : la stature minimale de réforme diminue fortement de 1800 à 1814, sous la pression croissante du besoin en hommes. Pour David Weir, il n'y aurait même pas de stature minimale légale appliquée effectivement pour les classes examinées de 1803 à 1814, bien qu'il en existât une fixée selon lui à 4 pieds 9 pouces[7]. Villermé est plus nuancé : « On exigeait encore des conscrits de l'an XII une taille de 4 pieds 11 p. (1 m 598 millim.) ; mais, à dater de la levée de l'an XIII, la taille nécessaire fut réduite à 4 pieds 9 p. (1 m 544 millim.) ; et pour les conscrits de 1811 et des années suivantes, le besoin des hommes fit encore réduire ce *minimum* de la taille[8] » qui devient en fait inexistant[9]. Bodinier précise encore l'évolution de la stature minimale légale : 5 pieds (1 m 624 mm) pour l'an IX et X, abaissé à 4 pieds 9 pouces en l'an XIII, puis 4 pieds 8 pouces (1 m 517) en 1813[10]. Enfin Pigeard donne des valeurs différentes : 159,8 cm jusqu'en l'an XI[11], puis 154,4 en l'an XIII, et 148,8 de 1811 à 1814[12]. Nos recherches et lectures confirment partiellement ces données[13].

---

7   D. R. WEIR, « Economic Welfare… », *loc. cit.*, p. 196. On rappelle qu'en effet, tous les conscrits sont censés être toisés et figurer sur les listes de la conscription, l'hypothèse mérite donc d'être testée.

8   L.-R. VILLERME, « Mémoire sur la taille… », *loc. cit.*, p. 398.

9   *Ibidem*, p. 368 : « à dater de la conscription de 1811, le *minimum* de la taille exigée n'a plus eu, pour ainsi dire, de limite ».

10 G. BODINIER, « L'Armée impériale : la conscription », dans J. DELMAS (dir.), *Histoire militaire de la France*, t. 2, de 1715 à 1871, Paris, 1992, p. 308.

11 alors que les conscrits de l'an XI et de l'an XII sont levés en même temps, voir tableau des statures minimales légales et Villermé.

12 A. PIGEARD, *op. cit.*, p. 191-192.

13 Globalement, nous sommes en accord avec les données de Villermé et Pigeard, la principale divergence avec Bodinier concerne les années 1813 et 1814.

En fait, il faut bien admettre que, devant les changements fréquents de la législation, la complexité de cette dernière et la pression croissante du pouvoir central, les autorités locales sont parfois dans le flou. Annie Crépin a bien décrit cette situation en Seine-et-Marne. Ainsi, pour l'an IX et l'an X, alors que la taille minimale légale est fixée à 5 pieds par la loi, les conscrits estiment que le conseil municipal a eu tort de retirer de la liste l'un d'entre eux « parce qu'il n'aurait pas eu la taille requise. D'ailleurs, la loi et l'arrêté étaient imprécis à ce sujet et cette question était laissée à l'appréciation des municipalités. Ils jugent que leur camarade a une taille suffisante pour aller sous les drapeaux et le conseil municipal le remet sur la liste[14] ». Pour l'an XI et l'an XII, « le préfet fait part des perplexités qu'avaient suscitées le silence ou les contradictions des lois précédentes sur la taille que l'on devait exiger des conscrits »[15] : il y a eu des erreurs d'interprétation des textes dans le département de Seine-et-Marne.

Pire : en 1808, une instruction adressée aux préfets fustige « la faculté donnée aux Sous-Préfets de réformer sous leur responsabilité les conscrits affectés de difformités évidentes », car elle aurait « reçu jusqu'ici trop d'extension. » « Le défaut de taille ne commence que lorsqu'ils auront moins d'un mètre 50. Ceux de près de 1 m 50 ne pourront être réformés pour défaut de taille que par le Conseil de Recrutement[16]. »

Comme on le voit, la détermination de la stature minimale légale valable de 1800 à 1814 est délicate. Les administrations locales n'ont pas toujours appliqué la bonne loi ou les bonnes instructions au bon moment. Ainsi en Haute-Vienne, les autorités retiennent un minimum de taille de 1 544 mm en 1809 et 1810 (4 pieds 9 pouces, soit 57 pouces sur l'histogramme 20), alors que l'instruction du 11 février 1808 stipule que la taille minimale est abaissée à 1 500 mm. Le phénomène est d'autant plus net que l'on remarque un sureffectif pour la classe 57 pouces, ce qui prouve bien que la stature de réforme est 1 544 mm. En effet, on essaye d'inclure dans le contingent des jeunes gens légèrement plus petits que cette taille, en arrondissant cette dernière à 57 pouces, d'où ce sureffectif qui n'aurait pas lieu d'être si 57 pouces n'était pas considéré comme une stature limite par les autorités locales[17]. Pour 1813 et 1814, G. Bodinier avance une stature minimale légale de 1 517 mm, mais nos sources et Pigeard indiquent 1 488 mm entre 1811 et 1814. Il semble peu probable que le législateur ait remonté la stature minimale légale en 1813 et 1814. Nous avons donc suivi, dans la détermination de α, les données du tableau 2, sauf dans le cas où α s'éloignait de la stature minimale légale.

---

14 A. CREPIN, *Levée d'hommes…*, *op. cit.*, p. 167.
15 *Ibidem*, p. 188.
16 *Ibidem*, p. 331.
17 Selon Jean-Michel Selig, la stature minimale de réforme est d'ailleurs restée la même de 1805 à 1814, fixée à 4 pieds 9 pouces (1 544 mm). Cela semble cependant peu probable, au regard des sources et des autres auteurs. J.-M. SELIG, *op. cit.*, p. 57.

Tableau 2 : Statures minimales légales de l'an IX à 1814

Année de conscription	Stature minimale légale	Source ou référence
an IX et an X	162,4 cm	Bodinier Gilbert, *loc. cit.*
an XI et an XII	159,8 cm	Loi du 6 floréal an XI
an XIII	154,4 cm	Loi du 3 germinal an XII
an XIV	154,4 cm	Décret impérial du 8 fructidor an XIII
1806	154,4 cm	Décret du 3 août 1806[18]
1807	154,4 cm	Décret du 18 décembre 1806[19]
1808	154,4 cm	Décret du 18 avril 1807
1809	154,4 cm	Décret du 7 février 1808 et histogramme[20]
1809	150 cm	Instruction du 11 février 1808[21]
1810	154,4 cm	Histogramme[22]
1810	150 cm	Circulaire du 24 octobre 1808[23]
1811	148,8 cm	Instruction générale du 18 février 1811
1812	148,8 cm	Pigeard Alain, *op. cit.*
1813	151,7 cm	Bodinier Gilbert, *loc. cit.*[24]
1813	148,8 cm	Pigeard Alain, *op. cit.*
1814	151,7 cm	Bodinier Gilbert, *loc. cit.*
1814	148,8 cm	Pigeard Alain, registre de conscription et histogramme[25]

---

18   Les dispositions du décret du 8 fructidor an XIII sont rapportées.
19   Même remarque.
20   Stature minimale légale appliquée en Haute-Vienne.
21   Postérieure au précédent décret, et donc annulant théoriquement les dispositions antérieures.
22   Stature minimale légale appliquée en Haute-Vienne.
23   Faisant référence à l'instruction du 11 février 1808.
24   Ainsi que pour 1814 selon cet auteur.
25   Registre de la Seine-et-Marne pour 1814, histogramme pour la Haute-Vienne pour 1814.

Enfin, signalons qu'en ces temps de début de la conscription et de naissance du mètre, certaines anomalies sont à relever. Dans le département de la Creuse, quelques irrégularités dans la prise de taille ont lieu. L'histogramme de distribution des effectifs pour la conscription de l'an XI (graphique 21) montre en effet très clairement que beaucoup trop de conscrits ont été enregistrés dans la classe 59-60 pouces. En fait, c'est plus précisément la stature de 59 pouces et une ligne, soit 1 600 mm, ou encore 4 pieds 11 pouces 1 ligne qui est responsable de ce sureffectif. Le reste de la distribution montre bien que les mesures sont prises avec une toise graduée en ancien système de mesure, et qu'il ne s'agit donc pas là d'un arrondi à un chiffre rond dans le système métrique. Nous sommes au début de l'adunation. Il ne s'agit pas non plus d'un chiffre rond dans le système ancien. En revanche, la stature minimale alors en vigueur est 159,8 cm (59 pouces). Les préposés à la prise de mesure ont donc arrondi énormément un grand nombre de tailles inférieures ou égales à 59 pouces[26], jugeant que le principal était que les conscrits mesurassent à peine plus que la stature de réforme. Quelques individus sont enregistrés à 58 et 60 pouces, mais la distribution n'est pas normale pour cette année de conscription. On peut cependant avancer que la stature moyenne du département est très proche de 5 pieds[27].

Dans le département de la Corrèze, une autre particularité est à signaler pour la conscription de l'an IX. La taille des conscrits est partiellement reportée pour les individus mesurant moins de 60 pouces, soit la taille minimale légale (graphique 22). Il semble que ce mode de report des statures s'inscrive dans une tradition locale. En effet, les archives de la milice d'Ancien Régime montrent le même phénomène de troncation à droite de la taille minimale légale dans les subdélégations de Treignac, Bort et Neuvic en 1778 (graphique 23)[28].

De telles troncations à droite des effectifs sont très rares, on en connaît des exemples pour des populations de mousses embarqués sur les navires anglais et qui ne devaient pas dépasser une certaine taille pour être admis dans leur emploi à bord. Nous avons donc ici un cas rare pour une population en âge conscriptionnel.

---

26   Voir l'histogramme 21, le phénomène est très net.

27   En effet, la classe modale du département est très nettement 60 pouces (N = 192). Ceci explique que l'on ait inclus les données de ce département dans l'étude des professions pour la période an VII-an XI : la stature moyenne proche de 60 pouces (et non 62 pouces par exemple) rend bien compte de l'état nutritionnel très médiocre des conscrits, surtout lorsqu'elle est utilisée dans des moyennes pondérées par effectifs départementaux, comme c'est le cas dans l'étude des professions de l'an VII à l'an XI. En revanche, il n'est pas possible d'utiliser ces données pour calculer des statures par canton, unité écologique de taille réduite, où les erreurs de prise de mesure ne sont compensées par aucun facteur d'échelle.

28   ADHV, C 289. On ne retrouve pas cette manière d'enregistrer la stature dans les archives de la milice royale d'Alsace.

La stature minimale légale, un problème statistique délicat

Graphique 20

Stature des conscrits
dép. Haute-Vienne
cl. ex. 1810
N = 800

(Sources : ADHV, série R, registre du contingent départemental[29])

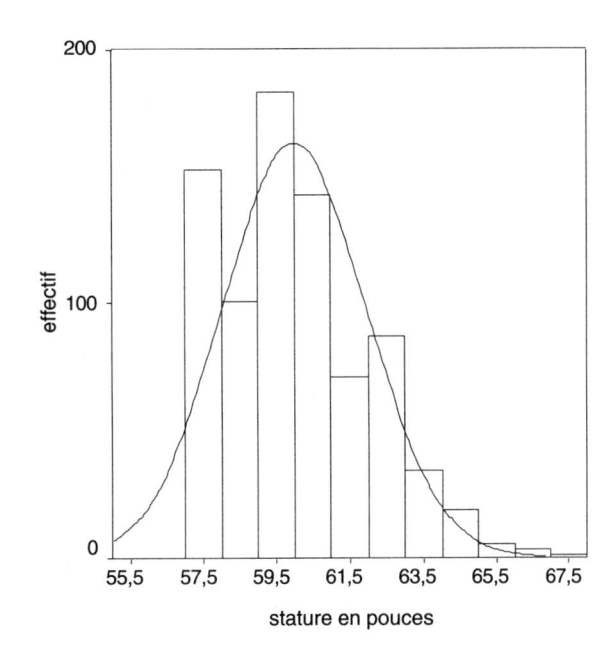

Graphique 21

Stature des conscrits
dép. Creuse
cl. ex. an XI
N = 1 201

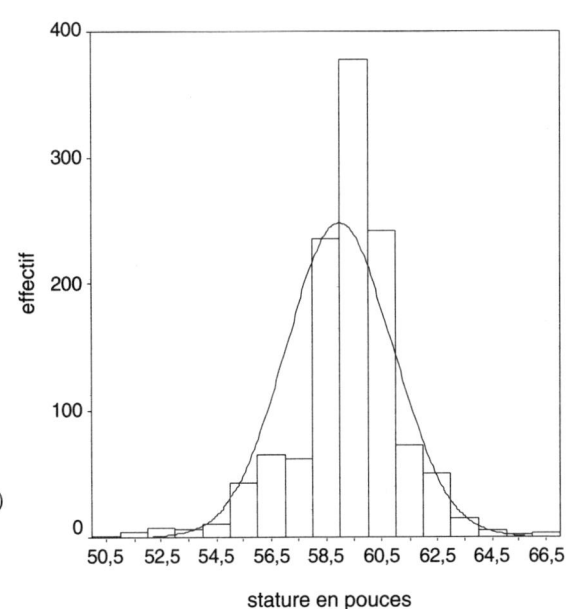

(Sources : AD Creuse, série R, tableau de la conscription militaire)

---

29   D'après le répertoire de la série R.

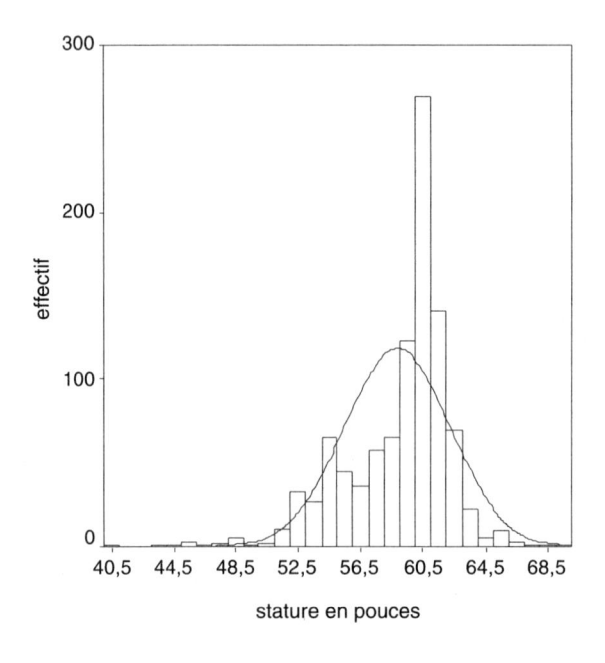

Graphique 22

Stature des conscrits
dép. Corrèze
cl. ex. an IX
N = 1 008

(Sources: AD Corrèze, série R, tableau de la conscription)

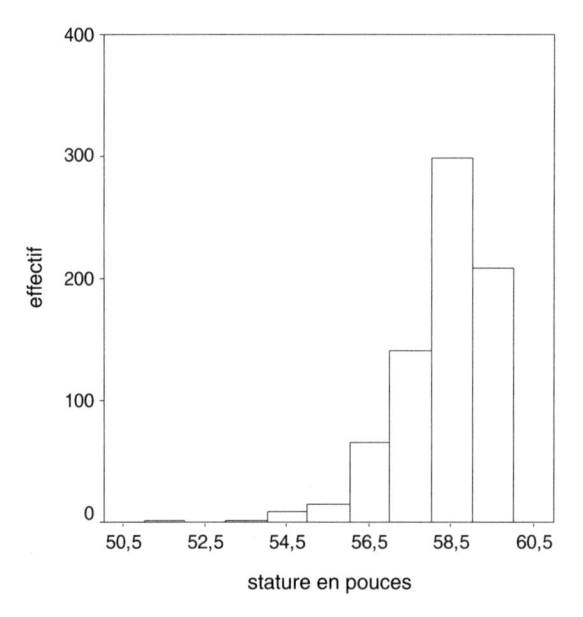

Graphique 23

Stature des hommes réformés
pour défaut de taille de
la milice, subdélégations:
Treignac, Neuvic et Bort
année d'examen: 1778
N = 739

(Sources: ADHV, série C, listes des exemptés et PV de tirage au sort)

Pour l'analyse des conscrits de Corrèze de l'an IX, on a dû commander à l'ordinateur un traitement statistique des données avec troncation à droite et non à gauche de α[30]. Le phénomène montre bien qu'il est nécessaire d'analyser la distribution des populations étudiées avant toute exploitation statistique.

b) La période 1816-1918 : la rigueur des préposés à la toise

Après l'époque impériale, les problèmes de stature minimale légale sont considérablement simplifiés. La taille minimale légale est de 157 cm (4 pieds 10 pouces)[31] de la classe 1816 à la classe 1829. Puis elle passe à 154 cm (4 pieds 9 pouces) pour la classe 1830[32]. Elle remonte ensuite à 156 cm de la classe 1831 à la classe 1867[33]. Elle perd ensuite 1 cm de 1868[34] à 1871. Enfin, il existe une taille d'ajournement de 1872 à 1901, fixée à 154 cm[35]. Après 1901, il n'y a plus aucune limite de taille en France, ce qui explique sûrement le non enregistrement de la stature jusqu'en 1906.

On a noté une seule particularité pour la période 1818-1940, concernant la Haute-Vienne. Les conscrits y sont tellement petits dans les deux premiers tiers du XIXe siècle que, pour atteindre le contingent cantonal, les autorités locales ont dû arrondir aux centimètres supérieurs les statures légèrement inférieures à 157, 156 ou 155 cm, afin de faire franchir la barre fatidique de la taille minimale de réforme à un nombre suffisamment important de conscrits.

Ainsi, sur l'histogramme 24 concernant la période de recrutement 1843-1867, on voit très nettement que la classe 156 cm est surreprésentée par rapport aux classes 157-159 et même 160 cm : il faut attendre la classe 162 cm pour atteindre un effectif légèrement supérieur à celui de la classe 156 cm, alors que si la distribution gaussienne n'était pas faussée, les effectifs par classe de stature devraient augmenter continuellement de 156 cm jusqu'à la stature moyenne. La déformation de la distribution est

---

30   Même remarque que dans l'antépénultième note : données utilisées pour l'étude des professions et non des cantons. On note des sous-effectifs assez importants entre 55 et 59 pouces.

31   Loi du 10 mars 1818, article 14.

32   Loi du 11 décembre 1830, article 4. A noter que ce changement et celui de l'année 1831 ne sont pas signalés dans les travaux de J.-M. SELIG, *op. cit.*, p. 57.

33   Loi du 8 février 1831, article 4 (classe 1831) puis loi du 21 mars 1832, article 13.

34   Loi du 22 mars 1868 concernant la classe de 1867 (article 4), mais le tirage au sort a déjà eu lieu pour cette classe quelques semaines auparavant.

35   Et non 1871, comme le signale D. R. WEIR (« Economic Welfare… », *loc. cit.*, p. 193.) Loi du 27 juillet 1872, article 18. Ajournement de 2 ans. WEIR indique la suppression de la stature minimale pour la classe 1886 (*ibidem*, p. 193). Or la suppression de la stature minimale légale a lieu en 1901, comme l'indiquent J.-C. JAUFFRET, J. MAURIN, *loc. cit.*, p. 86 ; M.-C. CHAMLA, « L'accroissement de la stature… », *loc. cit.*, p. 206, et comme le confirme la légère troncation de nos sources à gauche de 154 cm jusqu'en 1901.

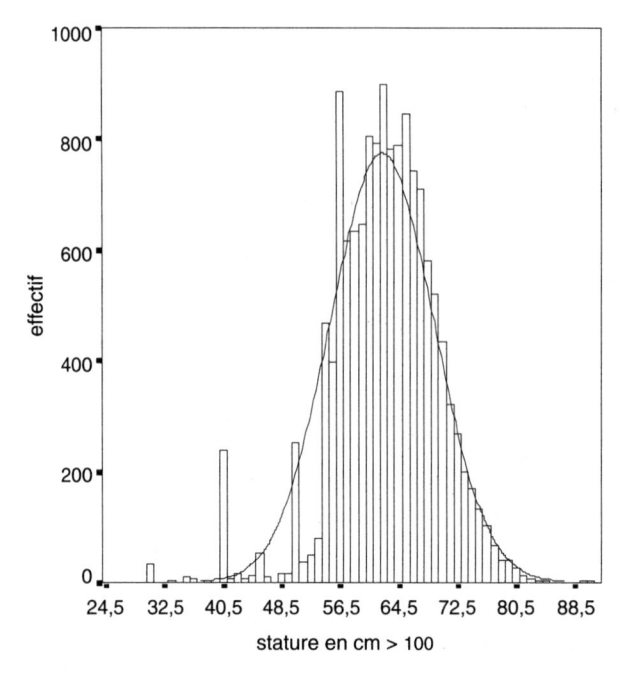

Graphique 24

Stature des conscrits
arr. Bellac et Saint-Yrieix
cl. ex. 1843-1867
N = 13 772

(Sources: ADHV, série R,
listes de tirage au sort)

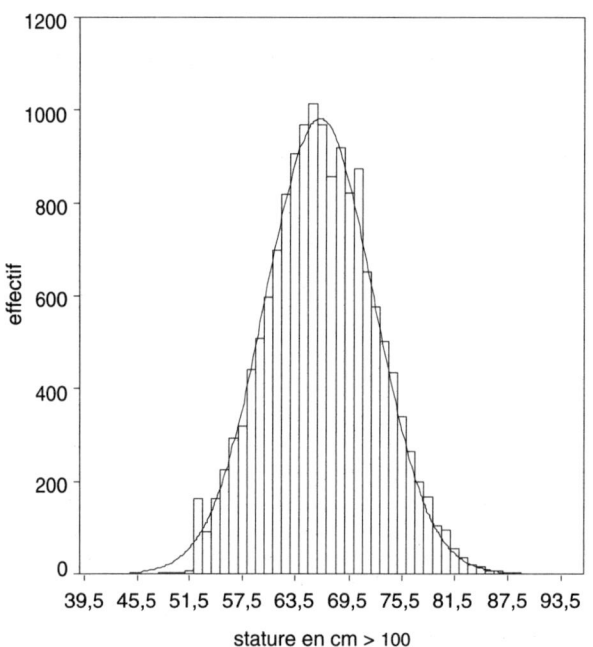

Graphique 25

Stature des conscrits
commune de Mulhouse
cl. ex. 1885-1916
N = 15 155

(Sources: AMM, série HI,
Rekrutierungsstammrollen)

La stature minimale légale, un problème statistique délicat

telle que 156 cm représente presque la stature modale de cet échantillon de conscrits, alors que la moyenne (et le véritable mode) est bien plus élevée, à environ 162 cm. En revanche, on remarque que l'effectif de conscrits déclarés comme mesurant 155 cm est nettement sous-évalué.

On a généreusement arrondi la taille des conscrits de cette classe de stature au centimètre supérieur pour pouvoir les incorporer éventuellement au contingent. Le phénomène est si important que la classe 155 cm se trouve en déficit par rapport à la classe 154 cm, cas unique dans notre étude[36]. Il faut donc prendre 157 comme valeur de α, et non 156.

Contrairement aux régions françaises, où la stature minimale légale est abolie après 1901, il existe une taille minimale en Alsace jusqu'en 1918. Il n'y a donc pas de lacune dans l'enregistrement des séries alsaciennes de 1876 à 1914. La loi allemande de 1874 prévoit une stature minimale qui sera déterminée ultérieurement par décret[37]. On sait par ailleurs, grâce à Brandt, que cette stature, d'abord fixée à 156 cm, est par la suite abaissée avant 1898[38].

Dans les registres étudiés des classes 1871 à 1918, la présence des initiales « mm »[39], dans la colonne réservée à la mention de la stature jusqu'en 1918, permet d'affirmer que la stature minimale légale a été appliquée jusqu'aux derniers moments

---

36   Pour cette période, les effectifs se distribuent comme suit :
    – 154 cm : 468
    – 155 cm : 396
    – 156 cm : 883
    – 157 cm : 616
    – 158 cm : 634
    – 159 cm : 646
    – 160 cm : 805
    – 161 cm : 790
    – 162 cm : 897.

37   Loi du 2 mai 1874, article 17 : « *Militärpflichtigen, welche noch zu schwach oder zu klein für den Militärdienst oder mit heilbaren Krankheiten von längerer Dauer behaftet sind, werden vorläufig zurückgestellt, und falls sie nicht nach ihrer Loosnummer zu den Ueberzähligen ihres Jahrganges (§. 13) gehören, für das nächste Jahr vorgemerkt. Wenn dieselben jedoch vor Ablauf des dritten Dienstpflichtjahres nicht dienstfähig werden, so werden sie der Ersatzreserve überwiesen. Die für den Militärdienst erforderliche Körpergröße wird durch Kaiserlich Verordnung bestimmt.* » (Les conscrits, qui sont encore trop faibles ou trop petits pour le service militaire ou atteints d'une maladie curable de longue durée, seront rappelés provisoirement, et au cas où, d'après leur numéro de tirage, ils n'appartiennent pas au surplus de leur année (art. 13), rappelés pour l'année suivante. Cependant, quand les mêmes ne sont pas bons pour le service avant le terme de la troisième année de service militaire, ils sont versés dans la réserve. La taille requise pour le service militaire est déterminée par décret impérial.)

38   G. BRANDT, *Die Körpergröße…, op. cit*, p. 6.

39   Qui signifient « *Mindermass* », soit, littéralement, « inférieur à la mesure » (*ibidem*, p. 6.)

du IIe *Reich*, même en temps de guerre et donc de forte demande en hommes. Malheureusement, le dépouillement du *Reichsgesetzblatt* n'a pas permis de trouver les décrets fixant cette taille.

L'étude de Jörg Baten et Georg Fertig sur le district westphalien de Arnsberg, et concernant les classes nées en 1882 et 1897, pose la question de l'existence d'une taille minimale légale, mais répond par la négative en s'appuyant sur l'histogramme de l'échantillon étudié[40]. Or la mention « mm » jusqu'à la classe 1918 montre que le minimum de taille est appliqué durant toute la période du IIe *Reich*. Nous avons relevé dans les registres les mentions « mm » et les tailles qui correspondaient à ces défaut de taille, bien qu'elles fussent rarement mentionnées.

Nous avons également relevé les indications « mm » en première année d'examen qui étaient suivies d'une mention de stature en deuxième ou troisième examen, ce qui laissait à penser que le conscrit, d'abord trop petit, grandit dans les années suivantes au-dessus de la stature minimale légale. Enfin, nous avons relevé l'occurrence du signe suivant : $\overline{52}$ qui signifie que la taille est inférieure à 152 cm. Nous avons confronté ces informations aux histogrammes annuels. Il ressort de l'examen de tous ces indices qu'après l'année de conscription 1884, la stature minimale est abaissée à 152 cm. Enfin, on voit très nettement une troncation à 152 cm sur l'histogramme de synthèse concernant la commune de Mulhouse de 1885 à 1916 (graphique 25), avec un net sureffectif à cette stature, ce qui conforte notre hypothèse. Nous avons en conséquence retenu deux valeurs pour α : 156 puis 152 cm[41]. Nous avons tout d'abord analysé nos échantillons en appliquant comme point de troncation unique 156 cm sur toute la période, puisqu'il s'agit là de la plus haute stature minimale légale de 1871 à 1918. Nous avons ensuite fait les calculs des *trends* avec deux valeurs pour α, 156 cm puis 152 cm. La comparaison des séries a amené à retenir la seconde méthode, qui présente des résultats très légèrement plus réguliers que la première[42].

Un aperçu des travaux anthropométriques français entrepris de la fin du XVIIIe au début du XXIe siècles nous a permis de constater que pendant longtemps les recherches françaises ont été très novatrices en ce domaine. En 1759, Guéneau de Montbeillard commence la première étude anthropométrique de la croissance d'un être humain ; vers 1783, Tenon mène très vraisemblablement la première enquête anthropométrique collective de terrain dans le village de Massy ; en 1829, le docteur Villermé affirme pour la première fois avec force et netteté que la stature moyenne est détermi-

---

40   J. BATEN, G. FERTIG, « After the Railway Came... », *loc. cit.*, p. 7-8.
41   Le premier de la classe 1871 à la classe 1884, le second de 1885 à 1918.
42   Les deux méthodes donnent des résultats extrêmement proches, ce qui s'explique par les valeurs très basses de α retenues par rapport à la stature moyenne.

née par les conditions de vie des populations; en 1882, le docteur Carret avance plusieurs hypothèses très modernes qui seront reprises par les études anthropométriques de la fin du XXe siècle[43]; en 1892, le docteur Carlier est l'un des premiers médecins à calculer la stature des conscrits selon leur profession; en 1964 et 1977, Chamla montre que la stature des Français a augmenté entre les classes 1880 et 1960 et que cette hausse est due à l'amélioration des conditions de vie; enfin, en 1969, Le Roy Ladurie se penche sur les archives militaires et commence une série de publications qui constituent les premiers pas de ce qui sera la nouvelle histoire anthropométrique anglo-saxonne.

Nous avons pu constater que l'hypothèse de l'explication mésologique[44] de la stature moyenne apparaît en même temps que l'hypothèse raciale, en 1829. Dans un premier temps, c'est l'hypothèse de Villermé qui l'emporte, mais les travaux sur la stature sont alors très peu nombreux. Puis la parution de l'étude anthropologique de Broca en 1859, dans le prolongement des recherches d'Amédée Thierry et de William Edwards, marque le début du règne presque sans partage de la thèse raciale. Ce n'est que dans les années 1890 que la thèse mésologique réapparait avec force, notamment grâce à l'apparition de l'anthropométrie scolaire et parascolaire et au développement de la pédiatrie. Mais il faudra attendre le début des années 1960 pour que les derniers vestiges de la thèse raciale, soutenue principalement par Henri Vallois, disparaissent. L'accroissement très rapide de la stature des Français durant les Trente Glorieuses rend définitivement caduque la thèse raciale.

L'analyse des travaux anthropométriques français a aussi montré combien les problèmes méthodologiques pouvaient interférer, voire se confondre avec des problèmes d'épistémologie de l'anthropométrie. Le conte racial des Bertillon repose ainsi sur une erreur de construction et d'interprétation des histogrammes de distribution des effectifs de conscrits selon les classes de stature. En anthropométrie historique peut-être plus qu'ailleurs, le traitement statistique des sources, et en particulier l'analyse des histogrammes, revêt une importance toute particulière et ce au XIXe comme au XXIe siècle.

Aujourd'hui encore plus qu'au XIXe siècle, l'analyse des sources anthropométriques d'origine conscriptionnelle nécessite un traitement statistique assez lourd avant de parvenir au résultat final. Il faut tout d'abord examiner les histogrammes de distribution des effectifs selon les classes de statures afin de déterminer plusieurs éléments. En premier lieu, il s'agit d'identifier l'unité de mesure réelle, inscrite sur la toise qui a servi

---

43   Il existe un mouvement de hausse séculaire de la stature dû à l'amélioration des conditions d'existence : lorsqu'il y a augmentation de la stature, c'est l'ensemble de la distribution des effectifs selon les classes de stature qui est affecté ; enfin, la stature moyenne des illettrés est plus faible que celle des conscrits instruits et ce phénomène s'explique par la plus ou moins grande pauvreté des familles.

44   L'influence du milieu socio-économique.

aux examinateurs. Elle ne correspond pas forcément à celle qui figure sur le document. C'est là un problème d'adunation qui est propre au début du XIXe siècle et dont on a vu les répercussions fâcheuses sur la théorie erronée de la stature considérée comme indice racial. Il faut également être attentif à d'éventuelles déformations de la distribution normale causées par des méthodes douteuses de report de statures sur le document, ce qui est le cas dans la période 1800-1814. Il est ensuite nécessaire de confronter les histogrammes avec ce que l'on sait de la stature minimale légale alors en vigueur, afin de déterminer le point α de troncation réelle de l'échantillon, qui ne correspond pas toujours à la stature minimale légale. Une fois cette délicate opération de vérification achevée, le calcul des statures moyennes non tronquées n'est plus qu'une question de commandes informatiques. Le dernier biais qui doit retenir l'attention du chercheur est l'appel anticipé des jeunes gens en temps de guerre. Il provoque artificiellement une baisse de la stature, en corrélation avec le plus jeune âge des conscrits. Il doit être corrigé afin de proposer une série, sinon continue, du moins homogène. A l'issue de cette nécessaire introduction aux recherches anthropométriques ainsi qu'à leurs méthodes, passées et présentes, il est possible de se pencher sur l'histoire anthropométrique des cohortes de naissance 1780 à 1920 en exploitant les données de la conscription avec toute la prudence nécessaire.

Partie II

*Le défi du surpeuplement,
cohortes de naissance 1780-1850
(classes 1800-1870)*

En 1798, dans un ouvrage appelé à faire date dans l'histoire des idées, Malthus exposait sa théorie du développement démographique et économique. Inspiré par les années difficiles dont il est le contemporain, Malthus croyait pouvoir démontrer que la production agricole d'un pays donné ne pouvait pas augmenter assez rapidement pour nourrir convenablement la population de ce dernier, qui augmentait encore plus vite que la production[1]. C'est cette logique pessimiste du développement que l'on nomme malthusienne.

Inscrit dans la longue durée, la ration alimentaire des Européens semble avoir connu un minimum au tournant des XVIIIe et XIXe siècles[2], sans pour autant que, toujours sur le long terme, la logique malthusienne l'ait emporté. Comment expliquer autrement que la population européenne soit passée de 145 millions d'habitants au milieu du XVIIIe siècle à 195 à la fin du siècle, puis à 288 millions au milieu du siècle suivant? Cette période charnière de l'histoire démographique et économique de l'Occident semble correspondre à une baisse de la quantité d'aliments disponibles par habitant ou, tout du moins, à une simplification de la ration alimentaire qui deviendrait, beaucoup plus qu'à d'autres périodes, essentiellement constituée de glucides d'origine végétale[3].

En France, à la fin du XVIIIe siècle, si l'on accepte la distribution des calories entre habitants proposée par Fogel, 10% de la population ne peuvent fournir qu'un léger travail (trois heures par jour), alors que 10% sont dans un état permanent d'inanition et ne peuvent fournir aucun travail[4]. Ce serait donc la logique malthusienne qui l'emporterait, du moins à moyen terme, car les progrès de l'agriculture ne permettraient

---

1   T. R. MALTHUS, *Essai sur le principe de population*, Paris, 1992 (GF Flammarion), t. 1, p. 71 et 73 : « Lorsque la population n'est arrêtée par aucun obstacle, elle va doublant tous les vingt-cinq ans, et croît de période en période selon une progression géométrique » ; « Les moyens de subsistance, dans les circonstances les plus favorables à l'industrie, ne peuvent jamais augmenter plus rapidement que selon une progression arithmétique. »

2   M. MONTANARI, *La Faim et l'abondance. Histoire de l'alimentation en Europe*, Paris, 1995, p. 197-198.

3   Sur cette question, *ibidem*, p. 176, « Cela ne veut pas dire que les gens *mouraient* de faim : si tel avait été le cas, l'explosion démographique serait on ne peut plus incompréhensible. Nous nous trouvons au contraire devant un malaise diffus, un état de sous-alimentation permanente qui est pour ainsi dire "assimilé" (au plan physiologique et culturel) comme une condition normale de vie », ainsi que p. 196-209.

4   R. FOGEL, « Economic Growth, Population Theory and Physiology: the Bearing of Long Term Process on the Making of Economic Policy », dans *American Economic Review*, 84, 1994, p. 369-395.

pas de dégager un excédent alimentaire suffisant pour nourrir convenablement une population sans cesse croissante. On remarquera toutefois qu'il a pu alors exister une diminution de la ration alimentaire *per capita* mais que la consommation globale s'est considérablement accrue et a permis à plus de Français de vivre, ou plutôt de survivre. Autrement dit, l'hôpital remplace le cimetière et la diminution de stature de la fin du XVIIIe siècle serait la trace d'une menace de crise malthusienne davantage qu'un signe de la crise elle-même, qui serait évitée.

D'autres historiens sont encore plus optimistes. Pour eux, la France sort de la logique malthusienne et entre dans une logique boserupienne, qui fait de la croissance démographique un aiguillon pour l'innovation et finalement le changement des techniques de production[5]. Ces dernières permettent de répondre de manière plus satisfaisante à la demande totale de nutriments en forte hausse. Pour J.-M. Moriceau, «les analyses économiques post-labroussiennes» soulignent que «la France de la seconde moitié du XVIIIe siècle a déjà inauguré la transition menant d'un système malthusien à un modèle de «croissance smithienne» dans lequel s'affirme l'intégration des marchés et la spécialisation régionale»[6], ceci avec bien des nuances spatiales. Au-delà de ces divergences d'interprétation, ce sont les points de comparaison avec les périodes antérieures et postérieures à la Révolution qui prêtent à débat entre historiens[7], alors que la conjoncture révolutionnaire reste quasiment *terra incognita*. Les recherches d'histoire anthropométrique de John Komlos ont récemment montré que la stature et donc la nutrition nette des Français variaient considérablement au cours du XVIIIe siècle[8]. L'hypothèse, avancée par M. Morineau, d'une stabilité relative de la ration alimentaire de Louis XIV à Louis-Philippe[9] semble battue en brèche. Avant même les progrès agricoles du XIXe siècle, l'histoire n'est pas «immobile»[10], mais plutôt «mouvante[11]». En outre, les évolutions ne

---

5   E. BOSERUP, *Evolution agraire et pression démographique*, Paris, 1970 (éd. orig. *The Conditions of agricultural growth*, Londres, 1965).

6   J.-M. MORICEAU, *op. cit.*, p. 271 citant D. R. WEIR («Les crises économiques et les origines de la Révolution française», dans *Annales Economies Sociétés Civilisations*, 46, 1991, p. 917-947. Pour une critique de ce travail, voir J.-P. SIMONIN, «La crise d'Ancien Régime: un essai de justification théorique», dans *Histoire et mesure*, 7, 1992, p. 231-247).

7   J.-C. TOUTAIN, «Food Ration in France in the Eighteenth and early Nineteenth Centuries: a Comment», *dans Economic History Review*, 1995, p. 769-773; G. W. GRANTHAM, «Food Rations in France in the Eighteenth and Early Nineteenth Centuries: a Reply», *ibidem*, p. 774-777.

8   J. KOMLOS, «Histoire anthropométrique de la France de l'Ancien Régime», *loc. cit.*

9   M. MORINEAU, «Révolution agricole, révolution alimentaire, révolution démograhique», dans *Annales de démographie historique*, 1974, p. 335-371; voir aussi, du même auteur, «Budgets populaires en France au XVIIIe siècle», dans *Revue d'Histoire Economique et Sociale*, 1972, p. 203-237 et 449-481.

10 E. LE ROY LADURIE, «L'histoire immobile», dans *Annales Economies Sociétés Civilisations*, 29, 1974, p. 673-692.

11 J.-M. MORICEAU, *Terres mouvantes…*, *op. cit.*

Partie II

paraissent pas être les mêmes d'une région à l'autre, en raison des différences de peuplement, de structures agraires, de spécialisations agricoles, etc. Il est devenu nécessaire de préciser les voies régionales de cette histoire mouvante. Il s'agit là peut-être d'un «luxe»[12], mais c'est un luxe indispensable si l'on veut mieux appréhender les voies du développement rural et urbain de la France du début de l'industrialisation.

Des travaux antérieurs ont montré l'influence des prix du blé sur le bien-être des Français aux XVIIIe et XIXe siècles, ainsi que dans d'autres pays[13]. Il s'agit là d'analyses

Graphique 26

Prix annuel du froment

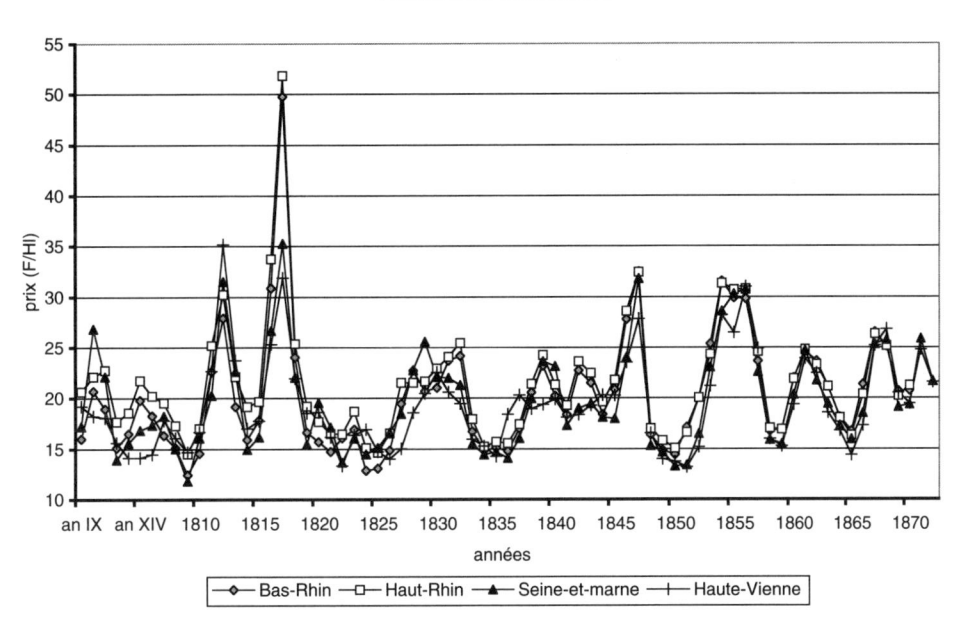

D'après E. Labrousse, F-G. Dreyfus, R. Romano,
Le Prix du froment en France au temps de la monnaie stable (1726-1913). Réédition de grands tableaux statistiques, Paris, 1970, p. 176-179, 194-195, 214-215.

---

12   «A plus d'un titre, la mise en évidence du changement avant 1850 est un luxe que seuls les historiens d'aujourd'hui, héritiers de cinq ou six générations de chercheurs, peuvent se permettre» J.-M. MORICEAU, *Terres mouvantes…, op. cit.*, p. 410.

13   J. KOMLOS, «An Anthropometric History of Early Modern France…», *loc. cit.*; L. HEYBERGER, *op. cit.*, U. WOITEK, *loc. cit.*

macroéconomiques, établies sur une moyenne nationale. Peut-on envisager une relation similaire à une échelle plus grande ? Si tel est le cas, il faut bien admettre que les voies régionales du développement humain français n'existent pas et que le pays se transforme à l'unisson depuis le début du XIXe siècle, tant les courbes départementales des prix du blé évoluent de manière parallèle (graphique 26). Mais si tel n'est pas le cas, il faut bien envisager que l'évolution des sociétés régionales n'est pas modelée par un seul facteur, aussi important fût-il.

Chapitre VIII
Portrait de la génération des années 1780

I – La France des années 1760-1780 : la disette larvée

a) Tentative de reconstitution du *trend* de la stature moyenne nationale entre 1666 et 1784

L'évolution du niveau de vie biologique des régnicoles nous est désormais mieux connue grâce aux travaux de J. Komlos portant sur les cohortes de naissances 1666 à 1760. Il apparaît que la stature moyenne des Français connaît, dans la période 1666 à 1694, un minimum historique qui ne sera jamais plus atteint : 161,7 cm[1]. Ce minimum de stature correspond au minimum de température sur la période 1100 à 1900[2] et s'observe dans un « monde plein ». Le XVIIIe siècle, siècle des « disettes larvées »[3], mais aussi siècle plus chaud, ne connaît pas de tels minima. Les valeurs les plus faibles pour le XVIIIe siècle sont atteintes vers 1724 puis vers 1760 (années de naissance)[4] : 163,4 et 164,9 cm à l'âge adulte. La dernière phase identifiée par Komlos est constituée d'une période de vingt années de rapide diminution de la stature, de 1741 à 1760.

Pour la période postérieure, les premières estimations de David Weir sont fondées sur des sources à l'échelle départementale, elles concernent un échantillon de départements à partir duquel l'auteur, par comparaison avec des données du début du XIXe siècle, déduit un *trend* national[5]. Ces sources conscriptionnelles, et non plus

---

1   J. KOMLOS, « Histoire anthropometrique de la France de l'Ancien Régime », *loc. cit.*, p. 525.
2   C. NESME-RIBES, G. THUILLIER, *Histoire solaire et climatique*, Paris, 2000, p. 92.
3   Par opposition au XVIIe siècle, siècle des « grandes disettes » selon J. MEUVRET (« Les crises de subsistances et la démographie de la France d'Ancien Régime », dans *Population*, 1, 1946, p. 643-650, article reproduit dans *Etudes d'histoire économique*, Paris, 1971, p. 271-278, Cahiers des Annales, 32.)
4   On rappelle que, sauf indication contraire, les statures sont toujours données avec comme référence l'année de naissance et qu'elles sont standardisées à l'âge de 20,5 ans.
5   D. R WEIR, « Economic Welfare… », *loc. cit.*, p 197.

issues de l'armée de métier, indiquent une stature moyenne de 163,5 cm pour 1784 (années de naissance), mais à l'âge de vingt ans[6]. Nous retenons l'estimation de la croissance staturale entre 20 ans et l'âge adulte proposée par J. Komlos, soit 1 cm[7]. Dans cette hypothèse, la stature à 20 ans en 1760 est donc de 163,9 cm. On peut alors avancer au vu de ces deux estimations nationales qu'entre 1760 et 1784 il est possible de tracer une droite en pointillé de pente quasi nulle mais néanmoins descendante. Komlos en déduit que la dépression des années 1760 à 1784 est réelle mais sans commune mesure avec les dépressions antérieures (3 à 4 millimètres en une vingtaine d'années). A titre indicatif, on estime généralement comme plausibles et soutenus des rythmes de croissance ou de décroissance de l'ordre de 1 à 1,5 mm/an. Pour la France, Komlos a mis en évidence un rythme de croissance extrême de 3,2 mm/an entre 1695 et 1706 et des rythmes comparables mais négatifs ont été observés en période de dépression pour d'autres pays aux XIXe et XXe siècles[8].

b) Première approche anthropométrique des espaces étudiés à la fin du XVIIIe siècle

Si l'on retient les statures régionales fournies par Komlos pour 1745 et qu'on leur applique les rythmes de croissance nationaux qu'il a dégagés, on obtient pour nos trois régions en 1780 à l'âge de 20 ans: Limousin 162,1 cm; Alsace 164 cm et Ile-de-France 163,4 cm. Nos sources conscriptionnelles nous donnent pour les échantillons que nous avons retenus pour le *trend*: Limousin 160,2; Alsace 164,3 cm; Brie 164 cm[9]. Le département entier de Seine-et-Marne atteint une taille nettement plus élevée: 165,1 cm pour 1781-1782.

Au vu de ces résultats, le Limousin semble subir une dépression nettement plus accusée que la moyenne nationale entre 1760 et les années 1780. Les « mâcheraves » de Turgot connaissent alors un niveau de vie sensiblement plus faible que le minimum

---

6   D. R WEIR, « Economic Welfare… », *loc. cit.*, p. 190.

7   J. KOMLOS, « Histoire anthropométrique de la France de l'Ancien Régime », *loc. cit.*, p. 533.

8   Chine et Taïwan des années 1920: S. MORGAN, S. LIU, « Health, Nutrition and Economic Development in Taïwan under Japanese Colonianism, 1895-1945 », Communication faite à la première Conférence internationale d'économie et de biologie humaine, Tübingen, 11-14 juillet 2002. *Ibidem*, des mêmes auteurs: « Did Economic Growth increase Net Consumption Levels in Late Qing and Republican China? The Stature Evidence »; Pays-Bas des années 1820-1830 J. W. DRUKKER, » V. TASSENAAR, *loc. cit.*, p. 356-357.

9   Limousin: 1782-1784; Alsace: 1780-1785; Brie: 1781-1785. On rappelle qu'il s'agit là d'aires géographiques beaucoup plus restreintes que celles étudiées par Komlos. Si l'on peut considérer que les échantillons alsacien et limousin sont représentatifs de l'ensemble régional, rien ne le permet pour la Brie, particulièrement prospère par rapport à l'Ile-de-France.

national de la fin du XVIIe siècle[10]. L'Alsace, au contraire, suit globalement le *trend* national. Nos résultats confirment ceux de Komlos, à savoir le maintien du niveau de vie des Alsaciens entre 1760 et 1780-1785 alors que la région subit à la fin du siècle une véritable « explosion démographique[11] ». Ces résultats sont toutefois en contradiction avec la baisse des salaires réels de 15 à 20 % et l'augmentation de la mortalité infantile qu'a relevées Boehler[12]. Ils prouveraient la relative réussite de l'agriculture à la flamande pratiquée alors en Alsace même si l'on peut tout aussi bien voir dans nos chiffres une longue stagnation de la stature à un niveau assez bas de 1760 à 1780. Il est encore plus délicat d'avancer une explication à la différence existant entre les trois valeurs obtenues pour l'Ile-de-France, la Brie et la Seine-et-Marne des années 1780, car la comparaison de trois espaces qui ne se recouvrent pas complètement et économiquement différents brouille ici les cartes. Il semblerait cependant que, d'après nos sources, la Seine-et-Marne ait mieux résisté à la dépression nationale de la stature des années 1760-1784 que d'autres espaces. Réussite relative, donc, de cette région où coexistent grande culture et petits propriétaires à la fin du XVIIIe siècle. Sur l'ensemble des trois régions, la situation est contrastée entre les années 1740 et 1780, entre un Limousin de plus en plus petite stature et un département de Seine-et-Marne qui reste plus aisé.

On rappelle que la stature annuellement observée dans les années 1780 ne peut faire office d'indicateur du niveau de vie à court terme. On ne peut donc répondre à la question de la crise finale de l'Ancien Régime avec le secours de l'histoire anthropométrique. On note cependant que nos trois régions connaissent dans les premières années de notre étude une stature minimale qui sera largement dépassée au XIXe siècle. On peut donc affirmer que les décennies de naissance 1760-1780, bien que présentant des statures nettement plus élevées qu'à la fin du XVIIe siècle, n'en constituent pas moins une sorte de minimum sur la période 1745-1920. La Révolution éclate dans un contexte économique difficile à moyen terme, dans une société qui connaît de grandes inégalités de niveau de vie biologique[13]. Ces observations s'inscrivent parfaitement

---

10 La stature moyenne des Limousins ne correspond alors même pas au premier centile de la distribution des statures de la population américaine de la seconde moitié du XXe siècle (voir R. H. STECKEL, « Percentiles of Modern Height Standards for Use in Historical Research », dans *Historical Methods*, 29, 1996, p. 160.)
11 J.-M. BOEHLER, *op. cit.*, p. 372.
12 *Ibidem*, p. 1990-1991.
13 Perspective différente chez J. KOMLOS (« Histoire anthropométrique de la France de l'Ancien Régime », *loc. cit.*), qui prend pour référence les très mauvaises années de la fin du XVIIe siècle (p. 533-535). La question est alors de savoir non seulement ce que les contemporains ressentent dans leur chair et celle de leurs enfants, mais aussi les points de comparaison éventuels qu'ils possèdent et les conclusions qu'ils tirent de cette hypothétique comparaison. Le Français moyen né en 1780 a-t-il conscience de vivre plus difficilement que son aïeul né en 1740 ? Rien

dans l'histoire anthropométrique européenne telle qu'on la connait actuellement, après une vingtaine d'années de recherches[14].

II – Une société rurale fortement hiérarchisée (cohortes de naissance 1778-1783)

Les contemporains de la Révolution ne mangeaient pas les mêmes aliments et les mêmes quantité d'aliments suivant leurs métiers. Pour l'analyse de la stature par profession, seules les professions dont l'effectif est supérieur à 100 ont été retenues. La hiérarchie des métiers de l'ensemble de nos trois régions est très marquée, avec une différence de près de 7 cm entre les maréchaux-ferrants et les domestiques agricoles (tableau 3). Elle montre un avantage évident pour les artisans du fer, dont les statures sont nettement supérieures à la moyenne qui est de 164,5 cm. Maréchaux-ferrants, tonneliers et charrons, indispensables à une agriculture qui modernise modestement ses outils de production, monnayent bien leur savoir-faire. Les artisans des métiers alimentaires, boulangers et meuniers, sont aussi bien placés dans ce classement des niveaux de vie biologiques, car leur proximité aux nutriments leur assure une alimentation régulière[15].

Les laboureurs, traditionnellement au sommet de la hiérarchie rurale, occupent une bonne place dans notre classement, de même que les vignerons, principalement briards et alsaciens. La stature et le nombre des vignerons[16] confirment pleinement le caractère peuplant de la vigne mais aussi le succès de la viticulture à la fin du XVIIIe siècle. Les charretiers, quasiment tous seine-et-marnais, sont des agriculteurs dépendants qualifiés, il est donc normal de les trouver au-dessus des manouvriers, de qualification moindre. Leur stature est assez proche de celle des agriculteurs indépendants aisés tels que laboureurs et vignerons. De manière générale, les salariés agricoles bénéficient d'un niveau de vie assez bon par rapport aux petits cultivateurs indépendants. C'est le cas des charretiers, mais aussi des manouvriers.

---

n'est moins sûr. Il faut admettre que le rapport entre données démographiques et économiques «objectives» d'une part et mentalités de l'autre est très délicat à cerner. Ce qui est davantage au cœur du problème est de savoir quelle perception immédiate a le paysan de son niveau de vie dans les années 1780, notamment à travers les inégalités qui existent entre les différentes professions.

14 J. KOMLOS, « Histoire anthropométrique : bilan… », *loc. cit.*, p. 5 et 7.
15 Les meuniers alsaciens ne semblent pourtant pas particulièrement prospères : nombreux, leurs moulins travaillent au ralenti (5 mois par an) à la fin du siècle. J.-M. BOEHLER, *op. cit.*, p. 1060-1061.
16 10 % des professions à effectif supérieur à 100 individus.

Tableau 3 : Hiérarchie des professions, cohortes de naissance 1778-1783, Alsace, Limousin, Seine-et-Marne

(Sources : ADBR, ADHR, ADHV, AD Creuse, AD Corrèze, ADSM,
séries L et R, listes et tableaux de la conscription)

Profession	Stature moyenne	Effectif	Profession	Stature moyenne	Effectif
domestique	160,19	136	vigneron	165,07	783
cordonnier	163,55	258	charretier	165,72	153
cultivateur	163,76	2651	laboureur	165,96	841
journalier	163,91	691	charpentier	166,02	124
maçon	164,35	490	boulanger	166,14	97
tisserand	164,35	366	meunier	166,24	94
tailleur	164,77	199	charron	166,31	77
manouvrier	164,94	583	tonnelier	166,53	78
			maréchal	167,05	156
			Ensemble	164,51	7777

Tableau 4 : Stature des principales professions des conscrits de Seine-et-Marne, cohorte de naissance 1781-1782 (année d'examen an XI)

(Sources : ADSM, série R, tableau de la conscription)

Profession	Stature	% du département	N
vigneron	164,55	24,7	525
manouvrier	164,76	23,8	506
cultivateur	165,68	7,7	164
charretier	165,72	7,1	150

Cette situation surprenante des salariés agricoles face aux petits producteurs indépendants s'explique par la prospérité relative de l'économie seine-et-marnaise et par les hauts salaires qui y sont attachés. Vignerons, cultivateurs, manouvriers et charretiers vivent dans des conditions assez similaires : dans le canton de Brie, « il n'y a pas d'habitant qui n'ait son champ à labourer, sa vigne à faire valoir : tous sont aisés et aucun n'est riche ; la condition du maître et du valet est plus rapprochée ; ils mangent à la même table ; ils ont les mêmes travaux : la domesticité est moins une servitude qu'une association[17] ». La chose nous est confirmée par la structure staturale professionnelle faiblement hiérarchisée des conscrits du département (tableau 4).

L'analyse à grande échelle confirme ce que l'on peut observer à l'échelle des trois régions : aisance relative des dépendants agricoles, le haut du pavé est tenu par l'aristocratie des salariés agricoles, alors que les moins favorisés sont les vignerons. On vérifie dans ce département la théorie labroussienne[18] d'une dépression des revenus viticoles dans les années 1780, même s'il ne faut pas oublier que notre résultat est aussi influencé par les conditions économiques des années 1790-an XI.

Dans l'ensemble des trois régions (tableau 3), l'avantage des salariés agricoles sur les cultivateurs s'explique aussi par le nombre important de Limousins parmi les cultivateurs, alors que le Limousin possède un niveau de vie très bas. Enfin, les conscrits des métiers de l'habillement sont parmi les plus mal nourris : tailleurs, tisserands et surtout cordonniers. On les trouve principalement en Alsace, où la hiérarchie des professions est donc fortement marquée[19]. On peut voir alors dans l'importance numérique de ces professions un signe de la menace malthusienne qui pèse sur l'Alsace.

Le domestique agricole est, de loin, le plus à plaindre dans ces années 1780-1800, avec une stature de 160,2 cm[20]. Il est vrai que de nombreux domestiques de notre échantillon sont Limousins. Cependant la sécurité alimentaire que procure au domestique son emploi annuel n'en fait pas quelqu'un de mieux nourri que le journalier, qui vit sous la menace du chômage saisonnier. Mieux vaut être journalier et bénéficier d'un petit lopin de terre qui apporte des compléments nutritionnels à la famille que domestique et disposer d'un apport alimentaire insuffisant de la part de ses maîtres.

---

17 Procès-verbal de l'assemblée provinciale de Meaux, octobre 1788, cité par F.-A. DENIS, *Lectures sur l'histoire de l'agriculture en Seine-et-Marne*, Etrepilly, 1982, édition originale Meaux, 1880, p. 331. La condition du domestique (entendons par là du domestique qualifié, aux gages élevés : bergers, charretiers...) qui se rapproche de celle du maître constitue un lieu commun de la littérature sur les régions de grande culture, souvent trop vite généralisé (voir J.-C. FARCY, *op. cit.*, p. 416).

18 E. LABROUSSE, *La Crise de l'économie française à la fin de l'Ancien Régime et au début de la Révolution*, Paris, 1944, 1990², deuxième partie « L'effondrement du revenu viticole (1778-1791) ».

19 Pour une présentation détaillée de la stature des conscrits alsaciens par profession, voir L. HEYBERGER, « Les conscrits alsaciens... », *loc. cit.*, p. 58-62.

20 Situation déjà observée pour l'Alsace seule, *ibidem*, p. 59.

La hiérarchie des conscrits ruraux des trois régions nés en 1778-1783 est marquée, avec un écart-type entre professions de 1,1 cm. La Seine-et-Marne constitue cependant un cas particulier où le niveau général de nutrition nette est le meilleur et les inégalités de niveau de vie sont moins exprimées. C'est donc paradoxalement dans le département de grande culture que les niveaux de vie biologiques sont les plus rapprochés, alors que le Limousin et l'Alsace ont des structures sociales plus hiérarchisées. Région de petite exploitation agricole et égalité sociale ne sont donc pas nécessairement synonymes à la fin du XVIIIe siècle.

III – Une géographie de physiocrates ?

a) La Seine-et-Marne : prospérité des zones de grande culture

La relation entre grande culture et moindre inégalité sociale en Seine-et-Marne est *a priori* surprenante. Le terme « grande culture » mérite d'ailleurs d'être précisé. Tout d'abord, le territoire constitué de grandes exploitations céréalières, dirigées par des fermiers, ne recouvre pas la totalité du département de Seine-et-Marne. Ensuite, si on admet que la nature des sols entre dans la définition de la grande culture, les conditions naturelles ne permettraient pas de définir le département dans son ensemble comme région de grande culture. Bien sûr, il n'est pas question d'établir ici une relation déterministe entre région naturelle et mode de faire-valoir ou taille des exploitations. La présence puis la disparition de la vigne en Seine-et-Marne invite à se méfier des relations hâtivement établies entre régions dites « naturelles » et type dominant d'exploitation. Il n'est de paysage qu'humain. En fait, la « grande culture » seine-et-marnaise ne correspondrait qu'imparfaitement aux plateaux limoneux du Multien, de la Goële, de l'Orxois au nord de la Marne (arrondissement de Meaux) et à ceux de la Brie, entre Marne et Seine (arrondissement de Melun).

La Brie elle-même présente des sols aux potentiels inégaux, avec un dégradé d'Ouest en Est, de la Brie française vers Melun et la ville de Brie, région aux limons épais, à la Brie champenoise au sol acide du canton de Villiers-Saint-Georges (arrondissement de Provins) ou à la Brie Est (canton de La-Ferté-Gaucher). Les terroirs de l'est du département (Brie laitière, entre Marne et Grand Morin) et le sud-est de Melun (Brie humide) sont également les plus humides.

Entre les deux terroirs aux sols les plus riches, Multien et Brie, la continuité n'existe pas, puisque la vallée de la Marne les sépare. Au sud de cette dernière, la Brie boisée, entre Lagny et Rozay, est couverte d'étangs et de forêts. D'autre part, les alluvions des vallées de la Marne (arrondissement de Meaux) et du Grand et Petit Morin (arrondissement de Coulommiers), orientées d'Est en Ouest, sont propices à la culture de la vigne.

Enfin, au sud de la Seine, trois régions « naturelles » se partagent l'arrondissement de Fontainebleau : la forêt de Fontainebleau, le Gâtinais, région limoneuse (canton de

La Chapelle-la-Reine et de Château-Landon) et le Bocage gâtinais (canton de Lorrez-le-Bocage), au sol plus inégal.

Deux gradients permettent de saisir de manière synthétique la géographie du sol seine-et-marnais : l'un, d'Ouest en Est, des sols limoneux au sols acides et humides ; l'autre du Nord au Sud, des sols riches aux sols plus pauvres. A cela s'ajoute la présence des alluvions des vallées, orientées d'Est en Ouest.

A la fin du XVIIIe siècle, les grandes exploitations céréalières se situent surtout dans le Multien et la Brie ouest, sur les sols limoneux : « On ne peut disconvenir d'abord que cette province ne soit riche. Elle est coupée en trois cantons dont deux, appelés la France et le Multien, embrassent des plaines de la plus grande étendue qui produisent chaque année des bleds en grande abondance. Ces plaines sont divisées en fermes considérables de trois, quatre et quelquefois six cents arpents de terre. La facilité de la culture et l'avantage d'économiser sur les frais ont sans doute conseillé cette division (…)[21] ». Les fermes de plus de 100 hectares représentent souvent la catégorie d'exploitation dominante[22]. Cependant, ces deux régions ne sont pas exclusivement occupées par de grandes fermes céréalières, même si ce sont surtout ces dernières qui, pour des questions de documentation, autant qu'en raison d'une vision physiocratique du progrès agricole, sont privilégiées par la recherche historique passée et actuelle. Ainsi, les étangs, pour la plupart propriété de l'Eglise ou de nobles, recouvrent une partie non négligeable de l'arrondissement de Meaux (région de Jouarre, au sud-est de Meaux) jusqu'au début du XIXe siècle, permettant une véritable spéculation sur la consommation parisienne de poissons[23]. La région de Brie « est fertile en toute espèce de productions, bled, froment, avoines, vignes, prés, naturels et artificiels, vergers, chanvres et bois[24] ».

La carte anthropométrique de la Seine-et-Marne de la cohorte de naissance 1781-1782 (examinée en l'an XI, carte 1) se calque fidèlement sur la carte des sols, non qu'il faille faire jouer ici un déterminisme quelconque, mais plutôt comprendre cette correspondance comme le signe d'une société au développement technique tel que les données naturelles influencent encore sensiblement les niveaux de vie. Au premier abord, la Seine-et-Marne présente une géographie où les différences sont relativement

---

21 Procès-verbal de l'assemblée provinciale, 1788, cité par F.-A. Denis, *op. cit.*, p. 329-330.
22 Dans la région de Nangis et de Brie. Voir D. PONCHELET, *Ouvriers nomades et patrons briards. Les grandes exploitations agricoles dans la Brie. 1848-1939*, thèse, Paris, (Paris X), 1987, p. 8 à 12.
23 J.-M. DEREX, « Les étangs briards de la région de Meaux à la veille de la Révolution », dans *Bulletin de la Société littéraire et historique de la Brie*, 55, 2000, p. 138-152 ; du même auteur, *Intérêts privés, intérêts généraux et intérêts communautaires : la gestion de l'eau et des zones humides en Brie*, thèse, Paris, 1999 ; texte publié, *La Gestion de l'eau et des zones humides en Brie : fin de l'Ancien Régime-fin du XIXe siècle*, Paris, 2001.
24 Procès-verbal cité par F.-A. DENIS, *op. cit.*, p. 331.

peu marquées, surtout en comparaison de l'Alsace (carte 3). Les conscrits les plus grands se rencontrent dans les cantons des riches plateaux limoneux : cantons de Claye, La Ferté-sous-Jouarre, Brie et Mormant.

Au contraire, le canton de Villiers-Saint-Georges, sur les terres acides et humides, à l'est du département, donne les conscrits les plus petits, entouré de cantons aux statures faibles : Donnemarie et Provins au Sud, La Ferté-Gaucher, Rebais, Coulommiers, Crécy et Meaux au Nord[25]. Un autre espace de niveau de vie relativement faible se dégage dans le Sud, de La Chapelle-la-Reine à Lorrez-le-Bocage. Voilà une géographie qui réjouirait les tenants de la grande culture. On retrouve les deux gradients Nord-Sud et Ouest-Est que l'on a identifiés dans la géographie des sols. La dépression anthropométrique des cantons de l'est et du sud du département s'explique en partie par le type de culture que l'on y trouve. Les petits vignerons sont pléthore dans ces espaces, alors qu'ils sont beaucoup moins nombreux dans la Brie et le Multien (carte 2). Or on a vu la taille modeste des vignerons seine-et-marnais par rapport aux charretiers. La proportion de vignerons est à considérer comme un indice du surpeuplement de certains espaces du département[26]. La carte de la répartition des conscrits vignerons en l'an XI donne l'ampleur considérable que prend le phénomène de la viticulture à la fin du XVIIIe siècle dans le bassin parisien. Trois cantons ont une majorité de conscrits vignerons, quatre autres entre 35 et 50 %. La viticulture est davantage développée en Seine-et-Marne qu'en Alsace, où la proportion de conscrits vignerons est nettement plus faible[27]. Même dans les cantons de « grande culture », la micro-exploitation viticole est présente : 10 à 20 % de vignerons dans les cantons de Brie, Claye et Mormant. On est loin de la monoculture céréalière des grandes fermes tant vantée par les physiocrates. La structure professionnelle des quatre cantons de grands conscrits[28] montre cependant qu'il s'agit d'espaces de grande culture. Cette structure explique en partie la stature supérieure des habitants de ces cantons, puisque les métiers qui assurent un niveau de vie plus élevé y sont plus nombreux : 38 % de manouvriers et 6,2 % de charretiers, mais seulement 5,3 % de cultivateurs et 14,2 % de vignerons[29]. En revanche, les onze

---

25 Pour la localisation des cantons, voir les cartes repères en annexe.
26 La culture intensive se concentre dans les vallées (P. BRUNET, *Structure Agraire et Economie Rurale des Plateaux Tertiaires entre la Seine et l'Oise*, Caen, 1960, p. 362) qui connaissent un certain surpeuplement à la fin du XVIIIe siècle (*ibidem* p. 391).
27 6,5 % en Alsace (an VII et an VIII) contre 24,7 % en Seine-et-Marne (an XI). Pour le Haut-Rhin, on ne compte que deux cantons à plus de 35 % de conscrits vignerons, près de Colmar : Ammerschwihr (60,5 %) et Turckheim (54,2 %), tous les autres cantons en comptent moins de 13 %, et vingt-deux cantons sur trente n'en comptent aucun, contre seulement deux en Seine-et-Marne. Dans le Bas-Rhin, aucun canton n'a plus de 35 % de conscrits vignerons, et vingt-six cantons sur trente-trois n'en comptent aucun.
28 Claye, La Ferté-sous-Jouarre, Brie et Mormant.
29 Chiffres à comparer aux proportions départementales figurant dans le tableau de la stature par profession des conscrits examinés en l'an XI (tableau 4).

cantons de stature inférieure à la moyenne sont des cantons de petite culture, dont les professions dominantes expliquent en partie leur niveau de vie: légère surreprésentation des cultivateurs (8,8 %), nette surreprésentation des vignerons (32,2 %), mais sous-représentation des manouvriers (17,2 %).

Globalement, la géographie anthropométrique du département conforte la vision physiocratique que l'on peut se faire de la Seine-et-Marne des années 1780-1800: aisance des plateaux céréaliers et pauvreté relative des espaces de petite culture, à l'est du département.

b) L'Alsace: une géographie contrastée

La carte anthropométrique de l'Alsace (carte 3) laisse entrevoir une géographie un peu différente. Globalement, ici encore, la géographie semble plutôt physiocratique. Tout d'abord, la plaine d'Alsace, terroir le plus fertile, concentre un grand nombre de cantons à stature moyenne, voire moyenne supérieure (166-168 cm) dans le Bas-Rhin. La prospérité de l'agriculture bas-rhinoise par rapport à celle du Haut-Rhin est confirmée par l'anthropométrie.

Ensuite, les bords du Rhin, en partie zone de marécages, surtout dans le Grand *Ried*, au nord de Colmar, peuvent constituer un milieu hostile où les maladies se développent davantage que dans des espaces plus secs: la stature moyenne du canton de Marckolsheim n'est que de 161,4 cm et les cantons à stature inférieure à 164 cm sont au nombre de cinq au bord du Rhin, où les sols sont souvent sablonneux. Le contexte épidémiologique et hygiénique doit jouer un rôle important dans cette région. Les habitants tombent plus souvent malades en raison de l'eau stagnante des marais, qui favorise la prolifération des insectes, vecteurs de transmission de nombreuses maladies.

Enfin, le piémont vosgien, à l'Ouest, rassemble les cantons les plus défavorisés: cinq cantons sur onze de moins de 164 cm, avec un minimum pour le canton de Munster (161,6 cm). Il s'agit là de terres acides, relativement peu fertiles et qui supportent une croissance démographique importante.

On remarque cependant que, dans le piémont vosgien, les cantons de Saverne, Marmoutier et Wasselonne, aux statures modestes, correspondent à des zones de grande culture: la géographie physiocratique est prise en défaut[30]. Et que dire des cinq cantons de «géants» (168-170 cm) dont quatre se situent dans le sud de l'Alsace (Delle, Landser, Soultz et Turckheim) et un dernier dans l'Alsace bossue, au nord-ouest de la région (Harskirch)? Les vignerons y sont nettement en sureffectif (22,1 % contre 6,5 % pour la région entière), preuve que la viticulture alsacienne est beaucoup plus prospère que la viticulture seine-et-marnaise.

---

30   E. JUILLARD, *La Vie rurale dans la plaine de Basse-Alsace. Essai de géographie historique*, Strasbourg, 1992^2, p. 91.

Au contraire, les cultivateurs (5,8 %) y sont moins nombreux que dans l'ensemble de la région (17,6 %). La petite exploitation agricole à vocation céréalière en faire-valoir direct est donc vraisemblablement moins représentée dans ces cantons de « géants ».

C'est tout l'inverse dans les cantons de taille inférieure à 164 cm du bord de Rhin[31], peuplés à 65 % de cultivateurs, mais sans laboureur ni vigneron. Ces terroirs peu fertiles, à la hiérarchie sociale simplifiée, produisent une démocratie rurale de petits cultivateurs.

Une vision rétrospective des niveaux de vie biologiques en Haute-Alsace pour l'année moyenne de naissance 1738 permet de préciser ces observations (carte 4)[32]. Les miliciens de Louis XV sont grands dans les bailliages de Belfort, Guebwiller (bailliages vallonnés), Turckheim (piémont) et Bollwiller, alors qu'ils sont petits dans les bailliages de Munster, Kaysersberg, Ribeauvillé (piémont), Colmar, Brunstatt (plaine) et Eschentzwiller (bord de Rhin). L'analyse des profils sociaux des deux groupes de bailliages montre que les Alsaciens les plus grands vivent dans des terroirs exploités en grande partie par des laboureurs (36,5 % des miliciens[33]), alors que les bailliages de statures plus petites n'en comptent que 19,4 %, voire 15,5 % pour les bailliages du piémont. Par comparaison avec la carte des cohortes de naissance 1777-1779, le nord de la Haute-Alsace a connu un développement statural non négligeable entre 1738 et 1777-1778.

Par ailleurs, la faible stature des conscrits du piémont vosgien nés en 1777-1779 (cantons de Saverne, Marmoutier, Rosheim, Villé et Munster) ne s'explique pas par la prolifération des petits métiers du textile et de l'habillement qui ne sont pas plus nombreux là que dans le reste de l'Alsace[34]. La petite culture y est cependant un peu plus présente (19,5 % de cultivateurs[35]) et les agriculteurs indépendants aisés y sont moins nombreux (12,2 % de laboureurs contre 16,5 % dans la région entière). Ce n'est donc pas la protoindustrialisation qui est responsable du niveau de vie médiocre des cantons du piémont, mais plutôt une agriculture traditionnelle qui ne parvient pas à nourrir une population de plus en plus nombreuse sur un sol pauvre. Le médecin du canton de Rosheim confirme en partie la chose : certaines « communes des montagnes ont des terres pierreuses, qui ne produisent guère plus que des pommes de terre, principalement dans le Ban de la Roche, où la récolte est quelquefois à peine pour les frais de culture et de semailles, et sans le filage de coton, ces gens ne pour-

---

31   Cantons de Bischwiller, Geispolsheim, Marckolsheim, Neuf-Brisach et Huningue.

32   On a travaillé uniquement sur les miliciens qui avaient atteint leur taille adulte (de 23 à 50 ans ; âge moyen = 26 ans) puis on a standardisé les résultats à l'âge de 20 ans.

33   Moyenne de la Haute-Alsace : 31,2 %.

34   On compte 12,5 % de cordonniers, tailleurs et tisserands dans ces cantons contre 13 % pour la région.

35   Rappel : moyenne régionale = 17,6 %.

raient vivre[36] ». L'élevage est de médiocre qualité, le fourrage manque et la vaine pâture débute tôt au printemps et se poursuit tard en automne, sur des prés humides, ce qui occasionne des épizooties. Le vin est ici de mauvaise qualité et sa vente nourrit mal le vigneron : « en général, tout le canton de Rosheim est pauvre, les vins sont d'une si petite qualité que les vignes sont en partie leur malheur, vu le vil prix pour lequel ils sont obligés de le vendre. Il y a deux petits cantons [...] où les vins rouges ont quelques réputations ».

Les protéines ne sont cependant pas absentes du régime des jeunes enfants du piémont, qui sont mieux lotis que la moyenne des Limousins[37] : « Les habitants de Rosheim, Bischofsheim, Roppenweiller, Borsch, Ottrott et Saint-Nabor les nourrissent de toutes sortes de légumes, laitage, farinage et viandes salées, les autres communes dans les montagnes les nourrissent de pommes de terre avec du lait caillé ou d'un lait doux ». En revanche, le changement agricole[38] a bien lieu dans les cantons du nord de l'Alsace, pourtant généralement considérés comme pauvres : Niederbronn, Lauterbourg ou Haguenau affichent un indice anthropométrique assez élevé. La région de Haguenau doit vraisemblablement sa prospérité à la culture de la garance, introduite par Hofmann avant la Révolution. Plus généralement, « les meilleurs cultivateurs anglais pourraient apprendre encore bien des choses » en observant la culture du nord du département[39], où l'on trouve une densité de bovins importante, donc une disponibilité en lait pour la consommation humaine supérieure[40].

En résumé, les plus grands conscrits d'Alsace ne se trouvent pas dans le Kochersberg, région de grande culture au nord et à l'ouest de Strasbourg, mais aux extrémités sud et nord-ouest de la région, en partie dans un terroir de vigne, région de petite culture par excellence. La géographie anthropométrique alsacienne n'est pas entièrement physiocratique, contrairement à celle de Seine-et-Marne, même si globalement les trois milieux écologiques alsaciens ont une influence sur les niveaux de vie conforme à ce que l'on pouvait attendre. Les conscrits de la plaine sont en moyenne avantagés par rapport à ceux du piémont vosgien et du Grand *Ried*.

---

36 Topographie médicale du canton de Rosheim par Kniffel, médecin de canton, 1811, ADBR, 5 M 44.

37 On rappelle qu'on ne peut fournir d'analyse géographique pour cette région à cause de la mauvaise qualité des sources anthropométriques pour la période révolutionnaire. Les histogrammes indiquent cependant une stature moyenne très faible, inférieure à 60 pouces.

38 Même si la mention de pomme de terre dans le canton de Rosheim est déjà une preuve de modernisation de l'agriculture.

39 Schwertz (1813) cité par E. OPPERMANN, « Mémoire sur la question mise au concours par la société en 1858 », dans *Nouveaux mémoires de la société des sciences, agriculture et arts du Bas-Rhin*, t. I, 1er fascicule, Strasbourg, 1859, p. 107.

40 « Le plus grand nombre de bêtes à cornes existait dans l'arrondissement de Wissembourg qui, avec la moindre surface en prairie ou pâturages, nourrissait le plus de bétail », *ibidem*, p. 114.

Chapitre IX
La France sous menace malthusienne : Alsace et Limousin (cohortes de naissance 1780-1850)

Les périodes révolutionnaire et pré-révolutionnaire ont depuis longtemps focalisé l'attention des historiens français et étrangers. Au-delà de la question des conséquences de la Révolution sur l'économie rurale de la première moitié du XIXe siècle, non moins débattue, le problème est de savoir dans quelles circonstances économiques a éclaté la Révolution : misère ou relative richesse ? Michelet ou Jaurès ? La thèse labroussienne d'une dépression dans les années 1780 est-elle pertinente[1] ? La Révolution a-t-elle été, à moyen terme, une bonne chose pour les campagnes ? Si le droit de propriété moderne est à mettre au crédit de la Révolution et fera le bonheur de certains paysans du XIXe siècle, que dire du niveau de vie des ruraux qui passent des expériences libérales aux réquisitions, au maximum des prix et à la grande inflation des assignats[2] ? L'Empire, comme ses thuriféraires ont voulu le faire admettre, et comme certains historiens l'ont admis, apporte-t-il enfin la croissance[3] ? Qu'en est-il du niveau de vie des Français avant et pendant la Révolution puis sous l'Empire ? La question des niveaux de vie n'arrête pas de se poser avec Waterloo, il serait artificiel de fractionner l'histoire des niveaux de vie entre un avant et un après 1815, de même qu'étudier ceux-ci à partir de 1789 ne fait pas forcément sens si l'on se place du point de vue économique, et encore davantage du point de vue démographique et social. Replacer les décennies

---

1 E. LABROUSSE, *op. cit.* Approche critique : D. S. LANDES, « The statistical study of French crises », dans *Journal of Economic History*, 10, 1950, p. 195-211, ainsi que D. R. WEIR, « Les crises économiques… », *loc. cit.* ; auquel répond J.-P. SIMONIN, « La crise d'Ancien Régime… », *loc. cit.*

2 Pour une vision nuancée des conséquences immédiates de la Révolution, voir T. J. A. LE GOFF, D. M. G. JUTHERLAND, « La Révolution française et l'économie rurale », dans *Histoire et Mesure*, 14, 1999, p. 79-120.

3 *Ibidem*, p. 81-83.

1790-1810 dans un cadre chronologique large permet à l'histoire des niveaux de vie de comparer et relativiser certains phénomènes, de mieux saisir la croissance des années 1820-1850.

Par ailleurs, l'analyse de l'évolution de la composition sociologique de nos échantillons permet une sorte de recensement continu des cantons qui explique en partie le *trend* de la stature et intéresse l'histoire sociale des régions étudiées. Il s'agit alors de résultats donnés en pourcentage des conscrits toisés[4]. Nous avons opté dans ces analyses pour les années d'examen et non pour celles de naissance. D'une part donner la profession des conscrits à l'année de naissance ne fait pas sens. D'autre part, même analysée par année d'examen, la composition des échantillons permet de préciser les tendances sociales et économiques de la petite enfance des conscrits nés dans ces années et examinés vingt ans après[5].

On a vu qu'entre 1745 et 1920, les statures des trois régions étudiées connaissent un minimum dans les années de naissance 1780. Quand et comment les sociétés régionales dépassent-t-elles ce minimum ?

I – Les indices d'une menace malthusienne : les témoignages littéraires

a) L'Alsace rurale : la petite exploitation en question

La question de la croissance économique et de l'évolution du bien-être s'est posée aux hommes de science du XIXe siècle, membres de sociétés savantes ou agricoles, propriétaires éclairés, fonctionnaires et médecins, dont le témoignage le plus célèbre est sans aucun doute celui de Villermé. Lecteurs de Malthus, les élites régionales avaient conscience que le schéma malthusien pouvait s'appliquer à leur région.

En 1858, la société des sciences, agriculture et arts du Bas-Rhin décerne un prix au mémoire d'Eugène Oppermann sur le sujet : « Quels ont été en Alsace les progrès de l'agriculture ? Tracer à cet effet le tableau de la situation agricole dans les années qui ont immédiatement précédé la révolution et la mettre en regard de l'état actuel des choses, puis examiner subsidiairement si le développement de l'industrie, qui est le grand fait social de notre époque, doit inspirer des craintes pour l'avenir agricole et militaire du pays[6]. » La démonstration d'Oppermann est pessimiste : « nous nous

---

4   Notre étude étant avant tout anthropométrique, nous n'avons pas relevé la profession des conscrits non toisés. Il n'y a cependant pas de probabilité que les conscrits non toisés appartiennent plus à une profession qu'à une autre.

5   Enfin, étant donné la viscosité des sociétés passées, la profession des aînés de vingt ans n'est pas loin de nous renseigner sur la profession des pères des conscrits.

6   E. OPPERMANN, *loc. cit.*, p. 94-147.

sommes attaché à prouver, qu'à côté de progrès partiels très-notables, l'ensemble de la situation matérielle était aujourd'hui moins prospère qu'avant 1789[7] ». Les intérêts de l'auteur amènent à prendre avec prudence les conclusions de son exposé. Oppermann souhaite développer la moyenne et grande culture aux dépens de la petite culture, la liberté totale du commerce, la baisse des impôts, l'introduction de machines puissantes… et le remplacement des chevaux par des bêtes à cornes: programme libéral qui condamne le petit propriétaire indépendant, invité à vendre ses terres et à se salarier[8].

Le morcellement des terres depuis 1789 est considérable: 157 757 parcelles créées en 40 ans sous l'effet de la pression démographique. Les micro-exploitations sont très nombreuses: 70 % des exploitations sont constituées de moins de 4 hectares[9]. Le budget d'une famille de quatre personnes vivant sur cette surface présenté par le préfet Migneret est très modeste et l'équilibre alimentaire difficile à atteindre[10]. La valeur locative de la terre a beaucoup augmenté depuis 1789 et les baux, en argent, sont plus courts, conséquence de la pression démographique[11]. La production a augmenté car la surface cultivée et la population agricole ont augmenté, mais les rendements seraient restés les mêmes. Affirmation discutable qui, dans une vision très « physiocratique » du progrès agricole, prend pour référence les rendements du froment à l'exclusion des autres cultures et qui prend pour argent comptant l'estimation d'Arthur Young pour 1788[12].

Le bilan du demi-siècle écoulé paraît plus riant aux observateurs des années 1860, peut-être parce que la croissance des salaires du Second Empire est passée par là, mais aussi en raison d'opinions politiques différentes. Pour E. Tisserand et L. Lefébure, figure industrielle philanthrope alsacienne bien connue, « la division [de la propriété] favorise la production et les progrès agricoles[13] ». Autre vision de la société, où la petite propriété privée est vue comme un garant de l'ordre social et où les bienfaits du

---

7 E. OPPERMANN, *loc. cit.*, p. 138.
8 *Ibidem*, p. 140-144.
9 *Ibidem*, p. 117-119.
10 *Ibidem*, p. 120-124. Migneret (rapport de 1857): « L'état de la population doit être très-précaire. Elle vit à peu près dans les années abondantes, et même plusieurs exploitants réalisent de beaux bénéfices […] Au contraire, lorsqu'une année est mauvaise, lorsque la pomme de terre, par exemple, cet élément à bon marché de la masse agricole, vient à manquer, aussitôt la misère arrive et ne rencontrant aucune réserve, aucun capital accumulé, elle sévit immédiatement et avec intensité. » (p. 120).
11 *Ibidem*, p. 116 et 127.
12 19,2 Hl/ha selon cet auteur, à comparer aux 19,5 Hl/ha de 1855. On note que l'estimation de Young n'est pas une moyenne, contrairement aux données de 1855. La comparaison est donc biaisée, et les rendements moyens de 1855 sont parmi les plus élevés de France à cette époque.
13 Rapport sur l'enquête agricole de 1866 cité par E. TISSERAND, L. LEFEBURE, *Etude sur l'économie rurale de l'Alsace*, Paris, 1869, p. 237.

régime impérial sont vantés[14]. « Les salaires ont augmenté de 50 pour 100 au moins depuis 30 ans »[15] malgré la croissance démographique, et l'esprit d'innovation permet aux petits propriétaires de s'enrichir tout en fournissant davantage de protéines d'origine animale aux Alsaciens[16]. Pour J.-F. Flaxland aussi, la petite culture alsacienne est le moteur du progrès enregistré depuis 1789 : le manque de main-d'œuvre défavorise la grande propriété, alors qu'il valorise le travail des petits agriculteurs indépendants exploitant 2 à 3 hectares[17]. Vision un peu idéalisée, où la hausse des salaires et des revenus paysans du Second Empire masque les conditions de l'agriculture dans la première moitié du siècle : « Suivant une opinion exprimée dans le *Courrier du Bas-Rhin* par l'un de nos correspondants, la petite culture serait en prospérité évidente. La preuve, dit M. Ringeisen, d'Erstein, est dans la libération de ses dettes, dans l'acquisition des terres, dans l'amélioration de ces terres et dans le paiement régulier des fermages[18]. »

b) Mulhouse : le débat Villermé-Penot

Le Manchester français a focalisé de manière bien plus médiatique que les campagnes alsaciennes l'attention de ses contemporains. La monstruosité du développement de la ville aux cent cheminées, la nouveauté du phénomène de l'industrialisation sont pour beaucoup dans cette attitude. C'est indéniablement l'enquête menée à

---

14 « Malgré toutes les assertions contraires, l'agriculteur ne s'est jamais mieux nourri, logé et habillé qu'aujourd'hui » (E. TISSERAND, L. LEFEBURE, *op. cit.*, p. 280) et : « Les dépositions sont unanimes pour signaler une très-grande amélioration dans le bien-être et dans l'instruction de la classe rurale ». (p. 246). Même observation 11 ans auparavant chez Oppermann, mais sur un ton différent : « Si l'on n'avait à signaler, à ce sujet, qu'une amélioration de confort, de bien-être intérieur des ménages, il n'y aurait assurément rien à dire, si ce n'est qu'à s'en applaudir, mais, sous ce rapport, le progrès n'a pas été aussi marquant que celui du luxe extérieur qui, particulièrement dans les classes aisées ou d'aisance moyenne […] de beaucoup de nos paysans, mérite vraiment d'être critiqué ». (E. OPPERMANN, *loc. cit.*, p. 139.)

15 Rapport cité par E. TISSERAND, L. LEFEBURE, *op. cit.*, p. 247.

16 « Le fait [le perfectionnement agricole] est plus frappant encore en ce qui concerne les produits de laiterie. L'abondance de la demande, la valeur toujours croissante de ces produits, n'a pas tardé à amener à l'extension des cultures fourragères et à la multiplication des animaux. D'autres cultures moins avantageuses ont perdu de leur étendue, et l'on voit aujourd'hui telles familles qui ne subvenaient autrefois pas à leur entretien qu'au moyen de la production de céréales, vivre exclusivement de la vente des produits laitiers. », *ibidem*, p. 172.

17 J.-F. FLAXLAND, *Quelques considérations relatives à l'enquête agricole dans les départements frontières du nord-est*, Paris, 1866, p. 25.

18 *Ibidem*, p. 24-25 et p. 28 : « Le mouvement ascendant de la petite culture, favorisée, comme nous l'avons démontré plus haut, par les événements politiques qui se sont succédés depuis 1789, prouve évidemment qu'elle jouit de certains avantages qui échappent à la grande propriété. »

l'appel de l'Académie des Sciences morales et politiques par Louis-René Villermé qui a laissé les pages les plus célèbres sur les conditions et les niveaux de vie des ouvriers mulhousiens: cherté des loyers, journée de 15 heures, migrations pendulaires à pied entre les villages environnants et Mulhouse, ouvriers en haillons, espérance de vie très faible et silence de la Société Industrielle de Mulhouse (SIM) sur les salaires versés aux ouvriers du coton[19]. La nourriture rend compte des hiérarchies urbaines et industrielles, avec un régime très peu carné pour le grand nombre des ouvriers de l'industrie textile[20]. Le *Tableau* de Villermé s'inspire en fait des recherches entreprises par le professeur mulhousien Achille Penot, membre de la SIM. Celui-ci, influencé par l'anglais Owen, rédige en 1828 un *Discours*[21] sur les conditions de vie des ouvriers mulhousiens que la SIM refuse de publier[22]. Les industriels y sont interpellés par l'homme de science qui réclame une réglementation du travail des enfants dans les fabriques[23]. Penot décrit un régime alimentaire dont la viande est quasiment

---

19 L.-R. VILLERME, *Tableau de l'état physique et moral des ouvriers employés dans les manufactures de coton, de laine et de soie*, Paris, 1840, réédition Paris, 1971, p. 56: «Il est remarquable d'ailleurs, que la *Statistique Générale du département du Haut-Rhin*, publiée par la Société Industrielle de Mulhouse, ouvrage où tout ce qui se rapporte à l'industrie cotonnière est traité avec tant de soin et de sagacité, se taise sur les salaires des tisserands et des ouvriers des filatures. Ce silence ne doit pas, ne peut pas provenir d'un oubli» et p. 44-64.

20 L.-R. VILLERME, *op. cit.*, p. 56-57: «Pour les plus pauvres, tels ceux des filatures, des tissages, et quelques manœuvres, la nourriture se compose communément de pommes de terre, qui en font la base, de soupes maigres, d'un peu de mauvais laitage, de mauvaises pâtes et de pain. Ce dernier est heureusement d'assez bonne qualité. Ils ne mangent de la viande et ne boivent du vin que le jour ou le lendemain de la paie, c'est-à-dire deux fois par mois.
Ceux qui ont une position moins mauvaise, ou qui, n'ayant aucune charge, gagnent par jour de 20 à 35 sous, ajoutent à ce régime des légumes et parfois un peu de viande.
Ceux dont le salaire journalier est au moins de 2 F et qui n'ont également aucune charge, mangent presque tous les jours de la viande avec des légumes; beaucoup d'entre eux, surtout les femmes, déjeunent avec du café au lait. [A titre indicatif, les salaires des maçons, charpentiers, menuisiers et serruriers de Colmar sont tous égaux ou supérieurs à 2 F entre 1834 et 1843, ADHR, 9 M 60, prix moyen de la journée d'un bon ouvrier (non nourri).]
Enfin, les végétaux et principalement les pommes de terre, font au moins les trois quarts de la subsistance du plus grand nombre. Parfois un peu de charcuterie en fait aussi partie. Les hommes employés dans les ateliers de construction ou qui exécutent les travaux les plus rudes, boivent ordinairement du vin tous les jours.» (le budget des salariés de l'agriculture du Haut-Rhin ne laisse pas transparaître une meilleure alimentation, voir ADHR 3 X 4, partiellement reproduit dans M.-C. VITOUX, *Paupérisme et assistance à Mulhouse au XIXe siècle*, 1984, p. 24-27.)

21 A. PENOT, *Discours sur quelques recherches de statistique comparée faites sur la ville de Mulhouse*, Mulhouse, 1828 qui cite Owen p. 43.

22 P. LEUILLIOT, *L'Alsace au début du XIXe siècle. Essais d'histoire politique, économique et religieuse (1815-1830) II. Les transformations économiques*, Paris, 1959, p. 497.

23 A. PENOT, *Discours... op. cit.*, p. 7 et 15.

absente[24], même si c'est l'immoralité des ouvriers qui est censée donner des êtres « rabougris, hâves, défaits[25] ». La comparaison de la table de mortalité de la ville avec celle du pays tout entier est au désavantage de Mulhouse[26]. Basés sur des statistiques comparatives, les chiffres de Penot sont réfutés par le préfet, car Pénot aurait « chargé ses tableaux pour leur donner plus d'éclat[27] ». Les autorités du département n'acceptent pas les conclusions alarmistes du docteur : « statistique poétique » pour Blanchard, maire de Mulhouse, « exagération s'éloignant complètement de la réalité » pour le préfet[28]. On trouve à Mulhouse une opposition attendue entre les médecins hygiénistes d'une part et les autorités politiques et le patronat de l'autre.

Léon Faucher, voyageur ayant visité le Manchester français et le Manchester original va même jusqu'à écrire : « Je ne connaissais pas cette partie de la France dont la vue m'a rafraîchi de toutes les horreurs que j'avais trouvées à Glasgow (sic), à Liverpool et à Manchester. Des ouvriers bien portants et probablement heureux, voilà qui n'est pas commun aujourd'hui[29]... »

Les industriels mulhousiens ont répliqué en 1843 au *Tableau* de Villermé par l'intermédiaire d'Achille Penot qui se montre moins alarmiste que le fondateur des *Annales d'hygiène publique* et plus mesuré que dans son propre *Discours* de 1828[30]. Remarquant que l'on écrivait beaucoup sur la monstruosité du Manchester français, mais sans véritablement connaître par des études similaires ce qui se passait dans le reste du pays, l'érudit mulhousien est le premier à manifester le souci de comparer l'état sanitaire des habitants de Mulhouse à celui d'autres villes françaises et à celui des campagnes alsaciennes, afin de relativiser la situation de Mulhouse. Le souci est louable, bien que l'intention de l'auteur soit clairement établie et nuise parfois à la rigueur de la démonstration. Il s'agit de défendre l'industrie mulhousienne : « Il est d'une habile politique de faire un tableau effrayant des maladies sociales que doivent radicalement guérir les rénovations qu'on propose[31]. » Penot se plonge donc dans la comparaison des causes de réforme des conscrits dans trois cantons ruraux (Altkirch, Huningue et Ferrette) et dans celui de Mulhouse[32]. Malheureusement, ces résultats

---

24 A. PENOT, *op. cit.*, p. 7.
25 *Ibidem*, p. 8.
26 *Ibidem*, p. 33, voir aussi l'évolution de la durée de vie moyenne à Mulhouse de 1812 à 1827 p. 30.
27 P. LEUILLIOT, *op. cit.*, p. 498.
28 *Ibidem*.
29 Lettre du 19 septembre 1843, *Correspondance*, t. 1, 1877, p 145, cité par P. LEUILLIOT, *op. cit.*, p. 502.
30 A. PENOT, *Recherches statistiques sur Mulhouse*, Mulhouse, 1843.
31 *Ibidem*, p. 136.
32 *Ibidem*, p. 120-127.

sont donnés non pour 100 ou pour 1000 conscrits examinés... mais pour 1000 conscrits réformés pour causes physiques. Les résultats ont donc peu d'intérêt au regard des méthodes actuelles, bien que globalement la proportion de réformés pour causes physiques soit inférieure dans le canton de Mulhouse (34,6 %) par rapport aux trois autres cantons (37,2 %)[33].

Cependant, contrairement à l'auteur, on arrive à des conclusions défavorables pour Mulhouse si l'on considère les trois causes de réforme que l'on peut actuellement rattacher à la malnutrition protéique : faiblesse de complexion, défaut de taille et hernies[34]. Penot adopte de plus une vision résolument optimiste de l'évolution du niveau de vie à Mulhouse, montrant que la mortalité des enfants jusqu'à 5 ans a baissé entre 1812-1827 et 1830-1842[35]. Pour lui, la théorie malthusienne s'est vue infirmée dans l'Europe des années 1780 à 1840[36] et c'est peut-être un peu hâtivement que l'auteur étend cette logique boserupienne au cas particulier de Mulhouse. Penot pense que depuis la visite de Villermé à Mulhouse, les conditions d'habitation se sont considérablement améliorées grâce à la construction de nouvelles maisons, la croissance du bâti accompagnant désormais la croissance démographique[37], alors que les recherches récentes montrent que c'est à cette époque qu'il existe une crise du logement à Mulhouse à cause du retard du bâti sur la croissance démographique[38]. Enfin, l'auteur fait preuve d'un certain optimisme lorsqu'il donne comme nourriture ouvrière de référence celle des ouvriers des indienneries, les mieux payés[39], qu'il compare à la nourriture des paysans alsaciens, qui paraît exagérément pauvre en protéines d'origine animale[40].

---

33 A. PENOT, *Recherches...*, *op. cit.*, p. 253.
34 526 réformés pour ces trois causes à Mulhouse (sur 1 000 réformés) contre 492 pour les cantons ruraux.
35 *Ibidem*, p. 110. En revanche, la statistique de l'évolution de la durée de vie moyenne présente dans son article de 1828 n'est pas prolongée pour 1830-1842 alors qu'elle aurait présenté l'intérêt de constituer une série sur 30 ans.
36 S'appuyant sur Moreau de Jonnès (directeur de la SGF), Penot note très pertinemment que la croissance démographique européenne sans précédent montre que la logique malthusienne a été dépassée. (*ibidem*, note 1 p. 82-83).
37 *Ibidem*, p. 153-154.
38 S. JONAS, *op. cit.*, t. 2, p. 11 et 184.
39 La viande ne se mange toutefois que le dimanche, alors que le paysan se nourrit de lait et de pommes de terre.
40 A. PENOT, *Recherches... op. cit.*, p. 155-157. De plus, la consommation individuelle d'alcool de 1819 à 1827 qui apparaissait dans le *Discours* de 1828 n'est pas prolongée de 1830 à 1842, bien que l'auteur fournisse des données sur l'octroi de Mulhouse p. 259.

c) Le Limousin : stagnation ou régression ?

En Limousin, les contemporains ont l'impression d'être témoins d'une stagnation, voire d'une régression de l'agriculture durant la première moitié du XIXe siècle. En 1847, sur 38 avis des administrateurs de Corrèze portant sur l'évolution de l'agriculture entre 1790 et 1847, 14 estiment qu'il y a recul ou stagnation, contre 24 qu'il y a léger (13) ou réel (11) progrès[41]. Lors de l'enquête de 1848, on déclare à Eymoutiers (arrondissement de Limoges) que « l'amélioration dans la culture des terres a été nulle »[42], le juge de paix du canton de Saint-Germain-les-Belles (arrondissement de Saint-Yrieix) estime que « l'agriculture depuis plusieurs siècles y est restée stagnante », voire, dans le canton de Mercœur (Corrèze) « en décadence »[43] ou en « état de dégénérescence » dans la région d'Ussel (Corrèze).

L'agriculture limousine semble figée dans des pratiques ancestrales, faute de capitaux et d'esprit d'innovation. Ses détracteurs reconnaissaient au moins au petit cultivateur alsacien le mérite d'innover ou de tenter d'innover. Rien de tel chez les colons de la Haute-Vienne, alors que le colonage partiaire est le mode de faire-valoir le plus répandu dans le département. Le très catholique Du Taya en fait une description au vitriol, empreinte d'une conscience très poussée de sa « supériorité » de classe : « le métayer est, avant tout et par-dessus tout, paresseux ; il est sale, dérangé, inintelligent, routinier, entêté, méfiant, câlin et patelin vis-à-vis du maître, qu'il hait cordialement, presque toujours voleur, insouciant, coureur de foires, parfois ivrogne : c'est un être brut et abruti. Quand on l'examine de près, on voit que la civilisation ne l'a atteint qu'à l'épiderme (…) C'est l'ennemi de la propriété, et surtout du propriétaire. La seule vertu qu'il possède, c'est la patience (…)[44] ».

Que l'on se tourne du côté des campagnes alsaciennes, de celui de Mulhouse ou du Limousin, les contemporains se posent la question de l'évolution du niveau de vie, sans que les témoignages, souvent contradictoires, permettent d'avancer une conclusion certaine : régression, stagnation, voire progrès dans le cas des ruraux alsaciens ?

---

41 Archives départementales de Corrèze, M 780 et 781, cité par A. CORBIN, *op. cit.*, p. 31.
42 Archives Nationales C 968, cité par A. CORBIN, *ibidem*, p. 30. Même référence pour la citation suivante.
43 Archives Nationales C 949, *ibidem*. Même référence pour la citation suivante.
44 DU TAYA, « Le métayer », dans *Bulletin de la Société d'Agriculture, des Sciences et des Arts de la Haute-Vienne* (dit *L'Agriculteur du Centre*), 1862, p. 205-229 ; voir aussi E. MURET, « L'agriculture ancienne et l'agriculture nouvelle en Limousin », dans *Almanach limousin et du ressort de la Cour impériale*, dit *Almanach Ducourtieux*, 1866, p. 40-49 ; G. DUVERGER, « Réponses adressées à M. le Préfet sur les différents modes d'exploitation des terres dans le département de la Haute-Vienne, et sur les résultats comparatifs qu'on en obtient », dans *Bulletin de la Société d'Agriculture, des Sciences et des Arts de la Haute-Vienne*, 1855, p. 8-17.

II – Les indices d'une menace malthusienne: croissance démographique, revenu paysan, salaires urbains et consommation alimentaire

a) Densités et croissances démographiques: des indices très relatifs

La croissance démographique seule ne saurait être tenue pour un indice valable de menace malthusienne. Dans une perspective boserupienne, on pourrait dire que de même qu'une densité de peuplement n'est trop forte que comparativement au degré de technicité et d'organisation de la société concernée, de même une croissance démographique n'est une menace pour le bien-être de la population que si celle-ci ne peut subvenir aux besoins croissants des bouches à nourrir. Le Limousin a une densité de population faible par rapport à l'Alsace au début du XIXe siècle, mais cela ne signifie pas qu'il peut supporter une croissance démographique plus forte. La superficie moyenne des exploitations agricoles des deux régions suffit amplement à saisir la mesure du phénomène, car c'est un témoin du degré de technicité combinée à la richesse des sols, une sorte d'indice synthétique des rendements et de la productivité des deux terroirs régionaux. Pour l'Alsace, l'exploitation moyenne fait 3 ha vers 1850[45], alors que dans le Limousin, la taille de la propriété moyenne serait comprise entre 25 et 40 ha, ou près de 10 ha en 1831 pour la Haute-Vienne[46], l'exploitation du métayer étant en général plus grande: de 30 à 80 ha[47].

La Basse-Alsace, région de micro-propriété, supporte de 1806 à 1866 une forte croissance démographique, passant de l'indice 99,8 au recensement de 1820[48] à l'indice 112,8 à celui de 1846 (graphique 27). L'évolution est encore plus spectaculaire dans l'arrondissement de Sélestat, qui constitue la base de notre série anthropométrique pour l'Alsace rurale. La croissance se fait ressentir dès le début du siècle, la population passe de l'indice 100 en 1806 à l'indice 123,6 en 1836, l'évolution est plus lente après 1846 (graphique 27). Tout cela paraît cependant négligeable en comparaison du véritable boom démographique que connaît Mulhouse, la ville champignon: elle passe de l'indice 120 en 1820 (9 598 hab.)[49] à l'indice 211 en 1836 (16 932 hab.), 367 en 1846 (29 415 hab., graphique 28). Puis, après un palier de 1846 à 1851, une nouvelle fièvre de croissance urbaine a lieu, de l'indice 369 à 573 (45 981 hab.) en 1856, enfin, après un second pallier de 1856 à 1861, une dernière poussée de 1861 à 1866 (de l'indice 568 à 733). Bien évidemment, la croissance urbaine est très largement alimentée

---

45 M. HAU, *L'industrialisation de l'Alsace (1803-1939)*, Strasbourg, 1987, p. 50. J.-M. BOEHLER évalue le seuil de pauvreté à 1-1,2 ha par famille, *op. cit.*, p. 1442.
46 A. CORBIN, *op. cit.*, p. 242-243.
47 DU TAYA, *loc. cit.*
48 Base indice 100 en 1806.
49 Base indice 100 en 1806.

par l'exode rural, et il serait trompeur de considérer la croissance démographique de l'arrondissement rural de Sélestat comme négligeable dès lors qu'on l'a confronterait à celle de Mulhouse. L'arrondissement de Sélestat doit exclusivement sa croissance à ses propres naissances.

En comparaison, la croissance des arrondissements limousins paraît modeste: avec pour base 100 en 1831[50], les cantons sélectionnés pour établir notre *trend* anthropométrique atteignent l'indice 102 (cantons de l'arrondissement de Bellac) et 106 (cantons de l'arrondissement de Saint-Yrieix) en 1866 (graphique 96), puis le plein rural est atteint tardivement, en 1891: indice 110 (Bellac) et 120 (Saint-Yrieix). S'il est bien évident que la menace malthusienne est écartée sous le Second Empire, la modestie de la croissance démographique antérieure à 1870 ne doit pas faire illusion, elle peut tout simplement témoigner d'un équilibre très précaire entre population et subsistance.

b) Stagnation du revenu paysan en Limousin?

Les croissances démographiques sont un indice de la possible crise malthusienne, mais à elles seules, elles marquent vite leurs propres limites. Il faut essayer de cerner le rapport entre croissance de la population et disponibilité alimentaire afin de voir si le schéma malthusien peut s'appliquer à l'Alsace et au Limousin du début du XIXe siècle. Pour le Limousin, on ne dispose malheureusement pas de documents de valeur permettant une évaluation des ressources alimentaires.

Tout au plus peut-on donner une estimation de l'évolution du troupeau bovin. Cet indice est cependant très précieux, car il nous renseigne non pas sur la consommation en viande ou en lait des Limousins, puisque ceux-ci sont des quasi végétaliens qui exportent toute leur production bovine, mais sur les revenus paysans.

En effet, dès le début du XIXe siècle, la principale source de numéraire et la principale ouverture au marché dont disposent les Limousins est constituée par le commerce des bovins. Ainsi, en l'an XIII, le préposé au tableau rétrospectif de l'état du troupeau note pour les années 1790 et an II: «La véritable richesse du département consiste dans l'éducation et le commerce des bêtes à cornes[51].» Le marché parisien est alimenté par les bovins limousins au moins depuis la fin du XVIIe siècle et, en 1736-1737, les bêtes à cornes du Limousin représentent selon R. Abad environ 15% des ventes des marchés de Sceaux et Poissy, ce qui fait du Limousin la deuxième région exportatrice après la Normandie[52]. A. Corbin a relevé l'importance de premier ordre

---

50 Absence de données avant 1831. On rappelle qu'à l'échelle départementale, les populations sont connues avec précision depuis le recensement de 1831. M. GARDEN et H. LE BRAS, «La dynamique régionale», note 46 p. 164, dans J. DUPAQUIER, *Histoire de la population française. 3 de 1789 à 1914*, Paris, 1995².

51 ADHV, 6 M 444.

52 R. ABAD, *Le Grand marché. L'approvisionnement alimentaire de Paris sous l'Ancien Régime*, Paris,

de l'élevage dans l'économie limousine[53]. On admettra donc qu'à défaut d'évaluer la consommation de protéines des Limousins, le troupeau bovin est un indice indirect de la consommation alimentaire, par l'intermédiaire des revenus paysans.

Or, force est de constater que dans les territoires servant de base à l'élaboration de notre *trend*, les effectifs bovins augmentent peu entre 1790 et 1852 (graphique 101)[54] alors que la population connaît une croissance modeste mais réelle. Au total, le mouvement semble très lent dans le Limousin de la première moitié du XIXe siècle, tant au point de vue démographique qu'agricole.

c) L'évolution des salaires à Mulhouse : un indice discutable

Le revenu du travailleur urbain peut paraître plus simple à évaluer, car on dispose de quelques informations sur les salaires réels et nominaux à Mulhouse, bien que les mouvements de ces derniers restent difficiles à établir pour la première moitié du siècle[55]. De plus, le salaire est un indice traditionnel de niveau de vie : il n'évolue pas forcément dans le même sens que la stature, surtout au début de l'industrialisation où les conditions de travail très dures peuvent entraîner une dépense accrue d'énergie et donc un niveau de vie plus déprimé. Surtout, les salaires réels sont donnés pour une journée de travail, ils ne renseignent pas sur la régularité de l'activité salariée et donc sur la régularité des apports en nutriments[56]. L'importance du chômage urbain, particulièrement fort au début de l'industrialisation, n'est donc pas un facteur pris en compte par l'évolution des salaires réels.

D'autres facteurs entrent en jeu pour expliquer cette éventuelle différence entre évolution du salaire réel et évolution de la stature : changement du régime alimentaire, c'est-à-dire végétalisation de ce dernier sous l'effet de la hausse des prix des denrées riches en protéines animales, elle-même due à l'écart entre la demande croissante (exode rural vers la ville) et l'offre stagnante (absence de révolution des transports au début de la révolution industrielle), densification de l'occupation de l'espace urbain facilitant la propagation des maladies contagieuses[57], etc.

2002, p. 123-184 et 873, ici p. 135. Pour les mentions de flux de bétail entre le Limousin et Paris aux XVIIe et XVIIIe siècles, voir E. TEISSERENC DE BORT, «La vérité sur la race bovine limousine», dans *L'Agriculteur du Centre*, 1889, p. 31.
53   A. CORBIN, *op. cit.*, p. 174-176.
54   Troupeau bovin estimé des arrondissements de Bellac et Saint-Yrieix (en têtes de bétail) :
1790 : 60 872 ; 1794 : 59 200 ; 1799 : 61 160 ; 1804 : 64 920 ; 1814 : 66 059 ; 1852 : 68 135.
(source : ADHV, 6 M 444, 445, 447, 448 et 450.)
Soit une augmentation de 12 % entre 1790 et 1852, mais de seulement 3 % entre 1814 et 1852.
55   M. HAU, *op. cit.*, note 35 p. 370 ; P. LEUILLIOT, *op. cit.*, p. 487.
56   Problème déjà soulevé par P. LEUILLIOT, *op. cit.*, p. 487.
57   Significatif plus de calories dépensées pour lutter contre la maladie et donc moins de calories pour la croissance staturale.

Graphique 27
Croissance démographique en Alsace, 1806-1866

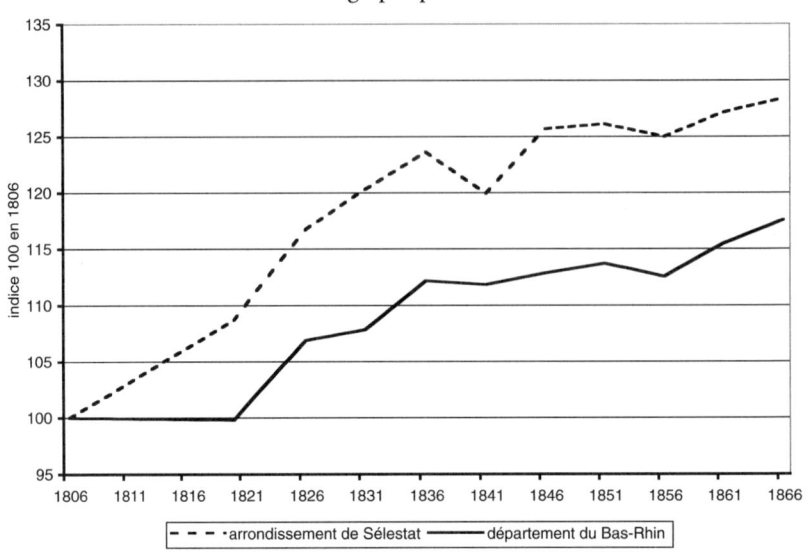

– – – arrondissement de Sélestat ——— département du Bas-Rhin

(Sources : ADBR, sous-série VII M, recensements de la population)

Graphique 28
Croissance démographique de Mulhouse, 1806-1866

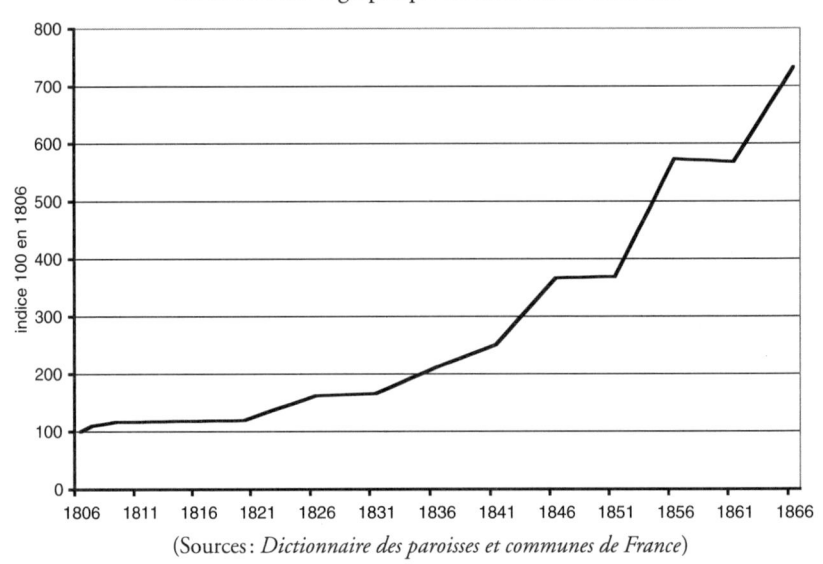

(Sources : *Dictionnaire des paroisses et communes de France*)

Graphique 29
Disponibilité en lait l/hab./an dans le Bas-Rhin, 1813-1857

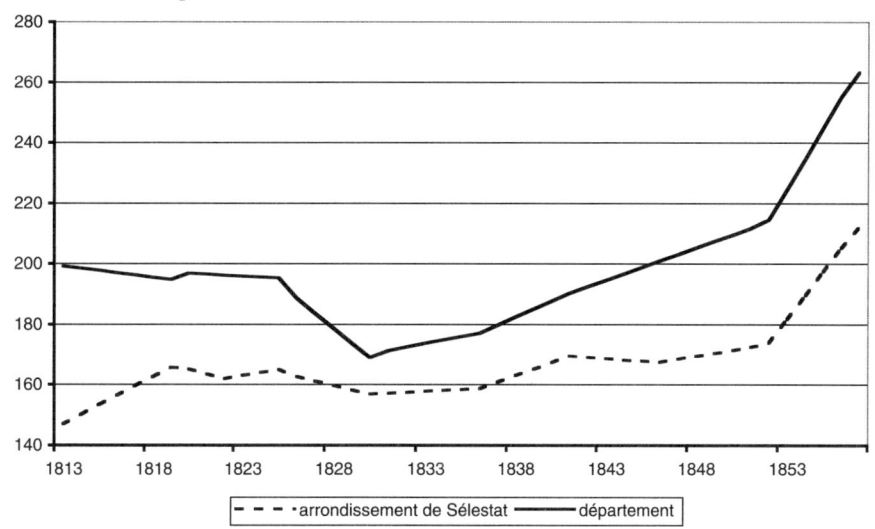

- - - arrondissement de Sélestat ——— département

(Sources: ADBR, sous-série VII M, recensements de la population; sous-série XI M, recensements du bétail et enquête agricole de 1852)

Graphique 30
Consommation de viande porcine et bovine sur pied à Colmar (1820-1852)

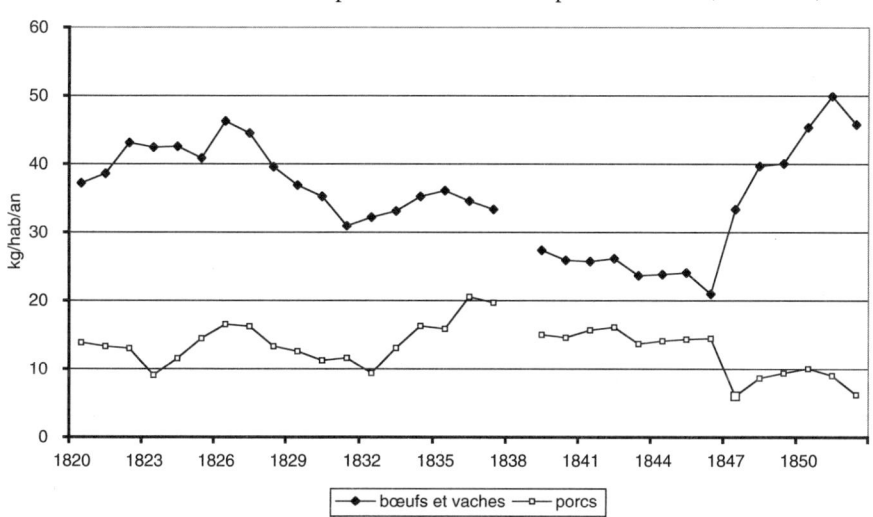

—♦— bœufs et vaches —□— porcs

(Sources: ADHR, sous-série 6 M, recensements de la population et octroi de la ville de Colmar)

Graphique 31
Consommation d'alcool à Colmar (l/hab./an), 1820-1852

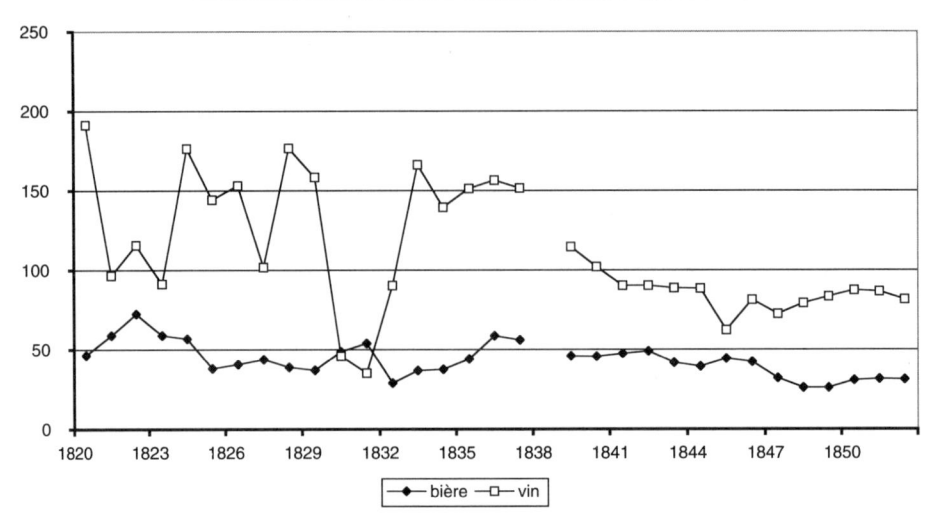

(Sources: ADHR, sous-série 6 M, recensements de la population et octroi de la ville de Colmar)

Il reste que la connaissance du mouvement des salaires réels est importante, car elle permet de voir éventuellement l'ampleur de l'écart entre indice biologique de niveau de vie et indices traditionnels de niveau de vie. Michel Hau donne les estimations suivantes pour l'ensemble des ouvriers des filatures mulhousiennes:

Tableau 5: Salaire réel à Mulhouse (1821-1875)

(Sources: M. HAU, *op. cit.*, p. 288)

Période	Salaire réel (base 1871-1875 = 100)
1821-1830	84,10
1831-1840	93,50
1841-1850	90,90
1851-1860	97,70
1861-1870	113,20
1871-1875	100

On voit que le niveau est particulièrement bas de 1821 à 1850, même si la dépression du début des années 1820 marque bien le minimum des années 1821-1875. Selon M.-C. Vitoux, la période 1802 à 1820-1825 correspondrait à une hausse de 25 %[58], alors que pour M. Hau le salaire réel « diminue sensiblement entre 1810 et 1830[59] ». D'après Vitoux, la période 1820-1825 correspond à une baisse de 25 %, ce qui paraît plus vraisemblable que son estimation précédente, alors que la décennie 1848-1858 serait marquée par la stagnation, la hausse ne viendrait qu'à la fin des années 1850[60]. Selon les auteurs, il n'y a donc pas d'amélioration sensible du salaire réel dans l'industrie alsacienne avant le début ou la fin des années 1850. On peut même se demander si en la matière le salaire des ouvriers les plus nombreux fait de réels progrès avant le début des années 1860[61]. En effet, il faut aussi prendre garde à une évolution du « salaire moyen » ou du salaire de telle ou telle profession qui ne rend pas compte des modifications de la structure sociale de la ville et finalement ne rend pas compte de l'évolution du niveau de vie moyen. A l'amélioration très lente du salaire réel que l'on semble pouvoir dégager s'ajoute un niveau de départ particulièrement faible et, encore au milieu du siècle, les salaires nominaux de l'industrie cotonnière mulhousienne sont inférieurs à ceux de l'industrie cotonnière lilloise ou rouennaise[62]. A l'échelle internationale, le salaire nominal de l'ouvrier de coton alsacien en 1853 est bien inférieur à celui de Manchester et se rapproche de celui des pays de bas salaires que sont alors Allemagne et Suisse[63]. Pour M. Hau, cette situation s'explique par la présence dans les campagnes alsaciennes de nombreux prolétaires qui exercent une pression à la baisse sur les salaires de l'industrie urbaine, le niveau de vie des ruraux pauvres serait même inférieur à celui de l'ouvrier de manufacture[64]. Les salaires des ouvriers du textile mulhousien sont inférieurs à ceux d'autres régions textiles. Ce qui est un atout pour la compétitivité de l'entreprise alsacienne pourrait bien être un fort handicap pour le niveau de vie des ouvriers du textile.

d) L'évolution des consommations de produits d'origine animale dans l'arrondissement de Sélestat et à Colmar

Le salaire réel est un indice de niveau de vie imparfait. La consommation alimentaire par habitant semble plus proche des conditions de vie réelles des contemporains,

---

58 M.-C. VITOUX, *op. cit.*, p. 20.
59 M. HAU, *op. cit.*, p. 288.
60 M.-C. VITOUX, *op. cit.*, p. 20-21.
61 Entre 1853 et 1860, le salaire nominal du tisseur, profession la plus représentée dans les registres de la conscription après les ouvriers de fabrique, n'augmente quasiment pas (de 3,5 à 3,52 F/j). M. HAU, *op. cit.*, p. 305.
62 *Ibidem*, p. 289.
63 *Ibidem*, p. 291.
64 *Ibidem*, p. 301 et 302.

car elle élimine le problème de la répartition du budget familial entre les différentes denrées, entre celles-ci et le loyer et autres charges fixes. Elle entretient un rapport plus étroit avec le niveau de vie biologique. Afin de fournir une approximation de la consommation de protéines d'origine animale par habitant en Alsace rurale au cours de la première moitié du XIXe siècle, on considère l'évolution du troupeau de vaches. La disponibilité en lait par habitant peut être tenue comme une bonne approximation de la consommation de protéines d'origine animale à une époque où la viande est encore un luxe, spécialement dans les campagnes[65].

La disponibilité en produits lactés dans l'arrondissement de Sélestat est inférieure à celle de la moyenne du département de 1813 à 1857, témoin d'un niveau de vie moins élevé (graphique 29). On constate une baisse des disponibilités en protéines tirées du lait pour l'ensemble du département de 1813 à 1830 (de 199 à 169 l/hab./an), puis une amélioration après cette date, nettement accélérée après 1852. La situation de l'arrondissement de Sélestat est encore plus préoccupante, puisque la disponibilité marque une longue stagnation : 166 litres en 1819 et 174 litres en 1852. Il n'y a de véritable progrès qu'après 1852.

L'évolution des conditions de vie n'est pas meilleure dans l'Alsace urbaine. Malheureusement, on ne dispose pas de sources de qualité sur l'octroi de la ville de Mulhouse, qui nous auraient permis d'évaluer la consommation de la ville aux cent cheminées[66].

---

64 *Ibidem*, p. 301 et 302.
65 Il existe bien sûr des biais à cette méthode : tout d'abord la lactation moyenne retenue correspond à celle de l'enquête agricole de 1852 et on ne tient donc pas compte d'une éventuelle amélioration de la productivité des vaches entre 1813 et 1857 (lactations : 1212 l/an/vache pour le département, soit une production qui paraît très modeste au XXIe siècle (3,3 l/jour) ; 1041 l/an/vache pour l'arrondissement de Sélestat, soit 2,8 l/jour). Ensuite, on suppose qu'il n'y a pas trop de différence entre disponibilité et consommation en lait, alors que certains facteurs peuvent intervenir pour fausser cette relation : technique de conservation du lait, commercialisation sous forme de fromage vendu hors de l'arrondissement ou du département, importation de fromage, etc. On admettra toutefois qu'en l'absence de chemin de fer et avec une forte pression démographique, les exportations de protéines sont très réduites et que notre indice constitue donc un minimum, réserve faite de la question de l'évolution de la lactation moyenne.
66 On peut tout au plus fournir une estimation de l'évolution de la consommation de viande pour quelques années (bœufs, vaches, veaux, moutons et porcs) :
    1820 : 64,3 kg/hab.
    1825 : 98,6
    1830 : 80,8
    1836 : 92,6
    1839 : 74.
    Il semble donc qu'il existe une baisse de la consommation de protéines rouges de 1825 à 1839. (sources : recensements de la population (ADHR) et AMM, F IV Ec, taxation et consommation de la viande).

Plutôt que de reprendre les prix de la viande déjà bien connus et collectés par Hanauer (graphique 43)[67], il semble plus intéressant de reconstituer la consommation d'une autre ville alsacienne. En effet, en l'absence de connaissances précises sur l'évolution des salaires nominaux à Mulhouse dans la première moitié du XIXe siècle, le relevé des prix nominaux mulhousiens n'a qu'une valeur bien relative. En revanche, estimer la consommation alimentaire de Colmar fournit de précieuses indications, car cette ville, d'abord plus peuplée que Mulhouse au début du siècle, se fait rapidement dépasser par cette dernière[68]. On peut donc raisonnablement penser que s'il existe une baisse de la consommation par habitant à Colmar, il en existera une d'ampleur plus grande à Mulhouse. En effet, les deux villes sont très tôt rattachées à la ligne de chemin de fer Strasbourg-Bâle, axe potentiel d'approvisionnement en protéines animales en provenance de la Suisse. Les conditions du ravitaillement sont donc identiques pour les deux villes alors que, contrairement à Strasbourg, elles connaissent toutes deux, à des rythmes très différents il est vrai, le développement de l'industrie[69].

La consommation de viande à Colmar (graphique 30) paraît tout d'abord faible au regard de celle de Mulhouse, mais c'est là question de denrées différentes, qui ne peuvent être totalement comparées, puisque les chiffres de Mulhouse comprennent la consommation de veaux et moutons[70]. L'essentiel est d'obtenir une série homogène, ce qui est le cas pour Colmar. On a représenté la consommation de viande de bœuf, consommation de riches, et celle de porc, consommation de pauvres. On remarque toutefois que l'introduction de cette nuance n'apporte pas de grands changements à la

---

67 HANAUER, *Etudes économiques sur l'Alsace ancienne et moderne*, t. II *Denrées et salaires*, Strasbourg, 1878, p. 193-194.

68 Colmar compte 14 300 habitants en 1820 (Mulhouse : 9 603) mais « seulement » 15 958 en 1836, date à laquelle Mulhouse devient plus grande (16 932). L'écart se creuse ensuite : Colmar a 21 348 habitants en 1851 contre 29 574 pour Mulhouse.

69 Bien sûr, cet indice de la consommation a ses limites. Il faut prendre garde en particulier à la croissance démographique des espaces non compris dans le périmètre de l'octroi. Négligés, ces espaces amèneraient à surestimer la consommation urbaine. Pour Colmar, on remarque que les postes de l'octroi sont disposés à l'extérieur de l'agglomération colmarienne et donc qu'un tel biais n'existe pas. En 1870, les postes de l'octroi « en dehors desquels il existe quelques habitations isolées non assujetties à l'octroi » comprennent toute la commune de Colmar (*Question du maintien ou de la suppression de l'octroi, réponse au questionnaire formulé par son Excellence le Ministre de l'Intérieur*, Colmar, 1870, p. 10, Archives municipales de Colmar (AMC), 2 G 2 1 ; le plan de l'octroi qui figure aussi l'agglomération (1856) confirme le texte précédent, AMC, 2 G 2 3). On s'est inspiré des travaux de R. LAURENT sur l'octroi de Dijon pour l'exploitation des documents (R. LAURENT, *L'Octroi de Dijon au XIXe siècle*, Paris, 1960, p. 12-14 sur la question du périmètre de l'octroi.)

70 On rappelle que la consommation de Mulhouse, pour les cinq années que l'on connaît, atteint un minimum en 1839 avec 74 kg/hab./an contre un maximum de 63 kg pour Colmar en 1826, mais avec les seuls bœufs, vaches et porcs.

tendance dégagée, puisque les deux courbes évoluent en parallèle jusqu'à la fin des années 1840. On constate que la consommation totale de viande décline pendant une vingtaine d'années et atteint son nadir en 1846, puis que la situation s'améliore. On notera au passage que l'augmentation de la consommation de viande après 1846 peut être due à plusieurs facteurs : nouveaux arrivages par chemin de fer, mais celui-ci existe alors depuis plusieurs années, renchérissement du prix de la viande de porc qui fait que la consommation populaire se tourne vers les bovins, et enfin augmentation de l'offre en bovins locaux sous l'effet de la cherté des fourrages[71]. On pense notamment que la crise agricole de 1846-1847 peut expliquer en partie l'augmentation de la consommation de viande à la fin de la période. Par manque et donc cherté de fourrage, de nombreuses bêtes peuvent être abattues et proposées sur le marché urbain en période de crise agricole. Au final, la consommation de viande à Colmar durant la première moitié du XIXe siècle indique une détérioration de la ration alimentaire des citadins alsaciens. Il s'agit là d'un phénomène européen que l'on peut saisir par l'étude des archives des octrois[72].

Enfin, la consommation des autres produits alimentaires soumis à l'octroi nous permet de confirmer la tendance déjà observée. On boit de moins en moins de vin et de bière à Colmar dans la première moitié du XIXe siècle (graphique 31). Il s'agit là d'une consommation d'agrément, sensible à la conjoncture économique, qui nous indique donc la part du budget familial disponible pour les menus plaisirs et qui disparaît aussitôt que la crise surgit[73]. L'élasticité de la consommation est aussi due aux conditions de vendanges pour le vin et peut donc varier considérablement selon les conditions météorologiques de l'année-vendange. La tendance générale n'en est pas moins à la baisse, marquée surtout après 1836[74] : on passe de 215 (1836) à 113 (1852) litres d'alcool par habitant par an[75]. Les Colmariens concentrent donc leur budget sur l'essentiel : la consommation de viande est beaucoup moins élastique que celle d'alcool, puisque l'indice minimum est atteint pour la première en 1836 avec

---

71 Ces deux derniers phénomènes sont mentionnés dans le rapport de l'octroi du deuxième semestre 1862 (AMC, 2 G 2 3), ainsi que dans R. LAURENT, *op. cit.*, p. 99-100.

72 Voir notamment Y. SEGERS, « Oysters and rye bread : Polarising living standards in Flanders, 1800-1860 », dans *European Review of Economic History*, 2001, p. 301-336.

73 Voir R. LAURENT, *op. cit.*, p. 57, rapport préfectoral de 1885 : « En temps de malaise, la première réduction qui s'opère sur la consommation de la famille est celle du vin ».

74 La consommation de vin à Mulhouse semble plus faible qu'à Colmar : 103 l/hab./an en moyenne entre 1820 et 1827 (d'après A. PENOT, *Discours... loc. cit.*, p. 29) contre 134 à Colmar entre les mêmes dates. Mulhouse présente peut-être déjà un profil plus industriel, moins artisanal et surtout est moins proche du vignoble alsacien.

75 On notera d'ailleurs le phénomène de substitution du vin par la bière les années de mauvaises vendanges (1830-1831 et 1845). Même phénomène à Dijon, où la petite bière est une « boisson de remplacement » (R. LAURENT, *op. cit.*, p. 74.)

comme valeur 69[76] alors que l'indice minimum pour la seconde est beaucoup plus bas (indice 44 en 1847).

L'analyse combinée des consommations de viande et d'alcool permet de voir une diminution de la consommation alimentaire à Colmar durant la première moitié du siècle et la priorité accordée à la consommation de protéines animales alors que les budgets familiaux peuvent de moins en moins se permettre, au milieu du siècle, de s'acheter du vin ou de la bière. Il est donc vraisemblable que la consommation alimentaire mulhousienne baisse dans des proportions beaucoup plus importantes qu'à Colmar en raison d'une croissance démographique beaucoup plus forte alors que les conditions d'approvisionnement du marché sont identiques[77].

Au vu des données démographiques, économiques et alimentaires, il semble donc que les sociétés qui pourraient être les plus menacées d'une crise malthusienne seraient l'Alsace rurale et urbaine alors que le Limousin serait peut-être moins exposé, bien que possédant un niveau de développement inférieur.

III – Le Limousin : la très grande pauvreté d'une région à la structure sociale binaire (cohortes de naissance 1782-1851)

a) La stagnation du niveau de vie biologique entre les cohortes de naissance 1782 à 1851

Le Limousin, région des « mâcheraves » de Turgot, est réputé au XVIIIe siècle pour sa grande pauvreté. Le niveau de vie biologique des Limousins appartenant aux cohortes de naissance 1782 à 1851 est particulièrement bas, la stature moyenne est de 161,8 contre 164,2 cm pour la France. Signe d'extrême pauvreté, la croissance secondaire de l'adolescence est tellement faible ou tardive qu'elle fausse les résultats des années 1780 et on a donc renoncé à faire figurer les années de naissance 1786-1794 sur les graphiques concernant le Limousin (graphiques 32, 98 et 160)[78]. On peut toutefois avancer que, de 1782 à 1794, le niveau de vie des Limousins est resté station-

---

76 Base 100 en 1820.

77 On note d'ailleurs que l'arrivée du train à Colmar (et Mulhouse) en 1841 n'a pas entraîné d'augmentation de la consommation… en effet, les salaires restent les mêmes qu'auparavant.

78 Le lecteur trouvera toutefois les résultats de ces années standardisés à l'âge de 20,5 ans dans les annexes statistiques. On rappelle que l'on a utilisé une croissance moyenne nationale entre 18 et 21 ans pour corriger les statures prises à un âge précoce sous Napoléon I. Cette croissance est trop importante pour le Limousin, elle signifierait l'existence d'un *trend* à âge constant entre 1786 et 1794 beaucoup trop rapide pour être plausible qui correspondrait à une croissance économique très soutenue, ce qui n'est bien évidemment pas le cas du Limousin à cette période.

naire ou a faiblement augmenté[79], ce qui est bien le minimum lorsque l'on voit le très faible niveau de départ (graphique 32). Globalement, la première moitié du XIXe siècle est caractérisée par la réalité de la menace malthusienne. Les faibles valeurs des dernières années (1848-1851) sont nettement inférieures aux meilleures années (1838 et 1843). Le *trend* est fortement orienté à la baisse de 1801 à 1826, avec une célérité de décroissance sensible de l'ordre de 1 mm/an (la célérité désigne la vitesse du mouvement, sans préjuger du sens de ce mouvement, qui en l'occurrence est descendant). Par la suite, la stature répond à des phénomènes cycliques autour d'une valeur moyenne de 162 cm. L'année 1826 marque donc le nadir de ce demi-siècle[80].

Les années 1803-1815 sont des années de médiocre aisance et stabilité, marquées de cycles courts[81], après un début de période au niveau de vie particulièrement bas (1796-1803). L'Empire semble donc apporter une prospérité toute relative, la situation est même meilleure qu'au début des années 1780. La première décennie de la Restauration n'en paraît que plus terne, avec une véritable dépression : décroissance très sensible de célérité de 2 mm/an.

De 1826 à 1846, la stature opère tout d'abord un rapide rattrapage de 1826 à 1831, puis un déclin très rapide (1831-1834), suivi d'une croissance par paliers (1834-1846)[82]. Enfin, les années 1846-1851 marquent à nouveau une période de dépression du niveau de vie. Ceci correspond bien à la « crise » des années 1846-1851, mais on note aussi que la hausse des salaires du Second Empire ne parvient pas à faire rattraper le retard de croissance de la petite enfance des conscrits toisés dans les années 1866-1871. La crise précédant la Révolution de 1848 est donc particulièrement grave en Limousin, même si le minimum des 70 années est atteint en 1824-1826 et non dans ces années de la fin de la monarchie de Juillet. Les conscrits toisés à la fin du Second Empire, nés dans les années 1840, témoignent donc du niveau de vie biologique alarmant de la région, dont les contemporains ont conscience : « Comparez [le paysan limousin] avec ses voisins de la Charente, de la Dordogne, de la Vienne et de l'Indre où le laboureur mange du pain de froment et boit du vin : quel constraste ! Le premier est pâle, maigre, petit au teint livide et maladif ; les seconds, au contraire, ont une stature élevée, présentent une allure vive et tous les attributs de la santé[83]. »

Derrière le *trend* général dégagé pour le Limousin, il existe en fait deux régions aux profils économiques et sociaux très différents. Les cantons de l'arrondissement de

---

79   Puisque le *trend* à âge réel est légèrement descendant mais que l'âge réel d'examen ne cesse de diminuer. On peut donc supposer raisonnablement que la croissance secondaire de l'adolescence, bien que faible, compense cette légère baisse de stature à âge réel.
80   Exception faite de la valeur très faible de 1782.
81   Cycles ascendants assez longs : 1796-1803, 1805-1809 ; cycles descendants plus courts : 1803-1805, 1809-1810, puis stabilité (1810-1816).
82   Qui correspond aussi, à l'adolescence, à la hausse des salaires du Second Empire.
83   Guide du Limousin datant de 1865 cité par A. CORBIN, *op. cit.*, note 116 p. 74.

La France sous menace malthusienne: Alsace et Limousin (cohortes de naissance 1780-1850)

Graphique 32
Stature en Limousin (N = 28 262) et en France, cohortes de naissance 1782-1851

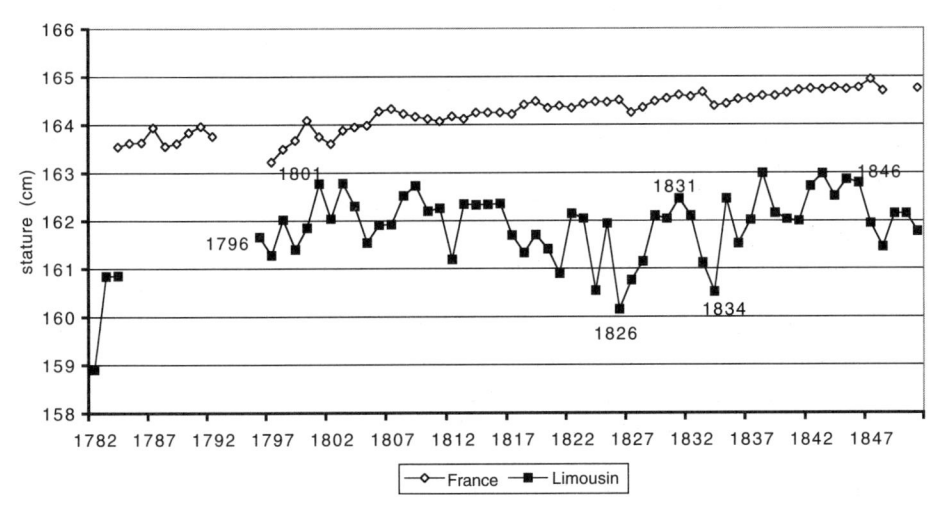

(Sources: ADHV, série R, registres du contingent départemental (d'après le répertoire de la série R), listes du contingent, listes de tirage au sort et D. R. Weir pour la France.)

Graphique 33
Stature des conscrits de l'arrondissement de Bellac (Limousin maçonnant) et de l'arrondissement de Saint-Yrieix (Limousin agricole archaïque), cohortes de naissance 1823-1851 (N = 15 535)

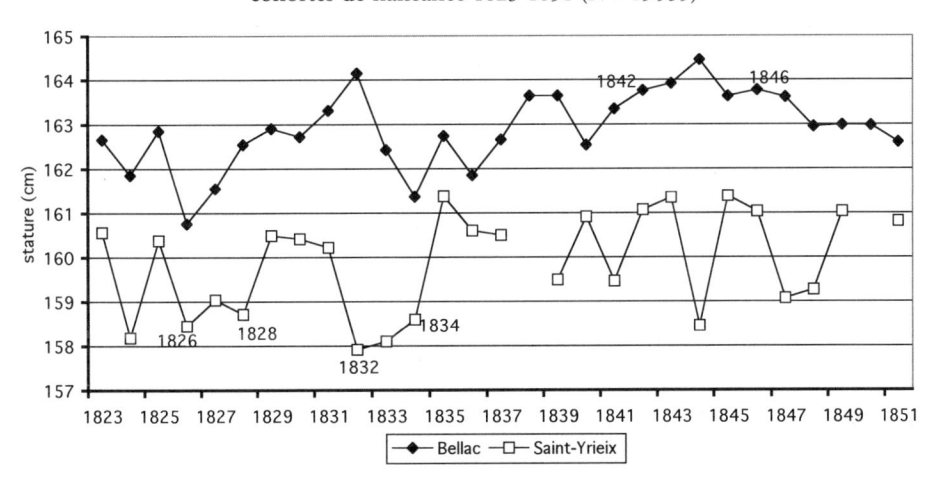

(Sources: ADHV, série R, listes de tirage au sort)

Bellac sélectionnés pour l'établissement du *trend*[84] font partie du Limousin maçonnant qui émigre à Paris, Lyon ou Bordeaux : 45,1 % des conscrits toisés (N = 3756) s'y déclarent maçons entre 1843 et 1872, contre seulement 20,7 % cultivateurs. Le nord de la Haute-Vienne fait partie de ce Limousin maçonnant qui part faire campagne chaque année en mars pour revenir au pays à l'automne. La légende de Martin Nadaud fait bien souvent oublier que ce ne sont pas seulement les Creusois qui ont construit Paris et Lyon, mais aussi les maçons de l'arrondissement de Bellac. En tout, sur près de 50 000 migrants temporaires limousins[85] à la fin du règne de Louis-Philippe, si 34 000 viennent de la Creuse, ils sont tout de même 8 000 à 10 000 à venir de Haute-Vienne[86]. La carte des migrants temporaires d'Alain Corbin montre très nettement que l'arrondissement de Bellac fait partie du Limousin migrant[87].

Les migrations pour la recherche d'un travail de maçon dans des villes lointaines sont une tradition qui remonte probablement à la fin de la guerre de Cent Ans et qui prend de l'importance à partir du milieu du XVIIe siècle[88].

L'arrondissement de Bellac fait donc partie d'un ensemble économique relativement favorisé au sein du Limousin car il bénéficie de l'apport en numéraire des maçons, dans une sorte d'économie de transfert qui a lieu entre les villes et le Limousin. La culture du froment est d'ailleurs beaucoup plus présente qu'ailleurs en Limousin dans ces cantons de la Basse-Marche occidentale[89], preuve d'une richesse toute relative de l'agriculture.

La composition sociale de ces cantons paraît très simple, les maçons dominent très nettement le monde des migrants : les paveurs, deuxième métier à migrer ne représentent que 0,8 % des effectifs. La stature atteint ici des maxima régionaux, dans le canton de Saint-Sulpices-les-Feuilles (la moyenne de ce canton est de 168,3 cm en 1848) alors que les cantons retenus pour le *trend* sont parmi les plus favorisés[90].

Dans les cantons de l'arrondissement de Saint-Yrieix sélectionnés pour la constitution du *trend*[91], c'est un profil encore plus monotone qui domine. Ici, ce sont les cultivateurs qui règnent presque sans partage : 66,9 % des conscrits toisés (N = 5 331), alors que les maçons sont quasiment absents (0,7 %, N = 54) et que seuls quelques

---

84 Rappel : Bellac, Châteauponsac, Le Dorat et Magnac-Laval.
85 Ce qui inclut les maçons, qui sont les plus nombreux, mais aussi les autres métiers de migrants.
86 A. CORBIN, *op. cit.*, p. 180.
87 *Ibidem*, p. 181.
88 A. MOULIN, *Les Maçons de la Creuse. Les origines du mouvement*, Clermont-Ferrand, 1986 (réimpression 1994), p. 9-19.
89 A. CORBIN, *op. cit.*, p. 24.
90 Le Dorat : 165,8 cm ; Magnac-Laval : 165,6 cm ; Voir *infra* la carte anthropométrique 5 de la cohorte née en 1848.
91 Rappel : Nexon, Saint-Germain-les-Belles, Saint-Yrieix.

La France sous menace malthusienne : Alsace et Limousin (cohortes de naissance 1780-1850)

Graphique 34

Proportion de conscrits limousins cultivateurs et agriculteurs dépendants
(années d'examen 1807-1851)

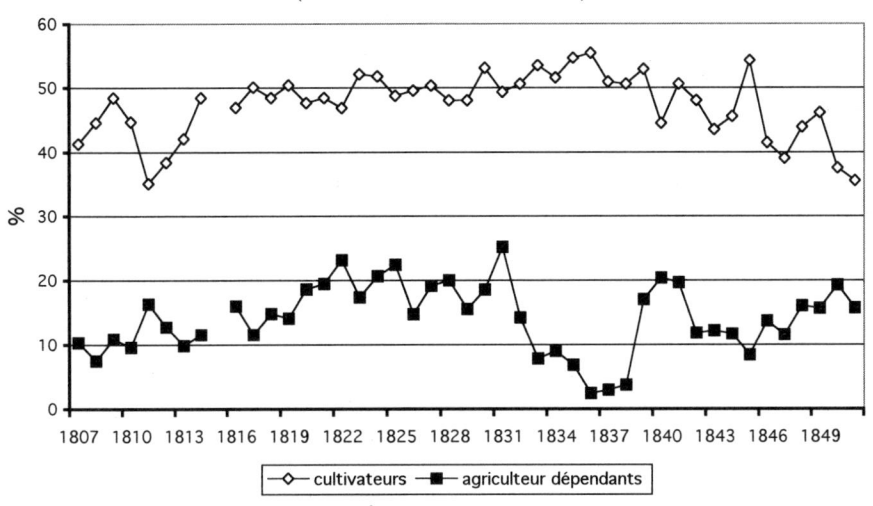

(Sources : ADHV, série R, registres du contingent départemental (d'après le répertoire de la série R), listes du contingent, listes de tirage au sort)

Graphique 35

Proportion de conscrits limousins maçons et artisans (années d'examen 1807-1851)

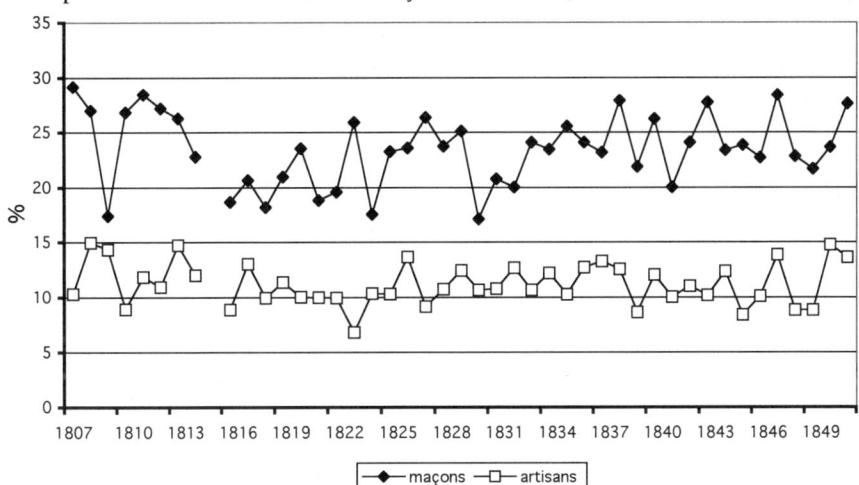

(Sources : ADHV, série R, registres du contingent départemental (d'après le répertoire de la série R), listes du contingent, listes de tirage au sort)

agriculteurs dépendants viennent diversifier la structure sociale de l'échantillon (domestiques : 8,8 %, N = 700). Selon A. Corbin, cette région n'aurait pas le plus mauvais potentiel naturel ni la plus mauvaise agriculture du Limousin[92], mais la carte anthropométrique de la cohorte née en 1848[93] indique clairement que l'arrondissement de Saint-Yrieix se trouve dans la vaste zone de forte dépression staturale qui couvre le nord de la Corrèze et le sud de la Haute-Vienne.

On atteint là des statures très basses (Saint-Germain-les-Belles : 160,4 cm ; Saint-Yrieix : 160 cm, voire Lubersac (Corrèze) 159,8 cm). Cet ensemble très déprimé, situé au sein d'un des départements donnant les plus petits conscrits français, correspond vraisemblablement aux statures moyennes les plus faibles de France.

La région de migrants « aisés » a-t-elle vécu de la même façon la baisse du niveau de vie que la région pauvre d'agriculteurs sédentaires ? Le graphique 33 présentant l'évolution des deux sélections de cantons de 1823 à 1851 montre un profil général identique.

Aucun véritable progrès entre ces deux dates n'est à noter. Les Limousins en majorité maçons (arrondissement de Bellac) ont un niveau de vie toujours supérieur aux Limousins en majorité agriculteurs sédentaires (arrondissement de Saint-Yrieix), bien que leur stature soit inférieure à la moyenne française. On retrouve les mêmes cycles que sur le graphique 32 présentant l'évolution générale de la région.

On note cependant que les dépressions sont beaucoup plus marquées dans l'arrondissement de Saint-Yrieix : moyenne de 158,7 cm entre 1826 et 1828, voire de 158,2 cm entre 1832 et 1834, avec un minimum de 157,9 cm pour les conscrits nés en 1832. La rapidité des dépressions et reprises est d'ailleurs difficilement imaginable au regard des évolutions admises comme plausibles au XXIe siècle. Les cycles de l'arrondissement de Saint-Yrieix au début du XIXe siècle ont une célérité supérieure à celle de la moyenne nationale à la fin du XVIIe siècle, pourtant déjà rapide. La stature moyenne des conscrits des années 1826-1834 (années d'examen 1846-1854) est très proche de la stature minimale légale (156 cm), près de la moitié des jeunes gens des cantons de l'arrondissement de Saint-Yrieix sont susceptibles d'être réformés pour défaut de taille. Il est vrai que ces derniers subissent de plein fouet la dépression des années 1846-1854 lors de la croissance secondaire de l'adolescence. Les années 1826-1834 apparaissent donc comme les pires années du demi-siècle pour la région d'agriculture archaïque de l'arrondissement de Saint-Yrieix. Les « petits Limousins » sont encore dans un Ancien Régime économique. L'évolution est moins heurtée dans l'arrondissement des maçons, preuve que l'apport de numéraire par les migrants permet à l'économie locale de passer plus facilement les crises, mais également que l'émigra-

---

92 Qui correspondent plutôt à la Montagne, aux confins de la Creuse et de la Corrèze, A. CORBIN, *op. cit.*, p. 5 et 24.
93 Voir *infra*, carte 5.

tion permet de soulager, par ses départs massifs vers les villes, une économie locale peu performante[94].

L'arrondissement de Bellac connaît un minimum de stature pour la cohorte de naissance 1826 (160,8 cm), mais les années 1842-1846 constituent un optimum, avec une valeur maximale en 1844 (164,5 cm). Le début de la décennie 1840 est aussi celui des belles années pour les agriculteurs de la région de Saint-Yrieix.

b) Des contrastes anthropométriques entre professions très marqués

Les statures des conscrits limousins calculées selon leurs professions permettent de saisir une société rurale où les contrastes sociaux sont très forts : l'écart entre les jeunes gens « sans profession » (les plus favorisés) et les domestiques est de plus de 8 cm (tableau 6) et l'écart-type entre professions est de 1,4 cm[95]. La différence est encore plus marquée si l'on considère l'écart entre les plus pauvres et les nobles, elle dépasse probablement la quinzaine de centimètres. Pour ces derniers, nous disposons d'une douzaine de données (stature moyenne 175,9 cm) tirées des passeports des émigrés[96]. L'inégalité anthropométrique entre nobles et les plus déshérités des Limousins serait donc près du double de celle constatée par J. Komlos entre les classes populaires et les polytechniciens du début du XIXe siècle[97]. A. Corbin a décrit avec raison une société limousine médiocre et égalitaire[98]. La remarque vaut effectivement pour les gros bataillons de cultivateurs[99], mais les extrêmes sociaux, aux effectifs plus faibles, connaissent des conditions de vie radicalement différentes.

L'archaïsme de la société limousine se lit dans le tableau 6 des statures par professions : au sommet de la société, pas d'employés ou de professions intellectuelles ni d'artisans qualifiés, mais les jeunes bourgeois sans profession puis les propriétaires, dont le niveau de vie biologique est nettement supérieur à la moyenne de

---

94 La stature n'est toutefois pas déterminée directement par les salaires du bâtiment parisien : il n'existe pas de corrélation entre ces deux variables entre 1817 et 1847. (salaires dans J. ROUGERIE, « Remarques sur l'histoire des salaires à Paris au XIXe siècle », dans *Le Mouvement Social*, 63, 1968, p. 99 et 103.)

95 Les données tirées des listes départementales du contingent pour les classes nées entre 1799 et 1823 se trouvent en annexe II C 1. Elles concernent tous les cantons de Haute-Vienne et ne peuvent donc être comparées directement avec le tableau des statures tirées des listes de tirage au sort (tableau 6), car ces dernières ne concernent que certains cantons des arrondissements de Bellac et de Saint-Yrieix.

96 Données issues des archives des contentieux des domaines nationaux, ADHV, série 1 Q.

97 J. KOMLOS, « Histoire anthropométrique de la France de l'Ancien Régime », *loc. cit.*, p. 534.

98 A. CORBIN, *op. cit.*, p. XI.

99 Qui représentent 50 % des professions à effectif supérieur à 100 et dont la stature moyenne est très proche de la moyenne de l'échantillon.

l'échantillon[100]. Viennent ensuite les artisans, nombreux. Les métiers du bois nourrissent bien leurs ouvriers.

On note l'absence des maréchaux-ferrants en haut de cette hiérarchie : ils ne sont pas assez nombreux pour figurer dans le tableau[101]. C'est là un signe supplémentaire de la médiocrité de l'agriculture limousine dont les instruments agricoles comportent encore très peu de parties ferrées. De même, les bouchers ne sont pas assez nombreux pour figurer dans notre tableau, et pour cause : selon Corbin, ils sont extrêmement rares[102], preuve supplémentaire de l'alimentation végétarienne des Limousins. En revanche, les meuniers sont présents et ne dérogent pas ici à leur réputation d'aisance.

Tableau 6 : Stature des principales professions des conscrits de Haute-Vienne, cohortes de naissance 1823-1851 d'après les listes de tirage au sort

(Sources : ADHV, série R.)

Profession	Stature	Effectif	Profession	Stature	Effectif
domestique	158,52	968	maçon	162,76	3 702
tailleur	159,52	153	cordonnier	163,15	138
journalier	159,92	301	charpentier	163,15	123
cultivateur	160,86	6 779	meunier	164,12	252
sabotier	162,02	195	menuisier	164,31	100
colon	162,06	509	propriétaire	165,05	196
			sans profession	167,24	108
			Ensemble	161,48	13 524

La stature des maçons témoigne d'un régime alimentaire meilleur que celui des cultivateurs. Près de 2 cm les séparent. Les séjours à Paris, Lyon ou Bordeaux, où la nourriture urbaine est plus variée et davantage riche en protéines jouent ici un rôle impor-

---

100 On trouve toutefois des étudiants en plus grand nombre dans les listes du contingent, puisqu'on a alors relevé tous les cantons, dont ceux de Limoges.
101 Alors qu'ils figurent en bonne place dans le tableau 3 des professions des trois régions des cohortes 1778-1783.
102 A. CORBIN, *op. cit.*, p. 59.

tant dans cette différence qu'Alain Corbin a déjà signalée sans pouvoir la quantifier[103]. Martin Nadaud en a laissé un témoignage: les repas des maçons à Paris comprennent de la viande ou pour Léonard, qui n'aime pas la viande, du fromage d'Italie. Le régime est beaucoup plus riche qu'en Limousin où Léonard n'était nourri «que de soupe, de pain, de tourteaux, de pommes de terre et de bon laitage[104]». La médiocrité du régime alimentaire des cultivateurs n'en paraît que plus flagrante, ces derniers sont de quasi végétaliens, nourris de pain de seigle, de châtaignes, de légumes, de soupe aux pommes de terre, de crêpe de sarrasin[105]. Leur niveau de vie biologique est très faible, il est dépassé par celui de professions pourtant réputées pour leur pauvreté, tels les cordonniers ou les sabotiers[106]. Les colons, connus pour la médiocrité de leur culture au double sens du terme, ont toutefois un net avantage sur les cultivateurs, pourtant agriculteurs indépendants. On remarquera alors la modestie des effectifs des colons, par rapport à l'importance du colonat en Haute-Vienne[107]. Il y a donc trop peu de conscrits qui se déclarent colons à l'âge de 20 ans révolus. Ceux qui se sont déjà installés sur un domaine possèdent un capital d'exploitation relativement conséquent pour leur âge, ils sont dans une certaine aisance qui pourrait expliquer leur stature pas trop basse. On peut aussi évoquer, dans un Limousin très pauvre, (mais peut-être pour une élite de colons?) la garantie que constitue le bail à mi-fruit par rapport au faire-valoir direct des cultivateurs au capital d'exploitation très modeste. De plus, il n'est pas exclu que certains colons se déclarent «cultivateurs», gonflant d'autant l'effectif de ces derniers dans nos sources. Enfin on note la stature très faible des agriculteurs salariés, inférieure à 160 cm, avec toutefois un avantage du journalier sur le domestique, qui témoigne de l'intérêt de posséder un petit jardin pour se nourrir et nourrir sa famille. L'emploi annuel du domestique agricole ne garantit pas à ce dernier une alimentation abondante. Seuls artisans en dessous de la moyenne, les tailleurs confirment leur réputation de grande pauvreté par leur stature.

---

103 A. CORBIN, *op. cit.*, p. 64. A l'époque moderne, le régime des maçons diffèrerait très peu de celui des cultivateurs limousins (A. MOULIN, *op. cit*, p. 206-208), il y aurait donc eu une différenciation croissante entre le niveau de vie biologique des maçons et des cultivateurs au XVIIIe siècle et au début du XIXe siècle.

104 M. NADAUD, *Les Mémoires de Léonard, ancien garçon maçon,* Bourganeuf, 1895, réédition avec introduction de J.-P. Rioux, *Léonard, maçon de la Creuse*, Paris, 1998, p. 62.

105 A. CORBIN, *op. cit.*, p. 61.

106 Les listes du contingent font même état d'une stature moyenne des cultivateurs inférieure à 160 cm, plus faible que celle des journaliers (voir annexe II. C. 1). Il s'agit alors d'une moyenne départementale pour les cohortes de naissance 1799-1823. Le relatif bien-être des journaliers des terroirs de «grande culture» proches de Limoges peut alors expliquer cette supériorité des journaliers sur les cultivateurs et constitue un indice supplémentaire de la crise de l'agriculture limousine.

107 Sur l'importance du colonat en Haute-Vienne, voir G. DUVERGER, «Réponses adressées à M. le Préfet…», *loc. cit.*

c) Les migrations saisonnières, témoins du malaise régional ?

Signe évident d'une dépression de l'agriculture limousine, tous ses actifs, mis à part le cas des colons à l'effectif réduit dans notre échantillon, ont un niveau de vie biologique inférieur à la stature moyenne[108], alors que tous les artisans (sauf les tailleurs) ont un niveau de vie supérieur. Dans ce contexte, la diminution de la proportion de cultivateurs dans les années 1840 prend tout son sens (graphique 34) : la petite exploitation du père est de moins en moins reprise par les enfants. Au contraire, de la fin des années 1820 à 1851, la proportion de maçons augmente sensiblement (graphique 35). Il semble donc que de plus en plus de jeunes gens se détournent de la terre pour prendre le chemin des grandes villes : « Quand le bâtiment va, tout va ! » selon Martin Nadaud.

Les historiens ont insisté sur la signification de la migration saisonnière des maçons limousins : non pas misère absolue, mais recherche du nécessaire complément à un budget familial que l'activité agricole ne peut maintenir à flots[109]. A cela s'ajoute l'attraction variable dans le temps qu'exerce le secteur du bâtiment parisien sur les jeunes Limousins. La proportion de maçons sous le Premier Empire est considérable alors que le pays est en guerre (graphique 35), mais les travaux entrepris par Napoléon I peuvent expliquer ce niveau élevé. Ainsi, la baisse de l'activité du secteur du bâtiment parisien après 1792 serait à relativiser, puisque les valeurs du début de notre étude ne sont pas inférieures à celles du règne du roi bourgeois. Ces chiffres confirment par ailleurs l'importance des migrations dès la fin du XVIIIe siècle en Limousin, les quelques 20 000 migrants d'alors ne représentent « pas beaucoup moins sans doute qu'au début de la monarchie de Juillet[110] ». Au contraire du Premier Empire, la Restauration cumule les handicaps d'une conjoncture économique défavorable et d'une idéologie monarchique réactionnaire hostile à une politique de grands travaux de modernisation des villes. Le mouvement est à nouveau à la hausse sous la monarchie de Juillet, alors que les travaux de Rambuteau témoignent d'une politique de la ville plus libérale et ambitieuse. Enfin, la conjoncture économique et surtout politique défavorable aux mouvements des affaires de la IIe République se lit dans la dépression des années 1847-1849[111].

---

108 A l'exception également des propriétaires. Cependant, le terme de « propriétaire » ne permet pas de savoir si on désigne par là un propriétaire-cultivateur ou (plus sûrement) un propriétaire absentéiste, notable rural constituant une petite bourgeoisie qui serait alors exclue du monde agricole.
109 Sur la pauvreté de l'agriculture et son rapport avec les migrations, voir A. MOULIN, *op. cit.*, p. 39-42 pour l'époque moderne et A. CORBIN, *op. cit.*, p. 200 pour l'époque contemporaine.
110 A. MOULIN, *op. cit.*, p. 18. Pour des estimations chiffrées des migrations au XVIIIe siècle, voir p. 17-18.
111 Voir A. CORBIN, *op. cit.*, p. 199.

L'évolution de la part des agriculteurs dépendants (graphique 34)[112] constitue en quelque sorte un négatif de celle des cultivateurs additionnés des maçons. Ainsi, l'augmentation de la proportion des agriculteurs dépendants dans la décennie 1820 peut s'expliquer par un repli vers l'agriculture d'une génération qui ne trouve pas d'emploi urbain dans le bâtiment. Au contraire, la forte baisse des agriculteurs dépendants au début des années 1830 s'explique par une forte augmentation des cultivateurs et maçons. Enfin, la part des artisans reste très stable de 1807 à 1851 (graphique 35) : hors du bâtiment ou de l'agriculture, très peu de débouchés pour les conscrits limousins.

Entre l'arrondissement de Bellac et l'arrondissement de Saint-Yrieix, entre la région des maçons et la région des cultivateurs, il existe au cours de la première moitié du XIXe siècle un fort contraste anthropométrique, témoin de deux économies différentes, aux rendements inégaux. Le Limousin de l'agriculture archaïque sédentaire s'oppose avec netteté au Limousin de la migration artisanale. Le premier connaît de graves crises alimentaires dans la première moitié du XIXe siècle, alors que le second assure un niveau de vie biologique meilleur et plus régulier à ses habitants grâce à une économie de transfert, mais aussi à une agriculture plus performante. Le niveau de vie biologique des conscrits de l'arrondissement de Bellac reste toutefois inférieur à la moyenne française. Il n'existe alors pas de corrélation entre la stature moyenne des conscrits et la moyenne mobile du prix du blé : d'autres facteurs sont en jeu pour déterminer le niveau de vie biologique des Limousins. Au total, les observateurs de l'époque ne s'y étaient pas trompé en diagnostiquant une stagnation, voire une régression de l'agriculture limousine dans la première moitié du XIXe siècle dont le nombre croissant de migrants pourrait bien constituer un indicateur de choix. L'Alsace rurale, plus riche que le Limousin, connaît-elle une évolution plus favorable ?

IV – L'Alsace rurale : l'érosion du niveau de vie élevé d'une région de petite culture (cohortes de naissance 1780-1841)

a) Récupération puis difficultés dans l'arrondissement de Sélestat

L'Alsace possède un paysage plus diversifié que le Limousin. Aussi les cantons retenus pour le *trend* de l'Alsace rurale, Barr, Marckolsheim, Sélestat et Villé constituent un échantillon des trois milieux « naturels » de la région. Ils représentent sur la carte anthropométrique de 1777-1779 (carte 3) un espace aux niveaux de vie biologiques inégaux : prospérité des cantons de Sélestat et surtout de Barr, qui correspondent à la plaine alsacienne, mais pauvreté du canton de Marckolsheim, au nord de Colmar, qui

---

112 Principalement les journaliers, les domestiques et les colons.

correspond au marécage du Grand *Ried*; pauvreté également du canton de Villé, région surpeuplée de la montagne vosgienne aux terres peu fertiles.

Le niveau de vie des Alsaciens ruraux de l'arrondissement de Sélestat est très nettement supérieur à celui des Limousins, même maçons et à celui de la moyenne nationale (graphique 36). Il confirme l'impression de prospérité que l'on retrouve habituellement dans les descriptions de la région[113], bien que cette impression prête à bien des nuances locales. Les variations interannuelles de la stature pour les années d'avant la Révolution sont très importantes et prêtent donc à discussion. Globalement, le niveau de vie biologique des ruraux alsaciens est nettement inférieur, pour les années 1780 à 1794, à la période 1796-1841. A part l'année 1794, exceptionnellement mauvaise, une amélioration a lieu de 1792 à 1797-1798, les mauvaises années 1780-1792 constituent un minimum sur la période 1780-1841, puis la paix intérieure, à moins que ce ne soit la baisse de la fécondité due à la Révolution, amène un bien-être relatif de 1796 à 1841.

Graphique 36
Stature en Alsace rurale (N= 34 646) et en France, cohortes de naissance 1780-1841

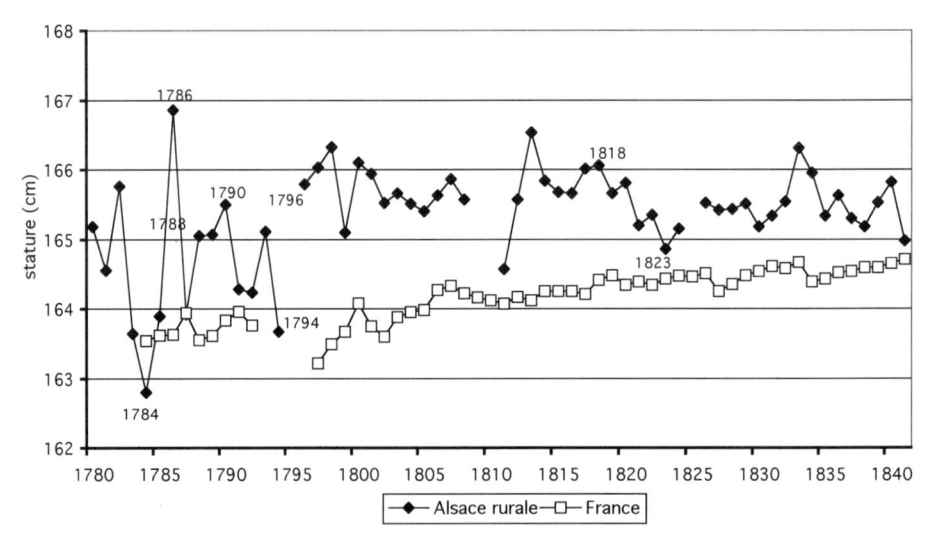

(Sources: ADBR, série R, listes de la conscription, listes du contingent départemental, listes de tirage au sort et D. R Weir pour la France)

---

113 Outre J.-M. BOEHLER, *op. cit.*, voir *Description topographique et statistique du département du Bas-Rhin*, s.l., 1808, p. 3-13. ADBR, A 11.

Il semble donc bien que la dépression labroussienne ait lieu en Alsace, alors que, selon Devaise et Le Roy Ladurie, les revenus des vignerons se dégradent de 1778 à 1790[114]. On manque malheureusement de données pour les décennies 1760-1770. La période 1780-1794 s'ouvre sur une diminution importante de la stature jusqu'en 1784, où elle atteint son nadir[115].

Même si une évolution aussi rapide est peu probable, elle peut en partie s'expliquer par les maladies qui s'abattent alors sur la région de Sélestat et qui frappent particulièrement les enfants en bas âge. L'énergie dépensée pour combattre la maladie représente autant de calories perdues pour la croissance staturale des futurs conscrits. La rougeole est signalée notamment à Obernai en 1784-1785[116], alors que la variole, qui tue surtout avant l'âge de 6 ans, est présente en Alsace après 1780[117] mais elle est surtout virulente en 1784, année du minimum de taille. La forte morbidité des années 1780-1784 fait peut-être mourir beaucoup de nourrissons, alors que la fin du siècle est marquée par la hausse de la mortalité infantile[118]. Les enfants qui naissent dans les années suivantes bénéficient-ils alors d'une ration individuelle plus abondante, grâce aux classes creuses des années précédentes ? Voilà qui expliquerait en partie l'extraordinaire stature de l'année 1786, imputable aussi aux prix du blé, qui atteignent alors leur minimum sur la période 1780-1793[119]. La stature des Alsaciens nés en 1786 est cependant encore plus improbable que le *trend* des années 1780-1784 car elle est entourée de deux années médiocres. Si l'on veut bien écarter l'année 1786, on obtient alors un *trend* beaucoup plus régulier où, après les mauvaises années 1780-1784, la récupération de 1784 à 1788, bien que très rapide, devient plus plausible. La hausse de la stature de 1784 à 1788 ne serait donc qu'un micro phénomène propre à la région de Sélestat, après une période d'épidémies infantiles sévères. Les années 1788-1790 semblent constituer une sorte de répit dans la période 1780-1794, ce qui confirmerait la valeur plus politique que sociale ou alimentaire des troubles de 1789-1790 dans le Bas-Rhin[120]. Enfin, les basses statures des années 1791-1794 peuvent s'expliquer par une situation de crise, entretenue par la priorité accordée aux approvisionne-

---

114 J.-P. DEVAISE, E. LE ROY LADURIE, « Le climat, série thermique (1776-1792) », dans J.-P. DEVAISE, J.-P. GOUBERT, E. LE ROY LADURIE et *alii, op. cit.*, p. 54-56.

115 Le *trend* alsacien de 1780 à 1794 a déjà été analysé en détail dans : L. HEYBERGER, « Estimer la stature… », *loc. cit.* et dans L. HEYBERGER, « Les conscrits alsaciens… », *loc. cit.*

116 J.-P. PETER, J. BERTRAND dans *Atlas de la Révolution française. 7. Médecine et santé*, dir. J.-P. GOUBERT, R. REY, J. BERTRAND, Paris, 1993, p. 13.

117 *Ibidem*, p. 16-17.

118 J.-M BOEHLER, *op. cit.*, p. 459.

119 Prix du froment dans A. HANAUER, *op. cit.*, p. 99.

120 O. VOILLARD, « Nouvelles recherches d'histoire économique et sociale. Méthode et exemples alsaciens (1785-1869) », dans *Revue d'Alsace*, 103, 1965, p. 64-69 ; R. WERNER, *L'Approvisionnement en pain de la population du Bas-Rhin et de l'armée du Rhin pendant la Révolution*

ments de l'armée dans cette région frontière que constitue l'Alsace et par l'écroulement du cours de l'assignat. Le département du Bas-Rhin est dans une situation si critique que les autorités locales et les représentants en mission sont les premiers, sous la pression populaire et malgré les lois libérales, à amorcer un retour vers l'économie dirigée qui est ensuite imité par la Convention[121]. La soudure de 1794 est particulièrement difficile, alors que la stature des conscrits nés cette année là est particulièrement basse. Il faut toutefois aussi se rappeler que les conscrits des années de naissance 1780-1794 font leur croissance secondaire dans une période quasi continue de guerres extérieures et que leur stature à 20 ans est en partie déterminée par les conditions de vie de l'adolescence. Le niveau généralement médiocre des statures des conscrits nés dans les années 1780-1794 rend donc aussi compte d'une adolescence peu prospère.

N'en demeure pas moins que la fin des troubles intérieurs est très nettement accompagnée d'une hausse de la stature des Alsaciens, alors que la situation de crise précédemment décrite (approvisionnements de l'armée et inflation) disparaît après 1795. Le Premier Empire apparaît donc bien, comme voulaient le faire admettre les administrateurs contemporains, comme une période de mieux-être pour les ruraux alsaciens. La stature moyenne des années 1780-1794 est de 164,6 cm[122], alors qu'elle est de 165,7 cm entre 1796 et 1815. L'amélioration est beaucoup plus nette que pour la France, qui passe en moyenne de 163,7 cm (1784-1792) à 164 cm (1797-1815)[123]. Paradoxalement, les années de naissance 1816-1818 ne montrent pas en Alsace de dégradation des conditions de vie, peut-être parce que l'adolescence de ces générations permet de rattraper les pertes caloriques de la petite enfance. Cependant, on peut encore une fois émettre l'hypothèse plus vraisemblable que la baisse sensible de la fécondité en France durant la Révolution, c'est-à-dire durant la petite enfance des conscrits nés après 1796, a pu améliorer le niveau de vie d'enfant moins nombreux, donc mieux nourris[124]. La baisse de la fécondité en Alsace est alors une réalité[125] et le « profond changement des mœurs » qui coïncide avec la Révolution provoque un « décrochement » des naissances dès 1795-1799, baisse qui se prolonge sous le Consulat et l'Empire[126].

(1789-1797), Strasbourg, 1951, p. 124 ; A. SPIES, « La disette des grains à Sélestat en 1770-1771 et en 1788-1789 », dans *Revue d'Alsace*, 84, 1937, p. 223.

121   Sur cette question, voir R. WERNER, *op. cit.*, notamment p. 597.
122   Les années 1780-1789 seules ne donnent pas de résultat sensiblement différent : 164,7 cm.
123   On rappelle toutefois que les données de Weir pour 1784-1792 ne sont pas établies sur la totalité des départements français, mais sur un échantillon de départements dont l'auteur déduit un *trend* national. Voir *supra*.
124   Hypothèse avancée par D. R. WEIR, « Parental Consumption Decisions… », *loc. cit.*, p. 264.
125   J. DUPAQUIER, « La population française de 1789 à 1806 », dans J. DUPAQUIER (dir.), *Histoire de la population française…, op. cit.*, p. 74.
126   A. ARMENGAUD, « chapitre II le rôle de la démographie », dans F. BRAUDEL, E. LABROUSSE

La France sous menace malthusienne: Alsace et Limousin (cohortes de naissance 1780-1850)

L'Alsace connaît ensuite une dépression staturale sensible au début de la Restauration (1818-1823), ici encore plus accusée que la moyenne nationale mais que l'on a aussi observée dans les mêmes proportions en Limousin. La perte est de 1,2 centimètre en 5 ans, soit un rythme très soutenu de -0,2 mm/an. Cette dépression du début de la Restauration est observée également par J.-M. Selig au moyen d'un indice anthropologique de malnutrition[127] dans les cantons de Villé, Marckolsheim, Barr[128], Rosheim, Sarre-Union, Drulingen et Truchtersheim[129]. Les années qui suivent la chute de l'Empire sont également le moment des départs massifs des Alsaciens en Amérique[130]. La stature se rétablit ensuite rapidement, mais ne revient pas tout à fait au niveau des années 1800-1820 (165,7 cm), avec une moyenne de 165,5 cm (1826-1841).

On assiste donc au total à une perte d'un demi-centimètre en une quarantaine d'années, de 1796-1800 (165,9 cm) à 1837-1841 (165,4 cm), perte atteignant un centimètre si l'on considère les meilleures années de la décennie 1800 et les pires de la décennie 1830. L'évolution est cependant favorable aux Alsaciens si l'on compare la décennie 1780 (164,7 cm) à la période 1831-1841 (165,5 cm): gain d'un peu moins d'un centimètre. Ce qui frappe en fait l'observateur, c'est que la moyenne nationale gagne dans les années 1800-1840 un très modeste centimètre, alors que l'Alsace rurale perd elle-même quelques millimètres. Oppermann avait donc raison lorsqu'il évoquait la pauvreté, voire la paupérisation des agriculteurs alsaciens dans la première moitié du siècle. Cependant, il avait tort d'évoquer une agriculture plus prospère avant la Révolution, puisque le niveau de vie biologique est sensiblement inférieur dans la décennie 1780. Il semble donc que les campagnes alsaciennes aient connu une érosion de leur niveau de vie biologique au cours de la première moitié du XIXe siècle. Il paraît désormais difficile de voir, comme le faisait E. Juillard, le milieu du XIXe siècle «comme le moment le plus brillant de l'histoire rurale alsacienne», couronnant «l'apogée du système classique» (1750-1850)[131], bien que la petite culture alsacienne réussisse l'exploit de maintenir ou presque le niveau de vie biologique des habitants, en dépit d'une poussée démographique considérable.

    (dir.), *Histoire économique de la France. 3. L'avènement de l'ère industrielle (1789-1880)*, vol. 1 et 2, (Première partie le «grand» XIXe siècle; Livre I la Révolution française 1789-1815), Paris, 1976, p. 180.
127 Indice fourni à l'année d'examen comprenant le défaut de taille, le goitre, le crétinisme, le rachitisme, les caries, la taie sur l'œil, la faiblesse de constitution, la hernie, l'hydrocèle, les varices et varicocèles. Voir M. HAU, «Pauvreté rurale...», *loc. cit.*, p. 119.
128 Trois cantons faisant partie de notre échantillon retenu pour le *trend* de l'Alsace rurale.
129 *Ibidem*, p. 120 ainsi que J.-M. SELIG, *op. cit.*
130 E. JUILLARD, *op. cit.*, p. 272.
131 *Ibidem*, p. 199.

b) Importance numérique d'un artisanat rural aux niveaux de vie biologiques contrastés

Les campagnes alsaciennes ont une structure sociale beaucoup plus complexe que le Limousin rural : elles comptent 25 professions à effectif supérieur à 100 conscrits contre 13 pour le Limousin (tableaux 6 et 7)[132]. La stature moyenne des professions à effectif supérieur à 100 est nettement plus élevée que dans le Limousin (4 cm), ce qui confirme la richesse de l'agriculture alsacienne par rapport au Limousin[133]. La hiérarchie anthropométrique diffère sensiblement du Limousin.

Ainsi, les conscrits sans profession, qui sont au sommet de la hiérarchie anthropométrique limousine, occupent une position tout à fait moyenne en Alsace car le terme regroupe ici une double catégorie, jeunes marginaux sans le sou d'un côté et notabilité oisive de l'autre, cette dernière catégorie étant bien évidemment prépondérante en Limousin. De plus, si les statures moyennes des catégories professionnelles les plus grandes ne dépassent pas 168 cm en Limousin comme en Alsace, les conscrits alsaciens n'atteignent pas les statures extrêmement basses du Limousin. L'écart maximum dans l'arrondissement de Sélestat est de 4,4 cm (tonnelier-tailleur) et l'écart-type entre professions est de 1,3 cm. La société rurale alsacienne paraît donc moins inégalitaire que la société limousine[134].

Les professions de l'artisanat du textile et de l'habillement occupent les plus mauvaises positions : tailleurs, tisserands, tissiers et cordonniers. La chose ne serait pas si grave si leurs effectifs n'étaient aussi considérables : plus de 27 % de l'échantillon[135]. L'importance de l'artisanat textile apparaît comme un révélateur de la pauvreté rurale alsacienne du début du XIXe siècle. La domesticité agricole est mal nourrie et c'est là une observation que nous rencontrerons encore plus d'une fois. En revanche, les journaliers, comme en Limousin et comme dans notre analyse interrégionale des cohortes 1778-1783 (tableau 3) sont mieux placés. Au sommet de la hiérarchie des salariés agricoles, le voiturier possède un niveau de vie biologique identique à celui du petit

---

132 La taille respective des échantillons limousin et alsacien ne change rien à cette observation.

133 On rappelle qu'actuellement la différence de stature moyenne due à des facteurs dits « ethniques » est évaluée à 1 cm à l'échelle mondiale pour la classe d'âge 5 ans. (OMS, *op. cit.*, p. 199). Par ailleurs, la différence entre les populations des pays les plus aisés et les populations des pays les plus pauvres serait actuellement d'environ 20 cm. Considérant ces deux faits, il serait bien extraordinaire que la différence entre Alsaciens et Limousins soit due essentiellement au facteur génétique.

134 -Rappel Limousin : 8,7 cm pour l'écart maximum et 1,4 cm pour l'écart-type.

135 Contre 2,1 % en Haute-Vienne. La présence massive de l'artisanat du textile dans une région ne peut donc être considérée comme une condition (ou un indice) nécessaire et suffisant(e) de la paupérisation rurale puisque le Limousin, beaucoup plus pauvre que l'Alsace, n'a presque pas d'artisanat textile.

La France sous menace malthusienne: Alsace et Limousin (cohortes de naissance 1780-1850)

Tableau 7 : Stature des principales professions des conscrits de l'arrondissement de Sélestat, cohortes de naissance 1811-1848 d'après les listes de tirage au sort

(Sources : ADBR, série R.)

Profession	Stature	Effectif	Profession	Stature	Effectif
tailleur	163,33	430	boulanger	166,21	452
tisserand	163,64	2 568	serrurier	166,27	124
domestique	163,74	1 182	commerçant	166,43	197
tissier	164,10	1 688	cultivateur	166,47	2 940
journalier	164,66	1 932	laboureur	166,59	1 174
cordonnier	164,91	685	tanneur	166,69	175
bûcheron	164,97	200	vigneron	166,80	3 149
menuisier	165,11	405	charron	167,31	146
sans profession	165,55	148	maréchal-ferrant	167,34	344
maçon	165,59	401	meunier	167,42	140
jardinier	166,09	188	boucher	167,57	215
voiturier	166,13	173	charpentier	167,62	261
			tonnelier	167,66	418
			Ensemble	**165,50**	**19 735**

agriculteur indépendant (jardinier). Les métiers du bois ont un niveau de vie médiocre quand ils ne se rattachent pas à l'activité agricole (bûcheron, menuisier), à l'exception notoire des charpentiers. D'ailleurs le bâtiment nourrit beaucoup mieux son homme qu'en Limousin : 2,8 cm séparent les maçons alsaciens des maçons limousins. On retrouve là une observation classique[136] : les différences salariales sont plus grandes entre une même profession exercée dans deux régions différentes qu'entre différentes professions de qualification proche de la même région. La différence la plus frappante avec le Limousin concerne sans doute le cultivateur, plus petit que le maçon dans cette dernière région, mais plus grand en Alsace ; signe évident que si le cultiva-

---

136 Voir par exemple D. PONCHELET, *op. cit.*, p. 194-196.

teur alsacien connaît une érosion de son niveau de vie, il ne subit pas d'aussi mauvaises conditions de vie que son homologue limousin : 5,6 cm les séparent. En revanche, la possession d'un train de culture ne semble pas avantager le laboureur par rapport au simple cultivateur. Vanité du conscrit qui se déclare « laboureur » alors qu'il n'est qu'un modeste agriculteur, ou signe que le système agricole arrive à une certaine saturation et que la possession du cheptel mort constitue désormais plus une charge inutile qu'un gain réel de productivité, dans une agriculture très intensive où la micro-propriété encourage le travail à bras ? Nos sources ne permettent pas de répondre. Les petits agriculteurs indépendants bénéficient tous d'un niveau de vie assez proche et au-dessus de la moyenne, du jardinier au vigneron, qui occupe la meilleure place parmi ceux-ci. La performance mérite d'être soulignée, d'autant que les vignerons représentent le groupe le plus nombreux[137], avant les cultivateurs. Les métiers de l'alimentation connaissent des fortunes variées : le boulanger, de stature moyenne, est plus petit que le boucher, proche de la source de protéines d'origine carnée, mais aussi que le meunier, à la prospérité légendaire.

Les autres « commerçants », sans précision supplémentaire, correspondent en bonne partie aux colporteurs et autres vendeurs qui circulent alors en Alsace et dont beaucoup sont de confession juive. Leur stature moyenne supérieure indique indirectement que l'indice de nutrition nette des juifs d'Alsace est plutôt satisfaisant[138]. Notons toutefois que Jean-Michel Selig a découvert le contraire à partir d'indices anthropologiques pour une période légèrement antérieure, sous la monarchie censitaire[139]. Nos données montrent donc une amélioration d'abord anthropométrique du niveau de vie biologique de la communauté juive d'Alsace, amélioration qui sera confirmée de manière plus précise par les données de l'époque allemande.

Enfin, deux catégories d'artisans se partagent le haut de la pyramide alimentaire alsacienne : outre les métiers de l'alimentation, les artisans ayant à faire avec l'agriculture sont bien nourris, qu'ils travaillent le bois ou le fer : tonnelier, charron ou maréchal ferrant. Deux professions possèdent aussi un niveau de vie biologique supérieur à la moyenne : tanneur, au métier pénible mais payant bien, et serrurier. Les métiers travaillant les matériaux rares et relativement précieux comme le fer semblent toujours mieux rémunérés que l'artisanat faisant appel à un savoir-faire moins complexe. L'artisanat alsacien tient davantage le haut du pavé que l'artisanat du Limousin où, signe supplémentaire d'archaïsme social, ce sont les conscrits « sans profession » et propriétaires qui sont les plus grands.

---

137 Près de 16 % des professions à effectif supérieur à 100.
138 L'observation est confirmée de manière plus précise par les registres de l'époque allemande qui mentionnent la religion des conscrits. Voir *infra*.
139 J.-M. SELIG, *op. cit.*, p. 125-126 et 235-236.

La France sous menace malthusienne: Alsace et Limousin (cohortes de naissance 1780-1850)

c) Déclin de la vigne et essor de l'artisanat textile à domicile

L'érosion du niveau de vie biologique des campagnes alsaciennes peut-elle trouver des explications dans l'évolution de la composition sociologique de l'arrondissement de Sélestat? De moins en moins de conscrits se déclarent vignerons de l'an IX à 1841 (graphique 38): la décrue est régulière et le nombre de vignerons est pratiquement divisé par deux: on passe de près de 20 % dans les années 1800 à près de 10 % dans les années 1830. Le recul de la vigne dans la région de Sélestat semble donc amorcé, à moins que la diminution de la part des vignerons ne traduise une hypothétique concentration du vignoble aux mains de quelques exploitants[140], chose peu probable dans un contexte de forte pression démographique. Le fait est d'importance, car le recul commence donc dès le début du siècle et en l'absence de construction de voie de chemin de fer ou du canal Rhin-Rhône[141]: la concurrence des vins du Sud ne peut donc jouer dans ce phénomène par l'intermédiaire des nouvelles voies de transport. On peut alors penser que la concurrence s'exerce avant l'arrivée du train par le biais du roulage, rendu plus rapide sous la monarchie censitaire grâce à la réfection puis l'amélioration du réseau routier français. Il semble donc qu'assez tôt la spéculation viticole connaisse des difficultés dans l'arrondissement de Sélestat, la concurrence des vins méridionaux pourrait jouer un rôle dans le déclin de la vigne par l'intermédiaire des voies de communication traditionnelles alors que les vignerons bénéficient d'un niveau de vie biologique élevé. Le terroir de la plaine arrive vraisemblablement à saturation au début du siècle dans l'arrondissement de Sélestat et les vignerons se replient sur les coteaux les plus propices à la production d'un vin de meilleure qualité[142]. Le phénomène est précisément signalé par E. Juillard pour la région de Sélestat[143], alors qu'au début du siècle, la vigne continue à s'étendre en plaine dans le nord du Haut-Rhin, là où se concentrent les principaux vignobles alsaciens[144].

Comme les vignerons sont assez grands et nombreux, le recul de la vigne peut expliquer une partie du *trend* de la stature des ruraux. A l'opposé de la pyramide sociale, les artisans du textile se multiplient dans les campagnes alsaciennes du début du siècle (graphique 39). Leur proportion passe de 10 % dans les années 1800 à plus de 20 % à la fin de la période, même si l'explosion momentanée des années

---

140 Ce dernier phénomène joue un grand rôle dans la diminution de la part des vignerons dans la Brie de la même époque. Voir *infra*.
141 Le canal Rhin-Rhône date de 1832 et la voie ferrée Strasbourg-Bâle de 1841.
142 L'Alsace commencerait donc à concentrer sa production sur des produits de meilleure qualité pour résister à la concurrence alors que celle-ci est fatale aux piquettes du Bassin parisien. Voir *infra*.
143 E. JUILLARD, *op. cit.*, p. 260.
144 P. LEUILLIOT, *op. cit.*, p. 118-138 et plus particulièrement p. 119 et 122.

Graphique 37
Proportion de conscrits alsaciens agriculteurs dépendants et indépendants
(années d'examen an IX-1841)

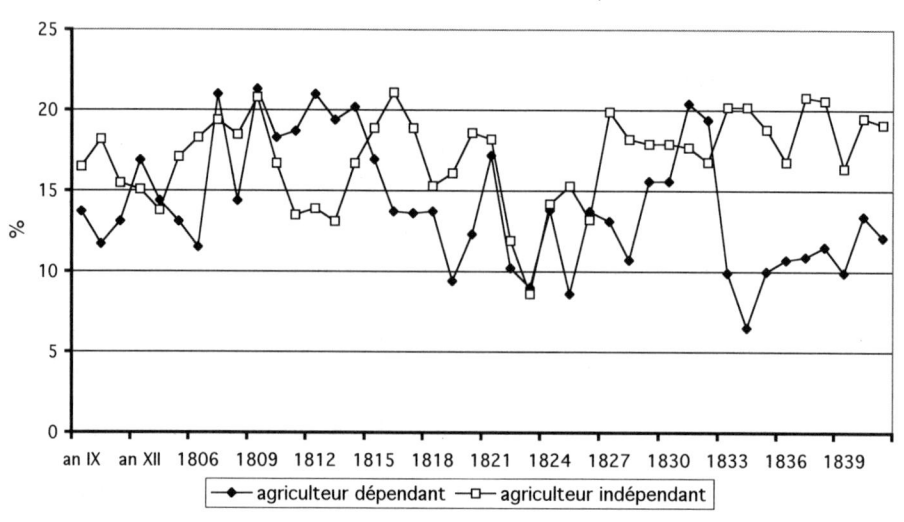

(Sources : ADBR, série R, listes de la conscription, listes du contingent départemental, listes de tirage au sort)

Graphique 38
Proportion de conscrits alsaciens vignerons (années d'examen an IX-1841)

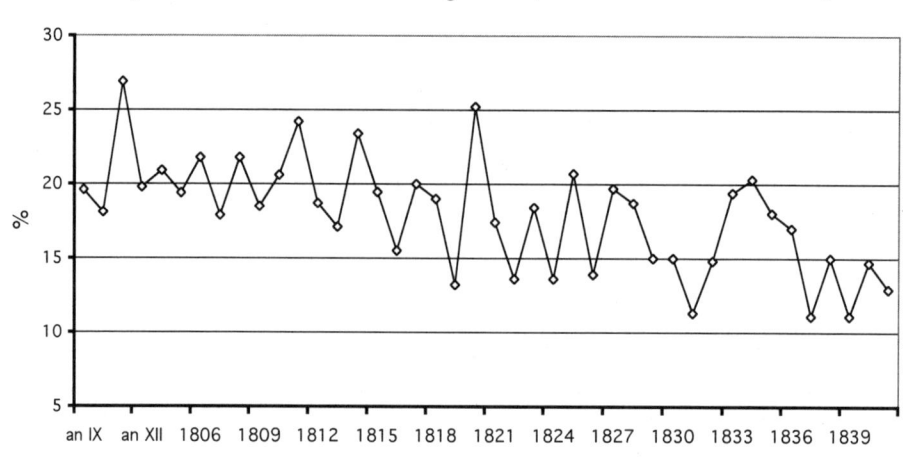

(Sources : ADBR, série R, listes de la conscription, listes du contingent départemental, listes de tirage au sort)

Graphique 39
Proportion de conscrits alsaciens artisans du textile et artisans divers (années d'examen an IX-1841)

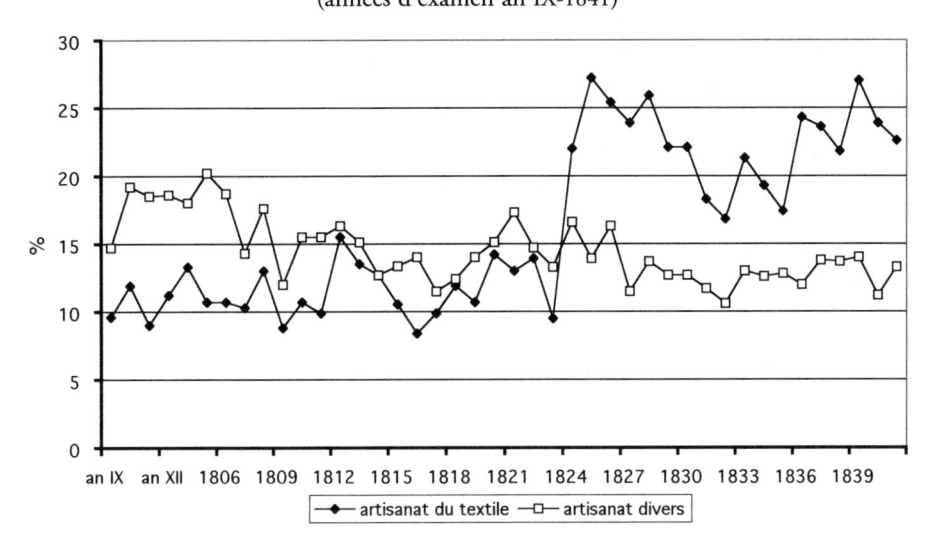

(Sources : ADBR série R, listes de la conscription, listes du contingent départemental, listes de tirage au sort)

Graphique 40
Proportion de conscrits alsaciens agriculteurs (années d'examen an IX-1841)

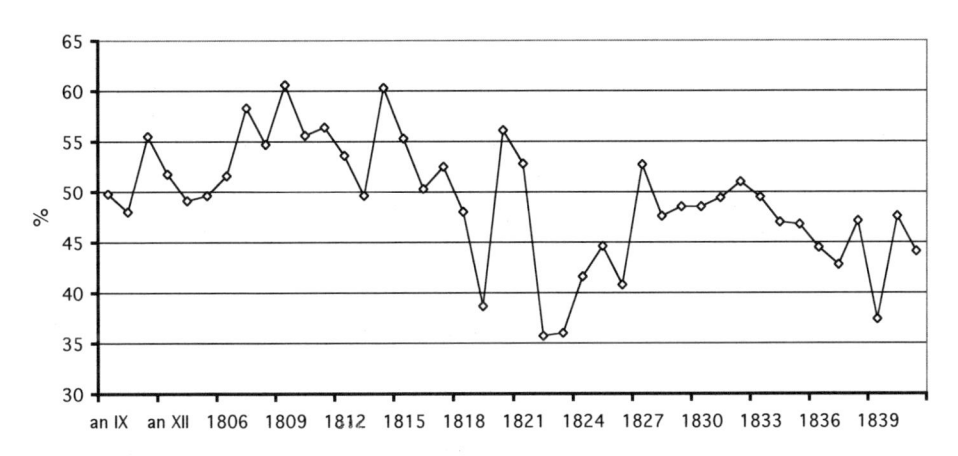

(Sources : ADBR série R, listes de la conscription, listes du contingent départemental, listes de tirage au sort)

1824-1831 s'explique par des raisons toutes militaires[145]. Or la stature des artisans du textile est très modeste, l'augmentation de leur part dans les listes de tirage peut donc expliquer une partie du *trend* observé.

La part et la progression des artisans du textile est certainement beaucoup plus importante dans notre échantillon que dans l'ensemble de l'Alsace. En effet, dans la première moitié du XIXe siècle, le tissage du coton à domicile se développe considérablement dans le Grand *Ried*, entre les villes de Sélestat et Marckolsheim. Cette zone rurale, où se pratiquent traditionnellement la culture du chanvre et le tissage artisanal, voit sa population croître rapidement. Les prolétaires ruraux y sont nombreux (graphique 37, agriculteurs dépendants) et la proximité, dès le XVIIIe siècle, des fabricants de siamoises, de cotonnades puis de lainage à Sainte-Marie-aux-Mines, expliquent le succès de cet artisanat rural[146].

A l'inverse, les artisans relevant de la catégorie « divers » (graphique 39)[147], généralement plus aisés, sont proportionnellement de moins en moins nombreux et la diminution de leur part peut donc expliquer en partie le *trend* de la stature[148].

---

145 Le véritable bond entre 1823 et 1824 ne s'explique pas par un changement d'unité écologique : il y a 30 cantons dans les échantillons des deux années. En revanche, pour la période 1816-1831, les statistiques sont établies à partir des listes du contingent et non à partir de listes de tirage au sort : tous les jeunes gens ne sont pas toisés, il existe alors une sélection non aléatoire (mais médicale) des conscrits. Or le contingent national augmente de 50 % en 1824. A partir de cette date, le conseil de révision est obligé d'incorporer des jeunes gens qu'il refusait auparavant pour diverses tares physiques qui sont particulièrement nombreuses chez les pauvres artisans du textile. Cette anomalie n'a cependant pas de conséquence sur le *trend* de la stature : il n'y a pas de rupture de pente dans les années de naissance 1803-1804 et suivantes. De plus, les statistiques de l'époque impériale ont pour base les listes de la conscription de l'arrondissement de Sélestat et les années 1831-1841 sont basées sur les listes de tirage du même arrondissement. L'évolution générale de la proportion des artisans du textile reste donc pertinente.

146 Pour ce passage, voir E. JUILLARD, *op. cit.*, p. 281-283, le Grand *Ried* est l'« exemple très net d'une industrie née au sein même du milieu rural et stimulée par la surpopulation » (p. 282).

147 Catégorie qui ne comprend pas les artisans du bois et de la métallurgie, dont les séries sont reproduites en annexe. La série des artisans du bois renseigne sur les différentes périodes d'exploitation de la forêt vosgienne de l'an IX à 1939, et intéresse donc l'histoire des paysages. Après un abandon de la forêt à la fin de l'Empire, l'exploitation reprend de plus en plus jusqu'en 1841, signe de pression démographique sur le piémont vosgien. La seconde série (artisans de la métallurgie) montre l'évolution de l'équipement des outils en fer des agriculteurs, facteur de modernisation des campagnes (à l'exception de la fin du Ier Empire, où les effectifs importants s'expliquent par les besoins militaires en fusils, la manufacture d'armes de Klingenthal faisant partie de l'arrondissement de Sélestat). La série indique que les campagnes alsaciennes utilisent de plus en plus d'outils de fer du début des années 1820 à 1841, la productivité des agriculteurs devrait donc augmenter en conséquence.

148 Il faut donc être prudent lorsqu'on évoque la multiplication des artisans comme un signe de l'enrichissement rural. E. JUILLARD voyait dans l'apparition de « nouveaux » métiers dans le recensement de 1836 (menuisiers, tailleurs, cordonniers, boulangers) l'indice d'une certaine

La France sous menace malthusienne: Alsace et Limousin (cohortes de naissance 1780-1850)

Enfin, les courbes d'évolution des agriculteurs dépendants (journaliers, domestiques, etc) et indépendants n'apportent pas d'élément permettant d'expliquer le *trend* de la stature mais présentent toutefois un certain intérêt (graphique 37). On y observe nettement que la fin de l'Empire a vu la multiplication de la part des salariés agricoles, alors que proportionnellement de plus en plus de cultivateurs indépendants étaient appelés sous les drapeaux. La hausse des salaires agricoles a alors poussé la jeunesse vers les champs. Les deux courbes accusent en revanche un minimum lors de la crise du début de la Restauration, minimum que l'on retrouve dans la courbe synthétique des agriculteurs (graphique 40, agriculteurs dépendants, indépendants et vignerons). Globalement, la proportion d'agriculteurs indépendants est plus importante dans les années 1830 qu'en début de période, signe que la micro-propriété est une réalité sociologique de plus en plus ancrée dans le paysage rural alsacien sous l'effet de la pression démographique. La proportion totale d'actifs travaillant la terre diminue cependant dans la première moitié du siècle en raison de la secondarisation des campagnes, principalement due au travail du textile, de plus en plus présent.

L'Alsace rurale présente donc une similitude avec le Limousin: la stagnation de la stature moyenne montre que les densités de population atteignent un niveau de surpeuplement relatif[149] dans la première moitié du XIXe siècle et l'on peut dire que les deux régions connaissent alors une menace de crise malthusienne. Menace, car il n'y a pas de chute de la stature dans ces deux régions, comme c'est le cas dans d'autres pays au début du XIXe siècle. En Alsace comme en Limousin, il n'y a pas de corrélation entre stature et prix du blé pour la première moitié du XIXe siècle: la menace malthusienne ne se traduit pas forcément par une relation directe et simple entre données biologiques et disponibilités alimentaires commercialisées. Menace, car si l'Alsace connaît un minimum dans la période 1780-1794, rien ne permet de connaître exactement ce qu'il en est de la période 1760-1780. Au regard du bas niveau de vie biologique des années 1780-1790, les années 1800-1840 constituent une nette amélioration des conditions de vie, en raison de la rapide augmentation de la stature de la fin des années 1790. La synchronie du rapide mouvement de hausse en Limousin et en Alsace suggère l'intervention d'un facteur commun. La chute sensible de la fécondité des années révolutionnaires paraît une hypothèse plausible, en l'absence de bond de la production agricole et dans un contexte climatique défavorable à la hausse de la stature. Les Français font brusquement moins d'enfants durant la Révolution et ainsi ces derniers disposent d'une ration alimentaire individuelle

---

prospérité par rapport au siècle précédent où seuls les «besoins les plus élémentaires de la vie agricole» étaient assurés (forgerons, charrons, charpentiers), *op. cit.*, p. 242.
149 Relatif car, comme on l'a dit, tout dépend du niveau de développement technique de la société considérée. Les densités de peuplement actuelles sont plus fortes avec un niveau de vie pourtant supérieur.

plus importante que les générations précédentes. Le rôle culturel de la Révolution dans l'histoire du bien-être des Français serait alors à reconsidérer, comme le notait déjà Armengaud en 1976 : « l'importance de la Révolution dans l'histoire des mœurs pourra être considérée, contrairement à ce que l'on a cru longtemps, comme aussi considérable que son importance politique et sociale[150] ». Cependant, une érosion du niveau de vie biologique entre 1800 et 1840 est inévitable dans les deux régions. Le pire est toutefois évité en Alsace, où l'on ne connaît pas les niveaux de vie catastrophiques du Limousin. Qu'en est-il du Manchester français ? Les conditions de vie s'y dégradent-elles au rythme anglais ?

V – L'agglomération mulhousienne : la dégradation sensible du niveau de vie du Manchester français (1796-1859)

a) Paupérisation importée ou paupérisation autochtone ?

Le célèbre rapport Villermé attire tout naturellement le regard du chercheur qui travaille sur les conditions de vie des ouvriers mulhousiens dans les années 1840. L'étude de S. Jonas situe les plus mauvaises conditions d'habitation des Mulhousiens dans cette décennie de la monarchie de Juillet en raison d'une croissance démographique bien supérieure au rythme de la construction urbaine, d'où les loyers très élevés pour des taudis insalubres que décrit Villermé[151]. De plus, le chemin de fer ne dessert Mulhouse qu'à partir de 1841, et l'approvisionnement de la ville est d'autant plus difficile avant cette date que la population est en forte augmentation.

En 1848, 14 000 à 15 000 ouvriers travaillent dans la grande industrie de l'agglomération mulhousienne, bien que la ville ne devienne à dominante ouvrière que sous le Second Empire[152]. La population « flottante »[153], composée de ruraux en rupture de ban venus chercher du travail à la ville sans avoir vraiment de point de chute encore fixe, est déjà très importante à l'époque de Villermé (5 000 individus). Elle représente

---

150 A. ARMENGAUD, « chapitre II le rôle de la démographie », *loc. cit.*, p. 182.
151 S. JONAS, *op. cit.*, t. 2, p. 11 et 68.
152 *Ibidem*, t. 1, p. 151.
153 A. PENOT la définit comme liée à un « flux et à un reflux continuels et irréguliers, occasionnés par les vicissitudes ordinaires du commerce et de l'industrie » (*Discours... loc. cit.*, p. 4) ou qui varie selon les saisons mais qui augmente d'année en année, composée d'ouvriers et artisans du bâtiment (maçons, tailleurs de pierres, charpentiers, menuisiers, vitriers, peintres) qui arrivent début avril et repartent courant octobre (3 000 par an) auxquels il faut ajouter les ouvriers proprement industriels (journaliers, tisserands, fileurs, imprimeurs...) ; elle s'oppose à la population fixe « qui habite la ville depuis plusieurs années » (*Recherches... loc. cit.*, p. 16-17.)

10 000 personnes en 1853[154], certainement parmi les plus pauvres des habitants du canton mulhousien car ce sont eux qui sont arrivés les derniers, acceptant les travaux les moins bien payés. Cette population flottante n'est pas entièrement saisie par les sources de la conscription, car ne figurent sur les registres que les jeunes gens qui ont leur domicile légal dans le canton. Or le domicile légal n'est pas toujours dans le canton de Mulhouse[155]. De plus, le *trend* proposé ne concerne pas le canton mais la ville de Mulhouse, même si les *trends* de ces deux entités territoriales sont extrêmement proches entre 1822 et 1850. Tout au plus on constate une différence moyenne de 0,6 cm au profit du canton sur la commune entre ces deux dates. Malgré l'afflux de la population flottante et pauvre dans les communes environnant Mulhouse, la vie à la périphérie urbaine est encore assez rurale pour expliquer cet avantage du canton sur la ville[156]. N'en demeure pas moins la question du rôle de l'immigration dans une très probable dégradation du niveau de vie urbain dans la première moitié du XIXe siècle : la misère est-elle attirée par Mulhouse ou la misère naît-elle à Mulhouse ? Misère importée ou misère autochtone ? Pour répondre à cette question primordiale qui met en cause le rôle de l'industrialisation dans la détermination du niveau de vie, une seule solution : relever le lieu de naissance des conscrits mulhousiens. Pour la ville de Mulhouse, on propose donc trois *trends* : celui de la ville entière (graphique 41), celui des natifs de la ville et celui des néo-citadins, nés hors de Mulhouse mais toisés à Mulhouse car ayant leur domicile légal dans cette ville (graphique 42)[157].

---

154 M.-C. VITOUX, *op. cit.*, p. 6.
155 « Seront considérés comme légalement domiciliés dans le canton,
1° Les jeunes gens, même émancipés, engagés, établis au dehors, expatriés, absens ou détenus, si d'ailleurs leurs père, mère ou tuteur ont leur domicile dans une des communes du canton, ou s'ils sont fils d'un père expatrié qui avait son dernier domicile dans une desdites communes ;
2° Les jeunes gens mariés dont le père, ou la mère à défaut du père, sont domiciliés dans le canton, à moins qu'ils ne justifient de leur domicile réel dans un autre canton ;
3° Les jeunes gens mariés et domiciliés dans le canton, alors même que leur père ou leur mère n'y seraient pas domiciliés ;
4° Les jeunes gens nés et résidant dans le canton qui n'auraient ni leur père, ni leur mère, ni tuteur ;
5° Les jeunes gens résidant dans le canton qui ne seraient dans aucun des cas précédens, et qui ne justifieraient pas de leur inscription dans un autre canton. » (art. 8 de la loi du 10 mars 1818 et art. 6 de la loi du 21 mars 1832).
156 Pour les années qui ont servi à la conversion entre listes du contingent et listes de tirage (1822-1823), la différence est toutefois en faveur de la ville.
157 On rappelle que la base du *trend* pour les années 1796-1821 est constituée par le canton de Mulhouse pris dans son intégralité, puis ramené par une règle de trois à la stature de la seule ville de Mulhouse. On a procédé ainsi afin d'augmenter l'effectif de l'échantillon annuel des listes du contingent. De plus, la base de nos sources pour la période allemande (cohortes 1856-1895) correspond aux registres municipaux et non cantonaux. Il faut donc unifier le *trend* sur l'espace disponible le plus petit, ici la commune de Mulhouse. On aurait donc pu objecter que le *trend* du canton n'est pas forcément le même que le *trend* de la ville de 1796 à 1821.

Mulhouse est par ailleurs l'espace pour lequel on peut s'attendre à ce que le *trend* de la stature soit le plus étranger à l'évolution du salaire, même réel. En effet, les études anthropométriques ont montré que lors de la première révolution industrielle, les salaires réels pouvaient augmenter alors que les conditions de vie se dégradent : changement de régime alimentaire, chômage urbain plus ou moins long, intensification du travail en usine et conditions d'hygiène dégradées en raison de très fortes densités urbaines sont parmi les explications le plus souvent avancées pour rendre compte de ce hiatus entre stature et salaire réel[158], alors que l'évolution de ce dernier reste difficilement saisissable, particulièrement au début du siècle.

Le *trend* de la stature mulhousienne ne montre pas, contre toute attente, un minimum pour le début des années 1820 (graphiques 41 et 44), comme c'est le cas en Limousin et dans l'Alsace rurale pour la période 1800-1850[159]. Le minimum de stature ne correspond donc pas au minimum du salaire horaire réel. Le début des années 1820 montre d'ailleurs un écart très important entre la courbe des conscrits néo-citadins et la courbe des conscrits natifs de Mulhouse (graphique 42) : près de deux centimètres les séparent alors, preuve que les ruraux ont souffert davantage que les citadins de la dépression économique. De manière synthétique, bien que marquée par de fortes variations interannuelles, la courbe indique une baisse continue du niveau de vie biologique de 1796-1806 à 1858-1859 (graphique 41). La perte est de 2,6 cm entre 1796-1809 et 1856-1859 (de 167,4 à 164,8 cm) et même de 3,5 cm entre 1796-1809 et 1858-1859[160].

Cette évolution globalement défavorable aux habitants de Mulhouse était prévisible au regard des indicateurs traditionnels de niveau de vie : les salaires stagnent quasiment des années 1831-1840 aux années 1851-1860[161], soit jusqu'à la petite enfance des derniers conscrits examinés (nés en 1859, examinés en 1879), alors que la ville connaît une explosion démographique que la construction immobilière ne parvient pas à suivre. Le prix des loyers augmente.

Les conditions de vie se dégradent donc sensiblement, les difficultés d'approvisionnement du marché urbain participent à l'appauvrissement du régime alimentaire mulhousien. En effet, si les salaires nominaux stagnent, le prix des protéines augmente pratiquement sans cesse de 1824 à 1875 : la viande de porc et de bœuf se vend deux fois plus cher à la fin de la période que dans les années 1820 (graphique 43). On peut

---

Comme on l'a déjà dit, il n'en est rien entre 1822 et 1850 car le poids démographique de Mulhouse est énorme par rapport au reste du canton. On peut raisonnablement penser qu'il en va de même entre 1796 et 1821.

158 Sur ces facteurs, voir L. HEYBERGER, *op. cit.*, p. 27-35.
159 Et comme c'est aussi le cas en Brie. Voir *infra*, graphique 53.
160 On rappelle que pour les années 1796 à 1821, les statures sont des moyennes mobiles de 11 ans.
161 M. HAU, *op. cit.*, p. 288.

raisonnablement considérer que la viande est un aliment noble que l'on donne en priorité aux travailleurs masculins qui rapportent les plus gros salaires à l'économie familiale. L'incidence éventuelle du prix de la viande sur la stature sera donc maximale dans l'adolescence des jeunes conscrits, peu avant d'être toisés, alors qu'à l'échelle nationale, les salaires des jeunes gens exercent justement une influence maximale sur leur corps entre l'âge de quatorze et de vingt ans[162]. Plus le prix de la viande augmenterait, plus les apports en protéines baisseraient, plus la stature des conscrits diminuerait en conséquence. La corrélation serait donc négative entre les prix de la viande et la stature. Il existe bien deux corrélations à Mulhouse : entre le prix de la viande porcine et la stature d'une part et entre le prix de la viande bovine et la stature de l'autre. Pour cela, on a tenté plusieurs corrélations entre des moyennes mobiles du prix de la viande et la stature prise annuellement[163]. Il s'est avéré que les corrélations étaient meilleures lorsque l'on calculait le prix de la viande pour une année donnée de naissance des conscrits entre l'âge de quinze et de vingt ans, ce qui correspond à une année près à la période où les salaires influencent le plus la stature des jeunes Français. Par exemple, pour l'année de naissance 1846, on considère la stature moyenne de 166,1 cm (conscrits toisés au début de 1867) et le prix moyen du porc de 1,05 F entre 1861 et 1866 ; puis, pour l'année de naissance 1847, la stature moyenne de 166,03 cm et le prix moyen du porc de 1,10 F de 1862 à 1867 et ainsi de suite. On pratique donc une corrélation entre d'une part une variable « stature » prise annuellement et d'autre part une variable « prix de la viande » prise comme moyenne de six années déterminantes pour la croissance staturale.

Pour les cohortes de naissance 1809 à 1850, la corrélation entre stature et moyenne mobile du prix du porc est forte et négative, avec un coefficient de détermination de 0,41[164]. De même, pour les cohortes de naissance 1807 à 1850, la corrélation entre stature et moyenne mobile du prix du bœuf est forte et négative avec un coefficient de détermination de 0,41[165]. On rappelle toutefois que du début du *trend* de la stature jusqu'en 1821 inclus, il est impossible de donner une estimation de la stature sous une autre forme qu'une moyenne mobile de 11 ans. Il serait donc plus rigoureux d'établir une corrélation avec des statures réellement observées annuellement et les prix alimentaires. On ne doit alors considérer que les années de naissance postérieures à 1821. La corrélation entre stature et prix du porc entre 1822 et 1850 est alors moins forte, avec un coefficient de détermination de 0,20[166]. Il en va de même pour la corrélation entre

---

162 L. HEYBERGER, *op. cit.*, p. 81.
163 On applique les mêmes méthodes de calcul que lors de la recherche de corrélation entre prix du blé et stature établie à l'échelle nationale dans L. HEYBERGER, *op. cit.*, p. 63-80.
164 $R^2 = 0,407$; $F = 26,778$; probabilité de l'hypothèse nulle = $7,21 \times 10^{-4}$ %, $N = 41$.
165 $R^2 = 0,408$; $F = 28,305$; probabilité de l'hypothèse nulle = $3,98 \times 10^{-4}$ %, $N = 43$.
166 $R^2 = 0,202$; $F = 6,584$; probabilité de l'hypothèse nulle = $1,640$ %, $N = 28$.

stature et prix du bœuf entre 1822 et 1850, avec un coefficient de détermination de 0,21[167]. Il existe donc d'autres facteurs que les prix de la viande qui expliquent l'évolution de la stature durant les deux premiers tiers du xixe siècle, en dehors du prix du blé, puisque la corrélation entre ce dernier et la stature ne donne pas de résultats satisfaisants et significatifs sur la période considérée. Les rythmes de l'activité industrielle doivent, entre autres, jouer un rôle.

Les crises industrielles se lisent très nettement dans la courbe générale de la stature mulhousienne (graphique 41). La courbe n'est annuelle qu'après 1821 : les crises de 1811 et 1813 ne sont donc pas visibles. En revanche, le Premier Empire correspond bien à un âge d'or pour la cité mulhousienne, la stature moyenne est alors élevée.

La crise de 1826-1828 est la première qui se lit très nettement sur la courbe de la stature mulhousienne, d'autant plus d'ailleurs que les jeunes gens nés dans ces années de réduction forcée du temps de travail[168] sont à nouveau frappés par la forte récession économique des années 1845-1848 juste avant de passer sous la toise[169]. La décomposition du *trend* général en *trend* des conscrits natifs de Mulhouse et *trend* des néo-citadins montre que la baisse du niveau de vie affecte alors surtout les conscrits natifs de Mulhouse (graphique 42), peut-être parce qu'en ce début de xixe siècle la ville a encore relativement peu d'immigrés ruraux, les néo-citadins nés dans les années 1826-1829 arrivent tardivement à Mulhouse et ne sont donc pas frappés par la crise industrielle de 1826-1829, alors que les conscrits natifs de Mulhouse subissent deux crises économiques (1826-1829 et 1845-1848). La baisse très sensible de la consommation de vin à Colmar à la fin des années 1820 (graphique 31) est un indice supplémentaire de l'ampleur de la crise industrielle et de la chute des revenus ouvriers qui l'accompagne[170]. Villermé avait bien noté l'importance de la dépression du niveau de vie à la fin des années 1820 : selon lui, la durée de vie moyenne à Mulhouse diminue de cinq ans entre 1820 et 1827[171].

La crise de 1830-1831 ne se lit pas sur nos courbes : elle est certainement moins grave que la précédente et la croissance secondaire de l'adolescence a comblé le retard de croissance de la petite enfance. Le début des années trente est marqué par une amélioration très sensible du niveau de vie biologique (graphique 41), alors que la production double entre 1832 et 1837[172], mais on note surtout que cette amélioration,

---

167 $R^2 = 0{,}207$; $F = 6{,}781$; probabilité de l'hypothèse nulle = 1,503 %, $N = 28$.
168 P. LEUILLIOT, *op. cit.*, p. 442, 445, 451-452 ; M. HAU, *op. cit.*, p. 70.
169 Le minimum est toutefois atteint en 1829 et non en 1828.
170 Cette baisse de la consommation n'est pas imputable à une sous-production en 1829, puisque les années 1825-1829 sont marquées par l'avilissement des prix, provoqué par la surproduction du vignoble qui s'étend en plaine. P. LEUILLIOT, *op. cit.*, p. 129-130.
171 Passant de 27 ans et demi à 21 ans et 9 mois, VILLERME, *op. cit.*, p. 308.
172 M. HAU, *op. cit.*, p. 70.

beaucoup trop rapide pour être due à l'amélioration des conditions de vie, s'explique en fait par l'apport à la ville de conscrits néo-citadins beaucoup plus grands que dans les années vingt (graphique 42). Il faut donc voir alors dans cet afflux de grands ruraux un signe de la crise importante que traverse alors l'Alsace rurale, car si le relèvement de la stature existe aussi pour ces années dans l'arrondissement de Sélestat (graphique 44), il est beaucoup moins sensible. Autrement dit, l'élévation de la stature des conscrits néo-citadins nés au début des années 1830 indique qu'une émigration de conscrits ruraux d'origine modeste et moins modeste a eu lieu vers la ville, comme si les campagnes se vidaient brusquement de leur trop-plein, alors que l'émigration ne concernait auparavant que des conscrits ruraux plus modestes, c'est-à-dire plus petits. Il reste cependant le problème de la datation de ce mouvement vers Mulhouse: années de naissance ou années d'examen? Les deux restent possibles, puisque les années d'examen 1850-1854 correspondent aussi à une période de difficultés pour les campagnes.

La crise de 1837-1839 se lit difficilement dans nos courbes, vraisemblablement pour les mêmes raisons que la crise de 1830-1831. En revanche, l'année 1841 marque un minimum alors qu'aucune crise particulière n'est signalée: en fait c'est la Famine du Coton (1861-1863) qui frappe les conscrits en plein dans leur croissance de l'adolescence, après qu'ils aient vécu les mauvaises années 1857-1858[173]. Le phénomène s'observe d'ailleurs aussi bien chez les conscrits immigrés que natifs de Mulhouse, preuve que cet événement commun arrive assez tardivement dans la croissance staturale. L'année 1845 est à nouveau très mauvaise, mais elle frappe en fait principalement les conscrits d'origine rurale: seule la courbe des néo-citadins est affectée, mais avec quelle ampleur! La crise de subsistance des campagnes de 1845-1846 est ainsi très nettement identifiée. La dépression staturale n'affecte les conscrits natifs de Mulhouse qu'après 1845, probablement à la suite de la baisse de la demande en produits industriels de la part des campagnes en 1846-1848.

Les courbes répondent donc au schéma labroussien de la dépression économique. L'année 1848 marque un nouveau minimum, mais 1850 est encore plus mauvais, car les conscrits subissent dans leur dernière année de croissance les difficultés de la guerre[174].

Enfin, les années 1858-1859 sont les plus mauvaises du siècle, alors que les années 1856-1857 étaient plutôt bonnes. La crise de 1857-1858 a donc affecté les conscrits dès leur naissance ou *in utero*, et davantage les néo-citadins que les Mulhousiens d'origine. La petite enfance a ensuite été bercée par la Famine du Coton (1861-1863), crise

---

173 On rappelle que les conscrits nés en 1841 sont toisés au début de l'année 1862 et qu'ils ont donc déjà vécu un an de Famine du coton.

174 La stature de l'année 1850 a bien été corrigée pour tenir compte de la croissance entre septembre 1870 et janvier 1871 : il reste cependant que la taille des conscrits nés en 1850 est très basse.

Graphique 41

Stature à Mulhouse (N= 13 461) et en France, cohortes de naissance 1796-1859

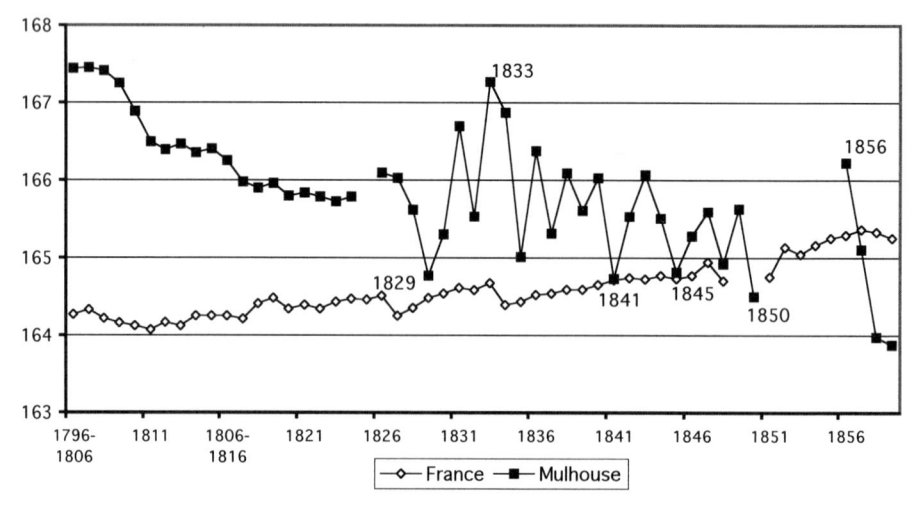

(Sources : ADHR (1796 à 1850), série R, listes du contingent départemental et listes du tirage au sort ; AMM (1856 à 1859), série HI, *Rekrutierungsstammrollen* ; D. R Weir pour la France)

Graphique 42

Misère importée ou non ? stature des natifs de Mulhouse et des néo-citadins, cohortes de naissance 1822-1859 (N = 12 260)

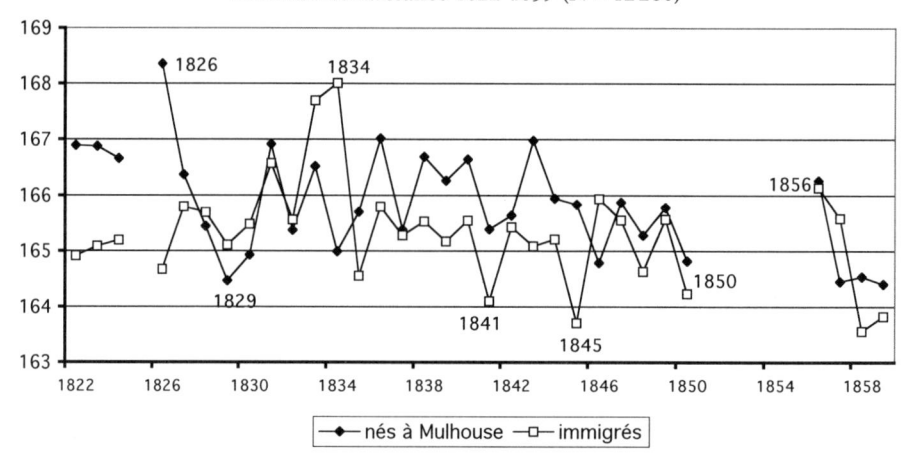

(Sources : ADHR (1822 à 1850), série R, listes du tirage au sort ; AMM (1856 à 1859), série HI, *Rekrutierungsstammrollen* ; D. R Weir pour la France)

Graphique 43

Prix du kg de viande à Mulhouse de 1824 à 1875 d'après Hanauer

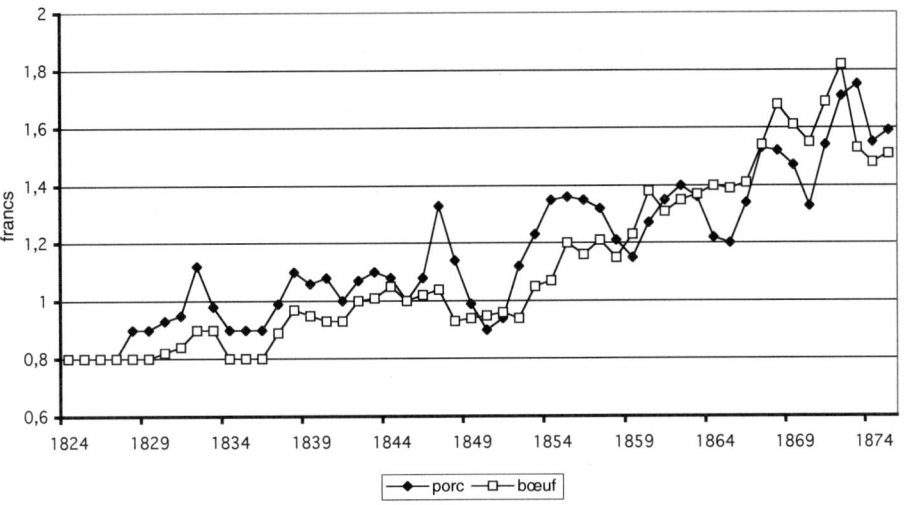

(Sources: A. Hanauer, *Etudes économiques sur l'Alsace ancienne et moderne*, t. 2, Strasbourg, 1876, p. 193-194)

particulièrement sévère pour les familles ouvrières: en 1863, 31 % des métiers à tisser du Haut-Rhin sont arrêtés[175]. Les générations 1858 et 1859 ont donc vécu jusqu'à l'âge de 4 à 5 ans, soit dans les années de plus forte croissance de la stature humaine, dans un état de dépression économique quasi continue. C'est précisément la Famine du Coton qui provoque un sursaut des responsables britanniques face à la détresse des ouvriers du textile. La première enquête quantitative sur les rations alimentaires est entreprise par le docteur Edward Smith en 1862 afin de comparer les apports énergétiques des ouvriers avant et après la Famine.

Il en ressort que, durant la Famine du Coton, la consommation de viande baisse considérablement chez les ouvriers du coton du Lancashire[176], alors que la ration alimentaire totale passe de 3 370 à 2 200 cal./j./pers.[177]

---

175 M. HAU, *op. cit.*, p. 72.
176 On passe en tout de 84 à 56 g. de protéines par jour et par personne.
177 J. BURNETT, « Les enquêtes sur l'alimentation et la mesure de la pauvreté (1790-1945) », dans J. CARRE et J.-P. REVAUGER, *Ecrire la pauvreté. Les enquêtes sociales britanniques aux XIXe et XXe siècles*, Paris, 1995, p. 153-154.

Pour les années de naissance 1847 à 1859, les courbes des conscrits natifs de Mulhouse et néo-citadins sont parallèles, les conditions de vie de la période de l'adolescence, passée pour les deux groupes à Mulhouse, doivent ici jouer un rôle important. Les suites du *Gründerkrach* (après 1873) peuvent expliquer une partie des valeurs très faibles de 1858-1859. L'évolution de 1856 à 1858 est cependant bien trop rapide pour être plausible, alors que les années de naissance 1858-1859 s'intègrent davantage dans le *trend* séculaire que l'année 1856. On pourrait aussi se demander pourquoi le minimum séculaire n'est pas atteint pour les générations 1861-1863. On remarquera alors que ces générations ne subissent pas deux mais une seule crise dans leur petite enfance et que leur croissance secondaire s'achève dans de meilleures conditions que les générations 1858-1859 : la dépression prend fin en 1879[178].

La dépression des années 1870 a donc empêché la croissance de rattrapage de jouer un rôle bénéfique pour les Mulhousiens nés peu avant la Famine du Coton. Par ailleurs, pour les générations nées en 1841-1843 qui ont souffert de cette Famine juste avant de se faire toiser, la situation est mauvaise, la stature accuse des valeurs parmi les plus faibles du demi-siècle pour les années 1841-1845[179].

De manière synthétique, la baisse de stature constatée à Mulhouse est la plus forte de toutes les régions étudiées (graphique 44). Même si l'on met à part les années 1858-1859, la diminution est de plus de 2 centimètres entre 1796-1809 et 1847-1850, soit une baisse de niveau de vie beaucoup plus sensible que dans l'arrondissement de Sélestat ou que dans le Limousin. De plus, la baisse de la stature urbaine n'est pas imputable à l'immigration de pauvres ruraux puisque le *trend* des conscrits natifs de Mulhouse et celui des néo-citadins sont globalement parallèles. Bénéficiant au début du siècle d'un niveau de vie biologique largement supérieur à la moyenne nationale, Mulhouse voit ensuite sa stature décroître pour atteindre dans les années 1840 le niveau très médiocre de la moyenne française (graphique 41). C'est à cette époque (1843) que Léon Faucher est « rafraîchi » par la vue des « ouvriers bien portants et pro-

---

178 M. HAU, *op. cit.*, p. 73.
179 De même que l'année de naissance 1841 est mauvaise pour l'Alsace rurale. Il semble que le chômage industriel des années de la Famine a pu avoir des conséquences sur les conscrits toisés en 1861-1865, mais moins sur ceux nés dans ces années, grâce à l'élévation des salaires au début des années 1880. Le rapport du médecin-major du 6e régiment d'artillerie sur la classe de 1861 paraît donc trop optimiste au vu de la stature des conscrits nés dans les années 1841-1845 : « La crise cotonnière des années qui viennent de s'écouler a nécessité une réduction dans la durée de travail de chaque jour ; cette circonstance, malheureuse en elle-même, a cependant profité au développement physique de l'ouvrier ; car il n'a pas subi une perte correspondante dans son bien-être, dans son salaire, grâce à la générosité de nos manufacturiers de l'Alsace [...] il y eut même à cet égard un certain étonnement chez les membres du conseil de révision qui depuis un certain nombre d'années font la tournée dans le département » (rapport du 12 juin 1862, ADHR, 1 R 90).

bablement heureux» de Mulhouse[180]. Mais la ville est désormais nettement moins bien lotie que l'arrondissement de Sélestat[181], alors que c'était exactement l'inverse au début du siècle.

b) Structure socioprofessionnelle et lieux de naissance : démêler l'écheveau

La situation du Manchester français se dégrade par rapport à l'arrondissement rural de Sélestat dans la première moitié du XIXe siècle, sans que l'exode rural ne joue de rôle dans ce phénomène. Cependant, la courbe des néo-citadins est presque toujours inférieure à celle des natifs de Mulhouse, à l'exception de quelques années (graphique 42). Mieux vaudrait donc être nés à Mulhouse et y travailler que de naître dans la campagne alsacienne et que de venir travailler à Mulhouse. La ville attire bien la pauvreté des campagnes.

Graphique 44
Stature dans les espaces menacés de crise malthusienne,
cohortes de naissance 1796-1806/1859 (N = 69 630)

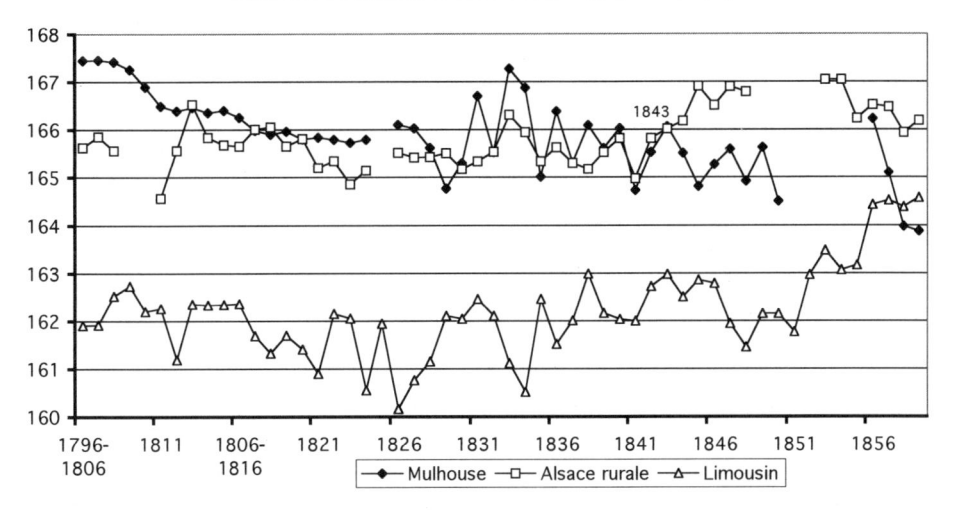

(Sources : ADHR, (1796 à 1850), série R, listes du contingent départemental et listes du tirage au sort ; AMM (1856 à 1859), série HI, *Rekrutierungsstammrollen* ; ADBR, (1796 à 1848), série R, listes du contingent départemental et listes du tirage au sort, (1854 à 1859), versements 392 D *Alphabetische Listen* ; ADHV, série R, listes du contingent départemental, listes de tirage au sort et listes de recrutement cantonal)

---

180 P. LEUILLIOT, *op. cit.*, p. 502.
181 Le rapport entre l'arrondissement de Sélestat et Mulhouse s'inverse après 1843, voir graphique 44.

Ce premier constat est toutefois réducteur. Les conscrits natifs de Mulhouse sont en général plus instruits que les autres, ils sont en fait mieux intégrés dans la société urbaine et peuvent donc prétendre à des emplois mieux rémunérés. Ce qui est en question ici, c'est la structure sociale des deux groupes. Pour établir clairement si la ville exerce une influence positive ou négative sur la santé des conscrits dans leur petite enfance, il faut donc comparer la stature de deux groupes sociaux identiques nés à Mulhouse et dans les campagnes alsaciennes.

Dans le canton de Mulhouse[182], la profession la plus nombreuse ne se prête pas à ce type d'analyse : les ouvriers de fabrique (N = 1 259) ne sont que 61 à habiter à Mulhouse même contre 1 187 qui habitent le canton[183]. Ce résultat confirme amplement ce qu'écrivait Villermé : les ouvriers les plus pauvres ne peuvent se payer un loyer mulhousien, leur faible pouvoir d'achat les rejette dans les communes de la banlieue aux loyers plus abordables, ils doivent chaque jour faire un long trajet à pied entre leur habitation et la fabrique. La deuxième profession est celle des journaliers (N = 1 075), dont 540 résident à Mulhouse et 375 dans le canton[184]. Sur les journaliers habitant Mulhouse, les natifs du Bas-Rhin (165,3 cm, N = 68) mesurent un peu plus que les natifs du Haut-Rhin (165 cm, N = 253), ce qui est conforme aux statures moyennes respectives de ces départements. Quant aux journaliers natifs de Mulhouse, ce sont nettement les plus petits (164,2 cm, N = 171[185]), preuve que la ville exerce bien une influence négative sur la santé indépendamment de la profession. Les journaliers résidant dans le canton sont beaucoup plus grands, très certainement parce que ce sont des salariés agricoles et non industriels (167 cm, N = 358[186]). Cette dernière information vient confirmer la supériorité de la nutrition nette rurale sur celle de la ville. Les résultats sont les mêmes avec la troisième profession, les fileurs (N = 979) : sur les 916 résidants à Mulhouse, les conscrits originaires du Bas-Rhin sont les plus grands (165,9 cm, N = 166), les Haut-Rhinois sont plus petits (164,7 cm, N = 433) et les natifs de Mulhouse sont les plus défavorisés (164,3 cm, N = 238[187]). La relation s'inverse si l'on considère le quatrième groupe, celui des commis négociants (N = 436) : les commis nés à Mulhouse (168,2 cm, N = 284) sont légèrement plus grands que les commis nés dans le Haut-Rhin (167,8 cm, N = 98). Cela prouve que pour des professions plus intellectuelles, une certaine instruction, privilège de la culture urbaine, favorise l'insertion du conscrit dans la société industrielle. Les meilleures places vont aux enfants de la ville. Ceux-ci, lorsqu'ils appartiennent à l'élite urbaine,

---

182   Source : listes de tirage au sort du canton de Mulhouse, cohortes de naissance 1822-1850.
183   Les autres habitent Dornach, rattaché à Mulhouse au début du siècle suivant.
184   Et 160 à Dornach.
185   Outre les natifs d'Alsace (N = 492), les 48 conscrits restants sont nés en France ou à l'étranger.
186   Effectif né dans le Haut-Rhin.
187   Sur 916 résidants à Mulhouse, 79 sont nés hors Alsace.

sont aussi mieux soignés et mieux nourris que les ruraux. Globalement, à considérer la hiérarchie des métiers, les écarts sont plus grands entre natifs de Mulhouse qu'entre néo-citadins, mais le fait essentiel est que la ville industrielle exerce une influence néfaste sur la santé indépendamment du niveau de rémunération du travailleur urbain. L'observation est confirmée par la stature des habitants du canton (167,2 cm, N = 3 366), nettement supérieure à celle des Mulhousiens (165,6 cm, N = 6 738)[188].

c) Des rattacheurs aux mécaniciens, infériorité des ouvriers du textile, supériorité des ouvriers de la métallurgie

La stature des conscrits par profession laisse entrevoir une société urbaine aux inégalités sociales très marquées (tableau 8). L'écart-type entre professions est considérable (1,7 cm), d'importance comparable à celui du Limousin. La région la plus archaïque et la région la plus moderne se retrouvent sur le plan des différences de niveau de vie biologique. L'écart maximum est de plus de 9 cm entre les rattacheurs et les mécaniciens, alors que J. Komlos signale comme importante l'inégalité de 7 cm qu'il a relevé dans son échantillon de la France d'Ancien Régime[189].

Le niveau de vie biologique particulièrement bas des rattacheurs est celui qui prête le plus à discussion. Les rattacheurs sont généralement des enfants, choisis pour leur petite taille et leur agilité car ils doivent se glisser sous les machines et rattacher le fil cassé[190]. Ils comptent aussi parmi les ouvriers les moins bien rémunérés. On pourrait donc tout aussi bien soutenir, soit que les rattacheurs sont petits parce qu'ils sont peu payés et donc mal nourris, soit parce qu'ils ne doivent pas être trop grands pour exercer leur métier. Les rattacheurs étaient le plus souvent des enfants et ces derniers ne manquaient pas dans le Mulhouse industriel du début du siècle. Les conscrits qui étaient encore rattacheurs à l'âge de 20 ans exerçaient donc ce métier peu rémunéré faute de mieux. Il paraît donc difficile de penser à une sélection des rattacheurs à l'âge de 20 ans sur critère anthropométrique, alors que de nombreux enfants peuvent occuper ces postes.

---

188 Alors que Dornach fait figure de banlieue de l'aristocratie ouvrière et des classes moyennes (167,9 cm, N = 721).

189 En fait entre son échantillon et les premiers polytechniciens, J. KOMLOS, « Histoire anthropométrique de la France de l'Ancien Régime », *loc. cit.*, p. 534.

190 C'est le plus petit des enfants qui est chargé de nettoyer les bobines « en se précipitant sur le plancher, pendant que le chariot se déplace » et de ramasser les déchets de coton. Pour un industriel de Mulhouse, « l'enfant est ici irremplaçable […] ses doigts délicats et flexibles étant plus convenables que ceux des hommes pour le rattachage (…) et lui seul ayant la souplesse de corps pour se glisser sous toutes les parties du métier, dont l'adulte serait incapable », cité par C. ROLLET, *Les Enfants au XIXe siècle*, Paris, 2001, p. 120.

Tableau 8 : Stature des conscrits du canton de Mulhouse, cohortes de naissance 1822-1850 d'après les listes de tirage au sort

(Sources : ADHR, série R)

Profession	Stature	Effectif	Profession	Stature	Effectif
rattacheur	159,95	278	boulanger	166,61	108
tailleur	163,15	135	serrurier	166,61	574
ferblantier	164,18	149	ajusteur	167,08	140
fileur	165,07	953	manœuvre	167,09	122
maçon	165,33	149	employé de commerce	167,45	150
menuisier	165,42	254			
fondeur	165,59	186	imprimeur	167,50	183
cordonnier	165,68	225	dessinateur	167,61	220
journalier	165,88	1 022	graveur sur rouleaux	167,73	106
ouvrier de fabrique	166,09	1 217	commis négociant	168,12	435
chaudronnier	166,50	135	cultivateur	169,17	378
tourneur en fer	166,55	288	mécanicien	169,21	178
			Ensemble	**166,13**	**7 585**

De plus, la question est tranchée si l'on fait un bond en avant et que l'on considère les rattacheurs nés entre 1856 et 1894 : à l'âge de vingt ans et demi, ils mesurent 163,8 cm, soit près de 4 cm de plus que leurs prédécesseurs de 1822-1850. Les rattacheurs nés entre 1900 et 1920 ne mesurent même plus « que » deux centimètres de moins que la moyenne de l'échantillon des professions à effectif supérieur à 100[191] contre plus de six centimètres pour les cohortes de naissance 1822-1850. Le métier est resté le même, mais les conscrits des années de naissance 1856-1894 et 1900-1920 seraient lourdement handicapés par leur stature relativement importante par rapport à leurs homologues des années 1822-1850. Pourtant il existe encore des professions pour lesquelles, entre 1856 et 1894 comme entre 1900 et 1920, la stature moyenne

---

191 165,4 cm contre 167,4 cm, voir tableau 29.

est plus faible que celle des rattacheurs, alors que leur métier n'exige pas de critère anthropométrique particulier, tels les ouvriers de fabrique[192]. Pourquoi alors les rattacheurs sont-ils plus grands que les ouvriers de fabrique, si ce n'est parce qu'ils ont un niveau de vie biologique supérieur ? Si le critère anthropométrique était en jeu pour les rattacheurs nés entre 1856 et 1920, les employeurs ne se priveraient pas de recruter parmi les conscrits les plus petits, et la stature des rattacheurs serait encore la plus faible pour ces années de naissance. C'est donc bien le bas niveau de vie biologique des rattacheurs qui explique ici la faible stature de ces derniers, et non une sélection sur critère anthropométrique. On peut donc penser que les conscrits exerçant le métier de rattacheur à l'âge de 20 ans et nés entre 1822 et 1850 sont petits parce qu'ils exercent depuis un certain nombres d'années un métier mal rémunéré qui entretient une «prédisposition» à ce même métier. D'ailleurs la nette augmentation de la stature des rattacheurs entre 1822-1850 et 1856-1894, de près de 4 centimètres, ne fait que rendre compte de la hausse très sensible des salaires de ces derniers au cours du Second Empire[193]. Un vif débat a eu lieu entre historiens libéraux et historiens marxistes en Angleterre pour trancher une question similaire. Il s'agissait de savoir si les enfants travaillant dans les mines étaient petits parce qu'ils étaient mal nourris ou parce que leur petite taille constituait un atout pour se déplacer facilement dans les petites veines[194].

Les rattacheurs ont un niveau de vie biologique très bas, comparable à celui des journaliers limousins de la même époque (tableau 6) mais ils sont beaucoup moins nombreux que les catégories limousines les plus défavorisées, tels les domestiques agricoles. Les autres professions qui sont au cœur de la première Révolution industrielle et plus particulièrement de l'industrie textile connaissent des fortunes diverses qui renvoient en partie à des apports inégaux en nutriments[195]. Les fileurs sont de loin les plus nombreux, avec 12,6 % des conscrits[196], ce sont aussi ceux qui possèdent un niveau de vie biologique assez médiocre, inférieur d'un centimètre à celui des simples

---

192 Voir *infra*, tableaux 27 et 29.

193 M. HAU, *op. cit.*, note 35, p. 303 : «En Alsace, c'est le salaire du rattacheur qui a progressé le plus vite sous le Second Empire».

194 Thèse libérale : J. HUMPHRIES, «Short Stature among Coalmining Children : a Comment», dans *The Economic History Review*, 50, 1997, p. 531-537. Thèse marxiste : P. KIRBY, «Causes of Short Stature among Coalmining Children, 1823-1850», *ibidem*, 48, 1995, p. 687-699 et «Short Stature among Coalmining Children : a Rejoinder», *ibidem*, 50, 1997, p. 538-541. On verra plus loin un contre-exemple de cette relation stature-revenu- et stature-critère d'embauche avec les bergers de la Brie.

195 Sur la hiérarchie des régimes alimentaires des ouvriers mulhousiens, voir M.-C. VITOUX, *op. cit.*, p. 31-32.

196 On rappelle que les pourcentages sont donnés par rapport au total des effectifs des professions comptant plus de 100 conscrits toisés. P. LEUILLIOT, *op. cit.*, p. 445 signale que les fileurs sont moins nombreux que les tisserands qui n'apparaissent pourtant quasiment pas dans les listes de tirage au sort ou dans les listes du contingent.

« ouvriers de fabrique ». Penot considère que fileurs et tisserands sont à « ranger parmi les ouvriers les plus pauvres de ce pays[197] ». Cependant, selon M. Hau, les fileurs constituent une profession bénéficiant d'une certaine qualification et d'un niveau de rémunération supérieur à la moyenne des ouvriers[198]. En revanche, d'autres professions de l'industrie textile ont un niveau de nutrition nette élevé, qui renvoie à des degrés de qualification supérieurs : dessinateurs[199] et graveurs sur rouleaux[200]. La réputation de pauvreté attachée à l'industrie textile, confirmée par les faibles niveaux de vie des fileurs et rattacheurs[201], est aussi nuancée par la stature des métiers consacrés à l'entretien des machines de l'industrie textile, serruriers et tourneurs[202], même si les maçons, qui entretiennent les bâtiments industriels, sont peu favorisés[203].

Les niveaux de vie biologiques des ouvriers de la seconde vague de l'industrialisation mulhousienne sont nettement supérieurs à ceux de l'industrie textile. L'anthropométrie confirme ici l'étude des salaires : mieux vaut travailler dans la métallurgie que dans le textile[204]. La création des usines Koechlin, principale fabrique de biens d'équipement de l'agglomération mulhousienne, a donc contribué à l'amélioration du niveau de vie de ses habitants, comme le montre la taille des chaudronniers, tourneurs en fer, serruriers, ajusteurs, et mécaniciens, ces derniers constituant très nettement une aristocratie ouvrière. Quelques métiers de la métallurgie ne font cependant pas recette, tels les ferblantiers[205] et les fondeurs.

---

197 A. PENOT, *Recherches...*, *op. cit.*, p. 112.

198 M. HAU, *op. cit.*, p. 311 : le salaire des fileurs représente le triple de celui des travailleuses adultes les moins qualifiées en 1848.

199 De motifs de tissus ou de plans de machines, ce qui rattache alors aussi les dessinateurs à l'industrie métallurgique.

200 Les rouleaux gravés servent à l'impression des motifs sur les tissus, sur le même principe que l'imprimerie où les rouleaux impriment sur du papier.

201 Constat déjà dressé par le médecin-major du 6e régiment d'artillerie lors de l'examen de la classe 1862, mais avec une explication aériste : « L'industrie qui a offert le plus de sujet étiolés, faibles, est celle du coton, et la cause en est due surtout, selon nous, à ce que l'ouvrier de fabrique, quoique logé et nourri convenablement, comme à Mulhouse, Munster, Saint-Amarin, etc, est privé au milieu de son travail dans les ateliers d'un des principaux aliments de la vie, c'est-à-dire de la quantité d'air indispensable pour l'oxygénation du sang » ; rapport du 9 mai 1863, ADHR, 1 R 90.

202 M. HAU, *op. cit.*, p. 311. On notera toutefois que les serruriers et tourneurs issus des listes de tirage au sort sont aussi (et surtout) employés par l'industrie mécanique naissante.

203 La stature des maçons du canton de Mulhouse équivaut à celle des maçons de l'arrondissement de Sélestat.

204 Le médecin-major du 6e régiment d'artillerie note en 1862 que les ouvriers de la métallurgie se portent mieux que ceux du textile, ce « sont généralement des hommes vigoureux », rapport cité.

205 Métier traditionnellement réputé pour sa pauvreté.

Les professions commerciales dépendant de l'industrie mulhousienne et qui nécessitent un certain savoir comptent parmi les élites de la ville, comme les employés de commerce et les commis négociant. Les cultivateurs sont aussi très bien placés, ce qui prouve l'importance de la proximité aux sources de nutriment dans une agglomération industrielle mais surtout le bénéfice substantiel que peuvent tirer les agriculteurs de l'approvisionnement du marché urbain en denrées alimentaires : les cultivateurs du canton de Mulhouse mesurent près de trois centimètres de plus que les cultivateurs des cantons de Barr, Marckolsheim Sélestat et Villé de la même époque (tableaux 7 et 8). Les cultivateurs du canton de Mulhouse sont donc probablement de gros exploitants prospères, ou des maraîchers qui bénéficient d'une rente de situation. Les journaliers du canton de Mulhouse, qui peuvent aussi bien travailler dans l'agriculture que dans l'industrie, sont eux-mêmes relativement bien lotis (quoiqu'encore en-dessous de la moyenne), peut-être parce qu'ils bénéficient de leur proximité aux ressources alimentaires du canton.

Les artisans, qui formaient pour certains les catégories les plus défavorisées de la société rurale, sont plutôt mieux lotis à Mulhouse, où ce sont les salariés les plus pauvres de l'industrie qui occupent le bas de la pyramide sociale. Si les tailleurs ont toujours un niveau de vie biologique très bas à la campagne comme à la ville, les menuisiers et cordonniers mulhousiens tirent un peu mieux leur épingle du jeu que leurs homologues de l'arrondissement de Sélestat. Les boulangers citadins occupent une place moyenne, preuve que la proximité des sources alimentaires joue pour eux un rôle bénéfique. Les catégories à gros effectif qui sont les plus pauvres sont cependant, dans les deux espaces, les travailleurs du textile, fileurs de Mulhouse ou tisserands de l'arrondissement de Sélestat, avec un net désavantage pour ces derniers. La situation la plus défavorable en Alsace semble donc plutôt aller aux ouvriers à domicile des cantons ruraux (tisserands, 163,6 cm) qu'aux ouvriers des grandes fabriques mulhousiennes (fileurs, 165,1 cm). Ce phénomène n'échappe pas aux contemporains. Le médecin-major du 15e régiment d'artillerie note dans son rapport sur l'état sanitaire des conscrits du Haut-Rhin de la classe 1852 : « La plus grande partie de la plaie n'est pas là[206] ; elle existe chez les ouvriers qui, très souvent, n'ont que de très petits locaux, mal aérés, mal éclairés, en un mot dans de très mauvaises conditions hygiéniques, et ensuite dans les heures de travail, qui sont bien plus prolongées que dans les grandes fabriques ; loin de moi cependant l'idée que les grandes fabriques n'ont pas une influence fâcheuse sur l'état sanitaire des enfants et même des adultes, mais elle est bien moins grande que celle signalée chez les petits particuliers ; du reste il n'y a qu'à voir l'un et l'autre pour juger ; et nous pouvons donc dire que les jeunes gens,

---

206 Le médecin explique la misère des ouvriers en premier lieu par la mauvaise gestion du budget familial (constat classique des auteurs bourgeois du XIXe siècle : ce ne sont pas les bas salaires qui sont en question, et l'absence d'économie vient du manque de rigueur des ouvriers) et par le travail en bas âge des enfants.

employés dans les fabriques, nous ont moins souvent offert des cas de réforme, proportion gardée, que les ouvriers qui travaillent chez eux[207]. »

Enfin, il est difficile de tirer des conclusions sur les statures de catégories urbaines à la définition floue. Les ouvriers de fabrique et les manœuvres semblent ainsi défier la logique, puisque la stature des manœuvres, pourtant réputés hommes à tout faire, est supérieure à celle des ouvriers de fabriques, eux-mêmes bien placés par rapport aux fileurs. Les manœuvres atteignent un niveau de vie biologique proche de celui des salariés les plus qualifiés, peut-être parce qu'ils doivent bouger de lourdes charges et sont donc choisis parmi les jeunes gens les plus robustes, les plus grands. En revanche, les ouvriers de fabrique souffrent principalement d'un travail trop important dans leur enfance et d'une nourriture pauvre en protéine[208], mais ils ne sont pas les plus défavorisés dans la hiérarchie anthropométrique du canton.

d) Galton et les conscrits mulhousiens : fantasme et réalité

La hiérarchie anthropométrique des professions du canton de Mulhouse peut être représentée graphiquement par des histogrammes de distribution des effectifs par classes de stature (graphique 45). Plus la surface comprise entre l'axe des abscisses et la courbe d'une profession est importante, plus cette profession possède un effectif important[209].

La stature moyenne de chaque profession correspond à la surface sommitale de chaque courbe, puisque pour chaque profession la distribution des effectifs est normale. Le sommet de chaque courbe de Laplace-Gauss correspond donc à la moyenne, qui est encore la médiane et le mode de chaque courbe. La stature moyenne se lit au croisement de l'axe des abscisses et de la droite perpendiculaire à ce dernier qui passe par chaque surface sommitale. Pour une profession donnée, la stature moyenne est un phénomène d'ordre social, alors que la distribution normale des effectifs, c'est-à-dire la forme de la courbe, est un phénomène d'ordre naturel[210].

---

207 Rapport du 5 juillet 1853, ADHR, 1 R 88.

208 Rapport du médecin-major pour la classe 1861. La loi de 1841 sur le travail des enfants est insuffisante car « on objectera en vain la position des ouvriers qui ont besoin du travail de leurs enfants, car trop souvent le père dépense au cabaret les gains de la semaine, l'enfant s'étiole et ne bénéficie en rien de sa coopération au travail. […] Les classes ouvrières ont besoin d'une nourriture saine et proportionnée à l'intensité de leurs déperditions quotidiennes. La viande si nécessaire aux travailleurs leur manque et ne figure dans leur régime que dans une proportion insuffisante. Deux causes s'opposent à l'amélioration de leur régime : l'insuffisance des salaires et les habitudes d'ivrognerie. », rapport du 12 juin 1862, ADHR, 1 R 90.

209 Puisque dans un histogramme, c'est la surface du graphique qui représente les effectifs et non la hauteur maximale atteinte par la courbe.

210 Le phénomène est noté non pas entre plusieurs professions au même moment (comme ici), mais pour une population identique à deux moment différents dans OMS, *op. cit.*, p. 25 : « Le

Avec le graphique 45 représentant les effectifs de conscrits des différents métiers mulhousiens par classes de stature, on est loin de la société fantasmée par Francis Galton, fondateur de la biométrie et cousin de Darwin à qui il emprunte certaines de ces idées[211]. Galton s'inspire aussi de Quételet et de Charles Booth pour construire une vision très pessimiste de la société urbaine du XIXe siècle (figure 17)[212]. Au premier, il emprunte la distribution normale des effectifs d'une population par classes de stature. Il remplace la variable «stature» par une variable «valeur civique» des individus, qui correspond à une «valeur génétique», héréditaire. Au second, il emprunte la classification de la population londonienne par catégories sociales selon une nomenclature à la fois économique et morale. Il en tire une synthèse où chaque groupe de professions explique sa position dans la société par sa «valeur civique et héréditaire». Cependant, là où notre graphique pour Mulhouse indique des sous-distributions normales de la stature par métier, Galton croyait pouvoir représenter des classes sociales qui ne se mélangent pas, aux frontières bien délimitées.

A chaque groupe de Galton correspond non pas une sous-courbe normale mais une tranche de la courbe normale générale, soit quasiment une barre d'histogramme, comme si les classes les plus défavorisées ne pouvaient atteindre une «valeur civique et naturelle» moyenne, voire supérieure, et comme si le vice ne pouvait toucher les classes «supérieures».

La représentation graphique de la société urbaine selon Galton renvoie en définitive à une vision très pessimiste et réactionnaire de la société, où les hiérarchies sont déterminées une fois pour toute par la nature et où les groupes sociaux et naturels, très

---

déplacement de la totalité de la courbe anthropométrique [...] se produit souvent là où se situent des problèmes nutritionnels», l'écart-type de la distribution reste identique, même pendant les grandes famines, «On voit que la totalité de la distribution est décalée [...] et que tous les individus, et pas seulement ceux qui sont en dessous du seuil, sont atteints». Les interventions humanitaires doivent donc d'adresser à toute la population, et non pas seulement aux individus en dessous du seuil (anthropométrique défini par l'organisme intervenant). La distribution de la stature reste donc toujours normale, avec un écart-type constant, sauf rares exceptions. Ainsi, dans un groupe de réfugiés chinois contemporain, «le taux de mortalité chez les sujets les plus gravement malnutris était si élevé que l'extrémité gauche de la courbe était tronquée, sans guère modifier la moyenne», *ibidem*, p. 28. A Mulhouse, au XIXe siècle, même dans le cas de rattacheurs, la situation n'est pas aussi grave.

211   Galton (1822-1911) est «l'inventeur» de la droite de régression (basée sur des observations anthropométriques, elle montre le rapport entre la stature des parents et celle des enfants, avec une «régression» des statures des différents enfants vers la stature moyenne, d'où le nom de «droite de régression» donné à la droite des moindres carrés), des quartiles et des intervalles interquartiles, il baptise également l'écart-type de son nom actuel (*standard deviation*).

212   Sur ce point: A. DESROSIERE, *op. cit.*, p. 143; E. YEO, «La métaphore du corps et les sciences sociales britanniques (1850-1950)», dans J. CARRE, J.-P. REVAUGER, *Ecrire la pauvreté... op. cit.*, p. 117-145 et plus précisément p. 126 et P.-H. GOUYON, J.-P. HENRY, J. ARNOULD, *Les Avatars du gène. La théorie néodarwinienne de l'évolution*, Paris, 1997, p. 80 et suivantes.

nettement délimités, ne se mélangent pas. Cette conception déterministe et quelque peu naïve de la société nous renvoie à l'univers mental des élites du XIXe siècle, alors que le graphique des professions de Mulhouse montre bien que la répartition des effectifs selon les classes de stature par métier répond à des phénomènes à la fois sociaux (stature moyenne du métier) et naturels (distribution normale des effectifs de chaque profession).

La société n'est pas si cloisonnée que l'entend Galton : il existe de grands fileurs et de petits mécaniciens et les rattacheurs pourraient être plus grands s'ils étaient mieux nourris.

Graphique 45
La société urbaine du XIXe siècle telle qu'elle est : statures de quelques professions dans le canton de Mulhouse, cohortes de naissance 1822-1850

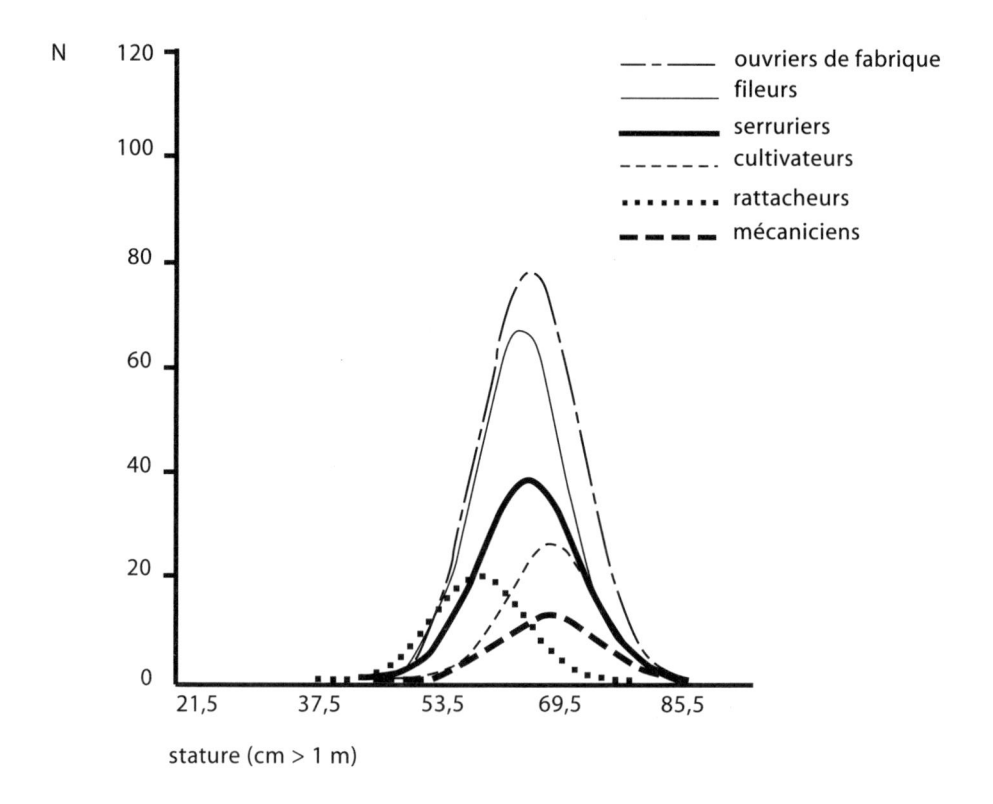

(N = 3 718, sources : ADHR, série R, listes de tirage au sort)

e) Le paradoxe d'une modification de la structure socioprofessionnelle favorable à l'élévation de la stature

L'évolution de la stratification sociale de Mulhouse ne peut expliquer l'évolution générale de la stature. Les ouvriers du secteur textile sont en effet, en proportion, de moins en moins nombreux à Mulhouse de 1816-1825 à 1859[213], alors que les campagnes alsaciennes tissent de plus en plus (graphique 46). La ville compte donc proportionnellement de moins en moins de conscrits à bas niveau de vie biologique : les ouvriers du textile passent de près de 40 % à près de 20 % des effectifs toisés.

Figure 17 : La société urbaine du XIXe siècle telle que fantasmée par Galton

(Source : A. Desrosières, *op. cit.*, p. 143)

CLASSES SOCIALES ET VALEUR GÉNÉTIQUE
(d'après Galton, 1909)

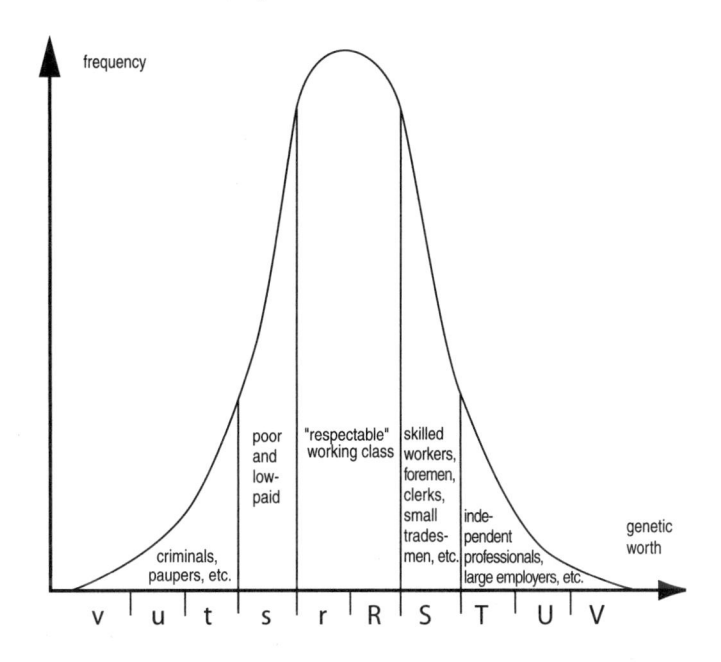

---

213 Années d'examen.

LA RÉVOLUTION DES CORPS

Graphique 46

Importance du secteur textile à Mulhouse et dans les campagnes
(années d'examen an IX-1859)

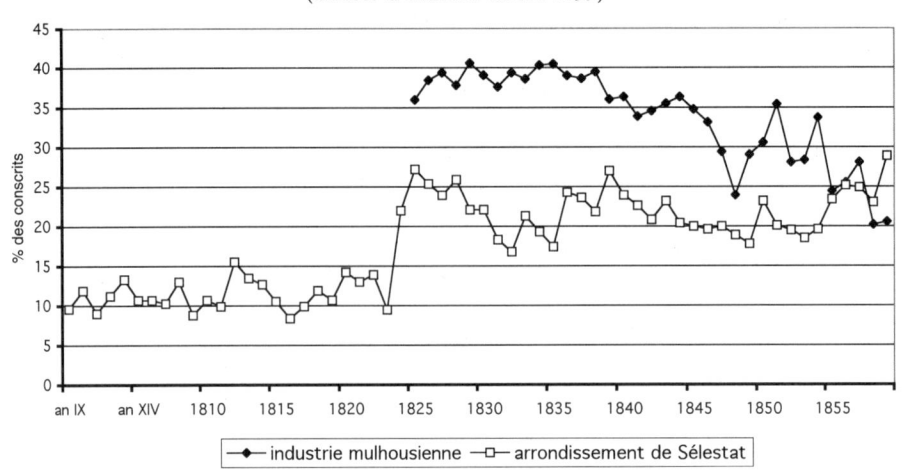

— industrie mulhousienne —□— arrondissement de Sélestat

(Sources : ADBR, série R, listes de la conscription, listes du contingent départemental,
listes de tirage au sort et ADHR, série R, listes de tirage au sort)

Graphique 47

Ouvriers de la première et de la deuxième vague d'industrialisation à Mulhouse,
années d'examen 1816-1859

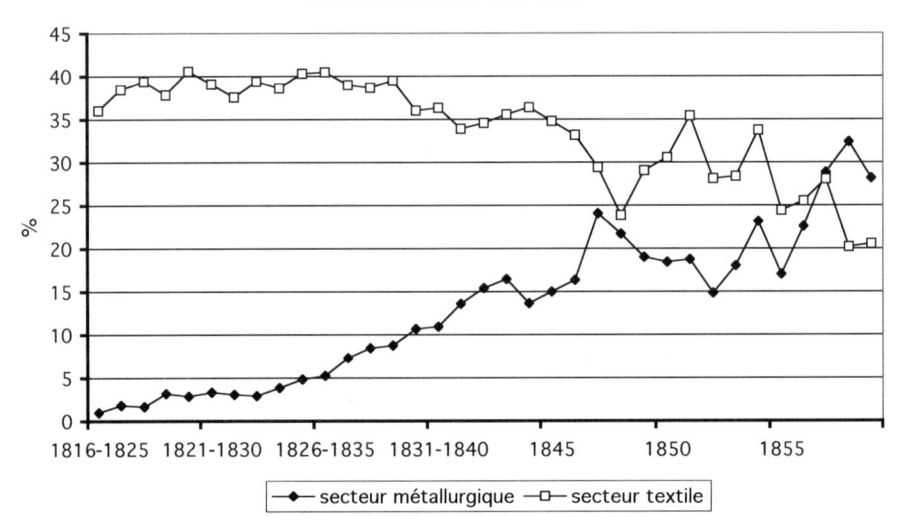

— secteur métallurgique —□— secteur textile

(Sources : ADHR, série R, listes du contingent départemental et listes de tirage au sort)

Graphique 48
Fonctions tertiaires exercées par les conscrits et liées à l'industrie à Mulhouse, années d'examen 1816-1859

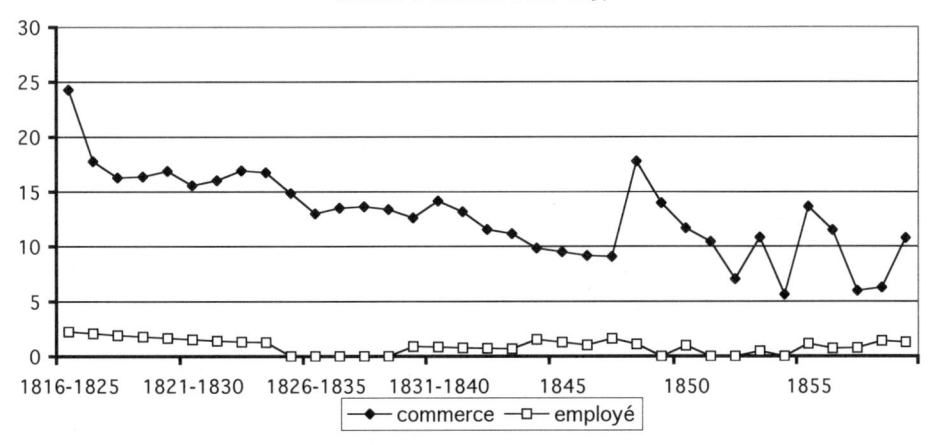

(Sources: ADHR série R, listes du contingent départemental et listes de tirage au sort)

Graphique 49
Les conscrits de l'industrie à Mulhouse, années d'examen 1816-1859

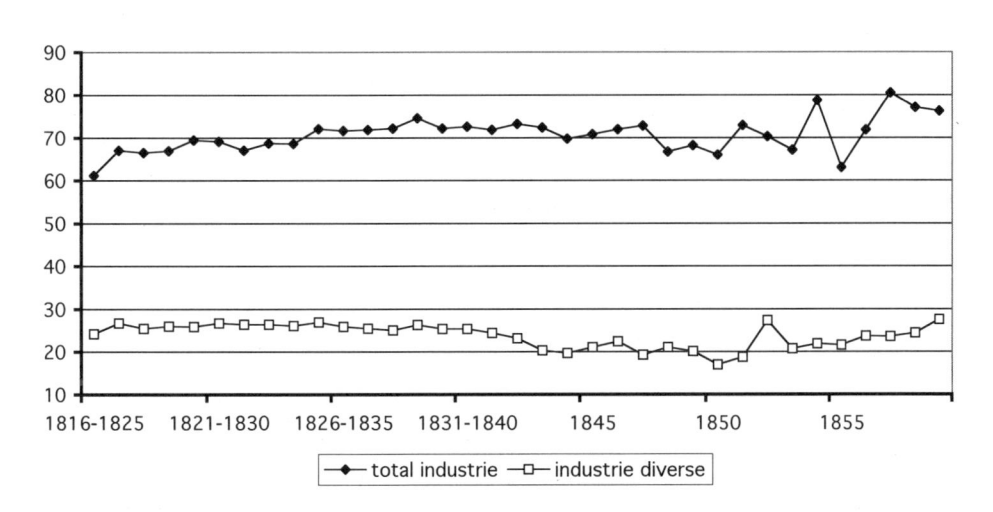

(Sources: ADHR série R, listes du contingent départemental et listes de tirage au sort)

Mulhouse, d'abord caractérisée par l'importance du travail textile, devient moins dépendante de cette activité que les campagnes à la fin des années 1850. Une bonne partie de cette évolution peut s'expliquer par une économie croissante de main-d'œuvre, grâce au remplacement, entre 1844 et 1869, des mule-jennies par des métiers automatiques: le nombre d'ouvriers pour 1000 broches passe alors dans le Haut-Rhin de 20,4 à 9,6[214].

Au contraire, les métiers de l'industrie de biens d'équipement, d'abord quasi inexistants, connaissent une forte croissance à partir du début des années 1830 et représentent plus du quart des conscrits à la fin des années 1850, dépassant la part des jeunes gens travaillant dans le textile (graphique 47). Cette évolution, qui rend compte du succès de l'entreprise fondée par Koechlin au début de la Restauration, devrait améliorer le niveau de vie général de la ville, puisque les ouvriers de la métallurgie se portent généralement mieux que ceux du textile. Les évolutions complémentaires des deux principaux secteurs d'activité mulhousiens (textile et métallurgie) agissent en faveur d'une amélioration du niveau de vie général de la ville. Or, sur la période 1816-1859, la stature des Mulhousiens décroît. La situation aurait certainement été encore moins favorable si l'industrie métallurgique ne s'était pas implantée dans le Manchester français.

La proportion des ouvriers à qualification et occupation non précisées, donc vraisemblablement à niveau de vie médiocre (graphique 49)[215], n'augmente pas et ne peut donc expliquer la dégradation de la stature des Mulhousiens. La seule catégorie de conscrits dont l'évolution des effectifs peut expliquer une partie de la diminution de la taille sont les jeunes gens exerçant une fonction commerciale (graphique 48)[216]. Bénéficiant d'un niveau de vie supérieur à la moyenne, leur proportion passe de 18,3 % (1816-1825 à 1820-1829) à 9,6 % (1855-1859) des effectifs toisés. Cependant, leur proportion est initialement beaucoup trop faible pour pouvoir expliquer tout au plus et approximativement un dixième de la baisse de la stature sur la période considérée[217]. C'est donc malgré une modification de la structure socioprofessionnelle globalement favorable à l'élévation du niveau de vie biologique citadin que la stature des Mulhousiens baisse dans les années de naissance 1796-1859.

---

214 M. HAU, *op. cit.*, p. 291.
215 Courbe intitulée «industrie diverse».
216 Il s'agit principalement des commis négociants.
217 Supposons une population citadine de stature moyenne égale à 166 cm (ce qui correspond à la moyenne mulhousienne des années 1796-1806 à 1800-1810 et 1856 à 1859). Supposons que les conscrits exerçant des fonctions commerciales sont tous des commis négociants, ce qui constitue un cas extrême, puisqu'en fait se trouvent parmi ces conscrits des jeunes gens aux métiers moins qualifiés, donc en moyenne plus petits. La stature des commis négociants (et donc ici des conscrits exerçant des fonctions commerciales) est de 168,1 cm pour les cohortes de naissance 1822-1850. Les conscrits commerciaux dominent donc la moyenne de la popu-

La France sous menace malthusienne : Alsace et Limousin (cohortes de naissance 1780-1850)

Au total, c'est bien une ville qui vit au rythme de la Révolution industrielle que laissent entrevoir les sources conscriptionnelles : 7 conscrits sur 10 sont employés dans l'industrie textile ou métallurgique entre 1816 et 1859 (graphique 49), le monde des cols blancs est encore très peu présent[218]. D'après le graphique présentant la part totale des conscrits travaillant dans l'industrie de 1816 à 1859, il semble bien que la ville soit à dominante industrielle bien avant le Second Empire, contrairement à ce qu'avance S. Jonas[219].

La modification de la stratification sociale générale de la ville n'est pas contraire à l'élévation du niveau de vie, puisqu'une proportion croissante de conscrits travaille dans l'industrie métallurgique, dont les salariés sont plus grands que ceux de l'industrie textile. De plus, l'apport migratoire des campagnes alsaciennes n'est en rien responsable de la dégradation sensible du niveau de vie biologique des Mulhousiens, puisque baisse aussi bien la stature des néo-citadins que celle des natifs de Mulhouse. Les mêmes causes agissent sur les Mulhousiens d'origine et les Mulhousiens d'adoption pour expliquer la baisse de la stature. La dégradation sensible observée à Mulhouse trouve donc davantage ses origines, en l'absence de diminution continue des salaires nominaux, dans l'irrégularité des revenus[220], la rareté croissante des protéines[221] et la dégradation des conditions d'hygiène dans un Mulhouse à la densité de peuplement très forte et à la croissance démographique effrénée. S'il est un espace économique où la menace malthusienne se transforme en véritable dépression, c'est bien à Mulhouse. Le contraste anthropométrique risque d'être fort entre Mulhouse et la Brie, fleuron de l'agriculture française.

---

lation de 2,1 cm. En appliquant à notre population citadine une baisse de la part des conscrits exerçant des fonctions commerciales identique à celle évoquée ci-dessus (de 18 à 9 %), on explique 7 % de la baisse de la stature, en retenant la baisse la plus modeste évoquée en début de chapitre (baisse de 2,6 cm), soit l'hypothèse où la modification de la part des conscrits commerciaux jouerait l'influence la plus grande. (-0,09 * 2,1 cm = -0,19 cm, soit 7 % de 2,6 cm). Il s'agit là d'un ordre de grandeur, puisqu'il est entendu que dans notre exemple la stature du reste de la population est censée rester la même, égale à 166 cm.

218 Comme le prouve la très faible proportion d'employés toisés, graphique 48.
219 S. JONAS, *op. cit.*, t. 1, p. 151.
220 En temps de crise ou de dépression, on a vu que les revenus se faisaient plus rares en raison de jours ou de semaines chômés, voire de renvoi définitif des ouvriers.
221 Les rares données de l'octroi de Mulhouse dont nous disposons vont dans ce sens, ainsi que les corrélations entre les prix de la viande et la stature.

Chapitre X
La révolution agricole a eu lieu ou le succès de la salarisation des campagnes briardes

La Brie est-elle menacée d'une crise malthusienne au début du XIXe siècle ? La croissance démographique du département de Seine-et-Marne est sensible au cours de la première moitié du XIXe siècle (graphique 50), elle se rapproche de celle de l'Alsace rurale, bien que l'arrondissement de Sélestat croisse encore plus vite que la moyenne de la Seine-et-Marne. L'évolution démographique du département francilien n'exclut donc pas la possibilité d'une dépression malthusienne de la stature. Cependant les densités de peuplement ne sont pas du tout les mêmes en Alsace et dans la Seine-et-Marne. Elles atteignent, vers 1840, 82 hab./km² dans le Haut-Rhin et même 92 dans le Bas-Rhin[1] alors qu'elle ne sont « que » de 55 en Seine-et-Marne en 1836[2]. La taille moyenne de l'exploitation agricole est donc beaucoup plus importante en Seine-et-Marne qu'en Alsace. Les habitants d'Ile-de-France connaissent une forte croissance démographique au cours de la première moitié du XIXe siècle, mais celle-ci a lieu dans un contexte tout différent de l'Alsace ou du Limousin. Les densités rurales franciliennes sont sans comparaison avec celles de l'Alsace alors que la qualité de l'agriculture seine-et-marnaise est évidemment supérieure à celle du Limousin. Une dépression majeure de la stature semble donc exclue.

Dans la Beauce, autre région emblématique de la grande culture vantée par les physiocrates, il semble bien qu'il existe un fort contraste entre les années révolutionnaires et impériales, caractérisées par un niveau élevé des salaires agricoles en raison du manque de main-d'œuvre et les années 1820 à 1840, marquées par une stagnation des salaires en raison de la pression démographique[3]. Les évolutions démographiques

---

1 Pour une moyenne nationale de 48 hab./km² ; M. HAU, *op. cit.*, p. 50.
2 M. LE MEE-ORSETTI et R. LE MEE, *Paroisses et communes de France. Dictionnaire d'histoire administrative et démographique. Seine-et-Marne*, Paris, 1998, p. 49.
3 J.-C. FARCY, *op. cit.*, p. 218 : « Il est probable que les salaires agricoles sont restés stables pendant

(et économiques) à peu près synchrones des départements de Seine-et-Marne et d'Eure-et-Loir (graphique 50) laissent à penser que le mouvement des salaires est identique pour la Beauce et la Brie et que les *trends* du niveau de vie biologique de ces deux régions doivent être très proches, tout au plus décalés de quelques années. Qu'en est-t-il du niveau de vie biologique des Briards dans un contexte de forte pression démographique, stagnation ou progrès ?

I – Les années de contraste : difficultés et prospérité, cohortes de naissance 1781-1821

a) Bas niveau de vie biologique puis amélioration au tournant du siècle (cohortes de naissance 1781-1799)

Le niveau de vie des Briards est sensiblement supérieur à la moyenne nationale au début des années 1780, alors qu'il s'est dégradé au début des années 1790 (graphique 51). Comme dans bien d'autres régions, la situation est difficile dans cette période de troubles politiques et surtout économiques qui voit se succéder cherté des bleds, émeutes et manifestations contre la libre circulation des grains[4]. En revanche, la situation s'améliore très rapidement à partir de 1796 et le niveau de vie biologique reste élevé pratiquement jusqu'à la fin du Ier Empire. La récupération des premières années de paix intérieure pourrait même paraître trop rapide si elle ne s'observait également dans l'Alsace rurale (graphique 36).

L'augmentation des salaires versés à la masse des ouvriers agricoles, particulièrement nombreux en Brie, pendant la période de pénurie de main-d'œuvre, suite aux ponctions de la conscription, doit jouer un rôle de premier ordre pour expliquer cette embellie allant du Directoire à 1811[5]. D'une manière générale, les régions de grande culture connaissent alors une certaine prospérité dont témoigne l'élévation sensible du cours de la laine de mouton sous Napoléon I[6].

---

    la Monarchie censitaire, contrastant avec la forte hausse qu'ils avaient connu pendant la Révolution et les débuts de l'Empire. » et p. 306 : « La croissance de la population au cours de la première moitié du XIXe siècle a sans doute réduit l'accès à la propriété et à l'exploitation d'une partie importante des couches populaires, contribuant à placer celles-ci dans une position parfois voisine de la misère, notamment lors des crises cycliques ».

4   M. LECOMTE, *La Question des subsistances en Brie et en Gâtinais en 1788-1795*, Meaux, 1905.

5   « excessive cherté de la main-d'œuvre » évoquée par A. HUGUES. Les salaires augmentent à partir de 1793 et provoquent encore des récriminations en 1813 : « le luxe se répandit dans les campagnes et y répandit son venin corrupteur, le fermier voulut égaler le riche propriétaire, l'ouvrier ne se contenta plus du nécessaire », *Le Département de Seine-et-Marne. 1800-1895*, Melun, 1895, p. 122.

6   P. BRUNET, *op. cit.*, p. 320.

La révolution agricole a eu lieu ou le succès de la salarisation des campagnes briardes

Graphique 50

Croissance démographique de la Seine-et-Marne et de l'Eure-et-Loir, 1801-1856

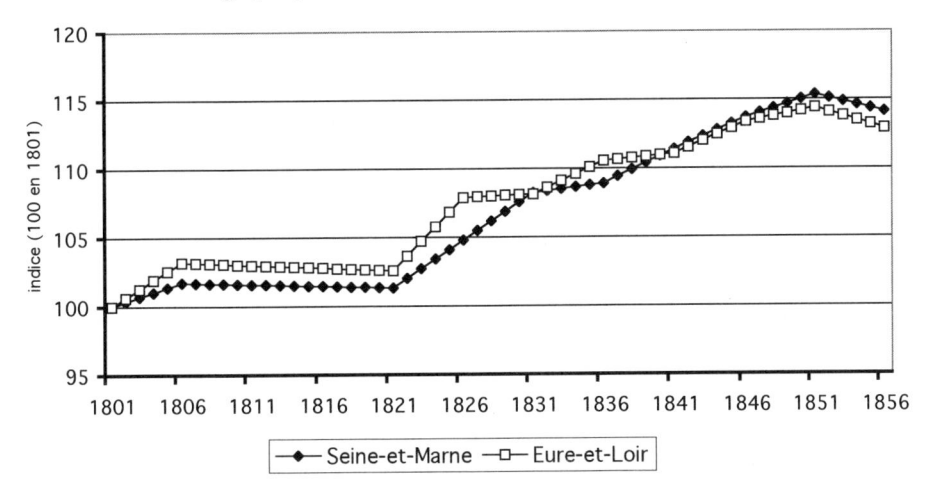

(Sources : M. Le Mée-Orsetti et R. Le Mée, *Paroisses et communes de France. Dictionnaire d'histoire administrative et démographique. Seine-et-Marne*, Paris, 1988, p. 49 ; J.-C. Farcy, *Paroisses et communes de France. Dictionnaire d'histoire administrative et démographique. Eure-et-Loir*, Paris, 1990, p. 47)

Graphique 51

Stature en Brie (N=19 530) et en France, cohortes de naissance 1781-1821

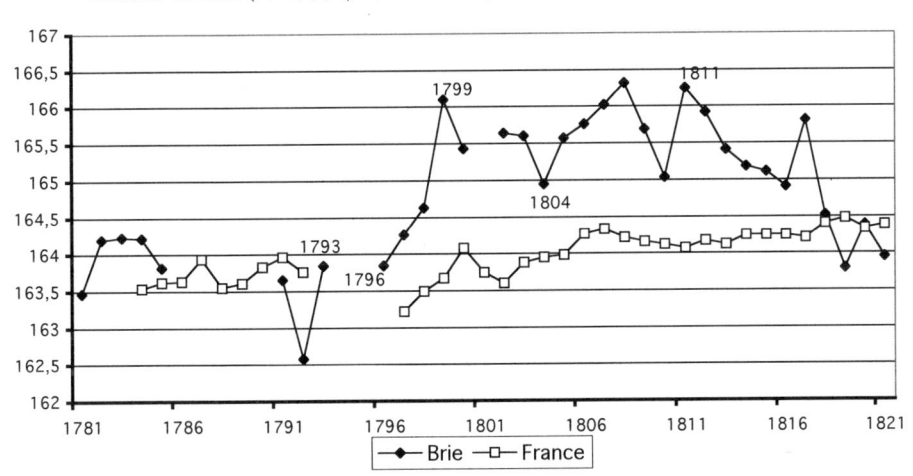

(Sources : ADSM, série R, tableaux de la conscription, listes du contingent départemental, listes du tirage au sort pour la Brie et D.R. Weir pour la France)

Les Briards gagnent environ 1,5 cm en 4 ans (1796-1800), soit un gain de plus de 3 mm/an. Le retour à la paix extérieure après 1816, même dans un contexte économique défavorable, peut aussi expliquer une meilleure croissance des jeunes gens nés dans les années 1796-1811 lors de l'adolescence, peu de temps avant d'être toisés. Surtout, la baisse de la fécondité dans les années 1790, déjà évoquée pour l'Alsace rurale et pour le Limousin, pourrait aussi rendre compte d'une partie de cette évolution rapide[7]. Ainsi, trois phénomènes pourraient être à l'œuvre pour expliquer la croissance staturale des cohortes de naissance 1796-1811.

b) Stabilisation puis dégradation du niveau de vie biologique (cohortes de naissance 1799-1821)

Après les années fastes (1799-1811), la Brie connaît une dégradation sensible et rapide du niveau de vie biologique de 1811 à 1821 : moins 2,3 cm en 10 ans, soit une célérité marquée de plus de 2 mm/an (graphique 51). La baisse de la stature intervient donc avant même la fin de l'aventure impériale et la fin de la poussée des salaires consécutive à la conscription[8]. Peut-être faut-il lire ici la dégradation des conditions de vie des années d'adolescence des conscrits, dans un contexte de pression démographique. On pourrait aussi évoquer pour la même période le refroidissement du climat de la fin des années 1810. En tout cas, la dépression économique du début de la Restauration est très sensible en Brie[9], tout comme elle l'était dans l'Alsace rurale, alors que la moyenne française ne reflète pas cet événement. Les années d'adolescence 1831-1841 n'offrent pas de conditions de vie assez bonnes pour compenser la baisse de la stature des cohortes de naissance 1811-1821.

Le *trend* de la stature des Briards montre donc une évolution très contrastée de 1781 à 1821. Si la période 1780-1793 semble correspondre à une phase d'érosion du niveau de vie biologique des campagnes, la fin de la Révolution et le Ier Empire constituent une période de relative aisance pour la grande culture, après une courte

---

7 A. ARMENGAUD, « chapitre II le rôle de la démographie », *loc. cit.*, p. 182, J. DUPAQUIER, « La population française de 1789 à 1806 », *loc. cit.*, p. 74.

8 La grande épizootie qui frappe le département en 1814, ajoutée aux réquisitions militaires ne doit pas favoriser le maintien d'un apport en protéines suffisant. A. HUGUES, *op. cit.*, p. 146. Les années 1810-1820 sont marquées par la vente des terres des petits paysans dans le Soissonnais, autre région de grande culture du Bassin parisien (G. POSTEL-VINAY, *La Rente foncière dans le capitalisme agricole. Analyse de la voie « classique » du développement du capitalisme dans l'agriculture à partir de l'exemple du Soissonnais*, Paris, 1974, p. 116-117.) Une partie de la paysannerie des régions de grande culture connaît donc des difficultés assez précocement.

9 Indice de cette dégradation, la production de betteraves marque un recul entre 1815 et 1823. La révolution agricole marque un arrêt. Le fourrage disponible pour le bétail est donc moins abondant et les protéines d'origine animale sont donc moins abondantes pour les briards. A. HUGUES, *op. cit.*, p. 162.

mais intense période de récupération. La fin de l'Empire et les débuts de la Restauration n'en sont que plus sombres, marqués par une diminution sensible de l'indice statural. Entre croissance et dépression, le niveau de vie biologique des Briards accuse des variations beaucoup plus fortes que la moyenne nationale mais qui se rapprochent du profil rural alsacien. La menace malthusienne n'a donc pas épargné le fleuron de l'agriculture française, qui connaît un retour de fortune important dans les années 1811-1821, alors même que la population ne connaît pas de croissance des effectifs entre 1801 et 1821. La relation entre croissance démographique et évolution de la stature est donc plus complexe qu'un simple rapport de cause à effet.

II – Les « Trente Glorieuses » de la Brie : une croissance de pays développé (1821-1856)

a) Des rythmes de croissance staturale très soutenus

Entre 1818 et 1823, le niveau de vie biologique des Briards est si déprimé qu'il rejoint celui de la moyenne nationale mais, au début des années 1850, les Briards dominent de 3,5 cm le Français moyen (graphiques 52 et 53). Pourtant celui-ci a gagné un petit centimètre depuis la fin des années 1810. C'est donc de plus de 4,5 cm que les Briards ont grandi en une trentaine d'années, du début de la décennie 1820 à la décennie 1850. Le rythme moyen de croissance est alors de 1,5 mm/an, maintenu sur trois décennies, ce qui permet de dire que la Brie connaît une expansion économique durable et soutenue comparable à celle des pays développés après 1945[10]. Les conscrits de l'arrondissement de Melun toisés au début de la IIIe République[11] atteignent d'ailleurs la stature des Français examinés vers 1940[12] ! Il existe bien au XIXe siècle en France, au nord et au sud de l'Alsace (carte 6), quelques cantons de stature comparable, mais dans le cas briard, c'est une région entière qui atteint un niveau de développement humain exceptionnellement élevé par rapport à la moyenne nationale[13].

Une première fièvre de croissance intervient entre 1823 et 1829, bien que marquée par une baisse pour 1826 (graphiques 52 et 53). La célérité de la croissance est de 4 mm/an entre 1821-1823 et 1829. L'augmentation des salaires à la fin du règne

---

10 M.-C. CHAMLA, G. DEVIGNE, A. JACQUARD, « L'accroissement de la stature… » loc. cit., graphique p. 199 et données chiffrées p. 200. Rythme constaté entre la cohorte examinée en 1940 et celle examinée en 1974.
11 Nés au début des années 1850.
12 *Ibidem*.
13 D'autres nations atteignent toutefois à la même époque des niveaux de vie biologiques supérieurs à celui de la Brie. C'est le cas notamment des Etats-Unis d'Amérique, de la Suède ou de l'Australie.

de Louis-Philippe, entre 1841 et 1849, intervient pour parachever cette croissance très forte. En effet, entre 1840 et 1847, les salaires augmenteraient de 25 à 30% dans la Brie[14]. De même, une augmentation du salaire après les années de dépression 1816 à 1821-1823 peut être envisagée pour expliquer la célérité de la croissance dans les années de naissance 1821-1823 à 1829. Nos informations sur les salaires sont de peu de qualité avant le milieu du siècle, mais ces hypothèses ont l'intérêt de présenter une très bonne synchronie entre salaire et données anthropométriques. Il semble en tout cas que la stagnation des salaires entre 1806 et 1848-1852 dans les pays de grande culture évoquée par J.-C. Farcy[15] soit un phénomène qui admet des variations de courtes durées très importantes, voire des exceptions régionales comme la Brie. P. Brunet fournit même des estimations qui laissent entrevoir une augmentation sensible des salaires avant 1852[16]. Ces données sont cependant à prendre avec précaution. Le niveau de vie biologique se stabilise après 1829 entre 166 et 167 cm, même s'il connaît quelques valeurs relativement basses qui correspondent à des années de difficulté: 1831, 1836 et 1842. Les années 1830 à 1840 seraient justement calmes en ce qui concerne les salaires[17].

Globalement, entre 1806 et 1852, si les salaires restent probablement les mêmes dans le Bassin parisien, force est de constater que le niveau de vie biologique s'est amélioré d'environ un centimètre. L'évolution reste la même si l'on compare les années de naissance 1800, pourtant réputées fastes pour la grande culture, et les années de naissance 1830 à 1840, pour lesquelles les conscrits ne profitent pas, dans leur adolescence, des hausses importantes de salaire des années 1860-1870. En effet, les salaires réels briards semblent avoir baissé dans les années 1847-1856 en raison d'une forte inflation[18]. Le *trend* montre que les conscrits nés entre 1827 et 1836 en ont peut-être un peu souffert, mais pas ceux nés entre 1847 et 1856, car ils bénéficient des fortes hausses de salaire au cours de leur adolescence. On est donc assez loin de la situation de paupérisation qui semble prévaloir en Beauce.

---

14   D. PONCHELET, *op. cit.*, p. 169. Le salaire du charretier nourri passe de 300 (1830) à 400 F (1847), celui du berger de 600 à 800, voire 900 F et celui du manouvrier de 2 à 2,50 F.
15   J.-C. FARCY, *op. cit.*, p. 218.
16   Salaire du charretier nourri de région de grande culture:
     1820-1830: 200 F
     1830-1840: 300 F
     1840-1860: 400 F
     salaire de l'ouvrier agricole nourri:
     1820-1830: 0,60 F
     1830-1840: 0,75 F
     1840-1860: 1 F
     P. BRUNET, *op. cit.*, p. 371.
17   D. PONCHELET, *op. cit.*, p. 169.
18   *Ibidem*, p. 170-171.

b) Les améliorations de l'agriculture briarde dans les deux premiers tiers du XIXe siècle

On pourait voir dans l'évolution anthropométrique de la Brie une voie de développement originale par rapport au reste du Bassin parisien. Cependant, cette dernière est rendue fort hypothétique en raison des évolutions démographiques parallèles des départements de Seine-et-Marne et d'Eure-et-Loir (graphique 50)[19], on pourrait plutôt évoquer deux hypothèses. Tout d'abord, comme on l'a déjà avancé, une évolution des salaires qui n'est peut-être pas si défavorable qu'il n'y paraît au premier abord pour les ouvriers agricoles. Ensuite, il faut envisager les conséquences positives de la révolution agricole sur la santé des habitants du Bassin parisien dans la première moitié du XIXe siècle. S'il est bien une région où le terme « révolution agricole » mérite d'être appliqué à cette époque, c'est bien dans les riches terres céréalières des régions de grande culture. Le changement agricole y a lieu selon un schéma tout physiocratique et à un rythme soutenu.

La révolution agricole a ici « l'odeur du fumier[20] ». C'est en s'affranchissant en partie du « blé mal nécessaire »[21] que le progrès est venu, même si le Bassin parisien reste le grenier à blé de la France. La production de blé a doublé en une cinquantaine d'années en Beauce grâce à un doublement des rendements, lui-même rendu possible par la révolution fourragère[22].

En Seine-et-Marne, à la ferme de Galande, à Réau, les rendements en blé augmentent de plus de 40 % entre la fin du XVIIIe siècle et les années 1840[23]. Dans le Bassin parisien, l'assolement est devenu quadriennal, la jachère morte recule considérablement au profit des betteraves fourragères et autres plantes de prairie artificielle qui permettent de nourrir les mérinos, particulièrement voraces par rapport aux variétés locales de moutons[24].

Le nombre d'ovins double en 50 ans dans la Beauce, selon D. Ponchelet, il augmenterait de 75 % entre 1845 et 1852 en Seine-et-Marne[25]. Ce dernier chiffre doit

---

19   La situation ne semble pas défavorable aux manouvriers en Seine-et-Marne dans la première moitié du siècle: le besoin en main-d'œuvre est encore suffisamment élevé pour que l'exode rural soit limité jusqu'en 1860. (D. PONCHELET, *op. cit.*, p. 13.) Il n'y a donc pas eu de fuite vers Paris pour palier à une éventuelle baisse des salaires agricoles.
20   J.-P. HOUSSEL *et alii*, cité par J.-C. FARCY, *op. cit.*, p. 191.
21   J. MULLIEZ, « Du blé, mal nécessaire. Réflexion sur le progrès de l'agriculture (1750-1850) », dans *Revue d'histoire moderne et contemporaine*, 26, 1979, p. 3-47.
22   Pour ce passage, voir J.-C. FARCY, *op. cit.*, p. 171-219.
23   De 15,5 quintaux/ha à 22 quintaux/ha en 1840-1849. P. BRUNET, *op. cit.*, p. 340.
24   La jachère représente toutefois encore 21 % du sol de la Seine-et-Marne en 1852 selon D. PONCHELET, *op. cit.* p. 21. P. BRUNET note également un certain retard de la Brie par rapport au Bassin parisien dans la généralisation des prairies artificielles, *op. cit.*, p. 318.
25   D. PONCHELET, *op. cit.*, p. 22. On passerait de 400 000 à 700 000 têtes.

Graphique 52
Stature en Brie (N = 14 553) et en France, cohortes de naissance 1822-1856

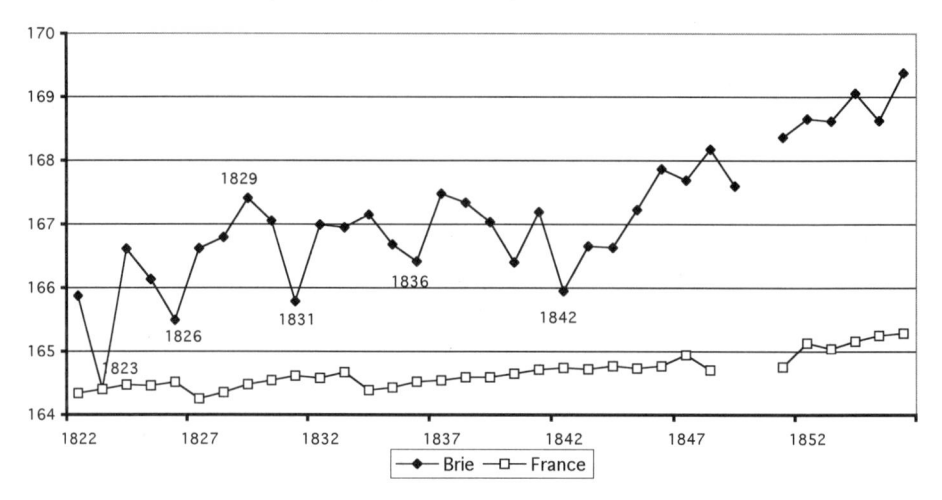

(Sources : ADSM, série R, listes de tirage au sort pour la Brie et D. R. Weir pour la France)

Graphique 53
Stature en Brie (N= 34 083) et en France, cohortes de naissance 1781-1856

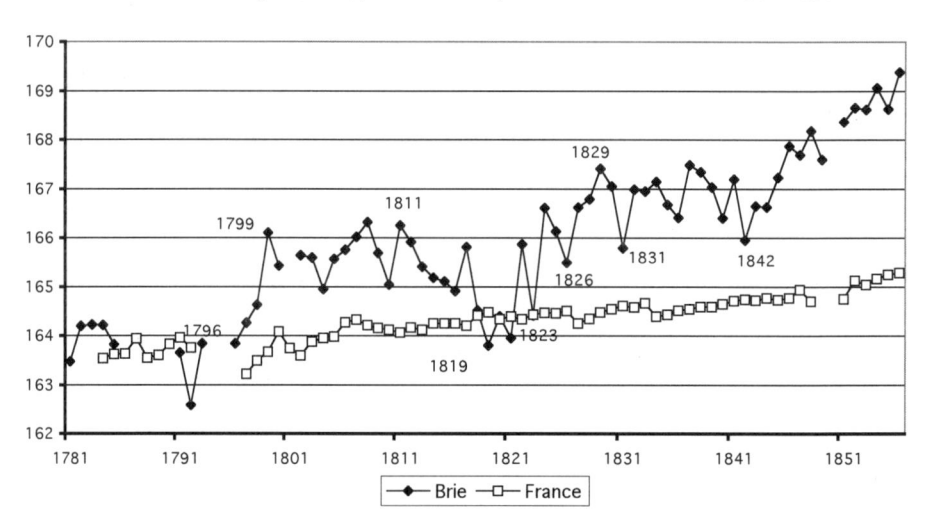

(Sources : ADSM, série R, tableaux de la conscription, listes du contingent départemental, listes du tirage au sort pour la Brie et D. R. Weir pour la France)

Tableau 9 : L'importance des prairies artificielles en Seine-et-Marne au milieu du XIXe siècle

arrondissement	canton	proportion de prairie artificielle (1)
Coulommiers	Coulommiers	14,3
	La Ferté-Gaucher	14,3
	Rebaix	11,4
	Rozoy	13,3
moyenne		**13,3**
Fontainebleau	La Chapelle-la-Reine	10,5
	Château-Landon	11,8
	Fontainebleau	0,9
	Lorrez-le-Bocage	12,8
	Montereau	14
	Moret	8,4
	Nemours	8,6
moyenne		**9,8**
Meaux	Crécy	18,2
	Dammartin	19,1
	La Ferté-sous-Jouarre	12
	Lagny	11,7
	Lizy-sur-Ourcq	16,9
	Meaux	17
moyenne		**15,7**
Melun	Chatelet	9,7
	Melun nord	13,1
	Melun sud	12,6
	Tournan	8,4
moyenne		**10,6**
Provins	Bray	8,9
	Donnemarie	14,4
	Nangis	13,4
	Provins	16,5
	Villiers-Saint-Georges	16,7
moyenne		**14,1**

(1) par rapport à la surface totale du canton. Source : enquête agricole de 1852, ADSM, série M.

être pris avec précaution, il peut paraître excessif, tant l'évolution alors dégagée serait rapide. P. Brunet donne d'ailleurs des estimations contraires pour le département de 1836 à 1852, selon lui le troupeau ovin serait en légère diminution[26], alors que par exemple le Soissonnais développe son troupeau au rythme beauceron, ce qui est déjà remarquable[27]. Le « retard » d'un certain nombre de cantons seine-et-marnais dans le développement du troupeau ovin peut expliquer ces différences d'appréciation du rythme de la révolution agricole. Ainsi, dans le canton de Mormant, qui fait partie des cantons étudiés sur 140 ans pour la stature, le troupeau ovin augmente d'un peu plus de 80 % entre 1841 et 1861[28]. Quoi qu'il en soit, on peut raisonnablement estimer que le troupeau ovin de Seine-et-Marne a lui aussi considérablement augmenté lors de la première moitié du XIXe siècle.

Or, dès l'introduction des mérinos en France, à la ferme de Rambouillet en 1786, l'appétit des ovins espagnols oblige à cultiver des plantes fourragères telles que trèfle et luzerne. Le mouton espagnol est introduit en Seine-et-Marne dans les années 1800[29], tout comme dans le Soissonnais, autre région de grande culture du Bassin parisien[30]. Bien que le but premier soit l'élevage d'ovins pour la laine, la révolution fourragère bénéficie également aux bovins, qui sont mieux nourris. Le troupeau de vaches augmente de moitié en 50 ans dans la Beauce et, au total, « la révolution culturale répond […] parfaitement au modèle élaboré par les agronomes du XVIIIe siècle, modèle pertinent pour les plaines du Bassin Parisien[31] ».

Dans un schéma vertueux, les innovations des grands fermiers font boule de neige. Cela est visible au niveau des techniques culturales : « La multiplication des fourrages a permis d'améliorer et de multiplier le bétail ; l'accroissement du bétail conduit à celui des fumiers ; la culture de la luzerne et du trèfle avait modifié l'assolement triennal ; l'abondance des engrais et la propagation des cultures sarclées nous font entrevoir la disparition des jachères. Toutes ces causes de l'augmentation du travail dans les communes de moyenne et de grande cultures ont motivé le développement de la

---

26   Passant de 800 000 à 724 800 têtes (soit une diminution de 9,4 %), P. BRUNET, *op. cit.*, p. 324.

27   *Ibidem*, p. 320-321.

28   De 26 000 à 47 000 têtes. *ibidem*, p. 349.

29   Selon les délibérations du conseil général, on envisage son introduction en 1801 et celle-ci semble couronnée de succès en 1810. A. HUGUES, *op. cit.*, p. 124.

30   G. POSTEL-VINAY, *op. cit.*, p. 129.

31   J.-C. FARCY, *op. cit.*, p. 218. L'auteur insiste bien sur la radicalité du changement, voir p. 171 : « Il y a vraiment en Beauce un démarrage de la production agricole dû à une modification de l'assolement triennal » ; p. 195 : « C'est donc bien un bouleversement du système de culture qui s'opère en Beauce pendant la première moitié du XIXe siècle, bouleversement qui, par la hausse des rendements et des productions qu'il entraîne, mérite bien d'être qualifié de révolution agricole » ; p. 200 : « Un gain de moitié ou un doublement des rendements du froment peuvent paraître élevés, mais ils sont à la mesure de la révolution agricole réalisée. »

population[32]. » Cela est aussi visible au niveau de la petite culture qui adopte les nouvelles techniques : le changement agricole a bien lieu.

L'amorce de ces progrès physiocratiques de la Seine-et-Marne est bien perçue par les responsables contemporains : « L'agriculture qui se débarrasse, quoique lentement, des vieilles routines a fait, cependant, de grands progrès depuis la Restauration où la paix et les lumières répandues par les Sociétés agricoles et les exemples des propriétaires fonciers éclairés ont servi à faire germer les bonnes méthodes[33]. »

Les années 1850-1860 marquent en Seine-et-Marne l'apogée du système de culture hérité de la première révolution agricole, basée sur la complémentarité de la céréaliculture et de l'élevage[34], système amélioré par l'utilisation des betteraves fourragères et d'autres plantes qui « enrichissent » le sol[35]. La première moitié du XIXe siècle est donc bien marquée en Brie par « un immense élan agricole, sous l'influence du développement de la culture intensive »[36] que l'on pourrait situer dans les années 1830 à 1850[37]. Il existe donc un certain retard de la Brie par rapport à d'autres régions de grande culture[38], cette hypothèse de datation du progrès agricole est largement confirmée par le *trend* de la stature briarde qui accuse une nette croissance après 1823 (graphiques 52 et 53).

Ainsi, à l'époque de l'enquête agricole de 1852, 21 % des terres labourables de l'arrondissement de Chartres (Eure-et-Loir) sont couchées en prairies artificielles[39]. Ces dernières sont également présentes en Seine-et-Marne à la même date, mais comme nous l'avons signalé, il semble que la Brie connaisse un retard en la matière par rapport aux autres régions de grande culture du nord-est du Bassin parisien. C'est logiquement dans l'arrondissement de Meaux que l'on trouve les plus fortes valeurs, alors

---

32 V. PLESSIER, *Changements dans la distribution de la population rurale en un demi-siècle. Etendue comparée des cultures de Seine-et-Marne en 1806 et 1856*, Paris, 1868, p. 5.

33 Rapport préfectoral du 6 juillet 1830 ADSM, M. 10 207, cité par D. PONCHELET, *op. cit.*, p. 20.

34 *Ibidem*, p. 15.

35 Les terres sont également amendées, drainées, l'emploi de l'engrais artificiel se répand. P. BERNARD, *Economie et sociologie de la Seine-et-Marne, 1850-1950*, Paris, 1953, p. 172. C'est surtout le drainage qui a amélioré les terres (P. BRUNET, *op. cit.*, p. 349.)

36 A. HUGUES, *op. cit.*, p. 123.

37 A. MAURICE, préface à F.-A. DENIS, *op. cit.*, p. IV. Les nouveaux assolements se développent beaucoup en Seine-et-Marne après 1830 (p. 362). Le drainage des terres commence en 1838, les engrais « industriels » sont introduits dans le département à partir de 1830 [ce ne seraient donc pas des engrais artificiels, inventés plus tard par Liebig] et en 1880 un tiers des engrais industriels importés en France le sont pour la Seine-et-Marne. (p. 360-361).

38 P. BRUNET consacre quelques pages à la « résistance de la Brie » face à « l'extension de la révolution agricole », *op. cit.*, p. 347-359.

39 J.-C. FARCY, *op. cit.*, p. 193. Alors qu'en 1813 elles ne représentaient que 5,6 %.

que les cantons de l'arrondissement de Melun semblent moins avancés que ceux de Provins et Coulommiers (tableau 9). La chose est confirmée par P. Brunet : il semble bien que la petite culture de l'est du département soit plus innovante que la Brie[40]. Quoi qu'il en soit, dans l'arrondissement de Melun, la surface réservée aux prairies artificielles oscille entre 8,4 (canton de Tournan) et 13,1 % (Melun nord) de la surface totale du canton. Dans le Bas-Rhin, à l'agriculture pourtant réputée plus riche que celle du Haut-Rhin, en dehors de l'arrondissement de Strasbourg, c'est celui de Wissembourg qui utilise le plus les plantes enrichissantes pour le sol et l'on est bien loin des surfaces briardes[41]. Seltz, le canton le plus en pointe, ne réserve que 8,3 % de sa surface aux prairies artificielles. Dans le Limousin, le bilan est bien moins bon : en dehors du canton de Limoges nord (12,8 %) qui possède beaucoup de grandes propriétés et où l'élevage est assez prospère, les prairies artificielles sont quasiment inconnues[42]. On voit donc bien que la Brie est plus avancée sur la voie de la première révolution agricole que l'Alsace ou le Limousin.

La région connaît donc un développement agricole important sur le mode de l'intensification de l'utilisation du sol. Les volumes de froment, de viande ovine et de lait ainsi produits en Seine-et-Marne en quantité de plus en plus importante sont avant tout destinés au marché parisien. Cependant, la consommation à la ferme, non commercialisée, a certainement augmenté et explique donc une partie de l'amélioration constatée dans la stature avant 1850. Les nombreux salariés agricoles, nourris à la ferme par le patron, ont certainement vu leur régime quotidien s'enrichir en protéines grâce à leur proximité de la source de la révolution agricole. C'est ce que note Victor Plessier en 1868 lorsqu'il retrace l'évolution de l'agriculture de 1806 à 1856 et qu'il évoque les salariés des grandes exploitations : « L'alimentation des agents y est généralement bonne, souvent même préférable à la nourriture du personnel de la famille dans la moyenne culture[43]. » De même, le quotidien des petits cultivateurs qui appliquent les leçons de la « bonne culture » a dû s'améliorer au cours de cette période : « la viande, notamment le porc salé, entre pour une part convenable dans la nourriture ».

A la fin du demi-siècle, et c'est là le plus remarquable, la stature augmente de façon très régulière de 1842 à 1856, passant de 166 à 169,4 cm en 14 ans, soit une croissance de célérité très forte maintenue sur une quinzaine d'années (2,4 mm/an, graphiques 52 et 53). Quels sont les facteurs qui peuvent expliquer une telle prospérité ? Il y a bien sûr l'amélioration continue des repas donnés aux salariés nourris par les fermiers. La période correspond aussi à une hausse très sensible des salaires agricoles dans

---

40   P. BRUNET, *op. cit.*, p. 318.
41   4,7 % de la surface de l'arrondissement. Enquête agricole de 1852, source : ADBR.
42   Arrondissement de Limoges : 0,9 % ; arrondissement de Tulle : 0 %. Source : enquête agricole de 1852, ADHV et Archives départementales de la Corrèze.
43   V. PLESSIER, *op. cit.*, p. 9.

les régions de grande culture, aussi bien dans les années de naissance (surtout après 1852) que dans les années de l'adolescence (1862-1876). En Beauce, le salaire du journalier non nourri en temps ordinaire augmente de 31 % entre 1852 et 1862 et de 26 % pour le journalier nourri alors que les salaires pour les gros travaux augmentent encore davantage : + 62 % (ouvriers nourris). Entre 1862 et 1882 la progression se ralentit mais est tout de même sensible : + 18 % pour le journalier non nourri en temps ordinaire[44]. On peut raisonnablement supposer que la majorité de l'augmentation des salaires entre 1862 et 1882 a lieu avant le milieu des années 1870, puisque la Grande Dépression touche le Bassin Parisien à cette époque[45]. L'augmentation est aussi très sensible en Brie : « Les salaires ont beaucoup augmenté depuis trente ans, aussi bien pour les ouvriers agricoles que pour les domestiques à gages [...] Dans la généralité du pays, elle [l'augmentation] s'est accrue d'un tiers, c'est-à-dire de la moitié en sus de ce qu'elle était[46]. » Les salaires nominaux seine-et-marnais ont donc augmenté de 50 % entre le début des années 1840 et le milieu des années 1860, les exploitants évaluent en 1866 la hausse des salaires au tiers ou à la moitié depuis 1856, voire à un doublement depuis 1840[47]. Paroles d'employeurs, et donc paroles exagérées, mais qui indique l'ampleur du phénomène. Comme dans la Beauce, la hausse semble se poursuivre jusqu'au début des années 1880[48].

Certes, les salaires agricoles augmentent aussi sensiblement dans la France du Second Empire, mais les gains sont beaucoup plus forts que la moyenne nationale dans les régions de grande culture. En effet, les salaires réels augmentent alors en France de 6,7 (1850-1860) et 9,5 % (1860-1870)[49]. Même si la différence est moindre entre moyenne nationale et Bassin parisien en terme de salaires réels[50], il n'en demeure pas moins que l'augmentation des salaires est plus sensible en Brie. La forte hausse de la stature des Briards s'expliquerait donc en grande partie par

---

44   J.-C. FARCY, *op. cit.*, p. 501-502.
45   *Ibidem*, p. 511, pour le Soissonnais, G. POSTEL-VINAY, *op. cit.*, p. 158-160 (P. BRUNET évoque cependant « la crise de 1880 dans le Soissonnais », (*op. cit.* p. 328) bien qu'il mentionne le retournement de conjoncture des prix dans le milieu des années 1870, ce qui place bien la « crise » au sens stricte du terme à ce moment précis).
46   Enquête agricole de 1866 citée par D. PONCHELET, *op. cit.*, p. 171-172.
47   *Ibidem*.
48   Pour P. BRUNET, il y a au moins doublement des salaires nominaux entre 1830-1840 et 1860-1875 : on passe de 300 à 600 F pour un charretier nourri et de 0,75 à 1,80 F pour un ouvrier agricole nourri. *op. cit.* p. 371.
49   F. CARON, *Histoire économique de la France XIX-XXe siècle*, Paris, 1995^2, p. 90.
50   On rappelle que les salaires donnés par D. PONCHELET et J.-C. FARCY sont des salaires nominaux alors que ceux de F. CARON sont des salaires réels. Le salaire nominal du journalier augmente en Seine-et-Marne de 57 % entre 1847 et 1866-1867 (de 1,75 à 2,5-3 F ; D. PONCHELET, *op. cit.*, p. 176).

l'augmentation des salaires agricoles. A la fin des années 1860, Victor Plessier a bien conscience qu'une évolution nettement positive a eu lieu lorsqu'il évoque « les améliorations qu'il [le personnel des agents agricoles] a réalisées depuis cinquante ans, à l'honneur de la civilisation, dans la propreté du corps, dans la nourriture, l'habillement, le logement, l'ameublement[51] ».

III – Le paradoxe d'une société rurale relativement égalitaire en pays de capitalisme agraire

a) Une société rurale plutôt équilibrée selon l'indice anthropométrique

La prospérité croissante de la Brie se retrouve dans la stature des conscrits calculée par profession. Les inégalités sociales sont beaucoup moins marquées en Seine-et-Marne qu'en Limousin ou à Mulhouse et se rapprochent de celles de l'Alsace rurale avec un écart maximum de 4,4 cm entre les employés et les cordonniers (voir tableaux 6, 7, 8 et 10)[52]. L'écart-type entre professions atteint même très nettement en Brie un minimum inégalé dans les trois autres espaces sélectionnés pour l'étude des *trends* : 0,88 cm[53]. Dans la première moitié du XIXe siècle, la région du capitalisme agraire présente donc le paradoxe d'être la société la moins inégalitaire sur le plan des niveaux de vie biologiques alors que le Limousin, pays de démocratie rurale, constitue la société rurale la plus inégalitaire selon le critère anthropométrique.

L'échantillon briard des professions à effectifs supérieurs à 100 montre aussi une société rurale prospère par rapport aux autres régions ; avec une stature moyenne de 166,7 cm, l'arrondissement de Melun se place devant le canton de Mulhouse (166,1 cm) et devant les deux autres ensembles ruraux d'Alsace (165,5 cm) et du Limousin (161,5 cm). Les conscrits cordonniers, les moins bien lotis, atteignent un niveau de vie biologique comparable aux conscrits de l'aristocratie artisanale limousine (meuniers et menuisiers, voir tableaux 6 et 10). Les gros bataillons des ouvriers agricoles ont une stature inférieure à la moyenne de l'échantillon.

---

51 V. PLESSIER, *op. cit.*, p. 10. Voir également d'autres témoignages de contemporains dans D. PONCHELET, *op. cit.*, p. 180-182.

52 Les données tirées des listes du contingent et qui concernent tout le département pour les années de naissance 1799-1816 présentent une hiérarchie plus forte (voir annexe II. C. 1), avec il est vrai des terroirs qui n'appartiennent pas à la grande culture. Ainsi les tisserands sont représentés dans les listes du contingent départemental et accusent une stature assez faible (163,8 cm), mais ce sont surtout les sabotiers de l'est du département qui possèdent un bas niveau de vie, avec une taille de 162,7 cm.

53 Contre 1,35 dans l'Alsace rurale, 1,44 dans le Limousin et 1,72 dans le canton de Mulhouse.

b) La situation relativement bonne des salariés de la grande culture

La hiérarchie interne des salariés de l'agriculture est respectée par l'anthropométrie, à l'exception notoire des plus petits, les bergers, qui, normalement, constituent une élite parmi la domesticité agricole (tableau 10)[54]. Leurs gages figurent parmi les plus élevés, supérieurs à ceux des journaliers et même à ceux des charretiers: ces derniers, nourris, gagnent 400 F en 1847 alors que les bergers touchent 800, voire 900 F[55] et que le journalier touche au minimum 1,75 F par jour[56]. Ce hiatus impor-

Tableau 10: Stature des conscrits de l'arrondissement de Melun, cohortes de naissance 1816-1856, d'après les listes de tirage au sort

(Sources: ADSM, série R.)

Profession	Stature	Effectif	Profession	Stature	Effectif
cordonnier	164,22	182	charcutier	166,66	143
berger	164,28	172	maréchal-ferrant	166,81	161
peintre	165,38	192	vigneron	166,99	1 369
couvreur	165,73	123	jardinier	167,03	556
domestique	165,78	244	épicier	167,18	181
journalier	166,29	405	maçon	167,28	802
manouvrier	166,30	4 845	charron	167,28	144
serrurier	166,36	244	boucher	167,69	180
menuisier	166,42	303	scieur de long	168,07	109
boulanger	166,63	144	employé	168,64	117
charretier	166,66	1 288	cultivateur	169,00	950
			Ensemble	166,71	12 854

---

54 «Les ouvriers les plus aisés sont les bergers, les plus sujet à la misère sont les batteurs et les manouvriers», enquête sur le travail de 1848 citée par D. PONCHELET, *op. cit.* p. 38.

55 Chiffres qui paraissent exagérés mais qui donnent une indication sur la supériorité du salaire des bergers par rapport aux charretiers. La même hiérarchie se retrouve en Beauce et en Brie pour la seconde moitié du XIXe siècle.

56 *Ibidem*, p. 169 et 176. Le salaire annuel du journalier pourrait alors être de 470 F minimum, en travaillant 267 jours par an (*ibidem*, p. 186).

tant entre salaire et stature fut noté dès la première étude française portant sur la taille calculée par professions. Selon Carlier, les bergers de l'arrondissement d'Evreux examinés entre 1873 et 1891 ont une stature anormalement basse non pas parce que le métier est mal payé, mais parce que ce dernier nécessite des jeunes gens de taille modeste[57]. Le berger briard effectue donc un choix, alors que le rattacheur de Mulhouse subit les conséquences de la hiérarchie des métiers et salaires. Comme on le voit, le problème de la stature selon la profession posé par les idéologies marxisante et libérale est délicat et n'accepte pas de réponse univoque.

Les bergers sont par ailleurs relativement nombreux en Brie (1,3 %) alors qu'ils sont absents des autres régions. C'est là un signe de l'importance du troupeau ovin en Seine-et-Marne et une manifestation supplémentaire de la révolution agricole. En dehors de l'exception des bergers, la hiérarchie traditionnelle des salariés agricoles est respectée par l'anthropométrie : les domestiques, vraisemblablement valets de ferme, voire de basse-cour, en tout cas salariés à l'année et sans qualification particulière, sont plus petits que les journaliers et manouvriers. On observe ici le même phénomène qu'en Alsace ou en Limousin. Les manouvriers (ou journaliers), qui constituent de loin le plus gros effectif de l'échantillon (40,8 %) sont plus petits que les charretiers, quoique légèrement. La possession d'un lopin de terre permet à de nombreux manouvriers « semi-prolétaires » d'améliorer l'alimentation quotidienne de la famille[58].

La relativement bonne qualité de vie des salariés agricoles briards se lit surtout en comparaison des mêmes professions issues des deux autres régions. Les domestiques agricoles limousins mesurent 158,5 cm, soit au minimum une différence de 7 cm avec les domestiques briards non qualifiés (tableaux 6 et 10). Les domestiques alsaciens accusent en moyenne 163,7 cm sous la toise, soit un avantage de 2 cm pour les Briards (tableaux 7 et 10). Mêmes observations pour les journaliers : avantage de plus de 6 cm sur les journaliers limousins et de plus de 1,5 cm sur les journaliers alsaciens. La stature moyenne de l'ensemble de l'échantillon de l'Alsace rurale est inférieure de 1,2 cm à celle de l'échantillon briard, la différence est donc plus prononcée entre les salariés agricoles briards et alsaciens (1,5 à 2 cm) qu'entre les deux moyennes générales (1,2 cm). La remarque vaut également pour le Limousin. Le niveau de vie biologique des salariés agricoles briards est donc plus élevé que celui de leurs homologues alsaciens ou limousins dans l'absolu mais aussi relativement à la moyenne de chaque région. C'est là une preuve supplémentaire des gains réalisés grâce à des salaires plus élevés mais aussi grâce à une nourriture plus riche tirée des grandes exploitations en pleine révolution agricole.

---

57   G. CARLIER, ««Des rapports de la taille avec le bien-être…», *loc. cit.*, p. 32.
58   Jusqu'en 1860, les manouvriers « restaient propriétaires ou même, parfois, locataires d'un lopin qu'ils cultivaient effectivement ; ce sont eux que l'on appelait souvent les « semi-prolétaires », sans beaucoup plus de précision » (D. PONCHELET, *op. cit.*, p. 13).

c) Le niveau de vie biologique supérieur des artisans

Malgré la situation relativement bonne des salariés agricoles briards, la stature des professions de l'artisanat montre clairement que les agriculteurs dépendants ne sont pas les mieux lotis, ce qui confirme la supériorité des salaires des ouvriers du bâtiment sur ceux de l'agriculture, de l'ordre de 25 % au milieu du siècle[59]. Pourtant les salaires agricoles du département figurent alors parmi les plus élevés de France. Sauf les peintres et couvreurs, de statures modestes mais aussi à effectifs réduits, les ouvriers du bâtiment se portent plutôt mieux que les ouvriers agricoles. Il en est ainsi des serruriers, menuisiers, et surtout des maçons qui sont les plus nombreux (6,2 %, voir tableau 10).

Les artisans du secteur alimentaire sont très présents, preuve de la commercialisation importante des denrées. Les boulangers et charcutiers ont toutefois une stature moyenne : la proximité des sources de nourriture ne joue pas de rôle important sur leur niveau de vie biologique. Les conscrits concernés sont certainement des salariés et non de petits artisans indépendants. En revanche, les bouchers comptent parmi les plus grands : la consommation de protéines d'origine carnée ne doit pas être étrangère à cette observation. Les épiciers sont également bien nourris, ce qui ne saurait surprendre dans une société rurale prospère qui achète et vend beaucoup et où l'épicier peut consommer une partie des denrées qu'il propose à ses clients. La Seine-et-Marne est d'ailleurs le seul département où les épiciers sont assez nombreux pour dépasser la centaine. Les bouchers sont également plus nombreux en Brie (1,4 %) que dans l'arrondissement de Sélestat (1,09 %) ou qu'en Limousin (moins de 100 conscrits sur 13 524). C'est là un signe supplémentaire de la richesse de la région.

Les statures des professions artisanales liées à l'agriculture sont particulièrement élevées. Les maréchaux-ferrants et charrons peuvent être employés directement par les grandes exploitations[60] ou travailler à leur compte, mais ils font bien partie des mieux nourris, comme c'est aussi le cas en Alsace.

d) La stature des agriculteurs indépendants, témoin de la réussite de l'agriculture briarde

Par ailleurs, l'anthropométrie confirme pleinement le succès de la petite culture briarde qui coexiste avec les grandes exploitations. Les vignerons représentent un peu

---

59   D. PONCHELET, *op. cit.*, p. 194. La différence est même de 50 % avec les salaires du bâtiment à Paris.
60   La chose est attestée pour les années 1780 et pour le début du XXe siècle. Maréchaux-ferrants et charrons ont été compris dans la catégorie « agriculteurs dépendants » lors du calcul de la composition socioprofessionnelle de l'échantillon briard même si, pour un nombre non vérifiable de conscrits de ces deux professions, les jeunes gens exercent à leur compte.

plus de 10 % de notre échantillon et atteignent près de 167 cm en moyenne, soit une stature très proche des vignerons alsaciens (tableaux 7 et 10). Les jardiniers ont un niveau de vie comparable aux vignerons et aux épiciers, ce qui prouve la réussite de la culture maraîchère en Brie. La proximité du débouché parisien n'est certainement pas étrangère à cette observation. Les jardiniers briards dominent d'ailleurs les jardiniers alsaciens d'un centimètre.

Enfin, la stature des cultivateurs briards est tout à fait exceptionnelle pour la France de la première moitié du XIXe siècle : 169 cm. Certes, les cultivateurs du canton de Mulhouse atteignent le même niveau de vie biologique, grâce à la spéculation faite sur le marché urbain tout proche et à l'excellence d'une agriculture qui bénéficie des boues urbaines abondantes (tableaux 8 et 10). Cependant, cette élite agricole est limitée à un canton et ne représente que 5 % des effectifs de l'échantillon mulhousien. Les cultivateurs briards représentent un effectif supérieur de près de 50 % : 7,4 % des conscrits. De plus, ils atteignent 169 cm non pas dans un seul canton mais dans un arrondissement tout entier. La comparaison prend donc davantage de sens si l'on considère la stature moyenne des cultivateurs de l'arrondissement de Sélestat, proche de 166,5 cm. Enfin, avec une stature moyenne de près de 161 cm, les cultivateurs du Limousin vivent dans un autre monde que les cultivateurs briards (tableaux 6 et 10). Encore s'agit-il pour ces derniers d'une moyenne qui prend aussi bien en compte le micro exploitant, le bricolier[61] que l'exploitant de plus de 100 ha[62]. La différence entre l'élite briarde et le petit propriétaire ne peut donc être saisie ici. Comme dans le canton de Mulhouse, les cultivateurs briards sont plus grands que les employés qui constituent pourtant une élite dans la hiérarchie des professions.

L'anthropométrie montre donc une société rurale plus équilibrée, plus égalitaire qu'en Alsace ou en Limousin. Les ouvriers agricoles, profession de loin la plus représentée, ont un niveau de vie biologique légèrement inférieur à la moyenne de l'échantillon, ce qui ne saurait surprendre au regard de la position des salaires agricoles dans la hiérarchie salariale seine-et-marnaise. Ils sont cependant mieux nourris que leurs homologues d'Alsace et du Limousin et occupent une place meilleure dans la société rurale. Les agriculteurs indépendants, de petite (vignerons, jardiniers) ou de plus grande culture (cultivateurs) sont particulièrement prospères. L'artisanat rural, comme dans les autres régions, connaît des fortunes diverses, du cordonnier au scieur de long. Il témoigne également de la prospérité agricole de la Brie à travers la stature et la présence importante des épiciers et des bouchers.

---

61   Le bricolier cultive au maximum quelques dizaines d'hectares. Voir la description des classes sociales au milieu du XIXe siècle en Seine-et-Marne dans P. BERNARD, *op. cit.*, p. 173.

62   Il n'y a que 9 conscrits toisés qui se déclarent fermiers entre 1836 et 1902 dans l'arrondissement de Melun. En effet, la majorité des fermiers n'exercent pas cette profession à l'âge de 20 ans. Le fils aîné du fermier aide son père sur l'exploitation avant de diriger celle-ci. Peut-être les fils aînés de fermiers-exploitants se déclarent-ils « cultivateurs » à l'âge de 20 ans au lieu de « fermiers » ?

IV – Le changement du paysage agraire et social : une révolution méconnue

a) Toute puissance de la grande culture et modeste développement du jardinage

De quels changements dans la composition socioprofessionnelle de la région s'est accompagnée la révolution agricole et corporelle des briards? La proportion de conscrits agriculteurs dépendants (domestiques à l'année ou journaliers) est considérable tout au long de la première moitié du XIXe siècle et reste à peu près constante, autour de 40 % des conscrits toisés (graphique 54). Ces chiffres confirment amplement que l'arrondissement de Melun pris en entier pour établir le *trend* de la stature des régions de grande culture convient parfaitement au but fixé. On retrouve là le même pourcentage que dans l'échantillon des professions à effectif supérieur à 100 individus. La part des cultivateurs dépendants augmente à partir du début des années 1830, avec toutefois un déclin prononcé dans les années 1840. On peut y voir l'avancée de la grande culture dans la Brie alors en pleine révolution agricole. La proportion des salariés agricoles dans la population briarde totale doit cependant être inférieure à ces chiffres car il y a plus de salariés à l'âge de 20 ans qu'à des âges plus tardifs[63].

La proportion de cultivateurs indépendants, hormis les vignerons, diminue d'abord sensiblement jusqu'au milieu des années 1820, donc aussi bien dans la période de prospérité des années 1800-1811 que dans les années de dépression suivantes (graphique 55). Puis la part des cultivateurs indépendants se stabilise autour de 6 %, augmentant même légèrement jusqu'en 1856, en bonne partie grâce à l'apparition puis au développement de la part des jardiniers. Alors que la grande exploitation est largement dominante (plus de 40 % d'agriculteurs dépendants), la part des agriculteurs indépendants se conforte légèrement grâce au développement de la micro-propriété représentée par les jardiniers. Une rente de situation se crée donc dans les années de la monarchie censitaire dont les jardiniers tirent profit[64]. Il y a coexistence de la grande et de la petite exploitation en Brie.

b) Importance considérable puis déclin de la vigne

Comme on l'a vu, la vigne est très présente en Seine-et-Marne au début du XIXe siècle. Dans l'arrondissement de Melun, la part des conscrits qui se déclarent vignerons atteint des valeurs comprises entre 20 et 25 % dans les années 1800 à 1820, dépassant largement les proportions relevées en Beauce (9,9 %)[65] et souvent même

---

63 J.-C. FARCY a vu ce phénomène pour la Beauce, *op. cit.*, p. 387, 391 et 413.
64 Les cultures maraîchères des vallées résistent mieux au déclin que la vigne au début du XIXe siècle et connaissent même ensuite un développement grâce à l'arrivée du chemin de fer. P. BRUNET, *op. cit.* p. 362-364, 392 et 429.
65 D'après les registres de conscription de 1812-1814. J.-C. FARCY, *op. cit.*, p. 388.

LA RÉVOLUTION DES CORPS

Graphique 54

Proportion de conscrits briards agriculteurs dépendants
années de conscription an X-1856

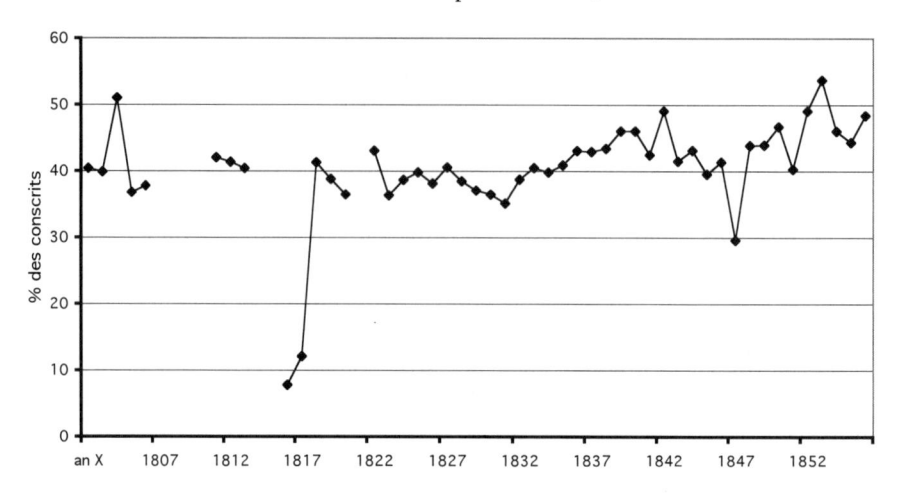

(Sources : ADSM, série R, tableaux de la conscription,
listes du contingent départemental, listes du tirage au sort)

Graphique 55

Proportion de conscrits briards agriculteurs indépendants dont jardiniers
(vignerons exclus), années d'examen an X à 1856

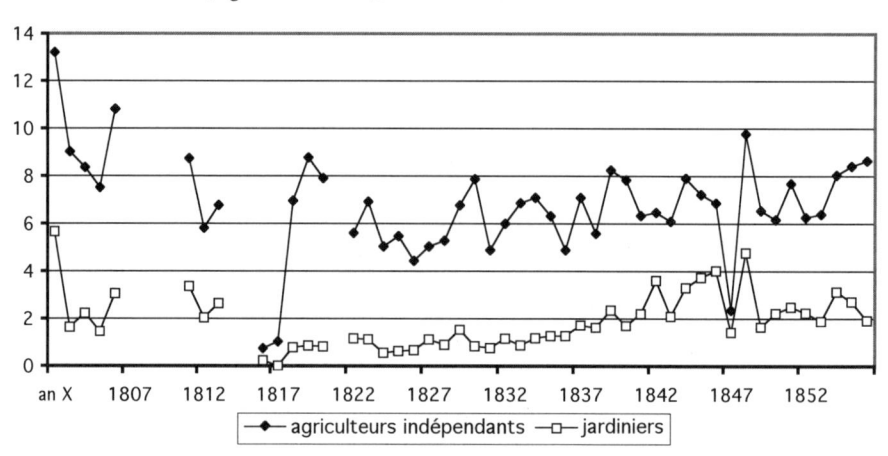

(Sources : ADSM, série R, tableaux de la conscription,
listes du contingent départemental, listes du tirage au sort)

La révolution agricole a eu lieu ou le succès de la salarisation des campagnes briardes

Graphique 56

Le déclin de la vigne en Brie et en Alsace, années d'examen an IX-1856

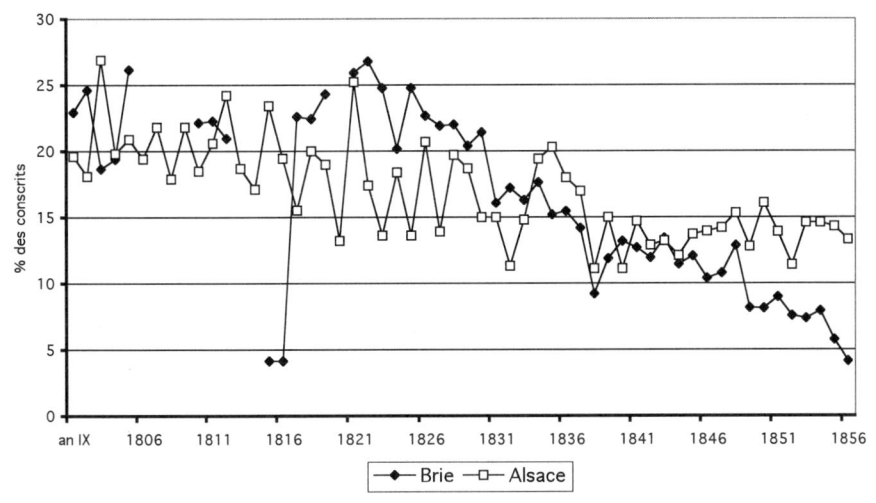

(Sources : ADSM, série R, tableaux de la conscription, listes du contingent départemental, listes du tirage au sort, ADBR, série R, listes de la conscription, listes du contingent départemental, listes de tirage au sort)

Graphique 57

Micro-exploitants et agriculteurs indépendants en Brie, années d'examen an X-1856

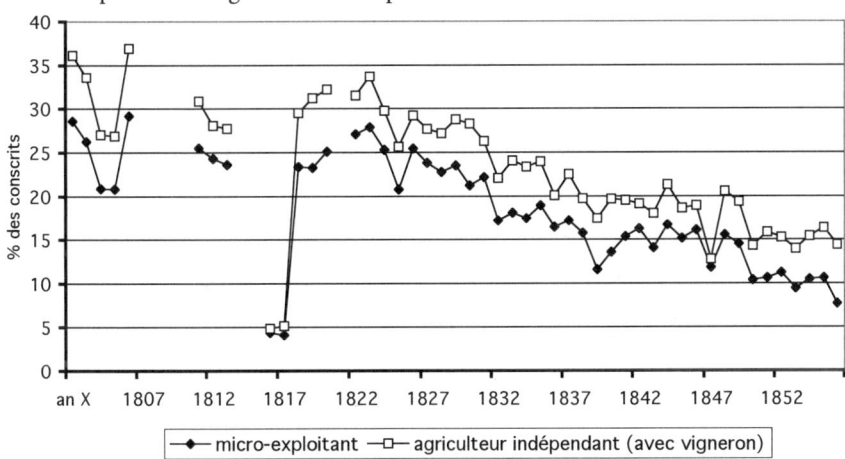

(Sources : ADSM, série R, tableaux de la conscription, listes du contingent départemental, listes du tirage au sort. Micro exploitants : vignerons et jardiniers. Agriculteurs indépendants : les mêmes plus cultivateurs)

Graphique 58

Proportion de conscrits briards artisans et du secteur du bâtiment
années de conscription an X-1856

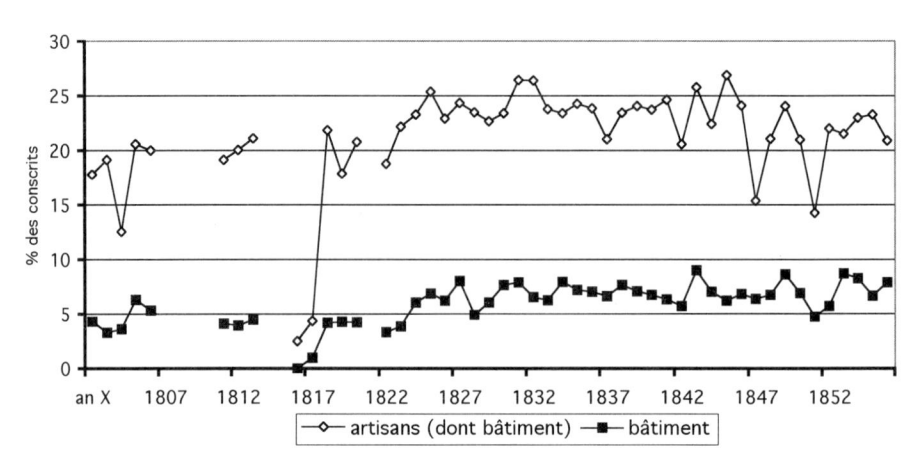

(Sources : ADSM série R, tableaux de la conscription, listes du contingent départemental, listes du tirage au sort)

celles des cantons de l'arrondissement de Sélestat. L'évolution de la part des conscrits vignerons en Alsace et en Brie est remarquablement synchrone du début du siècle jusqu'au milieu des années 1840 (graphique 56).

Le déclin de la vigne est très marqué dans les deux espaces à partir du début des années 1820. Mais, alors que la situation se stabilise en Alsace dans les années 1840 autour de 10 à 15 % de vignerons, la part de ceux-ci continue à baisser en Brie jusqu'au milieu des années 1850 pour n'être plus que de 5 % environ[66]. La part des vignerons baisse d'un bon tiers à la moitié en Alsace mais elle est divisée par cinq dans la Brie.

L'importance et la rapidité de ce déclin ont été depuis quelque peu oubliées, bien qu'elles entraînent un changement sensible du paysage des régions de « grande culture » et une modification considérable de la structure sociale de la Brie. La baisse de la part des vignerons âgés de 20 ans rend bien compte d'une disparition progressive de la vigne en Seine-et-Marne étudiée par Victor Plessier en 1868[67]. Le déclin de

---

66   La baisse est proportionnellement moins marquée en Beauce puisque le point de départ est plus faible : diminution de la moitié entre 1812-1814 et 1852-1854. (de 9,9 à 4 %, J.-C. FARCY, *op. cit.*, p. 388).
67   V. PLESSIER, *op. cit.*, p. 3 à 8.

la vigne briarde semble inexorable[68]. Un mouvement similaire a lieu à la même époque dans les autres départements de grande culture du Bassin parisien. J.-C. Farcy a montré que dans la Beauce, le recul de la vigne a davantage comme conséquence l'avancée des bois et autres surfaces non cultivables que l'extension des surfaces labourables[69]. Il semble bien que cela soit également le cas dans la Brie : la vigne est confinée « dans les seuls terrains impropres aux cultures progressives, soit par leur nature, soit par leur situation dans les pentes trop rapides pour donner accès à un attelage[70] ». Si une modification des structures foncières a lieu dans la première moitié du XIXe siècle, elle consacre surtout l'avancée de la moyenne culture sur la petite, voire sur la grande[71]. On est loin des grands mouvements de concentration des terres du XVIIIe siècle et du XXe siècle[72].

On peut évoquer en partie les mêmes causes que pour l'Alsace pour expliquer le déclin : il n'est pas question du chemin de fer, du moins avant les années 1840[73]. Il faudrait plutôt voir le rôle des autres voies de transport, puisque le mouvement s'amorce dès le début des années 1820[74]. La rente de situation des vignerons du Bassin parisien disparaît à cette époque. La vigne de Seine-et-Marne donne un vin de

---

68 D'après l'enquête de 1852, dans les cantons servant à établir les *trends* alsaciens et briards on trouve les pourcentages suivant de vignoble (% du territoire cantonal) : 16,1 % (Barr) ; 9,8 % (Sélestat) ; 5,4 % (Villé) ; 4,3 % (Châtelet) ; 4,2 % (Melun nord) ; 3,7 % (Melun sud) ; 1,9 % (Tournan) ; 0,4 % (Marckolsheim). (Brie et Mormant : sans données). La vigne briarde, en recul, est désormais moins présente que dans les cantons du *trend* alsacien.

69 J.-C. FARCY, *op. cit.*, p. 188.

70 V. PLESSIER, *op. cit.*, p. 6. Il est vrai que parfois le recul se fait au profit de la céréaliculture : « Les coteaux, privés de la verdure de la vigne et couverts de céréales, ne se distinguent plus guère de la plaine » (p. 11).

71 *Ibidem*, p. 8.

72 La concentration est surtout importante après 1850 selon P. BRUNET, *op. cit.*, p. 294. Sur les rythmes de concentration des terres en Seine-et-Marne on verra aussi P. BERNARD, *op. cit.*

73 La vision simpliste (et teintée de nostalgie) du déclin de la vigne dans les régions de grande culture, que l'on devrait à la construction du réseau ferroviaire, doit donc être revue : « Ce ne furent pas tant les fléaux conjugués du phylloxéra, de l'oï, du mildiou et des gelées tardives qui tuèrent la vigne qu'un monstre métallique, le chemin de fer », P. BAILLY, qui situe d'ailleurs le déclin de la vigne après 1860 (autre erreur de l'auteur), « Aperçu sur les vins, vignes et vignerons de la région de Meaux », dans *Bulletin de la Société littéraire et historique de la Brie*, 19, 1954, p. 15-30, ici p. 15.

74 « Le XIXe siècle arrivé, la concurrence croissante que suscite la réduction des coûts de transport et des rentes de situations des vins septentrionaux modifie les paysages aux portes de Pontoise, dans le Vexin français, les bois remplacent peu à peu les vignes et les prairies naturelles au cours de la première moitié du XIXe siècle. », J.-M. MORICEAU, *op. cit.*, p. 121-122 et p. 139 sur la micro-exploitation viticole à Athis-Mons. Voir une étude de référence à la question : K.-K. KIM, « Le Vexin français de 1700 à 1850. I : la production agricole », dans *Mémoires de la Société historique et archéologique de Pontoise, du Val d'Oise et du Vexin*, 81, 1998.

fort mauvaise qualité qui n'est consommé que dans le département[75]. Il n'est donc pas question d'écouler la production sur le marché parisien tout proche, du moins à cette époque. Les vins de Seine-et-Marne, « produits abondants et d'une qualité inférieure ou tout au moins médiocre » sont appréciés des « agents de l'agriculture » pendant leur travail. « Sous ce rapport, la réduction de la vigne est un fait regrettable[76]. » La mauvaise qualité du vin de Seine-et-Marne est déjà signalée dans le procès-verbal de l'assemblée provinciale de Meaux (1788) : « Les vins de Brie font une branche de commerce considérable : ils servent à la boisson de tout le menu peuple de la province, et sont trèspropres, à cause de leur dureté, à être convertis en vinaigre et ils s'expédient pour la Picardie[77]. » Le débouché picard, bien que peu valorisant, semble avoir disparu au milieu du XIXe siècle. La mauvaise qualité du vin de Seine-et-Marne est telle qu'elle devient proverbiale. Pour boire la piquette de Brie, il faut être quatre : « Un qui buvait, deux qui tenaient celui qui buvait et un quatrième qui donnait à boire[78]. »

De 1806 à 1856, les terroirs de petite culture connaissent une dépression démographique, alors que les villages de grande culture sont ceux qui croissent le plus rapidement[79]. En fait la production de vin reste constante de 1788 à 1840 malgré la diminution du nombre de vignerons et de la surface du vignoble car « la production territoriale prise en masse a plus que triplé[80] ». Les rendements et la productivité se seraient donc considérablement accrus au début du XIXe siècle, au point de tripler, compensant le manque de bras et de terre[81] consacrés à la vigne. Selon Plessier, le vigneron n'est pas très riche, malgré la concentration du vignoble dans les mains de quelques-uns au cours de la première moitié du siècle : « Le personnel de la petite

---

75 A. HUGUES, *op. cit.*, p. 143.
76 V. PLESSIER, *op. cit.*, p. 6. Voir aussi P. BRUNET, *op. cit.* note 226 p. 360 : « La vigne cultivée indifféremment par le paysan, sur les pentes, au Nord ou au Midi, sur les côteaux ou dans les plaines, produit en général et à quelques exceptions près, un vin plat et grossier, chargé en couleur et d'une saveur peu agréable », *Rapport fait à la Société d'Agriculture de Melun en réponse aux sept questions proposées par M. le Baron Dupin*, Melun, 1828.
77 F.-A. DENIS, *op. cit.*, p. 331-332.
78 P. BAILLY, *loc. cit.*, p. 17, source orale. Le vin de Seine-et-Marne a aussi inspiré Georges Renard, élève au collège de Meaux, futur professeur au Collège de France :
« Dans les temps anciens, dit l'histoire,
Tu produisais jusqu'à ton vin.
Mais on le vante en vain,
Mieux vaut le vanter que le boire. » (*ibidem*)
79 – Classe 1 définie par V. PLESSIER (0 à 1 ha/hab.) : - 4,5 %
    – Classe 7 (6 à 14 ha/hab.) : + 37,6 % (*op. cit.*, p. 3 ; voir aussi p. 7.)
80 *Ibidem*, p. 6.
81 Entre 1788 et 1829, la vigne recule de plus de 17 % dans l'arrondissement de Melun (de 3 400 à 2 800 ha). P. BRUNET, *op. cit.*, p. 362.

culture rachète l'infériorité de l'instrument manuel par un travail excessif, par une extrême sobriété et une économie rigide. Les femmes prennent une part active aux travaux des champs ; l'intérieur de la maison est négligé. La nourriture se borne généralement à du pain, à des légumes, du fromage maigre et des fruits. Lorsque le vigneron avance en âge, son corps plié par le travail décrit une courbe et sa figure est sillonnée de rides, mais il est fier de son indépendance et glorieux de boire du vin[82]. » Il est donc indéniable que c'est au prix d'une augmentation acharnée de la productivité que le vignoble briard en déclin parvient à produire presque toujours autant de vin. Le vigneron et sa famille fournissent un travail certainement plus intense que d'autres métiers, mais à considérer sa stature, il ne semble pas si mal nourri que ne le dit Plessier.

La diminution du nombre de petits exploitants indépendants relevée par V. Plessier pour la première moitié du XIXe siècle est largement confirmée par nos sources. Si l'on adopte une définition un peu différente des agriculteurs indépendants que précédemment et que l'on y inclut les vignerons, on constate une baisse accusée de la proportion des agriculteurs indépendants à cette époque (graphique 57). Celle-ci s'explique surtout par la baisse de la part des micro-exploitants et principalement des vignerons. Or les micro-exploitants ont une stature supérieure à la moyenne. Malgré la baisse importante de leur proportion parmi les conscrits, la stature des Briards augmente. Le développement général de la stature n'en est donc que plus remarquable, il est davantage dû à l'amélioration des conditions de vie des ouvriers agricoles qu'à une modification de la structure socioprofessionnelle de la Brie qui est *a priori* défavorable à l'augmentation générale de la stature.

c) Importance de l'artisanat rural en région de grande culture

Au cours de la première moitié du XIXe siècle, la Brie compte une part élevée d'artisans, de l'ordre de 20 à 25 % (graphique 58). Il y aurait donc à peine moins d'artisans en Brie qu'en Alsace, région pourtant connue pour l'importance du secteur artisanal rural à cette période. Il est vrai que l'artisanat briard produit beaucoup pour équiper la grande culture et que les artisans du textile en sont quasiment absents, contrairement aux campagnes alsaciennes. Après une période où la part des artisans est relativement réduite sous l'Empire, car la priorité est alors donnée à la production agricole, la proportion d'artisans augmente de près d'un quart, de 20 à 25 % environ. La fin des années 1840 semble marquer le début d'une phase de concentration de l'activité aux mains d'artisans moins nombreux. Les artisans du bâtiment sont les plus représentés parmi les conscrits. Leur part augmente surtout après l'Empire, vraisemblablement en partie grâce à l'essor du bâtiment parisien (graphique 58). Cependant ce mouvement ne coïncide pas entièrement avec celui,

---

82 V. PLESSIER, *op. cit.*, p. 8.

beaucoup plus massif, des maçons du Limousin qui sont beaucoup plus représentés sous Napoléon I que dans les premières années de la Restauration (graphique 35). Il faut vraisemblablement voir ici encore la priorité accordée à la production céréalière dans le grenier à blé de Paris alors que la main-d'œuvre se fait rare et chère, sous l'Empire, puis un rééquilibrage en faveur du bâtiment, aux salaires plus élevés, sous la Restauration, alors que le marché du travail devient plus souple. Au contraire, le Limousin, à l'agriculture beaucoup moins prospère, se tourne davantage vers le travail urbain sous Napoléon I.

La Brie présente donc un visage très original dans la France et même dans l'Europe de la première moitié du XIXe siècle[83]. Une véritable révolution agricole y a lieu à l'initiative des grands fermiers, elle s'accompagne d'une révolution des corps très rapide. L'élévation sensible de la stature de 1823 à 1856 s'explique par l'amélioration de la ration alimentaire quotidienne des Briards et par l'augmentation des salaires agricoles, surtout après 1840. En revanche, il n'existe pas de corrélation entre stature et prix du blé comme c'est le cas à l'échelle nationale. Durant l'augmentation de la stature des Briards, la structure sociale de la région se simplifie à un rythme soutenu avec la quasi disparition des vignerons qui constituaient jusqu'alors une proportion considérable et prospère de la population active. Les listes de tirage au sort permettent d'ailleurs de préciser les niveaux de vie biologiques des vignerons et des autres métiers grâce à des critères anthropologiques autres que la stature. Ils permettent d'affiner et de nuancer l'approche des niveaux de vie biologiques.

---

[83] On rappelle qu'alors la tendance européenne est à la baisse, surtout dans les années de naissance 1830 et 1840 (J. KOMLOS, « Histoire anthropométrique : bilan… », *loc. cit.*, p. 5 et 7). La Brie (et tout le Bassin parisien ?) constitue donc bien une exception dans l'état actuel de nos connaissances sur l'histoire anthropométrique des régions européennes.

Chapitre XI
Anthropologie des conscrits examinés sous Louis-Philippe

I – Les critères anthropologiques retenus

Les listes de tirage au sort comprennent de nombreux renseignements d'ordre médical et social sur les conscrits. Les causes de réforme prononcées permettent ainsi de saisir l'état sanitaire et médical des corps masculins, dans les limites des connaissances scientifiques du XIXe siècle. A l'occasion, les sources nous parlent aussi d'histoire culturelle, du tolérable et de l'intolérable, davantage du miasme que de la jonquille : quelques réformes sont prononcées pour « haleine fétide »[1] ou « sueur fétide des pieds ».

L'exploitation anthropologique des archives militaires françaises à l'échelle individuelle dans une perspective paléo-médicale a été réalisée par J.-M. Selig dans l'arrondissement de Colmar pour les règnes de Louis-Philippe, Napoléon III et la IIe République[2]. Nous avons adopté les critères anthropologiques de niveau de vie que l'auteur a dégagés dans son étude pour l'analyse d'échantillons tirés de nos trois régions. Ceux-ci concernent les années d'examen 1842 à 1845. Nous avons retenu comme années d'examen les années les plus anciennes possibles contenant à la fois des indications anthropologiques et anthropométriques et renseignées pour tous les échantillons territoriaux[3]. Les espaces étudiés sont les mêmes que ceux servant à l'établissement des *trends* anthropométriques, sauf pour Mulhouse où le canton, et non la ville, a été retenu.

Les listes de tirage fournissent tout d'abord trois critères renseignant sur la malnutrition protéino-énergétique : le défaut de taille, la faiblesse de constitution et les

---

[1] Qui peut toutefois s'expliquer par le scorbut. Voir J.-M. SELIG, *op. cit.*, p. 62.
[2] J.-M. SELIG, *passim*.
[3] Les années disponibles sont : 1842 à 1844 (Bas-Rhin et Haut-Rhin), 1843-1845 (Seine-et-Marne et Haute-Vienne).

hernies[4]. On sait qu'avant 1840, un conscrit de stature inférieure à la taille minimale légale et atteint d'une autre pathologie lui donnant droit à la réforme était réformé pour défaut de taille. Puis la loi a inversé cette logique et à partir de 1840, ce même conscrit était réformé en priorité pour l'autre pathologie que le défaut de taille. Il y a donc un risque important de voir la pathologie « défaut de taille » sous enregistrée après 1840. Seuls les conscrits petits mais ne présentant aucune autre pathologie risquent d'apparaître comme « réformé pour défaut de taille » dans les listes de tirage au sort. Il paraît donc plus prudent d'écarter la variable « défaut de taille » et de la remplacer par une variable anthropométrique qui ne connaît pas de perturbation à cause d'autres pathologies que le défaut de taille. On a donc inclus dans nos statistiques la proportion de conscrits mesurant plus de 170 cm, comme un indice de bonne nutrition.

Les registres de la conscription permettent aussi de saisir les malnutritions en micro-éléments et vitamines. La carence en iode se voit par le goitre et le crétinisme[5]. La carence en vitamine A se diagnostique à partir de la taie sur l'œil, de l'ophtalmie et de la xérophtalmie. Le scorbut correspond à une carence en vitamine C. Le rachitisme peut s'expliquer par une carence en vitamine D. Enfin, les caries et la mention de « mauvaises dents » peuvent correspondre à une carence en vitamine C, D ou en calcium[6].

Les listes de tirage fournissent aussi des indications sur les genres de vie des conscrits à travers certaines causes de réforme qui permettent ainsi de mieux cerner les conditions de vie des Français sous Louis-Philippe. On retient les brûlures et cicatrices, résultant, dans la très grande majorité des cas, d'accidents du travail, notamment de la présence de machines à vapeur. On relève aussi l'intérêt des mentions d'estropié de la main ou de perte accidentelle de doigts de la main, comme révélateur de manipulation dangereuse de machines agricoles ou industrielles. Enfin, les varices et varicocèles indiquent de mauvaises conditions de travail, c'est-à-dire une station verticale prolongée.

Les résultats sont exprimés en pourcentage. Le dénominateur retenu n'est pas celui que l'on retient généralement dans des études portant sur les listes de tirage[7]. On a

---

4   J.-M. SELIG, op. cit., p. 56. Voir p. 56-58 pour les pathologies suivantes.
5   Ibidem. On connaît l'importance de ces deux maladies dans les régions montagneuses traditionnelles et enclavées, où le sel de mer parvient très rarement. (Voir les fameux crétins des Alpes qui disparaissent au XIXe siècle.)
6   Toutefois, la multiplication des caries peut tout aussi bien indiquer un enrichissement des rations alimentaires, c'est-à-dire une augmentation de la consommation de sucres en l'absence d'hygiène bucco-dentaire et non une carence alimentaire. C'est le cas à Strasbourg durant les deux premiers tiers du XIXe siècle. (Y. WUNSCH, La physiopathologie des conscrits strasbourgeois..., op. cit., p. 46.)
7   Le nombre d'examinés.

pris le total des conscrits examinés de stature égale ou supérieure à 156 cm, afin d'éviter les perturbations causées par la circulaire de 1840. On a retranché de ces derniers les conscrits réformés pour des causes légales[8] et les conscrits dispensés de service militaire. Le dénominateur ne comprend ainsi que les conscrits déclarés bons pour le service et ceux réformés pour toute pathologie autre que le défaut de taille.

L'anthropologie du conseil de révision permet ainsi une étude comparée des niveaux et des genres de vie des conscrits selon leur région d'origine et selon leur métier.

II – Une anthropologie régionale

a) L'anthropologie confirme l'approche anthropométrique des niveaux de vie biologiques

Les pourcentages de conscrits bons pour le service montrent une hiérarchie interrégionale des niveaux de vie qui confirme en grande partie l'analyse anthropométrique (tableau 11). L'Alsace rurale et urbaine fournit la plus forte proportion de conscrits déclarés physiquement sains, de même que le plus fort pourcentage de conscrits de stature supérieure à 170 cm. La Brie vient ensuite, alors qu'elle n'a pas encore atteint le haut niveau de vie qui sera le sien avec les conscrits examinés au début de la IIIe République. Enfin, la plus faible part de conscrits bons pour le service se trouve en Limousin. Même en éliminant le critère du défaut de taille, cette région paraît donc encore défavorisée.

Les taux de malnutrition totale montrent une hiérarchie des niveaux de vie à l'époque du nadir de la dépression économique et anthropométrique du début des années 1820 (années de naissance). Les habitants du canton de Mulhouse paraissent alors encore nettement mieux nourris (13,8 % de malnutris) que les ruraux d'Alsace (16,9 %) ou de Brie (16,1 %) mais surtout du Limousin (22,2 %), ici encore nettement en retrait par rapport aux autres régions. La malnutrition protéino-énergétique joue un grand rôle dans la détermination du taux de malnutrition totale. Elle se décompose elle-même en faiblesse de constitution et hernies, le plus grand nombre de réformes s'observe toujours dans la faiblesse de constitution. Ce sont ici encore les Alsaciens qui sont mieux nourris que les Briards mais surtout que les Limousins. Le régime végétarien, voire végétalien de ces derniers apparaît encore ici avec netteté, confirmant les données anthropométriques.

---

8   Fils unique de veuve, fils aîné d'orphelin, frère au service militaire, frère mort au service militaire, etc.

Tableau 11 : Anthropologie des niveaux de vie des conscrits de quatre ensembles territoriaux, classes examinées en 1842-1845 (N = 2 393)[9]

(Sources : ADBR, ADSM, ADHV, ADHR, séries R, listes de tirage au sort)

	bon (%)	carence vit. C, D ou en Ca (%)[10]	carence iode (%)[11]	carence vit. A (%)[12]	carence vit. C (%)[13]	malnutrition protéino énergétique (%)[14]	malnutrition totale (%)[15]	stature >170 cm (%)
Alsace rurale	64,53	0,14	2,87	0,68	0,14	12,41	16,92	28,24
Brie	60,72	0,51	0,34	0,34	0	14,06	16,11	26,93
Limousin	57,87	0,67	0,13	0,54	0	18,98	22,2	10,09
Mulhouse	62,28	0	0	0,6	0	12,88	13,78	31,44

Les malnutritions en micro-éléments et vitamines montrent les mêmes hiérarchies que précédemment, à l'exception notoire de l'Alsace rurale, très nettement défavorisée en raison de son fort taux de goitreux : 3,8 % de malnutris en micro-éléments et vitamines[16]. Les goitres sont en effet très nombreux dans l'Alsace rurale du début du XIXe siècle, particulièrement dans le *Ried*, représenté dans notre échantillon par le canton de Marckolsheim. En dehors de cette exception, les conscrits les plus mal nourris en micro-éléments et vitamines se trouvent en Limousin (1,3 %) puis en Brie (1,2 %), alors que le taux le plus faible se trouve encore dans le canton de Mulhouse (0,6 %). La ville industrielle du début du siècle apparaît nettement comme le milieu au meilleur niveau nutritionnel.

---

9   Conscrits examinés par le conseil de révision et déclarés bons pour le service ou réformés pour pathologies autres que le défaut de taille.
10 Caries ou mauvaises dents.
11 Goitre et crétinisme.
12 Principalement taie sur l'œil mais aussi ophtalmie et xérophtalmie.
13 Scorbut.
14 Hernies et faiblesse de constitution.
15 Carence en vitamine C, D ou en Ca, carence en iode, carence en vitamine A, carence en vitamine C, malnutrition protéino énergétique, carence en vitamine D (rachitisme).
16 Total des carences en vitamines et en iode.

b) Anthropologie des genres de vie : la disgrâce physique, produit de la modernité agricole et industrielle

Les genres de vie font apparaître un classement tout différent de nos régions. Les plus forts taux de pathologies relevant des conditions de travail s'observent en Brie (9,1 %) et dans le canton de Mulhouse (9 %), ils sont donc produits par les économies les plus modernes (tableau 12). Les brûlures et cicatrices y sont plus nombreuses, surtout en Brie, alors qu'on s'attendait à en trouver davantage dans le Manchester français. Les machines agricoles ne sont pas moins dangereuses que les machines de la grande industrie. De même, les estropiés de la main sont moins nombreux dans le canton de Mulhouse que dans l'Alsace rurale ou le Limousin. En fait, ce sont surtout les varices et varicocèles qui font augmenter les valeurs de la Brie et du canton de Mulhouse. Les travailleurs y sont donc plus nombreux à travailler longuement debout et à contracter ces pathologies.

Tableau 12 : Anthropologie des genres de vie des conscrits de quatre ensembles territoriaux, classes examinées en 1842-1845
(N = 2 393)

(Sources : ADBR, ADSM, ADHV, ADHR, séries R, listes de tirage au sort)

	brûlures %	cicatrices %	estropiés à la main %	varices ou varicocèles %
Alsace rurale	0	0,41	0,41	1,91
Brie	0,17	1,37	0,17	7,38
Limousin	0	0,54	0,4	2,69
Mulhouse	0	1,5	0,3	7,19

L'anthropologie confirme donc la hiérarchie anthropométrique des régions pour les cohortes de naissance 1822-1825, alors qu'elle apporte un éclairage original sur les genres de vie des conscrits. Une analyse par profession permettra d'affiner ces premiers résultats.

III – Une anthropologie professionnelle

Si les statistiques médicales rédigées par les médecins militaires du XIXe siècle comparent souvent les taux de réforme entre cantons d'un même département, elles n'évoquent jamais de taux calculés par profession, pour la même raison qu'elles ne donnent pas de statures moyennes par profession : leurs sources ne le permettent pas, puisqu'elles sont basées sur des documents départementaux qui ventilent les résultats par canton et non par individu. L'analyse des registres militaires par type de métier constitue donc un champ historique quasiment vierge. On a retenu, pour l'analyse des pathologies des conscrits, les professions qui comptaient plus de 40 individus examinés, mesurant 156 cm ou plus et déclarés bons pour le service ou réformés pour des causes strictement physiques.

a) Le Limousin : contraste entre maçons et monde paysan

L'anthropologie montre tout d'abord que parmi les conscrits limousins il existe des inégalités énormes. Les cultivateurs, dont seulement 50,9 % sont en bonne santé, ont un niveau de vie très bas (tableau 13). Au contraire, les maçons sont nettement mieux nourris, avec 69,3 % de jeunes gens en bonne santé. Etrangement, les domestiques paraissent en meilleure santé que les cultivateurs. Ils sont toutefois peu nombreux (44) : la faiblesse de l'effectif amène à prendre les résultats avec précaution.

Tableau 13 : Anthropologie des niveaux de vie des conscrits de Haute-Vienne, classes examinées en 1843-1845
(N = 743)

(Sources : ADHV, série R, listes de tirage au sort)

	bon (%)	carence vit. C, D ou en Ca (%)	carence iode (%)	carence vit. A (%)	carence vit. C (%)	malnu- trition protéino énergé- tique (%)	malnu- trition totale (%)	stature >170 cm (%)
ensemble	57,87	0,67	0,13	0,54	0	18,98	22,2	10,09
cultivateur	50,93	0	0,31	0	0	23,3	26,41	5,28
maçon	69,32	2,27	0	0	0	14,77	17,61	14,02
domestique	59,09	0	0	4,55	0	15,91	20,46	9,09

Les taux de malnutrition totale, de malnutrition protéino-énergétique et de stature supérieure à 170 cm confirment ces résultats. En revanche, la carence en vitamine C, D ou en calcium est beaucoup plus présente chez les maçons que dans l'ensemble des professions. En fait, davantage qu'une carence en vitamine, c'est un régime plus riche en sucres qui pourrait expliquer ce fort taux de mauvaises dents chez les maçons (2,3 %). Le régime alimentaire urbain dont bénéficient les migrants saisonniers à Bordeaux, Lyon ou Paris pourrait expliquer le nombre élevé de caries relevé chez les maçons. Par ailleurs, les taies sur l'œil sont nombreuses parmi les domestiques (4,5 %), ce qui constitue le seul indice d'un niveau de vie moins élevé que les cultivateurs. Enfin, en Limousin, il y a très peu de cas de goitre et le scorbut est inexistant.

Tableau 14 : Anthropologie des genres de vie des conscrits de Haute-Vienne, classes examinées en 1843-1845
(N = 743)

(Sources : ADHV, série R, listes de tirage au sort)

	brûlures %	cicatrices %	estropiés à la main %	varices ou varicocèles %
ensemble	0	0,54	0,4	2,69
cultivateur	0	0,31	0,62	3,42
maçon	0	0,57	0	1,14
domestique	0	2,27	0	2,27

Si l'on se tourne du côté des pathologies liées au genre de vie, on remarque que ces dernières épargnent relativement les maçons, alors que les domestiques et les cultivateurs sont moins bien lotis (tableau 14). Ce sont les domestiques qui souffrent le plus de l'usage des outils agricoles (cicatrices), alors que le travail urbain handicape peu les maçons qui sont aussi peu nombreux à souffrir de station verticale prolongée.

Au terme de ce survol anthropologique du Limousin, le niveau de vie des maçons apparaît relativement meilleur dans cette région que celui des cultivateurs et des domestiques, ce qui confirme les données anthropométriques. Les maçons sont aussi ceux dont le métier semble le moins pénible et le moins handicapant.

b) L'Alsace : fort contraste entre vignerons et tisserands

Dans l'Alsace rurale, ce sont les vignerons qui se portent le mieux avec un taux de bons pour le service identique à celui des maçons limousins (tableau 15). La hiérarchie des niveaux de vie anthropologiques ne correspond plus ensuite à la hiérarchie traditionnelle des niveaux de vie : les journaliers sont plus nombreux à être aptes que les cultivateurs et les tisserands ne sont pas moins nombreux à être admis sous les drapeaux que les laboureurs. La hiérarchie n'est également plus la même selon le critère de la part des plus de 170 cm : d'abord viennent les vignerons, puis les cultivateurs, les journaliers, les tisserands et en dernier les laboureurs, étrangement petits. En revanche, ces derniers sont les moins nombreux à être réformés pour malnutrition totale et malnutrition protéino-énergétique, alors que, sans surprise, ce sont les tisserands qui sont les derniers classés selon ces critères, avec des taux supérieurs aux taux moyens limousins.

Tableau 15 : Anthropologie des niveaux de vie des conscrits de l'arrondissement de Sélestat, classes examinées en 1842-1844 (N = 733)

(Sources : ADBR, série R, listes de tirage au sort)

	bon (%)	carence vit. C, D ou en Ca (%)	carence iode (%)	carence vit. A (%)	carence vit. C (%)	malnutrition protéino énergétique (%)	malnutrition totale (%)	stature >170 cm (%)
ensemble	64,53	0,14	2,87	0,68	0,14	12,41	16,92	22,65
tisserand	57,94	0	3,17	0,79	0	17,46	23,01	15,08
cultivateur	61,61	0	2,68	1,79	0	15,18	19,65	25,89
vigneron	69,15	0	3,19	1,06	0	12,77	19,15	28,72
journalier	64,81	0	5,55	0	0	12,96	18,51	16,67
laboureur	57,50	0	5,00	0	0	10,00	17,50	12,50

En ce qui concerne la malnutrition en micro-éléments et vitamines, on note que la carence en iode est très présente chez les journaliers, les laboureurs et dans une moindre mesure chez les tisserands, vignerons et cultivateurs, ce qui confirme que l'Alsace rurale constitue un foyer de l'endémie goitreuse au début du XIXe siècle. Les autres carences en micro-éléments et vitamines sont beaucoup moins présentes.

Tableau 16 : Anthropologie des genres de vie des conscrits de l'arrondissement de Sélestat, classes examinées en 1842-1844 (N = 733)

(Sources : ADBR, série R, listes de tirage au sort)

	brûlures %	cicatrices %	estropiés à la main* %	varices ou varicocèles %
ensemble	0	0,41	0,41	1,91
tisserand	0	0	0	3,17
cultivateur	0	0,89	0	4,46
vigneron	0	1,06	0	0
journalier	0	0	0	1,85
laboureur	0	0	0	0

(*) les « estropiés à la main » se rencontrent dans des catégories ne figurant pas dans ce tableau

Les genres de vie des conscrits alsaciens montrent des vignerons, journaliers et laboureurs privilégiés, alors que les tisserands et cultivateurs souffrent principalement de stations verticales prolongées (varices et varicocèles, voir tableau 16). Les cicatrices n'affectent que les cultivateurs et les vignerons, peut-être parce qu'ils sont amenés plus que d'autres à manier des outils tranchants.

Au total, l'anthropologie des conscrits alsaciens montre la bonne santé des vignerons, alors que les tisserands figurent parmi les moins bien lotis.

c) La Brie : des salariés agricoles relativement sains, mais des vignerons en mauvaise santé

L'anthropologie des conscrits briards vient confirmer la place privilégiée de l'élite de la domesticité agricole dans la société rurale. Les charretiers ont une part de conscrits aptes au service comparable aux maçons limousins ou aux vignerons alsaciens (tableaux 13, 15 et 17). Avec les manouvriers, ils confirment donc la bonne santé des salariés de la grande culture : ils sont en moyenne plus nombreux à être en bonne santé que la totalité des examinés briards. En revanche, les vignerons sont en moins bonne santé, même si une forte proportion de ces derniers a une taille supérieure à 170 cm. Les charretiers semblent étrangement petits pour les cohortes de naissance 1823-1825, plus petits même que les manouvriers. Le faible effectif des charretiers (42) incite à ne pas tirer de conclusions hâtives à propos de cette anomalie.

Tableau 17 : Anthropologie des niveaux de vie des conscrits de
l'arrondissement de Melun, classes examinées en 1843-1845
(N = 583)

(Sources : ADSM, série R, listes de tirage au sort)

	bon (%)	carence vit. C, D ou en Ca (%)	carence iode (%)	carence vit. A (%)	carence vit. C (%)	malnutrition protéino énergétique (%)	malnutrition totale (%)	stature >170 cm (%)
ensemble	60,72	0,51	0,34	0,34	0	14,06	16,11	26,93
manouvrier	62,41	0,75	0	0	0	15,79	18,04	32,33
vigneron	58,54	1,22	1,22	0	0	15,86	18,3	28,05
charretier	69,05	0	0	0	0	9,52	9,52	11,9

Les taux de malnutrition totale confirment la mauvaise place des vignerons parmi les conscrits briards, comparable à celle des manouvriers. Les charretiers, petits mais résistants, ont un taux de malnutrition minimum : 9,5 %. Il s'agit du taux de malnutrition totale le plus faible de toutes les professions, toutes régions confondues. Voici une preuve supplémentaire que la grande culture nourrit relativement bien ses agents même si, ici encore, le faible effectif des charretiers appelle à la prudence. Aucune malnutrition en micro-éléments n'est relevée chez les charretiers, alors que la seule relevée chez les manouvriers concerne la carence en vitamine C, D ou en calcium, à moins que ce ne soit là signe d'une consommation de sucre. Les seules carences importantes en micro-éléments et vitamines parmi les principales professions de la Brie se rencontrent chez les vignerons pour la vitamine C, D ou le calcium et pour l'iode.

Les conscrits briards sont nombreux à souffrir de varices et varicocèles, tout particulièrement les vignerons, bien que les autres métiers ne soient pas épargnés (tableau 18). Peut-être faut-il y voir la trace du surmenage de cette profession évoquée par Victor Plessier ? Les vignerons sont également les plus mutilés à la main, alors qu'en Alsace ils étaient une forte proportion à avoir des cicatrices : les outils coupant servant aux différentes façons de la vigne y sont vraisemblablement pour quelque chose. La très forte proportion de charretiers réformés pour cicatrices (7,1 %) vient apporter un éclairage original sur les conditions de vie de ces derniers, alors que leur niveau de vie est le meilleur de toutes les professions étudiées par le biais de l'anthro-

Tableau 18 : Anthropologie des genres de vie des conscrits de
l'arrondissement de Melun, classes examinées en 1843-1845
(N = 583)

(Sources : ADSM, série R, listes de tirage au sort)

	brûlures %	cicatrices %	estropiés à la main %	varices ou varicocèles %
ensemble	0,17	1,37	0,17	7,38
manouvrier	0,75	0	0	5,26
vigneron	0	0	1,22	7,32
charretier	0	7,14	0	4,76

pologie. Le maniement des véhicules et des attelages semble particulièrement dangereux en ce début de siècle. Aucune autre profession ne souffre autant des cicatrices que les charretiers briards.

d) Mulhouse : l'industrialisation détériore le corps des fileurs

Pour étudier l'anthropologie des citadins du début du XIXe siècle, on dispose des listes de tirage du canton de Mulhouse : les effectifs y sont alors beaucoup plus réduits que dans les ensembles de cantons étudiés pour la France rurale. La seule profession du canton de Mulhouse ayant un effectif suffisant pour se prêter à une analyse anthropologique du niveau de vie est donc celle des fileurs. Ceux-ci ont un taux de bons pour le service militaire nettement inférieur à la moyenne du canton (tableau 19). Ils sont aussi nettement plus petits que la moyenne, bien que leur taux de malnutrition totale soit tout à fait moyen. Leur taux de malnutrition protéino-énergétique est même inférieur à la moyenne, alors que seule la taie sur l'œil (carence en vitamine A) indique un apport en micro-éléments et vitamines inférieur à la moyenne du canton.

Enfin, le genre de vie des fileurs montre une profession où les stations verticales prolongées engendrent un taux de réformés pour varices ou varicocèles double de la moyenne cantonale (tableau 20). C'est le taux professionnel le plus élevé d'Alsace pour cette pathologie, mais aussi pour les autres régions. Bien plus que le niveau de vie biologique, c'est le genre de vie qui classe très nettement les fileurs à une mauvaise place dans la hiérarchie des professions. Davantage qu'elle ne sous-alimente, l'industrie textile naissante déforme les corps.

Tableau 19 : Anthropologie des niveaux de vie des conscrits du canton
de Mulhouse, classes examinées en 1843-1845
(N = 334)

(Sources : ADHR, série R, listes de tirage au sort)

	bon (%)	carence vit. C, D ou en Ca (%)	carence iode (%)	carence vit. A (%)	carence vit. C (%)	malnutrition protéino énergétique (%)	malnutrition totale (%)	stature >170 cm (%)
fileur	56,52	0	0	2,17	0	10,87	13,04	21,74
ensemble	62,28	0	0	0,6	0	12,88	13,78	31,44

Tableau 20 : Anthropologie des genres de vie des conscrits du canton de
Mulhouse, classes examinées en 1843-1845
(N = 334)

(Sources : ADHR, série R, listes de tirage au sort)

	brûlures %	cicatrices %	estropiés à la main %	varices ou varicocèles %
fileur	0	2,17	0	15,22
ensemble	0	1,5	0	7,19

Par ailleurs, les brûlures, cicatrices et accidents à la main ne sont pas plus fréquents en ville que dans les campagnes.

e) Meilleure santé des principales professions briardes et alsaciennes par rapport aux cultivateurs limousins

L'anthropologie permet de comparer les niveaux de vie de la même profession exercée dans des régions différentes. Les vignerons briards ont quasiment la même stature que les vignerons alsaciens. On a vu cependant que la vigne et les vignerons étaient en recul plus prononcé en Brie que dans l'Alsace rurale car le vignoble briard produit un vin de mauvaise qualité, alors que le vignoble alsacien parvient à produire non seulement des vins ordinaires mais aussi des vins de qualité. Les vignerons briards sont en fait moins prospères que les vignerons alsaciens : ils ont un taux d'aptes au service militaire nettement moins élevé, même si le taux de malnutrition totale est légèrement en défaveur des Alsaciens (tableau 21). Le rapport se rétablit en faveur des vignerons alsaciens pour le taux de malnutrition protéino-énergétique. Le bilan est aussi nuancé par le pourcentage de vignerons alsaciens atteints de malnutrition en micro-éléments et vitamines. Sans être du même métier, il paraît intéressant de comparer les niveaux de vie de l'élite des salariés agricoles de la grande culture et le petit producteur indépendant du Limousin. On met alors en parallèle une des professions au niveau de vie le plus élevé[17] et la profession au niveau de vie le plus faible.

Tableau 21 : Anthropologie des niveaux de vie des conscrits
de même profession de différents ensembles territoriaux,
classes examinées en 1842-1845
(N = 652)

(Sources : ADSM, ADHV, ADBR, séries R, listes de tirage au sort)

	bon (%)	carence vit. C, D ou en Ca (%)	carence iode (%)	carence vit. A (%)	carence vit. C (%)	malnutrition protéino énergétique (%)	malnutrition totale (%)	stature >170 cm (%)
vigneron alsacien	69,15	0	3,19	1,06	0	12,77	19,15	35,11
vigneron briard	58,54	1,22	1,22	0	0	15,86	18,3	28,05
charretier briard	69,05	0	0	0	0	9,52	9,52	11,9
cultivateur limousin	50,93	0	0,31	0	0	23,3	26,41	5,28
cultivateur alsacien	61,61	0	2,68	1,79	0	15,18	19,65	33,04

---

17 Le record est détenu par les maçons limousins. Mais ceux-ci, s'ils sont très résistants par ailleurs, n'ont pas un indice anthropométrique très grand. Les vignerons alsaciens sont en revanche bien portants et de grande taille, tout comme les charretiers briards.

Dans tous les critères anthropologiques, le charretier briard l'emporte sur le cultivateur limousin. Enfin, ce dernier ne l'emporte sur son homologue alsacien que pour une pathologie : la carence en iode. Une fois de plus, l'Alsace apparaît comme un foyer du goitre, alors que la pauvreté du cultivateur limousin est cernée avec une grande netteté dans les registres de la conscription sous l'angle des autres critères de malnutrition.

L'anthropologie permet donc de confirmer en bonne part ce que l'anthropométrie a dévoilé sur les niveaux de vie régionaux : nette supériorité de la Brie et de l'Alsace sur le Limousin. L'étude des genres de vie vient toutefois nuancer ce tableau : c'est à Mulhouse et dans la Brie, soit dans les économies les plus modernes, que les handicaps dus aux conditions de travail sont les plus représentés. L'anthropologie réalisée par métier confirme elle aussi les analyses anthropométriques, parfois de façon éclatante. En Limousin, le maçon est bien mieux nourri que le cultivateur qui se fait également dépasser par le cultivateur alsacien et par le charretier briard. S'il vaut bien mieux être vigneron que tisserand dans l'Alsace rurale du début du XIXe siècle, en Brie, mieux vaut être charretier que vigneron. La crise du vignoble briard se lit dans l'anthropologie des conscrits. Enfin, si le fileur mulhousien n'est pas, et de loin, le moins bien nourri, il est incontestablement celui dont le métier est le plus handicapant, en raison des stations verticales prolongées qu'il induit. L'anthropologie vient donc nuancer les conclusions parfois un peu sèches de l'anthropométrie.

Les années 1780 à 1850 apparaissent comme une période de forts contrastes dans l'histoire des niveaux de vie français. Le *trend* constitué par la moyenne non pondérée des trois espaces ruraux étudiés, issus d'Alsace, de Seine-et-Marne et du Limousin, montre dans les grandes lignes une évolution parallèle à la moyenne nationale calculée par David Weir (graphique 59). Le niveau de départ des années 1780 et 1790 est bas, autour de 163 à 163,5 cm, alors qu'il s'est élevé d'un centimètre (moyenne nationale) à plus de deux centimètres (moyenne des trois régions) dans les années de naissance 1850. Les mouvements à la hausse ou à la baisse sont beaucoup plus sensibles dans notre échantillon de 83 300 conscrits que dans la moyenne nationale. Ainsi, dans les années 1780, le niveau de vie est plus bas en Alsace, Brie et Limousin que dans la France entière. Pour les années 1780, David Weir donne des chiffres nationaux extrapolés à partir d'un échantillon de départements de « petits conscrits » conservé aux Archives nationales. Il est donc possible d'envisager que la dépression du niveau de vie dans la France des années 1780 soit plus forte que ne laisse entrevoir le *trend* « national » établi par D. Weir, puisqu'en fait celui-ci n'a pas relevé d'indication directe sur le *trend* de la stature de la France des grands.

Le rétablissement de la taille à la fin des années de naissance 1790 est également plus rapide dans nos trois espaces ruraux que dans la moyenne nationale, bien que sur une vingtaine d'années cette amélioration reste dans des proportions tout à fait

Partie II

modestes. L'élévation rapide de la stature à la fin des années 1790, observée tant à l'échelle nationale qu'à l'échelle régionale, correspond d'ailleurs à un fort recul de la mortalité au tournant du siècle, alors que le contexte historique est *a priori* défavorable à une telle évolution[18]. Le retour à la paix intérieure a sans doute joué un rôle dans ce phénomène, ainsi que le retour à la paix extérieure dans les années d'adolescence des hommes nées à la fin de la décennie 1790. A. Perrenoud propose comme facteur explicatif à la diminution du taux de mortalité au tournant du siècle la baisse des températures. Celle-ci aurait pour conséquence la mort des microbes dans un environnement qui leur serait devenu plus hostile. Ainsi, les maladies frapperaient moins les Français qui mourraient donc en moins grand nombre et qui auraient plus d'énergie à dépenser dans leur croissance staturale et moins dans la lutte contre la

Graphique 59
Stature dans trois espaces ruraux (N = 83 326) et en France, cohortes de naisssance 1782-1848

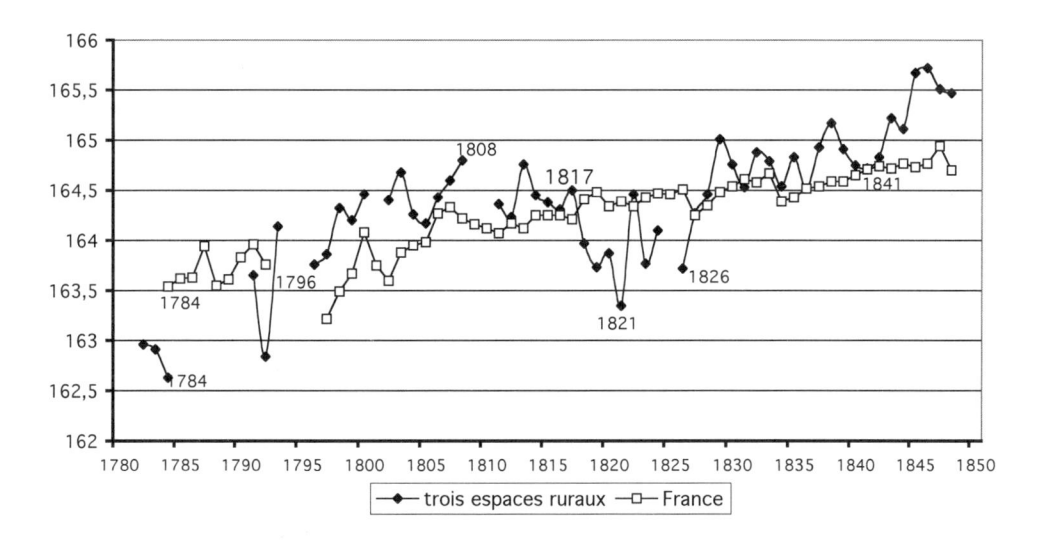

(Sources : ADBR, série R, listes de la conscription, listes du contingent départemental, listes de tirage au sort ; ADHV, série R, « registres du contingent » (d'après le répertoire de la série R), listes du contingent départemental, listes de tirage au sort ; ADSM, série R, tableaux de la conscription, listes du contingent départemental, listes de tirage au sort et D. R. Weir pour la France)

---

18   A. PERRENOUD, « Atténuation des crises et déclin de la mortalité », dans *Annales de démographie historique*, 1989, p. 13-30, ici p. 27 ; J. DUPAQUIER, « la population française de 1789 à 1806 », *loc. cit.*, p. 69.

Graphique 60
Stature à Mulhouse et en Brie, cohortes de naissance 1781-1859 (N = 48 824)

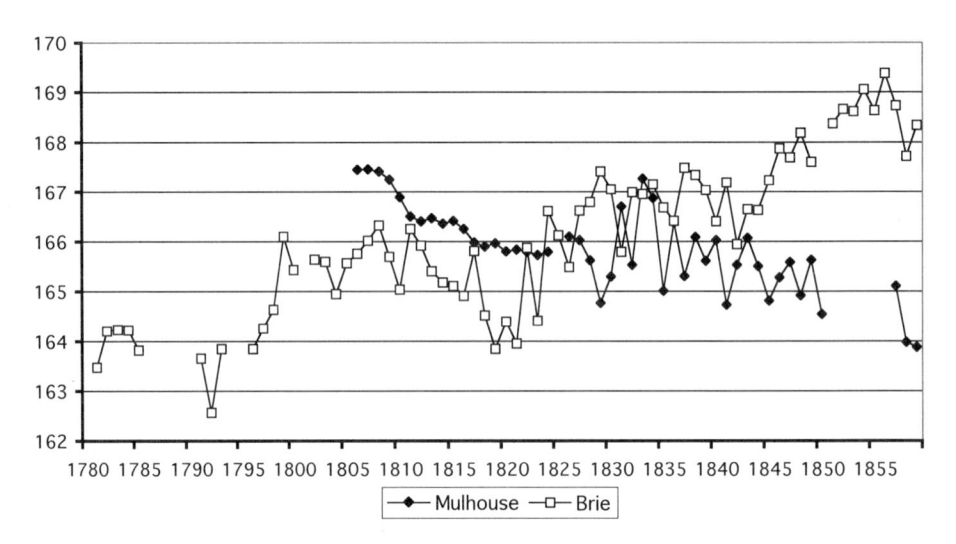

(Sources : ADHR, série R, listes du contingent départemental, listes de tirage au sort ; AMM, série HI, *Rekrutierungsstammrollen* et ADSM, série R, tableaux de la conscription, listes du contingent départemental et listes de tirage au sort)

morbidité. Cependant J. Komlos a montré la forte corrélation qui existe entre température, prix du blé et stature des Français au XVIIIe siècle. Plus la température monte, plus le prix de blé diminue et plus la stature augmente en conséquence[19].

On pourrait donc plutôt avancer que c'est *en dépit* de la baisse des températures que la stature des Français connaît un rétablissement rapide au tournant du siècle. L'Empire apparaît alors dans nos trois espaces ruraux témoins comme une période de relative prospérité après les années troublées de la Révolution[20]. Mais en fait, l'augmentation de la stature commence dès le milieu des années 1790, soit au moment du retour à la paix intérieure. Le relèvement de la stature débute surtout à un moment clef de l'histoire démographique du pays. C'est en effet au milieu des années 1790 que

---

19 J. KOMLOS, « Histoire anthropométrique de la France de l'Ancien Régime » *loc. cit.*, p. 523 et 530-533.

20 Sur le problème de la conjoncture économique et des niveaux de vie sous l'Empire, voir A. MOULIN, *Les Paysans dans la société française de la Révolution à nos jours*, Paris, 1992², p. 59-61.

le taux de fécondité français baisse sensiblement, en raison d'une évolution très rapide des mentalités causée par la Révolution[21]. Moins d'enfants par famille, cela signifie une dépense alimentaire par enfant plus importante qu'auparavant.

Les premières années de la Restauration n'en paraissent que plus sombres. A partir de 1817 et jusqu'en 1826, les trois espaces ruraux connaissent une dépression marquée du niveau de vie biologique. La baisse de la stature est sensible, elle se déroule à un rythme soutenu : environ un centimètre en dix ans. Elle correspond à une période de difficultés économiques dans la petite enfance des jeunes gens. Ceux-ci souffrent également de privations juste avant de passer sous la toise, dans les années 1845-1848, durant une nouvelle série d'années économiquement difficiles. La dépression économique française du début de la Restauration, par ailleurs bien connue, ne se lit pas sur la courbe nationale proposée par David Weir. Nos trois espaces ruraux souffrent donc apparemment beaucoup plus de cette dépression que la moyenne du pays. D'autres études régionales anthropométriques pourraient permettre de préciser si nos arrondissements constituent une (étrange) exception dans une France qui, semble-t-il selon Weir, résiste bien à la dépression du début de la Restauration. Au regard du *trend* commun des trois espaces ruraux, il semble que la menace malthusienne ait surtout plané sur la France entre la fin des années 1800 et la fin des années 1820.

Enfin, de 1826 à 1848, les deux *trends* montrent une tendance à la hausse, nettement plus marquée pour les trois espaces ruraux que pour la moyenne nationale. Une accélération a lieu pour les trois régions sélectionnées après 1841 : en 7 ans, le gain est de 0,7 cm, soit une croissance de célérité soutenue. Une amorce d'augmentation des salaires dans les années 1840, comme c'est le cas en Brie, peut expliquer en partie cette amélioration des conditions de vie. Cependant, c'est surtout la hausse plus marquée des salaires dans les années 1855 à 1868, soit pendant l'adolescence des conscrits nés entre 1841 et 1848, qui explique cette augmentation finale de la stature. Cette élévation des salaires sous le Second Empire compense même les pertes de croissance qui n'ont pas manqué d'affecter le corps des conscrits dans les années 1845-1848, durant leur petite enfance. Ici encore, le mouvement des trois espaces ruraux est beaucoup plus sensible que celui de la moyenne nationale. Notre échantillon d'arrondissements illustre donc, davantage que la moyenne nationale, la période de l'histoire économique du pays qu'à juste titre on considère comme marquant l'âge d'or des campagnes françaises. Cette période de prospérité a toutefois été précédée d'une longue phase d'érosion ou de stagnation du niveau de vie biologique, des années 1800 à la fin des années 1830.

---

21 On pourrait tout aussi bien donner de cette évolution une version pessimiste (la peur des lendemains dans un contexte politique troublé) qu'optimiste (un nouveau rapport à l'enfantement, provoqué par le détachement religieux croissant, version retenue par Armengaud).

L'évolution nationale sans grands heurts dégagée par David Weir correspond en fait à des situations régionales très contrastées. Les évolutions régionales que nous avons dégagées ici ne correspondent pas à celles que nous avions mises en évidence dans un précédent travail[22]. Cette différence provient d'une modification légale des conditions de réforme qui intervient en 1840. Elle a pour conséquence de diminuer artificiellement le nombre de réformés pour défaut de taille après cette date, particulièrement dans les régions de petites statures moyennes[23]. Ce phénomène ne concerne que les sources de données agglomérées telles que celles que nous avons employées dans notre précédent travail ou que celles employées par David Weir. Par conséquent, en ce qui concerne les évolutions régionales[24], ce sont bien les conclusions du présent travail qui peuvent être considérées comme les plus fiables. Du côté des campagnes, l'Alsace et le Limousin agricole comme maçonnant connaissent globalement une stagnation de la stature des années 1800 aux années 1840, avec des cycles très nets et à des niveaux forts différents il est vrai. L'Alsace rurale, beaucoup plus densément peuplée, s'appuie sur les conquêtes de la première révolution agricole, alors que le Limousin reste le « conservatoire des archaïsmes ». On est alors dans les deux régions à la limite de la logique malthusienne. L'anthropométrie vient ici confirmer ce que nous indiquent les indicateurs traditionnels de niveaux de vie et les impressions des contemporains.

Seule la Brie bénéficie d'une croissance staturale à partir du milieu de années 1820, exceptionnelle par sa durée et son ampleur. La région connaît un développe-

---

22   L. HEYBERGER, *op. cit.*, p. 94-109 et 114-115.
23   Voir à ce sujet : P. BROCA, « Nouvelles recherches... », *loc. cit.*, p. 203 et J. BERTILLON, article « taille », *loc. cit.*, p. 620-621. Une circulaire ministérielle de 1840 recommande de prendre en priorité les infirmités plutôt que le défaut de taille comme motif de réforme. Cela va à l'encontre de la loi de 1832 et des manuels de recrutement, mais cela présente un certain intérêt pour les familles des conscrits. En effet, le réformé pour défaut de taille peut être exempté comme soutien de famille, alors que ce n'est pas le cas du réformé pour infirmité. Autrement dit, si le frère aîné d'une famille se fait réformer en priorité pour défaut de taille, conformément à la loi de 1832, il « absorbe le droit d'exemption dont sa famille peut être appelée à jouir par la suite » (BERTILLON, p. 620.) Avec la circulaire de 1840, le nombre de réformés pour défaut de taille va donc artificiellement baisser, surtout dans les espaces pauvres de la France, où l'on trouve des familles plus nombreuses et des infirmes et des petits en plus grands nombre. D. R. WEIR a observé une évolution anormale de la part des réformés pour défaut de taille dans les années d'examen 1830-1840. L'auteur l'attribue bien à un problème entre nombre de réformés pour infirmité et nombre de réformés pour défaut de taille, sans toutefois faire le rapprochement avec la circulaire de 1840. De manière empirique, il a localisé une baisse importante des défauts de taille pour raison légale en 1830 (D. R. WEIR, *op. cit.*, p. 193-194). Ses résultats sont donc légèrement biaisés pour les années de naissance 1810 (années d'examen 1830).
24   Les conclusions que nous avions avancées à propos de l'évolution nationale de la stature et les corrélations exposées restent valables.

ment économique soutenu de 1821 à 1856 (années d'examen 1841-1876) qui autorise à qualifier cette période de Trente Glorieuses de la Brie. La révolution agricole a bien eu lieu dans le Bassin parisien, elle a provoqué une révolution des corps des conscrits briards qui ont grandi de 4,5 à 5 cm en 35 ans. Cela correspond au rythme de croissance de la France durant les années d'examen 1945-1970, alors que les conscrits de ces années bénéficiaient eux-mêmes des bonnes conditions de vie dans leur enfance (1925-1949) comme dans leur adolescence[25]. De même pour la Brie, il faut prendre en considération les conditions de vie des années de naissance (1821-1856) comme celle de l'adolescence (1836 environ à 1876). La forte hausse des salaires briards à partir des années 1840 et jusqu'en 1876 joue ici un grand rôle pour expliquer la croissance staturale des conscrits, ainsi que l'amélioration, non quantifiable, de la ration alimentaire des briards suite à la révolution agricole. En comparant le niveau de nutrition nette de la Brie et du Limousin et l'évolution staturale de ces deux régions avant 1850, il semble donc exagéré d'écrire que « L'alimentation paysanne n'évolue pas de façon [...] spectaculaire entre 1815 et 1870. Elle est toujours caractérisée par la frugalité et la monotonie, car elle repose sur la production agricole familiale avec très peu de recours au marché. Même si les systèmes de polyculture semblent très variés, les différences régionales sont plus apparentes que réelles[26]. » De telles appréciations se justifient plus par le manque de données quantitatives sur les régimes alimentaires régionaux jusqu'au milieu du XIXe siècle que par des faits historiques clairement établis.

A côté de la Brie, l'autre espace économique dynamique de notre étude, Mulhouse, ne produit pas une révolution des corps comparable. En fait, les deux économies les plus modernes de ce début de XIXe siècle, briarde et mulhousienne, engendrent les évolutions les plus contrastées qui soient. Aux Trente Glorieuses de la Brie répondent les années de dépression staturale quasi continues de Mulhouse. C'est ici que l'écart entre France menacée de crise malthusienne et France boserupienne atteint son maximum (graphique 60). La ville possède d'abord un niveau de vie biologique supérieur à celui de la région de grande culture, dans les décennies 1800 et 1810 qui correspondent pourtant en Brie au redressement impérial de la stature. Les affaires de Mulhouse sont alors prospères et la ville reste à échelle humaine, sans problème d'approvisionnement. Par la suite, des années 1820 à 1850, l'écart ne cesse de se creuser entre le Manchester français et la Brie pour atteindre plus de 3 cm dans les années 1850 au profit de cette dernière : c'est le grand écart entre France menacée de crise malthusienne et France boserupienne. On a montré que cette chute de la stature mulhousienne ne devait rien à l'arrivée de migrants ruraux misérables dans la grande ville industrielle, mais que c'est bien plutôt la ville qui produit cette dégradation de la

---

25 Par rapport aux générations précédentes bien sûr.
26 A. MOULIN, *Les paysans...*, *op. cit.*, p. 94-95.

stature, malgré le développement de l'industrie métallurgique qui aurait dû améliorer les conditions de vie des habitants. Chômage urbain, crises industrielles, diminution de la ration alimentaire mais aussi dégradation de l'hygiène et de la salubrité durant les années 1820 à 1879 (années de naissance et années d'examen) sont responsables de cette évolution. Il y a, à Mulhouse, un hiatus entre les données traditionnelles du niveau de vie et la stature : les salaires réels augmentent légèrement ou stagnent de 1820 à 1875 alors que la stature baisse. La ville alsacienne se trouve alors dans le même cas de figure que Baltimore, Philadelphie, Charleston, Glasgow, Londres, Vienne ou Tokyo[27]. Du point de vue des agents économiques, la modernisation agricole est donc une bien meilleure affaire que la modernisation industrielle et urbaine dans la première moitié du XIXe siècle. Qu'en est-il à l'époque de la Grande Dépression ?

---

27   J. KOMLOS, « Histoire anthropométrique : bilan… », *loc. cit.*, p. 12.

Partie III

Les conséquences inégales de l'ouverture des marchés et de la Grande Dépression, cohortes de naissance 1850-1880 (classes 1870-1900)

A_U MILIEU du XIXe siècle, alors qu'éclatent révoltes paysannes et révoltes ouvrières, les écarts entre France menacée d'une crise malthusienne et France boserupienne atteignent un maximum. Dans la seconde moitié du siècle, le pays s'industrialise et se développe, si bien que vers 1890, le problème de la « vie chère » a remplacé le problème de la disette, fût-elle larvée[1]. Le pays change indéniablement de visage entre la révolution de 1848 et la fin de la Grande Dépression, mais à quels rythmes ? Quelles sont les régions qui profitent le plus de l'essor économique ? Comme on le verra, et comme l'indique le titre de cette partie, ce sont les générations nées entre les années 1840 et 1876 qui permettent de répondre à ces questions. Nous montrerons que les conditions de vie durant l'adolescence de ces cohortes (1860-1896) jouent un rôle important dans la détermination de leur stature à l'âge de 20 ans et demi. C'est donc l'histoire des niveaux de vie de 1848 à 1896 que donnent à voir les cohortes de naissance 1848-1876.

L'ouverture des espaces économiques français et européen aux marchés internationaux à partir des années 1860 provoque un afflux considérable en France et en Europe de céréales et de viande en provenance des pays « nouveaux ». Le niveau de la ration alimentaire européenne s'en trouve globalement amélioré, alors que les salaires agricoles connaissent une hausse très sensible sous le Second Empire. En France, la consommation de céréales par habitant[2] augmente de 0,27 % par an de 1855-1864 à 1875-1884[3]. Cependant, l'augmentation sensible de l'offre de produits agricoles extra européens a également entraîné dans certaines régions un écroulement des cours des denrées indigènes[4] et « le net ralentissement de la croissance de la production agricole en Europe continentale », voire, pour certains secteurs, une baisse de la

---

1 Y. LEQUIN, *Les Ouvriers de la région lyonnaise…, op. cit, 2. Les intérêts de classe et la république*, p. 31. La « vie chère » au milieu du XIXe siècle se traduit par la disette, sous Napoléon III elle serait encore une « menace sur le minimum alimentaire », alors qu'en 1914 elle n'est plus que crainte de la dégradation du niveau de vie.

2 Y compris la consommation animale, non compris les semences.

3 J. C. TOUTAIN, cité par P. BAIROCH, *Mythes et paradoxes de l'histoire économique*, Paris, 1995, (édition originale *Economics and World History. Mythes and Paradoxes*, 1993), p. 72.

4 « Cette crise agricole de l'Europe continentale s'explique presque exclusivement par l'afflux de céréales étrangères, ce qui était devenu possible grâce à la baisse des coûts du transport et à l'abolition de toutes les protections tarifaires frappant les céréales en Europe continentale entre 1866 et 1872 », P. BAIROCH, *ibidem*, p. 71. L'Europe continentale de l'étude de P. Bairoch comporte La Belgique, la France, l'Allemagne, la Suède et la Suisse.

production nationale[5]. Le mécanisme de rééquilibrage des prix par la main invisible, cher à Adam Smith, a donc provoqué des difficultés dans certains secteurs de l'agriculture, surtout, on peut le supposer, pour les petits producteurs indépendants et le secteur de la céréaliculture. P. Bairoch note que « Ce sont surtout les paysans qui eurent à souffrir de cet afflux massif de céréales parce que les importations bon marché aboutirent à l'effondrement des prix du blé et des productions agricoles en général. Il faut noter que les céréales représentent une part plus importante des cultures commercialisées que l'ensemble de la production agricole. Le niveau de vie des paysans stagna donc, ou même baissa, dans presque tous les pays d'Europe continentale[6]. » La Grande Dépression a donc pu avoir des conséquences négatives sur l'évolution du niveau de nutrition nette de certains Français, particulièrement en Brie, région de céréaliculture par excellence[7]. Mais le blé ne doit pas être « un mal nécessaire » pour l'historien. La réflexion ne doit pas uniquement porter sur ce qui est le mieux connu, sur l'évolution des économies céréalières. Les régions d'élevage comme le Limousin ont-elles mieux traversé la Grande Dépression que les régions de céréaliculture ? L'hypothèse semble plausible, puisque les prix des produits de l'élevage résistent mieux à la dépression que les prix du blé et que la production animale connaît une croissance sans accident après 1870 alors que la production végétale fléchit[8]. Il faut alors envisager l'hypothèse que la Grande dépression a réduit les écarts entre régions de grande culture céréalière et régions de petite culture pastorale, hypothèse confortée par la réduction des écarts interrégionaux de productivité nette par actif agricole entre 1840 et 1890[9]. Les spécialisations régionales croissantes ont peut-être pour

---

5 P. BAIROCH, *op. cit.*, p. 72. En France, les importations de blé représentent 0,3 % de la production nationale en 1851-1860 mais 19 % en 1882-1892. La production de cultures alimentaires baisse de 0,8 % par an entre 1874-1878 et 1889-1893, alors que les produits de l'élevage s'accroissent de 0,8 %. F. CARON, *op. cit.*, p. 112. La croissance annuelle du produit végétal français est négative de 1875 à 1894 alors que la croissance de la production animale reste positive : J-C. TOUTAIN, « La production agricole de la France de 1810 à 1990 : départements et régions. Croissance, productivité, structures. t. 1 » dans *Economies et sociétés. Histoire quantitative de l'économie française*, 11-12, 1992, p. 17.

6 P. BAIROCH, *op. cit.*, p. 72. Vision un peu plus optimiste dans A. MOULIN, *Les Paysans...*, *op. cit.*, p. 121.

7 « La crise agricole fut d'abord une crise céréalière et fut particulièrement ressentie par les régions qui étaient restées fidèles à un système de polyculture centrée sur elles », F. CARON, *op. cit.*, p. 113.

8 De 1872-1876 à 1892-1896, les prix des produits animaux baissent de 7 % et les prix des produits végétaux de 33 %. *ibidem*, p. 112. Le produit végétal baisse de 0,79 % entre 1875 et 1884 puis de 0,57 % entre 1885 et 1894 alors qu'il augmente de 0,92 % puis 1,44 % pour les animaux. J.-C. TOUTAIN, « La production agricole... », *loc. cit.*, p. 17.

9 Qui sont de 1 à 6,4 vers 1840 et de 1 à 4 vers 1890. La France et le seul pays qui permet d'avancer des comparaisons aussi anciennes. P. BAIROCH (citant J.-C. TOUTAIN), « Les trois

conséquence une réduction des écarts interrégionaux de niveaux de vie au cours de la Grande Dépression.

Le terme même de « Grande Dépression » ne fait pas l'unanimité chez les historiens, ce qui montre que l'on a pas clos le débat sur les causes et conséquences sociales et économiques de la « Grande Dépression ». L'anthropométrie peut apporter des indications sur l'existence et l'importance d'une dépression économique dans les années 1872-1875 à 1896 environ. Il semble désormais admis que la Grande Dépression, même si elle ne correspond pas à une période de décroissance économique, s'est traduite par une phase de ralentissement sensible de la croissance. Pour P. Bairoch, c'est une réalité indéniable et durable que l'on peut lire dans le ralentissement de la croissance du PNB par habitant[10] et qui s'explique avant tout par la libéralisation des marchés européens à un moment de l'histoire économique européenne défavorable à une telle politique douanière[11]. Tout comme P. Bairoch, F. Caron admet que la Grande Dépression a pu entraîner une baisse du niveau de vie paysan, qui se traduit par une baisse des prix, de la production et surtout du revenu net[12].

J-C. Toutain est beaucoup plus mesuré et minimise le rôle joué par les importations dans ce qu'il répugne à appeler la « Grande Dépression[13] ». Pour cet auteur, « on ne peut

---

révolutions agricoles du monde développé : rendements et productivité de 1800 à 1985 », dans *Annales Economies Sociétés Civilisations*, 44, 1989, p. 333.

10   P. BAIROCH, *op. cit.*, p. 69-70.

11   Alors que la Grande-Bretagne abolirait les *Corn laws* à un moment favorable de son histoire économique. P. BAIROCH, *op. cit.*, p. 73. Même avis dans M. OVERTON, *Agricultural revolution in England. The transformation of the agrarian economy 1500-1850*, Cambridge, 1996, p. 69 reprenant E. A. WRIGLEY, R. S. SCHOFIELD, *The population history of England, 1541-1871 : a reconstruction*, 1981, p. 405. Selon Overton, l'abolition intervient alors qu'il n'existe plus de corrélation entre taux de croissance des prix alimentaires et taux de croissance de la population, autrement dit alors que le piège malthusien serait déjà déjoué en Angleterre. J. BATEN soutient cependant que cette abolition a pour conséquence une dégradation du niveau de vie biologique. Les consommateurs augmenteraient après 1845 leur consommation de céréales suite à la baisse des prix céréaliers. Leur consommation de protéines d'origine animale s'en trouverait d'autant plus réduite. L'abolition des *Corn laws* aurait finalement pour conséquence une évolution des prix relatifs des produits d'origine animale défavorable à l'augmentation du niveau de vie biologique. (*op. cit.*, p. 108.)

12   F. CARON, *op. cit.*, p. 112.

13   J.-C. TOUTAIN, « La production agricole… », *loc. cit.*, p. 24 : « la période dite de grande dépression ». « Certains historiens font très grand cas de l'accroissement des importations de céréales à partir de 1860, comme si ces importations avaient submergé le marché et ruiné l'agriculture. » (p. 26). Pour l'auteur, les importations n'ont pas augmenté si considérablement et ont permis d'éliminer du « groupe des producteurs les régions aux rendements ou à la production trop faibles » (p. 27). Voir aussi p. 47, en réponse à une contribution de M. Levy-Leboyer : « Quant à la crise de longue durée de l'économie française au cours du dernier quart ou du der-

pas parler de grande dépression *française*, sinon à partir de l'agriculture qui, du fait de son poids économique et social, donne le la aux lamentations de l'époque[14]. De plus, ce serait « la reprise de la croissance du produit animal qui va sauver l'agriculture »[15] et non la politique douanière protectionniste de Méline, comme le suggère P. Bairoch[16]. La « crise » vient, selon Toutain, d'une inadaptation structurelle de l'agriculture française à la concurrence internationale. Les terroirs français sont trop morcelés et ne peuvent réaliser les économies d'échelle et la mécanisation à l'américaine nécessaires à l'augmentation de la productivité[17]. C'est au prix d'une restructuration partielle que la prospérité revient. En suivant Toutain (comme Bairoch), on pourrait également soutenir que c'est l'importance du secteur céréalier français qui donne à la dépression son importance, mais celle-ci devrait peu toucher la Brie si l'on suit les explications fournies par Toutain. En effet, cette région possède une structure foncière déjà très concentrée au début de la Grande Dépression et les économies d'échelle qui peuvent y être réalisées y seraient donc parmi les plus faibles de France.

Du côté de l'Alsace, le problème est un peu différent, du fait de l'appartenance à un ensemble économique germanique qui s'urbanise et s'industrialise à un rythme indéniablement plus soutenu qu'en France et auquel la région participe. La Grande Dépression a, en Alsace, un impact nécessairement plus faible, car elle touche moins le monde des villes et de l'industrie que les campagnes. Le *Gründerkrach* et la dépression économique qui s'en suit (1873-1896) marquent-ils une diminution des écarts de niveaux de vie biologiques entre l'Alsace rurale et l'Alsace industrielle et urbaine? Dans une perspective révisionniste, R. Tilly préfère remplacer le terme de « *Große Depression* » par celui de « *Hochindustrialisierung* », qui conviendrait mieux à la période de forte industrialisation que connaît l'Allemagne de 1879 à 1914[18]. Le concept de

---

nier tiers du XIXe siècle, je crois que, sous l'effet de certaines influences théoriques, on lui a donné une importance, une singularité qu'elle ne mérite pas. Peut-on en faire l'événement majeur du XIXe siècle français ? »

14 J.-C. TOUTAIN, « La production agricole... », *loc. cit.*, p. 48.

15 Même si « Sauver est sans doute une expression trop forte, car l'agriculture n'était pas en perdition ». *ibidem*, p. 17.

16 P. BAIROCH, *op. cit.*, p. 70, p. 74 et p. 75 : « Dans tous les pays, à l'exception de l'Italie, l'adoption de mesures protectionnistes fut suivie d'une nette accélération de la croissance économique dans les dix premières années, quelle que soit la date de l'entrée en vigueur de cette nouvelle politique ».

17 C'est bien dans le domaine de la productivité que l'agriculture européenne peut progresser le plus nettement, puisqu'il est bien admis par tous que les rendements européens et français n'ont rien à envier à ceux de l'agriculture extensive américaine. J.-C. TOUTAIN, « La production agricole... », *loc. cit.*, p. 30.

18 TILLY, « Konjunkturgeschichte und Wirtschaftsgeschichte », dans W.H. SCHRÖDER et R. SPREE (dir.), *Historische Konjunkturforschung*, Stuttgart, 1980, p. 18-28 ; du même auteur : « Renaissance der Konjunkturgeschichte ? », dans *Geschichte und Gesellschaft*, 6, 1980.

Partie III

Hochindustrialisierung est-il validé par l'histoire anthropométrique ? Avant de cerner l'évolution des écarts interrégionaux de niveau de vie biologique pendant la période d'ouverture des marchés, une analyse des facteurs explicatifs de la répartition de la stature au milieu du XIXe siècle, à la fin de la période des grands contrastes, permettra de dresser un état des lieux de la France de la disette et de l'aisance relative et d'avancer des hypothèses expliquant les évolutions des années de naissance 1850-1880.

Chapitre XII
Les statures des conscrits de 169 cantons nés en 1848 et la recherche de facteurs explicatifs

Les jeunes Français de la cohorte de naissance 1848, examinés au début de l'année 1869, constituent une génération qui naît dans des conditions difficiles, à la fin d'une période de développement très inégal des différentes régions françaises, alors que les écarts de stature entre départements sont à leur maximum. Ils bénéficient cependant tous des hausses sensibles de salaire du Second Empire, hausses qui seront prolongées plus ou moins heureusement suivant les régions dans la seconde moitié du XIXe siècle. Il s'agit donc d'une génération marquée à la fois par les derniers heurts de l'ancien régime économique et par les premiers mouvements de l'économie moderne. La proximité de l'enquête agricole de 1852, document de grande qualité, et du recensement de 1846 permet d'envisager des corrélations entre la stature des conscrits nés en 1848 et différents facteurs explicatifs de la stature d'ordre économique, démographique et culturel alors que la France présente encore, par bien des aspects, un visage archaïque. Les sources de la conscription permettent, suivant les variables envisagées, d'établir des corrélations à partir de statures calculées à l'échelle cantonale ou individuelle d'après un corpus original de 15 531 données. Suivant les sources dont sont tirées les variables explicatives de la stature, les corrélations sont établies à partir d'un nombre de cantons qui n'est pas toujours le même et qui n'atteint jamais le nombre total de canton pour lesquels on dispose de la stature[1]. Il n'est donc pas possible d'analyser l'échantillon de cantons par un modèle unique de régression qui comprendrait plusieurs variables explicatives car le nombre d'observations disponibles varie d'une variable explicative à l'autre. Les corrélations retenues permettent de mieux cerner le rôle respectif des différents facteurs qui influencent la stature et le bien-être des Français nés en 1848.

---

1   On a calculé la stature moyenne des conscrits de 169 cantons répartis entre 6 départements (Bas-Rhin, Haut-Rhin, Seine-et-Marne, Creuse, Corrèze et Haute-Vienne).

I – France de la disette et France de l'aisance relative

a) Le Limousin : forte opposition entre le Nord et le Sud

La répartition spatiale de la stature laisse entrevoir d'énormes disparités de développement humain entre les cantons les plus riches et les plus pauvres de la France de 1848. La différence est de près de 11 cm entre le canton alsacien de Sarre-Union (nord-ouest du Bas-Rhin) et le canton limousin de Saint-Laurent-sur-Gorre (sud-ouest de la Haute-Vienne)[2].

Le Limousin, région la plus «archaïque», est aussi, sans ambiguïté possible, la région la plus inégalitaire, loin de l'image de démocratie rurale qui lui est traditionnellement attachée : c'est ici que l'écart-type entre cantons est maximum[3]. Le Limousin enregistre aussi le plus grand écart entre le canton possédant la taille moyenne la plus grande et le canton possédant la stature moyenne la plus petite de la région : 9,1 cm[4]. C'est exactement l'inverse pour la Seine-et-Marne[5]. L'analyse spatiale confirme ici ce que l'analyse des professions de la première moitié du XIXe siècle laissait entrevoir en matière d'inégalité régionale. Au Limousin inégalitaire s'oppose la Seine-et-Marne plus égalitaire, alors que l'Alsace occupe une position intermédiaire, toutefois plus proche du Limousin que de la région de grande culture.

Sans surprise, la carte anthropométrique du Limousin de la génération née en 1848 (carte 5) est très proche de la carte de Collignon[6]. Nos données permettent par ailleurs d'observer la répartition de la stature dans le département de la Creuse, ce qui n'était pas possible avec la carte de Collignon. La continuité spatiale entre les départements apparaît remarquable. La Creuse et le nord de la Haute-Vienne se détachent nettement comme les espaces les plus favorisés, encore que ce terme soit osé puisque la majorité des statures cantonales sont alors comprises entre 164 et 167 cm.

En revanche, le sud de la Haute-Vienne et tout le département de la Corrèze, à l'exception de son extrémité Sud, sont dans un état de grande malnutrition, voire de sous-nutrition, avec une grande zone de très petits conscrits dont la stature moyenne est comprise entre 159 et 162 cm. On retrouve ici la région extrêmement pauvre du Limousin des plateaux du sud-ouest, de Rochechouart à Tulle, qu'A. Corbin a identifiée[7] et qui

---

2   Sarre-Union : 170 cm ; Saint-Laurent-sur-Gorre : 159,1 cm. Voir cartes 5 et 6 ainsi qu'annexe II. A. 2.
3   1,9 cm contre 1,6 cm en Alsace et 1,3 cm en Seine-et-Marne.
4   Voir carte 5 et annexe II. A. 2. Contre 7,5 cm en Alsace et 4,9 cm en Seine-et-Marne.
5   Voir les deux notes précédentes.
6   Etablie pour la classe 1891, R. COLLIGNON, «Anthropologie de la France, Dordogne...», *loc. cit.*, carte reproduite dans A. CORBIN, *op. cit.*, p. 102.
7   A. CORBIN, *op. cit.*, p. 103.

correspond à la châtaigneraie. On est là dans l'épicentre de la France végétarienne, trop pauvre pour se nourrir de pain qui est plus riche en protéines d'origine végétale que la châtaigne[8].

L'opposition entre le Limousin du nord et le Limousin du sud pourrait aussi correspondre à l'existence d'un Limousin maçonnant et d'un Limousin agricole sédentaire. A. Corbin a prudemment avancé cette hypothèse, sans pouvoir la vérifier[9]. Des analyses de corrélations spatiales permettent de confirmer cette hypothèse. On a créé pour chaque canton une variable « pourcentage de conscrits travaillant dans le secteur du bâtiment », que l'on a confronté à la stature moyenne. La corrélation est positive, avec un coefficient de détermination de 0,26[10]. Les cantons du nord de la Creuse et de l'arrondissement de Bellac (Haute-Vienne) doivent donc bien en partie leur niveau de vie biologique relativement haut à la présence de maçons qui sont mieux nourris et assurent une économie de transfert de la ville à la campagne favorable à la croissance des habitants[11].

Au contraire, le Limousin sans maçon est beaucoup moins prospère. On rappelle qu'en Limousin, les cultivateurs sont nettement plus petits que les maçons, très vraisemblablement en raison d'un régime moins riche en protéines d'origine animale.

On a donc créé une variable « pourcentage de conscrits agriculteurs indépendants » pour chaque canton, afin de voir si l'on retrouve bien dans l'analyse spatiale la détresse des cultivateurs limousins par rapport aux maçons. La corrélation entre le pourcentage de conscrits cultivateurs indépendants et la stature cantonale est négative, avec un coefficient de détermination de 0,24[12]. Le sud du Limousin apparaît donc comme devant en partie son extrême pauvreté à la présence de cultivateurs très pauvres au capital d'exploitation très réduit[13].

---

8   On notera pourtant que G. DESERT ne comprend ni la Haute-Vienne ni la Corrèze dans les 13 départements qui constituent selon lui la France végétarienne. G. DESERT, « Viande et poisson dans l'alimentation des Français au milieu du XIXe siècle », dans *Annales Economies Sociétés Civilisations*, 30, 1975, p. 532. Le regroupement des aliments végétaux dans une seule catégorie ne lui permet pas d'affiner son analyse et de différencier la France du pain de la France des produits végétaux de qualité inférieure.

9   A. CORBIN, *op. cit.*, p. 103.

10 $R^2 = 0,261$; $F = 27,858$; probabilité de l'hypothèse nulle = $1,12 \times 10^{-4}$ % N = 81 cantons.

11 Ainsi, les cantons de Bénévent et du Grand-Bourg, à l'extrême ouest de la Creuse, comptent environ deux tiers de conscrits dans le bâtiment (moyenne départementale 59,4 %) et leur stature moyenne est supérieure à 165 cm. De même, dans le nord du département de la Haute-Vienne, les cantons du Dorat, de Magnac-Laval (qui font partie des cantons sélectionnés pour le *trend* séculaire) et de Saint-Sulpice-les-Feuilles ont des conscrits de stature moyenne supérieure à 165 cm alors que la part de maçons y est supérieure à 42 % (moyenne départementale 18,2 %).

12 $R^2 = 0,247$; $F = 25,918$; probabilité de l'hypothèse nulle = $2,36 \times 10^{-4}$ % N = 81 cantons.

13 Ainsi, en Corrèze, le bloc des cantons de Lubersac, Uzerche, Treignac, Seilhac et Vigeois compte plus de 76 % de conscrits agriculteurs indépendants (moyenne départementale

A. Corbin a aussi évoqué l'influence positive du milieu urbain sur la stature des Limousins pour expliquer les différences de niveau de développement humain, sans s'y attarder, tant la chose paraissait évidente[14]. Pour vérifier cette hypothèse, on a donc créé une variable « pourcentage de la population urbaine agglomérée par rapport à la population totale du canton »[15] et on a corrélé cette série à la série de statures moyennes cantonales. Aucune corrélation, positive ou négative n'est apparue. Il est délicat de se prononcer sur l'influence du milieu urbain à cette période de l'histoire des villes.

Comme on l'a vu, pour D. R. Weir l'influence de la ville sur la stature est positive si l'on raisonne à l'échelle départementale et pour les années d'examen 1840 à 1911, soit à une période où les conditions d'hygiène s'améliorent considérablement dans les villes. Mais jusque dans les cohortes de naissance des années 1850, la stature des Mulhousiens baisse et la tendance ne s'inversera qu'à partir du milieu du siècle. La ville est donc de plus en plus synonyme de mauvaises conditions d'existence durant la première moitié du siècle. Une corrélation entre stature et pourcentage de la population urbaine vers le milieu du siècle peut donc donner un coefficient de corrélation de signe négatif[16] alors que le coefficient sera de signe positif[17] quelques années après. Sur la carte de Collignon, seule Limoges se détache vraiment de ses environs pour étayer la thèse d'une influence positive du milieu urbain sur la stature. Sur notre carte de la stature de la cohorte née en 1848, les cantons de Limoges, Tulle et Brive n'apparaissent pas favorisés, seul le canton de Guéret connaît une certaine prospérité, mais il est au sein du Limousin maçonnant. En revanche, les riches cantons de la périphérie de Limoges fournissent parmi les plus grands conscrits du Limousin : cantons de Nieul, Aixe et Pierre-Buffière, alors qu'ils ne font pas partie du Limousin maçonnant[18]. Il s'agit ici des rares espaces agricoles performants du Limousin, mis en valeur par l'aristocratie éclairée de Limoges, férue d'agronomie et souvent membre de la Société d'Agriculture de la Haute-Vienne. On y pratique déjà un élevage d'une certaine qualité, comme c'est aussi le cas dans l'arrondissement de Bellac.

Cependant, le Limousin apparaît comme une région à la structure économique et sociale binaire, où les maçons du nord de la Creuse et de la Haute-Vienne l'emportent

---

68,9 %) alors que la stature moyenne cantonale y est toujours inférieure à 161 cm. De même dans la Haute-Vienne, les cantons de Saint-Germain-les-Belles (au sud du département, limitrophe des cantons de Lubersac et Uzerche) Châlus et Saint-Laurent-sur-Gorre ont une stature inférieure à 161 cm et une proportion de conscrits agriculteurs indépendants supérieure à 60 % (moyenne départementale 42,5 %).

14 A. CORBIN, *op. cit.*, p. 103.
15 D'après le recensement de 1846 ou le recensement de 1841 quand les données n'étaient pas disponibles.
16 Ce qui veut dire que la ville a une influence débilitante sur les corps.
17 Ce signifie que le milieu urbain exerce désormais une influence positive sur la stature.
18 Avec moins de 4 % de travailleurs du bâtiment pour une moyenne départementale de 18,2 %.

largement en stature sur les cultivateurs de la Corrèze et du sud de la Haute-Vienne. Les inégalités entre cantons sont très marquées, comparativement à la Seine-et-Marne et à l'Alsace. La région représente, encore en 1848, la France de la disette.

b) L'Alsace : des inégalités de développement humain moins marquées

L'Alsace paraît d'emblée beaucoup plus prospère que le Limousin. Alors que dans cette dernière région les conscrits étaient trop petits pour qu'aucun canton n'atteigne la taille moyenne de 169 cm, dans l'Alsace, les conscrits sont assez grands pour qu'aucun canton ne soit dans la classe de stature 161 à 162 cm (carte 6). Bien que la région connaisse une érosion de son niveau de vie biologique depuis le début du siècle, saisie au moyen de l'étude de l'arrondissement de Sélestat, les progrès sont nets par rapport à la carte des années de naissance 1778-1779 (carte 3). Les gains obtenus à la fin de la décennie 1790 sont capitalisés par l'ensemble de la région, et non par les seuls cantons retenus pour constituer le *trend*. Il est vrai que la hausse des salaires du Second Empire a bénéficié aux jeunes gens examinés au début de 1869. Il n'empêche, les conscrits limousins ont eux aussi profité de cette conjoncture favorable et leur stature est toutefois nettement inférieure à celle des Alsaciens. Le régime alimentaire alsacien est plus varié et plus riche que celui du Limousin : « Aujourd'hui, la plupart des agriculteurs mangent de la viande au moins trois fois par semaine, et le même régime est accordé aux journaliers et aux domestiques[19]. »

L'Alsace bossue, au nord-ouest du Bas-Rhin, et l'espace compris entre les cantons de Bouxwiller, Soultz au Nord et Molsheim, au Sud, apparaissent encore comme des isolats de haute stature[20], tout comme l'extrême sud du Haut-Rhin.

On retrouve donc certains éléments de la carte anthropométrique de la fin du XVIIIe siècle. Les niveaux de vie biologiques sont répartis de manière assez homogène

---

19   J.-B. MIGNERET (sous la direction de), *Description du département du Bas-Rhin*, t. 2, Strasbourg, 1860, p. 645. Voir aussi t. 4, 1871, p. 28.

20   A ce sujet, la *Description du département du Bas-Rhin* apporte une explication raciale promise à un beau succès dans la littérature anthropologique française de la fin du XIXe siècle. Le canton de Soutz-sous-Forêt possède une stature élevée : « La population du canton de Soultz descendait-elle d'une tribu particulière des peuplades celtiques ou germaniques ? On pourrait le supposer. Les hommes de ce canton sont plus bruns et plus sveltes que ceux des régions voisines, et les femmes y présentent des traits fins et distingués. Une autre explication a encore été donnée : un des princes de Deux-Ponts, auxquels ce pays appartenait avant la révolution française, avait, comme le grand Frédéric, la manie de composer son armée d'hommes de haute taille, recrutés dans les pays voisins, et à l'expiration de leur service, il les établissait dans ses domaines » (t. 2, p. 607). Pour un écho de cette légende, voir BERTILLON, G. LAGNEAU, PERRIER, « Ethnologie de la France. Notice-questionnaire sur l'anthropologie de la France », dans *BSAP*, 2, 1861, p. 327-420, plus précisément p. 397-398 et 406 ainsi que G. LAGNEAU, article « France, anthropologie », dans *Dictionnaire encyclopédique des sciences médicales*, t. V, Paris, 1879, p. 47.

dans le Bas-Rhin[21] alors que les contrastes sont beaucoup plus marqués dans le Haut-Rhin. On y trouve le canton à la stature la plus petite, dans le piémont vosgien (Lapoutroie, 162,5 cm), comme des cantons très aisés de l'extrême Sud, dans la région d'élevage (Fontaine, Dannemarie, Delle et Ferrette, stature moyenne supérieure à 169 cm).

Le piémont vosgien entre Villé au Nord et Masevaux au Sud est très nettement défavorisé. Les cantons de Colmar et de Mulhouse se rattachent également à cette vaste zone de stature médiocre (164-167 cm). Au contraire, les marécages du bord de Rhin ne sont plus des zones de dépression staturale. Les travaux d'assèchement des marais entre l'Ill (à l'Ouest) et le Rhin (à l'Est), auxquels l'équipe de médecins travaillant sous la direction du préfet Migneret attribue l'extinction du goitre et du crétinisme[22], pourraient expliquer ce changement. Les quantités de nutriments qui étaient jusqu'alors dépensées par l'organisme pour lutter contre les maladies des marais peuvent désormais servir à la croissance du corps.

Cependant, Jean-Michel Selig a montré que la disparition du goitre et du crétinisme dans le *Ried* (marais) s'explique plutôt par une consommation accrue d'iode, elle-même rendue possible par le développement économique de cette zone et par l'essor des échanges commerciaux avec le reste de la région[23]. Ce même facteur peut aussi expliquer la hausse exceptionnelle de la stature moyenne du canton de Marckolsheim (gain de 6,1 cm depuis 1778-1779[24]). Ne serait-ce que par l'extinction du crétinisme, l'apport en iode permet d'augmenter la stature moyenne du canton, car le crétinisme se manifeste entre autres par des troubles très importants de la croissance staturale[25]. On serait alors dans le même cas que celui de la Savoie, si bien mis en évidence par le docteur Carret[26]. De manière générale, le développement économique du *Ried* et son désenclavement commercial contribuent à la très forte croissance staturale de ses habitants.

---

21 « La taille et la vigueur des hommes distinguent le contingent annuel du Bas-Rhin ; et c'est surtout dans les parties exclusivement viticoles des collines et de la haute plaine, que se recrutent les plus beaux conscrits. (…) Aussi la moitié du contingent peuple-t-elle les régiments de cavalerie et d'artillerie » ; J.-B. MIGNERET, *op. cit.*, t. 4, 1871, p. 26.

22 *Ibidem*, t. 2, p. 744-751.

23 J.-M. SELIG, *op. cit.*, p. 219-221.

24 Le deuxième canton qui augmente le plus sa stature moyenne vient bien après (Sélestat, + 2,8 cm).

25 *Ibidem*, p. 216-217. Tous les crétins dont nous avons vu le dossier médical au XIXe siècle sont réformés pour défaut de taille (moins de 156 ou de 157 cm) ou mesurent moins que la taille minimale légale et sont réformés pour crétinisme.

26 J. CARRET, *passim*, a bien montré la croissance staturale sensible des Savoyards au XIXe siècle. Voir *supra* l'histogramme du docteur Jules Carret où l'on voit, pour les conscrits du Premier Empire, la déformation de la distribution des effectifs due à la présence massive des fameux crétins des Alpes.

Les statures des conscrits de 169 cantons nés en 1848 et la recherche de facteurs explicatifs

La carte anthropométrique de l'Alsace pour 1848 fait donc apparaître une seule zone de réelle dépression staturale, encore que toute relative par rapport au Limousin, de Villé au Nord à Masevaux au Sud et de Lapoutroie à l'Ouest à Neuf-Brisach à L'Est. Peut-on expliquer son existence par la présence de l'artisanat et de l'industrie textiles? L'hypothèse mérite d'être examinée, puisqu'on a vu que les métiers du textile nourrissaient en moyenne moins bien leurs actifs que les autres professions. On a donc créé une variable « pourcentage des conscrits exerçant dans l'artisanat ou l'industrie textile » par canton que l'on a corrélé avec les statures moyennes cantonales[27]. Il existe bien une corrélation négative entre la stature et la part cantonale de conscrits travaillant dans le textile, bien que le coefficient de détermination soit très faible[28]. L'influence néfaste de l'activité textile sur le corps des conscrits, pourtant visible à l'échelle individuelle, transparaît moins à l'échelle cantonale. En revanche, il n'existe pas de corrélation entre la variable « pourcentage cantonal de conscrits exerçant la profession d'agriculteur indépendant[29] » et la variable « stature moyenne cantonale ». A l'échelle cantonale, la petite propriété n'apparaît donc pas comme le gage d'un certain bien-être, alors qu'à l'échelle individuelle les conscrits cultivateurs et vignerons alsaciens accusent sous la toise des statures assez élevées. Il est donc nécessaire de pousser davantage l'analyse pour expliquer la répartition de la stature en Alsace. La région apparaît cependant comme beaucoup plus riche que le Limousin et se rattache à la France plus développée, bien que son niveau de vie ait stagné durant la première moitié du XIXe siècle.

c) La Seine-et-Marne : une opposition classique entre grande et petite culture ?

La Seine-et-Marne fait aussi partie de la France mieux nourrie en 1848-1868 (année de naissance-année de la classe), avec une géographie anthropométrique beaucoup plus équilibrée que l'Alsace (carte 7). On a vu que les écarts entre cantons étaient ici beaucoup plus faibles que dans les deux autres régions. Seul le canton de Fontainebleau dépasse la stature moyenne de 169 cm et aucun canton n'est sous la barre des 164 cm. On est bien loin du Limousin, où les trois quarts des cantons (60 sur 81) étaient en dessous de 164 cm.

La géographie anthropométrique de la Seine-et-Marne en 1848 semble assez similaire à celle de la fin du XVIIIe siècle (carte 1). Les régions de petite culture, à l'Est et

---

27   Bien qu'une majorité d'ouvriers de fabrique soit employée dans l'industrie textile, nous ne les avons pas gardés dans la catégorie « conscrits exerçant dans l'artisanat ou l'industrie textile » dans laquelle nous n'avons compris que les conscrits dont le secteur d'activité était identifiable sans ambiguïté possible.

28   $R^2 = 0{,}090$; $F = 5{,}646$; probabilité de l'hypothèse nulle = 2,088%, N = 59 cantons.

29   Cultivateur, laboureur et vigneron.

au Sud, sont en dessous de 167 cm, alors que les régions de grande culture, en particulier les arrondissements de Melun et de Meaux, à l'Ouest et au Nord, sont au dessus de 167 cm. Il n'existe cependant pas de corrélation positive entre la variable « pourcentage de conscrits salariés agricoles » et la variable « stature moyenne cantonale » ni de corrélation négative entre cette dernière et la variable « pourcentage de conscrits agriculteurs indépendants ». A l'échelle cantonale, la présence de la grande culture ne peut donc rendre compte de la répartition de la stature des franciliens. Aussi bien pour la Seine-et-Marne que pour l'Alsace, une analyse de la géographie anthropométrique de la cohorte née en 1848 au moyen du seul facteur professionnel n'explique pas de manière satisfaisante les écarts enregistrés. Une analyse plus complète est donc nécessaire.

II – Une écologie quantitative des niveaux de vie biologiques ou la stature de la cohorte 1848 expliquée par l'enquête agricole de 1852 et le recensement de la population de 1846

a) L'intérêt d'une analyse à l'échelle cantonale

L'enquête agricole de 1852, bien que lacunaire pour certains arrondissements, constitue une source de qualité et de précision pour l'historien ruraliste[30]. On y a relevé un grand nombre de variables quantitatives à l'échelle cantonale[31] que l'on a corrélées avec les statures moyennes cantonales des 169 cantons, lorsque les données étaient disponibles à la fois dans la série de la variable expliquée (stature) et dans la série de la variable explicative (tirée de l'enquête agricole). D'autre part, le recensement de la population de 1846 (ou à défaut de 1841) a été choisi parce qu'il correspond au maximum de la population rurale et parce qu'il a lieu à la fin d'une période de croissance sensible de la population française. Il permet de calculer des densités de population et des taux d'urbanisation. Il permet aussi, par recoupement avec l'enquête agricole de 1852, de calculer des disponibilités alimentaires par habitant à l'échelle cantonale.

Les analyses de corrélation à l'échelle cantonale précisent les relations établies par Weir à l'échelle départementale[32] puisqu'une corrélation qui existe à une petite

---

30   M. DEMONET, *Tableau de l'agriculture française au milieu du 19ᵉ siècle : l'enquête agricole de 1852*, Paris, 1990 et B. GILLE, *Les Sources statistiques de l'histoire de France des enquêtes du XVIIIᵉ siècle à 1870*, Paris, 1964, p. 241-243.

31   42 variables en tout dont les principales concernent les salaires agricoles et dépenses des salariés agricoles, les surfaces réservées à certaines cultures qui peuvent avoir une influence sur la stature, l'élevage (effectif, poids et prix des bêtes) et la consommation de viande.

32   D. R. WEIR, « Economic Welfare… », *loc. cit.*, p. 179-183.

échelle (comme le département) peut ne plus exister à une grande échelle (comme le canton). Le degré d'erreur d'une corrélation établie à l'échelle cantonale est plus faible que celui d'une corrélation établie à l'échelle départementale : le risque d'*ecological fallacy* est alors plus réduit[33]. De telles analyses, plus fines, permettent de fonder les premières bases de « l'écologie quantitative »[34] qu'Emmanuel Le Roy Ladurie appelait de ses vœux en 1973[35] et qu'Adolphe d'Angeville avait esquissée en 1836[36].

b) Le problème posé par les salaires agricoles

Les facteurs sociaux qui influencent la stature humaine peuvent avoir une influence positive ou négative, suivant qu'ils favorisent ou non la croissance humaine, qu'ils se traduisent par un apport ou une dépense en énergie pour le corps[37]. La totalité des apports en nutriments se définit encore comme la nutrition brute[38]. L'organisme dépense plus ou moins d'énergie pour se défendre contre les agressions extérieures ou intérieures (froid, travail pénible, maladies, etc) et dispose donc de plus ou moins de nutriments pour la croissance harmonieuse du corps. Les dépenses d'énergie, retranchées de la nutrition brute, définissent la nutrition nette, qui se traduit physiquement par la stature moyenne adulte d'une population[39].

Les analyses de corrélation à l'échelle cantonale permettent avant tout de montrer l'importance de la nutrition brute dans la détermination de la stature des Français nés en 1848. Les données de l'enquête agricole de 1852 sur les salaires des journaliers et les gages des domestiques n'ont toutefois pas fourni de résultats satisfaisants lorsqu'on les corrèle avec les statures moyennes cantonales. On sait pourtant que la relation entre salaire et stature est généralement étroite. Plusieurs explications peuvent être avancées afin d'éclaircir ce mystère des salaires. Tout d'abord, d'autres facteurs, plus importants

---

33   W. S. Robinson a mis en évidence le risque d'*ecological fallacy* lors d'une enquête mettant en relation analphabétisme et négritude aux Etats-Unis d'Amérique. En fait, plus l'unité écologique choisie (ou individu, au sens statistique) comme base de la population étudiée était précise, plus la relation entre négritude et analphabétisme s'effaçait. La relation existait à l'échelle des Etats, déjà moins à l'échelle des comtés et disparaissait à l'échelle individuelle. (E. LE ROY LADURIE, *Le Territoire de l'historien, op. cit.*, p. 385.)

34   « L'écologie étant l'étude sociologique et statistique des groupes humains, envisagés quant à leur répartition dans l'espace. », *ibidem*, p. 385.

35   *Ibidem*.

36   A. d'Angeville, *passim*.

37   Sur cet aspect, voir J. KOMLOS, « Shrinking in a Growing Economy ? The Mystery of Physical Stature during the Industrial Revolution », dans *Journal of Economic History*, 58, 1998, p. 783-792 et L. HEYBERGER, *op. cit.*, p. 27-35.

38   D'après J. BATEN. En allemand *Bruttoernährung* ou *Ernährung*, c'est-à-dire ce que l'on appelle communément en français les apports alimentaires ou l'alimentation. J. BATEN, *op. cit.*, p. 13.

39   En allemand *Nettoernährung*. J. BATEN, *op. cit.*, p. 13.

que les salaires nominaux, sont en jeu pour expliquer les variations spatiales de la stature. Les données sur les salaires ne parviennent pas, entre autre, à expliquer la haute stature des Alsaciens. En effet, les salaires alsaciens sont relativement faibles par rapport au reste de la France[40], alors que les Alsaciens sont parmi les plus grands du pays.

Il faut donc admettre que le salaire nominal ne suffit pas à rendre compte du niveau de vie biologique à l'échelle cantonale, alors qu'à l'échelle départementale, entre 1840 et 1911 (années d'examen), le salaire réel a une influence sur la stature[41]. La différence de résultat peut provenir de la différence de nature des variables étudiées (salaire nominal ou réel), mais il ne faut également pas oublier que le salaire du chef de famille ne constitue pas la totalité des revenus et que ceux-ci ne rendent pas forcément compte de la totalité des apports en nutriments. Il existe dans l'économie familiale des journaliers des salaires « annexes » et pourtant nécessaires (femme et enfants), mais aussi des revenus non salariaux (travail proto-industriel à domicile). De plus, la totalité des revenus en argent ne suffit pas à expliquer la structure du régime alimentaire familial qui est bien souvent complété par des produits du jardin et de la basse-cour personnelle. Surtout, il ne faut pas oublier que, dans les trois régions étudiées, les salariés ne sont pas toute la population et que l'intérêt de l'histoire anthropométrique est précisément de donner des indications sur le niveau de vie des populations non salariées.

Il est aussi important de noter que l'enquête agricole de 1852 rend très bien compte des quantités d'aliments disponibles pour la croissance des conscrits nés en 1848, lors de la petite enfance de ces derniers. Cette croissance est particulièrement importante dans la détermination de la stature à l'âge de 20 ans. En revanche, l'enquête de 1852 renseigne sur des salaires et gages qui influencent davantage la croissance des adolescents du début des années 1850 que celle des jeunes enfants nés en 1848[42]. Entre 1852 et 1869, date d'examen des conscrits nés en 1848, les salaires agricoles ont beaucoup augmenté en France et la hiérarchie interdépartementale des revenus s'en est vraisemblablement trouvée modifiée. Il n'est donc pas surprenant que la corrélation entre salaires en 1852 et stature observée en 1869 ne soit pas satisfaisante. Il s'agit vraisemblablement là du facteur qui exerce la plus grande influence pour expliquer le hiatus entre stature mesurée en 1869 et salaire en 1852.

c) Une alimentation entre pain et châtaigne?

Les informations tirées de l'enquête agricole de 1852 sur les budgets d'une famille de journaliers constituée de cinq personnes présentent un grand intérêt, dans la

---

40   M. HAU, « Pauvreté rurale… » *loc. cit.*, p. 124-126.
41   D. R. WEIR, « Economic Welfare… », *loc. cit.*, p. 180-183, notamment p. 181.
42   Sur la question de la période de la vie où les salaires jouent le plus sur la détermination de la stature à l'âge de 20 ans, voir L. HEYBERGER, *op. cit.*, p. 80-84.

mesure où l'on peut supposer qu'elles peuvent rendre compte du budget d'une grande partie de la population, y compris des non journaliers. Elles nous indiquent quels sont les apports en protéines des populations cantonales. Or les apports en protéines jouent un rôle très important dans la détermination du niveau de vie biologique. On a calculé quelle était la part du budget[43] d'une famille de journaliers de cinq personnes qui était réservée aux dépenses de pain. Dans une France qui amorce son « décollage économique », plus la part du budget réservée au pain diminue, plus les autres postes budgétaires sont bien pourvus et plus la famille sort de la pauvreté et peut se permettre des dépenses moins « essentielles » que le pain[44]. Il s'agit là d'une relecture anthropométrique de la loi d'Engel.

La corrélation entre la variable « pourcentage du budget alloué au pain » et la variable « stature », avec comme individu statistique le canton, donne un coefficient de détermination de 0,39[45]. Les situations régionales cachées derrière ce chiffre sont très contrastées. Ainsi, à l'extrémité favorisée de l'échantillon, les cantons bas-rhinois de Truchtersheim et d'Hochfelden donnent des conscrits mesurant en moyenne 169,6 et 169,2 cm alors que la part du budget dévolue au pain est respectivement de 19,4 et 18,2 % (graphique 61). A l'autre extrémité, les conscrits du canton de Seilhac (Corrèze) accusent 160,5 cm sous la toise alors que la part du budget pour le pain atteint ici des sommets à peine croyables, voire incroyables si les données anthropométriques ne venaient conforter la crédibilité de ces chiffres : 76,4 %[46].

---

43 Le dénominateur est fourni par la totalité des dépenses de la famille (postes budgétaires pris en compte : logement, pain, légumes, viande, lait, vin, bière et cidre, sel, habillement, chauffage, impôt, autres et divers).

44 Sur l'importance décroissante du froment dans la détermination de la stature des Français au XIXe siècle, voir L. HEYBERGER, op. cit., p. 63-80.

45 $R^2 = 0,392$; $F = 49,032$; probabilité de l'hypothèse nulle = $8,685 \times 10^{-8}$ % ; N = 78 cantons d'Alsace, de Seine-et-Marne et du Limousin.

46 En 1930, le docteur Paul Queyroi évoque dans une remarquable étude le régime végétalien des Limousins du XIXe siècle : « En Limousin, bien des gens mangeaient tous les jours, dans tous les ans, à tous les repas, une sorte de galette et des crêpes de blé noir et leur pain, quand ils en mangeaient, était surtout du seigle, comme il l'est encore dans la région haute du Limousin dans bien des villages. » On utilise aussi de la farine de haricots noirs, on mélange des pommes de terre ou des betteraves à la farine de méteil, etc (P. QUEYROI, loc. cit., p. 614). A l'Époque Moderne, le régime alimentaire limousin, aussi bien paysan que maçonnant, est réputé pour sa composition quasi exclusive en pain : « On dit d'un homme qui mange beaucoup de pain, qu'il mange du pain comme un Limousin, parce que les Limousins qui se répandent dans le Royaume pour y travailler à la maçonnerie ne se nourrissent guère que de pain, qu'ils mangent en abondance et avec avidité » (Dictionnaire de TREVOUX, t. IV, p. 389, article « Limosin », cité par A. MOULIN, Les maçons… op. cit., p. 206-207). Généralisation peut-être un peu trop rapide, car certaines régions du Limousin sont très pauvres et se contentent la plupart du temps de châtaignes, accommodées de différentes façons. Reste qu'à l'échelle interrégionale, l'importance excessive du pain dans le régime limousin est confirmée pour le milieu du XIXe siècle par notre corrélation.

Des cantons d'aisance moyenne assurent la transition : cantons de Donnemarie et Moret[47] en Seine-et-Marne et de Limoges nord[48] (urbain) en Haute-Vienne.

Les dix cantons où la stature moyenne est inférieure à 162 cm correspondent dans l'ensemble à des résidus normalisés négatifs importants (graphique 61 et annexe II. B. 1). Autrement dit, la stature y est anormalement faible compte tenu des répartitions du budget familial que l'on connaît. Un autre facteur que la part du budget réservée au pain entre ici en jeu pour expliquer des statures très basses. Or ces dix cantons appartiennent tous au Limousin, et la majorité d'entre eux se situent dans la zone de la châtaigneraie évoquée par A. Corbin[49].

L'autoconsommation de châtaigne est non quantifiable mais très importante dans cette zone. Le sous-préfet de l'arrondissement de Saint-Yrieix signale en 1854 que « les 9/10e des habitants se nourrissent de pommes de terre, sarrasin et châtaignes[50] ». Selon le docteur Paul Queyroi qui se penche en 1930 sur le régime alimentaire passé du Limousin et du Périgord[51], les châtaignes « avaient été le principal de la nourriture pendant de longs mois et, dans bien des maisons, depuis les premiers froids jusqu'à la Saint-Jean[52] ». Dans la région de la châtaigneraie, « tous, plus ou moins, vivaient dans un état voisin de la famine », le pain n'était pas une nourriture essentielle, « mais, au contraire, presque [comme] une nourriture de luxe[53] ». Les jeunes enfants consomment des châtaignes dès leur sevrage[54] et à en croire *Limoges et le Limousin, guide de l'étranger*, en 1865, « L'homme, la femme, l'enfant, sont soumis à la même nourriture ; ni les âges, ni le sexe, ni les tempéraments, ni les professions, ni l'exercice, ni le climat de la font varier[55]. » L'autoconsommation de châtaignes vient donc ici perturber la relation envisagée et expliquer l'existence de résidus fortement négatifs. La châtaigne est très pauvre en protéines et ses modes de préparation pourraient avoir causé des diarrhées chroniques chez les jeunes enfants qui auraient ainsi perdu une quantité importante de nutriments qui n'auraient plus été disponibles pour la croissance. Le docteur Queyroi note que les châtaignes « provoquaient de bien vives douleurs d'estomac[56] ».

---

47 Donnemarie : 167,9 cm et 27,3 %, Moret : 166,5 cm et 40,3 %.
48 163,8 cm et 53 %.
49 Pour la châtaigneraie, voir *infra*. Ces dix cantons sont, dans l'ordre croissant de stature : Treignac, Châteauneuf, Tulle, Seilhac, Uzerche, Corrèze, Argentat, Ambazac, Mercœur et Egletons.
50 Cité par A. CORBIN, *op. cit.*, note 12 p. 55.
51 Il s'agit plus précisément de la région de Hautefort, à 80 km au sud de Limoges, à la limite entre la Dordogne et la Corrèze. P. QUEYROI, *loc. cit.*, p. 609-630.
52 *Ibidem*, p. 615.
53 *Ibidem*, p. 618.
54 *Ibidem*, p. 627. Même si celui-ci intervient tardivement, les mères, elles, se nourrissent bien de châtaignes et leur lait est donc pauvre en protéines.
55 Cité par A. CORBIN, *op. cit.*, p. 66.
56 P. QUEYROI, *loc. cit.*, p. 615.

Graphique 61

Corrélation entre le pourcentage du budget alloué aux protéines d'origine panifiée dans une famille de cinq journaliers et la stature de la cohorte née en 1848 (N = 78 cantons)

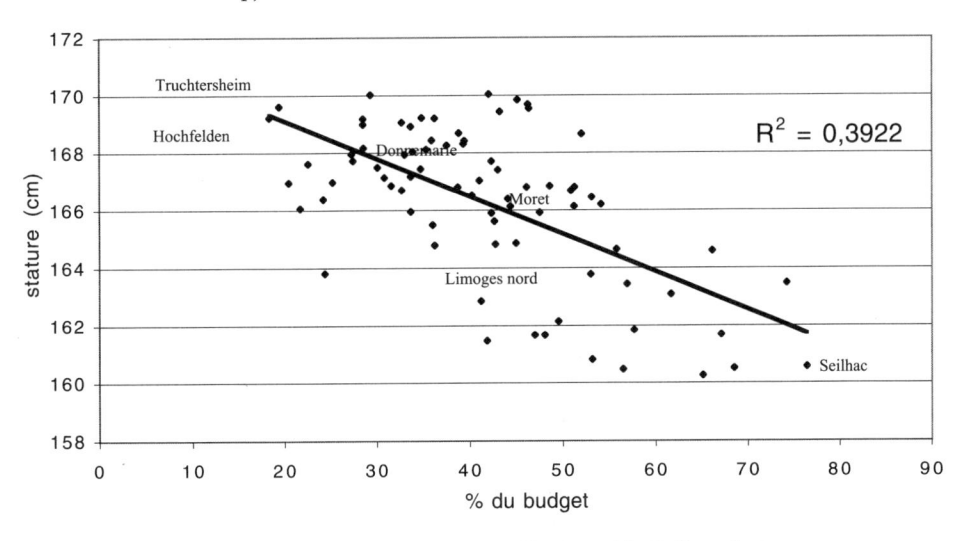

$R^2 = 0,3922$

(Sources : ADBR, ADHR, ADSM, ADHV et AD Corrèze, séries R, listes de tirage au sort ; séries M, enquête agricole de 1852)

d) Le rôle primordial des apports en protéines d'origine animale et le problème de l'ouverture au marché

Si les statures augmentent quand la part du budget familial réservée au pain diminue, on peut alors supposer, en suivant la loi d'Engel, que la part du budget réservée aux protéines d'origine animale augmente. Autrement dit, dans les cantons les plus développés économiquement, la stature est élevée et la part des dépenses pour la viande et le lait est élevée. On a calculé une variable « pourcentage du budget d'une famille de cinq journaliers dévolue à l'achat de viande et de lait ». On a fait une corrélation entre la série obtenue et la série des statures moyennes cantonales : le coefficient de détermination est de 0,33 %[57]. Deux cantons alsaciens répondent particulièrement mal au modèle : Brumath et Barr, leur stature est anormalement basse compte tenu de la part du budget importante consacrée à la viande et au lait (graphique 62)[58]. Peut-être les enquêteurs alsaciens ont-ils été un peu trop optimistes lorsqu'ils ont évalué la

---

57   $R^2 = 0,328$, F = 37,038 ; probabilité de l'hypothèse nulle = 4,366 x 10^{-6} % ; N = 78 cantons.
58   Brumath : 167,9 cm et 37,3 % ; Barr : 166,4 cm et 27,1 %.

Graphique 62

Corrélation entre le pourcentage du budget alloué aux protéines d'origine animale dans une famille de cinq journaliers et la stature de la cohorte née en 1848 (N = 78 cantons)

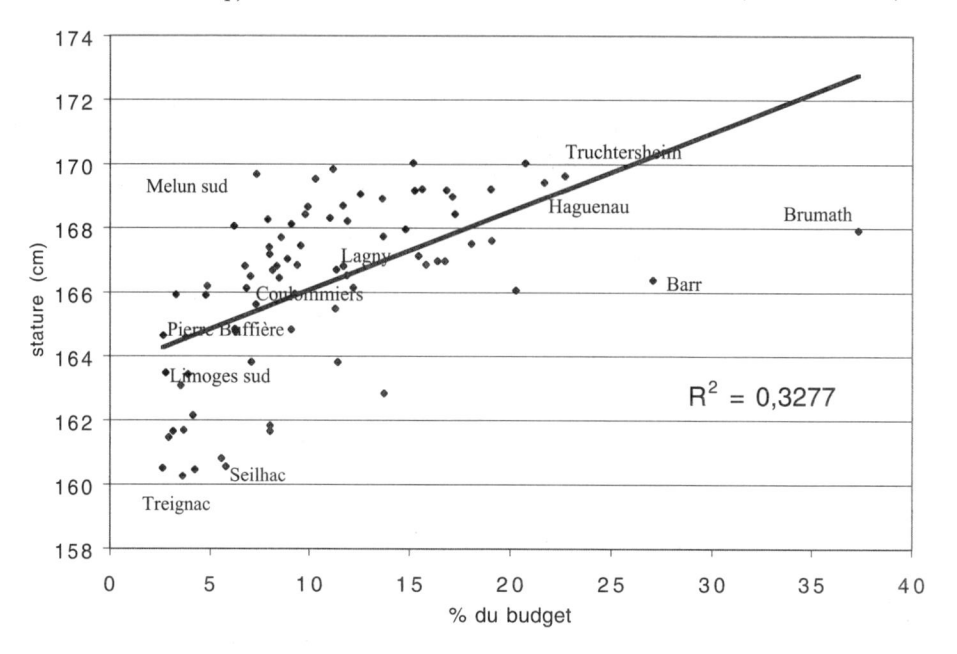

[Graphique : axe des abscisses « % du budget » de 0 à 40 ; axe des ordonnées « stature (cm) » de 158 à 174. Points annotés : Melun sud, Truchtersheim, Haguenau, Brumath, Lagny, Coulommiers, Barr, Pierre Buffière, Limoges sud, Seilhac, Treignac. $R^2 = 0{,}3277$.]

(Sources : ADBR, ADHR, ADSM, ADHV et AD Corrèze, séries R, listes de tirage au sort ; séries M, enquête agricole de 1852)

consommation de viande et de lait pour ces deux cantons. De plus, la relation est globalement moins bonne que la précédente, entre protéines d'origine panifiée et stature, vraisemblablement parce que l'autoconsommation de viande et surtout de lait est très importante et que l'achat de protéines d'origine animale ne rend pas compte exactement des disponibilités alimentaires totales pour cette sorte d'éléments nutritifs. Le coefficient de détermination est toutefois assez élevé (0,33). Conformément à la corrélation, les cantons où l'on dépense beaucoup pour la viande et le lait sont parmi ceux qui fournissent à l'armée les plus grands conscrits : cantons bas-rhinois de Truchtersheim et de Haguenau[59]. Au contraire, les cantons où l'achat de viande et de lait est réduit au minimum sont parmi ceux qui ont les plus petits conscrits : cantons

---

59   Avec respectivement des statures de 169,6 et 169,4 cm et une part du budget pour l'achat des protéines d'origine animale de 22,7 et 21,7 %.

limousins de Pierre-Buffière (164,6 cm et 2,6 %) et de Limoges sud (163,5 cm et 2,7 %). Des cantons de consommation moyenne assurent la transition entre les deux extrêmes : cantons seine-et-marnais de Lagny (166,8 cm et 11,7 %) et de Coulommiers (165,6 cm et 7,3 %).

On a vu que l'autoconsommation de lait constitue un problème dans l'évaluation des apports en protéines d'origine animale. Or le lait est peut-être encore la principale source de protéines d'origine animale dont dispose la population française au milieu du XIXe siècle[60]. Une corrélation entre disponibilité en lait par habitant et stature a été réalisée à l'échelle départementale par Jörg Baten pour l'année de naissance 1854 et a donné un coefficient de corrélation de signe positif, c'est-à-dire que plus la quantité de lait disponible par habitant augmente, plus la part des jeunes gens dont la stature est supérieure à 167 cm augmente[61]. Autrement dit, la consommation de lait exerce un effet positif sur la croissance staturale des conscrits.

Afin d'évaluer l'apport total en protéines blanches (lait) à l'échelle cantonale, on calcule le nombre de litres de lait de vache disponible par habitant et par an. On prend en compte pour cela l'importance du troupeau cantonal de vaches[62]. On retient aussi la lactation moyenne par vache. Cette variable n'est pas anecdotique ou anodine, car elle connaît d'énormes écarts entre régions. Ces écarts renvoient à des degrés de développement très inégaux de l'agriculture et en dernier lieu à des productivités agricoles très disparates[63]. On établit une première corrélation entre stature et disponibilité en lait pour la totalité des cantons disponibles. La corrélation est positive et le coefficient de détermination est de 0,11[64]. La relation entre disponibilité en protéines blanches et stature est donc beaucoup plus faible à l'échelle cantonale qu'à l'échelle départementale[65]. Le risque d'*ecological fallacy* est ici visible. On remarque aussi que le canton de Crécy, en Seine-et-Marne, bien que possédant une disponibilité en lait par habitant très importante, n'atteint pas une stature très élevée. De manière générale, les cantons

---

60   J.-C. TOUTAIN, « La consommation alimentaire en France… », *loc. cit.*, p. 1997-2001 et 2026, pour une approche plus qualitative, voir F. VATIN, *L'Industrie du lait. Essai d'histoire économique*, Paris, 1990 ; P. GUILLAUME, *Histoire sociale du lait*, Paris, 2003.

61   J. BATEN, « Kartographische Residuenanalyse… », *loc. cit.*, p. 103-106.

62   L'enquête agricole de 1852 fournit le nombre de vaches par canton ainsi que la lactation annuelle moyenne d'une vache. On multiplie donc le nombre de vaches par la lactation, puis on divise le résultat par le nombre d'habitants du canton pour obtenir une quantité de lait disponible par habitant et par an.

63   Entre les deux extrêmes (canton de Châteauneuf, arrondissement de Limoges, 240 litres/an et canton de Melun nord (ville) 3 650 litres/an) la productivité des vaches varie de 1 à 15. Les moyennes départementales ne disent pas autre chose : 286 litres/an pour la Haute-Vienne (soit moins d'un litre par jour) et 1 486 litres pour la Seine-et-Marne, soit un écart de 1 à 5.

64   $R^2 = 0,113$; $F = 7,664$; probabilité de l'hypothèse nulle = 0,748 % ; $N = 62$ cantons.

65   Où $R^2 = 0,25$; *ibidem*, p. 105.

du département de Seine-et-Marne correspondent à des résidus négatifs plus nombreux que dans l'ensemble de l'échantillon de cantons (graphique 63 et annexe II. B. 3). Globalement, les statures des cantons seine-et-marnais sont donc plus petites que ne le laissaient attendre les disponibilités cantonales élevées en lait. On peut supposer que cela tient essentiellement à la proximité du marché de consommation parisien. Des quantités énormes de lait, sous forme de lait frais ou de fromages, sont englouties par ce marché urbain. La forte spéculation qui se fait sur les produits laitiers entraîne donc une exportation de ces derniers vers la grande ville et le niveau de vie biologique des seine-et-marnais n'est pas aussi élevé qu'il pourrait l'être si toutes les protéines blanches étaient consommées sur place. La même explication a été avancée par Baten à l'échelle départementale pour interpréter la stature anormalement faible des Normands en regard de la disponibilité en lait élevée de la région[66].

Afin d'éliminer l'effet de l'exportation de protéines blanches dans la corrélation entre stature et disponibilité en lait, on élimine donc de la régression linéaire les cantons de Seine-et-Marne. Le coefficient de détermination est alors beaucoup plus élevé ($R^2 = 0,41$), ce qui indique une relation spatiale forte entre disponibilité en lait et stature pour l'Alsace et le Limousin[67], bien plus forte qu'à l'échelle départementale étudiée par Baten. Les disponibilités maximales en lait s'observent pour des cantons du nord du Bas-Rhin, tels Hochfelden et Bouxwiller[68], où la stature moyenne est élevée (graphique 64)[69]. Deux des cantons alsaciens retenus pour étudier le *trend*, Marckolsheim et Villé, se situent dans une position moyenne[70]. Les cantons limousins se trouvent généralement en bas du nuage de points, comme le canton de Limoges ville (Nord)[71] ou de Pierre-Buffière[72]. La corrélation vient donc confirmer, à une échelle d'analyse très fine, l'existence d'un régime quasi végétalien pour les Limousins et, de façon plus générale, l'importance du lait dans la détermination du niveau de vie biologique au milieu du XIXe siècle.

Le docteur Queyroi avait d'ailleurs noté la très faible consommation de lait des Limousins au XIXe siècle[73] : « Ils ne buvaient pas de lait. Les vaches limousines, celles qu'ils utilisaient pour leurs travaux, sont de médiocres laitières et, d'ailleurs, ils avaient et ils ont encore, au moins les vieux, une singulière aversion pour le lait qui paraît insupportable à nombre d'entre eux. » Il est donc aussi possible d'envisager

---

66   J. BATEN, « Kartographische Residuenanalyse... », *loc. cit.*, p. 106.

67   $R^2 = 0,411$; $F = 25,808$; probabilité de l'hypothèse nulle = $1,101 \times 10^{-3}$ % ; $N = 39$ cantons.

68   Respectivement 368,4 et 347,9 l/hab./an.

69   Respectivement 169,2 et 170 cm.

70   Marckolsheim : 215,3 l/hab./an et 167,5 cm ; Villé : 132,3 l/hab./an et 166 cm.

71   8,7 l/hab./an seulement et 163,8 cm.

72   70 l/hab./an et 164,6 cm.

73   P. QUEYROI, *loc. cit.*, p. 614.

Graphique 63

Corrélation entre la disponibilité en lait par habitant/an et la stature de la cohorte née en 1848 (N = 62 cantons)

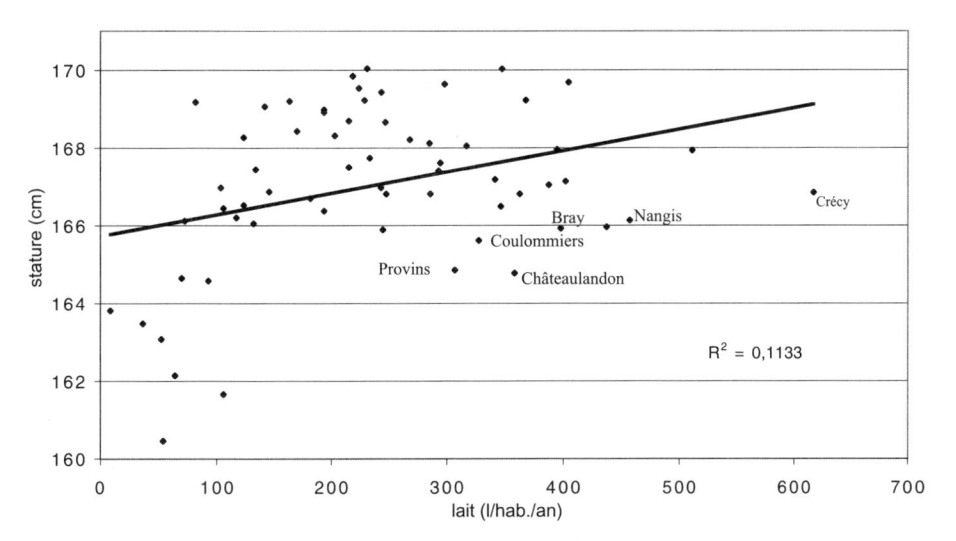

(Sources : ADBR, ADSM, ADHV, séries R, listes de tirage au sort ; séries M, enquête agricole de 1852 et recensements de la population)

l'hypothèse que les Limousins ne profitaient pas pleinement du peu de protéines blanches qu'ils ingurgitaient en raison d'une inadaptation de l'organisme à la digestion du lait. On sait en effet que les populations d'Europe du sud ont acquis au fil des siècles une intolérance à certains composants du lait de vache alors que les populations d'Europe du nord, après des siècles d'élevage bovin, ont au contraire adapté leurs organismes à la consommation de lait. Encore aujourd'hui, on trouve au nord de l'Europe beaucoup plus d'individus munis du gène codant pour la lactase, enzyme qui aide à digérer le lait, qu'en Europe du sud. Voilà donc un facteur secondaire mais non négligeable qui peut expliquer une partie de la différence de stature entre les populations alsaciennes, d'Europe du nord, et les populations limousines, d'Europe du sud.

Par ailleurs, on a déjà mentionné l'apport démographique constitué par les grands soldats du prince des Deux-Ponts dans l'Alsace septentrionale et la lecture raciale qu'en faisaient les anthropologues français du XIXe siècle. Cet apport démographique pourrait prendre une signification génétique toute différente si l'on admet que les soldats allemands installés en Alsace du nord auraient pu posséder en plus grand nombre que la population autochtone le gène codant pour la lactase.

Graphique 64

Corrélation entre la disponibilité en lait par habitant/an et la stature de la cohorte née en 1848, Haute-Vienne et Bas-Rhin (N = 39 cantons)

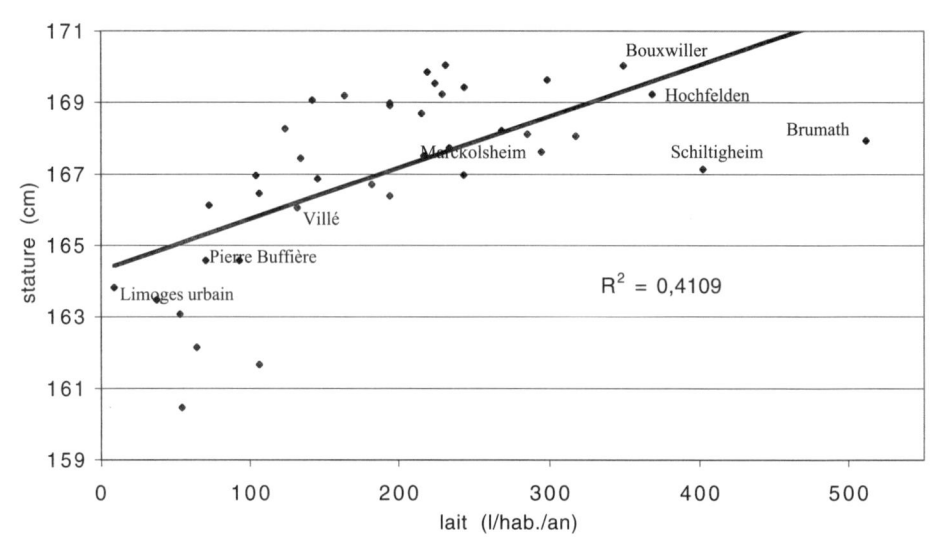

[Graphique : stature (cm) en ordonnée de 159 à 171 ; lait (l/hab./an) en abscisse de 0 à 500. Points notables : Bouxwiller, Hochfelden, Brumath, Marckolsheim, Schiltigheim, Villé, Pierre Buffière, Limoges urbain. $R^2 = 0{,}4109$]

(Sources : ADBR et ADHV, séries R, listes de tirage au sort ; séries M, enquête agricole de 1852 et recensements de la population)

Parmi les deux cantons qui répondent mal au modèle de corrélation entre disponibilité en lait et stature, Brumath et Schiltigheim (graphique 64 et annexe II. B. 4), on remarque que ce dernier est limitrophe de Strasbourg. La stature anormalement basse de ses conscrits, au regard de sa production de lait par habitant, pourrait donc s'expliquer par une exportation importante et quotidienne de protéines blanches afin d'alimenter la capitale alsacienne. On retrouve à l'échelle locale le même phénomène qu'au niveau national avec la Normandie ou qu'au niveau départemental avec la Seine-et-Marne.

e) Les densités de peuplement : un facteur qui n'a pas de rôle explicatif dans la répartition des niveaux de vie biologique

Contrairement aux indices traditionnels de niveau de vie, l'anthropométrie historique permet de saisir l'importance des apports mais aussi des dépenses d'énergie dans la détermination du niveau de nutrition nette. Il est cependant souvent difficile de quantifier ces dépenses en énergie, que ce soit sous forme d'intensification du travail ou d'environnement hostile à la croissance staturale. L'enquête agricole de 1852 permet toutefois d'évaluer la durée du travail agricole adulte et infantile salarié, alors que le recensement de 1846 permet de calculer des densités de peuplement et des taux d'urbanisation à l'échelle cantonale, soit autant de facteurs qui peuvent influencer négativement la stature. Plus l'on travaille, plus l'on dépense d'énergie qui ne sera pas disponible pour la croissance staturale. Les fortes densités de population, particulièrement urbaines, peuvent augmenter les risques d'épidémies dans un monde citadin où l'hygiène est encore quasiment absente.

Les corrélations tentées entre densités de peuplement et stature n'ont donné aucun résultat satisfaisant. On peut attribuer ce phénomène au profil des régions étudiées. Bien que plus densément peuplées que le Limousin, l'Alsace et la Seine-et-Marne possèdent un niveau de vie biologique supérieur car leurs économies sont plus performantes et nourrissent mieux leurs populations. Il n'y a pas de relation mécanique et systématique entre niveau de vie et densité de peuplement[74]. La logique boserupienne l'emporte donc. Il semble que les fortes concentrations de population ne favorisent pas particulièrement la propagation de maladies au milieu du XIXe siècle, ou tout du moins que les apports en énergie viennent largement contrebalancer les effets négatifs des fortes densités de population.

f) Taux d'urbanisation et stature des Alsaciens

On peut alors envisager que le rapport entre épidémiologie, population et stature sera plus étroit si l'on analyse les données en prenant en compte les taux d'urbanisation. La corrélation entre taux de population urbaine agglomérée et stature ne donne cependant aucun résultat satisfaisant lorsque l'on considère l'ensemble des cantons de l'étude. Ici encore, mieux vaut être ouvrier dans une ville jugée pauvre d'Alsace qu'agriculteur à son compte en Limousin. Les disparités économiques interrégionales viennent complètement brouiller les cartes dans la relation entre urbanisation et niveau de vie. La corrélation positive entre urbanisation et stature établie par Weir à l'échelle départementale pour les années de naissance 1820 à 1891[75] disparaît donc à l'échelle cantonale pour les années 1840. Si l'on souhaite préciser la relation pour les années 1840, il est préférable de tenter une corrélation à l'échelle cantonale mais dans une seule région, afin d'effacer les effets des disparités économiques interrégionales. Les seules données assez nombreuses dont on dispose concernent alors l'Alsace. La région est aussi celle où l'urbanisation est la plus

---

74   Si l'on enlève le canton de Limoges nord (ville), qui constitue un cas tout à fait à part (population urbaine très pauvre), la corrélation devient effective... et positive ($R^2 = 0,175$; $F = 12,348$; probabilité de l'hypothèse nulle = 0,086% ; N = 60 cantons). Forte densité irait donc de paire avec aisance rurale ou urbaine.
75   D.R. WEIR, « Economic Welfare... », *loc. cit.*, p. 180-183.

importante et donc où ses effets risquent de se faire le plus ressentir. La corrélation entre taux de population urbaine agglomérée[76] et stature est faiblement négative ($R^2 = 0,14$)[77]. On remarque toutefois que le canton de Lapoutroie joue ici le rôle du résidu le plus fortement négatif (graphique 65 et annexe II. B. 5)[78]. C'est aussi le seul canton de la carte anthropométrique de l'Alsace de 1848 à se situer en dessous de 164 cm, il constitue donc une exception dans une Alsace au niveau de vie globalement assez bon.

Si l'on choisit de ne pas prendre en compte cette anomalie anthropométrique, la corrélation avec 57 et non plus 58 cantons donne un coefficient de détermination beaucoup plus fort ($R^2 = 0,23$)[79]. Un canton entièrement rural comme Hirsingue ou faiblement urbanisé comme celui de Belfort (23,5 %), tous deux au sud de l'Alsace, bénéficient d'un haut niveau de vie biologique (respectivement 168,7 et 167,9 cm), de même que le canton de La Petite-Pierre, au Nord-Ouest (graphique 66)[80]. Plus le canton est urbanisé, plus la stature diminue : Lauterbourg, au nord de l'Alsace, occupe une position médiane (53,5 % et 167 cm) et les villes industrielles du Haut-Rhin exercent une influence négative sur la stature, comme c'est le cas par exemple pour Rouffach, Mulhouse et surtout Colmar[81]. Quelques cantons intègrent moins bien le modèle, comme Sainte-Marie-aux-Mines, résidu négatif (graphique 66 et annexe II. B. 6) qui est justement limitrophe du canton de Lapoutroie, lui aussi résidu fortement négatif. D'autres cantons, au nord de l'Alsace, ont une stature très élevée malgré un fort niveau d'urbanisation. C'est le cas de Sarre-Union et de Bouxwiller.

Le cas de l'Alsace permet donc de préciser le rapport existant entre urbanisation et niveau de nutrition nette. Si à l'échelle départementale et pour la période 1820-1891 (années de naissance) la corrélation est positive, elle est inexistante à l'échelle cantonale et pour l'ensemble de l'échantillon de cantons à la fin des années 1840. Elle devient même négative lorsqu'on l'envisage pour les seuls cantons alsaciens. La relation s'établit dans le même sens à l'échelle individuelle, toute chose étant égale par ailleurs, comme on l'a vu pour le Mulhouse de la première moitié du XIXe siècle. Entre deux ouvriers mulhousiens, l'un né dans cette ville, l'autre né dans la campagne alsacienne, l'avantage va nettement au second.

Il semble donc que le constat un peu trop optimiste et iconoclaste dressé par D. R. Weir à propos de l'influence positive de la ville sur la stature en France doive être

---

76 Taux obtenu à partir des communes ayant une population totale de 3 000 habitants et plus ou une population agglomérée de 1 500 habitants et plus.
77 $R^2 = 0,141$; F = 9,197 ; probabilité de l'hypothèse nulle = 0,367 % ; N = 58 cantons.
78 -5,7 cm.
79 $R^2 = 0,230$; F = 16,416 ; probabilité de l'hypothèse nulle = 0,016 % ; N = 57 cantons.
80 11,3 % et 168 cm.
81 Respectivement : 80,7 % et 165,2 cm ; 73,4 % et 166 cm ; 83,9 % et 165,5 cm.

Les statures des conscrits de 169 cantons nés en 1848 et la recherche de facteurs explicatifs

Graphique 65

Corrélation entre taux de population urbaine agglomérée (1846) et stature de la cohorte née en 1848 en Alsace (N = 58 cantons)

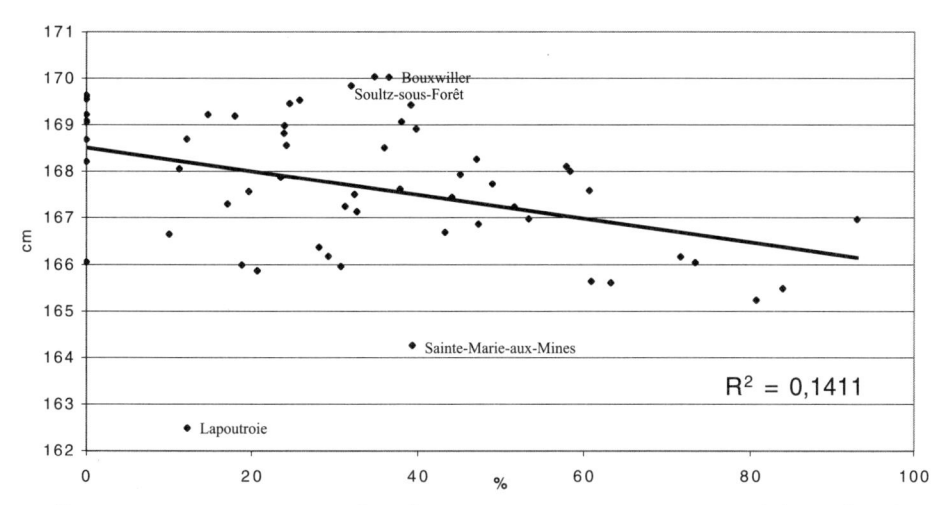

[Graphique : nuage de points avec droite de régression décroissante ; points étiquetés : Bouxwiller, Soultz-sous-Forêt, Sainte-Marie-aux-Mines, Lapoutroie ; $R^2 = 0{,}1411$; axe Y : cm de 162 à 171 ; axe X : % de 0 à 100]

(Sources : ADHR et ADBR, séries R, listes de tirage au sort ; séries M, recensements de la population)

Graphique 66

Corrélation entre taux de population urbaine agglomérée et stature de la cohorte née en 1848 en Alsace sans le canton de Lapoutroie (N = 57 cantons)

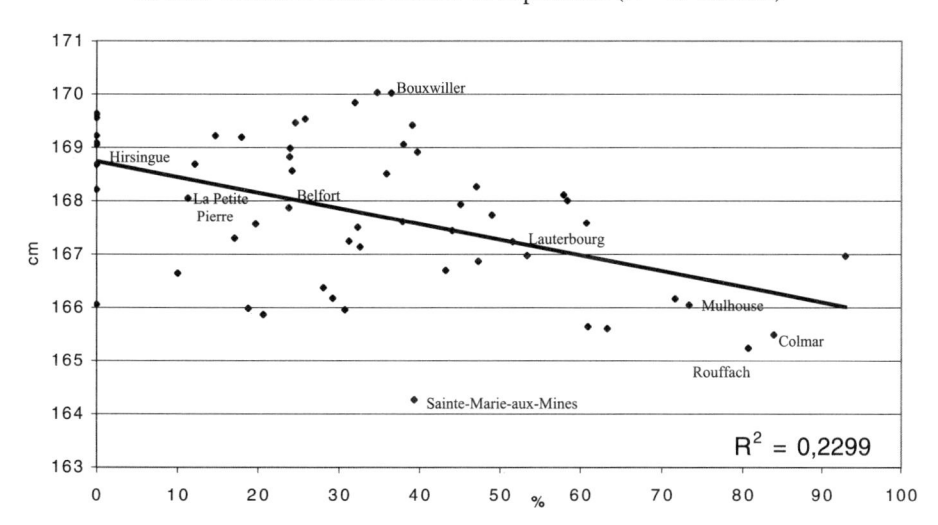

[Graphique : nuage de points avec droite de régression décroissante ; points étiquetés : Bouxwiller, Hirsingue, La Petite Pierre, Belfort, Lauterbourg, Mulhouse, Colmar, Rouffach, Sainte-Marie-aux-Mines ; $R^2 = 0{,}2299$; axe Y : cm de 163 à 171 ; axe X : % de 0 à 100]

(Sources : ADBR et ADHR séries R, listes de tirage au sort ; séries M, recensements de la population)

LA RÉVOLUTION DES CORPS

Graphique 67
Corrélation entre la durée du travail des enfants (1852) et la stature de la cohorte née en 1848 (N = 77 cantons)

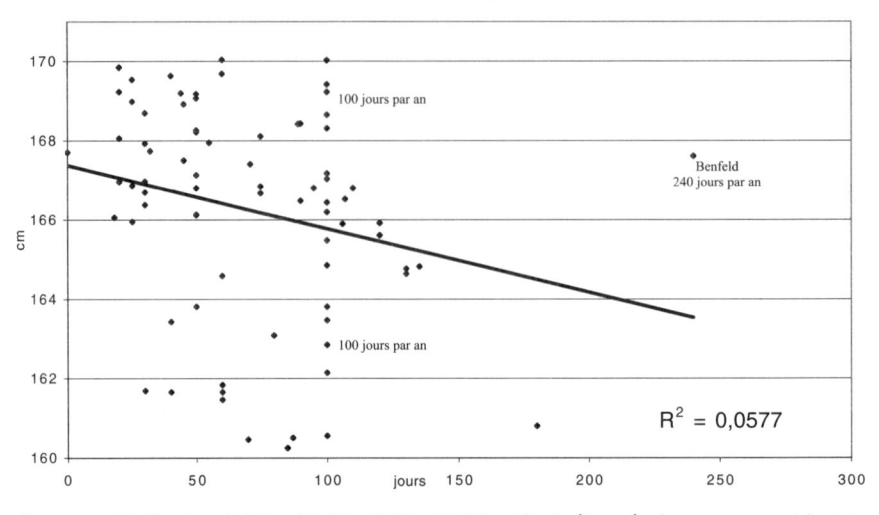

[Graphique : nuage de points ; axe des ordonnées : cm (160 à 170) ; axe des abscisses : jours (0 à 300). Annotations : « 100 jours par an », « Benfeld 240 jours par an », « 100 jours par an ». $R^2 = 0{,}0577$]

(Sources : AD Corrèze, ADHV, ADBR, ADHR, ADSM, séries R, listes de tirage au sort, séries M, enquête agricole de 1852)

Graphique 68
Corrélation entre la durée du travail des enfants (1852) et la stature de la cohorte née en 1848 (N = 60 cantons)

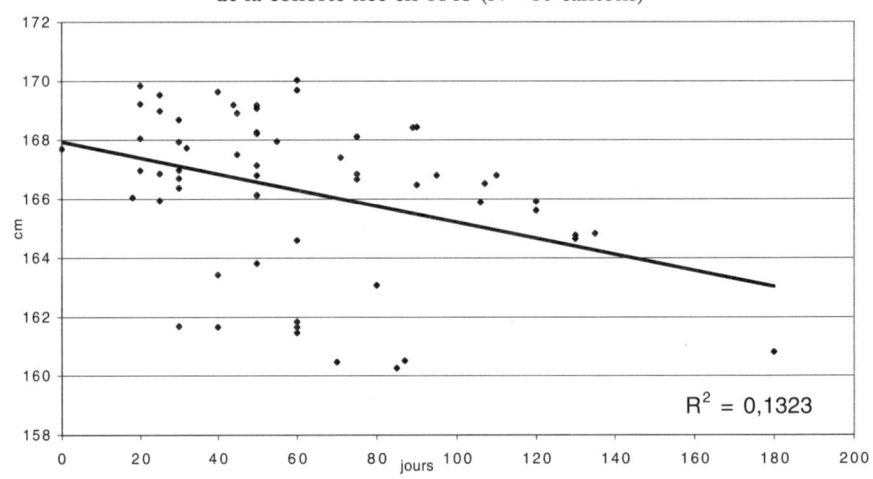

[Graphique : nuage de points ; axe des ordonnées : cm (158 à 172) ; axe des abscisses : jours (0 à 200). $R^2 = 0{,}1323$]

(Sources : AD Corrèze, ADHV, ADBR, ADSM séries R, listes de tirage au sort, séries M, enquête agricole de 1852)

quelque peu nuancé. Si la seconde moitié du XIXe siècle peut bien constituer une originalité française, où ville rime avec bonne santé[82], ce n'est pas le cas de la première moitié du siècle.

On rejoint alors partiellement la conclusion de R. Steckel et R. Floud : la France constitue une exception dans l'histoire économique et sociale, non parce que ville signifie haute stature mais parce que le pays a eu la chance de ne pas s'urbaniser rapidement au début de l'industrialisation[83]. La diminution de la stature moyenne entre les cohortes de naissance 1796-1806 et 1859 dans le « Manchester français » montre assez bien ce qu'aurait pu être le *trend* du niveau de vie biologique français si les villes avaient été plus présentes dans le paysage français. La corrélation positive de D. R. Weir entre urbanisation et stature, si elle est bien valable, ne l'est globalement et à l'échelle départementale que pour la seconde moitié du XIXe siècle. Auparavant, il semble bien que la France ne constitue une exception que par son faible taux d'urbanisation.

g) Le rôle de la scolarisation : moins de travail ou un capital culturel plus important ?

En dehors de l'urbanisation, les sources permettent d'évaluer un autre facteur qui peut influencer de manière négative la stature et qui joue donc un rôle dans les dépenses d'énergie et la détermination de la nutrition nette : la durée du travail. Les corrélations tentées à partir de l'enquête agricole de 1852 entre la durée annuelle du travail des actifs agricoles mâles et adultes d'une part et la stature de l'autre n'ont pas donné de résultats satisfaisants. Il en est de même avec la durée annuelle du travail des enfants. On remarque cependant sur le graphique 67 représentant le nuage de points que beaucoup trop de rédacteurs de l'enquête (16 sur 77) ont alors répondu par le même nombre rond (100 jours), ce qui laisse à penser qu'il s'agit là d'une estimation toute conventionnelle sans rapport avec la réalité. De même, le canton de Benfeld apparaît comme une anomalie : il est le seul à donner une estimation très élevée de jours de travail par an, ce qui laisse à penser que les rédacteurs ont ici compris « travail » au sens très large du terme.

On a donc renouvelé l'opération en écartant toutes les réponses égales à 100 jours et le canton de Benfeld (240 jours). Le résultat est alors satisfaisant : la corrélation entre la durée du travail des enfants et la stature est faiblement négative, avec un

---

[82] Car alors l'urbanisation s'accompagne de la hausse des salaires, de l'augmentation des apports en protéines (avec les chemins de fer) et d'une meilleure hygiène, d'où un environnement qui, après avoir été plus hostile que la campagne, devient plus propice à la croissance staturale.

[83] R. H. STECKEL et R. FLOUD, « conclusion », dans *Health and Welfare...*, *op. cit.*, p. 436.

Graphique 69

Instruction et stature en 1848-1868 (année de naissance-classe)
(Alsace, Seine-et-Marne, Limousin, N = 13 968)

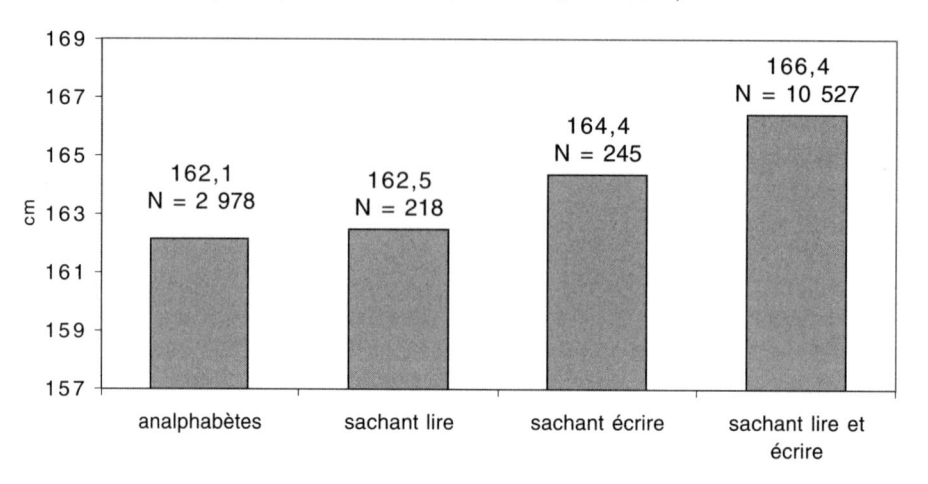

[Graphique en barres, cm]
- analphabètes : 162,1 ; N = 2 978
- sachant lire : 162,5 ; N = 218
- sachant écrire : 164,4 ; N = 245
- sachant lire et écrire : 166,4 ; N = 10 527

(Sources: AD Corrèze, AD Creuse, ADHV, ADBR, ADHR, ADSM, séries R, listes de tirage au sort)

Graphique 70

Religion et stature en Alsace rurale et à Mulhouse,
cohortes de naissance 1856-1862 (N = 6 789)

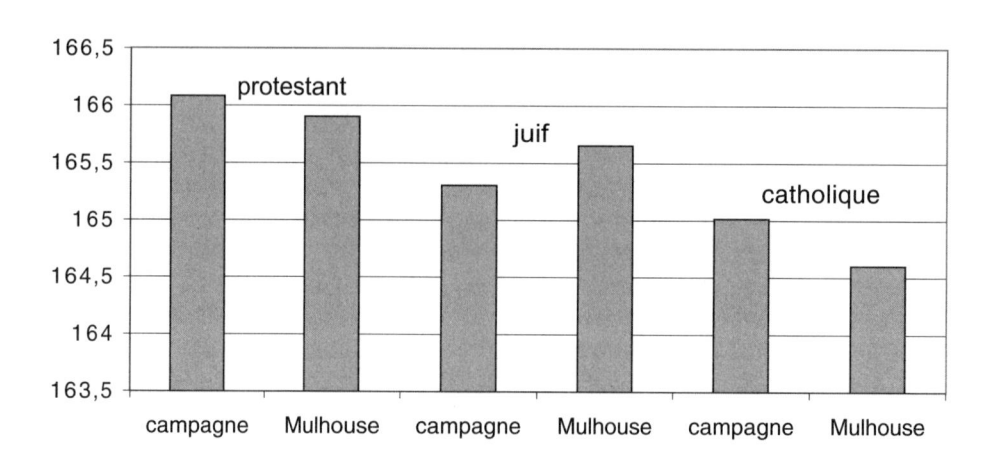

[Graphique en barres]
- protestant : campagne ≈ 166,1 ; Mulhouse ≈ 165,9
- juif : campagne ≈ 165,3 ; Mulhouse ≈ 165,6
- catholique : campagne ≈ 165 ; Mulhouse ≈ 164,6

(Sources: ADBR, versements 392 D, *Alphabetische Listen* et AMM, série HI, *Rekrutierungsstammrollen*)

coefficient de corrélation de -0,36 (graphique 68)[84]. Autrement dit, plus les enfants travaillent aux champs, plus ils se dépensent et plus des nutriments nécessaires à leur croissance staturale leur font défaut. Le travail plus important aux champs ne signifie pas un apport accru en protéines pour soutenir les fatigues de l'effort physique[85]. On note cependant que la corrélation, bien que négative, reste faible.

Un autre moyen, mais plus indirect, de voir l'effet du travail des enfants sur la stature des conscrits est d'étudier le rapport entre instruction et stature. La fréquentation de l'école permet aux jeunes corps de se reposer, donc de dépenser plus d'énergie pour la croissance staturale[86]. Il faut cependant bien admettre que l'instruction ne rend pas compte que des dépenses ou de l'absence de dépenses en énergie. L'instruction est aussi plus ou moins corrélée avec le capital culturel et financier de la cellule familiale, elle est donc positivement corrélée avec des apports en énergie plus importants. Elle est également corrélée avec le capital culturel et financier du conscrit qui peut, avec plus d'instruction, prétendre à un emploi plus qualifié et donc mieux payé, qui lui permet de mieux se nourrir et se soigner, donc de grandir davantage.

Les corrélations entre stature et instruction ont été initiées en histoire par E. Le Roy Ladurie, notamment pour le contingent né en 1848[87]. C'est précisément avec les conscrits de la même génération que l'on se propose ici de voir l'influence de l'instruction sur la stature.

La différence entre les conscrits analphabètes et les conscrits sachant lire et écrire est de plus de 4 centimètres sur un échantillon de plusieurs milliers d'individus (graphique 69). Les statures des conscrits partiellement instruits, c'est-à-dire sachant soit lire, soit écrire[88], s'inscrivent parfaitement entre ces deux extrêmes. L'instruction de la classe 1868, examinée au début de 1869, apparaît donc comme un facteur très important dans la détermination du niveau de vie biologique.

---

84   $R^2 = 0,132$; $F = 8,847$; probabilité de l'hypothèse nulle = 0,427 %, N = 60 cantons.

85   Sur le rôle du travail des enfants dans la détermination de la stature, voir L. HEYBERGER, *op. cit.*, p. 31.

86   On admettra alors un rapport direct entre fréquentation de l'école et instruction, ce qui, du point de vue de l'histoire culturelle, est un raccourci audacieux. L'instruction peut se recevoir à travers bien d'autres acteurs sociaux que l'institution scolaire.

87   E. LE ROY LADURIE, N. BERNAGEAU, Y. PASQUET, *loc. cit.*, E. LE ROY LADURIE, N. BERNAGEAU, *loc. cit.*; E. LE ROY LADURIE, M. DEMONET, *loc. cit.*.

88   Il est curieux de voir que des conscrits sont notés comme sachant écrire sans savoir lire. Peut-être s'agit-il alors simplement d'être capable d'écrire son nom de famille.

h) Religion, milieux et stature en Alsace

Le rapport à l'éducation et plus spécifiquement à l'instruction varie selon les confessions des conscrits. Il est *a priori* évident que les protestants et les juifs accordent plus d'importance à la culture écrite que les catholiques. La religion a-t-elle une influence sur la stature ? Les registres de conscription alsaciens de l'époque allemande mentionnent la confession du *Wehrpflichtige* et permettent donc de répondre[89]. Comme on le voit sur l'histogramme 70 et dans le tableau 22, la religion a une influence sur la stature, aussi bien dans le *Kreis* de Sélestat que dans la commune de Mulhouse.

Tableau 22 : Religion et stature en Alsace rurale et urbaine,
cohortes de naissance 1856-1862
d'après les *Rekrutierungsstammrollen* et les *Alphabetische Listen*

(Sources : ADBR, versements 392 D et AMM, série HI)

Religion et lieu de résidence	Stature	N
protestants ruraux	166,08	573
protestants mulhousiens	165,90	537
juifs ruraux	165,30	64
juifs mulhousiens	165,65	84
catholiques ruraux	165,01	3 635
catholiques mulhousiens	164,60	1 896

La décomposition de l'échantillon selon le lieu de résidence et la religion permet d'ailleurs de constater encore une fois que globalement mieux vaut habiter la campagne que la ville. Le sommet de la hiérarchie est occupée par les protestants campagnards, alors que les catholiques de Mulhouse sont les moins bien lotis. On note toutefois que

---

89   Les registres du début de la IIIe République mentionnent également la religion du conscrit, du moins avant le vote des lois laïques du début des années 1880. Les conscrits du Limousin et de la Brie étant cependant presque tous catholiques, il a paru plus intéressant de se concentrer sur l'Alsace. Les études mettant en relation religion et stature sont très rares. Ranke, qui a étudié la taille des juifs de Bavière en 1875, fait figure d'exception (cité par BERTILLON fils, article « taille », *loc. cit.*, p. 606). Notons cependant qu'à une époque où l'interprétation raciale et biologique de la stature triomphe et où l'antisémitisme traditionnel (religieux) devient racial, ce genre d'étude peut alimenter la haine à l'égard de la communauté juive.

Les statures des conscrits de 169 cantons nés en 1848 et la recherche de facteurs explicatifs

les différences entre religions sont beaucoup moins importantes qu'entre niveaux d'instruction. Le phénomène peut être dû à la différence des unités écologiques étudiées. Dans le cas de la corrélation entre stature et instruction, le Limousin, l'Alsace et la Seine-et-Marne sont compris dans l'échantillon. Dans le cas de la relation entre stature et religion, seule l'Alsace, aux disparités internes de développement moindres que l'ensemble des trois régions, est étudiée. Une lecture wébérienne de l'anthropométrie historique semble en tout cas possible. La source nous permet par ailleurs de confirmer ce que l'on avançait pour la période française : les juifs sont très majoritairement commerçants à la campagne (55,9 %)[90]. La spécialisation commerçante apparaît moins à Mulhouse (17,5 %) car beaucoup de conscrits de confession israélite sont ici commis (65 %). Quoi qu'il en soit, la religion qui valorise l'écrit permet une meilleure insertion professionnelle, comme le montre le cas des juifs d'Alsace. Ce groupe confessionnel est d'ailleurs le seul où mieux vaut vivre à la ville qu'à la campagne. C'est que la structure professionnelle de la communauté juive citadine joue en faveur de cette dernière : les conscrits israélites sont nombreux à exercer un métier qualifié qui demande la maîtrise de l'écrit. Les commerçants juifs des campagnes sont très pauvres dans la première moitié du XIXe siècle[91]. Nos données confirment donc la pauvreté de ce groupe par rapport aux juifs citadins. Mais il s'agit désormais d'une pauvreté toute relative. On voit en effet que les commerçants juifs, qui étaient le groupe le plus pauvre des campagnes alsaciennes entre 1830 et 1870, sont à la fin du siècle un peu mieux lotis que les catholiques ruraux. Le mieux-être général de la population a profité à l'essor du commerce, notamment de la boucherie. Les modestes progrès de l'élevage bovin après le milieu du siècle ont profité au groupe confessionnel qui assure la majeure partie de la commercialisation de la viande (y compris pour les chrétiens). De façon générale, le désenclavement des campagnes alsaciennes explique ce mieux-être des principaux agents de ce désenclavement après les cohortes de naissance du milieu du siècle.

L'analyse de la stature des conscrits de la génération née en 1848 au moyen de corrélations à l'échelle cantonale et individuelle a permis de cerner l'importance relative de certains facteurs sociaux dans la détermination du niveau de nutrition nette. Avant tout, ce sont les disponibilités alimentaires qui jouent le principal rôle, puisque ce sont dans les corrélations entre celles-ci et la stature que les coefficients de détermination sont les plus élevés. L'augmentation de la part des protéines d'origine végétale (le pain) dans le budget familial fait baisser le niveau de vie biologique. Au contraire, l'augmentation de la part de protéines d'origine animale relève la stature. La disponibilité en

---

90 Profession de *Kaufmann, Handelsmann, Händler*, (commerçant), *Hausirer* (pour *Hausierer*, colporteur), etc.
91 J.-M. SELIG, *op. cit.*, p. 125-126 et 235-236.

lait par habitant en Alsace et en Limousin explique une bonne part des variations spatiales de la stature, alors qu'en Seine-et-Marne l'exportation de protéines vers le marché parisien vient troubler la relation. Les protéines blanches (le lait) contribuent donc grandement à la croissance staturale. Le centre ouest du Limousin concentre les handicaps : forte part du budget consacrée au pain, faible part réservée aux protéines d'origine animale et autoconsommation importante de châtaignes. Le régime alimentaire très déséquilibré des petits limousins explique en grande partie la modestie extrême de leur niveau de vie biologique. En revanche, certaines corrélations n'ont pas donné de résultat satisfaisant. Ainsi, aucun rapport entre la consommation totale de viande telle que donnée dans l'enquête agricole et la stature[92]. La consommation de porc, pourtant si répandue à l'époque, particulièrement en Alsace, n'influence pas non plus la stature des conscrits. De même, il n'existe pas de rapport entre la consommation de pomme de terre et la stature[93]. La densité de population, qui est un facteur qui pourrait influencer négativement la stature en raison de la propagation plus facile des épidémies qui a lieu dans un espace plus peuplé, n'a en fait pas d'influence sur la stature pour la génération de 1848.

Le rôle des dépenses en énergie paraît par ailleurs beaucoup moins important dans la détermination de la stature que les apports en énergie. Il faut toutefois prendre garde : les sources nous en disent plus sur les apports que sur les dépenses. Il ne s'agit donc pas de confondre le thermomètre (les sources disponibles) et la température (les dépenses d'énergie, enregistrées ou non par les sources). C'est peut-être faute de source que l'on arrive à cette conclusion. Cependant, force est de constater que pour les facteurs qui influencent négativement la stature, les relations alors établies sont moins fortes qu'entre apports en nutriments et stature. L'urbanisation de l'Alsace n'explique que très partiellement la répartition des statures entre cantons alsaciens, même si globalement la ville exerce une influence négative sur la croissance des corps des citadins. La relation vient confirmer ce que l'on a pu voir à l'échelle individuelle à Mulhouse. La relation qu'a établie Weir entre haut niveau de vie biologique et urbanisation doit donc être quelque peu nuancée. Si elle est bien réelle pour la seconde partie du XIXe siècle, elle est inverse dans les années 1840. La ville constitue alors un environnement plus hostile que la campagne pour le corps des Français. Le travail des enfants joue un rôle très périphérique dans la détermination de la stature, et c'est bien

---

92   L'enquête donne la quantité de viande de toute nature abattue chaque année dans le canton. En ramenant ces données à une consommation par habitant grâce au recensement de 1846, on peut tenter une corrélation entre consommation de viande et stature.

93   La chose s'explique aisément : les Alsaciens aussi bien que les Limousins sont de gros consommateurs de pommes de terre. Mais alors que les premiers accompagnent le précieux tubercule de viande ou plus généralement de lait, les seconds subissent les conséquences d'un régime quasiment végétalien. Les premiers sont donc assez grands alors que les seconds sont très petits. La consommation de pommes de terre n'est donc pas un indice absolu de pauvreté.

plutôt l'instruction reçue à l'école qui semble importer. La religion n'est d'ailleurs pas étrangère à la chose, et mieux vaut être né protestant que catholique. Le rapport entre culture (instruction et religion) et stature renvoie en grande partie aux différences de capital culturel et donc financier entre conscrits. L'analyse de la stature par métier permettra de préciser la relation entre classe sociale et stature pour la cohorte née en 1848.

III – Stature et professions de la cohorte née en 1848 : les changements intervenus depuis les années 1780

a) Du tailleur au laboureur : une hiérarchie sociale encore empreinte d'archaïsme

La génération née en 1848 connaît des conditions de vie difficiles dans les premières années de sa vie, puis la hausse des salaires du Second Empire, surtout dans le secteur agricole, lui permet de bénéficier d'apports en nutriments plus importants. Les professions retenues pour l'étude des statures par métiers ont toutes un effectif d'individus toisés supérieur à cent. On a conservé les charrons, tonneliers et employés de commerce, bien qu'ils aient un effectif très légèrement inférieur à cent individus. Cela permet de comparer la stature de ces professions avec les cohortes 1778-1783 et 1920, pour lesquelles ces métiers ont plus de cent conscrits toisés. Au total, les métiers à l'effectif supérieur à cent représentent 79,8 % des conscrits toisés dans les trois régions au début de 1869 (cohorte de naissance 1848, classe 1868). Parmi ces métiers, douze sont en-dessous de la moyenne de l'échantillon (165,4 cm, tableau 23). Il s'agit surtout d'artisans, parfois de salariés d'artisans. Les tailleurs sont les plus petits, mais les cordonniers témoignent également de la faible rémunération des petits métiers de l'habillement. Les métiers aux marges de la forêt sont également mal lotis, comme on le voit par la stature moyenne des scieurs de long et des sabotiers. Il est vrai que bon nombre de conscrits de ces deux métiers proviennent du Limousin, ce qui n'améliore pas leurs conditions de vie. Vivant aux marges pauvres des finages ruraux, ces deux professions sont aussi en marge de la société et de la hiérarchie anthropométrique rurales. Parmi les artisans pauvres, on trouve enfin des métiers du bâtiment : maçons et tuiliers. On a vu que les maçons sont très présents en Limousin. Ils représentent ici 14,7 % des professions à effectif supérieur à cent (soit 11,7 % des effectifs totaux des trois régions, toutes professions comprises). Le faible niveau de vie biologique des maçons limousins transparaît donc à travers la stature moyenne générale de la profession.

La deuxième catégorie de conscrits de stature moyenne inférieure à 165,4 cm que l'on peut définir correspond aux cultivateurs dépendants. Les plus petits d'entre eux sont les colons, tous d'origine limousine, qui accusent en moyenne 164,1 cm sous la toise. La médiocrité de la culture sous le régime du colonat, tant décriée par les contemporains, est ici pleinement confirmée par l'anthropométrie. On note le faible effectif des conscrits colons, alors que le colonat est un mode de faire-valoir très répandu en Limousin. Il s'agit vraisemblablement d'un phénomène dû aux cycles de vie des jeunes limousins. Très peu d'entre eux doivent déjà être colons à l'âge du service militaire. Il se peut aussi que certains colons se déclarent « cultivateurs » et non « colons ». Les deux autres types de cultivateurs dépendants sont des salariés agricoles, domestiques et journaliers. Une fois de plus, on remarque que les journaliers tirent un peu mieux leur épingle du jeux que les domestiques. Ils sont par ailleurs près de deux fois plus nombreux que ces derniers (7,1 % des professions à effectif supérieur à cent contre 3,7 %).

La profession la plus représentée de l'échantillon, les cultivateurs (34,7 % de l'échantillon, 27,7 % de tous les conscrits toisés en 1869) se trouve aussi en-dessous de la stature moyenne. La chose s'explique en bonne partie par l'importance numérique chez les cultivateurs des conscrits limousins. La médiocrité de l'agriculture limousine est une fois de plus mise en évidence.

Enfin, on trouve aussi en-dessous de la moyenne deux professions liées à la grande industrie naissante : fileurs et ouvriers de fabriques, presque tous originaires du Haut-Rhin. La pauvreté des acteurs de la première révolution industrielle, déjà attestée par l'analyse du *trend* de la stature des Mulhousiens, est ici confirmée. On note toutefois que les ouvriers de fabriques sont proches de la stature moyenne et que la situation des cultivateurs dépendants paraît plus préoccupante que celle des salariés de la grande industrie.

Ces derniers sont d'ailleurs bien représentés dans les métiers au niveau de nutrition nette supérieur à la moyenne. Il peut alors aussi bien s'agir de conscrits exerçant des fonctions de production (ouvriers, serruriers) que de conscrits exerçant des fonctions tertiaires intégrées dans la grande fabrique (employés et employés de commerce). En tout cas, la supériorité anthropométrique de l'industrie métallurgique sur l'industrie textile, déjà vue pour Mulhouse, est ici corroborée.

Davantage que l'industrie, c'est le monde de l'artisanat qui est très présent dans les métiers dont la stature moyenne est supérieure à 165,4 cm. Une seule profession liée au textile dépasse de peu la barre des 165,4 cm : les tisserands. L'artisanat du bois est bien représenté, avec les charrons, les menuisiers, les charpentiers et les tonneliers. On peut aussi remarquer que les artisans qui travaillent pour l'agriculture se portent bien : charrons, maréchaux-ferrants et tonneliers. Enfin, les tailleurs de pierres et les boulangers figurent aussi parmi les conscrits favorisés.

Faisant pendant aux colons, domestiques et journaliers, les manouvres et charretiers montrent par leur stature moyenne supérieure à 165,4 cm qu'être cultivateurs dépendants ne signifie pas nécessairement être mal nourris. Il est vrai que la très grande majorité d'entre eux viennent de Brie où, comme on l'a vu, la révolution agricole a eu lieu et où le quotidien des conscrits s'est très vite amélioré après les années 1820.

La stature moyenne des vignerons et laboureurs atteste de la prospérité des agriculteurs indépendants examinés à la fin du Second Empire. Elle justifie la réputation

Les statures des conscrits de 169 cantons nés en 1848 et la recherche de facteurs explicatifs

Tableau 23 : Hiérarchie des professions, cohorte de naissance 1848, Alsace, Limousin, Seine-et-Marne

(Sources : ADBR, ADHR, ADHV, AD Creuse, AD Corrèze, ADSM,
séries R, listes de tirage au sort)

Profession	Stature	Effectif	Profession	Stature	Effectif
tailleur	163,68	123	charron	166,60	96
colon	164,07	111	menuisier	166,67	313
scieur de long	164,26	115	charretier	166,78	322
sabotier	164,42	124	commerçant	166,87	320
domestique	164,44	465	maréchal-ferrant	166,98	134
fileur	164,46	125	ouvrier	167,00	110
maçon	164,73	1 819	tailleur de pierres	167,12	106
journalier	164,74	876	serrurier	167,25	156
cultivateur	164,75	4 300	charpentier	167,48	179
tuilier	165,14	111	vigneron	167,51	355
cordonnier	165,14	294	tonnelier	167,85	98
ouvrier de fabrique	165,15	259	employé	168,17	115
tisserand	165,57	277	employé de commerce	168,17	99
boulanger	165,67	146	étudiant ou élève	168,21	107
manœuvre	166,54	542	laboureur	169,16	190
			Ensemble	**165,4**	**12 387**

d'âge d'or de l'agriculture française accolée à cette période de l'histoire économique et sociale du pays. Il faut noter toutefois que le haut niveau de vie biologique des vignerons n'est atteint qu'au prix d'une concentration du vignoble aux mains de quelques-uns en Brie et d'une réduction des surfaces du vignoble de plaine en Alsace, comme on l'a vu précédemment. La prospérité que l'on peut voir ici est celle d'une activité en déclin, surtout en Brie, mais aussi dans une partie de l'Alsace.

Enfin, deux professions échappent aux classements précédents. Tout d'abord les commerçants, qui sont surtout nombreux en Alsace et en Brie. En Alsace, la stature des commerçants renvoie surtout à l'aisance toute relative des petits marchands et colporteurs, dont beaucoup sont juifs[94]. En Brie, elle renvoie à celle des épiciers qui profitent de la prospérité générale de la région due à la révolution agricole. L'autre « profession », ou plutôt en l'occurrence « activité », originale est constituée par les étudiants ou élèves. Parmi les plus favorisés, ils confirment l'importance de l'instruction dans la détermination du niveau de vie biologique, bien qu'on ait vu que la corrélation entre niveau de nutrition nette et instruction soit une relation indirecte aux multiples facettes. Le niveau d'instruction rend compte avant tout d'un certain capital culturel mais aussi social et financier de la famille du conscrit ou du conscrit lui-même. Les étudiants de 20 ans seront les avocats, juges, médecins et curés de demain. Bien que représentant l'élite culturelle de la France de 1848-1868, il sont nettement plus petits que les laboureurs. En ce milieu de siècle, mieux vaut encore faire partie de l'aristocratie paysanne que de l'aristocratie du savoir. La proximité aux sources de nutriment est encore très importante, marque d'un certain archaïsme.

b) Des années de naissance 1780 aux années 1840 : performance de l'agriculture et contreperformance de l'artisanat rural

Les choses ont-elles évolué depuis la fin du XVIIIe siècle ? Ou les hiérarchies anthropométriques sont-elles restées les mêmes ? Une comparaison des statures des principales professions des cohortes nées en 1778-1783 avec celles de la cohorte née en 1848 permet de répondre (tableau 24). En moyenne, la stature des professions à effectif supérieur à cent est passée de 164,5 à 165,4 cm, soit une augmentation de près d'un centimètre. Très peu de professions ont vu leur stature moyenne baisser, mais c'est tout de même le cas des tailleurs, des boulangers et, dans une bien moindre mesure, des maréchaux-ferrants. Si l'on effectue une analyse de corrélation linéaire entre les statures des principales professions en 1778-1783 (années de naissance) d'une part et les statures des principales professions en 1848 (année de naissance) d'autre part, on constate que la corrélation est assez forte[95]. Les tailleurs, boulangers, maréchaux-ferrants, mais aussi les maçons apparaissent comme des résidus négatifs dans le nuage de points qui représente graphiquement la corrélation (graphique 71). C'est-à-dire qu'ils sont tous en-dessous de la droite de régression, leur stature en 1848 est plus petite que ne le laissait prévoir leur stature en 1778-1783, du moins s'ils avaient suivi l'évolution moyenne prévue par la droite de régression. Ainsi, c'est le monde de l'artisanat qui évolue moins favorablement que la moyenne entre 1778-1783 et 1848.

---

94 Voir *supra* et J.-M. SELIG, *op. cit.*, p. 125-126 et 235-236 pour la période qui précède cette amélioration de la situation des commerçants juifs.

95 $R^2 = 0{,}419$; $F = 9{,}914$; probabilité de l'hypothèse nulle = 0,711 % ; N = 16 professions.

En revanche, les professions qui connaissent les plus fortes progressions se rattachent à l'activité agricole. Les domestiques sont ceux qui améliorent le plus leur niveau de vie biologique, ils gagnent plus de 4 cm de stature moyenne (tableau 24). Viennent ensuite les laboureurs, les vignerons et les manouvriers, au coude à coude avec les cordonniers. Globalement, les professions de l'agriculture se trouvent au-dessus de la droite de régression, c'est-à-dire que leur stature en 1848 est plus impor-

Tableau 24: Comparaison des statures par profession pour les cohortes 1778-1783 et 1848, Alsace, Limousin, Seine-et-Marne

(Sources: 1778-1783: pour ADBR, ADHV, AD Creuse et AD Corrèze, séries R, tableaux et listes de la conscription; ADHR, série L, tableau de la conscription; 1848: ADBR, ADHR, ADHV, AD Creuse, AD Corrèze, ADSM, séries R, listes de tirage au sort)

Profession	Stature (cohorte 1848)	Rappel stature cohortes 1778-1783	Différence (stature de 1848 – stature de 1778-1783)
tailleur	163,68	164,77	-1,09
domestique	164,44	160,19	4,25
maçon	164,73	164,35	0,38
journalier	164,74	163,91	0,83
cultivateur	164,75	163,76	0,99
cordonnier	165,14	163,55	1,59
tisserand	165,57	164,35	1,22
boulanger	165,67	166,14	-0,47
manœuvre	166,54	164,94	1,60
charron	166,60	166,31	0,29
charretier	166,78	165,72	1,06
maréchal	166,98	167,05	-0,07
charpentier	167,48	166,02	1,46
vigneron	167,51	165,07	2,44
tonnelier	167,85	166,53	1,32
laboureur	169,16	165,96	3,20
Ensemble	165,40	164,51	0,89

tante que ne le laissait attendre leur stature en 1778-1783 si elles avaient suivi l'évolution moyenne matérialisée par la droite de régression. La forte hausse des salaires et des prix agricoles durant la période 1850-1868 explique en bonne partie cet avantage relatif des conscrits des professions de l'agriculture toisés au début de 1869[96]. Les vignerons et laboureurs ont profité de la hausse des prix, alors que les manouvriers et domestiques ont profité de l'augmentation des salaires agricoles.

Graphique 71
Corrélation des statures par métiers entre les cohortes 1778-1783 et la cohorte 1848 (N = 16 professions)

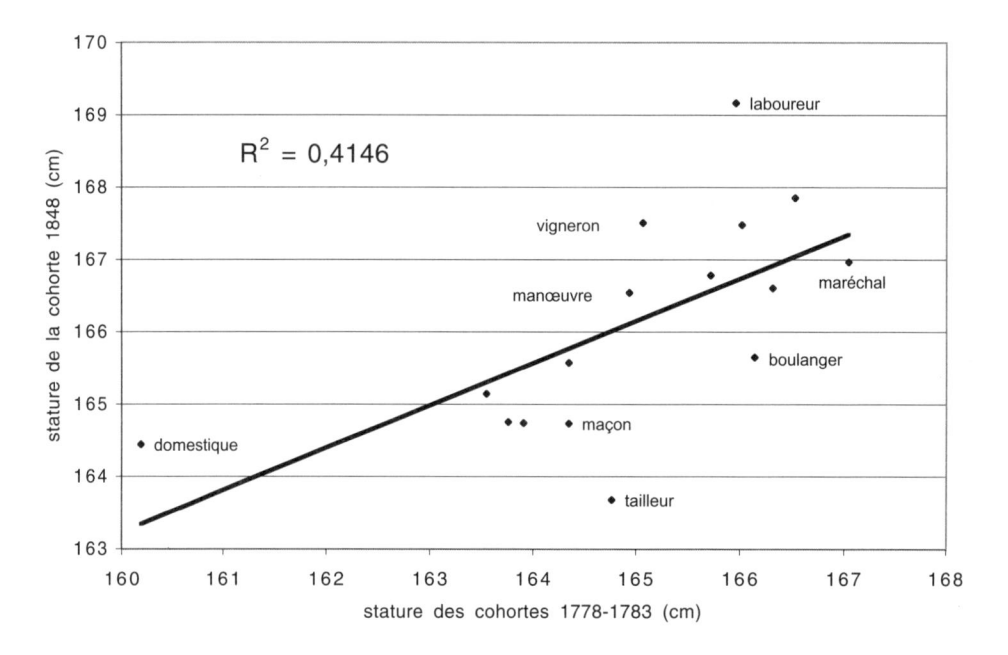

$R^2 = 0{,}4146$

(Sources: 1778-1783: pour ADBR, ADHV, AD Creuse et AD Corrèze, séries R, tableaux et listes de la conscription; pour ADHR, série L, tableau de la conscription; 1848: ADBR, ADHR, ADHV, AD Creuse, AD Corrèze, ADSM, séries R, listes de tirage au sort)

Avec un coefficient de détermination de 0,41; la corrélation entre les données de 1778-1783 et les données de 1848 montre qu'un certain reclassement des professions a eu lieu dans la première moitié du XIXe siècle. Si la hiérarchie rurale était restée la

---

96 Sur l'importance de la croissance économique et staturale sous le Second Empire, voir *infra*.

même, le coefficient de détermination aurait été davantage proche de 1. Le résultat de la corrélation montre donc que la société française, encore essentiellement rurale, n'en connaît pas moins des changements dans sa hiérarchie des niveaux de nutrition nette. L'agriculture, notamment sous Napoléon III, a davantage amélioré le niveau de nutrition nette de ses actifs que l'artisanat. La Grande Dépression de la fin du siècle et les crises multiples qui l'accompagnent (phylloxéra, concurrence de la soie japonaise, etc.) remettent-elles en cause ces acquis ?

Chapitre XIII
Grande Dépression et baisse du niveau de vie biologique : les cas briard et alsacien

I – La Brie : l'appauvrissement d'une région de céréaliculture avec l'ouverture du marché international (cohortes de naissance 1856-1876, examinées en 1876-1896)

a) Le *trend* dégagé de 1856 à 1876 (années de naissance)

Parmi les quatre régions étudiées, la Brie est l'espace économique qui connaît la plus belle prospérité au cours du deuxième tiers du XIXe siècle grâce à la révolution agricole qui s'y opère. Les conscrits briards atteignent pour l'année de naissance 1856 une stature moyenne exceptionnellement élevée pour la France de l'époque, fruit de plusieurs décennies de croissance staturale régulière et soutenue. C'est grâce à la hausse des salaires agricoles contemporaine du règne de Napoléon III que les conscrits nés au début des années 1850 achèvent leur croissance dans de bonnes conditions. Cependant, la tendance se renverse à partir de l'année de naissance 1856 (graphiques 72 et 73). Durant deux décennies, la stature des Briards baisse, pour atteindre un minimum en 1876. Les conscrits de la cohorte de naissance 1876, examinés au début de 1897[1], ont une stature comparable aux conscrits briards des cohortes de naissance du début des années 1840. Entre les années de naissance 1856 et 1876, ce sont près de 3 centimètres que perdent les jeunes gens. La mesure de la dépression staturale est moins dramatique si l'on compare la moyenne des années 1856-1858 à celle des années 1874-1876 : perte d'un peu plus de 1,5 centimètres. Même en retenant cette dernière évaluation, pourtant prudente, on constate que la dépression anthropomé-

---

1   On rappelle qu'à strictement parler, la cohorte née en 1856 constitue la classe 1876, mais que cette dernière n'est toisée qu'au début de 1877. Par simplification, nous désignons cependant dans nos titres et dans la plupart de nos analyses les conscrits comme étant toisés à l'année de la classe et non au début de l'année suivante.

trique se déroule à un rythme soutenu : -0,75 mm/an. Après une première baisse rapide (1856-1858), la stature se stabilise autour des 168 à 168,5 cm durant une petite dizaine d'années, puis baisse à nouveau rapidement (1869-1871) pour se stabiliser à 167-167,5 cm chez les conscrits nés de 1871 à 1875 (graphique 72). La Brie connaît donc une période de dépression staturale pour les cohortes de naissance 1856 à 1876, mais la stature des conscrits briards reste toujours supérieure à la moyenne française.

Comme on l'a vu, les conditions de vie dans la Brie durant le Second Empire s'améliorent rapidement sous l'effet de la hausse des salaires agricoles. Il ne saurait donc être question d'expliquer la baisse sensible de la stature des Briards nés entre 1856 et 1876 par une très improbable dégradation des conditions de vie dans les années de petite enfance.

b) Les migrations d'ouvriers agricoles, cause de la baisse de la stature ?

Avant de se tourner vers la période de l'adolescence pour trouver une explication à la baisse de la stature, il faut d'abord envisager que cette dernière puisse s'expliquer par des phénomènes migratoires. En effet, une baisse de stature ne signifie pas nécessairement une diminution du niveau de vie biologique. On peut envisager l'hypothèse d'une forte émigration d'une population de haute stature ou celle d'une forte immigration de population de petite stature en Brie pour expliquer la baisse de la stature moyenne des conscrits briards.

Le maximum du peuplement rural est atteint dans les régions entre Seine et Oise, comme dans la majorité du pays, lors du recensement de la population de 1846[2]. Après le milieu du XIXe siècle, de plus en plus de Briards émigrent à la recherche de meilleurs salaires, notamment à Paris et de nouveaux venus, moins exigeants, prennent les places vacantes. En fait, l'immigration de saisonniers est attestée déjà à la fin du XVIIIe siècle, de l'ordre de 14 000 personnes venant du Laonnais, de l'Yonne, de l'ouest de l'Oise, de la Bourgogne, de Flandre et du Hainaut[3]. Avec le développement de la culture des plantes sarclées, le besoin en main-d'œuvre faiblement qualifiée augmente : on passe à 30 000 saisonniers en 1852. Puis, après 1870, avec la mécanisation croissante de l'agriculture, en réponse à la Grande Dépression, les besoins en main-d'œuvre se font moins importants : il reste alors 20 000 betteraviers du Cambrésis et des Flandres[4]. On pourrait donc être tenté d'expliquer la baisse de la stature des conscrits toisés en Brie entre 1877 et 1897 (années d'examen) par l'afflux de travailleurs saisonniers pauvres.

---

2   P. BRUNET, *op. cit.*, p. 380.
3   *Ibidem*, p. 386.
4   *Ibidem*, p. 387.

Grande Dépression et baisse du niveau de vie biologique : les cas briard et alsacien

Graphique 72

Stature en Brie (N = 9 126) et en France cohortes de naissance 1856-1876

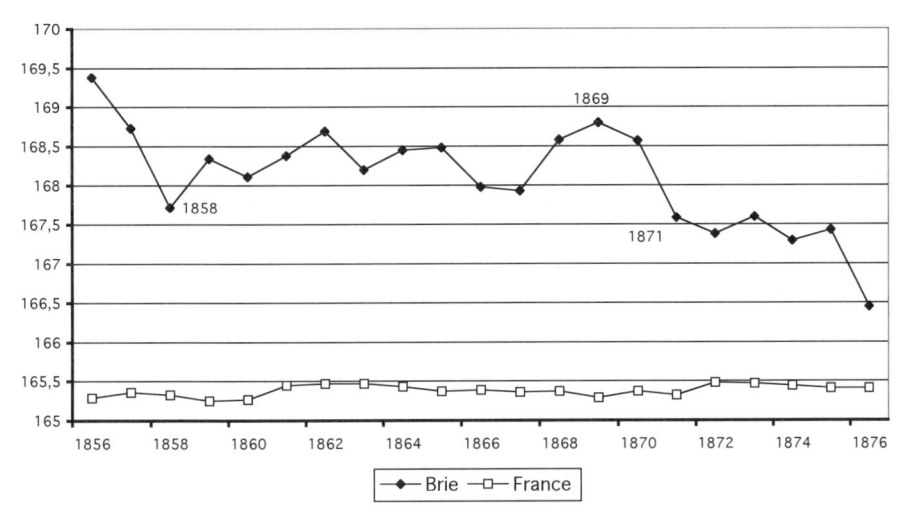

(Sources : ADSM, série R, listes de tirage au sort, listes de tirage au sort et du recrutement, D. R. Weir pour la France)

Graphique 73

Stature en Brie (N = 42 788) et en France, cohortes de naissance 1781-1876

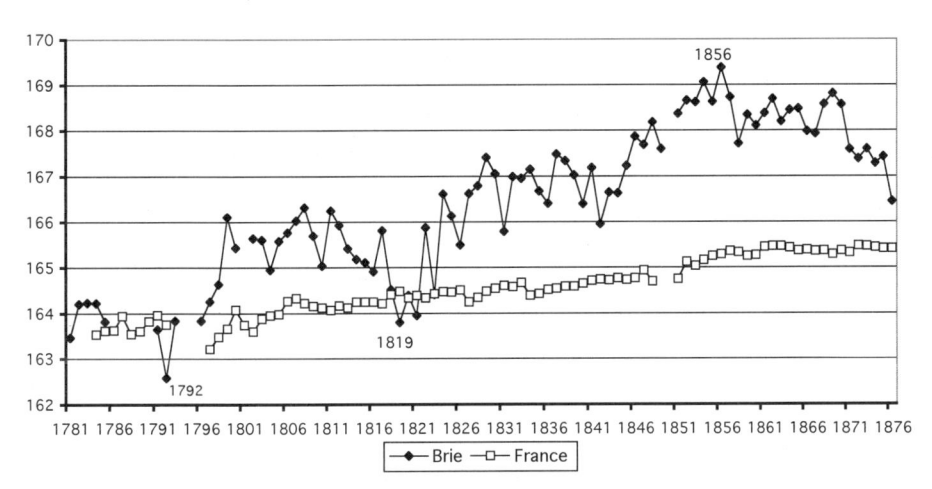

(Sources : ADSM, série R, tableaux de la conscription, listes du contingent départemental, listes du tirage au sort, listes de tirage au sort et du recrutement pour la Brie et D.R. Weir pour la France)

On remarque toutefois que cette explication ne convient pas pour plusieurs raisons. Tout d'abord, le mouvement des migrations temporaires atteint son maximum avant 1870 semble-t-il, puisque les chiffres de 1852 donnés par Brunet sont supérieurs à ceux des années postérieures à 1870. L'afflux maximum vers 1852 aurait donc dû se traduire par un nadir de la stature pour les années d'examen du début de la décennie 1850, c'est-à-dire pour les années de naissance 1830. Comme on l'a vu, ce n'est pas le cas. Ensuite, rien ne permet d'affirmer que les migrants temporaires se font recenser et toiser dans le département d'accueil. Comme on l'a vu avec le Limousin, un très grand nombre de maçons qui migrent à Paris ou ailleurs se font toiser dans leur canton de naissance. Enfin, les régions dont viennent les migrants comptent parmi les plus grandes de France du point de vue anthropométrique. L'apport de conscrits forains, même dans l'hypothèse où ceux-ci seraient toisés en Seine-et-Marne, aurait donc peu de chance de se traduire par une baisse de stature moyenne.

On peut donc rejeter l'hypothèse de migrations temporaires pour expliquer la baisse de la stature après l'année de naissance 1856. On peut alors envisager l'hypothèse des migrations définitives. En effet, en 1861, 15 % des Seine-et-Marnais étaient nés hors du département, ils sont 26 % en 1891. L'apport migratoire devient de plus en plus important dans le département : 35 % des Seine-et-Marnais sont nés hors département en 1911 et 45 % en 1931. Dans l'arrondissement de Melun, la proportion est de 23 % en 1872, de 30 % en 1881 et de 36 % en 1891[5]. Avant la Grande Guerre, les migrants viennent surtout du Massif central (Nièvre, Cantal, Saône-et-Loire) ou des plateaux est du Bassin parisien (Meuse, Meurthe-et-Moselle, Côte-d'Or, Yonne) et de Belgique[6]. Leur origine géographique permet alors d'affirmer qu'ils sont issus aussi bien de régions de grandes statures (Bassin parisien) que de régions de petites statures (Massif central). Il est donc possible que ces apports démographiques croissants se soient traduits par une baisse de la stature moyenne. On remarque cependant que le mouvement migratoire ne s'arrête nullement en 1896, mais qu'il continue à un rythme soutenu jusqu'à la veille de la guerre de 1914-1918. Or la stature des Briards se redresse après l'année de naissance 1876, soit après l'année d'examen 1896. On ne voit pas pourquoi le phénomène des migrations définitives expliquerait à la fois la baisse puis le redressement de la stature moyenne entre les années de naissance 1856 et 1894 (années d'examen 1876-1914). Il faut donc bien admettre que le renversement de tendance observé entre les années de naissance 1856 et 1876 ne doit rien aux phénomènes de migration temporaires ou définitives[7]. Il ne doit rien non plus au

---

5 P. BRUNET, *op. cit.*, p. 389.
6 *Ibidem.*
7 Pour Mulhouse, grande ville industrielle bien plus touchée par le phénomène d'immigration que la Brie (54,6 % des conscrits toisés à Mulhouse et nés entre 1822 et 1859 sont nés hors de cette ville), la décomposition du *trend* en deux sous-groupes, l'un de néo-citadins, l'autre de

contexte des années de petite enfance des conscrits, qui est excellent. C'est donc bien vers l'adolescence des conscrits qu'il faut se tourner pour trouver une explication à la dégradation des conditions de vie de la Brie pour les années d'examen 1876-1896.

c) Une adolescence difficile marquée par la Grande Dépression et par la prolétarisation des salariés agricoles

L'adolescence des conscrits briards nés entre 1856 et 1876 correspond précisément à la Grande Dépression. Cette dernière a particulièrement marqué l'économie des régions de grande culture comme la Brie. Le prix de la laine baisse ainsi dès la fin des années 1860. Ce manque à gagner est rapidement perçu par les grands fermiers et propriétaires exploitants, mais il n'est que le premier de toute une série. Sous l'effet de la concurrence internationale, ce sont les principales productions des régions de grande culture qui sont menacées : laine, betterave à sucre et, bien sûr et surtout, blé. Les prix s'orientent à la baisse à partir du milieu des années 1870. Ces indicateurs macroéconomiques n'intéressent pas seulement les bilans comptables des grandes exploitations, ils ont des conséquences sur le niveau de vie biologique d'une population en très grande partie salariée.

Durant le dernier tiers du XIXe siècle, les salariés de l'agriculture briarde connaissent une dégradation de leurs conditions d'existence qui se rattache à la dépression de l'économie des régions de capitalisme agraire. Cette dégradation ne peut cependant être saisie par l'évolution du salaire telle que les sources nous la donnent à voir, alors que le salariat est précisément le symbole et la manifestation principale de l'avènement d'un système de production capitaliste dans le monde agricole de la fin du XIXe siècle. C'est là un paradoxe. Pour la majorité des auteurs, les salaires des agents de la grande culture stagnent mais ne régressent pas durant la Grande Dépression. Pour Brunet, le salaire d'un premier charretier (nourri) passe de 600 francs par an en 1860-1875 à 700 francs en 1875-1900 et le salaire d'un ouvrier de 1,8 à 2,10 francs (nourri) ou encore de 2,8 à 3,50 francs (non nourri)[8]. Pour P. Bernard, le salaire annuel d'un journalier non nourri et non logé passe de 510 francs en 1852 à 745 francs en 1892, son pouvoir d'achat passe de l'indice 47 à l'indice 69 (indice 100 en 1914)[9]. Pour D. Ponchelet, les salaires briards augmentent durant la Grande Dépression[10]. Pour le

---

Mulhousiens de souche, ne permet pas de conclure que c'est l'immigration de pauvres ruraux qui est responsable de la baisse de la stature des habitants de Mulhouse. Il est donc peu probable que le phénomène migratoire beaucoup moins important et beaucoup plus lent qui affecte la Brie dans la seconde moitié du XIXe siècle permette d'expliquer la baisse de la stature des conscrits briards.

8   P. BRUNET, *op. cit.*, p. 371.
9   P. BERNARD, *op. cit.*, p. 79.
10 D. PONCHELET, *op. cit.* p. 172-176.

Soissonnais, G. Postel-Vinay donne des salaires qui augmentent entre 1860-1875 et 1875-1884.[11] J.-C. Farcy est peut-être moins optimiste pour la Beauce, il donne des salaires qui augmentent de 1862 à 1882 puis qui stagnent de 1882 à 1892[12].

Les conditions d'existence des salariés de l'agriculture se sont cependant davantage dégradées que ne le laissent à penser ces indices traditionnels de niveau de vie. Les ouvriers agricoles sont de moins en moins nombreux à être nourris par leurs patrons[13]. Leur régime alimentaire quotidien s'en trouve peut-être appauvri. Mais c'est surtout la prolétarisation des salariés qui est ici en question : de plus en plus de journaliers, « semi-prolétaires » au milieu du XIXe siècle[14], deviennent tout à fait prolétaires, c'est-à-dire qu'ils dépendent désormais entièrement du marché du travail pour assurer leur subsistance. Auparavant, les journaliers propriétaires d'un petit lopin de terre pouvaient compléter leurs revenus et améliorer leur ration alimentaire quotidienne avec les bénéfices financiers et produits agricoles tirés de leur surtravail. En 1862, ils sont encore 60 % à posséder une terre en Seine-et-Marne, mais ils ne sont plus que 31 % en 1912[15]. La petite exploitation recule avant 1880 puis disparaît après cette date[16].

L'évolution du niveau de vie biologique aurait pu être moins mauvaise, mais la prolétarisation se fait au moment le plus défavorable du XIXe siècle : la Grande Dépression, qui pousse les patrons à faire des économies d'échelle et donc à acheter la terre des petits propriétaires, les oblige aussi à mécaniser leur exploitation pour éviter de trop recourir à la main-d'œuvre[17]. En Beauce, le salaire pour les gros travaux (moisson) a même baissé suite à l'introduction des moissonneuses : les patrons peuvent désormais exercer une pression à la baisse sur les salaires[18]. En l'absence de baisse des salaires annuels des domestiques agricoles et de baisse des salaires des journaliers agricoles durant la Grande Dépression en Seine-et-Marne, il faut bien admettre que

---

11 G. POSTEL-VINAY, *op. cit.*, p. 168.
12 J.-C. FARCY, *op. cit.*, p. 501 et 521.
13 P. BRUNET, *op. cit.*, p. 388.
14 D. PONCHELET, *op. cit.*, p. 13.
15 P. BRUNET, *op. cit.*, p. 388. Voir aussi D. PONCHELET, *op. cit.* p. 39 : « Beaucoup de salariés agricoles, jusqu'à la crise des années quatre vingt, travaillaient une partie du temps chez un patron, le reste dans leur propre champ ou jardin. » et p. 163-167.
16 P. BRUNET, *op. cit.*, p. 296.
17 *Ibidem*, p. 387. La mécanisation de la moisson a pour effet de diminuer sensiblement les migrations saisonnières. On peut également penser qu'elle n'a pu manquer d'affecter aussi le budget des journaliers locaux qui se trouvent ainsi privés d'une source de revenus importante. On sait toutefois que l'acquisition de machines agricoles au XIXe siècle ne se traduit pas toujours par une baisse de l'emploi agricole. La relation apparemment simple entre machinisme et emploi doit être abordée avec précaution : les machines sont parfois utilisées comme menace par le patron pour contenir la hausse des salaires. L'usage des machines est alors d'ordre plus psychologique que mécanique et technique. Cf. G. POSTEL-VINAY, *op. cit.*, p. 148 et 185-186 et J-C. FARCY, *op. cit.*, p. 499.
18 *Ibidem*, p. 502-503.

le ralentissement de l'économie briarde a pu se traduire par un nombre de journées chômées par an supérieur à ce qu'il était avant[19]. Le nombre de journaliers à emploi irrégulier semble atteindre un maximum en 1891[20]. La prolétarisation des salariés agricoles, c'est-à-dire la dépendance exclusive de ceux-ci vis-à-vis d'un salaire en argent[21] arrive donc au moment le plus défavorable qui soit, c'est-à-dire quand le travail salarié se fait moins abondant qu'auparavant. La stratégie de « contrôle de la main-d'œuvre »[22] déployée par les grands fermiers d'Ile-de-France dans les années 1870 à 1890, qui se traduit par un blocage des salaires, par l'intensification du travail[23] et par la mécanisation, a donc pour conséquence la dégradation du niveau de vie biologique des Briards, avec en toile de fond, mais non comme élément déclencheur, la disparition du salarié-propriétaire. Cette dernière aurait pu se dérouler sans problème si la hausse des salaires agricoles s'était poursuivie au même rythme que sous le Second Empire. Il semble donc que l'on puisse adhérer à la description sociale que Jean-Claude Farcy a fait de la Grande Dépression en Beauce et que cette description s'applique aussi à la Brie : les fermiers « transfèrent une partie de leurs difficultés sur les autres catégories sociales : ils vont d'abord chercher à réduire leurs charges en diminuant les fermages, en mécanisant les travaux de moisson, en intensifiant le travail de leurs ouvriers, en stabilisant les salaires de ceux-ci pendant les années de crise[24] ».

Il apparaît à la lumière du *trend* de la taille des Briards que la crise est assez grave pour se traduire par l'anthropométrie alors même que ses contemporains ont bénéficié dans leur enfance de bonnes conditions de vie (entre 1856 et 1875 environ). La situation est d'ailleurs certainement moins dramatique en Beauce qu'en Brie car le nombre de journaliers sans terre baisse en Beauce durant la Grande Dépression, les journaliers sont chassés des campagnes beauceronnes par la misère, alors que leur proportion augmente en Brie. Il y a donc une certaine « déprolétarisation » de la société

---

19   « La crise de la fin de siècle ne semble pas avoir provoqué de baisse ou même de stagnation du salaire nominal ; c'est l'emploi qui a baissé », D. PONCHELET, *op. cit.*, p. 176.
20   P. BERNARD, *op. cit.*, p. 74.
21   Par opposition aux époques antérieures où une certaine sécurité alimentaire était assurée par le lopin de terre des semi-prolétaires et par la nourriture « donnée » en sursalaire aux employés de la grande culture.
22   J.-C. FARCY, *op. cit.*, p. 521-523.
23   G. POSTEL-VINAY, *op. cit.*, p. 179-188. D. PONCHELET, *op. cit.*, p. 178. Voir aussi J.-C. FARCY, *op. cit.*, p. 523. Certains travaux sont désormais payés à la tâche et non plus à la journée, afin d'augmenter la productivité du travail et d'économiser les frais de surveillance de la main-d'œuvre. Cette modification de la rémunération de certains travaux peut contribuer (faiblement) à la dégradation de la stature moyenne par une augmentation des dépenses en énergie de l'adolescent et donc par une baisse de la quantité de nutriments disponibles pour la croissance corporelle. Elle peut aussi signifier une baisse du salaire réellement perçu par unité de tâche à réaliser (le salarié faisant en moins de temps le même travail qu'auparavant).
24   *Ibidem*, p. 556.

beauceronne qui perd son artisanat le plus pauvre et surtout une grande partie de ses journaliers agricoles[25], alors que la Brie conserve un grand nombre de salariés agricoles, voire augmente leurs effectifs[26]. La Brie semble cependant plus proche du modèle général d'évolution que l'on peut dégager pour le Bassin parisien que la Beauce qui possède une structure sociale plus équilibrée à la fin du xixe siècle. Il semble donc possible que la dépression staturale des conscrits briards soit représentative de l'évolution générale du niveau de vie des habitants d'Ile-de-France durant la Grande Dépression. Il est même possible que cette baisse du niveau de nutrition nette ait été plus importante dans le Soissonnais car cette région possède un système de monoculture encore plus poussé que dans le reste du Bassin parisien[27], même si elle connaît comme la Beauce une forte émigration des salariés ruraux[28].

Le cas briard permet en tout cas de voir sous un jour nouveau la Grande Dépression. Les sources contemporaines, journaux, bulletins de sociétés d'agriculture ou discours politiques émanent surtout du milieu des grands propriétaires-exploitants et fermiers. Elles nous renseignent surtout sur les plaintes des grands fermiers qui réclament au gouvernement le rétablissement du protectionnisme[29], mais elles restent généralement muettes sur les changements intervenus dans les conditions de vie de la masse des ruraux. Les indices traditionnels de niveau de vie que sont les salaires ne permettaient pas jusqu'à présent de voir la gravité de la Grande Dépression dans les régions de grande culture. Le processus de prolétarisation a bien été décrit par les historiens. Mais on n'avait pas saisi la dégradation prolongée[30] des conditions de vie qu'a engendrée cette prolétarisation couplée aux effets de la crise des grandes exploitations céréalières dans les années 1875-1896[31].

d) Petits commerçants et cultivateurs sont les plus touchés par la Grande Dépression

Le niveau de vie biologique des conscrits briards, bien que déclinant, reste toutefois bien supérieur à celui de la moyenne française. La stature moyenne des profes-

---

25 J.-C. FARCY, *op. cit.*, p. 659.
26 P. BERNARD, *op. cit.*, p. 76.
27 P. BRUNET, *op. cit.*, p. 328, voir aussi G. POSTEL-VINAY, *op. cit.*, p. 158-164.
28 G. POSTEL-VINAY, *op. cit.*, p. 169-171.
29 Voir par exemple F.-A. DENIS, *op. cit.*, p. 364, G. POSTEL-VINAY, *op. cit.*, p. 154.
30 Durant 20 années.
31 Pour D. PONCHELET, la source unique de revenu du salarié agricole devient peu à peu dans la seconde moitié du xixe siècle le travail salarié (disparition du lopin de terre) mais pour la sociologue « c'est aussi un travail mieux rémunéré et il s'en est suivi un mieux-être indéniable de la population ouvrière. » (*op. cit.*, p. 167, voir aussi p. 185 pour une lecture optimiste de la Grande Dépression en Brie.)

sions à effectif supérieur à 100 individus pour les cohortes de naissance 1857 à 1883[32] (167,8 cm, tableau 25) est d'ailleurs supérieure à celle des professions pour les cohortes de naissance 1816 à 1856 (166,7 cm, tableau 10). Pourtant, le *trend* était orienté à la hausse dans le deuxième tiers du XIXe siècle alors qu'il est à la baisse pour les cohortes de naissance 1856-1876. C'est que malgré le renversement de tendance, le niveau de vie biologique de départ des cohortes 1857-1883 est globalement bien meilleur que le niveau de départ des cohortes 1816 à 1856.

Les écarts sociaux sont assez faibles en Brie pour les cohortes de naissance 1857 à 1883 : la différence entre épicier et employé n'est que de 4,6 cm et l'écart-type entre professions est de 0,9 cm. Ces valeurs sont proches de ce que l'on peut observer pour les cohortes de naissance 1816 à 1856[33]. Si l'écart maximum entre la profession de stature moyenne la plus grande et la profession de stature moyenne la plus petite reste

Tableau 25 : Stature des conscrits de l'arrondissement de Melun, cohortes de naissance 1857-1883, d'après les listes de tirage au sort et les listes du tirage au sort et du recrutement

(Sources : ADSM, série R)

Profession	Stature	Effectif	Profession	Stature	Effectif
épicier	166,41	188	charretier	167,79	1 229
charcutier	166,54	264	jardinier	167,89	546
peintre	166,65	152	boucher	167,92	262
boulanger	166,86	147	maçon	167,96	690
domestique	167,20	110	employé de commerce	168,05	206
manouvrier	167,27	2 650			
cordonnier	167,33	110	cocher	168,13	146
serrurier	167,40	189	cultivateur	169,56	913
journalier	167,43	139	vigneron	170,44	111
menuisier	167,62	115	employé	171,04	101
			Ensemble	167,79	8 268

---

32 Nous n'avons pas isolé les cohortes 1857-1876 des cohortes 1877-1883 car dans ce cas, on aurait obtenu un nombre de professions à effectif supérieur à 100 individus moindre pour la période 1857-1876 que pour l'ensemble de la période 1857-1883.

33 Ecart cordonnier-employé de 4,4 cm, écart-type de 0,88 cm.

à peu près le même, la hiérarchie des professions n'est plus tout à fait identique, bien que le classement général de la période antérieure (1816-1856) ne soit pas fondamentalement modifié.

Les conscrits les plus petits ne sont plus les cordonniers, comme en 1816-1856, mais les épiciers, qui étaient pourtant au-dessus de la stature moyenne de l'échantillon de 1816-1856. La dégradation du niveau de vie n'est pas que relative, elle n'affecte pas que la position des épiciers au sein de la hiérarchie anthropométrique de la Brie. Elle est aussi absolue, puisque la stature moyenne des épiciers passe de 167,2 (1816-1856) à 166,4 cm (1857-1883). Les épiciers constituent la catégorie sociale qui a le plus souffert de la Grande Dépression. Alors que la stature moyenne de l'échantillon des professions à effectif supérieur à 100 individus augmente d'un centimètre entre 1816-1856 et 1857-1883 (années de naissance), la stature moyenne des épiciers baisse d'un petit centimètre. La morosité générale qui règne sur la Brie entre 1875 et 1896 freine le mouvement des affaires et le petit commerce, la croissance de l'adolescence des épiciers en est compromise. Le tableau des statures par profession des cohortes de naissance 1857-1883 montre par comparaison avec celui de 1816-1856 que les professions qui ont moins grandi que la moyenne du tableau (+ 1,1 cm) appartiennent en grande majorité au monde du petit commerce, parfois pratiqué par des artisans : boulanger, charcutier, boucher et épicier. Le niveau de vie biologique des petits commerçants est donc très sensible à la conjoncture économique du moment : beaucoup de Briards doivent tenter de se replier sur l'autoconsommation durant la Grande Dépression, ce qui ne fait pas l'affaire des commerçants. Une autre profession grandit moins vite que la moyenne : il s'agit des maçons. On reconnaît par ce phénomène le ralentissement de la croissance dans le secteur du bâtiment durant la Grande Dépression[34].

Les seuls actifs de l'agriculture qui ne grandissent pas autant que la moyenne de l'échantillon sont les cultivateurs. Ils sont donc davantage touchés par le ralentissement des affaires que les salariés agricoles qui grandissent au même rythme que la moyenne de l'échantillon (manouvriers, domestiques, journaliers et charretiers). La Grande Dépression affecte donc davantage les actifs de l'agriculture qui sont directement aux prises avec le marché des produits que les salariés agricoles, davantage protégés par leur condition.

A l'opposé, trois professions grandissent bien plus que la moyenne. Les cordonniers, bons derniers dans les cohortes de naissance 1816-1856 (164,2 cm), gagnent 3 cm en 1857-1883 (167,3 cm). Ils sortent donc de la pauvreté relative qui était auparavant la leur. Les vignerons gagnent davantage : + 3,5 cm. On note toutefois qu'ils ne sont plus que quelques-uns : 1,3 % de l'échantillon contre 10,6 % de l'échantillon de 1816-1856. Enfin, les employés prennent en moyenne 2,4 cm entre 1816-1856 et 1857-1883.

---

34   On constate le même phénomène pour les maçons limousins, voir *infra*.

Certains métiers traditionnels présents entre 1816 et 1856 n'ont plus un effectif assez important pour figurer dans la statistique de la période 1857-1883. C'est le cas des bergers et des scieurs de long. La baisse du nombre de bergers nous confirme que l'élevage ovin est en déclin dans la seconde moitié du XIXe siècle en Seine-et-Marne. Les beaux jours du mouton en région de grande culture sont désormais passés. La disparition des scieurs de long indique une modernisation incontestable de l'économie briarde malgré le contexte économique difficile. Par ailleurs, de nouvelles professions apparaissent, assez nombreuses pour se trouver dans notre tableau. Les cochers et les employés de commerce témoignent de la tertiarisation encore timide de la société briarde, notamment à Melun.

La hiérarchie des professions aux effectifs supérieurs à 100 individus des cohortes examinées entre 1877 et 1903, comparée à celle des cohortes examinées en 1836-1876, montre que la Grande Dépression a davantage ralenti la croissance du niveau de vie biologique des acteurs économiques qui proposent des biens sur le marché (petits commerçants et cultivateurs) que celui des acteurs économiques qui proposent leur force de travail (salariés). La positions des premiers était particulièrement bonne dans la hiérarchie des professions pour les cohortes examinées entre 1836 et 1876 et ce sont les mêmes qui sont le plus affectés par le ralentissement des affaires à la fin du siècle. Les acteurs économiques qui bâtissent leur prospérité sur la vente directe sur le marché des produits (petits commerçants et cultivateurs) ressentent donc davantage les grands mouvements de l'économie que les salariés agricoles. Ils mènent une vie qui promet une promotion sociale plus rapide, mais qui est aussi plus risquée.

e) Résistance de la petite propriété paysanne malgré tout?

Afin de cerner l'évolution de la composition socioprofessionnelle de la société briarde durant la phase de déclin du niveau de vie biologique, il paraît important de fournir des graphiques qui correspondent à la profession des conscrits aux périodes de naissance étudiées pour le *trend* anthropométrique, comme c'est le cas pour la période antérieure. Ainsi, pour les années de naissance 1781 à 1856, la composition socioprofessionnelle des échantillons briards est donnée de l'an X à l'année d'examen 1856. Cependant, on a vu que le déclin de la stature des cohortes de naissance 1856 à 1876 ne peut s'expliquer que par une dégradation des conditions de vie dans les années de l'adolescence, soit jusqu'en 1896 pour la génération née en 1876. Pour les cohortes de naissance 1856-1876, il a donc paru pertinent de fournir les graphiques des professions correspondant aux périodes de la petite enfance (1856-1876) mais aussi de l'adolescence des conscrits (1876-1896). Ce sont donc des graphiques qui retracent 40 ans d'évolution socioprofessionnelle (1856-1896) que nous proposons pour accompagner le graphique du *trend* de la stature moyenne des briards.

On remarque tout d'abord que la dégradation du niveau de vie biologique des conscrits briards entre les années d'examen 1876 et 1896[35] ne s'accompagne pas d'une salarisation accrue de l'échantillon. Il y a bien eu prolétarisation de la Brie durant la Grande Dépression, c'est-à-dire augmentation de la proportion de salariés agricoles ne possédant aucune terre en propre. Cependant, ce mouvement ne correspond pas à une salarisation croissante des Briards, c'est-à-dire à une augmentation de la part des salariés agricoles chez les jeunes gens âgés de 20 ans révolus (graphique 74). Le nombre de dépendants agricoles reste compris entre 40 et 50 % des conscrits, avec même une légère baisse de cette proportion de 1872 à 1896.

En revanche, le nombre d'agriculteurs indépendants (vignerons exclus) augmente en proportion sur les 40 années (graphique 75). Sous le Second Empire, la proportion d'agriculteurs indépendants est déjà supérieure à ce qu'elle était durant la monarchie censitaire[36]. Puis le pourcentage augmente rapidement de près de 50 % de sa valeur en cinq ans, de 1872 à 1876, passant de 10 à 15 % des conscrits examinés. Cette proportion reste ensuite constante durant la Grande Dépression.

Il semble donc que la propriété paysanne fasse un bond en avant rapide entre la guerre de 1870-1871 et le début de la Grande Dépression. Il est évident que ce dernier événement marque les limites de l'expansion de la propriété paysanne, portée par les cours en hausse des produits agricoles jusqu'en 1875. Les agriculteurs modestes sont ensuite incapables de poursuivre leurs achats de terre à cause de l'effondrement des cours des produits agricoles, c'est-à-dire de leurs revenus.

Les sources conscriptionnelles ne peuvent nous renseigner exactement sur la part respective des petits, des moyens et des grands propriétaires qui participent à ce mouvement de conquête paysanne de la terre briarde. On peut cependant voir que la proportion de jardiniers parmi les conscrits agriculteurs indépendants n'augmente pas au point d'expliquer toute la poussée de ces derniers après 1872 (graphique 75). Ce n'est donc pas une progression de la micro-propriété des jardiniers qui rend compte de la hausse de la proportion des agriculteurs indépendants.

Ce sont donc les cultivateurs qui augmentent en proportion après 1872. Le terme est trop général pour que l'on puisse en déduire quel type de propriété progresse le plus. Il paraît cependant logique que ce ne soient pas les grands exploitants qui progressent en nombre : l'effectif de grandes exploitations des régions entre Seine et Oise reste à peu près le même dans la seconde moitié du XIXe siècle, mais ces dernières occupent de plus en plus l'espace agricole en s'agrandissant[37]. Si la proportion de

---

35 On rappelle qu'à strictement parler la classe 1876, née en 1856, est en fait examinée au début de l'année 1877. Nos graphiques de l'évolution des catégories socioprofessionnelles font toujours référence à l'année de la classe, même si pour des raisons de simplification, les graphiques portent en titre « années d'examen ». On considère qu'année de la classe et année d'examen sont identiques.

36 Monarchie censitaire : entre 4 et 8 %, Second Empire : environ 10 %.

37 P. BRUNET, *op. cit.*, p. 293.

cultivateurs augmente bien comme le laissent à penser les listes de tirage au sort et du recrutement, c'est nécessairement par l'augmentation du nombre de petits et moyens propriétaires, des bricoliers. Les données des listes de tirage au sort et du recrutement semblent nuancer ce que P. Brunet a montré pour les régions entre Seine et Oise au cours de la seconde moitié du XIXe siècle. Pour lui, « les petites exploitations reculent avant 1880, les moyennes après, tandis que les précédentes achèvent de disparaître[38] ». Ces chiffres, basés sur une comparaison entre les périodes 1771, 1880 et 1946 sont trop généraux pour rendre compte de la résistance de la petite propriété paysanne sur le moyen terme. La concentration de la propriété des terres s'est certes réalisée au cours du XIXe siècle[39], mais elle ne concerne pas les conscrits qui se déclarent cultivateurs ou jardiniers à l'âge de 20 ans, puisque leur proportion triple du milieu des années 1820 au milieu des années 1890 (années d'examen), passant de moins de 5 à plus de 15 % des conscrits toisés. En revanche, le nombre considérable et croissant de manouvriers, journaliers et charretiers qui perdent leur lopin de terre ne peut être vu dans les sources conscriptionnelles alors qu'il participe pour beaucoup au recul de la propriété paysanne de la terre.

L'évolution de la proportion de conscrits vignerons est en revanche sans surprise (graphique 76). Leur pourcentage ne cesse de décroître jusqu'à la disparition des conscrits vignerons sur les listes de tirage et du recrutement en 1895. Si l'Alsace est aussi concernée par le déclin de la vigne et des vignerons, cette activité se maintient encore à la fin du siècle (graphique 76). Ce n'est pas le cas de la vigne briarde, emportée par la concurrence de meilleurs vins et par le phylloxéra. La disparition des vignerons peut d'ailleurs expliquer en partie l'augmentation de la proportion d'agriculteurs indépendants : ceux-ci s'installent peut-être sur d'anciens terroirs peu fertiles jusque là réservés à la vigne. La concentration du vignoble aux mains de quelques-uns à la fin du XIXe siècle semble en tout cas avoir bénéficié aux derniers vignerons toisés, puisque ceux-ci ont davantage grandi que la moyenne des professions à effectif supérieur à 100 conscrits et qu'ils atteignent pour les cohortes de naissance 1857-1883 une stature moyenne très élevée pour l'époque (170,4 cm). On est loin de la masse de vignerons peu aisés que laissait entrevoir l'analyse anthropologique des listes de tirage du début des années 1840. C'est donc une élite de vignerons qui reste en place puis qui disparaît à la fin du XIXe siècle, après que les gros bataillons de vignerons aient fondu durant tout le siècle.

Si, de l'an X à 1856, l'évolution de la proportion d'agriculteurs indépendants (dont les vignerons[40]) s'expliquait en très grande partie par l'évolution du nombre

---

38 P. BRUNET, *op. cit.* p. 296.
39 *Ibidem*, p. 290-296.
40 L'évolution des agriculteurs indépendants est positive si l'on en exclut les vignerons, voir *supra*.

LA RÉVOLUTION DES CORPS

Graphique 74
Proportion de conscrits briards agriculteurs dépendants, années de conscription 1856-1896

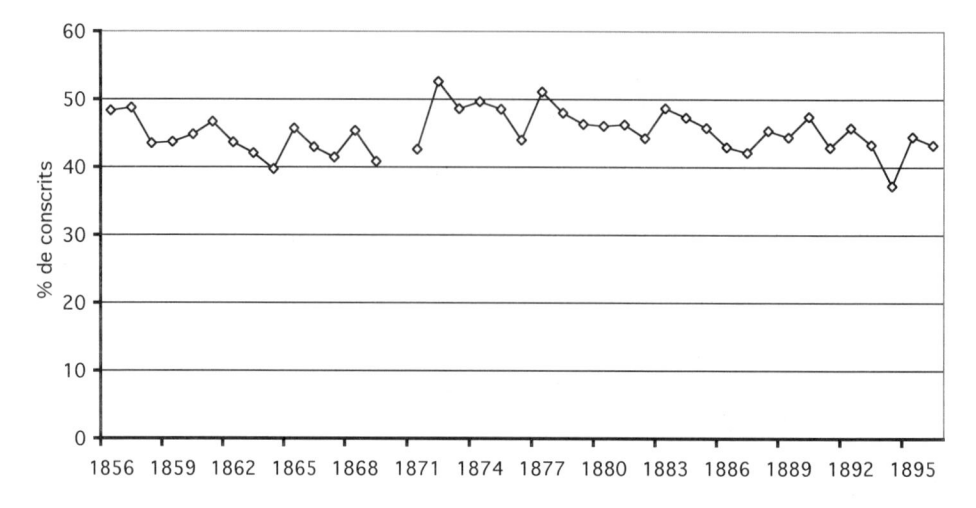

(Sources : ADSM, série R, listes de tirage au sort, listes de tirage au sort et du recrutement)

Graphique 75
Proportion de conscrits briards agriculteurs indépendants dont jardiniers (vignerons exclus), années d'examen 1856 à 1896

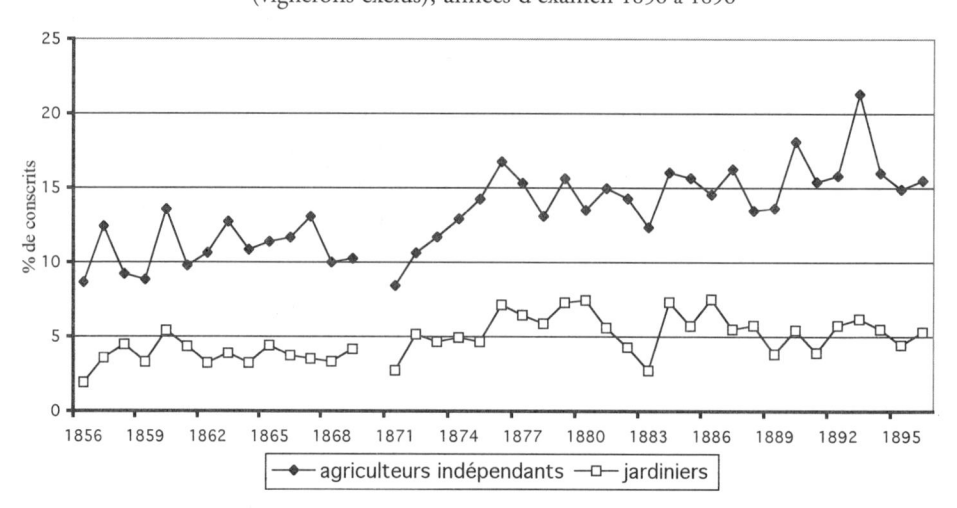

(Sources : ADSM, série R, listes de tirage au sort, listes de tirage au sort et du recrutement)

Graphique 76
La disparition de la vigne en Brie, années d'examen 1856 à 1896

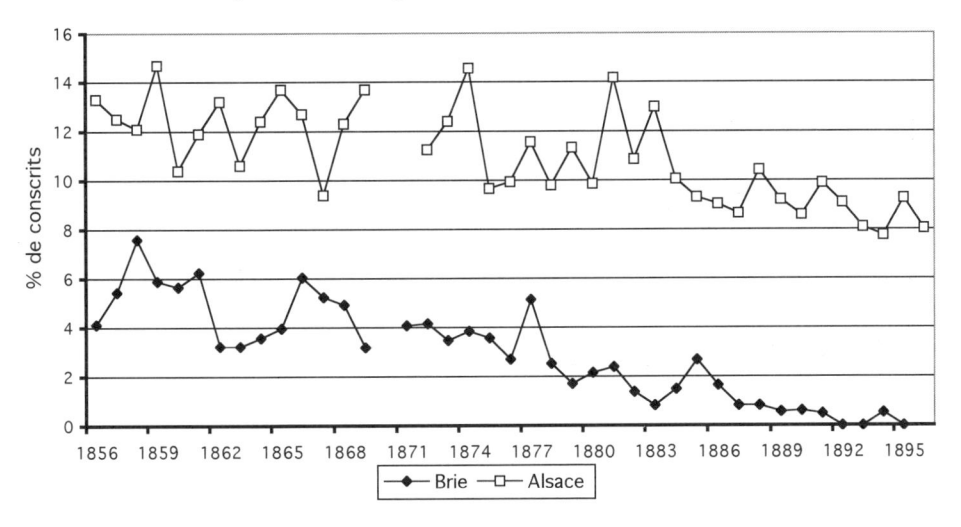

(Sources : ADSM, série R, listes de tirage au sort, listes de tirage au sort et du recrutement)

Graphique 77
Micro-exploitants et agriculteurs indépendants en Brie, années d'examen 1856-1896

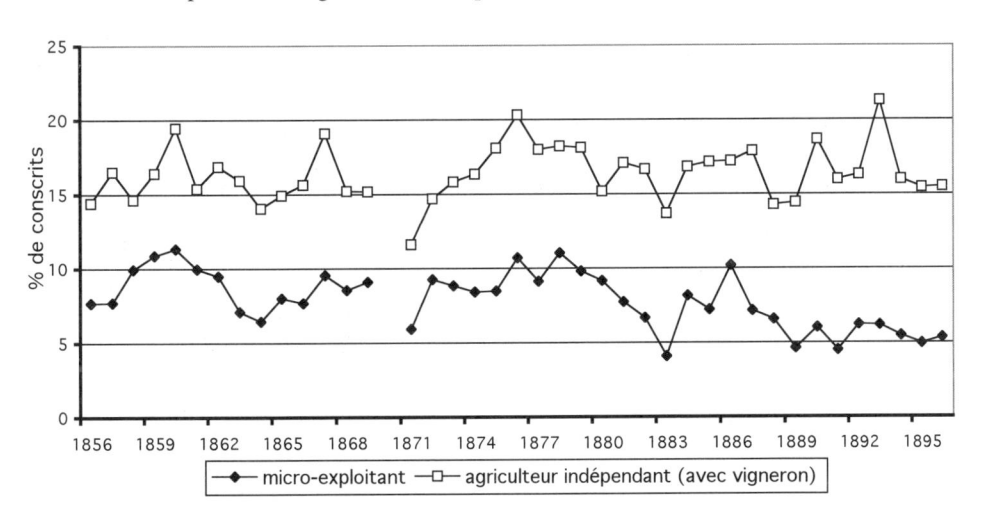

(Sources : ADSM, série R, listes de tirage au sort, listes de tirage au sort et du recrutement)

Graphique 78
Proportion de conscrits briards artisans et du secteur du bâtiment, années de conscription 1856-1896

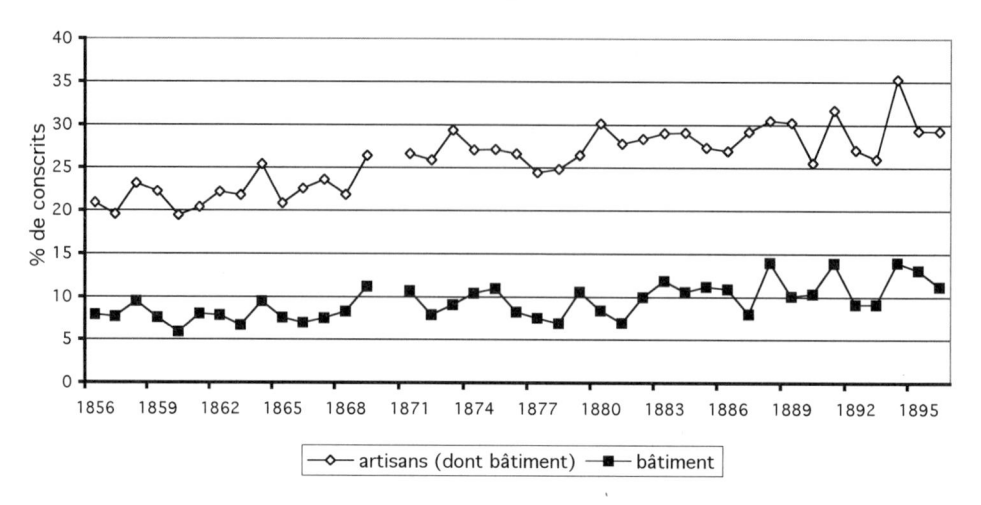

(Sources : ADSM, série R, listes de tirage au sort, listes de tirage au sort et du recrutement)

de micro-exploitants (jardiniers et vignerons), il n'en va plus de même de 1856 à 1896 (graphique 77). Le déclin des vignerons expliquait en bonne partie le déclin des agriculteurs indépendants (définis comme vignerons, jardiniers et cultivateurs) entre l'an X et 1856. Mais par la suite, la proportion de vignerons et de jardiniers est trop faible pour expliquer les évolutions de la part des agriculteurs indépendants. Le nombre relatif de cultivateurs a augmenté de telle sorte que ce n'est plus la micro-exploitation qui explique les changements intervenus dans la part des agriculteurs indépendants. Alors que la micro-exploitation (vignerons et jardiniers) connaît une érosion parmi les conscrits de 1856 à 1896, la propriété indépendante se maintient à 15 % des effectifs grâce au nombre croissant de conscrits cultivateurs. Ces chiffres vont à rebours de ce que l'on connaît sur la concentration des exploitations agricoles dans les pays de grande culture dans la seconde moitié du XIXe siècle. Encore une fois, il faut bien noter qu'ils ne nous disent cependant rien sur la redistribution interne des terres à l'intérieur de la catégorie des cultivateurs, concentration ou déconcentration. Ils ne disent rien non plus sur la disparition de la micro-propriété des salariés agricoles. En définitive, ils ne sont donc pas incompatibles avec un mouvement général de concentration des terres qui doit plutôt être nuancé par ces chiffres.

Grande Dépression et baisse du niveau de vie biologique: les cas briard et alsacien

Enfin, on note une augmentation de la part des artisans et des actifs du bâtiment (graphique 78). On doit être prudent quant à l'interprétation de ces chiffres. S'ils indiquent indiscutablement une diversification des activités de la Brie et notamment une urbanisation croissante de l'arrondissement de Melun, tout comme une migration de travail vers Paris pour le bâtiment, ils peuvent prêter à confusion. En effet, il est impossible de dire si un conscrit serrurier, faïencier ou menuisier travaille dans la grande industrie ou le petit atelier. La croissance de la proportion d'artisans entre 1856 et 1896 pourrait donc aussi renvoyer en partie à l'industrialisation contemporaine de la Seine-et-Marne[41]. La catégorie « industrie » figurant en annexe statistique I. B. 4 et dont on utilise graphiquement les chiffres pour le XXe siècle ne comprend que les conscrits dont on est sûr qu'ils appartiennent au monde de l'usine[42]. La courbe de la part des artisans de 1856 à 1896 représente donc un maximum, puisque des conscrits à l'appartenance douteuse y figurent en proportion inconnue.

La Brie connaît durant les années de la Grande Dépression une diminution sensible de la stature de l'ensemble de sa population. La masse des salariés agricoles[43], en voie de prolétarisation complète, ne peut plus compter que sur son salaire pour subvenir à ses besoins alors que ce dernier stagne, résultat d'une stratégie des grands exploitants qui tentent de préserver leurs profits face à l'effondrement des cours des produits agricoles. De manière générale, les conditions de vie des salariés agricoles se détériorent : ces derniers sont moins nombreux à être nourris par leurs patrons, ils sont beaucoup moins nombreux à posséder un lopin de terre, mais ils sont de plus en plus à travailler à la tâche, à subir les effets du chômage rural. Les artisans et commerçants font les frais de cette dégradation de la situation : ce sont eux qui grandissent le moins entre les cohortes de naissance 1816-1856 et les cohortes 1857-1883. La contraction de l'activité commerciale touche aussi les cultivateurs indépendants qui grandissent moins que la moyenne des autres professions entre 1816-1856 et 1857-1883. c'est donc une dépression générale du niveau de vie biologique que connaît la Brie entre la cohorte examinée en 1876 et celle de 1896. La Brie reste toutefois largement au-dessus du niveau de nutrition nette moyen de la France tout au long de cette période.

---

41   Les conscrits retenus comme artisans sont charpentiers, vanniers, serruriers, tonneliers, tuiliers, tailleurs, bouchers, etc.
42   Ils sont ouvriers (de fabrique, électriciens, mécaniciens), polisseurs, mécaniciens, emballeurs, blanchisseurs, ajusteurs, etc.
43   Près de la moitié des conscrits.

II – L'Alsace rurale : prospérité du Second Empire puis difficultés de la Grande Dépression (cohortes de naissance 1841-1867, examinées en 1861-1887)

a) Des conditions de vie difficiles jusqu'au début des années 1850

L'Alsace rurale connaît une érosion de son niveau de vie biologique durant la première moitié du XIXe siècle, des cohortes de naissance 1800 environ à 1841. les indicateurs traditionnels de niveau de vie sont alors au rouge, qu'il s'agisse de la croissance démographique ou des disponibilités alimentaires, notamment des protéines, par habitant. Mais après la crise de 1845-1847, la tendance s'inverse et la situation s'améliore lentement. On a vu qu'à partir du milieu du siècle (1852), le nombre de litres de lait disponible par habitant dans l'arrondissement de Sélestat augmentait sensiblement[44]. C'est entre le recensement de 1836 et celui de 1846 que la croissance de la population de l'arrondissement marque un ralentissement sensible, même si l'on peut dater la stabilisation du taux de croissance naturelle comme postérieure à 1846[45]. C'est à partir de l'année de naissance 1841 que la stature des conscrits de l'arrondissement de Sélestat s'accroît et ce particulièrement rapidement de 1841 à 1845, gagnant 1,9 cm en seulement 4 ans (graphiques 79 et 80). La croissance des générations nées entre 1841 et 1845 ne peut donc s'expliquer par une augmentation de la disponibilité en lait par habitant lors de la petite enfance puisque cette augmentation ne s'effectue qu'après 1852. Les salaires alsaciens ne semblent pas augmenter non plus après 1841 si l'on en croit les chiffres élaborés par les autorités municipales de Colmar[46]. Ils ne peuvent donc rendre compte de l'amélioration de la stature entre les cohortes de naissance 1841 et 1845.

Enfin, on a vu que le ralentissement de la croissance démographique est contemporain de l'augmentation de la stature après 1841[47]. Ce facteur ne peut toutefois jouer en faveur d'une augmentation des disponibilités en protéines par habitant, puisqu'on a vu que celle-ci ne prend place qu'après 1852[48]. Il ne peut non plus que très

---

44 Voir graphique 29 et chapitre IX, II – Les indices d'une menace malthusienne : croissance démographique, revenu paysan, salaires urbains et consommation alimentaire.

45 Voir graphique 27.

46 Sur les salaires de quinze métiers artisanaux donnés de 1834 à 1852, deux seulement augmentent entre ces deux dates. ADHR, 6 M 411.

47 Entre 1836 et 1841, la population et la stature diminuent de concert. Il faut bien alors admettre que l'Alsace rurale connaît une crise démographique.

48 De plus, la période 1851-1860, qui voit culminer les migrations à l'étranger et dans les colonies, constitue une « période de crise » où la forte natalité des années précédentes provoque un excédent de main-d'œuvre (E. JUILLARD, *op. cit.*, p. 313).

partiellement jouer en faveur d'une amélioration du contexte épidémiologique par le biais d'une baisse des densités de population humaine. A l'échelle cantonale, on a vu que les faibles densités de population pour la cohorte de naissance 1848 n'étaient pas positivement corrélées avec des statures moyennes supérieures. Autrement dit, des densités plus faibles de population ne diminuent pas le risque de propagation de maladies contagieuses. Celles-ci, en augmentant les dépenses du corps pour lutter contre les agressions extérieures, diminueraient d'autant les quantités de nutriments disponibles pour la croissance staturale. La corrélation entre forte densité et petite stature, qui n'est pas valable au niveau spatial en 1848, peut donc être mise en doute pour expliquer l'amélioration de la stature entre 1841 et 1845.

b) La belle croissance des années d'examen 1860

En définitive, si le facteur démographique peut jouer un rôle dans l'amélioration des conditions de vie des Alsaciens ruraux nés entre 1841 et 1845, ce n'est ni par le biais d'une augmentation des disponibilités alimentaires ou des salaires pendant la petite enfance, ni par une diminution des densités de peuplement. En revanche, le fléchissement de la natalité dans les années 1840 a des répercussions sur le marché du travail des années 1860 : la main-d'œuvre, devenue plus rare, devient de ce fait plus chère.

Il faut donc envisager de se tourner davantage vers l'adolescence des conscrits nés entre 1841 et 1845 pour expliquer leur croissance staturale très rapide. D'ailleurs, l'évolution différente de la stature des habitants de l'arrondissement de Sélestat d'une part et des néo-citadins de Mulhouse d'autre part *après l'année de naissance 1842* invite à se pencher sur les conditions de vie de l'adolescence pour expliquer cette dissimilitude[49]. Les deux groupes, qui ont grandi dans les *mêmes conditions dans leur petite enfance*, connaissent pourtant une *évolution staturale différente* après l'année de naissance 1842 : les uns, ceux de Mulhouse, voient leur stature moyenne stagner, les autres, ceux de l'arrondissement de Sélestat, voient leur situation s'améliorer. Ce sont donc les conditions de vie de l'adolescence qui expliquent la différence constatée. L'histoire économique et sociale de la France comme de l'Alsace indique d'ailleurs plutôt un contexte général défavorable à l'amélioration du niveau de vie dans les années 1840. Or la crise qui précède la révolution de 1848 n'est pas visible pour les cohortes de naissance alsaciennes 1841-1848. Il faut donc bien admettre que c'est en dépit d'une petite enfance difficile que les conscrits examinés entre 1862 et 1869 connaissent une forte augmentation de leur niveau de vie biologique. La hausse très rapide des salaires et des cours des denrées agricoles produites par les cultivateurs sous le Second Empire paraît alors comme une cause essentielle de l'élévation de la stature

---

49 Voir le graphique 89 dans le chapitre suivant.

des Alsaciens. Le maintien de la stature à un niveau relativement élevé pour les cohortes de naissance 1845 à 1854, soit les années d'examen 1865 à 1874, confirme que la hausse des salaires et des revenus agricoles du Second Empire, ainsi peut-être que la poursuite d'un mouvement vigoureux d'industrialisation, ont contribué à l'élévation puis au maintien du niveau de vie biologique des jeunes Alsaciens.

L'anthropométrie éclaire d'un jour nouveau les témoignages des contemporains. On a vu qu'Oppermann, en 1858, dressait encore un tableau pessimiste de l'évolution de l'agriculture alsacienne depuis 1789. Avec des convictions politiques différentes il est vrai, Lefébure et Tisserand avancent un bilan beaucoup plus optimiste en 1869, qui confirme les conclusions de Flaxland datant de 1866[50]. La hausse des salaires et des prix agricoles explique en bonne partie l'optimisme des témoignages des années 1860 alors qu'Oppermann ne croit pas encore aux progrès de l'agriculture alsacienne à la fin des années 1850. L'anthropométrie confirme avec éclat cette différence de jugements d'une décennie à l'autre, si l'on veut bien admettre que la hausse très nette de la stature des conscrits alsaciens après la cohorte de naissance 1841 s'explique davantage par l'amélioration des conditions d'existence dans l'adolescence, c'est-à-dire sous le Second Empire, que dans la petite enfance.

c) La dégradation du niveau de vie biologique des classes examinées entre 1874 et 1887

De la même façon, il serait impossible d'expliquer la baisse très nette de la stature après l'année de naissance 1854 par les conditions de vie de la petite enfance des conscrits concernés. Ceux-ci grandissent précisément après 1855 dans une période de hausse des prix et des salaires agricoles, favorable à une croissance soutenue de la stature. Or la stature des conscrits de l'arrondissement de Sélestat connaît une baisse sensible (1,3 cm) de l'année de naissance 1854 à l'année de naissance 1867 (graphiques 79 et 80). On ne pourrait comprendre l'optimisme des contemporains en admettant que ce sont les conditions de vie de la petite enfance qui déterminent ici cette baisse de la stature.

Au contraire, si l'on se reporte à la période de l'adolescence, les conscrits subissent alors de plein fouet les conséquences de la Grande Dépression. Ce seraient alors les mauvaises conditions de vie des années 1875 à 1887 qui expliqueraient la diminution de la stature, sur le même schéma que pour la Brie : stagnation ou baisse des salaires agricoles, chômage rural et baisse des prix des produits de l'agriculture peuvent rendre compte de la baisse du niveau de vie biologique durant les premières années au sein

---

50 Sur les jugements des contemporains alsaciens sur la conjoncture économique des deux premiers tiers du XIXe siècle, voir chapitre IX, I – Les indices d'une menace malthusienne : les témoignages littéraires.

Graphique 79

Stature en Alsace rurale (N = 19 877) et en France, cohortes de naissance 1841-1876

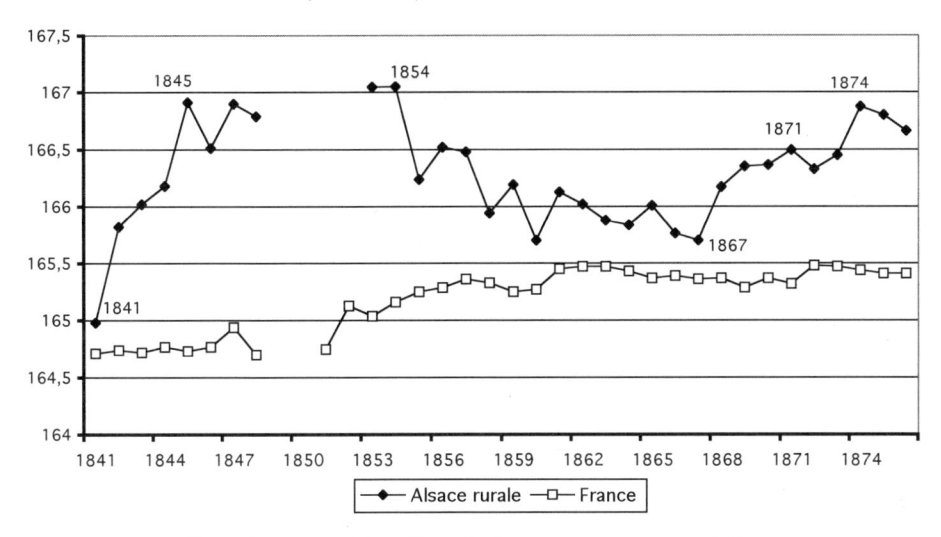

(Sources : ADBR, série R, listes de tirage au sort, versement 392 D, *Alphabetische Listen* et D. R. Weir pour la France)

Graphique 80

Stature en Alsace (N = 53 904) et en France, cohortes de naissance 1780-1876

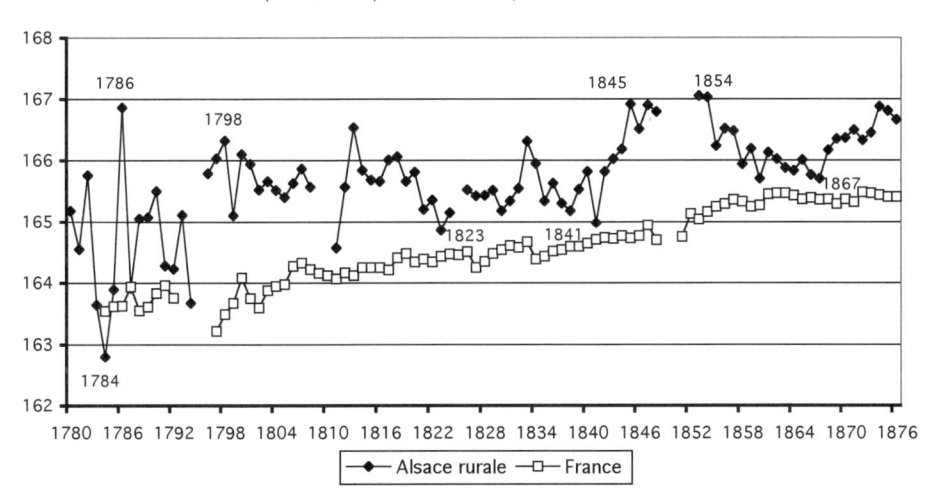

(Sources : ADBR, série R, listes de la conscription, listes du contingent départemental, listes de tirage au sort, versement 392 D, *Alphabetische Listen* et D. R. Weir pour la France)

du IIe *Reich*. De nombreux produits agricoles connaissent une baisse de leurs prix dans les années 1870 en Alsace : tabac, plantes tinctoriales (qui disparaissent), oléagineux et blé[51]. La vigne n'est pas épargnée, qui connaît la concurrence du négoce allemand, beaucoup plus concentré que le commerce de vin alsacien. Le phylloxéra frappe la Haute-Alsace en 1876, même s'il n'atteint la Basse-Alsace qu'en 1893. Toutefois, comme en Brie, les salaires agricoles ne semblent pas avoir diminué[52]. On a vu que le seul salaire ne suffisait pas à déterminer le niveau de vie biologique des agriculteurs dépendants. De plus, le petit cultivateur est beaucoup plus présent en Alsace qu'en Brie. Ce sont donc avant tout les prix agricoles plus que les salaires qui importent ici. Globalement, la sévérité de la dépression, comme en Brie, ne permet pas aux conscrits d'achever à 20 ans leur croissance, alors que les conditions d'existence durant la petite enfance étaient pourtant favorables. A la fin de la décennie de naissance 1860, la stature moyenne des conscrits de l'arrondissement de Sélestat est à nouveau proche de la moyenne française, comme c'était le cas précédemment à la fin de périodes de dépression staturale en Alsace (1823, 1841, graphique 80).

d) La réorientation de l'agriculture et la fin des difficultés (années d'examen 1887-1896)

La période correspondant aux cohortes de naissance 1867-1876 (examinées en 1887-1896) marque une amélioration. Pourtant les conditions de vie de ces générations durant la petite enfance sont au mieux égales, et plus probablement moins bonnes que celles des cohortes de naissance 1854-1867. Les chocs de la guerre, de l'annexion à l'Allemagne puis du début de la Grande Dépression ne sont pas favorables à la croissance staturale. C'est pourtant dans la période 1867-1876 (années de naissance), c'est-à-dire pour les classes examinées entre 1887 et 1896, que la situation s'améliore. Ce sont donc les conditions de vie de l'adolescence qui peuvent expliquer l'augmentation de la stature.

Celle-ci montre que l'Alsace rurale réussit à s'adapter plus vite que la Brie aux nouvelles conditions économiques issues de la Grande Dépression, en se tournant davantage vers la production des denrées de plus en plus appréciées par les citadins alsaciens : légumes, fruits et lait[53]. On voit bien là l'illustration du concept de difficulté créatrice cher à Alfred Sauvy. Les petits producteurs alsaciens réagissent plus vite aux sollicitations du marché que les grandes exploitations briardes pour échapper aux conséquences de la

---

51 Pour ces informations et les suivantes, voir M. HAU, *op. cit.*, p. 67.
52 E. JUILLARD estime que les salaires des ouvriers agricoles ont augmenté de 50 % entre 1866 et 1884 (*op. cit.*, p. 341). Il ne précise pas s'il s'agit là de domestiques ou de journaliers, de salaires nominaux ou réels.
53 M. HAU, *op. cit.*, p. 66-68.

Grande Dépression. L'agriculture alsacienne réussit à s'adapter aux nouvelles conditions du marché sans modifier ses structures foncières[54]. Entre la cohorte née en 1867 et la cohorte née en 1876, les conscrits alsaciens gagnent 1 cm (graphiques 79 et 80). Encore faut-il remarquer que les événements des années de naissance ne sont pas sans exercer une influence négative sur la stature de ces conscrits. Un premier fléchissement a lieu juste après l'annexion au IIe Reich (années de naissance 1871-1872), puis un second marque la crise du début de la Grande Dépression (années de naissance 1874-1876). Cependant la conjoncture économique globalement favorable des années d'adolescence (1887-1896) oriente le trend général des années de naissance 1867-1876 à la hausse.

L'agriculture alsacienne commence alors à se convertir très partiellement à l'élevage pour répondre à la demande urbaine croissante en lait mais aussi en viande, comme nous l'avons déjà montré dans la décennie 1860. Le changement est partiel mais beaucoup plus avancé que dans bien des régions françaises de la même époque. Etienne Juillard situe le début de l'essor de l'élevage bovin dans les années 1880. Celui-ci est d'abord l'affaire des petits cultivateurs, qui trouvent dans l'élevage un revenu supplémentaire qui compense le manque à gagner provoqué par la mécanisation croissante de l'agriculture alsacienne[55]. En 1904, on comptait 78 bovins pour 100 ha dans les exploitations de moins de 2 ha contre 47 dans les exploitations de plus de 20 ha[56]. Entre 1852 et 1907, le troupeau bovin du Bas-Rhin croît de 58 % alors que la population n'augmente que de 20 %, le troupeau porcin passe de 60 000 têtes en 1857 à 167 000 en 1907[57]. On s'accorde cependant pour admettre qu'au début du XXe siècle, la qualité des bovins produits par les petits cultivateurs, au moyen de baux à cheptel passés pour deux à trois ans avec les marchands de bestiaux, est très médiocre[58].

En résumé, ce sont avant tout des problèmes de changement d'espace douanier et d'ouverture aux marchés d'espaces aux structures inadaptées à la concurrence internationale qui sont à l'origine de la dépression staturale des conscrits examinés dans les décennies 1870 et 1880. L'anthropométrie permet également de voir que la Grande Dépression a, en définitive, moins frappé l'Alsace que la Brie, cette dernière essuyant une baisse de la stature plus longue (20 ans contre 13 ans) et plus sensible (2,9 cm contre 1,8 cm) que l'Alsace. L'économie briarde, essentiellement axée sur le blé, est tout naturellement davantage affectée par la dépression que l'Alsace, région de polyculture, donc frappée moins durement que la Brie par la baisse des cours du blé, principale manifestation de la Grande Dépression dans l'agriculture européenne. Tout

---

54   M. HAU, op. cit., p. 65.
55   E. JUILLARD, op. cit., p. 334.
56   Ibidem.
57   Ibidem, p. 335.
58   E. JUILLARD, op. cit., p. 338, M. AUGE-LARIBE, La Politique agricole de la France de 1880 à 1940, Paris, 1950, p. 375.

comme en Brie, les indices traditionnels de niveau de vie en Alsace ne permettaient pas jusqu'à présent de prendre toute la mesure de la Grande Dépression[59].

e) Une hiérarchie des professions sans grand changement mais mieux cernée

Comme pour la Brie, pour des raisons qui tiennent aux sources, il n'est pas souhaitable de dresser un tableau des statures des principales professions alsaciennes durant la Grande Dépression. Le changement de langue qui intervient de 1871 à 1918 oblige à regrouper les données allemandes dans un seul et même fichier (années d'examen 1872-1914). En effet, les dénominations germaniques des états ou métiers des conscrits (*Stand oder Gewerbe*) sont plus précises que les indications de l'époque française et la scission des données allemandes en deux fichiers ferait perdre cette précision, puisque le nombre de professions à effectif supérieur à 100 individus, et donc retenues pour l'étude, serait alors nécessairement plus réduit qu'avec un seul fichier.

De plus, afin de manipuler au minimum les chiffres, les statures sont données à l'âge réel d'examen (19 ans et 9 mois) et non à l'âge standardisé de 20 ans et 6 mois comme c'est le cas pour le *trend* ou pour les statures par profession des cohortes de naissance 1811 à 1848. Il est aisé de corriger le *trend* établi à partir des sources allemandes grâce à l'accroissement moyen de la taille des conscrits entre l'âge de 19 ans 9 mois et de 20 ans 9 mois, puisque cet accroissement nous est connu pour chaque année d'examen de 1873 à 1913. C'est précisément parce que, par un effet de structure, toutes les professions contribuent dans la mesure de leur importance numérique à la stature moyenne annuelle que l'accroissement moyen ajouté, prenant en compte toutes les professions, est pertinent. En revanche, plus la profession exercée par le *Wehrpflichtige* est mal rémunérée, plus sa croissance de rattrapage entre 19 ans 9 mois et 20 ans 9 mois est compromise. On a donc évité d'ajouter aux statures moyennes des différentes professions à l'âge de 19 ans et 9 mois une croissance qui varie selon l'année de naissance mais aussi selon la profession. On peut toutefois faire une comparaison avec les statures moyennes par profession des cohortes de naissance 1811-1848 (tableau 7) en ajoutant 0,79 cm à toutes les statures moyennes des professions des cohortes de naissance 1852-1894 (tableau 26). Cela correspond à la croissance moyenne de l'ensemble de l'échantillon entre 19 ans 9 mois et 20 ans 6 mois pour les cohortes de naissance 1853 à 1893.

Les sources allemandes permettent de saisir la société rurale alsacienne avec plus de précision que les sources françaises. Globalement, la hiérarchie anthropométrique des professions reste la même qu'à l'époque française antérieure (cohortes de naissance

---

59 M. HAU, *op. cit.*, p. 68 : « durant le dernier tiers du XIXe siècle, c'est en grande partie à la croissance de ses débouchés urbains traditionnels que l'agriculture alsacienne doit de faire progresser le niveau de vie de ses paysans (…) ».

Tableau 26 : Stature des principales professions des conscrits du *Kreis* de Sélestat, cohortes de naissance 1852-1894, d'après les *Alphabetische Listen*

(Sources : ADBR, versement 392 D)

Profession en allemand	Traduction	Stature à 19,75 ans	Effectif
Schneider	tailleur	162,45	248
Ackerknecht, Landwirtschaft Dienstknecht, ou Landwirtschaft Knecht	domestique agricole	163,58	1 923
Ackerknecht mit Pferden	domestique agricole avec chevaux	163,90	115
Fabrik Arbeiter	ouvrier de fabrique	163,97	431
Kellner	garçon de café ou de restaurant	164,04	110
Bäcker Geselle	compagnon boulanger	164,22	165
Schuhmacher, Schuster	cordonnier	164,43	439
Gärtner	jardinier	164,70	298
Bäcker	boulanger	164,76	669
Weber	tisserand	164,97	3 165
Gerber Geselle	compagnon tanneur	165,01	120
Säger	scieur	165,16	104
Tagner	journalier	165,19	1 807
Schreiner	menuisier	165,30	457
Hausweber	tisserand à domicile	165,40	122
Holzschuhmacher	sabotier	165,42	202
Schreiner Geselle	compagnon menuisier	165,60	105
Fabrik Weber	tisserand de fabrique	165,75	118
Maurer	maçon	165,85	365
Küfer	tonnelier	165,97	251
Fuhrmann	charretier	166,00	133
Metzger	boucher	166,04	270
Schmied	forgeron	166,05	306

Profession en allemand	Traduction	Stature à 19,75 ans	Effectif
Maler	peintre	166,12	124
Ackerer	cultivateur	166,20	2 895
Koch	cuisinier	166,23	169
Holzhauer	tailleur sur bois	166,33	233
Landwirt	agriculteur	166,49	688
Rebmann, Winzer	vigneron	166,49	2 272
Draht Weber	tisserand de toile métallique	166,50	140
Schlosser Geselle	compagnon serrurier	166,50	120
Landwirtschaft Tagner	journalier agricole	166,51	206
Gerber	tanneur	166,60	506
Schlosser	serrurier	166,63	281
Schreiber	rédacteur (commis aux écriture)	166,69	113
Hufschmied	maréchal-ferrant	167,29	145
Ackerer mit Pferden	cultivateur avec chevaux	167,40	501
Wagner	charron	167,83	112
Zimmermann	charpentier	168,18	146
Lehrer	instituteur	168,61	190
Ensemble		165,53	20 764

1811-1848), du pauvre tailleur (*Schneider*; 162,5 cm) au charpentier (*Zimmermann*, 168,2 cm), tous deux déjà aux extrémités de la hiérarchie en 1811-1848. L'écart maximum s'observe entre les tailleurs et les instituteurs (*Lehrer*) : 6,2 cm, alors que l'écart-type entre professions est de 1,1 cm, légèrement supérieur à celui de la Brie[60], comme c'était déjà le cas dans la première moitié du siècle. Cet écart-type est plus faible que celui observé dans l'Alsace rurale pour les années de naissance 1811-1848 (1,35 cm). Il semble donc que la société rurale alsacienne de la fin du XIXe siècle soit un peu moins inégalitaire que celle du début de siècle.

Les données allemandes pour les cohortes de naissance 1852-1894 permettent par ailleurs d'affiner certaines analyses portant sur les professions. Ainsi, les domestiques agricoles qui possèdent des chevaux (163,9 cm) sont légèrement plus grands que les

---

60 Qui est de 0,9 cm pour les cohortes de naissance 1857-1883.

domestiques agricoles sans attelage (163,6 cm). Il en va de même pour les cultivateurs avec chevaux (167,4 cm) par rapport aux cultivateurs sans chevaux (166,2 cm). La différence est d'ailleurs ici nette, contrairement aux cohortes de naissance 1811-1848 où, entre cultivateurs et laboureurs, la différence est inexistante (respectivement 166,5 et 166,6 cm).

La comparaison de la stature moyenne des *Hausweber* (tisserands à domicile; 165,4 cm) avec celle des *Fabrik Weber* (tisserands de fabrique; 165,8 cm) confirme la légère supériorité du niveau de vie des actifs du textile en grandes unités de production sur les actifs du secteur textile artisanal que les médecins-major français avaient signalée dans leur rapports des années 1850 et 1860[61]. La comparaison à l'époque française ne pouvait porter qu'entre les tisserands de l'arrondissement de Sélestat et les fileurs du canton de Mulhouse. Ici, outre la mention de *Weber* (tisserand; 165 cm), la mention de *Hausweber* et de *Fabrik Weber* permet de comparer le même métier dans l'atelier et dans l'usine. Ces observations sont disponibles pour les années d'examen 1896-1914[62]. Elles montrent donc qu'encore à la Belle Epoque, le tisserand en chambre[63] est désavantagé par rapport à son homologue de la grande unité de production.

Les sources françaises ne précisent pas si les artisans mentionnés dans les registres sont encore des apprentis[64] ou des ouvriers déjà confirmés, éventuellement déjà installés à leur compte ou ayant repris la boutique familiale. La mention de *Geselle* (compagnon), assez nombreux pour plusieurs professions dans les sources allemandes, permet de préciser la chose. Tout d'abord, les ouvriers confirmés et artisans installés à leur compte sont déjà plus nombreux que les compagnons à l'âge de 19 ans et 9 mois dans les quatre professions du tableau (boulanger, tanneur, menuisier et serrurier). Ce ne sont plus des apprentis qui se présentent devant le conseil de révision, mais déjà des ouvriers qualifiés et artisans indépendants. Le statut de compagnon joue d'ailleurs en général en défaveur des conscrits: les compagnons boulangers

---

61 Voir chapitre IX, V – L'agglomération mulhousienne: la dégradation sensible du niveau de vie du Manchester français.

62 Avant, pas de mention spéciale devant le mot *Weber*. A la Belle Epoque, les tisserands à domicile sont encore nombreux dans le Grand *Ried* alors qu'ils ont disparu ailleurs (E. JUILLARD, *op. cit.*, p. 282).

63 Dans le Grand *Ried*, le tissage à domicile se transforme cependant à la fin du XIXe siècle: un semblant de concentration de l'activité s'opère, «mais sous forme de petits ateliers, dirigés par un contremaître et groupant de 10 à 30 métiers», en général au rez-de-chaussée de la maison de ce dernier (*ibidem*, p. 283).

64 Les sources allemandes font la différence entre *Lehrling* (apprenti), *Geselle* (compagnon) et *Gehilfe* (ou *Gehülfe*, aide). Seuls les compagnons étaient assez nombreux pour figurer dans notre tableau. Le niveau de vie biologique des apprentis et aides par rapport aux ouvriers confirmés n'est toutefois pas différent de celui des compagnons.

(*Bäcker Geselle*; 164,2 cm) sont plus petits que les boulangers (*Bäcker*; 164,8 cm) et les compagnons tanneurs (*Gerber Geselle*, 165 cm) sont plus petits que les tanneurs (*Gerber*; 166,6 cm). Toutefois, les compagnons serruriers (*Schlosser Geselle*; 166,5 cm) ont la même taille que les serruriers (*Schlosser*; 166,6 cm) et les compagnons menuisiers (*Schreiner Geselle*; 166,6 cm) sont même un peu plus grands que les menuisiers (*Schreiner*; 166,3 cm).

Comme en Brie, les sources montrent la modernisation des campagnes ainsi qu'un début d'urbanisation et d'industrialisation du *Kreis* de Sélestat. En comparaison avec le tableau des statures par profession pour les cohortes de naissance 1811-1848, le tableau des statures des cohortes de naissance 1852-1894 indique que certains métiers anciens disparaissent, comme les meuniers. L'activité se concentre dans les mains de quelques-uns suite aux gains de productivité. Les bûcherons disparaissent aussi, mais la présence de scieurs (*Säger*, 165,2 cm) et de sabotiers (*Holzschuhmacher*; 165,4 cm) atteste toutefois que l'exploitation de la forêt ne s'interrompt pas. Les conscrits sans profession disparaissent aussi du tableau.

En revanche, de nouvelles professions apparaissent, qui témoignent de l'urbanisation et de l'industrialisation de la région. Celles-ci ne signifient d'ailleurs pas forcément meilleur niveau de vie, comme l'a montré la corrélation négative entre taux d'urbanisation et stature pour la cohorte de naissance 1848[65]. Des petits métiers, mal rémunérés, se multiplient : garçon de café ou de restaurant (*Kellner*; 164 cm) ouvrier de fabrique (*Fabrik Arbeiter*; 164 cm). La préparation des repas se fait désormais de plus en plus par des professionnels, mais manifestement les cuisiniers (*Koch*; 166,2 cm) ne profitent pas de leur emploi pour faire en perruque, c'est-à-dire pour dérober certains aliments ou tout le moins pour manger quelques surplus : leur stature est inférieure à la moyenne de l'échantillon (166,5 cm). Par ailleurs, ce métier ne s'exerce peut-être pas de père en fils, d'autant plus qu'il se développe à cette époque, et nous n'avons pas relevé la profession du père de chaque conscrit. Celle-ci ne doit pas être très favorable au plein développement statural des cuisiniers. La modernisation amène aussi quelques métiers nouveaux assez bien payés comme les tisserands de toile métallique (*Draht Weber*; 166,5 cm), les commis en écriture (*Schreiber*; 166,7 cm) ou les instituteurs (*Lehrer*, 168,6 cm), aisés, détenteurs du savoir et d'un certain capital matériel.

f) Difficultés des commerçants et sort inégal des agriculteurs

Bien qu'il faille être prudent quant à une comparaison entre le tableau des statures par profession de 1811-1848 (tableau 7) et celui de 1852-1894 (tableau 26) pour les raisons déjà exposées, il est instructif de voir quelles sont les professions qui s'écartent

---

65 Voir chapitre XII, I – Les statures des conscrits de 169 cantons nés en 1848 et la recherche de facteurs explicatifs.

le plus de l'évolution moyenne que l'on peut dégager entre les deux périodes. En tenant compte de la croissance qui intervient entre 19 ans 9 mois et 20 ans 6 mois, on peut dire que les conscrits du tableau des cohortes de naissance 1852-1894 ont grandi, à âge égal donc, de 0,8 cm par rapport à ceux du tableau des cohortes de naissance 1811-1848. Le gain est donc très faible, surtout si l'on considère qu'après l'année de naissance 1867 le *trend* de la stature est de nouveau à la hausse jusqu'en 1894. Toujours en corrigeant les statures par profession de 1852-1894 afin de les amener à l'âge standard de 20,5 ans, on peut voir quelles sont les professions qui améliorent davantage que la moyenne leur niveau de vie biologique.

Ce sont avant tous les actifs de l'agriculture qui tirent leur épingle du jeu. Les cultivateurs avec chevaux (*Ackerer mit Pferden*; 168,2 cm à 20,5 ans) sont bien plus grands que les laboureurs de 1811-1848 (166,6 cm à 20,5 ans). De même, les journaliers (*Tagner* et *Landwirtschaft Tagner*; 166,1 cm à 20,5 ans) ont un niveau de nutrition nette bien supérieur à celui des journaliers de la première moitié du XIXe siècle (164,7 cm à 20,5 ans). Si l'on considère les cohortes de naissance 1852-1894 (examinées en 1872-1914), le développement de l'agriculture alsacienne dans la seconde partie du XIXe siècle apparaît donc nettement[66]. Ce sont ensuite les artisans du bâtiment qui grandissent le plus, tels les charpentiers (167,6 cm en 1811-1848 et 169 cm en 1852-1894 à l'âge de 20 ans) et les maçons (165,6 cm en 1811-1848 puis 166,6 cm en 1852-1894 à l'âge de 20,5 ans). Le mouvement d'urbanisation de l'Alsace dans la seconde partie du XIXe siècle profite donc à ses agents. Enfin, les professions de charron (167,3 cm en 1811-1848 puis 168,6 cm en 1852-1894 à l'âge de 20,5 ans) et de tisserand (163,6 cm en 1811-1848 puis 165,8 cm en 1852-1894 à l'âge de 20,5 ans) progressent plus que la moyenne. La chose est d'autant plus remarquable que les tisserands constituent de gros bataillons de conscrits tout au long du XIXe siècle. C'est donc tout une partie de la population rurale qui connaît un accroissement de son niveau de vie dans la seconde partie du siècle.

En revanche, une autre profession du textile, beaucoup moins nombreuse il est vrai, connaît une stagnation de sa stature moyenne: les tailleurs (163,3 cm en 1811-1848 puis 163,2 cm en 1852-1894 à l'âge de 20,5 ans). D'autres artisans de secteurs traditionnels sont en perte de vitesse, tels les tanneurs (166,7 cm en 1811-1848 puis 167,1 cm en 1852-1894 à l'âge de 20 ans) et les cordonniers (164,9 cm puis 165,2 cm).

Les petits artisans ou commerçants du secteur alimentaire connaissent des difficultés, à l'instar des commerçants briards de la même époque. Les boulangers alsaciens voient leur taille baisser (166,2 cm en 1811-1848 puis 165,4 cm en 1852-1894 à l'âge de 20,5 ans)[67], ainsi que les bouchers (167,6 cm en 1811-1848 contre 166,8 cm en

---

66   Voir M. HAU, *op. cit.*, p. 66-68.
67   En comprenant les compagnons (*Bäcker Geselle*) dans les boulangers pour la période 1852-1894.

1852-1894 à l'âge de 20,5 ans). Il faut peut-être y voir le même phénomène qu'en Brie, à savoir une difficulté des commerçants à s'adapter à la Grande Dépression. Le mouvement général des affaires se ralentit et ceux qui en font le plus les frais sont les commerçants. En tout cas, la proximité aux sources de nutriment ne constitue plus un avantage pour les conscrits nés dans la seconde moitié du XIXe siècle, comme le prouve la stature moyenne des boulangers, des bouchers mais aussi des cuisiniers.

Enfin, toute une partie des actifs de l'agriculture grandit moins vite que l'ensemble de la population, voire subit une dégradation de son niveau de vie biologique. Le secteur viticole est touché : les vignerons croissent moins vite en stature que la moyenne (166,8 cm en 1811-1848 contre 167,3 cm en 1852-1894) et la stature des tonneliers baisse (167,7 cm puis 166,8 cm). C'est là le signe des difficultés de la viticulture alsacienne à la fin du XIXe siècle. Le vin alsacien subit au sein du *Zollverein* la concurrence des vins allemands et le vignoble bas-rhinois est touché par le phylloxéra après 1893. La vigne est en recul et les tonneliers en payent le prix : le travail se fait plus rare. Une dernière profession voit sa situation se dégrader : les jardiniers (166,1 cm en 1811-1848 puis 165,5 cm en 1852-1894 à l'âge de 20,5 ans). Il s'agit là d'une observation tout à fait étrange, puisque la spéculation maraîchère qui se développe dans l'Alsace en voie d'urbanisation au cours de la seconde moitié du XIXe siècle devrait assurer un niveau de vie biologique particulièrement satisfaisant aux jardiniers[68].

g) A l'échelle d'une cartographie communale des niveaux de vie : permanence d'anciennes lignes de clivage

Les *Alphabetische Listen*, exploitées sur une quarantaine d'années, permettent d'établir une carte de la stature communale dans le *Kreis* de Sélestat pour les cohortes de naissance 1853 à 1894. Les inégalités de développement entre communes y apparaissent très nettement, avec une différence de 5,5 cm entre la commune au niveau de vie biologique le plus élevé, Heiligenstein (168,2 cm) et la commune la plus défavorisée, Neubois (ou Gerenth, 162,6 cm, voir carte 8 et annexe II. A. 3). Les écarts de développement existants entre communes sont aussi grands que les écarts entre professions étudiés dans les différentes régions. La chose est donc d'importance, car l'anthropométrie accorde traditionnellement une grande attention aux variations entre professions, jugées socialement significatives, alors que celles-ci ne sont finalement pas beaucoup plus grandes que les variations locales de la stature. Entre un habitant moyen d'Heiligenstein et un habitant moyen de Neubois, il existe une différence de niveau de vie biologique comparable à la même époque et dans la même région à celle qu'il y a entre un tailleur, artisan le plus pauvre, et un charron, artisan parmi les plus grands. Comme l'avaient pressenti certains auteurs du XIXe siècle qui défendaient la

---

68   M. HAU, *op. cit.*, p. 66-68.

thèse d'une explication sociale des variations de la stature, sans pouvoir le prouver par des moyennes communales faites sur un grand nombre d'observations, la stature connaît des variations locales[69] qui rendent compte de niveaux de richesse différents.

Des surfaces de tendance se dégagent très nettement à l'intérieur même du *Kreis* de Sélestat. Les communes de l'ouest du *Kreis*, qui correspondent grossièrement à l'ancien canton de Villé, rassemblent les jeunes gens les plus petits. Sept communes y ont une stature moyenne inférieure à 164 cm à l'âge de 19 ans et 9 mois[70]. En revanche, tout le reste du *Kreis* connaît un niveau de vie biologique assez uniforme. On serait donc tenté de voir dans la zone de pauvreté de Villé les restes d'un sous-développement des régions montagneuses de l'Alsace, alors que dans les marécages du *Ried*, à l'Est, une zone de légère dépression staturale indique aussi que l'agriculture est moins prospère que dans la zone centrale de la plaine.

On retrouve donc les trois milieux alsaciens traditionnels et trois niveaux de développement différents encore à la fin du XIXe siècle: prospérité de la plaine, aisance toute relative du *Ried* et pauvreté du piémont vosgien. Cependant, pas plus qu'à l'échelle cantonale pour la cohorte de naissance 1848, la proportion de conscrits travaillant dans le secteur textile n'explique ici à l'échelle communale la répartition des petites tailles. La répartition des statures à très grande échelle est un phénomène encore complexe, mais en tout cas on ne peut qu'être frappé par la rémanence des anciennes lignes de clivage, existantes encore pour les jeunes gens examinés entre 1873 et 1914.

h) Le recul timide des activités agricoles et le net déclin du travail textile dans les campagnes

La Grande Dépression, qui affecte la stature moyenne des jeunes gens du *Kreis* de Sélestat, a-t-elle des conséquences sur la composition sociologique de notre échantillon? Pour répondre à cette question, il est nécessaire, comme nous l'avons fait pour la Brie, de fournir non seulement les proportions des différents secteurs d'activité correspondant aux années de naissance des conscrits concernés (1841-1876), mais aussi les proportions aux années d'adolescence (1877-1896).

La proportion des agriculteurs indépendants reste à peu près la même au cours de la période 1841-1868 (graphique 81). La guerre franco-allemande de 1870-1871 marque une nette augmentation de la part des cultivateurs, laboureurs et jardiniers

---

69   Voir *supra* et docteur C. CHOPINET, *loc. cit.*
70   Le lecteur qui veut obtenir des moyennes à l'âge de 20,5 ans doit ajouter à toutes les valeurs communales reproduites en annexe 0,79 cm. Les mêmes réserves qu'avec les corrections pour les statures moyennes par professions doivent toutefois être faites: dans les communes les plus pauvres, la croissance de rattrapage entre 19,75 et 20,75 ans n'est pas la même que dans les communes les plus riches. On préfère donc donner les résultats à l'âge réel d'examen.

(agriculteurs indépendants) jusqu'en 1874. L'annexion se traduit par un grand nombre de départs affectant essentiellement les villes, alors que les petits propriétaires ruraux restent attachés à leur bien chèrement acquis. La part des agriculteurs indépendants diminue ensuite de 1875 à 1887. La baisse des prix de nombreux produits agricoles au cours de la Grande Dépression explique que les jeunes Alsaciens se détournent de la terre, alors que le niveau de vie biologique du *Kreis* est en train de baisser et que les jardiniers connaissent une baisse de leur stature par rapport aux cohortes de naissance 1811-1848. La proportion de cultivateurs indépendants est ensuite à la hausse jusqu'en 1896. Cette période correspond précisément à une nouvelle ère d'expansion économique de l'agriculture, qui se traduit par une amélioration de la stature pour les conscrits toisés entre 1887 et 1896. La réadaptation de l'agriculture alsacienne aux nouvelles conditions du marché invite proportionnellement plus de jeunes gens à se tourner vers la petite exploitation agricole.

En ce qui concerne les salariés agricoles (agriculteurs dépendants, graphique 81), les années 1850 marquent un recul de la salarisation des campagnes, ce qui confirme que l'industrialisation absorbe une partie de la main-d'œuvre agricole. Les salaires agricoles augmentent surtout dans les années 1860, alors que la proportion de conscrits examinés en tant qu'agriculteurs dépendants est à nouveau à la hausse. C'est dans cette même décennie que l'on situe l'amélioration de la stature des conscrits examinés entre 1861 et 1865. Les années de Grande Dépression (1876-1887, années d'examen) et de baisse de la stature moyenne du *Kreis* sont aussi caractérisées par une augmentation de la proportion de salariés agricoles. Cette hausse ne revêt cependant pas la même signification que la hausse précédente. Elle traduit probablement la prolétarisation d'une partie des conscrits, dans ces années où la part des agriculteurs indépendants diminue, mais elle peut aussi s'expliquer par l'afflux des jeunes gens qui, de plus en plus, se détournent de l'artisanat du textile. Enfin, une stabilisation, voire un recul du pourcentage d'agriculteurs dépendants dans les années 1887-1896 marque le retour à la prospérité de la petite exploitation agricole alsacienne. Cette évolution est en effet à mettre en parallèle avec l'augmentation contemporaine de la part des agriculteurs indépendants. Une part de la diminution peut aussi s'expliquer par les progrès de la mécanisation, en réponse à la hausse des salaires agricoles. Si l'on retient ce facteur explicatif, on est alors surpris de ne pas le voir jouer un grand rôle plus précocement, puisque la première étape de la mécanisation de la production, le battage des moissons, est réalisée de manière spectaculaire dans les années 1860-1880 selon E. Juillard[71].

La courbe des vignerons s'inscrit dans le prolongement de la période précédente (graphique 82) : le déclin de la vigne se poursuit continuellement au cours de la

---

71 E. JUILLARD, *op. cit.*, p. 377. On compte 10 machines à battre dans le Bas-Rhin en 1852 (à moteur animal ou hydraulique), mais 10 000 machines à battre à vapeur en Alsace en 1884.

seconde moitié du XIXe siècle, moins marqué cependant qu'en Brie, où les conscrits vignerons disparaissent. On a vu que la vigne alsacienne connaissait alors la concurrence des vins allemands au sein du *Zollverein*. Globalement, les courbes des métiers de l'agriculture confirment la prospérité de l'agriculture alsacienne dans les années 1860, les difficultés de la Grande Dépression et l'embellie de la situation à partir de la fin des années 1880.

En revanche, le succès puis le recul de l'activité textile dans les campagnes alsaciennes doit peu à la dépression des années 1870-1880 (graphique 83). D'abord stable, autour de 20 % des conscrits dans les années d'examen 1841-1852, la proportion des actifs du secteur textile connaît une envolée entre 1853 et 1859, à peine marquée par la crise de 1858. L'Alsace est alors encore dans les beaux jours de « la vague du textile »[72], avec près d'un quart des conscrits examinés travaillant dans ce secteur, comme c'était aussi le cas dans les années 1820 et 1830. L'évolution de notre courbe correspond également à peu près à l'apogée du tissage à domicile tel que le situe E. Juillard (années 1860-1870)[73].

Après une stabilisation à ce haut niveau d'emploi, le secteur textile recule en proportion, surtout après 1862. Le déclin de l'activité textile dans les campagnes alsaciennes durant les années 1860 est à rapprocher des difficultés que connaît le secteur à partir de la crise de 1857-1858, suivie de la Famine du Coton (1861-1863). A partir des années 1870, le niveau d'emploi du textile se stabilise à son niveau des années 1800-1810. Une dernière hausse de la part des actifs du textile dans les années 1880, que l'on observe aussi à Mulhouse, témoigne du retour de la prospérité dans le secteur après les années difficiles de la Grande Dépression.

La phase triomphante du textile aura donc duré des années 1820 aux années 1850 dans les campagnes alsaciennes, du moins dans l'arrondissement de Sélestat. Les tisserands à domicile se font de moins en moins nombreux après les années d'examen 1850. L'annexion de 1870 a bien pu entraîner la perte des débouchés français, mais notre chronologie indique bien que c'est avant que le tissage à domicile décline. Il faut donc plutôt invoquer ici le rôle du tissage industriel, de plus en plus mécanisé, face auquel l'artisanat rural ne peut se maintenir à la fin du siècle[74]. La baisse de la stature moyenne des conscrits du *Kreis* dans les années d'examen 1874-1887 ne peut donc s'expliquer par une progression de l'emploi dans le secteur textile, puisque celui-ci régresse. De plus, les tisserands sont parmi ceux dont la stature moyenne augmente le plus entre les cohortes examinées en 1831-1868 et celles examinées en 1872-1914. La dépression staturale des années d'examen 1874-1887 est donc bien d'origine agricole plus que textile.

---

72 M. HAU, *op. cit.*, p. 75.
73 E. JUILLARD, *op. cit.*, p. 282.
74 Cause principale invoquée par E. JUILLARD, *ibidem*.

Graphique 81

Proportion de conscrits alsaciens agriculteurs dépendants et indépendants
(années d'examen 1841-1896)

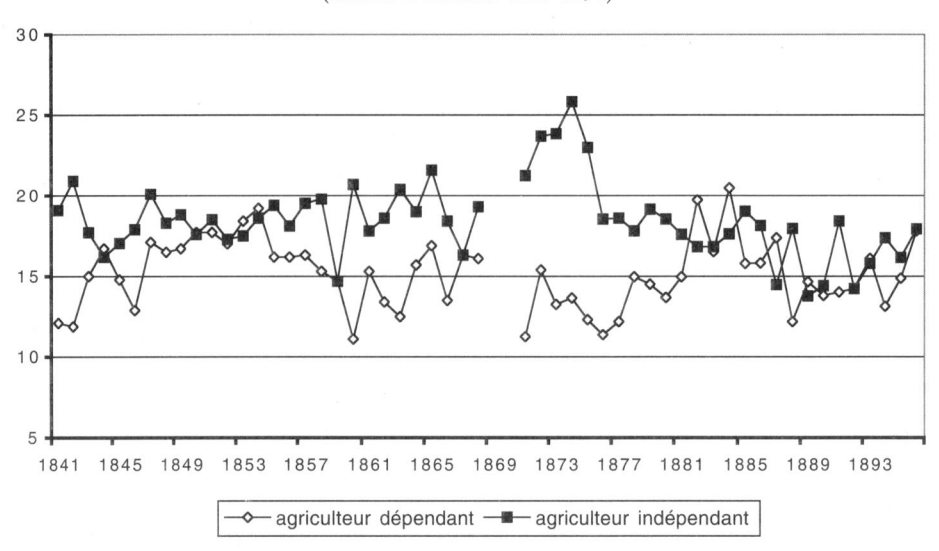

—◇— agriculteur dépendant —■— agriculteur indépendant

(Sources : ADBR, série R, listes de tirage au sort ; versement 392 D, *Alphabetische Listen*)

Graphique 82

Proportion de conscrits alsaciens vignerons (années d'examen 1841-1896)

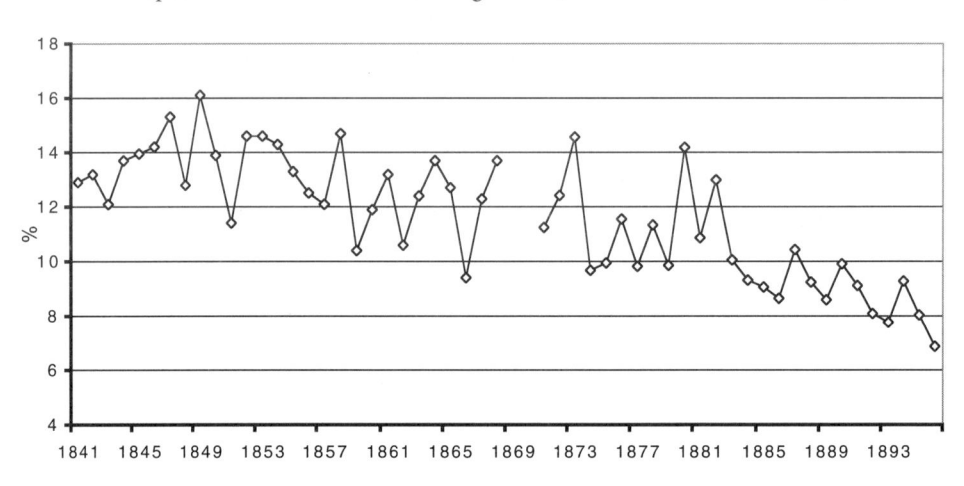

(Sources : ADBR, série R, listes de tirage au sort ; versement 392 D, *Alphabetische Listen*)

Graphique 83
Proportion de conscrits alsaciens artisans du textile et artisans divers
(années d'examen 1841-1896)

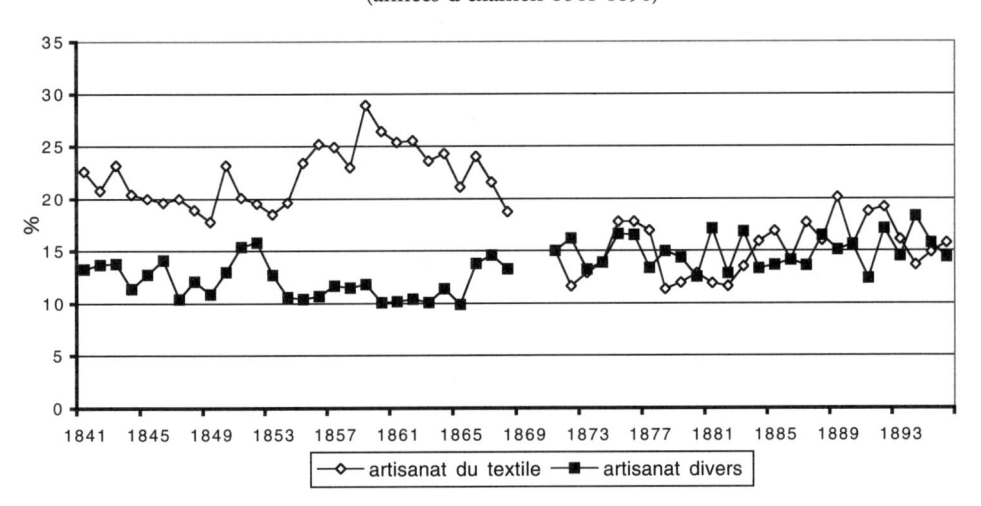

—◇— artisanat du textile —■— artisanat divers

(Sources: ADBR, série R, listes de tirage au sort; versement 392 D, *Alphabetische Listen*)

Graphique 84
Proportion de conscrits alsaciens agriculteurs (années d'examen 1841-1896)

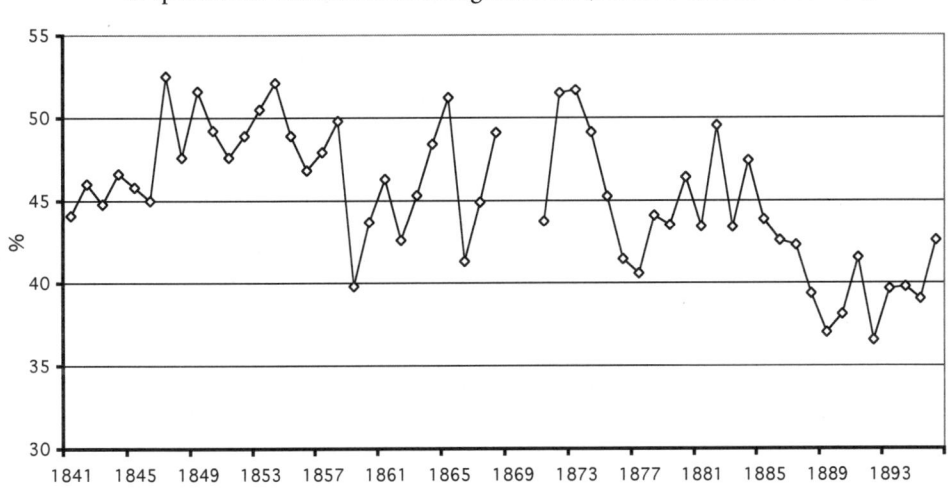

(Sources: ADBR, série R, listes de tirage au sort; versement 392 D, *Alphabetische Listen*)

La part des artisans des autres secteurs d'activité reste stable jusqu'en 1869 (graphique 83). Tout au plus constate-t-on un certain tassement de la part des artisans dans les années où le secteur textile réalise sa poussée. Il y a donc eu un mouvement des artisans ruraux vers le tissage dans les années 1850-1860. La proportion des artisans augmente ensuite dans les années 1871 à 1896. Une telle importance de l'artisanat rural n'existait plus depuis les années 1820. Elle est le signe de campagnes qui se secondarisent et se tertiarisent de plus en plus.

Enfin, le *Kreis* de Sélestat reste très agricole au cours des années d'examen 1841-1873, et ce malgré la diminution de la part des vignerons (graphique 84). La proportion de conscrits agriculteurs est élevée de 1841 à 1873, autour de 45 à 50 %, même si elle connaît des variations de moyenne durée qui s'expliquent par les variations de la part des salariés agricoles et des exploitants indépendants. Ce n'est qu'après 1873 que la part totale des agriculteurs connaît une diminution sensible, d'environ 10 % jusqu'en 1895. Les hauts niveaux d'activité agricole des années 1800-1870 ne seront désormais plus atteints. L'annexion au IIe *Reich*, placée sous le signe de la Grande Dépression, marque un recul en proportion de l'activité agricole et une légère avancée de l'artisanat. Grâce à l'augmentation de la production et de la productivité agricoles, l'économie alsacienne se détache très progressivement de l'agriculture qui constitue l'activité fondamentale de la région depuis des siècles.

Les *trends* de la stature moyenne des conscrits des arrondissements de Melun et de Sélestat indiquent une baisse simultanée du niveau de vie biologique à partir des années de naissance 1856 (Brie) et 1854 (Alsace, voir graphique 85). Le contexte économique des deux régions est cependant très favorable à une croissance staturale dans les années 1860. Ce ne sont donc pas les années de la petite enfance qui sont ici en question ; on en aura confirmation en comparant le *trend* de la stature des ruraux du *Kreis* de Sélestat avec le *trend* des néo-citadins de Mulhouse entre 1854 et 1867 (années de naissance)[75]. En revanche, la synchronie frappante du renversement de tendance des deux courbes invite à se pencher sur les débuts de la Grande Dépression (1875) et à ses conséquences à moyen terme, d'autant que le cas alsacien permet d'affirmer, par comparaison avec les néo-citadins de Mulhouse, que ce sont les conditions de vie de l'adolescence qui sont en cause. Les *trends* prennent donc tout leur sens quand on les rapporte aux années d'examen des conscrits. C'est à partir de l'année d'examen 1876 (classe 1876) pour la Brie et 1874 (classe 1874) pour l'Alsace que le niveau de nutrition nette se dégrade.

La baisse des prix de nombreux produits agricoles entraîne un manque à gagner pour les petits producteurs indépendants. Le marasme général des affaires nuit aux

---

75 Voir graphique 89, chapitre XIV, I – Mulhouse : enfin la hausse de la stature des citadins (cohortes de naissance 1859-1876, examinés en 1879-1896).

Graphique 85

Stature en Brie et en Alsace rurale (N = 35 166) cohortes de naissance 1841-1876

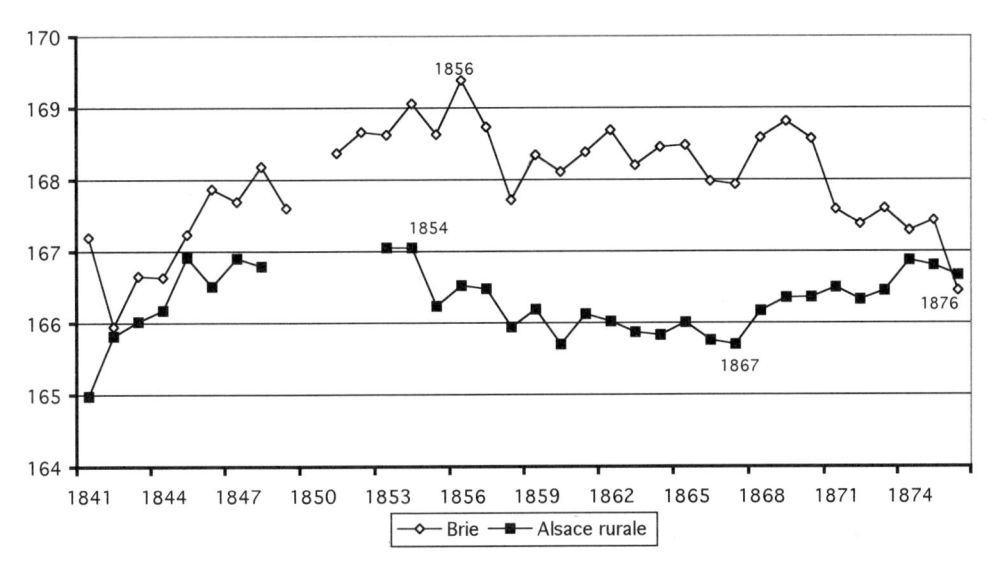

(Sources : ADBR, série R, listes de tirage au sort ; versement 392 D, *Alphabetische Listen* ; ADSM, série R, listes de tirage au sort, listes de tirage au sort et du recrutement)

petits commerçants et artisans d'Alsace et de Brie. Les salariés agricoles briards sont de moins en moins nombreux à posséder un lopin de terre qui pourrait leur apporter des revenus complémentaires alors que les salaires stagnent et que le travail s'intensifie, quand les périodes chômées n'augmentent pas. La prédominance très nette du blé et de la betterave en Brie, couplée à une prolétarisation croissante de la société briarde, explique que la dépression est plus sensible (-2,9 cm) et plus longue (20 ans) en Brie qu'en Alsace (-1,8 cm en 13 ans). La « purification d'un mode de production […] qui, vu rétrospectivement, semblait en gestation depuis des siècles », c'est-à-dire l'avènement d'un « capitalisme agraire classique »[76] ouvert sur le marché international, avec comme principaux agents des salariés prolétarisés et de grands exploitants, explique les difficultés particulières de la Brie. Le *Reichsland* bénéficie d'une structure sociale moins bipolaire et d'un tissu productif plus diversifié qui expliquent que l'économie alsacienne surmonte plus rapidement les difficultés économiques et renoue avec la croissance dès l'année d'examen 1887.

---

76   D. PONCHELET, *op. cit.*, p. 13.

Si l'on suppose que les prix agricoles ont une influence sur la stature durant la Grande Dépression, cette influence se traduirait donc par une relation où la baisse des prix agricoles s'accompagne d'une baisse de la stature des conscrits, qui traduit une baisse des revenus des familles. La France quitte donc dans la seconde partie du XIXe siècle le schéma économique traditionnel selon lequel les agents économiques sont majoritairement des consommateurs de céréales, c'est-à-dire où une augmentation des prix du blé se traduit par une hausse de la mortalité[77] ou une baisse de la stature moyenne[78]. La baisse de la stature des conscrits briards et alsaciens marque donc paradoxalement le passage à une économie moderne, où les agents économiques sont avant tout des producteurs. Comment se déroule la modernisation des économies mulhousienne et limousine ?

---

77   J. MEUVRET, *loc. cit.*
78   A l'échelle nationale, les prix du blé sont négativement corrélés avec la stature moyenne pour le XVIIIe siècle (J. KOMLOS, « Histoire anthropométrique de la France de l'Ancien Régime », *loc. cit.*, p. 523-531) et encore pour les cohortes de naissance 1814-1834. C'est-à-dire que plus le prix du blé augmente, plus la stature moyenne des soldats, puis des conscrits, avant tout consommateurs, diminue. Voir L. HEYBERGER, *op. cit.*, p. 65-75.

Chapitre XIV
Grande Dépression et hausse du niveau de vie biologique : Mulhouse et le Limousin

I – Mulhouse : enfin la hausse de la stature des citadins (cohortes de naissance 1859-1876, examinées en 1879-1896)

a) L'amélioration des conditions de vie à partir de la décennie d'examen 1870

Le niveau de nutrition nette des Mulhousiens baisse sensiblement au cours du XIXe siècle jusqu'à l'année de naissance 1859, soit pour les conscrits examinés en 1879. On a vu précédemment que, contrairement à la Brie et à l'Alsace rurale[1], il n'est pas vraiment possible de savoir pour Mulhouse quelle part de la baisse du niveau de vie biologique intervenue entre les cohortes de naissance 1855 environ à 1859 était imputable à la Grande Dépression[2]. A Mulhouse, contrairement à la Brie ou à l'Alsace rurale, il n'y a pas de renversement de tendance au début de la Grande Dépression, puisque la stature baisse depuis le début du siècle. La dépression économique a cependant dû jouer un rôle dans les statures moyennes particulièrement basses de la fin des années 1850 (cohortes de naissance).

Il n'en demeure pas moins que la tendance à la baisse s'inverse en 1859-1860, alors pourtant que ces années de naissance sont suivies de très près par la Famine du Coton (1861-1863) qui touche beaucoup l'industrie haut-rhinoise : en 1863, 31 % des métiers à tisser du département sont arrêtés[3], la ville textile qu'est Mulhouse a donc dû connaître un chômage important. D'ailleurs, dans la décennie 1861-1870, le taux

---

1   Voir le chapitre précédent.
2   Voir le chapitre IX, V – L'agglomération mulhousienne : la dégradation sensible du niveau de vie du Manchester français (1796-1859).
3   Correspondance du préfet du Haut-Rhin au ministre de l'Agriculture, du Commerce et des Travaux Publics, mars 1863, ADHR 9 M 2, citée par M. HAU, *op. cit.*, p. 72.

de mortalité infantile des enfants d'ouvriers de fabrique est de 333 pour 1000[4]. Toutefois le niveau de vie biologique des cohortes nées après 1859 ne cesse de s'améliorer.

En 1859, au terme d'une soixantaine d'années de baisse de leur niveau de vie biologique, les Mulhousiens sont devenus plus petits que la moyenne des Français (graphique 86). La croissance de leur stature moyenne reprend ensuite et, à partir de l'année de naissance 1865, le rapport s'inverse et ce sont les Mulhousiens qui, à deux exceptions près (1868 et 1871) sont plus grands que les Français.

Il faut cependant attendre l'année de naissance 1872 pour que le rapport soit nettement inversé en faveur de Mulhouse. En tout, de 1859 à 1876, les Mulhousiens prennent 2,3 cm en 17 ans, soit une croissance soutenue, de célérité 1,3 mm/an. La croissance commence en 1859, à une époque de difficultés. Les causes de cette croissance sont donc à chercher avant tout à l'époque de la croissance staturale de l'adolescence, soit à partir environ de la fin des années 1870. Les salaires réels que nous avons déjà cités n'indiquent d'ailleurs pas d'amélioration entre 1861-1870 (indice 108,6) et 1871-1875 (indice 100)[5].

C'est donc bien après le milieu des années 1870 que la situation s'améliore et qu'agissent les facteurs qui expliquent l'augmentation de la stature. Les salaires ouvriers nominaux augmentent sensiblement de 1876 à 1885 : 12,5 % pour les fileurs, 65,2 % pour les tisseurs[6]. Les salaires nominaux s'accroissent de 40 % entre 1864 et 1894, alors qu'hormis la *Gründerperiode* (1871-1874), les prix à la consommation restent stables[7]. Le ravitaillement de Mulhouse en lait connaît alors également une grande amélioration, grâce à sa nouvelle laiterie, ce qui n'a pu manquer de bénéficier aux jeunes Mulhousiens[8]. Enfin, les soins apportés aux bébés par les mères ouvrières s'améliorent après 1866 grâce à la création puis la diffusion dans les principales fabriques mulhousiennes d'une «association pour l'assistance des jeunes mères[9]». Cette œuvre paternaliste

---

4   Contre 300 pour 1 000 pour la ville de Mulhouse entière. H. CETTY, *La famille ouvrière en Alsace*, Rixheim, 1883, p. 122.

5   Voir M. HAU, *op. cit.*, p. 288, cité ici dans chapitre IX, II – Les indices d'une menace malthusienne : croissance démographique, revenu paysan, salaires urbains et consommation alimentaire, tableau 5.

6   *Ibidem*, p. 305.

7   *Ibidem*.

8   M. CHEVRON, «Les laiteries de Mulhouse et de Darmstadt», dans *L'Industrie laitière*, 13 novembre 1881, cité par F. VATIN, *L'industrie du lait. Essai d'histoire économique*, Paris, 1990, p. 61. (L'Harmattan, collection «Logiques économiques».)

9   H. CETTY, *op. cit.*, p. 123. Voir M.-C. VITOUX, «Les prémisses d'une politique de la petite enfance sous le Second Empire : l'Association des femmes en couches de Mulhouse», dans *Annales de démographie historique*, 1995, p. 277-290, notamment p. 288-289 sur l'impact limité de la politique philanthropique sur le taux de mortalité infantile.

Graphique 86
Stature à Mulhouse (N = 8 274) et en France, cohortes de naissance 1859-1876

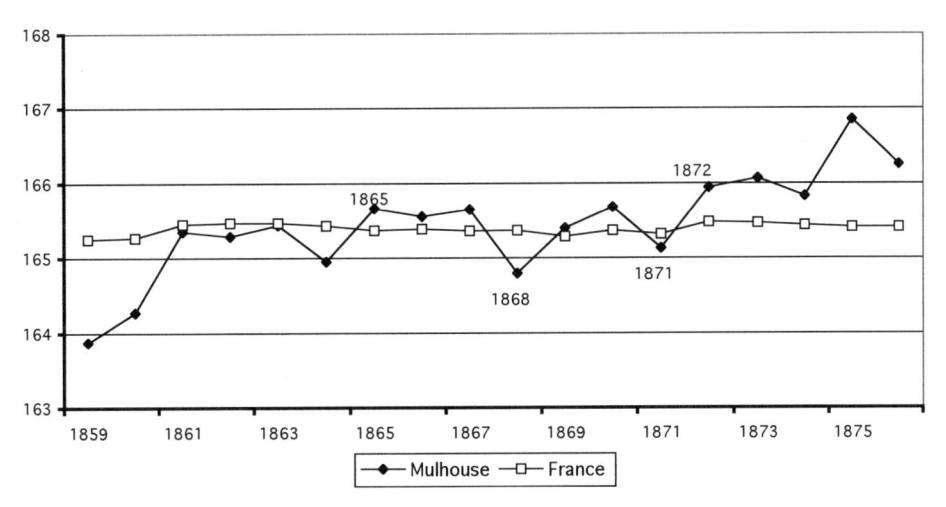

(Sources: AMM, série HI, *Rekrutierungsstammrollen* et D. R. Weir pour la France)

Graphique 87
Stature des néo-citadins et des Mulhousiens d'origine (N = 8 274), cohortes de naissance 1859-1876

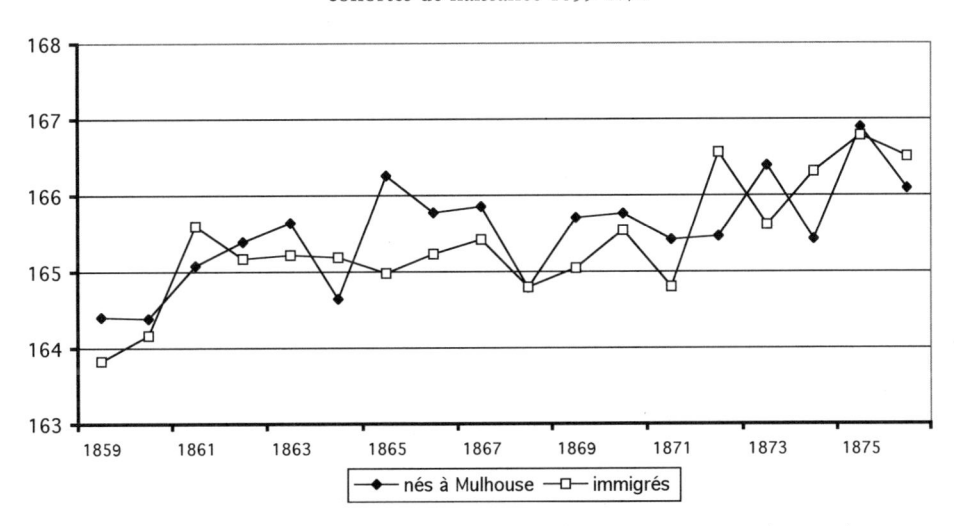

(Sources: AMM, série HI, *Rekrutierungsstammrollen* et D. R. Weir pour la France)

LA RÉVOLUTION DES CORPS

Graphique 88
Stature à Mulhouse, cohortes de naissance 1796-1806/1876, (N = 21 217) et en France

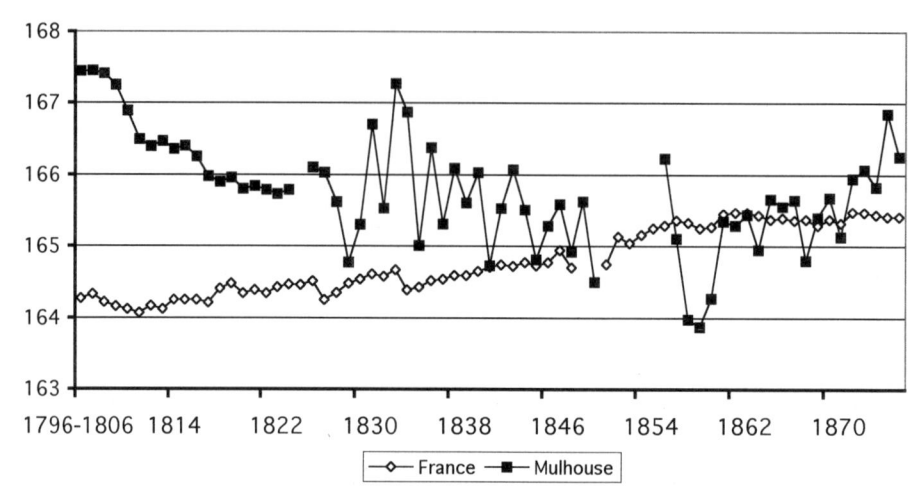

(Sources : ADHR (1796 à 1850), série R, listes du contingent départemental et listes du tirage au sort ; AMM (1856 à 1859), série HI, *Rekrutierungsstammrollen* et D. R. Weir pour la France)

Graphique 89
Stature des ruraux et des néo-citadins en Alsace (cohortes de naissance 1841-1876, N = 25 169)

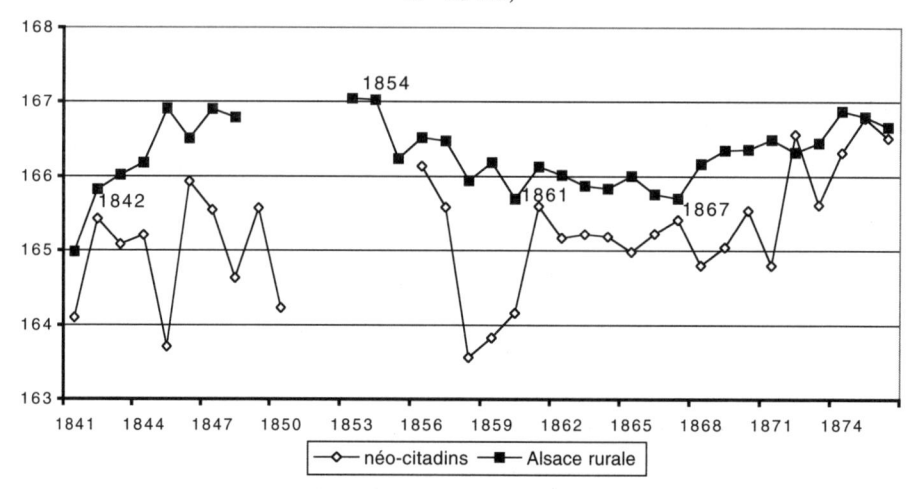

(Sources : Alsace rurale : série R, listes de tirage au sort puis versement 392 D, *Alphabetische Listen* ; néo-citadins de Mulhouse : ADHR, série R, listes de tirage au sort puis AMM, série HI, *Rekrutierungsstammrollen*)

permet aux mères qui cotisent de recevoir une aide financière (18 francs par quinzaine) et les soins gratuits après l'accouchement à condition de ne pas travailler pour s'occuper de leur enfant, ceci généralement pendant trois semaines au moins. L'association, mise en place très tôt chez l'un des principaux employeurs de la ville, DMC (Dollfus-Mieg et Cie), permet de faire diminuer de treize points de pourcentage la mortalité infantile des bébés des ouvrières de DMC[10]. De telles initiatives ne sont donc pas à négliger pour expliquer l'amélioration de la stature, puisque l'on sait qu'il existe une très forte corrélation entre baisse de la mortalité infantile et augmentation de la stature. On note toutefois que les effets de telles politiques ne peuvent être exactement mesurés, faute de groupe témoin. On ne sait en effet comment a évolué la mortalité infantile du reste de la ville et on ne peut donc dire ce qui relève dans le cas DMC de la politique proprement dite de l'établissement et ce qui relève d'une baisse générale de la mortalité à Mulhouse, notamment grâce à l'élévation des salaires.

Quoi qu'il en soit, de même que les néo-citadins et les Mulhousiens de naissance souffraient de concert de la détérioration de leur niveau de vie biologique durant les deux premiers tiers du XIXe siècle, de même ils profitent ensemble de l'augmentation de leur niveau de nutrition nette de 1859 à 1876, comme le prouve le graphique 87 qui représente les courbes de la stature des néo-citadins et des Mulhousiens d'origine. Le parallélisme des deux courbes invite, comme pour la période 1822-1859, à se tourner davantage vers l'adolescence des conscrits que vers leur petite enfance pour expliquer le *trend*. En effet, si les deux groupes qui ont pourtant vécu l'un hors de Mulhouse, l'autre à Mulhouse durant leur petite enfance, ont le même *trend* de la stature, c'est bien qu'ils ont subi les mêmes influences bénéfiques lors de leur adolescence. A la même époque (cohortes de naissance 1854-1867), l'Alsace rurale connaît une dégradation de son niveau de vie biologique (graphique 89). Or, dans le groupe des néo-citadins, on remarque une augmentation de la stature entre 1858 et 1867, même si le niveau de vie biologique stagne entre 1861 et 1867. La hausse des salaires des néo-citadins, intervenue à Mulhouse lors de l'adolescence de ces derniers, leur a vraisemblablement permis d'enrayer la baisse de stature qui les menaçait, contrairement aux ruraux du *Kreis* de Sélestat qui restent cependant en moyenne mieux lotis. L'extrême célérité du *trend* mulhousien entre les années 1856 et 1861 invite toutefois à rester prudent dans l'interprétation de cette comparaison.

b) Une pyramide socioprofessionnelle toujours fortement hiérarchisée

Durant la période couverte par des sources allemandes à Mulhouse, pour les mêmes raisons d'ordre technique que pour le tableau des statures par profession du *Kreis* de Sélestat, il est préférable de laisser les statures par profession à l'âge réel d'exa-

---

10   H. CETTY, *op. cit.*, p. 124.

men, soit à 19 ans et 9 mois (19,75 ans, tableau 27). Si l'on veut toutefois comparer les résultats des cohortes de naissance 1856-1894 avec les statures par profession de la période précédente (cohortes de naissance 1822-1850, tableau 8), on doit ajouter la croissance correspondante en milieu urbain, puisque les données du tableau pour 1822-1850 sont fournies à l'âge de 20,5 ans. Sur la période 1856-1894 (années de naissance), les conscrits grandissent en moyenne de 0,41 cm entre l'âge de 19 ans et 9 mois et l'âge de 20 ans et 6 mois[11]. Il faut donc ajouter cette valeur aux statures par profession des cohortes de naissance 1856-1894 pour les comparer à âge égal avec celles de 1822-1850.

Beaucoup de professions présentes chez les conscrits nés en 1822-1850 ne le sont plus chez ceux nés en 1856-1894. Cela tient en grande partie à la variété du vocabulaire allemand, encore plus varié pour désigner les métiers urbains que pour désigner les métiers ruraux du *Kreis* de Sélestat. Ainsi, beaucoup de professions n'atteignent pas la barre des 100 individus toisés et ne sont donc pas présentes dans le tableau. Le très bon raccordement des courbes de composition socioprofessionnelle de l'échantillon mulhousien entre la période de sources françaises et celle de sources allemandes montre qu'aucune profession importante n'est omise dans l'exploitation des sources allemandes.

Vu la grande variété en langue allemande des dénominations des métiers de la ville et de l'industrie, on ne présente donc, à côté des professions à la traduction évidente que les métiers qui, dans le vocabulaire allemand, rencontrent un équivalent français assez proche. Voilà qui explique la disparition des ajusteurs, des chaudronniers, des manœuvres, des employés de commerce, des commis négociants et des mécaniciens[12]. En revanche, la disparition des cultivateurs s'explique par le passage du canton de Mulhouse comme base de recherche pour 1822-1850 à la ville de Mulhouse pour 1856-1894. Le second espace est bien sûr beaucoup plus urbanisé que le premier et ne comprend donc pas de cultures.

Au contraire, on note seize nouvelles professions, dont certaines doivent leur présence dans le tableau à la précision de l'administration allemande, tels les dessinateurs de fleurs (*Blumen Zeichner*), distingués des dessinateurs, ou les serruriers du bâtiment (*Bauschlosser*), distingués des serruriers de l'industrie. Cependant, on peut se demander si la distinction entre journalier de fabrique (*Fabrik Tagner*) et journalier est pertinente. Dans une ville très industrielle comme Mulhouse, tous les journaliers ou presque travaillent dans l'industrie. Or les simples journaliers sont beaucoup plus nombreux que les journaliers de fabrique (1 356 contre 593). Il y a donc très certainement un sous enregistrement du mot *Fabrik* devant *Tagner*, ce qui explique cette anomalie.

---

11   On rappelle que la croissance en milieu rural pour la même période est de 0,79 cm.
12   Bien que l'on ait rencontré quelques *Kupferschmied* ou *Kesselschmied* (chaudronniers), *Meckanicker* (mécaniciens), etc.

Tableau 27 : Stature des principales professions des conscrits de la ville de Mulhouse, cohortes de naissance 1856-1894

(Sources : AMM, série HI, *Rekrutierungsstammrollen*)

Profession en allemand	Traduction	Stature à 19,75 ans	Effectif
Schneider	tailleur	162,59	198
Fabrik Arbeiter	ouvrier de fabrique	162,75	251
Barbier	barbier	163,12	106
Ansetzer	rattacheur	163,42	2 342
Bäcker	boulanger	163,61	397
Blechschmied	ferblantier	163,65	176
Spinner	fileur	164,08	156
Weber	tisserand	164,16	221
Giesser	fondeur	164,21	356
Fabrik Tagner	journalier de fabrique	164,51	593
Friseur	coiffeur	164,55	119
Kellner	garçon de café (ou de restaurant)	164,62	103
Gärtner	jardinier	164,65	173
Schuster	cordonnier	164,94	155
Klempner	plombier	164,99	101
Tagner	journalier	165,06	1 356
Schmied	forgeron	165,23	102
Eisen Dreher	tourneur en fer	165,34	538
Metzger	boucher	165,59	293
Schreiner	menuisier	165,83	469
Anstreicher	peintre	165,91	154
Maurer	maçon	165,99	198
Buchbinder	relieur	166,08	129
Commis	commis	166,36	436
Schlosser	serrurier (de fabrique)	166,41	1 659
Bauschlosser	serrurier du bâtiment	166,65	115
Zeichner	dessinateur	166,76	195
Zimmermann	charpentier	167,13	121
Rouleau Stecher	graveur sur rouleau	167,62	101
Blumen Zeichner	dessinateur de fleurs	167,67	108
Schreiber	commis aux écritures	168,07	1 352
	Ensemble	**165,23**	**12 773**

D'autres professions apparaissent tout simplement parce que l'échantillon de l'époque allemand a un effectif beaucoup plus important que l'échantillon de l'époque française et donc que davantage de professions franchissent la barre des 100 individus, critère de sélection retenu dans l'étude des professions. Il en va ainsi des barbiers, des tisserands, des bouchers, des jardiniers, des forgerons, des peintres et des relieurs. D'autres professions sont tout simplement des désignations différentes en allemand de professions françaises, tel les *Schreiber* (commis aux écritures) ou les *Commis* (commis). Enfin, certaines professions marquent une modernisation et une tertiarisation de la ville, tels les coiffeurs et les garçons de café ou de restaurant.

Malgré ces changements intervenus dans le paysage socioprofessionnel mulhousien, la hiérarchie urbaine anthropométrique reste très marquée, comme c'était déjà le cas dans la première moitié du siècle : l'écart-type entre professions ne diminue que très légèrement : il passe de 1,7 cm (1822-1850) à 1,5 cm (1856-1894). Comme à l'époque précédente, la hiérarchie est davantage présente en ville qu'en Brie (0,9 cm pour 1857-1883) ou que dans les campagnes alsaciennes (1,1 cm pour 1852-1894). L'écart maximum se resserre toutefois considérablement, passant de 9,3 cm à 5,5 cm entre tailleur (*Schneider*) et commis aux écritures (*Schreiber*).

La société urbaine conserve globalement dans sa période d'amélioration du niveau de vie biologique la même hiérarchie que dans sa période de dépression staturale. Les professions du textile ont encore une stature moyenne inférieure à celles de la métallurgie. Les fileurs (*Spinner*) sont toujours assez mal nourris (164,1 cm par rapport à la moyenne de l'échantillon qui est 165,2 cm), mais leur part dans l'échantillon a considérablement baissé depuis la période 1822-1850 (passant de 12,6 à 1,2 %). Les tisserands (*Weber*) sont aussi défavorisés (164,2 cm) mais peu nombreux. Les rattacheurs sont encore parmi les plus petits (163,4 cm) et ils sont beaucoup plus nombreux qu'auparavant, passant de 3,7 à 18,3 % des effectifs de l'échantillon. Cette évolution est assez complémentaire de celle des fileurs. On peut donc se demander si un certain nombre de fileurs de l'époque allemande, avec l'automatisation du travail, ne sont pas de plus en plus cantonnés à une simple tâche de rattacheur et se déclarent donc comme tels. On peut même penser que l'industrie textile connaît alors une déqualification de sa main-d'œuvre, comme l'a montré Michel Hau pour l'entreprise DMC[13]. Le pourcentage d'ouvriers qualifiés de la filature et du retordage chez DMC passe en effet de 24,6 à 11,8 % entre 1848 et 1898. Quoi qu'il en soit, les statures des ouvriers du textile, fileurs, tisserands ou rattacheurs, sont encore modestes.

En revanche, les serruriers de l'industrie (*Schlosser*), un des principaux métiers de la métallurgie (passant entre 1822-1850 et 1856-1894 de 7,6 à 13 % de l'échantillon), sont toujours aussi bien nourris (166,4 cm), nettement au-dessus de la moyenne de

---

13 M. HAU, *op. cit.*, p. 314.

l'échantillon (165,2 cm). Cependant, les tourneurs en fer (*Eisen Dreher*) ne dépassent pas la stature moyenne de l'échantillon (165,3 cm contre 165,2 cm).

On retrouve en 1856-1894 les professions qualifiées de l'industrie textile qui tiraient déjà bien leur épingle du jeu en 1822-1850 : les graveurs sur rouleaux (*Rouleau Stecher* ou *Walzen Stecher*, 167,6 cm) et les dessinateurs de fleurs (*Blumen Zeichner*, 167,7 cm). Les premiers voient leur qualification reconnue en 1881, avec la création d'une école de gravure sur rouleau[14]. Les seconds font preuve d'une certaine minutie, ils ont dû suivre les enseignements des établissements spécialisés de Mulhouse[15] pour maîtriser la technique et l'art du dessin, utilisés dans la production des étoffes et des papiers peints. C'est entre autres sur l'originalité de sa création artistique que la réputation de l'industrie mulhousienne repose. Il n'est donc pas étonnant de voir les graveurs sur rouleaux et les dessinateurs de fleurs si bien placés dans la hiérarchie anthropométrique de la ville. La distinction entre simple dessinateur (166,8 cm)[16] et dessinateur de fleurs (167,7 cm) permet d'ailleurs de voir l'importance de l'enseignement des arts appliqués dans la détermination du niveau de vie. On rappelle toutefois que le rapport entre niveau d'instruction et niveau de vie biologique n'est pas forcément direct et qu'il ne traduit pas toujours une différence de salaire mais qu'il renvoie aussi au capital financier (et culturel) de la famille du conscrit.

Les ferblantiers (*Blechschmied*, 163,6 cm) et fondeurs (*Giesser*, 164,2 cm), bien que travaillant le métal, sont mal placés dans la pyramide anthropométrique, ce qui était déjà le cas en 1822-1850. Plus généralement, les ouvriers peu qualifiés de l'industrie sont toujours plus petits en moyenne que les artisans : c'est le cas des ouvriers de fabrique (*Fabrik Arbeiter*, 162,7 cm)[17], des fileurs, tisserands et fondeurs, des journaliers de fabrique (*Fabrik Tagner*, 164,5 cm), alors que les simples journaliers (*Tagner*) s'en tirent mieux (165,1 cm).

On retrouve encore en 1856-1894, au sommet de la hiérarchie anthropométrique, des métiers d'encadrement de l'industrie, fonctions commerciales ou plus généralement tertiaires, moins fatigantes et plus qualifiées que les autres : commis (*Commis*, 166,4 cm) et surtout commis aux écritures (*Schreiber*, 168,1 cm). Alors que l'on peut estimer que les fonctions équivalentes représentaient 7,7 % de l'échantillon en 1822-1850[18], les commis aux écriture représentent à eux seuls 10,6 % de l'échantillon de

---

14 M. HAU, *op. cit.*, p. 321.
15 Notamment l'Ecole de Dessin (fondée en 1829 par la SIM) dont les cours sont gratuits à partir de 1865. (*ibidem*, p. 323-324.)
16 Ceux-ci dressent certainement les plans des machines industrielles : ce dessin technique demande aussi une certaine qualification, comme en témoigne la stature supérieure à la moyenne des simples dessinateurs.
17 Ceux-ci sont beaucoup moins nombreux qu'en 1822-1850 : leur proportion passe de 16 à 2 % de l'échantillon.
18 Total des commis négociants et des employés de commerce.

1856-1894 et les fonctions tertiaires « supérieures » représentent 14 % si l'on ajoute les commis. Encore ne tient-on pas compte des autres métiers d'encadrement, trop peu nombreux, mais que l'on retrouve toutefois dans les statistiques de l'évolution socio-professionnelle de la ville (graphique 92). Il y a donc une forte progression des fonctions tertiaires de l'industrie à la fin du XIXe siècle à Mulhouse, et cette progression peut contribuer à l'élévation du niveau de vie, puisque ces fonctions sont parmi celles qui assurent le niveau de vie biologique le plus élevé.

La seule profession du monde agricole que l'on trouve pour la période 1856-1894 est nouvelle : il s'agit des jardiniers (*Gärtner*, 164,6 cm). Ceux-ci ont une stature identique à celle des jardiniers du *Kreis* de Sélestat (164,7 cm) à la même époque. Ce niveau de vie biologique médiocre tant à Mulhouse qu'à la campagne confirme donc que la spéculation maraîchère vers laquelle se tourne l'Alsace à la fin du siècle[19] n'est pas une bonne affaire pour tous.

La plupart des professions nouvelles en 1856-1894 se rattachent au secteur du bâtiment, preuve que le mouvement de construction d'immeubles de rapport arrive enfin à suivre la croissance démographique de la ville. La plupart des artisans du bâtiment sont plus grands que la moyenne de l'échantillon (*Anstreicher* ou peintre, 165,9 cm ; maçon ou *Maurer*, 166 cm ; charpentier ou *Zimmermann*, 167,1 cm) ce qui témoigne de la prospérité du secteur et peut-être déjà de la difficulté à trouver de la main-d'œuvre. Seuls les plombiers (*Klempner*, 165 cm) se trouvent légèrement en-dessous de la moyenne.

Les nouvelles professions, qui n'apparaissaient pas en 1822-1850, se rattachent aussi, comme dans le *Kreis* de Sélestat, à des activités de service banal et donc mal payées : garçon de café ou de restaurant (*Kellner*, 164,6 cm), coiffeur (*Friseur*, 164,5 cm). Les barbiers (*Barbier*, 163,1 cm) sont dans le même cas, même s'ils constituent un métier ancien qui n'apparaît qu'en 1856-1894 parce que les barbiers n'étaient pas assez nombreux pour figurer dans le tableau de 1822-1850. Enfin les relieurs (*Buchbinder*, 166,1 cm), déjà présents au début du siècle mais alors eux aussi trop peu nombreux, témoignent de la généralisation de l'écrit à la fin du siècle et de la haute qualification de leur métier par leur stature.

c) L'influence du milieu sur les niveaux de vie : rééquilibrage en faveur de la ville

Les professions qui sont aussi exercées dans le *Kreis* de Sélestat pour les cohortes de naissance 1852-1894 (tableau 26) montrent que dans 6 cas sur 10 il vaut mieux travailler à la campagne ou dans la petite ville que dans la grande ville. Les ouvriers de fabrique mulhousiens sont plus petits que les ouvriers de fabrique du *Kreis* de Sélestat (162,8 cm contre 164 cm), les tisserands de Mulhouse (164,2 cm) que les tisserands du *Kreis* (165 cm pour les simples tisserands, 165,7 pour les tisserands de fabrique).

---

19   M. HAU, *op. cit.*, p. 66-68.

La même inégalité se retrouve chez les artisans : les boulangers mulhousiens sont plus petits (163,6 cm) que les boulangers du *Kreis* (164,8 cm), de même que les bouchers (165,6 cm contre 166 cm). Les forgerons (165,2 cm contre 166 cm) et charpentiers (167,1 cm contre 168,2 cm) répondent au même schéma.

En revanche, mieux vaut être cordonnier à Mulhouse que dans la région de Sélestat (164,9 cm contre 164,5 cm), de même pour les menuisiers (165,8 cm contre 165,3 cm). Des fonctions spécifiquement urbaines sont aussi mieux loties à Mulhouse qu'à la campagne : garçon de café (*Kellner*, 164,6 cm contre 164 cm) et commis aux écritures (168,1 cm contre 166,7 cm). N'en reste pas moins que, dans la seconde moitié du XIXe siècle, la ville semble encore dans 6 cas sur 10 moins favorable à la croissance que la campagne.

La comparaison, au sein de la même profession, de la stature des conscrits mulhousiens nés à Mulhouse et des conscrits mulhousiens nés en Alsace rurale a montré pour les cohortes de naissance 1822-1850 que dans la majorité des cas le milieu urbain exerçait une influence négative sur la stature. Avec l'augmentation du niveau de vie à Mulhouse à partir de l'année de naissance 1859 et avec les difficultés passagères que connaît l'Alsace rurale durant la Grande Dépression, la situation s'inverse-t-elle ? Autrement dit, la ville exerce-t-elle, entre 1856 et 1894, une influence positive durant la petite enfance sur le niveau de vie des citadins, toutes choses étant égales par ailleurs. « Toutes choses étant égales par ailleurs » signifie que l'on compare la stature des conscrits nés à Mulhouse d'une profession donnée et la stature des conscrits exerçant la même profession nés en Alsace et résidant à Mulhouse. Ainsi, le facteur « salaire urbain » ne peut jouer dans la différence qui peut exister entre les deux groupes. On a vu que D. Weir a mis en évidence à l'échelle départementale une influence positive de la ville sur la stature des Français entre 1840 et 1911 (années d'examen). Or, si la comparaison évolue en faveur des Mulhousiens d'origine entre 1856 et 1894, on constate toutefois que ce renversement de tendance est loin d'être complet. Nous n'avons retenu que les professions qui permettaient de comparer sur des bases solides les deux groupes de Mulhousiens. Dans 3 cas sur 5, les Mulhousiens d'origine sont en moyenne plus grands : c'est le cas des rattacheurs (*Ansetzer*) qui mesurent 163,6 cm (N = 1 306) pour les natifs de Mulhouse et 163,1 cm pour les Mulhousiens d'origine rurale (N = 825)[20]. C'est aussi le cas des tourneurs en fer (*Eisen Dreher*) qui accusent 165,5 cm sous la toise lorsqu'ils sont nés à Mulhouse (N = 400) contre 164,5 en Alsace rurale (N = 114)[21]. Enfin, les commis aux écritures (*Schreiber*) sont plus grands lorsqu'ils sont nés à Mulhouse (168,2 cm, N = 1 026) que lorsqu'ils sont nés dans les campagnes alsaciennes (167,4 cm, N = 248)[22], ce qui était déjà le cas pour les cohortes de naissance

---

20   Nés dans le Haut-Rhin : 162,9 cm (N = 629) ; nés dans le Bas-Rhin : 163,7 cm (N = 196).
21   Nés dans le Haut-Rhin : 164,7 cm (N = 92) ; nés dans le Bas-Rhin : 163,7 cm (N = 22).
22   Nés dans le Haut-Rhin : 167,2 cm (N = 206) ; nés dans le Bas-Rhin : 168,3 cm (N = 42).

1822-1850. En revanche, deux professions consacrent encore la supériorité des conscrits nés à la campagne et habitant à Mulhouse. Tout d'abord les journaliers (*Tagner*) mesurent en moyenne 165,4 cm (N = 500)[23] contre 164,8 cm pour les natifs de la ville (N = 700). Enfin, les serruriers (*Schlosser*) sont dans le même cas: ils mesurent 167 cm lorsqu'ils sont nés à la campagne (N = 375)[24] contre 166 cm lorsqu'ils sont nés à Mulhouse (N = 1 117).

Globalement, si l'on compare les mêmes professions dans le *Kreis* de Sélestat et dans la ville de Mulhouse, on constate un avantage des conscrits ruraux sur les conscrits de Mulhouse dans 6 cas sur 10. Cependant, si l'on compare pour la même profession à Mulhouse le niveau de vie biologique des néo-citadins et des Mulhousiens d'origine, le rapport s'inverse dans 3 cas sur 5: mieux vaut être nés à Mulhouse qu'à la campagne, même si l'on exerce ensuite le même métier dans la capitale industrielle de l'Alsace. Les progrès de l'hygiène urbaine à la fin du siècle, mais aussi l'élévation du niveau de vie des parents ouvriers urbains peuvent rendre compte de cette évolution en faveur des Mulhousiens d'origine.

La ville devient donc plus favorable à la croissance staturale dans la seconde moitié du siècle que la campagne.

d) L'amélioration des conditions de vie ouvrières

Quels sont les principaux changements intervenus entre professions à Mulhouse entre le début et la fin du siècle ? Pour répondre à la question, il faut comparer à âge égal l'échantillon de 1856-1894 (tableau 27) avec celui de 1822-1850 (tableau 8). On remarque alors qu'à âge égal (20,5 ans), la stature moyenne de l'échantillon de professions des cohortes de naissance 1856-1894 est plus faible (165,6 cm) que celle de l'échantillon des cohortes de naissance 1822-1850 (166,1 cm). Pourtant, le *trend* est orienté à la baisse dans la première partie du siècle puis à la hausse dans la seconde. Le paradoxe n'est ici encore qu'apparent. La stature de l'échantillon de 1856-1894 est plus basse car le point de départ du *trend* est lui même très bas. Inversement, la stature de l'échantillon de 1822-1850 est plus élevée car le point de départ du *trend* est lui même assez élevé. De même, pour la Brie, la stature moyenne de l'échantillon de professions de la seconde partie du XIXe siècle était plus élevée que celle de la première partie du siècle alors que le *trend* était orienté à la hausse dans la première partie du siècle et à la baisse dans la seconde. Nous avons montré que ce paradoxe apparent s'expliquait en fait par un point de départ beaucoup plus élevé pour la seconde partie du siècle. Le raisonnement est exactement inverse pour les deux échantillons mulhousiens.

---

23   Nés dans le Haut-Rhin: 164,9 cm (N = 397); nés dans le Bas-Rhin: 167,4 cm (N = 103).
24   Nés dans le Haut-Rhin: 166,3 cm (N = 278); nés dans le Bas-Rhin: 168,8 cm (N = 97).

Les métiers qui tirent le mieux leur épingle du jeu entre 1822-1850 et 1856-1894 voient leur stature à âge constant (20,5 ans) augmenter, tels les maçons (de 165,3 à 166,4 cm), les menuisiers (de 165,4 à 166,2 cm), les serruriers (de 166,6 à 166,8 cm) et les graveurs sur rouleaux (de 167,6 à 168 cm). Le cas des serruriers est important, car ils constituent une part considérable de l'échantillon. Cependant, la plus forte progression est très nettement réalisée par les rattacheurs, qui grandissent de près de 4 centimètres, passant de 159,9 à 163,8 cm. On a déjà vu que ce sont précisément les rattacheurs qui bénéficient des plus fortes hausses de salaire durant le Second Empire[25]. Cela explique bien sûr l'augmentation très substantielle du niveau de vie biologique de ces derniers. Ce sont donc les ouvriers du bâtiment, les ouvriers les plus défavorisés du secteur textile comme l'élite (nombreuse) de l'industrie qui sont les plus favorisés par l'évolution des conditions de vie à Mulhouse. En revanche, certaines professions connaissent une baisse de stature plus accusée que la moyenne, comme les ouvriers de fabrique (de 166,1 à 163,2 cm) et les boulangers (de 166,6 à 164 cm).

e) Modernisation et tertiarisation de la ville industrielle

Quelles sont les modifications de la composition socioprofessionnelle de la ville de Mulhouse qui accompagnent la hausse du niveau de vie biologique à la fin du XIXe siècle ? Comme pour la Brie et l'Alsace rurale, l'adolescence semble jouer un rôle important dans l'évolution du niveau de vie biologique des conscrits mulhousiens. On a donc présenté l'évolution socioprofessionnelle de Mulhouse pour les années de naissance des *Wehrpflichtigen* (1859-1876) mais aussi pour les années d'adolescence (1877-1896).

Durant la période d'examen 1859 à 1896, la part des conscrits travaillant dans le secteur textile mulhousien reste à peu près stable autour de 20 % (graphique 90), alors qu'elle diminuait dans la période antérieure, depuis la fin des années 1830. La fin de l'érosion de la part des actifs du secteur textile coïncide avec la fin des économies de main-d'œuvre dans ce secteur. Le phénomène d'économie de main-d'œuvre joue principalement de 1844 à 1862 : on passe de 20,4 ouvriers pour 1 000 broches en 1844 à 11,8 en 1862, mais seulement de 9,6 en 1869 à 9 en 1907[26]. Les actifs du secteur textile mulhousien, qui étaient devenus moins nombreux en proportion que les actifs du textile rural au cours des deux premiers tiers du XIXe siècle redeviennent proportionnellement plus nombreux. La baisse de la part des tisserands ruraux dans le *Kreis* de Sélestat explique ce renversement de tendance. L'artisanat textile n'aura duré qu'un temps dans les campagnes, les gains de productivité des usines urbaines poussent les ruraux à se tourner vers des activités plus rentables à la fin du siècle. L'artisanat textile

---

25   Voir *supra* et M. HAU, *op. cit.*, note 35 p. 303 citant E. Levasseur.
26   M. HAU, *op. cit.*, p. 294.

Graphique 90

Part du secteur textile chez les conscrits de Mulhouse et dans les campagnes alsaciennes, années d'examen 1859 à 1896

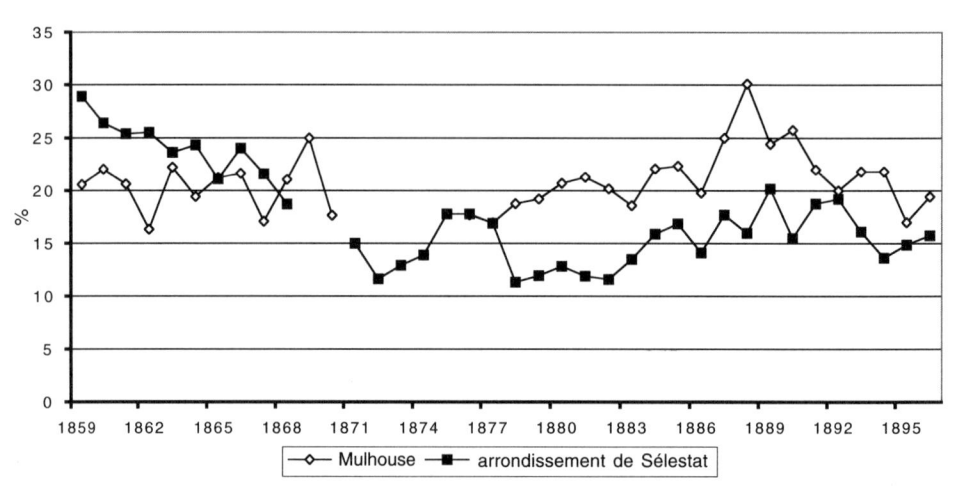

Légende : Mulhouse — arrondissement de Sélestat

(Sources : ADHR, série R, listes de tirage au sort, AMM, série HI, *Rekrutierungsstammrollen* ; ADBR, série R, listes de tirage au sort, versement 392 D 2, *Alphabetische Listen*)

Graphique 91

Part des trois vagues d'industrialisation à Mulhouse, années d'examen 1859-1896

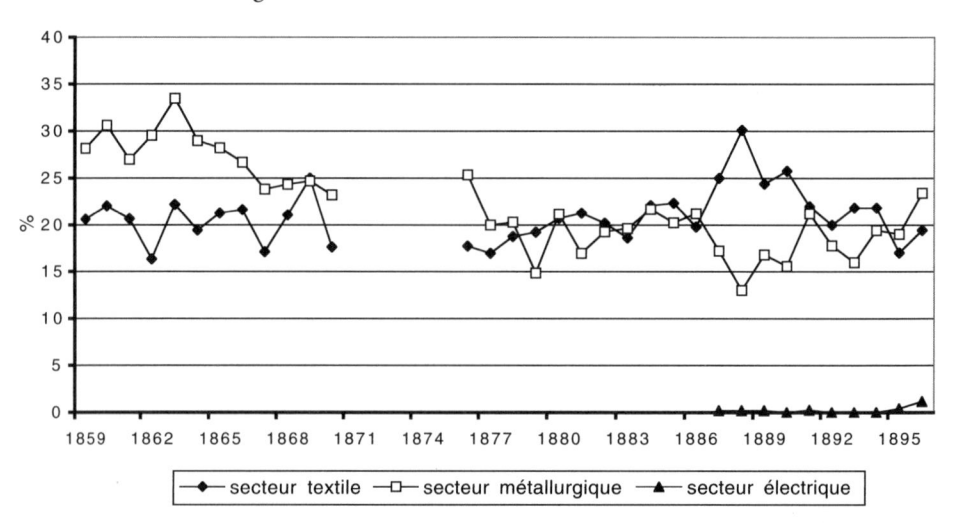

Légende : secteur textile — secteur métallurgique — secteur électrique

(Sources : ADHR, série R, listes de tirage au sort, AMM, série HI, *Rekrutierungsstammrollen*)

Graphique 92

Fonctions tertiaires exercées par les conscrits et liées à l'industrie à Mulhouse, années d'examen 1859-1896

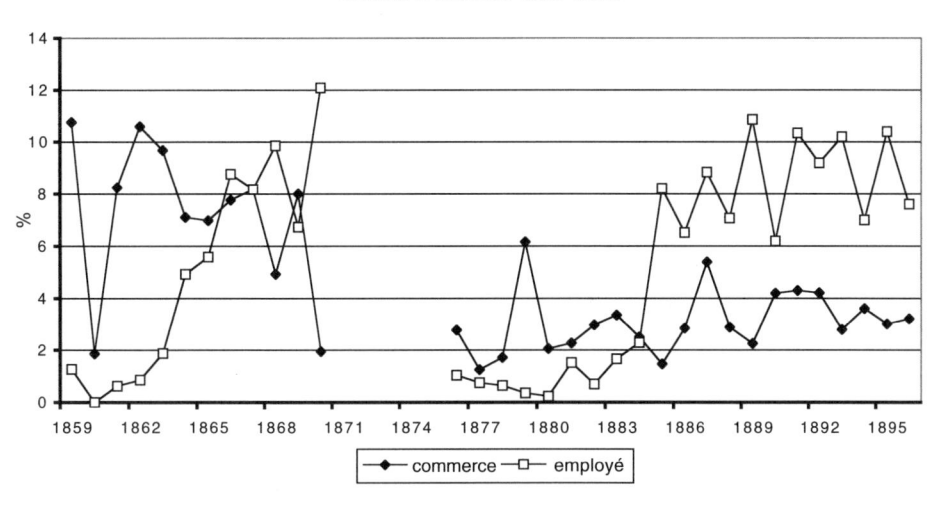

(Sources: ADHR, série R, listes de tirage au sort, AMM, série HI, *Rekrutierungsstammrollen*)

Graphique 93

Les conscrits de l'industrie à Mulhouse, années d'examen 1859-1896

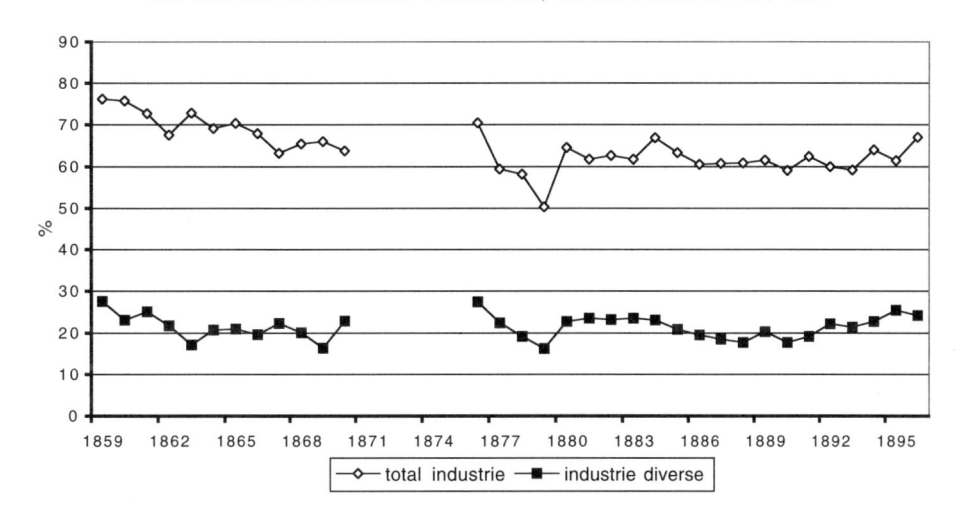

(Sources: ADHR, série R, listes de tirage au sort, AMM, série HI, *Rekrutierungsstammrollen*)

rural alsacien reste toutefois à un niveau assez élevé par rapport à Mulhouse sur le graphique 90, mais cela tient ici au cas particulier du *Kreis* de Sélestat qui concentre jusqu'à la fin du siècle la majeure partie des tisserands à domicile du *Reichsland* d'Alsace-Lorraine. Les deux courbes connaissent d'ailleurs une hausse à la fin des années 1870 et au début des années 1880. Le secteur textile alsacien sort alors du *Gründerkrach* : l'activité reprend aussi bien à la ville qu'à la campagne.

Enfin, la part du secteur métallurgique est en déclin à Mulhouse sur la période 1859-1896 (graphique 91), alors que l'activité gagnait sur le secteur textile depuis les années 1830. Dans les années 1880 et 1890, le secteur métallurgique ne représente plus que 15 à 20 % des effectifs des conscrits, contre 25 à 30 % dans les années 1860. Les gains de productivité du secteur métallurgique expliquent cette évolution. Il faut cependant aussi voir dans ce phénomène de diminution le rôle de la relocalisation d'usines de la SACM (Société Alsacienne de Construction Mécanique[27]) à Belfort par les patrons alsaciens francophiles. L'annexion de l'Alsace-Lorraine au IIe *Reich* semble avoir nui au plein développement industriel de la région et de Mulhouse en particulier.

La modernisation du tissu industriel mulhousien ne peut donc se lire dans une augmentation de la part des actifs de la métallurgie puisque celle-ci n'a pas lieu. En revanche, les registres de conscription permettent de constater l'apparition précoce des agents de la seconde révolution industrielle. Dès 1887, les premiers électriciens sont recensés (graphique 91). Leur proportion reste très modeste jusqu'en 1896 : il est vrai que l'industrie électrique n'est pas une spécialité mulhousienne et que la fée électricité est peu consommatrice de main-d'œuvre. N'en demeure pas moins que l'apparition précoce d'électriciens confirme que Mulhouse est encore à la pointe de la modernisation industrielle à la fin du XIXe siècle. C'est à Mulhouse que Siemens installe le premier réseau de téléphone du IIe *Reich* en 1881, cinq ans seulement après le téléphone de Bell[28]. Le virage de la seconde révolution industrielle s'amorce donc à Mulhouse dès les années 1880.

L'évolution de la part des fonctions tertiaires liées à l'industrie témoigne également de la modernisation de l'appareil productif mulhousien (graphique 92). La fin du Second Empire est marquée par une augmentation sensible des proportions d'actifs du commerce et surtout des employés. Ce mouvement est très nettement stoppé par la guerre de 1870-1871 et par le *Gründerkrach* du début des années 1870. Les conséquences de la Grande Dépression se lisent très clairement sur les deux courbes des actifs du commerce et des employés jusqu'au milieu des années 1880. La proportion des actifs du commerce double ensuite, alors que celle des employés quadruple.

---

27   Ancêtre d'Alstom.
28   M. HAU, *Un Siècle d'histoire industrielle en Allemagne. Industrialisation et sociétés 1880-1970*, Paris, 1997, p. 14.

La part des employés de l'industrie atteint alors une proportion sans précédent. On assiste à une bureaucratisation de l'industrie Mulhousienne, comme c'est alors le cas dans l'industrie allemande moderne. Les cols blancs se multiplient, le personnel de bureau s'étoffe à nouveau, comme dans les années 1860.

Enfin, la proportion d'actifs de l'industrie dont la profession ne permet pas de déterminer avec précision la branche d'activité reste stationnaire de 1859 à 1896 (graphique 93). La nomenclature allemande des métiers ne permet donc pas plus que la nomenclature française de faire diminuer la part des ouvriers à fonction indéterminée. On peut aussi déduire de ces chiffres que la proportion d'ouvriers peu qualifiés n'augmente pas pour l'ensemble de l'industrie mulhousienne. La baisse de la part des ouvriers qualifiés dans l'industrie textile constatée par M. Hau[29] est donc contrebalancée par une augmentation dans d'autres branches, en particulier dans la métallurgie.

La ville de Mulhouse connaît une diversification de son économie et de sa structure sociale à la fin du XIXe siècle: apparition du secteur électrique et explosion du nombre d'employés en témoignent. Globalement, Mulhouse devient aussi une ville tournée moins exclusivement vers l'industrie. La part des conscrits exerçant un métier industriel était de 70 % du milieu des années 1820 à celui des années 1860. Après un maximum entre le milieu des années 1850 et le milieu des années 1860 (plus de 70 % des conscrits travaillant dans l'industrie), on passe progressivement à 65 % dans la période 1880-1896 (graphique 93). Une timide tertiarisation de la ville s'amorce alors, comme en témoigne la multiplication des garçons de café, des coiffeurs et autres actifs du tertiaire dit banal.

Mulhouse offre donc un visage plus riant dans la seconde moitié du XIXe siècle que de 1796 à 1859. La stature moyenne des Mulhousiens augmente des années de naissance 1859 à 1876 (classes examinées en 1879-1896) alors qu'elle connaît une baisse de 13 années dans l'Alsace rurale. On a vu que cette différence s'explique probablement par une meilleure résistance de Mulhouse face à la Grande Dépression, dans les années d'examen 1876 à 1887. Les néo-citadins de Mulhouse ne connaissent pas de dégradation de leur niveau de vie biologique dans les années d'examen 1878 à 1887, alors que la stature de la population du *Kreis* de Sélestat diminue légèrement aux mêmes dates. La hausse des salaires urbains permet peut-être aux néo-citadins d'enrayer la baisse de stature qui affecte les alsaciens restés à la campagne. De manière générale, l'amélioration des conditions de vie à Mulhouse dans la seconde moitié du XIXe siècle se traduit par une augmentation de la stature des Mulhousiens néo-citadins comme Mulhousiens d'origine. Le rapport s'inverse d'ailleurs timidement en faveur de ces derniers pour les années de naissance 1856 à 1894. Alors qu'à Mulhouse, entre

---

29 M. HAU, *L'Industrialisation…*, op. cit., p. 314.

1822 et 1850[30], à profession égale, mieux valait être né dans la campagne qu'à la ville, c'est le plus souvent l'inverse pour les cohortes de naissance 1856-1894. Le milieu urbain constitue donc désormais un biotope favorable à la croissance staturale par rapport à la campagne. Cependant, la chose est encore peu nettement établie, puisque globalement les métiers exercés à la fois dans le *Kreis* de Sélestat et dans la commune de Mulhouse montrent un avantage pour ceux du *Kreis*. N'en demeure pas moins que Mulhouse connaît un développement statural indéniable des années de naissance 1859 à 1876, accompagné par une diversification, une tertiarisation et une modernisation de son tissu économique et social dans les années d'examen 1859 à 1896. L'espace de notre étude le plus moderne économiquement connaît une augmentation sensible du niveau de vie à la fin du XIXe siècle. Qu'en est-il de l'espace le plus archaïque, le Limousin ?

II – Le conscrit et le bœuf (Limousin, cohortes de naissance 1851-1876, examinées en 1871-1896)

a) Le paradoxe d'une croissance anthropométrique soutenue dans une région où la transition démographique est tardive

Le Limousin connaît dans les années 1845 à 1858 une « période des grandes crises »[31] au cours de laquelle se déroulent les dernières manifestations rurales liées au problème des subsistances[32]. Les récoltes sont particulièrement mauvaises en 1845 et 1846[33] et provoquent une « misère effroyable » dans les campagnes[34]. Une crise d'importance se lit pour les années de naissance 1846-1848 (graphiques 32 et 33). Cependant, on a vu que la stature des Limousins pour les années de naissance postérieures à 1851 se rétablissait, grâce notamment aux meilleures conditions de vie des années de la fin du Second Empire.

De plus, les indicateurs traditionnels de niveau de vie connaissent une amélioration sensible à partir du début des années 1850. Le salaire des maçons augmente très nettement avec les grands travaux parisiens entrepris sous Napoléon III[35]. L'agriculture connaît aussi une période faste à partir des années 1850, portée par le cours de la viande bovine. C'est un changement brusque et important qui intervient

---

30   Années de naissance.
31   A. CORBIN, *op. cit.*, p. 165.
32   *Ibidem*, p. 513.
33   *Ibidem*, p. 422.
34   *Ibidem*, p. 487.
35   *Ibidem*, p. 200, voir aussi J. ROUGERIE, *loc. cit.*, p. 99 et 103.

Grande Dépression et hausse du niveau de vie biologique : Mulhouse et le Limousin

au début du Second Empire dans l'économie limousine qui s'ouvre alors largement au marché parisien de la viande. Les envois de bestiaux vers Paris sont anciens, on a vu qu'ils remontaient au moins au XVIIe siècle, mais une « brutale augmentation des effectifs envoyés par la Haute-Vienne » se produit entre 1852 et 1855, accompagnée par « une non moins brutale élévation des cours dans le département[36] ». Selon un schéma cher à J. Komlos, on pourrait alors craindre que l'importante augmentation des exportations de protéines animales vers Paris ne dégrade sensiblement le niveau de vie biologique des Limousins, pourtant déjà très bas. Autrement dit, les régions périphériques au marché connaîtraient une baisse de niveau de vie au moment de leur intégration au marché national. Cependant, on pourrait aussi considérer que l'ouverture au marché parisien ne peut qu'améliorer les conditions de vie des Limousins, parmi les plus médiocres de France. L'élevage fournit en effet la première source de revenu de la région. Une augmentation des exportations et des cours du bétail ne pourrait être que bénéfique à la santé des Limousins.

Avant de tester davantage les deux hypothèses explicatives de l'amélioration de la stature, l'une étudiant le monde des maçons, l'autre l'élevage bovin, voyons quelle est l'ampleur de l'amélioration de la stature des conscrits limousins au cours de la seconde moitié du XIXe siècle. La stature moyenne augmente tout d'abord très rapidement entre l'année de naissance 1851 et l'année de naissance 1856 (graphique 94). En cinq ans, les Limousins gagnent 2,7 cm, soit une croissance de célérité très élevée, de l'ordre de 5,4 mm/an. On rappelle que des croissances de célérité 1,5 mm/an sont considérées comme importantes en histoire anthropométrique[37]. La croissance s'effectue en fait en deux étapes, de 1851 à 1853 puis de 1855 à 1856, avec un net palier en 1854-1855.

La stature reste ensuite à un niveau d'aisance toute relative de 1856 à 1859, autour de 164,5 cm. Les Limousins nés entre ces deux dates bénéficient d'un niveau de vie biologique jamais atteint dans la région depuis le début de notre étude (année de naissance 1782, graphique 98). L'écart avec la moyenne nationale, qui était d'environ 3 cm en 1851 n'est plus que d'environ 1 cm entre 1856 et 1859.

Le niveau de vie biologique baisse ensuite brusquement en 1860 d'un centimètre et se stabilise pour neuf ans à 163,5 cm (graphique 94). A partir de l'année de naissance 1868, une reprise de la croissance amène la stature des Limousins à un niveau légèrement supérieur à celui de 1856-1859. Les Limousins gagnent alors 1,5 cm en 6 ans, soit une croissance de célérité 2,5 mm/an. Il s'agit donc là encore d'une véritable fièvre de croissance. Enfin, de 1874 à 1876, un retournement de tendance a lieu et la stature des Limousins baisse d'un centimètre en deux ans. La décroissance est donc sensible.

---

36 A. CORBIN, *op. cit.*, note 55 p. 131.
37 Voir J. KOMLOS, « Histoire anthropométrique de la France de l'Ancien Régime », *loc. cit.*, p. 522.

Graphique 94

Stature en Limousin (N = 12 937) et en France, cohortes de naissance 1851-1876

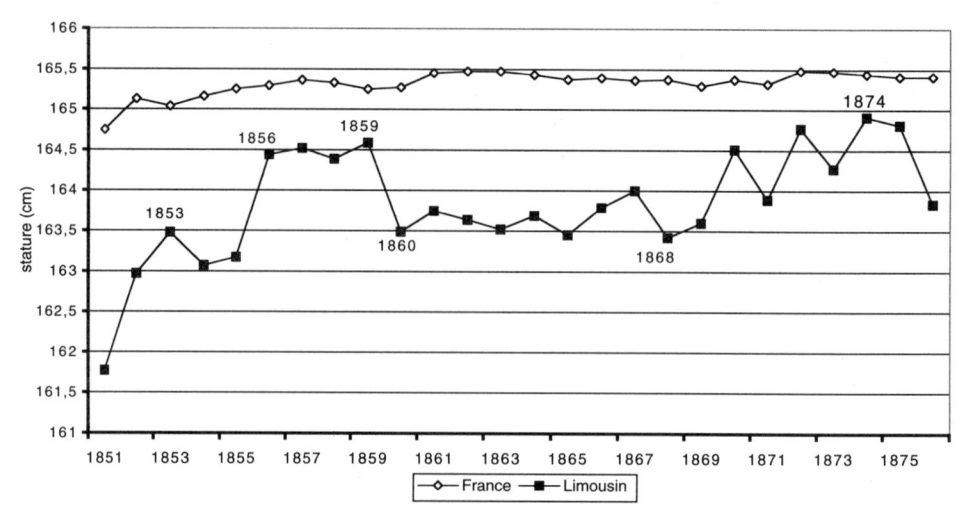

(Sources : ADHV, série R, listes de tirage au sort, listes de recrutement cantonal)

Graphique 95

Stature des conscrits de l'arrondissement de Bellac (Limousin ouvert au marché) et de l'arrondissement de Saint-Yrieix (Limousin agricole archaïque) cohortes de naissance 1851-1873 (N = 12 030)

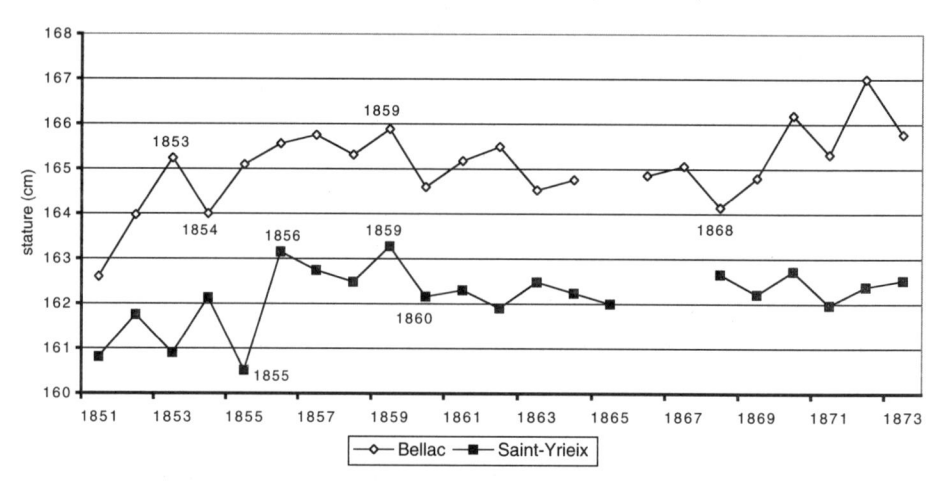

(Sources : ADHV, série R, listes de tirage au sort, listes de recrutement cantonal)

Grande Dépression et hausse du niveau de vie biologique : Mulhouse et le Limousin

Graphique 96

Croissance démographique des cantons sélectionnés pour le *trend* de la stature en Limousin (1831 à 1936) indice 100 en 1831

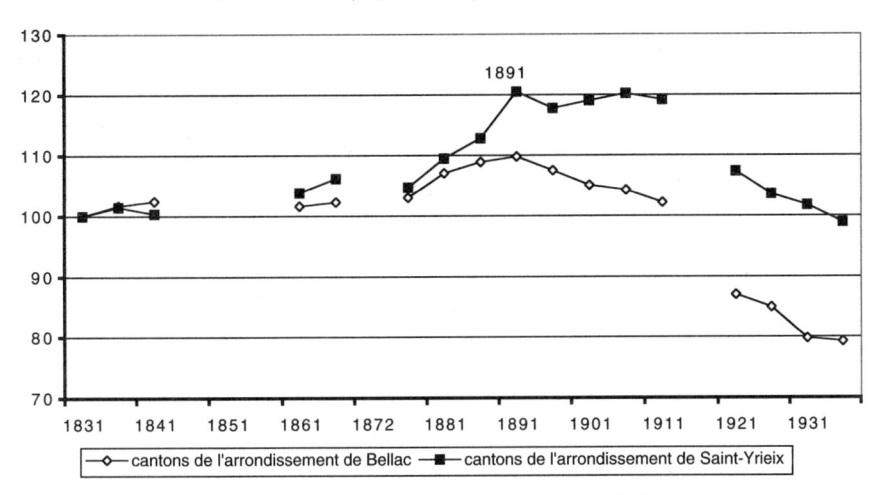

(Sources : ADHV, série M, sous-série 6 M, recensements de la population ; années manquantes : 1846, 1851, 1856, 1872)

Graphique 97

Salaire nominal à Paris et stature limousine (années de conscription 1817-1911)

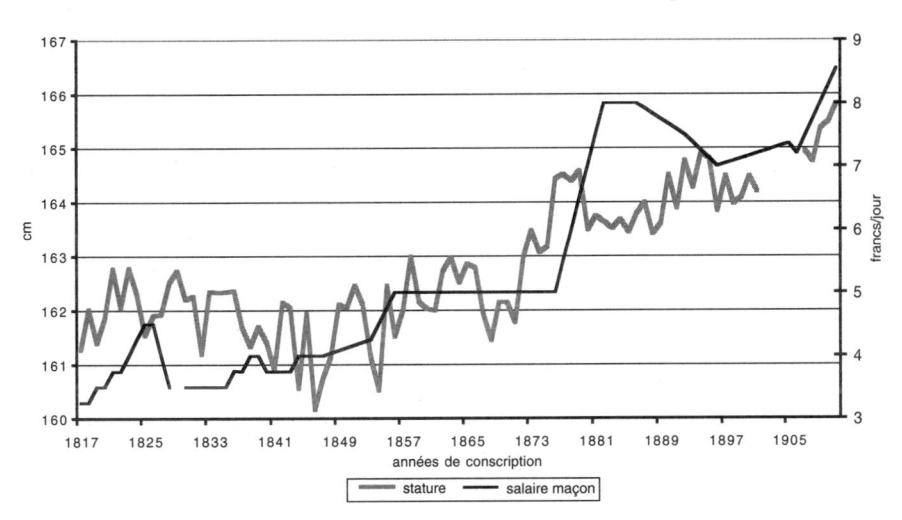

(Sources : ADHV, série R, listes du contingent, listes de tirage au sort, listes de recrutement cantonal, tableaux de recensement communal ; J. Rougerie, *loc. cit.*, p. 99 et 103 pour les salaires)

Graphique 98

Stature en Limousin (N = 40 701) et en France, cohortes de naissance 1782-1876

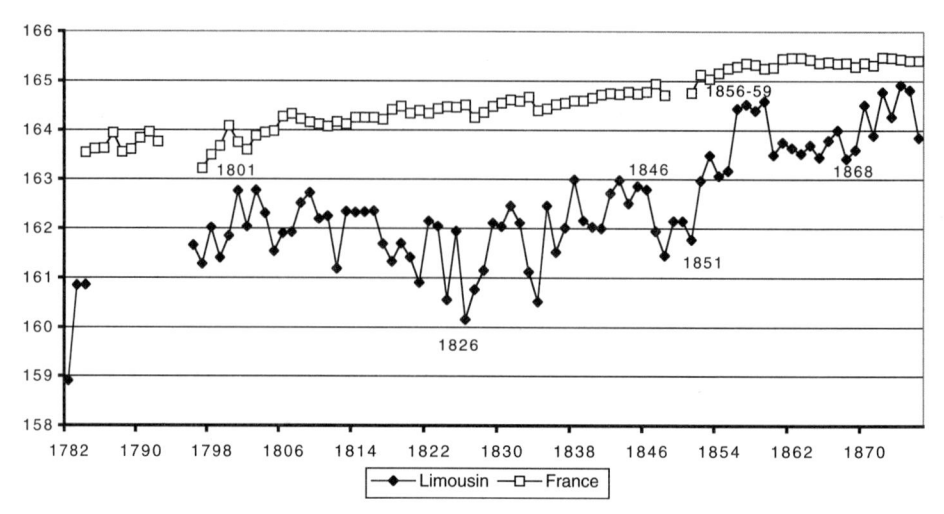

(Sources : ADHV, série R, registres du contingent départemental (d'après le répertoire de la série R), listes du contingent, listes de tirage au sort, listes de recrutement cantonal et D. R. Weir pour la France)

Les deux arrondissements de Bellac et de Saint-Yrieix constituent la base de notre étude pour le Limousin. Le premier représente le Limousin maçonnant et d'agriculture moderne, le second le Limousin sédentaire archaïque. On constate en décomposant le *trend* général de la région entre ces deux entités que la même tendance se dégage dans les deux espaces, mais à des niveaux différents (graphique 95). La courbe du Limousin maçonnant et d'agriculture moderne reste toujours supérieure à celle du Limousin sédentaire, comme c'était déjà le cas dans la période antérieure. Une forte croissance dans les années 1851 à 1856, puis une stabilisation à un niveau assez élevé de 1856 à 1859 se lisent pour les deux arrondissements. La stature augmente plus tardivement dans le Limousin sédentaire que dans le Limousin maçonnant. L'arrondissement de Saint-Yrieix, représentant le Limousin archaïque, sort donc plus difficilement de la période des grandes crises que la région qui dispose de l'apport du numéraire des maçons migrants mais aussi des plus beaux boeufs. Pour l'arrondissement de Saint-Yrieix, les années 1853 à 1857 sont encore celles de misère « effroyable[38] ». Après le décrochage de 1859-1860, suit une période de stagnation

---

38 A. CORBIN, *op. cit.*, p. 491.

dans les deux arrondissements, de 1860 à 1868. Ce n'est qu'à la fin de la période qu'une différence sensible se manifeste entre les deux courbes. Après l'année de naissance 1868, le niveau de vie biologique du Limousin sédentaire et archaïque stagne alors qu'il augmente pour le Limousin maçonnant et d'agriculture moderne. Les conscrits de l'arrondissement de Bellac prennent 2,9 cm entre 1868 et 1872. La croissance atteint alors une célérité très élevée, supérieure à 5 mm/an.

Globalement, malgré l'existence de nettes périodes de pause dans la croissance entre 1851 et 1876, la stature des Limousins a sensiblement augmenté en un quart de siècle: près de deux centimètres sont gagnés. On est donc bien loin des situations de récession économique et staturale constatées en Brie et en Alsace rurale à la même époque. La chose est d'autant plus remarquable que le Limousin connaît alors une évolution démographique à rebours du reste du pays. Alors qu'en France, dans la seconde moitié du XIXe siècle, la natalité des campagnes baisse considérablement et que l'exode rural définitif prend de l'ampleur, les campagnes limousines atteignent le plein rural très tardivement, aux recensements des années 1890 (graphique 96). La croissance démographique est particulièrement soutenue dans les années 1870 et 1880, comme on le voit sur les courbes représentant l'évolution de la population retenue pour établir le *trend* de la stature. Il est vrai que la Haute-Vienne, dont sont issus les cantons du *trend*, représente le cas extrême de cette voie limousine de croissance démographique[39]. N'en demeure pas moins que le Limousin constitue une exception dans la France rurale. En dépit d'une croissance naturelle considérable et alors que la Brie et l'Alsace rurale connaissent une baisse de la stature lors de la Grande Dépression, le Limousin parvient à maintenir et même à augmenter son niveau de vie biologique. Comme le note Alain Corbin, le plus étonnant est que «l'économie régionale ait pu absorber la plus grande partie de l'accroissement naturel»[40] et même soit parvenu à améliorer le niveau de vie de ses habitants[41]. C'est entre 1880 et 1900 que la consommation de châtaignes, dont on a vu précédemment l'importance dans l'alimentation des Limousins, recule de façon spectaculaire, sous l'effet d'une véritable «dévaluation» morale[42]. Plus que de morale, il s'agit ici d'une disparition tardive de conditions économiques très défavorables jusqu'au milieu du XIXe siècle. Les conscrits toisés entre 1871 et 1896 mangent de moins en moins de

---

39   A. CORBIN, *op. cit.*, p. 555.
40   *Ibidem*, p. 580.
41   «Jusque vers 1880, le régime alimentaire de l'habitant des campagnes n'a pas été très profondément modifié dans sa composition; l'amélioration s'est donc essentiellement traduite en ce domaine par la disparition des disettes, des privations exceptionnelles et peut-être aussi, [...] par l'amélioration de la qualité des produits. La viande, vers 1880, reste un mets exceptionnel», *ibidem*, p. 71.
42   A. BRUNETON-GOVERNATORI, «Alimentation et idéologie: le cas de la châtaigne», dans *Annales Economies Sociétés Civilisations*, 39, 1984, p. 1161-1189.

châtaignes. On a vu que la consommation de ces dernières avait une influence négative sur la stature des Limousins nés en 1848. Le changement de régime alimentaire permet donc dans la seconde moitié du siècle une croissance staturale substantielle. C'est là un premier facteur explicatif. Il reste à voir pourquoi les Limousins peuvent se permettre de bénéficier d'un régime alimentaire plus varié.

b) Le rôle discutable de l'augmentation des salaires du bâtiment dans l'amélioration du niveau de vie biologique

La première explication possible est celle des salaires. Jusqu'aux cohortes examinées au début de la décennie 1880, ce sont de 20 à 25 % des conscrits toisés de notre échantillon qui se déclarent maçons[43]. L'effectif de ces derniers est donc considérable. Il est alors raisonnable d'envisager qu'une hausse de salaire concernant un quart de la population active masculine âgée de vingt ans des arrondissements de Bellac et de Saint-Yrieix aura des conséquences positives sur la santé de l'ensemble des conscrits, directement ou indirectement, grâce à la redistribution des richesses qu'entraîne la dépense du magot du maçon dans son pays natal. On a donc constitué une série de salaires annuels des maçons parisiens à partir des données de J. Rougerie[44] qui ne sont annuelles que jusqu'en 1847[45]. On a corrélé le salaire annuel avec la stature de l'année d'examen correspondante. Par exemple, pour le salaire de 1853, c'est la stature moyenne des conscrits de la classe 1853, nés en 1833 et examinés au début de l'année 1854 qui est prise en compte. Le salaire a en effet une influence sur la stature à l'époque de la croissance de rattrapage de l'adolescence. Pour les années d'examen 1871 à 1911, le coefficient de détermination de la corrélation est de 0,22[46]. Il semble donc qu'il existe une influence réelle mais limitée des salaires sur le bien-être des conscrits limousins. Le calcul d'une moyenne mobile des salaires entre les âges de 17 et de 20 ans n'améliore pas la corrélation. Autrement dit, la prise en compte du salaire sur une période plus longue de la croissance humaine, lors du pic de croissance secondaire, n'augmente pas le coefficient de détermination.

En fait, c'est à long terme que la relation entre stature et salaire semble la plus évidente. Entre les classes 1817 et 1911 (nées entre 1797 et 1891), la corrélation entre

---

43 Voir graphiques 106 et 107. Sous le vocable de « maçon », nos statistiques concernant l'évolution de la composition socioprofessionnelle comprennent en fait aussi les tailleurs de pierres, paveurs et autres métiers du bâtiment. Dans l'immense majorité des cas (81,8 % entre les années d'examen 1873 et 1904), la catégorie « maçon » est cependant bien constituée de conscrits se déclarant précisément « maçon ».

44 J. ROUGERIE, *loc. cit.*, p. 99 et 103.

45 Pour les années 1848 à 1911, on a donc calculé les données manquantes en supposant une évolution linéaire du salaire entre les années où le salaire est effectivement connu.

46 $R^2 = 0,218$; $F = 9,502$; probabilité de l'hypothèse nulle = 0,405 %, $N = 36$ années.

salaire annuel du maçon parisien et stature des limousins est très forte, avec un coefficient de détermination de 0,67[47]. La corrélation tentée avec des moyennes mobiles des salaires entre 17 et 20 ans au lieu du salaire de l'année d'examen de la classe ne donne pas de meilleurs coefficients de détermination[48]. Les courbes des salaires des maçons parisiens et de la stature des Limousins présentent une synchronie générale frappante entre les années d'examen 1817 et 1911 (graphique 97) et les tests d'hypothèse de la corrélation entre ces mêmes dates sont très bons. Il faut cependant se garder d'accorder trop d'importance à la relation entre salaire et stature. En effet, on a vu que la relation est beaucoup moins bonne si l'on scinde la période 1817-1911 en deux. Il s'agit là en fait très probablement d'une simple colinéarité entre les deux variables. Salaires et stature évoluent globalement en parallèle et témoignent chacun à leur façon de l'amélioration des conditions de vie.

c) L'importance croissante de l'élevage bovin dans l'économie régionale

L'autre grand facteur explicatif de l'amélioration de la stature est l'élevage bovin. La conquête du marché national de la viande par la race bovine limousine au cours de la seconde moitié du XIXe siècle a pu avoir des conséquences importantes sur le niveau de vie biologique des Limousins, puisque déjà au début du siècle l'exportation de viande bovine sur pied représente la principale source de revenu de la région. En 1808, la Haute-Vienne à elle seule envoyait 8 000 bovins à Bordeaux et Paris. Entre 1881 et 1888, le Limousin, le Périgord et les Charentes envoient désormais 33 000 bêtes par an pour le seul marché parisien, alors que Bordeaux et Lyon s'alimentent directement sur les marchés limousins[49]. La quantité de viande livrée par le Limousin augmente donc considérablement. D'un point de vue sociologique, les changements agricoles en Limousin sont le fait majoritairement de métayers qui tirent leurs principales ressources de la vente de bovins. En 1898, le métayage représente encore 60 % du faire-valoir et le cheptel compte pour les deux tiers des revenus d'un métayer[50]. Comme on le voit sur le graphique 101 figurant l'évolution de la population bovine dans les

---

47 Par exemple, pour le salaire de l'année 1874, on prend la stature de la classe 1874, née en 1854 et examinée au début de 1875. $R^2 = 0,675$, $F = 180,807$; probabilité de l'hypothèse nulle = $5,926 \times 10^{-21}$, $N = 89$ années.

48 Dans ce cas, $R^2 = 0,65$. De plus $R^2 = 0,60$ de 1848 à 1911 avec une moyenne mobile des salaires de 17 à 20 ans contre 0,63 avec des salaires annuels.

49 La consommation bordelaise de bovins limousins est alors au moins de 16 000 têtes. E. TEISSERENC DE BORT, « La vérité sur la race bovine limousine », dans *L'Agriculteur du Centre*, 1889, p. 36.

50 Société d'agriculture de la Haute-Vienne, « Réponses au questionnaire relatif au métayage soumis à la Société d'agriculture de la Haute-Vienne par la classe 102 de l'Exposition universelle de 1900 », dans *L'Agriculteur du Centre*, 1898, p. 637-638.

arrondissements de Saint-Yrieix et de Bellac de 1790 à 1929, le troupeau bovin ne commence réellement à croître en nombre qu'après le milieu du XIXe siècle. Encore l'augmentation entre 1852 et 1918 constitue-t-elle un minimum puisque le troupeau de 1918 a subi de fortes ponctions pour alimenter l'armée durant la Grande Guerre. C'est donc bien après 1852 que la spécificité herbagère de la Haute-Vienne s'est affirmée.

La conversion de l'agriculture limousine à l'élevage est un phénomène progressif et partiel, freiné par les structures agraires de la région. La spéculation sur le prix de la viande n'est réellement entreprise que dans certaines parties de la région où les grandes exploitations sont nombreuses. Les capitaux des grands propriétaires et leur connaissance des circuits économiques leur permettent de tirer tout le profit de la hausse des cours[51]. Les espaces les mieux reliés au marché, au nord de la région, sont donc davantage concernés que ceux du Sud, d'autant plus qu'au Nord l'absence de main-d'œuvre due au départ des maçons pousse à pratiquer l'élevage, nécessitant moins de travailleurs que la céréaliculture[52]. La situation des principaux marchés bovins de la Haute-Vienne indique bien assez la géographie du dynamisme agraire : les deux grands marchés se trouvent à Bellac et à Limoges. Finalement, le Limousin sédentaire du Sud est beaucoup moins touché par l'évolution que le Nord et Alain Corbin situe les principaux changements après 1880[53]. Le retard du chaulage des terres limousines, même par rapport à une agriculture peu performante comme celle de la Bretagne, témoigne du caractère très traditionnel de l'agriculture[54]. On peut alors affirmer que l'évolution de l'agriculture limousine entre 1850 et 1880 relève davantage des changements agraires que d'une véritable révolution agricole. La dichotomie de l'espace limousin et sa perméabilité variable à la modernisation agricole se lisent d'ailleurs parfaitement dans les deux courbes de la stature des arrondissements de Bellac et de Saint-Yrieix. La croissance staturale après l'année de naissance 1868 concerne l'arrondissement de Bellac, arrondissement du Nord, maçonnant et pratiquant davantage l'élevage (graphique 95).

L'ouverture sur le marché et la hausse des cours de la viande a toutefois permis à la majorité des agriculteurs limousins, qui étaient en grande part des métayers et des petits propriétaires, de se libérer du poids de leurs dettes après le milieu du siècle[55]. Les différents articles écrits par les contemporains sur l'évolution de l'agriculture limousine montrent par ailleurs assez bien que les véritables changements ne viennent

---

51 A. CORBIN, *op. cit.*, p. 460-461.
52 *Ibidem*, p. 427.
53 *Ibidem*, p. 427 et 460.
54 *Ibidem*, note 76 p. 441.
55 Après 1858 selon A. CORBIN, *op. cit.*, p. 174-176. Voir aussi p. 427 pour la chronologie de l'évolution.

qu'après la fin des années 1860[56]. Il semble toutefois qu'une conjoncture favorable à l'élévation de la stature se dessine peut-être dès les années 1850.

Les cours de la viande bovine sont à la hausse après 1851[57]. Le mouvement touche toutes les variétés de viande. Les mercuriales de la Haute-Vienne, conservées de 1853 à 1940 procurent en la matière une source quantitative très précieuse. D'abord bimensuelles (1853-1901) puis mensuelles (1902-1940), elles fournissent des renseignements sur le nombre de bœufs, vaches et élèves vendus par quinzaine puis par mois, le poids vif moyen des bêtes vendues à chaque marché et le prix au kilogramme des bœufs, vaches et veaux (poids vif). Elles permettent donc de reconstituer les mouvements annuels des prix des bovins, mais aussi de leur poids. En tenant compte du nombre et du poids des bêtes vendues, on peut estimer les volumes monétaires échangés sur les marchés de Haute-Vienne de 1854 à 1937[58].

d) Le rôle discutable des prix de la viande dans l'élévation de la stature

En ce qui concerne les prix, la hausse est surtout importante entre 1853 et 1856 : le prix du kilogramme de bœuf augmente alors de 56 % et celui de la vache de 110 % (graphique 102). Après une phase de stagnation des prix jusqu'en 1861, les cours se consolident autour de 80 centimes le kilogramme pour le bœuf. Durant toute la Grande Dépression, le cours de la viande bovine sur les marchés de Haute-Vienne est resté stable. Il n'y a donc pas eu de baisse des prix pour ce qui constitue la principale source de revenu de la région. La baisse des cours ne viendra qu'entre 1896 et 1900. Le prix de la viande de vache est aussi important que celui du bœuf, puisqu'il s'est vendu sur les marchés de la Haute-Vienne entre 1853 et 1901 un peu plus de 150 000 bœufs contre un peu plus de 200 000 vaches. Même si le poids moyen d'une vache est inférieur à celui d'un bœuf et si le prix du kilogramme de bœuf est supérieur à celui de la vache, le volume de viande de vache vendu est donc très important pour déterminer la prospérité de l'agriculture limousine. Edmond Teisserenc de Bort note

---

56 Voir le frémissement perçu par E. MURET en 1866 (« L'agriculture ancienne et l'agriculture nouvelle en Limousin », dans *Almanach du Limousin et du ressort de la Cour impériale*, dit *Almanach Ducourtieux*, 8, 1866, p. 40-49.) et les écrits dithyrambiques des années 1890 sur l'évolution des 20 années précédentes : discours du ministre de l'Agriculture VIGER au deuxième concours de la race bovine limousine (*L'Agriculteur du Centre*, 1894, p. 188) ; discours du sénateur LE PLAY (*Ibidem*) ; E. TEISSERENC DE BORT, loc. cit., p. 14-39.
57 A. CORBIN, op. cit., p. 424.
58 L'année 1853 est incomplète, les années 1938 à 1940 posent divers problèmes qui obligent à arrêter la série en 1937. Enfin certains feuillets de quinzaine ou de mois sont parfois manquants. Il a alors fallu combler les vides au moyen de données reconstituées (moyennes des deux valeurs les plus proches, ou des deux valeurs de la même quinzaine ou du même mois de l'année précédente et de l'année suivante dans le cas de grosses transactions des marchés de fin d'année).

d'ailleurs que c'est surtout l'effectif des vaches bien plus que celui des bœufs qui a augmenté entre 1808 et 1886[59]. L'essor de l'agriculture limousine doit donc autant aux vaches qu'aux bœufs.

Le prix de la viande de bœuf peut expliquer une partie du mieux-être limousin, puisqu'une augmentation des prix de la viande signifie une augmentation des revenus de la population. Il existerait donc une corrélation positive entre prix du bœuf et stature humaine. On prend donc le prix annuel du bœuf à l'année de naissance des conscrits comme un indice des revenus des parents durant la petite enfance et on le corrèle à la stature des conscrits. Ainsi, pour l'année de naissance 1861, on prend le prix moyen du bœuf en 1861. la corrélation obtenue pour les années de naissance 1853-1917 est significative et le coefficient de détermination est assez élevé[60]. Mais pour la période 1853-1876, les résultats sont beaucoup moins bons[61]. Il semble que le prix du bœuf agisse sur la stature des Limousins comme le salaire du maçon parisien : significatif à long terme, le lien entre prix du bœuf et stature paraît moins facile à déceler à moyen terme. Il peut s'agir là d'un simple phénomène de colinéarité.

e) Le succès croissant de la race bovine limousine sur les marchés français

Si l'on considère non plus les prix mais les ventes réalisées sur les marchés de Haute-Vienne (Bellac et Limoges), on constate globalement un essor du mouvement des affaires sur la période 1854 à 1914 (graphique 103). Les ventes réalisées passent de 3,2 millions de francs courants dans les années 1854-1859 à 6,2 dans les années 1907-1914. Ce gonflement du chiffre d'affaire des marchés de Haute-Vienne est toutefois marqué par de nets reculs de 1869 à 1877, de 1880 à 1888, de 1896 à 1900 et de 1907 à 1911. La Grande Dépression ne semble pas affecter particulièrement le mouvement des affaires, puisque trois baisses sur quatre ont lieu avant ou après celle-ci. La seule baisse du chiffre d'affaire qui a lieu pendant la période de récession économique est celle de 1880 à 1888. Comme le montre le graphique 104 mettant en parallèle chiffre d'affaire et prix du bœuf au kilogramme, la seule diminution du chiffre d'affaire qui puisse s'expliquer par une baisse des prix est celle de 1896 à 1900. L'unique baisse du chiffre d'affaire (1880-1888) durant la Grande Dépression ne peut donc s'expliquer par une baisse des cours suite à l'ouverture au marché international. Par ailleurs, les sécheresses de 1865-1866, de 1870[62], de 1896[63] et

---

59 E. TEISSERENC DE BORT, *loc. cit.*, p. 18-19.
60 $R^2 = 0,386$; $F = 30,748$; probabilité de l'hypothèse nulle = $1,165 \times 10^{-4}$ %, N = 51 années.
61 $R^2 = 0,165$; $F = 4,364$; probabilité de l'hypothèse nulle = 4,849 %, N = 24 années.
62 Voir A. CORBIN, *op. cit.*, p. 424.
63 Voir la conférence du 31 mai 1896 de M. RECLUS, professeur départemental d'agriculture

surtout de 1893[64] ne semblent pas avoir de conséquences importantes sur les ventes réalisées. Les sécheresses, en provoquant une pénurie de fourrage, auraient pu avoir pour conséquence immédiate la mise sur le marché des bêtes que l'on ne peut plus nourrir et comme conséquence à moyen terme une diminution des ventes, puisque le cheptel a précédemment diminué en effectif lors de la pénurie de fourrage et qu'il faut un certain temps pour le reconstituer. Or il n'en est rien. Bien au contraire, les sécheresses de 1865-1866 et de 1893 ne marquent pas d'augmentation des ventes et sont suivies non pas d'une baisse mais d'une augmentation des échanges. Il faut donc bien admettre que le mouvement des affaires sur les marchés de Haute-Vienne s'explique par d'autres facteurs. L'un d'eux est la modification de l'organisation du marché national au cours de la seconde moitié du XIXe siècle. Ainsi, dans les années 1880, les exportations vers Paris diminuent en moyenne de 12 000 têtes par an car les marchés du Centre alimentent désormais directement les places de Bordeaux et de Lyon[65]. L'avènement du chemin de fer, en modifiant l'organisation traditionnelle des marchés régionaux, peut rendre compte d'une part des oscillations du mouvement des affaires sur les marché de Haute-Vienne. Les ventes réalisées en Haute-Vienne, département du Limousin le plus spécialisé dans l'élevage bovin, ne peuvent donc rendre compte pleinement de la prospérité limousine en raison des modifications qui affectent l'organisation des marchés entre 1854 et 1914. La multiplication

---

sur les « Dispositions à prendre pour remédier aux effets de la sécheresse », dans *L'Agriculteur du Centre*, 1896, p. 291-299.

64   Les premiers conseils de RECLUS sont donnés en avril-mai, mais d'autres conférences ont lieu par la suite devant l'ampleur de la sécheresse. Ainsi en septembre, « le bétail étant à peu près notre unique source de profit, tous nos efforts doivent tendre à assurer notre nourriture jusqu'au printemps prochain », *L'Agriculteur du Centre*, 1893, p. 107. Les effets de la sécheresse de 1893 sont rappelés en 1894 et 1896 (*ibidem*, 1894, p. 171 ; 1896, p. 292.)

65   E. TEISSERENC DE BORT, *loc. cit.*, p. 36, à propos de l'évaluation des exportations de bovins de race limousine vers Paris : « Si l'on ajoute à ce chiffre d'animaux expédiés à la Villette [33 000 têtes par an du Limousin, du Périgord et des Charentes], ceux achetés directement dans les trois provinces précitées par la boucherie de Paris seule (je tiens ces renseignements de l'aveu des principaux acquéreurs et des relevés de chemin de fer), on peut évaluer ce nombre à plus de 45 000 […]
Depuis quelques années, il s'est produit un fait assez curieux et qui mérite d'être relaté en faveur de la race bovine limousine.
Les trois provinces que je citais plus haut [Limousin, Périgord, Charentes], comme étant en quelque sorte le lieu d'approvisionnement en bêtes limousines, sont en train de devenir, à notre grand avantage, le vrai marché central de nos animaux de boucherie.
Facilitées par les moyens de transport qui ont été créés et augmentés de tous côtés, les villes du centre (Lyon y compris), une bonne partie du midi, Bordeaux, l'ouest et le nord-ouest viennent y faire leurs acquisitions et diminuent ainsi le nombre de têtes disponibles que nous aurions pour le marché de Paris. On peut évaluer à 12, 000 têtes par an la diminution de nos expéditions sur Paris depuis 8 ans. (Bordeaux à lui seul tue en moyenne 16 000 bêtes limousines).– (Limoges, en 1888, 23 605). »

des modes d'approvisionnement (commerce en droiture ou par l'intermédiaire des marchés) perturbe le mouvement des ventes réalisées sur les marchés de Haute-Vienne, mais elle témoigne en même temps du succès croissant de la race bovine limousine sur le marché national.

f) Niveaux de vie biologiques des bovins et des conscrits : deux facettes de la même histoire naturelle et sociale

Les mercuriales fournissent un dernier élément permettant de confronter progrès de l'élevage et amélioration des conditions de vie des conscrits : le poids des animaux vendus. On a vu que certains intellectuels du XIXe siècle, tels Sanson, Durand de Gros ou Lapouge, tenant de l'influence des facteurs sociaux sur la stature moyenne de l'homme, avaient émis l'hypothèse d'une corrélation entre stature des animaux domestiques et stature humaine[66]. Pour eux, les terroirs riches portent des hommes et des bêtes bien portants, alors que les régions pauvres ne peuvent donner que des hommes et des animaux chétifs. La relation alors envisagée se faisait entre stature animale et stature humaine. On ne dispose malheureusement pas de la stature des bovins au garrot dans les mercuriales de Haute-Vienne. On doit donc se contenter du poids des bovins[67]. On peut toutefois évoquer deux faits en faveur de la qualité de l'indice du bien-être animal ainsi obtenu.

Tout d'abord, la seconde moitié du XIXe siècle correspond à une époque où animaux et humains n'ont pas encore atteint la stature moyenne maximale qu'autorise leur potentiel génétique respectif car les disponibilités alimentaires ne sont pas encore optimales. Leurs poids moyens sont donc encore étroitement corrélés avec leurs statures moyennes. Un gain de centimètres signifie alors nécessairement un gain de kilogrammes. Il n'en est pas de même aujourd'hui où, dans les sociétés industrielles d'abondance, ce potentiel de croissance staturale est très près d'être atteint. Animaux d'élevage industriel, animaux domestiques de compagnie comme humains sédentaires sont de plus en plus nombreux à posséder une surcharge pondérale causée

---

66 Voir *supra* et J.-P. DURAND DE GROS, « Excursion anthropologique dans l'Aveyron », dans *BSAP*, 1869, p. 193 ; J. CARRET, *op. cit.*, p. 82 ; S.-Y. MENARD, *op. cit.*, p. 73 et p. 88-93 ; discussion dans *BSAP*, 3e série, t. 11, 1888, p. 176-177 et 780 ; docteur AUBERT, « Notes sur le département de l'Ain (Dombes, Bresse et Bugey) », dans *Revue d'anthropologie*, 3e série, t.3, 1888, p. 458 ; discussion dans *BSAP*, 4e série, t. 1, 1890, p. 798 et 804 ; G. CARLIER, « Recherches anthropologiques sur la croissance. Influence de l'hygiène et des exercices physiques », dans *MSAP*, 2e série, t. 4, 1893, p. 321 ; J.-P. DURAND DE GROS et G. DE LAPOUGE, « Matériaux pour l'anthropologie de l'Aveyron », dans *Bulletin de la Société languedocienne de géographie*, 20, 1897, p. 306.

67 Poids moyen annuel correspondant à une moyenne des poids donnés par quinzaine puis par mois, pondérée par les effectifs respectifs des animaux vendus dans la quinzaine ou dans le mois.

par une suralimentation et un exercice physique insuffisant. Il n'y a donc plus de rapport aussi direct qu'auparavant entre stature et poids, en raison même de la société de relative opulence qui existe actuellement.

Le deuxième argument que l'on pourrait avancer en faveur de l'indice de niveau de vie animal que constitue le poids des bovins est que ce dernier, tout comme le rapport poids-taille chez l'homme, peut être considéré comme un indice de malnutrition aiguë[68]. Cela signifie que la perte ou le gain de poids de l'animal nous renseigne sur les variations à court ou moyen terme de son niveau nutritionnel. La «fonte musculaire nutritionnelle», ou à l'inverse le gain musculaire nutritionnel nous informent sur les conditions de vie des bovins durant les deux ou trois dernières années de leur existence. Le poids des bovins renseigne donc sur les variations à moyen terme du niveau de vie. A l'instar de la stature humaine, la stature des animaux nous renseignerait davantage sur la malnutrition chronique de ces derniers[69], c'est-à-dire qu'elle rend compte des conditions de vie depuis la naissance, voire *in utero*. Elle renseigne donc sur les variations à longs termes du niveau de vie.

On peut toutefois considérer que la différence entre indice de malnutrition aiguë et indice de malnutrition chronique est moins importante chez l'animal que chez l'homme. En effet, l'espérance de vie d'un bovin est de l'ordre de 5 à 10 ans[70], vraisemblablement plutôt de 5 que de 10 ans en Limousin au XIXe siècle en raison de l'arriération de l'économie[71]. Sur une aussi courte période, les écarts enregistrés entre les deux types d'indices sont nécessairement plus faibles que pour l'humain où la période d'observation est de 20 ans. Un gain de stature animale sur une période de 5 ans sera nécessairement très proche d'un gain en poids sur la même période. De plus, l'engrais intensif des bovins en Limousin se fait traditionnellement en quelques mois, juste avant la vente de ces derniers[72]. C'est donc à l'année de vente que l'accélération du gain pondéral bovin serait maximale. Ainsi, en corrélant la stature humaine de l'année de naissance au poids des bovins pesés cette même année, on est assuré de saisir au

---

68   Sur l'utilisation historique du rapport poids-taille chez l'homme et la définition de la malnutrition aiguë, voir J.-M. SELIG, *op. cit.*, p. 59.

69   Sur la définition de la malnutrition chronique chez les humains, *ibidem*, p. 57 et 59. Sur la différence entre stature et rapport poids/stature en tant qu'indices de malnutrition, voir OMS, *op. cit.*, p. 81.

70   J. BATEN, *op. cit.*, p. 74.

71   De nos jours, 12% des vaches survivent au-delà de 10 ans (*ibidem*). E. TEISSERENC DE BORT note toutefois en 1889 «qu'autrefois» l'engraissement des bœufs commençait à l'âge de 8 ou 10 ans. (*loc. cit.*, p. 31). Vu le nombre extrêmement réduit de bœufs qui survivraient à cet âge au regard de l'espérance de vie actuelle, l'âge donné par l'auteur doit être pris avec une grande précaution. Si R. ABAD mentionne bien cet âge pour l'Epoque Moderne, il note surtout que l'âge d'engrais s'abaisse progressivement à la fin de l'Ancien Régime, passant à 7, voire 6 ans (*op. cit.*, p. 124).

72   R. ABAD, *ibidem*, p. 129 et 131.

mieux les conditions de vie contemporaines des animaux et des humains à un moment crucial de leurs croissances staturale et pondérale respectives. Indice de malnutrition chronique humain (stature) et indice de malnutrition aiguë animal (poids) sont alors au plus proche. Par exemple, pour l'année de naissance 1872, on corrèle la stature de la cohorte née en 1872, désignée comme classe de 1892 et examinée au début de 1893 avec le poids moyen des bovins vendus en 1872. On tente d'abord la corrélation entre stature humaine et poids des bœufs, car le bœuf étant la viande la plus chère au kilogramme, on peut supposer que les agriculteurs limousins apportent un soin tout particulier à l'élevage de cet animal noble. Ainsi, les variations du niveau de vie des bœufs se rapprocheraient-elles davantage de celles des hommes que celles de n'importe quelle autre bête, à l'exception peut-être du cheval, autre animal considéré comme noble. La corrélation obtenue pour les cohortes de naissance 1814 à 1876 possède un coefficient de détermination élevé : $R^2 = 0,50$[73]. Autrement dit, 50 % des variations de la stature des conscrits limousins sont calquées sur les variations du poids des bœufs (graphique 99). Plus le poids moyen des bœufs s'élève, plus la stature des conscrits s'élève également. Ces deux variables sont en fait liées à une troisième, plus difficile à saisir : les conditions de vie des hommes et des bêtes.

La corrélation est significative aussi entre le poids des vaches et la stature des conscrits. Pour les cohortes de naissance 1814 à 1876, le coefficient de détermination de la relation est de 0,45[74]. Plus le poids des vaches augmente, plus la stature des conscrits limousins s'élève. La corrélation est cependant un peu moins bonne avec les vaches ($R^2 = 0,45$) qu'avec les bœufs ($R^2 = 0,50$). Cela peut tenir à la préférence que le paysan accorde au sein de son exploitation à la viande noble, la plus chère, celle de bœuf. Mieux nourri, ce dernier suit au plus près l'évolution du niveau de vie de ses propriétaires.

Cette inégalité sexuelle du régime alimentaire animal est d'ailleurs signalée par le préfet Texier-Olivier en 1808 : on ne donne aux vaches « qu'un mélange de paille de seigle et d'avoine, *les restes des bœufs à l'engrais* et le plus mauvais foin qu'on récolte[75] ». Cette inégalité sexuelle des niveaux de vie constatée entre animaux d'élevage pourrait alors répondre aux inégalités constatées chez les humains entre hommes et femmes. Nous avons déjà exposé qu'au XIXe siècle, au sein de la cellule familiale, la femme est parfois sacrifiée au profit de l'homme qui ramène au foyer le principal salaire : la stature des femmes ressent souvent les crises économiques plus précocement que celle des hommes[76]. Par ailleurs, les études évoquant le parallèle entre niveaux de vie biologiques des humains et des animaux sont encore beaucoup trop peu nombreuses

---

73 $R^2 = 0,499$; F = 23,897 ; probabilité de l'hypothèse nulle = 0,005 %, N = 26 années.
74 $R^2 = 0,449$; F = 19,597 ; probabilité de l'hypothèse nulle = 0,018 %, N = 26 années.
75 Cité par E. TEISSERENC DE BORT, *loc. cit.*, p. 17-18.
76 J. KOMLOS, « Histoire anthropométrique : bilan… », *loc. cit.*, p. 16-18.

pour que l'on puisse pousser plus loin l'idée d'une correspondance des inégalités de niveaux de vie selon le critère sexuel au-delà de la barrière des espèces. En dehors des travaux déjà mentionnés datant du XIXe siècle, il existe à notre connaissance une seule contribution dressant un parallèle entre niveau de vie biologique des humains et des animaux : il s'agit d'une étude de John Komlos concernant la taille des soldats d'Autriche-Hongrie et des chevaux du quatrième régiment de dragons autrichien au tournant des XVIIIe et XIXe siècles[77]. Il nous manque donc des données sur la stature des femmes limousines au XIXe siècle pour pouvoir pousser plus en avant notre hypothèse.

Graphique 99

Niveau de vie humain (N = 31 530) et niveau de vie animal en Limousin, cohortes de naissance 1814 à 1876
(corrélation poids des bovins-stature humaine : $R^2 = 0,5$; N = 26 observations)

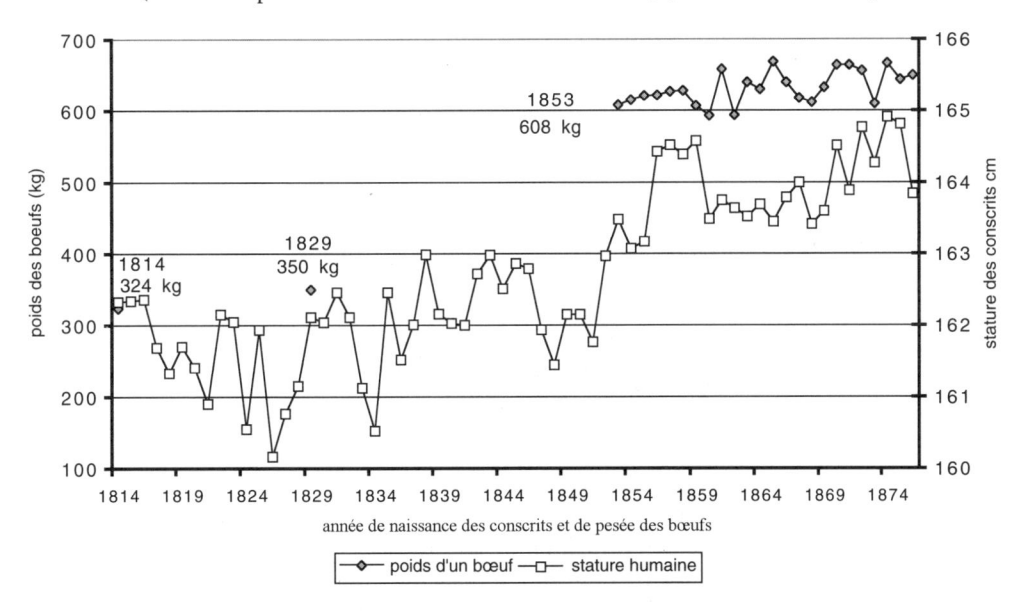

(Sources : ADHV, série R, listes du contingent, listes de tirage au sort, listes de recrutement cantonal ;
série M, sous-série 6 M, recensements du bétail (1814 et 1829),
états par quinzaine des cours de la viande sur pied sur les marchés du département (1853-1876)

---

77   J. KOMLOS, « On the Size of Horses during the Industrial Revolution », dans *Historical Methods*, 37, 2004, p. 1-7.

Graphique 100

Niveau de vie animal, niveau de vie humain (N = 44 846),
(corrélation poids des bovins-stature humaine:
R^2 = 0,59 cohortes de naissance 1814-1917, N = 53 observations)

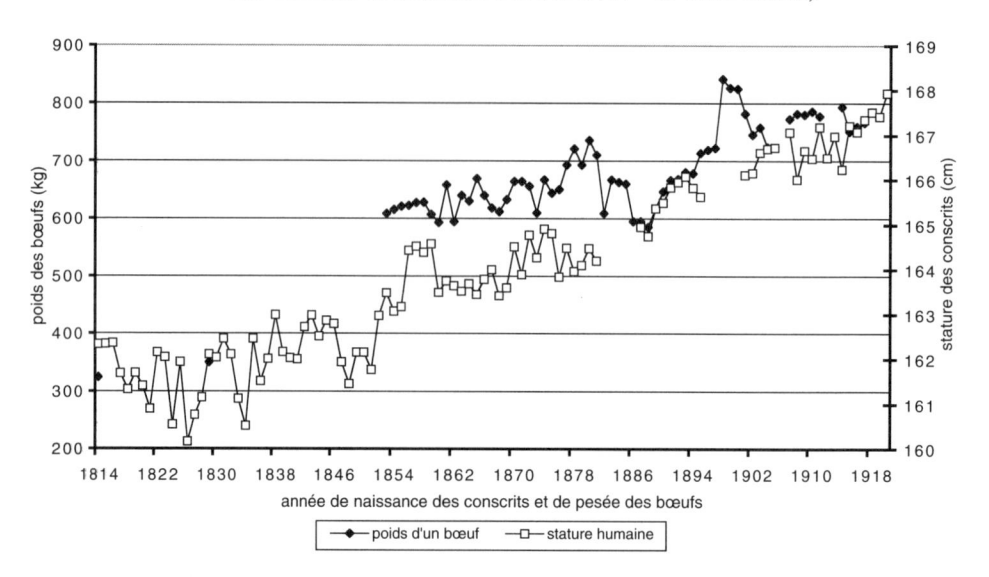

(Sources: ADHV, série R, listes du contingent, listes de tirage au sort,
listes de recrutement cantonal, tableaux de recensement communal;
série M, sous-série 6 M, recensements du bétail (1814 et 1829), états par quinzaine des cours
de la viande sur pied sur les marchés du département (1853-1901)
et états mensuels des cours de la viande sur pied
sur les marchés de Bellac et de Limoges (1902-1917))

La corrélation entre poids des bœufs et stature des conscrits reste très bonne à long terme (graphique 100). Pour les cohortes de naissance 1814 à 1917 (classes de 1834 à 1937), le coefficient de détermination de la corrélation est de 0,59[78]. La relation entre poids des bovins et stature humaine est donc significative aussi bien pour 26 que pour 53 années. En ce sens, elle est plus fiable que les relations entre salaire des maçons et stature ou entre prix des bœufs et stature. Ces deux dernières relations ne sont en effet valables qu'à long terme et doivent donc être considérées avec prudence. En revanche, la corrélation entre niveau de vie animal et niveau de vie humain est valable à moyen comme à long terme.

---

78 R^2 = 0,588; F = 72,907; probabilité de l'hypothèse nulle = 2,112 x 10^{-9} %; N = 53 années.

Graphique 101
Evolution de la population bovine de 1790 à 1929
(arrondissements de Bellac et Saint-Yrieix)

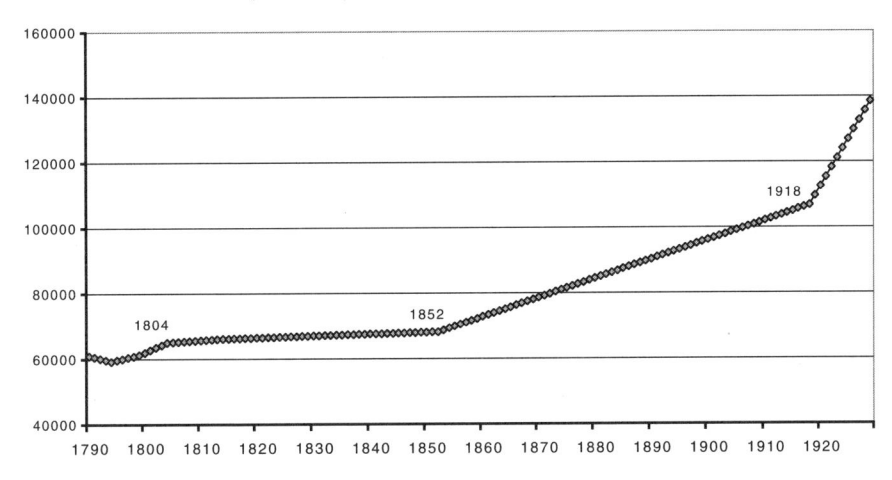

(Sources : ADHV, série M, sous-série 6 M : recensements du bétail (1790 à 1829), enquête agricole de 1852, enquête annuelle de 1853 ; sous-série 7 M : recensement du bétail au 30 juin 1918, enquête agricole de 1929-1930)

Graphique 102
Prix du kg de viande des mercuriales de Haute-Vienne (1853-1914)

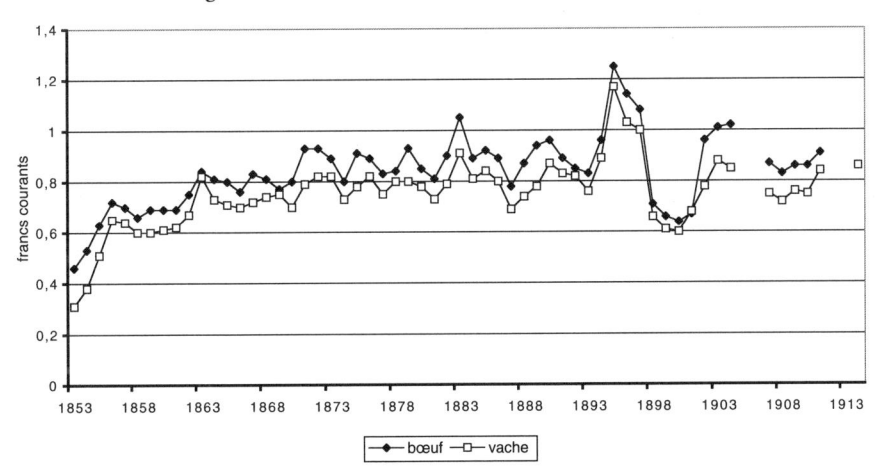

(Sources : ADHV, série M, sous-série 6 M : états par quinzaine des cours de la viande sur pied sur les marchés du département (1854-1901) et états mensuels des cours de la viande sur pied sur les marchés de Bellac et de Limoges (1902-1914))

LA RÉVOLUTION DES CORPS

Graphique 103

Ventes réalisées sur le marché de la viande bovine en Haute-Vienne, 1854-1914
(millions de francs courants)

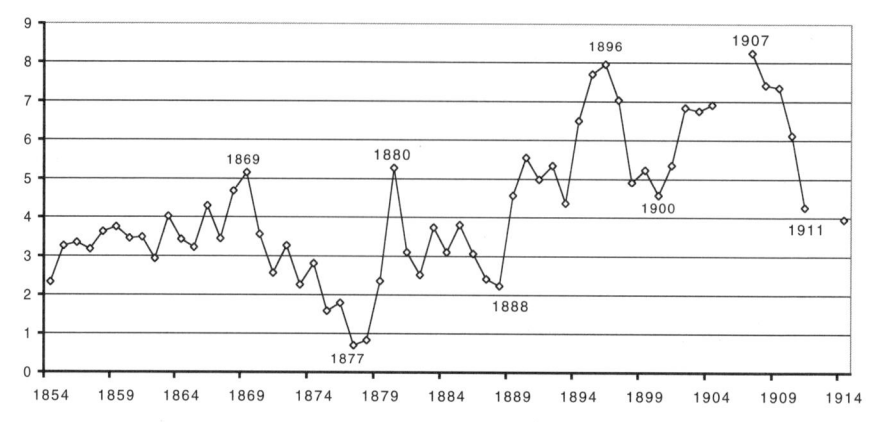

(Sources: ADHV, série M, sous-série 6 M: états par quinzaine des cours de la viande sur pied sur les marchés du département (1854-1901) et états mensuels des cours de la viande sur pied sur les marchés de Bellac et de Limoges (1902-1914))

Graphique 104

Prix du bœuf et ventes réalisées sur le marché bovin en Haute-Vienne, 1854-1914
(francs courants)

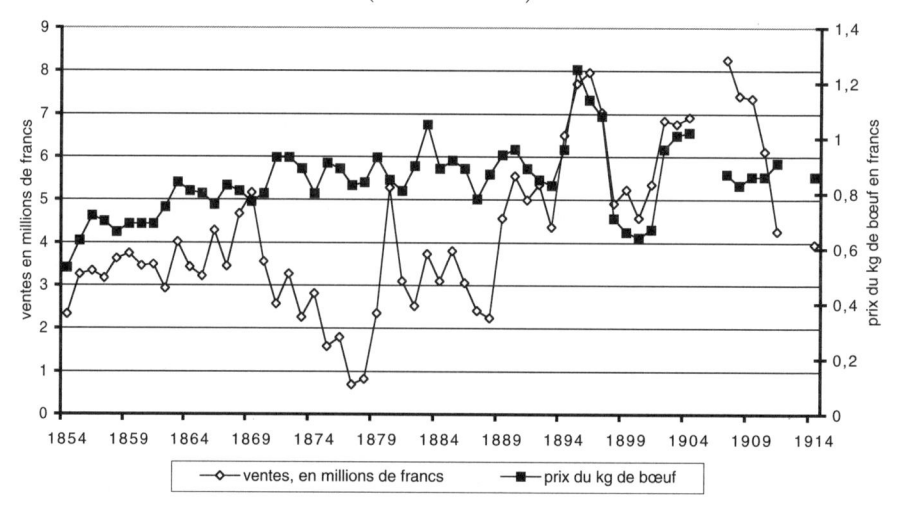

(Sources: ADHV, série M, sous-série 6 M: états par quinzaine des cours de la viande sur pied sur les marchés du département (1854-1901) et états mensuels des cours de la viande sur pied sur les marchés de Bellac et de Limoges (1902-1914))

Le nombre d'observations est toutefois réduit à deux pour les années antérieures à 1853. Ce sont les recensements du bétail de 1814 et de 1829 qui nous procurent ces deux seules données disponibles avant le milieu du XIXe siècle. Les bœufs de 1814 paraissent très maigres, ils pèsent à peine plus de 300 kg[79]. Avec 350 kg, les bœufs de 1829 ne font guère mieux. Ces poids paraissent extrêmement faibles au regard des standards actuels, mais la chose est également vraie pour la stature moyenne des conscrits de la première moitié du siècle qui se situe aux environs de 162 cm, ce qui correspond au premier centile de la distribution des effectifs selon la stature des population contemporaines d'Amérique du Nord à l'âge de 18 ans[80]. Les poids de 1814 et de 1829 sont très proches de ceux donnés pour le début du XIXe siècle par Edmond Teisserenc de Bort. Vers 1808, un bœuf gras pèse de 300 à 350 kg[81] alors que l'auteur estime que les bœufs des années 1880 pèsent 800 à 900 kg. Comme on le voit en comparant ces dernières données avec les poids observés dans les années 1880 sur les marchés de Haute-Vienne (graphique 100), cette estimation est exagérée et le poids moyen des bœufs serait alors plutôt d'environ 600 à 700 kg.

Quant aux poids que nous observons pour le début du XIXe siècle, ils correspondent à ce que les plus récentes études ont mis en évidence[82]. Il est par ailleurs possible que les poids des bovins de la fin du XVIIIe et du début du XIXe siècle, bien que modestes, témoignent d'une amélioration par rapport à la fin du XVIIe siècle[83], période de grandes difficultés climatiques et agricoles. Ces observations concernant le niveau de vie animal, encore trop lacunaires, pourraient être rapprochées des observations concernant le niveau de vie humain. John Komlos a mis en évidence le très faible niveau de vie biologique des Français à la fin du XVIIe siècle, alors que nos propres résultats et ceux de Weir montrent qu'à moyen terme, à la veille de la Révolution, la situation est préoccupante, mais non désespérée, surtout par rapport à la fin du XVIIe siècle. Au final, si l'on synthétise toutes ces données qui nécessitent encore confirmation, il semblerait possible qu'en France les niveaux de vie animal et humain évoluent de concert entre la fin du XVIIe siècle et le début du XXe siècle.

---

79 Les statistiques de 1814 donnent le poids net de l'animal, soit le poids en viande. Pour obtenir le poids brut, soit le poids total, il faut ajouter au poids en viande celui du cuir, des cornes et autres déchets. Pour 1829, le poids de la tare (cuir, cornes, etc) est évalué à 60,5 kg pour un bœuf et 55 kg pour une vache. On a donc ajouté 60,5 et 55 kg au poids net de 1814 pour obtenir un poids brut. On suppose alors que la tare a un poids constant entre 1814 et 1829.
80 R. H. STECKEL, *loc. cit.*, tableau 4 p. 160.
81 E. TEISSERENC DE BORT, *loc. cit.*, p. 17.
82 M. MORICEAU, *Histoire et géographie de l'élevage français (XVe – XVIIIe siècles)*, Paris, 2005, p. 109.
83 *Ibidem*, p. 108-109.

Ainsi, le bœuf des années 1800-1820 est très mal nourri, à l'instar du conscrit limousin. Le préfet Texier-Olivier note à ce sujet en 1808 : en hiver « on les [les vaches] mène chaque jour dans les champs depuis neuf heures du matin jusqu'à cinq heures du soir, mais ces bêtes affamées, trouvant des pâturage maigres, presque nus, sont réduites, dans la plupart des cantons, à dévorer ce qu'elles peuvent arracher des haies, des broussailles et des arbustes, et à surcharger ainsi leur estomac d'une nourriture peu substantielle et indigeste[84] ». A la médiocrité extrême du régime alimentaire bovin répond celle du régime alimentaire humain, aux vaches les haies et broussailles, à l'homme les châtaignes.

Les poids calculés d'après les mercuriales de Haute-Vienne à partir de 1853 rendent compte des progrès réalisés depuis le début du siècle. En 1853, les bœufs pèsent en moyenne un peu plus de 600 kg et les conscrits mesurent plus de 163 cm[85]. Les contemporains sont conscients du chemin parcouru depuis le début du siècle. Teisserenc de Bort note avec pertinence que l'amélioration de l'élevage bovin limousin depuis le début du siècle serait minimisée si l'on ne tenait compte que de l'augmentation du nombre de têtes. « Il faut aussi tenir compte du poids moyen par tête, poids qui a presque triplé [exagération de l'auteur], et surtout de la précocité de nos animaux, qui est certainement bien plus élevée qu'elle ne l'était jadis[86]. » De même que les conscrits limousins ne sont pas génétiquement programmés pour être en moyenne petits, de même les vaches limousines ne sont pas prédestinées à être petites et trapues. La race bovine des Durham, reine de l'élevage au XIXe siècle, est réputée pour sa précocité. Or, rapporte Teisserenc de Bort, un agriculteur de Haute-Vienne a engraissé de la même façon un groupe de vaches Durham et un groupe de vaches limousines et a obtenu pour les deux groupes le même poids dans le même intervalle de temps[87]. Cette expérience zootechnique, impossible à réaliser chez l'humain, prouve que seuls des facteurs économiques expliquent la plus ou moins grande différence de croissance des vaches Durham et des vaches limousines.

C'est à bien plus petite échelle, c'est-à-dire sur un espace bien plus grand, qu'un changement plus modeste a lieu en Limousin au XIXe siècle. Sur une plus petite échelle car ce n'est plus une étable mais une région qui est concernée, mais changement plus modeste car on quitte l'expérience zootechnique pour passer au terrain et que l'ensemble du troupeau bovin de la région ne peut devenir aussi précoce que la reine Durham. Teisserenc de Bort en rend une fois de plus compte : « [...] l'animal actuel

---

84   E. TEISSERENC DE BORT, *loc. cit.*, p. 18.
85   Il semble donc qu'il faille nuancer l'appréciation portée par A. CORBIN sur la chronologie des progrès de l'élevage en Limousin : « les bêtes sont de médiocre qualité ; il en sera ainsi jusque vers 1859 », *op. cit.*, p. 454. Le progrès semble un peu plus précoce selon nos chiffres.
86   E. TEISSERENC DE BORT, *loc. cit.*, p. 19.
87   *Ibidem*, p. 28-29.

ressemble peu à celui d'autrefois. Grâce au développement d'une agriculture raisonnée et progressive, son poids a été doublé, sa précocité singulièrement accrue, et la qualité de sa viande le place désormais au premier rang des races de boucherie [...][88] ».

g) Les facteurs expliquant l'amélioration des niveaux de vie biologiques humain et animal

Quels sont les facteurs qui expliquent l'augmentation du poids des bœufs et par conséquent qui assurent la prospérité et la meilleure alimentation des conscrits limousins ? Selon A. Corbin, seule l'amélioration de l'irrigation des prairies joue un rôle dans l'augmentation du poids et du nombre de bovins avant 1870, en l'absence d'engraissement des prairies par du fumier, du purin ou des engrais artificiels[89]. La quantité d'aliments disponibles pour les bêtes s'accroît donc dans un premier temps uniquement grâce à une plus grande quantité d'eau disponible pour la pousse de l'herbe. L'accroissement du cheptel bovin a ensuite pu augmenter les quantités de fumures des prairies, lorsque le fumier a commencé à être répandu ailleurs que sur les champs. Ainsi, jusqu'en 1870, l'augmentation du poids des bœufs et de la stature des Limousins trouve une de ses principales origines dans l'amélioration du système d'irrigation des prairies, en l'absence de toute autre innovation agricole. Il n'y a pas de prairie artificielle ni d'utilisation d'engrais chimiques, ni de conversion des champs de céréales en prairie avant la fin du siècle. L'essor de l'élevage a toutefois des effets boule de neige assez précocement. Le troupeau plus nombreux fournit à la céréaliculture un engrais naturel plus abondant : les rendements en froment et en seigle s'élèvent en conséquence après 1852[90].

Ce n'est qu'à la fin du siècle que l'agriculture limousine bénéficie de modernisations importantes telles que l'emploi d'engrais artificiels, la conversion de champs en prairies ou la culture de prairies artificielles. En 1894, le ministre Viger estime qu'en 20 ans la production de nourriture pour les bovins a doublé[91]. C'est à cette époque que la race bovine limousine connaît ses heures de gloire. Elle est améliorée au moyen de sélections et non de croisements[92]. Dans les années 1880, l'*herd-book* de la race bovine limousine est institué et l'étalon Conquérant, au nom prédestiné, crée la

---

88   E. TEISSERENC DE BORT, *loc. cit.*, p. 31.
89   A. CORBIN, *op. cit.*, p. 444.
90   A. CORBIN, *op. cit.*, p. 450.
91   Discours du ministre VIGER, *loc. cit.*, p. 188.
92   E. TEISSERENC DE BORT, *loc. cit.*, p. 21 insiste lourdement sur la pureté de la race limousine. Point de sang mêlé avec la Durham, la vache étrangère par excellence. Est-ce là de la part de l'auteur un signe de l'anglophobie française du XIXe siècle, qui s'insinuerait jusque dans les étables ?

surprise en remportant le prix d'honneur au concours général de Paris (figures 18)[93].
A La Villette, la viande limousine est désormais parmi les plus chères de France, avec la charentaise, juste derrière la normande et avant la charolaise[94].

Les bovins limousins conquièrent donc le marché national à la fin du siècle. Portées par l'augmentation des prix de la viande, les mentalités changent et les paysans produisent de moins en moins de céréales pour leur autosubsistance et de plus en plus de viande sur pied pour le marché urbain, comme le montre déjà Eugène Muret dans les années 1860[95]. On assiste bien en Limousin à la fin très progressive « du blé, mal nécessaire »[96] à partir du début des années 1850.

Le bœuf, s'il est le premier agent de cette modernisation et de ce changement de mentalités, n'en est pas le seul. Ainsi, l'avènement du chemin de fer permet aux campagnes limousines de se tourner vers d'autres spéculations liées au marché qui répondent comme le bœuf aux changements d'habitudes alimentaires des Français. A la fin du XIXe siècle, on mange en France de plus en plus de viande, mais aussi de plus en plus de fruits et légumes[97]. Le sud de la Haute-Vienne profite de ce mouvement en exportant des tonnages importants de pommes[98]. Mais en 1896, les gares de l'arrondissement de Saint-Yrieix ne reçoivent toujours pas de chaux, contrairement au nord du département[99]. Le progrès agricole est donc encore limité au Sud, bien que l'arrondissement de Saint-Yrieix fasse quelques progrès entre 1852 et la fin du siècle grâce à son élevage porcin[100].

En définitive, c'est bien l'élevage bovin qui joue le principal rôle dans l'élévation du niveau de vie biologique des conscrits limousins. Les responsables politiques et économiques de la fin du siècle sont pleinement conscients que la région a bénéficié du succès croissant de la seule denrée agricole qui n'a pas subi de plein fouet les conséquences de la Grande Dépression. Le ministre Viger déclare au deuxième concours

---

93 E. TEISSERENC DE BORT, *loc. cit.*, p. 20.

94 *Ibidem*, p. 35.

95 E. MURET, *loc. cit.*, p. 40 : « la première [l'agriculture ancienne] produit sans trop se préoccuper du marché ; elle s'appuie avant tout sur les forces productives naturelles du sol […] La seconde [l'agriculture nouvelle] règle sa production sur les besoins du marché, elle repose sur l'emploi des capitaux. »

96 J. MULLIEZ, « Du blé, mal nécessaire. Réflexion sur le progrès de l'agriculture (1750-1850) », dans *Revue d'histoire moderne et contemporaine*, 26, 1979, p. 3-47.

97 J.-C. TOUTAIN, « La consommation alimentaire en France… », *loc. cit.*, notamment p. 1982, 1997-2001 et 2026.

98 En 1896, la gare de Saint-Yrieix voit passer 644 tonnes de pommes, celle de Saint-Germain-les-Belles 456 tonnes. *L'Agriculteur du Centre*, 1896, p. 371.

99 *Ibidem*.

100 Pour l'augmentation du troupeau porcin en Haute-Vienne, voir A. CORBIN, *op. cit.*, p. 459 ; sur l'amélioration de l'agriculture dans l'arrondissement de Saint-Yrieix en 1896, voir le rapport de E. TEISSERENC DE BORT dans *L'Agriculteur du Centre* de 1896.

Grande Dépression et hausse du niveau de vie biologique : Mulhouse et le Limousin

Figures 18 : La race bovine limousine, actrice et témoin du mieux-être de la population limousine

Des débuts modestes…

Vache de race limousine, âgée de 5 ans, robe d'un jaune paille, exposée par M. Talamon, à Saint-Priest-Taurion (Haute-Vienne) ; 1ᵉʳ prix du Concours régional de Niort en 1858.

(Sources : *Journal d'agriculture pratique*, 1858, t. 1, p. 565)

… à la reconnaissance internationale

CONQUÉRANT. — Prix d'honneur des races françaises et étrangères réunies. Concours général de Paris, 1886
(Étable de M. Caillaud, au Châtenet-en-Dognon)

(Sources : *L'Agriculteur du Centre*, 1889, p. 26)

spécial de la race bovine limousine en 1894 : « Il n'est pas, en effet, de département qui, plus que le vôtre [la Haute-Vienne], mérite d'être félicité pour les progrès accomplis. Cette région passait pour être pittoresque, mais peu développée dans sa production, par suite de la médiocrité des sols et de la difficulté des communications. Cependant si le Limousin a été un des derniers venus sur la route du progrès, on peut affirmer qu'il ne s'y est point attardé. Que d'améliorations réalisées depuis cinquante ans, quelles modifications apportées dans les procédés de culture et d'élevage. L'introduction de l'emploi de la chaux fertilise ce sol granitique pauvre en éléments calcaires, la jachère diminue progressivement, les prairies naturelles se développent et s'améliorent sous l'influence d'un système d'irrigation rationnel dont Barral nous a donné l'intéressante histoire ; la prairie artificielle s'établit, la culture des racines fourragères se crée ou se perfectionne, la belle race bovine du Limousin, profitant des voies de communication rapides, se répand sur nos marchés et y trouve une vente assurée, grâce aux exceptionnelles qualités de sa viande[101]. » Le sénateur Le Play n'est pas en reste lorsqu'il répond au ministre : « Dans le concert de plaintes que suscite la crise agricole, il vous aura peut-être été agréable de voir que notre voix ne se fait entendre qu'en sourdine ; non pas que nous n'ayons été nous-mêmes fortement éprouvés, mais l'agriculture limousine a fait de tels progrès depuis un quart de siècle, que si nous n'avons pu atteindre la prospérité, nous avons pu du moins éviter la ruine qui atteint tant de régions autrefois renommées pour leur richesse et leur fertilité[102]. » La spécialisation régionale joue donc un grand rôle pour expliquer les différents *trends* des trois régions rurales étudiées ici. L'élevage a bien eu un effet positif sur la santé des cultivateurs limousins, alors que la céréaliculture n'a pas réussi aux salariés briards. Le président de la Société d'Agriculture de la Haute-Vienne et de la Société Nationale d'Agriculture, Edmond Teisserenc de Bort, tirant les leçons de la Grande Dépression, invite l'agriculture française à se tourner davantage vers la production de viande. En effet, les cours des céréales, mais aussi du vin, du sucre ou même du lait sont moins rémunérateurs que ceux de la viande[103].

h) Les modifications sensibles de la pyramide socioprofessionnelle, témoins des changements économiques contemporains importants

L'élévation du niveau de vie biologique des conscrits limousins durant la Grande Dépression se lit bien sûr dans le tableau 28 figurant les statures moyennes par profession pour les cohortes de naissance 1853 à 1884 (classes 1873-1904). Avec la crois-

---

101 Discours du ministre de l'Agriculture VIGER, *loc. cit.*, p. 188.
102 Discours du sénateur LE PLAY, *loc. cit.*, p. 193.
103 Discours reproduit dans *L'Agriculteur du Centre*, 1905, p. 429-435. Voir aussi les remarques du professeur départemental d'agriculture, RECLUS, sur le mérite comparé de l'élevage et de la céréaliculture en temps de dépression (discours au comice du Dorat, dans *L'Agriculteur du Centre*, 1895, p. 253).

sance, les écarts entre professions se sont considérablement réduits par rapport à la période antérieure (cohortes de naissance 1823-1851, tableau 6). L'écart maximal entre professions passe ainsi de 8 à 4,9 cm (écart journalier-paveur), alors que l'écart-type se réduit, passant de 1,4 à 0,8 cm. Le Limousin possède désormais une hiérarchie anthropométrique comparable à la Brie de la même époque (écart maximal 4,6 cm, écart-type 0,9 cm). Il est même désormais plus égalitaire que l'Alsace rurale (écart maximal de 6,2 cm et écart-type de 1,1 cm). La région laisse désormais loin derrière elle l'autre espace qui produisait les plus grands écarts anthropométriques au cours de la première moitié du XIXe siècle, Mulhouse. La ville alsacienne, pour les cohortes nées dans la seconde moitié du siècle, est désormais lanterne rouge des quatre régions étudiées (écart maximal 5,5 cm et écart-type 1,5 cm).

Tableau 28 : Stature des principales professions des conscrits de la Haute-Vienne, cohortes de naissance 1853-1884 d'après les listes de recrutement cantonal

(Sources : ADHV, série R, listes de recrutement cantonal)

Profession	Stature	Effectif	Profession	Stature	Effectif
journalier	161,68	142	menuisier	165,09	133
domestique	161,88	590	charpentier	165,48	131
terrassier	162,35	103	forgeron	165,62	100
cultivateur	164,15	6823	colon	165,68	145
boulanger	164,28	121	cordonnier	165,76	121
sabotier	164,39	161	charron	165,97	173
maçon	164,40	2276	sans profession	166,00	100
meunier	164,76	182	paveur	166,60	105
			Ensemble	164,19	10531

Le développement économique amène des modifications sensibles dans la hiérarchie anthropométrique des professions qui confirment pleinement les hypothèses avancées sur les causes de la prospérité limousine. La stature moyenne des professions à effectif supérieur à 100 individus augmente de 2,7 cm entre les cohortes de naissance 1823-1851 et les cohortes 1853-1884. Or les professions dont la stature augmente plus que cette moyenne appartiennent toutes à l'agriculture : domestique (+ 3,4 cm), colon (+ 3,6 cm) et cultivateur (+ 3,3 cm). Ce sont donc bien les agents de l'agriculture, dépendants ou non, qui bénéficient des gains de stature les plus conséquents. Leur poids démographique est considérable[104] et ils entraînent donc vers le haut le niveau de vie biologique de l'ensemble de la région. Parmi les agents de l'agriculture, seuls les journaliers tirent moins bien leur épingle du jeu (+ 1,8 cm). Les cultivateurs bénéficient directement des bienfaits de l'élévation des cours des bovins. Les colons en profitent pour moitié grâce au bail à mi-fruit. Les domestiques, nourris par le colon ou le cultivateur, voient certainement leur quotidien s'améliorer grâce à l'enrichissement de l'exploitation tournée vers le marché de la viande. Le journalier, qui d'une part n'est pas assez riche pour pratiquer l'élevage bovin sur une assez grande échelle et qui d'autre part n'est pas forcément nourri à la ferme est donc celui qui bénéficie le moins de l'expansion de l'élevage bovin.

A l'exception des journaliers, toutes les professions qui augmentent leur niveau de vie biologique moins que la moyenne appartiennent au monde de l'artisanat. C'est le cas des sabotiers (+ 2,4 cm), des cordonniers (+ 2,6 cm), des meuniers (+ 0,6 cm), des menuisiers (+ 0,8 cm) et des conscrits sans profession qui sont même les seuls à voir leur stature baisser (-1,2 cm). Ce dernier phénomène est attribuable à la modification sociologique de la catégorie des « sans profession ». Dans la première moitié du siècle, c'étaient surtout de jeunes oisifs aisés, pour la plupart rentiers, dans la seconde moitié du siècle, s'y ajoutent vraisemblablement des conscrits désœuvrés, moins riches et donc moins grands. Mais le principal n'est pas là. On constate surtout que dans la seconde moitié du XIXe siècle, les conscrits migrants n'ont pas tant profité de l'augmentation des salaires du bâtiment qu'on aurait pu le penser. Les charpentiers ne gagnent que 2,3 cm, mais surtout les maçons n'augmentent leur stature que de 1,6 cm. Les maçons sont certes encore plus grands que les cultivateurs, mais de seulement 3 mm (1853-1884) contre près de 2 cm dans la première moitié du siècle. La modestie du gain statural des maçons est d'importance pour l'évolution générale du niveau de vie biologique de la région. Les maçons représentent en effet encore dans la seconde moitié du siècle 21,6 % des professions à effectif supérieur à 100, soit 17,1 % de la totalité des conscrits toisés entre 1873 et 1904 (nés en 1853-1884). La masse des maçons limousins a donc freiné l'augmentation générale du niveau de vie biologique de la région dans la seconde moitié du XIXe siècle, alors que ceux-ci constituaient une catégorie favorisée de la population limousine dans les années de naissance 1823-1851. Ce n'est donc pas l'augmentation des salaires du bâtiment parisien qui est le moteur de la croissance staturale des Limousins dans la seconde moitié du siècle, mais bel et bien l'élevage bovin. Cela ne signifie pas pour autant que la migration vers Paris, Bordeaux ou Lyon soit devenue un facteur négatif jouant sur la taille, mais plutôt que l'essor du bâtiment joue désormais un rôle beaucoup moins important que l'agriculture dans le bien-être limousin. Quand l'élevage va, tout va.

---

104 A eux seuls, les cultivateurs représentent 64,8 % des effectifs des professions supérieurs à 100 individus, soit 51,2 % de la totalité des conscrits toisés entre 1873 et 1904 (N = 13 318.)

Grande Dépression et hausse du niveau de vie biologique : Mulhouse et le Limousin

Bien que se soit principalement l'essor de l'élevage qui explique l'amélioration de la stature des Limousins, la situation relative des agents de l'agriculture limousine n'est pas si bonne qu'il y paraît, tant le retard de cette agriculture est important. Comme le soulignait fort à propos le sénateur Le Play, point de prospérité mais seulement la garantie d'éviter la ruine. Alors que l'agriculture briarde est en dépression et que l'agriculture limousine est en expansion dans la seconde moitié du XIXe siècle, il existe davantage de différence entre le niveau de vie des agents de l'agriculture limousine et briarde qu'entre les artisans de ces deux régions. Les cultivateurs, domestiques et journaliers limousins mesurent entre 5,3 et 5,7 cm de moins que leurs homologues briards[105], tandis que les boulangers, maçons, menuisiers et cordonniers limousins ne mesurent que 1,5 à 3,6 cm de moins que leurs pairs briards[106]. Le chemin est donc encore long pour l'agriculture limousine avant d'atteindre le niveau de vie de la Brie. Le maçon limousin est plus proche du niveau de nutrition nette du maçon briard que le cultivateur limousin ne l'est du cultivateur briard.

Une modernisation de la société limousine est toutefois nettement perceptible dans le tableau des statures par profession des cohortes de naissance 1853-1884. Deux occupations que l'on peut rattacher à l'économie traditionnelle disparaissent de ce tableau qui pourtant étaient présentes dans le tableau de 1823-1851. En haut de la pyramide anthropométrique, ce sont les propriétaires, en bas ce sont les tailleurs qui disparaissent. Au contraire, certaines professions qui marquaient par leur absence le sous-développement de la région font leur apparition. Il en est ainsi des boulangers, dont la présence indique bien sûr la commercialisation croissante du pain, mais aussi tout simplement la généralisation de sa consommation dans une région qui mange de moins en moins de châtaignes. Les outils de l'agriculture se modernisent enfin, les communications par routes et chemins se renforcent car les charrons font leur apparition. De même, les outils sont de plus en plus ferrés, comme en témoigne la présence de forgerons. Enfin l'apparition des terrassiers et paveurs indique que les migrations de maçons se font plus variées qu'auparavant dans le nord de la Haute-Vienne, puisqu'entre 1823 et 1851, seuls apparaissaient comme migrants les conscrits se déclarant « maçons ». A l'exception des terrassiers, toutes ces nouvelles professions ont une stature moyenne supérieure à la moyenne (164,2 cm), preuve que modernisation rime avec prospérité dans le Limousin. Il n'en va pas de même dans les autres espaces étudiés ici, où les nouvelles professions peuvent souvent avoir un niveau de vie biologique inférieur à la moyenne. Dans le Limousin des années 1853-1884 (cohortes de naissance), c'est le migrant et non le cultivateur qui tient encore le dessus du pavé, en la personne du… paveur.

---

105 Cultivateurs : 164,2 cm contre 169,6 ; domestiques : 161,9 cm contre 167,2 ; journaliers : 161,7 cm contre 167,4. Voir tableaux 25 et 28.

106 Boulangers : 164,3 cm contre 166,9 ; maçons : 164,4 cm contre 168 ; menuisiers : 165,1 cm contre 167,6 ; cordonniers : 165,8 cm contre 167,3.

Graphique 105
Proportion de conscrits limousins cultivateurs et agriculteurs dépendants
(années d'examen 1851-1893)

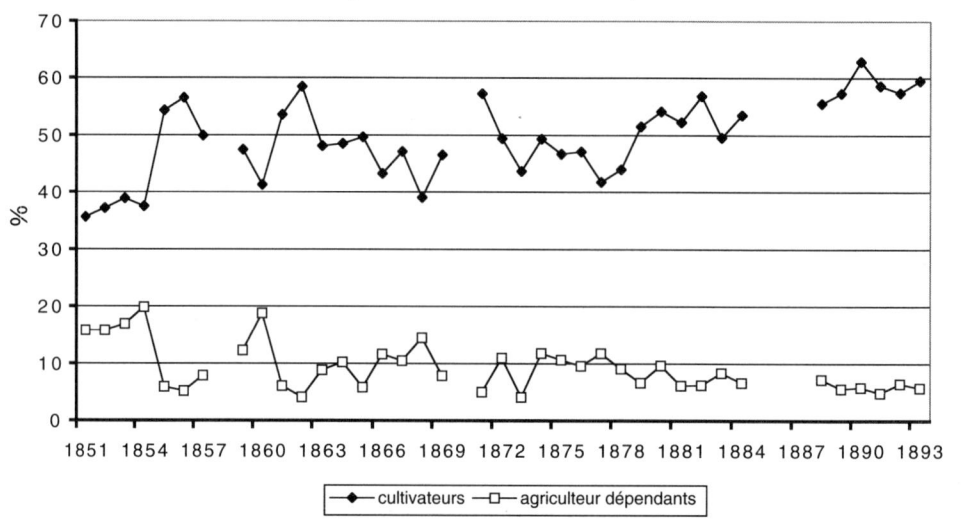

(Sources : ADHV, série R, listes de tirage au sort, listes de recrutement cantonal)

Graphique 106
Proportion de conscrits limousins maçons et artisans
(années d'examen 1851-1893)

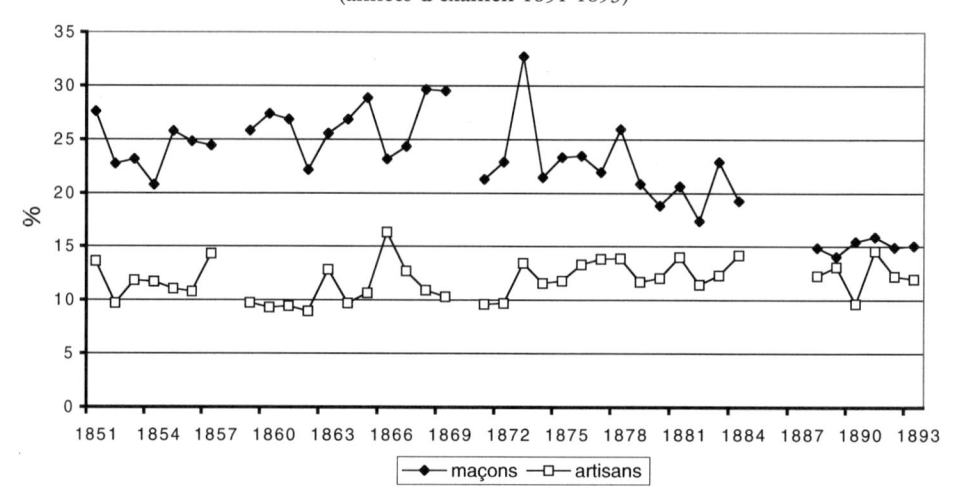

(Sources : ADHV, série R, listes de tirage au sort, listes de recrutement cantonal)

i) Fin des grands mouvements de migrations temporaires et déprolétarisation des campagnes limousines

Comme on l'a vu, les migrants constituent encore des privilégiés, mais ils sont de moins en moins favorisés par rapport aux agents de l'agriculture. La migration n'attire d'ailleurs plus autant qu'auparavant. A. Corbin a justement choisi la période 1845-1880 pour son étude car elle marque l'apogée des migrations temporaires en Limousin[107]. On voit nettement sur le graphique 106 représentant la part des conscrits toisés se déclarant maçons que le bâtiment attire de moins en moins les Limousins après l'année d'examen 1873. Comme pour les autres régions étudiées, on représente ici l'évolution de la part des différents secteurs d'activité pour les années de naissance (1851-1876) mais aussi d'adolescence (1877-1893) des conscrits[108].

Après les mauvaises années de la IIe République, la reprise des migrations, «amorcée dès 1851», «est nette et brutale en 1856» selon A. Corbin[109]. Notre graphique nuance cette chronologie en ce qui concerne l'arrondissement de Bellac. Il y aurait plutôt baisse des migrations en ces années difficiles, puis reprise à partir de 1855. En revanche, le Second Empire marque bien un essor des migrations (1857-1869), tout à fait en phase avec les grandes percées hausmaniennes de Paris et confirmé pour la Haute-Vienne par Corbin[110]. A ce premier facteur explicatif de l'essor des migrations (les grands travaux parisiens) s'ajoutent la cherté des grains en Limousin, la hausse des salaires des maçons parisiens et la construction du chemin de fer qui facilite les migrations[111].

La guerre et la Commune marquent très nettement notre courbe, et la proportion de conscrits se déclarant maçons en 1871-1872 est très sensiblement inférieure à celle de 1868-1869[112]. La part des migrants reste ensuite stable jusqu'en 1878[113], mais entre 1873 et 1878, la part des maçons n'atteint plus les niveaux élevés des années 1860. La proportion de migrants diminue ensuite de 1878 à 1888, passant d'environ 20 à 15 % des conscrits. La fin des années 1870 marque donc bien comme l'a noté Corbin un très net ralentissement des migrations saisonnières des maçons limousins vers Paris et les autres grandes villes de la République. La migration définitive, l'installation du maçon avec toute sa famille à la ville explique cette baisse de

---

107 A. CORBIN, *op. cit.*, p. 194, 196-198 et 204.
108 Les années 1894-1896 ne peuvent être représentées car il nous manque alors les données des cantons de l'arrondissement de Saint-Yrieix.
109 *Ibidem*, p. 199.
110 *Ibidem*, p. 201.
111 *Ibidem*, p. 200.
112 *Ibidem*, p. 201.
113 A. CORBIN note en effet «la relative stabilité (mise à part la crise de 1870-1872) du volume de l'émigration temporaire de 1852 à 1878», *ibidem*, p. 202.

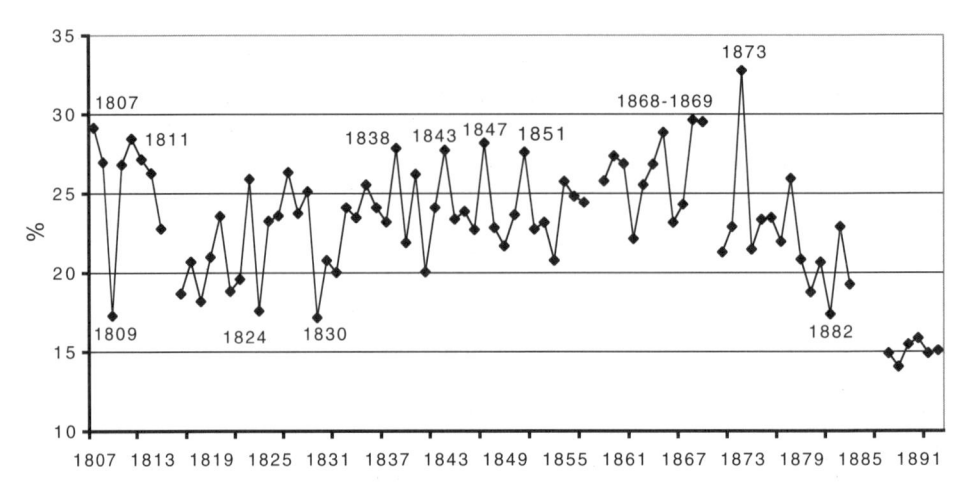

Graphique 107
Part des conscrits limousins maçons (années d'examen 1807-1893)

(Sources : ADHV, série R, registres du contingent départemental (d'après le répertoire de la série R), listes du contingent, listes de tirage au sort, listes de recrutement cantonal)

la part des maçons parmi les conscrits limousins. La proportion des maçons, remarquablement stable entre 1888 et 1893, et bien qu'elle représente encore 15 % des effectifs toisés, atteint alors un minimum sans précédent depuis 1807. Le survol du siècle passé permet alors de dresser un bilan du phénomène migratoire en Limousin (graphique 107).

L'intensité des migrations connaît bien son maximum dans les années 1840-1880 comme l'a noté Corbin. On pourrait même préciser que ce sont les années 1838 à 1873 qui enregistrent des records en la matière. La fin de l'âge d'or des migrations saisonnières arrive d'ailleurs avant 1880 dans l'arrondissement de Bellac, puisque les valeurs des années postérieures à 1873 sont relativement faibles. Le Premier Empire n'est pas en reste, les valeurs élevées de 1807 et 1811 sont comparables aux sommets de 1838, 1843, 1847, 1851 et 1868-1869. Les travaux d'embellissement de la capitale entrepris sous le règne de Napoléon I prennent ici toute leur importance lorsqu'ils sont mis en perspective. Le bilan global du siècle permet aussi de nuancer les crises du bâtiment liées aux événements politiques parisiens. Davantage que la IIe République ou que la Commune, ce sont les crises économiques de 1809, 1824 et 1830 qui marquent des minima absolus sur la période 1807-1884.

De 1851 à 1893, la part des artisans parmi les conscrits limousins reste stable, autour de 10 à 15 % (graphique 106). La proportion d'agriculteurs dépendants connaît en revanche une baisse sensible, passant de 15 à 5 % des effectifs (graphique 105). La courbe est d'abord marquée par les crises des années 1850, puis un déclin lent et régulier s'opère dans les années 1860 à 1880. Parallèlement, la part des cultivateurs augmente sensiblement, passant d'un peu moins de 40 % au début des années 1850 à un peu moins de 60 % au début des années 1890. Bien que marquée en creux aux époques où le nombre de maçons augmente (par exemple dans les années 1860), la courbe des cultivateurs est orientée à la hausse du fait de la diminution globale de la part des maçons et des agriculteurs dépendants. Les premiers sont de plus en plus nombreux à migrer définitivement à Paris, Lyon ou Bordeaux. Les seconds s'enrichissent grâce à l'essor de l'élevage et deviennent cultivateurs. Cette évolution confirme pleinement le mouvement de désendettement des campagnes limousines qui s'appuie dans la seconde moitié du XIXe siècle sur la hausse des cours de la viande bovine. Cependant, on ne peut exclure que l'augmentation de la part des cultivateurs ne corresponde en fait partiellement à un simple problème de nomenclature. Comme on l'a déjà évoqué, l'effectif des conscrits qui se déclarent « colons » dans nos sources est anormalement faible et un nombre croissant de jeunes colons s'est peut-être fait enregistrer comme « cultivateurs ». Il reste toutefois que les cycles de vie des colons peuvent expliquer le faible effectif de ces derniers à l'âge de vingt ans.

Le Limousin offre donc le visage d'une région en plein rattrapage de son retard dans les années de naissance 1850-1870 grâce à l'élevage bovin, si du moins on considère qu'il existe une voie normale du développement socio-économique, voie dont la région aurait été dans un premier temps éloignée. L'économie limousine dépend de plus en plus exclusivement de l'essor de l'élevage bovin et de moins en moins des migrations du secteur du bâtiment vers les grandes agglomérations. On assiste donc à une primarisation de l'économie limousine et à la fin progressive du blé mal nécessaire dans la seconde moitié du siècle. Ces changements touchent davantage le nord du département, c'est-à-dire l'arrondissement de Bellac, et moins le Sud, c'est-à-dire l'arrondissement de Saint-Yrieix. Les marchés de Limoges et Bellac vendent des bœufs de plus en plus gros, alors que les conscrits limousins sont de plus en plus grands. Les corrélations entre poids des bovins et stature des Limousins montrent que les niveaux de vie biologiques des animaux d'élevage et des humains évoluent de concert. La théorie élaborée par les zootechniciens du XIXe siècle s'avère donc exacte : niveau de vie animal et niveau de vie humain sont deux facettes de la même histoire naturelle et sociale.

L'évolution du niveau de vie biologique des Français nés entre 1848 et 1876 est en grande partie déterminée par deux événements économiques majeurs de la seconde moitié du XIXe siècle. Tout d'abord, dans l'enfance des conscrits nés dans les années 1850 et 1860, la conjoncture économique est très favorable à la croissance staturale car les salaires agricoles augmentent considérablement. Par la suite, la Grande Dépression (1875-1896) exerce une pression à la baisse sur la stature des

Graphique 108
Stature moyenne dans trois espaces ruraux (N = 38 797) et en France, cohortes de naissance 1848-1876

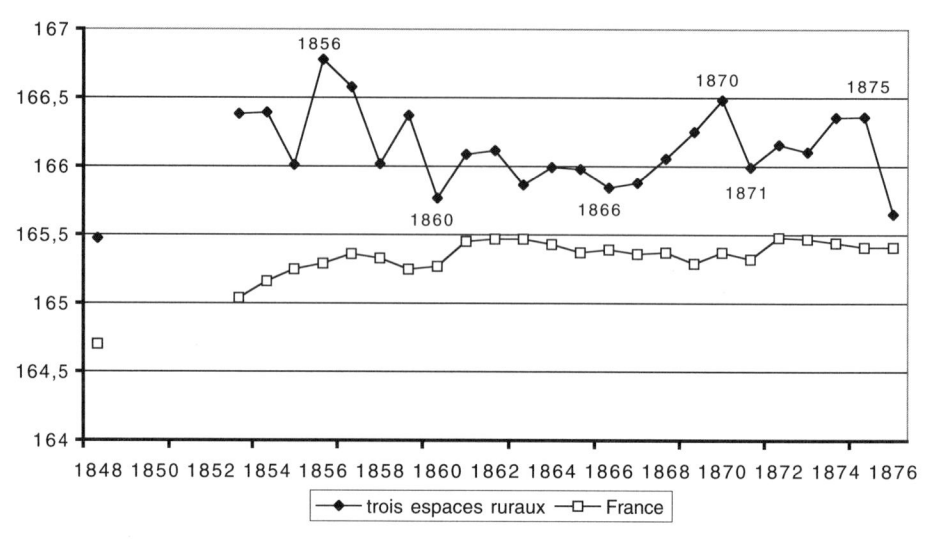

(Sources : ADBR : série R : listes de tirage au sort, versement 392 D : *Alphabetische Listen* ;
ADSM : série R : listes de tirage au sort, listes de tirage au sort et du recrutement cantonal ;
ADHV : série R : listes de tirage au sort, listes de recrutement cantonal ;
D. R. Weir pour la France)

conscrits lors de l'adolescence de ces derniers. Les prix agricoles s'effondrent, salariés comme cultivateurs indépendants d'Alsace et de Brie en font les frais. On a démontré que ce sont bien les conditions économiques de la période de l'adolescence qui expliquent la baisse de la stature des conscrits briards et alsaciens nés dans les années 1850 et 1860. En revanche, la stature des Limousins s'élève grâce au succès croissant de l'élevage bovin. La stature des trois régions rurales est représentée sous l'appellation de « trois espaces ruraux » dans notre graphique de synthèse (graphique 108).

Tout d'abord, l'augmentation des salaires et des prix agricoles sous le Second Empire assure une croissance très sensible aux campagnes françaises entre les cohortes de naissance 1848 et 1853. Ce sont deux décennies de hausse cumulée des prix et des salaires qui expliquent un gain de près d'un centimètre entre la classe 1868 et la classe 1873. Nos trois espaces ruraux ont alors davantage profité de la conjoncture économique que la moyenne nationale. Ensuite, à l'instar de la stature à l'échelle nationale, la stature des trois espaces ruraux stagne entre les cohortes de naissance 1853 et 1874. Cependant, tout comme pour la période précédente (1782-1848), l'évolution à court terme des trois espaces ruraux connaît des variations de plus grandes amplitudes que la moyenne nationale. La Grande Dépression est à peine visible pour cette dernière, c'est à peine si l'on voit un léger fléchissement de la stature entre les classes 1877 et 1880 (nées entre 1857 et 1860). En revanche, la perte est beaucoup plus marquée pour l'Alsace rurale, la Brie et le Limousin réunis. Entre la classe 1876 (examinée au début de 1877) et celle de 1880, la baisse est de 1 cm en quatre ans, soit une diminution de célérité élevée, de l'ordre de 2,5 mm par an. Vient ensuite une période de stagnation de la stature, entre les cohortes de naissance 1860 et 1866. Puis les meilleurs conditions de vie dans la petite enfance (1866-1870) et dans l'adolescence (1886-1890) des jeunes gens nés entre 1866 et 1870 expliquent la rapide augmentation de la stature pour ces cohortes de naissance (gain de 0,6 cm en 4 ans). La guerre de 1871 a profondément marqué la génération née cette année-là. La croissance reprend ensuite de la cohorte de naissance 1871 à celle de 1875. Le renversement final de tendance entre 1875 et 1876 rend compte du déclenchement de la Grande Dépression en 1875-1876. Une fois n'est pas coutume, la Grande Dépression marque la chair des conscrits dans leur petite enfance et non dans l'adolescence, comme on a vu que c'était pourtant le plus souvent le cas.

Au-delà de cette évolution générale des campagnes françaises, la hausse des salaires agricoles du Second Empire puis la Grande Dépression ont-elles contribué à réduire les écarts considérables qui se sont fait jour dans la première moitié du XIXe siècle ? Pour les jeunes gens nés en 1848, il existe d'énormes inégalités de niveau de vie biologique entre régions et même entre cantons. Ces inégalités renvoient avant tout à une alimentation plus ou moins riche en protéines d'origine animale, même si on a vu que de nombreux autres facteurs peuvent être invoqués. Ces grandes différences de régime alimentaire vont-elles s'estomper ? Comme on l'a vu, ce sont surtout l'Alsace rurale et la Brie qui ont profité de la très bonne conjoncture économique du Second Empire. Dans ces deux régions, les conscrits nés à la fin des années 1840 et au début des années 1850 ont bénéficié durant leur adolescence de la hausse des salaires et des revenus agricoles du Second Empire. L'écart de développement humain est alors très important entre l'Alsace rurale et Mulhouse, mais commence à se résorber entre le Limousin et la Brie. L'Alsace rurale et la Brie atteignent alors des niveaux de vie élevés, qu'elles ne connaîtront à nouveau que dans les décennies de naissance 1870-1890 pour la première et 1910 pour la seconde. L'anthropométrie permet de voir que le Second Empire constitue une période de prospérité exceptionnelle pour les campagnes françaises du XIXe siècle.

Ensuite, l'évolution générale du niveau de vie biologique des conscrits de la Haute-Vienne, lorsqu'on la compare à celle de l'Alsace rurale et encore plus à celle de la Brie, montre que l'agriculture française a traversé de manière fort inégale la Grande Dépression[114]. Les cultivateurs limousins ont bénéficié de la bonne résistance des

---

114 En cela, M. AUGE-LARIBE, *La Politique agricole de la France de 1880 à 1940*, Paris, 1950, p. 65 avait judicieusement pressenti l'évolution que nous dégageons ici.

cours de la viande bovine durant les années 1875 à 1896 pour améliorer leur niveau de vie biologique aussi bien pendant leur petite enfance que pendant leur adolescence. La demande urbaine en protéines, sans cesse croissante grâce à l'élévation des salaires en ville, a maintenu les cours de la viande. Il n'est donc pas surprenant que les deux espaces dont le *trend* est orienté à la hausse durant la Grande Dépression soient le Limousin et l'Alsace urbaine. Le premier bénéficie d'un élevage de plus en plus performant, alors que le second améliore le quotidien de ses habitants. Dans le cas mulhousien, il convient bien sûr de multiplier les facteurs explicatifs, la seule consommation de viande ne peut expliquer la totalité de la croissance staturale. L'écart de niveau de vie entre l'Alsace rurale et l'Alsace urbaine diminue donc fortement au cours de la seconde moitié du XIXe siècle (graphique 109), confirmant que les villes et l'industrie ont mieux résisté à la Grande Dépression que les campagnes et que l'agriculture en particulier.

Le concept de *Hochindustrialisierung*, compris comme une phase de forte industrialisation de l'Allemagne, se traduisant par une élévation du niveau de vie, est donc pertinent dans le cas mulhousien mais beaucoup moins pour l'Alsace rurale.

Au contraire du Limousin, dont la production de viande souffre peu de la Grande Dépression, les économies de la Brie et de l'Alsace rurale subissent de plein fouet la baisse des prix agricoles. On peut voir dans l'amélioration précoce de la stature des ruraux alsaciens l'illustration du concept de « difficulté créatrice ». Selon ce concept, inventé par Alfred Sauvy et que Michel Hau applique à l'Alsace, « les agriculteurs les moins bien outillés, très dépendants du marché, ont renoué les premiers avec la croissance, sans réajustement des structures[115] ». La petite culture alsacienne se rétablit donc plus précocement que la grande culture briarde (graphique 85).

Il faut dire que la Brie cumule alors les handicaps. Son économie est tout d'abord beaucoup plus axée sur le blé que l'Alsace, or la Grande Dépression frappe particulièrement les cours du froment. Ensuite, la Brie se prolétarise à un moment défavorable de son histoire économique. Les salariés agricoles sont de moins en moins nombreux à posséder un lopin de terre dans une période où celui-ci pourrait les aider, dans une logique d'autosubsistance, à compenser le manque à gagner salarial. En effet, la stratégie des grands cultivateurs et fermiers briards consiste alors à tenter de maintenir leurs marges de bénéfice en faisant payer le prix de la dépression aux salariés de l'agriculture.

Quant au Limousin, il est le symbole de la réussite des régions d'élevage bovin au cours de la Grande Dépression[116]. Bien que possédant toujours un nombre

---

115 A. MOULIN, *Les paysans…*, *op. cit.*, p. 132.
116 Nos résultats confirment les jugements émis par les contemporains sur la Grande Dépression (voir *supra*) ainsi que François VATIN : « Les produits de l'élevage ont […] moins subi la baisse des cours que les produits végétaux. Mais surtout la rentabilité relative de l'élevage bovin en

Partie III

Graphique 109
Stature en Alsace rurale et à Mulhouse cohortes de naissance 1848-1876 (N = 26 348)

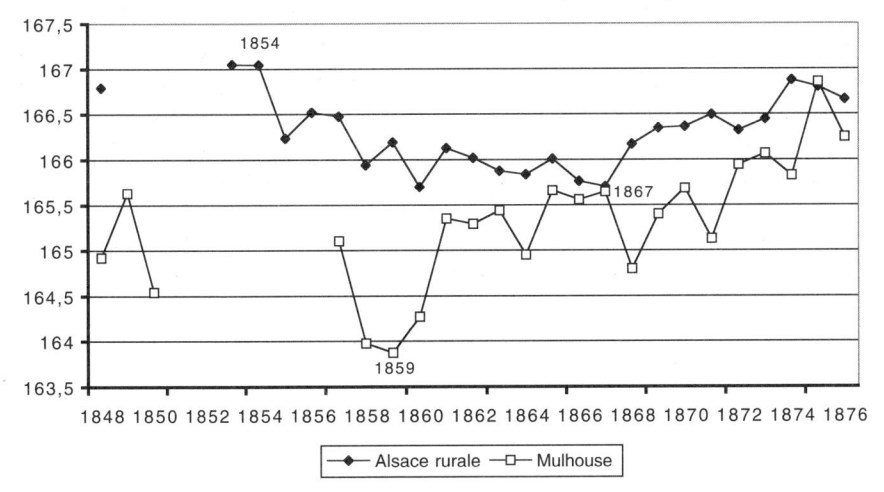

(Sources : ADBR : série R : listes de tirage au sort, versement 392 D : *Alphabetische Listen* ; ADHR : listes de tirage au sort ; AMM : sous série HI : *Rekrutierungsstammrollen*)

Graphique 110
Stature des conscrits briards et limousins, cohortes de naissance 1848-1876 (N = 26 601)

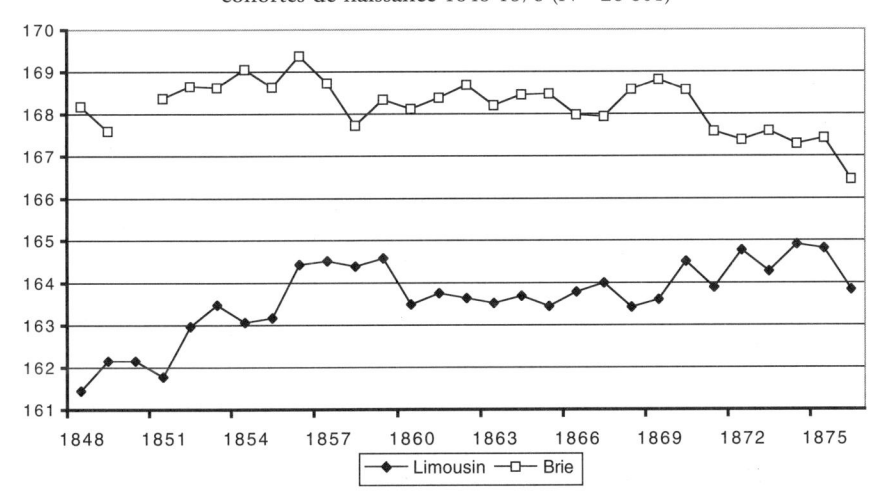

(Sources : ADSM : série R : listes de tirage au sort, listes de tirage au sort et du recrutement cantonal ; ADHV : série R : listes de tirage au sort, listes de recrutement cantonal)

considérable de colons et cultivateurs, et donc une structure foncière quasiment inchangée[117], la région parvient à se développer. C'est enfin la fin du « blé mal nécessaire[118] ». Le mieux-être animal, corrélé au mieux-être humain, témoigne de ce tardif changement[119].

Les spécialisations régionales croissantes, en particulier pour le Limousin et la Brie, ont donc bien pour conséquence une réduction des écarts interrégionaux de niveau de vie au cours de la Grande Dépression (graphique 110). Celle-ci est bien, comme l'affirme P. Bairoch, une réalité indéniable pour les agriculteurs d'Europe continentale, que l'on peut lire dans la baisse de la stature des conscrits de l'Alsace rurale et de la Brie[120]. Cette baisse de la stature s'explique en bonne partie mais pas uniquement par la libéralisation des marchés européens, comme on l'a vu pour la Brie. Ici, le réajustement des structures foncières a également joué un rôle. Le déclin sensible de la micro-propriété des salariés agricoles briards a prolétarisé une partie importante de la population active de la Brie et a donc fragilisé le niveau de nutrition nette de cette dernière. Si c'est en partie *grâce à* un réajustement des structures foncières que l'agriculture française peut sortir de la Grande Dépression, comme l'avance Jean-Claude Toutain[121], force est de constater que c'est plutôt *à cause d'*un réajustement foncier que la Brie

---

    comparaison notamment de la culture céréalière s'est élevé probablement de manière importante, surtout dans les zones peu propices aux céréales (régions du Massif Central et de Bretagne). Deux raisons permettent de l'expliquer : tout d'abord la consommation urbaine de viande et de laitages tendit à se développer, avec l'amélioration des techniques de transformation, de transport et de conservation, alors que celle de pain commençait à régresser ; ensuite, l'élevage exigeait beaucoup moins de main-d'œuvre ; or celle-ci se raréfiait avec l'exode rural, ce qui faisait croître son prix », *op. cit.*, p. 37. On note toutefois que dans le cas de la Haute-Vienne, comme on l'a vu, le plein rural est atteint très tardivement, vers 1890. Il n'est donc pas ici question d'exode rural pour expliquer le couchage en herbe (par ailleurs tardif) des champs limousins.

117 A ce sujet, voir Société d'agriculture de la Haute-Vienne, « Réponses au questionnaire… », *loc. cit.*, p. 637-638.

118 En l'occurrence dans le Limousin, ce serait plutôt « la fin de la châtaigne et du seigle, maux nécessaires », tant le régime alimentaire des pauvres limousins était dépourvu même de pain blanc. Sur la pauvreté du régime alimentaire limousin, voir nos analyses de corrélations spatiales à l'échelle cantonale pour la cohorte de naissance 1848.

119 Voir nos corrélations entre évolution du poids moyen des bovins et de la stature moyenne des conscrits limousins.

120 E. LE ROY LADURIE et A. ZYSBERG ont déjà signalé la stagnation de la stature entre la classe 1868 et la classe 1887. Ils ont attribué ce phénomène à la Grande Dépression : « Ce palier […] suggère que le déclenchement de la crise économique, après 1873, dans nos campagnes, a pu stopper pour une décennie les changements biologiques qu'induisait normalement l'amélioration séculaire et plus ou moins régulière des niveau de vie. », « Anthropologie des conscrits français (1868-1887) », *loc. cit.*, p. 47.

121 J.-C. TOUTAIN, « La production agricole… », *loc. cit.*, p. 30.

Partie III

connaît une baisse de la stature particulièrement sensible. La région qui fait déjà les plus grandes économies d'échelle, qui se rapproche déjà le plus de la voie américaine de développement, connaît la baisse de la stature la plus sensible. Au contraire, le Limousin et l'Alsace rurale surmontent plus facilement la Grande Dépression sans réajustement de leur structure foncière mais par des stratégies de développement de marché différentes. Ce sont pourtant des régions de petite culture. Cela conduit à penser que le rôle de l'inadaptation structurelle de l'agriculture française à la concurrence internationale, autrement dit le morcellement trop poussé du terroir qui entrave un développement agricole à l'américaine, joue finalement un rôle secondaire dans la grande Dépression. En revanche, les aléas des cours des produits agricoles sur les marchés internationaux semblent jouer un rôle important dans le déclenchement et la fin de la dépression.

La seconde moitié du XIXe siècle marque donc un resserrement des écarts de développement entre le Limousin et la Brie ainsi qu'entre Mulhouse et l'Alsace rurale. C'est la revanche de la ville sur la campagne et de l'élevage sur la céréaliculture. Après l'avènement non sans heurts du marché national et international au XIXe siècle, le XXe siècle permettra-t-il à la France de connaître un développement plus harmonieux ?

Partie IV

La première croissance nationale vraie, cohortes de naissance 1880-1920 (classes 1900-1940)

Pas plus que les deux périodes précédentes, le début du XXe siècle ne fait l'unanimité des historiens économistes. Pour Alfred Sauvy, la période de l'entre-deux-guerres est marquée du sceau d'un mal bien français, le malthusianisme, qui explique la médiocrité de l'économie, voire l'absence de réel développement[1]. La France est un pays vieillissant tant du point de vue des forces productives que de celui des mentalités apeurées par le progrès. C'est le triomphe de l'esprit «ligne Maginot[2]». Le tableau de la société rurale française de l'entre-deux-guerres dressé par Pierre George dans l'ouvrage collectif de Sauvy est très sombre, parce qu'il prend comme point de comparaison implicite l'agriculture française d'après 1945, les Etats-Unis des années 1900-1940 ou encore l'URSS : «cette société rurale et cette économie agricole […] sont, l'une et l'autre, des survivances de structures périmées qui se sont vidées de leur signification initiale, dès le début du XXe siècle, et ne sont plus, après la première guerre mondiale, que des anachronismes[3]». «L'agriculture française est l'une des plus arriérées de l'Europe occidentale, ne devançant guère que l'agriculture espagnole[4].» C'est l'image d'une société agricole en déclin que nous montre George, à la limite de l'autosubsistance[5]. La petite exploitation est «à la limite inférieure des disponibilités d'entretien familial[6]». «Elle ne peut […] sortir du circuit fermé de la production domestique assurée au plus juste d'une année sur l'autre.» C'est à se demander comment la France nourrit ses citadins à part par le recours aux importations alimentaires.

Jean Fourastié et sa femme, qui apportent une contribution à l'ouvrage de Sauvy sur «le genre de vie»[7] sont plus nuancés. Certes, «entre les deux guerres […], le niveau de vie n'a guère changé, du moins si l'on s'en rapporte au revenu moyen par habitant», il y a même «quasi-stagnation économique[8]». Mais globalement, on assiste à des

---

1 A. SAUVY, *Histoire économique de la France entre les deux guerres*, 4 tomes, Paris, 1965-1975, *passim*.
2 *Ibidem*, t. 2, 1967, p. 378.
3 P. GEORGE, «Les paysans», dans *Histoire économique...*, *op. cit.*, dir. A. SAUVY, t. 3, 1972, p. 56.
4 *Ibidem*, p. 59.
5 *Ibidem*, p. 58.
6 *Ibidem*, p. 59.
7 Chapitre XVII du t. 3, 1972.
8 F. et J. FOURASTIE, «le genre de vie», dans *Histoire économique...*, *op. cit.*, dir. A. SAUVY, t. 3, 1972, p. 435.

« rapprochements notables » « dans la façon de vivre »[9] et « L'étude attentive des consommations et du genre de vie révèle des progrès que n'accuse pas la comparaison des indices de prix et de revenus[10]. »

Michel Augé-Laribé brosse également un tableau très gris des années de l'entre-deux-guerres, toujours semble-t-il dans une perspective de rejet du malthusianisme supposé de l'économie française et avec comme point de repère implicite des pays plus développés économiquement, comme les Etats-Unis d'Amérique. Chez lui, la description des progrès des années 1920-1939 prend moins de place que celle des périodes antérieures, comme si ces années étaient une parenthèse (malheureuse) dans l'histoire agricole du pays[11].

Ces conceptions pessimistes de l'histoire rurale, agricole et sociale du pays, lancées par des historiens qui ont vécu l'entre-deux-guerres puis la (re)construction d'après 1945 jettent un regard rétrospectif sur l'évolution du pays qui prend pour référence implicite la voie américaine de développement et non la voie française passée. Elles inspirent encore partiellement certains ouvrages : pour Pierre Guillaume, « Globalement, on peut donc considérer que, de 1880 à 1940, l'agriculture française a traversé une période très difficile, épisodiquement interrompue par la relative prospérité des années vingt[12]. » Plus récemment, l'économiste Thomas Piketty, dans son ouvrage sur les hauts revenus en France au XXe siècle a montré qu'au-delà de variations à court terme, le salaire et le revenu moyens stagnaient dans la première moitié du siècle[13]. Du salaire au niveau de vie, il y a un pas que l'auteur semble parfois vouloir franchir facilement, même s'il note que des facteurs non mesurables par ses sources peuvent en fait masquer une élévation du niveau de vie[14].

A l'opposé, Edmond Malinvaud et ses collaborateurs ont été les premiers à envisager la période 1896-1939 non pas comme le chant du cygne de la vieille France malthusienne mais comme les prémices indispensables à la France des Trente Glorieuses. « C'est dans les dernières années du XIXe siècle et dans les premières années du XXe siècle qu'apparurent des facteurs nouveaux qui devaient permettre une accélération de la

---

9 F. et J. FOURASTIE, *loc. cit.*, p. 436.
10 *Ibidem*, p. 453.
11 Voir notamment M. AUGE-LARIBE, *op. cit.* p. 385 et 432-433.
12 P. GUILLAUME, *Histoire sociale…*, *op. cit.*, p. 91. Voir aussi p. 93-94.
13 T. PIKETTY, *Les Hauts revenus en France au XXe siècle. Inégalités et redistributions. 1901-1998*, Paris, 2001, p. 72 : « le pouvoir d'achat des ménages a connu au cours du siècle la même croissance globale que la production nationale, mais il a également connu les mêmes soubresauts, avec une quasi-stagnation durant la première moitié du siècle […] Selon nos estimations, la stagnation du revenu moyen par foyer observé durant les périodes 1900-1948 et 1978-1998 correspond à des taux de croissance annuels moyens totalement insignifiants de 0,18 et -0,01 % » ; et aussi p. 73 et 79.
14 *Ibidem*, p. 80 et note 1 p. 92.

croissance française. Cette accélération qui se manifesta dès avant la Première Guerre mondiale et pendant les années 1920 fut apparemment stoppée en 1930[15]. » Après la période de ralentissement de la croissance (1870-1896), on assiste globalement à une reprise de 1896 à 1930[16]. De 1896 à 1930, « la production globale par habitant progresse plus vite que dans les autres grands pays, mis à part les Etats-Unis[17] ». L'expansion n'est pas de courte durée mais s'accélère, mis à part la période 1901-1906, jusqu'en 1929. Les taux de croissance des années 1949-1969 sont comparables à ceux des années 1906-1913 et 1922-1929[18]. L'accélération de l'économie pendant les Trente Glorieuses doit surtout son originalité au dynamisme sans précédent de l'agriculture. Ce sont donc principalement l'industrie et les services qui poussent la croissance entre 1896 et 1929, alors que le taux de croissance de l'agriculture est plus faible (respectivement 2,5 pour l'industrie et 0,5 %/an pour l'agriculture).

Dans son ouvrage de synthèse sur l'histoire économique de la France, François Caron adhère aux conceptions d'E. Malinvaud[19]. Peu après la parution du dernier tome de l'*Histoire économique de la France entre les deux guerres* d'A. Sauvy, Michel Gervais, Marcel Jollivet et Yves Tavernier, en charge du tome quatrième de la monumentale *Histoire de la France rurale*[20], tout en demeurant sceptiques sur les progrès des revenus paysans[21] ont bien senti que les niveaux et genre de vie paysans et ruraux changeaient lentement mais sûrement dans la première moitié du siècle[22]. Il y aurait donc une évolution différente entre revenus et niveaux de vie dans les années 1900-1940.

Les auteurs sont par ailleurs critiques par rapport à ce qu'ils désignent comme des analyses « ruralistes » qui « accentuent les contrastes et donnent à penser que, contrairement à la ville, les campagnes ont peu changé dans la première moitié du XXe siècle [...] La France rurale des années 1950 est encore volontiers considérée comme un témoin de la France du XIXe siècle[23] ». Finalement, les auteurs suivent la périodisation proposée par Malinvaud, car les deux guerres mondiales et la dépression des années 1930 ne leur semblent pas être des points de rupture pertinents : « Temps forts de l'évolution de la société, ces événements ne font, en effet, qu'accompagner les grandes

---

15 J.-J. CARRE, P. DUBOIS, E. MALINAUD, *La Croissance française. Un essai d'analyse économique causale de l'après-guerre*, Paris, 1972[2], p. 616.
16 *Ibidem*, p. 21.
17 *Ibidem*, p. 24.
18 *Ibidem*, p. 49.
19 F. CARON, *op. cit.*, p. 155-157.
20 M. GERVAIS, M. JOLLIVET, Y. TAVERNIER, *Histoire de la France rurale. t. 4. La fin de la France paysanne de 1914 à nos jours*, Paris, 1976.
21 *Ibidem*, p. 82-87 : « la paysannerie paie la crise » et p. 205.
22 *Ibidem*, p. 208-218 : « signes d'aisance ».
23 *Ibidem*, p. 12.

tendances de la période […] la guerre de 1914-1918 tire toutes les conséquences de la crise des années 1880, celle de 1939-1945 au contraire, prolongeant elle-même la crise des années 1930, accélère la décomposition des structures qui se sont mises en place à la fin du XIXe siècle[24] ». C'est bien une vision non pas plus optimiste mais plus équilibrée qui prévaut finalement dans la périodisation des auteurs : « Quant à l'entre-deux-guerres, l'évolution qui s'y poursuit est loin d'être négligeable, car c'est l'époque où se généralisent les changements commencés dans la seconde moitié du XIXe siècle. C'est également à ce moment que se prépare la rupture des années 1955-1960 qui nous paraissent comme les années charnières de la période 1914-1974 », la période 1914-1960 constitue en réalité « l'apogée de l'exploitation familiale[25] […] ».

Plus récemment, Annie Moulin n'est pas loin d'adopter la périodisation optimiste que les conceptions de Malinvaud impliquent[26]. Ainsi, les « changements profonds » intervenus entre 1914 et 1950 « ne sont pas clairement perçus par les contemporains »[27], bien que la consommation d'engrais double entre 1913 et 1936, que la valeur du parc de matériel fasse de même en francs constants entre 1925 et 1938 et que l'on passe de 17 à 95 % de communes électrifiées de 1919 à 1938[28]. A cette date, un quart de la production agricole est autoconsommé[29] : « C'est à la fois beaucoup et peu. Tout dépend du point de comparaison. L'évolution sur le long terme est fondamentale[30]. »

Comme on le voit, le débat peut essentiellement se reporter à deux éléments. D'une part, il s'agit de voir quel est le point de comparaison que l'on adopte. On pourrait bien sûr dresser un parallèle entre la croissance économique et staturale des Trente Glorieuses et celle des années 1896-1940. Mais ce serait alors mettre la charrue avant les bœufs. On ne peut saisir l'originalité de la croissance staturale des années 1896-1940 (années de naissance 1876-1920) qu'en la comparant aux évolutions anthropométriques françaises antérieures. En procédant autrement, en particulier en comparant les statures sur les deux cents dernières années (années d'examen 1800-1980), l'historien économiste est condamné à observer des courbes quasi plates jusqu'en 1950, comme ce serait d'ailleurs le cas pour bon nombre d'indices. La même question se pose si l'on veut comparer la France aux Etats-Unis d'Amérique par exemple. On fait alors de ce dernier pays le symbole de la voie normale vers le

---

24 M. GERVAIS, M. JOLLIVET, Y. TAVERNIER, *op. cit.*, p. 12.
25 *Ibidem*, p. 13.
26 Mais pas entièrement : « 1870-1914 : les temps difficiles » ; « 1914-1950 : vers un monde séparé ». A. MOULIN, *Les Paysans…*, *op. cit.*, p. 118 et 169.
27 *Ibidem*, p. 169.
28 *Ibidem*, p. 183-184.
29 *Ibidem*, p. 184, emprunté à M. GERVAIS, M. JOLLIVET, Y. TAVERNIER, *op. cit.*, p. 78.
30 A. MOULIN, *Les Paysans…*, *op. cit.*, p. 185.

développement, à tel point que c'est non seulement l'évolution économique générale américaine qui pourrait constituer la référence, mais aussi les standards anthropométriques[31], à l'instar du dollar roi dans le domaine financier.

Les recherches de M.-C. Chamla sur la période de conscription 1880-1960 permettent de comparer la croissance anthropométrique française aux croissances des autres pays européens (carte 9). La décennie d'examen 1890 eût été plus judicieuse comme point de départ de l'étude, mais les travaux de Chamla sont antérieurs au développement de la nouvelle histoire anthropométrique et on ne saurait adresser de reproches anachroniques à l'auteur. La croissance française, y compris celle des Trente Glorieuses, visible dans la croissance des adolescents entre 1949 et 1960, apparaît comme une voie moyenne entre l'Europe du nord et l'Europe du sud. La belle croissance des années 1896-1929 et 1949-1969 est relativisée par les fortes croissances des pays germaniques et scandinaves. En revanche, la France fait mieux que l'Europe du sud (Italie et Espagne).

Comme le laisse pressentir le titre de notre partie, mieux vaut donc saisir la croissance uniquement à partir de la classe 1896 (née en 1876) et regarder cette croissance dans une perspective française et sur le long terme, afin d'en saisir toute l'originalité. C'est donc avant tout une croissance économique, au sens large du terme, que nous voulons mettre ici en évidence à l'aide de l'indice anthropométrique. Peu importe que l'économie agisse sur la stature plutôt durant la petite enfance ou plutôt pendant l'adolescence, pourvu que l'on puisse établir à partir de quelle année la situation s'améliore dans nos quatre régions[32]. Les incidents de croissance que nous signalons plus loin pour les cohortes de naissance alsaciennes de début de période (décennie 1880) ne remettent pas en question la croissance vraie de la période 1896-1940, car, comme nous le montrerons, ce sont bien les mauvaises conditions économiques des années 1880 qui sont alors en question, et non la croissance continue des années d'examen 1896-1940.

D'autre part, le débat porte sur la périodisation de l'histoire économique et sociale. La période 1896-1929, voire 1896-1949, existe-t-elle comme un tout ? Existe-t-il une croissance économique et staturale à peu près régulière sur cette période ? Nos sources ne nous permettront pas de répondre entièrement, puisque nous ne pouvons saisir au maximum que la croissance des adolescents des années 1930. C'est donc sur la période 1896-1940 que peut porter notre investigation. De plus, le retour à la croissance que nous avons situé en 1896 s'est probablement manifesté plus tardivement dans les régions viticoles du Midi. Ce serait donc à partir de la

---

31 De fait, c'est le cas. Voir R.H. STECKEL, « Percentiles of Modern Height… », *loc. cit.*
32 Il s'agit en fait comme on le verra de l'année 1896, car la dernière région où les conditions économiques sont défavorables à la croissance staturale est la Brie qui sort de la dépression (staturale et économique) à la fin de la décennie d'examen 1890.

fin des années 1900 que l'on pourrait observer une croissance régulière dans tous les départements français.

La croissance anthropométrique des Français de l'année de naissance 1876 à l'année d'examen 1940 se fait-elle dans des conditions toujours favorables ? On a déjà parlé des conséquences de la Grande Dépression jusqu'en 1896. C'est donc surtout sur la période 1897-1940 que les conscrits nés entre 1877 et 1920 nous renseignent. Certes, la France connaît alors la Belle Epoque et les Années folles, mais la période est aussi marquée par des reculs, du moins apparents, durant la Grande Guerre et surtout pendant la dépression des années 1930. On a vu que la stature moyenne pouvait évoluer de façon différente des indices traditionnels de niveau de vie.

Les reculs de la guerre de 1914-1918 sont d'ordre économique, mais non alimentaires[33]. On peut se demander si les bébés de la Première Guerre mondiale ont souffert d'une dégradation éventuelle des conditions de vie durant leur petite enfance. A suivre M. Augé-Laribé, qui fait encore autorité sur la question, les paysans français sont sortis de la guerre plus prospères qu'en 1914, ce sont de « nouveaux riches[34] ». Quant aux citadins, ils n'ont guère eu à se plaindre durant la Grande Guerre, les restrictions alimentaires sont venues très tard, en 1917. Seule la grippe espagnole, à la fin du conflit, peut avoir des conséquences néfastes sur la croissance staturale. Enfin, Mulhouse, à l'instar des autres villes allemandes, a peut-être davantage souffert de problèmes d'approvisionnement que les villes françaises.

Les mêmes individus, nés durant le premier conflit mondial, devenus adolescents, vont subir la dépression des années 30 en pleine croissance de l'adolescence. Les jeunes soldats des années 1930 cumulent donc apparemment les handicaps, en particulier les conscrits ruraux, durement touchés par l'avilissement des prix dans les années 1930-1935. De nombreux auteurs insistent sur la baisse des revenus paysans au début des années 1930 et sur le retour à l'économie d'autosubsistance. Ici encore, c'est l'œuvre d'Alfred Sauvy qui fait référence[35]. Selon P. George, la ration alimentaire des paysans français diminue : « Les paysans, contraints de se replier sur leur propre

---

33 Sur les conséquences de la guerre sur l'agriculture, voir M. GERVAIS, M. JOLLIVET, Y. TAVERNIER, *op. cit.*, p. 40-43 et sur l'approvisionnement, notamment en protéines, *ibidem*, p. 48-49.

34 M. AUGE-LARIBE, *op. cit.*, p. 369. Voir P. GUILLAUME, *Histoire sociale…*, *op. cit.*, p. 91 ; A. MOULIN, plus mesurée, *Les Paysans…*, *op. cit.*, p. 170 et 175-177 ainsi que M. GERVAIS, M. JOLLIVET, Y. TAVERNIER, *op. cit.*, p. 51-52.

35 Voir par exemple, A. MOULIN, *Les Paysans…*, *op. cit.*, p. 189 : « Ce retour à l'économie de subsistance est mal accepté par des paysans qui avaient considérablement modifié leurs habitudes de vie depuis la guerre », voir aussi p. 189 et 187 : « On a coutume d'affirmer que la France a été moins touchée que les autres pays européens par la crises des années 1930, parce que l'agriculture occupait encore une grande place dans son économie. En fait, la paysannerie est profondément affectée par la baisse des prix. » Voir aussi P. GUILLAUME, *Histoire sociale…*, *op. cit.*, p. 93.

production domestique, voient non seulement leur niveau de vie baisser, mais leur régime alimentaire s'appauvrir[36]. » Retrouve-t-on alors dans les campagnes françaises une diminution de la stature des jeunes gens toisés dans les années 1930, comme c'était le cas durant la Grande Dépression pour les conscrits examinés dans les années 1870 à 1890 ?

Au contraire, les conscrits nés dans les années 1900 bénéficient de la croissance économique de la Belle Epoque, même si les conscrits citadins comme ceux de Mulhouse ont pu souffrir dans leur petite enfance de la « vie chère », peu avant 1914. Ces conscrits des cohortes de naissance 1900 profitent aussi durant leur croissance de l'adolescence de l'expansion économique sans précédent des Années folles (1922-1927 environ). On peut donc envisager que les conscrits toisés dans les années 1930 seront plus petits que ceux mesurés dans les années 1920. Cette fois-ci, contrairement à la Grande Dépression, la baisse de stature aurait donc lieu dans une période de protectionnisme renforcé, alors que l'expansion des années 1920 s'est faite dans un contexte encore relativement marqué par le libre-échange.

Au-delà de cette question de *trend* général, se pose la question des différences régionales. Selon Sauvy comme selon Malinvaud, durant les années 1896 à 1929, voire 1940, l'industrie a beaucoup plus prospéré que l'agriculture. Les conscrits agriculteurs sont-ils les laissés pour compte de la croissance économique des années 1896-1940 ? Les Mulhousiens ont-ils davantage grandi que les ruraux alsaciens ? L'hypothèse semble plausible car, à l'échelle régionale, E. Juillard dénonce l'archaïsme de l'agriculture alsacienne[37]. D'autre part, durant la Première Guerre mondiale, ce sont surtout les producteurs de viande qui se sont enrichis[38]. Par la suite, durant la « crise » des années 1930, les cours du blé s'effondrent alors que les prix de la viande résistent mieux. Par conséquent, la croissance anthropométrique du Limousin est-elle plus forte que celle de la Brie ? A suivre P. George, rien n'est moins sûr, tant la grande exploitation apparaît comme la panacée pour une agriculture française décidément trop marquée par la petite culture[39]. Un bref survol de la carte de M.-C. Chamla (carte 9), pour une période un peu différente de la nôtre il est vrai, indique déjà certaines directions. Des années de naissance 1860 à 1940, c'est le Massif Central, dont la Haute-Vienne, qui bénéficie d'une des plus fortes croissances de France (+6 à +8 cm). Le Bassin parisien, dont la Brie, connaît une croissance staturale moyenne (+4 à +6 cm), alors que le Haut-Rhin fait beaucoup moins bien (+2 à +4 cm). Enfin, c'est le Bas-Rhin qui est lanterne rouge, avec un faible gain (moins de 2 cm). La région de petite culture et d'élevage l'emporterait donc sur la région de grande culture céréa-

---

36   P. GEORGE, *loc. cit.*, p. 71.
37   E. JUILLARD, *op. cit.*, p. 384.
38   M. AUGE-LARIBE, *op. cit.*, p. 369.
39   P. GEORGE, *loc. cit.*, p. 59-61.

lière, et en Alsace le département industriel sur le département rural. A l'exception de l'Alsace rurale, les départements ruraux grandiraient donc plus vite que le département industriel[40] et l'évolution que l'on attendait serait donc infirmée. Cependant nous n'avons ici qu'un simple survol à altitude élevée de la France du XXe siècle. Il s'agit donc de savoir s'il existe encore des *trends* régionaux de la stature au XXe siècle. La stature réagit-elle comme les autres indices de l'histoire démographique, qui, après avoir dessiné les contours d'une histoire régionale et départementale de la population française au XIXe siècle, indiquent une uniformisation des comportements au XXe siècle[41]? Les séries régionales confirment-elles la série calculée par Van Meerten d'après le PIB par habitant[42]?

---

40 La Seine-et-Marne s'urbanise et s'industrialise cependant à un rythme modéré (1920-1939) puis rapide (1949-1960).

41 J. DUPÂQUIER, *op. cit.*, t. 4, p. 1 et 8. le «naufrage de la France rurale» fait que «jadis chaque province avait ses particularités démographiques», qu'«au XIXe siècle, chaque département se signalait encore par un rythme d'évolution spécifique» mais que le XXe siècle est marqué par «la brutalité et l'ampleur des changements [...et la] standardisation des comportements». Si J. Dupâquier dégage admirablement les grandes évolutions et caractéristiques de la population française au XXe siècle, nous ne partageons pas son analyse sur les causes de ces évolutions (voir notamment p. 7).

42 Sur ce point, voir chapitre III, III – La nouvelle histoire anthropométrique de la France (de 1990 à nos jours).

Chapitre XV
Quatre *trends* régionaux très proches

I – La croissance alsacienne : Mulhouse dépasse la campagne

a) Ce que disent les indices traditionnels du niveau de vie

Le tableau que brosse Etienne Juillard des campagnes alsaciennes des années 1900-1940 se rapproche par bien des points de celui de l'agriculture française dressé par P. George dans l'ouvrage d'A. Sauvy. C'est avant tout une impression de médiocrité et d'immobilisme qui prévaut. En 1953, Juillard écrit : « Dans tous les domaines, engrais, recherche de la qualité, mécanisation, remembrement, l'agriculture alsacienne a fait preuve depuis une cinquantaine d'années d'une regrettable inertie[1]. » D'ailleurs, la stature moyenne du Bas-Rhin n'est-elle pas celle qui semble évoluer le moins entre 1880 et 1960 (années d'examen) selon la carte de Chamla (carte 9) ? Les facteurs explicatifs de cette inertie sont plus révélateurs de l'univers mental d'une génération d'historiens et géographes que des caractères propres de l'économie française de l'époque et on retrouve chez Juillard bien des arguments de Sauvy et d'Augé-Laribé.

Ainsi, « en Alsace la petite exploitation familiale qui s'était si bien prêtée aux innovations du XIXe siècle, a joué ensuite le rôle d'obstacle en empêchant l'agriculture de s'adapter aux conditions nouvelles[2] ». La petite exploitation, parée de toute les vertus au XIXe siècle, devient un frein au développement qui ne saurait être que le fait de la grande exploitation. De fait, les structures agraires restent très morcelées : la taille moyenne de l'exploitation bas-rhinoise d'après le recensement allemand de 1942 est de 5,2 ha, un « record de France de l'exiguïté », alors qu'à l'autre extrémité, l'exploitation moyenne briarde fait 68 ha[3]. La surface moyenne de l'exploitation bas-rhinoise

---

1   E. JUILLARD, *op. cit.*, p. 384.
2   *Ibidem*, p. 392.
3   D'après l'INSEE, 1946. *Ibidem*, p. 391.

a toutefois considérablement évolué depuis le milieu du XIXe siècle, où elle était à peu près de 3 ha. La progression est majoritairement due à l'exode rural, qui se traduit par une légère concentration des exploitations agricoles, principalement par un gonflement des effectifs des exploitations moyennes. La plaine d'Erstein et le Grand *Ried*, qui correspondent pour bonne partie avec l'espace étudié pour le *trend* de la stature des ruraux alsaciens, sont dominés en 1942 par les exploitations de 5 à 10 ha, qui couvrent 40 à 60 % du sol et représentent 45 à 75 % des exploitants[4]. Il y a donc entre 1907 et 1942 des « changements considérables »[5] dans la structure agraire bas-rhinoise qui laissent entrevoir la possibilité d'une modernisation. Cependant, Juillard pose comme facteur essentiel du développement agricole la mécanisation, qui ne peut être rentable que sur de grandes exploitations. Or celles-ci sont moins nombreuses qu'au XIXe siècle[6], et la mécanisation de l'agriculture bas-rhinoise a pris du retard à en juger par l'enquête agricole de 1929[7]. La grande exploitation, agent de la modernité économique du XXe siècle, est grignotée par la poussée des petits propriétaires, journaliers enrichis, et sa survie est compromise par le départ des salariés agricoles vers l'industrie aux salaires supérieurs.

La petite exploitation alsacienne est alors incapable de se moderniser, non par paresse, mais par « manque d'initiative qui peut être rapporté au vieillissement de la population rurale et à son médiocre renouvellement[8] ». L'autoconsommation est très importante[9], et pour cause : de nombreux agriculteurs alsaciens cultivent à temps partiel et sont ouvriers dans des fabriques plus ou moins lointaines. Le lopin de terre sert alors de plus en plus d'appoint à la consommation familiale et bien peu de moyen de se procurer du numéraire par la vente de produits. Cet équilibre économique, qui repose sur un « genre de vie mixte » admirablement décrit par Juillard, se développe dans la première moitié du XXe siècle grâce à l'essor des trains locaux et des réseaux de bus[10]. C'est donc décidément la taille de l'exploitation et ses faibles disponibilités en capital qui semblent être les freins à la modernisation de l'agriculture alsacienne. Les campagnes sont d'ailleurs de moins en moins dépendantes du secteur primaire pour assurer leur vie économique, puisque dans les années 1930-1940, le Bas-Rhin est le quatorzième département français pour la faible part de sa population rurale vivant de l'agriculture[11].

---

4   E. JUILLARD, *op. cit.*, p. 422-426.
5   *Ibidem*, p. 423.
6   *Ibidem*, p. 434-438.
7   *Ibidem*, p. 378.
8   *Ibidem*, p. 384.
9   *Ibidem*, p. 389-390.
10 *Ibidem*, p. 394-415.
11 *Ibidem*, p. 395.

Les campagnes alsaciennes se détournent donc apparemment de plus en plus de l'agriculture. La décélération de la croissance de la production agricole se fait sentir dès 1904, surtout dans le secteur de l'élevage[12]. Durant les cinquante premières années du XXe siècle, l'effectif du troupeau bovin stagne[13]. Une enquête par sondage de 1950 révèle que la productivité des vaches laitières bas-rhinoises est inférieure à la moyenne nationale. Il y aurait tout de même léger progrès de l'élevage, par augmentation des productivités laitières par rapport aux époques antérieures[14], car «la période 1883-1938 révèle les effets sur le système de culture du grand essor de l'élevage laitier[15]». Les superficies réservées à la nourriture du bétail passent de 108 000 à 140 000 ha et, en 1937, 40 % de la production agricole sont consacrés à la nourriture du bétail, preuve que malgré ce que dit Juillard, l'agriculture alsacienne est de plus en plus tournée vers le marché[16].

La réorientation de la production vers des denrées de plus en plus demandées par des marchés urbains alsaciens en croissance, tels les légumes, les fruits, le lait et la viande, est déjà nettement amorcée en 1880. Elle se confirme par la suite et peut avoir les mêmes effets que pour les cohortes de naissance 1867-1876, à savoir une élévation du niveau de vie biologique. De plus, la conversion partielle de l'agriculture alsacienne à l'élevage, entre le Second Empire et la Grande Guerre[17], peut avoir les mêmes effets bénéfiques qu'en Limousin. La croissance de la valeur du produit agricole est surtout soutenue, jusqu'à la Grande Guerre, par la hausse des prix agricoles[18]. Ce tableau en mi-teinte de l'agriculture alsacienne est-il favorable à l'élévation du niveau de vie biologique des ruraux alsaciens?

En ce qui concerne Mulhouse, la croissance économique de la ville diffère de la moyenne de l'industrie nationale, en raison de sa spécialisation dans des domaines industriels devenus traditionnels et qui ont particulièrement souffert durant la Grande Crise des années 1930. Contrairement à l'ensemble de l'industrie française, il n'y a pas de croissance ininterrompue de l'industrie mulhousienne entre 1900 et 1939. La «crise» des années 1930 frappe l'Alsace dès 1928. «Pour la première fois, on [y] assiste à une réduction du potentiel industriel: des entreprises ferment certaines de leurs usines ou disparaissent complètement[19].» Le chômage se répand, particulièrement dans les usines

---

12 M. HAU, *L'Industrialisation…*, *op. cit.*, p. 66.
13 E. JUILLARD, *op. cit.*, p. 335.
14 1770 litres/vache/an en 1950. La hausse de la productivité serait alors, par rapport à l'ensemble du département, de 46 % depuis 1852 (1212 l/vache/an) et de seulement 19,1 % par rapport à la Seine-et-Marne de 1852 (1486 l/vache/an).
15 *Ibidem*, p. 340.
16 Le mouvement de conversion à l'élevage est du reste général à l'agriculture française et s'accélère au début du XXe siècle. M. GERVAIS, M. JOLLIVET, Y. TAVERNIER, *op. cit.*, p. 58.
17 M. HAU, *L'Industrialisation…*, *op. cit.*, p. 67.
18 *Ibidem*.
19 M. HAU, *L'Industrialisation…*, *op. cit.*, p. 73, voir aussi p. 74.

textiles, mais aussi dans les usines fabriquant des machines pour le secteur textile, comme celles de la SACM. La situation est assez préoccupante pour que Mulhouse soit l'une des trois villes choisies par l'Institut scientifique de recherches économiques et sociales lors de sa grande enquête sur le chômage à la fin des années 1930[20]. Le maximum du chômage tel que perçu par les institutions apparaît à Mulhouse en février[21] 1935, avec 4 430 demandeurs d'emploi[22]. Entre 1930 et 1936, les emplois du secteur textile passent à Mulhouse de 12 008 à 6 705 individus et les ouvriers du textile qui représentent 60 % des ouvriers mulhousiens en 1930 n'en représentent plus que 33,5 % en 1936[23]. Durant les années 1930, Mulhouse s'en tire peut-être moins bien que l'Alsace rurale, qui peut jouer de l'autosubsistance et du « genre de vie mixte ».

Néanmoins, à long terme, la période 1876-1920 (ou 1896-1940 si l'on considère les années d'examen) correspond à une raréfaction de la main-d'œuvre alsacienne, et donc à une élévation soutenue des salaires industriels. C'est en 1894 que les premières plaintes des employeurs concernant le manque de bras apparaissent. La raréfaction des travailleurs s'accentue au cours de la période : avec les pertes de la Grande Guerre, « la pénurie se manifeste surtout pendant les années vingt, qui sont des années de forte croissance économique. [...] Même les filatures et les tissages de coton, qui ne sont guère exigeants sur la qualification des ouvriers, travaillent à 70 ou 75 % de leur capacité par manque de main-d'œuvre. Cette situation se prolonge, dans le textile, jusqu'en 1930. [...] Même durant la crise des années trente, et malgré un chômage qui frappe durement le Haut-Rhin, certaines industries alsaciennes connaissent des difficultés persistantes à recruter la main-d'œuvre nécessaire[24] ». Il est vrai que c'est alors surtout l'industrie métallurgique qui est gênée, et encore, surtout au moment de la reprise, en 1938.

Les salaires des ouvriers haut-rhinois, qui étaient parmi les plus faibles au XIXe siècle, remontent dans les hiérarchies nationales des salaires. C'est le cas au sein de l'empire allemand dans les années 1890-1900, puis en France, dans l'entre-deux-guerres[25]. Quittant

---

20 G. LETELLIER, A. DAUPHIN-MEUNIER, J. PERRET *et alii*, *Enquête sur le chômage. Tome I. Le chômage en France de 1930 à 1936*, Paris, 1938 ; M. BAMBERGER, G. LETELLIER, M. MARJOLIN, *Enquête sur le chômage. Tome II. Les chômeurs d'après les fiches des fonds de chômage de Paris, Lyon et Mulhouse*, Paris, 1942 ; G. LETELLIER, *Enquête sur le chômage. Tome III. Dépenses des chômeurs et valeur énergétique de leur alimentation d'après les budgets de 265 familles*, Paris, 1949.

21 Les *maxima* de l'année sont toujours atteints en février, lorsque les effets du chômage de longue durée se superposent à ceux du chômage de courte durée du secteur du bâtiment, dû à l'hiver.

22 G. LETELLIER, A. DAUPHIN-MEUNIER, J. PERRET *et alii*, *op. cit.*, p. 189.

23 *Ibidem*, p. 192.

24 M. HAU, *L'Industrialisation...*, *op. cit.*, p. 303-304.

25 *Ibidem*, p. 306-310.

Quatre trends régionaux très proches

Graphique 111
Stature en Alsace rurale et à Mulhouse (N = 37 356), cohortes de naissance 1876-1920

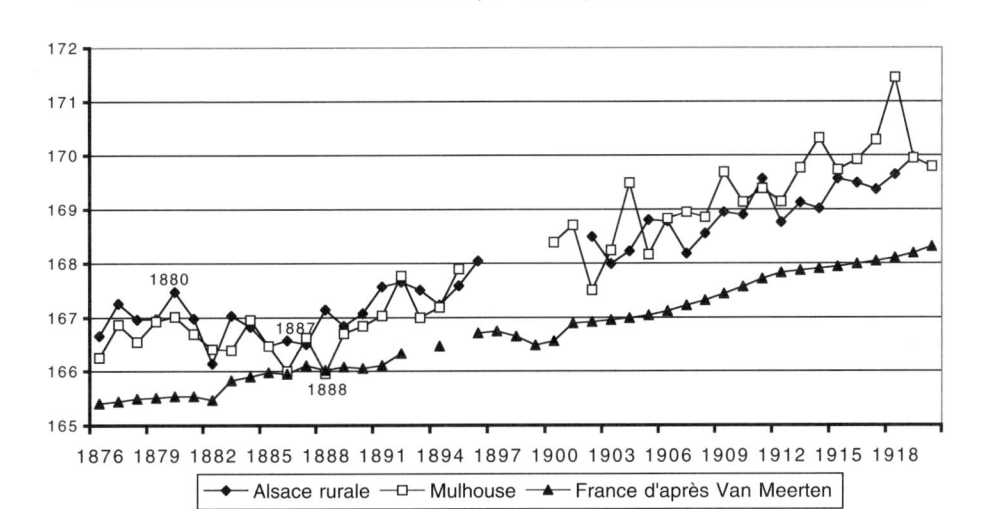

(Sources : ADBR : versement 392 D, *Alphabetische Listen*, versements D 215 et 295 D, listes de recensement, AMM : série HI, *R ekrutierungsstammrollen* et listes de recensement, M.A. Van Meerten et D.R. Weir pour la France)

la France en 1870 en parent pauvre de l'industrie, les ouvriers alsaciens retournent à la France en 1918 dans une position plus avantageuse, à un niveau de rémunération voisin du Nord.

Les ouvriers mulhousiens ont-ils davantage grandi que les ruraux alsaciens entre 1876 et 1920 ? Les Mulhousiens nés entre 1910 et 1920 subissent lors de leur adolescence (1928-1938) les conséquences de la dépression des années 1930. La Grande Crise se traduit-elle dans nos courbes par un tassement de la stature des Mulhousiens par rapport aux ruraux ? A moins que globalement, comme le laissent à penser Juillard et Chamla, l'agriculture alsacienne et l'économie rurale soient si déprimées dans les années 1900-1940 que la croissance staturale de la ville l'emporte sur celle de la campagne ?

b) Difficultés de la Grande Dépression puis croissance anthropométrique soutenue

Comme on le voit sur nos graphiques 111 et 112, Mulhousiens et ruraux alsaciens ont grandi de concert entre les cohortes de naissance 1876 et 1920. La croissance est régulière et soutenue, surtout après la fin des années 1880. En tout, les ruraux prennent 2,6 cm (1876-80/1916-19) et les Mulhousiens 3,6 cm (1876-80/1916-20). Cela

Graphique 112

Stature en Alsace rurale et à Mulhouse (N = 37356), cohortes de naissance 1876-1920

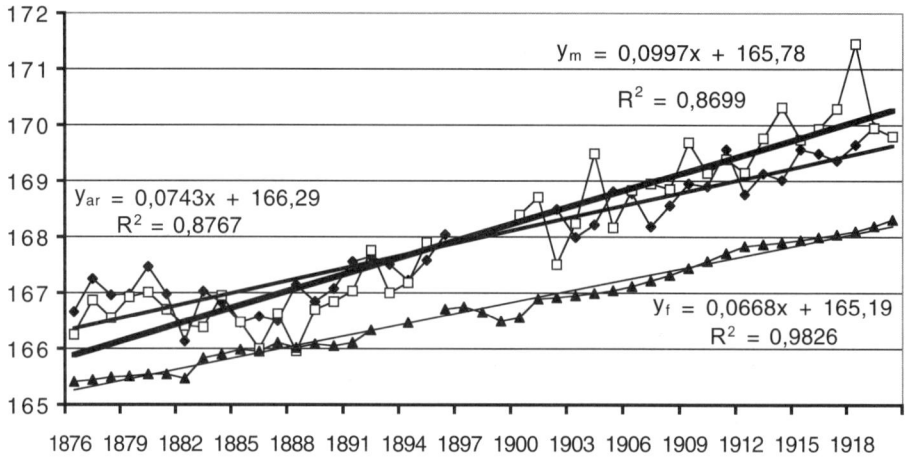

$y_m = 0{,}0997x + 165{,}78$
$R^2 = 0{,}8699$

$y_{ar} = 0{,}0743x + 166{,}29$
$R^2 = 0{,}8767$

$y_f = 0{,}0668x + 165{,}19$
$R^2 = 0{,}9826$

— Alsace rurale — Mulhouse
— France d'après Van Meerten — Linéaire (France d'après Van Meerten)
— Linéaire (Alsace rurale) — Linéaire (Mulhouse)

(Sources : ADBR : versement 392 D, *Alphabetische Listen*, versements D 215 et 295 D, listes de recensement, AMM : série HI, *Rekrutierungsstammrollen* et listes de recensement, M.A. Van Meerten et D.R. Weir pour la France)

correspond à des croissances staturales de célérité moyennes supérieures, de l'ordre de 0,7 à 0,8 mm/an. Ce n'est donc pas tant la rapidité que la constance de cette croissance qui est remarquable, puisqu'elle s'étale sur 44 années. Pour l'année de naissance 1919, les deux groupes ont un niveau de vie biologique élevé par rapport à la moyenne nationale : ruraux et Mulhousiens mesurent en moyenne 170 cm. Cela correspond à la stature moyenne des Français examinés en 1960.

On est donc bien loin de l'économie rurale moribonde que nous décrit Etienne Juillard. Le graphique de synthèse qui représente le *trend* de la stature des ruraux alsaciens sur 140 années (1780-1920, années de naissance) montre très clairement que l'Alsace rurale n'a jamais connu une période aussi faste qu'entre les décennies de naissance 1890 à 1920[26]. La croissance s'accélère très nettement après l'année de naissance

---

26 Graphique 157 produit dans le chapitre XIX bilan des croissances anthropométriques des années 1780-1920.

Quatre trends régionaux très proches

Graphique 113

Stature des néo-citadins et des Mulhousiens d'origine (N = 14 710), cohortes de naissance 1876-1920

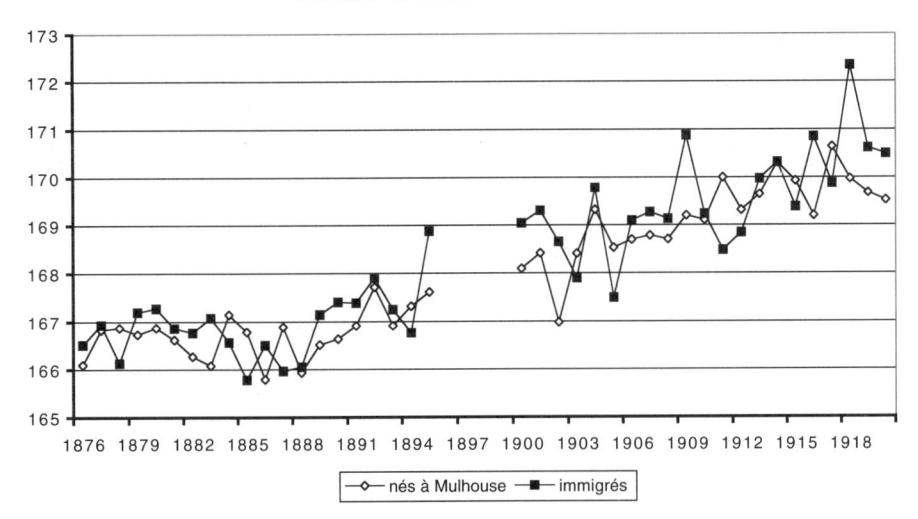

— nés à Mulhouse — immigrés

(Sources : AMM : série HI, *Rekrutierungsstammrollen* et listes de recensement)

Graphique 114

Stature des ouvriers non qualifiés et de tous les conscrits de Mulhouse (N= 4 602), cohortes de naissance 1902-1920

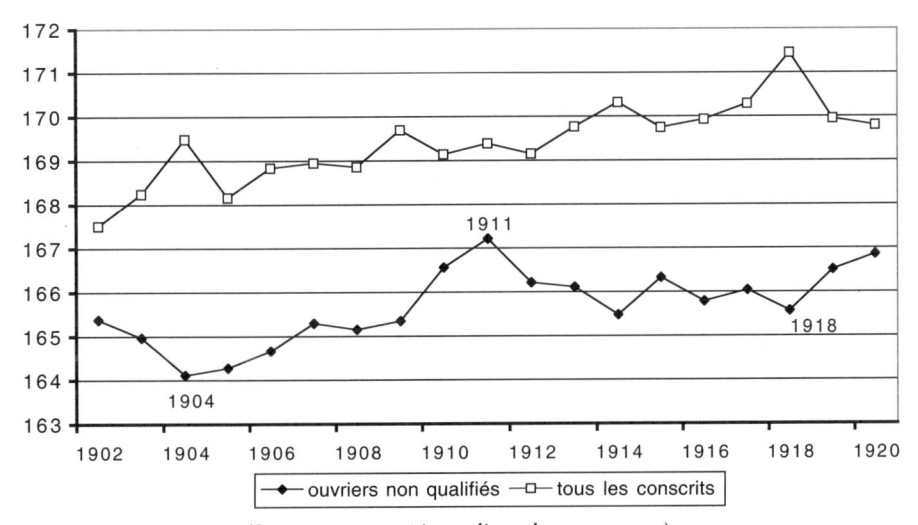

— ouvriers non qualifiés — tous les conscrits

(Sources : AMM, série HI, listes de recensement)

461

1887, la chose est surtout visible sur le graphique de synthèse. Toutefois, de 1880 à 1887 (graphique 111), on assiste en Alsace rurale à une diminution d'un centimètre (de 167,5 à 166,5 cm) qu'il faut bien évidemment rapprocher de ce que nous avons dit précédemment sur la Grande Dépression. Cette dernière a marqué dans leur chair non seulement les conscrits ruraux alsaciens examinés entre 1874 et 1887, mais aussi ceux nés entre 1880 et 1887. Les deux renversements de tendance (année de naissance et année d'examen) de 1887 invitent à expliquer le retour à la croissance staturale et économique par le renforcement du protectionnisme de 1885-1887 ou par la reprise de la croissance économique générale. Notons que le changement de politique douanière serait plus un élément déclencheur qu'une cause profonde de la fin de la dépression staturale. Il permet aux prix de se stabiliser puis de remonter, et donc assure un revenu plus grand au cultivateur.

La baisse s'observe aussi pour la population de Mulhouse dont la stature diminue d'un centimètre entre les années de naissance 1880 et 1888 (graphique 111). Ici encore, c'est la Grande Dépression qui peut rendre compte de cette baisse du niveau de vie biologique. En Alsace rurale comme à Mulhouse, la dépression staturale se fait à un rythme soutenu de célérité 1,4 mm/an[27]. Comme on l'a déjà vu, il n'y a pas de baisse de la stature des conscrits mulhousiens nés dans les années 1859-1867 et examinés dans les années 1879-1887, alors que c'est le cas des ruraux alsaciens. La dépression économique de 1873-1896 est donc davantage ressentie par les ruraux que par les citadins, preuve que la Grande Dépression touche avant tout l'agriculture. En effet, cette dépression a affecté la stature des ruraux dans les années 1880-1887 aux années de naissance et aux années d'examen, c'est-à-dire à la fois dans leur petite enfance et à la fin de leur adolescence, alors que les Mulhousiens n'ont été affectés que dans leur petite enfance.

Cette importante exception étant mise de côté, on constate donc que les conditions de vie s'améliorent pour les cohortes de naissance 1876-1920. Si l'on veut retrancher de cette période la dépression de 7 ans de la décennie 1880, on arrive tout de même à une croissance continue sur 33 ans, voire 53 ans si l'on considère les années de naissance et d'examen (1887-1940). C'est donc au plus tôt vers 1887 (année de naissance), au plus tard vers 1907 (année d'examen) que l'Alsace s'engage sur la voie du développement continu du bien-être de sa jeunesse masculine. On a expliqué dans le paragraphe précédent pourquoi c'est plutôt la première date qu'il faut retenir : ce sont les conditions de vie de la petite enfance qui expliquent le retournement de tendance pour l'année de naissance 1887. La période 1896-1940 correspond donc bien à une croissance générale de la stature.

---

27   Rappelons que des rythmes de 1 mm/an sont considérés comme rapides.

c) Des rythmes de croissance légèrement différents entre ville et campagne

Entre 1876 et 1920 (années de naissance), seul le niveau de départ semble différer entre les courbes alsaciennes et la courbe de la moyenne nationale. Puisque la croissance semble se faire de manière régulière dans le temps entre 1876 et 1920, on peut envisager une relation linéaire entre le temps écoulé et l'augmentation de la stature. Autrement dit, il y a une corrélation linéaire entre temps et stature après 1876, telle que la stature est une fonction linéaire du temps qui se traduit mathématiquement sous la forme d'une droite d'équation y = ax + b, où y représente la stature et x l'année. Plus le coefficient directeur de la droite est élevé, plus la pente de la droite est forte, plus la stature augmente rapidement.

Les résultats de nos corrélations linéaires entre stature et année de naissance sont donnés sur le graphique 112. La droite y_f représente la droite de régression pour la stature moyenne française, la droite y_{ar} représente la droite de régression pour la stature de l'Alsace rurale (arrondissement de Sélestat) et la droite y_m représente la droite de régression pour la stature des Mulhousiens. Les corrélations tentées pour l'Alsace montrent très nettement que la stature est une fonction linéaire du temps entre 1876 et 1920. Entre la variable « année » et la variable « stature moyenne nationale », la corrélation donne un coefficient de détermination très fort (0,98)[28]. Le coefficient de détermination est également très élevé pour l'Alsace rurale (0,88)[29] et pour Mulhouse (0,87)[30]. Comme nous l'avons dit, les coefficients directeurs des droites de régression linéaire nous indiquent avec quelle rapidité l'amélioration du niveau de vie se fait dans les différents espaces. Les trois valeurs sont assez proches, preuve que l'amélioration se fait à peu près au même rythme. Les nuances sont cependant très intéressantes. La stature moyenne nationale croît moins vite que les deux statures moyennes alsaciennes, car c'est y_f qui a le coefficient directeur le plus faible (0,0668). Au sein de l'Alsace, c'est Mulhouse qui connaît la croissance la plus rapide de son niveau de vie biologique[31] avec, il est vrai, un niveau de départ plus faible[32].

C'est donc à Mulhouse, où la Grande Crise sévit pourtant le plus, que l'accroissement de la stature entre les années d'examen 1896 et 1940 est le plus rapide. Notre série anthropométrique mulhousienne semble donc finalement suivre sur le moyen terme les taux de croissance économiques soutenus de l'industrie nationale et la population mulhousienne semble ne pas être trop affectée dans l'amélioration de son

---

28 R^2 = 0,982 ; F = 2 308,683 ; probabilité de l'hypothèse nulle = 1,130 x 10^{-35} % ; N = 43 années.
29 R^2 = 0,877 ; F = 263,157 ; probabilité de l'hypothèse nulle = 2,102 x 10^{-16} % ; N = 39 années.
30 R^2 = 0,870 ; F = 260,733 ; probabilité de l'hypothèse nulle = 7,274 x 10^{-17} % ; N = 41 années.
31 Avec un coefficient directeur de 0,0997 contre 0,0743 pour l'Alsace rurale.
32 Visible sur le graphique et aussi par le terme constant de la droite (b) qui est plus petit (165,78).

niveau de vie biologique par la dépression des années 1930, du moins en ce qui concerne la croissance staturale de l'adolescence[33]. Les coefficients directeurs des droites y_m et y_{ar} indiquent donc bien comme l'avance E. Malinvaud que l'industrie française a connu une croissance forte entre 1900 et 1939, qui se traduit dans l'évolution du niveau de vie biologique des conscrits mulhousiens, alors que l'agriculture connaît une croissance moins sensible. Cette dernière apparaît cependant beaucoup plus dynamique que ne le pensait Juillard, puisque les conscrits ruraux connaissent une croissance staturale sans précédent. Il faut bien sûr préciser l'analyse, en comparant l'évolution des statures des professions agricoles et industrielles, car on rappelle que l'on compare ici deux espaces et non deux secteurs. Parmi les conscrits de l'arrondissement de Sélestat, on compte des artisans, des cols blancs, etc ; parmi les conscrits de la commune de Mulhouse, on trouve beaucoup de jeunes gens travaillant dans le secteur tertiaire. En tout cas, la courbe des ruraux ne connaît plus une double descente durant les années 1930, comme c'était le cas pour les années de naissance (1880-1887) et d'examen (1874-1887) dans les années 1880[34]. Les ruraux alsaciens n'ont donc pas souffert de la dépression des années 1930 au point de voir leur stature diminuer, comme on aurait pu le croire en suivant le point de vue pessimiste de Pierre George. L'agriculture et la société rurale alsaciennes des années 1930 ont fait plus que résister à la dépression, puisque le niveau de vie biologique des habitants de l'arrondissement de Sélestat a augmenté.

d) Les ouvriers les moins qualifiés souffrent davantage de la Grande Crise

Les conscrits du seul secteur textile mulhousien ont-ils connu une baisse de leur niveau de vie biologique dans les années d'examen 1930, qui rendrait compte des difficultés de l'industrie textile? Le chômage de ce secteur a-t-il des répercussions sur la stature des conscrits examinés dans les années 1930? L'hypothèse paraît peu plausible, car on a vu que lorsque la stature d'un sous-groupe d'une population donnée diminue, c'est la stature de toute cette population qui suit la même évolution[35]. De fait, la

---

33 Quant à la croissance de la petite enfance, elle nous reste inconnue faute de sources accessibles pour les cohortes de naissance 1930.
34 On pourra toujours rétorquer que nous ne sommes pas en mesure de dire ce qui se passe pour les conscrits nés dans les années 1930-1935, examinés dans les années 1950. Mais alors, on pourra remarquer que la baisse du niveau de vie des années 1880 indique qu'en cas de dépression économique, ce sont d'abord les années d'examen qui sont un indice de la conjoncture, puisqu'elles sont plus sensibles à cette dernière que les années de naissance. En effet, c'est dès l'année d'examen 1874 que la stature baisse, alors qu'il faut attendre l'année de naissance 1880 pour voir l'impact de la Grande Dépression. Dans le cas des années 1930, ce sont donc les conscrits toisés entre 1930 et 1935 environ qui auraient dû indiquer en premier la détérioration du niveau de vie biologique davantage que les conscrits nés dans ces années-là.
35 OMS, *op. cit.*, p. 25.

création d'une variable « ouvriers du secteur textile » ne permet pas de mettre en évidence une évolution différente de celle de la population totale de Mulhouse[36]. D'un point de vue anthropométrique, les ouvriers du secteur textile n'ont donc pas été marqués significativement par la Grande Crise lors de leur adolescence.

En revanche, si l'on restreint le groupe des ouvriers que l'on pense avoir souffert de la dépression aux ouvriers les moins qualifiés de l'industrie[37], il existe bien un *trend* différent de la stature entre ce dernier groupe et la moyenne mulhousienne (graphique 114). Les effectifs alors considérés sont très réduits (11,0 % des conscrits toisés entre 1920 et 1940[38]). Les ouvriers les moins qualifiés de Mulhouse, qui sont aussi les plus petits[39], grandissent plus vite que la moyenne dans les années de naissance 1900. Cela s'explique par la croissance industrielle des années 1900, mais aussi par celle des années 1920, lors de l'adolescence des ouvriers. Entre les années de naissance 1904 et 1911, les ouvriers non qualifiés prennent 3 cm, soit une croissance de célérité très forte (4,3 mm/an). Moins bien payés que la moyenne des ouvriers, donc mangeant moins de protéines, ils profitent davantage et plus vite que les autres de gains de salaire qui leur permettent d'enrichir leur régime déséquilibré. Puis, à partir de l'année de naissance 1911, leur stature baisse jusqu'en 1918 à un rythme soutenu (2,3 mm/an). La Première Guerre mondiale a pu jouer un rôle dans cette baisse, mais cette dernière prend tout son sens lorsqu'on la ramène aux années d'examen. C'est entre 1931 et 1938 que la stature des ouvriers les moins qualifiés diminue. La reprise a lieu très nettement en 1938, comme le montrent par ailleurs les indices économiques traditionnels. Ce n'est donc pas la Première Guerre mondiale qui marque la fin de la croissance dans la petite enfance des conscrits et l'épidémie de grippe espagnole de la fin des années 1910 n'empêche pas le redressement de la stature entre les années de naissance 1918 et 1920.

Le *trend* de la stature des ouvriers non qualifiés nés entre 1900 et 1920 s'explique surtout par la prospérité puis la crise de l'industrie de l'entre-deux-guerres. D'ailleurs, l'enquête sur le chômage dirigée par Gabrielle Letellier a bien montré que durant la

---

36   On inclut dans cette variable les professions du secteur textile (trieurs (de laine), tisserands, rattacheurs, peigneurs, imprimeurs sur rouleaux, imprimeurs sur étoffes, imprimeurs sur tissus, fileurs, etc) et les professions peu qualifiées de l'industrie (ouvriers, ouvriers textile, ouvriers d'usine, de fabrique, etc).

37   Groupe qui comprend les professions peu qualifiées de l'industrie de la note précédente, N = 543 individus. Vu le faible effectif total de ce groupe, on a procédé par moyennes mobiles de 3 ans pour calculer la stature moyenne annuelle afin que chaque point représente environ 100 individus. La première année mentionnée sur notre graphique 114 pour la courbe des ouvriers non qualifiés est donc 1902 et non 1900.

38   Sur un total de 4 920 conscrits toisés entre 1920 et 1940. (le graphique 114 indique un chiffre inférieur puisqu'il ne comprend pas les conscrits autres qu'ouvriers non qualifiés pour les années d'examen 1920 et 1921 car la moyenne mobile n'est utilisée que pour ces derniers.)

39   Voir chapitre XVI.

dépression des années 1930, le régime alimentaire du chômeur mulhousien, s'il reste constant en valeur énergétique totale, voit sa part de protéines diminuer[40]. Le niveau de vie biologique des ouvriers non qualifiés est beaucoup plus sensible à la conjoncture que la moyenne de la population, car ces derniers vivent encore de façon très précaire. La moindre amélioration ou détérioration de l'environnement économique se répercute sur la stature des ouvriers non qualifiés. La crise des années 1930 paraît cependant beaucoup moins grave du point de vue anthropométrique que les dépressions précédentes du XIXe siècle. Désormais, c'est seulement un groupe restreint et très défavorisé de la population qui est atteint physiquement par les crises économiques, alors qu'au siècle précédent, toute la population de Mulhouse souffrait de la détérioration du niveau de vie biologique. Globalement, c'est bien une augmentation sensible de la stature entre 1876 et 1920 (années de naissance) qui se dégage très nettement de nos résultats.

e) Hygiène et salubrité : la campagne rattrape la ville

L'évolution si rapide du niveau de vie mulhousien bénéficie-t-elle également aux Mulhousiens d'origine et aux néo-citadins? Le parallélisme des courbes de ces deux groupes de 1876 à 1920 ne permet pas de doute à ce sujet (graphique 113). A qualification égale, vaut-il mieux avoir passé sa petite enfance à Mulhouse ou dans la campagne alsacienne? On a vu que pour les cohortes de naissance 1822-1850, mieux valait être né dans la campagne alsacienne que dans la ville de Mulhouse. Pour les cohortes de naissance 1856-1894, le rapport s'inverse et la ville devient un milieu privilégié pour grandir, toutes choses étant égales par ailleurs. Cela signifie que dans la majorité des professions où l'on dispose d'assez de conscrits pour faire le calcul, les conscrits de même profession nés à Mulhouse sont plus grands que ceux nés ailleurs en Alsace. On retrouve la même situation pour les cohortes de naissance 1902-1920: dans 4 cas sur 5, les Mulhousiens d'origine l'emportent sur les autres Alsaciens. Les ajusteurs nés à Mulhouse mesurent 167,3 cm (N = 403) contre 167,1 cm lorsqu'ils sont nés en Alsace (N = 90); les étudiants natifs de Mulhouse mesurent en moyenne 171,9 cm (N = 438) contre 171,7 cm (N = 120) pour les natifs d'Alsace; les journaliers nés à Mulhouse mesurent 165,9 cm (N = 479) alors que ceux nés en Alsace mesurent 165,3 cm (N = 147); enfin les ouvriers[41] nés à Mulhouse mesurent en moyenne 165,0 cm (N = 391) contre 164,7 cm en l'Alsace (N = 115). Une seule profession consacre très légèrement la supériorité des natifs de la campagne: les employés de bureau nés en ville accusent en moyenne 169,5 cm sous la toise (N = 650) et ceux d'Alsace 169,6 cm (N = 130).

---

40 A. SAUVY, *op. cit.*, vol. 2, p. 122-123.
41 On a réuni sous ce vocable les ouvriers, les ouvriers d'usine, les ouvriers de fabrique, les ouvriers de manufacture et les ouvriers textiles.

Les écarts entre natifs de Mulhouse et natifs d'Alsace sont beaucoup plus faibles qu'à la précédente période (1856-1894), puisqu'ils oscillent entre 2 et 6 mm (dans un seul cas), alors qu'ils étaient de 4 à 10 mm entre 1856 et 1894. Les conditions de vie de la petite enfance des ruraux et des citadins se rapprochent donc considérablement au début du XXe siècle.

De manière synthétique, on peut dégager l'évolution suivante. Dans la première moitié du XIXe siècle, la vie à la campagne durant la petite enfance jouait un rôle positif sur la santé des conscrits mulhousiens par rapport aux conscrits nés à Mulhouse et ayant grandi dans cette ville. Le milieu urbain était alors davantage hostile au développement harmonieux du corps pour plusieurs raisons : manque d'hygiène, de salubrité, régime alimentaire plus pauvre qu'à la campagne, etc. Dans la seconde moitié du XIXe siècle, le rapport s'inverse et ce sont désormais les conscrits nés à la ville qui sont plus grands que les conscrits exerçant la même profession à Mulhouse mais nés dans la campagne alsacienne. Les progrès de l'hygiène, de la salubrité et l'augmentation des salaires urbains, qui jouent sur le niveau de vie des parents du conscrit, expliquent ce renversement de tendance. La ville est désormais plus saine que la campagne.

Enfin, au début du XXe siècle, les campagnes alsaciennes rattrapent la ville[42] et les niveaux d'hygiène à la ville comme à la campagne sont très proches, bien que Mulhouse possède une très légère avance. Il est probable que l'Alsace n'est pas représentative de ce qui se passe ailleurs en France. En effet, les campagnes alsaciennes se sont approchées du standard de vie urbain beaucoup plus précocement que le reste de la France, car la région a bénéficié de son avance industrielle et de son inclusion dans un espace allemand en rapide développement pour se moderniser rapidement à la Belle Epoque. Ainsi, les railleries que provoque l'électrification de la région en 1909 dans *L'Alsace*, journal frontalier de Belfort, montrent avec éclat que les campagnes françaises (même limitrophes de l'Alsace) n'ont pas atteint le même degré de confort que les villages alsaciens[43].

---

42 Cela ne contredit pas pour autant ce que nous avons dit précédemment, à savoir que Mulhouse dépasse la campagne en moyenne. Nous traitons ici des conditions de vie dans la petite enfance à la ville et à la campagne pour des conscrits à qualification égale et vivant à Mulhouse à l'âge de 20 ans. (c'est-à-dire « toutes choses étant égales par ailleurs »). Si la campagne rattrape la ville, c'est uniquement en terme de conditions d'hygiène, mais la stature moyenne des Mulhousiens devient bien supérieure à celle des ruraux en raison de la structure sociale de la ville : les salaires urbains par habitant sont globalement de plus en plus supérieurs aux salaires et revenus des ruraux.

43 *L'Alsace* du 30 septembre 1909, J. et F. REGAMAY, « Impressions d'Alsace », p. 1 et 2 : « Maintenant, on ne saurait restaurer un édifice ancien sans y mettre un toit criard, où les tuiles vert pomme tracent des dessins puérils sur un fond rouge brun vernissé. Il est à remarquer, d'ailleurs, qu'on choisit de préférence les plus beaux édifices du Moyen Age pour y installer des

Les niveaux de vie biologiques de la ville et de la campagne ont globalement évolué de concert en Alsace entre les cohortes de naissance 1876 et 1920. La très faible différence de stature constatée chez les conscrits mulhousiens entre natifs de la ville et natifs d'autres endroits d'Alsace, au sein des mêmes professions, indique que, désormais, il n'existe quasiment plus de différence entre les conditions d'hygiène à la ville et à la campagne, toutes choses étant égales par ailleurs[44]. Ce constat est peut-être encore trop précoce pour le reste de la France, où les campagnes sont moins modernisées qu'en Alsace.

Les conscrits mulhousiens grandissent légèrement plus vite que les conscrits ruraux, si bien que de plus petits (4 mm) que ces derniers pour les cohortes nées en 1876-1880, ils deviennent plus grands (6 mm) pour celles nées en 1916-1920. La ville industrielle connaît donc une croissance staturale plus forte que la campagne artisanale et agricole entre les années 1880 (années de naissance) et 1930 (années d'examen). Cela renvoie aux taux de croissance des revenus de l'industrie et des services plus importants que dans l'agriculture entre 1900 et 1939. Même la crise des années 1930 n'affecte pas la stature des conscrits examinés dans ces années, à l'exception des ouvriers les moins qualifiés. La chose est d'autant plus remarquable que l'industrie mulhousienne est particulièrement touchée par la dépression du secteur textile. L'évolution des campagnes alsaciennes n'en est pas moins spectaculaire. Alors qu'à la lecture d'E. Juillard et de M.-C. Chamla on pouvait s'attendre à une stagnation du niveau de vie biologique, c'est au contraire une croissance sans précédent qui se manifeste. La poursuite de l'amélioration de l'élevage, mais aussi l'ouverture croissante au marché du travail urbain et à la société de consommation naissante ont contribué à augmenter le niveau de vie biologique des ruraux alsaciens, y compris dans la décennie d'examen 1930. La chose est remarquable, alors que P. George indiquait une détérioration du niveau de vie et même du régime alimentaire des cultivateurs entre 1930 et 1935. Qu'en est-il de la Brie et du Limousin? La spécialisation herbagère est-elle toujours une bonne chose par rapport à la spéculation céréalière entre 1876 et 1940?

---

centres de fils électriques, à grand renfort d'isolateurs en porcelaine, dont la blancheur crue luit au soleil… c'est, assure-t-on, la loi du progrès, une nécessité fatale… Mais ici, trop complète est la transformation [...] Interrogez n'importe quel Alsacien des villes. Tous se lamentent: leur cité est endettée au-delà de toute raison. [...] Les villes où l'influence allemande domine agissent de même, en grand. Il semble qu'on soit pris en ce moment, en Alsace, à l'exemple de l'Allemagne, d'une frénésie de grands travaux et de constructions dispendieuses». Il y aurait bien sûr beaucoup à dire sur l'expression esthétique de ce nationalisme de droite. Notons par ailleurs que vu la renommée des auteurs, l'article en question n'est pas typiquement belfortain et qu'il a pu être reproduit dans d'autres journaux, comme c'était souvent le cas à l'époque.

44 Mais de fait, toutes choses ne sont pas égales: la structure socioprofessionnelle de Mulhouse permet à cette ville de grandir plus vite que les campagnes alsaciennes.

II – Les croissances limousine et briarde : la performance de la région la plus archaïque

a) Des indices traditionnels de niveau de vie favorables aux pays d'éleveurs

La très relative prospérité du Limousin à partir de 1852 se traduit par une élévation continue de la stature des conscrits, marquée de quelques cycles, jusqu'au terme de notre étude. On a vu que cette amélioration anthropométrique était positivement corrélée à l'augmentation en poids des bœufs vendus sur les marchés de Haute-Vienne jusqu'à l'année de naissance 1917, soit jusqu'à la classe 1937[45]. Autrement dit, entre les cohortes de naissance 1876 et 1917, quand le poids des bœufs augmente, la stature des conscrits limousins fait de même. Il y a donc une progression parallèle des niveaux de vie biologiques animal et humain, le premier étant observé par un indice de malnutrition aiguë (le poids), le second par un indice de malnutrition chronique (la stature). Ces corrélations prouvent que les conscrits et le bétail sont de mieux en mieux nourris par une agriculture de plus en plus performante. Mais cela suffit-il ? Autrement dit, le Limousin, pays d'élevage et de petite culture, permet-il à ses habitants de grandir davantage entre 1876 et 1940 (année de naissance, année d'examen) que la Brie, pays de céréaliculture et de grande exploitation ?

La réponse n'est pas évidente. A suivre les analyses de P. George, seule la grande exploitation représente dans les années 1918-1939 « l'agriculture avancée[46] ». A l'opposé, la petite culture familiale telle qu'elle est pratiquée en Limousin représente l'immobilisme et le passé dans ce qu'ils ont de plus archaïques : « Inquiète à l'égard de tout ce qui pourrait menacer cet équilibre, en l'espèce celui de chaque économie familiale, la société rurale des années 1920 à 1939 est par essence conservatrice, parce qu'elle est sur la défensive, parce qu'elle n'a pas de marge de sécurité pouvant la mettre à l'abri des difficultés, en cas de modification des rapports économiques sur lesquels elle est fondée[47]. » La petite culture est condamnée par une évolution historique qui donne nécessairement la victoire aux gros producteurs : « L'économie agricole de l'entre-deux-guerres est attardée, parce que ni les dimensions de l'unité de production ni les mentalités ne sont favorables aux mutations technologiques, qui ne s'effectuent qu'avec lenteur[48]. » *A priori*, l'agriculture briarde qui se motorise de plus en plus dans l'entre-

---

45   Pour ces corrélations, voir Troisième partie, chapitre XIV, II – Le conscrit et le bœuf (Limousin, cohortes de naissance 1851-1876, examinées en 1871-1896).
46   P. GEORGE, *loc. cit.*, p. 60.
47   *Ibidem*, p. 56.
48   P. GEORGE, *loc. cit.*, p. 57. Les contemporains sont moins tranchés que P. George, ainsi le directeur des Services agricoles du département de Seine-et-Marne écrit de la petite culture dans le compte rendu de l'enquête de 1929 que c'est « une classe rurale attachée au sol, très laborieuse, et ouverte aux idées de progrès. Au voisinage de la grande culture, ils n'ont pas

deux-guerres[49] saura mieux s'adapter aux nouvelles conditions économiques, parce que les gros exploitants font preuve de cet esprit d'entreprise qui manque tant à la petite culture. Les gros exploitants briards n'hésitent pas à s'équiper en tracteurs lorsque les grèves d'ouvriers agricoles de 1936-1937, les plus dures du Bassin parisien[50], leur montrent qu'il n'est pas bon de trop dépendre de la main-d'œuvre[51]. Les exploitants briards osent le faire, mais ils en ont aussi les moyens. L'agriculture briarde représente donc l'antithèse de l'agriculture familiale, pauvre et timorée, attachée à un « équilibre à ne pas compromettre par l'introduction de l'esprit d'aventure, de spéculation ou un espoir prématuré de luxe[52] ». Heureusement, « un petit nombre de grands exploitants montrent la voie du progrès agricole », en particulier les fermiers d'Ile-de-France[53].

Pourtant, les raisons d'espérer existent pour l'élevage limousin. Tout d'abord, la « vie chère » des années précédant la Première Guerre mondiale peut bénéficier aux producteurs de viande. Mais l'on voit sur notre graphique 115 des prix de la viande sur les marchés de Haute-Vienne que la Belle Epoque n'est pas une période de hausse des cours des bovins. Le premier conflit mondial semble davantage propice à l'élévation du niveau de vie des éleveurs. Augé-Laribé évoque à ce sujet les rumeurs citadines qui vont bon train sur l'« enrichissement inouï, incroyable des cultivateurs[54] ». Plus sérieusement, la guerre a permis d'améliorer la situation des cultivateurs, et en particulier des pays d'élevage : « la dette rurale hypothécaire a été remboursée presque en entier […] beaucoup de terres étaient achetées aux bourgeois par des paysans […] les prix, surtout ceux des animaux, avaient beaucoup monté […] les paysans se nourrissaient mieux et dépensaient davantage[55] ». Les agriculteurs qui gagnent alors le plus sont toutefois les vignerons, alors que les producteurs de céréales s'en tirent moins bien que les éleveurs[56]. Globalement, la consommation nationale de viande a augmenté durant la guerre en raison des importations sans précédent de viande congelée qu'a nécessité

---

      manqué d'observer ce que faisait le gros exploitant voisin. Ils ont copié ses méthodes et la plupart pratiquent une culture soignée, emploient abondement les engrais chimiques », P. BAILLY, *L'Agriculture du département de Seine-et-Marne*, Melun, 1937.

49   Sur la modernisation de l'outillage agricole dans l'entre-deux-guerres, voir P. BAILLY, *op. cit.*, p. 182-187.

50   A ce sujet, voir J.-C. FARCY, « Les grèves agricoles de 1936-1937 dans le Bassin parisien », dans *La Moisson des autres. Les salariés agricoles aux XIXe et XXe siècles*, dir. R. HUBSCHER, J. C. FARCY, Paris, 1996, p. 303-324.

51   P. BRUNET, *op. cit.*, p. 334.

52   P. GEORGE, *loc. cit.*, p. 56.

53   *Ibidem*, p. 61.

54   Voir aussi *L'Humanité* du 18 avril 1916, cité par M. GERVAIS, M. JOLLIVET, Y. TAVERNIER, *op. cit.*, p. 51.

55   M. AUGE-LARIBE, *op. cit.*, p. 369.

56   M. GERVAIS, M. JOLLIVET, Y. TAVERNIER, *op. cit.*, p. 52.

l'approvisionnement de l'armée. Les cultivateurs qui suivent les conseils de Méline en 1915 sont donc gagnants (« L'avenir est pour longtemps du côté de la production de viande et ceux qui le comprendront feront fortune »)[57]. De fait, on voit nettement sur le graphique 115 représentant les prix des bovins l'effet inflationniste de la guerre (1914-1917). Les prix dépassent alors largement le record antérieur de 1895.

Dans les années 1920, les prix évoluent également en faveur des éleveurs jusqu'en 1926 (graphique 116). Une première baisse de 1926 à 1928 est suivie d'un rétablissement jusqu'en 1931[58]. Il n'y a là rien de particulier à l'agriculture limousine qui suit l'évolution générale des prix agricoles. Après 1931, c'est la chute des prix jusqu'en 1935 puis le rétablissement jusqu'à la guerre. Les marchés de Haute-Vienne ont donc suivi le mouvement général des prix agricoles de l'entre-deux-guerres, même si, dans les années 1905-1938, les mercuriales du département affichent des hausses de prix de la viande bovine en retrait par rapport à ceux de La Villette[59].

Les ventes réalisées sur les marchés de Haute-Vienne ont connu un maximum en 1930, qui couronne une période plutôt faste de hausse des prix (graphique 117). Par la suite, la chute du chiffre d'affaire ne s'interrompt pas avec la nouvelle hausse des prix à partir de 1935, mais continue légèrement jusqu'en 1938. La consommation urbaine est pourtant en croissance, puisque le régime alimentaire du Français moyen continue à s'améliorer même pendant les années 1930, en raison de la baisse du prix du blé, particulièrement accusée. C'est donc que la modification des circuits commerciaux fait décliner les marchés locaux au profit d'un nombre croissant d'intermédiaires. Voilà une des causes du moindre enrichissement des paysans durant l'entre-deux-guerres selon A. Moulin. Les profits sont en partie confisqués par les marchands qui, grâce à l'essor de l'automobile, s'approvisionnent directement auprès du producteur. « Pour la viande, il n'est pas rare d'avoir quatre ou cinq marchands entre l'éleveur et le consommateur [...] Résultat, le niveau de vie de la paysannerie ne s'améliore pas de façon sensible[60]. » Il faut bien sûr nuancer le propos, puisqu'on a vu que la stature ne cesse de croître de la classe 1872 à la classe 1940. Disons donc que la croissance anthropométrique des conscrits limousins aurait pu être plus rapide dans l'entre-deux-guerres si les intermédiaires ne s'étaient pas autant multipliés[61].

---

57   M. GERVAIS, M. JOLLIVET, Y. TAVERNIER, *op. cit.*, p. 49.
58   Sur l'évolution des prix dans les années 1920 et la réaction des agriculteurs limousins face à celle-ci, voir les avant-propos de A. DE LABORDERIE, dans *L'Agriculteur du Centre*, 1927, p. 3 ; 1928, p. 3 ; 1930, p. 3-4 et l'avant-propos de L. DE SEZE, *ibidem*, 1929, p. 3.
59   D'après M. GERVAIS, M. JOLLIVET, Y. TAVERNIER, *op. cit.*, p. 79, on passe de l'indice 100 en 1905-1914 à l'indice 402 en 1920-1924, 744 en 1925-1934 et 472 en 1935-1938. Selon les mercuriales de la Haute-Vienne, on passe de l'indice 100 en 1907-1914 à l'indice 487 en 1924, 527 en 1925-1934 et 407 en 1935-1938.
60   A. MOULIN, *Les Paysans...*, *op. cit.*, p. 185.
61   Jugement différent dans M. GERVAIS, M. JOLLIVET, Y. TAVERNIER, *op. cit.*, p. 80 : « Sur

Revenons au problème de l'évolution des prix et de la taille des exploitations. Si les prix des produits agricoles sont considérés comme ayant entretenu l'illusion de la prospérité dans les Années folles, ils sont réputés responsables de la chute des revenus, du niveau de vie et même de la consommation alimentaire des paysans dans les années 1930-1935[62]. Autrement dit, la petite exploitation, accusée pourtant par George d'être encore trop tournée vers l'autosuffisance, ne parviendrait même plus à nourrir convenablement ses agents. Ce sont les importations biens réelles de produits alimentaires qui expliqueraient alors le paradoxe d'une population non agricole de mieux en mieux nourrie, y compris durant les années 1930, cohabitant avec une population agricole qui serait de moins en moins bien alimentée[63]. La société française des années 1930 serait donc extraordinairement archaïque et le Limousin passerait d'une belle prospérité dans les années 1900 à 1931 à une période de vache maigre dans les années 1930. Or, pas plus que les vaches limousines, les conscrits limousins ne pâtissent durant leur croissance de l'adolescence des conditions économiques des années 1930.

Pour autant, « la succession de bonnes récoltes après 1932 a aggravé la surproduction [...] et facilité la distorsion entre les grandes exploitations supportant plus aisément la crise que les petites » (sic)[64]. Les écarts de rendement se sont en effet peut-être accrus entre petite et grande exploitations dans les années 1930, mais George accorde trop d'importance au blé et oublie quelque peu l'élevage. La Brie connaît-elle vraiment une croissance anthropométrique des adolescents au cours des années 1930 plus rapide que l'Alsace, région de polyculture et de micro-exploitation et que le Limousin, région de petite culture et d'élevage ? Au contraire, ne pourrait-on envisager que, dans les années 1930, les régions de céréaliculture modernes souffrent davantage de la chute des prix du blé, principal produit touché par la dépression[65], que les régions de petites exploitations, davantage tournées vers la polyculture ou l'élevage ?

La spécialisation des grandes exploitations dans la production de céréales et de betteraves à sucre est peut-être un facteur aggravant de la crise en Brie dans les années 1930, bien que les régions de grandes cultures réagissent en se motorisant mais aussi en se tournant vers des spéculations plus rentables que le blé... comme la pomme de terre[66] ou les cultures légumières de plein champ.

---

l'ensemble de la période, on ne peut cependant pas dire que l'organisation du marché desserve les éleveurs, qui d'ailleurs ne prennent guère d'initiative pour en changer ou en surveiller le fonctionnement ». La forte pression de la demande ne pousse pas les éleveurs à se regrouper en coopératives pour jouer sur le marché alors que c'est le cas des producteurs de blé et de vin, touchés par la mévente et une chute plus prononcée des cours de leurs productions.

62 P. GEORGE, *loc. cit.*, p. 71 et A. SAUVY, *op. cit.*, t. 2, 1967, p. 386.
63 P. GEORGE, *loc. cit.*, p. 71 et A. SAUVY, *op. cit.*, t. 2, p. 386 et 390-391.
64 P. GEORGE, *loc. cit.*, p. 70.
65 P. BRUNET, *op. cit.*, p. 334.
66 Belle revanche de cendrillon au pays du blé au XXe siècle donc. P. BRUNET, *op. cit.*, p. 334.

Quatre trends régionaux très proches

Graphique 115

Prix du kilogramme de viande (francs courants) des mercuriales de Haute-Vienne, 1876-1917

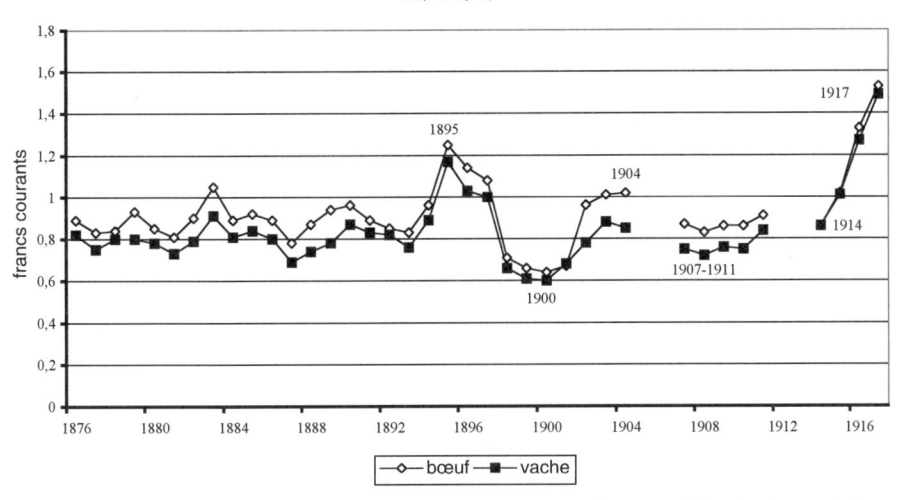

(Sources : ADHV, série M, sous-série 6 M : états par quinzaine des cours de la viande sur pied sur les marchés du département (1876-1901) et états mensuels des cours de la viande sur pied sur les marchés de Bellac et de Limoges (1902-1917))

Graphique 116

Prix du kilogramme de viande (francs courants) des mercuriales de Haute-Vienne, 1924-1938

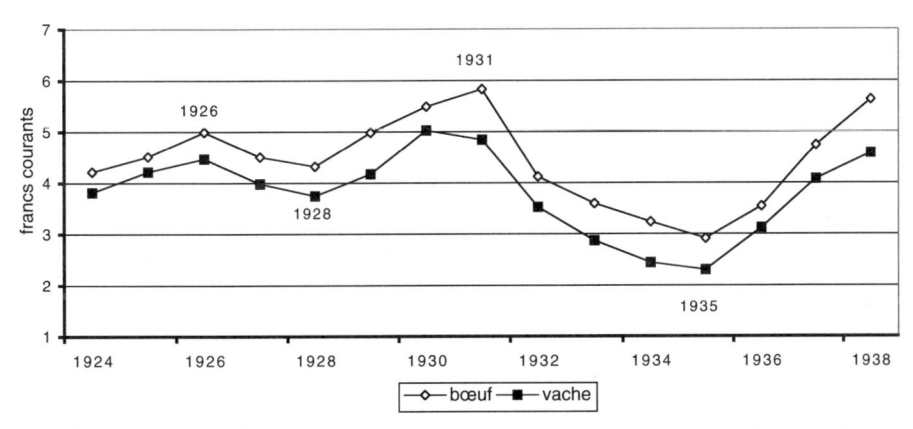

(Sources : ADHV, série M, sous-série 6 M : états mensuels des cours de la viande sur pied sur les marchés de Bellac et de Limoges)

Graphique 117
Ventes réalisées sur le marché de la viande bovine en Haute-Vienne,
1924-1938 (millions de francs courants)

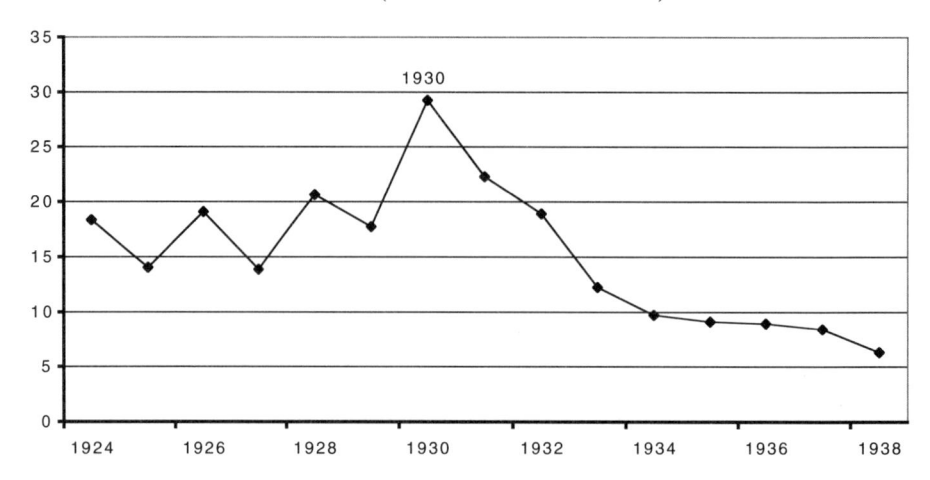

(Sources : ADHV, série M, sous-série 6 M : états mensuels des cours de la viande sur pied sur les marchés de Bellac et de Limoges)

b) La croissance anthropométrique du Limousin plus rapide que celle de la Brie

Des années de naissance 1876 à 1920, la stature des Briards et des Limousins s'est accrue de façon à peu près similaire, c'est-à-dire que pour les deux régions la croissance anthropométrique est régulière et peut, comme pour l'Alsace, s'assimiler à une évolution linéaire de la stature au cours du temps. Les Limousins sont cependant ceux qui grandissent le plus vite : ils prennent 3,3 cm entre 1876-1880 (164,2 cm) et 1916-1920 (167,5 cm, voir graphique 118). Les Briards sont plus lents, ils prennent 1,1 cm entre les mêmes dates (passant de 167 à 168,1 cm). Cela place la croissance limousine entre l'Alsace rurale (2,6 cm) et Mulhouse (3,6 cm) et cela permet de voir que les gains des Briards sont les plus faibles des quatre régions étudiées.

Puisque la stature des Briards et des Limousins semble évoluer de façon régulière et linéaire selon le temps, on peut penser qu'il existe une corrélation linéaire entre la stature et l'année de naissance, comme c'est le cas en Alsace. Dans ce cas, la stature est une fonction linéaire du temps et cette relation se traduit graphiquement par une droite d'équation $y = ax + b$, où y représente la stature et x l'année de naissance. Sur notre graphique 119, la droite y_f correspond à la stature moyenne française, y_b correspond à la stature briarde et y_1 à la stature limousine. La corrélation positive entre stature et année de naissance est très bonne dans les trois cas[67]. Les coefficients directeurs des droites, notés a, rendent compte de la rapidité du changement dans chaque région. Plus la valeur de a est élevée, plus la stature s'élève rapidement. L'ensemble qui croît le plus vite est donc le Limousin (a = 0,0771), nettement devant la Brie (0,0474) qui grandit d'ailleurs moins vite que la moyenne nationale (0,0668).

De façon synthétique, le Limousin et l'Alsace rurale bénéficient de 1876 à 1920 (années de naissance) d'une croissance de célérité à peu près similaire[68], supérieure à la moyenne nationale, preuve de la bonne santé de la petite culture, qu'elle soit fondée sur l'élevage ou sur la polyculture. Mulhouse se détache nettement des autres espaces, avec une croissance anthropométrique plus soutenue (a = 0,0997), alors que la Brie (a = 0,0474) est la seule région où la croissance est nettement inférieure à la moyenne nationale (0,0668)[69]. Les droites de régression de la stature briarde et limousine montrent très clairement un phénomène de diminution des écarts interrégionaux de niveau de vie biologique entre les années de naissance 1876 et 1920.

Certes, la croissance staturale de la Brie est modeste entre 1876 et 1920, mais avant d'analyser plus en détail ces résultats, il convient d'expliquer pourquoi la Brie connaît un retour à la croissance dans l'année de naissance 1876, ou classe 1896. On a déjà vu que ce sont les conditions de vie de l'adolescence qui expliquent la dégradation de la stature des conscrits briards nés entre 1856 et 1876. C'est donc vers l'adolescence des conscrits nés après 1876 qu'il faut se tourner pour observer les changements qui expliquent la hausse du *trend* des cohortes de naissance 1876-1920. A partir de la classe 1896, la Brie renoue avec la croissance staturale, or c'est en 1892 que sont promulguées les principales mesures protectionnistes qui visent à combattre l'avilissement des prix. On peut donc avancer une première hypothèse : le protectionnisme a contribué à relever les prix du blé, les revenus des Briards s'en sont trouvés améliorés et leur taille a donc à nouveau grandi. Cependant, ce n'est qu'à partir de 1905 que les prix du blé

---

67 Pour y_f : R^2 = 0,983, F = 2 308,683 ; probabilité de l'hypothèse nulle = 1,130 x 10^{-35} %, N = 43 années.
Pour y_b : R^2 = 0,807, F = 138,304 ; probabilité de l'hypothèse nulle = 2,406 x 10^{-11} %, N = 35 années.
Pour y_l : R^2 = 0,904, F = 300,922 ; probabilité de l'hypothèse nulle = 7,789 x 10^{-16} %, N = 34 années.
68 Pour le premier, a = 0,0771, pour la seconde, a = 0,0743.
69 Parallèlement, les indices traditionnels de croissance économique indiquent les progrès de la céréaliculture. Les rendements en blé passent de 15 quintaux/ha en 1866 à 18-20 en 1920 (et 25 en 1960, P. BRUNET, *op. cit.*, p. 351). Mais ils semblent stationnaires dans la grande exploitation de Galande (à Réau) de 1914 à 1945 (30 quintaux/ha), *ibidem*, p. 340 et les régions de Paris et Laon ne sont classées que 9e dans le palmarès européen des rendements en blé pour les années 1930-1939, derrière le département du Nord (1er) et derrière 7 pays étrangers (M. GERVAIS, M. JOLLIVET, Y. TAVERNIER, *op. cit.*, p. 204.)

remontent pour les régions situées entre Seine et Oise[70], alors que la hausse des prix a lieu plus tôt en Beauce, dès 1894[71]. Le renversement de tendance des prix (1894-1905) est donc postérieur à la législation Méline (1892) et à peu près contemporain au renversement de tendance de la stature à l'année de la classe (1896). La législation protectionniste a donc pu jouer un rôle dans l'amélioration du niveau de vie biologique des Briards, particulièrement après 1905. Ce facteur ne peut cependant être l'unique cause de l'amélioration de la situation à partir de la classe 1896.

C'est aussi et peut-être surtout un changement partiel de structure de production qui explique le retour à la croissance après 1896. Certes, le troupeau ovin est de plus en plus réduit, et ce n'est pas sur cette spéculation que repose la stratégie briarde de développement économique[72]. Mais la diminution du troupeau est précisément rendue nécessaire par le développement de l'élevage bovin laitier après 1880[73]. L'agriculture briarde se tourne donc vers la spéculation bovine pour assurer le retour à la prospérité dans ces années où la demande urbaine en produits laitiers est en expansion[74]. La production du brie de Melun augmente après 1880. Dans les années 1920, après un maximum en 1927, le troupeau de bœuf diminue, mais c'est alors le nombre de vaches et de veaux qui augmente[75]. Il semble donc que ce soit davantage le remplacement partiel du cheptel ovin par le cheptel bovin que les progrès de la céréaliculture proprement dite qui déclenche le retour à la croissance, bien que ces derniers (adoption du blé chiddam, augmentation des rendements, relèvement des cours, mécanisation) ne soient pas à négliger pour autant. Enfin, cette conversion à la spéculation laitière est surtout le fait de la petite culture de l'est du département et son impact sur la reprise de la croissance a donc été plus faible dans l'arrondissement de Melun dont le *trend* de la stature est tiré[76].

Un autre facteur explicatif au renversement de tendance de 1896 peut se trouver dans l'évolution des salaires agricoles. On a vu que les exploitants gelaient les salaires durant la dépression pour maintenir leurs bénéfices. «Ce n'est qu'à la fin de la crise que la hausse des salaires et des gages reprendra» en Beauce[77]. On peut raisonnablement penser qu'il en est de même en Brie, bien que nous manquions d'indications

---

70 P. BRUNET, *op. cit.*, p. 329.
71 J.-C. FARCY, *op. cit.*, p. 468.
72 Le troupeau ovin de Seine-et-Marne passe de 800 000 têtes en 1836 à 406 785 en 1894, 350 551 en 1914 et 266 871 en 1924 (P. BRUNET, *op. cit.*, p. 324).
73 *Ibidem*, p. 350. Les laiteries apparaissent dans la vallée du Grand Morin vers 1880 (p. 355).
74 Même stratégie pour l'agriculture beauceronne qui profite également de la proximité du marché parisien (J.-C. FARCY, *op. cit.*, p. 543-544.)
75 P. BRUNET, *op. cit.*, p. 335.
76 *Ibidem*, p. 429.
77 J.-C. FARCY, *op. cit.*, p. 521-522.

Quatre trends régionaux très proches

précises à ce sujet. On sait que la stature est positivement corrélée aux salaires des années d'adolescence des conscrits. Le relèvement des cours du blé qui suit l'instauration du tarif Méline peut donc expliquer que les exploitants sont désormais disposés à augmenter les salaires.

Revenons à la croissance comparée de la Brie et des autres régions. Malgré la modernisation de l'agriculture seine-et-marnaise dans l'entre-deux-guerres[78], la croissance staturale des Briards à l'adolescence, dans les années 1920 et 1930 ne parvient pas à compenser la décélération générale de croissance staturale qui caractérise la région entre 1876 et 1940 (années de naissance-années d'examen). De fait, sur les cinquante premières années du XXe siècle, les améliorations de l'agriculture seine-et-marnaise, bien que réelles, sont assez lentes et profitent surtout aux exploitants[79]. Signe d'un manque de dynamisme, les salaires briards n'augmentent plus beaucoup au cours des années 1875-1900 à 1900-1936[80] ou, pour tout dire, ils augmentent moins que dans le reste du pays. De 1847 à 1907, la Seine-et-Marne occupe une des positions les plus élevées dans la hiérarchie des salaires agricoles des départements français[81] et cette situation se traduit par une stature moyenne supérieure à la moyenne française, même en temps de baisse de la stature en Seine-et-Marne. Mais après la Grande Guerre, la Seine-et-Marne ne fait plus partie des départements où les salaires sont les plus élevés et cela est particulièrement vrai pour la grande culture du département.

Danièle Ponchelet a très bien mis en évidence ce phénomène[82]. Les contemporains sont d'ailleurs conscients que les salariés agricoles de la grande culture sont relativement moins bien lotis qu'à la fin du XIXe siècle[83]. Voilà qui explique l'évolution

---

78 Pour J.-C. FARCY, la grande culture de la Beauce se caractérise par un « modeste progrès agricole réalisé dans l'après-guerre », *op. cit.*, p. 849, sur l'évolution de l'agriculture beauceronne dans les années 1920, voir p. 842-849.

79 P. BERNARD, *op. cit.*, p. 96-99.

80 Pour un charretier nourri, on passe de 700 francs dans la première période à 720 dans la seconde ; pour un charretier non nourri de 1080 à 1200, pour un journalier agricole nourri de 2,1 à 3 francs et pour un journalier non nourri de 3,5 à 3,75 francs. P. BRUNET, *op. cit.*, p. 371.

81 D. PONCHELET, *op. cit.*, p. 192.

82 *Ibidem*, p. 306-311. La chose s'observe à deux échelles différentes. Tout d'abord à l'intérieur du département, « les zones de grandes exploitation ne sont plus désormais les zones de hauts salaires qu'elles étaient avant la guerre » (p. 308) et « les salaires sont variables entre les régions et l'importance des exploitations. Il arrive qu'ils soient plus élevés dans les régions de petite culture et dans les exploitations où l'emploi de la main-d'œuvre étrangère est rare » (p. 311, citant l'enquête agricole de 1929 publiée par P. BAILLY, p. 173). Ensuite à l'échelle nationale, en 1929, le département est dépassé par de nombreux départements en ce qui concerne le salaire agricole.

83 J. FERTE, « Prix et salaires agricoles en grande culture », dans *Syndicats paysans*, 67, 2 avril 1941, p. 3.

Graphique 118

Stature en Limousin, Brie (N = 30 169) et en France, cohortes de naissance 1876-1920

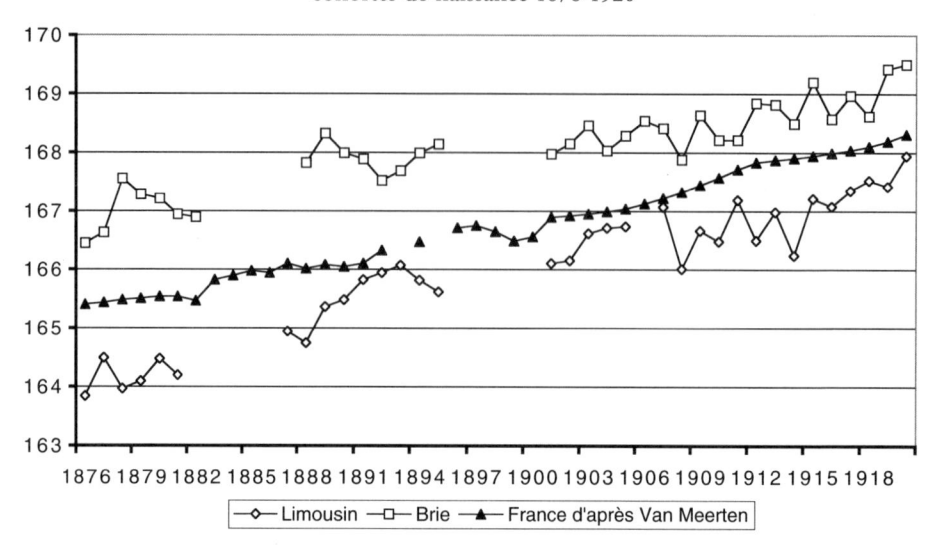

(Sources : ADHV : série R, listes de recrutement cantonal, tableaux de recensement communal ; ADSM : série R, listes de tirage au sort et du recrutement, listes ou tableaux de recensement, M.A Van Meerten et D.R. Weir pour la France)

modeste par rapport aux autres régions de la stature des Briards entre les classes 1896 et 1940[84]. Cependant, si l'augmentation des salaires briards est moins spectaculaire qu'au milieu du XIXe siècle, peut-elle tout de même expliquer une partie de l'accroissement de la stature d'une population agricole très largement salariée, surtout en début de période ? Selon Bernard, le pouvoir d'achat d'un ouvrier agricole non nourri et non logé passe de l'indice 69 en 1892 à 100 en 1914, 141 en 1936 et 138 en 1938. Celui d'un ouvrier nourri et logé passe de l'indice 100 en 1914 à 111 en 1938[85]. Ces estimations ne sont-elles pas trop optimistes ? Ne peut-il exister deux évolutions différentes du niveau de vie pour la population agricole et la population non agricole de la Brie ? Autrement dit, l'élévation générale de la stature briarde se pourrait-elle traduire

---

84   Nous citons les années de classe, puisque c'est dans l'adolescence que l'influence du salaire est la plus sensible.
85   P. BERNARD, *op. cit.*, p. 79, tableau 19. Pour la Beauce jusqu'en 1914, voir J.-C. FARCY, *op. cit.*, p. 500-503, 521. Pour la Brie de la fin de la Grande Dépression et de la Belle Epoque, voir D. PONCHELET, *op. cit.*, p. 173-176.

Graphique 119

Stature en Limousin, Brie (N = 30 169) et en France,
cohortes de naissance 1876-1920

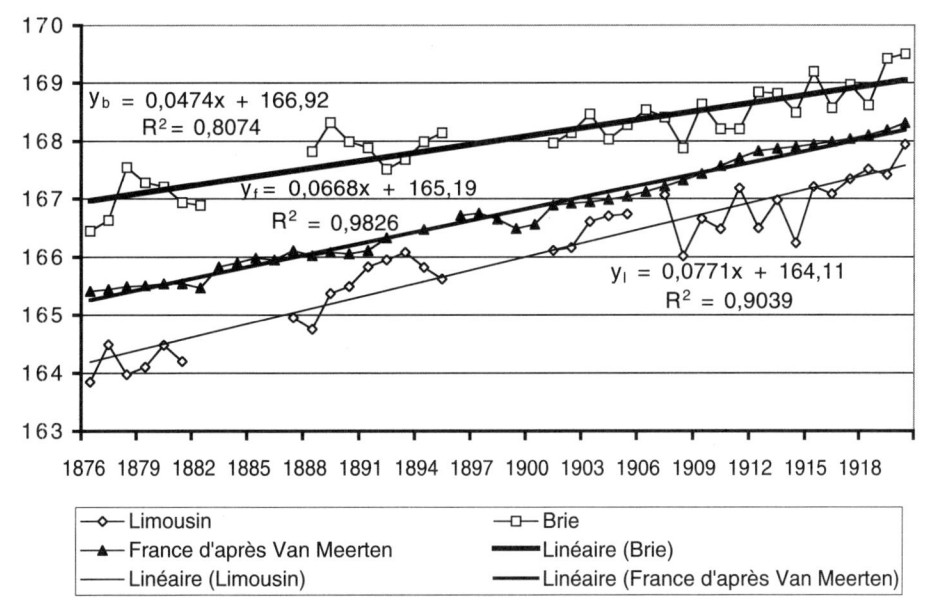

$y_b = 0{,}0474x + 166{,}92$
$R^2 = 0{,}8074$

$y_f = 0{,}0668x + 165{,}19$
$R^2 = 0{,}9826$

$y_l = 0{,}0771x + 164{,}11$
$R^2 = 0{,}9039$

—◇— Limousin
—□— Brie
—▲— France d'après Van Meerten
——— Linéaire (Brie)
——— Linéaire (Limousin)
——— Linéaire (France d'après Van Meerten)

(Sources : ADHV : série R, listes de recrutement cantonal, tableaux de recensement communal ; ADSM : série R, listes de tirage au sort et du recrutement, listes ou tableaux de recensement, M.A Van Meerten et D.R. Weir pour la France)

en fait une dégradation ou une stagnation du niveau de vie biologique des actifs du secteur primaire d'une part et de l'autre une élévation sensible des autres groupes sociaux ?

c) Les actifs briards du secteur primaire souffrent de la Grande Crise

Le graphique 120 présentant l'évolution anthropométrique des deux groupes mentionnés ci-dessus, des années de naissance 1901 à 1920, permet de constater que les actifs de l'agriculture briarde ont connu une croissance staturale entre 1903 et 1908. Cela renvoie aussi bien aux bonnes conditions de vie de la petite enfance que de l'adolescence. Par la suite, la stature des actifs de l'agriculture stagne de 1908 à 1919, alors qu'elle augmente d'un centimètre entre 1907 et 1919 pour les non agriculteurs. On aurait du mal à comprendre que ce soient les conditions de vie de la petite enfance qui expliquent cette différence. Durant la Première Guerre mondiale, les agriculteurs ont bénéficié de la proximité des sources alimentaires alors que les autres professions n'ont pu qu'être davantage affectées par l'inflation des prix des produits agricoles. Durant les années 1910, la stature des agriculteurs aurait donc dû croître plus vite que celle des non agriculteurs si seules les conditions de vie de la petite enfance avaient joué. Or, c'est exactement le contraire qui arrive. Le phénomène s'explique donc mieux si l'on considère les années d'adolescence des conscrits : c'est entre les classes 1928 et 1939 que la stature des agriculteurs stagne alors qu'elle augmente pour les non agriculteurs. C'est donc la dépression des années 1930 qui touche de plein fouet les actifs de l'agriculture, alors que les autres professions sont épargnées[86]. La situation est toutefois bien meilleure que durant la Grande Dépression, car le niveau de vie biologique général continue à s'élever et, même chez les actifs de l'agriculture, la stature ne diminue pas.

Une telle crise de l'agriculture peut-elle exister dans les autres régions rurales ? On a vu que la stature en Limousin croît continuellement sur la période 1876-1920 (années de naissance) et l'on verra que l'échantillon limousin des professions est constitué à plus de 75 % par des cultivateurs (tableau 31). Une stagnation du niveau de vie des cultivateurs aurait donc du se faire sentir sur le *trend* de l'ensemble de la région. On peut donc conclure que le Limousin agricole ne connaît pas de stagnation du niveau de vie dans les années d'examen 1930.

La question pose davantage problème pour l'Alsace rurale, car on verra que les campagnes alsaciennes, à l'instar de la Brie, sont de moins en moins tournées vers l'agriculture. Une élévation du niveau de vie biologique des non agriculteurs pourrait donc, comme en Brie, masquer la stagnation du niveau de vie des actifs de l'agriculture. On a donc effectué la même analyse de l'échantillon alsacien que pour la Brie. Il n'est pas apparu pour l'Alsace de différence importante entre le *trend* de la stature des actifs du secteur primaire et celui des actifs des autres secteurs.

De plus, la comparaison de l'évolution du niveau de vie biologique des actifs alsaciens et briards du secteur primaire permet d'éclairer davantage la crise des régions de grande culture (graphique 121). De 1908 à 1919 (années de naissance), la stature des actifs alsaciens du secteur primaire augmente d'un centimètre alors qu'elle stagne pour les actifs briards du même secteur. On remarque toutefois que dans le cas de l'Alsace, une baisse de près d'un centimètre a lieu pour les cohortes nées entre 1911 et 1917, ce qui peut partiellement s'expliquer par la disette de 1917 en Allemagne. Il n'est pas impossible non plus que l'Alsace agricole souffre aussi de la dépression. Cependant, la chronologie de la baisse de stature invite à la prudence et on ne peut conclure avec certitude sur le cas de l'agriculture alsacienne.

Il apparaît donc que la Brie est la seule région où l'on peut identifier clairement et indiscutablement une crise de l'agriculture qui ne se traduit pas par une baisse de la

---

86 D'ailleurs les salaires réels de la grande culture stagnent de 1914 à 1940 selon G. POSTEL-VINAY, *op. cit.*, p. 209.

Quatre trends régionaux très proches

Graphique 120

Stature des actifs du secteur primaire et des autres secteurs en Brie, cohortes de naissance 1901-1920
(N = 9 240, moyenne mobile de 3 ans pour le secteur primaire)

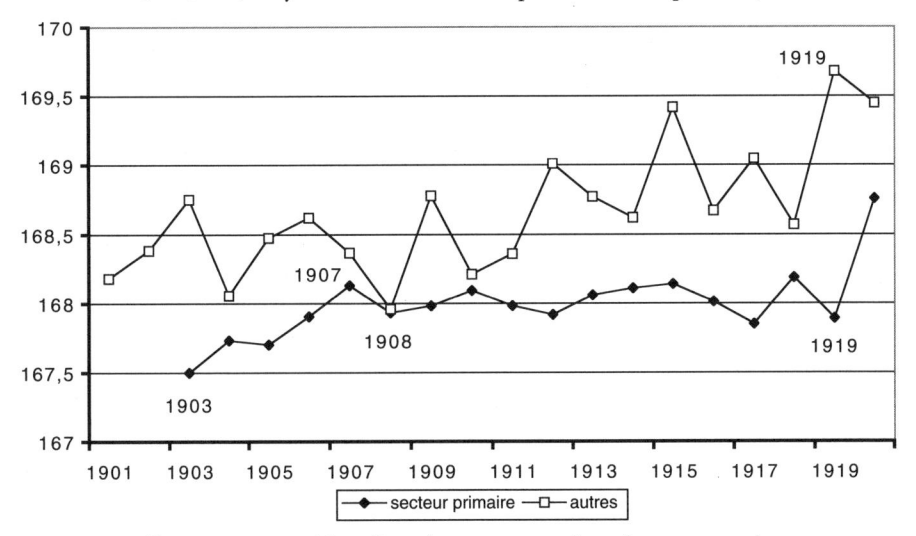

(Sources : ADSM, série R, listes de recrutement, listes de recensement)

Graphique 121

Stature des actifs du secteur primaire en Alsace et en Brie, cohortes de naissance 1901-1920
(N = 5 920, moyenne mobile de 3 ans pour la Brie, de 2 ans pour l'Alsace)

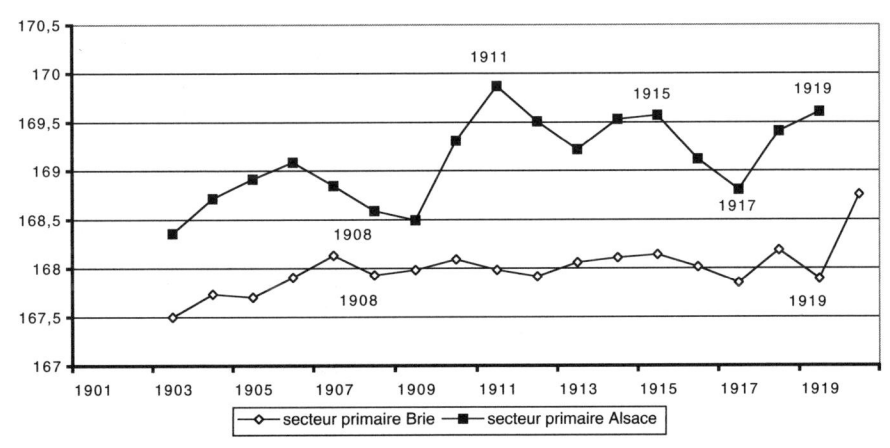

(Sources : ADSM, série R, ADBR, versements D 215 et 295 D : listes de recensement)

stature moyenne des Briards, mais par une stagnation de la stature moyenne des actifs de l'agriculture.

Le Limousin assure à ses habitants un développement humain beaucoup plus rapide. La région symbolisée par le bœuf avance donc plus vite vers le mieux-être dans la première moitié du XXe siècle que celle symbolisée par le tracteur[87]. La petite culture limousine, portée par les cours de la viande, fait progresser les revenus plus vite que la grande culture céréalière de plus en plus mécanisée du Bassin parisien. La petite exploitation familiale n'est donc pas aussi rétive à la spéculation que George ne le laisse entendre[88] et la grande exploitation moderne n'est peut-être pas aussi représentative du progrès qu'il n'y paraît à première vue[89]. La croissance des années fastes de la Brie, de 1821 à 1856 (années de naissance) s'est d'ailleurs faite à un rythme beaucoup plus soutenu, comparable à celui de Mulhouse pour les années 1876-1920[90].

Cependant, l'immigration très importante de travailleurs nés hors du département dans la Brie de l'entre-deux-guerres ne peut-elle contribuer à abaisser la stature moyenne de cette région ? La proportion des habitants nés hors du département augmente dans l'entre-deux-guerres : de 33 % en 1911, on passe à 45 % en 1931[91]. En 1929, l'arrondissement de Melun est l'un de ceux où la part des salariés agricoles permanents est la plus faible[92], preuve de la précarité des ouvriers agricoles venus de l'extérieur. La stature de ces populations peut donc poser problème. Cependant, on a déjà vu que, pour la période 1856-1876 (années de naissance), l'apport démographique

---

87   Il n'est d'ailleurs pas évident que le tracteur soit un instrument de modernisation des exploitations qui pousse à la concentration, comme semble le dire P. George, puisque l'existence des grandes exploitations où le tracteur serait rentable est bien sûr antérieure à l'apparition de celui-ci. « La motorisation n'est pas responsable de la taille des grandes exploitations » (P. BRUNET, *op. cit.*, p. 297, voir aussi p. 298-300). Au contraire, le tracteur pousse les exploitations moyennes (20 ha) à acquérir 10 ha supplémentaires pour atteindre le seuil limite de rentabilité d'utilisation du tracteur. Or c'est précisément au détriment des exploitations de moins de 20-50 puis de 100 ha que la croissance des grandes exploitations se fait au XXe siècle. Le tracteur aurait donc été un facteur de résistance de l'exploitation moyenne face à l'avancée de la grande exploitation.

88   P. GEORGE, *loc. cit.*, p. 56.

89   Pourtant elle domine de plus en plus le paysage briard au début du XXe siècle : on compte en Seine-et-Marne 9 465 exploitations de 5-20 ha en 1892 mais seulement 3 438 en 1929 et 1 772 en 1946. Au contraire, le nombre des exploitations de 50-100, 100-200 et 200 ha et plus augmente entre les mêmes dates. L'exploitation moyenne (20-50 ha) disparaît peu à peu au XXe siècle. P. BRUNET, *op. cit.*, p. 291.

90   Dans ce cas, $a = 0,0947$, $R^2 = 0,680$; $F = 70,198$; probabilité de l'hypothèse nulle = $1,115 \times 10^{-7}$ %, $N = 35$ années.

91   P. BRUNET, *op. cit.*, p. 389.

92   P. BERNARD, *op. cit.*, p. 77.

des migrations ne peut rendre compte de l'évolution de la stature. Pour la période 1876-1920, le problème se pose encore moins que pour le XIXe siècle, du fait même de la qualité de la plupart des nouveaux venus. En effet, après la Première Guerre mondiale, ce sont surtout des étrangers, majoritairement polonais, qui constituent les nouveaux apports[93]. Sur 31 000 salariés de l'agriculture (dont les saisonniers), l'enquête agricole de 1929 estime que 10 200 environ sont étrangers (dont 4 800 saisonniers)[94]. Or seuls les Français prennent part aux opérations de la conscription. La «dénationalisation» du prolétariat agricole briard devrait donc même contribuer à relever la courbe de la stature des briards pour les années d'examen de l'entre-deux-guerres. L'urbanisation grandissante de la Seine-et-Marne, particulièrement de l'arrondissement de Melun[95], le plus proche de Paris, devrait quant à elle avoir le même effet sur le niveau de vie biologique des Briards puisque nous avons vu avec le cas mulhousien que la ville du début du XXe siècle est désormais un espace de plus grande prospérité. Force est donc de constater que c'est plutôt en dépit d'une évolution sociale favorable à la jeunesse masculine d'origine nationale que la Brie réalise une croissance assez médiocre dans les années 1876-1940 (années de naissance-années d'examen).

d) Le Limousin archaïque : modification spectaculaire du régime alimentaire rural et de la stature moyenne

Au contraire de la Brie, le Limousin connaît une progression anthropométrique très rapide, comparable à celle d'une ville industrielle comme Mulhouse au même moment. Or, d'après E. Malinvaud, la croissance économique de l'industrie dans les années 1896-1929 est aussi rapide que celle de la France des Trente Glorieuses. Les

---

93   La population étrangère du département passe de 8 653 individus en 1891 à 10 035 après la Première Guerre mondiale (1921) puis 36 121 en 1931, soit 9% de la population totale. Plus de la moitié des étrangers sont des Polonais et la Seine-et-Marne constitue alors «sans doute le premier département français pour le nombre d'étrangers dans sa population agricole active», P. BERNARD, *op. cit.*, p. 153-154, voir aussi p. 155. D. PONCHELET donne les chiffres suivants pour la population active agricole polonaise en Seine-et-Marne : 2 439 (1926), 5 241 (1929), 5 843 (1936). Pour la France, on passe de 28 263 à 50 337 puis 66 553 (*op. cit.*, p. 295). Sur la diminution de la part de la population de nationalité française dans la Brie dans l'entre-deux-guerres, voir p. 289-290. Avec le début de la crise, en 1931, les ouvriers étrangers sont renvoyés les premiers.

94   P. BAILLY, *op. cit.*, p. 170.

95   Melun et sa banlieue industrielle, Dammarie passent de 12 169 habitants en 1861 à 14 793 en 1901, 17 052 en 1911 et 22 394 en 1936 (P. BRUNET, *op. cit.*, p. 395). C'est donc à la Belle Epoque que la croissance s'accélère. La croissance due à l'effet banlieue commence dans les années 1920 (*ibidem*, p. 396). Mais ce n'est que dans les années 1930 que Dammarie s'industrialise vraiment (P. BERNARD, *op. cit.*, p. 114).

conscrits Limousins bénéficient donc d'une croissance anthropométrique très soutenue entre 1876 et 1920 (année de naissance). Sur le long terme (1781-1920), il apparaît très nettement que c'est à cette époque que la région rattrape la moyenne nationale[96]. Le rattrapage des « petits Limousins » est d'autant plus rapide que ces derniers sont petits : comme le montre le graphique 122, entre les années de naissance 1887 et 1920, l'augmentation de la stature dans l'arrondissement de Saint-Yrieix est beaucoup plus rapide que celle de l'arrondissement de Bellac. Une analyse plus détaillée montre qu'ici encore la croissance anthropométriques des deux arrondissements est facilement ajustable par une droite de régression. Or, pour la période 1887-1920, c'est très nettement l'arrondissement de Saint-Yrieix qui possède la droite de régression au coefficient directeur le plus élevé[97]. Autrement dit, c'est l'espace où la stature croît le plus vite. C'est aussi la région où les progrès agricoles sont les plus rapides à la Belle Epoque[98]. Animaux et humains sont donc de mieux en mieux nourris.

En 1930, le docteur Paul Queyroi a publié une remarquable étude sur l'amélioration du régime alimentaire limousin et périgourdin à la fin du XIXe et au début du XXe siècle. Il s'agit d'un des très rares travaux français de l'entre-deux-guerres qui étudie les sources anthropométriques militaires françaises contemporaines et passées dans une perspective d'explication sociale de la stature[99]. Le docteur Queyroi étudie plus précisément la région de Hautefort, à la limite entre Dordogne et Corrèze, à 80 km au sud de Limoges. Cette région, tout comme l'arrondissement de Saint-Yrieix, appartient à la zone de forte consommation de châtaignes.

Nous avons donc là un témoignage de première importance sur la modification spectaculaire du régime alimentaire rural et sur les conséquences anthropométriques de cette dernière. Contrairement à nombre de ses contemporains, Queyroi est pleinement

---

[96] Voir le graphique de synthèse 160 dans le chapitre XIX bilan des croissances anthropométriques des années 1780-1920.

[97] Pour l'arrondissement de Saint-Yrieix : $R^2 = 0,716$; $F = 65,513$; probabilité de l'hypothèse nulle = $1,420 \times 10^{-6}\%$; $N = 28$ années ; coefficient directeur $a = 0,0804$; pour l'arrondissement de Bellac : $R^2 = 0,514$; $F = 27,511$; probabilité de l'hypothèse nulle = $0,002\%$; $N = 28$ années ; coefficient directeur $a = 0,0479$.

[98] E. TEISSERENC DE BORT, « Rapport sur la visite des cultures dans l'arrondissement de Saint-Yrieix », dans L'Agriculteur du Centre, 1896, « Partout [...] nous avons été frappés de l'amélioration considérable de la culture et de l'élevage » ; du même auteur, « Rapport sur la visite des cultures dans l'arrondissement de Saint-Yrieix en 1900 », ibidem, 1900, p. 180-186 ; « Rapport sur la visite des cultures dans l'arrondissement de Saint-Yrieix », ibidem, 1904, p. 383-392 : depuis 1900, « les progrès se sont accentués d'une façon très notable ».

[99] Outre les travaux portant sur les élèves des écoles primaires, il existe donc bien plus d'un travail français des années 1920-1930 sur l'anthropométrie des adultes qui avancent une explication sociale de la stature, contrairement à ce qu'affirme M. A. VAN MEERTEN, loc. cit., p. 762. Voir supra, Première partie.

Graphique 122

Stature dans les arrondissements de Saint-Yrieix et de Bellac
(N = 14 703) cohortes de naissance 1876-1920

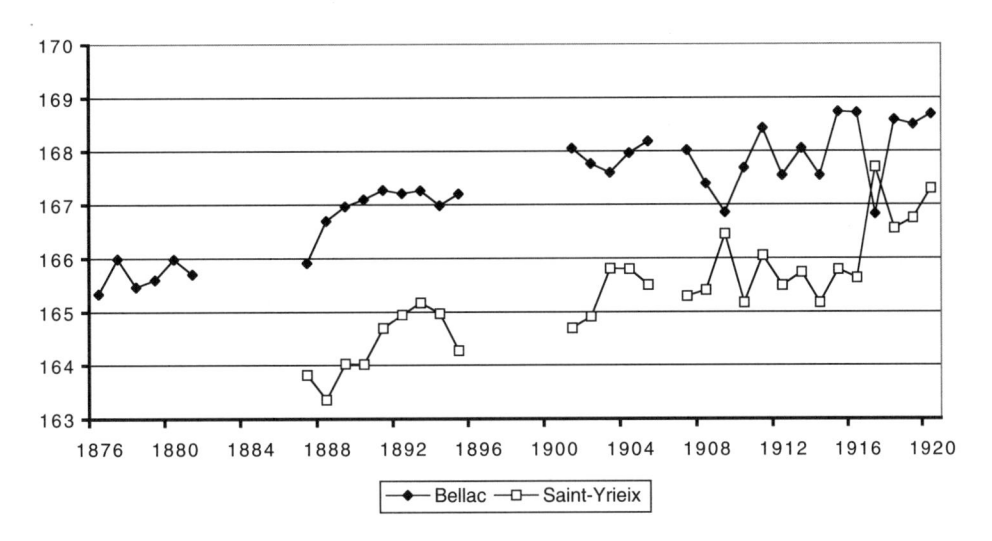

(Sources : ADHV : série R, listes de recrutement cantonal, tableaux de recensement communal)

conscient de la révolution alimentaire des campagnes dites arriérées : « Quand on compare les conditions d'existence des gens de la campagne à ce qu'elles étaient il y a peu de temps encore, au moins dans certaines régions, on est stupéfait de l'importance des transformations qu'elles ont subies[100]. » Queyroi a bien vu que c'est une véritable révolution anthropométrique qui a lieu dans les régions rurales enclavées du Centre de la France : l'évolution staturale « presque insensible pendant des siècles, sans doute, [elle] a été rapide au cours de ces quarante dernières années et, très brusquement accélérée dans l'après-guerre[101] ». Seule la révolution économique (et anthropométrique) encore plus marquée des Trente Glorieuses et le traumatisme de la défaite de 1940 ont fait quelque peu oublier aux historiens des années 1950-1970 ces premiers progrès très sensibles des conditions de vie des ruraux entre les années 1890 et 1940.

L'auteur fait appel au sens de l'observation de tout un chacun afin de mieux poser l'évidence de sa démonstration « A comparer le passé au présent, on remarque que le nombre des hommes chétifs […] était considérable autrefois et qu'il l'est beaucoup

---

100 P. QUEYROI, *loc. cit.*, p. 609.
101 *Ibidem*, p. 610.

moins aujourd'hui[102]. » « Dans l'ensemble, les gens étaient chétifs, laids, d'aspect misérable. […] Cette petitesse relative de la taille se traduit d'ailleurs encore jusque dans l'architecture des maisons paysannes et dans leur ameublement[103]. » « Aux jours de foire, le nombre de ces malheureux infirmes, tordus, innocents, aveugles, goitreux, était vraiment surprenant[104]. »

La démonstration est rigoureuse et le lien entre alimentation et stature est clairement défini comme une hypothèse de travail : « On s'aperçoit que si la vie s'est considérablement transformée, l'alimentation des hommes est de toutes les choses qui ont évolué celle qui a subi l'évolution la plus profonde et on se demande immédiatement s'il n'y a pas relation de cause à effet entre l'alimentation et la stature moyenne des individus d'une région, considérée à des périodes différentes[105]. » D'emblée, l'hypothèse d'un brassage génétique comme explication est écartée, car l'exogamie, même en 1930, est encore un phénomène trop restreint pour avoir déjà joué un rôle dans les gains staturaux observés[106].

Sans aller jusqu'à proposer une corrélation entre poids des bœufs et stature humaine telle que nous l'avons établie plus haut[107], c'est bien l'idée des zootechniciens de la fin du XIXe siècle que reprend Queyroi. Il y a un lien entre mieux-être animal et mieux-être humain : « il serait possible de montrer qu'à telle production correspond telle race d'homme et que leur taille, au moins, sinon leur esprit, varie suivant la richesse ou mieux l'abondance et la qualité de cette production[108]. »

L'auteur a une vision très claire de l'organisation économique et alimentaire passée de la région : les populations du Limousin « vivaient presque exclusivement de féculents, de farineux, toujours les mêmes, et ils en consommaient des quantités parfois considérables. Sans doute, y étaient-ils obligés pour en tirer les éléments nécessaires à la vie. C'est qu'en effet, ils étaient privés presque absolument de graisse, de viande et, en somme, de toute nourriture d'origine animale. Ils en produisaient pourtant, non pas comme aujourd'hui, mais ils étaient obligés de vendre tout ce qui pouvait se vendre […][109] ». Les protéines rouges (viande) étaient exportées et l'alimentation des Limousins était végétalienne, ne comportant pas même de lait. Lors d'une enquête

---

102 P. QUEYROI, *loc. cit.*, p. 609.
103 *Ibidem*, p. 619.
104 *Ibidem*, p. 619.
105 *Ibidem*, p. 609.
106 *Ibidem*, p. 610.
107 D'ailleurs les premières corrélations en France en sciences humaines ne datent que de la veille de la Première Guerre mondiale (P. DESROSIERES, *op. cit.*, p. 197). Queyroi ne possède donc très probablement pas encore la maîtrise de cette technique statistique.
108 P. QUEYROI, *loc. cit.*, p. 610.
109 *Ibidem*, p. 614.

orale du docteur Queyroi, un vieillard évoque le régime alimentaire passé : « Nous mangions toute l'année des châtaignes, du mauvais pain, des pommes de terre souvent cuites à l'eau, parfois à l'huile de noix, encore heureux, ajoutait-il, car beaucoup ne les mangeaient à l'huile ou à la graisse que le jour du Carnaval[110]. » « Ces végétariens à outrance, ces végétariens qui se contentaient de végétaux toujours les mêmes, ces privés de viande, étaient, la plupart du temps, lents de corps et d'esprit[111]. »

Les changements alimentaires en Limousin et Périgord de la fin du XIXe siècle et du début du XXe siècle déjà décrits plus haut sont invoqués par Queyroi : disparition de la consommation de châtaignes, diminution de la consommation de pain dont la qualité s'est par ailleurs accrue, diminution de la consommation des céréales secondaires ou assimilés (seigle, orge, sarrasin et maïs en Périgord), augmentation sensible de la consommation de viande, remplacement de l'huile de noix par de la graisse animale. « On mange de la viande, les enfants boivent du lait au lieu de se nourrir de soupe et de châtaignes dès le sevrage, comme cela se faisait autrefois (il est vrai de dire qu'on ne les sevrait guère qu'à deux ou trois ans) »[112], n'empêche que la mère ou la nourrice, elles, mangeaient bien des châtaignes et donc que leur lait n'était pas très riche en protéines.

Les conséquences de ces changements alimentaires sont perceptibles dans l'évolution de la stature moyenne en l'espace d'une génération : le docteur Queyroi compare les classes de 1903-1907 et 1927-1929 au bureau du recrutement de Brive et trouve une augmentation de stature de 1,5 cm entre les deux groupes[113]. Cela correspond d'ailleurs à une célérité bien moindre que ce que nous constatons pour l'ensemble de la période 1876-1920 (années de naissance) pour les arrondissements de Bellac et de Saint-Yrieix[114]. Or l'accroissement statural du seul arrondissement de Saint-Yrieix est encore plus rapide que celui de l'ensemble des deux arrondissements limousins. C'est dire si l'amélioration des conditions de vie dans le Limousin dit archaïque est plus rapide que dans l'espace étudié par Queyroi et ce sur une période beaucoup plus longue.

e) La révolution agricole du Limousin au début du XXe siècle

Quels sont les facteurs qui peuvent rendre compte d'une telle prospérité ? On a déjà vu que niveau de vie animal et niveau de vie humain progressent de concert du début des années 1850 à 1920 (années de naissance). L'agriculture limousine nourrit donc de

---

110 P. QUEYROI, *loc. cit.*, p. 616.

111 *Ibidem*, p. 629.

112 *Ibidem*, p. 626-627.

113 *Ibidem*, p. 621-622.

114 Avec les donnés du docteur Queyroi, on obtient au mieux une croissance de célérité 0,7 mm/an, avec nos données aux dates indiquées, 0,8 mm/an.

mieux en mieux les habitants et les animaux qui dépendent d'elle. Les progrès de la qualité de l'élevage sont relevés par les contemporains des année 1900-1920[115]. Ces progrès sont rendus possibles par de nombreuses améliorations dans la culture limousine des années 1900 à 1930.

Avant la Première Guerre mondiale, dans la prolongation des efforts déjà mentionnés pour les années 1870-1890[116], on continue d'augmenter la quantité et la qualité de la nourriture des bovins, en particulier du fourrage[117], grâce à l'emploi de plus en plus fréquent d'engrais chimique[118]. Alors qu'en 1858 il fallait importer du froment de Beauce[119], on exporte désormais des pommes de terre et des veaux de lait[120]. Après un maximum de peuplement tardif, dans les années 1890, le Limousin se dépeuple avec la multiplication des départs définitifs et des problèmes de pénurie de main-d'œuvre commencent à se faire sentir dès la fin de cette décennie[121]. Le salaire et le niveau de vie biologique des journaliers et domestiques n'ont pu que s'en trouver améliorés.

Après la Première Guerre mondiale, les progrès déjà mentionnés se poursuivent : l'emploi d'engrais chimiques se généralise très vite, au point que l'on semble atteindre la saturation dans certaines exploitations[122]. De nombreuses nouveautés permettent à l'agriculture limousine d'améliorer encore sa productivité. Devant le manque croissant de main-d'œuvre[123], la mécanisation se développe très vite[124], d'autant plus que

---

115 En 1897, la race bovine limousine «a fait de très réels progrès» depuis douze années, L. VASSILIERE, discours au concourt agricole de 1897, dans *L'Agriculteur du Centre*, 1897 ; en 1927, les progrès de l'élevage bovin l'emportent largement sur ceux de l'élevage ovin, A. DE LABORDERIE, «Rapport sur l'agriculture dans les arrondissements de Limoges et de Rochechouart», *ibidem*, 1927, p. 31-35.

116 Voir Troisième partie, chapitre XIV, II – Le conscrit et le bœuf (Limousin, cohortes de naissance 1851-1876, examinées en 1871-1896).

117 On sème un mélange de trèfle et de ray-grass dans l'arrondissement de Bellac (rapport de la visite des cultures de l'arrondissement de Bellac, dans *L'Agriculteur du Centre*, 1898, p. 588.)

118 Voir E. TEISSERENC DE BORT, «Rapport sur la visite des cultures dans l'arrondissement de Saint-Yrieix», dans *L'Agriculteur du Centre*, 1896.

119 A. CORBIN, *op. cit.*, note 62 p. 132.

120 «Rapport sur la visite des cultures dans l'arrondissement de Bellac en 1906», dans *L'Agriculteur du Centre*, 1907, p. 498. On exportait déjà par le train en 1859… du seigle, du sarrasin et des châtaignes.

121 «Rapport sur la visite des cultures de l'arrondissement de Bellac», dans *L'Agriculteur du Centre*, 1898, p. 588.

122 Avant-propos de A. DE LABORDERIE, dans *L'Agriculteur du Centre*, 1928, p. 3 ; en 1930, l'augmentation de la quantité d'engrais ne donne plus une augmentation équivalente du produit végétal : A. DE LABORDERIE, avant-propos, *ibidem*, 1930, p. 4.

123 A. DE LABORDERIE, avant-propos, dans *L'Agriculteur du Centre*, 1930, p. 4.

124 A. DE LABORDERIE, «Rapport sur l'agriculture dans les arrondissements de Limoges et de

les cours de la viande durant la guerre et dans les Années folles ont permis aux agriculteurs de réaliser de substantiels profits. Les exploitants, plus instruits grâce à la généralisation de l'enseignement public, s'informent davantage sur les problèmes de l'agriculture moderne par l'intermédiaire de la presse[125]. Ce progrès est particulièrement important dans une région qui est demeurée très longtemps parmi les moins instruites de France. C'est tout un blocage culturel vis-à-vis de la culture écrite, que notaient les auteurs du XIXe siècle et qui entravait la diffusion du savoir technique et scientifique, qui saute au début du siècle. La petite taille des exploitations limousines n'est pas vue comme un obstacle à la modernisation agricole, et Laborderie, rédacteur de *L'Agriculteur du Centre*, plaide même pour une voie de développement à la française s'appuyant sur cette donnée historique, par opposition à la voie américaine, qui n'est donc pas la seule voie vers la modernité[126]. On est loin de la vision du progrès agricole chère à Pierre George, A. Sauvy et d'autres auteurs. Laborderie est par ailleurs conscient que dans la France des années 1920-1930, le niveau de vie des citadins et des actifs de l'industrie est bien meilleur que celui des agriculteurs[127].

L'analyse des *trends* régionaux de la stature entre les classes 1896 et 1940 (années de naissance 1876-1920) a permis de dégager deux enseignements principaux. Tout d'abord, conformément à l'évolution de la stature moyenne nationale calculée d'après le PIB par Van Meerten, la France connaît, dans ces années, une croissance staturale générale dans toutes les régions et sans précédent dans l'histoire du pays. On assiste alors à la première croissance nationale vraie : nationale car elle concerne pour la première fois tous les espaces étudiés, vraie parce que cette croissance est remarquable par sa durée et son ampleur dans toutes les régions.

Ensuite, il existe des nuances tout à fait intéressantes dans ce mouvement général d'accroissement du niveau de vie biologique qui viennent infirmer l'image pessimiste de l'agriculture française de l'entre-deux-guerres que donnent George et d'autres auteurs. La région de grande culture, la plus moderne et la plus mécanisée, connaît la

---

Rochechouart », dans *L'Agriculteur du Centre*, 1927, p. 31-35 ; du même auteur, avant-propos, *ibidem*, 1928, p. 3 ; du même auteur, avant-propos, *ibidem*, 1930, p. 4 : « Nous croyons qu'une statistique bien faite révèlerait des chiffres impressionnants sur l'augmentation des machines agricoles en Limousin depuis quatre ou cinq ans ».

125 A. DE LABORDERIE, avant-propos, dans *L'Agriculteur du Centre*, 1928, p. 4.

126 Il est vrai que les visions prépoujadistes et malthusiennes de l'auteur peuvent tout à fait conforter l'image que se fait P. George de l'agriculture de l'entre-deux-guerres : « les méthodes américaines de production à outrance seraient le remède et [...] le bien-être ouvrier pourrait augmenter indéfiniment », avant-propos, dans *L'Agriculteur du Centre*, 1930, p. 3, voir aussi L. DE SEZE, « La crise agricole et le machinisme », *ibidem*, 1930, p. 51-55 dont le titre est déjà tout un programme.

127 Avant-propos, dans *L'Agriculteur du Centre*, 1928, p. 4 ; avant-propos, *ibidem*, 1930, p. 3-5 ; voir aussi L. DE SEZE, avant-propos, *ibidem*, 1929, p. 3.

croissance staturale la plus faible, à tel point que la croissance briarde des années 1876-1920 est moins rapide que celle de 1821-1856 et que les conscrits briards de la drôle de guerre ne dépassent pas en taille leurs prédécesseurs toisés au début de la IIIe République (graphique 158). C'est bien l'agriculture qui est responsable de cette décélération briarde, comme le montre la stagnation du niveau de vie biologique des actifs de l'agriculture dans les années d'examen 1931 à 1939. La Brie est très touchée par la dépression des années 1930 mais, au XXe siècle, la dépression économique ne se traduit plus par une dépression staturale de l'ensemble de la population comme au XIXe siècle, mais « seulement » par une stagnation de la stature des actifs du secteur primaire.

En revanche, les régions de petite culture améliorent plus vite leur niveau de vie biologique, et ce même pendant la crise des années 1930. La petite exploitation est donc caractérisée par un certain dynamisme anthropométrique qui renvoie en bonne partie à un dynamisme économique qui n'a rien à voir avec le malthusianisme économique supposé des années 1920-1930. Le régime alimentaire des Limousins s'améliore très vite pour les années de naissance 1890-1920 et le genre de vie mixte de nombreux agriculteurs alsaciens pratiquant la polyculture peut expliquer le phénomène de croissance rapide, mais il faut aussi voir le rôle des spécialisations régionales dans ces croissances à vitesse variable. Les régions d'élevage connaissent une expansion économique plus marquée que les régions de céréaliculture et résistent mieux à la chute des prix des années 1930. Enfin, Mulhouse connaît la croissance anthropométrique la plus forte, mais cela ne saurait surprendre : la croissance économique française des années 1896-1940 repose surtout sur l'industrie et les agents urbains de la révolution industrielle bénéficient donc davantage des retombées de ce dynamisme industriel que les ruraux.

Chapitre XVI
La croissance profite-t-elle à toutes les professions ?

I – Mulhouse : fort contraste entre cols blancs et cols bleus

L'augmentation sensible de la stature des Mulhousiens entre les classes 1896 et 1940 témoigne en bonne partie de la forte croissance de l'industrie dans la première moitié du XXe siècle. La stature des conscrits calculée par profession permet, pour les classes 1920 à 1940, de brosser un tableau de la ville industrielle des Années folles et de la crise des années 1930 (tableau 29). Comme aux époques antérieures, les écarts sociaux révélés par l'anthropométrie sont plus importants à la ville qu'à la campagne. L'écart-type entre professions atteint ici des sommets : 1,65 cm[1], alors que l'écart maximum s'observe entre les ouvriers de fabrique et les employés de banque (5,8 cm).

Les agents les moins qualifiés de l'industrie sont les plus mal lotis : ouvriers de fabrique, ouvriers d'usine, rattacheurs, journaliers et manœuvres. Au bas de l'échelle sociale, les ouvriers non qualifiés ont donc pris la place des ouvriers du textile du XIXe siècle, même s'ils sont en fait nombreux à travailler encore dans ce secteur, sans que l'on puisse les identifier précisément dans les listes de recensement. Tout comme au XIXe siècle, les ouvriers de la métallurgie occupent une meilleure place dans la hiérarchie des niveaux de vie biologiques, tels les serruriers, les ferblantiers, les ajusteurs, les tourneurs en fer, les mécaniciens et les chauffeurs-mécaniciens. Cette dernière profession prête par ailleurs à confusion, puisqu'elle désigne tout aussi bien les ouvriers qui s'occupent du fonctionnement des machines à vapeurs industrielles qu'il faut chauffer et entretenir que les conducteurs d'automobiles, ce qui apparente alors plutôt la profession à une activité de service. Les électriciens, seuls agents de la seconde industrialisation, occupent également une bonne place au sein de cette pyramide

---

1   Pour les cohortes 1856-1894, l'écart-type était de 1,54 cm, l'écart maximum de 5,5 cm.

anthropométrique du monde ouvrier. Les artisans-commerçants bénéficient d'un niveau de nutrition nette généralement meilleur que les ouvriers : coiffeurs, boulangers, bouchers, menuisiers, peintres.

Cependant, ce sont les conscrits du secteur tertiaire dépendant de l'industrie qui occupent très nettement les meilleures places : magasiniers, employés et dessinateurs. Les magasiniers gèrent des stocks de marchandises et possèdent donc une maîtrise de l'écrit et du calcul qui nécessite une certaine instruction. Cette dernière renvoie à un capital culturel et financier individuel ou familial dont rend compte la stature des magasiniers. Les dessinateurs possèdent eux aussi certaines connaissances techniques que nous avons déjà évoquées pour la période allemande et qui se retrouvent ici.

Tableau 29 : Stature des principales professions des conscrits de la ville de Mulhouse, cohortes de naissance 1900-1920 d'après les listes de recensement

(Sources : AMM, série HI)

Profession	Stature	N	Profession	Stature	N
ouvrier de fabrique	164,60	164	boucher	167,40	153
ouvrier d'usine	164,68	315	tourneur sur fer	167,46	148
rattacheur	165,40	261	électricien	167,50	236
journalier	165,92	666	peintre	167,61	100
manœuvre	165,94	219	mécanicien	167,80	164
coiffeur	166,20	153	magasinier	168,31	103
serrurier	166,40	239	chauffeur-mécanicien	168,64	103
boulanger	166,92	169	employé de commerce	169,50	228
menuisier	167,18	235	employé de bureau	169,64	854
ferblantier	167,24	163	dessinateur	169,81	195
ajusteur	167,40	519	employé de banque	170,42	143
			Ensemble	167,38	5530

Quant aux employés, qu'ils soient dans le commerce, dans des bureaux ou dans des banques, ils sont les dignes héritiers des commis aux écritures de l'époque allemande. Les employés de banque sont les seuls dont la stature moyenne dépasse les 170 cm.

L'apparition des chauffeurs-mécaniciens, des électriciens, des ouvriers d'usine dans les statistiques par profession de 1900-1920 (années de naissance) témoigne de la modernisation de l'industrie mulhousienne, de même que la diversification des fonctions tertiaires (employés) rend compte de l'essor du secteur tertiaire moderne dans la ville du XXe siècle. Au contraire, certaines professions traditionnelles, présentes dans le tableau des cohortes 1856-1894 (tableau 27), disparaissent dans celui de 1900-1920. Ce phénomène concerne d'abord l'industrie textile : les fileurs, graveurs sur rouleaux et tisserands ne sont plus présents. De même, de nombreux petits métiers du XIXe siècle sont beaucoup moins pratiqués au début du XXe siècle : barbiers, cordonniers, tailleurs. D'autres professions, plus qualifiées, disparaissent suite à la modernisation de certains processus de fabrication : charpentiers, fondeurs, forgerons, maçons, relieurs. Enfin, contrairement au siècle précédent, le secteur primaire n'est plus représenté dans le tableau de 1900-1920. On trouvait encore dans le tableau de 1856-1894 des jardiniers, mais l'urbanisation croissante de l'entre-deux-guerres explique la disparition de toute activité liée à l'agriculture.

Par rapport au tableau de 1856-1894, et à âge constant, les conscrits mulhousiens du tableau de 1900-1920 grandissent en moyenne de 1,7 cm. Les professions qui grandissent plus vite que la moyenne sont très peu nombreuses et se retrouvent aussi bien chez les petits que chez les grands : ferblantiers (+ 3,2 cm), boulangers (+ 2,9 cm) et dessinateurs (+ 2,6 cm). En revanche, seule une profession connaît une baisse de sa stature moyenne, les serruriers. Ceux-ci mesuraient en moyenne 166,8 cm en 1856-1894 mais seulement 166,4 cm en 1900-1920 (années de naissance), cependant leur effectif diminue très sensiblement entre les deux tableaux, si bien que cette dégradation du niveau de vie biologique n'est pas préjudiciable à l'amélioration générale de la stature des Mulhousiens.

Sur le long terme, la multiplication des cols blancs accompagne l'augmentation de la stature moyenne des conscrits mulhousiens : on peut évaluer la part des cols blancs parmi les professions à effectif supérieur à 100 à 7,7 % des conscrits des classes 1842-1870 (nés en 1822-1850), 14 % des conscrits des classes 1876-1914 et 25,7 % des conscrits des classes 1920-1940 (nés en 1900-1920). Au contraire, toujours sur le long terme[2], la part des ouvriers les plus faiblement qualifiés[3] diminue fortement : elle est d'abord de 47,3 % (classes 1842-1870), puis de 38,5 % (classes 1876-1914) et enfin de 29,4 % (classes 1920-1940). Bien que l'écart entre cols blancs et cols bleus soit encore très marqué pour les classes 1920-1940, l'évolution des effectifs relatifs de ces deux groupes a contribué à l'augmentation de la stature des citadins sur l'ensemble de la période étudiée.

---

2   Nous verrons qu'à moyen terme il faut fortement nuancer cette observation.

3   On comprend dans cette catégorie les ouvriers du secteur textile faiblement qualifiés et les ouvriers peu qualifiés à l'activité indéfinie. Certains actifs du secteur primaire peuvent donc se glisser dans nos statistiques, surtout en début de période (cas des « journaliers » sans autre précision).

II – La campagne alsacienne : la terre comme assurance chômage mais plus comme motrice du changement

a) La terre : une assurance chômage

Durant la période d'examen 1896-1940, la stature des ruraux alsaciens croît rapidement, même si la prospérité des campagnes alsaciennes est moins éclatante que celle de Mulhouse. Les écarts sociaux à la campagne sont toutefois moins forts qu'à la ville : l'écart-type entre professions pour les cohortes de naissance 1902-1919 est de 1 cm, alors que l'écart maximum est de 5 cm (étudiant-domestique). Déjà au xixe siècle, la campagne alsacienne était plus égalitaire que le Manchester français[4].

Si les domestiques (agricoles) sont très sensiblement les plus petits (165,8 cm), avec plus d'un centimètre d'écart avec les peintres (166,9 cm), leur effectif est assez réduit (1,8 % de l'échantillon, voir tableau 30). Les agriculteurs dépendants, principalement représentés par les journaliers, sont donc plus grands (167,5 cm) que les ouvriers de l'industrie (ouvriers, ouvriers de fabrique) ou que les petits artisans (peintres, tailleurs, tisserands). Le bas de la hiérarchie anthropométrique de l'arrondissement de Sélestat est donc désormais occupé par les agriculteurs dépendants, mais aussi par de nombreux actifs de l'industrie peu qualifiés (dont les ouvriers d'usine).

Les agriculteurs indépendants sont tous au-dessus de la moyenne (168,5 cm), mais la stature des cultivateurs (168,7 cm) ne dépasse que de 2 mm cette moyenne, preuve que la petite exploitation agricole n'est pas le moteur principal de la croissance anthropométrique. Pourtant, les cultivateurs représentent encore 30,8 % et les petits exploitants agricoles 41 % de l'effectif du tableau de 1902-1919 (cohortes de naissance). Il est vrai que les jardiniers et surtout les vignerons sont bien lotis dans la société rurale alsacienne des années d'examen 1922-1939, mais ce sont des professions liées à l'industrialisation et l'urbanisation des petites villes qui tiennent désormais le haut du pavé : étudiants, mécaniciens, maçons et employés de bureau. Les étudiants atteignent ici une stature très élevée, comparable à celle des employés de banque de Mulhouse (tableau 29). En revanche, mieux vaut être au bas de l'échelle sociale à la campagne qu'à la ville, malgré la croissance plus rapide des conscrits mulhousiens entre 1896 et 1940 (années d'examen) : les domestiques agricoles sont nettement plus grands que les ouvriers non qualifiés de Mulhouse.

De plus, on a vu qu'à Mulhouse, à profession égale, mieux valait naître à la ville qu'à la campagne au début du xxe siècle (cohortes de naissance 1902-1920). Cependant, la comparaison des statures des professions exercées à la fois dans le *Kreis* de Sélestat et dans la commune de Mulhouse avait montré pour la période 1856-1894

---

4   Pour les cohortes de naissance 1856-1894, l'écart-type était de 1,1 cm et l'écart maximum de 6,2 cm.

Tableau 30 : Stature des principales professions des conscrits de l'arrondissement de Sélestat, cohortes de naissance 1902-1919

(Sources : ADBR, versements D 215 et 295 D)

Profession	Stature	N	Profession	Stature	N
domestique	165,78	108	cultivateur	168,74	1 835
peintre	166,90	121	menuisier	168,88	251
ouvrier	167,02	135	jardinier	168,96	151
ouvrier de fabrique	167,08	147	serrurier	169,02	219
tailleur	167,19	135	forgeron	169,15	112
tisserand	167,32	340	vigneron	169,19	458
journalier	167,48	349	employé de bureau	169,23	135
ouvrier d'usine	167,62	267	mécanicien	169,41	208
boulanger	168,16	275	maçon	169,65	131
boucher	168,61	178	étudiant	170,76	399
			Ensemble	168,55	5 954

(cohortes de naissance) que les conscrits travaillant à la campagne bénéficiaient d'un meilleur niveau de vie biologique dans 6 cas sur 10 (tableaux 26 et 27). On pourrait s'attendre à ce que le rapport de force s'inverse au début du XXe siècle étant donné l'amélioration du niveau de vie biologique plus rapide des Mulhousiens. En fait, pour les cohortes de naissance 1900-1920, dans 7 cas sur 9, mieux vaut travailler dans l'arrondissement de Sélestat qu'à Mulhouse (tableaux 29 et 30) : les menuisiers de l'arrondissement de Sélestat sont plus grands que ceux de Mulhouse (+ 1,7 cm), de même que les journaliers (même si dans un cas ils sont agricoles et dans l'autre industriels, + 1,6 cm), les boulangers (+ 1,3 cm), les bouchers (+ 1,2 cm) et les mécaniciens (+ 1,6 cm). Mais c'est surtout pour les ouvriers de fabrique (+ 2,5 cm) et pour les ouvriers d'usine (+ 2,9 cm) que la différence est flagrante. Cette différence encore plus grande vient illustrer le succès du « genre de vie mixte »[5] des ouvriers-cultivateurs des campagnes si bien décrit par E. Juillard et qui connaît son apogée dans l'entre-deux-guerres. Les ouvriers-cultivateurs de l'arrondissement de Sélestat bénéficient dans les

---

5 E. JUILLARD, *op. cit.*, p. 394-415.

Graphique 123

Stature des ouvriers non qualifiés de l'arrondissement de Sélestat et de Mulhouse, cohortes de naissance 1900-1920 (N = 1146)

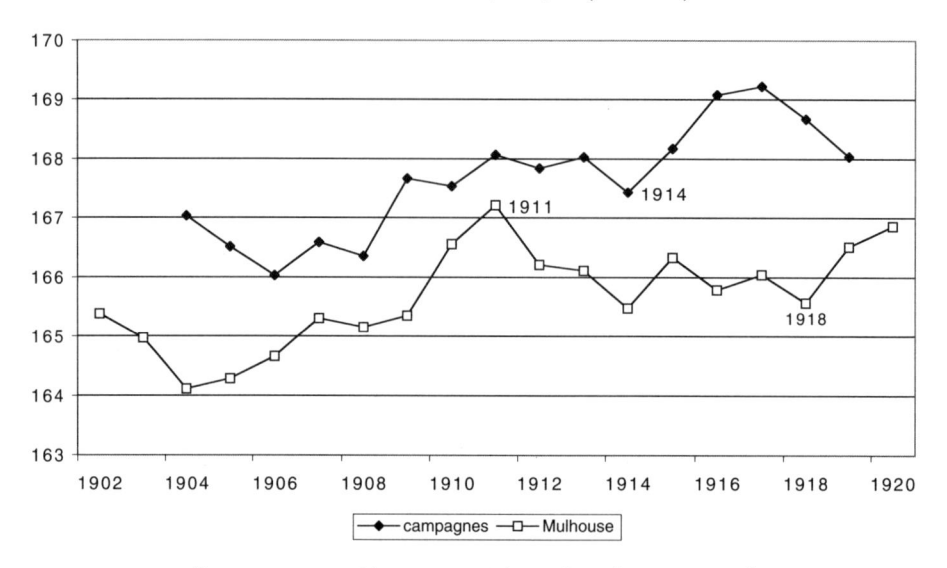

(Sources : ADBR, série R, AMM, série HI : listes de recensement)

années 1920 d'un surplus de produits agricoles commercialisables et profitent donc de la hausse des prix agricoles. Puis, durant la dépression des années 1930, l'équilibre de leur régime alimentaire se maintient davantage que celui des ouvriers peu qualifiés de Mulhouse car ils peuvent compléter leur bas salaire ou le chômage par un repli sur le lopin de terre. Il n'y a donc pas de baisse de la stature des ouvriers les moins qualifiés dans les campagnes industrialisées d'Alsace, contrairement à la grande ville de Mulhouse où la ressource quasiment unique de revenus est constituée du salaire[6]. Le phénomène est très clairement visible sur le graphique 123[7].

Après l'année de naissance 1911, donc après la classe 1931, les ouvriers non qualifiés de Mulhouse baissent en stature jusqu'en 1918 (classe 1938), alors que les ouvriers non qualifiés de Sélestat ne sont que légèrement marqués de 1911 à 1914. C'est donc dès la classe 1934 que la situation s'améliore pour les ouvriers ruraux non qualifiés. Ces derniers ont donc moins souffert que les ouvriers non qualifiés de Mulhouse de la crise des années 1930. La hausse des prix agricoles durant la petite enfance, après la déclara-

---

6   Même si le genre de vie mixte est encore pratiqué dans la ville dans l'entre-deux-guerres.
7   Moyennes mobiles de trois ans.

tion de la Première Guerre mondiale, aurait aussi pu jouer un rôle pour expliquer cet avantage des ruraux sur les citadins, mais si tel avait été le cas, la « vie chère » de la Belle Epoque aurait dû profiter aux conscrits ruraux, dont les familles ne font pas que consommer mais produisent aussi des produits agricoles. Autrement dit, il n'y aurait même pas dû y avoir de pause dans la croissance des ouvriers ruraux non qualifiés après l'année de naissance 1911 si l'on retient comme facteur explicatif les prix agricoles de la petite enfance. Ce sont donc bien les conditions de vie de l'adolescence qui jouent ici un rôle. L'ouvrier des campagnes alsaciennes n'est pas un prolétaire comme l'ouvrier de Mulhouse, et le genre de vie mixte prouve donc son utilité dans les années difficiles encore dans la première moitié du XXe siècle. Dans une société où l'aide aux chômeurs n'en est encore qu'à ses balbutiements, mieux vaut compter sur son lopin de terre que sur les pouvoirs publics pour assurer le maintien de son niveau de vie biologique. Dans les années 1930, la terre est encore la meilleure des assurances chômage. Enfin, pour deux professions, mieux vaut vivre à Mulhouse qu'à la campagne : c'est le cas des peintres et des employés de bureau.

b) La terre n'est plus motrice du changement

La terre constitue donc une garantie contre les crises, mais est-elle le moteur du changement ? On a vu que les cultivateurs ne tenaient pas une place très favorisée dans la hiérarchie anthropométrique des classes 1922-1939 (tableau 30). C'est déjà un premier indice de la médiocre croissance de l'agriculture au début du siècle. De plus, la comparaison des gains staturaux par profession entre les tableaux de 1852-1894 et 1902-1919 (tableaux 26 et 30, années de naissance) permet de confirmer cette analyse. Alors que le gain moyen de l'échantillon est de 2,2 cm, toutes les professions de l'agriculture sont en-dessous de ce gain : domestiques (+ 1,4 cm), journaliers (+ 1,5 cm), cultivateurs (+ 1,7 cm) et vignerons (+ 1,9 cm). Seuls les jardiniers tirent beaucoup mieux leur épingle du jeu : + 3,5 cm, preuve que la spéculation sur les fruits et légumes consommés par les citadins est une excellente chose au début du XXe siècle. Si l'on excepte le cas des jardiniers, toutes les professions qui gagnent plus que la moyenne se rattachent à l'industrie et surtout à l'artisanat : ouvriers de fabrique (+ 2,3 cm), boulangers (+ 2,6 cm), menuisiers (+ 2,8 cm), maçon (+ 3 cm) et tailleurs (+ 3,9 cm). La terre n'est donc plus le moteur du changement rural au début du XXe siècle. Comme on l'a vu, des professions modernes (employés de banque, etc) ainsi que des métiers artisanaux assurent le mieux-être de la population rurale alsacienne.

La présence des employés de bureau dans le tableau de 1902-1919 témoigne d'une modernisation des petites villes alsaciennes au début du siècle, de même que celle des étudiants, mécaniciens et ouvriers. De plus, de nombreuses professions traditionnelles disparaissent par rapport au tableau de 1852-1894, qui marquent un recul de l'utilisation du bois dans les campagnes : charpentiers charrons, sabotiers, scieurs, tailleur sur bois, tonneliers. Ce sont donc de nombreuses branches d'activité qui sont concernées : bâtiment, transports, habillement, exploitation forestière et viticulture. D'autres activités artisanales sont en déclin, qui ont désormais moins de 100 conscrits toisés entre 1922 et 1939 : cordonniers, forgerons, tanneurs, maréchaux-ferrants et tisserands à domicile. Cette dernière observation confirme que le tissage à domicile, déjà en déclin mais encore bien présent dans l'arrondissement de Sélestat avant 1914 achève de disparaître après la Première Guerre mondiale, de même que le travail des peaux.

Malgré une amélioration des conditions de vie moins rapide à la campagne qu'à la ville, le cas alsacien permet de voir que la terre constitue encore au début du XXe siècle une certaine garantie par rapport aux niveaux de vie biologiques de certains métiers urbains. Dans 7 cas sur 9, à professions égales, mieux vaut travailler dans l'arrondissement de Sélestat qu'à Mulhouse. Le genre de vie mixte des ouvriers paysans semble jouer un rôle dans la situation relativement avantageuse d'une partie des ruraux sur les citadins. L'autoconsommation alimentaire reste donc un phénomène important au début du XXe siècle et, à l'échelle de la ville, on peut se demander si la possession d'un jardin ouvrier n'améliore pas aussi le niveau de vie biologique des prolétaires urbains. Mais, au-delà de ce phénomène somme toute marginal d'assurance chômage, l'agriculture alsacienne, qui continue pourtant à se moderniser au début du XXe siècle, ne constitue plus le moteur dynamique du mieux-être des ruraux. Ce sont désormais surtout les activités tertiaires qualifiées et l'artisanat des petites villes qui tirent la stature des ruraux alsaciens vers le haut. La faiblesse numérique exceptionnelle des actifs de l'agriculture dans les campagnes alsaciennes du début du XXe siècle par rapport aux autres régions françaises[8] joue finalement en faveur de l'amélioration du niveau de vie biologique des ruraux. La petite propriété agricole n'est donc pas le principal moteur du changement, même si elle connaît une prospérité remarquable par rapport aux époques antérieures. Dans le secteur agricole, seule la micro-exploitation donne des signes très marqués de vitalité : les jardiniers grandissent très vite et les ouvriers-paysans paraissent bien supporter la dépression des années 1930. Le Limousin, autre région de petite culture, montre-t-il la même division sectorielle du mieux-être ?

III – Le Limousin : la petite culture, principal facteur de croissance mais non meilleur facteur de croissance

La structure sociale des campagnes limousines des classes 1907-1940 possède bien des similitudes avec celle de l'Alsace rurale, preuve que les genres et niveaux de vie s'uniformisent au début du XXe siècle. Ce sont les mêmes professions que l'on retrouve dans les deux régions aux extrémités de la pyramide anthropométrique : domestiques

---

8   E. JUILLARD, *op. cit.*, p. 395.

agricoles et étudiants (tableaux 30 et 31). Si, par rapport à l'époque antérieure, l'écart maximum entre professions a augmenté[9], l'écart-type reste le même[10] et c'est donc l'impression de stabilité qui l'emporte. Comme en Alsace rurale, ce sont les agriculteurs dépendants qui sont en bas de la hiérarchie anthropométrique. Comme en Alsace rurale, les cultivateurs sont très proches de la moyenne de l'échantillon. Il faut dire que les cultivateurs limousins pèsent d'un poids bien plus important dans l'échantillon et donc que leur stature moyenne est d'autant plus proche d'une moyennne obtenue à partir d'une majorité écrasante de cultivateurs (76,9 % de l'échantillon[11]).

Tableau 31 : Stature des professions des conscrits de la Haute-Vienne, cohortes de naissance 1887-1893 et 1900-1920

(Sources : ADHV, série R, listes de recensement)

Profession	Stature	N	Profession	Stature	N
domestique	163,51	103	maçon	166,43	537
cultivateur	165,73	7 568	charron	166,56	195
menuisier	166,17	165	maréchal-ferrant	166,68	114
boulanger	166,24	128	sans profession	166,76	100
employé de commerce	166,26	100	boucher	167,42	155
charpentier	166,27	140	mécanicien	167,92	209
forgeron	166,43	127	étudiant	170,08	205
			Ensemble	165,98	9 846

Dès lors, même si les agriculteurs sont les plus petits des Limousins et si, comme on le verra, ils grandissent moins vite que beaucoup d'autres professions, leur importance numérique est sans commune mesure avec ce que l'on observe dans les campagnes alsaciennes et ce sont donc bien les cultivateurs qui sont les principaux artisans et bénéficiaires du mieux-être rural en Limousin.

---

9   Ecart pour le tableau de 1851-1884 : 4,9 cm ; pour 1887-1920 : 6,6 cm.
10 Ecart-type pour 1851-1884 et pour 1887-1920 : 0,8 cm.
11 Rappel pour l'arrondissement de Sélestat : 30,8 %.

Toutes les professions artisanales se trouvent mieux loties que les agriculteurs dans le tableau des cohortes de naissance 1887-1920, mais c'était déjà le cas dans les deux périodes précédentes (tableaux 6 et 28). L'écart entre cultivateurs et maçons est toutefois plus important que dans la période 1851-1884, il passe de 0,2 à 0,7 cm, même si la chose est beaucoup moins significative qu'auparavant, puisque le nombre de conscrits limousins maçons diminue fortement comme nous le verrons. Autrement plus significatif est le renouvellement qui s'opère au sommet de la pyramide anthropométrique limousine: en 1851-1884, on trouvait l'aristocratie artisanale (paveurs et charrons) ainsi que les jeunes bourgeois oisifs (conscrits «sans profession»). Désormais, ce sont des professions plus modernes qui dominent la société limousine de leur haute stature, symbole de l'industrie et de l'université: mécaniciens et étudiants. Les nouvelles professions qui apparaissent dans le tableau de 1887-1920 marquent d'ailleurs le mieux-être de la population limousine. Le fer et la métallurgie sont de plus en plus présents avec les maréchaux-ferrants et les mécaniciens, témoins de la mécanisation des campagnes. Les employés de commerce et étudiants nous indiquent la tertiarisation des campagnes, comme en Alsace. Enfin, mais cela est bien plus qu'anecdotique, pour la première fois, les bouchers sont assez nombreux pour figurer dans notre tableau, preuve que l'alimentation des Limousins, comme le montre le docteur Queyroi, est de plus en plus carnée.

Les professions qui disparaissent confirment que le temps des migrations saisonnières est désormais révolu: terrassiers et paveurs. Elles indiquent aussi que certaines activités se concentrent, comme c'était le cas en Alsace au XIXe siècle: disparition des meuniers. Comme dans l'Alsace contemporaine, et pour les mêmes raisons, les sabotiers et cordonniers disparaissent dans le tableau de 1887-1920. Enfin, les agriculteurs dépendants sont de moins en moins nombreux, comme le prouve la disparition des colons et journaliers. La main-d'œuvre agricole se fait donc bien de plus en plus rare dans un Limousin qui se dépeuple rapidement, surtout après la Première Guerre mondiale.

En moyenne, la stature des conscrits du tableau de 1887-1920 gagne 1,8 cm sur celui de 1851-1884 (tableaux 28 et 31). Certaines catégories socioprofessionnelles, dont beaucoup d'artisans, bénéficient moins de la croissance: les sans profession (+0,8 cm), les forgerons (+0,8 cm), les charpentiers (+0,8 cm) et les menuisiers. D'autres artisans grandissent plus que la moyenne: les boulangers (+2 cm, phénomène déjà vu en Alsace) et les maçons (+2 cm), même si ces derniers, de moins en moins nombreux, sont de moins en moins importants pour déterminer le niveau de vie biologique de l'ensemble de la région. L'agriculture constitue le seul secteur où, pour tous ses agents, l'amélioration est moins rapide que la moyenne: les domestiques grandissent de 1,4 cm et les cultivateurs de 1,6 cm. Ce n'est donc pas le secteur agricole qui tire la croissance limousine vers le haut dans les années 1880-1940 (année de naissance-années d'examen). Cependant, comme plus des trois quarts des conscrits toisés sont des cultivateurs, la croissance rapide du niveau de vie limousin que nous avons mise en évidence est bien majoritairement due au secteur de l'élevage. Disons que la croissance aurait pu être plus rapide si la structure sociale de la région s'était davantage diversifiée, comme celle de l'Alsace rurale à la même époque.

Malgré ses progrès, l'agriculture limousine nourrit encore relativement moins bien ses agents que l'agriculture alsacienne : la différence entre les moyennes des deux tableaux régionaux pour le XXe siècle est de 2,5 cm, mais elle est de 3 cm entre cultivateurs alsaciens et limousins[12]. En dehors des cultivateurs, seuls les maçons sont relativement moins bien lotis en Limousin qu'en Alsace, mais cela tient alors à l'exceptionnelle stature des maçons alsaciens. Plus on s'élève dans la hiérarchie anthropométrique, plus les différences entre les deux régions s'estompent : il n'y a que 1,5 cm de différence entre mécaniciens des deux régions, 1,2 cm pour les bouchers et enfin 0,7 cm pour les étudiants. Les inégalités de niveaux de vie et les différences de genre de vie sont donc négligeables d'une région à l'autre pour les élites ouvrières et intellectuelles et sont davantage marquées dans la masse des classes modestes.

Les cultivateurs limousins occupent donc une position inférieure à l'intérieur de la hiérarchie limousine des niveaux de vie, mais aussi comparativement à la position du cultivateur alsacien au sein de la société alsacienne. Ce ne sont pas eux non plus qui grandissent le plus vite au cours de la première moitié du XXe siècle. Cependant, ils représentent plus des trois quarts de la jeunesse masculine limousine. La forte croissance anthropométrique des années 1897-1940 (années d'examen) est donc principalement leur fait, même si les métiers relevant des secteurs tertiaires et secondaires, que ce soit l'artisanat ou l'industrie, connaissent une croissance plus forte encore. Nos données anthropométriques ont donc tendance à confirmer que la croissance économique des années 1896-1940 est surtout portée par ces deux secteurs plutôt que par l'agriculture, comme l'a montré à l'échelle nationale E. Malinvaud.

IV – La Brie : crise de la grande culture et succès de l'urbanisation

a) La mauvaise place des actifs agricoles briards dans la hiérarchie anthropométrique du début du XXe siècle

La Brie connaît une croissance anthropométrique beaucoup moins sensible que les deux autres régions agricoles au cours de la première moitié du XXe siècle (classes 1896-1940). On a vu que la grande culture connaît un certain essoufflement de sa croissance économique à cette époque et qu'elle est davantage marquée par la dépression des

---

12 Pour la période précédente, la différence était de 2,1 cm entre les deux moyennes régionales et de 2,8 cm entre cultivateurs alsaciens et limousins. Les écarts relatif sont donc restés les mêmes.

années 1930 que les régions de petite culture : la stature des actifs briards du secteur primaire toisés dans les années 1930 stagne. L'analyse des statures par profession confirme-t-elle cette conclusion ?

Le tableau 32 des années 1888-1920 (années de naissance) laisse très nettement voir la crise des régions de grande culture au XXe siècle. Encore que la crise soit toute relative, puisque l'ensemble des conscrits briards continue à se nourrir de mieux en mieux tout au long de la période considérée[13]. Nous préciserons encore ce que nous entendons par « crise ». Tout d'abord, les écarts sociaux augmentent dans la Brie du début du XXe siècle : l'écart-type passe de 0,9 (1857-1883) à 1,2 cm (1888-1920, années de naissance) et l'écart maximum de 4,6 à 5,5 cm. Ce dernier s'observe désormais entre les charretiers, qui sont les plus petits, et les étudiants. La hiérarchie anthropométrique est donc fortement modifiée par rapport au XIXe siècle.

Le charretier, qui constituait autrefois l'élite des ouvriers agricoles (tableaux 3, 10, 23 et 25), se retrouve à la plus mauvaise place dans les années 1888-1920. Même les ouvriers agricoles sont mieux lotis. Le charretier occupe donc en Brie la même place que le domestique agricole en Alsace ou en Limousin. On a vu que les domestiques agricoles étaient presque toujours en bas de l'échelle anthropométrique rurale tout au long du XIXe siècle et encore au début du XXe siècle, quelle que soit la région étudiée. C'est donc un fort déclassement social que subissent les charretiers briards au début du XXe siècle. Pourtant, encore dans les années 1930, le charretier constitue l'élite des ouvriers agricoles : « il doit connaître toutes les finesses de la culture du sol et savoir triompher des difficultés des transports sur route avec de lourds équipages. Sa valeur professionnelle est très grande et ne s'acquiert que par une longue éducation commencée dès le jeune âge, et par des aptitudes spéciales. On ne peut le comparer qu'avec les ouvriers qualifiés des autres professions[14] ». Mais il travaille 72 heures par semaine alors que la moyenne générale hors de l'agriculture est de 48 heures. Peut-être se dépense-t-il beaucoup par rapport aux autres professions qualifiées non agricoles ? Peut-être est-il dépassé même par les ouvriers agricoles en raison d'une baisse de ses revenus suite à la concurrence croissante des camions ?

Une autre explication réside dans l'origine géographique des ouvriers agricoles : ils viennent de plus en plus d'autres régions et même de l'étranger. Si, en tant qu'étrangers, ils ne se font pas toiser à la première génération en Seine-et-Marne, ce sont les enfants, devenus français (ou briards), qui le seront par la suite. Or les immigrés occupaient souvent une meilleure place dans la société de leur pays d'origine qu'en France. Leurs enfants sont donc plus grands que ceux des autochtones à profession égale. En revanche, les postes de charretiers sont davantage occupés par des

---

13 Voir supra pour le *trend* général de la Brie.
14 J. FERTE, *loc. cit.*, p. 3. En dessous de lui, on trouve les journaliers et manœuvres, à son niveau les conducteurs de tracteurs, au-dessus de lui les vachers, bergers, surveillants et contremaîtres.

La croissance profite-t-elle à toutes les professions ?

Tableau 32 : Stature des conscrits de l'arrondissement de Melun, cohortes de naissance 1888-1893 et 1900-1920 d'après les listes du recrutement et les listes du recensement

(Sources : ADSM, série R, listes de recrutement, listes de recensement)

Profession	Stature	N	Profession	Stature	N
charretier	166,41	591	boulanger	167,88	148
plombier	166,69	101	menuisier	168,14	241
ouvrier agricole	167,16	643	employé des chemins de fer	168,21	159
manœuvre	167,25	925	cultivateur	168,42	704
couvreur	167,32	111	mécanicien	168,56	556
jardinier	167,36	297	employé de commerce	169,08	193
peintre	167,47	235	électricien	169,15	170
boucher	167,54	271	employé de banque	169,81	128
charcutier	167,59	143	employé de bureau	169,85	131
maçon	167,61	767	comptable	170,57	104
ajusteur-mécanicien	167,72	154	étudiant	171,88	321
serrurier	167,82	202	Ensemble	167,97	7 295

enfants du pays et même si cela correspond à un salaire supérieur, les charretiers peuvent donc être plus petits que les ouvriers agricoles venus d'ailleurs. Notons cependant qu'il est douteux que les ouvriers étrangers aient fait souche aussi rapidement en France dans l'entre-deux-guerres. Ce premier facteur joue donc un rôle marginal.

En fait, la mauvaise situation des charretiers est en partie due à un simple problème générationnel. Les charretiers sont plus nombreux que la moyenne et encore plus nombreux que les ouvriers agricoles à se faire toiser au début de la période couverte par notre tableau[15]. Or, on a vu que la stature moyenne ne cessait de croître à cette époque. Les charretiers sont donc aussi plus petits parce qu'ils sont plus nombreux que les autres groupes à naître au début de notre période.

---

15 35,5 % des charretiers naissent dans la décennie 1890, contre 19,8 % de l'ensemble des conscrits et 10,4 % des ouvriers agricoles. En revanche, seuls 16,6 % des charretiers naissent dans la décennie 1910, contre 39,5 % des conscrits et 34,2 % des ouvriers agricoles.

Enfin, la stature moyenne des charretiers peut renvoyer aux estimations basses de l'augmentation des salaires que propose P. Brunet pour la période 1875-1900 à 1900-1936[16], aussi bien d'ailleurs pour les charretiers que pour les ouvriers agricoles. En effet, ce sont à la fois les charretiers, les ouvriers agricoles et les manœuvres qui sont désormais nettement en dessous de la moyenne régionale, alors que ces places étaient auparavant occupées par des artisans désormais relativement mieux lotis (charcutiers, peintres, boulangers). Les données anthropométriques confirment donc avec éclat que les salaires agricoles briards ne sont plus parmi les plus élevés de France et l'on comprend ainsi mieux que les têtes pensantes de l'agriculture, à l'époque du régime de Vichy, se plaignent encore de la dévalorisation du travail salarié agricole en région de grande culture[17]. Les ouvriers agricoles sont désormais « au dernier rang de l'échelle sociale, non seulement de l'agriculture, mais de l'ensemble des activités rurales et urbaines[18] ». Les salaires agricoles augmentent beaucoup moins vite en région de grande culture que dans le reste de la France dans l'entre-deux-guerres[19] et, selon G. Postel-Vinay, le salaire réel stagne entre 1914 et 1940[20]. Pour les cohortes de naissance 1887-1920, les cultivateurs limousins ne mesurent plus « que » 0,7 cm de moins que les charretiers briards, alors que l'écart était de 5,8 cm entre 1816 et 1856 (tableaux 6, 10, 31 et 32). Entre les deux périodes, la stature des charretiers est restée la même, indice de l'excellence de la culture briarde du milieu du XIXe siècle et de sa médiocrité au début du XXe siècle[21]. Voilà donc poser le deuxième élément de la crise de la grande culture au début du XXe siècle, le premier étant bien sûr la stagnation du niveau de vie biologique des actifs du secteur primaire durant les années d'examen 1930 (graphiques 120 et 121).

La petite culture briarde ne fait pas non plus l'affaire de ceux qui la pratiquent : les jardiniers sont en dessous de la moyenne briarde. Le monde de l'artisanat est plus prospère que celui de la grande culture : les couvreurs, peintres, bouchers, charcutiers,

---

16   P. BRUNET, *op. cit.*, p. 371.
17   D. PONCHELET, *op. cit.* p. 306-311, J. FERTE, *loc. cit.*, p. 3. Ferté était entre les deux guerres président de l'Office de Soisson.
18   P. BERNARD, *op. cit.*, p. 181. « L'ouvrier agricole des régions de grande exploitation de Seine-et-Marne se présente généralement comme un être frustre, aux réactions simples et brutales, peu bavard, qu'il soit Français ou étranger, moins fin et ouvert que le paysan des plus reculées de nos provinces. La grande évasion, c'est l'absorption hebdomadaire de boisson comme la plus régulière des distractions. », (p. 183.)
19   Constat dressé par J.-C. FARCY, *loc. cit.*, p. 318. L'emploi d'ouvriers étrangers tire les salaires vers le bas dans les régions de grande culture. Les charretiers de Seine-et-Oise et de Seine-et-Marne gagnent des salaires compris entre 4 000 et 4 875 francs en 1929, alors que dans 22 départements les salaires dépassent les 5 000 francs (note 28, p. 318).
20   G. POSTEL-VINAY, *op. cit.*, p. 209.
21   1816-1856 : 166,7 cm ; 1888-1920 : 166,4 cm (années de naissance des conscrits briards).

boulangers, maçons et menuisiers sont tous plus grands que les salariés de l'agriculture. Il en va de même pour les ouvriers de l'industrie qui se multiplient avec l'urbanisation croissante de Melun et de sa banlieue, en particulier Dammarie : ajusteurs-mécaniciens, serruriers, mécaniciens et électriciens. Autre témoignage de l'urbanisation croissante de l'arrondissement, ce sont désormais les cols blancs qui tiennent le haut du pavé : employés de commerce, employés des chemins de fer, employés de banque ou de bureau et enfin étudiants. Ceux-ci apparaissent donc dans toutes les régions rurales comme les mieux lotis.

Les cultivateurs briards sont désormais légèrement plus petits que les cultivateurs alsaciens, alors que c'était très nettement l'inverse pour la période précédente[22]. L'écart entre cultivateurs briards et cultivateurs limousins est divisé par deux dans le même temps, passant de 5,4 à 2,7 cm (tableaux 25, 28, 31 et 32). Cela prouve une fois de plus que l'agriculture briarde est en perte de vitesse par rapport aux autres régions.

b) La dégradation du niveau de vie biologique des actifs de l'agriculture briarde et la croissance des artisans, ouvriers et employés depuis la fin du XIXe siècle

La comparaison entre le tableau briard de 1857-1883 et celui de 1888-1920 (voir tableau 33) est encore plus éclairante que la comparaison de la stature des cultivateurs des différentes régions au XXe siècle : l'ensemble de l'échantillon briard gagne 0,2 cm, mais les salariés de l'agriculture perdent tous des millimètres entre les deux tableaux. Les ouvriers agricoles briards du début du XXe siècle sont donc plus petits que ceux qui ont vécu la Grande Dépression. La profession qui est la plus touchée est celle des charretiers (-1,4 cm), ce qui prouve que la baisse en valeur absolue de la stature des charretiers correspond bien à une dégradation du niveau de vie biologique de cette profession et non à un phénomène générationnel.

Les conditions de vie des salariés agricoles dans l'entre-deux-guerres sont encore précaires : « le visiteur non prévenu peut difficilement entrer dans certains logements d'ouvriers de la Brie ou du Multien sans ressentir un sentiment de honte ou de scandale », certains sont logés dans « d'anciennes étables ou appentis, humides, sans air, sans lumière » et l'ensemble des conditions de logement est « d'un niveau comparable à ceux des faubourgs industriels les plus déshérités[23] ».

---

22   L'écart *à l'âge de 20,5 ans* était de 2,6 cm en faveur des cultivateurs briards dans la série de tableaux précédente (tableaux 25 et 26), il est désormais de 0,3 mm en faveur des cultivateurs alsaciens (tableaux 30 et 32).

23   P. BERNARD, *op. cit.*, p. 82, sur la dégradation des conditions de logement des ouvriers agricoles au XXe siècle, voir aussi G. POSTEL-VINAY, *op. cit.*, p. 206-207 et D. PONCHELET, *op. cit.* p. 337 citant R.-E. MATILLON, *Les Syndicats ouvriers dans l'agriculture*, Paris, 1908, p. 108 : « Les gens de la ferme dorment à l'étable, respirent un air vicié par la poussière et les exhalaisons malsaines des animaux. Leurs lits étroits, formés d'une mauvaise paillasse, s'échelonnent

Au vu de nos résultats, l'opinion de Philippe Bernard paraît justifiée lorsque ce dernier affirme en 1953 qu'« il ne paraît pas que la condition de l'ouvrier agricole [...] ait beaucoup changé depuis le début de ce siècle[24] ». Heureusement, les salariés agricoles sont beaucoup moins nombreux qu'auparavant : on passe de 49,9 % des effectifs des conscrits du tableau de 1857-1883 à 29,6 % pour celui de 1888-1920 (années de naissance). La dégradation de la situation des ouvriers agricoles n'entraîne donc pas le *trend* de la région à la baisse. La « dénationalisation » des prolétaires agricoles permet à la Brie de ne pas souffrir de la dégradation des conditions de vie de ces derniers. Il nous faudrait cependant connaître le *trend* de la stature des ouvriers de nationalité étrangère pour arrriver à mieux cerner les conditions de vie de l'ensemble des salariés agricoles. Quoi qu'il en soit, ces derniers ne font pas que perdre relativement par rapport aux autres professions de Brie mais ils perdent des millimètres par rapport à la période précédente.

Les jardiniers perdent aussi, mais c'est la situation des cultivateurs qui se dégrade le plus après celle des charretiers : - 1,1 cm. Les agriculteurs indépendants connaissent donc eux aussi une dégradation sensible de leur niveau de vie biologique, alors même qu'ils sont de moins en moins nombreux. Ce n'est donc pas la multiplication des petits exploitants qui explique ce phénomène.

Si deux métiers artisanaux subissent bien une baisse de stature entre 1857-1883 et 1888-1920 (bouchers et maçons), force est de constater que toutes les autres professions artisanales augmentent en stature entre les deux périodes : menuisiers, peintres, boulangers et charcutiers. Il en va de même pour les ouvriers (serruriers) et pour les cols blancs (employés de commerce). Voilà donc posé un élément supplémentaire de la crise économique et anthropométrique de la grande culture.

Derrière un *trend* général à la hausse, on peut voir qu'en fait seuls les actifs des secteurs secondaire et tertiaire augmentent leur niveau de vie biologique, alors que celui des agriculteurs diminue. Mais comme le nombre des premiers augmente avec l'urbanisation croissante de la Brie, le niveau général connaît une augmentation entre 1876 et 1920 (années de naissance). Outre la stagnation du niveau de vie biologique des actifs du secteur primaire dans les années d'examen 1930, d'autres indices anthropométriques révèlent la crise de la région de grande culture. En moyenne, la stature des actifs de l'agriculture, qu'il soient exploitants indépendants ou salariés agricoles, est plus faible pour la période 1888-1920 que pour 1857-1883. La situation relative des

---

les uns au-dessus des autres jusqu'aux solives. Les lits du bas sont, en général, à quelques centimètres du derrière des chevaux qui salissent les draps. Enfin, certaines maîtresses de maison négligent pour le linge les soins élémentaires de la propreté et de l'hygiène. Les ouvriers citent des fermes où leurs draps ne sont blanchis que tous les trois mois ». On est proche des conditions de logement des migrants creusois décrites par Nadaud pour les années 1830. Pour l'entre-deux-guerres en Seine-et-Marne, D. PONCHELET, *op. cit.*, p. 454-457.

24 P. BERNARD, *op. cit.*, p. 84.

Tableau 33 : Gains et pertes des principales professions des conscrits de Brie entre la fin du XIXe siècle et le début du XXe siècle

(Sources : ADSM, série R, listes de tirage au sort, listes du tirage au sort et du recrutement, listes de recrutement, listes de recensement)

Profession	Stature 1857-1883	Stature 1888-1920	Différence col.3 - col.2
charretier	167,79	166,41	-1,38
manœuvre	167,27	167,25	-0,02
ouvrier agricole[25]	167,33	167,16	-0,17
cultivateur	169,56	168,42	-1,14
jardinier	167,89	167,36	-0,53
maçon	167,96	167,61	-0,35
menuisier	167,62	168,14	0,52
peintre	166,65	167,47	0,82
serrurier	167,40	167,82	0,42
boucher	167,92	167,54	-0,38
boulanger	166,86	167,88	1,02
charcutier	166,54	167,59	1,05
employé de commerce	168,05	169,08	1,03
Ensemble	167,79	167,97	0,18

actifs de l'agriculture briarde se dégrade aussi comparativement à celle des actifs du même secteur d'Alsace et du Limousin. Heureusement, la Brie s'urbanise et s'industrialise de plus en plus, ce qui permet globalement aux conscrits briards, de plus en plus nombreux à travailler dans l'industrie, l'artisanat et les services, d'augmenter leur niveau de vie biologique et d'entraîner la stature moyenne de la région vers le haut.

---

25 Pour 1857-1883, moyenne pondérée des journaliers et des domestiques, les « ouvriers agricoles » n'existant pas encore désignés comme tels.

Si l'agriculture connaît bien une crise dans les années 1930, la grande culture est incontestablement la plus touchée et la petite culture résiste mieux. La chute des cours du blé nuit à l'élévation du niveau de vie biologique des agriculteurs indépendants, alors que la stagnation du salaire réel des salariés agricoles ne peut être compensée par l'autoconsommation des produits agricoles comme c'est le cas dans la petite culture. En effet, les salariés agricoles de Brie sont au XXe siècle de purs prolétaires, qui ne possèdent plus de lopins de terre en propre[26]. Le paysage social de la Brie achève de se transformer dans l'entre-deux-guerres pour ne plus ressembler du tout à ce qu'il était un siècle auparavant. « Autrefois, le bassin de Paris comportait une hiérarchie sociale très diversifiée, du journalier ou manœuvre, salarié et petit propriétaire, aux exploitants (fermiers et propriétaires), petits, moyens et gros. Tous les barreaux de l'échelle d'une éventuelle ascension sociale ont sauté ; il ne reste ici, comme dans la grande industrie, face à face qu'ouvriers totalement prolétaires, n'ayant pas le même goût au travail que s'ils étaient à leur compte, et patrons capitalistes. Techniquement favorable, la concentration ne paraît pas sous cette forme socialement heureuse, ni économiquement, car la majorité des ouvriers ont un niveau de consommation alimentaire inférieur à celui des moyens exploitants, qui s'est fortement amélioré depuis cette guerre[27]. »

---

26 Le jardin que beaucoup possèdent encore, souvent octroyé par le patron, permet en 1913-1914 d'économiser 30 à 50 francs par an sur un budget alimentaire total de 1 600 francs : c'est une économie bien maigre. (D. PONCHELET, *op. cit.*, p. 186.) En 1933, sur trois villages de Seine-et-Marne (région de grande culture), la proportion d'ouvriers agricoles propriétaires fonciers oscille entre 24 et 9 %, mais la superficie moyenne de la propriété se situe entre 0,59 et 0,66 ha (*ibidem*, p. 326-328).

27 R. DUMONT, *Voyages en France d'un agronome*, Paris, 1951, p. 214 ; voir aussi J.-C. FARCY, *op. cit.*, p. 852-854.

Chapitre XVII
Evolutions socioprofessionnelles : le choc de la Première Guerre mondiale et ses conséquences

I – Mécanisation de l'agriculture briarde, industrialisation et urbanisation de Melun

a) La fin du règne séculaire des salariés agricoles suite à la guerre et à une mécanisation rapide

Les conditions de vie des salariés agricoles briards stagnent, voire régressent au début du XXe siècle, alors que les régions de grande culture continuent à se moderniser, notamment en développant la force mécanique des exploitations. On assiste à une dévalorisation du travail salarié agricole, qu'accompagne une augmentation du nombre de travailleurs étrangers avant même la saignée de la Première Guerre mondiale. Avant 1914, la mécanisation de l'agriculture est autant une réponse à la Grande Dépression qu'un mouvement rendu nécessaire par le manque relatif de main-d'œuvre agricole. En conséquent, la part des agriculteurs dépendants au sein des conscrits briards baisse régulièrement de 1896 à 1914 (environ 10 %, voir graphique 124).

Le mouvement s'accélère très nettement de 1922 à 1927, soit dans les Années folles, où la prospérité de l'agriculture et les profits réalisés pendant la guerre permettent aux gros exploitants de mécaniser l'agriculture briarde. Qu'on ne s'y trompe pas : la cause première n'est pas là, mais dans le nombre énorme de morts de la guerre, qui sont autant de bras dont il faut remplacer la force de travail au plus vite[1]. En cinq ans, la part des agriculteurs dépendants baisse autant que dans le quart de siècle précédent (d'environ 10 %). Le mouvement de mécanisation de la grande culture est

---

1   Sur le phénomène de mécanisation de l'agriculture française après la Première Guerre mondiale, ses causes et ses modalités, voir M. GERVAIS, M. JOLLIVET, Y. TAVERNIER, *op. cit.*, p. 57-62.

donc extrêmement visible sur le graphique 124. Le phénomène se poursuit beaucoup plus lentement jusqu'en 1932, car la conjoncture économique est devenue beaucoup plus incertaine : les gros exploitants hésitent à investir toujours autant dans de coûteuses machines[2]. Puis la tendance s'inverse de 1932 à 1940 et la part des agriculteurs dépendants remonte de 7 %. On lit ici parfaitement la préférence nationale accordée aux salariés français de l'agriculture pendant la dépression des années 1930. Le départ des ouvriers agricoles étrangers permet à un peu plus (en proportion) de conscrits de trouver du travail dans les grandes exploitations. Avec la reprise tardive de 1937, le phénomène s'accentue. La « dénationalisation » des salariés agricoles a bien évidemment aussi joué un rôle dans la diminution de la proportion des ouvriers agricoles français dans les années 1920.

La même évolution est visible en Alsace et le parallélisme des courbes est ici très net. L'arrondissement de Sélestat possède bien sûr beaucoup moins de grandes exploitations que la Brie. Le niveau de départ y est donc déjà beaucoup moins élevé. Par ailleurs, la stabilité de la part des conscrits agriculteurs dépendants avant 1914 confirme bien les plaintes contemporaines sur le manque de bras dans l'agriculture alsacienne, mais elle confirme aussi qu'il n'y a pas de modification des structures agraires (expansion des grandes exploitations) ou de modernisation (mécanisation) des grandes exploitations. C'est avant tout un paysage social fixe qui domine les campagnes alsaciennes avant la Première Guerre mondiale et il n'y a alors pas de mécanisation sensible comme en Brie.

En revanche, la fin de la guerre marque une remontée de la part des salariés agricoles que l'on peut attribuer, comme sous les guerres napoléoniennes, à la concentration sur les activités les plus essentielles de l'économie, à savoir la production de nourriture. Les salariés agricoles suivent ensuite la même évolution qu'en Brie, leur part baisse de 10 % de 1922 à 1927 pour les mêmes raisons : mécanisation et peut-être immigration, bien qu'en Alsace les Polonais trouvent plutôt du travail dans les mines de potasse. La mécanisation des campagnes alsaciennes est relativement plus importante qu'en Brie car, par rapport au pourcentage de départ, la baisse en Alsace est des deux tiers (de 15 à 5 % environ) alors qu'elle n'est que de la moitié (de 33 à 16 % environ) en Brie.

La stabilité des effectifs relatifs dans les années 1930 montre que, contrairement à la Brie, l'Alsace ne dispose pas d'une réserve de main-d'œuvre étrangère qu'elle peut licencier en cas de difficultés économiques. Il n'y a pas d'augmentation de la part des ouvriers agricoles nationaux en Alsace dans les années 1930. La baisse parallèle des deux courbes alsacienne et briarde est donc essentiellement due à la mécanisation des agricultures régionales dans les années 1920. Replacé dans le long terme (an X-1940, voir graphique de synthèse 129 dans ce chapitre), l'entre-deux-guerres et plus précisé-

---

2   M. GERVAIS, M. JOLLIVET, Y. TAVERNIER, *op. cit.*, p. 60.

Évolutions socioprofessionnelles : le choc de la Première Guerre mondiale et ses conséquences

Graphique 124
Proportion de conscrits agriculteurs dépendants en Brie et en Alsace, années d'examen 1896-1940

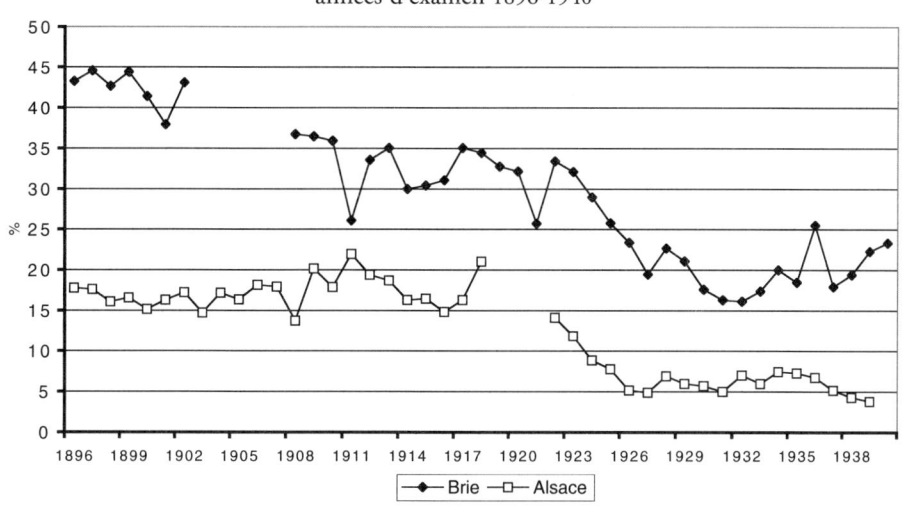

(Sources : ADSM, série R, listes de tirage au sort et du recrutement, listes du recrutement, listes de recensement, ADBR, versement 392 D, *Alphabetische Listen*, versements D 215 et 295 D, listes de recensement)

Graphique 125
Proportion de conscrits briards agriculteurs indépendants et jardiniers, années d'examen 1896-1940

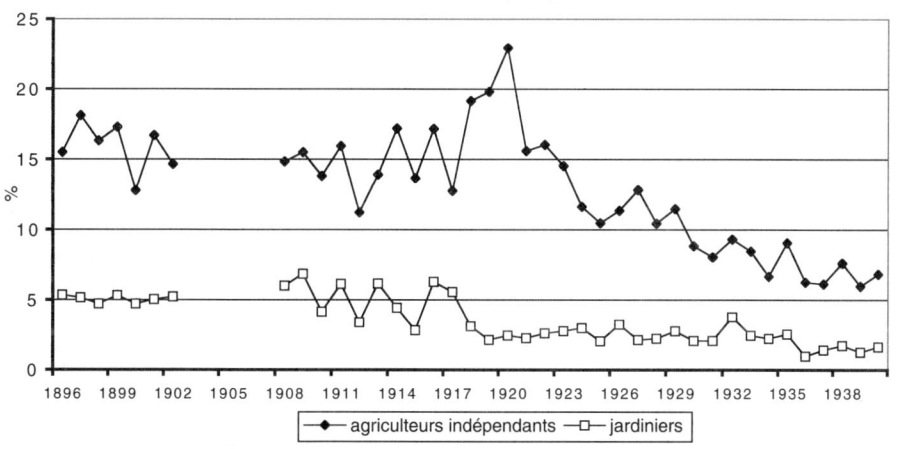

(Sources : ADSM, série R, listes de tirage au sort et du recrutement, listes du recrutement, listes de recensement)

Graphique 126
Proportion de conscrits briards artisans divers et du bâtiment,
années d'examen 1896-1940

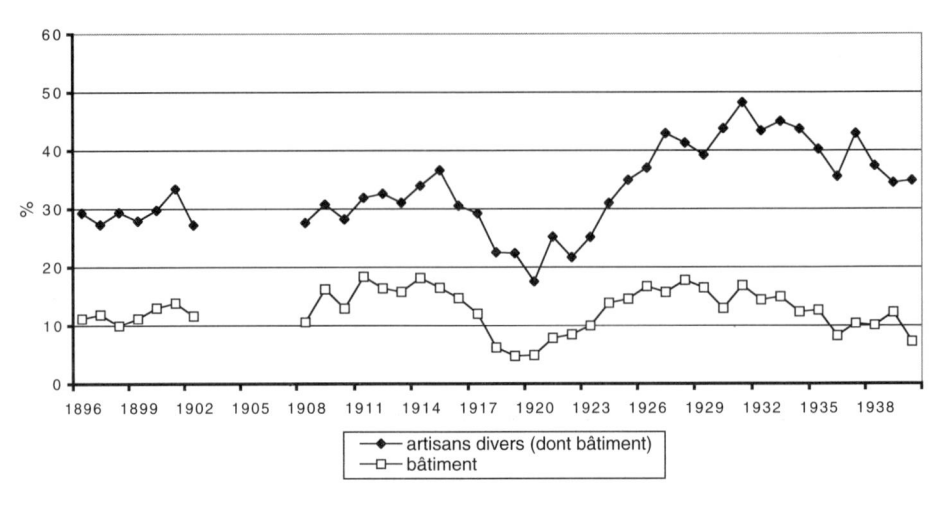

(Sources: ADSM, série R, listes de tirage au sort et du recrutement, listes du recrutement, listes de recensement)

Graphique 127
Proportion de conscrits briards de l'industrie,
années d'examen 1896-1940

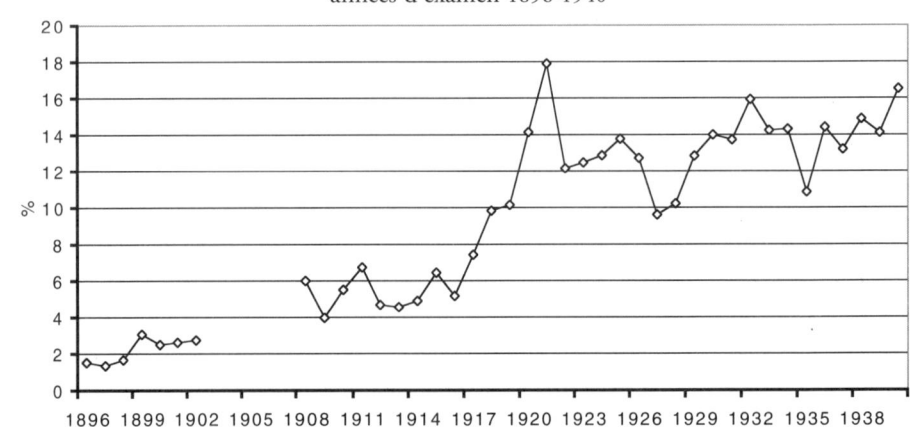

(Sources: ADSM, série R, listes de tirage au sort et du recrutement, listes du recrutement, listes de recensement)

Évolutions socioprofessionnelles : le choc de la Première Guerre mondiale et ses conséquences

Graphique 128
Proportion de conscrits briards employés et intellectuels, années d'examen 1896-1940

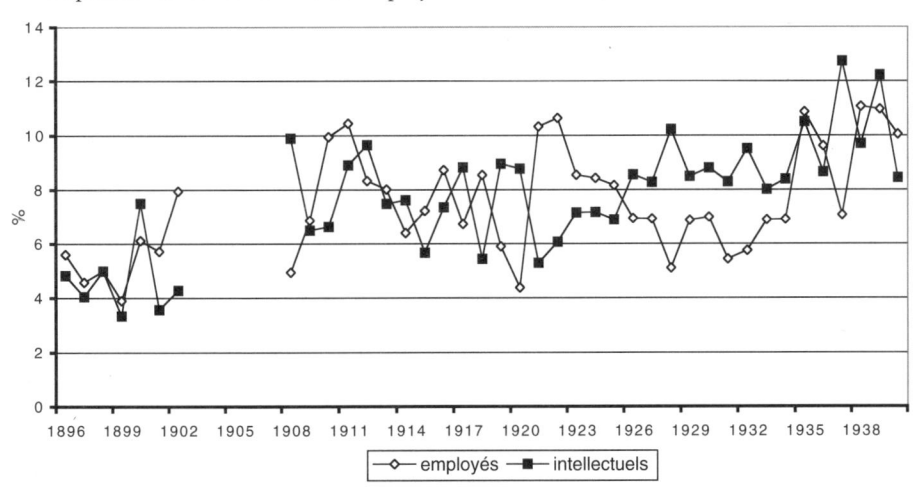

(Sources : ADSM, série R, listes de tirage au sort et du recrutement, listes du recrutement, listes de recensement)

Graphique 129
Proportion de conscrits briards agriculteurs dépendants et indépendants, années d'examen an X-1940

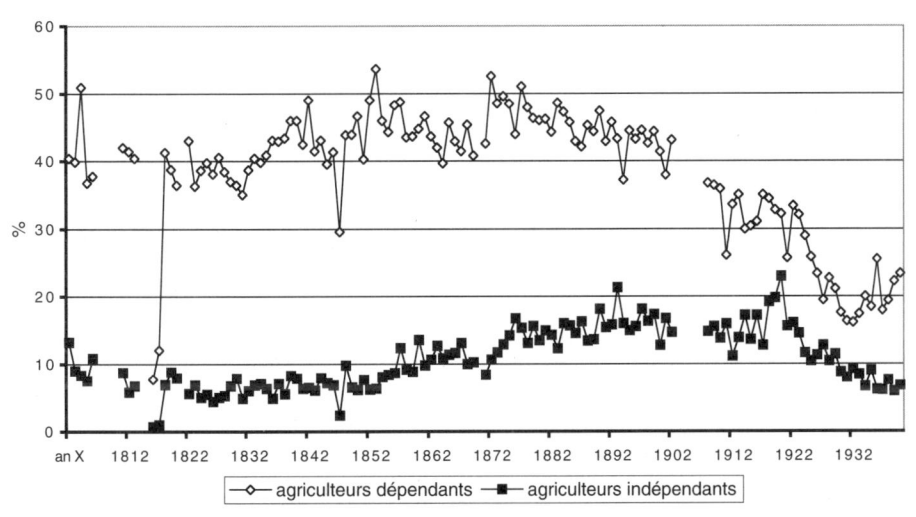

(Sources : ADSM, série R, tableaux de la conscription, listes du contingent départemental, listes du tirage au sort, listes de tirage au sort et du recrutement, listes ou tableaux de recensement)

ment le début des années 1920 apparaît bien comme la période de la disparition rapide des ouvriers agricoles (nationaux), après un long règne de soixante ans (1840-1900, plus de 44% de conscrits agriculteurs dépendants) sur les plaines du Bassin parisien.

La chronologie que nous dégageons ainsi est en léger décalage avec celle proposée par M. Gervais et ses collaborateurs, pour qui la déprolétarisation des campagnes date plutôt des années 1926-1931. Il faut toutefois prendre garde à leurs résultats qui s'appuyent sur les statistiques des recensements, aux dénominations un peu trop floues[3]. L'âge des conscrits peut aussi constituer une explication à ce décalage: les plus jeunes hésitent moins à partir tenter leur chance à la ville que les plus vieux.

b) Urbanisation, industrialisation, tertiarisation suite à la guerre

La proportion d'agriculteurs indépendants briards est stable jusqu'à la Grande Guerre (graphique 125). Elle connaît une inflation importante à la fin du premier conflit mondial, de 1917[4] à 1920, preuve que l'agriculture a alors de plus en plus de mal à nourrir les habitants du bassin parisien. Le retour aux fonctions économiques essentielles durant la Première Guerre mondiale est illustré par notre courbe. Par la suite, la part de cultivateurs et jardiniers diminue sensiblement, de 16 à 6% environ. L'entre-deux-guerres est donc marqué par la liquidation de bien des petites (et moyennes) exploitations que leurs propriétaires vendent pour migrer à la ville. Le mouvement de concentration est facilité par les profits de guerre des gros exploitants et par le climat psychologique général: la résistance face à la grande culture mécanisée semble de plus en plus un combat d'arrière-garde. Replacé dans le long terme (an X-1940, voir graphique 129), la période de l'entre-deux-guerres est celle de la diminution rapide du nombre relatif d'agriculteurs indépendants. Ceux-ci n'ont jamais été aussi nombreux que de la fin des années 1870 au lendemain de la Première Guerre mondiale (environ 15% des effectifs toisés). Tout comme pour les salariés agricoles, la guerre marque donc

---

3 M. GERVAIS, M. JOLLIVET, Y. TAVERNIER, *op. cit.*, p. 59 : « Dans l'immédiat après-guerre, les départs sont surtout le fait des petits paysans qui ne peuvent revenir à l'économie de subsistance d'autrefois […] Il en résulte un accroissement relatif de la fraction de la force de travail agricole fournie par la main-d'œuvre salariée. Mais dès 1926 la tendance s'inverse. Entre 1926 et 1931, près des deux tiers des partants sont salariés, ou bien ils ont un statut si peu précis que les recensements les regroupent dans la catégorie fourre-tout des "isolés". »

4 En fait l'inflation a lieu avant car il ne faut pas oublier que l'on mentionne ici les années des classes et non les années d'examen effectif des conscrits. Ceux-ci ont été appelés par anticipation durant la Première Guerre mondiale. La classe 1917 (née en 1897) est donc en fait enregistrée sur les registres militaires avant le début de l'année 1918 comme cela aurait dû être le cas si la loi de 1872 avait été respectée (voir I Partie). Nous rappelons que nous avons respecté les mêmes conventions de citation d'années pour les analyses des compositions socioprofessionnelles sous le Premier Empire.

la fin d'une époque pour les agriculteurs indépendants briards. L'évolution de la part des jardiniers ne dit pas autre chose, excepté que cette dernière diminue dès 1917, car en temps de guerre l'essentiel n'est plus de produire fruits et légumes mais froment et viande. Nos chiffres sont donc ici en accord avec ceux de Gervais.

En fait, la Brie offre un paysage social de plus en plus varié : dès les années 1890, ce sont près de 30 % des conscrits qui travaillent dans l'artisanat divers, dont le bâtiment (graphique 126). Ce dernier est bien connu pour être un secteur très sensible à la conjoncture économique. Le secteur marque un net infléchissement de ses effectifs relatifs de 1914 à 1920, ce qui vient corroborer ce que nous avons dit de l'activité agricole : en réponse « à la formidable pénurie de main-d'œuvre que la guerre a provoquée dans les villages », « les dirigeants [...] ne proposeront que des palliatifs dérisoires »[5] et c'est la société rurale qui absorbe elle-même tant bien que mal l'immense effort demandé, mais non organisé, par les pouvoirs publics. L'économie rurale se concentre essentiellement sur la production de nourriture lors de la première guerre totale. Le secteur de l'artisanat pris dans son ensemble ne dit pas autre chose, la part des « artisans divers » diminue de 1915 à 1920. C'est donc l'artisanat tout entier qui est très sensible à la mobilisation économique des campagnes. Par la suite, l'expansion des années 1920 est très visible sur les deux courbes : les travaux de réfection et de modernisation gonflent les proportions de conscrits artisans durant les Années folles. Le renversement de tendance montre les débuts de la dépression des années 1930 : la part des actifs du bâtiment, décidément la plus sensible, baisse dès 1928 alors que les activités artisanales prises dans leur ensemble sont touchées au début traditionnel que l'on fixe à la dépression en France, 1931. La baisse des deux courbes dans les années 1930 témoigne du marasme économique de l'époque.

La courbe des actifs de l'industrie est spectaculaire (graphique 127). D'abord quasi inexistante dans les années 1890, l'industrie se développe à un rythme soutenu jusqu'en 1914 : les effectifs relatifs doublent en 25 ans (de 2 à 5-6 %). Mais c'est la Première Guerre mondiale qui entraîne une explosion de la part des conscrits travaillant dans l'industrie : en cinq ans, de 1916 à 1921, on passe de 5 à 17 % environ. Les besoins croissants de biens manufacturés pendant la guerre provoquent une industrialisation brusque de l'arrondissement de Melun, bien qu'une main-d'œuvre ouvrière et certaines infrastructures industrielles existent déjà en 1914[6]. Dans les années 1920-1940, l'industrie ne fait plus de véritables progrès, même dans les Années folles. C'est seulement à partir de 1937 que la part des conscrits travaillant dans l'industrie remonte, mais ce phénomène est très probablement stoppé brusquement par la guerre.

---

5   M. GERVAIS, M. JOLLIVET, Y. TAVERNIER, *op. cit.*, p. 41.
6   L'évolution différente de la part des actifs de l'industrie et de l'artisanat prouve par ailleurs que notre classement des conscrits selon l'une ou l'autre catégorie est assez pertinent et que le risque de verser dans la catégorie « industrie » des artisans et inversement est somme toute limité.

Enfin, la part des employés et celle des intellectuels (lycéens, étudiants, instituteurs...) augmentent de concert, régulièrement et lentement (graphique 128) : les effectifs relatifs doublent sur la période 1896-1940. Les deux courbes ne sont pas vraiment affectées par la Première Guerre mondiale. La poussée des cols blancs apparaît donc comme un phénomène de fond qui accompagne l'industrialisation, l'urbanisation et la scolarisation obligatoire des sociétés industrialisées.

Le premier conflit mondial a donc considérablement accéléré des évolutions qui étaient déjà en germe avant 1914. La Brie est de moins en moins une région agricole. Elle se mécanise rapidement dans les années 1920, suite au manque de bras causé par le conflit. Le nombre relatif de salariés agricoles baisse très sensiblement et très rapidement dans les années 1920. La part des agriculteurs indépendants (qui sont désormais soit cultivateurs, soit jardiniers) diminue également de façon sensible, mais pour ces derniers la baisse continue dans les années 1930. La guerre a ruiné certains petits propriétaires absents de leurs champs durant le conflit, la course à la concentration est de plus en plus difficile face aux gros exploitants qui ont davantage bénéficié des prix agricoles durant la guerre. Enfin, l'attrait de la ville se fait de plus en plus fort. Que ce soit du côté des salariés ou des agriculteurs indépendants, la période de l'entre-deux-guerres marque donc à long terme le recul de l'activité agricole en Brie[7]. Le premier conflit mondial a également catalysé le développement de l'industrie, déjà en germe à la Belle Epoque. Sans être industriel, l'arrondissement de Melun possède à la fin de la guerre et dans l'entre-deux-guerres une part de conscrits travaillant dans l'industrie de près du triple de ce qu'elle était en 1914 (on passe de 5 à 15 % environ). Au contraire, la guerre n'a eu qu'un effet provisoire sur l'activité artisanale. Enfin, la lame de fond des cols blancs ne subit aucunement les conséquences de la guerre. On a vu que les évolutions de la part des salariés agricoles briards et alsaciens présentaient de fortes similitudes dans la période 1896-1940. La modernisation de ces deux espaces permet-elle de dresser d'autres parallèles ?

II – L'Alsace rurale : renforcement de la petite propriété et modernisation de la société

La baisse de la proportion de salariés agricoles en Alsace dans les Années folles s'accompagne-t-elle comme en Brie d'une diminution du nombre d'agriculteurs indépendants ? Cela ne semble pas le cas d'après l'évolution de la part de conscrits alsaciens qui se déclarent agriculteurs indépendants (graphique 130). Leur nombre

---

7   En ce qui concerne la population active de nationalité française. Il est évident que l'on n'arrive pas à la même conclusion en considérant la population d'origine étrangère ou l'évolution de l'utilisation des sols.

relatif connaît tout d'abord une formidable gonflement durant la Première Guerre mondiale, de 17 % en 1915 à 35 % en 1918[8]. Bien plus qu'en Brie, la reconversion vers l'agriculture est massive en Alsace. C'est peut-être là un témoignage de la grande difficulté de l'Allemagne durant la guerre à nourrir sa population citadine, plus nombreuse qu'en France. Quoi qu'il en soit, au sortir du conflit, c'est une petite propriété consolidée que fait apparaître notre graphique. Il y a en proportion plus de cultivateurs dans l'arrondissement de Sélestat dans l'entre-deux-guerres que de 1896 à 1914. Comme le montre le graphique 131 qui représente l'évolution de la part des agriculteurs indépendants à long terme (an IX-1939), cette dernière atteint même un maximum sur la totalité de la période dans les années 1920-1930[9]. La guerre a donc permis à une partie de la population des salariés agricoles d'acquérir une petite exploitation. Ceci explique qu'encore en 1942 la taille de la parcelle moyenne soit très petite dans le Bas-Rhin[10].

Cependant, en toute logique, si à travers le temps, le nombre relatif de petits propriétaires augmente et que parallèlement la population totale de l'arrondissement stagne ou augmente, la taille moyenne de l'exploitation serait alors dans les années 1920-1930 la plus petite de toute notre période (an IX-1940). Il n'en est rien. C'est donc que le nombre absolu de cultivateurs a diminué[11]. On ne peut donc parler, au plein sens du terme, d'apogée de la petite propriété dans les années de l'entre-deux-guerres, puisqu'il y a en nombre absolu moins de propriétaires qu'autrefois. En revanche, les exploitants sont bel et bien les plus nombreux de la population rurale des années 1920-1930 et atteignent une proportion jusqu'alors inégalée parmi les jeunes hommes de 20 ans révolus. En ce sens on peut parler de renforcement de la petite propriété, au contraire de la Brie.

Ce renforcement a toutefois lieu sans l'apport des vignerons. La proportion de ces derniers continue à diminuer régulièrement tout au long de la période 1896-1939, passant d'environ 8 à environ 4 %. La part des vignerons est donc divisée par deux. Ce phénomène prend toute sa signification lorsqu'on le replace dans le long terme. La diminution s'inscrit dans une tendance séculaire et régulière à la baisse de la part des vignerons. On a déjà vu que l'arrondissement de Sélestat présentait sous cet

---

8   Comme on l'a déjà dit, les conscrits de l'année de conscription 1918 (classe 1918) n'ont pas été examinés en 1918 mais appelés avec encore plus d'avance qu'en France. Nous conservons toutefois sur nos graphiques la référence officielle de l'année, tout comme sous le Premier Empire. L'année de nos graphiques est finalement celle de la classe.

9   A l'exception notoire des premières années du IIe *Reich* (1871-1875).

10 E. JUILLARD, *op. cit.*, p. 392.

11 La population alsacienne a diminué entre 1911 et 1921 puis augmenté de 1921 à 1936, si bien que le mouvement général entre 1911 et 1936 est nul (M. GARDEN, « Les caractères généraux de l'évolution », dans le chapitre III « la population française entre les deux guerres » de l'*Histoire de la population française. t. 4, op. cit.*, dir. J. DUPAQUIER, p. 91.)

aspect quelques particularités par rapport au reste de l'Alsace. N'en demeure pas moins que de près de 20 % de conscrits vignerons en 1800, on passe à 4 % vers 1939. Parallèlement, la vigne alsacienne a connu un déclin en surface et en nombre absolu d'actifs. Elle résiste toutefois bien mieux à long terme que la viticulture seine-et-marnaise qui était pourtant aussi importante, voire plus importante que l'alsacienne au début du XIXe siècle. La Première Guerre mondiale ne vient donc aucunement perturber l'évolution de la part des vignerons.

En revanche, l'activité textile s'écroule véritablement durant les hostilités, passant de 11 % des conscrits toisés en 1914 à 2 % en 1918 (graphique 133). On a déjà vu que la guerre sonnait le glas du tissage à domicile dans l'arrondissement de Sélestat qui constitue pourtant en la matière le dernier bastion de l'Alsace rurale[12]. En fait, ce n'est pas le cas de toute l'activité textile, puisque celle-ci connaît un regain dans les Années folles. De 5 % en 1922, le textile retrouve sa part d'emploi de 1914 dans les années 1926-1927. La dépression des années 1930 marque ensuite fortement la courbe des conscrits du textile. De 1927 à 1934, la descente très sensible des effectifs relatifs témoigne de la gravité et de la précocité de la crise dans le secteur textile des petites unités de production artisanales ou industrielles. Le dernier retournement de tendance, en 1937, montre l'extrême sensibilité du secteur à la conjoncture économique. Le secteur textile en milieu rural, qui est désormais uniquement représenté par de petites usines, est encore vigoureux dans l'entre-deux-guerres, malgré la sévérité de la dépression des années 1930.

Les artisans des autres secteurs que le textile sont moins marqués par la guerre, leur proportion passe tout de même de 12 à 6 % de 1914 à 1918 (graphique 133). L'artisanat réagit aussi de manière différente dans l'entre-deux-guerres. Il connaît un développement beaucoup plus fort que le secteur textile et n'est pas vraiment affecté par la dépression des années 1930. Les artisans participent à hauteur de 15 % environ à la diversification du tissu professionnel rural alsacien des années 1920-1930. Mais ils ne sont pas les seuls à expliquer l'importance des activités non agricoles de plus en plus présentes dans les campagnes après 1918.

Tout comme en Brie, l'expansion de la part des cols blancs en Alsace explique en bonne partie la croissance soutenue de la stature des ruraux de l'entre-deux-guerres. Mais à la différence de la Brie, l'augmentation de la part des intellectuels et des commerçants s'inscrit moins dans une tendance séculaire que dans une accélération suite à la Première Guerre mondiale (graphique 135). Peut-être la politique française menée à l'égard des « chères provinces retrouvées » après 1918 explique-t-elle cette montée en puissance des cols blancs en Alsace ? La part des étudiants, lycéens et instituteurs double en 20 ans (de 5 à 10 %), alors que celle des actifs du commerce triple (de 2 à 6 %). Ce sont là d'incontestables signes de développement économique, d'urbanisa-

---

12   E. JUILLARD, *op. cit.*, p. 282.

Évolutions socioprofessionnelles : le choc de la Première Guerre mondiale et ses conséquences

Graphique 130
Proportion de conscrits alsaciens agriculteurs indépendants et dépendants, années d'examen 1896-1939

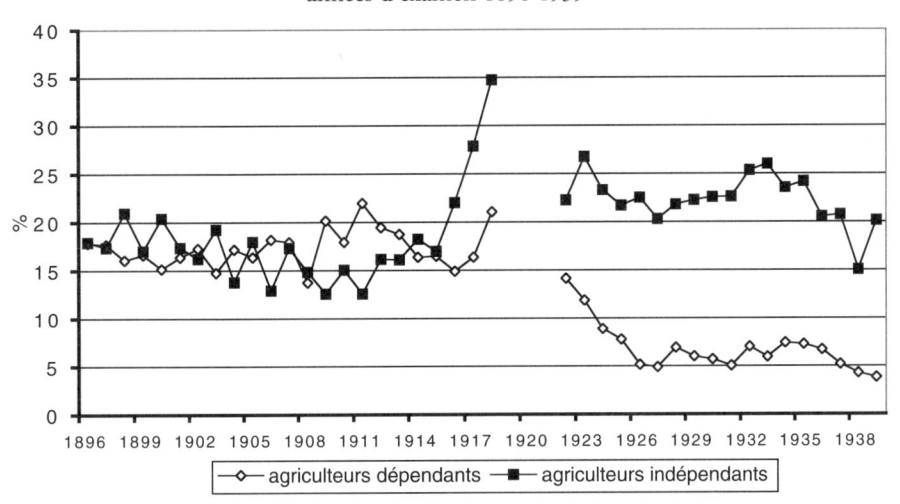

(Sources : ADBR, versement 392 D, *Alphabetische Listen*, versements D 215 et 295 D, listes de recensement)

Graphique 131
Proportion de conscrits alsaciens agriculteurs indépendants et dépendants, années d'examen an IX-1939

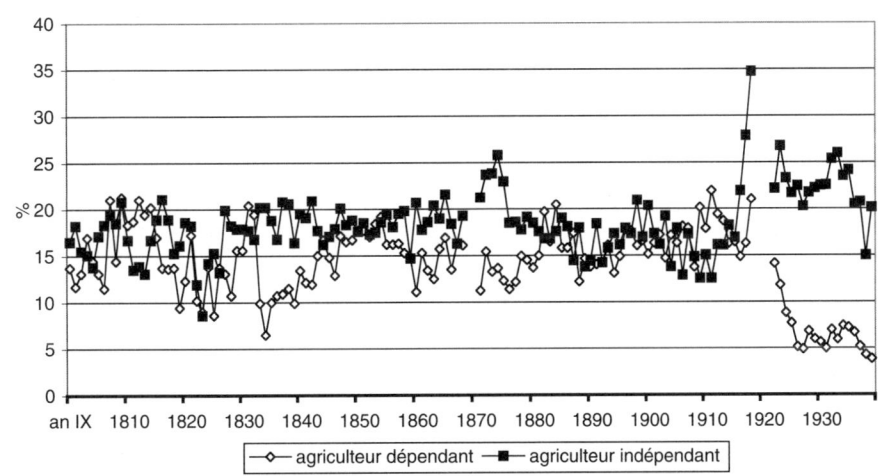

(Sources : ADBR, série R, listes de la conscription, listes du contingent départemental, listes de tirage au sort, versement 392 D, *Alphabetische Listen,* versements D 215 et 295 D, listes de recensement)

Graphique 132
Proportion de conscrits alsaciens vignerons, années d'examen an IX-1939

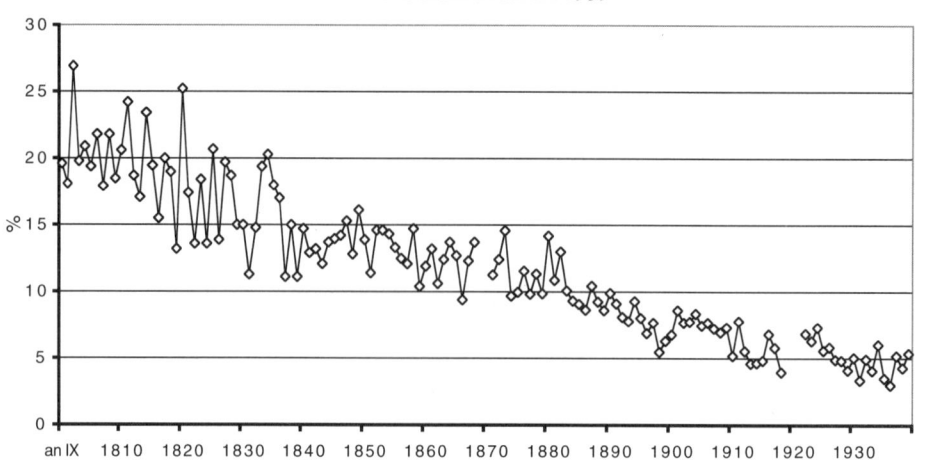

(Sources : ADBR, série R, listes de la conscription, listes du contingent départemental, listes de tirage au sort, versement 392 D, *Alphabetische Listen,* versements D 215 et 295 D, listes de recensement)

Graphique 133
Proportion de conscrits alsaciens artisans du textile et artisans divers, années d'examen 1896-1939

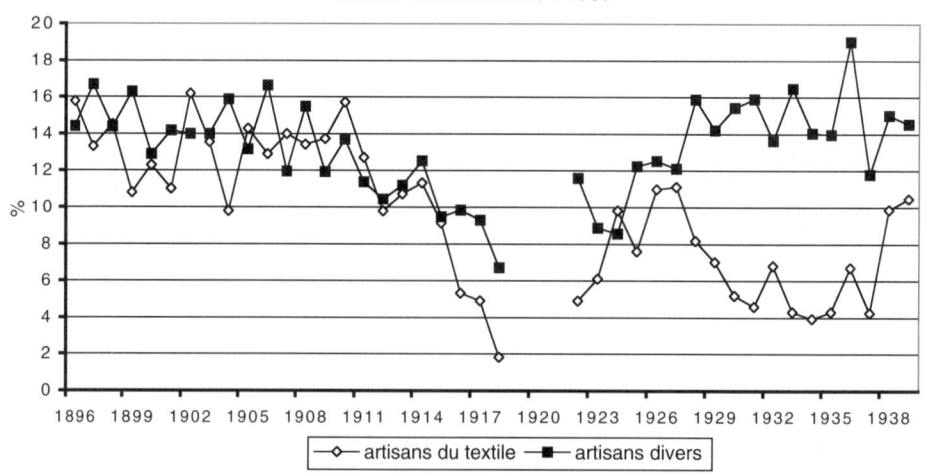

(Sources : ADBR, versement 392 D, *Alphabetische Listen*, versements D 215 et 295 D, listes de recensement.)

Graphique 134
Proportion de conscrits agriculteurs en Brie et en Alsace, années d'examen 1896-1940

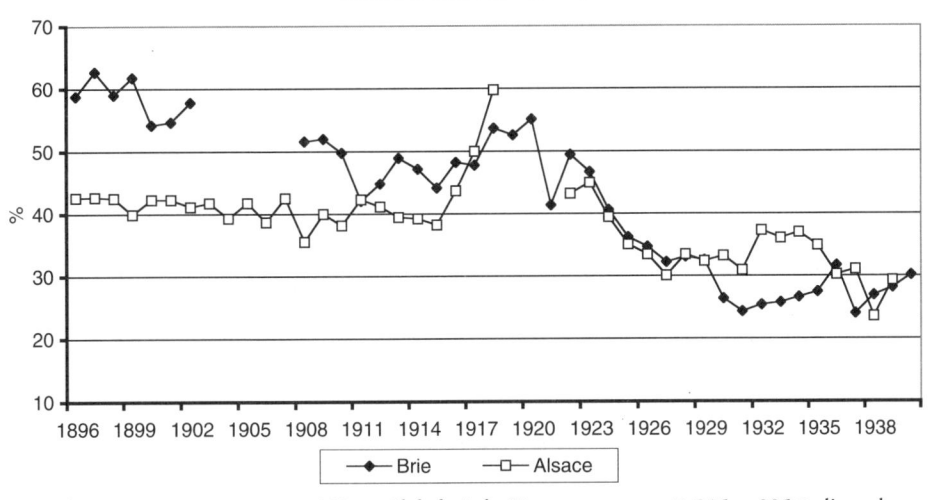

(Sources : ADBR, versement 392 D, *Alphabetische Listen*, versements D 215 et 295 D, listes de recensement ; ADSM, série R, listes de tirage au sort et du recrutement, listes du recrutement, listes de recensement)

Graphique 135
Proportion de conscrits alsaciens intellectuels et commerçants, années d'examen 1896-1939

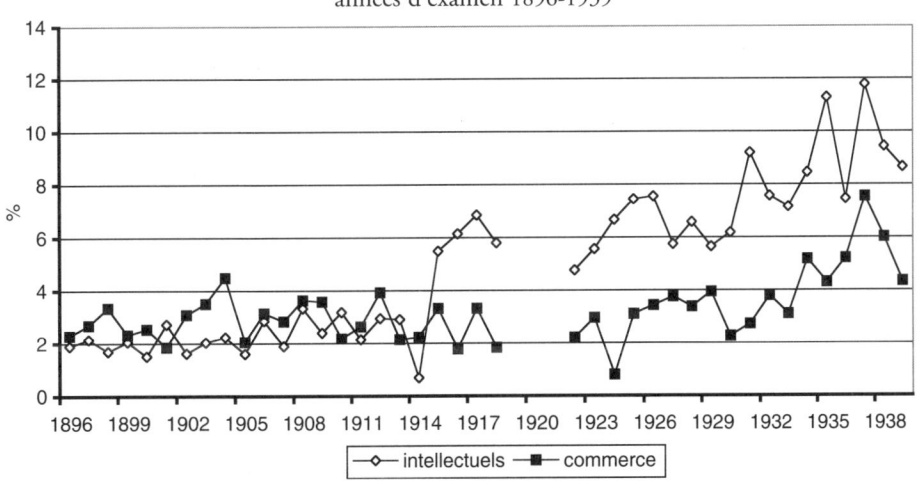

(Sources : ADBR, versement 392 D, *Alphabetische Listen*, versements D 215 et 295 D, listes de recensement)

Graphique 136
Proportion de conscrits alsaciens travaillant dans la métallurgie, années d'examen 1896-1939

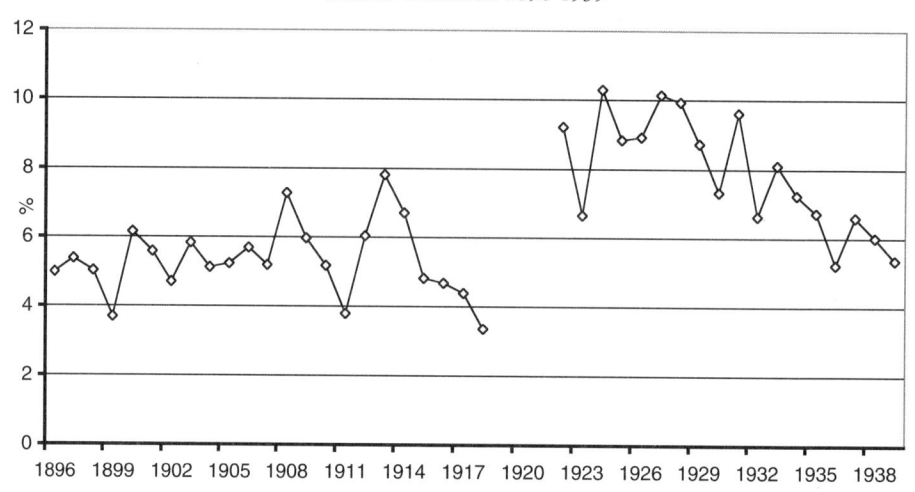

(Sources : ADBR, versement 392 D, *Alphabetische Listen*, versements D 215 et 295 D, listes de recensement)

tion et de modernisation de l'arrondissement de Sélestat entre les deux guerres, de même que la baisse sensible de la part totale d'actifs du secteur primaire.

En tout, l'agriculture recule nettement dans les années 1920. La part des agriculteurs avant guerre est très stable, autour de 40 % des conscrits toisés (graphique 134). Après la forte et provisoire poussée de ce pourcentage durant les années de guerre[13], la part des agriculteurs diminue d'un quart de sa valeur en quelques années (de 40 à 30 %). On a vu que ce phénomène était principalement dû à la mécanisation des campagnes suite à la saignée de la Première Guerre mondiale mais aussi aux migrations d'ouvriers agricoles vers la ville. Malgré quelques pointes au-dessus des 30 % entre 1928 et 1935, dues principalement au repli sur la terre d'une partie des actifs des autres secteurs[14], l'agriculture ne dépasse plus la barre des 30 % dans l'entre-deux-guerres. C'est donc globalement à un recul de l'activité agricole et à une urbanisation plus poussée que l'on assiste entre 1918 et 1940.

---

13 On ne peut exclure que ce gonflement formidable puisse s'expliquer en partie par des modifications des conditions d'enregistrement des conscrits dans ces années très troublées.

14 On pense notamment aux conscrits au genre de vie mixte qui ont alors peut-être abandonné l'atelier (volontairement ou suite au chômage) pour se consacrer davantage à leur petit champ.

Enfin, la part de conscrits travaillant le fer connaît une évolution qui place cette catégorie plutôt dans l'artisanat (graphique 136). Alors que sous le Premier Empire la production de fusils avait fait augmenter la part des travailleurs du fer, la Première Guerre mondiale correspond au contraire à un écroulement de leur proportion. Les années 1920 marquent une nette reprise de l'activité, comme c'est le cas pour les autres artisanats. Mais la dépression des années 1930 entraîne un diminution sensible de la part des artisans du fer, qui retombe en 1939 à son niveau de la Belle Epoque.

S'il y a bien une modernisation agricole dans l'arrondissement de Sélestat dans l'entre-deux-guerres, à l'instar de la Brie, elle se traduit uniquement par la forte diminution de la part des ouvriers agricoles dans les années 1920 et donc par la mécanisation. En revanche, il n'y a pas de baisse de la proportion d'agriculteurs indépendants, bien au contraire. C'est là un signe que les structures foncières restent peu concentrées jusqu'en 1940. Pourtant, la modernisation a lieu, mais la guerre ne constitue pas un choc aussi important qu'en Brie. La région de Sélestat était déjà plus industrialisée et davantage tournée vers l'artisanat que la Brie avant 1914. C'est très visible sur le graphique 134 représentant la part totale des agriculteurs dans les deux régions. En revanche, après la guerre, l'arrondissement de Sélestat s'urbanise, comme le montre l'augmentation de la part des commerçants et des intellectuels, mais il ne s'industrialise pas vraiment, contrairement à la Brie. La modernisation de cette partie de l'Alsace rurale est donc moins profonde que celle que connaît l'arrondissement de Melun dans les années 1920-1940. Qu'en est-il des campagnes du Massif central ?

III – Le Limousin : stabilité relative de la petite exploitation agricole et disparition des maçons (années d'examen 1890-1940)

a) L'agriculture toujours dominante

S'il est bien une région où l'écart entre valeur relative et valeur absolue de chaque catégorie socioprofessionnelle risque d'être grand, c'est bien en Limousin. En effet, la région est celle qui a le plus souffert de la Première Guerre mondiale du point de vue démographique et le dépeuplement rural y est le plus marqué de France dans l'entre-deux-guerres[15]. Ainsi, si la part des cultivateurs semble stable de 1890 à 1940

---

15   Selon M. GARDEN, *loc. cit.*, p. 90-92, les pertes atteignent ici des records (-169 pour 1 000 entre 1911 et 1936 ; en 1911, 23 Français pour 1 000 étaient Limousins, ils ne sont plus que 19 pour 1 000 en 1936.) Sur les pertes dans les arrondissements de Bellac et de Saint-Yrieix, voir le graphique 96 représentant l'évolution démographique de ces arrondissements de 1831 à 1936 au chapitre XIV, II – Le conscrit et le bœuf (Limousin, cohortes de naissance 1851-1876, examinées en 1871-1896). La population de l'arrondissement de Saint-Yrieix est à l'indice 100 à la fin des années 1930 (base 100 en 1831) et la population de l'arrondissement de Bellac est à l'indice 80.

(graphique 137)[16], cela renvoie en fait à une diminution importante du nombre de cultivateurs en chiffre absolu. Il y a toujours autant de cultivateurs en proportion, mais il y a moins de cultivateurs en nombre. Voilà pourquoi nous parlons de «stabilité relative de la petite exploitation agricole».

Le Limousin est encore en 1940 la région la plus tournée vers l'agriculture, avec plus de 50% des conscrits toisés exerçant le métier de cultivateur. La seule véritable modification notoire est provoquée par la Première Guerre mondiale, où la part des cultivateurs augmente sensiblement, comme dans les autres régions et pour les mêmes raisons. Il s'agit alors avant tout de nourrir une population mobilisée pour une guerre totale. La part des cultivateurs connaît un bond très rapide sans précédent, passant de 53 à 77% de 1916 à 1919.

Par la suite, dans les années 1920, la proportion de cultivateurs baisse régulièrement et rapidement, de 74% en 1920 à 52% en 1927, comme le fait la part des ouvriers agricoles en Alsace et en Brie. Ainsi, la mécanisation joue aussi un rôle en Limousin dans la diminution de la part de la population agricole, comme dans les autres régions. C'est par ailleurs la seule région rurale de notre étude où la chronologie de Gervais et de ses collaborateurs se trouve vérifiée[17], presque obligatoirement dirions-nous, car la part des dépendants agricoles est déjà très faible en 1914 et ne peut donc que difficilement diminuer dans les années 1920 (graphique 137). On a déjà vu que la mécanisation prenait une ampleur particulièrement importante dans les années 1920 en Limousin en raison du manque de main-d'œuvre agricole, mais aussi en raison des bénéfices accumulés pendant la guerre par les producteurs de viande[18]. Au final, la part des cultivateurs se stabilise dans les années 1930 entre 60 et 50%, soit des valeurs comparables à celles de la fin du XIXe siècle (graphique 139).

Cependant, comme nous l'avons dit, les apparences sont trompeuses. En chiffre absolu, les cultivateurs sont en fait bien moins nombreux qu'auparavant puisque la population totale est en très sensible déclin dans les années 1920-1930. Cela signifie donc que la taille moyenne des exploitations agricoles a augmenté dans l'entre-deux-guerres, et même dans les années 1930 où la part (mais non le nombre) de cultivateurs reste constante. Voilà pourquoi la «stabilité» de la petite exploitation agricole n'est

---

16   Les années 1894 à 1901 ne peuvent être reconstituées car les données anthropométriques manquent alors pour l'arrondissement de Saint-Yrieix. Or, pour des raisons matérielles et parce que notre étude est avant tout anthropométrique, nous n'avons pas relevé la profession des conscrits non toisés. Il en va de même pour les années 1902 à 1906, où les conscrits ne sont plus toisés dans aucun arrondissement. Nous avons donc commencé nos séries en 1890, afin de fournir un repère passé pour les années 1907-1940.

17   M. GERVAIS, M. JOLLIVET, Y. TAVERNIER, *op. cit.*, p. 59. On rappelle que pour ces auteurs la part des petits cultivateurs diminue fortement jusqu'en 1926 puis que c'est le tour des salariés agricoles.

18   M. AUGE-LARIBE, *op. cit.*, p. 369.

que « relative ». Le Limousin reste bien par ailleurs dans le paysage français une région de petite culture, malgré cet aggrandissement de l'exploitation moyenne que nous ne pouvons évaluer.

La différence importante entre valeur absolue et valeur relative de chaque catégorie socioprofessionnelle en Limousin a une autre conséquence : la baisse rapide en proportion des cultivateurs dans les années 1920-1927 correspond en fait à une diminution encore plus rapide du nombre absolu de ces derniers, puisque la part des cultivateurs diminue fortement au sein d'une population elle-même en déclin sensible. Le mouvement de mécanisation de l'agriculture limousine est donc particulièrement important dans les Années folles, comme le pressent Laborderie dans *L'Agriculteur du Centre*[19].

Mais pourquoi la mécanisation ne se traduit-elle pas comme en Alsace ou en Brie par une diminution de la part des salariés agricoles ? En fait, la chose est impossible car la part des agriculteurs dépendants est déjà très faible avant même le premier conflit mondial. Dans les années 1890, on comptait encore environ 5 % de conscrits colons, journaliers ou domestiques agricoles. Mais avant la Première Guerre mondiale, ces derniers ne représentent plus qu'entre 1 et 3 % des conscrits toisés. Les colons ne sont d'ailleurs plus assez nombreux pour figurer dans notre tableau des statures par profession pour les années de naissance 1887-1920 (classes 1907-1940). Le métayage perd de plus en plus de terrain en France au début du XXe siècle, sans que la chronologie du phénomène soit vraiment connue[20]. Il reste cependant que cette diminution de la part des agriculteurs dépendants, qui renverrait à un repli du faire-valoir indirect, peut aussi s'expliquer en partie par un effet de nomenclature, effet que nous avons déjà évoqué pour les périodes précédentes. Ainsi, beaucoup de conscrits colons peuvent se déclarer tout simplement « cultivateurs », augmentant d'autant la proportion de ces derniers dans nos statistiques.

Quoi qu'il en soit, la part des agriculteurs dépendants constitue déjà en 1914 une masse minimale incompressible. La proportion d'agriculteurs dépendants reste donc stable à un niveau très faible dans l'entre-deux-guerres et, comme on l'a vu, les plaintes des contemporains concernant le manque de main-d'œuvre agricole se multiplient dès la Belle Epoque.

On comprend mieux ces plaintes en constatant que le Limousin est la région qui dès avant la guerre possède le moins de réserve de main-d'œuvre agricole alors que le plein rural est atteint très tardivement, dans les années 1890. Sur le long terme (1807-1940, graphique 138), on ne peut donc expliquer l'inflation (jusqu'à la décennie 1820) puis le dégonflement (de 1830 à 1914) des effectifs relatifs des agriculteurs

---

19 Sur l'évolution de l'agriculture limousine dans les années 1890-1930, voir chapitre XV, II – Les croissances limousine et briarde : la performance de la région la plus archaïque.
20 M. GERVAIS, M. JOLLIVET, Y. TAVERNIER, *op. cit.*, p. 200.

Graphique 137

Proportion des conscrits limousins cultivateurs et agriculteurs dépendants, années d'examen 1890-1940

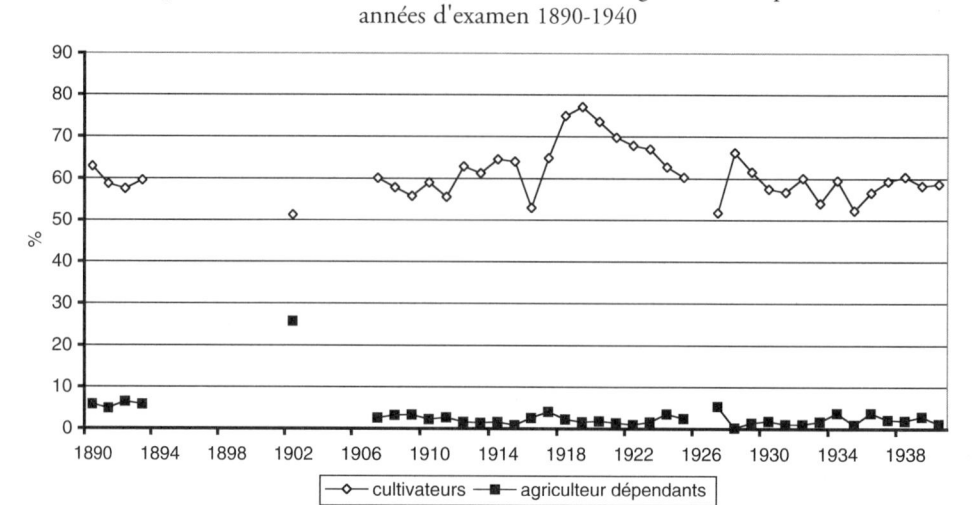

(Sources : ADHV, série R, listes de recrutement, tableaux de recensement)

Graphique 138

Proportion de conscrits limousins agriculteurs dépendants, années d'examen 1807-1940

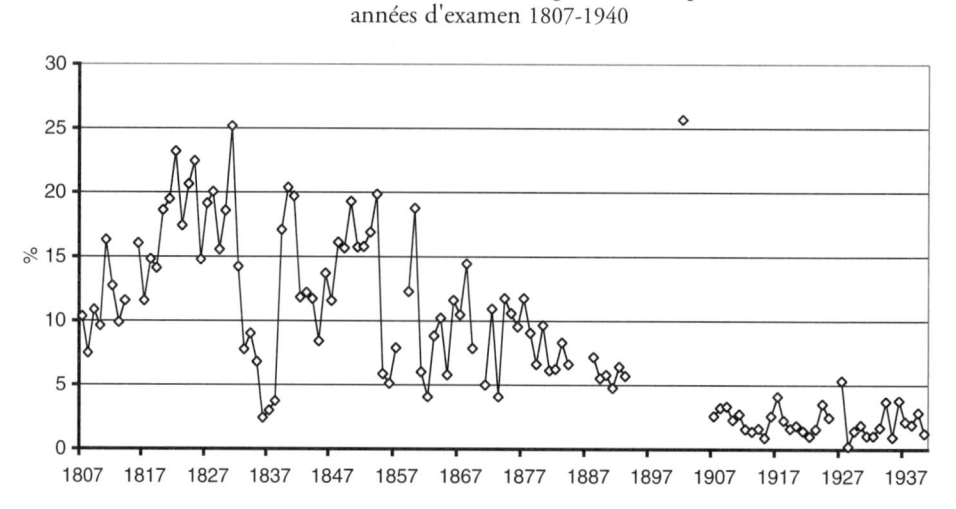

(Sources : ADHV, série R, registres du contingent départemental (d'après le répertoire de la série R), listes du contingent, listes de tirage au sort, listes de recrutement cantonal, tableaux de recensement communal)

Graphique 139
Proportion de conscrits limousins cultivateurs, années d'examen 1807-1940

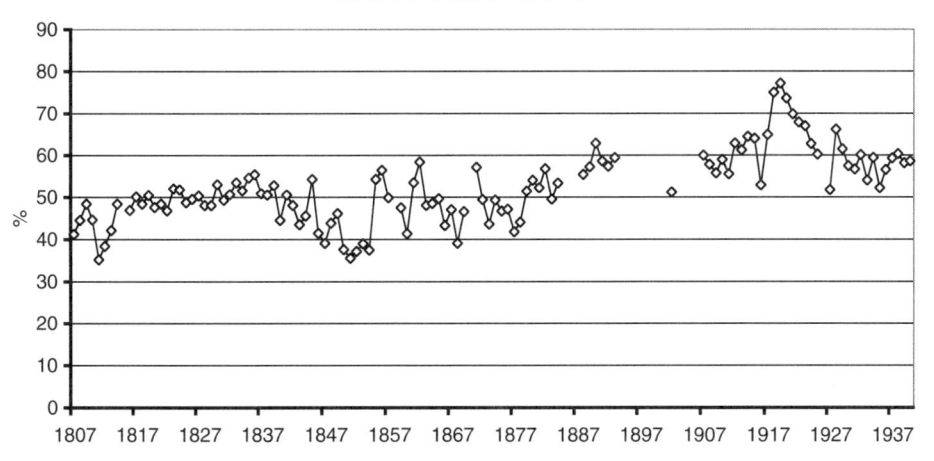

(Sources: ADHV, série R, registres du contingent départemental (d'après le répertoire de la série R), listes du contingent, listes de tirage au sort, listes de recrutement cantonal, tableaux de recensement communal)

Graphique 140
Proportion de conscrits limousins maçons et artisans divers, années d'examen 1890-1940

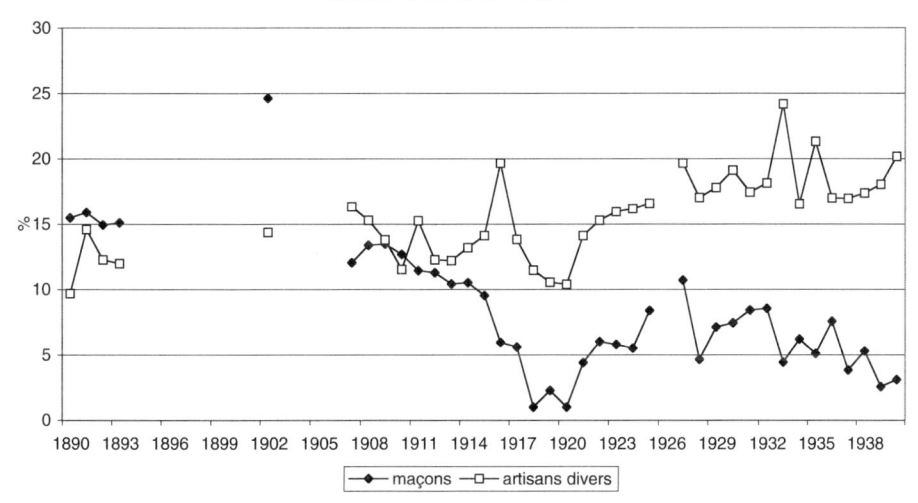

(Sources: ADHV, série R, listes de recrutement, tableaux de recensement)

LA RÉVOLUTION DES CORPS

Graphique 141

Proportion de conscrits limousins maçons,
années d'examen 1807-1940

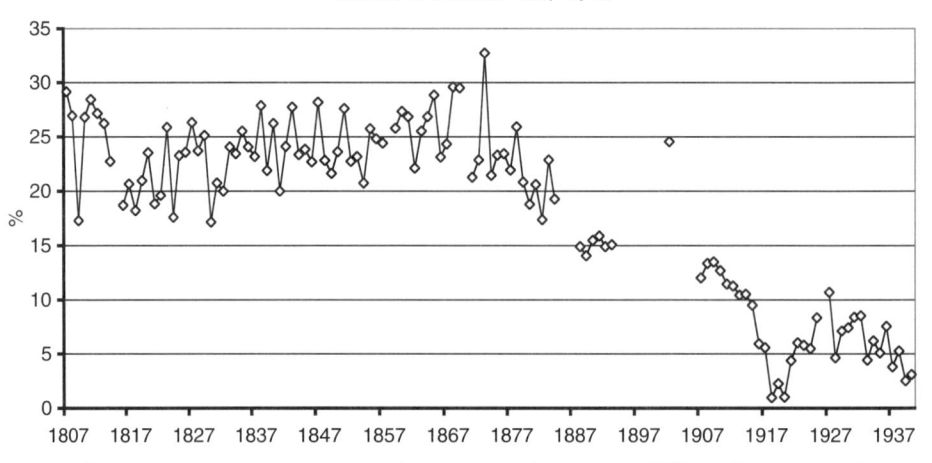

(Sources: ADHV, série R, registres du contingent départemental (d'après le répertoire de la série R), listes du contingent, listes de tirage au sort, listes de recrutement cantonal, tableaux de recensement communal)

Graphique 142

Proportion de conscrits limousins artisans divers,
années d'examen 1807-1940

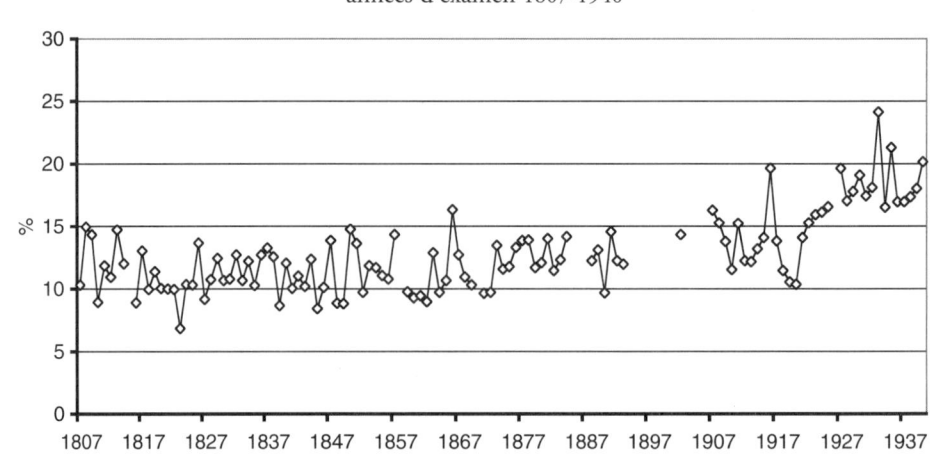

(Sources: ADHV, série R, registres du contingent départemental (d'après le répertoire de la série R), listes du contingent, listes de tirage au sort, listes de recrutement cantonal, tableaux de recensement communal)

dépendants par les seules variations de la pression démographique. Si cette dernière avait été le principal facteur en cause, ce serait dans les années 1880-1890 que la part des agriculteurs dépendants aurait dû atteindre ses valeurs maximales. Mais les phénomènes migratoires viennent perturber cette relation trop simple dès les années 1820, de même que, plus tard, l'acquisition de terres par certains agriculteurs dépendants[21]. Ceci explique que le Limousin, riche en hommes jusqu'au début du XXe siècle, manque de bras salariés pour l'agriculture dès la Belle Epoque. Le premier conflit mondial a donc peu d'impact sur une catégorie professionnelle déjà sur le déclin et fort réduite en 1914.

b) La fin des maçons limousins et l'affirmation des autres activités artisanales

Sur le long terme, l'évolution de la part des maçons explique en partie la diminution de la part des agriculteurs dépendants. Cependant, on a vu que dès les années 1890, les migrants ne représentent plus une proportion aussi importante de conscrits toisés qu'auparavant. L'âge d'or des maçons limousins est révolu et la part de ces derniers diminue encore de 1890 à 1914 malgré la conjoncture favorable de la Belle Epoque (graphique 140). La Première Guerre mondiale porte un grand coup à l'activité du bâtiment qui disparaît presque totalement à la fin de la guerre. Les Années folles marquent une augmentation sensible de la part des maçons qui atteint environ 10 % à la fin des années 1920, mais à la fin de cette période d'expansion, on est bien loin des valeurs minimales du XIXe siècle. Par la suite, la dépression des années 1930 marque très fortement la courbe des conscrits du bâtiment, au point que les valeurs très faibles de la Grande Guerre sont retrouvées à la fin des années 1930. Le bâtiment ne constitue donc plus un secteur important au XXe siècle alors qu'il employait 20 à 25 % des conscrits durant les quatre-vingts premières années du XIXe siècle. On mesure l'importance du changement d'organisation économique et sociale qui affecte la région entre la fin du Second Empire et 1914 en regardant le graphique de synthèse 141 (1807-1940). L'avènement du train et le développement des grandes villes ont considérablement encouragé les migrations définitives des Limousins entre 1870 et 1914.

Les artisans des autres secteurs que le bâtiment étaient peu nombreux en Limousin tout au long du XIXe siècle (graphique 142). On a eu l'occasion de montrer à plusieurs reprises que c'était là une marque de l'archaïsme économique et social de la région. Encore dans les années 1890, les maçons sont plus nombreux que tous les autres artisans réunis (graphique 140). Le rapport s'inverse à la Belle Epoque : ce sont désormais les artisans divers qui sont en proportion plus élevée que les maçons (sauf en 1910).

---

21 Qui deviennent ainsi cultivateurs dans les années 1870-1880 grâce à l'élévation des prix de la viande bovine.

La guerre marque bien un fléchissement de la part des artisans divers parmi les conscrits, comme dans les autres régions, mais ce fléchissement est bien moins important que celui des maçons limousins, si bien que les artisans divers sont toujours plus nombreux que ces derniers durant la guerre. Dans les années 1920, l'expansion économique profite aux deux catégories professionnelles et l'écart se maintient. En revanche, durant la dépression des années 1930, les artisans divers continuent leur expansion à un rythme plus modeste alors que le nombre de maçons diminue considérablement. Le Limousin rural des années 1910-1930 compte désormais davantage d'artisans divers que de maçons. Sur le long terme, c'est à partir des années 1910 que la part des artisans divers augmente enfin chez les conscrits limousins, dépassant la barre des 15 %, atteinte une seule fois au XIXe siècle (en 1866). La région sort donc de son sous-équipement agricole et plus généralement rural au début du XXe siècle, comme en témoigne par ailleurs l'apparition que nous avons déjà signalée de « nouveaux » artisans, tels les bouchers.

Le Limousin a connu des changements sociaux importants suite à la Première Guerre mondiale. Les résultats que nous donnons sont en valeur relative, ils ne permettent donc pas de saisir pleinement les conséquences de la guerre qui prennent tout leur sens lorsque l'on prend en compte la formidable saignée d'hommes des années 1914-1918, autrement dit les changements sociaux en valeur absolue. La catégorie socioprofessionnelle la plus touchée est celle des cultivateurs, bien que paradoxalement ce soit elle qui marque la plus grande stabilité en valeur relative. Un pourcentage à peu de chose près constant à long terme au sein d'une population totale en déclin démographique, cela signifie une catégorie socioprofessionnelle en recul en chiffre absolu. Il y a de moins en moins de cultivateurs en Limousin dans l'entre-deux-guerres. C'est pourquoi nous parlons de « stabilité relative de la petite exploitation agricole ». Le nombre absolu de cultivateurs diminue, surtout dans les années 1920, avec la mécanisation, mais globalement les cultivateurs conservent toute leur importance sociologique dans la population rurale limousine. Ils représentent encore plus de 50 % des conscrits toisés dans les années 1920-1930. L'autre catégorie socioprofessionnelle très marquée par la guerre est celle des maçons, bien que le déclin ait ici commencé dès la fin du Second Empire. La guerre ne fait qu'accélérer un processus ancien et, à long terme (1807-1940), les années 1920-1930 marquent un minimum historique dans l'activité du bâtiment. C'est d'autant plus vrai que la part des maçons baisse dans une population totale elle-même en déclin. De façon encore plus marquée, les agriculteurs dépendants disparaissent quasiment de nos statistiques dès la Belle Epoque, si bien que le Limousin rural est essentiellement dominé dans la première moitié du XXe siècle par les cultivateurs et les artisans autres que maçons. Le renouvellement du paysage social rural est donc ici encore considérable par rapport au XIXe siècle. La ville industrielle de Mulhouse connaît-elle d'aussi grands changements ?

IV – Mulhouse : une ville modernisée mais aux ouvriers de moins en moins qualifiés

a) La diminution ambiguë de la part des ouvriers du textile

De 1859 à 1896, la proportion de conscrits mulhousiens travaillant dans le secteur textile reste à peu près la même, témoignant d'une productivité par travailleur constante sur la période. Le constat reste le même jusqu'à la veille de la Première Guerre mondiale : on ne passe que de 9,6 à 9 ouvriers pour 1 000 broches entre 1869 et 1907[22]. Dans ce contexte de stagnation de la productivité et en l'absence de crise industrielle importante entre 1896 et 1914, la part des ouvriers du textile reste assez stable entre ces mêmes dates et l'on peut même voir que les années 1906-1914 marque une expansion de la part de conscrits du secteur textile (graphique 143). De manière générale, le parallélisme avec la courbe du secteur textile de l'arrondissement de Sélestat est remarquable de 1896 à 1939.

La ville textile subit de plein fouet les conséquences de la Première Guerre mondiale et de la crise du début des années 1920. Les Années folles marquent bien le retour à la prospérité de l'industrie textile, mais au sommet de la vague (1925), on n'atteint très difficilement les valeurs moyennes de l'avant-guerre. Les années 1930 marquent apparemment un recul du textile encore plus accentué qu'à la campagne et, bien loin de se stabiliser, la proportion de conscrits du textile continue à baisser jusqu'au début de la Deuxième Guerre mondiale où un minimum historique de 1 % est atteint. Il n'y a donc pas de renversement de tendance comme dans l'arrondissement de Sélestat après 1937. Certes, ce dernier phénomène amène à voir dans le déclin des années 1925-1930 le rôle de la conjoncture économique. Mais celle-ci ne saurait être tenue pour principale explication de la baisse de la part des ouvriers du textile. En effet, à suivre les statistiques de Letellier et de son équipe, la population active travaillant dans le textile mulhousien n'est divisée « que » par deux entre 1930 et 1936 et la part des ouvriers du textile dans la population ouvrière totale ne passe « que » de 60 à 33,5 % entre les mêmes dates[23]. Or d'après nos chiffres, on passerait de 8,8 à 7,7 %. Ce que nous représentons ici sous la dénomination de « secteur textile » correspond donc de moins en moins à la réalité ou, si l'on préfère, ne correspond plus qu'aux conscrits que l'on peut identifier avec certitude comme travaillant dans le textile.

Il faut donc prendre garde à nos chiffres. Tout d'abord, les gains de productivité ont pu s'accélérer dans l'entre-deux-guerres et la baisse de la part de conscrits du secteur textile ne signifie pas forcément la baisse de l'activité industrielle. Ensuite et surtout, on verra que la proportion de conscrits travaillant dans l'industrie mais

---

22   M. HAU, *L'Industrialisation…*, op. cit., p. 294.
23   A. DAUPHIN-MEUNIER, G. LETELLIER, J. PERRET *et alii*, op. cit., t. I, p. 193.

dans un secteur non identifiable est de plus en plus importante dans l'entre-deux-guerres. Autrement dit, avec la multiplication des « ouvriers de fabrique », « ouvriers », « ouvriers d'usine », « ouvriers de manufacture » et autres professions ouvrières non identifiées, on assiste à une déqualification du travail en usine et à un flou nettement plus important que dans les périodes précédentes quant aux parts relatives de l'industrie textile et de l'industrie métallurgique[24]. Ajoutons qu'identifiable ne signifie pas nécessairement de qualification supérieure. Les rattacheurs travaillent dans le secteur textile et sont pourtant parmi les ouvriers les moins qualifiés, les plus pauvres et les plus petits. En résumé, la courbe présentée ici constitue donc pour le XXe siècle un *minimum minimorum* de la proportion d'ouvriers travaillant dans le secteur textile. Le graphique 144 représentant l'évolution à long terme du textile en milieu rural et du textile mulhousien permet par ailleurs de voir qu'à partir du milieu des années 1850, les évolutions de ces deux secteurs sont extrêmement proches.

b) Evolutions contrastées des effectifs des conscrits de la première et de la seconde révolution industrielle

L'industrie métallurgique emploie insensiblement la même proportion d'ouvriers identifiables que le secteur textile dans les années 1890-1910 (15 %, graphique 145). Cependant, comme on pouvait s'y attendre, la guerre n'a pas eu les mêmes conséquences pour l'industrie métallurgique que pour le secteur textile. La métallurgie connaît donc une période faste pendant la guerre qui se poursuit dans les Années folles. Cependant, après 1925 ou 1926 au plus tard, la part des ouvriers du fer parmi les conscrits toisés diminue fortement jusqu'en 1930 puis plus lentement jusqu'en 1937. Une brève reprise a lieu jusqu'à la Seconde Guerre mondiale. On lit donc parfaitement la conjoncture économique des années 1920-1930 dans la courbe de la métallurgie mulhousienne.

Cependant, on voit qu'à long terme (1840-1940, graphique 146) la part des ouvriers du fer atteint un minimum dans les années 1930. Ici encore, dans cette diminution, les gains de productivité et la déqualification du travail jouent un rôle.

---

24 L'explication avancée par A. DAUPHIN-MEUNIER, G. LETELLIER, J. PERRET *et alii, op. cit.*, p. 194 semble inexacte. Pour ces auteurs, la part des ouvriers du textile diminue aussi parce que ces derniers fuient l'industrie textile et s'inscrivent sur les registres des demandeurs d'emploi comme terrassiers ou manœuvres afin d'être embauchés dans le cadre des programmes de travaux publics de la ville pour lutter contre le chômage. Or la part des manœuvres et terrassiers parmi les conscrits toisés est de 4,2 % entre 1920 et 1930 et de 1,4 % entre 1930 et 1940 et ne cesse de diminuer entre ces deux dernières dates. Plus qu'une hypothétique « escroquerie » des ouvriers du textile, le repli sur la terre (volontaire ou contraint) de « nombreux ouvriers agricoles » au genre de vie mixte peut expliquer la baisse de la part des ouvriers du textile, même si ce dernier facteur semble davantage jouer sur l'évolution de la catégorie « industrie divers ».

Évolutions socioprofessionnelles : le choc de la Première Guerre mondiale et ses conséquences

Graphique 143

Proportion de conscrits du textile à Mulhouse et dans l'arrondissement de Sélestat, années d'examen 1896-1940

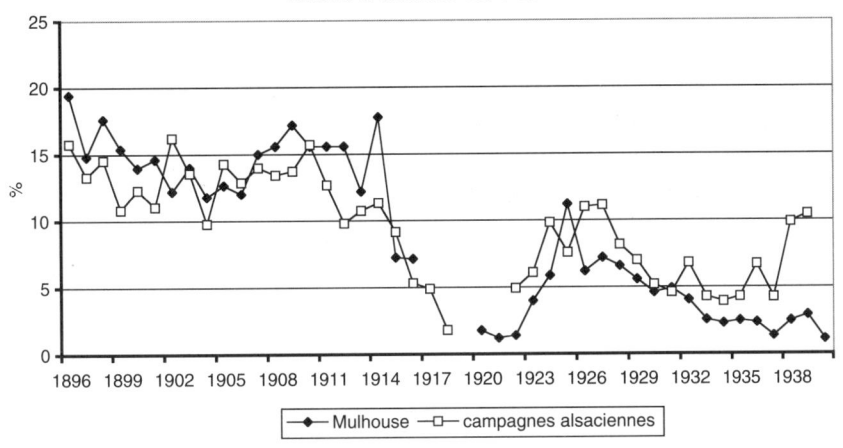

(Sources : AMM, série HI, *Rekrutierungsstammrollen* et listes de recensement, ADBR, versement 392 D, *Alphabetische Listen*, versements D 215 et 295 D, listes de recensement)

Graphique 144

Proportion de conscrits du secteur textile à Mulhouse et dans l'arrondissement de Sélestat, années d'examen an IX-1940

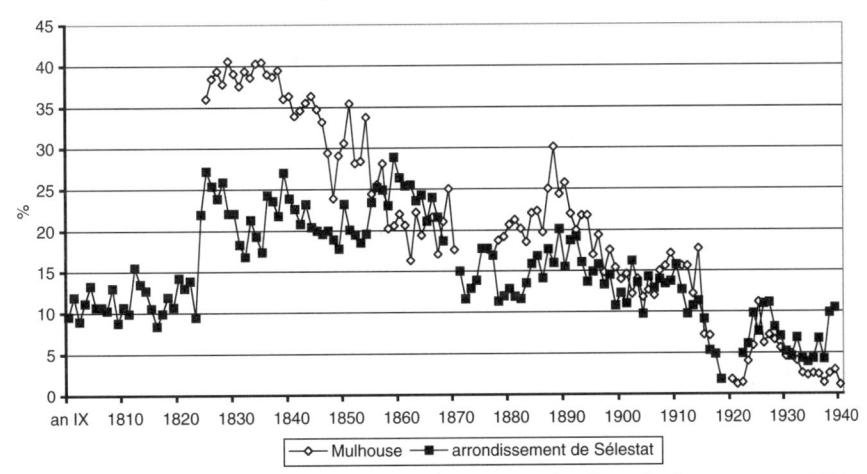

(Sources : ADHR, série R, listes du contingent départemental et listes du tirage au sort ; AMM, série HI, *Rekrutierungsstammrollen* et listes de recensement ; ADBR, série R, listes de la conscription, listes du contingent départemental, listes de tirage au sort, versement 392 D, *Alphabetische Listen*, versements D 215 et 295 D, listes de recensement)

Graphique 145
Les trois vagues d'industrialisation à Mulhouse, années d'examen 1896-1940

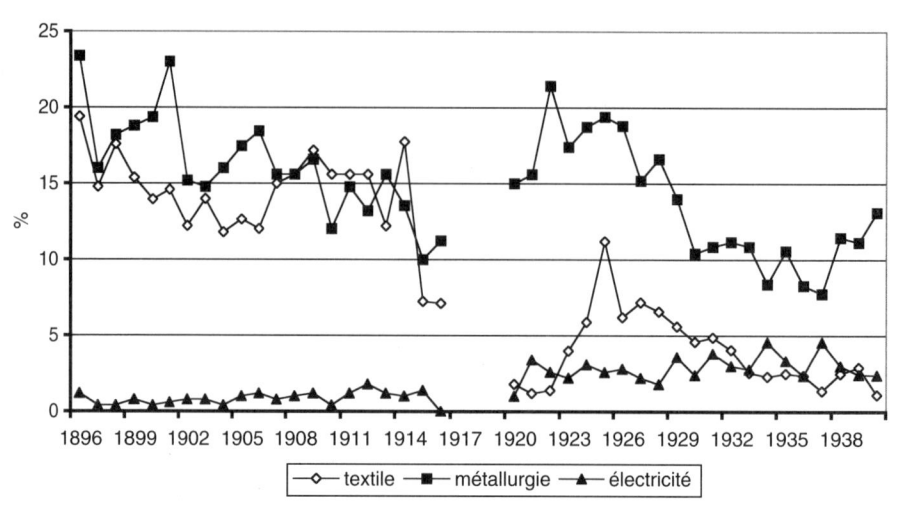

(Sources : AMM, série HI, *Rekrutierungsstammrollen* et listes de recensement)

Graphique 146
Les trois vagues d'industrialisation à Mulhouse, années d'examen 1816-1940

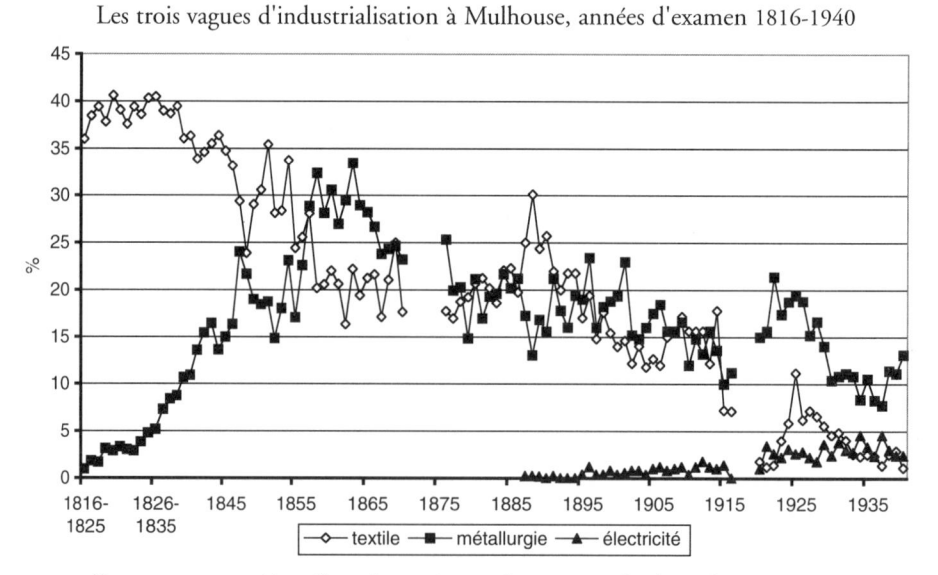

(Sources : ADHR, série R, listes du contingent départemental et listes du tirage au sort ; AMM, série HI, *Rekrutierungsstammrollen* et listes de recensement)

Évolutions socioprofessionnelles : le choc de la Première Guerre mondiale et ses conséquences

Graphique 147
Proportion de conscrits mulhousiens commerçants et employés,
années d'examen 1896-1940

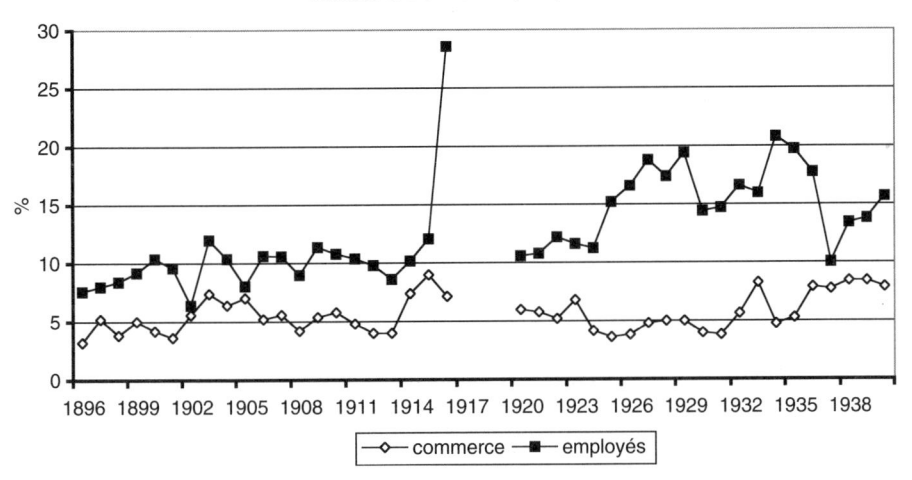

(Sources : AMM, série HI, *Rekrutierungsstammrollen* et listes de recensement)

Graphique 148
Proportion de conscrits mulhousiens employés, années d'examen 1816-1940

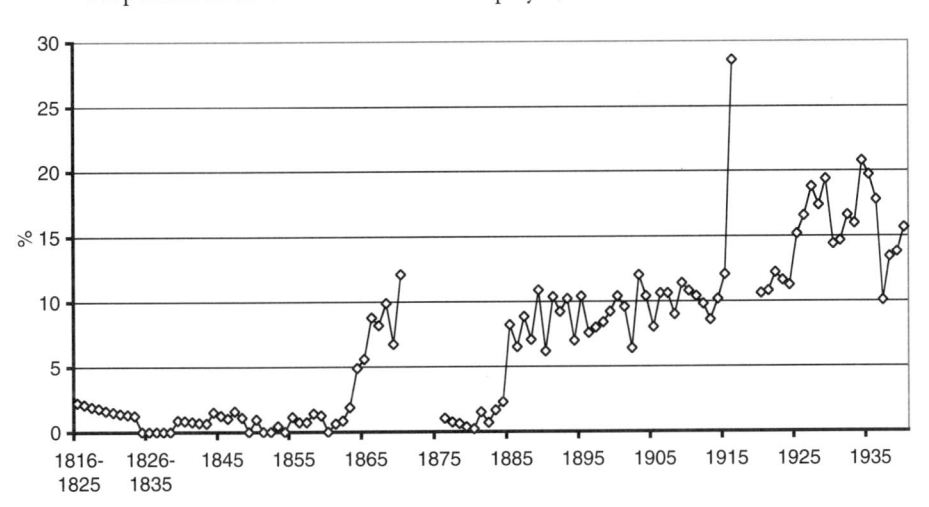

(Sources : ADHR, série R, listes du contingent départemental et listes du tirage au sort ; AMM, série HI, *Rekrutierungsstammrollen* et listes de recensement)

Graphique 149
Les conscrits mulhousiens de l'industrie, années d'examen 1896-1940

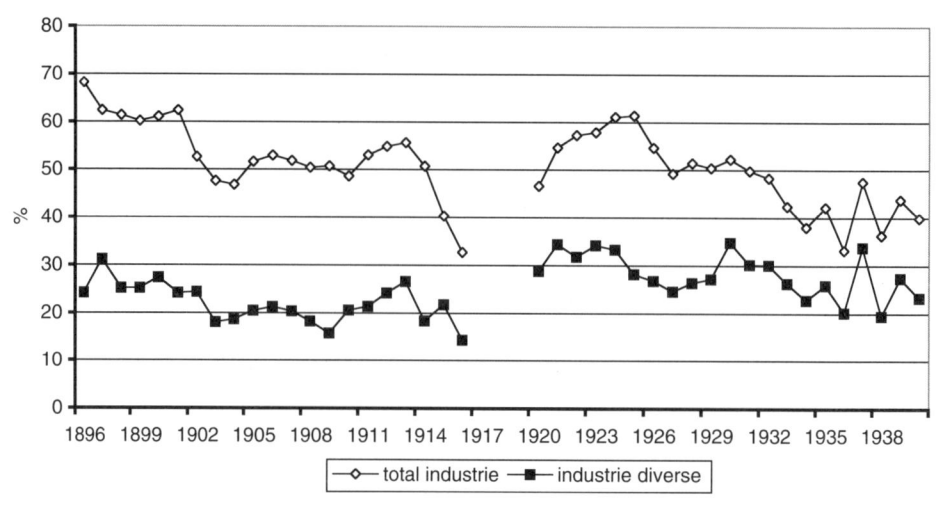

(Sources : AMM, série HI, *Rekrutierungsstammrollen* et listes de recensement)

Graphique 150
conscrits mulhousiens de l'industrie, années d'examen 1816-1940

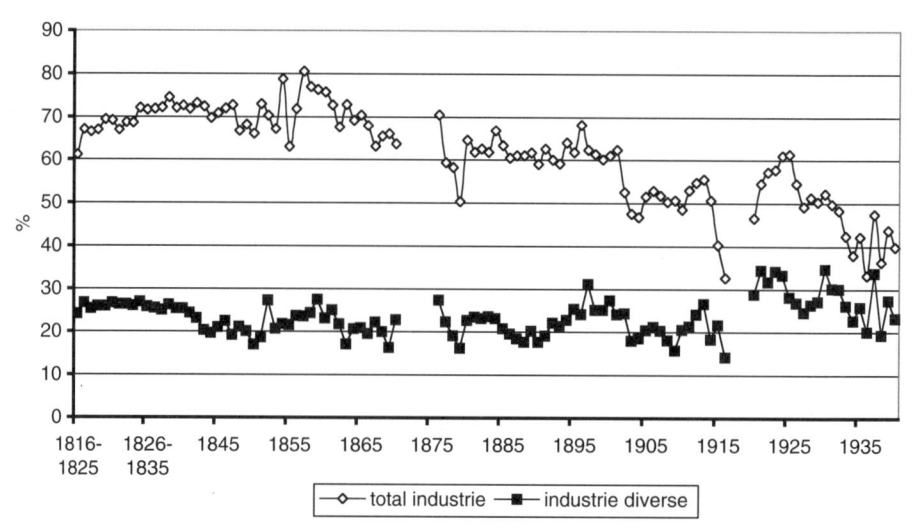

(Sources : ADHR, série R, listes du contingent départemental et listes du tirage au sort ; AMM, série HI, *Rekrutierungsstammrollen* et listes de recensement)

Par ailleurs, le secteur moderne de l'électricité issu de la deuxième révolution industrielle continue à se développer régulièrement tout au long des années 1896-1940 (graphiques 145 et 146). Au début des années 1920 et dans les années 1930, les conscrits électriciens sont même plus nombreux que les conscrits pouvant être identifiés comme travaillant dans le textile. Bien évidemment, les actifs travaillant dans le textile sont beaucoup plus nombreux que ne le laissent paraître nos graphiques, mais il reste que l'électricité est un secteur d'activité de plus en plus présent au début du XXe siècle.

c) Tertiarisation des métiers mulhousiens et déqualification des ouvriers : deux mouvements aux effets anthropométriques inverses

Globalement, comme on l'a déjà dit, la diminution à long terme de la part des conscrits du secteur textile et métallurgique ne signifie pas nécessairement une désindustrialisation de Mulhouse. Pour qu'il en soit ainsi, il faut que ce soit la totalité de la population industrielle qui baisse en proportion. Or c'est bien le cas : la part des actifs du secteur secondaire passe de 60 à 40 % entre les années 1890 et les années 1930 (graphique 149). La diminution est donc considérable, d'environ un tiers. Derrière ce chiffre global, nous avons vu que c'était à la fois le textile et la métallurgie qui perdaient du terrain entre 1896 et 1940.

Cependant, une catégorie industrielle autre que l'électricité et bien plus importante que cette dernière voit sa part augmenter sensiblement : les ouvriers à l'occupation non définie (catégorie « industrie divers », graphique 149). De 22 % environ dans les années 1896-1916, la part des ouvriers à l'occupation non définie passe à environ 28 % dans l'entre-deux-guerres, malgré une diminution entre 1933 et 1940. Cette dernière est d'ailleurs imputable au repli sur la terre de « nombreux ouvriers agricoles » pour qui, encore dans la grande ville industrielle qu'est Mulhouse dans les années 1930, le travail à l'usine n'est qu'un « appoint[25] ». Sur la totalité de la période 1896-1940, une partie de la baisse de la part des ouvriers du textile et des ouvriers de la métallurgie s'explique donc par le remplacement d'ouvriers en général qualifiés et à la fonction bien définie par des ouvriers peu ou pas qualifiés. Le processus prend encore plus de relief si on le situe dans le long terme (1816-1940, graphique 150). Les problèmes de traduction de la langue allemande ne peuvent jouer ici puisque s'ils existaient, ils provoqueraient une surestimation des ouvriers à occupation non définie avant 1916 et non après. A moins que le retour à la langue française ne provoque une simplification des métiers tels qu'exprimés par des jeunes hommes qui ne connaissent pas cette langue. La simplification peut aussi être due à la manière dont les registres sont tenus par des fonctionnaires ne

---

25   A. DAUPHIN-MEUNIER, G. LETELLIER, J. PERRET *et alii, op. cit.*, p. 194. On a vu *supra* que ce sont les ouvriers peu qualifiés (ouvriers de fabrique, d'usine, de manufacture, etc), c'est-à-dire les ouvriers de la catégorie « industrie diverse » qui étaient le plus concernés par le genre de vie mixte.

maîtrisant pas assez la langue allemande et simplifiant donc la déclaration des conscrits. Il faut aussi peut-être envisager que la guerre, si elle a provoqué une bien hypothétique modernisation de l'appareil industriel mulhousien, a encouragé des modes de production tayloriens propices à la multiplication des ouvriers non qualifiés.

A côté de ce mouvement de substitution d'ouvriers en général qualifiés par des ouvriers non qualifiés, plutôt défavorable à l'amélioration du niveau de vie biologique, s'ajoute un mouvement beaucoup plus propice à l'élévation de la stature. En effet, on a déjà vu que le nombre de cols blancs augmentait en chiffre absolu[26], mais il augmente aussi en valeur relative. Mulhouse se tertiarise de plus en plus de 1896 à 1940. Si la part des conscrits toisés travaillant dans le commerce reste stable, autour des 5 %, la part des employés augmente sensiblement, passant de 10 % avant guerre à 15 % dans les années 1920-1940 (graphique 147). Sur le long terme (1816-1940, graphique 148), la banque et autres activités de bureaux avaient commencé à se développer à la fin du Second Empire, mais l'essor avait été brisé par l'annexion puis le *Gründerkrach*. Ce n'est que dans les années 1880 que la croissance régulière de la part des employés reprend jusqu'en 1940. Elle témoigne de la diversification des activités de la ville et de sa modernisation. La haute stature moyenne des employés et plus généralement des conscrits exerçant des activités de cols blancs[27] assure un mieux-être incontestable à la ville.

Globalement, la modification socioprofessionnelle de Mulhouse est celle qui paraît le moins affectée par les conséquences de la guerre. Certes, le premier conflit mondial marque profondément toutes nos courbes mulhousiennes, mais de façon très ponctuelle. Finalement, derrière quelques oscillations dues aux Années folles puis à la dépression des années 1930, la ville suit le cours de transformations déjà en germe avant 1914. la part des ouvriers du textile et de la métallurgie baisse, compensée partiellement par l'augmentation de la part des ouvriers non qualifiés. Le monde ouvrier urbain connaît donc une déqualification dans les années 1900-1940, accompagnée d'une diminution sensible de la part totale de l'industrie parmi les conscrits toisés. Au contraire, la proportion de jeunes gens exerçant des professions rattachées au tertiaire (même si elles dépendent en fait en bonne partie de l'industrie) et en particulier au tertiaire « supérieur » (fonctions d'encadrement)[28] augmente. C'est donc par un double mouvement de simplification-complexification de ses structures sociales que se caractérise Mulhouse de 1896 à 1940.

---

26 Voir *supra* notre analyse de la stature par profession pour les cohortes de naissance 1902-1920.

27 Si l'on veut bien admettre que l'on entend par là davantage les professions intellectuelles (instituteurs, ingénieurs, étudiants, lycéens, etc) que les métiers du tertiaire dit banal (coiffeurs, garçons de café, etc).

28 A strictement parler, les fonctions actuellement dites « supérieures » correspondent à des services plus rares que ce que nous désignons ici comme tels. Mais, toute proportion gardée, ce que nous désignons comme « tertiaire supérieur » dans les années 1920-1930 correspond bien à la notion de services relativement rares pour l'époque.

Evolutions socioprofessionnelles: le choc de la Première Guerre mondiale et ses conséquences

De manière synthétique, les quatre compositions socioprofessionnelles régionales connaissent entre 1896 et 1940 des évolutions qui présentent des points communs. Partout, l'activité dominante recule pour faire place à une plus grande diversité professionnelle. En Brie et en Alsace rurale, c'est l'agriculture qui recule. Le phénomène touche davantage la Brie, où ce sont à la fois les cultivateurs et les salariés agricoles qui sont concernés, alors qu'en Alsace c'est surtout la part des agriculteurs dépendants qui baisse. Dans le Limousin, la proportion de conscrits de l'agriculture résiste à la poussée des secteurs secondaire et tertiaire, mais le nombre absolu de cultivateurs diminue et c'est surtout la part des maçons qui est en déclin. A Mulhouse, l'activité industrielle est en recul, alors que la proportion d'ouvriers non qualifiés augmente. Dans toutes les régions, la baisse de la part de l'activité traditionnelle et dominante s'explique par l'augmentation de celle des activités nouvelles, secondaires ou tertiaires. En Brie, ce sont les deux à la fois: Melun s'urbanise et s'industrialise d'autant plus vite que la ville est proche de Paris et que la guerre a nécessité le développement de l'industrie briarde. En Alsace, la diversité traditionnelle du monde rural se renforce considérablement dans l'entre-deux-guerres. Dans ces deux régions ainsi qu'en Limousin, la guerre a permis et a provoqué dans les années 1920 une mécanisation de l'agriculture qui modifie sensiblement le paysage social. Seule la région du Limousin marque encore un certain retrait par rapport aux deux autres régions rurales. La baisse de l'activité surreprésentée dans la région[29] profite ici davantage à l'artisanat qu'aux cols blancs, même si l'effectif relatif de ces derniers augmente. La société rurale limousine se diversifie enfin et peut mieux qu'auparavant combler les besoins de ses habitants. De toutes les régions, c'est indubitablement Mulhouse qui est la moins affectée par la guerre. Certes les hostilités marquent sensiblement, quoique ponctuellement les courbes mulhousiennes. Mais si l'on prolonge les droites de tendance qui se dégagent sur le long terme pour chaque catégorie socioprofessionnelle, on arrive au même résultat en 1940, avec ou sans Première Guerre mondiale. Seule la part des ouvriers non qualifiés pose problème car non seulement son niveau entre 1920 et 1940 est en rupture avec la période 1896-1914, mais en plus on ne peut trancher définitivement en faveur d'une des hypothèses que l'on peut avancer pour expliquer cette rupture. Il reste que la diversification générale des professions exercées par les conscrits (secondarisation ou tertiarisation) entre 1896 et 1940 s'accompagne de la première vraie croissance anthropométrique nationale, au sens où nous l'avons définie auparavant. Cette diversification des activités est à la fois un signe et un facteur du mieux-être de la population française. En 1940, le pays arrive à un niveau général de développement humain jamais atteint auparavant dans l'histoire. Il convient maintenant de brosser le portrait de cette France moderne… et de stature plus grande.

---

29 On entend par là le bâtiment et non l'agriculture.

Chapitre XVIII
Les Français de la classe 1940 (nés en 1920) : un mieux-être inégal qui rend compte de croissances sectorielles disparates

I – Géographie anthropométrique d'un mieux-être national

Entre les années de naissance 1876 et 1920, la croissance anthropométrique est générale aux quatre espaces étudiés. Bien sûr, il existe des nuances, dont nous avons expliqué la signification. Les conscrits limousins accroissent leur stature plus vite que les conscrits briards et les jeunes mulhousiens grandissent plus vite que les jeunes ruraux alsaciens. De Mulhouse à la Brie en passant par le Limousin et l'Alsace rurale, nos quatre espaces croissent de concert mais à des rythmes plus ou moins soutenus. Le résultat de cette première croissance nationale vraie est une homogénéisation spatiale des niveaux de vie biologiques. La croissance limousine supérieure à celle de la Brie permet une réduction considérable des écarts anthropométriques interrégionaux. Les cartes anthropométriques départementales de 1920 (année de naissance) présentent des niveaux moyens de développement humain beaucoup plus proches les uns des autres que pour la génération née en 1848. Il est vrai qu'entre-temps, l'alimentation des paysans français a fait de sensibles progrès, enregistrés à la fin de la période étudiée par une enquête sur l'alimentation populaire[1].

a) Le rattrapage des cantons vosgiens du centre de l'Alsace

Le rapprochement des niveaux de vie biologiques est également vrai à plus grande échelle, c'est-à-dire à l'échelle du canton. La carte anthropométrique des conscrits alsaciens de la classe 1940 montre des écarts entre cantons assez faibles (carte 10). Il y

---

1   Enquête de 1935 exploitée dans R. BONNAIN-MOERDIJK, «L'alimentation paysanne en France entre 1850 et 1936», dans *Etudes rurales*, 58, avril-juin 1975, p. 29-49.

a eu homogénéisation spatiale des niveaux de vie entre 1848 et 1920 (années de naissance). Nous avons vu que la géographie anthropométrique de la cohorte née en 1848 pouvait s'expliquer par des facteurs nutritionnels (abondance ou non de pain, consommation de viande et de lait) et environnementaux (urbanisation, travail des enfants). Le développement des moyens de transports modernes, l'uniformisation des genres de vie et l'élévation générale du niveau de vie à la fin du XIXe siècle et surtout au début du XXe siècle ont gommé ces nuances cantonales. Alors qu'en 1848-1868 (année de naissance- année de la classe, voir carte 6) les espaces régionaux étaient encore fortement cloisonnés et qu'à quelques kilomètres deux populations très inégalement nourries pouvaient se côtoyer, en 1920-1940, les niveaux de vie biologiques sont presque partout les mêmes. Certes, d'anciennes nuances sont visibles sur la carte de 1920. Ainsi, les cantons du sud-est de l'Alsace[2] et de l'Alsace bossue (nord-ouest)[3] présentent toujours des records de haute stature moyenne. Ils atteignent la taille moyenne des Français toisés en 1960[4]. Mais le record absolu, toutes régions de notre étude confondues, revient désormais aux cantons viticoles[5] de Kaysersberg (Haut-Rhin, 171,3 cm) et de Barr (Bas-Rhin, 171,2 cm). Ce dernier fait d'ailleurs partie de notre étude diachronique de la stature moyenne.

Dans un seul canton la stature moyenne est inférieure à 168 cm: le canton de Lapoutroie, au nord-ouest du Haut-Rhin, dans les Vosges (167,1 cm). Ici encore, il s'agit d'une trace fossile d'un espace de dépression staturale ancien, entre Masevaux au Sud et Villé au Nord, déjà visible sur la carte de 1848. A cette date, le canton de Lapoutroie détenait déjà le record du canton de stature moyenne la plus faible (162,5 cm). Cependant, le canton est le cinquième d'Alsace (sur 54) pour le gain de stature entre 1848 et 1920 et, de manière générale, l'espace compris entre Masevaux et Villé est celui qui accroît sa stature moyenne le plus vite[6] alors que quatre cantons accusent une baisse de niveau de vie biologique entre ces deux dates. Il est vrai qu'il s'agit de cantons très agricoles, déjà aisés en 1848 et qui appartiennent tous au nord

---

2   Hirsingue: 170,3 cm; Ferrette: 170,5 cm; Huningue: 170 cm; Landser: 170,8 cm; Habsheim: 170,1 cm.

3   Sarre-Union: 170,2 cm; Drulingen: 170,9 cm; La-Petite-Pierre: 170,2 cm; Saverne: 170,5 cm; Niederbronn: 170,4 cm.

4   M.-C. CHAMLA, G. DEVIGNE, A. JACQUARD, « L'accroissement de la stature… » *loc. cit.*, graphique p. 199 et données chiffrées p. 200.

5   En 1940 (classe 1940), on ne trouve plus de conscrits vignerons qu'en Alsace, dans 11 cantons. Les plus forts pourcentages de conscrits vignerons correspondent à une région de haute stature moyenne entre Haut-Rhin et Bas-Rhin: Kaysersberg (38,4 %); Ribeauvillé (15,2 %; 170,4 cm), Barr (13,7 %), Rouffach (11,4 %; 170,9 cm), Sélestat (4,9 %; 170,7 cm), seul Wintzenheim (9,6 %, 168,5 cm) fait exception.

6   + 4,6 cm pour Lapoutroie, derrière Rouffach (+ 5,7 cm), Sainte-Marie-aux-Mines (+ 5,4 cm), Colmar (+ 5 cm) et Barr (+ 4,8 cm) et devant Ribeauvillé (+ 4,2 cm) et Thann (+ 4 cm).

du Bas-Rhin[7]. Ils bénéficient dès le début du XIXe siècle d'un niveau de vie biologique élevé grâce à la révolution agricole mais par la suite ces cantons se font moins innovants[8]. On en a là un témoignage éclatant.

A l'échelle régionale, la ville ne semble plus jouer de rôle positif ou négatif sur la stature : si Strasbourg accuse la stature moyenne la plus faible des trois grandes villes alsaciennes (168,9 cm)[9], Mulhouse, la ville la plus industrialisée, assure la transition (169,7 cm) et Colmar culmine à 170,5 cm.

A l'échelle encore plus fine des quartiers (non représentés sur notre carte), on remarque l'opposition traditionnelle entre quartiers ouvriers à l'est de la ville et quartiers bourgeois à l'Ouest[10] : la taille moyenne des conscrits du canton est de Strasbourg est de 167,9 cm alors que les cantons de Strasbourg Nord (169,7 cm) et Ouest (169,7 cm) sont les plus favorisés[11]. Globalement, l'Alsace apparaît comme la région au niveau de vie biologique le plus élevé, comme c'était déjà le cas pour la cohorte de naissance 1848. La petite culture alsacienne n'a donc pas nui au développement humain en Alsace.

b) La Seine-et-Marne : un nouveau contraste entre ville et campagne

La Seine-et-Marne n'atteint pas les sommets alsaciens, même si dans six cantons, la stature moyenne dépasse 170 cm (carte 11). C'est le cas au Sud, dans le canton de

---

7   Bouxwiller (-1,1 cm), Soultz-sous-Forêt (-1 cm), Haguenau (-0,5 cm) et Hochfelden (-0,2 cm).
8   Les cantons qui gagnent 0,5 cm ou moins ont d'ailleurs le même profil et la même localisation (sauf Molsheim, un peu plus au Sud) : cantons de Seltz, Sarre-Union, Marmoutier et Wasselonne.
9   Mais les conscrits strasbourgeois, faute de sources disponibles pour les classes 1938-1940, sont en fait de la classe 1937. En toute rigueur, il faut donc ajouter à la valeur (169 cm) de la cohorte née en 1917 la croissance qui intervient pour les conscrits citadins alsaciens entre 1917 et 1920 (classes 1937-1940). Cela porte la taille moyenne des Strasbourgeois à 169,5 cm : nos conscrits restent décidément les conscrits citadins les plus petits d'Alsace. Même remarque pour certains cantons ruraux dont les conscrits sont de la classe 1939. Cependant, dans ce dernier cas, la différence entre 1939 et 1940 est minime : il n'y a qu'une génération et non trois d'écart entre les deux classes (de plus, la classe 1940 est levée par anticipation. Cependant, en 1940, la croissance entre 19 et 20 ans est nulle comme nous l'avons vu, ce phénomène d'appel anticipé ne joue donc aucun rôle). On peut finalement considérer que seules les valeurs des cantons de Strasbourg (représentés sur la carte par une seule circonscription) sont un peu sous-évaluées sur notre carte.
10 Entre autres raisons, la force de Coriolis fait souffler les vents dominants de l'Ouest vers l'Est dans l'hémisphère nord. Les quartiers résidentiels bourgeois se construisent en général à l'ouest des grandes villes, afin d'éviter les fumées et autres nuisances environnementales des industries. Cependant, dans le cas de Strasbourg, il faut aussi voir le rôle du Rhin comme axe majeur d'organisation de l'espace : le port du Rhin (à l'Est) attire de nombreuses industries. Il faut toutefois préciser qu'à rebours de ce raisonnement la gare de Strasbourg se situe à l'ouest de la ville.
11 On y trouve les quartiers bourgeois : Université, parc de l'Orangerie, Contades, quartier des Quinze, etc.

Fontainebleau (170,2 cm), dans celui de Nemours (170,6 cm) et dans celui de Montereau (170,2 cm) ; à l'Ouest, dans le canton de Melun (170 cm) et au Nord, dans l'arrondissement de Meaux (canton de Lagny, 170 cm, canton de Lizy-sur-Ourcq, 170,1 cm). La ville de taille moyenne apparaît donc comme un cadre de vie privilégié : employés et autres cols blancs citadins relèvent la stature moyenne de Melun et de Fontainebleau.

Les deux régions de grande culture (arrondissements de Meaux et de Melun) n'apparaissent plus en 1920 comme des régions de haute stature[12]. Cela confirme amplement nos analyses précédentes qui ont montré la dégradation relative des niveaux de vie des salariés agricoles, mais aussi des cultivateurs. Si le canton de Melun se trouve parmi les plus grands du département, ce n'est pas parce qu'on y pratique la grande culture mais parce que la ville de Melun, à proximité de Paris, s'urbanise de plus en plus en commençant à s'intégrer à la banlieue parisienne.

La carte anthropométrique de la Seine-et-Marne pour la cohorte née en 1920 marque donc très bien le renversement de situation qui s'est opéré au début du XXe siècle : prospérité des villes aux populations à haut niveau d'instruction et pauvreté toute relative des régions de grande culture aux salariés relativement moins bien payés qu'auparavant.

On comprend mieux que les premières grandes grèves de salariés agricoles en Seine-et-Marne se soient déclarées en 1936-1937[13], alors que la situation relative des ouvriers agricoles s'est dégradée par rapport à leur situation antérieure, par rapport aux ouvriers agricoles des autres régions, mais aussi par rapport aux cantons, aux villages ou à la ville limitrophes de Seine-et-Marne. La carte de 1920 marque donc une rupture par rapport aux cartes de 1781-1782 et de 1848 (cartes 1 et 7).

On y retrouve cependant d'anciennes surfaces de tendance. Ainsi, les régions de grande culture correspondent toujours, dans l'ensemble, à des espaces de plus haute stature moyenne que les régions de petite culture de l'est du département. C'est à l'Est que l'on trouve le canton de taille moyenne la plus faible : La-Ferté-Gaucher (166,9 cm). Ce canton est d'ailleurs le seul (à part Brie, -0,1 cm) dont la stature diminue entre 1848 et 1920 (-0,3 cm). En résumé, si le gradient Est-Ouest qui existait

---

12 Sur les six cantons de Brie retenus pour élaborer notre *trend*, cinq ont une croissance inférieure à 2 cm entre 1848 et 1920 : Brie (-0,1 cm), Melun Sud (+ 0,1 cm), Mormant (+ 0,6 cm), Tournan (+ 1,7 cm) et Melun Nord (+ 1,8 cm, seul canton véritablement urbain.)

13 J.-C. FARCY, *loc. cit.*, p. 309, 318 et 324 : « […] ne pourrait-on pas considérer que les grèves de 1936-1937 illustrent, avec plus ou moins de retard selon les régions, la disparition de cette paysannerie parcellaire et la formation d'un véritable prolétariat agricole ? Dans ces plaines du Bassin parisien, considérées comme le symbole du capitalisme agricole dès le XIXe siècle, le processus de prolétarisation serait ainsi en cours d'achèvement dans les années 1920-1930. C'est l'hypothèse que nous suggèrent certains aspects de la géographie et du déroulement des grèves de 1936-1937 ».

déjà en 1781-1782 se retrouve en 1920, mais pour des raisons différentes d'alors, il n'en va plus de même du gradient Nord-Sud.

c) Le Limousin : l'amélioration très sensible du niveau de vie biologique des espaces les plus archaïques

Tournons-nous maintenant vers le Limousin. La région connaît une croissance staturale régulière et quasi continue entre les cohortes de naissance 1851 et 1920. C'est de plus la région rurale où la stature a augmenté le plus rapidement entre 1876 et 1920. Il n'est donc pas étonnant que la carte anthropométrique de la Haute-Vienne pour la cohorte de naissance 1920 marque une très sensible amélioration par rapport à celle de 1848 (cartes 5 et 12)[14]. Bien loin de ce qu'affirmait l'éminent anthropologue Vallois en 1943[15], et de ce que ses disciples tentent de prouver dans les années 1950-1960, il n'y a pas de types raciaux français immuables. Vallois se fourvoyait gravement lorsqu'il reproduisait la carte de Deniker de 1908 pour dresser un état des lieux anthropologique de la France… en 1943[16].

Certes, le sud-ouest de la Haute-Vienne correspond encore à une zone de dépression staturale, comme en 1848. Les conscrits du canton de Saint-Mathieu font en moyenne 165,9 cm, ceux du canton d'Oradour-sur-Vayres 165,7 cm, de même que ceux du canton de Châlus. Ce sont là les cantons les plus défavorisés du département. Mais les progrès sont très importants depuis le milieu du XIXe siècle, en particulier pour le Sud-Ouest. On a déjà eu l'occasion de montrer cette croissance de rythme très différent entre le nord et le sud du département. La zone de la châtaigneraie, au Sud, sort enfin de son régime végétalien, comme l'a montré le docteur Queyroi. Sur les cinq cantons qui grandissent le plus entre 1848 et 1920, quatre se situent dans la zone défavorisée du Sud : Saint-Laurent-sur-Gorre (+ 7,8 cm), Saint-Yrieix (+ 7,7 cm) Saint-Léonard (+ 6,7 cm) et Saint-Germain-les-Belles (+ 6,6 cm)[17]. Parmi les cinq cantons, seul le canton de Bellac se trouve au Nord, encore était-il défavorisé en 1848 (+ 7,1 cm). Un seul canton limousin perd quelques millimètres entre 1848 et 1920, mais cela est très significatif. En effet, la perte de 2 mm du canton de Saint-Sulpice-les-Feuilles, au nord de la Haute-Vienne,

---

14   Nous rappelons qu'il n'a pas été possible de dresser une carte pour tout le Limousin en 1920 (année de naissance) faute de sources disponibles. La rubrique « taille » des registres des années 1930 n'a pas été complétée.

15   Voir chapitre II, III – Les thèses économiques et sociales : de la marginalité à l'autorité (années 1880-années 1950).

16   Voir la carte reproduite p. 61 de son ouvrage.

17   Nous rappelons que notre sélection de cantons pour établir le *trend* de la stature comprend les cantons de Saint-Yrieix et de Saint-Germain. Elle représente donc bien le Limousin le plus archaïque et la croissance la plus forte.

symbolise le déclin tout relatif des cantons de maçons migrants. L'agriculture constitue bien le principal facteur de croissance staturale.

Bien qu'encore nettement plus petits que les conscrits briards ou alsaciens, les Limousins ont bénéficié d'une croissance régulière et soutenue entre 1851 et 1920 qui leur a permis d'accroître considérablement leur niveau de vie biologique général. Les cantons dont le gain est supérieur à 2 cm entre 1848 et 1920 sont 92,3 % en Haute-Vienne mais 51,7 % en Seine-et-Marne et 51,8 % en Alsace.

Bien qu'encore légèrement marquée à l'échelle cantonale par d'anciennes lignes de clivage héritées du XIXe, voire du XVIIIe siècle, la géographie anthropométrique des conscrits nés en 1920 montre une amélioration générale et un nivellement par le haut du niveau de vie biologique entre 1848 et 1920. Conformément à ce que les *trends* précédemment dégagés laissaient attendre, le Limousin a connu une croissance beaucoup plus forte que l'Alsace et que la Brie. Globalement, les écarts de niveau de vie biologique entre cantons et entre régions se sont considérablement réduits en 70 ans. A l'issue d'une période de croissance économique générale (1896-1940) l'uniformité l'emporte désormais sur la diversité pour la classe 1940. Malgré quelques nuances, nous pouvons donc parler d'une « géographie anthropométrique du mieux-être national », dans la mesure où les niveaux et les genres de vie ont tendance à se rapprocher et à atténuer les anciens clivages géographiques à l'échelle cantonale et régionale. Toutefois, l'effacement des disparités de niveau de vie régionales ne signifie pas l'abolition des inégalités sociales mais plutôt que l'on retrouve désormais la même hiérarchie anthropométrique des métiers dans toutes les régions. Autrement dit, l'uniformisation des niveaux de vie interrégionaux s'accompagne de l'avènement d'une nouvelle société, où les inégalités socioprofessionnelles sont presque partout les mêmes mais où elles ne sont pas forcément plus réduites qu'auparavant. Qui gagne le plus à la croissance nationale des années de naissance 1876-1920 ?

II – La nouvelle hiérarchie des professions : la ville avant la campagne mais des inégalités professionnelles stables depuis 1780

a) Une société profondément modernisée

L'analyse des échantillons régionaux de conscrits dont nous avons calculé la stature moyenne par profession a montré que, dans la plupart des cas, les statures des actifs de l'agriculture ont moins augmenté et se trouvent dans des positions relativement moins bonnes que les statures des actifs des secteurs secondaire ou tertiaire. Nous avons vu que cela témoignait de croissances sectorielles différenciées et que cela correspondait à l'évolution dégagée par E. Malinvaud pour la période 1896-1929. Après avoir montré que la croissance est désormais un phénomène qui touche tout le territoire national, une photographie de la jeunesse masculine toisée en 1940

Les Français de la classe 1940 (nés en 1920)

permettra de dresser un bilan des croissances sectorielles du début du XXe siècle, à l'issue de la période de croissance économique sans précédent mise en évidence par Malinvaud.

D'emblée, il apparaît que la société de 1940 a une structure plus complexe que celle de 1868 : avec 15 % de conscrits toisés en moins (10 443 contre 12 387), on compte une profession supplémentaire en 1940 (tableaux 23 et 34). Il y a donc eu une déconcentration des conscrits dans un éventail plus large de professions différentes. Quatorze anciens métiers disparaissent de notre tableau 34 par rapport aux conscrits nés en 1848, qui montrent la modernisation de la France. Ainsi le bois est de moins en moins utilisé : les charpentiers, charrons, sabotiers et scieurs de long ne sont plus assez nombreux pour franchir la barre des 100 conscrits toisés. On ne se loge plus, on ne se chausse plus et on ne se déplace plus de la même façon qu'au milieu du XIXe siècle. Les professions agricoles marquent aussi un recul : *exeunt* les charretiers, les domestiques, les colons et les laboureurs. Ce sont avant tout les agriculteurs dépendants qui semblent concernés : la mécanisation a fait son œuvre, surtout après 1918. Suite à l'augmentation de la productivité, le travail traditionnel du textile est en déclin : nous ne trouvons plus en 1940 de fileurs ni de tisserands. Enfin, de manière générale, c'est l'artisanat qui est en perte de vitesse : les maréchaux-ferrants, tailleurs de pierre et tuiliers n'atteignent plus la centaine de conscrits toisés en 1940.

Au contraire, les « nouvelles » professions du tableau témoignent de la modernisation et du mieux-être des Français. Mieux-être, car trois professions de l'alimentation apparaissent, qui témoignent de la diversification de l'alimentation de l'ensemble de la population. Tout d'abord, l'apparition des bouchers dans les professions à plus de cent conscrits toisés atteste que le régime alimentaire est de plus en plus riche en protéines[18]. Ensuite, la présence des pâtissiers montre que la consommation de sucre et autres produits « d'agrément » (chocolat, produits laitiers dérivés…) a augmenté. L'enquête sur l'alimentation populaire de 1935 montre d'ailleurs que le régime des ruraux de l'entre-deux-guerres se caractérise certes par une consommation accrue de viande, mais que celle-ci atteint un certain seuil de saturation. Désormais, c'est avant tout la diversification des aliments qui compte (poissons, légumes, pâtisseries, charcuteries). Les recettes citadines font aussi leur apparition dans les fermes et le savoir-faire des cuisinières devient important[19]. Du point de vue alimentaire, les années 1918-1939 marquent donc la fin de la nourriture monotone et l'éveil à la gastronomie pour presque tous. Symbole d'un changement qui affecte bien des tables françaises, le premier *Larousse gastronomique* paraît en 1938, alors que le célèbre livre de Ginette Mathiot, au titre programmatique *(La Cuisine pour tous)* est publié pour la première

---

18 F. et J. FOURASTIE, *loc. cit.*, p. 439, M. GERVAIS, M. JOLLIVET, Y. TAVERNIER, *op. cit.*, p. 208-209.
19 R. BONNAIN-MORDIJK, *loc. cit.*, p. 38-40.

fois en 1932[20]. Enfin, l'apparition des cuisiniers témoigne aussi d'un début de changement d'attitude et de rapport à la nourriture. Les Français sont de plus en plus nombreux à manger dans des restaurants ou cantines. La préparation de la nourriture commence à devenir affaire de professionnels.

Les nouvelles professions témoignent aussi de l'industrialisation de nos régions : apparition des ajusteurs, des électriciens, des mécaniciens et des mineurs. Elles indiquent également que la société continue à se tertiariser : apparition des coiffeurs, des employés de banque et des instituteurs. Enfin, si les peintres sont les seuls artisans à apparaître dans la cohorte née en 1920, les seuls agriculteurs à faire de même sont les jardiniers. La chose n'est pas anodine. Cela signifie qu'il s'est constitué une ceinture maraîchère autour des villes en croissance afin de satisfaire la demande en fruits et légumes. Les habitudes alimentaires changent en ce début de XXe siècle et les Français mangent de plus en plus de fruits et légumes[21].

b) L'évolution contrastée des écarts sociaux moyens et maximum depuis les années 1780

Avant de brosser un tableau anthropométrique des professions des conscrits nés en 1920, notons d'abord que l'écart maximum entre professions ne cesse de diminuer depuis la fin du XVIIIe siècle : il était de 6,4 cm en 1778-1783 (années de naissance), de 5,5 cm en 1848, il est de 4,4 cm en 1920[22]. L'écart maximum se résorbe surtout par le bas, c'est-à-dire que l'écart entre la stature moyenne de la profession la moins bien lotie et la stature moyenne de l'échantillon diminue fortement entre 1778-1783 et 1920 : il passe de 4,1 (1778-1783) à 2,7 (1848) puis 2 cm (1920). En revanche, l'écart entre la stature moyenne de la profession la mieux lotie et la stature moyenne de l'échantillon reste stable (2,3 puis 2,8 puis 2,4 cm). Le resserrement de l'écart maximum se fait donc surtout par le bas : les plus pauvres profitent davantage de la croissance que les plus riches pour améliorer un quotidien jusqu'alors très spartiate, où la moindre amélioration se traduit par un gain statural. Au contraire, les plus riches auraient beau manger toujours plus, passé un certain seuil, ce n'est plus par une croissance longitudinale mais plutôt par une prise de poids que leur richesse se traduit[23].

---

20   P. MONTAGNE, *Larousse gastronomique*, Paris, 1938, G. MATHIOT, *La Cuisine pour tous*, Paris, 1932.
21   J.-C. TOUTAIN, « La consommation… », *loc. cit.*
22   Les écarts maximums et écarts-types ici donnés s'entendent « à espace comparable ». En effet, les sources de 1920 ne donnent pas la stature de deux départements pauvres (Creuse et Corrèze). Pour ne pas que ces deux départements n'augmentent artificiellement par leur seule présence les écarts pour les années 1778-1783 et 1848, les chiffres donnés dans cette section s'entendent donc « sauf Corrèze et Creuse ».
23   On pense bien sûr aux portraits traditionnels des bourgeois dont l'embonpoint témoigne de

Les Français de la classe 1940 (nés en 1920)

La société est donc un peu moins inégalitaire qu'autrefois… en ce qui concerne les extrêmes, car l'écart-type[24] entre professions est resté quasiment inchangé entre 1780 et 1920 : il passe de 0,9 cm (1778-1783) à 1 cm (1848) puis 1,1 cm (1920). Or c'est bien l'écart-type qui rend compte des écarts moyens entre professions (ou plus exactement de l'écart moyen à la moyenne) et c'est donc lui qui importe. L'évolution de l'écart maximum est importante, mais ce dernier n'est pas pondéré par l'effectif des différents groupes sociaux, contrairement à l'écart-type. L'écart-type rend compte des écarts entre professions de l'ensemble de la population de l'échantillon.

Le développement économique et anthropométrique n'a donc pas apporté de réduction des écarts de niveaux de vie biologiques entre la fin du XVIIIe siècle et le début du XXe siècle, ce serait plutôt le contraire. La chose est bien sûr de première importance, même si l'on peut objecter qu'il ne s'agit là que de trois sondages à 70 ans d'intervalle et non d'un suivi continu des inégalités. Toutefois, on notera que les quatre échantillons choisis pour établir nos *trends* rendent très bien compte des évolutions régionales moyennes, comme on peut le vérifier à trois reprises (1780, 1848 et 1920), mais aussi assez bien de l'évolution nationale (série « trois espaces ruraux »). Notre résultat, bien que partiel, a donc le mérite de s'inscrire dans un ensemble d'observations très cohérent. Il ne s'agit bien sûr « que » d'inégalité du niveau de vie biologique et non d'inégalité des patrimoines ou autres indices traditionnels. Cependant nous avons vu que la stature variait beaucoup selon la profession et qu'elle était une approximation très fiable des apports et dépenses totales du corps en énergie. Elle est aussi fortement en relation avec les revenus monétaires ou non des catégories sociales étudiées sur toute la période (années d'examen 1800-1940).

Dans le prolongement de ces observations, il est donc très intéressant de remarquer que la hiérarchie des salaires et des revenus est restée inchangée entre les années 1940 et les années 1990. C'est là une des principales conclusions de l'ouvrage de T. Piketty[25]. On perçoit alors, comme le dit par ailleurs Piketty, l'importance des

---

la prospérité. Comme pour d'autres aspects physiques (bronzage, etc), les valeurs actuelles sont tout à fait inversées, l'embonpoint est perçu négativement et l'obésité est positivement corrélée à la pauvreté.

24   Pondéré des effectifs de chaque profession.
25   T. PIKETTY, *op. cit.*, p. 214-215, 542. L'auteur entend par là contredire une partie de l'argumentation de J. Fourastié maintes fois répétée dans ses différents ouvrages. Les inégalités sociales ne diminueraient pas naturellement au cours du développement économique (comme le soutient partiellement Fourastié), mais plutôt grâce aux politiques de réduction des inégalités engagées par l'Etat après 1945. Voir T. PIKETTY, p. 207-210 pour une critique pertinente des travaux de Fourastié. On remarquera toutefois que la pensée de Fourastié est un peu simplifiée : voir notamment B. BAZIL, J. FOURASTIE, *Le Jardin du voisin. Essai sur les inégalités en France*, Paris, 1980, p. 57-59, p. 76-77, p. 186-189, même si la critique générale de Piketty reste tout à fait valable. L'évolution des inégalités selon Piketty (ou plutôt l'absence d'évolution) souffre toutefois de certains biais propres à ses sources. Sur ce point, voir. T. PIKETTY,

politiques de lutte contre les inégalités (impôt progressif sur le revenu, allocations familiales, allocations de chômage, sécurité sociale, SMIG, etc) entreprises depuis 1945. Il resterait à entreprendre dans les régions que nous étudions une recherche anthropométrique sur les années d'examen 1950-1970 afin de voir si l'écart-type entre professions diminue alors enfin grâce aux politiques de lutte contre les inégalités.

c) La hiérarchie anthropométrique des professions de la cohorte de naissance 1920 : mauvaise position des actifs du secteur primaire par rapport aux deux autres secteurs

Malgré la constance des inégalités entre 1780 et 1920, le développement de la stature moyenne est sensible, et c'est donc l'ensemble de la pyramide sociale qui se déplace vers le haut en maintenant ses écarts : la stature moyenne de l'échantillon de 1778-1783 (N = 5 882) était de 164,9 cm, celle de 1848 (N = 8 627) était de 166,4 cm, celle de 1920 est de 169,3 cm (tableau 34)[26]. L'accélération sensible de la croissance à la fin du XIXe siècle est donc confirmée. Dans le même intervalle de temps (68 ans entre 1780 et 1848, 72 entre 1848 et 1920), la croissance des années 1848-1920 est environ deux fois plus rapide que celle des années 1780-1848[27].

Voyons si, à l'issue d'une soixantaine d'années plus favorable à la croissance industrielle qu'à la croissance agricole, les statures par métier des conscrits toisés en 1940 reflètent ces disparités de croissance. On peut s'attendre à de telles différences, d'autant que la cohorte née en 1920 grandit dans une période (1920-1940) où les écarts de croissance entre agriculture d'une part, industrie et services d'autre part sont particulièrement importants[28]. Selon A. Sauvy, le pouvoir d'achat des journaliers agricoles entre 1930 et 1938 augmente de 10 %, celui des valets de ferme de 4 %, celui des charretiers de 3 %, mais celui des petits fonctionnaires croît plus vite (+16,6 %), celui des ouvriers encore davantage (+25 %). On pourrait d'ailleurs

---

p. 218 et surtout F. BOURGUIGNON, « La chute des inégalités françaises au XXe siècle. Explications alternatives », dans *Annales Histoire, Sciences Sociales*, 58, 2003, p. 675-686, G. POSTEL-VINAY, « La question des hauts revenus. Un programme ? Des programmes », *ibidem*, p. 687-697 auxquels répond T. PIKETTY, « Réponse à François Bourguignon et Gilles Postel-Vinay », ibidem, p. 699-702. Les reproches faits aux sources de l'auteur, en particulier celui d'une sous-évaluation du rôle des travailleurs agricoles (en particulier des salariés) dans la mesure des inégalités ne peuvent concerner nos sources dont le principal intérêt est justement de prendre en compte les revenus non salariés. (Piketty fait par ailleurs la critique de ses sources p. 214-215.)

26 Comme pour les écarts, ces chiffres s'entendent à espace comparable (sans Corrèze et Creuse).
27 1,8 fois plus exactement.
28 J.-J. CARRE, P. DUBOIS, E. MALINVAUD, *op. cit.*, p. 32. La remarque pour les services vaut surtout pour les années 1929-1938 ; P. GEORGE, *loc. cit.*, p. 71 ; A. SAUVY, *op. cit.*, t. II, p. 386-391 et 408-409.

objecter au passage que les catégories choisies par Sauvy ne sont pas forcément représentatives de la société française[29]. En effet, nous avons vu dans nos quatre régions en 1940 que sur 10 443 individus, il n'y avait pas plus de 100 valets de ferme et pas plus de 100 charretiers. Nous avons vu par ailleurs que la part des salariés agricoles ne cessait de diminuer, surtout après la Première Guerre mondiale et qu'au contraire nos quatre régions s'urbanisent et s'industrialisent de plus en plus. Autrement dit, le poids des catégories laissées pour compte dans la croissance des années 1920-1930 est de plus en plus faible et celui des catégories qui améliorent le plus leur niveau de vie biologique est de plus en plus important. Cette remarque importante étant faite, il n'en reste pas moins que les actifs du secteur primaire ont apparement moins profité de la croissance que ceux des deux autres secteurs.

La chose était visible dans nos échantillons régionaux, elle se vérifie aussi dans notre bilan de 1920-1940 (année de naissance-année d'examen). On y remarque que les ouvriers agricoles toisés en 1940 sont parmi les moins bien lotis (tableau 34). Leur proportion est toutefois assez réduite dans notre échantillon (3,1 %). La position des cultivateurs est plus préoccupante. Cinquième profession selon la stature moyenne par ordre croissant, ils sont parmi les plus mal lotis de notre tableau (168,4 cm), mais ils sont surtout, et de loin, les plus nombreux du bas du classement anthropométrique (21,2 %). Les jardiniers bénéficient d'un niveau de vie biologique plus élevé (169 cm), mais ils sont peu nombreux et se situent toujours en dessous de la moyenne. La seule profession agricole au-dessus de la moyenne de l'échantillon est constituée des vignerons (170,4 cm), mais ces derniers sont aussi peu nombreux que les jardiniers (1 %).

Les actifs de l'agriculture sont donc globalement mal placés dans la hiérarchie anthropométrique de la cohorte examinée en 1940. Cependant, comme pour la classe 1868, les conscrits les plus mal lotis sont les tailleurs, qui ne sont décidément pas riches. Les coiffeurs sont les actifs du tertiaire au niveau de nutrition nette le plus bas, mais ils sont tout de même plus grands que les ouvriers agricoles. Quant aux ouvriers non qualifiés (« ouvriers » ou « ouvriers divers »), au bas de la hiérarchie anthropométrique des actifs de l'industrie, la non possession de leur outil de travail ne les empêche pas de bénéficier du niveau de vie biologique des cultivateurs, qui eux sont propriétaires fonciers. Les principaux actifs du secteur primaire ont donc la même stature moyenne que les salariés les moins bien payés de l'industrie. Voilà qui confirme pleinement la médiocrité *relative* de l'agriculture de l'entre-deux-guerres par rapport à

---

29   On pourrait aussi objecter qu'il en va de même pour nos quatre régions. Mais nous ferons alors remarquer que notre échantillon (tableau 34) est assez large (plus de 10 000 individus, plus de 30 professions) et que l'évolution anthropométrique de ce que nous avons appelé les « trois espaces ruraux » (arrondissement de Sélestat + arrondissement de Melun + arrondissements de Saint-Yrieix et de Bellac) était très proche de la moyenne nationale calculée par Weir et Van Meerten.

l'industrie ou aux services. Toutefois, en 1940, nombre de cultivateurs sont issus du Limousin dont le niveau de vie biologique général est encore assez bas par rapport à l'Alsace et la Brie[30].

Tableau 34 : Hiérarchie des professions, cohortes de naissance 1920, Alsace, Haute-Vienne, Seine-et-Marne

(Sources : ADSM et ADHV : séries R ; ADBR : versements 295 D ; ADHR : non coté : listes ou tableaux de recensement)

Profession	Stature	N	Profession	Stature	N
tailleur	167,34	100	ouvrier d'usine	169,35	341
ouvrier agricole	167,56	323	maçon	169,39	190
coiffeur	168,26	279	menuisier	169,46	210
ouvrier	168,30	170	emp. com.	169,50	103
cultivateur	168,44	2 218	mécanicien	169,52	473
ouvrier divers	168,46	333	serrurier	169,56	212
sans profession	168,49	139	électricien	169,57	193
pâtissier	168,57	109	ajusteur	169,60	185
manœuvre	168,59	323	commerçant	170,14	263
journalier	168,69	379	emp. bureau	170,16	442
boucher	168,69	333	mineur	170,25	175
boulanger	168,70	395	employé	170,31	813
cordonnier	168,86	98	vigneron	170,43	108
jardinier	169,03	109	instituteur	171,69	117
peintre	169,14	214	étudiant	171,70	969
cuisinier	169,27	127	Ensemble	169,30	10 443

---

30 D'un autre côté, notre bilan porte sur une génération qui a bénéficié dans son adolescence de la reprise de l'agriculture suite aux mesures du Front populaire, mesures qui ont davantage profité aux agriculteurs qu'aux autres catégories sociales (M. GERVAIS, M. JOLLIVET, Y. TAVERNIER, *op. cit.*, p. 87.)

Les Français de la classe 1940 (nés en 1920)

Les ouvriers d'usine, qui travaillent dans de grands ensembles industriels et réalisent des tâches selon une organisation taylorienne de la production, atteignent la stature moyenne de l'échantillon. En 1940, mieux vaut donc travailler à la chaîne du patron que cultiver son champ. Par ailleurs, la position intermédiaire des journaliers et manœuvres dans notre tableau interdit de tirer des conclusions sur le niveau de vie des actifs non qualifiés de l'industrie ou de l'agriculture. En effet, la France s'est urbanisée et l'absence de mention précise (manœuvre *d'usine*, journalier *agricole*, etc) empêche de classer à l'échelle interrégionale ces deux professions dans le secteur primaire ou secondaire.

En dehors de la multiplication des ouvriers industriels faiblement qualifiés et à la stature moyenne inférieure[31], les ouvriers qualifiés constituent un groupe aux niveaux de vie extrêmement proches et légèrement supérieurs à la moyenne : mécaniciens, serruriers, électriciens et ajusteurs (169,5-169,6 cm, 10,2 % des effectifs du tableau). Ils sont un peu plus nombreux que les ouvriers non qualifiés et, globalement, à la fin de la décennie d'examen 1930, le monde ouvrier de nos quatre régions est donc mieux nourri que la moyenne des agriculteurs. Les mineurs (170,3 cm) constituent dans l'ensemble ouvrier une aristocratie (1,7 % de l'échantillon), située un centimètre au-dessus de la moyenne de l'échantillon, à deux millimètres seulement des agriculteurs indépendants les mieux lotis (les vignerons) et à un millimètre des employés, qui constituent l'aristocratie du tertiaire. Les mineurs habitent surtout le Haut-Rhin (à 89,7 %) et travaillent dans les mines de potasse d'Alsace, au nord de Mulhouse. Bien que travaillant sous terre dans des veines qui pourraient nécessiter des hommes de petite taille, les mineurs sont les plus grands des ouvriers. C'est qu'ils sont aussi parmi les mieux payés et que leur niveau de vie biologique s'en ressent. Si l'agriculture n'est pas de loin l'activité la plus rémunératrice en 1940, ceux qui extraient la potasse destinée à l'agriculture de l'Empire français sont eux les travailleurs manuels les plus grands après les vignerons.

Nous avons vu que les ouvriers étaient globalement mieux lotis que les agriculteurs, conformément à nos attentes. Mais qu'en est-il de la place des artisans, encore si nombreux dans l'entre-deux-guerres ? Bien sûr, les conscrits qui exercent une profession artisanale ne sont pas tous leurs propres patrons, surtout à l'âge de 20 ans. Nous en avons eu confirmation avec les registres alsaciens de l'époque allemande. Néanmoins, les statures des artisans ou salariés d'artisans nous renseignent sur la situation des niveaux de vie biologiques des actifs de la petite unité de production du secondaire par rapport aux agriculteurs et aux ouvriers. Il apparaît que la majorité des artisans se trouve dans une position intermédiaire entre les agriculteurs et les ouvriers[32] : c'est le cas des pâtissiers (168,6 cm), des bouchers et des boulangers (168,7 cm), des cordonniers (168,9 cm),

---

31 Les « ouvriers », « ouvriers divers » et « ouvriers d'usine » représentent 8,1 % du tableau, auxquels il faudrait ajouter une proportion non définie de manœuvres et de journaliers.

32 A l'exception notoire des tailleurs.

des maçons (169,4 cm), des peintres (169,1 cm) et des menuisiers (169,5 cm). On remarque d'ailleurs un signe de modernité par rapport au XIXe siècle : les professions qui concernent l'alimentation ne sont plus favorisées par rapport aux autres (pâtissiers, boulangers et bouchers, mais aussi cuisiniers), ce qui signifie que la proximité aux sources de nourriture a cessé d'être un avantage (bien relatif, même au XIXe siècle) dans la détermination de la stature. Les revenus sont désormais plus étroitement liés à la stature qu'auparavant. Les apports annexes en protéines et nutriments diminuent et le salaire (et encore plus le revenu) détermine le niveau de vie biologique.

Les activités de service assurent des niveaux de nutrition nette beaucoup plus disparates que le secteur primaire et secondaire. Du coiffeur (168,3 cm) à l'instituteur (171,7 cm) en passant par le cuisinier (169,3 cm), c'est le grand écart. Une grande majorité des métiers du tertiaire se trouve néanmoins dans une bonne position[33] : employés de commerce (169,5 cm), commerçants (170,1 cm), employés de bureau (170,2 cm), employés (170,3 cm) et instituteurs. Cela fait du secteur des services (publics ou privés) celui qui détient la meilleure place parmi les trois secteurs d'activité que l'on distingue traditionnellement depuis les années 1940. En tout, les métiers favorisés du secteur tertiaire représentent 16,6 % des effectifs du tableau. La multiplication des activités de service qui accompagne l'urbanisation du pays a donc largement profité à l'augmentation de la stature des conscrits au début du XXe siècle.

Les actifs du tertiaire sont donc plus grands que ceux de l'industrie et de l'agriculture. Davantage que l'industrialisation au sens strict du terme, c'est donc la tertiarisation qui accompagne l'urbanisation qui pousse la croissance staturale vers le haut entre 1876 et 1920.

d) Le baccalauréat, diplôme de bourgeoisie

Les étudiants tiennent une place à part dans la hiérarchie anthropométrique de la classe 1940 (comme dans une moindre mesure les instituteurs) : ce sont désormais les plus grands et leur effectif est loin d'être négligeable (8,8 % du tableau). C'est le symbole du changement qui s'est opéré à la fin du XIXe siècle. Pour la classe 1868, les plus grands étaient les laboureurs (169,2 cm), qui prenaient encore nettement le dessus sur les étudiants (168,2 cm). La société de 1940 est plus moderne et appuie son développement économique avant tout sur la diffusion du savoir et non plus sur l'excellence de l'agriculture[34], comme le montre la stature des étudiants et des instituteurs.

La société de 1920-1940 (année de naissance-année d'examen) est plus moderne, mais nous avons déjà vu qu'elle n'est pas moins inégalitaire que celle de 1778-1783 ou

---

33 5 des 7 métiers du secteur tertiaire ont une stature moyenne supérieure à la moyenne de l'échantillon.
34 Excellence en 1868, mais médiocrité *relative* en 1940, comme nous l'avons vu.

Les Français de la classe 1940 (nés en 1920)

Graphique 151
Stature par matière des étudiants nés en 1920,
Alsace, Seine-et-Marne, Haute-Vienne (N = 187)

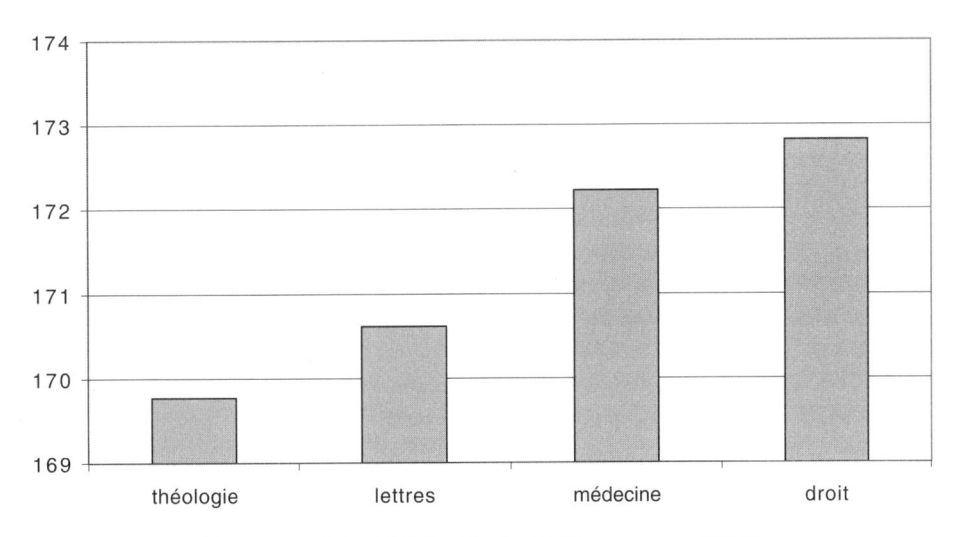

(Sources : ADSM et ADHV : séries R ; ADBR : versements 295 D ;
ADHR : non coté : listes ou tableaux de recensement)

de 1848 (années de naissance). L'écart-type entre professions reste le même au cours des 140 ans. Comme en témoigne la haute stature moyenne des étudiants toisés en 1940, le baccalauréat constitue bien ce que l'on désignait précisément dans l'entre-deux-guerres comme un « diplôme » ou un « parchemin » de bourgeoisie[35]. C'est donc bien finalement la stature moyenne de la bourgeoisie que représente la stature des étudiants de 1940.

Encore que suivant la matière étudiée à l'université (ou au séminaire), c'est-à-dire suivant qui fera quoi dans la vie active, on devine aisément de quels milieux sociaux et culturels sont issus les conscrits. La hiérarchie anthropométrique des étudiants selon la matière étudiée est caricaturale (graphique 151). Les étudiants en théologie (169,8 cm, N = 39) sont les plus petits. Les futurs curés de campagne ou de ville ne sont donc pas issus d'un milieu sensiblement plus favorisé que leurs ouailles. Le bas clergé, par ses revenus modestes, n'attire pas la bourgeoisie, tout au plus quelques conscrits ayant obtenu le certificat d'étude primaire et issus de familles rurales prati-

---

35   E. GOBLOT, *La Barrière et le niveau. Etude sociologique sur la bourgeoisie française moderne*, Paris, 1925, p. 113-128, plus précisément p. 124-128.

quantes. Les étudiants en lettres (170,6 cm, N = 44) sont sensiblement plus grands. Il est vrai qu'ils destinent l'acquisition de leur savoir à un public plus averti que l'assemblée des paroissiens. Futurs professeurs de lettres dans l'enseignement secondaire, ils participeront plus tard eux-mêmes à la préparation des lycéens au « brevet de bourgeoisie ». Ils sont toutefois nettement plus petits que les instituteurs. Donc point de supériorité anthropométrique de l'enseignement secondaire sur l'enseignement primaire. Il est vrai que les instituteurs, en intégrant les écoles normales, bénéficient d'un niveau de vie plus élevé plus précocement que les étudiants en lettres[36]. Les futurs médecins (172,2 cm, N= 59) sont eux plus grands que les instituteurs. C'est que, pour la plupart fils eux-mêmes de médecins, ils ont grandi dans un milieu très aisé… et qu'ils ont bénéficié durant toute leur enfance du savoir-faire paternel en matière de lutte contre les maladies[37]. Mais finalement, la lutte médicale contre la morbidité ne semble pas un facteur plus important que les apports en nutriments. La preuve en est que les étudiants en médecine ne sont pas les plus grands de la classe 1940, mais que ce sont les étudiants en droit (172,8 cm, N = 45). Les futurs juges, procureurs, hauts fonctionnaires et autres avocats sont donc les mieux lotis des conscrits toisés en 1940. Exercer une haute fonction dans l'Etat ou rendre la justice est une activité de *happy few* et l'on peut très bien imaginer qu'outre l'apparat régalien des lieux et des costumes, la haute stature des présidents de tribunal et des avocats généraux contribuait pour beaucoup à impressionner les petits (au double sens du terme) délinquants de la IIIe République.

e) Les changements dans la hiérarchie anthropométrique depuis le milieu du XIXe siècle : atonie relative de la terre et dynamisme du monde des villes

La comparaison des principales professions exercées en 1868 et 1940 et communes à ces deux dates permet d'affiner l'analyse sectorielle des croissances que nous avons proposée (tableau 35). Dans 7 cas sur 20, nous avons intégré à notre comparaison des professions dont l'effectif toisé était inférieur à 100 individus à l'une ou l'autre date afin d'enrichir notre comparaison sans toutefois trop la fausser[38]. En moyenne,

---

36 Et les instituteurs font preuve d'un comportement très malthusien qui assure peut-être à leurs enfants, futurs instituteurs, un niveau de vie biologique supérieur à ce que leurs revenus feraient attendre.

37 Qui compromettent la croissance staturale en augmentant les dépenses d'énergie et de nutriments qui ainsi ne sont plus disponibles pour la croissance.

38 Etant donné que nous ne disposons pas des statures des conscrits de Creuse et de Corrèze pour les années d'examen 1930, nous avons bien sûr recalculé des statures moyennes par profession sur une base géographique commune aux deux dates afin, par exemple, que la stature des cultivateurs nés en 1848 ne soit pas artificiellement sous-évaluée par le poids démographique des petits cultivateurs de Creuse et de Corrèze.

Les Français de la classe 1940 (nés en 1920)

Tableau 35 : Comparaison des statures par profession pour les cohortes de naissance 1848 et 1920, Alsace, Haute-Vienne, Seine-et-Marne

(Sources : 1848 : ADSM, ADHV, ADBR et ADHR, séries R, listes de tirage au sort, 1920 : ADSM et ADVH : séries R, listes ou tableaux de recensement, ADBR, versements 295 D, listes de recensement, ADHR, non coté, listes de recensement)

Profession	N	Stature moyenne 1920	Stature moyenne 1868 (1)	N 1868 (1)	Différence stature 1920 - stature 1848
domestique	88	166,21	164,89	397	1,32
tailleur	100	167,34	163,78	105	3,56
ouvrier agricole	323	167,56	165,99	849	1,57
tisserand	85	168,00	165,57	268	2,43
cultivateur	2 218	168,44	166,54	2 362	1,90
ouvrier divers	333	168,46	167,59	102	0,87
manœuvre	323	168,59	166,62	529	1,97
boulanger	395	168,70	166,09	127	2,61
charretier	74	168,76	166,71	320	2,05
cordonnier	98	168,86	165,55	246	3,31
ouvrier d'usine	341	169,35	165,10	258	4,25
maçon	190	169,39	165,63	676	3,76
menuisier	210	169,46	167,03	267	2,43
employé de commerce	103	169,50	168,18	97	1,32
serrurier	212	169,56	167,40	150	2,16
commerçant	263	170,14	167,28	282	2,86
employé	813	170,31	168,58	105	1,73
vigneron	108	170,43	167,51	355	2,92
instituteur ou clerc	151	171,65	167,00	75	4,65
étudiant	969	171,70	168,64	77	3,06
Ensemble	7 397	169,31	166,36	7 647	2,95

(1) Sans Creuse et Corrèze pour pouvoir comparer à espace égal avec 1920.

l'échantillon des professions communes aux deux dates a pris 2,9 cm entre 1848 et 1920. C'est moins que la différence entre la totalité des deux échantillons (3,9 cm, tableaux 23 et 34) mais cela est tout à fait normal. L'échantillon complet de 1920 comporte beaucoup de *nouvelles* professions à l'effectif assez important et à la stature moyenne élevée. Or si elles sont prises en compte pour calculer la différence entre la totalité des deux échantillons, ce n'est bien sûr pas le cas pour la différence entre les professions *existantes en 1848 et 1920* (tableau 35). La comparaison entre 1848 et 1920 de professions somme toute traditionnelles empêche donc de saisir pleinement la croissance de l'ensemble de la population. La profession qui a le plus profité de la croissance entre les deux dates correspond à une activité intellectuelle : les instituteurs et clercs détiennent le record avec un gain de 4,6 cm. C'est donc bien le savoir qui est de plus en plus payant, même si les étudiants connaissent une croissance tout à fait moyenne (3,1 cm).

Entre 1848 et 1920, cinq professions ont une croissance supérieure à 3 cm. Outre les instituteurs, les ouvriers d'usine (+ 4,2 cm), les maçons (+ 3,8 cm), les tailleurs (+ 3,6 cm) et les cordonniers (+ 3,3 cm) bénéficient de gains particulièrement importants. Il s'agit de métiers de l'industrie, du bâtiment ou de l'artisanat, donc d'activités essentiellement urbaines. Ces chiffres confirment que le secteur secondaire connaît une croissance économique soutenue à la fin du XIXe et au début du XXe siècle. À l'occasion de l'expansion économique, exception faite des instituteurs, ce sont surtout les conscrits les moins favorisés qui grandissent beaucoup, comme ceux exerçant de petits métiers du textile et de l'habillement. Si les tailleurs toisés en 1940 sont toujours en bas du classement anthropométrique, du moins sont-ils parmi ceux qui ont le plus grandi depuis le milieu du XIXe siècle. Cela explique aussi que les écarts maximum entre professions ne cessent de diminuer de 1780 à 1920 (années de naissance).

Au contraire, la stature moyenne de huit autres professions augmente nettement moins que la moyenne, avec une croissance inférieure ou égale à 2 cm. Il s'agit essentiellement des métiers de la terre : cultivateurs (+ 1,9 cm), ouvriers agricoles (+ 1,6 cm) et domestiques (+ 1,3 cm) auxquels on pourrait ajouter, bien que très légèrement au-dessus de la barre des 2 cm, les charretiers (+ 2 cm). Les manœuvres (+ 2 cm) se rattachent aussi au groupe des croissances faibles, mais nous avons vu qu'en 1920-1940 (année de naissance-année d'examen), beaucoup ne travaillent plus dans le secteur agricole.

Une majorité de professions à croissance faible dépend donc de l'agriculture. Contrairement à la période précédente (1780-1848, voir tableau 24), où les actifs de l'agriculture avaient davantage profité de la croissance que les artisans et les ouvriers, c'est désormais le secteur agricole qui assure à ses agents la moins bonne croissance anthropométrique entre 1848 et 1920 (années de naissance). Cela confirme donc ce que nous avons déjà dit et ce que nous savons de la croissance économique entre 1870 et 1940 (années d'examen). Trois autres professions ont également une croissance faible : les ouvriers divers (+ 0,9 cm), les employés (+ 1,7 cm) et les employés de commerce (+ 1,3 cm). Industrie et ville ne signifient donc pas nécessairement croissance plus forte. Le monde des employés était déjà favorisé en 1848-1868, et bien qu'encore au sommet de la hiérarchie anthropométrique en 1920-1940, les cols blancs ont donc moins grandi que la moyenne. Voilà qui explique, avec à l'autre extrémité de la pyramide anthropométrique de 1920 les tailleurs à la forte croissance, le resserrement de l'écart maximum entre 1848 et 1920.

Une analyse de corrélation entre les statures par profession en 1848 et les statures par profession en 1920 permet, comme pour la période précédente (1780-1848, graphique 71), de voir si la hiérarchie des métiers est restée la même ou a connu de grands changements entre 1848 et 1920 (graphique 152). Dans le cas d'une correspondance parfaite entre les deux époques, le coefficient de détermination de la corrélation devrait être égal à 1. Or il est de 0,49[39], soit une valeur supérieure à celle de la période 1780-1848 (où R^2 = 0,41). La hiérarchie anthropométrique des métiers a donc un peu moins changé entre 1848 et 1920 qu'entre 1780 et 1848. Comme pour la période précédente, la droite de régression qui figure sur le graphique permet de représenter la croissance moyenne entre 1848 et 1920. Les professions situées au-dessus sont des résidus positifs de la corrélation. Elles bénéficient en 1920-1940 (année de naissance-année d'examen) d'une stature supérieure à celle qu'on aurait pu attendre d'après leur stature en 1848-1868 si ces professions avaient suivi la croissance moyenne de l'échantillon. Du haut en bas de l'échelle sociale, ce sont bien des métiers urbains qui sont au-dessus de la droite de régression et qui grandissent donc plus vite que la moyenne. Ainsi, les commerçants qui ont une croissance en valeur absolue (+2,9 cm) inférieure à la moyenne dans notre tableau 35 se retrouvent ici au-dessus de la droite de régression. Ils ont donc finalement fortement amélioré leur niveau de vie biologique, de même que les étudiants qui apparaissent comme un résidu positif[40].

Au contraire, nous retrouvons en dessous de la droite de régression les résidus négatifs, c'est-à-dire les métiers dont la stature moyenne en 1920 est inférieure à ce que faisait attendre leur stature en 1848. Les domestiques sont les plus éloignés de la droite, ce sont eux qui ont donc relativement le moins profité de la croissance économique (avec les ouvriers divers)[41], alors qu'ils étaient ceux qui avaient bénéficié de la plus forte croissance par rapport au modèle de la période précédente. Globalement, ce sont surtout les métiers de l'agriculture qui se situent en dessous de la droite de régression, ce qui prouve l'atonie de la croissance agricole par rapport à la croissance générale. Nous sommes donc exactement dans le cas inverse de la période 1780-1848, où c'est l'agriculture qui était le principal facteur de la croissance anthropométrique.

---

39 R^2 = 0,494 ; F = 17,560 ; probabilité de l'hypothèse nulle : 0,055 %, N = 20 professions.
40 Par exemple, les étudiants auraient dû mesurer en moyenne 170,6 cm en 1920 s'ils avaient suivi la croissance moyenne du modèle, mais ils en font de fait 171,7.
41 En suivant le modèle, les domestiques auraient dû mesurer en 1920 167,8 cm, ils n'en font de fait que 166,2.

Graphique 152

Corrélation des statures par métiers entre les cohortes 1848 et 1920
(N = 20 professions)

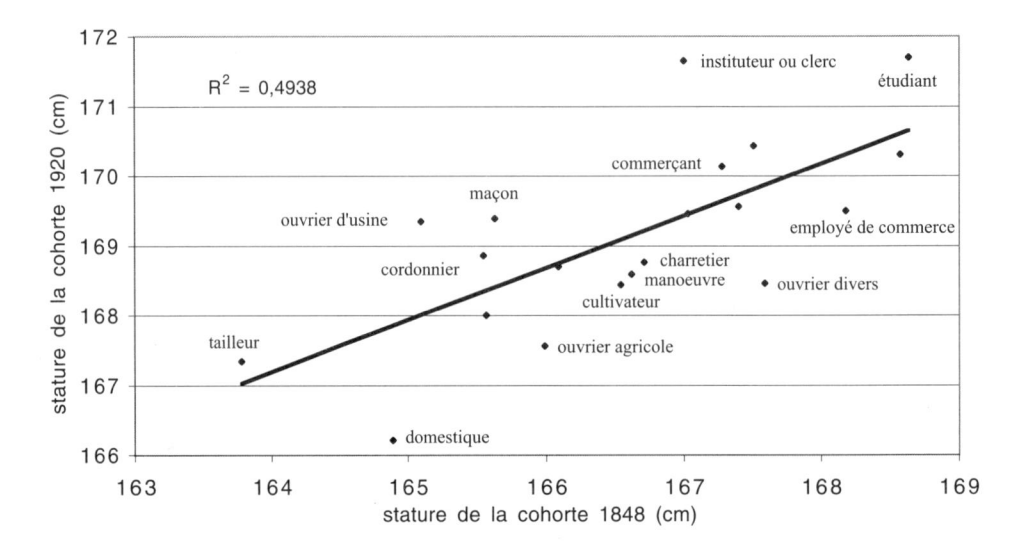

(Sources : 1848 : ADSM, ADHV, ADBR et ADHR, séries R, listes de tirage au sort, 1920 : ADSM et ADVH : séries R, listes ou tableaux de recensement, ADBR, versements 295 D, listes de recensement, ADHR, non coté, listes de recensement)

La France des années 1896-1940 présente à bien des égards des éléments de modernisation. La composition socioprofessionnelle de la jeunesse masculine connaît un profond renouvellement, les cols blancs sont de plus en plus nombreux, l'effectif des salariés agricoles diminue fortement. L'agriculture se modernise, la société s'urbanise et se tertiarise de plus en plus. La croissance anthropométrique est particulièrement forte à Mulhouse et en Limousin, un peu plus faible en Alsace rurale, elle est même inférieure à la moyenne nationale en Brie, qui connaît un certain malaise dû à la grande culture. Cependant, toutes les régions connaissent une croissance anthropométrique durable et sensible. Les difficultés se traduisent au XXe siècle par des stagnations de croissance de certaines catégories socioprofessionnelles et non plus par des baisses de la stature moyenne de toute une région. La France sort donc résolument du cadre de l'économie traditionnelle pour découvrir les bienfaits de la croissance anthropométrique continue. Est-ce à dire que les vieux réflexes malthusiens, dont on fait une spécificité française, ont disparu dans la France de 1940 ?

III – La France de 1940, une France malthusienne ?

a) Le malthusianisme : un problème de définition

Le malthusianisme est un terme qui recouvre plusieurs significations. Au sens premier du mot, Malthus envisage le rapport existant entre population et subsistance dans le cadre d'une société qui ne connaît pas encore la révolution agricole. Dans cette perspective, il peut y avoir un blocage malthusien résultant d'une production agricole insuffisante au regard de la croissance démographique.

C'est cependant le deuxième sens du mot qui est le plus répandu en France. Le malthusianisme désigne aussi l'ensemble des comportements individuels qui visent, dans le cadre privé, à restreindre volontairement le nombre des naissances afin justement d'échapper au blocage malthusien. La baisse de la fécondité peut donc avoir pour conséquence l'élévation du niveau de vie. C'est l'une des thèses soutenues par David Weir et qui semble expliquer l'élévation rapide de la stature à la fin des années de naissances 1790, comme nous l'avons déjà évoqué[42]. Une famille moins nombreuse, c'est une famille mieux nourrie. Le malthusianisme peut aussi prendre la forme de politique des pouvoirs publics en vue de réduire le nombre des naissances, mais nous quittons là les limites de notre sujet.

Enfin, Alfred Sauvy a forgé l'idée d'un « malthusianisme économique » pour caractériser la période de l'entre-deux-guerres[43]. Trouvant ses origines dans le malthusianisme démographique de la France du XIXe siècle, dans la structure très morcelée de l'appareil productif français et dans une attitude psychologique de peur face au progrès, le « malthusianisme économique »[44] serait un mal français dont nous avons eu l'occasion de montrer la pertinence douteuse lorsqu'il est replacé dans le long terme.

Bien sûr, il ne saurait être question d'envisager la France de 1940 au sens premier du terme malthusien. Nous avons vu que le piège malthusien a menacé certaines régions de France dans la première moitié du XIXe siècle, mais que la menace s'éloigne à partir de la décennie de naissance 1850. Nous avons également démontré que le développement humain sans précédent que connaît l'ensemble des régions entre 1896 et 1940 (années d'examen) ne correspond pas à l'image traditionnelle de médiocrité accolée à la première moitié du XXe siècle. Le « malthusianisme économique » ne

---

42   D. R. WEIR, « Parental Consumption Decision… », *loc. cit.*
43   A. SAUVY, *passim*, et plus particulièrement t. II, p. 359-378.
44   Il part du principe malthusien qu'il y a des hommes en trop (des chômeurs) et qu'il y a trop de richesses produites pour une consommation trop faible. Il se traduit par des actions en vue de baisser la production de richesses (comme la baisse du temps de travail… qui peut être forcée (chômage) ou volontaire (semaine de 40 heures)) ou de détruire des richesses, afin de rétablir le juste prix.

correspond pas à une période de baisse, ni même de stagnation, de la stature moyenne régionale, dans aucune région.

Reste la question du malthusianisme en tant que comportement individuel quant au nombre d'enfants souhaités. Le problème mérite d'être traité. Après tout, si le nombre d'enfants par famille a encore une influence sur la stature moyenne des conscrits en 1940, c'est bien que finalement les comportements malthusiens se justifient encore, puisqu'un enfant en moins, cela signifie davantage à manger pour la famille, même si la nourriture ne constitue plus la seule préoccupation des parents. L'équilibre des budgets familiaux serait donc encore précaire et les familles françaises seraient encore soumises à la loi de Engel. Elles ne seraient pas assez aisées pour que l'arrivée d'un nouvel enfant ne se traduise pas par une dégradation du niveau de vie biologique de leurs membres. A la limite, si une relation entre nombre d'enfants et stature existe encore en 1940, elle prouve qu'une société malthusienne au sens premier du terme n'est pas si éloignée qu'il n'y paraît. Un enfant de plus, c'est une bouche en trop, puisque cela traduit une baisse de la stature. A fortiori, si la relation existe en 1940 (année d'examen), alors que les conscrits atteignent partout des statures moyennes record, c'est que toute la période 1800-1940 est placée sous le signe du malthusianisme au deuxième sens du terme.

b) La taille de la fratrie des conscrits nés en 1920 : problèmes méthodologiques et résultats

Les registres de l'entre-deux-guerres comportent une rubrique « nombre de frères et sœurs » qui permet de répondre à la question. Nous avons tenté des corrélations entre nombre d'enfants dans la famille et stature du conscrit. Si une corrélation existe entre données anthropométriques et nombre de frères et sœurs, elle sera négative. C'est-à-dire que plus le conscrit a grandi dans une famille nombreuse, plus il sera petit.

Le graphique 153 représentant la distribution des conscrits suivant la taille de leur fratrie ne présente apparemment pas d'anomalie par rapport à ce que l'on connaît de la taille des familles au cours de la première moitié du XXe siècle. Le profil général de la distribution obtenue pour les conscrits nés en 1920 correspond bien au profil de la moyenne française de l'époque, avec une fréquence maximale pour les familles de deux enfants et une pente déclinante de part et d'autre de ce sommet[45]. La distribu-

---

45 Voir par exemple G. DESPLANQUES, « La fécondité de 1920 à 1939 », dans *Histoire de la population française. 4 De 1914 à nos jours*, dir. J. DUPAQUIER, *op. cit.*, fig. 105 p. 293 et 109 p. 299 ainsi que p. 291 : « Au lendemain de la guerre, au contraire, c'est l'abondance de premières couches qui assure la récupération de 1920 et 1921. En 1920, presque la moitié des bébés sont des premiers-nés. » Notons cependant que premier-né en 1920 ne signifie pas fils unique en 1940 : les petits frères et petites sœurs ont pu suivre dans la décennie 1920. Le premier-né de 1920 peut avoir un ou plusieurs frères et sœurs en 1940. La taille modale de la

Les Français de la classe 1940 (nés en 1920)

Graphique 153

Répartition des conscrits nés en 1920 selon le nombre de frères et sœurs
(N = 13 541)

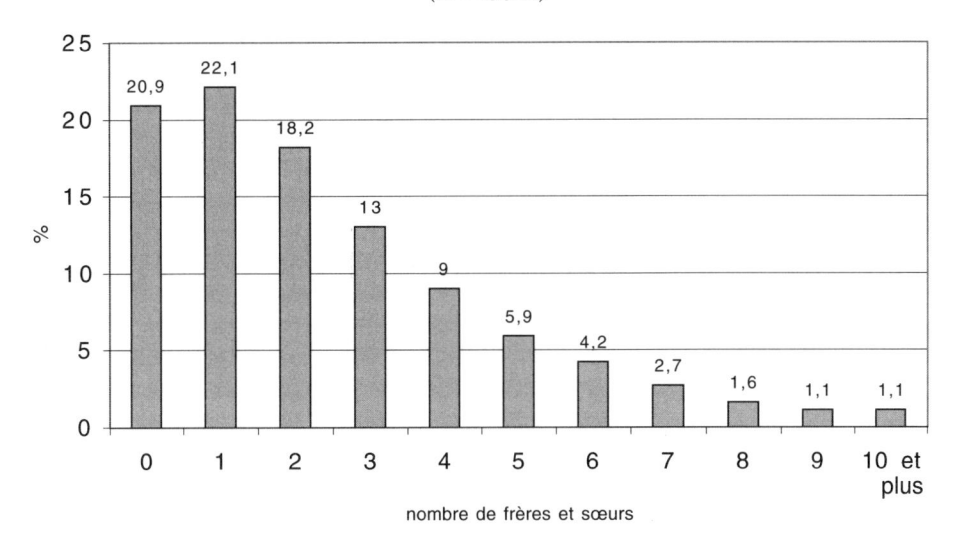

nombre de frères et sœurs	%
0	20,9
1	22,1
2	18,2
3	13
4	9
5	5,9
6	4,2
7	2,7
8	1,6
9	1,1
10 et plus	1,1

(Sources : ADSM et ADHV : séries R ; ADBR : versements 295 D ; ADHR : non coté : listes ou tableaux de recensement)

tion à gauche de la classe « 0 » (fils unique) nous reste bien sûr inconnue étant donné que les parents du conscrit ont donné naissance à au moins un enfant : la source ne comprend pas les familles sans enfant.

Il existe un risque non négligeable d'erreur lié à l'enregistrement des conscrits fils uniques. Dans le cas des fils uniques, le préposé au registre laisse vierge la case réservée à la mention du nombre de frères et sœurs plutôt que d'inscrire le chiffre zéro. Mais, dans un nombre indéterminé de cas, il peut y avoir négligence et une case vierge peut aussi signifier que le nombre de frères et sœurs n'a tout simplement pas été noté.

famille française s'est d'ailleurs déplacée dans la première moitié du XXe siècle. D'abord à un enfant (générations 1892-1916, fig. 105 p. 293 de Desplanques), elle passe à deux enfants (générations 1930-1934, fig. 109 p. 299). Nos données assurent la transition entre les deux histogrammes de Desplanques où, pour 1930-1934, le mode à la classe « deux enfants » est beaucoup plus net qu'ici. D'après les figures 105 et 109, dans les générations 1892-1916, les familles de fils uniques représentent 25 % des familles (nos données pour 1920 : 21 %) et encore 15 à 20 % dans les générations 1930-1934. Notre pourcentage pour 1920 est nécessairement surévalué par rapport aux résultats de Desplanques puisqu'il ne porte par définition que sur les familles d'un enfant ou plus (le dénominateur du pourcentage change donc par rapport à Desplanques qui prend en compte les familles sans enfant).

Si la négligence est trop importante, la composition socioprofessionelle du groupe des conscrits indiqués comme enfants uniques en sera affectée. En effet, le comportement malthusien est un phénomène de classes : les étudiants ont en moyenne 1,7 frères et sœurs, les ouvriers 3,6. Donc, si la négligence est importante, on trouvera un pourcentage de conscrits étudiants moins important dans le groupe des conscrits dits enfants uniques que dans celui des conscrits ayant un frère ou une sœur qui lui n'est pas affecté par les oublis de transcription sur les registres. D'emblée, vu le profil de la distribution des conscrits selon la taille de la famille, le risque d'erreur semble assez réduit : il n'y a pas surreprésentation de la classe « 0 » et le profil correspond à ce que nous savons de la famille française vers 1920. De fait, on compte 9,9 % d'étudiants chez les conscrits fils uniques et 9,3 % chez les conscrits ayant un frère ou une sœur. Dans la grande majorité des cas, une case vierge signifie donc bien « conscrit fils unique ».

c) L'influence de la taille de la fratrie sur la stature moyenne des conscrits nés en 1920

Ces remarques préliminaires un peu longues mais nécessaires étant faites, nous pouvons mieux apprécier les résultats de nos corrélations. Il existe bien une corrélation négative entre stature et nombre de frères et sœurs des conscrits. Plus le conscrit vit dans une famille nombreuse, plus il a tendance à être petit (graphique 154 et tableau 36). La corrélation est très forte (R^2 = 0,82)[46]. On remarque toutefois que les conscrits fils uniques sont un peu plus petits que les conscrits ayant un frère ou une sœur (169,5 contre 169,7 cm). Pourtant la chose ne peut que difficilement s'expliquer par une erreur d'enregistrement, comme nous l'avons vu. Il y a donc là une anomalie par rapport à notre modèle qui est inexplicable. L'ensemble de la relation est toutefois solidement établi, même si l'écart moyen entre un fils unique et un fils de famille de 10 enfants (9 frères et sœurs) n'est « que » de 1,3 cm.

Comparé à l'écart maximum entre professions de la même génération (4,4 cm), le rôle du facteur familial paraît secondaire. D'autant plus que nous avons vu que la taille de la fratrie était assez dépendante de la catégorie socioprofessionnelle : les conscrits instituteurs ont en moyenne 1,5 frères et sœurs[47], mais les ouvriers agricoles 3,3 et les tailleurs 2,6[48]. Les instituteurs sont donc plus grands que les ouvriers et que les tailleurs parce qu'ils ont des revenus supérieurs mais aussi parce qu'en moyenne

---

46   R^2 = 0,817 ; F = 35,817 ; probabilité de l'hypothèse nulle = 0,033 %, N = 10 tailles de fratrie.
47   Ce qui confirme ce que nous savons par ailleurs du comportement démographique des instituteurs de la IIIe République.
48   Les sources permettent donc de vérifier certains comportements démographiques : les familles les plus nombreuses se trouvent chez les ouvriers non qualifiés (3,6), les ouvriers qualifiés (ajusteurs, mécaniciens, électriciens, serruriers) sont davantage malthusiens (1,9), mais moins que les employés (1,6).

leurs parents adoptent un comportement malthusien qui leur assure un revenu par tête plus important dans leur petite enfance.

d) Stature, taille de la fratrie et milieux socioprofessionnels

Aussi, derrière le coefficient de détermination très fort que nous avons obtenu ($R^2 = 0,82$) se cachent des comportements très différents suivant le milieu social. Deux facteurs explicatifs viennent donc jouer dans la corrélation que nous avons établie : la taille de la famille et le milieu socioprofessionnel des parents, perceptible par la profession des conscrits.

Pour réduire au maximum l'influence du facteur professionnel, il suffit d'étudier la relation entre stature et taille de la fratrie à l'intérieur d'une même profession. On choisit donc les cultivateurs, parce qu'ils sont les plus nombreux (N = 2 197, 16,2 % de la totalité des conscrits toisés en 1940)[49]. Bien sûr, tout effet du facteur « inégalité sociale » ne peut être exclu : le monde des cultivateurs, plus que celui des salariés, est varié. Entre un cultivateur briard qui exploite 100 ha est un cultivateur limousin qui élève quelques vaches, les stratégies foncières, agricoles, de promotion sociale et la richesse sont très différentes et les comportements démographiques ne sont donc pas les mêmes.

Il nous faut cependant asseoir nos résultats sur le plus grand nombre de conscrits possible et le choix des cultivateurs, profession la plus nombreuse, s'impose. Le coefficient de détermination obtenu pour la corrélation entre stature et taille de la fratrie chez les cultivateurs est nettement moins élevé que dans l'ensemble de l'échantillon : $R^2 = 0,68$[50]. Il demeure cependant très élevé. A l'intérieur de la même catégorie socioprofessionnelle, la taille de la fratrie joue un rôle nettement identifiable dans la détermination de la stature (graphique 155 et tableau 37). Les cultivateurs sont d'ailleurs un des groupes où les écarts doivent être parmi les plus grands. Nous avons déjà évoqué la diversité sociologique que recouvre le terme très général de « cultivateur ». Il faudrait ajouter que l'agriculture est la dernière activité à bénéficier des allocations familiales qui commencent à peine à se mettre en place dans l'entre-deux-guerres[51]. Contrairement à d'autres professions, les cultivateurs ne bénéficient donc pas des revenus annexes issus de l'économie de transfert.

---

49   Nombre légèrement inférieur à celui du tableau 34 donnant la stature par profession pour les conscrits nés en 1920 car quelques observations douteuses de fin de registres ont été éliminées. (pages consécutives constituées uniquement de fils uniques, en fait certainement des cases non renseignées par le préposé au registre.)

50   $R^2 = 0,682$; F = 10,718 ; probabilité de l'hypothèse nulle = 2,210 %, N = 7 tailles de fratrie.

51   En 1930, 10 % de la population active touche des allocations familiales (J.-C. CHESNAIS, « La politique de population française depuis 1914 », dans *Histoire de la population française. 4. De 1914 à nos jours*, dir. J. DUPAQUIER, *op. cit.*, p. 189.) C'est en 1936 que le bénéfice des allocations familiales est étendu aux salariés agricoles (*ibidem*, p. 191).

Graphique 154

Corrélation entre la stature des conscrits nés en 1920 et le nombre de frères et sœurs (N = 10 tailles de fratrie)

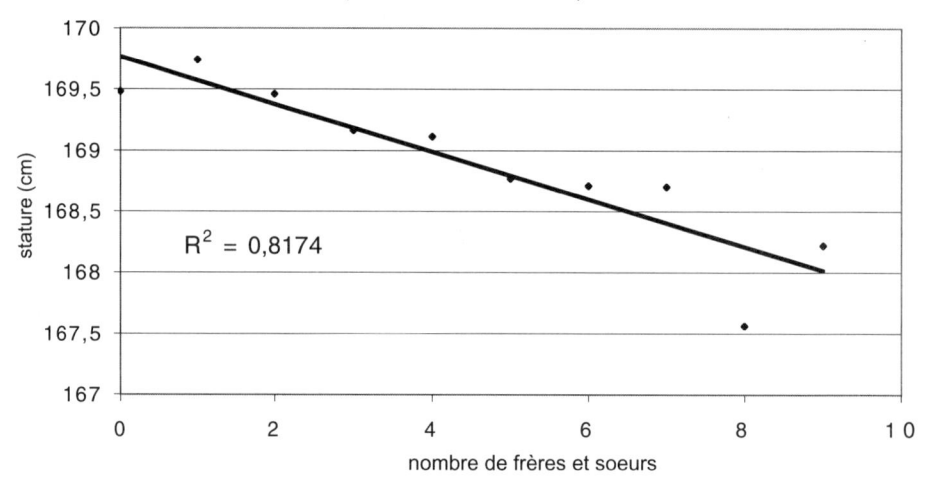

$R^2 = 0{,}8174$

(Sources : ADSM et ADHV : séries R ; ADBR : versements 295 D ; ADHR : non coté : listes ou tableaux de recensement)

Graphique 155

Corrélation entre la stature des conscrits cultivateurs nés en 1920 et le nombre de frères et sœurs (N = 7 tailles de fratrie)

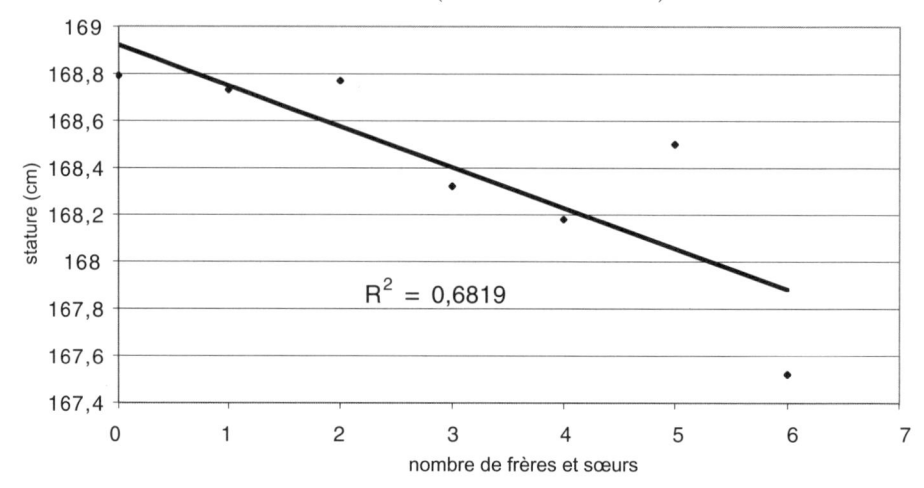

$R^2 = 0{,}6819$

(Sources : ADSM et ADHV : séries R ; ADBR : versements 295 D ; ADHR : non coté : listes ou tableaux de recensement)

Les Français de la classe 1940 (nés en 1920)

Tableau 36 : Taille de la fratrie et stature moyenne des conscrits de toutes professions nés en 1920 (Alsace, Haute-Vienne, Seine-et-Marne)

(Sources : ADSM et ADHV : séries R ; ADBR : versements 295 D ; ADHR : non coté : listes ou tableaux de recensement)

Stature	Nombre de frères et sœurs	N de conscrits
169,48	0	2 827
169,74	1	2 999
169,46	2	2 471
169,16	3	1 758
169,11	4	1 212
168,77	5	805
168,71	6	572
168,70	7	369
167,56	8	222
168,22	9	151

Tableau 37 : Taille de la fratrie et stature moyenne des cultivateurs nés en 1920 (Alsace, Haute-Vienne, Seine-et-Marne)

(Sources : ADSM et ADHV : séries R ; ADBR : versements 295 D ; ADHR : non coté : listes ou tableaux de recensement)

Stature	Nombre de frères et sœurs	N de conscrits
168,79	0	287
168,73	1	425
168,77	2	433
168,32	3	327
168,18	4	249
168,50	5	175
167,52	6	114

Nous avons dit que la taille de la fratrie chez les cultivateurs joue un rôle identifiable, mais de même que dans la corrélation avec toutes les professions, c'est un rôle secondaire : entre un cultivateur fils unique et un cultivateur fils de famille de 7 enfants (6 frères et sœurs), il n'y a « que » 1,2 cm de différence[52]. Enfin, famille nombreuse peut bel et bien rimer avec famille heureuse : les vignerons sont parmi les plus grands dans la cohorte de naissance 1920 et ils ont un nombre moyen de frères et sœurs (2,5) comparable aux tailleurs (2,6), conscrits les plus petits. Le rapport entre profession et taille de la fratrie n'est donc pas automatique (linéaire) et quand bien même il le serait, les écarts entre conscrits issus des différents types de familles sont beaucoup moins importants que ceux entre métiers.

La France de 1940 est-elle finalement malthusienne ? La réponse tient de la logique du verre à moitié vide ou à moitié plein. Certes, il existe encore une corrélation négative entre taille de la famille et stature moyenne des conscrits. Mais cette relation, bien que très nettement établie, même à catégorie socioprofessionnelle identique, reste secondaire par rapport à la relation entre stature et métier. La mise en place de l'économie de transfert à partir de 1938, grâce à l'émergence de l'Etat Providence, a dû considérablement réduire les écarts dus à la taille de la fratrie[53]. A l'initiative d'Alfred Sauvy, les allocations familiales ont alors été revalorisées[54] puis, après la Seconde Guerre mondiale, étendues à toute la population et périodiquement revalorisées[55]. Cela explique peut-être la baisse de l'influence de la taille de la fratrie sur la stature des écoliers étudiés par Bénech ainsi que sur celle des écolières étudiées par Pineau entre les générations nées en 1938-1940 et 1947-1949[56].

---

52 Toutefois, la différence est peut-être finalement plus importante chez les cultivateurs que dans l'ensemble de la population. En effet, elle s'observe alors entre des familles plus proches par la taille de la fratrie (1à 7 enfants) que dans la première corrélation (1 à 10 enfants) et pourtant l'écart anthropométrique n'en est que très faiblement réduit (1 mm).

53 De même qu'après-guerre elle a dû réduire les écarts entre catégories socioprofessionnelles. Les travaux de Jean Fourastié ont montré cette évolution.

54 J.-C. CHESNAIS, *loc. cit.*, p. 191.

55 *Ibidem*, p. 194-196.

56 Ces générations sont donc toisées dans les années 1950 et 1960. A. BENECH, *loc. cit.*, p. 154-155, M. PINEAU, *loc. cit.* p. 199-202.

Chapitre XIX
Synthèse des croissances anthropométriques des quatre espaces retenus pour les années 1780-1920

I – Similitudes et dissemblances entre les *trends* des espaces retenus et le *trend* national de Weir et Van Meerten

Dans le contexte chronologique général de notre étude, selon les données de Weir et Van Meerten, la croissance française peut être estimée à 4,6 cm entre les cohortes de naissance 1784-1786 et 1918-1920[1]. La région qui, à l'échelle séculaire, se rapproche le plus de cette croissance moyenne nationale est rurale, étudiée au travers de quelques cantons de l'arrondissement de Sélestat (+ 4,5 cm entre 1780-1782 et 1917-1919[2]). La chose peut paraître surprenante, car l'Alsace rurale possède un profil économique tout à fait particulier par rapport à la France : région plus riche que la moyenne nationale, aux structures agraires très morcelées, elle est beaucoup plus tournée vers la polyculture à débouchés industriels que le reste du pays. Surtout, elle constitue une région très fortement et très précocement industrialisée par rapport à la moyenne nationale, on pourrait donc s'attendre à une voie alsacienne vers le mieux-être.

En fait c'est bien le cas, car le *trend* régional qui se rapproche le plus de celui de la moyenne nationale est celui du Limousin : la corrélation entre la série nationale et la série limousine est très forte ($R^2 = 0,87$[3]), bien que celle-ci ne soit constituée qu'à partir de quelques cantons des arrondissements de Bellac et de Saint-Yrieix. Le Limousin, très archaïque jusque dans les années 1850, est la région dont les conscrits croissent le plus vite (+7,4 cm entre 1782-1784 et 1918-1920[4]). Il faut croire que globalement la croissance nationale se rapproche davantage du modèle limousin ($R^2 = 0,87$) que du modèle

---

1 De 163,6 à 168,2 cm.
2 De 165,2 à 169,7 cm.
3 $R^2 = 0,872$; F = 732,854 ; probabilité de l'hypothèse nulle = 6,074 x 10^{-48} % ; N = 110 années.
4 De 160,2 à 167,6 cm.

alsacien ($R^2 = 0,80$[5]) et que le Limousin, par son amélioration du niveau de vie biologique beaucoup plus sensible que la moyenne nationale, se comporte comme une immense caisse de résonance de ce qui advient dans le pays tout entier.

L'Alsace, région de micro-propriété, le Limousin, région de petite culture, sont plus proches du *trend* national que la Brie, région de grande culture, où la corrélation avec le *trend* national est ici la plus faible ($R^2 = 0,54$[6]; +5,2 cm entre 1781-1783 et 1918-1920[7]). C'est que la France est nation de petits propriétaires et de petits exploitants pratiquant la polyculture bien plus que pays formé de grands domaines à l'organisation capitaliste, ici observés à travers l'évolution de l'arrondissement de Melun. Riches ou pauvres, ce sont donc bien davantage les régions de petite culture, l'Alsace rurale et le Limousin qui peuvent rendre compte de l'évolution de la moyenne nationale. La Brie est finalement là pour témoigner de ce qu'aurait pu être la modernisation du pays si la grande exploitation tant désirée, des physiocrates aux agronomes du xxe siècle, avait dominé le paysage social de la France.

Le cas mulhousien est un peu particulier, puisque nous ne disposons de données qu'à partir de 1796 (année de naissance). La corrélation entre la série mulhousienne et la moyenne nationale est plutôt bonne ($R^2 = 0,77$[8]) alors même que la croissance du Manchester français est la plus faible des quatre espaces étudiés : + 3 cm[9]. Il est vrai alors que la période considérée est plus courte (1796-1806/1798-1808 à 1918-1920) et que le niveau de vie biologique de départ est déjà élevé. De plus, cette bonne corrélation est à rapprocher de la grande similitude à l'échelle séculaire entre la série mulhousienne et la série de l'Alsace rurale, elle-même très fortement corrélée avec la série nationale.

II – La France des cohortes de naissance 1780-1850 : les faux-semblants d'un démarrage économique et le creusement des écarts entre régions

a) Un niveau de départ très bas (décennie de naissance 1780)

Voilà pour l'indispensable bilan chiffré. Précisons maintenant les rythmes d'évolutions régionales et les mécanismes historiques qui expliquent ces différences. Au-delà des disparités régionales de niveau de vie biologique, la décennie de naissance

---

5    $R^2 = 0,805$; F = 474,947; probabilité de l'hypothèse nulle = 1,217 x 10^{-40} %; N = 117 années.
6    $R^2 = 0,545$; F = 133,173; probabilité de l'hypothèse nulle = 1,011 x 10^{-18} %; N = 113 années.
7   de 164 à 169,2 cm.
8   Nous n'avons retenu comme individu statistique que les années de naissance où la stature mulhousienne ne correspondait pas à une moyenne mobile : 1822 à 1920. $R^2 = 0,771$; F = 278,744; probabilité de l'hypothèse nulle = 2,912 x 10^{-26} %; N = 85 années.
9   de 167,4 à 170,4 cm.

Synthèse des croissances anthropométriques des quatre espaces retenus pour les années 1780-1920

prérévolutionnaire apparaît très clairement comme la période la plus critique pour les trois espaces ruraux retenus dans notre étude.

En prolongeant nos observations en amont grâce au travail de John Komlos, on peut avancer que, sur la période 1745-1920, nos trois espaces ruraux semblent connaître un long palier à un bas niveau entre la décennie 1760 et le milieu des années 1790 (années de naissance). Nos données restent clairsemées pour la décennie 1780, il semble cependant que le très faible niveau des années prérévolutionnaires[10] ne soit pas affecté d'un *trend* orienté à la baisse. Si la vision labroussienne de la période pré-révolutionnaire se trouve confortée par l'histoire anthropométrique, ce serait donc davantage sur le moyen que sur le court terme.

L'absence de véritable hausse staturale en Limousin comme en Alsace rurale jusqu'aux cohortes nées au milieu du XIXe siècle semble par ailleurs confirmer la vision de l'économie rurale de M. Morineau : il n'y aurait que faux-semblants de démarrage avant les années 1840. Notons cependant que si la stature de la population stagne dans certaines régions, la croissance démographique est au rendez-vous : il y a plus de Français en 1850 qu'en 1760. Le bilan est finalement le suivant : une ration alimentaire individuelle en quasi stagnation, mais un nombre total de bouches à nourrir en augmentation sensible.

b) Le redressement rapide de la fin des années 1790 (années de naissance) et la stabilisation impériale

En fait, la stagnation du niveau de nutrition nette n'est pas uniforme à travers le temps. La période 1780-1850 (cohortes de naissance) est marquée de mouvements communs aux trois espaces ruraux. Ainsi, le niveau très bas des années 1780 est rapidement dépassé à la fin des années 1790, alors que le taux de mortalité français connaît à la même époque une baisse sensible (graphique 156). On ne connaît pas encore exactement les causes de cette diminution de la mortalité à un moment apparemment défavorable de l'histoire démographique du pays. N'en demeure pas moins que cette amélioration des conditions de vie est désormais confirmée à l'échelle régionale par l'histoire anthropométrique.

Le caractère interrégional d'une amélioration aussi rapide pourrait plaider pour une explication climatologique, seule capable à l'époque d'influer simultanément de façon aussi sensible des régions aux profils économiques et sociaux fort différents. Mais les températures sont alors en baisse, et la corrélation que John Komlos a établie pour la période antérieure invite plutôt à établir un rapport entre élévation de la température, augmentation des rendements en blé et élévation de la stature moyenne. On

---

10   Nous rappelons qu'entre 1666 et 1966 (années de naissance), le *minimum minimorum* est atteint pour la France à la fin du XVIIe siècle, alors que le climat se rafraîchit considérablement.

Graphique 156
Stature dans trois espaces ruraux (N = 163 139) et en France, cohortes de naissance 1782-1919

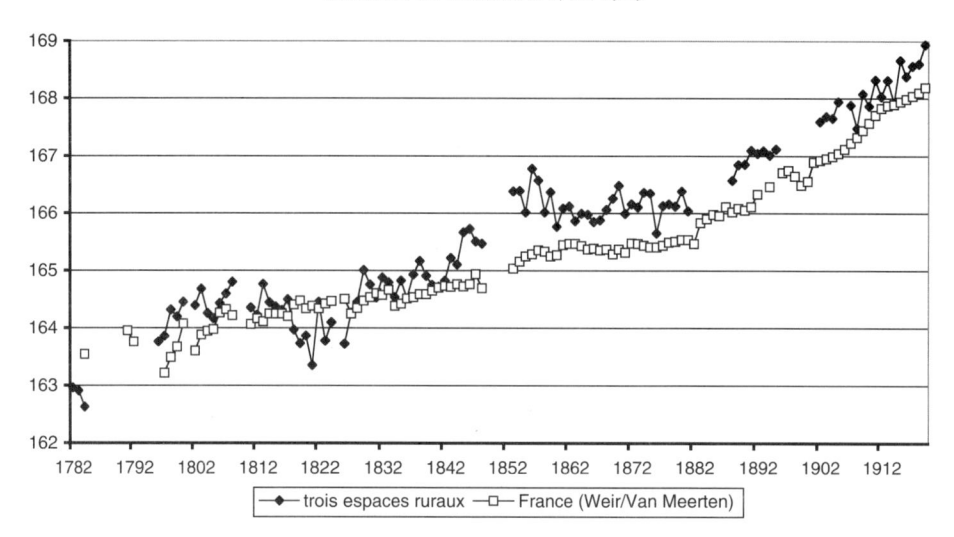

[Graphique : courbes de stature (cm) de 1782 à 1912 pour « trois espaces ruraux » et « France (Weir/Van Meerten) »]

(Sources : ADBR, série R, listes de la conscription, listes du contingent départemental, listes de tirage au sort, versement 392 D : *Alphabetische Listen*, versements D 215 et 295 D, listes de recensement ; ADHV, série R, « registres du contingent » (d'après le répertoire de la série R), listes du contingent départemental, liste de tirage au sort, listes de recrutement cantonal, tableaux de recensement communal ; ADSM, série R, tableaux de la conscription, listes du contingent départemental, listes de tirage au sort, listes de tirage au sort et du recrutement, listes du recrutement, listes de recensement ; D. R. Weir et M. A. Van Meerten pour la France)

peut donc difficilement affirmer que la chute de température de la fin du XVIIIe siècle aurait pu provoquer la mort des microbes qui aurait elle-même entraîné une amélioration du niveau de nutrition nette des Français.

La synchronie entre augmentation de la stature et diminution de la mortalité civile au tournant des XVIIIe et XIXe siècles pourrait alors peut-être s'expliquer par le rapide mouvement de baisse de la fécondité et les pertes militaires durant la Révolution, car nous avons vu par ailleurs qu'encore pour la cohorte de naissance 1920, la taille de la fratrie avait une influence sur la stature moyenne des conscrits.

c) La dépression sensible du début de la Restauration et de la fin de la monarchie de Juillet (cohortes de naissance 1817-1826, examinées en 1837-1846)

Après ce rapide rétablissement de la stature, les trois espaces ruraux connaissent tous une baisse très sensible de leur niveau de vie biologique au début de la Restauration

Synthèse des croissances anthropométriques des quatre espaces retenus pour les années 1780-1920

(graphique 156). Le Limousin et la Brie sont les plus touchés, la baisse y est très rapide (graphiques 158 et 160). Les corps des conscrits enregistrent donc la crise de la Restauration dans toute sa rigueur: les années de naissance 1817-1826 témoignent de difficultés agricoles qui se prolongent avec la mauvaise météorologie européenne de ces années. En fait, il faut bien comprendre que les conscrits nés entre 1817 et 1826 cumulent les handicaps: durant la croissance de rattrapage de leur adolescence, ils essuient les revers de la dépression économique de la fin de la monarchie de Juillet qui culmine en 1845-1847. La décennie de naissance 1817-1826 apparaît comme une génération sacrifiée.

Difficultés agricoles et forte croissance démographique se renforcent alors l'une l'autre pour expliquer la tendance à la baisse de la stature. Mulhouse, en pleine industrialisation, subit fortement la dégradation du niveau de vie biologique qui semble toucher moins fortement l'Alsace rurale. S'il existe au cours de l'industrialisation un moment où la menace malthusienne d'une baisse du niveau de vie a existé en France, c'est bien dans les années de naissance 1800 à 1820.

d) Alsace et Limousin: des régions sous la menace malthusienne (cohortes de naissance 1780-1850)

Ces années particulièrement difficiles s'inscrivent dans une longue phase d'érosion du niveau de vie en Limousin et en Alsace entre 1800 et les années 1840 (graphique 157 et 160). Pour ces deux régions, les indices traditionnels du niveau de vie sont alors eux-mêmes défavorables à une élévation du niveau de vie biologique: forte pression démographique, disponibilité en protéines d'origine animale par personne en stagnation, voire en régression en Alsace rurale, revenu paysan en stagnation en Limousin. Ce dernier est essentiellement, si ce n'est quasi exclusivement, tiré de la vente de bœufs et vaches à destination des marchés urbains.

Par conséquent, le troupeau bovin nous a paru constituer à la fois un élément très important du revenu et donc du bien-être des paysans limousins, et un témoin de ce mieux-être, dans la mesure où la principale source de richesse des ruraux ne pouvait être que l'objet de soins tout particuliers. Le niveau de vie biologique des bovins, saisi au moyen du poids de ces derniers, était susceptible d'évoluer de concert avec celui des conscrits. De fait, les bœufs sont très chétifs et les conscrits limousins très petits durant toute la première moitié du XIXe siècle. Les maçons qui migrent massivement dans les grandes villes pour travailler sont alors nettement mieux lotis que les cultivateurs, preuve que l'agriculture limousine est bien médiocre.

Mulhouse, le Manchester français, connaît lui aussi des difficultés. La baisse du niveau de vie biologique atteint ici son maximum en ampleur et en durée. Des années de naissance 1796-1806 à 1859, la stature des Mulhousiens décline d'environ 3 à 3,5 cm (graphique 159). Une analyse de la stature des conscrits par lieu de naissance

Graphique 157
Stature dans l'arrondissement de Sélestat (N = 75 805) et en France, cohortes de naisssance 1780-1919

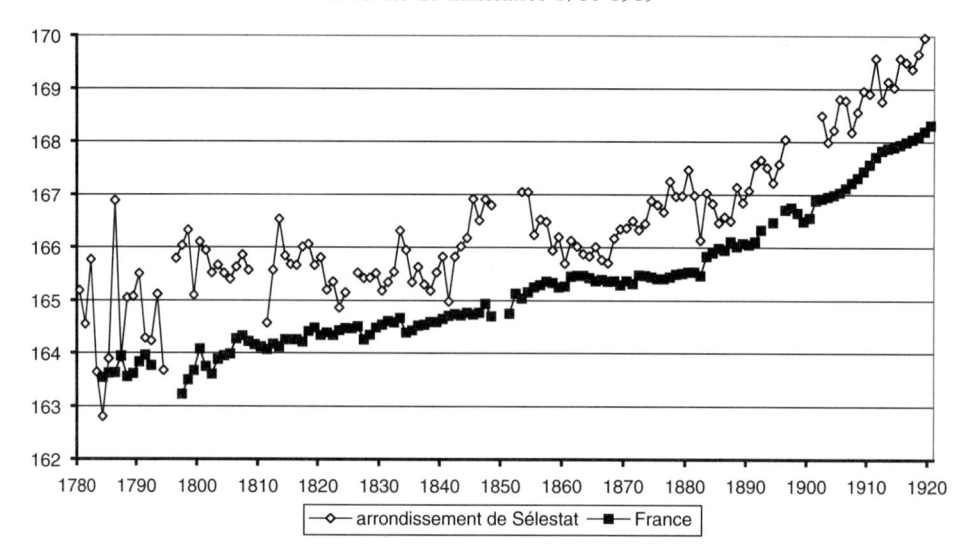

⎯⟡⎯ arrondissement de Sélestat ⎯■⎯ France

(Sources : ADBR, série R, listes de la conscription, listes du contingent départemental, listes de tirage au sort, versement 392 D, *Alphabetische Listen*, versements D 215 et 295 D, listes de recensement ; D. R Weir et M. A. Van Meerten pour la France)

montre que niveau de vie biologique des jeunes gens natifs de Mulhouse et niveau de vie des conscrits d'origine rurale évoluent globalement de concert, comme c'est d'ailleurs le cas pour la totalité de la période étudiée (1796-1920). La paupérisation de la grande ville industrielle naissante ne traduit donc pas une misère rurale importée à la ville et faisant artificiellement baisser le niveau de vie des citadins. La diminution du niveau de nutrition nette ne peut non plus s'expliquer par une modification de la structure socioprofessionnelle de la jeunesse mulhousienne, celle-ci est même favorable à une éventuelle hausse de la stature.

Force est donc de constater qu'à l'époque où Marx écrit, le niveau de vie biologique des agents mulhousiens de la première révolution industrielle, comme celui des ouvriers de nombreuses villes anglaises, décline. Les indices traditionnels de niveau de vie (salaires réels) n'indiquaient au pire qu'une stagnation : voilà tout l'intérêt de l'histoire anthropométrique. Nos sources permettent par ailleurs d'isoler certains facteurs responsables de cette dégradation du niveau de vie biologique : non pas essor de l'industrie textile aux bas salaires, non pas misère importée des campagnes, mais plutôt consommation de protéines d'origine animale en baisse, et milieu urbain hostile à la croissance staturale. Le premier phénomène s'explique semble-t-il autant par l'irrégularité que par la stagnation des revenus ouvriers[11] alors que les prix des produits d'élevage augmentent, même après l'arrivée du chemin de fer, qui aurait pu améliorer les conditions d'approvisionnement et faire baisser les prix. Le second s'explique par l'absence de modernisation des équipements sanitaires et hygiéniques de la ville alors que la population est en forte croissance. Les conditions sont alors propices à la multiplication des pathologies. La lutte biologique que livrent les organismes citadins à ces dernières, monopolise des nutriments nécessaires à la croissance staturale.

e) La révolution agricole et anthropométrique de la Brie (cohortes de naissance 1821-1856, examinées en 1841-1876)

Au milieu du XIXe siècle, le contraste anthropométrique est maximum entre Mulhouse et l'autre grand espace de modernité et d'innovation que représente la Brie. Les courbes des régions symboles de la modernité agricole et de la modernité industrielle se reflètent comme dans un miroir. A la baisse du niveau de vie biologique des Mulhousiens répond la hausse exceptionnelle de la stature des Briards (graphique 158). Des années 1820 aux milieu des années 1850, les conscrits de l'arrondissement de Melun connaissent une croissance formidable pour l'époque, de par sa durée (35 ans) et son ampleur (+4,5 cm), toutes deux comparables à ce qui caractérise la croissance anthropométrique de la France des années d'examen 1950-1970. La période mérite donc le titre de Trente Glorieuses de la Brie (1821-1856), tant la croissance staturale atteint ici un rythme et une durée identiques à ceux d'un pays industrialisé de la seconde moitié du XXe siècle. Suivant une logique chère à J.-M. Moriceau, la révolution agricole a bien eu lieu en Brie dans la première moitié du XIXe siècle. Bien sûr, comme pour la France des années fastes de la seconde moitié du XXe siècle, ce sont autant les bonnes conditions de vie de la petite enfance que de l'adolescence qui expliquent une telle croissance: l'une sans l'autre ne produirait pas d'évolution aussi rapide. Des masses de manouvriers, charretiers, cultivateurs ou vignerons ont vu leur quotidien s'améliorer grandement des années de naissance 1820 aux années d'examen 1870. Cela est dû à l'augmentation des revenus de tous les travailleurs, indépendants comme dépendants. La forte hausse des salaires, des gages et des prix agricoles du Second Empire vient parachever un demi-siècle de croissance continue du niveau de vie biologique. Le changement agricole est ici général, les plantes fourragères ainsi que le mérinos permettent aux rendements d'augmenter selon un cercle vertueux cher aux agronomes. Ces deux éléments sont les principaux artisans de la réussite briarde. La nourriture donnée en sursalaire lors des repas par les fermiers aux salariés agricoles s'améliore vraisemblablement de

---

11   Nous avons vu que les salaires nominaux augmentaient, mais que les crises économiques marquaient nettement les courbes mulhousiennes des années 1800-1859 : au-delà du montant des salaires, l'histoire anthropométrique tient compte de la régularité de ceux-ci et permet ainsi de voir que le chômage urbain est une dure réalité au début de l'industrialisation.

façon sensible, et les journaliers propriétaires, encore très nombreux, profitent pour vendre leur petite production personnelle de prix agricoles élevés, à proximité d'un marché parisien en pleine expansion. En fait, toutes les professions profitent de la croissance. Il semble donc que les années 1821-1876 marquent la supériorité de la région de grande culture sur les deux régions de petite culture, même s'il faut garder à l'esprit que les densités de peuplement rural ne sont pas les mêmes en Brie, en Alsace et en Limousin. On a vu précédemment que, dans une perspective boserupienne, la notion de densité était toute relative. Finalement, en favorisant la petite propriété, la Révolution pourrait donc avoir quelque peu compromis le mieux-être des Français à moyen terme.

III – Le rapprochement paradoxal des niveaux de vie biologiques avec la Grande Dépression et l'ouverture aux marchés (cohortes de naissance 1854-1876, examinées en 1874-1896)

a) La baisse de la stature moyenne des conscrits briards et ruraux alsaciens

Le niveau de vie biologique atteint par les conscrits briards toisés au début de la IIIe République est si élevé que leur stature ne pourra être égalée qu'à la fin des années 1930 (années d'examen, graphique 158). La connaissance de l'évolution de l'espérance de vie des Briards serait également intéressante à connaître afin de la confronter aux données anthropométriques. A partir de l'année de naissance 1856, la tendance se renverse. Ici comme en Alsace rurale, nous avons montré que la baisse de la stature s'explique par la Grande Dépression. Ramené aux années d'examen, c'est à partir de 1876 en Brie et de 1874 en Alsace que le niveau de vie biologique des ruraux décline. Il est vrai que pour l'Alsace, les années de naissance 1841-1845 ont marqué auparavant un développement statural aussi sensible que bref, dû à l'amélioration des conditions de vie durant l'adolescence (graphique 157).

La synchronie des baisses des niveaux de vie alsacien et briard après le milieu des années d'examen 1870 s'explique par la baisse des prix et la stagnation des salaires agricoles. Le chômage rural a particulièrement sévi en Brie, et c'est là vraissemblablement un des facteurs aggravant de la dépression staturale briarde. De plus, la disparition à la fin du XIXe siècle des petits lopins de terre cultivés par les salariés agricoles briards, autrement dit la prolétarisation complète d'une grande partie des conscrits, intervient au moment le plus inopportun. Les journaliers et manouvriers ne bénéficient plus de l'indispensable apport de revenu complémentaire ou d'aliments que constituait le lopin tenu en propre. Dès lors, une stagnation des salaires alors même que le travail se fait plus irrégulier en raison du chômage rural[12] ne peut se traduire

---

12   Lui-même partiellement dû à la mécanisation de l'agriculture et à un exode rural insuffisant.

Synthèse des croissances anthropométriques des quatre espaces retenus pour les années 1780-1920

que par une baisse de la stature. Les cultivateurs ne sont pas épargnés par la baisse des prix, de même que les épiciers, dont le commerce se ressent de la dépression. C'est toute une région qui est en détresse.

Le phénomène est le même en Alsace rurale, mais le blé est ici beaucoup moins présent et la politique protectionniste mise en place dans les années 1885-1887 permet d'observer un renversement de tendance beaucoup plus précoce qu'en Brie, où le tarif Méline (1892) semble produire ses effets à partir de l'année d'examen 1896. Surtout, la réorientation des petits producteurs alsaciens vers les denrées dont les prix résistent mieux à la crise, les produits laitiers et la viande, permet à l'Alsace rurale de souffrir moins et moins longtemps que la Brie. La dépression staturale alsacienne dure treize ans (années d'examen 1874-1887 : - 1,8 cm) alors que la dépression briarde dure vingt ans (années d'examen 1876-1896 : - 2,9 cm).

Graphique 158
Stature en Brie (N = 57 814) et en France,
cohortes de naissance 1781-1920

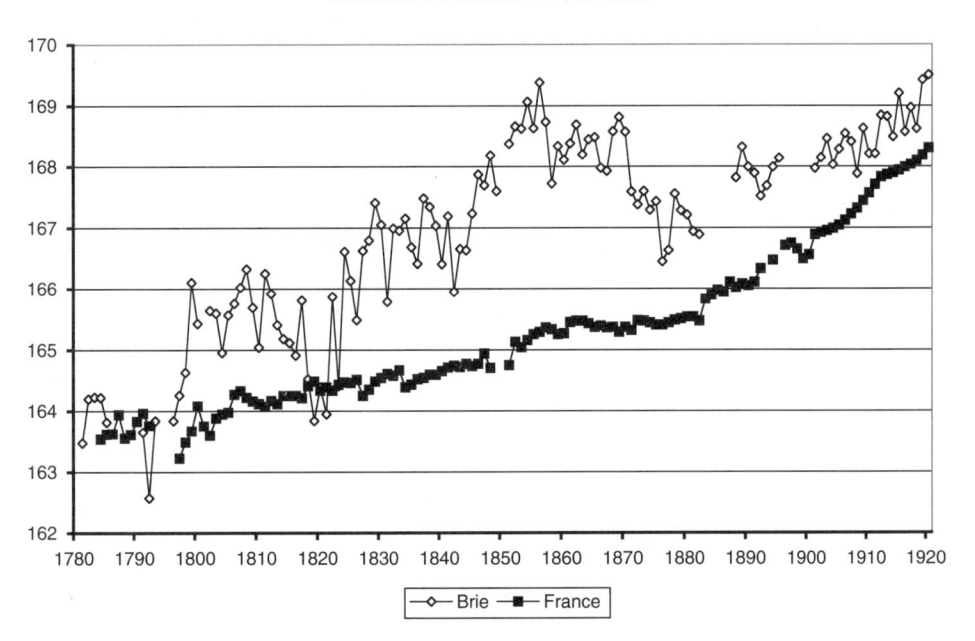

(Sources : ADSM, série R, tableaux de la conscription, listes du contingent départemental, listes du tirage au sort, listes de tirage au sort et du recrutement, listes ou tableaux de recensement pour la Brie ; D.R. Weir et M.A. Van Meerten pour la France)

b) L'augmentation du niveau de vie biologique des conscrits limousins et mulhousiens

Lors de la Grande Dépression, face aux deux régions en difficulté, les deux autres espaces, Mulhouse et le Limousin, tirent mieux leur épingle du jeu. C'est que pour ces deux derniers, l'histoire des niveaux de vie est tout ou partie liée à celle des protéines d'origine animale. D'un côté, les salaires urbains augmentent enfin à la fin du XIXe siècle de façon sensible, ce qui permet aux consommateurs mulhousiens de manger plus de viande et de boire plus de lait. La nouvelle laiterie de la ville de Mulhouse fait alors l'admiration des spécialistes français.

D'un autre côté, la demande croissante en protéines d'origine animale stimule les producteurs de viande et de lait à une époque où l'avènement des réseaux nationaux de chemins de fer amène sur le marché les produits de régions jusqu'alors relativement isolées. C'est le cas du Limousin, dont les conscrits ne vont quasiment pas cesser de grandir à partir du milieu des années 1850. C'est bien à partir des années de naissance 1850 et non des années d'examen 1870 que la situation s'améliore, comme en témoigne la prise de poids des bovins dès les années 1850. L'arrondissement limousin le plus archaïque, celui de Saint-Yrieix, ne comporte quasiment aucun maçon alors que l'arrondissement le plus moderne, celui de Bellac, est peuplé de conscrits qui migrent massivement pour travailler dans le bâtiment des grandes villes de France. Cependant, ce ne sont pas les migrations saisonnières de maçons qui sont les principales responsables du mieux-être des Limousins. Le niveau de vie biologique des cultivateurs s'améliore alors sensiblement plus vite que celui des maçons et c'est parce que le Limousin du nord possède une agriculture plus performante que ces conscrits grandissent plus vite que ceux du Sud, et non parce que ces conscrits font campagne à Paris, Lyon ou Bordeaux. Contre toute attente, l'hausmannisation de Paris n'a qu'un impact secondaire sur l'élévation du niveau de nutrition nette des Limousins. La stature de ceux-ci augmente en fait de concert avec le poids des bovins de 1853 à 1917 (années de naissance), preuve que niveau de vie animal et niveau de vie humain sont deux facettes de la même histoire naturelle et sociale.

L'avènement du marché national et international à la fin du XIXe siècle a donc d'importantes conséquences sur la hiérarchie interrégionale des niveaux de vie biologiques. Les contrastes apparus lors de la précédente période (1780-1850) vont considérablement se réduire en raison d'une spécialsation accrue des régions agricoles, elle-même rendue possible par la révolution des transports. Le renforcement très sensible de la concurrence nationale et internationale stimule les uns et paralyse les autres. La fin « du blé, mal nécessaire » n'est pas vécue avec le même bonheur partout. Si les producteurs de blé ou de produits végétaux briards et alsaciens supportent mal l'ouverture des marchés, cette dernière fait le miel des consommateurs urbains de Mulhouse et des producteurs de viande limousins. Après un demi-siècle où la grande exploitation triomphe, c'est au tour de la petite culture de bien se porter : elle résiste mieux à la Grande Dépression, voire prospère durant les années difficiles.

Synthèse des croissances anthropométriques des quatre espaces retenus pour les années 1780-1920

De plus, c'est la région périphérique au marché national, le Limousin, qui profite le plus de l'intégration au marché, alors que la région hypercentrale, la Brie, connaît la dépression staturale la plus forte. La France ne répond donc pas au schéma anthropométrique élaboré pour les autres pays, où ce sont les régions en cours d'intégration au marché qui souffrent le plus, en raison d'exportations excessives de leurs nutriments vers les espaces centraux. Le plateau limousin n'est pas la montagne bavaroise. La région est si pauvre au début du siècle qu'une ouverture au marché ne peut qu'amener un mieux-être : les conscrits limousins de la première moitié du XIXe siècle sont des végétaliens et l'exportation croissante de leur bœufs à partir des années 1850 ne leur enlève pas le pain de la bouche, bien au contraire.

Cela ne signifie pas pour autant que les conscrits limousins mangent plus de viande dans la seconde moitié du XIXe siècle, lorsque la production est telle qu'elle autorise exportation et consommation locale, mais plutôt que les Limousins mangent davantage et surtout qu'ils mangent moins de châtaignes. Après l'année d'examen 1896, le niveau de vie biologique des conscrits briards s'améliore aussi, c'est alors le début de la première croissance commune aux quatre espaces étudiés.

IV – La poursuite du rapprochement des niveaux de vie biologiques régionaux avec les croissances anthropométriques du XXe siècle (cohortes de naissance 1876-1920, examinées en 1896-1940)

a) L'évolution différente des indices traditionnels de niveau de vie et de la stature dans la première moitié du XXe siècle

L'existence de la croissance anthropométrique commune aux quatre espaces étudiés ne peut être établie avec certitude qu'après l'année d'examen 1896, et non l'année de naissance 1876, car nous avons vu que le renversement des conjonctures briarde et alsacienne des années d'examen 1870 à 1880-1890 s'explique par la Grande Dépression. Les années d'examen 1896-1940 marquent la première croissance anthropométrique nationale vraie. Croissance nationale, car mise à part la région du Midi viticole qui connaît des difficultés dans les années 1900, on voit mal dans quel espace français non étudié ici le niveau de vie biologique pourrait alors stagner. Croissance vraie car celle-ci est durable et sensible. Dans le cas mulhousien et encore plus dans le cas limousin, la croissance du XXe siècle ne fait d'ailleurs que prolonger une tendance à l'amélioration du niveau de vie biologique apparue à la fin, voire au milieu du XIXe siècle.

Une fois de plus, les indices anthropométriques du bien-être nuancent la vision traditionnelle que l'on avait de l'évolution des niveaux de vie. Dans le Mulhouse de la première révolution industrielle, l'histoire anthropométrique nous a montré que le niveau de vie biologique des citadins baissait alors que les indices traditionnels de niveau de vie indiquaient au pire une stagnation. Dans la France de la première moitié du XXe siècle, c'est l'inverse. Si l'observateur attentif pouvait déceler une amélioration des conditions de vie des Français des années 1900 aux années 1930, les indices traditionnels de niveau de vie, salaires réels et revenus, indiquaient une stagnation du bien-être. C'est donc que le mieux-être anthropométrique a des explications autres. Le régime alimentaire des Français, quelle que soit la région considérée, se diversifie dans la première moitié du XXe siècle et les modifications du panier de la ménagère, difficilement quantifiables, amènent l'élévation du niveau de nutrition nette. La baisse des prix agricoles durant la Grande Crise n'a pu qu'être favorable aux actifs des secteurs secondaire et tertiaire, de plus en plus nombreux au XXe siècle. Ainsi, même la Première Guerre mondiale ou la Grande Crise ne remettent pas en cause la croissance anthropométrique des quatre espaces étudiés.

La réaction à la période particulièrement pénible des années 1930 montre d'ailleurs que les Français ont résolument changé de siècle. Au XIXe siècle, les périodes de dépression économique ou de détérioration des conditions de vie se traduisaient par une baisse de la stature moyenne de toute une région : c'était particulièrement le cas de Mulhouse (années de naissance 1796-1859) et de la Brie (années de naissance 1856-1876). Au XXe siècle, la réaction corporelle à la crise est moins dramatique : ce n'est plus une baisse générale de la stature, mais une stagnation de la stature d'une partie de la population[13]. C'est le cas pour les ouvriers non qualifiés de Mulhouse et pour les actifs briards du secteur primaire des années d'examen 1930.

b) De la Brie à Mulhouse, des rythmes inégaux d'augmentation de la stature

La croissance anthropométrique générale du XXe siècle admet des nuances régionales significatives. Globalement, la Brie est l'espace qui connaît l'amélioration du niveau de vie biologique la plus lente, alors que l'Alsace rurale et surtout le Limousin bénéficient d'une croissance plus soutenue. Le XXe siècle témoigne donc du dynamisme des régions de petite culture face à la région de grande culture, mais aussi des régions de plus en plus tournées vers l'élevage face à la région restée davantage fidèle à la culture du froment. Ce sont à la fois les dynamismes propres aux structures agraires et aux spécialisations agricoles régionales qui rendent compte des différences d'évolution des niveaux de vie biologiques. Globalement, les actifs du secteur agricole bénéficient moins de l'amélioration générale de la stature que les agents des secteurs secondaire et tertiaire. Cela renvoie en partie aux différents taux de croissance des trois secteurs économiques.

---

13 Nous rappelons que, selon le comité d'experts de l'OMS, la dégradation de la stature d'une région donnée est générale à toute la population et non particulière à un sous-groupe régional. C'est l'ensemble de la distribution normale des effectifs qui se déplace vers le bas (ou le haut). Cela se vérifie dans notre étude pour l'immense majorité des cas. Nos observations sur Mulhouse et la Brie de la première moitié du XXe siècle amènent donc des éléments de réflexion nouveaux à ce sujet.

Synthèse des croissances anthropométriques des quatre espaces retenus pour les années 1780-1920

Ainsi Mulhouse, espace le plus industriel et le plus tertiarisé, est celui dont les conscrits améliorent le plus vite leur niveau de vie biologique, à l'extrême opposé de la Brie. Malgré l'urbanisation sans précédent de l'arrondissement de Melun, favorable à la croissance staturale, le niveau de vie biologique des Briards augmente modestement dans la première moitié du XXe siècle, en raison du poids encore considérable du secteur primaire en Brie.

Le phénomène d'industrialisation et de tertiarisation des économies régionales est par ailleurs général aux trois espaces ruraux étudiés. Pour la première fois, c'est au XXe siècle que se dessine nettement une évolution commune des paysages sociaux ruraux, particulièrement marquée pour l'Alsace rurale et la Brie. La multiplication des cols blancs, employés, instituteurs et étudiants ainsi que des ouvriers qualifiés, électriciens et métallos en témoigne. D'autre part, on assiste en Alsace et en Brie à un recul du secteur agricole, particulièrement des salariés agricoles, en raison de la mécanisation accélérée de l'agriculture causée par les pertes humaines du premier conflit mondial.

Graphique 159

Stature à Mulhouse (N = 35 854) et en France,
cohortes de naissance 1796/1806-1920

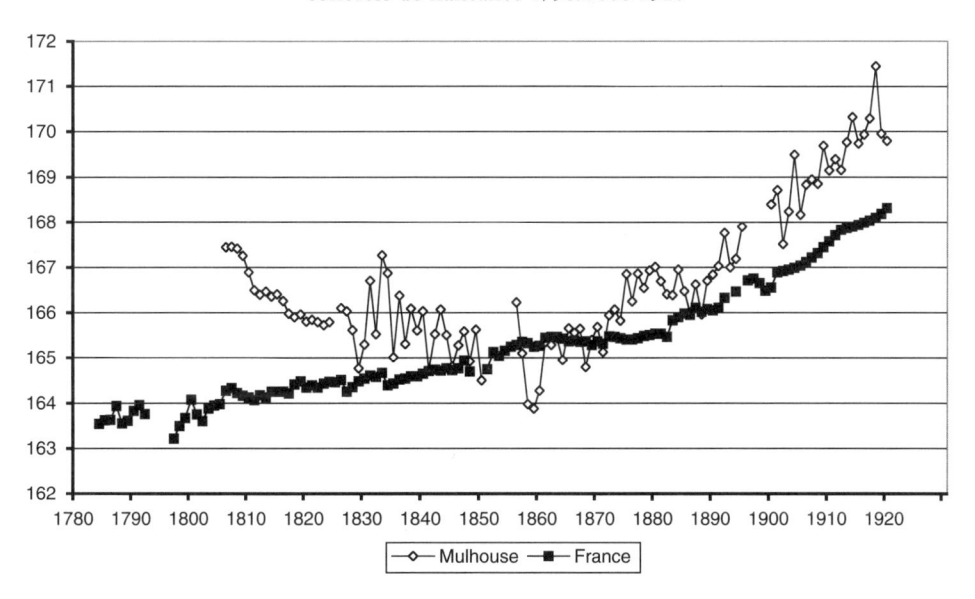

(Sources : ADHR, série R, listes du contingent départemental et listes du tirage au sort ;
AMM, série HI, *Rekrutierungsstammrollen* et listes de recensement ;
D. R Weir et M.A. Van Meerten pour la France)

Graphique 160
Stature en Limousin (N = 55 084) et en France,
cohortes de naissance 1782-1920

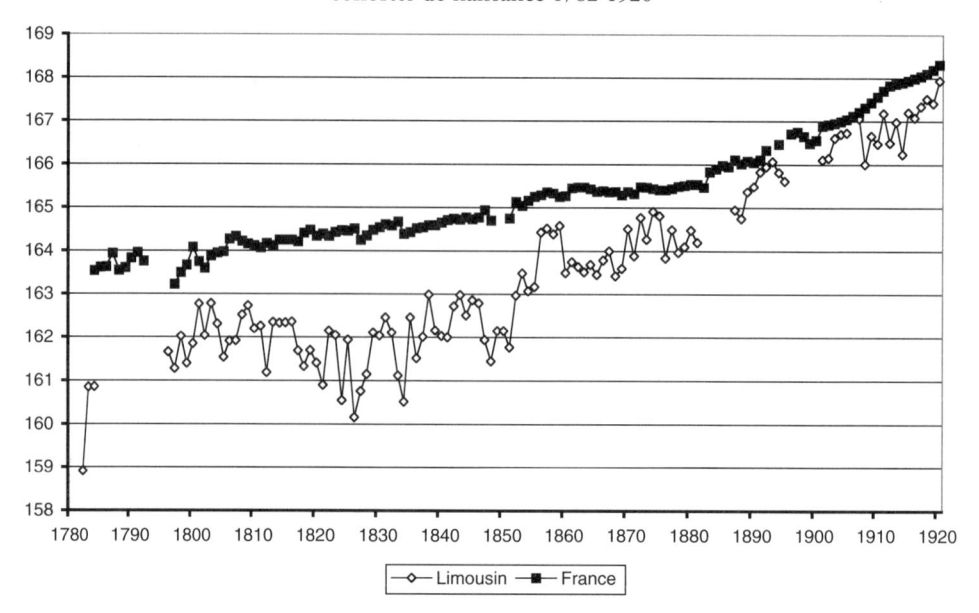

(Sources : ADHV, série R, registres du contingent départemental (d'après le répertoire de la série R), listes du contingent, listes de tirage au sort, listes de recrutement cantonal, tableaux de recensement communal ; D. R. Weir et M.A. Van Meerten pour la France)

V – Une croissance anthropométrique séculaire sans réduction des inégalités sociales (années de naissance 1780-1920)

Un double mouvement d'unification interrégionale et de diversification intrarégionale des paysages sociaux se traduit au XXe siècle par une uniformisation des niveaux de vie régionaux. Tout comme l'ouverture aux marchés de la fin du XIXe siècle, la première croissance nationale vraie du début du XXe siècle a pour conséquence la diminution des écarts de développement humain entre régions.

Cependant, ce rapprochement des niveaux de vie biologiques régionaux, qui se déroule des années de naissance 1850 à 1920, ne signifie pas que la société française du début du XXe siècle est plus égalitaire que celle des générations nées dans la décennie précédant la Révolution. Il y a plutôt uniformisation des inégalités sociales de niveau de vie biologique, c'est-à-dire que désormais, on retrouve partout la même pyramide anthropométrique des professions, pas moins inégalitaire que celle de la fin

Synthèse des croissances anthropométriques des quatre espaces retenus pour les années 1780-1920

Graphique 161
Evolution des inégalités de niveau de vie biologique des principales professions de Seine-et-Marne, Alsace et Haute-Vienne, cohortes de naissance 1778-1783/1848/1920
(N = 14 810)

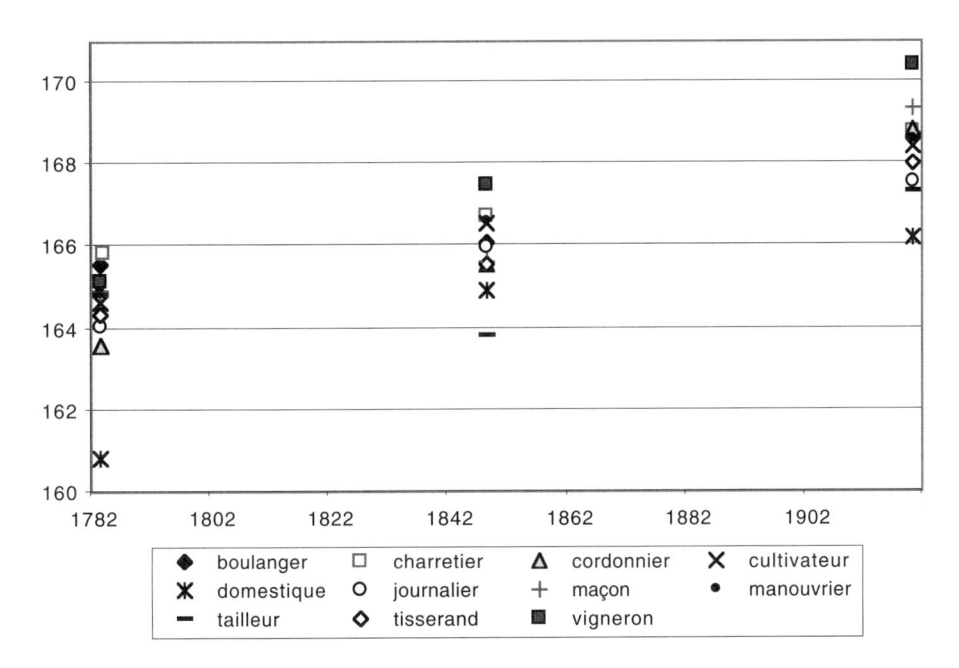

◆ boulanger	□ charretier	△ cordonnier	✕ cultivateur
✶ domestique	○ journalier	+ maçon	• manouvrier
— tailleur	◇ tisserand	■ vigneron	

(Sources : 1778-1783 : ADBR, ADHR, ADSM et ADHV : séries R et L, listes et tableaux de la conscription ; 1848 : ADBR, ADHR, ADSM et ADHV : séries R, listes de tirage au sort ; 1920 : ADSM et ADHV : séries R, ADBR : versements 295 D, ADHR : non coté : listes ou tableau de recensement)

du XVIIIe siècle. L'écart-type entre professions reste le même des cohortes de naissance 1780 à 1920. Le développement anthropométrique et économique des quatre espaces considérés ne s'accompagne pas d'une réduction supposée naturelle des inégalités sociales, saisies au moyen de l'écart-type entre statures des principales professions toisées vers 1800, en 1868 et en 1940. Notre dernier graphique de synthèse, bien que ne comprenant que les onze professions[14] assez nombreuses en 1778-1783, 1848 et 1920 (années de naissance) pour pouvoir se prêter au calcul d'une stature moyenne, donne un aperçu graphique du phénomène (graphique 161).

---

14   Les journaliers de 1778-1783 et de 1848 sont remplacés en 1920 par les ouvriers agricoles.

A l'échelle régionale, on constate que les écarts entre professions sont faibles dans les régions riches, en particulier la Brie du XIXe siècle, et dans une moindre mesure en Alsace rurale. Au contraire, l'écart-type est plus important dans la région pauvre, le Limousin du début du XIXe siècle. Suivant la même logique, les inégalités entre professions augmentent dans les régions en dépression staturale : Mulhouse au début du XIXe siècle et Brie à partir de 1856, alors que les écarts-types diminuent dans les phases de croissance du niveau de vie biologique, comme dans le Limousin après 1850 ou Mulhouse après 1859.

De plus, à l'échelle interrégionale, si, des années d'examen 1800 à 1940, l'écart-type entre professions reste le même, l'écart maximum entre professions diminue sensiblement. La diminution est due presque exclusivement à un rapprochement de la profession la plus défavorisée (domestiques agricoles ou tailleurs) vers la moyenne. Autrement dit, les inégalités les plus criantes sont principalement résorbées par le bas, alors que la profession la plus favorisée reste à peu près toujours à la même distance de la stature moyenne.

Les trois faits décrits, inégalités suivant la richesse de la région, suivant le *trend* statural de la région et résorption des inégalités par le bas s'expliquent par le même phénomène. En cas de pauvreté ou de paupérisation généralisées, les écarts maximum entre professions atteignent des sommets car les plus pauvres, les plus petits sont en état de sous-nutrition chronique. En revanche, dans des régions plus riches, ou en cas d'augmentation de la stature moyenne de toute une région, les plus petits profitent bien davantage que la moyenne de quelques centimes supplémentaires de salaire ou de baisses des prix alimentaires pour enrichir quantitativement ou qualitativement un régime alimentaire réduit au minimum. Au contraire, les plus riches auront beau manger plus, passé un certain seuil de saturation, ils n'en grandiront pas davantage : le bourgeois du XIXe siècle est grand, mais son embonpoint est aussi signe extérieur de richesse. Voilà pourquoi les inégalités maximales de statures entre professions se résorbent surtout par le bas, c'est-à-dire grâce à l'augmentation de la stature des plus petits.

Les *trends* régionaux des années de naissance 1876 à 1920 justifient le titre de « première croissance nationale vraie ». « Première », parce qu'auparavant pas une fois nos quatre ensembles territoriaux n'avaient suivi la même évolution plus de quelques années. Croissance « nationale » car elle est ressentie dans les quatre ensembles. Mise à part la région viticole du Midi qui est particulièrement touchée par la dépression économique encore dans la décennie 1900, on voit mal quel espace français non compris dans notre étude ne serait pas concerné par la croissance anthropométrique des années de naissance 1876-1920. Croissance « vraie », enfin, car ce qui est remarquable c'est l'ampleur et la durée de cette croissance commune. Des années d'examen 1896 à 1940, aucun des quatre espaces ne connaît de « crise » économique aussi importante qu'elle ne puisse compromettre l'élévation continue de la stature moyenne régionale[15]. Désormais, et c'est là la grande nouveauté par rapport au XIXe siècle, une dépression économique ne se traduit plus par une baisse générale de la stature moyenne d'une région. Tout au plus peut-on voir un ralentissement du rythme régional de croissance ou, dans le pire des cas, une stagnation de la stature d'une catégorie sociale de la population. Des nuances spatiales demeurent donc : Mulhouse croît plus rapidement que l'Alsace rurale et le Limousin plus rapidement que la Brie. Cela renvoie au dynamisme des secteurs d'activité des quatre ensembles. En tout cas, au début du XXe siècle, contrairement à la fin du XIXe siècle, les phases successives d'expansion (décennie 1920) et de stagnation économiques (décennie 1930) n'ont plus d'impact sensible sur la croissance staturale des Français. C'est signe de complexification de l'économie, mais aussi d'un mieux-être désormais solidement établi.

Nous avons montré que les facteurs qui expliquent la reprise de la croissance staturale en Brie après l'année de naissance 1876 étaient à chercher dans l'adolescence des conscrits, soit environ à partir de 1896. C'est donc uniquement la période 1896-1940 que l'on peut désigner sans doute aucun comme celle de la première croissance nationale vraie. Voilà une conclusion qui peut paraître bien étrange à la lecture de Sauvy, de George, d'Augé-Laribé ou plus récemment de Piketty. Pour eux, c'est avant tout la stagnation ou la très faible augmentation des salaires et des revenus qui caractérise la période 1900-1940 (en étendant quelque peu la période considérée par certains de ces auteurs). Nos résultats montrent cependant une croissance staturale sans précédent par son ampleur et sa durée dans les quatre espaces étudiés[16]. Nos résultats s'accordent donc plutôt avec ceux de Malinvaud[17] : la croissance staturale est là dès 1896 et la période 1896-1929 constitue le premier moment de croissance économique soutenue et durable de l'histoire de France. Finalement, nos résultats ne sont peut-être pas si contradictoires qu'il n'y paraît avec ceux de Sauvy et de ses successeurs : la France peut avoir une croissance économique lente mais qui permet d'accroître le niveau nutritionnel à un rythme sans précédent. Même la dépression de la période 1930-1940 ne compromet pas la croissance staturale des conscrits toisés dans les années 1930. Tout au plus remarque-t-on la stagnation de la stature de groupes sociaux de moins en moins nombreux. Mais ce dernier n'est pas, comme aurait pu le faire attendre la lecture de George, la classe des petits agriculteurs indépendants. Ce sont tous les actifs, salariés et

---

15 Dans le cas alsacien, nous avons montré que la baisse des années de naissance 1880 s'explique par la Grande Dépression et non par les conditions de vie des années d'adolescence (décennie 1900).

16 A l'exception de la Brie dont les « Trente Glorieuses » du début du XIXe siècle (1821-1856, années de naissance) sont caractérisées par une croissance staturale plus rapide sur une période plus longue. Mais alors seule les Briards grandissent, ce qui n'est pas le cas en 1876-1920.

17 Et de P. BAIROCH pour les années 1900-1913, *op. cit.*, p. 192-193, ainsi que M. GERVAIS, M. JOLLIVET, Y. TAVERNIER, *passim*.

cultivateurs du secteur primaire briard dont les gains staturaux sont bloqués durant une décennie par la dépression de la grande culture (1928-1939).

De manière plus générale, les agriculteurs ont moins bien tiré leur épingle du jeu que les actifs des secteurs secondaire et tertiaire lors de cette période de croissance staturale et économique sans précédent. Cela n'a rien de surprenant : le taux de croissance de l'agriculture entre 1896 et 1940 est plus faible que celui des deux autres secteurs. Selon Malinvaud, c'est d'ailleurs la « médiocre » (mais ici encore, tout est relatif) performance du secteur agricole[18] qui seule explique que la croissance économique générale des années 1896-1929 ne soit pas aussi soutenue que celle des Trente Glorieuses. Voilà qui peut expliquer le pessimisme de Sauvy, George et Augé-Laribé. Mais au-delà de cet élément d'explication, il parait essentiel de savoir à quoi nous comparons la croissance des années 1896-1940. Pour les auteurs cités, le point de comparaison explicite ou implicite est soit la croissance française des Trente Glorieuses, soit la croissance économique de pays réputés pour leur croissance plus précoce que la France[19]. De même, T. Piketty, en économiste, se focalise peut-être trop sur la période postérieure à 1945 et au regard de la formidable croissance économique (et staturale) des années 1949-1970, toute courbe antérieure est condamnée à paraître plate. Ajoutons qu'évolution du salaire et du revenu moyen[20] n'est pas synonyme d'évolution parallèle du niveau de vie, encore moins du niveau de vie biologique. Cette remarque est confirmée par M. Gervais et ses collaborateurs dans l'*Histoire de la France rurale*[21]. A l'inverse de Sauvy, de George, d'Augé-Laribé ou de Piketty, notre démarche s'appuie plutôt sur les expériences passées du pays et de ses régions. Avec ce point de comparaison, c'est bien la « première croissance nationale vraie » qui caractérise la période 1896-1940[22].

Malgré le poids très considérable de l'agriculture dans notre série intitulée trois espaces ruraux[23], la croissance staturale de cet ensemble est très proche de la moyenne nationale calculée par Van Meerten (graphiques 162 et 163). C'est à peine si le coefficient directeur de la droite de régression d'équation $y_{er} = ax + b$ (y_{er} pour espaces

---

18 Et l'on pourrait ajouter son poids dans l'économie d'alors.

19 Nous disons bien plus précoce et non plus rapide, car les taux de croissance de la France des Trente Glorieuses n'ont rien à envier à ceux des pays ayant connu une croissance rapide plus précocement.

20 Encore que nous accordions ce mot au singulier, mais il existe plusieurs estimations des salaires, revenus, PIB par habitant, etc, si bien que Michiel Alexander Van Meerten peut proposer un modèle qui montre la croissance parallèle du PIB et de la stature au début du XXe siècle.

21 M. GERVAIS, M. JOLLIVET, Y. TAVERNIER, *op. cit.*, p. 208-210.

22 Nous avons déjà expliqué pourquoi les années de naissance 1876-1920 doivent être principalement considérées comme révélatrices des conditions de vie des années 1896-1940.

23 Nous rappelons que ce terme désigne la moyenne non pondérée des trois *trends* régionaux de l'Alsace rurale, de la Brie et du Limousin.

Partie IV

Graphique 162

Stature dans trois espaces ruraux (N = 44 050) et en France, cohortes de naissance 1876-1919

[Graphique : trois espaces ruraux —◆— ; France (Weir/Van Meerten) —□—]

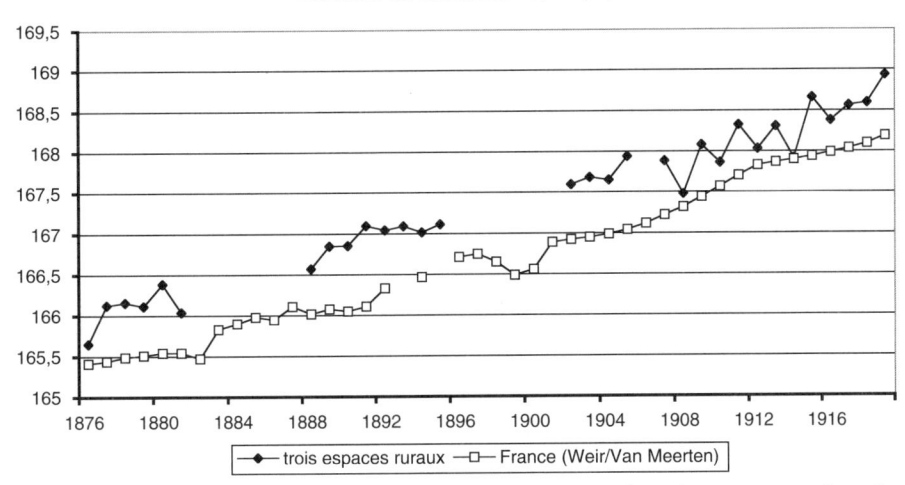

(Sources: ADSM, série R, listes de tirage au sort et du recrutement, listes du recrutement, listes de recensement; ADBR, versement 392 D, *Alphabetische Listen*, versements D 215 et 295 D, listes de recensement; ADHV: série R, listes de recrutement cantonal, tableaux de recensement communal)

Graphique 163

Stature dans trois espaces ruraux (N = 44 050) et en France, cohortes de naissance 1876-1919

$y_{er} = 0{,}0628x + 165{,}88$
$R^2 = 0{,}9589$

$y_f = 0{,}0665x + 165{,}19$
$R^2 = 0{,}9816$

[Légende : trois espaces ruraux ; France (Weir/Van Meerten) ; Linéaire (trois espaces ruraux) ; Linéaire (France (Weir/Van Meerten))]

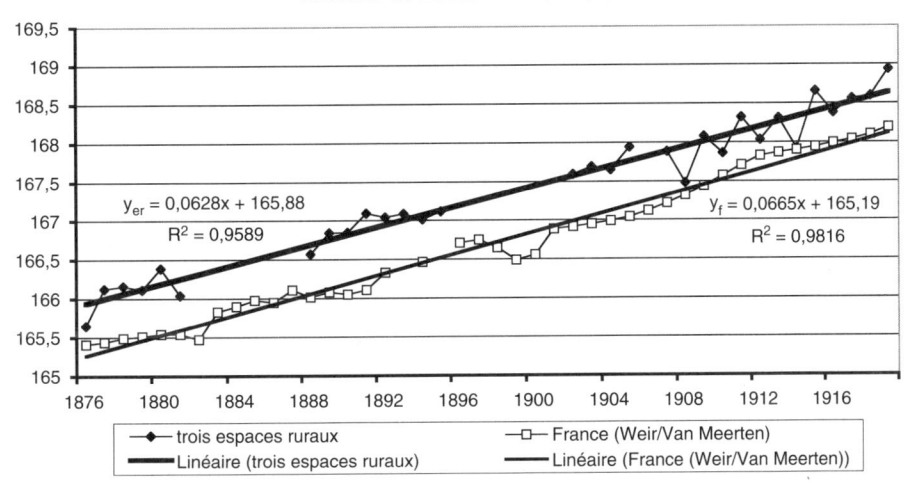

(Sources: voir graphique précédent)

ruraux) est plus faible (0,063) que celui de la moyenne nationale (y_f, pour France, a = 0,066). Cette croissance légèrement plus lente des espaces ruraux est due à la part plus réduite qu'y ont les actifs des secteurs secondaire et tertiaire dont les conditions de vie s'améliorent plus vite. C'est donc l'atonie toute relative de l'agriculture que nous donnent à voir ces coefficients directeurs légèrement différents. Les coefficients de détermination très forts pour les deux courbes, très proches de 1, montrent que désormais la stature des Français est une fonction linéaire du temps[24]. Autrement dit, la croissance staturale est extrêmement régulière entre les années de naissance 1876 et 1919.

Les « espaces ruraux » connaissent des changements sociaux très importants durant la période considérée, des années d'examen 1896 à 1939. Ce sont en partie ces changements qui expliquent que la croissance est continue entre les mêmes dates. Le poids des actifs agricoles ne cesse de diminuer, comme nous l'avons vu pour deux des trois espaces ruraux. C'est en particulier la part des agriculteurs dépendants (journaliers et domestiques) qui diminue dans les années d'examen 1920. Nous avons montré que cela correspondait à un mouvement de mécanisation rapide de l'agriculture, suite aux profits réalisés par les exploitants pendant la guerre et à la raréfaction de la main-d'œuvre tuée pendant le conflit ou émigrant de plus en plus à la ville.

Au contraire, ce sont les emplois des secteurs secondaire et surtout tertiaire qui, en se multipliant, assurent une partie de la croissance. Bien sûr, ce n'est pas la multiplication des fonctions tertiaires dites banales telles que coiffeurs ou garçons de café qui est ici en question. Non seulement leur nombre n'augmente pas aussi vite que celui des fonctions tertiaires supérieures[25] (employés, instituteurs, étudiants) mais en plus ils sont bien évidemment plus petits que la moyenne des échantillons régionaux. C'est donc par leur nombre et par leur stature que les conscrits cols blancs ou futurs cols blancs contribuent à la croissance de campagnes de plus en plus urbanisées et tertiarisées. De façon plus marquée encore, l'économie urbaine de Mulhouse profite davantage de l'essor des secteurs secondaire et tertiaire que les espaces ruraux et croît donc plus vite que ceux-ci. D'ailleurs, la capitale économique alsacienne dépasse nettement en stature les campagnes alsaciennes en 1916-1919 (années de naissance). Dans la

---

24   Pour y_{er} : R^2 = 0,959 ; F = 676,260 ; probabilité de l'hypothèse nulle = 1,200 x 10^{-19} % ; N = 31 années.
    Pour y_f : R^2 = 0,983, F = 2 308,683 ; probabilité de l'hypothèse nulle = 1,130 x 10^{-35} %, N = 43 années.

25   A strictement parler, les fonctions tertiaires supérieures concernent des fonctions bien plus rares que ce que nous désignons ici comme telles. Cependant, par rapport à notre moyenne staturale, il s'agit bien de fonctions supérieures au sens physique du terme. De plus, dans une société en moyenne moins instruite que l'actuelle, le prestige de l'instituteur, de l'étudiant, etc est plus fort qu'actuellement où, par exemple, en matière d'enseignement, seule serait considérée comme fonction tertiaire supérieure la fonction de professeur d'université.

même logique sectorielle, les conscrits limousins grandissent plus vite que les conscrits briards : la grande culture céréalière est en déconfiture dans les années d'examen 1930 alors que les conscrits limousins ne cessent de grandir et les bovins limousins de prendre du poids, gage de la prospérité d'une économie basée sur un secteur qui connaît moins que d'autres la dépression des années 1930. Les spécialisations agricoles régionales constituent donc encore une grille de lecture des évolutions anthropométriques pertinente pour le début du XXe siècle, même si le poids des autres facteurs (urbanisation, industrialisation, etc) est de plus en plus important.

Il arrive donc exactement l'inverse de ce qu'exposait George pour les années de l'entre-deux-guerres. Point de crise de la petite culture « archaïque », mais au contraire difficultés de la grande culture moderne. Cependant le *trend* général briard continue à la hausse grâce au poids démographique croissant des conscrits de l'industrie et des services. Finalement, on assiste à une réduction des écarts interrégionaux de niveau de vie biologique entre 1876 et 1920 (années de naissance), car si tous les ensembles territoriaux croissent, ce sont ceux dont la stature moyenne initiale est la plus faible (Mulhouse et Limousin) qui grandissent le plus vite. Les cartes anthropométriques régionales n'ont donc jamais été aussi proches les unes des autres et n'ont jamais présenté d'écarts intercantonaux aussi faibles qu'en 1920. Mais réduction des écarts régionaux ne signifie pas réduction des écarts sociaux. En fait, c'est à une uniformisation des sociétés régionales que l'on assiste et non à un nivellement de la hiérarchie sociale. Les mêmes métiers nouveaux se généralisent partout, mais la hiérarchie anthropométrique des professions qui ressort de cette évolution n'est pas plus égalitaire que celle des cohortes de naissance 1778-1783 ou 1848. L'écart-type entre professions reste le même et ce n'est que l'écart maximum qui se resserre, surtout par un rapprochement de la profession la plus défavorisée de la moyenne. On rejoint alors T. Piketty, pour qui développement économique ne signifie pas nécessairement réduction « naturelle » des inégalités sociales. Entre 1780 et 1920, si l'écart maximum entre profession se resserre surtout par le bas, c'est parce que les plus pauvres mettent davantage à profit une faible augmentation de leur revenu pour manger mieux, alors que pour les plus riches, manger de la viande et boire du lait un peu plus ou un peu moins ne les fera pas plus grandir passé un certain seuil de saturation. L'écart-type entre professions reste le même, et c'est là l'essentiel.

En conclusion, on pourrait s'interroger sur la pertinence de la coupure traditionnellement faite en histoire rurale en 1914. Bien que couramment retenue dans les thèses d'histoire rurale, le déclenchement de la Première Guerre mondiale ne paraît pas être une date butoir pertinente au vu de nos résultats, pas plus d'ailleurs que 1940. Il semble plutôt que dans une perspective à long terme (1800-1940[26]) la

---

26   Pour ne garder ici que les années d'examen.

période 1896-1949 puisse être envisagée comme une période de croissance de l'agriculture française et d'amélioration du niveau de vie des ruraux sans précédent dans l'histoire mais complétement escamotée par la révolution agricole des Trente Glorieuses. C'est d'ailleurs le point de vue de Gervais, de Malinvaud et de leurs collaborateurs, mais les bouleversements sociaux provoqués par la Première Guerre mondiale, que nos sources nous ont par ailleurs confirmés, sont un peu trop souvent considérés comme des bornes immuables de la périodisation historique.

Planches hors-texte

Figure 19 : La carte anthropométrique du *Reichsland* d'Alsace-Lorraine par Brandt (1898)

(G. BRANDT, *Die Körpergrösse der Wehrpflichtigen des Reichslandes Elsass-Lothringen nach amtlichen Quellen bearbeitet,* deuxième fascicule des *Beiträge zur Anthropologie Elsass-Lothringens,* dir. SCHWOLBE (G.), Strasbourg, 1898, carte hors texte.)

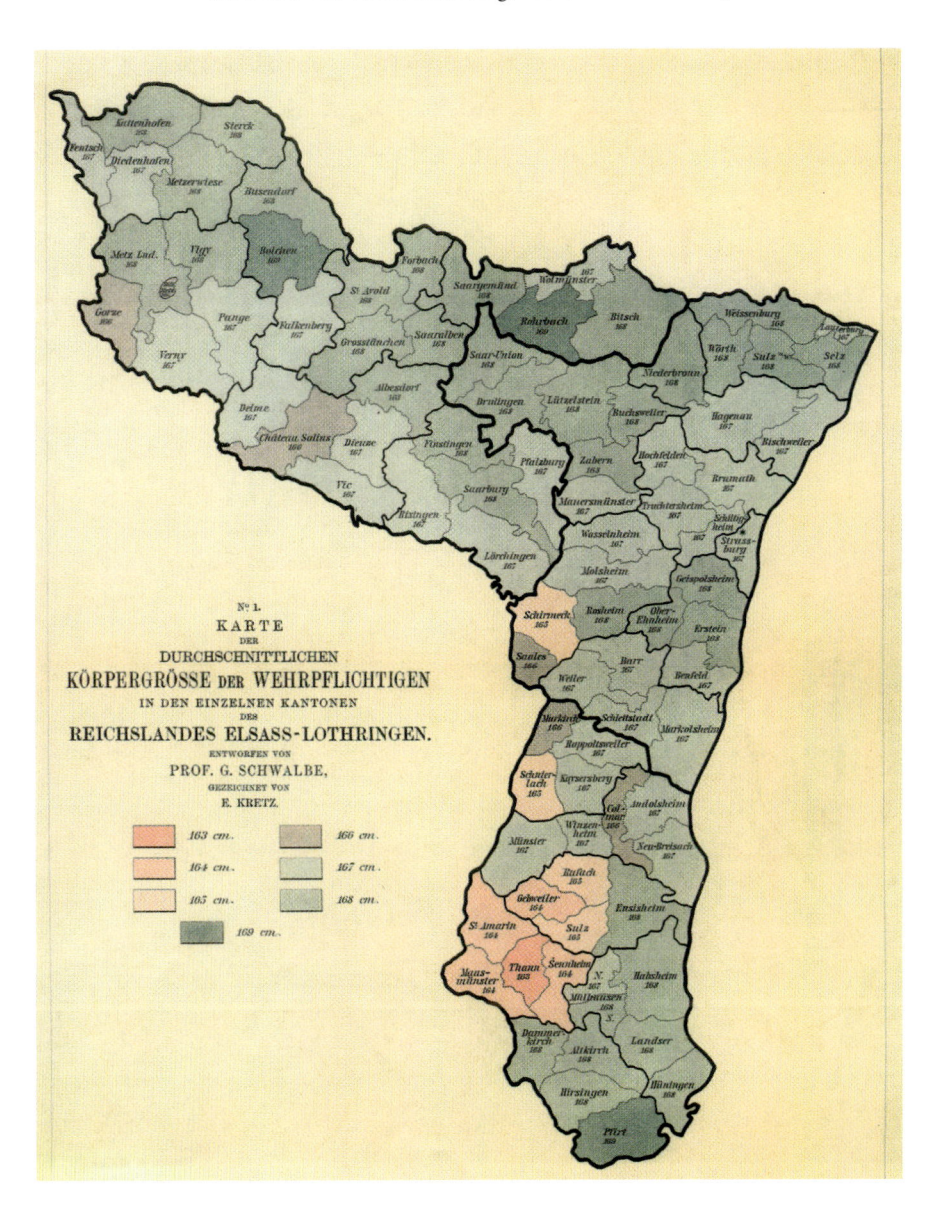

I

Figure 20 : Affiche appelant les conscrits de l'an XV à se présenter devant les maires de Haute-Vienne pour être inscrits sur la liste de la conscription et pour être toisés

A noter : l'an XV n'existe pas. Erreur peut-être due au zèle du préfet qui anticipe beaucoup les opérations de la conscription de la fin 1805 et de 1806.

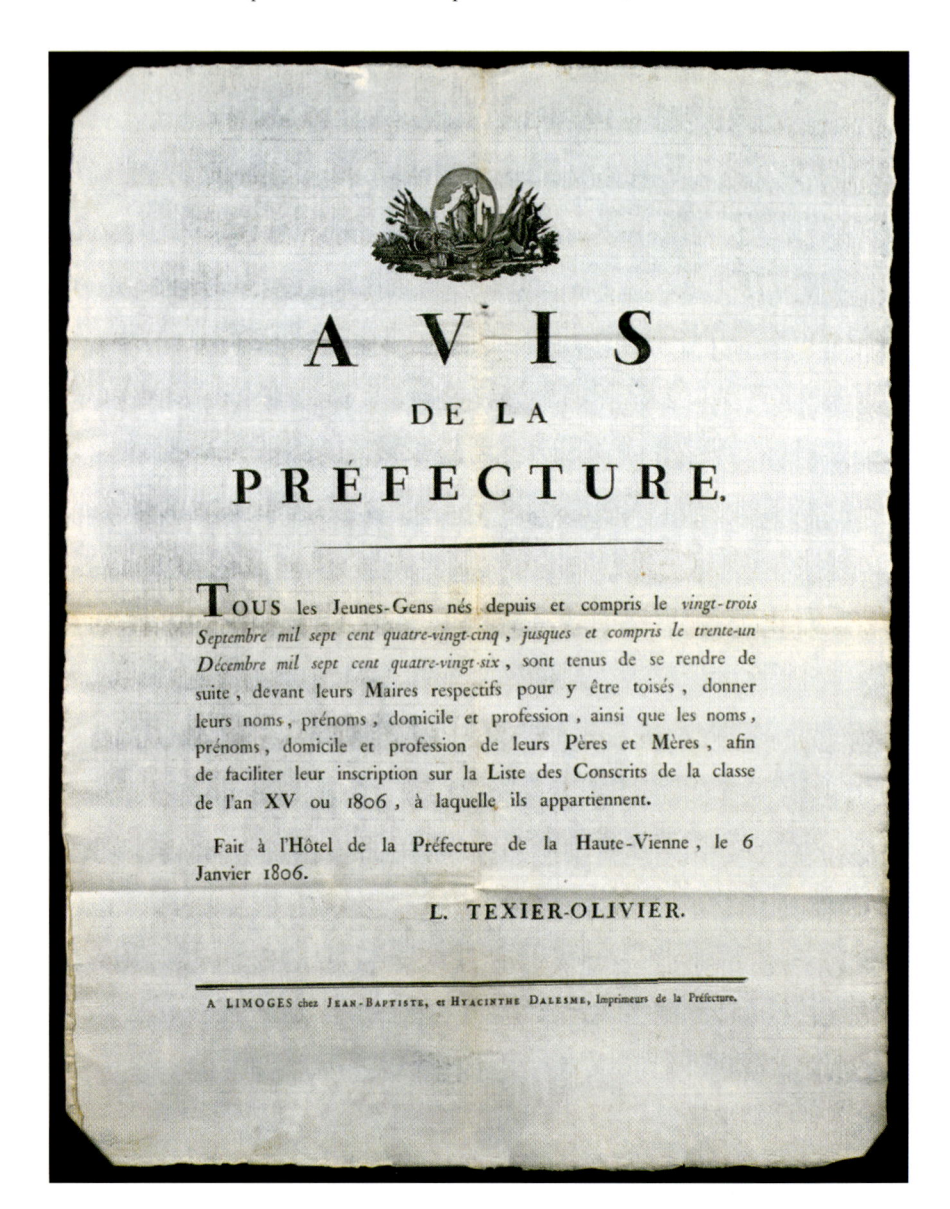

AVIS
DE LA
PRÉFECTURE.

Tous les Jeunes-Gens nés depuis et compris le vingt-trois Septembre mil sept cent quatre-vingt-cinq, jusques et compris le trente-un Décembre mil sept cent quatre-vingt-six, sont tenus de se rendre de suite, devant leurs Maires respectifs pour y être toisés, donner leurs noms, prénoms, domicile et profession, ainsi que les noms, prénoms, domicile et profession de leurs Pères et Mères, afin de faciliter leur inscription sur la Liste des Conscrits de la classe de l'an XV ou 1806, à laquelle ils appartiennent.

Fait à l'Hôtel de la Préfecture de la Haute-Vienne, le 6 Janvier 1806.

L. TEXIER-OLIVIER.

A LIMOGES chez Jean-Baptiste, et Hyacinthe Dalesme, Imprimeurs de la Préfecture.

Figure 21 : Extrait du tableau de conversion servant à l'adunation

ADHV, 1 R 15.

A noter : la grande précision des mesures, qui vont jusqu'aux lignes. La minutie de l'opération de la prise de taille est confirmée par les sources manuscrites, où l'on descend souvent jusqu'à la taille exprimée en lignes (traduite en mm).

(N.° 2.)

TABLEAU d'après lequel doit se calculer la taille des Citoyens à classer dans la Conscription militaire.

Dénomination des mesures — Ancienne : Pieds	Pouces	Lignes	Nouvelle : Mètres	Millimètres
4 pieds			1 mètre	300.
		1 ligne	1	302.
		2	1	305.
		3	1	307.
		4	1	309.
		5	1	312.
		6	1	314.
		7	1	316.
		8	1	318.
		9	1	321.
		10	1	323.
		11	1	325.
	1 Pouce		1 mètre	327.
		1 lig.	1	330.
		2	1	332.
		3	1	334.
		4	1	336.
		5	1	339.
		6	1	341.
		7	1	343.
		8	1	345.
		9	1	348.
		10	1	350.
		11	1	352.
4 Pieds	2 Pouces		1 mètre	354.
		1 lig.	1	357.
		2	1	359.
		3	1	361.
		4	1	363.
		5	1	366.
		6	1	368.
		7	1	370.
		8	1	372.
		9	1	375.
		10	1	377.
		11	1	379.
	3 Pouces		1 mètre	381.
		1 lig.	1	384.
		2	1	386.
		3	1	388.
		4	1	391.
		5	1	393.
		6	1	395.
		7	1	397.
		8	1	400.
		9	1	402.
		10	1	404.
		11	1	406.
	4 Pouces		1 mètre	409.
		1 lig.	1	411.
		2	1	413.
		3	1	415.
		4	1	418.
		5	1	420.
		6	1	422.
		7	1	424.
		8	1	427.
		9	1	429.
		10	1	431.
		11	1	433.
	5 Pouces		1 mètre	436.
		1 lig.	1	438.
		2	1	440.
		3	1	442.
		4	1	445.
		5	1	447.
		6	1	449.
		7	1	451.
		8	1	454.
		9	1	456.
		10	1	458.
		11	1	460.
4 Pieds	6 Pouces		1 mètre	463.
		1 lig.	1	465.
		2	1	467.
		3	1	470.
		4	1	472.
		5	1	474.
		6	1	476.
		7	1	479.
		8	1	481.
		9	1	483.
		10	1	485.
		11	1	488.
	7 Pouces		1 mètre	490.
		1 lig.	1	492.
		2	1	494.
		3	1	497.
		4	1	499.
		5	1	501.
		6	1	503.
		7	1	506.
		8	1	508.
		9	1	510.
		10	1	512.
		11	1	515.
	8 Pouces		1 mètre	517.
		1 lig.	1	519.
		2	1	521.
		3	1	524.
		4	1	526.
		5	1	528.
		6	1	530.
		7	1	533.
		8	1	535.
		9	1	537.
		10	1	539.
		11	1	542.
	9 Pouces		1 mètre	544.
		1 lig.	1	546.
		2	1	549.
		3	1	551.
		4	1	553.
		5	1	555.
		6	1	558.
		7	1	560.
		8	1	562.
		9	1	564.
		10	1	567.
		11	1	569.
	10 Pouces		1 mètre	571.
		1 lig.	1	573.
		2	1	576.
		3	1	578.
		4	1	580.
		5	1	582.
		6	1	585.
		7	1	587.
		8	1	589.
		9	1	591.
		10	1	594.
		11	1	596.
	11 Pouces		1 mètre	598.
		1 lig.	1	600.
		2	1	603.
		3	1	605.
		4	1	607.
		5	1	609.
		6	1	612.
		7	1	614.
		8	1	616.
		9	1	618.
		10	1	621.
		11	1	623.
5 pieds			1 mètre	625.
		1 lig.	1	627.
		2	1	630.
		3	1	632.
		4	1	634.
		5	1	636.
		6	1	639.
		7	1	641.
		8	1	643.
		9	1	645.
		10	1	648.
		11	1	650.
	1 Pouce		1 mètre	652
		1 lig.	1	654.
		2	1	657.
		3	1	659.
		4	1	661.
		5	1	663.
		6	1	666.
		7	1	668.
		8	1	670.
		9	1	672.
		10	1	675.
		11	1	677.
5 Pieds	2 Pouces		1 mètre	679.
		1 lig.	1	681.
		2	1	684.
		3	1	686.
		4	1	688.
		5	1	691.
		6	1	693.
		7	1	695.
		8	1	697.
		9	1	700.
		10	1	702.
		11	1	704.
	3 Pouces		1 mètre	706.
		1 lig.	1	709.
		2	1	711.
		3	1	713.
		4	1	715.
		5	1	718.
		6	1	720.
		7	1	722.
		8	1	724.
		9	1	727.
		10	1	729.
		11	1	731.
	4 Pouces		1 mètre	733.
		1 lig.	1	736.
		2	1	738.
		3	1	740.
		4	1	742.
		5	1	745.
		6	1	747.
		7	1	749.
		8	1	751.
		9	1	754.
		10	1	756.
		11	1	758.
	5 Pouces		1 mètre	761.
		1 lig.	1	763.
		2	1	765.
		3	1	767.
		4	1	770.
		5	1	772.
		6	1	774.
		7	1	776.
		8	1	779.
		9	1	781.
		10	1	783.
		11	1	785.
5 Pieds	6 Pouces		1 mètre	788.
		1 lig.	1	790.
		2	1	792.
		3	1	794.
		4	1	797.
		5	1	799.
		6	1	801.
		7	1	803.
		8	1	806.
		9	1	808.
		10	1	810.
		11	1	812.
	7 Pouces		1 mètre	815.
		1 lig.	1	817.
		2	1	819.
		3	1	821.
		4	1	824.
		5	1	826.
		6	1	828.
		7	1	830.
		8	1	833.
		9	1	835.
		10	1	837.
		11	1	839.
	8 Pouces		1 mètre	842.
		1	1	844.
		2	1	846.
		3	1	849.
		4	1	851.
		5	1	853.
		6	1	855.
		7	1	858.
		8	1	860.
		9	1	862.
		10	1	864.
		11	1	867.
	9 Pouces		1 mètre	869.
		1 lig.	1	871.
		2	1	873.
		3	1	876.
		4	1	878.
		5	1	880.
		6	1	882.
		7	1	885.
		8	1	887.
		9	1	889.
		10	1	891.
		11	1	894.
	10 Pouces		1 mètre	896.
		1 lig.	1	898.
		2	1	900.
		3	1	903.
		4	1	905.
		5	1	907.
		6	1	909.
		7	1	912.
		8	1	914.
		9	1	916.
		10	1	918.
		11	1	921.
	11 Pouces		1 mètre	923.
		1 lig.	1	925.
		2	1	928.
		3	1	930.
		4	1	932.
		5	1	934.
		6	1	937.
		7	1	939.
		8	1	941.
		9	1	944.
		10	1	946.
		11	1	948.
6 Pieds			1 mètre	950.

**Figure 22 : La toise métrique de l'ébéniste Holstein de Melun
(échelle originale : 1/10)**

ADSM, 1 R 216.

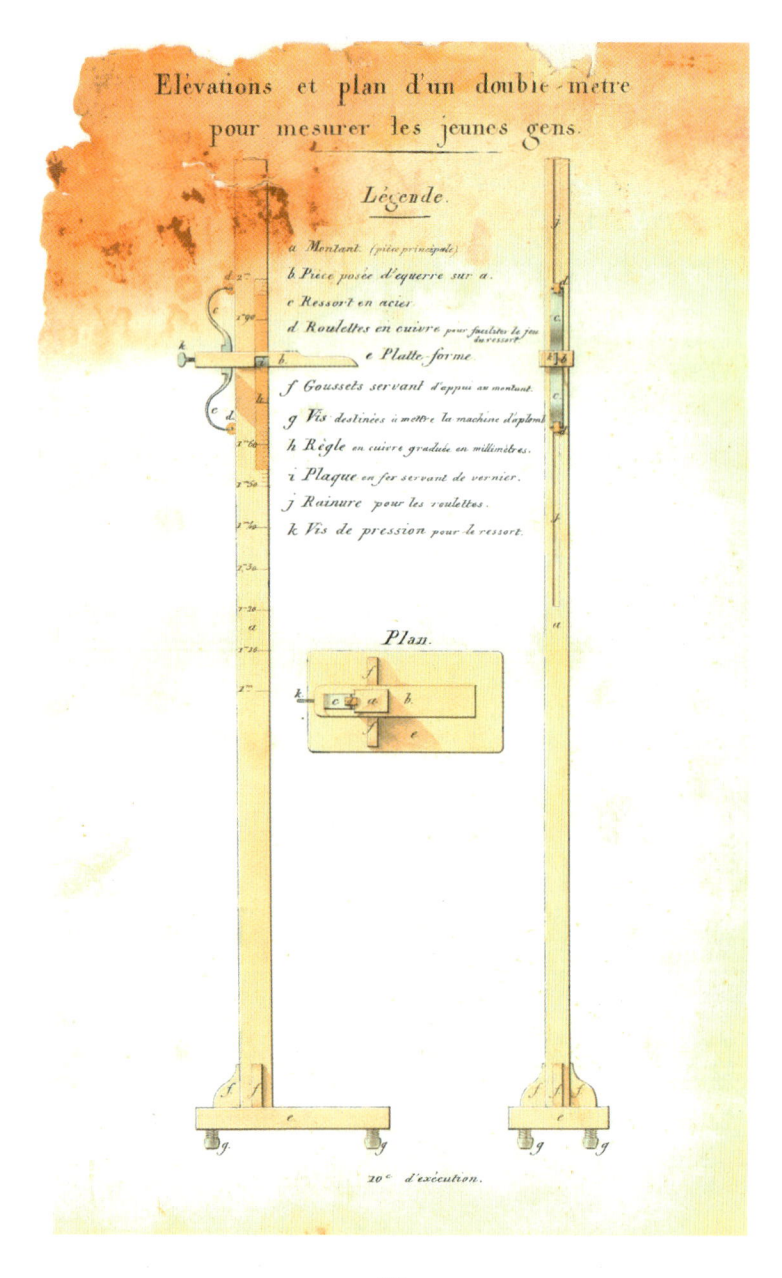

IV

Carte 1: Stature des conscrits de Seine-et-Marne par canton, cohorte née en 1781-1782 (examinée en l'an XI)
N = 2 126

(Source: ADSM, série R, tableau de la conscription)

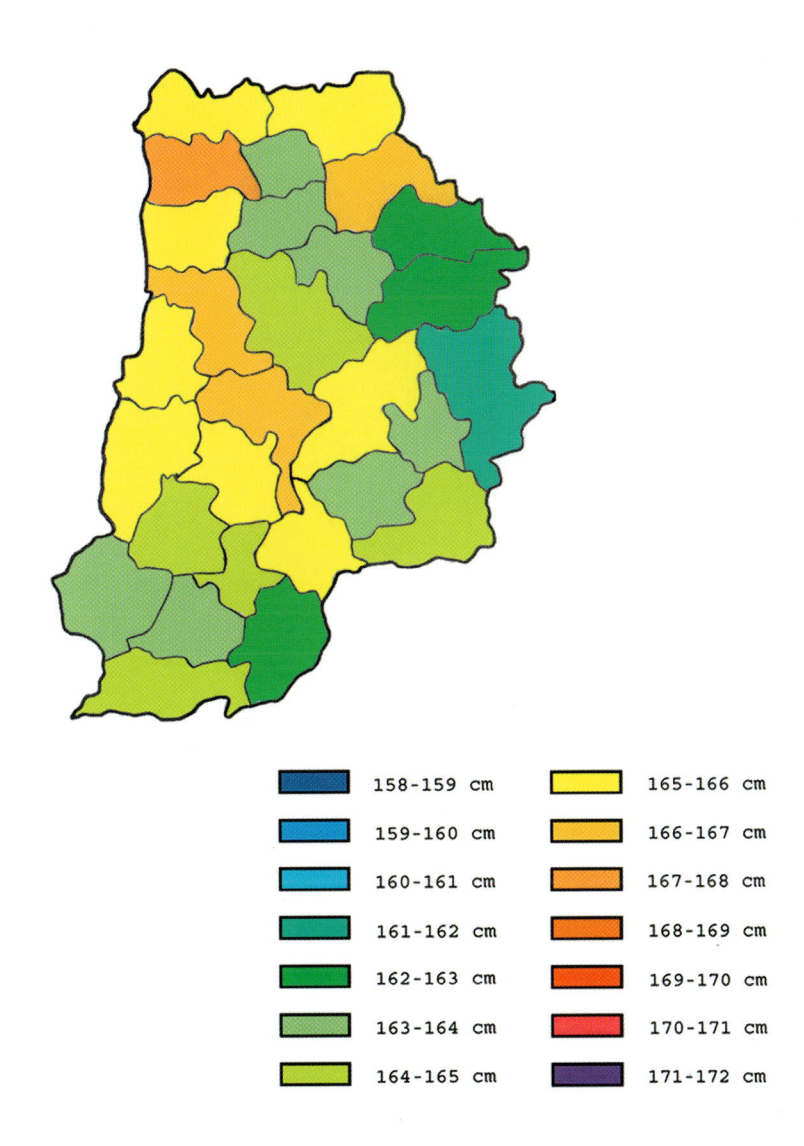

158-159 cm	165-166 cm
159-160 cm	166-167 cm
160-161 cm	167-168 cm
161-162 cm	168-169 cm
162-163 cm	169-170 cm
163-164 cm	170-171 cm
164-165 cm	171-172 cm

Carte 2 : Proportion de vignerons parmi les conscrits de Seine-et-Marne par canton, classe examinée en l'an XI
N = 2 126

(Source : ADSM, série R, tableau de la conscription)

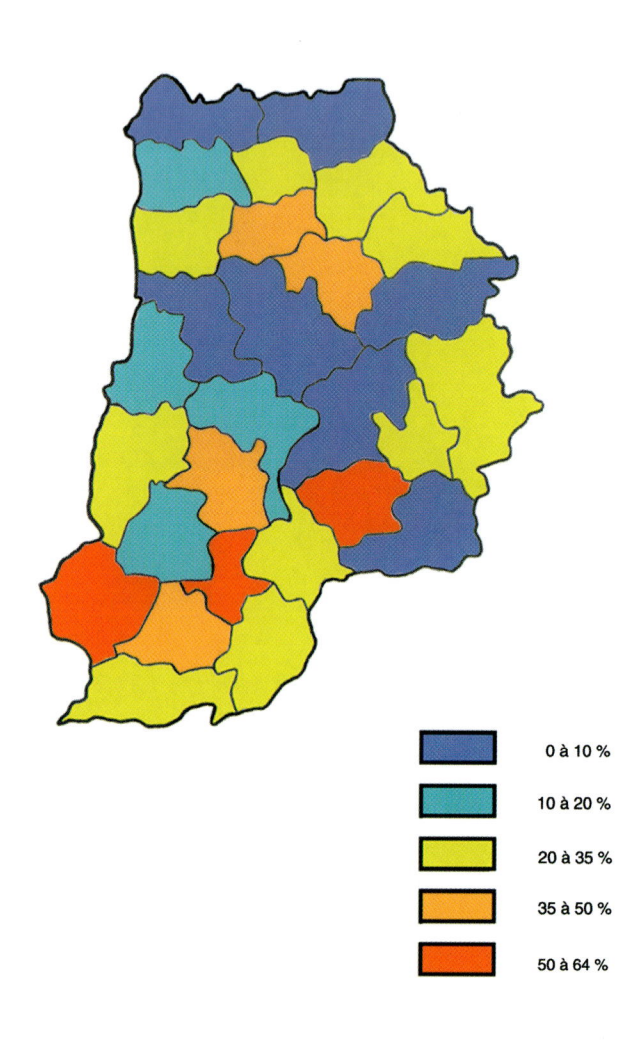

0 à 10 %
10 à 20 %
20 à 35 %
35 à 50 %
50 à 64 %

Carte 3: Stature des conscrits alsaciens par canton, cohortes de naissance 1777-1779, classes de l'an VII (Haut-Rhin) et de l'an VIII (Bas-Rhin) N = 4 517

(Sources: ADBR et ADHR, séries L et R, tableaux de la conscription)

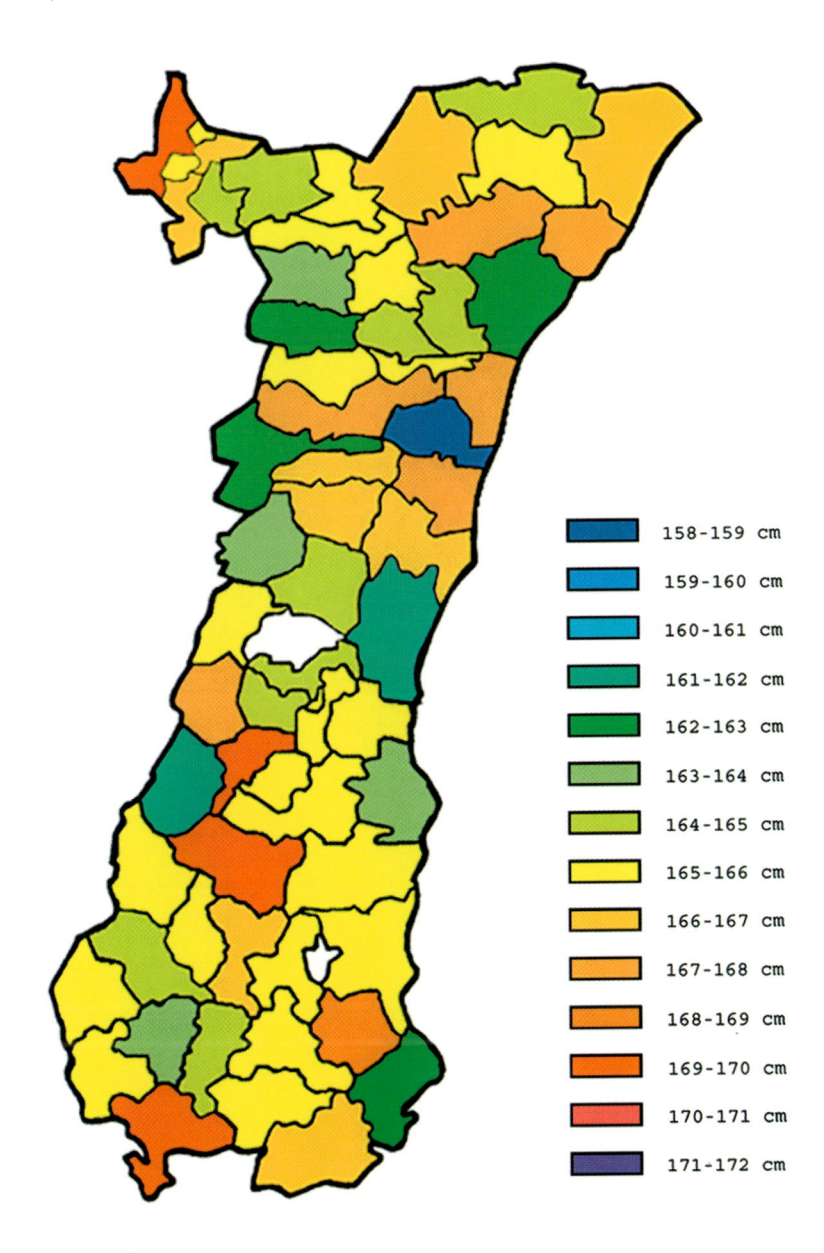

Carte 4 : Stature des miliciens de Haute-Alsace par bailliage, année moyenne de naissance 1738, âge d'examen standardisé à 20 ans (âges réels d'examen 23-50 ans)
N = 3 744

(Sources : ADHR, série C, recensements, contrôles et états de frais de la milice)

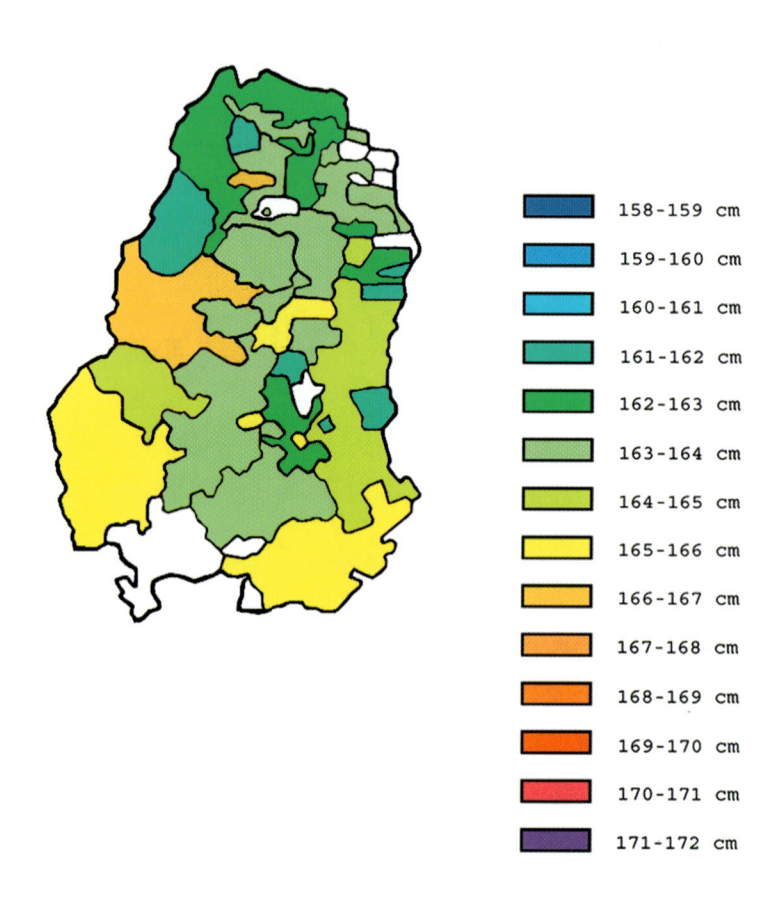

- 158-159 cm
- 159-160 cm
- 160-161 cm
- 161-162 cm
- 162-163 cm
- 163-164 cm
- 164-165 cm
- 165-166 cm
- 166-167 cm
- 167-168 cm
- 168-169 cm
- 169-170 cm
- 170-171 cm
- 171-172 cm

Carte 5 : Stature des conscrits limousins par canton, cohorte née en 1848 (N = 6 790)

(Sources : AD Creuse, AD Corrèze, ADHV, séries R, listes de tirage au sort)

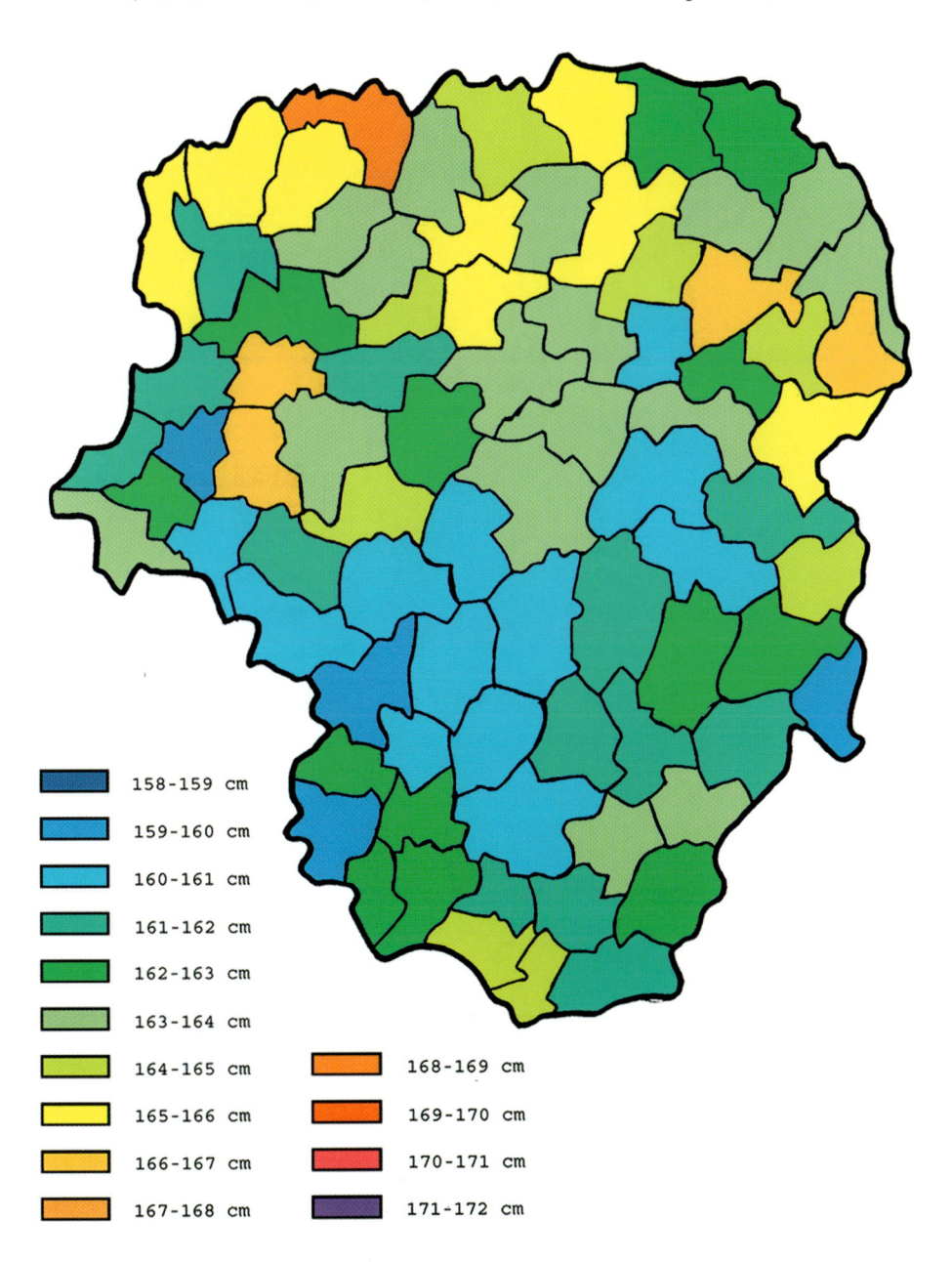

158-159 cm	168-169 cm
159-160 cm	169-170 cm
160-161 cm	170-171 cm
161-162 cm	171-172 cm
162-163 cm	
163-164 cm	
164-165 cm	
165-166 cm	
166-167 cm	
167-168 cm	

Carte 6 : Stature des conscrits alsaciens par canton, cohorte née en 1848 (N = 6 108)

(Sources : ADBR, ADHR, séries R, listes de tirage au sort)

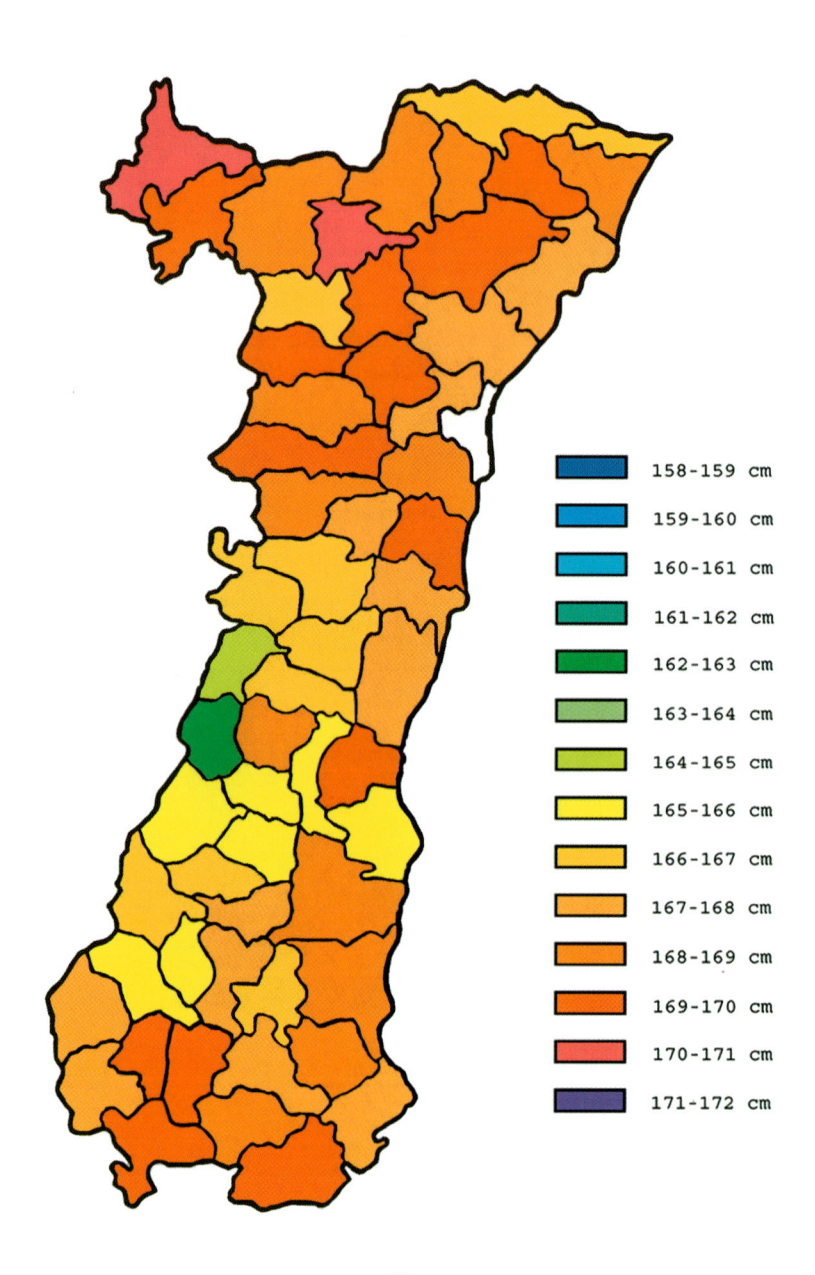

Carte 7 : Stature des conscrits de Seine-et-Marne par canton, cohorte née en 1848 (N = 2 633)

(Source : ADSM, série R, liste de tirage au sort)

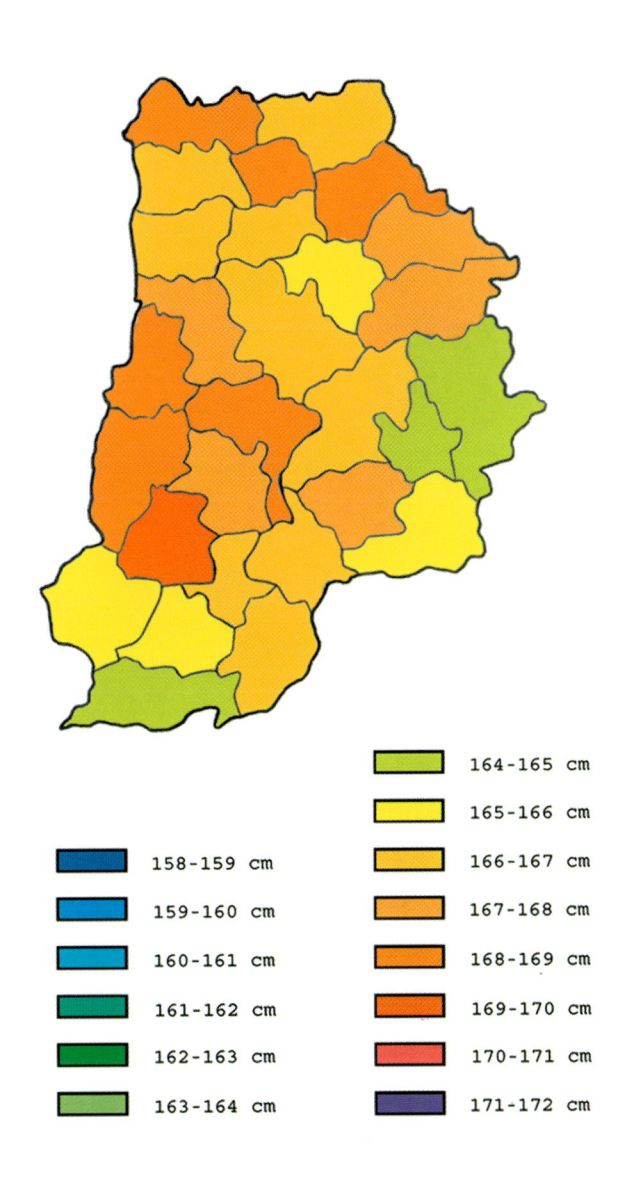

158-159 cm	164-165 cm
159-160 cm	165-166 cm
160-161 cm	166-167 cm
161-162 cm	167-168 cm
162-163 cm	168-169 cm
163-164 cm	169-170 cm
	170-171 cm
	171-172 cm

Carte 8 : Stature des *Wehrpflichtigen* du *Kreis* de Sélestat par commune, à l'âge de 19 ans 9 mois, cohortes nées en 1853-1894 (N = 26 807)

(Source : ADBR, versement 392 D, *Alphabetische Listen*)

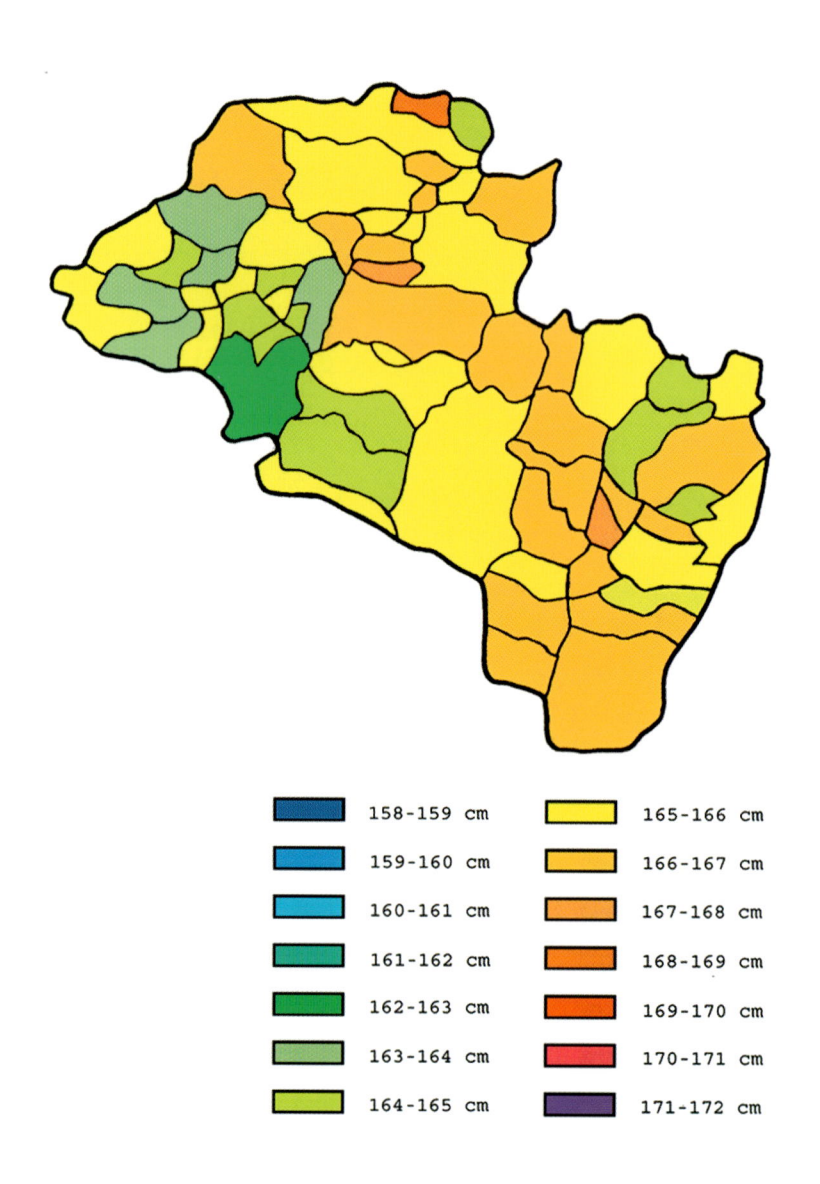

Carte 9 : Evolution de la stature moyenne en Europe occidentale, cohortes de naissance 1860-1940 environ

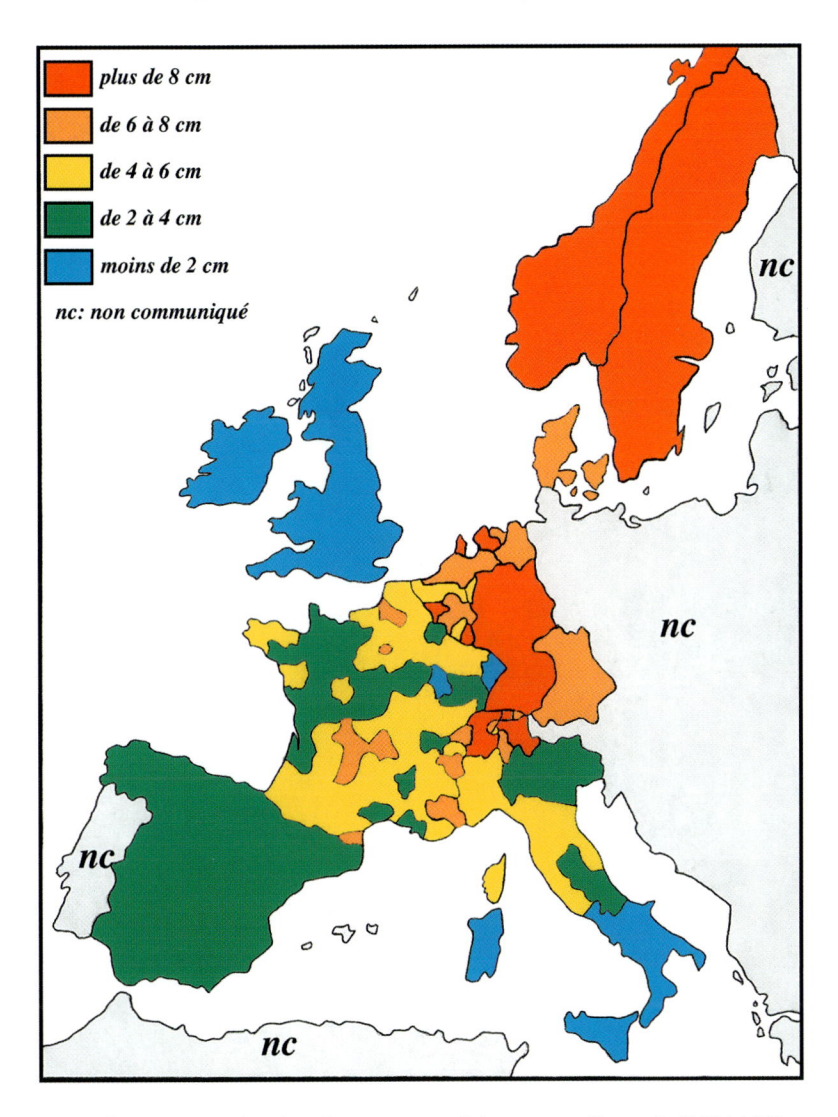

- ■ plus de 8 cm
- ■ de 6 à 8 cm
- ■ de 4 à 6 cm
- ■ de 2 à 4 cm
- ■ moins de 2 cm

nc : non communiqué

Données d'après M.-C. Chamla, «L'accroissement de la stature en France de 1880 à 1960 : comparaison avec les pays d'Europe occidentale», dans *BMSAP*, 11ᵉ série, 6, 1964, p. 238. Accroissement aux années d'examen selon Chamla : Allemagne de l'Ouest : de 1887 à 1958 ; Allemagne du Nord : de 1876 à 1958 ; Allemagne du Sud : de 1875 à 1958 ; Belgique par provinces : de 1880 à 1953 ; Danemark : de 1879 à 1960 ; Espagne : de 1860-1893 à 1955 ; France par départements : de 1880 à 1960 ; Royaume-Uni : de 1881 à 1951 ; Italie par provinces : de 1879 à 1953 ; Norvège : de 1880 à 1960 ; Pays-Bas par provinces : de 1893 à 1948 ; Suède : de 1880 à 1961 ; Suisse par cantons : de 1884 à 1957.

Carte 10 : Stature des conscrits alsaciens par canton, cohortes nées en 1917 (Strasbourg) et 1919-1920 (reste de l'Alsace) N = 8 081

(Sources : ADBR, versements 295 D, ADHR, non coté, listes de recensement)

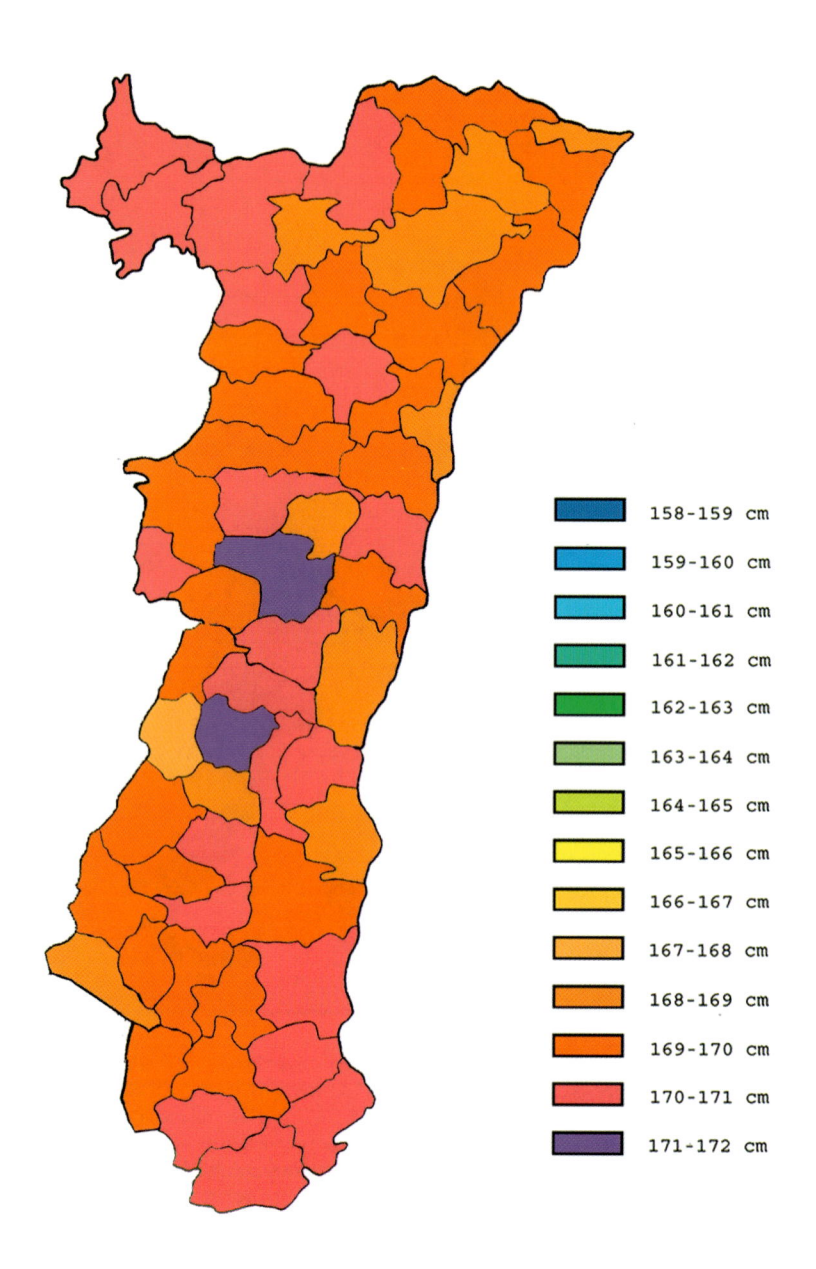

Carte 11 : Stature des conscrits de Seine-et-Marne par canton, cohorte née en 1920 (N = 3 207)

(Source : ADSM, série R, tableaux de recensement cantonal)

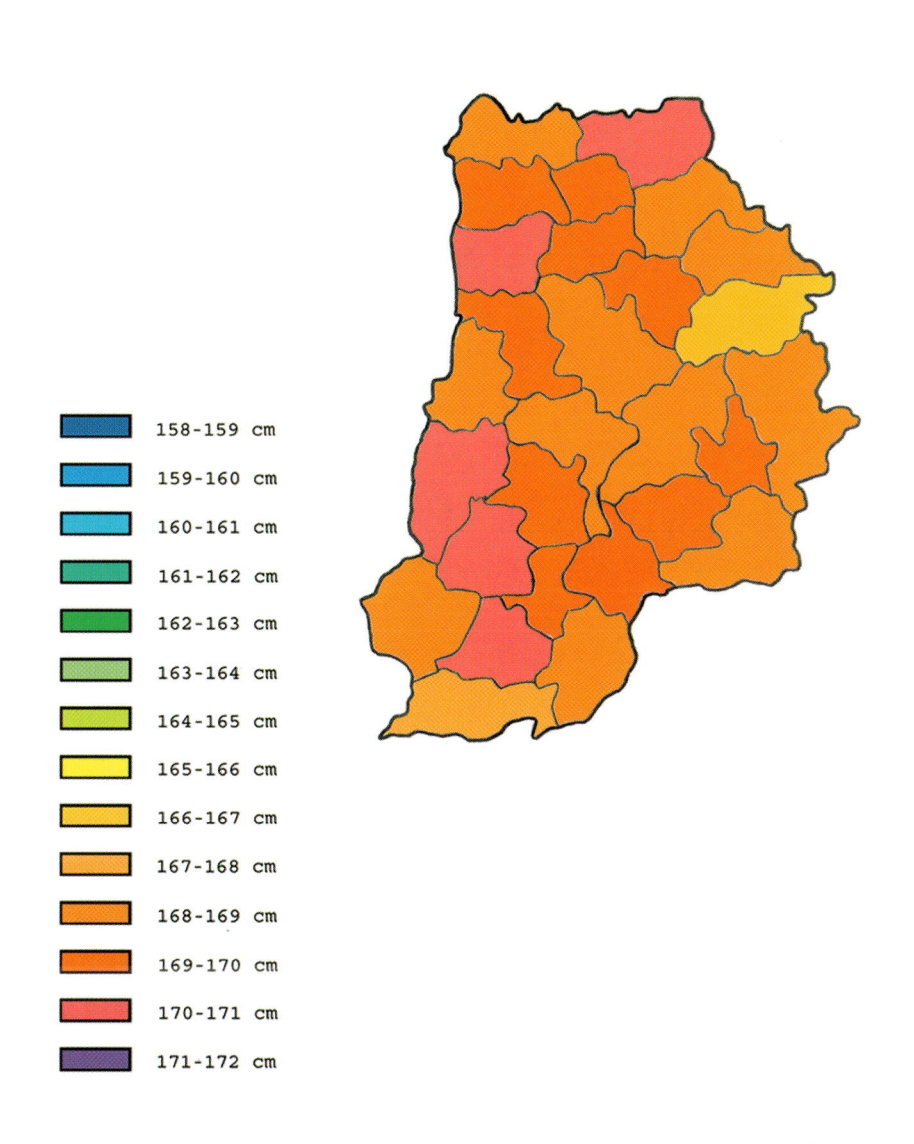

▬	158-159 cm
▬	159-160 cm
▬	160-161 cm
▬	161-162 cm
▬	162-163 cm
▬	163-164 cm
▬	164-165 cm
▬	165-166 cm
▬	166-167 cm
▬	167-168 cm
▬	168-169 cm
▬	169-170 cm
▬	170-171 cm
▬	171-172 cm

Carte 12 : Stature des conscrits de Haute-Vienne par canton, cohorte née en 1920 (N = 2 454)

(Source : ADHV, série R, tableaux de recensement communal)

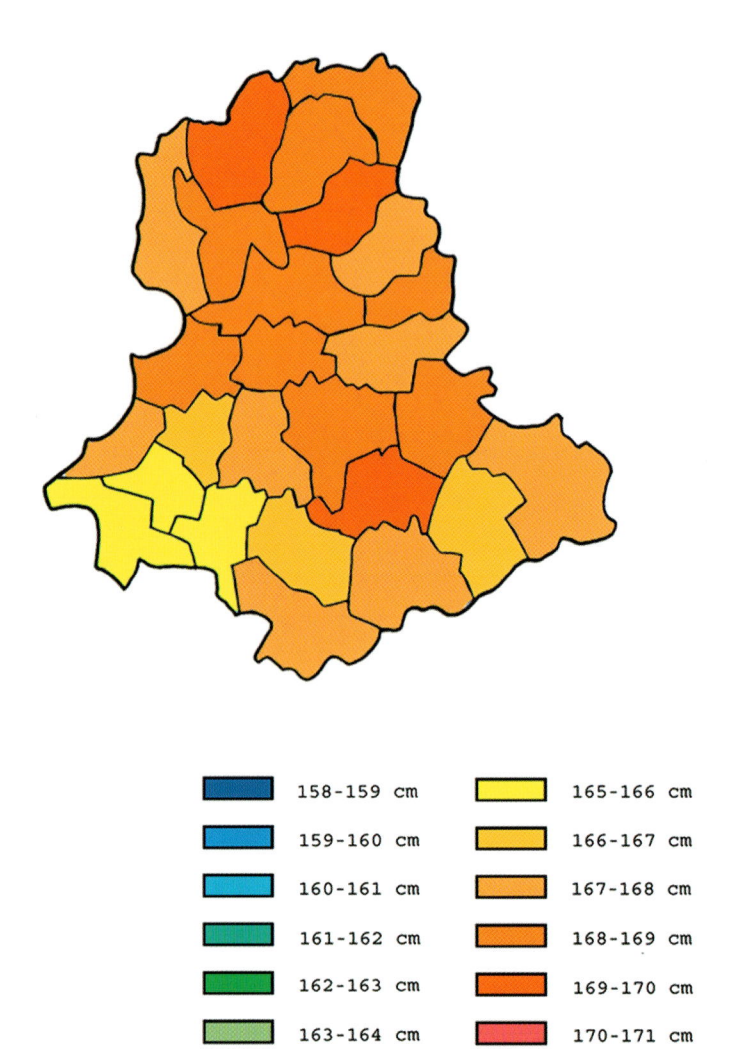

158-159 cm	165-166 cm
159-160 cm	166-167 cm
160-161 cm	167-168 cm
161-162 cm	168-169 cm
162-163 cm	169-170 cm
163-164 cm	170-171 cm
164-165 cm	171-172 cm

Conclusion

LES CHANGEMENTS d'interprétation scientifique de la stature moyenne survenus depuis la fin du XVIIIe siècle épousent partiellement les variations séculaires de la stature française. Globalement, le XIXe siècle correspond à une croissance anthropométrique lente qui se prête davantage à une interprétation raciale, alors que le XXe siècle, à la croissance rapide, se prête plutôt à une interprétation sociale. Cependant, bien des nuances demeurent. Les historiens libéraux du début du XIXe siècle ont considérablement contribué à vulgariser l'idée de race dans les milieux intellectuels français. Les logiques de réseaux d'influence et de culture de groupes scientifiques jouent également pour expliquer les flux et reflux des thèses sociale et raciale. Le succès du mythe des deux races françaises dans les années 1860 à 1880 doit ainsi beaucoup à la position privilégiée qu'occupe alors Broca. La thèse raciale repose également sur une erreur de construction et d'interprétation des histogrammes de stature dont nous avons démonté les mécanismes, en confrontant les sources à l'échelle individuelle et à l'échelle des données agglomérées. Par ailleurs, pendant longtemps, la France ne constitue certainement pas le pays le plus propice au développement de la thèse sociale, car la croissance anthropométrique des conscrits français au cours des années de naissance 1780-1920 est modeste en comparaison de celle d'autres pays en voie d'industrialisation. Entre les cohortes de naissance 1798-1800 et 1918-1920, les Français grandissent de 4,5 cm[1] et les Néerlandais, champions d'Europe en la matière, de 8,9 cm[2]. La croissance anthropométrique, reflet partiel de la croissance économique nationale, paraît donc relativement modeste et justifie l'évocation d'une voie française de l'industrialisation.

Cependant, à l'échelle des quatre espaces étudiés ici, l'histoire anthropométrique apporte des nuances et quelques éléments nouveaux à notre connaissance des niveaux de vie tels que nous les connaissons à travers les indices traditionnels de niveau de vie ou à travers les deux études anthropométriques qui ont été menées à l'échelle nationale par David Weir et Michiel Van Meerten. Notre contribution a pu s'appuyer sur des données individuelles, qui permettent de mieux cerner les facteurs de croissance et les nuances spatiales vers le mieux-être.

Tout d'abord, la décennie de naissance 1780 constitue la période où le niveau de vie biologique des conscrits de l'arrondissement alsacien de Sélestat, de l'arrondisse-

---

1 De 163,7 à 168,2 cm, chiffres d'après D. R. WEIR, «Economic Welfare...», *loc. cit.*, p. 191 et M. A. VAN MEERTEN, *loc. cit.*, p. 775-777.

2 De 164,3 à 173,2 cm. J. W. DRUKKER, V. TASSENAAR, *loc. cit.*, p. 358-359.

ment de Melun et des arrondissements limousins de Bellac et de Saint-Yrieix atteint un minimum sur la période 1780-1920. La Révolution éclate donc dans un contexte de difficultés économiques et sociales mais, semble-t-il, pas plus dramatique ici que dans le reste de l'Europe contemporaine. Le redressement rapide de la stature moyenne à la fin des années de naissance 1790, contemporain de la baisse rapide de la mortalité infantile, pourrait trouver son origine dans la chute sensible de la fécondité, elle-même causée par les changements de mœurs à l'époque de la Révolution. Après la stabilisation impériale, les trois espaces ruraux étudiés connaissent une baisse sensible de leur niveau de vie biologique au début de la Restauration (1817-1826, années de naissance), décennie qui correspond aussi dans l'adolescence des conscrits à la période difficile de la fin de la monarchie de Juillet (classes 1837-1846).

La première moitié du XIXe siècle apparaît comme le moment où la menace de crise malthusienne est la plus forte en Alsace, rurale comme urbaine, dans le Limousin et, dans une moindre mesure, en Brie pour les années de naissance 1811 à 1821. La stature des conscrits de l'arrondissement de Sélestat et des arrondissements de Bellac et de Saint-Yrieix diminue d'un ou deux centimètres entre les décennies de naissance 1800 et 1840-1850. La menace de surpeuplement rural est alors effective. Ces résultats viennent nuancer la conclusion optimiste de Weir qui, à l'échelle nationale, observe une stagnation, voire une légère augmentation de la stature moyenne des Français. En revanche, ils s'inscrivent peut-être davantage dans le contexte européen de l'époque : la stature moyenne diminue dans de nombreux pays pour les années de naissance 1830 et 1840[3]. Cependant, dans les espaces ruraux étudiés ici, la baisse semble arriver plus tôt, dans la décennie de naissance 1820[4], et les baisses alsaciennes et limousines restent assez modestes en comparaison de celles de pays en voie d'urbanisation.

C'est à Mulhouse, le Manchester français, que la baisse de la stature est la plus marquée dans la première moitié du XIXe siècle. L'analyse à l'échelle individuelle des données anthropométriques permet de cerner les facteurs de la dépression staturale avec précision. La diminution de deux à trois centimètres de la stature moyenne des Mulhousiens entre les cohortes de naissance 1796/1806 à 1859 n'est pas due à l'afflux de pauvres venus travailler à la ville, ni à un changement de la structure socioprofessionnelle de la ville industrielle qui serait défavorable à l'augmentation du niveau de vie des citadins. C'est plutôt la dégradation des conditions de vie en milieu urbain dans les premiers temps de l'industrialisation qui rend compte de la dépression staturale. Dans une ville à la croissance démographique très importante, les conditions d'hygiène et de salubrité se dégradent sensiblement et, surtout, l'organisation déficiente du marché

---

3   J. KOMLOS, « Histoire anthropométrique : bilan… », *loc. cit.*, p. 7.
4   Alors que dans les autres pays européens et aux Etats-Unis, la stature augmente dans cette décennie, *ibidem*, p. 16.

Conclusion

d'approvisionnement urbain ne permet pas d'assurer un apport constant en protéines, indispensables à la croissance humaine. Dans la première moitié du XIXe siècle, le faible niveau des salaires urbains et leur irrégularité ne permettent pas aux ouvriers mulhousiens de se nourrir convenablement, même après l'arrivée du chemin de fer qui assure pourtant un meilleur approvisionnement de la ville. La corrélation établie en France par Weir à l'échelle départementale entre haute stature moyenne et taux d'urbanisation élévé mérite donc d'être nuancée à une échelle plus fine. Comme l'ont constaté Roderick Floud et Richard Steckel, la France a eu la chance de s'industrialiser assez précocement sans trop s'urbaniser au moment le plus critique de l'histoire des villes[5]. Replacé dans un contexte international, le cas mulhousien s'inscrit tout à fait dans l'histoire anthropométrique des villes précocement industrialisées qui connaissent elles aussi une baisse de la stature, telles Baltimore, Charleston, Philadelphie, Londres ou Glasgow[6].

En revanche, le cas briard semble constituer une exception dans l'Europe de la première moitié du XIXe siècle, autant que l'on puisse en juger en l'état actuel de nos connaissances. Contrairement aux arrondissements alsacien et limousins, point de faux-semblants de démarrage économique en Brie, mais une véritable révolution agricole et anthropométrique. Entre les années de naissance 1821 et 1856, c'est-à-dire entre les classes 1841 et 1876, les conscrits briards grandissent à un rythme digne d'un pays industrialisé de la seconde moitié du XXe siècle et ce sur une durée de trente cinq ans. Les salaires agricoles des nombreux manouvriers et autres agriculteurs dépendants augmentent sensiblement, surtout à partir des années 1840. L'adoption de nouveaux assolements et l'accroissement sensible de l'effectif du troupeau ovin permettent à l'agriculture briarde d'augmenter ses rendements. La proximité du marché parisien stimule la production de l'arrondissement de Melun.

Le rapport au marché constitue une autre originalité des espaces ruraux retenus dans notre étude, par rapport aux autres pays étudiés par l'histoire anthropométrique. Les chercheurs étrangers ont montré que l'ouverture au marché des régions périphériques à celui-ci se traduit au XIXe siècle par une baisse du niveau de vie biologique des paysans habitant ces espaces périphériques. En effet, ces paysans exportent désormais des protéines nécessaires à la croissance de leurs organismes vers les marchés urbains, alors qu'ils les consommaient jusqu'alors sur place[7]. Cependant, l'espace de notre étude qui souffre le plus de l'avènement d'un marché international des produits agricoles n'est pas le Limousin, mais la Brie, région hypercentrale. Pour les classes examinées entre 1876 et 1896, la stature moyenne des Briards diminue sensiblement. La prolétarisation d'une grande part des ouvriers agricoles intervient alors que les salaires

---

5   R. H. STECKEL, R. FLOUD, « conclusions », *loc. cit.*, p. 436.
6   J. KOMLOS, « Histoire anthropométrique : bilan… », *loc. cit.*, p. 12.
7   *Ibidem*, p. 10-11.

journaliers stagnent et que le chômage rural se développe. L'apport complémentaire de nutriments fourni par le lopin de terre des salariés agricoles disparaît donc à un moment défavorable. La Grande Dépression sévit également dans l'arrondissement de Sélestat pour les classes examinées entre 1874 et 1887 et pour les cohortes de naissance 1880-1887. l'histoire anthropométrique invite donc à mettre l'accent sur la gravité de la Grande Dépression dans certaines campagnes françaises, alors que les indices traditionnels de niveau de vie n'indiquent au pire qu'une stagnation.

D'autre part, contrairement au schéma valable dans bien d'autres pays, l'ouverture au marché de la région jusqu'alors la plus isolée, le Limousin, ne correspond pas à une dégradation du niveau de vie biologique, mais bien plutôt à une croissance anthropométrique très rapide. A partir du milieu des années 1850, l'augmentation sensible des exportations de protéines, sous forme de viande bovine, ne peut qu'améliorer le niveau de vie biologique de conscrits limousins qui sont alors des végétaliens par la force des choses. Après le milieu des années 1850, commence à s'achever en Limousin une longue période de vaches maigres, au sens propre comme au sens figuré. Les progrès de l'élevage se traduisent par une augmentation du poids des bœufs et des vaches et par l'augmentation de la stature des conscrits limousins. La corrélation entre indice de nutrition nette animal (poids des bovins) et indice de nutrition nette humain (stature) montre que mieux-être animal et mieux-être humain sont deux facettes de la même histoire naturelle et sociale. L'analyse des données à l'échelle individuelle montre que c'est surtout l'agriculture qui est facteur de croissance, alors que les migrations saisonnières massives de maçons limousins vers les grands centres urbains ne jouent qu'un rôle secondaire dans cette croissance qui débute vers 1850. Ce sont davantage les transactions qui se déroulent sur le marché de La Villette que les travaux du baron Haussmann qui expliquent le mieux-être limousin. La vente des bovins constitue déjà la principale source de richesse de la région à la fin du XVIIIe siècle, et l'augmentation des cours de la viande après les années 1850 a stimulé la production limousine.

Dans la seconde moitié du XIXe siècle, la hausse des prix des protéines d'origine animale s'explique par l'augmentation de la consommation urbaine, elle-même rendue possible par l'élévation des salaires ouvriers. Après l'année d'examen 1879, Mulhouse connaît une croissance anthropométrique sensible jusqu'aux conscrits toisés lors de la drôle de guerre. Cette croissance renvoie en partie au dynamisme des secteurs secondaire et tertiaire mis en évidence par Malinvaud. Les revenus des ouvriers et actifs du tertiaire augmentent plus vite que ceux des paysans dans la première moitié du XXe siècle. Cependant, et c'est là un autre paradoxe que montre l'histoire anthropométrique, la stature des ruraux connaît une croissance sans précédent pour les classes 1896 à 1940, alors que les indices traditionnels de niveau de vie, PIB par habitant et salaires, annoncent plutôt une stagnation pour cette période. Après avoir proposé une vision des niveaux de vie plus pessimiste que les indices traditionnels pour le XIXe siècle, l'histoire anthropométrique apporte donc un regard plus optimiste pour la première moitié du XXe siècle[8]. Bien que les revenus augmentent peu, le niveau de développement alors atteint permet au régime alimentaire de se diversifier et d'être plus riche, ce qui provoque une croissance anthropométrique sans rapport avec l'évolution des salaires et du PIB. Les progrès de la médecine, de meilleures conditions hygiéniques et sanitaires ont également pu jouer un rôle dans cette amélioration. Il reste toutefois des nuances spatiales : les concrits de Mulhouse accroissent leur stature moyenne plus vite que ceux du Limousin, qui grandissent eux-même plus rapidement que ceux de l'arrondissement de Melun. Depuis le début de la IIIe République, la Brie connaît en fait une dégradation relative de sa situation, due à l'atonie de son secteur primaire et à une spécialisation dans un domaine, la céréaliculture, en crise jusqu'aux années 1930. De plus, la prolétarisation totale d'une grande partie des ouvriers agricoles est défavorable à l'élévation rapide du niveau de vie biologique. En revanche, l'économie pastorale du Limousin, région de petite culture, continue à assurer une croissance anthropométrique soutenue aux conscrits limousins. On est loin de la France malthusienne des petits producteurs décrite par certains historiens des années 1950-1970. Pour la première fois, au début du XXe siècle, les trois espaces ruraux de notre étude ainsi que Mulhouse connaissent une croissance anthropométrique sensible et continue, alors qu'une uniformisation spatiale des niveaux de vie se dessine.

Cependant, dans une société globalement mieux portante, il semble que l'ouverture des marchés apporte à long terme un mieux-être général, mais non la diminution des inégalités sociales moyennes, tout au plus la diminution des inégalités les plus criantes. En effet, les écarts anthropométriques moyens entre professions restent les mêmes des cohortes de naissance 1780 à 1920, seuls les écarts maximum diminuent par croissance des plus petits, des plus pauvres. La théorie de Kuznets ne semble pas validée par l'anthropométrie dans nos quatre espaces étudiés. Si les plus démunis mangent davantage à leur faim au début du XXe siècle qu'à la fin du XVIIIe siècle, ce qui explique la diminution des écarts maximum, l'augmentation du niveau de vie biologique de l'ensemble des populations étudiées ne s'accompagne pas d'une diminution supposée naturelle des inégalités sociales. L'histoire anthropométrique permet donc de mieux cerner les modalités d'une croissance économique et d'un mieux-être social dont on a parfois tendance à gommer les aspérités. Le mieux-être est général dans la longue durée, mais l'industrialisation n'est pas un long fleuve tranquille.

---

[8] On retrouve là deux conclusions que les chercheurs ont tiré en histoire anthropométrique à l'issu d'une vingtaine d'années de recherches concernant d'autres pays, J. KOMLOS, « Histoire anthropométrique : bilan… », *loc. cit.*, p. 19.

ANNEXES STATISTIQUES

I – Séries chronologiques

A. Séries anthropométriques

Annexe I. A. 1: Stature moyenne des conscrits à l'âge de 20,5 ans en centimètres : arrondissement de Sélestat, arrondissement de Melun, arrondissements de Saint-Yrieix et de Bellac (ensemble), commune de Mulhouse, trois espaces ruraux (années de naissance 1780-1920). Moyenne mobile de 11 ans pour Mulhouse de 1806 (1796-1806) à 1821 (1811-1821).

NB : Trois espaces ruraux : moyenne non pondérée des séries Alsace rurale, Brie et Limousin.

Année de naissance	Alsace rurale	Mulhouse	Brie	Limousin	Espaces ruraux
1780	165,18				
1781	164,55		163,47		
1782	165,76		164,20	158,91	162,96
1783	163,64		164,23	160,85	162,91
1784	162,80		164,22	160,86	162,63
1785	163,89		163,82		
1786	166,88			161,23	
1787	163,92			161,54	
1788	165,05			162,62	
1789	165,07			163,23	
1790	165,50			163,80	
1791	164,28		163,65	163,02	
1792	164,23		162,57	161,73	

Année de naissance	Alsace rurale	Mulhouse	Brie	Limousin	Espaces ruraux
1793	165,11		163,84	163,47	
1794	163,67			162,41	
1795					
1796	165,79		163,84	161,66	163,76
1797	166,03		164,26	161,28	163,86
1798	166,32		164,63	162,02	164,32
1799	165,10		166,10	161,40	164,20
1800	166,10		165,43	161,85	164,46
1801	165,94			162,77	
1802	165,52		165,64	162,04	164,40
1803	165,66		165,60	162,78	164,68
1804	165,51		164,95	162,31	164,26
1805	165,40		165,57	161,54	164,17
1806	165,63	167,45	165,76	161,91	164,43
1807	165,86	167,46	166,02	161,92	164,60
1808	165,57	167,41	166,32	162,52	164,80
1809		167,25	165,69	162,73	
1810		166,89	165,04	162,20	
1811	164,57	166,50	166,25	162,26	164,36
1812	165,57	166,40	165,92	161,19	164,23
1813	166,53	166,47	165,41	162,35	164,76
1814	165,84	166,36	165,18	162,33	164,45
1815	165,68	166,41	165,11	162,34	164,38
1816	165,66	166,25	164,91	162,36	164,31
1817	166,01	165,98	165,81	161,69	164,50
1818	166,06	165,90	164,52	161,33	163,97
1819	165,66	165,96	163,84	161,70	163,73
1820	165,81	165,80	164,39	161,41	163,87
1821	165,20	165,84	163,95	160,90	163,35
1822	165,35	165,79	165,87	162,15	164,46
1823	164,86	165,73	164,41	162,05	163,77
1824	165,15	165,79	166,61	160,55	164,10
1825			166,13	161,94	
1826	165,52	166,10	165,49	160,16	163,72
1827	165,42	166,03	166,62	160,76	164,27
1828	165,43	165,62	166,79	161,15	164,46
1829	165,51	164,77	167,41	162,11	165,01

Annexes statistiques

Année de naissance	Alsace rurale	Mulhouse	Brie	Limousin	Espaces ruraux
1830	165,18	165,30	167,05	162,04	164,76
1831	165,34	166,70	165,79	162,46	164,53
1832	165,54	165,53	166,99	162,11	164,88
1833	166,31	167,27	166,95	161,12	164,79
1834	165,95	166,87	167,15	160,52	164,54
1835	165,34	165,01	166,68	162,46	164,83
1836	165,63	166,38	166,41	161,52	164,52
1837	165,30	165,31	167,48	162,01	164,93
1838	165,18	166,09	167,34	162,99	165,17
1839	165,53	165,61	167,03	162,16	164,91
1840	165,82	166,03	166,40	162,03	164,75
1841	164,98	164,73	167,19	162,00	164,72
1842	165,82	165,53	165,95	162,72	164,83
1843	166,02	166,07	166,65	162,98	165,22
1844	166,18	165,51	166,63	162,51	165,11
1845	166,91	164,81	167,23	162,86	165,67
1846	166,51	165,28	167,87	162,79	165,72
1847	166,90	165,59	167,69	161,94	165,51
1848	166,79	164,92	168,18	161,45	165,47
1849		165,63	167,60	162,15	
1850		164,54		162,15	
1851			168,37	161,77	
1852			168,66	162,97	
1853	167,05		168,62	163,48	166,38
1854	167,04		169,06	163,07	166,39
1855	166,24		168,63	163,17	166,01
1856	166,52		169,38	164,43	166,78
1857	166,48	165,11	168,73	164,52	166,58
1858	165,94	163,98	167,72	164,39	166,02
1859	166,19	163,88	168,34	164,58	166,37
1860	165,70	164,27	168,11	163,49	165,77
1861	166,13	165,35	168,38	163,75	166,09
1862	166,02	165,29	168,69	163,64	166,12
1863	165,88	165,44	168,20	163,52	165,87
1864	165,84	164,95	168,45	163,69	165,99
1865	166,01	165,66	168,48	163,45	165,98
1866	165,76	165,56	167,98	163,79	165,84

Année de naissance	Alsace rurale	Mulhouse	Brie	Limousin	Espaces ruraux
1867	165,70	165,65	167,93	164,00	165,88
1868	166,17	164,80	168,58	163,42	166,06
1869	166,35	165,40	168,81	163,60	166,25
1870	166,36	165,68	168,57	164,51	166,48
1871	166,50	165,13	167,59	163,89	165,99
1872	166,33	165,95	167,38	164,77	166,16
1873	166,45	166,07	167,60	164,27	166,11
1874	166,88	165,83	167,29	164,91	166,36
1875	166,80	166,86	167,43	164,81	166,35
1876	166,66	166,25	166,45	163,84	165,65
1877	167,25	166,87	166,63	164,49	166,12
1878	166,96	166,55	167,55	163,97	166,16
1879	166,97	166,93	167,28	164,10	166,12
1880	167,47	167,01	167,21	164,48	166,39
1881	166,98	166,70	166,94	164,20	166,04
1882	166,14	166,41	166,89		
1883	167,03	166,39			
1884	166,83	166,95			
1885	166,47	166,47			
1886	166,57	166,00			
1887	166,50	166,62		164,95	
1888	167,14	165,96	167,82	164,75	166,57
1889	166,84	166,70	168,32	165,37	166,84
1890	167,08	166,85	167,99	165,49	166,85
1891	167,56	167,03	167,89	165,83	167,09
1892	167,65	167,76	167,52	165,95	167,04
1893	167,51	167,00	167,69	166,08	167,09
1894	167,23	167,19	167,99	165,82	167,01
1895	167,58	167,90	168,14	165,62	167,11
1896	168,04				
1897					
1898					
1899					
1900		168,39			
1901		168,71	167,97	166,11	
1902	168,49	167,51	168,15	166,16	167,60
1903	167,99	168,24	168,46	166,61	167,69

Annexes statistiques

Année de naissance	Alsace rurale	Mulhouse	Brie	Limousin	Espaces ruraux
1904	168,22	169,49	168,03	166,71	167,65
1905	168,80	168,16	168,28	166,73	167,94
1906	168,77	168,83	168,54		
1907	168,18	168,95	168,41	167,07	167,88
1908	168,55	168,85	167,88	166,01	167,48
1909	168,95	169,69	168,63	166,66	168,08
1910	168,90	169,14	168,21	166,48	167,86
1911	169,57	169,39	168,21	167,19	168,32
1912	168,76	169,15	168,84	166,50	168,03
1913	169,13	169,77	168,82	166,98	168,31
1914	169,02	170,32	168,49	166,24	167,92
1915	169,57	169,74	169,20	167,21	168,66
1916	169,49	169,93	168,57	167,08	168,38
1917	169,37	170,29	168,97	167,35	168,56
1918	169,65	171,45	168,62	167,52	168,60
1919	169,97	169,95	169,42	167,42	168,94
1920		169,80	169,50	167,94	

Annexe I. A. 2 : Stature moyenne des conscrits à l'âge de 20,5 ans (cm) : arrondissement de Saint-Yrieix et arrondissement de Bellac (années de naissance 1823-1920).

Année de naissance	Arrondissement de Bellac	Arrondissement de Saint-Yrieix
1823	162,66	160,56
1824	161,85	158,18
1825	162,85	160,38
1826	160,76	158,45
1827	161,55	159,04
1828	162,55	158,72
1829	162,91	160,49
1830	162,72	160,41
1831	163,31	160,22

Année de naissance	Arrondissement de Bellac	Arrondissement de Saint-Yrieix
1832	164,15	157,91
1833	162,43	158,10
1834	161,36	158,60
1835	162,74	161,37
1836	161,85	160,60
1837	162,66	160,50
1838	163,64	
1839	163,64	159,49
1840	162,54	160,91
1841	163,35	159,46
1842	163,76	161,07
1843	163,92	161,35
1844	164,46	158,46
1845	163,63	161,38
1846	163,77	161,03
1847	163,62	159,08
1848	162,95	159,27
1849	162,99	161,03
1850	162,98	
1851	162,60	160,81
1852	163,97	161,75
1853	165,24	160,90
1854	164,00	162,13
1855	165,10	160,51
1856	165,56	163,15
1857	165,75	162,74
1858	165,31	162,49
1859	165,89	163,28
1860	164,60	162,16
1861	165,18	162,30
1862	165,50	161,90
1863	164,53	162,49
1864	164,76	162,24
1865		162,00
1866	164,86	
1867	165,07	
1868	164,14	162,66

Annexes statistiques

Année de naissance	Arrondissement de Bellac	Arrondissement de Saint-Yrieix
1869	164,80	162,21
1870	166,19	162,72
1871	165,32	161,97
1872	167,00	162,38
1873	165,77	162,52
1874	166,42	
1875	166,31	
1876	165,34	
1877	165,99	
1878	165,47	
1879	165,60	
1880	165,98	
1881	165,70	
1882		
1883		
1884		
1885		
1886		
1887	165,91	163,82
1888	166,70	163,36
1889	166,97	164,03
1890	167,10	164,02
1891	167,27	164,69
1892	167,21	164,94
1893	167,26	165,17
1894	166,98	164,97
1895	167,20	164,27
1896		
1897		
1898		
1899		
1900		
1901	168,06	164,69
1902	167,77	164,91
1903	167,60	165,81
1904	167,97	165,8
1905	168,19	165,50

Année de naissance	Arrondissement de Bellac	Arrondissement de Saint-Yrieix
1906		
1907	168,02	165,29
1908	167,39	165,41
1909	166,85	166,45
1910	167,69	165,17
1911	168,43	166,05
1912	167,55	165,49
1913	168,06	165,74
1914	167,55	165,17
1915	168,74	165,79
1916	168,72	165,63
1917	166,83	167,71
1918	168,59	166,56
1919	168,50	166,75
1920	168,69	167,30

Annexe I. A. 3 : Stature moyenne des conscrits de la commune de Mulhouse à l'âge de 20,5 ans (cm) : conscrits nés à Mulhouse et néo-citadins (années de naissance 1822-1920).

Année de naissance	Nés à Mulhouse	Immigrés
1822	166,89	164,91
1823	166,88	165,08
1824	166,66	165,19
1825		
1826	168,36	164,67
1827	166,37	165,79
1828	165,44	165,69
1829	164,47	165,11
1830	164,93	165,48
1831	166,92	166,57
1832	165,37	165,56
1833	166,52	167,70

Annexes statistiques

Année de naissance	Nés à Mulhouse	Immigrés
1834	164,99	168,01
1835	165,70	164,55
1836	167,02	165,79
1837	165,38	165,28
1838	166,69	165,53
1839	166,26	165,17
1840	166,64	165,54
1841	165,39	164,10
1842	165,64	165,43
1843	166,98	165,08
1844	165,94	165,21
1845	165,83	163,71
1846	164,79	165,93
1847	165,87	165,55
1848	165,28	164,63
1849	165,78	165,57
1850	164,82	164,23
1851		
1852		
1853		
1854		
1855		
1856	166,27	166,14
1857	164,46	165,59
1858	164,54	163,57
1859	164,41	163,83
1860	164,38	164,16
1861	165,08	165,60
1862	165,39	165,17
1863	165,64	165,22
1864	164,64	165,19
1865	166,26	164,98
1866	165,78	165,23
1867	165,86	165,42
1868	164,79	164,80
1869	165,71	165,05
1870	165,76	165,54

Année de naissance	Nés à Mulhouse	Immigrés
1871	165,42	164,80
1872	165,47	166,57
1873	166,40	165,62
1874	165,43	166,32
1875	166,90	166,79
1876	166,09	166,51
1877	166,83	166,93
1878	166,87	166,13
1879	166,73	167,20
1880	166,86	167,27
1881	166,62	166,86
1882	166,27	166,76
1883	166,08	167,08
1884	167,14	166,56
1885	166,78	165,78
1886	165,79	166,50
1887	166,88	165,96
1888	165,93	166,05
1889	166,51	167,14
1890	166,64	167,41
1891	166,91	167,39
1892	167,71	167,90
1893	166,91	167,25
1894	167,32	166,76
1895	167,61	168,88
1896		
1897		
1898		
1899		
1900	168,10	169,04
1901	168,42	169,30
1902	166,98	168,65
1903	168,41	167,90
1904	169,32	169,78
1905	168,53	167,49
1906	168,69	169,09
1907	168,78	169,27

Annexes statistiques

Année de naissance	Nés à Mulhouse	Immigrés
1908	168,70	169,13
1909	169,20	170,87
1910	169,10	169,23
1911	170,00	168,48
1912	169,31	168,84
1913	169,64	169,97
1914	170,31	170,32
1915	169,93	169,38
1916	169,20	170,85
1917	170,64	169,88
1918	169,97	172,34
1919	169,68	170,61
1920	169,52	170,49

Annexe I. A. 4 : Poids moyen des bœufs limousins (marchés de Haute-Vienne) et stature moyenne des conscrits à l'âge de 20,5 ans des arrondissements de Bellac et de Saint-Yrieix (années de naissance des conscrits 1814-1917).

Année de naissance des conscrits	Poids d'un bœuf sur pied à la vente (kg)	Stature humaine à 20,5 ans (cm)	Prévisions pour Y (cm)	Résidus (cm)	Résidus normalisés
1814	324	162,33	160,97	1,362	1,58
1829	350	162,11	161,26	0,845	0,98
1853	608	163,48	164,21	-0,730	-0,85
1854	615	163,07	164,29	-1,220	-1,41
1855	621	163,17	164,36	-1,188	-1,38
1856	622	164,43	164,37	0,061	0,07
1857	627	164,52	164,43	0,093	0,11
1858	628	164,39	164,44	-0,048	-0,06
1859	607	164,58	164,20	0,382	0,44
1860	593	163,49	164,04	-0,548	-0,64
1861	658	163,75	164,78	-1,030	-1,19

Année de naissance des conscrits	Poids d'un bœuf sur pied à la vente (kg)	Stature humaine à 20,5 ans (cm)	Prévisions pour Y (cm)	Résidus (cm)	Résidus normalisés
1862	594	163,64	164,05	-0,410	-0,48
1863	640	163,52	164,57	-1,055	-1,22
1864	630	163,69	164,46	-0,771	-0,89
1865	669	163,45	164,91	-1,456	-1,69
1866	640	163,79	164,57	-0,785	-0,91
1867	618	164,00	164,32	-0,324	-0,38
1868	612	163,42	164,26	-0,835	-0,97
1869	633	163,60	164,49	-0,895	-1,04
1870	664	164,51	164,85	-0,339	-0,39
1871	664	163,89	164,85	-0,959	-1,11
1872	656	164,77	164,76	0,012	0,01
1873	610	164,27	164,23	0,038	0,04
1874	667	164,91	164,88	0,027	0,03
1875	644	164,81	164,62	0,189	0,22
1876	650	163,84	164,69	-0,849	-0,98
1877	693	164,49	165,18	-0,690	-0,80
1878	721	163,97	165,50	-1,529	-1,77
1879	693	164,10	165,18	-1,080	-1,25
1880	736	164,48	165,67	-1,191	-1,38
1881	710	164,20	165,37	-1,174	-1,36
1887	595	164,95	164,06	0,889	1,03
1888	585	164,75	163,95	0,803	0,93
1889	617	165,37	164,31	1,058	1,23
1890	647	165,49	164,65	0,835	0,97
1891	666	165,83	164,87	0,958	1,11
1892	668	165,95	164,89	1,056	1,22
1893	680	166,08	165,03	1,049	1,22
1894	678	165,82	165,01	0,811	0,94
1895	714	165,62	165,42	0,200	0,23
1901	782	166,11	166,20	-0,086	-0,10
1902	746	166,16	165,78	0,375	0,44
1903	758	166,61	165,92	0,688	0,80
1904	724	166,71	165,53	1,176	1,36
1907	773	167,07	166,09	0,977	1,13
1908	782	166,01	166,20	-0,186	-0,22

Année de naissance des conscrits	Poids d'un bœuf sur pied à la vente (kg)	Stature humaine à 20,5 ans (cm)	Prévisions pour Y (cm)	Résidus (cm)	Résidus normalisés
1909	781	166,66	166,18	0,476	0,55
1910	786	166,48	166,24	0,239	0,28
1911	778	167,19	166,15	1,040	1,21
1914	794	166,24	166,33	-0,093	-0,11
1915	751	167,21	165,84	1,368	1,59
1916	760	167,08	165,94	1,135	1,32
1917	767	167,35	166,02	1,326	1,54

Annexe I. A. 5 : Croissance secondaire des conscrits alsaciens du *Kreis* de Sélestat et de la commune de Mulhouse de 19 ans 9 mois à 20 ans 9 mois en centimètres (premières années d'examen 1873-1913)

Première année d'examen	*Kreis* de Sélestat	Commune de Mulhouse
1873	1,81	
1874	2,27	
1875	1,86	
1876	1,48	0,50
1877	1,13	0,46
1878	0,75	0,74
1879	1,28	0,90
1880	1,12	0,67
1881	1,89	0,88
1882	1,44	0,68
1883	1,34	1,16
1884	0,70	0,52
1885	1,01	0,52
1886	0,95	0,73
1887	0,83	0,41
1888	0,80	0,01
1889	1,84	0,25

Première année d'examen	Kreis de Sélestat	Commune de Mulhouse
1890	1,03	0,55
1891	0,98	0,20
1892	0,82	0,62
1893	0,73	0,73
1894	1,14	0,49
1895	0,75	0,46
1896	1,07	0,51
1897	0,99	0,66
1898	0,92	0,21
1899	1,03	0,57
1900	0,93	0,83
1901	0,78	0,25
1902	0,65	0,53
1903	0,77	0,65
1904	0,77	0,39
1905	0,78	0,47
1906	0,87	0,48
1907	0,48	0,59
1908	0,84	0,24
1909	0,79	0,27
1910	0,74	0,54
1911	1,11	1,08
1912	0,79	0,39
1913	0,69	0,81

B. Séries professionnelles

Pourcentage de chaque catégorie professionnelle par année de conscription. Voir les intitulés de colonnes à la fin de chaque tableau.

Annexe I. B. 1 : Arrondissement de Sélestat (années de conscription an IX-1939).

Annexes statistiques

Année de conscription	(1)	(2)	(3)	(4)	(5)	(6)	(7)	(8)	(9)	(10)
an IX	13,7	16,5	19,6	49,8	9,6	14,7	6	2	2,9	0,4
an X	11,7	18,2	18,1	48	11,9	19,2	8,4	2,3	0,8	0,7
an XI	13,1	15,5	26,9	55,5	9	18,5	7,4	2,9	1,1	0,6
an XII	16,9	15,1	19,8	51,8	11,2	18,6	7,8	3,5	0,8	1
an XIII	14,4	13,8	20,9	49,1	13,3	18	8,6	2,9	1	0,9
an XIV	13,1	17,1	19,4	49,6	10,7	20,2	7,1	3,2	2,4	1,2
1806	11,5	18,3	21,8	51,6	10,7	18,7	7,9	3,2	0,8	0,4
1807	21	19,4	17,9	58,3	10,3	14,3	7,9	2,8	1,2	0,8
1808	14,4	18,5	21,8	54,7	13	17,6	5,6	6,9	0,5	0
1809	21,3	20,8	18,5	60,6	8,8	12	5,1	4,2	2,3	0,9
1810	18,3	16,7	20,6	55,6	10,7	15,5	5,2	5,2	2,8	2,8
1811	18,7	13,5	24,2	56,4	9,9	15,5	5,2	4,8	1,6	2
1812	21	13,9	18,7	53,6	15,5	16,3	3,2	3,2	1,6	0,4
1813	19,4	13,1	17,1	49,6	13,5	15,1	3,6	4,4	3,2	1,6
1814	20,2	16,7	23,4	60,3	12,7	12,7	3,2	2	1,2	0,8
1815										
1816	13,7	21,1	15,5	50,3	8,4	14	4,8	1,4	1,4	7,3
1817	13,6	18,9	20	52,5	9,9	11,5	7,7	1,5	1,1	10,7
1818	13,7	15,3	19	48	11,9	12,4	6	2	0,9	7,5
1819	9,4	16,1	13,2	38,7	10,7	14	5,4	1,7	0,4	3,4
1820	12,3	18,6	25,2	56,1	14,2	15,1	7,9	3,1	0,7	3,9
1821	17,2	18,2	17,4	52,8	13	17,3	5,6	1,1	0,7	2,9
1822	10,2	11,9	13,6	35,7	13,9	14,7	4,3	1,3	0,5	2,9
1823	9	8,6	18,4	36	9,5	13,3	4	1,4	0,3	3,3
1824	13,8	14,2	13,6	41,6	22	16,6	6,2	2,1	0,7	4,1
1825	8,6	15,3	20,7	44,6	27,2	13,9	5,4	1,6	0,7	3,4
1826	13,7	13,2	13,9	40,8	25,4	16,3	6,1	1,7	1,1	1,6
1827	13,1	19,9	19,7	52,7	23,9	11,5	4,7	1,9	0,8	2,1
1828	10,7	18,2	18,7	47,6	25,9	13,7	4,6	2,2	1,3	4,6
1829	15,6	17,9	15	48,5	22,1	12,7	4,7	2,1	1,2	2,9
1830	15,6	17,9	15	48,5	22,1	12,7	4,7	2,1	1,2	2,9
1831	20,4	17,7	11,3	49,4	18,3	11,7	4,7	2,1	1,1	1,3
1832	19,4	16,8	14,8	51	16,8	10,6	5,7	1,8	2,3	0,5
1833	9,9	20,2	19,4	49,5	21,3	13	7,1	2,3	2,8	0,7
1834	6,5	20,2	20,3	47	19,3	12,6	7,2	1,7	1,9	1,4
1835	10	18,8	18	46,8	17,4	12,8	6,6	3,4	2,2	2,2
1836	10,7	16,8	17	44,5	24,3	12	7,2	2,6	2	1,1

Année de conscription	(1)	(2)	(3)	(4)	(5)	(6)	(7)	(8)	(9)	(10)
1837	10,9	20,8	11,1	42,8	23,6	13,8	7,6	3	1,9	1,8
1838	11,5	20,6	15	47,1	21,8	13,7	6,8	3,5	1,4	1,9
1839	9,9	16,4	11,1	37,4	27	14	6,9	3,8	1,9	1,2
1840	13,4	19,5	14,7	47,6	23,9	11,2	5,3	3,4	2,2	1
1841	12,1	19,1	12,9	44,1	22,6	13,3	8	3,2	2,6	1,4
1842	11,9	20,9	13,2	46	20,8	13,7	7,1	4,6	2,6	0,5
1843	15	17,7	12,1	44,8	23,2	13,8	7,2	3,1	1,8	0,9
1844	16,7	16,2	13,7	46,6	20,4	11,4	6,4	4,3	3,2	1
1845	14,8	17,05	13,95	45,8	20	12,75	6,05	4,35	3,25	1,55
1846	12,9	17,9	14,2	45	19,6	14,1	5,7	4,4	3,3	2,1
1847	17,1	20,1	15,3	52,5	20	10,4	4,4	3,9	2,7	1,7
1848	16,5	18,3	12,8	47,6	18,9	12,1	4,8	4,2	2,1	2,7
1849	16,7	18,8	16,1	51,6	17,8	10,9	5,1	4	1,9	1,5
1850	17,7	17,6	13,9	49,2	23,2	13	3,5	3,1	2,6	0,8
1851	17,7	18,5	11,4	47,6	20,1	15,4	5,4	1,3	3,5	1,1
1852	17	17,3	14,6	48,9	19,5	15,8	3,8	2,2	1,8	2,3
1853	18,4	17,5	14,6	50,5	18,5	12,7	5,9	2,3	2,6	1
1854	19,2	18,6	14,3	52,1	19,6	10,6	5,9	3	2,7	0,9
1855	16,2	19,4	13,3	48,9	23,4	10,4	4,8	2,5	3,7	0,4
1856	16,2	18,1	12,5	46,8	25,2	10,7	6,4	4	1,4	1,2
1857	16,3	19,5	12,1	47,9	24,9	11,7	3	4,5	2	0,6
1858	15,3	19,8	14,7	49,8	23	11,5	4,7	1,7	3,2	1,2
1859	14,7	14,7	10,4	39,8	28,9	11,8	5,7	3,4	3	1,6
1860	11,1	20,7	11,9	43,7	26,4	10,1	6,7	4	2,9	1,6
1861	15,3	17,8	13,2	46,3	25,4	10,2	6,9	2,4	3,6	0,6
1862	13,4	18,6	10,6	42,6	25,5	10,4	7,5	3,7	3,7	0,6
1863	12,5	20,4	12,4	45,3	23,6	10,1	6,3	3,7	3,2	1,1
1864	15,7	19	13,7	48,4	24,3	11,4	7,7	2,3	1,7	0,6
1865	16,9	21,6	12,7	51,2	21,1	9,9	6,7	2,2	2,5	0,6
1866	13,5	18,4	9,4	41,3	24	13,8	7,8	2,9	3,8	1,3
1867	16,3	16,3	12,3	44,9	21,6	14,6	6,3	3,2	3	0,8
1868	16,1	19,3	13,7	49,1	18,7	13,3	8,9	2,8	2,8	0,5
1869										
1870										
1871	11,25	21,25	11,25	43,75	15	15	6,25	3,13	0,63	5
1872	15,41	23,68	12,41	51,5	11,65	16,17	6,39	4,14	0,75	1,88
1873	13,25	23,84	14,57	51,66	12,91	13,25	6,95	2,32	1,99	0,66

Annexes statistiques

Année de conscription	(1)	(2)	(3)	(4	(5)	(6)	(7)	(8)	(9)	(10)
1874	13,65	25,81	9,68	49,14	13,9	13,9	8,19	4,71	1,24	1,49
1875	12,32	22,99	9,95	45,26	17,77	16,59	7,82	4,5	1,66	1,66
1876	11,38	18,53	11,56	41,47	17,8	16,51	7,89	3,49	1,83	0,92
1877	12,18	18,61	9,81	40,6	16,92	13,37	7,95	5,25	3,55	1,69
1878	14,96	17,8	11,34	44,1	11,34	14,96	11,18	2,36	1,57	2,99
1879	14,51	19,15	9,86	43,52	11,97	14,37	7,32	5,07	1,27	2,96
1880	13,69	18,53	14,19	46,41	12,85	12,52	7,68	4,51	2,34	2,17
1881	14,98	17,58	10,86	43,42	11,93	17,13	8,56	3,36	1,99	3,21
1882	19,72	16,82	13	49,54	11,62	12,84	7,49	4,13	1,99	2,75
1883	16,51	16,82	10,06	43,39	13,52	16,82	5,97	4,4	2,52	2,36
1884	20,49	17,62	9,31	47,42	15,9	13,32	5,3	4,58	1,86	2,29
1885	15,8	19,02	9,05	43,87	16,87	13,65	5,21	5,67	2,76	3,37
1886	15,81	18,14	8,65	42,6	14,14	14,14	6,82	5,49	3,16	2,5
1887	17,39	14,49	10,43	42,31	17,68	13,62	6,38	3,33	1,59	2,46
1888	12,19	17,96	9,23	39,38	15,98	16,47	7,25	5,11	2,14	2,47
1889	14,67	13,78	8,59	37,04	20,15	15,11	6,37	3,56	2,96	1,93
1890	13,81	14,41	9,91	38,13	15,47	15,62	7,36	5,86	2,25	2,25
1891	14,03	18,4	9,11	41,54	18,76	12,39	4,19	4,37	2,19	1,64
1892	14,25	14,25	8,08	36,58	19,18	17,12	6,3	3,29	2,19	3,01
1893	16,09	15,8	7,76	39,65	16,09	14,51	7,04	3,59	2,59	3,16
1894	13,13	17,37	9,28	39,78	13,66	18,3	5,44	5,17	2,39	2,52
1895	14,88	16,17	8,02	39,07	14,88	15,78	6,99	3,1	2,2	2,59
1896	17,79	17,92	6,87	42,58	15,77	14,42	7,01	4,99	2,29	1,89
1897	17,63	17,36	7,67	42,66	13,32	16,69	5,52	5,38	2,69	2,15
1898	16,06	20,95	5,45	42,46	14,53	14,39	8,38	5,03	3,35	1,68
1899	16,58	16,99	6,3	39,87	10,82	16,3	8,77	3,7	2,33	2,05
1900	15,14	20,39	6,75	42,28	12,29	12,89	7,5	6,15	2,55	1,5
1901	16,33	17,34	8,6	42,27	11,03	14,18	6,16	5,59	1,86	2,72
1902	17,23	16,2	7,66	41,09	16,2	13,99	6,92	4,71	3,09	1,62
1903	14,72	19,24	7,73	41,69	13,56	13,99	7,29	5,83	3,5	2,04
1904	17,15	13,78	8,33	39,26	9,78	15,87	8,81	5,13	4,49	2,24
1905	16,35	17,94	7,46	41,75	14,29	13,17	4,29	5,24	2,06	1,59
1906	18,14	12,89	7,65	38,68	12,89	16,64	6,6	5,7	3,15	2,85
1907	17,92	17,3	7,23	42,45	13,99	11,95	5,5	5,19	2,83	1,89
1908	13,74	14,85	6,95	35,54	13,43	15,48	5,85	7,27	3,63	3,32
1909	20,15	12,54	7,31	40	13,73	11,94	5,37	5,97	3,58	2,39
1910	17,89	15,05	5,18	38,12	15,72	13,71	4,68	5,18	2,17	3,18

Année de conscription	(1)	(2)	(3)	(4)	(5)	(6)	(7)	(8)	(9)	(10)
1911	21,95	12,54	7,76	42,25	12,71	11,39	6,11	3,8	2,64	2,15
1912	19,41	16,15	5,55	41,11	9,79	10,44	4,4	6,04	3,92	2,94
1913	18,71	16,1	4,6	39,41	10,74	11,2	5,67	7,82	2,15	2,91
1914	16,32	18,21	4,64	39,17	11,34	12,54	5,33	6,7	2,23	0,69
1915	16,45	16,94	4,82	38,21	9,14	9,47	6,15	4,82	3,32	5,48
1916	14,86	21,97	6,79	43,62	5,33	9,85	3,72	4,68	1,78	6,14
1917	16,32	27,89	5,79	50	4,91	9,3	3,51	4,39	3,33	6,84
1918	21,04	34,76	3,96	59,76	1,83	6,71	2,13	3,35	1,83	5,79
1919										
1920										
1921										
1922	14,13	22,22	6,83	43,18	4,92	11,59	4,13	9,21	2,22	4,76
1923	11,83	26,8	6,28	44,91	6,1	8,87	3,88	6,65	2,96	5,55
1924	8,87	23,3	7,29	39,46	9,83	8,56	5,71	10,3	0,79	6,66
1925	7,75	21,71	5,58	35,04	7,6	12,25	4,19	8,84	3,1	7,44
1926	5,15	22,51	5,84	33,5	11	12,54	7,9	8,93	3,44	7,56
1927	4,91	20,29	4,91	30,11	11,13	12,11	8,02	10,15	3,76	5,73
1928	6,89	21,79	4,81	33,49	8,17	15,87	5,77	9,94	3,37	6,57
1929	5,99	22,26	4,11	32,36	7,02	14,21	6,51	8,73	3,94	5,65
1930	5,68	22,56	5,03	33,27	5,19	15,42	5,84	7,31	2,27	6,17
1931	5,02	22,59	3,35	30,96	4,6	15,9	6,69	9,62	2,72	9,21
1932	7,01	25,38	4,92	37,31	6,82	13,64	6,63	6,63	3,79	7,58
1933	5,97	26,01	4,06	36,04	4,3	16,47	6,44	8,11	3,1	7,16
1934	7,44	23,55	5,99	36,98	3,93	14,05	4,75	7,23	5,17	8,47
1935	7,26	24,19	3,49	34,94	4,3	13,98	2,15	6,72	4,3	11,29
1936	6,72	20,52	2,99	30,23	6,72	19,03	3,36	5,22	5,22	7,46
1937	5,19	20,75	5,19	31,13	4,25	11,79	2,36	6,6	7,55	11,79
1938	4,29	15,02	4,29	23,6	9,87	15,02	5,15	6,01	6,01	9,44
1939	3,83	20,15	5,36	29,34	10,46	14,54	4,34	5,36	4,34	8,67

(1) agriculteur indépendant
(2) agriculteur dépendant
(3) vigneron
(4) total agriculture [(1) + (2) + (3)]
(5) artisanat du textile
(6) artisanat divers
(7) artisanat du bois
(8) artisanat de la métallurgie
(9) commerce
(10) professions intellectuelles

Annexes statistiques

Annexe I. B. 2 : Commune de Mulhouse (années de conscription 1816-1825/1940).

Année de conscription	(1)	(2)	(3)	(4)	(5)	(6)	(7)
1816-1825	36	0,97	24,18	61,15		24,28	12,23
1817-1826	38,44	1,84	26,75	67,03		17,79	2,1
1818-1827	39,39	1,68	25,43	66,5		16,31	1,92
1819-1828	37,84	3,15	25,93	66,92		16,36	1,8
1820-1829	40,6	2,87	25,91	69,38		16,87	1,64
1821-1830	39,09	3,31	26,76	69,16		15,56	1,51
1822-1831	37,59	3,05	26,35	66,99		16,05	1,39
1823-1832	39,4	2,91	26,36	68,67		16,91	1,33
1824-1833	38,61	3,85	26,11	68,57		16,75	1,26
1825-1834	40,32	4,83	26,93	72,08		14,86	0
1826-1835	40,47	5,22	25,89	71,58		13	0
1827-1836	39	7,31	25,5	71,81		13,49	0
1828-1837	38,68	8,44	25,04	72,16		13,63	0
1829-1838	39,48	8,79	26,3	74,57		13,37	0
1830-1839	36,03	10,68	25,38	72,09		12,59	0,9
1831-1840	36,33	10,93	25,35	72,61		14,12	0,83
1832-1841	33,89	13,6	24,38	71,87		13,17	0,78
1833-1842	34,58	15,44	23,14	73,16		11,53	0,71
1843	35,53	16,45	20,39	72,37		11,18	0,66
1844	36,36	13,64	19,7	69,7		9,85	1,52
1845	34,76	14,99	21,08	70,82		9,51	1,27
1846	33,16	16,33	22,45	71,94		9,18	1,02
1847	29,41	24,06	19,25	72,72		9,09	1,6
1848	23,89	21,67	21,11	66,67		17,78	1,11
1849	29,05	18,99	20,11	68,15		13,97	0
1850	30,58	18,45	16,99	66,02		11,65	0,97
1851	35,42	18,75	18,75	72,92		10,42	0
1852	28,13	14,84	27,34	70,31		7,03	0
1853	28,38	18,02	20,72	67,12		10,81	0,45
1854	33,75	23,13	21,88	78,76		5,63	0
1855	24,43	17,05	21,59	63,07		13,64	1,14
1856	25,56	22,59	23,7	71,85		11,48	0,74
1857	28,09	28,84	23,6	80,53		5,99	0,75
1858	20,21	32,4	24,39	77		6,27	1,39

LA RÉVOLUTION DES CORPS

Année de conscription	(1)	(2)	(3)	(4)	(5)	(6)	(7)
1859	20,57	28,16	27,53	76,26		10,76	1,27
1860	22,01	30,6	23,13	75,74		1,87	0
1861	20,63	26,98	25,08	72,69		8,25	0,63
1862	16,33	29,51	21,78	67,62		10,6	0,86
1863	22,19	33,44	17,19	72,82		9,69	1,88
1864	19,4	28,96	20,77	69,13		7,1	4,92
1865	21,23	28,21	20,95	70,39		6,98	5,59
1866	21,62	26,69	19,59	67,9		7,77	8,78
1867	17,1	23,79	22,3	63,19		8,18	8,18
1868	21,05	24,34	20,07	65,46		4,93	9,87
1869	25	24,68	16,35	66,03		8,01	6,73
1870	17,65	23,2	22,88	63,73		1,96	12,09
1871							
1872							
1873							
1874							
1875							
1876	17,71	25,35	27,43	70,49	0	2,78	1,04
1877	16,96	19,95	22,44	59,35	0	1,25	0,75
1878	18,76	20,26	19,19	58,21	0	1,71	0,64
1879	19,2	14,86	16,3	50,36	0	6,16	0,36
1880	20,68	21,14	22,73	64,55	0	2,05	0,23
1881	21,27	16,96	23,54	61,77	0	2,28	1,52
1882	20,18	19,27	23,17	62,62	0	2,98	0,69
1883	18,58	19,62	23,59	61,8	0	3,34	1,67
1884	22,08	21,67	23,13	66,88	0	2,5	2,29
1885	22,32	20,21	20,84	63,36	0	1,47	8,21
1886	19,76	21,18	19,55	60,49	0	2,85	6,52
1887	25	17,24	18,53	60,99	0,22	5,39	8,84
1888	30,09	13,05	17,7	61,06	0,22	2,88	7,08
1889	24,39	16,8	20,29	61,68	0,2	2,25	10,86
1890	25,75	15,57	17,76	59,08	0	4,19	6,19
1891	21,97	21,21	19,19	62,62	0,25	4,29	10,35
1892	20	17,8	22,2	60	0	4,2	9,2
1893	21,8	16	21,4	59,2	0	2,8	10,2
1894	21,8	19,4	22,8	64	0	3,6	7
1895	17	19	25,4	61,8	0,4	3	10,4

Annexes statistiques

Année de conscription	(1)	(2)	(3)	(4	(5)	(6)	(7)
1896	19,4	23,4	24,2	68,2	1,2	3,2	7,6
1897	14,8	16	31,2	62,4	0,4	5,2	8
1898	17,6	18,2	25,2	61,4	0,4	3,8	8,4
1899	15,4	18,8	25,2	60,2	0,8	5	9,2
1900	13,97	19,36	27,35	61,08	0,4	4,19	10,38
1901	14,6	23	24,2	62,4	0,6	3,6	9,6
1902	12,2	15,2	24,4	52,6	0,8	5,6	6,4
1903	14	14,8	18	47,6	0,8	7,4	12
1904	11,8	16	18,6	46,8	0,4	6,4	10,4
1905	12,65	17,47	20,48	51,6	1	7,03	8,03
1906	12,02	18,44	21,24	52,9	1,2	5,21	10,62
1907	15	15,6	20,4	51,8	0,8	5,6	10,6
1908	15,6	15,6	18,2	50,4	1	4,2	9
1909	17,17	16,57	15,77	50,71	1,2	5,39	11,38
1910	15,6	12	20,6	48,6	0,4	5,8	10,8
1911	15,6	14,8	21,4	53	1,2	4,8	10,4
1912	15,6	13,2	24,2	54,8	1,8	4	9,8
1913	12,2	15,6	26,6	55,6	1,2	4	8,6
1914	17,76	13,57	18,36	50,69	1	7,39	10,18
1915	7,24	10	21,72	40,34	1,38	8,97	12,07
1916	7,14	11,22	14,29	32,65	0	7,14	28,57
1917							
1918							
1919							
1920	1,8	15	28,8	46,6	1	6	10,6
1921	1,2	15,6	34,4	54,6	3,4	5,8	10,8
1922	1,4	21,4	31,8	57,2	2,6	5,2	12,2
1923	4	17,4	34,2	57,8	2,2	6,8	11,6
1924	5,89	18,74	33,33	61,04	3,08	4,15	11,24
1925	11,2	19,4	28,2	61,4	2,6	3,6	15,2
1926	6,2	18,8	26,8	54,6	2,8	3,8	16,6
1927	7,2	15,2	24,6	49,2	2,2	4,8	18,8
1928	6,6	16,6	26,4	51,4	1,8	5	17,4
1929	5,6	14	27,2	50,4	3,6	5	19,4
1930	4,6	10,4	34,8	52,2	2,4	4	14,4
1931	4,89	10,85	30,21	49,78	3,83	3,83	14,68
1932	4,07	11,15	30,09	48,32	3,01	5,66	16,64

Année de conscription	(1)	(2)	(3)	(4)	(5)	(6)	(7)
1933	2,56	10,85	26,23	42,4	2,76	8,28	15,98
1934	2,29	8,4	22,71	37,98	4,58	4,77	20,8
1935	2,5	10,56	25,83	42,22	3,33	5,28	19,72
1936	2,37	8,3	20,16	33,2	2,37	7,91	17,79
1937	1,37	7,76	33,79	47,49	4,57	7,76	10,05
1938	2,49	11,44	19,4	36,32	2,99	8,46	13,43
1939	2,91	11,14	27,36	43,83	2,42	8,47	13,8
1940	1,11	13,1	23,25	39,86	2,4	7,93	15,68

(1) industrie textile
(2) industrie métallurgique
(3) industrie divers
(4) total industrie [(1) + (2) + (3)+(5)]
(5) électricité
(6) commerce
(7) employé

Annexe I. B. 3 : Arrondissements de Bellac et de Saint-Yrieix (années de conscription 1807-1940).

Année de conscription	(1)	(2)	(3)	(4)	(5)	(6)
1807	10,31	41,26	51,57	29,15	70,41	10,31
1808	7,49	44,57	52,06	26,97	71,54	14,98
1809	10,85	48,45	59,3	17,44	65,89	14,34
1810	9,6	44,7	54,3	26,82	71,52	8,94
1811	16,32	35,15	51,47	28,45	63,6	11,85
1812	12,73	38,4	51,13	27,17	65,57	10,95
1813	9,87	42,11	51,98	26,27	68,38	14,73
1814	11,55	48,45	60	22,78	71,23	12
1815						
1816	16,05	46,91	62,96	18,69	65,6	8,9
1817	11,56	50,12	61,68	20,67	70,79	13,04
1818	14,81	48,46	63,27	18,2	66,66	9,95
1819	14,1	50,44	64,54	20,99	71,43	11,37
1820	18,64	47,65	66,29	23,56	71,21	10,03
1821	19,49	48,43	67,92	18,83	67,26	10,01

Annexes statistiques

Année de conscription	(1)	(2)	(3)	(4	(5)	(6)
1822	23,18	46,84	70,02	19,6	66,44	9,96
1823	17,42	52,12	69,54	25,91	78,03	6,85
1824	20,65	51,79	72,44	17,59	69,38	10,35
1825	22,45	48,8	71,25	23,27	72,07	10,32
1826	14,77	49,54	64,31	23,6	73,14	13,65
1827	19,15	50,33	69,48	26,33	76,66	9,16
1828	20,04	48,03	68,07	23,74	71,77	10,74
1829	15,55	48,03	63,58	25,14	73,17	12,43
1830	18,59	53,13	71,72	17,16	70,29	10,67
1831	25,19	49,35	74,54	20,77	70,12	10,79
1832	14,23	50,64	64,87	20,02	70,66	12,7
1833	7,78	53,49	61,27	24,09	77,58	10,67
1834	9	51,6	60,6	23,46	75,06	12,2
1835	6,8	54,68	61,48	25,56	80,24	10,28
1836	2,44	55,44	57,88	24,09	79,53	12,71
1837	2,98	50,97	53,95	23,2	74,17	13,27
1838	3,74	50,62	54,36	27,87	78,49	12,57
1839	17,09	52,89	69,98	21,9	74,79	8,67
1840	20,39	44,53	64,92	26,23	70,76	12,06
1841	19,72	50,59	70,31	20,04	70,63	10,02
1842	11,83	48,05	59,88	24,11	72,16	11,03
1843	12,18	43,51	55,69	27,74	71,25	10,18
1844	11,69	45,59	57,28	23,39	68,98	12,37
1845	8,42	54,31	62,73	23,85	78,16	8,42
1846	13,7	41,46	55,16	22,7	64,16	10,13
1847	11,55	39,03	50,58	28,41	67,44	13,86
1848	16,11	43,89	60	22,83	66,72	8,85
1849	15,67	46,17	61,84	21,67	67,84	8,83
1850	19,3	37,58	56,88	23,66	61,24	14,77
1851	15,75	35,58	51,33	27,61	63,19	13,63
1852	15,8	37,15	52,95	22,74	59,89	9,72
1853	16,92	38,92	55,84	23,18	62,1	11,84
1854	19,85	37,48	57,33	20,78	58,26	11,69
1855	5,89	54,33	60,22	25,78	80,11	11,05
1856	5,14	56,51	61,65	24,83	81,34	10,79
1857	7,88	49,9	57,78	24,44	74,34	14,34
1858						

Année de conscription	(1)	(2)	(3)	(4	(5)	(6)
1859	12,27	47,47	59,74	25,81	73,28	9,75
1860	18,78	41,32	60,1	27,37	68,69	9,3
1861	6,01	53,6	59,61	26,88	80,48	9,46
1862	4,07	58,47	62,54	22,15	80,62	8,96
1863	8,84	48,07	56,91	25,56	73,63	12,86
1864	10,23	48,53	58,76	26,86	75,39	9,71
1865	5,81	49,68	55,49	28,87	78,55	10,65
1866	11,58	43,33	54,91	23,16	66,49	16,32
1867	10,49	47,1	57,59	24,33	71,43	12,72
1868	14,44	39,07	53,51	29,63	68,7	10,93
1869	7,87	46,56	54,43	29,51	76,07	10,33
1870						
1871	5,02	57,23	62,25	21,29	78,52	9,64
1872	10,92	49,39	60,31	22,88	72,27	9,71
1873	4,09	43,66	47,75	32,75	76,41	13,45
1874	11,74	49,36	61,1	21,47	70,83	11,56
1875	10,58	46,71	57,29	23,35	70,06	11,78
1876	9,54	47,12	56,66	23,46	70,58	13,32
1877	11,73	41,79	53,52	21,96	63,75	13,86
1878	9,05	44,06	53,11	25,96	70,02	13,88
1879	6,61	51,53	58,14	20,85	72,38	11,69
1880	9,66	54,14	63,8	18,79	72,93	12,07
1881	6,13	52,26	58,39	20,65	72,91	14,03
1882	6,24	56,83	63,07	17,37	74,2	11,47
1883	8,32	49,6	57,92	22,88	72,48	12,32
1884	6,63	53,47	60,1	19,26	72,73	14,18
1885						
1886						
1887						
1888	7,18	55,52	62,7	14,89	70,41	12,26
1889	5,55	57,3	62,85	14,05	71,35	13,12
1890	5,8	62,86	68,66	15,47	78,33	9,67
1891	4,8	58,67	63,47	15,87	74,54	14,58
1892	6,44	57,46	63,9	14,91	72,37	12,24
1893	5,74	59,51	65,25	15,08	74,59	11,97
1894						
1895						

Annexes statistiques

Année de conscription	(1)	(2)	(3)	(4	(5)	(6)
1896						
1897						
1898						
1899						
1900						
1901						
1902	25,71	51,23	76,94	24,59	75,82	14,34
1903						
1904						
1905						
1906						
1907	2,58	60,09	62,67	12,02	72,11	16,31
1908	3,23	57,86	61,09	13,36	71,22	15,27
1909	3,33	55,78	59,11	13,47	69,25	13,79
1910	2,27	58,98	61,25	12,67	71,65	11,53
1911	2,72	55,54	58,26	11,43	66,97	15,25
1912	1,56	62,84	64,4	11,28	74,12	12,26
1913	1,38	61,3	62,68	10,41	71,71	12,18
1914	1,6	64,53	66,13	10,52	75,05	13,19
1915	0,91	63,99	64,9	9,51	73,5	14,08
1916	2,58	52,97	55,55	5,94	58,91	19,64
1917	4,11	64,9	69,01	5,58	70,48	13,8
1918	2,26	74,96	77,22	0,97	75,93	11,47
1919	1,6	77,16	78,76	2,24	79,4	10,54
1920	1,84	73,58	75,42	1	74,58	10,37
1921	1,41	69,8	71,21	4,38	74,18	14,08
1922	1	67,9	68,9	5,99	73,89	15,26
1923	1,56	67,03	68,59	5,78	72,81	15,94
1924	3,51	62,8	66,31	5,49	68,29	16,16
1925	2,46	60,26	62,72	8,37	68,63	16,58
1926						
1927	5,36	51,79	57,15	10,71	62,5	19,64
1928	0,24	66,18	66,42	4,62	70,8	17,03
1929	1,42	61,57	62,99	7,12	68,69	17,79
1930	1,86	57,51	59,37	7,42	64,93	19,11
1931	1,05	56,72	57,77	8,4	65,12	17,44
1932	1,05	60,1	61,15	8,54	68,64	18,12

Année de conscription	(1)	(2)	(3)	(4	(5)	(6)
1933	1,7	54,08	55,78	4,42	58,5	24,15
1934	3,72	59,5	63,22	6,2	65,7	16,53
1935	0,93	52,31	53,24	5,09	57,4	21,3
1936	3,77	56,6	60,37	7,55	64,15	16,98
1937	2,12	59,32	61,44	3,81	63,13	16,95
1938	1,89	60,38	62,27	5,28	65,66	17,36
1939	2,85	58,23	61,08	2,53	60,76	18,04
1940	1,23	58,64	59,87	3,09	61,73	20,16

(1) agriculteur dépendant
(2) cultivateur
(3) total agriculture [(1) + (2)]
(4) maçon
(5) maçon et cultivateur
(6) artisanat

Annexe I. B. 4 : Arrondissement de Melun (années de conscription an X-1940)

Année de conscription	(1)	(2)	(3)	(4)	(5)	(6)	(7)	(8)	(9)	(10)
an X	40,43	13,21	5,66	22,91	28,57	17,79	4,31		0,81	0,81
an XI	39,89	9,02	1,64	24,59	26,23	19,13	3,28		1,09	0,27
an XII	50,97	8,36	2,23	18,66	20,89	12,53	3,62		1,39	1,11
an XIII	36,8	7,51	1,45	19,37	20,82	20,58	6,3		0	1,69
1806	37,76	10,82	3,06	26,12	29,18	20	5,31		0,61	1,63
1807										
1808										
1809										
1810										
1811	42,01	8,74	3,35	22,12	25,47	19,14	4,09		1,12	1,12
1812	41,38	5,8	2,04	22,26	24,3	20,06	3,92		0,31	2,19
1813	40,43	6,77	2,64	20,96	23,6	21,12	4,46		0,5	1,32
1814										
1815										
1816	7,74	0,73	0,22	4,13	4,35	2,52	0	0	0	0
1817	12,05	1,02	0	4,13	4,13	4,36	0,98	0	0	0,17
1818	41,26	6,95	0,77	22,59	23,36	21,84	4,17	0,21	1,94	1,02

Annexes statistiques

Année de conscription	(1)	(2)	(3)	(4	(5)	(6)	(7)	(8)	(9)	(10)
1819	38,78	8,79	0,85	22,41	23,26	17,88	4,26	0	0	1
1820	36,43	7,91	0,81	24,29	25,1	20,78	4,21	0	0	0,78
1821										
1822	43,02	5,59	1,15	25,91	27,06	18,79	3,33	0,46	0	0,89
1823	36,31	6,91	1,12	26,78	27,9	22,19	3,84	0,88	0	2,07
1824	38,63	5,04	0,54	24,74	25,28	23,29	6,08	0,45	1,35	1,3
1825	39,77	5,46	0,62	20,17	20,79	25,37	6,9	0,16	0	1,44
1826	38,09	4,43	0,66	24,77	25,43	22,89	6,21	0,57	0	1,81
1827	40,53	5,03	1,11	22,67	23,78	24,34	8,04	0,47	0	1,47
1828	38,44	5,27	0,88	21,89	22,77	23,47	4,91	0,79	0,93	2,47
1829	37,01	6,76	1,52	22	23,52	22,68	6,05	0,15	0	2,35
1830	36,43	7,87	0,83	20,39	21,22	23,39	7,67	0,41	0,83	1,08
1831	35,07	4,88	0,75	21,42	22,17	26,45	7,91	0,37	0	2,22
1832	38,73	6	1,15	16,06	17,21	26,38	6,54	0,24	0,37	1,96
1833	40,44	6,86	0,87	17,2	18,07	23,76	6,28	0,11	0,69	1,34
1834	39,81	7,09	1,17	16,28	17,45	23,41	7,94	0,92	0,34	1,63
1835	40,9	6,32	1,27	17,64	18,91	24,26	7,22	0,92	0,69	1,79
1836	43,04	4,88	1,27	15,19	16,46	23,87	7,05	0,36	0,54	2,17
1837	42,92	7,08	1,72	15,45	17,17	21,03	6,65	0,86	0	3,86
1838	43,39	5,57	1,62	14,15	15,77	23,43	7,66	1,86	0,7	3,02
1839	45,99	8,25	2,36	9,2	11,56	24,06	7,08	0,47	0,71	1,89
1840	45,97	7,84	1,69	11,86	13,55	23,73	6,78	0,64	0	1,69
1841	42,44	6,34	2,2	13,17	15,37	24,63	6,34	0,73	0,49	2,44
1842	49,04	6,46	3,59	12,68	16,27	20,57	5,74	0,48	0,72	1,44
1843	41,51	6,08	2,1	11,95	14,05	25,79	9,01	0,21	0,63	1,68
1844	43,08	7,91	3,3	13,41	16,71	22,42	7,03	0,44	0,88	1,54
1845	39,55	7,21	3,73	11,44	15,17	26,87	6,22	1,24	0,5	0,75
1846	41,37	6,86	4,02	12,06	16,08	24,11	6,86	1,18	0,95	3,55
1847	29,55	2,36	1,42	10,4	11,82	15,37	6,38	0,24	1,65	0,71
1848	43,86	9,77	4,76	10,78	15,54	21,05	6,77	0,75	0	1,5
1849	43,93	6,54	1,64	12,85	14,49	24,07	8,64	0,7	0,47	2,1
1850	46,67	6,17	2,22	8,15	10,37	20,99	6,91	0,74	0,49	2,22
1851	40,27	7,69	2,49	8,14	10,63	14,25	4,75	1,13	0	1,81
1852	49	6,25	2,25	9	11,25	22	5,75	0,25	1,25	1,5
1853	53,66	6,38	1,89	7,57	9,46	21,51	8,75	0,24	1,42	1,89
1854	45,98	8,04	3,13	7,37	10,5	22,99	8,26	1,12	0,89	1,79
1855	44,31	8,42	2,72	7,92	10,64	23,27	6,68	0,5	1,98	2,23

Année de conscription	(1)	(2)	(3)	(4)	(5)	(6)	(7)	(8)	(9)	(10)
1856	48,32	8,65	1,92	5,77	7,69	20,91	7,93	0,72	1,68	2,88
1857	48,76	12,4	3,58	4,13	7,71	19,56	7,71	1,1	1,38	1,93
1858	43,5	9,22	4,49	5,44	9,93	23,17	9,46	2,13	1,89	2,13
1859	43,69	8,84	3,28	7,58	10,86	22,22	7,58	0,76	1,26	2,78
1860	44,8	13,57	5,43	5,88	11,31	19,46	5,88	0,45	1,58	2,49
1861	46,64	9,76	4,34	5,64	9,98	20,39	8,03	1,52	2,82	1,74
1862	43,65	10,62	3,23	6,24	9,47	22,17	7,85	1,85	1,62	2,31
1863	42,03	12,72	3,88	3,23	7,11	21,77	6,68	1,51	2,8	1,29
1864	39,72	10,85	3,23	3,23	6,46	25,4	9,47	1,39	3,23	2,08
1865	45,68	11,37	4,42	3,58	8	20,84	7,58	0,84	2,11	2,11
1866	42,93	11,66	3,72	3,97	7,69	22,58	6,95	0,99	2,23	2,73
1867	41,46	13,07	3,52	6,03	9,55	23,62	7,54	1,01	1,76	4,02
1868	45,37	9,98	3,33	5,23	8,56	21,85	8,31	0,71	3,33	2,38
1869	40,8	10,25	4,17	4,93	9,1	26,38	11,2	0,38	3,61	3,23
1870										
1871	42,6	8,43	2,73	3,19	5,92	26,65	10,71	0,91	2,51	2,05
1872	52,59	10,63	5,18	4,09	9,27	25,89	7,9	0	4,09	2,72
1873	48,57	11,69	4,68	4,16	8,84	29,35	9,09	0,52	4,16	1,56
1874	49,63	12,9	4,96	3,47	8,43	27,05	10,42	0,25	4,22	2,48
1875	48,49	14,25	4,66	3,84	8,5	27,12	10,96	0,82	4,66	0,82
1876	43,96	16,76	7,14	3,57	10,71	26,65	8,24	0,82	4,95	3,3
1877	51,08	15,32	6,45	2,69	9,14	24,46	7,53	1,34	3,76	1,34
1878	47,95	13,08	5,9	5,13	11,03	24,87	6,92	1,54	3,08	4,36
1879	46,35	15,62	7,3	2,52	9,82	26,45	10,58	0,5	6,05	2,52
1880	46,02	13,49	7,47	1,69	9,16	30,12	8,43	0,72	5,06	2,89
1881	46,26	14,97	5,61	2,14	7,75	27,81	6,95	1,34	4,55	2,94
1882	44,29	14,29	4,29	2,38	6,67	28,33	10	1,19	6,19	3,33
1883	48,63	12,33	2,74	1,37	4,11	29	11,87	0,46	5,48	2,74
1884	47,28	16,03	7,34	0,82	8,16	29,08	10,6	1,09	4,08	1,63
1885	45,77	15,67	5,72	1,49	7,21	27,36	11,19	1	6,72	1,99
1886	42,96	14,56	7,52	2,67	10,19	26,94	10,92	1,94	7,04	3,88
1887	42,15	16,25	5,51	1,65	7,16	29,2	8,26	1,1	5,79	3,86
1888	45,33	13,46	5,77	0,82	6,59	30,49	14,01	1,92	5,77	2,2
1889	44,41	13,62	3,81	0,82	4,63	30,25	10,08	0,82	6,54	3,54
1890	47,41	18,1	5,46	0,57	6,03	25,57	10,34	1,15	3,45	3,74
1891	42,9	15,41	3,93	0,6	4,53	31,72	13,9	0,6	3,93	4,83
1892	45,8	15,83	5,76	0,48	6,24	27,1	9,11	1,2	5,76	3,84

Annexes statistiques

Année de conscription	(1)	(2)	(3)	(4	(5)	(6)	(7)	(8)	(9)	(10)
1893	43,32	21,29	6,19	0	6,19	25,99	9,16	0,99	4,46	3,96
1894	37,25	16	5,5	0	5,5	35,25	14	3	3,5	5
1895	44,5	14,92	4,45	0,52	4,97	29,32	13,09	2,36	6,02	2,36
1896	43,26	15,52	5,34	0	5,34	29,26	11,2	1,53	5,6	4,83
1897	44,59	18,11	5,14		5,14	27,3	11,89	1,35	4,59	4,05
1898	42,66	16,34	4,71		4,71	29,36	9,97	1,66	4,99	4,99
1899	44,41	17,32	5,31		5,31	27,93	11,17	3,07	3,91	3,35
1900	41,39	12,78	4,72		4,72	29,72	13,06	2,5	6,11	7,5
1901	37,95	16,71	5,01		5,01	33,41	13,84	2,63	5,73	3,58
1902	43,12	14,68	5,2		5,2	27,22	11,62	2,75	7,95	4,28
1903										
1904										
1905										
1906										
1907										
1908	36,75	14,84	6,01		6,01	27,56	10,6	6,01	4,95	9,89
1909	36,46	15,52	6,86		6,86	30,69	16,25	3,97	6,86	6,5
1910	35,91	13,81	4,14		4,14	28,18	12,98	5,52	9,94	6,63
1911	26,07	15,95	6,13		6,13	31,9	18,4	6,75	10,43	8,9
1912	33,59	11,2	3,39		3,39	32,55	16,41	4,69	8,33	9,64
1913	35,03	13,9	6,15		6,15	31,02	15,78	4,55	8,02	7,49
1914	29,98	17,2	4,42		4,42	33,91	18,18	4,91	6,39	7,62
1915	30,41	13,66	2,84		2,84	36,6	16,49	6,44	7,22	5,67
1916	31,06	17,17	6,27		6,27	30,52	14,71	5,18	8,72	7,36
1917	35,03	12,76	5,57		5,57	29,23	12,06	7,42	6,73	8,82
1918	34,46	19,17	3,11		3,11	22,54	6,22	9,84	8,55	5,44
1919	32,78	19,81	2,12		2,12	22,41	4,72	10,14	5,9	8,96
1920	32,2	22,93	2,44		2,44	17,56	4,88	14,15	4,39	8,78
1921	25,69	15,62	2,27		2,27	25,19	7,81	17,88	10,33	5,29
1922	33,41	16,05	2,6		2,6	21,69	8,46	12,15	10,63	6,07
1923	32,1	14,55	2,77		2,77	25,17	9,93	12,47	8,55	7,16
1924	28,96	11,63	2,97		2,97	30,94	13,86	12,87	8,42	7,18
1925	25,77	10,46	2,04		2,04	34,95	14,54	13,78	8,16	6,89
1926	23,38	11,34	3,24		3,24	37,04	16,67	12,73	6,94	8,56
1927	19,47	12,8	2,13		2,13	42,93	15,73	9,6	6,93	8,27
1928	22,67	10,44	2,22		2,22	41,33	17,78	10,22	5,11	10,22
1929	21,1	11,47	2,75		2,75	39,22	16,51	12,84	6,88	8,49

Année de conscription	(1)	(2)	(3)	(4)	(5)	(6)	(7)	(8)	(9)	(10)
1930	17,62	8,81	2,07		2,07	43,78	12,95	13,99	6,99	8,81
1931	16,32	8,03	2,07		2,07	48,19	16,84	13,73	5,44	8,29
1932	16,15	9,29	3,76		3,76	43,36	14,38	15,93	5,75	9,51
1933	17,37	8,46	2,45		2,45	44,99	14,92	14,25	6,9	8,02
1934	20	6,67	2,22		2,22	43,7	12,35	14,32	6,91	8,4
1935	18,48	9,06	2,54		2,54	40,22	12,68	10,87	10,87	10,51
1936	25,48	6,25	0,96		0,96	35,58	8,17	14,42	9,62	8,65
1937	17,92	6,13	1,42		1,42	42,92	10,38	13,21	7,08	12,74
1938	19,38	7,61	1,73		1,73	37,37	10,03	14,88	11,07	9,69
1939	22,26	5,96	1,25		1,25	34,48	12,23	14,11	10,97	12,23
1940	23,34	6,82	1,62		1,62	34,83	7,18	16,52	10,05	8,44

(1) agriculteur dépendant
(2) agriculteur indépendant (dont jardinier)
(3) jardinier
(4) vigneron
(5) micro-exploitant (jardinier et vigneron)
(6) artisanat (dont artisanat du bâtiment)
(7) artisanat du bâtiment
(8) industrie
(9) employé
(10) professions intellectuelles

C. Série économique

Annexe I. C. 1 : La consommation alimentaire par habitant à Colmar de 1820 à 1852 : bœufs, vaches et porcs (poids vif), vin et bière.

Année	Bœuf et vache, kg (poids vif). /hab./an	Porc, kg (poids vif). /hab./an	Viande (poids vif), kg./hab. /an.	Vin, l./hab./an	Bière en l./hab./an	Alcool, l./hab./an
1820	37,2	13,85	51,05	191,31	46,39	237,7
1821	38,57	13,34	51,91	96,57	58,87	155,44
1822	43,11	12,99	56,1	115,54	72,62	188,16
1823	42,46	9,06	51,52	91,43	58,85	150,28
1824	42,55	11,57	54,12	176,53	56,87	233,4

Annexes statistiques

Année	Bœuf et vache, kg (poids vif)./hab./an	Porc, kg (poids vif)./hab./an	Viande (poids vif), kg./hab./an.	Vin, l./hab./an	Bière en l./hab./an	Alcool, l./hab./an
1825	40,86	14,45	55,31	144,43	38	182,43
1826	46,29	16,53	62,82	153,17	40,78	193,95
1827	44,48	16,23	60,71	101,8	43,82	145,62
1828	39,58	13,34	52,92	176,75	38,8	215,55
1829	36,9	12,59	49,49	158,4	36,99	195,39
1830	35,29	11,27	46,56	45,94	48,9	94,84
1831	30,92	11,61	42,53	35,17	54,07	89,24
1832	32,21	9,35	41,56	90,4	28,97	119,37
1833	33,14	13,06	46,2	166,16	36,8	202,96
1834	35,27	16,27	51,54	139,66	37,45	177,11
1835	36,09	15,87	51,96	151,37	44,15	195,52
1836	34,57	20,52	55,09	156,66	58,73	215,39
1837	33,36	19,69	53,05	151,66	56,13	207,79
1838						
1839	27,36	14,99	42,35	114,58	46,01	160,59
1840	25,88	14,58	40,46	102	45,56	147,56
1841	25,69	15,67	41,36	90,42	47,61	138,03
1842	26,14	16,09	42,23	90,29	48,99	139,28
1843	23,62	13,65	37,27	88,66	41,68	130,34
1844	23,86	14,07	37,93	88,53	39,28	127,81
1845	24,07	14,34	38,41	62,43	44,3	106,73
1846	20,95	14,48	35,43	81,3	42,22	123,52
1847	33,38	6,02	39,4	72,45	31,98	104,43
1848	39,68	8,63	48,31	79,33	26,14	105,47
1849	40,07	9,34	49,41	83,62	26,11	109,73
1850	45,37	10,04	55,41	87,33	30,87	118,2
1851	49,91	9,02	58,93	86,75	31,6	118,35
1852	45,8	6,21	52,01	81,59	31,31	112,9

II – Séries anthropométriques, analyses spatiales et professionnelles

A. Séries spatiales (stature moyenne par canton ou par commune)

Annexe II A. 1 : Stature moyenne (cm) par canton des conscrits des classes de l'an VII, l'an VIII et l'an XI à l'âge de 20,5 ans, départements du Bas-Rhin, du Haut-Rhin et de la Seine-et-Marne.

Bas-Rhin
(an VIII)

Canton	Stature	Canton	Stature
Barr	166,62	Molsheim	167,93
Benfeld	166,34	Niederbronn	166,71
Bischwiller	162,07	Oberhausbergen	165,15
Bouxwiller	165,77	Obernai	166,49
Brumath	164,38	Rosheim	162,71
Diemeringen	166,98	Sarre-Union	165,57
Drulingen	164,01	Saverne	163,97
Erstein	167,84	Sélestat campagne	165,87
Fort Vauban	167,41	Sélestat ville	161,22
Geispolsheim	158,26	Sélestat canton complet	164,20
Haguenau	167,69	Soultz	165,17
Harskirch	169,58	Strasbourg	167,34
Hochfelden	165,87	Truchtersheim	164,55
Ingwiller	165,72	Villé	163,79
La Petite-Pierre	164,45	Wasselonne	165,07
Lauterbourg	166,36	Wissembourg	164,46
Marckosheim	161,39	Wolfkirch	166,17
Marmoutier	162,45		

Haut-Rhin
(an VII, première classe)

Canton	Stature	Canton	Stature
Altkirch	165,98	Huningue	162,96
Ammerschwihr	164,76	Landser	168,08
Belfort	165,44	Lapoutroie	167,05
Cernay	166,34	Lutterbach	165,67
Colmar (commune)	165,24	Masevaux	164,32
Dannemarie	164,89	Munster	161,58
Delle	169,05	Neuf-Brisach	163,65
Eguisheim	165,92	Riquewihr	164,44
Ensisheim	165,57	Rouffach	165,70
Ferrette	166,81	Saint-Amarin	165,79
Fontaine	163,20	Sainte-Croix-aux-Mines	164,56
Giromagny	165,44	Sainte-Marie-aux-Mines	165,65
Habsheim	165,74	Soultz	169,16
Hirsingue	165,08	Thann	165,27
Horbourg	165,08	Turckheim	169,79

Seine-et-Marne
(an XI)

Canton	Stature	Canton	Stature
Bray-sur-Seine	164,20	Lorrez-le-Bocage	162,72
Brie-Comte-Robert	165,35	Meaux	163,91
La Chapelle-la-Reine	163,39	Melun	165,35
Château-Landon	164,29	Melun Nord	165,68
Le Châtelet-en-Brie	165,67	Melun Sud	164,67
Claye	167,11	Montereau	165,14
Coulommiers	163,95	Moret	164,92
Crécy	163,28	Mormant	166,74
Dammartin	165,76	Nangis	165,20
Donnemarie	163,69	Nemours	163,85
Fontainebleau	164,98	Provins	163,75
La Ferté-Gaucher	162,38	Rebais	162,99
La Ferté-sous-Jouarre	166,55	Rozay	164,89
Lagny	165,85	Tournan	166,03
Lizy-sur-Ourcq	165,18	Villiers-Saint-Georges	161,87

Annexe II. A. 2 : Stature moyenne (cm) par canton des conscrits de la classe 1868 (nés en 1848) à l'âge de 20,5 ans, Alsace, Limousin, Seine-et-Marne.

Bas-Rhin

Canton	Stature	Canton	Stature
Barr	166,37	Niederbronn	168,11
Benfeld	167,61	Obernai	167,44
Bischwiller	167,73	Rosheim	168,26
Bouxwiller	170,02	Sarre-Union	170,03
Brumath	167,93	Saverne	166,69
Drulingen	169,22	Schiltigheim	167,13
Erstein	169,53	Sélestat	166,96
Geispolsheim	168,69	Seltz	168,98
Haguenau	169,42	Soultz-sous-Forêt	169,84
Hochfelden	169,22	Truchtersheim	169,63
La Petite-Pierre	168,05	Villé	166,05
Lauterbourg	166,97	Wasselonne	168,91
Marckolsheim	167,50	Wissembourg	166,86
Marmoutier	169,19	Woerth	168,21
Molsheim	169,06		

Haut-Rhin

Canton	Stature	Canton	Stature
Altkirch	167,29	Kaysersberg	168,00
Andolsheim	169,05	Landser	168,82
Belfort	167,87	Lapoutroie	162,48
Cernay	167,58	Masevaux	165,98
Colmar	165,48	Mulhouse Nord	166,18
Dannemarie	169,08	Mulhouse Sud	165,90
Delle	169,46	Munster	165,86
Ensisheim	168,51	Neuf-Brisach	165,95
Ferrette	169,61	Ribeauvillé	166,16
Fontaine	169,55	Rouffach	165,23
Giromagny	167,56	Saint-Amarin	166,64
Guebwiller	166,17	Sainte-Marie-aux-Mines	164,26
Habsheim	168,56	Soultz	167,23
Hirsingue	168,68	Thann	165,64
Huningue	167,24	Wintzenheim	165,60

Annexes statistiques

Corrèze

Canton	Stature	Canton	Stature
Argentat	161,65	Lubersac	159,76
Ayen	159,85	Mercœur	161,68
Beaulieu	164,35	Meymac	162,58
Beynat	161,30	Meyssac	164,05
Bort	159,37	Neuvic	161,43
Brive	162,94	Saint-Privat	162,84
Bugeat	161,77	Seilhac	160,55
Corrèze	161,46	Sornac	160,51
Donzenac	162,06	Treignac	160,25
Egletons	161,83	Tulle Nord	160,84
Eygurande	164,19	Tulle Sud	160,17
Juillac	162,83	Ussel	162,40
Lapleau	163,81	Uzerche	160,80
Larche	162,62	Vigeois	160,40
La Roche-Canillac	163,43		

Creuse

Canton	Stature	Canton	Stature
Ahun	164,62	Evaux	163,78
Aubusson	162,87	Felletin	163,91
Auzances	166,33	Gentioux	160,81
Bellegarde	164,73	Grand-Bourg	165,08
Bénévent	165,23	Guéret	165,30
Bonnat	165,66	Jarnages	163,29
Bourganeuf	163,66	La Courtine	161,84
Boussac	162,55	La Souterraine	163,37
Chambon	163,40	Pontarion	163,20
Châtelus-Malvaleix	162,26	Royère	163,49
Chénérailles	166,07	Saint-Sulpices-les-Champs	160,75
Crocq	165,20	Saint-Vaury	163,79
Dun	164,90		

Haute-Vienne

Canton	Stature	Canton	Stature
Aixe	166,44	Nantiat	162,06
Ambazac	161,65	Nexon	161,24
Bellac	161,06	Nieul	166,12
Bessines	163,63	Oradour-sur-Vayres	162,25
Châlus	160,93	Pierre-Buffière	164,64
Châteauneuf	160,46	Rochechouart	161,91
Châteauponsac	163,59	Saint-Germain-les-Belles	160,45
Dorat	165,77	Saint-Junien	161,79
Eymoutiers	163,07	Saint-Laurent-sur-Gorre	159,15
Laurière	164,58	Saint-Léonard	162,14
Limoges Nord	163,81	Saint-Mathieu	163,18
Limoges Sud	163,47	Saint-Sulpice-les-Feuilles	168,28
Magnac-Laval	165,60	Saint-Yrieix	160,03
Mézières	165,12		

Seine-et-Marne

Canton	Stature	Canton	Stature
Bray-sur-Seine	165,92	Lorrez-le-Bocage	166,48
Brie-Comte-Robert	168,40	Meaux	168,31
Château-Landon	164,77	Melun Nord	168,42
Le Châtelet-en-Brie	167,40	Melun Sud	169,68
Claye	166,19	Melun (moyenne)	168,97
Coulommiers	165,61	Montereau-faut-Yonne	166,80
Crécy	166,84	Moret	166,52
Dammartin	168,65	Mormant	168,20
Donnemarie	167,95	Nangis	166,13
Fontainebleau	169,17	Nemours	165,89
La Chapelle-la-Reine	165,95	Provins	164,85
La Ferté-Gaucher	167,17	Rebais	167,03
La Ferté-sous-Jouarre	168,43	Rozay	166,67
Lagny	166,80	Tournan	167,70
Lizy-sur-Ourcq	166,80	Villiers-Saint-Georges	164,82

Annexes statistiques

Annexe II. A. 3 : Stature moyenne (cm) par commune des conscrits du *Kreis* de Sélestat à l'âge de 19,75 ans, années de naissance 1853-1894.

NB : les noms de communes sont donnés en allemand et traduits s'ils s'éloignent trop de la dénomination française (Sankt = Saint, weiler = villé).

Commune	Stature	Commune	Stature
Andlau	165,58	Kintzheim	164,57
Artolsheim	165,14	Lach (Lalaye)	163,49
Baldenheim	166,99	Mackenheim	166,32
Barr	165,83	Marckolsheim	166,44
Bassemberg	165,19	Meissengott (Maisons-Goutte)	164,47
Bernhardsweiler	165,84	Mittelbergheim	166,85
Bindernheim	164,13	Mussig	166,49
Blienschweiler	167,29	Muttersholtz	166,69
Boesenbissen	167,33	Neukirch (Neuve-Eglise)	164,14
Bootzheim	165,24	Nothalten	166,79
Breitenau	165,86	Ohnenheim	166,24
Breitenbach	163,35	Orschweiler	165,11
Dambach	166,81	Reichsfeld	166,32
Diebolsheim	165,65	Richtolsheim	166,03
Dieffenbach	164,97	Saasenheim	164,71
Dieffenthal	165,97	Scherweiler	165,71
Ebersheim	166,19	Schlesttadt (Sélestat)	165,68
Ebersmunster	166,63	Schoenau	165,77
Eichhoffen	166,61	Schwobsheim	166,27
Elsenheim	166,03	Sankt Martin	163,93
Epfig	165,55	Sankt Moritz (Saint Maurice)	165,06
Erlenbach (Albé)	165,08	Sankt Peter (Saint Pierre)	165,13
Gerenth (Neubois)	162,62	Sankt Petersholz Hohwarth (Saint-Pierre-Bois)	163,49
Gertweiler	164,86		
Grube (Fouchy)	163,63	Steige	165,39
Heidolsheim	165,72	Stotzheim	166,86
Heiligenstein	168,16	Sundhausen	166,92
Hessenheim	166,00	Thannweiler	164,49
Hilsenheim	165,65	Triembach (Triembach-au-Val)	164,78
Hohwald	166,30	Urbeis	165,14
Ittersweiler	165,78	Weiler	165,49
Kestenholtz (Châtenois)	164,50	Wittisheim	164,70

Annexe II. A. 4 : Stature moyenne (cm) par canton des conscrits de la classe 1940 ou 1939 (nés en 1920 ou 1919), départements du Bas-Rhin, du Haut-Rhin, de la Seine-et-Marne et de la Haute-Vienne.

Bas-Rhin
(classe de 1937 pour les quatre cantons de Strasbourg)

Canton	Stature	Canton	Stature
Barr	171,22	Saales	170,14
Benfeld	169,90	Sarre-Union	170,20
Bischwiller	169,14	Saverne	170,48
Bouxwiller	168,87	Schiltigheim	169,17
Brumath	169,07	Schirmeck	169,85
Drulingen	170,93	Sélestat	170,68
Erstein	170,07	Seltz	169,00
Geispolsheim	169,62	Soultz-sous-Forêt	168,88
Haguenau	168,94	Strasbourg Est	167,97
Hochfelden	169,03	Strasbourg Nord	169,71
La Petite-Pierre	170,23	Strasbourg Ouest	169,69
Lauterbourg	168,78	Strasbourg Sud	168,49
Marckolsheim	168,23	Strasbourg (moyenne)	168,96
Marmoutier	169,65	Truchtersheim	170,41
Molsheim	169,30	Villé	169,42
Niederbronn	170,39	Wasselonne	169,41
Obernai	168,99	Wissembourg	169,36
Rosheim	170,13	Woerth	169,95

Haut-Rhin

Canton	Stature	Canton	Stature
Altkirch	169,39	Masevaux	168,11
Andolsheim	170,10	Mulhouse Nord	170,12
Cernay	169,73	Mulhouse Sud	169,31
Colmar	170,52	Mulhouse (moyenne)	169,74
Dannemarie	169,88	Munster	169,41
Ensisheim	169,55	Neuf-Brisach	168,15
Ferrette	170,48	Ribeauvillé	170,38

Annexes statistiques

Canton	Stature	Canton	Stature
Guebwiller	169,08	Rouffach	170,96
Habsheim	170,14	Saint-Amarin	169,77
Hirsingue	170,33	Sainte-Marie-aux-Mines	169,66
Huningue	170,02	Soultz	170,51
Kaysersberg	171,29	Thann	169,68
Landser	170,83	Wintzenheim	168,55
Lapoutroie	167,06		

Haute-Vienne

Canton	Stature	Canton	Stature
Aixe	167,86	Magnac-Laval	168,22
Ambazac	167,75	Mézière	167,40
Bellac	168,20	Nantiat	168,65
Bessines	167,96	Nexon	166,90
Châlus	165,68	Nieul	168,90
Châteauneuf	166,41	Oradour-sur-Vayres	165,72
Châteauponsac	169,06	Pierre-Buffière	169,12
Dorat	169,33	Rochechouart	167,78
Eymoutiers	167,63	Saint-Germain-les-Belles	167,06
Laurière	168,10	Saint-Junien	168,30
Limoges Est	168,24	Saint-Laurent-sur-Gorre	166,93
Limoges Nord	169,32	Saint-Léonard	168,84
Limoges Ouest	168,75	Saint-Mathieu	165,87
Limoges Sud	168,43	Saint-Sulpice-les Feuilles	168,04
Limoges (moyenne)	168,77	Saint-Yrieix	167,73

Seine-et-Marne

Canton	Stature	Canton	Stature
Brays-sur-Seine	168,16	Lorrez-le-Bocage	168,21
Brie-Comte-Robert	168,33	Meaux	169,50
Château-Landon	167,34	Melun Nord	170,23
Châtelet-en-Brie	169,79	Melun Sud	169,80

Canton	Stature	Canton	Stature
Claye	169,50	Melun(moyenne)	170,00
Coulommiers	169,36	Montereau-faut-Yonne	170,19
Crécy	169,96	Moret-sur-Loing	169,74
Dammartin	168,99	Mormant	168,76
Donnemarie-en-Montois	169,02	Nangis	168,74
Fontainebleau	170,19	Nemours	170,56
La Chapelle-la-Reine	168,48	Provins	169,57
La Ferté-Gaucher	166,91	Rebais	168,65
La Ferté-sous-Jouarre	168,79	Rozay-en-Brie	168,39
Lagny	170,04	Tournan-en-Brie	169,40
Lizy-sur-Ourcq	170,07	Villiers-Saint-Georges	168,65

B. Séries spatiales : résidus des corrélations à l'échelle cantonale entre données anthropométriques et données socioéconomiques pour la cohorte de naissance 1848 (Alsace, Seine-et-Marne, Limousin)

Annexe II. B. 1 : Résidus de la corrélation entre stature moyenne à l'âge de 20,5 ans et pourcentage du budget alloué aux protéines d'origine panifiée dans une famille de cinq journaliers.

(1)	(2)	(3)	(4)	(5)	(6)	(7)
Treignac	Corrèze	160,25	65,14	163,20	-2,95	-1,41
Châteauneuf	Haute-Vienne	160,46	56,47	164,33	-3,87	-1,85
Tulle	Corrèze	160,50	68,55	162,75	-2,25	-1,08
Seilhac	Corrèze	160,55	76,45	161,71	-1,16	-0,56
Uzerche	Corrèze	160,80	53,15	164,77	-3,97	-1,90
Corrèze	Corrèze	161,46	41,91	166,24	-4,78	-2,28
Argentat	Corrèze	161,65	48,08	165,43	-3,78	-1,81
Ambazac	Haute-Vienne	161,65	47,02	165,57	-3,92	-1,87
Mercœur	Corrèze	161,68	67,16	162,93	-1,25	-0,60
Egletons	Corrèze	161,83	57,69	164,17	-2,34	-1,12
Saint-Léonard	Haute-Vienne	162,14	49,52	165,24	-3,10	-1,48
Servières	Corrèze	162,84	41,24	166,33	-3,49	-1,67
Eymoutiers	Haute-Vienne	163,07	61,67	163,65	-0,58	-0,28
La Roche-Canillac	Corrèze	163,43	56,89	164,28	-0,85	-0,40

Annexes statistiques

(1)	(2)	(3)	(4)	(5)	(6)	(7)
Limoges Sud	Haute-Vienne	163,47	74,18	162,01	1,46	0,70
Lapleau	Corrèze	163,81	53,00	164,79	-0,98	-0,47
Limoges Nord	Haute-Vienne	163,81	24,44	168,53	-4,72	-2,25
Laurière	Haute-Vienne	164,58	66,19	163,06	1,52	0,73
Pierre-Buffière	Haute-Vienne	164,64	55,80	164,42	0,22	0,11
Château-Landon	Seine-et-Marne	164,77	36,30	166,97	-2,20	-1,05
Villiers-Saint-Georges	Seine-et-Marne	164,82	42,81	166,12	-1,30	-0,62
Provins	Seine-et-Marne	164,85	45,00	165,83	-0,98	-0,47
Colmar	Haut-Rhin	165,48	36,09	167,00	-1,52	-0,73
Coulommiers	Seine-et-Marne	165,61	42,71	166,13	-0,52	-0,25
Nemours	Seine-et-Marne	165,89	42,40	166,17	-0,28	-0,14
Bray-sur-Seine	Seine-et-Marne	165,92	47,54	165,50	0,42	0,20
La Chapelle-la-Reine	Seine-et-Marne	165,95	33,73	167,31	-1,36	-0,65
Villé	Bas-Rhin	166,05	21,74	168,88	-2,83	-1,35
Nieul	Haute-Vienne	166,12	51,19	165,02	1,10	0,53
Nangis	Seine-et-Marne	166,13	44,46	165,90	0,23	0,11
Claye	Seine-et-Marne	166,19	54,13	164,64	1,55	0,74
Barr	Bas-Rhin	166,37	24,26	168,55	-2,18	-1,04
Aixe	Haute-Vienne	166,44	53,08	164,77	1,67	0,80
Lorrez-le-Bocage	Seine-et-Marne	166,48	44,18	165,94	0,54	0,26
Moret	Seine-et-Marne	166,52	40,31	166,45	0,07	0,03
Rozay	Seine-et-Marne	166,67	50,88	165,06	1,61	0,77
Saverne	Bas-Rhin	166,69	32,75	167,44	-0,75	-0,36
Lagny	Seine-et-Marne	166,80	46,18	165,68	1,12	0,54
Lizy-sur-Ourcq	Seine-et-Marne	166,80	51,28	165,01	1,79	0,86
Montereau-faut-Yonne	Seine-et-Marne	166,80	38,78	166,65	0,15	0,07
Crécy	Seine-et-Marne	166,84	48,62	165,36	1,48	0,71
Wissembourg	Bas-Rhin	166,86	31,63	167,58	-0,72	-0,35
Sélestat	Bas-Rhin	166,96	20,49	169,04	-2,08	-1,00
Lauterbourg	Bas-Rhin	166,97	25,26	168,42	-1,45	-0,69
Rebais	Seine-et-Marne	167,03	41,10	166,34	0,69	0,33
Schiltigheim	Bas-Rhin	167,13	30,88	167,68	-0,55	-0,26
La Ferté-Gaucher	Seine-et-Marne	167,17	33,74	167,31	-0,14	-0,07
Le Châtelet-en-Brie	Seine-et-Marne	167,40	43,07	166,09	1,31	0,63
Obernai	Bas-Rhin	167,44	34,80	167,17	0,27	0,13
Marckolsheim	Bas-Rhin	167,50	30,12	167,78	-0,28	-0,13
Benfeld	Bas-Rhin	167,61	22,58	168,77	-1,16	-0,55

(1)	(2)	(3)	(4)	(5)	(6)	(7)
Tournan	Seine-et-Marne	167,70	42,37	166,18	1,52	0,73
Bischwiller	Bas-Rhin	167,73	27,51	168,12	-0,39	-0,19
Brumath	Bas-Rhin	167,93	33,08	167,39	0,54	0,26
Donnemarie	Seine-et-Marne	167,95	27,33	168,15	-0,20	-0,09
La Petite-Pierre	Bas-Rhin	168,05	33,92	167,28	0,77	0,37
Niederbronn	Bas-Rhin	168,11	35,39	167,09	1,02	0,49
Woerth	Bas-Rhin	168,21	28,63	167,98	0,23	0,11
Rosheim	Bas-Rhin	168,26	37,59	166,80	1,46	0,70
Meaux	Seine-et-Marne	168,31	39,37	166,57	1,74	0,83
Melun Nord	Seine-et-Marne	168,42	39,47	166,56	1,86	0,89
La Ferté-sous-Jouarre	Seine-et-Marne	168,43	35,97	167,02	1,41	0,68
Dammartin	Seine-et-Marne	168,65	52,04	164,91	3,74	1,79
Geispolsheim	Bas-Rhin	168,69	38,88	166,63	2,06	0,98
Wasselonne	Bas-Rhin	168,91	33,74	167,31	1,60	0,77
Seltz	Bas-Rhin	168,98	28,57	167,98	1,00	0,48
Molsheim	Bas-Rhin	169,06	32,76	167,44	1,62	0,78
Fontainebleau	Seine-et-Marne	169,17	28,57	167,98	1,19	0,57
Marmoutier	Bas-Rhin	169,19	36,33	166,97	2,22	1,06
Drulingen	Bas-Rhin	169,22	34,92	167,15	2,07	0,99
Hochfelden	Bas-Rhin	169,22	18,23	169,34	-0,12	-0,06
Haguenau	Bas-Rhin	169,42	43,33	166,05	3,37	1,61
Erstein	Bas-Rhin	169,53	46,43	165,65	3,88	1,86
Truchtersheim	Bas-Rhin	169,63	19,45	169,18	0,45	0,22
Melun Sud	Seine-et-Marne	169,68	46,34	165,66	4,02	1,92
Soultz-sous-Forêt	Bas-Rhin	169,84	45,20	165,81	4,03	1,93
Bouxwiller	Bas-Rhin	170,02	29,36	167,88	2,14	1,02
Sarre-Union	Bas-Rhin	170,03	42,13	166,21	3,82	1,83

(1) canton
(2) département
(3) stature (cm)
(4) pourcentage du budget alloué aux protéines d'origine panifiée
(5) prévisions pour Y (stature, cm)
(6) résidus (cm)
(7) résidus normalisés

Annexes statistiques

Annexe II. B. 2 : Résidus de la corrélation entre stature moyenne à l'âge de 20,5 ans et pourcentage du budget alloué aux protéines d'origine animale dans une famille de cinq journaliers.

(1)	(2)	(3)	(4)	(5)	(6)	(7)
Treignac	Corrèze	160,25	3,62	164,50	-4,25	-1,93
Châteauneuf	Haute-Vienne	160,46	4,24	164,66	-4,20	-1,91
Tulle	Corrèze	160,50	2,60	164,25	-3,75	-1,71
Seilhac	Corrèze	160,55	5,81	165,04	-4,49	-2,04
Uzerche	Corrèze	160,80	5,59	164,99	-4,19	-1,90
Corrèze	Corrèze	161,46	2,89	164,33	-2,87	-1,30
Argentat	Corrèze	161,65	8,01	165,58	-3,93	-1,79
Ambazac	Haute-Vienne	161,65	3,13	164,38	-2,73	-1,24
Mercœur	Corrèze	161,68	3,67	164,52	-2,84	-1,29
Egletons	Corrèze	161,83	8,01	165,58	-3,75	-1,71
Saint-Léonard	Haute-Vienne	162,14	4,13	164,63	-2,49	-1,13
Servières	Corrèze	162,84	13,75	166,99	-4,15	-1,89
Eymoutiers	Haute-Vienne	163,07	3,52	164,48	-1,41	-0,64
La Roche-Canillac	Corrèze	163,43	3,90	164,57	-1,14	-0,52
Limoges Sud	Haute-Vienne	163,47	2,75	164,29	-0,82	-0,37
Lapleau	Corrèze	163,81	7,07	165,35	-1,54	-0,70
Limoges Nord	Haute-Vienne	163,81	11,41	166,41	-2,60	-1,18
Laurière	Haute-Vienne	164,58	3,78	164,54	0,04	0,02
Pierre-Buffière	Haute-Vienne	164,64	2,64	164,26	0,38	0,17
Château-Landon	Seine-et-Marne	164,77	6,27	165,15	-0,38	-0,17
Villiers-Saint-Georges	Seine-et-Marne	164,82	9,09	165,85	-1,03	-0,47
Provins	Seine-et-Marne	164,85	6,25	165,15	-0,30	-0,14
Colmar	Haut-Rhin	165,48	11,28	166,38	-0,90	-0,41
Coulommiers	Seine-et-Marne	165,61	7,29	165,40	0,21	0,09
Nemours	Seine-et-Marne	165,89	4,78	164,79	1,10	0,50
Bray-sur-Seine	Seine-et-Marne	165,92	3,28	164,42	1,50	0,68
La Chapelle-la-Reine	Seine-et-Marne	165,95	9,27	165,89	0,06	0,03
Villé	Bas-Rhin	166,05	20,29	168,59	-2,54	-1,16
Nieul	Haute-Vienne	166,12	6,83	165,29	0,83	0,38
Nangis	Seine-et-Marne	166,13	12,18	166,60	-0,47	-0,22
Claye	Seine-et-Marne	166,19	4,87	164,81	1,38	0,63
Barr	Bas-Rhin	166,37	27,06	170,25	-3,88	-1,77
Aixe	Haute-Vienne	166,44	8,49	165,70	0,74	0,34

(1)	(2)	(3)	(4)	(5)	(6)	(7)
Lorrez-le-Bocage	Seine-et-Marne	166,48	7,01	165,34	1,14	0,52
Moret	Seine-et-Marne	166,52	11,86	166,53	-0,01	0,00
Rozay	Seine-et-Marne	166,67	8,14	165,61	1,06	0,48
Saverne	Bas-Rhin	166,69	11,33	166,40	0,29	0,13
Lagny	Seine-et-Marne	166,80	11,67	166,48	0,32	0,15
Lizy-sur-Ourcq	Seine-et-Marne	166,80	6,74	165,27	1,53	0,70
Montereau-faut-Yonne	Seine-et-Marne	166,80	8,35	165,66	1,14	0,52
Crécy	Seine-et-Marne	166,84	9,40	165,92	0,92	0,42
Wissembourg	Bas-Rhin	166,86	15,82	167,50	-0,64	-0,29
Sélestat	Bas-Rhin	166,96	16,39	167,64	-0,68	-0,31
Lauterbourg	Bas-Rhin	166,97	16,76	167,73	-0,76	-0,34
Rebais	Seine-et-Marne	167,03	8,90	165,80	1,23	0,56
Schiltigheim	Bas-Rhin	167,13	15,44	167,40	-0,27	-0,12
La Ferté-Gaucher	Seine-et-Marne	167,17	7,98	165,57	1,60	0,73
Le Châtelet-en-Brie	Seine-et-Marne	167,40	7,97	165,57	1,83	0,83
Obernai	Bas-Rhin	167,44	9,56	165,96	1,48	0,67
Marckolsheim	Bas-Rhin	167,50	18,07	168,05	-0,55	-0,25
Benfeld	Bas-Rhin	167,61	19,09	168,30	-0,69	-0,31
Tournan	Seine-et-Marne	167,70	8,57	165,72	1,98	0,90
Bischwiller	Bas-Rhin	167,73	13,69	166,97	0,76	0,34
Brumath	Bas-Rhin	167,93	37,34	172,77	-4,84	-2,20
Donnemarie	Seine-et-Marne	167,95	14,81	167,25	0,70	0,32
La Petite-Pierre	Bas-Rhin	168,05	6,19	165,13	2,92	1,33
Niederbronn	Bas-Rhin	168,11	9,09	165,85	2,26	1,03
Woerth	Bas-Rhin	168,21	11,89	166,53	1,68	0,76
Rosheim	Bas-Rhin	168,26	7,89	165,55	2,71	1,23
Meaux	Seine-et-Marne	168,31	11,02	166,32	1,99	0,91
Melun Nord	Seine-et-Marne	168,42	9,79	166,02	2,40	1,09
La Ferté-sous-Jouarre	Seine-et-Marne	168,43	17,27	167,85	0,58	0,26
Dammartin	Seine-et-Marne	168,65	9,91	166,05	2,60	1,18
Geispolsheim	Bas-Rhin	168,69	11,66	166,48	2,21	1,01
Wasselonne	Bas-Rhin	168,91	13,64	166,96	1,95	0,89
Seltz	Bas-Rhin	168,98	17,14	167,82	1,16	0,53
Molsheim	Bas-Rhin	169,06	12,52	166,69	2,37	1,08
Fontainebleau	Seine-et-Marne	169,17	15,24	167,35	1,82	0,83
Marmoutier	Bas-Rhin	169,19	16,83	167,74	1,45	0,66
Drulingen	Bas-Rhin	169,22	19,05	168,29	0,93	0,42

Annexes statistiques

(1)	(2)	(3)	(4)	(5)	(6)	(7)
Hochfelden	Bas-Rhin	169,22	15,63	167,45	1,77	0,81
Haguenau	Bas-Rhin	169,42	21,67	168,93	0,49	0,22
Erstein	Bas-Rhin	169,53	10,29	166,14	3,39	1,54
Truchtersheim	Bas-Rhin	169,63	22,69	169,18	0,45	0,20
Melun Sud	Seine-et-Marne	169,68	7,32	165,41	4,27	1,94
Soultz-sous-Forêt	Bas-Rhin	169,84	11,15	166,35	3,49	1,59
Bouxwiller	Bas-Rhin	170,02	20,72	168,70	1,32	0,60
Sarre-Union	Bas-Rhin	170,03	15,17	167,34	2,69	1,22

1) canton
2) département
3) stature (cm)
4) pourcentage du budget alloué aux protéines d'origine animale
5) prévisions pour Y (stature, cm)
6) résidus (cm)
7) résidus normalisés

Annexe II. B. 3 : Résidus de la corrélation entre stature moyenne à l'âge de 20,5 ans et disponibilité en lait (l./hab./an, Bas-Rhin, Seine-et-Marne, Haute-Vienne, N = 62 cantons).

(1)	(2)	(3)	(4)	(5)	(6)	(7)
Châteauneuf	Haute-Vienne	160,46	53,93	166,02	-5,56	-2,83
Ambazac	Haute-Vienne	161,65	106,19	166,30	-4,65	-2,37
Saint-Léonard	Haute-Vienne	162,14	64,22	166,07	-3,93	-2,00
Eymoutiers	Haute-Vienne	163,07	52,51	166,01	-2,94	-1,49
Limoges rural (Sud)	Haute-Vienne	163,47	36,72	165,92	-2,45	-1,25
Limoges urbain (Nord)	Haute-Vienne	163,81	8,69	165,77	-1,96	-1,00
Laurière	Haute-Vienne	164,58	92,81	166,23	-1,65	-0,84
Pierre-Buffière	Haute-Vienne	164,64	70,00	166,10	-1,46	-0,74
Château-Landon	Seine-et-Marne	164,77	358,40	167,69	-2,92	-1,48
Provins	Seine-et-Marne	164,85	307,14	167,41	-2,56	-1,30
Coulommiers	Seine-et-Marne	165,61	327,95	167,52	-1,91	-0,97
Nemours	Seine-et-Marne	165,89	245,08	167,07	-1,18	-0,60
Bray-sur-Seine	Seine-et-Marne	165,92	398,20	167,91	-1,99	-1,01
La Chapelle-la-Reine	Seine-et-Marne	165,95	437,41	168,12	-2,17	-1,11
Villé	Bas-Rhin	166,05	132,27	166,45	-0,40	-0,20

(1)	(2)	(3)	(4)	(5)	(6)	(7)
Nieul	Haute-Vienne	166,12	72,50	166,12	0,00	0,00
Nangis	Seine-et-Marne	166,13	457,20	168,23	-2,10	-1,07
Claye	Seine-et-Marne	166,19	117,43	166,37	-0,18	-0,09
Barr	Bas-Rhin	166,37	194,00	166,79	-0,42	-0,21
Aixe	Haute-Vienne	166,44	106,20	166,30	0,14	0,07
Lorrez-le-Bocage	Seine-et-Marne	166,48	346,69	167,63	-1,15	-0,58
Moret	Seine-et-Marne	166,52	123,84	166,40	0,12	0,06
Saverne	Bas-Rhin	166,69	181,96	166,72	-0,03	-0,02
Montereau	Seine-et-Marne	166,80	286,22	167,29	-0,49	-0,25
Lagny	Seine-et-Marne	166,80	247,80	167,08	-0,28	-0,14
Lizy-sur-Ourcq	Seine-et-Marne	166,80	363,00	167,71	-0,91	-0,47
Crécy	Seine-et-Marne	166,84	617,36	169,11	-2,27	-1,16
Wissembourg	Bas-Rhin	166,86	145,87	166,52	0,34	0,17
Sélestat	Bas-Rhin	166,96	103,96	166,29	0,67	0,34
Lauterbourg	Bas-Rhin	166,97	243,55	167,06	-0,09	-0,04
Rebaix	Seine-et-Marne	167,03	388,01	167,85	-0,82	-0,42
Schiltigheim	Bas-Rhin	167,13	402,27	167,93	-0,80	-0,41
La Ferté-Gaucher	Seine-et-Marne	167,17	341,73	167,60	-0,43	-0,22
Le Châtelet-en-Brie	Seine-et-Marne	167,40	293,36	167,33	0,07	0,03
Obernai	Bas-Rhin	167,44	134,41	166,46	0,98	0,50
Marckolsheim	Bas-Rhin	167,50	215,33	166,90	0,60	0,30
Benfeld	Bas-Rhin	167,61	294,54	167,34	0,27	0,14
Bischwiller	Bas-Rhin	167,73	233,70	167,00	0,73	0,37
Brumath	Bas-Rhin	167,93	511,74	168,53	-0,60	-0,31
Donnemarie	Seine-et-Marne	167,95	394,95	167,89	0,06	0,03
La Petite-Pierre	Bas-Rhin	168,05	317,32	167,46	0,59	0,30
Niederbronn	Bas-Rhin	168,11	285,33	167,29	0,82	0,42
Woerth	Bas-Rhin	168,21	268,46	167,20	1,01	0,52
Rosheim	Bas-Rhin	168,26	123,96	166,40	1,86	0,95
Meaux	Seine-et-Marne	168,31	203,53	166,84	1,47	0,75
La Ferté-sous-Jouarre	Seine-et-Marne	168,43	170,22	166,66	1,77	0,90
Dammartin	Seine-et-Marne	168,65	247,21	167,08	1,57	0,80
Geispolsheim	Bas-Rhin	168,69	215,29	166,90	1,79	0,91
Wasselonne	Bas-Rhin	168,91	194,03	166,79	2,12	1,08
Seltz	Bas-Rhin	168,98	194,04	166,79	2,19	1,12
Molsheim	Bas-Rhin	169,06	142,31	166,50	2,56	1,30
Fontainebleau	Seine-et-Marne	169,17	82,07	166,17	3,00	1,52
Marmoutier	Bas-Rhin	169,19	163,77	166,62	2,57	1,31

Annexes statistiques

(1)	(2)	(3)	(4)	(5)	(6)	(7)
Hochfelden	Bas-Rhin	169,22	368,40	167,74	1,48	0,75
Drulingen	Bas-Rhin	169,22	229,18	166,98	2,24	1,14
Haguenau	Bas-Rhin	169,42	243,79	167,06	2,36	1,20
Erstein	Bas-Rhin	169,53	224,33	166,95	2,58	1,31
Truchtersheim	Bas-Rhin	169,63	298,58	167,36	2,27	1,15
Melun Sud	Seine-et-Marne	169,68	404,74	167,94	1,74	0,88
Soultz-sous-Forêts	Bas-Rhin	169,84	219,00	166,92	2,92	1,48
Bouxviller	Bas-Rhin	170,02	347,94	167,63	2,39	1,21
Sarre-Union	Bas-Rhin	170,03	231,43	166,99	3,04	1,55

(1) canton
(2) département
(3) stature (cm)
(4) disponibilité en lait, l./hab./an.
(5) prévisions pour Y (stature, cm)
(6) résidus (cm)
(7) résidus normalisés

Annexe II. B. 4 : Résidus de la corrélation entre stature moyenne à l'âge de 20,5 ans et disponibilité en lait (l./hab./an, Bas-Rhin et Haute-Vienne, N = 39 cantons).

(1)	(2)	(3)	(4)	(5)	(6)	(7)
Châteauneuf	Haute-Vienne	160,46	53,93	165,08	-4,62	-2,45
Ambazac	Haute-Vienne	161,65	106,19	165,83	-4,18	-2,22
Saint-Léonard	Haute-Vienne	162,14	64,22	165,23	-3,09	-1,64
Eymoutiers	Haute-Vienne	163,07	52,51	165,06	-1,99	-1,06
Limoges rural (Sud)	Haute-Vienne	163,47	36,72	164,84	-1,37	-0,72
Limoges urbain (Nord)	Haute-Vienne	163,81	8,69	164,43	-0,62	-0,33
Laurière	Haute-Vienne	164,58	92,81	165,64	-1,06	-0,56
Pierre-Buffière	Haute-Vienne	164,64	70,00	165,31	-0,67	-0,36
Villé	Bas-Rhin	166,05	132,27	166,21	-0,16	-0,08
Nieul	Haute-Vienne	166,12	72,50	165,35	0,77	0,41
Barr	Bas-Rhin	166,37	194,00	167,09	-0,72	-0,38
Aixe	Haute-Vienne	166,44	106,20	165,83	0,61	0,32
Saverne	Bas-Rhin	166,69	181,96	166,92	-0,23	-0,12
Wissembourg	Bas-Rhin	166,86	145,87	166,40	0,46	0,24
Sélestat	Bas-Rhin	166,96	103,96	165,80	1,16	0,62

(1)	(2)	(3)	(4)	(5)	(6)	(7)
Lauterbourg	Bas-Rhin	166,97	243,55	167,80	-0,83	-0,44
Schiltigheim	Bas-Rhin	167,13	402,27	170,08	-2,95	-1,56
Obernai	Bas-Rhin	167,44	134,41	166,24	1,20	0,64
Marckolsheim	Bas-Rhin	167,50	217,00	167,42	0,08	0,04
Benfeld	Bas-Rhin	167,61	294,54	168,53	-0,92	-0,49
Bischwiller	Bas-Rhin	167,73	233,70	167,66	0,07	0,04
Brumath	Bas-Rhin	167,93	511,74	171,65	-3,72	-1,97
La Petite-Pierre	Bas-Rhin	168,05	317,32	168,86	-0,81	-0,43
Niederbronn	Bas-Rhin	168,11	285,33	168,40	-0,29	-0,15
Woerth	Bas-Rhin	168,21	268,46	168,16	0,05	0,03
Rosheim	Bas-Rhin	168,26	123,96	166,09	2,17	1,15
Geispolsheim	Bas-Rhin	168,69	215,29	167,40	1,29	0,69
Wasselonne	Bas-Rhin	168,91	194,03	167,09	1,82	0,96
Seltz	Bas-Rhin	168,98	194,04	167,09	1,89	1,00
Molsheim	Bas-Rhin	169,06	142,31	166,35	2,71	1,44
Marmoutier	Bas-Rhin	169,19	163,77	166,66	2,53	1,34
Hochfelden	Bas-Rhin	169,22	368,40	169,59	-0,37	-0,20
Drulingen	Bas-Rhin	169,22	229,18	167,60	1,62	0,86
Haguenau	Bas-Rhin	169,42	243,79	167,80	1,62	0,86
Erstein	Bas-Rhin	169,53	224,33	167,53	2,00	1,06
Truchtersheim	Bas-Rhin	169,63	298,58	168,59	1,04	0,55
Soultz-sous-Forêts	Bas-Rhin	169,84	219,00	167,45	2,39	1,27
Bouxviller	Bas-Rhin	170,02	349,00	169,31	0,71	0,37
Sarre-Union	Bas-Rhin	170,03	231,43	167,63	2,40	1,27

(1) canton
(2) département
(3) stature (cm)
(4) disponibilité en lait, l./hab./an.
(5) prévisions pour Y (stature, cm)
(6) résidus (cm)
(7) résidus normalisés

Annexe II. B. 5 : résidus de la corrélation entre stature moyenne à l'âge de 20,5 ans et taux de la population urbaine agglomérée (Alsace, N = 58 cantons).

(1)	(2)	(3)	(4)	(5)	(6)	(7)
Lapoutroie	Haut-Rhin	162,48	12,30	168,20	-5,72	-3,91
Sainte-Marie-aux-Mines	Haut-Rhin	164,26	39,38	167,51	-3,25	-2,22
Rouffach	Haut-Rhin	165,23	80,74	166,46	-1,23	-0,84
Colmar	Haut-Rhin	165,48	83,89	166,38	-0,90	-0,61
Wintzenheim	Haut-Rhin	165,60	63,35	166,90	-1,30	-0,89
Thann	Haut-Rhin	165,64	61,00	166,96	-1,32	-0,90
Munster	Haut-Rhin	165,86	20,70	167,98	-2,12	-1,45
Neuf-Brisach	Haut-Rhin	165,95	30,72	167,73	-1,78	-1,22
Masevaux	Haut-Rhin	165,98	18,84	168,03	-2,05	-1,40
Mulhouse	Haut-Rhin	166,04	73,41	166,64	-0,6	-0,41
Villé	Bas-Rhin	166,05	0,00	168,51	-2,46	-1,68
Ribeauvillé	Haut-Rhin	166,16	71,67	166,69	-0,53	-0,36
Guebwiller	Haut-Rhin	166,17	29,22	167,77	-1,60	-1,09
Barr	Bas-Rhin	166,37	28,11	167,80	-1,43	-0,98
Saint-Amarin	Haut-Rhin	166,64	10,07	168,26	-1,62	-1,11
Saverne	Bas-Rhin	166,69	43,29	167,41	-0,72	-0,49
Wissembourg	Bas-Rhin	166,86	47,37	167,31	-0,45	-0,30
Sélestat	Bas-Rhin	166,96	92,99	166,14	0,82	0,56
Lauterbourg	Bas-Rhin	166,97	53,46	167,15	-0,18	-0,12
Schiltigheim	Bas-Rhin	167,13	32,66	167,68	-0,55	-0,38
Soultz	Haut-Rhin	167,23	51,67	167,20	0,03	0,02
Huningue	Haut-Rhin	167,24	31,27	167,72	-0,48	-0,33
Altkirch	Haut-Rhin	167,29	17,14	168,08	-0,79	-0,54
Obernai	Bas-Rhin	167,44	44,12	167,39	0,05	0,04
Marckolsheim	Bas-Rhin	167,50	32,35	167,69	-0,19	-0,13
Giromagny	Haut-Rhin	167,56	19,72	168,01	-0,45	-0,31
Cernay	Haut-Rhin	167,58	60,78	166,96	0,62	0,42
Benfeld	Bas-Rhin	167,61	37,91	167,55	0,06	0,04
Bischwiller	Bas-Rhin	167,73	49,06	167,26	0,47	0,32
Belfort	Haut-Rhin	167,87	23,54	167,91	-0,04	-0,03
Brumath	Bas-Rhin	167,93	45,14	167,36	0,57	0,39
Kaysersberg	Haut-Rhin	168,00	58,42	167,02	0,98	0,67
La Petite-Pierre	Bas-Rhin	168,05	11,33	168,22	-0,17	-0,12
Niederbronn	Bas-Rhin	168,11	57,99	167,04	1,07	0,74
Woerth	Bas-Rhin	168,21	0,00	168,51	-0,30	-0,21

(1)	(2)	(3)	(4)	(5)	(6)	(7)
Rosheim	Bas-Rhin	168,26	47,15	167,31	0,95	0,65
Ensisheim	Haut-Rhin	168,51	35,97	167,60	0,91	0,63
Habsheim	Haut-Rhin	168,56	24,23	167,89	0,67	0,45
Hirsingue	Haut-Rhin	168,68	0,00	168,51	0,17	0,11
Geispolsheim	Bas-Rhin	168,69	12,22	168,20	0,49	0,33
Landser	Haut-Rhin	168,82	23,92	167,90	0,92	0,63
Wasselonne	Bas-Rhin	168,91	39,80	167,50	1,41	0,97
Seltz	Bas-Rhin	168,98	23,96	167,90	1,08	0,74
Andolsheim	Haut-Rhin	169,05	0,00	168,51	0,54	0,37
Molsheim	Bas-Rhin	169,06	38,06	167,54	1,52	1,04
Dannemarie	Haut-Rhin	169,08	0,00	168,51	0,57	0,39
Marmoutier	Bas-Rhin	169,19	18,00	168,05	1,14	0,78
Drulingen	Bas-Rhin	169,22	0,00	168,51	0,71	0,48
Hochfelden	Bas-Rhin	169,22	14,76	168,14	1,08	0,74
Haguenau	Bas-Rhin	169,42	39,17	167,51	1,91	1,30
Delle	Haut-Rhin	169,46	24,60	167,89	1,57	1,08
Erstein	Bas-Rhin	169,53	25,80	167,85	1,68	1,15
Fontaine	Haut-Rhin	169,55	0,00	168,51	1,04	0,71
Ferrette	Haut-Rhin	169,61	0,00	168,51	1,10	0,75
Truchtersheim	Bas-Rhin	169,63	0,00	168,51	1,12	0,76
Soultz-sous-Forêts	Bas-Rhin	169,84	32,00	167,70	2,14	1,47
Bouxviller	Bas-Rhin	170,02	36,55	167,58	2,44	1,67
Sarre-Union	Bas-Rhin	170,03	34,79	167,63	2,40	1,64

(1) canton
(2) département
(3) stature (cm)
(4) pourcentage de la population urbaine agglomérée (recensement de 1846)
(5) prévisions pour Y (stature, cm)
(6) résidus (cm)
(7) résidus normalisés

Annexes statistiques

Annexe II. B. 6 : Résidus de la corrélation entre stature moyenne à l'âge de 20,5 ans et taux de la population urbaine agglomérée (Alsace sans Lapoutroie, N = 57 cantons).

(1)	(2)	(3)	(4)	(5)	(6)	(7)
Sainte-Marie-aux-Mines	Haut-Rhin	164,26	39,38	167,59	-3,33	-2,65
Rouffach	Haut-Rhin	165,23	80,74	166,37	-1,14	-0,91
Colmar	Haut-Rhin	165,48	83,89	166,28	-0,80	-0,64
Wintzenheim	Haut-Rhin	165,60	63,35	166,88	-1,28	-1,02
Thann	Haut-Rhin	165,64	61,00	166,95	-1,31	-1,04
Munster	Haut-Rhin	165,86	20,70	168,13	-2,27	-1,81
Neuf-Brisach	Haut-Rhin	165,95	30,72	167,84	-1,89	-1,51
Masevaux	Haut-Rhin	165,98	18,84	168,19	-2,21	-1,76
Mulhouse	Haut-Rhin	166,04	73,41	166,58	-0,54	-0,43
Villé	Bas-Rhin	166,05	0,00	168,74	-2,69	-2,15
Ribeauvillé	Haut-Rhin	166,16	71,67	166,64	-0,48	-0,38
Guebwiller	Haut-Rhin	166,17	29,22	167,88	-1,71	-1,37
Barr	Bas-Rhin	166,37	28,11	167,92	-1,55	-1,23
Saint-Amarin	Haut-Rhin	166,64	10,07	168,45	-1,81	-1,44
Saverne	Bas-Rhin	166,69	43,29	167,47	-0,78	-0,62
Wissembourg	Bas-Rhin	166,86	47,37	167,35	-0,49	-0,39
Sélestat	Bas-Rhin	166,96	92,99	166,01	0,95	0,76
Lauterbourg	Bas-Rhin	166,97	53,46	167,17	-0,20	-0,16
Schiltigheim	Bas-Rhin	167,13	32,66	167,78	-0,65	-0,52
Soultz	Haut-Rhin	167,23	51,67	167,22	0,01	0,00
Huningue	Haut-Rhin	167,24	31,27	167,82	-0,58	-0,47
Altkirch	Haut-Rhin	167,29	17,14	168,24	-0,95	-0,76
Obernai	Bas-Rhin	167,44	44,12	167,45	-0,01	0,00
Marckolsheim	Bas-Rhin	167,50	32,35	167,79	-0,29	-0,23
Giromagny	Haut-Rhin	167,56	19,72	168,16	-0,60	-0,48
Cernay	Haut-Rhin	167,58	60,78	166,96	0,62	0,50
Benfeld	Bas-Rhin	167,61	37,91	167,63	-0,02	-0,01
Bischwiller	Bas-Rhin	167,73	49,06	167,30	0,43	0,34
Belfort	Haut-Rhin	167,87	23,80	168,04	-0,17	-0,14
Brumath	Bas-Rhin	167,93	45,14	167,42	0,51	0,41
Kaysersberg	Haut-Rhin	168,00	58,42	167,03	0,97	0,78
La Petite-Pierre	Bas-Rhin	168,05	11,33	168,41	-0,36	-0,29
Niederbronn	Bas-Rhin	168,11	57,99	167,04	1,07	0,85
Woerth	Bas-Rhin	168,21	0,00	168,74	-0,53	-0,43
Rosheim	Bas-Rhin	168,26	47,15	167,36	0,90	0,72

653

(1)	(2)	(3)	(4)	(5)	(6)	(7)
Ensisheim	Haut-Rhin	168,51	35,97	167,69	0,82	0,66
Habsheim	Haut-Rhin	168,56	24,23	168,03	0,53	0,42
Hirsingue	Haut-Rhin	168,68	0,00	168,74	-0,06	-0,05
Geispolsheim	Bas-Rhin	168,69	12,22	168,38	0,31	0,24
Landser	Haut-Rhin	168,82	23,92	168,04	0,78	0,62
Wasselonne	Bas-Rhin	168,91	39,80	167,57	1,34	1,07
Seltz	Bas-Rhin	168,98	23,96	168,04	0,94	0,75
Andolsheim	Haut-Rhin	169,05	0,00	168,74	0,31	0,24
Molsheim	Bas-Rhin	169,06	38,06	167,62	1,44	1,14
Dannemarie	Haut-Rhin	169,08	0,00	168,74	0,34	0,27
Marmoutier	Bas-Rhin	169,19	18,00	168,21	0,98	0,78
Drulingen	Bas-Rhin	169,22	0,00	168,74	0,48	0,38
Hochfelden	Bas-Rhin	169,22	14,76	168,31	0,91	0,73
Haguenau	Bas-Rhin	169,42	39,17	167,59	1,83	1,46
Delle	Haut-Rhin	169,46	24,60	168,02	1,44	1,15
Erstein	Bas-Rhin	169,53	25,80	167,98	1,55	1,23
Fontaine	Haut-Rhin	169,55	0,00	168,74	0,81	0,64
Ferrette	Haut-Rhin	169,61	0,00	168,74	0,87	0,69
Truchtersheim	Bas-Rhin	169,63	0,00	168,74	0,89	0,71
Soultz-sous-Forêts	Bas-Rhin	169,84	32,00	167,80	2,04	1,62
Bouxviller	Bas-Rhin	170,02	36,55	167,67	2,35	1,88
Sarre-Union	Bas-Rhin	170,03	34,79	167,72	2,31	1,84

(1) canton
(2) département
(3) stature (cm)
(4) pourcentage de la population urbaine agglomérée (recensement de 1846)
(5) prévisions pour Y (stature, cm)
(6) résidus (cm)
(7) résidus normalisés

Annexes statistiques

Annexe II. B. 7 : résidus de la corrélation entre stature moyenne à l'âge de 20,5 ans et durée annuelle du travail des enfants (sauf cantons où la réponse est 100 jours et sauf canton de Benfeld, 240 jours).

(1)	(2)	(3)	(4)	(5)	(6)	(7)
Treignac	Corrèze	160,25	85	165,62	-5,37	-2,14
Châteauneuf	Haute-Vienne	160,46	70	166,03	-5,57	-2,22
Tulle	Corrèze	160,50	87	165,56	-5,06	-2,02
Uzerche	Corrèze	160,80	180	163,02	-2,22	-0,88
Corrèze	Corrèze	161,46	60	166,30	-4,84	-1,93
Argentat	Corrèze	161,65	60	166,30	-4,65	-1,85
Ambazac	Haute-Vienne	161,65	40	166,85	-5,20	-2,07
Mercœur	Corrèze	161,68	30	167,12	-5,44	-2,17
Egletons	Corrèze	161,83	60	166,30	-4,47	-1,78
Eymoutiers	Haute-Vienne	163,07	80	165,75	-2,68	-1,07
La Roche-Canillac	Corrèze	163,43	40	166,85	-3,42	-1,36
Lapleau	Corrèze	163,81	50	166,57	-2,76	-1,10
Laurière	Haute-Vienne	164,58	60	166,30	-1,72	-0,68
Pierre-Buffière	Haute-Vienne	164,64	130	164,39	0,25	0,10
Château-Landon	Seine-et-Marne	164,77	130	164,39	0,38	0,15
Villiers-Saint-Georges	Seine-et-Marne	164,82	135	164,25	0,57	0,23
Coulommiers	Seine-et-Marne	165,61	120	164,66	0,95	0,38
Nemours	Seine-et-Marne	165,89	106	165,04	0,85	0,34
Bray-sur-Seine	Seine-et-Marne	165,92	120	164,66	1,26	0,50
La Chapelle-la-Reine	Seine-et-Marne	165,95	25	167,25	-1,30	-0,52
Villé	Bas-Rhin	166,05	18	167,45	-1,40	-0,56
Nieul	Haute-Vienne	166,12	50	166,57	-0,45	-0,18
Nangis	Seine-et-Marne	166,13	50	166,57	-0,44	-0,18
Barr	Bas-Rhin	166,37	30	167,12	-0,75	-0,30
Lorrez-le-Bocage	Seine-et-Marne	166,48	90	165,48	1,00	0,40
Moret	Seine-et-Marne	166,52	107	165,01	1,51	0,60
Rozay	Seine-et-Marne	166,67	75	165,89	0,78	0,31
Saverne	Bas-Rhin	166,69	30	167,12	-0,43	-0,17
Lizy-sur-Ourcq	Seine-et-Marne	166,80	50	166,57	0,23	0,09
Lagny	Seine-et-Marne	166,80	95	165,34	1,46	0,58
Montereau-faut-Yonne	Seine-et-Marne	166,80	110	164,93	1,87	0,74
Crécy	Seine-et-Marne	166,84	75	165,89	0,95	0,38

(1)	(2)	(3)	(4)	(5)	(6)	(7)
Wissembourg	Bas-Rhin	166,86	25	167,25	-0,39	-0,16
Sélestat	Bas-Rhin	166,96	20	167,39	-0,43	-0,17
Lauterbourg	Bas-Rhin	166,97	30	167,12	-0,15	-0,06
Schiltigheim	Bas-Rhin	167,13	50	166,57	0,56	0,22
Le Châtelet-en-Brie	Seine-et-Marne	167,40	71	166,00	1,40	0,56
Marckolsheim	Bas-Rhin	167,50	45	166,71	0,79	0,32
Tournan	Seine-et-Marne	167,70	0	167,94	-0,24	-0,09
Bischwiller	Bas-Rhin	167,73	32	167,06	0,67	0,27
Brumath	Bas-Rhin	167,93	30	167,12	0,81	0,32
Donnemarie	Seine-et-Marne	167,95	55	166,44	1,51	0,60
La Petite-Pierre	Bas-Rhin	168,05	20	167,39	0,66	0,26
Niederbronn	Bas-Rhin	168,11	75	165,89	2,22	0,88
Woerth	Bas-Rhin	168,21	50	166,57	1,64	0,65
Rosheim	Bas-Rhin	168,26	50	166,57	1,69	0,67
Melun Nord	Seine-et-Marne	168,42	89	165,51	2,91	1,16
La Ferté-sous-Jouarre	Seine-et-Marne	168,43	90	165,48	2,95	1,18
Geispolsheim	Bas-Rhin	168,69	30	167,12	1,57	0,63
Wasselonne	Bas-Rhin	168,91	45	166,71	2,20	0,88
Seltz	Bas-Rhin	168,98	25	167,25	1,73	0,69
Molsheim	Bas-Rhin	169,06	50	166,57	2,49	0,99
Fontainebleau	Seine-et-Marne	169,17	50	166,57	2,60	1,03
Marmoutier	Bas-Rhin	169,19	44	166,74	2,45	0,98
Drulingen	Bas-Rhin	169,22	20	167,39	1,83	0,73
Erstein	Bas-Rhin	169,53	25	167,25	2,28	0,91
Truchtersheim	Bas-Rhin	169,63	40	166,85	2,78	1,11
Melun Sud	Seine-et-Marne	169,68	60	166,30	3,38	1,35
Soultz-sous-Forêt	Bas-Rhin	169,84	20	167,39	2,45	0,98
Sarre-Union	Bas-Rhin	170,03	60	166,30	3,73	1,49

(1) canton
(2) département
(3) stature (cm)
(4) durée annuelle du travail des enfants (en jours)
(5) prévisions pour Y (stature, cm)
(6) résidus (cm)
(7) résidus normalisés

Annexes statistiques

C. Série professionnelle (stature moyenne par profession)

Seules les professions dont les effectifs sont supérieurs à 100 sont retenues.

Annexe II. C. 1 : Stature moyenne (cm) des conscrits par profession d'après les listes du contingent (âge réel d'examen), Bas-Rhin, canton de Mulhouse, Seine-et-Marne, Haute-Vienne.

Bas-Rhin
(années de naissance 1799-1811, années de conscription 1819-1831, N = 4 453)

Profession	Stature	Profession	Stature
boulanger	165,93	maréchal-ferrant	167,82
cordonnier	164,54	menuisier	165,60
cultivateur	166,14	tailleur	164,91
domestique	163,21	tisserand	165,26
journalier	165,42	tonnelier	166,08
laboureur	166,79	vigneron	166,36
maçon	166,39		

Canton de Mulhouse
(années de naissance 1799-1822, années de conscription 1819-1842, N = 317)

Profession	Stature
cultivateur	166,92
ouvrier de fabrique	163,85

Haute-Vienne
(années de naissance 1799-1823, années de conscription 1819-1843, N = 8 815)

Profession	Stature	Profession	Stature
charpentier	161,67	maçon	160,93
colon	160,43	menuisier	163,73
cordonnier	160,00	meunier	162,92
cultivateur	159,74	paveur	161,42
domestique	158,53	propriétaire	164,69
étudiant	167,07	tailleur	160,49
journalier	160,51	tisserand	161,12
laboureur	159,14		

Seine-et-Marne
(années de naissance 1799-1816, années de conscription 1819-1836, N = 6 931)

Profession	Stature	Profession	Stature
berger	163,37	manœuvre	165,08
boucher	166,38	maréchal-ferrant	166,71
charretier	165,25	menuisier	165,58
charron	165,15	meunier	164,94
cordonnier	165,16	sabotier	162,68
cultivateur	165,97	serrurier	166,47
domestique	163,39	terrassier	165,59
jardinier	166,56	tisserand	163,84
maçon	165,61	vigneron	165,37

III – Série professionnelle et spatiale (proportion de conscrits vignerons en Seine-et-Marne, année d'examen an XI)

Canton	%	Canton	%
Bray	8,6	Lorrez-le-Bocage	33,3
Brie-Comte-Robert	19,2	Meaux	26,5
La Chapelle-la-Reine	56,9	Melun Nord	44,7
Châteaulandon	20	Melun Sud	50
Le Châtelet-en-Brie	47,1	Melun	34,7
Claye	10	Montereau	28,1
Coulommiers	38	Moret	63,5
Crécy	38,8	Mormant	14,3
Dammartin	0	Nangis	2,1
Donnemarie	51,6	Nemours	41
Fontainebleau	15,9	Provins	24,5
La Ferté-Gaucher	0	Rebais	21,1
La Ferté-sous-Jouarre	20,8	Rozay	3,1
Lagny	26,9	Tournan	9,6
Lizy-sur-Ourcq	1,7	Villiers-Saint-Georges	22

Annexes cartographiques

Annexe IV: Carte repère des bailliages de Haute-Alsace

D'après J.-P. Kintz, *Paroisses et communes de France. Dictionnaire d'histoire administrative et démographique. Haut-Rhin. Territoire de Belfort*, Paris, 1994, cartes V et XXI.

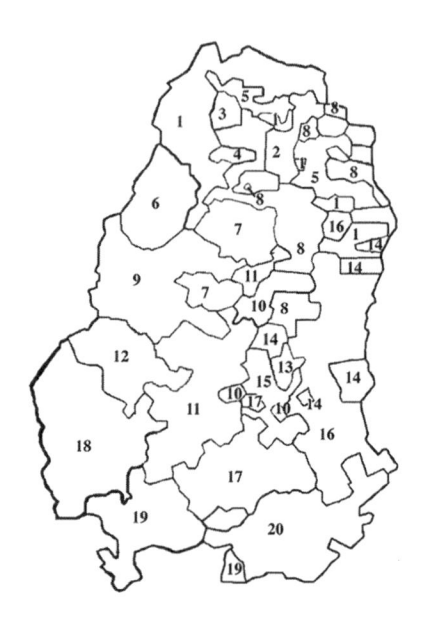

1: Ribeauvillé; 2: Colmar; 3: Kaysersberg; 4: Turckheim; 5: Horbourg; 6: Munster; 7: Rouffach; 8: Ensisheim; 9: Guebwiller; 10: Bollwiller; 11: Thann; 12: Masevaux; 13: Mulhouse; 14: Eschentzwiller; 15: Brunstatt; 16: Landser; 17: Altkirch; 18: Belfort; 19: Delle; 20: Ferrette.

Annexes cartographiques

Annexe V : Carte repère de l'Alsace en l'an VII (Haut-Rhin) et l'an VIII (Bas-Rhin)

1 Harskirchen ; 2 Sarre-Union ;
3 Diemeringen ; 4 Wolfkirchen ;
5 Drulingen ; 6 La-Petite-Pierre ;
7 Ingwiller ; 8 Bouxwiller ;
9 Niederbronn ; 10 Wissembourg ;
11 Lauterbourg ;
12 Soultz (Bas-Rhin) ;
13 Saverne ; 14 Hochfelden ;
15 Haguenau ; 16 Fort-Vauban ;
17 Marmoutier ; 18 Truchtersheim ;
19 Brumath ; 20 Bischwiller ;
21 Wasselonne ; 22 Oberhausbergen ;
23 Molsheim ; 24 Strasbourg ;
25 Geispolsheim ; 26 Rosheim ;
27 Obernai ; 28 Erstein ; 29 Villé,
30 Barr ; 31 Benfeld ; 32 Sélestat ;
33 Sainte-Marie-aux-Mines et
   Sainte-Croix-aux-Mines ;
34 Ribeauvillé ; 35 Marckolsheim ;
36 Lapoutroie ;
37 Ammerschwihr ; 38 Riquewihr ;
39 Colmar ; 40 Horbourg ;
41 Munster ; 42 Turckheim ;
43 Eguisheim ; 44 Rouffach ;
45 Neuf-Brisach ; 46 Saint-Amarin ;
47 Soultz (Haut-Rhin) ;
48 Ensisheim ;
49 Masevaux ; 50 Thann ;
51 Cernay ;
52 Lutterbach ;
53 Habsheim ;
54 Giromagny ;
55 Belfort ; 56 Fontaine ;
57 Dannemarie ;
58 Altkirch ;
59 Landser ; 60 Delle ;
61 Hirsingue ;
62 Ferrette ;
63 Huningue.

Annexe VI : Carte repère de l'Alsace en 1868

1 : Sarre-Union ; 2 : Drulingen ;
3 : La Petite-Pierre ;
4 : Niederbronn ; 5 : Woerth ;
6 : Wissembourg ;
7 : Lauterbourg ;
8 : Bouxwiller ;
9 : Soultz-sous-Forêt ;
10 : Seltz ; 11 : Saverne ;
12 : Hochfelden ; 13 : Haguenau ;
14 : Bischwiller ; 15 : Marmoutier ;
16 : Truchtersheim ; 17 : Brumath ;
18 : Wasselonne ; 19 : Schiltigheim ;
20 : Strasbourg ; 21 : Molsheim ;
22 : Geispolsheim ; 23 : Rosheim ;
24 : Obernai ; 25 : Erstein ;
26 : Villé, 27 : Barr ; 28 : Benfeld ;
29 : Sainte-Marie-aux-Mines ;
30 : Sélestat ; 31 : Marckolsheim ;
32 : Ribeauvillé ; 33 : Lapoutroie ;
34 : Kaysersberg ; 35 : Colmar ;
36 : Andolsheim ; 37 : Munster ;
38 : Wintzenheim ; 39 : Neuf-Brisach ;
40 : Saint-Amarin ; 41 : Guebwiller ;
42 : Rouffach ; 43 : Soultz ;
44 : Ensisheim ; 45 : Masevaux ;
46 : Thann ; 47 : Cernay ;
48 : Mulhouse ; 49 : Habsheim ;
50 : Giromagny ; 51 : Fontaine ;
52 : Dannemarie ;
53 : Altkirch ; 54 : Landser ;
55 : Belfort, 56 : Delle ;
57 : Hirsingue ;
58 : Ferrette ;
59 : Huningue.

Annexes cartographiques

Annexe VII : Carte repère de l'Alsace en 1940

1 : Sarre-Union ; 2 : Drulingen ;
3 : La Petite-Pierre ; 4 : Bouxwiller ;
5 : Niederbronn ; 6 : Woerth ;
7 : Wissembourg ;
8 : Soultz-sous-Forêt ;
9 : Lauterbourg ; 10 : Seltz ;
11 : Saverne ; 12 : Hochfelden ;
13 : Haguenau ; 14 : Bischwiller ;
15 : Marmoutier ; 16 : Truchtersheim ;
17 : Brumath ; 18 : Wasselonne ;
19 : Schiltigheim ; 20 : Strasbourg ;
21 : Molsheim ; 22 : Geispolsheim ;
23 : Schirmeck ; 24 : Rosheim ;
25 : Obernai ; 26 : Erstein ;
27 : Saales ; 28 : Villé ;
29 : Barr ; 30 : Benfeld ;
31 : Sainte-Marie-aux-Mines ;
32 : Sélestat ; 33 : Marckolsheim ;
34 : Ribeauvillé ; 35 : Lapoutroie ;
36 : Kaysersberg ; 37 : Colmar ;
38 : Andolsheim ; 39 : Munster ;
40 : Wintzenheim ; 41 : Rouffach ;
42 : Neuf-Brisach ;
43 : Saint-Amarin ; 44 : Guebwiller ;
45 : Soultz ; 46 : Ensisheim ;
47 : Masevaux ; 48 : Thann ;
49 : Cernay ; 50 : Mulhouse ;
51 : Habsheim ;
52 : Dannemarie ;
53 : Altkirch ; 54 : Landser ;
55 : Hirsingue ; 56 : Ferrette ;
57 : Huningue.

Annexe VIII : Carte repère du *Kreis* de Sélestat en 1872

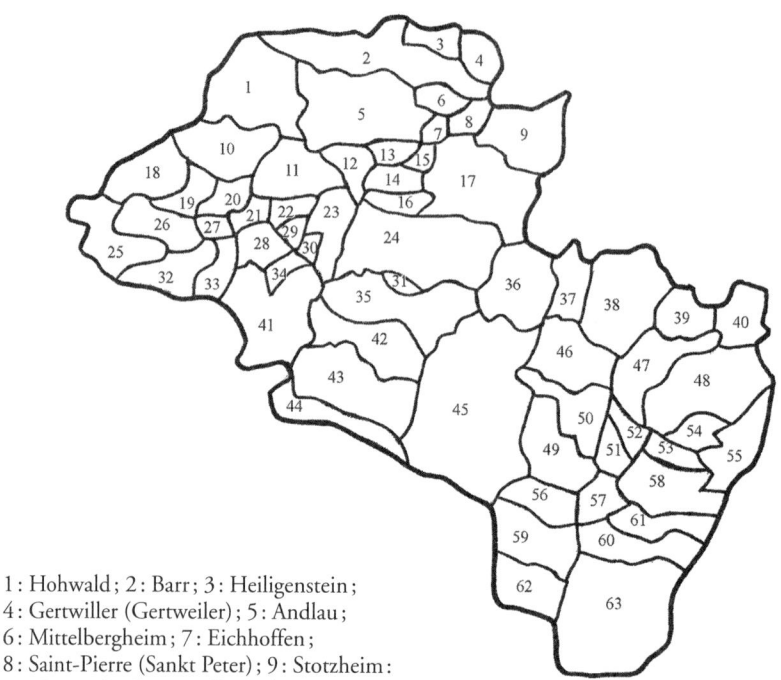

1 : Hohwald ; 2 : Barr ; 3 : Heiligenstein ;
4 : Gertwiller (Gertweiler) ; 5 : Andlau ;
6 : Mittelbergheim ; 7 : Eichhoffen ;
8 : Saint-Pierre (Sankt Peter) ; 9 : Stotzheim :
10 : Breitenbach ; 11 : Albé (Erlenbach) ;
12 : Reichsfeld ; 13 : Bernardvillé (Bernhardsweiler) ;
14 : Nothalten ; 15 : Itterswiller (Ittersweiler) ;
16 : Blienschwiller (Blienschweiler) ; 17 : Epfig ; 18 : Steige ;
19 : Maison-Goutte (Meissengott) ; 20 : Saint-Martin (Sankt Martin) ;
21 : Villé (Weiler) ; 22 : Triembach-au-Val (Triembach) ; 23 : Saint-Pierre-Bois (Sankt Petersholz) ;
24 : Dambach-la-Ville (Dambach) ; 25 : Urbeis ; 26 : Lalaye (Lach) ; 27 : Bassemberg ;
28 : Neuve-Eglise (Neukirch) ; 29 : Saint-Maurice (Sankt Moritz) ; 30 : Thanvillé (Thannweiler) ;
31 : Dieffenthal ; 32 : Fouchy (Grube) ; 33 : Breitenau ; 34 : Dieffenbach-au-Val (Dieffenbach) ;
35 : Scherwiller (Scherweiler) ; 36 : Ebersheim ; 37 : Ebermunster (Ebermünster) ;
38 : Hilsenheim ; 39 : Binderheim ; 40 : Diebolsheim ; 41 : Neubois (Gerenthe) ;
42 : Châtenois (Kestenholz) ; 43 : Kintzheim, 44 : Orschwiller (Orschweiler) ;
45 : Sélestat (Schlestadt) ; 46 : Mutterholtz ; 47 : Wittisheim ; 48 : Sundhouse (Sundhausen) ;
49 : Mussig ; 50 : Baldenheim ; 51 : Boesenbiesen ; 52 : Schwobsheim ; 53 : Richtolsheim ;
54 : Saasenheim ; 55 : Schoenau ; 56 : Heidolsheim ; 57 : Hessenheim ; 58 : Artolsheim ;
59 : Ohnenheim ; 60 : Mackenheim ; 61 : Boozheim ; 62 : Elsenheim ; 63 : Marckolsheim.

Annexes cartographiques

Annexe IX : Carte repère du Limousin

1 : Mézières ;
2 : Le Dorat ;
3 : Magnac-Laval ;
4 : Saint-Sulpice-les-Feuilles ;
5 : La Souterraine ; 6 : Dun ;
7 : Bonnat ;
8 : Châtelus-Malvaleix ;
9 : Boussac ; 10 : Bellac ;
11 : Châteauponsac ;
12 : Bessines-sur-Gartempe ;
13 : Le Grand-Bourg ;
14 : Saint-Vaury ; 15 : Guéret ;
16 : Jarnages ; 17 : Chambon ;
18 : Nantiat ; 19 : Laurière ;
20 : Bénévent ; 21 : Pontarion ;
22 : Ahun ; 23 : Saint-Sulpice-les-Champs ;
24 : Chénérailles ; 25 : Bellegarde ; 26 : Evaux ;
27 : Auzances ; 28 : Saint-Junien ; 29 : Nieul ;
30 : Ambazac ; 31 : Bourganeuf ; 32 : Royère ; 33 : Felletin ;
34 : Aubusson ; 35 : Crocq ; 36 : Rochechouart ; 37 : Saint-Laurent-sur-Gorre ; 38 : Aixe-sur-Vienne ;
39 : Limoges ; 40 : Saint-Léonard-de-Noblat ; 41 : Saint-Mathieu ; 42 : Oradour-sur-Vayres ;
43 : Châlus ; 44 : Nexon ; 45 : Pierre-Buffière ; 46 : Châteauneuf-la-Forêt ; 47 : Eymoutiers ;
48 : Gentioux-Pigerolles ; 49 : La Courtine ; 50 : Saint-Yrieix ; 51 : Saint-Germain-les-Belles ;
52 : Lubersac ; 53 : Uzerche ; 54 : Treignac ; 55 : Bugeat ; 56 : Sornac ; 57 : Eygurande ; 58 : Juillac ;
59 : Vigeois ; 60 : Seilhac ; 61 : Corrèze ; 62 : Egletons ; 63 : Meymac ; 64 : Ussel ; 65 : Neuvic ;
66 : Bort ; 67 : Ayen ; 68 : Donzenac ; 69 : Tulle ; 70 : La Roche-Canillac ; 71 : Lapleau ; 72 : Larche ;
73 : Brive ; 74 : Beynat ; 75 : Meyssac ; 76 : Argentat ; 77 : Saint-Privat ; 78 : Beaulieu ; 79 : Mercœur.

Annexe X : Carte repère de la Seine-et-Marne

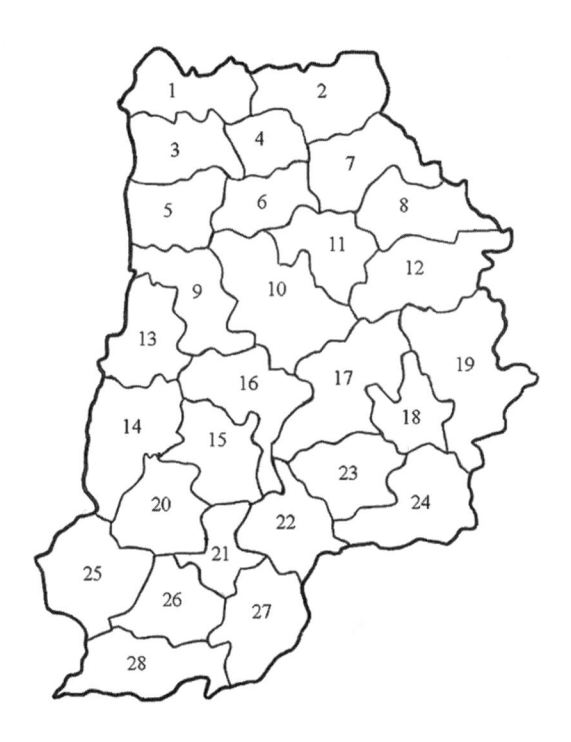

1 : Dammartin ; 2 : Lizy-sur-Ourcq ; 3 : Claye ; 4 : Meaux ; 5 : Lagny ; 6 : Crécy ;
7 : La Ferté-sous-Jouarre ; 8 : Rebais ; 9 : Tournan ; 10 : Rozay ; 11 : Coulommiers ;
12 : La Ferté-Gaucher ; 13 : Brie-Comte-Robert ; 14 : Melun ; 15 : Le Châtelet-en-Brie ;
16 : Mormant, ; 17 : Nangis ; 18 : Provins ; 19 : Villiers-Saint-Georges ; 20 : Fontainebleau ;
21 : Moret ; 22 : Montereau ; 23 : Donnemarie ; 24 : Bray-sur-Seine ;
25 : La Chapelle-la-Reine ; 26 : Nemours ; 27 : Lorrez-le-Bocage ;
28 : Château-Landon.

Sources

I – Sources manuscrites

Pour les sources anthropométriques, des listes ou tableaux résument par fonds d'archives les cotes disponibles pour l'époque de la conscription militaire (an VII à 1940). Les listes donnent, par ordre chronologique, les cotes ayant servi à l'étude des *trends*, mais aussi des analyses spatiales et sociologiques (pour l'an VII à l'an XI, 1868 et 1940). Il arrive donc que les listes donnent plusieurs cotes pour la même année conscriptionnelle (analyses spatiales du département entier, série chronologique doublée pour asseoir le *trend* avec plus de sûreté, etc.). La rubrique « cote » n'indique que les cotes de registres qui comprennent effectivement des statures, à l'exclusion des cotes de registres qui existent mais qui ne comprennent pas de stature. La rubrique « nature de la source » indique la nature de la source à chaque changement de cette dernière. Pour les changements d'unités administratives dans les *trends*, voir la première partie du présent ouvrage. Les cotes sont données individuellement si elles ne se suivent pas.

Service Historique de l'Armée de Terre
(Vincennes)

1 M 2036 : *Livret général de recrutement. Exercice 1820*, ouvrage manuscrit, relié et paginé, s.l., 1821.

Archives départementales du Bas-Rhin
(Strasbourg)

A – Sources anthropométriques

– Epoque contemporaine, archives autres que celles de la conscription

IL 830 : états et copies de passeports délivrés,
XIV L 7 : passeports, canton de Brumath, an IV-an VIII,
XLVI L 11 : passeports, canton de Wasselonne, an IV-an VIII,
L 1397 : levée de 300 000 hommes (1793), état nominatif.

– Epoque contemporaine, archives de la conscription française (an VIII-1868 et 1922-1940) et allemande (1871-1918)

1) Registres de statures

Année de conscription	Cote	Nature de la source
an VIII	1 RP 21	liste de la conscription
an IX	1 RP 23	
an X	1 RP 26	
an XI	1 RP 29	
an XII	1 RP 32	
an XIII	1 RP 35	
an XIV	1 RP 37	
1806	1 RP 45	
1807	1 RP 52	
1808	1 RP 58	
1809	1 RP 67	
1810	1 RP 72	
1811	1 RP 79	
1812	1 RP 85	
1813	1 RP 91	
1814	1 RP 96	
1816 à 1831	1 RP 1019 à 1 RP 1033	liste du contingent
1831	1 RP 547	liste de tirage au sort
1832	1 RP 551	
1833	1 RP 555	
1834	1 RP 559	
1835	1 RP 563	
1836	1 RP 567	
1837	1 RP 571	
1838	1 RP 575	
1839	1 RP 579	
1840	1 RP 583	
1841	1 RP 587	
1842	1 RP 591	
1843	1 RP 595	
1844	1 RP 599	
1846	1 RP 607	
1847	1 RP 611	

Sources

Année de conscription	Cote	Nature de la source
1848	1 RP 615	
1849	1 RP 619	
1850	1 RP 623	
1851	1 RP 627	
1852	1 RP 631	
1853	1 RP 635	
1854	1 RP 639	
1855	1 RP 643	
1856	1 RP 647	
1857	1 RP 651	
1858	1 RP 655	
1859	1 RP 659	
1860	1 RP 663	
1861	1 RP 667	
1862	1 RP 671	
1863	1 RP 675	
1864	1 RP 679	
1865	1 RP 683	
1866	1 RP 687	
1867	1 RP 691	
1868	1 RP 695	
1869	1 RP 698 non communicable	
1871 à 1915	392 D 1 à 392 D 45	*Alphabetische Liste*
1916	392 D 47	
1917	392 D 49	
1918	392 D 51	
1922 à 1928	259 D 215 à 265 D 215	liste de recensement
1929 fraction A	295 D 2	
1929 fraction B	295 D 4	
1930 fraction A	295 D 6	
1930 fraction B	295 D 8	
1931 fraction A	295 D 10	
1931 fraction B	295 D 12	
1932 fraction A	295 D 14	
1932 fraction B	295 D 16	
1933 fraction A	295 D 18	
1933 fraction B	295 D 20	
1934 fraction A	295 D 22	

Année de conscription	Cote	Nature de la source
1934 fraction B	295 D 24	
1935 fraction A	295 D 26	
1935 fraction B	295 D 28	
1936 fraction A	295 D 30	
1936 fraction B	295 D 32	
1937	295 D 34	
1938	295 D 36	
1939	295 D 38	
1940	295 D 39	

2) Comptes numériques et sommaires du département

Cote	Année
1 MI MIL 15	1856-1864
1 MI MIL 16	1837-1853-1868-1869
1 MI MIL 17	1823-1855
1 MI MIL 18	1860-1869

3) Autres

– Circulaires et instructions

Cote	Année
1 RP 10	an II à an X
1 RP 11	an XI et an XII
1 RP 12	an XIII et an XIV
1 RP 13	1806 à 1809
1 RP 14	1810
1 RP 15	1811
1 RP 16	1811
1 RP 17	1812 et 1813
1 RP 18	1814
1 RP/CI 2	1815 à 1820
1 RP/CI 6	1831-1832
1 RP/CI 16	1865 à 1867

– Vérification des poids et mesures (1841-1869) : **1 RP 1 180**

Sources

B – Sources démographiques

1) Recensement de la population

Cote	Année
VII M 191	1806
VII M 204	1820
VII M 206	1826
VII M 207	1831
VII M 209	1836
VII M 212	1841
VII M 213	1846
VII M 214	1851
VII M 216	1856
VII M 218	1861
VII M 220	1866

2) Hygiène et médecine

V M 44 : rapport de la médecine cantonale, topographie médicale du canton de Rosheim, 1811,
V M 48 : rapports de la médecine gratuite, arrondissement de Sélestat, 1851-1865.

C – Sources économiques

IX M 9 : subsistance, invasion de la maladie des pommes de terre en Alsace (1845-1846),
IX M 60 : état et comparatif des prix et salaires moyens, 1824-1867,
XI M 141 : recensement du bétail, 1813,
IX M 142 : recensement du bétail, 1819-1820,
IX M 166 : recensement du bétail, 1822, 1823, 1825, 1830, 1857,
XI M 127 : enquête agricole de 1852, arrondissement de Sélestat.

**Archives départementales du Haut-Rhin
(Colmar)**

A – Sources anthropométriques

– Ancien Régime, milice royale de Haute-Alsace

C 1184 : recensement, bailliages d'Altkirch et de Belfort, avec professions, 1745 et 1766,

C 1185: recensement des jeunes du bailliage de Delle (non daté), de Brunstatt (1766) avec profession, Bollwiller (1734 en pied du lieu et 1766),

C 1186: bailliage de Sainte-Croix, d'Ensisheim (1766), Eschentzwiller (1766), Ferette (1766),

C 1187: ville de Kaysersberg, Colmar, Thann, Munster, Horbourg, Riquewihr, Ribeauvillé, Kaysersberg,

bailliage de Guebwiller, Masevaux, Ollwiller, St-Amarin, Landser, Rouffach (1766),

C 1188: contrôle des miliciens assemblés à Strasbourg depuis 1744, par bailliage (Haute-Alsace), avec profession et âge,

C 1189 A: état des frais de route des miliciens, état des soldats provinciaux du bailliage de Belfort qui se sont rendus au quartier d'assemblée à Strasbourg, en 1771.

– Epoque contemporaine, archives de la conscription (an VII à 1870 et année 1940)

1) Registres de statures

Année de conscription	Cote	Nature de la source
an VII	L 497 à L 502 (première à quatrième classes)	tableau de la conscription
1816 à 1843	1 R 464 à 1 R 491	liste du contingent
1842	1 R 378	liste de tirage au sort
1843	1 R 381	
1844	1 R 384	
1846	1 R 390	
1847	1 R 393	
1848	1 R 396	
1849	1 R 399	
1850 à 1854	1 R 499 à 1 R 504	liste du contingent
1850	1 R 402	liste de tirage au sort
1851	1 R 405	
1852	1 R 408	
1853	1 R 411	
1854	1 R 414	
1855	1R 417	
1856	1 R 420	
1857	1 R 423	

Sources

Année de conscription	Cote	Nature de la source
1858	1 R 426	
1859	1 R 429	
1860	1 R 432	
1861	1 R 435	
1862	1 R 438	
1863	1 R 441	
1864	1 R 444	
1865	1 R 447	
1866	1 R 450	
1867	1 R 453	
1868	1 R 456	
1869	1 R 459	
1870	1 R 462	
1940	non coté	liste de recensement

2) Sources manuscrites en rapport avec la conscription

1 R 88 : rapport sur les opérations de recrutement par le médecin-major, classe 1853,
1 R 90 : rapport sur les opérations de recrutement par les médecins-major, classes 1861-1865,
1 R 98 : mémoires des particuliers et d'associations sur le recrutement de l'armée, 1855,
1 R 103 : toises : prospectus, approvisionnement des mairies, réparations 1844-1865.

B – Sources démographiques

6 M 9 : recensement de la population du Haut-Rhin, 1820-1866.

C – Sources économiques

6 M 411 : octroi de la ville de Colmar, ainsi que salaires journaliers de différentes professions, 1820 à 1852,
7 M 5 : enquête agricole de 1852.

Archives municipales de Mulhouse

A – Sources anthropométriques

– Archives de la conscription allemande (1876-1916) et française (1920-1940)

Année de conscription	Cote	Nature de la source
1876 à 1916 1920 à 1940	HI A 318 (suivi de l'année) HI A 318 (suivi de l'année)	*Rekrutierungsstammrolle* liste de recensement

B – Sources économiques

F IV Ec : taxation et consommation de la viande, 1827-1855.

Archives municipales de Colmar

Sources économiques : **2 G 2 1 et 2 G 2 3** : octroi de la ville.

Archives départementales de la Haute-Vienne (Limoges)

A – Sources anthropométriques

– Ancien Régime, milice royale

C 289 : liste des exemptés avec taille, procès-verbaux de tirage au sort, 1778, subdélégations de Treignac, Bort et Neuvic

– Epoque contemporaine, archives autres que celles de la conscription

1 Q 183, 1 Q 194, 1 Q 207, 1 Q 212, 1 Q 228, 1 Q 244, 1 Q 245, 1 Q 249, 1 Q 250, 1 Q 265 : contentieux des domaines nationaux (inclus : passeports des émigrés, la plupart d'origine noble),

L 268 : liste des volontaires de la Haute-Vienne, 1791 et 1792, deux premiers bataillons,

L 271 : volontaires, organisation du troisième bataillon, listes nominatives des compagnies, 1791, 1791 ou 1792,

Sources

L 278: recrutement du contingent assigné au département dans la levée de 30 000 hommes de cavalerie par la loi du 22 juillet 1793. liste des hommes compris dans la réquisition.

– Epoque contemporaine, archives de la conscription

1) Registres de statures

Année de conscription	Cote	Nature de la source
an VII	L 298 à L 300	liste de la conscription par commune
an XI-XII	1 R 46	registre du contingent départemental[1]
an XIII à 1810	1 R 47 à 1 R 53	
	(1R 48 non communicable)	
1811 à 1814	1 R 55 à 1 R 58	
1816 à 1843	1 R 63 à 1 R 90	liste du contingent
1843 à 1872	1 R 120 à 1 R 149	liste de tirage au sort
1873 à 1902	1 R 150 à 1 R 179	liste de recrutement cantonal
1908 à 1922	1 R 187 à 1 R 201	tableau de recensement communal
1923	1 R 203	
1924	1 R 205	
1925 à 1927	1 R 207 à 1 R 209	
1928 à 1940	1 R 211 à 1 R 223	

2) Correspondances, instructions, lois et décrets

1 R 15: lois, décrets, correspondances, an VIII-1808,
1 R 27: instructions et correspondances, 1806 à 1808,
1 R 29: correspondances avec les sous-préfets du département, an XI-1811,
1 R 33: correspondances avec les sous-préfets du département, 1806 à 1808.

B – Sources démographiques

6 M 11: recensement de la population, 1831 à 1936.

---

1 D'après le répertoire de la série R.

C – Sources économiques

1) Mercuriales

– Bestiaux : états par quinzaine des cours de la viande sur pied sur les marchés du département :

Cote	Année
6 M 377	1853 à 1862
6 M 378	1863 à 1870
6 M 379	1871 à 1880
6 M 380	1881 à 1887
6 M 381	1888 à 1895
6 M 382	1896 à 1901

– Etats mensuels des cours de la viande sur pied sur les marchés de Bellac et de Limoges

Cote	Année
6 M 383	1902 à 1915
6 M 384	1923 à 1940

2) Statistiques agricoles

6 M 444 : recensement du bétail pour 1790, 1794, 1799, 1801, 1804 et 1805, réalisé en l'an XIII et l'an XIV,
6 M 445 : recensement du bétail en 1812, 1813 et 1814,
6 M 446 : recensement du bétail en 1829,
6 M 450 : enquête agricole de 1852, enquête annuelle de 1853,
7 M 138 : recensement du bétail au 30 juin 1918,
7 M 96 : enquête agricole de 1929-1930.

Archives départementales de la Corrèze
(Tulle)

A – Sources anthropométriques

– Epoque contemporaine, archives de la conscription

Année de conscription	Cote	Nature de la source
an IX	R 577	tableau de la conscription
1868	R 715, R 718, R 751	liste de tirage au sort

NB : les registres de la conscription des années 1937 à 1940 ne comprennent pas de statures.

B – Sources économiques

6 M 563 : recensement des animaux, 1851,
6 M 565 : enquête agricole de 1852.

Archives départementales de la Creuse
(Guéret)

A – Sources anthropométriques

– Epoque contemporaine, archives de la conscription

Année de conscription	Cote	Nature de la source
an XI	3 R 22	tableau de la conscription militaire
1868	3 R 70	liste de tirage au sort

NB : les registres de la conscription des années 1937 à 1939 ne comprennent pas de statures.

B – Bources démographiques

6 M 7 : recensement de la population, 1846.

C – Sources économiques

6 M 459 : enquête agricole annuelle, 1853.

Archives départementales de la Seine-et-Marne (Dammarie-lès-Lys)

A – Sources anthropométriques

– Epoque contemporaine, archives de la conscription

Année de conscription	Cote	Nature de la source
an X	1 R 63	tableau de la conscription
an XI	1 R 64	
an XII	1 R 67	
an XIII	1 R 68	
an XIV	1 R 71	
1811	1 R 107	
1812	1 R 122 et 1 R 123	
1813	1 R 137 et 1 R 138	
1814	1 R 150	
1816	1 R 236	liste du contingent
1817	1 R 240	
1818	1 R 246	
1819	1 R 250	
1820	1 R 256	
1822	1 R 261	
1823	1 R 265	
1824	1 R 269	
1825	1 R 272	
1826	1 R 278	
1827	1 R 280	
1828	1 R 283	
1829	1 R 287	
1830	1 R 291	
1831	1 R 295	
1832	1 R 299	
1833	1 R 302	
1834	1 R 305	
1835	1 R 310	
1836	1 R 315	
1836	1 R 314	liste de tirage au sort
1837	1 R 319	
1838	1 R 324	

Année de conscription	Cote	Nature de la source
1839	1 R 330	
1840	1 R 335	
1841	1 R 341	
1842	1 R 345	
1843	1 R 351	
1844	1 R 358	
1845	1 R 363	
1846	1 R 368	
1847	1 R 375	
1848	1 R 380	
1849	1 R 385	
1850	1 R 392	
1851	1 R 398	
1852	1 R 404	
1853	1 R 410	
1854	1 R 416	
1855	1 R 422	
1856	1 R 431	
1857	1 R 435	
1858	1 R 441	
1859	1 R 447	
1860	1 R 453	
1861	1 R 459	
1862	1 R 465	
1863	1 R 470	
1864	1 R 475	
1865	1 R 480	
1866	1 R 485	
1867	1 R 489	
1868	1 R 498 et 1 R 499	
1869	1 R 509	
1870	1 R 527	
1871	1 R 541	
1872	1 R 554	
1873	1 R 562	
1874	1 R 572	
1875	1 R 584	
1876	1 R 591	
1877	1 R 602	

Année de conscription	Cote	Nature de la source
1878	1 R 611	
1879	1 R 622	
1880	1 R 630	
1881	1 R 635	liste de tirage au sort et du recrutement
1882	1 R 638	
1883	1 R 643	
1884	1 R 649	
1885	1 R 655	
1886	1 R 661	
1887	1 R 666	
1888	1 R 671	
1889	1 R 679	
1890	1 R 684	
1891	1 R 691	
1892	1 R 696	
1893	1 R 702	
1894	1 R 709	
1895	1 R 716	
1896	1 R 722	
1897	1 R 728	
1898	1 R 734	
1899	1 R 740	
1900	1 R 746	
1901	1 R 751	
1902	1 R 760	
1908	1 R 794	liste de recrutement cantonal
1909	1 R 799	
1910	1 R 806	
1911	1 R 810	
1912	1 R 817	
1913	1 R 824	liste de recensement ou de recrutement
1914	1 R 830	
1915	1 R 846	
1916	1 R 854	
1917	1 R 861	
1918	1 R 867	
1919	1 R 874	
1920	1 R 882	
1921	1 R 888	

Année de conscription	Cote	Nature de la source
1922	1 R 895	
1923	1 R 900	
1924	1 R 909	
1925	1 R 915	liste de recensement
1926	1 R 920	
1927	1 R 925	
1928	1 R 930	
1929 fraction A	1 R 936	liste du recrutement cantonal
1929 fraction B	1 R 937	
1930 fraction A	1 R 940	
1930 fraction B	1 R 941	
1931 fraction A	1 R 946	
1931 fraction B	1 R 947	
1932 fraction A	1 R 950	
1932 fraction B	1 R 951	
1933 fraction A	1 R 954	
1933 fraction B	1 R 955	
1934 fraction A	1 R 959	
1934 fraction B	1 R 960	
1935 fraction A	1 R 967	
1935 fraction B	1 R 968	
1936 fraction A	1 R 972	
1936 fraction B	1 R 975	
1937	1 R 976	tableau cantonal
1938	1 R 978	
1939	1 R 982	
1940	1 R 989 et 1 R 990	tableau de recensement cantonal

2) Sources manuscrites en rapport avec la conscription

1 R 216 : toises : prospectus, correspondances avec les mairies, réparations 1841-1842.

B – Sources démographiques

10 M 65 à 10 M 93 : recensement de la population de 1846 par canton.

C – Sources économiques

M 9910 : enquête agricole de 1852

II– Sources imprimées

Ecrits scientifiques et témoignages sur les régions étudiées

Alsace

ANONYME, *Description topographique et statistique du département du Bas-Rhin*, sl, 1808. (ADBR, bibliothèque, A 11).

CETTY (H.), *La Famille ouvrière en Alsace*, Rixheim, 1883.

FLAXLAND (J.-F.), *Quelques observations à propos de l'enquête agricole en Alsace*, Strasbourg, 1866, (extrait du *Courrier du Bas-Rhin*, août et septembre 1866).

FLAXLAND (J.-F.), *Considérations relatives à l'enquête agricole dans les départements frontières du Nord-Est*, Paris, 1866.

HANAUER (A.), *Etudes économiques sur l'Alsace ancienne et moderne*, Strasbourg, t. 1, 1876, t. 2, 1878.

LEFEBURE (L.), TISSERAND (E.), *Etude sur l'économie rurale de l'Alsace*, Paris, 1869.

LETELLIER (G.) (sous la direction de), *Enquête sur le chômage. t.1 Le Chômage en France de 1930 à 1936*, Paris, 1938, *t. II Les Chômeurs d'après les fiches des fonds de chômage de Paris, Lyon et Mulhouse*, Paris, 1942, *t. III, Dépenses des chômeurs et valeur énergétique de leur alimentation d'après les budgets de 265 familles*, Paris, 1949.

MIGNERET (J.-B.) (sous la direction de), *Description du département du Bas-Rhin*, 4 vol., Strasbourg, 1858-1871.

OPPERMANN (E.), « Mémoire sur la question mise au concours par la société en 1858 », dans *Nouveaux mémoires de la société des sciences, agriculture et arts du Bas-Rhin*, 1, 1859, p. 94-147.

PENOT (A.), *Discours sur quelques recherches de statistique comparée faites sur la ville de Mulhouse*, Mulhouse, 1828.

PENOT (A.), *Recherches statistiques sur Mulhouse*, Mulhouse, 1843.

STOEBER (V.), TOURDES (G.), *Topographie et histoire médicale de Strasbourg et du département du Bas-Rhin*, Paris, Strasbourg, 1864 (texte identique dans MIGNERET, *op. cit.*).

Sources

VILLERME (L.-R.), *Tableau de l'état physique et moral des ouvriers employés dans les manufactures de coton, de laine et de soie*, Paris, 1840, 1971².

Brie

ANONYME, *Almanach historique, topographique et statistique du département de Seine-et-Marne et du diocèse de Meaux*, Meaux, 1861.
BAILLY (P.), *L'Agriculture du département de Seine-et-Marne. Statistique de la France. Annexe à l'enquête de 1929. Monographie du département de la Seine-et-Marne*, Melun, 1937.
DENIS (F.-A.), *Lectures sur l'histoire de l'agriculture en Seine-et-Marne*, Meaux, 1880, réédition avec préface de A. MAURICE, Etrepilly, 1982.
FERTE (J.), «Prix et salaires agricoles en grande culture», dans *Syndicats paysans*, 67, 2 avril 1941, p. 3.
HUGUES (A.), *Le Département de Seine-et-Marne. 1800-1895*, Melun, 1895.
PLESSIER (V.), *Changements dans la distribution de la population rurale en un demi-siècle. Etendue comparée des cultures de Seine-et-Marne en 1806 et 1856*, Paris, 1868 (extrait du *Journal des Economistes*, février 1868).
RAYER (A.), *Etude sur l'économie rurale du département de Seine-et-Marne*, Corbeil, 1895.

Limousin

L'Agriculteur du Centre. Bulletin de la Société d'Agriculture, des Sciences et des Arts de la Haute-Vienne, années 1887 à 1912; 1927 à 1930 (la publication s'interrompt de 1913 à 1926).
DU TAYA, «Le métayer», dans *L'Agriculteur du Centre. Bulletin de la Société d'Agriculture, des Sciences et des Arts de la Haute-Vienne*, 1862, p. 205-229.
DUVERGER (G.), «Réponses adressées à M. Le Préfet sur les différents modes d'exploitation des terres dans le département de la Haute-Vienne, et sur les résultats comparatifs qu'on en obtient», dans *L'Agriculteur du Centre. Bulletin de la Société d'Agriculture, des Sciences et des Arts de la Haute-Vienne*, 1855, p. 8-17.
MURET (E.), «L'agriculture ancienne et l'agriculture nouvelle en Limousin», dans *Almanach du Limousin et du ressort de la Cour impériale*, dit *Almanach Ducourtieux*, 8, 1866, p. 40-49.
NADAUD (M.), *Léonard, maçon de la Creuse*, Paris, 1998, (éd. originale: *Mémoires de Léonard, ancien garçon de la Creuse*, Bourganeuf, 1895).
VILLARD (F.), *De l'Emigration des ouvriers creusois au point de vue hygiénique et sanitaire*, Guéret, 1881.

Manuels du recrutement et textes de lois

Bulletin des lois de la République française, (ou *de l'Empire français*, etc) 1798-1901.

Manuel du recrutement ou recueil des ordonnances, instructions approuvées par le roi, circulaires et décisions ministérielles auxquelles l'exécution des lois des 10 mars 1818 et 9 juin 1824 ont donné lieu jusqu'à ce jour, 2ᵉ édition, Paris, 1825.

GONVOT, *Manuel de recrutement à l'usage de MM. les maires de toutes les communes de France*, 1ʳᵉ édition, Paris, 1856.

CAMPANA (J.-F.), *Manuel du recrutement de l'armée. Lois, décrets et instructions ministérielles*, Marseille, 1878.

Manuel du recrutement des armées de terre et de mer contenant toute la législation (lois, décrets, circulaires et instructions) sur le service du recrutement, 3ᵉ édition, Paris, 1892.

Reichsgesetzblatt, 1871-1904.

Bibliographie

I – Anthropométrie de la France XVIIIe-XXe siècles

A – Approche classique

ALLAIRE, « Etude sur la taille et le poids de l'homme dans le régiment des chasseurs à cheval de la garde », dans *RMMCPM*, 3e série, 10, 1863, p. 161-170.

ANGEVILLE (A. d'), *Essai sur la statistique de la population française considérée sous quelques-uns de ses rapports physiques et moraux*, Bourg-en-Bresse, 1837, La Haye, 1969².

ANONYME, « Statistique de la ville de Paris sur la taille », dans *Revue d'anthropologie*, 2e série, 4, 1881, p. 175-176 et 371.

ANTONY (docteur), *Etudes statistiques et médicales sur le recrutement dans le département de la Marne*, Reims, 1884.

APERT (E.), *La Croissance*, Paris, 1921.

ATGIER (docteur), « Anthropologie de la Vienne aux temps actuels », dans *BSAP*, 4e série, 9, 1898, p. 617-637.

AUBENQ (M.), « Note documentaire sur la statistique des tailles des étudiants au cours de ces dernières années », dans *Biotypologie*, 18, 1957, p. 202-214.

AUBENQ (M.), « Note sur l'évolution de la taille des étudiantes », dans *Biotypologie*, 24, 1963, p. 124-129.

AUBERT (docteur), « Notes sur le département de l'Ain (Dombes, Bresse et Bugey) », dans *Revue d'anthropologie*, 3e série, 3, 1888, p. 456-468.

BENAIGES (docteur), « Etude de la croissance des écoliers de la ville de Toulouse », dans *Biotypologie*, 7, 1939, p. 264-280.

BENECH (A.), MATHIEU (B.), SCHREIDER (E.), « Dimensions de la famille et caractères biologiques des enfants », dans *Biotypologie*, 21, 1960, p. 4-36.

BENECH (A.), « Poids et taille de deux générations de garçons en fin d'études primaires », dans *Biotypologie*, 26, 1965, p. 145-167.

BERTILLON, LAGNEAU (G.), PERRIER, « Ethnologie de la France. Notice-questionnaire sur l'anthropologie de la France », dans *BSAP*, 1re série, 2, 1861, p. 327-420.

BERTILLON (A.), article « moyenne », dans *Dictionnaire encyclopédique des sciences médicales*, 2e série, t. X, Paris, 1876, p. 296-324.

BERTILLON (J.), article « taille », dans *Dictionnaire encyclopédique des sciences médicales*, 3ᵉ série, t. XV, Paris, 1885, p. 581-649.
BERTILLON (J.), « Anthropologie. La taille en France », dans *Revue scientifique*, 10, 16, 1885, p. 481-488.
BERTRAND, « Etude statistique sur le recrutement dans le département de l'Indre de 1838 à 1864 », dans *RMMCPM*, 3ᵉ série, 14, 1865, p. 289-318.
BILLY (G.), « La Savoie. Anthropologie physique et raciale », dans *BMSAP*, 11ᵉ série, 3, 1962, p. 1-218.
BOUCHEREAU (docteur), *Coloration des yeux et des cheveux de la population du plateau central de la France*, Montluçon, 1899.
BOUCHEREAU (docteur), MAYET (L.), « Contribution à l'étude de la géographie anthropologique du département du Rhône », dans *BMSAP*, 5ᵉ série, 6, 1905, p. 426-448.
BOUDIN (C.), « Etudes sur le recrutement de l'armée », dans *AHPML*, 41, 1849, p. 268-317.
BOUDIN (C.), « Etudes ethnologiques sur la taille et le poids de l'homme chez divers peuples et sur l'accroissement de la taille et de l'aptitude militaire en France » 1ʳᵉ partie, dans *RMMCPM*, 3ᵉ série, 9, 1863, p. 169-207.
BOUDIN (C.), « Etudes ethnologiques sur la taille et le poids de l'homme chez divers peuples et sur l'accroissement de la taille et de l'aptitude militaire en France » 2ⁿᵈᵉ partie, dans *RMMCPM*, 3ᵉ série, 10, 1863, p. 1-43.
BOUDIN (C.), « L'accroissement de la taille et l'aptitude militaire en France », dans *BSAP*, 1ʳᵉ série, 4, 1863, p. 250-254.
BOUDIN (C.), « De l'accroissement de la taille et de l'aptitude militaire en France », dans *Journal de la Société de statistique de Paris*, 4, 1863, p. 177-201.
BOUDIN (C.), « L'accroissement de la taille », dans *MSAP*, 2, 1865, p. 221-259.
BOUDIN (L.), *Le Vivarais. Essai de géographie régionale*, Lyon, 1898. (extrait des *Annales de l'Université de Lyon*, fasc. 37).
BOULANGER (J.) *et alii*, « Contribution à l'étude du phénomène de stature et de croissance en France de 1940 à 1948 », dans *Recueil des Travaux de l'Institut national d'Hygiène*, t. IV, 1, Paris, 1950, p. 117-212.
BOULANGER (J.), PEQUINOT (G.), TREMOLIERES (J.), « Données concernant la croissance et la stature moyenne des Français », dans *Bulletin de l'Institut national d'Hygiène*, t. V, 2, Paris, 1950, p. 273-294.
BRANDT (G.), Die *Körpergrösse der Wehrpflichtigen des Reichslandes Elsass-Lothringen nach amtlichen Quellen bearbeitet*, deuxième fascicule des *Beiträge zur Anthropologie Elsass-Lothringens*, dir. SCHWOLBE (G.), Strasbourg, 1898.
BRIARD (J.), GIOT (P.-R.), L'HELGOUACH (J.), « Données anthropologiques sur les populations du nord-ouest de la France », dans *BMSAP*, 10ᵉ série, 7, 1956, p. 309-315.

BROCA (P.), « Recherches sur l'ethnologie de la France », dans *MSAP*, 1, 1860, p. 1-56.
BROCA (P.) *et alii*, « Recherches sur l'ethnologie de la France », discussion portant sur la contribution précédente des *MSAP*, dans *BSAP*, 1re série, 1, 1859, p. 6-30.
BROCA (P.), « Sur la prétendue dégénérescence de la population française », dans *Bulletin de l'Académie de médecine*, 32, 1867, p. 547-601, reproduit dans *Mémoires d'anthropologie*, t. 1, Paris, 1871, p. 449-497.
BROCA (P.), « Nouvelles recherches sur l'anthropologie de la France en général et de la Basse-Bretagne en particulier », dans *MSAP*, 3, 1868, p. 147-211.
BURSTIN-STORA (J.), DEMANGEON (M.), NACCACHE (docteur), « Note sur quelques mesures biométriques de garçons de fin d'études primaires », dans *Biotypologie*, 23, 1962, p. 89-94.
CARLIER (G.), *Des rapports de la taille avec le bien-être. Etude faite dans l'arrondissement d'Evreux*, Paris, 1892.
CARLIER (G.), « De la taille dans l'arrondissement d'Evreux », dans *BSAP*, 4e série, 3, 1892, p. 64-66, voir aussi *AHPML*, 1892.
CARLIER (G.), « Les conscrits des cantons d'Evreux-nord et d'Evreux-sud considérés au point de vue anthropologique », dans *BSAP*, 4e série, 4, 1893, p. 470-478.
CARLIER (G.), « Recherches anthropologiques sur la croissance. Influence de l'hygiène et des exercices physiques », dans *MSAP*, 2e série, 4, 1893, p. 265-346.
CARRET (J.), *Etudes sur les Savoyards*, Chambéry, 1882.
CASSIN (L.), WEISSMANN-NETTER (docteur), « Action du milieu social et des conditions de vie sur le développement physique des écoliers », dans *Biotypologie*, 5, 1937, p. 1-7.
CASSIN (L.), LAUGIER (H.), WEINBERG (D.), « Enquête sur les caractères biotypologiques des enfants en relation avec les conditions de vie des familles », dans *Biotypologie*, 7, 1939, p. 21-55.
CHALUMEAU (L.), *Influence de la taille humaine sur la formation des classes sociales*, Genève, 1896. (ouvrage traitant de la Suisse mais cité dans notre texte).
CHAMPOUILLON (J.), « Etude sur le développement de la taille et de la constitution dans la population civile et dans l'armée en France », dans *RMMCPM*, 2e série, 22, 1869, p. 239-264.
CHASSAGNE (A.), « Contribution à l'ethnographie de la Basse-Bretagne (1874-1879) », dans *Revue d'anthropologie*, 2e série, 4, 1881, p. 439-447.
CHEVRIN (A.), « Rapport sur trois brochures adressées à la Société par M. Pagliani », dans *BSAP*, 2e série, 12, 1877, p. 623-632.
CHOPINET (C.), « Etude sur la taille dans la subdivision de Saint-Gaudens (Pyrénées centrales) », dans *Revue des Pyrénées et de la France méridionale*, 2, 1890, p. 397-425.

COLLIGNON (R.), « Etude anthropométrique élémentaire des principales races de France », dans *BSAP*, 3ᵉ série, 6, 1883, p. 463-526.
COLLIGNON (R.), *Anthropologie de la Lorraine*, Nancy, 1886.
COLLIGNON (R.), « L'anthropologie au conseil de révision ; méthode à suivre. Son application à l'étude des populations des Côtes-du-Nord » article avec discussion (p. 799-805), dans *BSAP*, 4ᵉ série, 1, 1890, p. 736-805.
COLLIGNON (R.), « La race basque. Etude anthropologique », dans *L'Anthropologie*, 5, 1894, p. 276-287.
COLLIGNON (R.), *Anthropologie du Calvados et de la région environnante*, Caen, 1894.
COLLIGNON (R.), *Anthropologie de la France : Dordogne, Charente, Corrèze, Creuse, Haute-Vienne*, Paris, 1894.
COLLIGNON (R.), *Anthropologie du sud-ouest de la France. Première partie. Les Basques. Deuxième partie : Basses-Pyrénées, Hautes-Pyrénées, Landes, Gironde, Charente-Inférieure, Charente*, Paris, 1895.
COMBY (J.), « Les maladies de croissance », dans *Archives générales de médecine*, 7ᵉ série, t. 20, vol. 1, 1890, p. 129-150 et 292-306.
DALLY (E.), article « croissance », dans *Dictionnaire encyclopédique des sciences médicales*, 1ʳᵉ série, t. XXIII, Paris, 1879, p. 372-400.
DELAUNAY (P.), DESCHAMPS (J.), « Etude de la croissance staturale et pondérale des adolescents en fonction du stade pubertaire », dans *Biotypologie*, 17, 1956, p. 217-233.
DENIKER (J.), *Les Races de l'Europe II. La taille en Europe*, Paris, 1908.
DURAND DE GROS (J.-P.), LAPOUGE (G. de), « Matériaux pour l'anthropologie de l'Aveyron », dans *Bulletin de la Société languedocienne de géographie*, 20, 1897, p. 285-315 et 461-476.
DURAND DE GROS (J.-P.), LAPOUGE (G. de), « Matériaux pour l'anthropologie de l'Aveyron », dans *Bulletin de la Société languedocienne de géographie*, 21, 1898, p. 30-59.
EDWARDS (W.), « Des caractères physiologiques des races humaines considérées dans leurs rapports à l'histoire », dans *Mémoire de la Société ethnologique*, 1, 1ʳᵉ partie, 1841, p. 1-108.
FAUTEL (M), MILHAUD (F.), « Corrélation taille-poids chez les conscrits citadins intellectuels et manuels et chez les ruraux », dans *Biotypologie*, 10, 1949, p. 47-49.
FELICE (S. de), *Recherches sur l'anthropologie des Françaises*, Paris, 1958.
FESSARD (A.-B. et A), KOWASKI (D.), LAUGIER (H.), « recherches biotypologiques sur l'évolution avec l'âge de quelques indices biométriques chez l'enfant », dans *Biotypologie*, 2, 1934, p. 49-67.

Bibliographie

FESSARD (A.-B. et A), LAUFER (J.), LAUGIER (H.), « Nouvelles tables de croissance des écoliers parisiens. Poids. Taille », dans *Biotypologie*, 3, 1935, p. 106-133.

FRILLEY (docteur), « Rapport d'ensemble extrait des carnets médicaux d'incorporation sur les variations survenues pendant la période d'instruction dans la taille, le poids, le périmètre thoracique et la constitution des jeunes soldats de la clase 1884 incorporée dans le 16e corps d'armée », dans *Archives de médecine et de pharmacie militaires*, 9, 1887, p. 145-148.

GIOT (P.-R.), *Armoricains et Bretons, étude anthropologique*, thèse de sciences naturelles, Rennes, 1951.

GUERIN (J.), « Discussion sur la mortalité des enfants », dans *Bulletin de l'Académie de médecine*, 32, 1867, p. 378-401.

HARGENVILLIERS (A.-A. d'), *Recherches et considérations sur la formation et le recrutement de l'armée en France*, Paris, 1817.

HERVE (G.), « La taille en Alsace », dans *Revue mensuelle de l'école d'anthropologie de Paris*, 1901, p. 161-177.

ICHOK (G.), « La taille des conscrits dans les régions urbaines et rurales », dans *Biotypologie*, 7, 1939, p. 233-244.

KHERUMIAN (R.), SCHREIDER (E.), « Répartition départementale de la stature, du poids et de la circonférence thoracique en France métropolitaine », dans *Biotypologie*, 24, 1963, p. 1-27.

LAGNEAU (G.), « Rapport de la commission permanente de l'anthropologie de la France », dans *BSAP*, 1re série, 6, 1865, p. 332-361.

LAGNEAU (G.), « Quelques remarques ethnologiques sur la répartition géographique de certaines infirmités en France », dans *Mémoires de l'Académie de médecine*, 29, 1869-1870, p. 293-317, mémoire publié en fascicule, Paris, 1871.

LAGNEAU (G.), article « France, anthropologie », dans *Dictionnaire encyclopédique des sciences médicales*, t. IV, p. 557-794 et t. V, p. 1-127, Paris, 1879.

LAGNEAU (G.), rapport sur le mémoire du docteur Costa (hôpital d'Ajaccio) « Etudes statistiques et médicales sur le recrutement dans le département du Nord », dans *Bulletin de l'Académie de médecine*, 2e série, 44, 1880, t. IX, p. 607-614.

LAGNEAU (G.), rapport sur le mémoire du docteur Aubert « Etudes statistiques et médicales sur le recrutement dans le département du Calvados », dans *Bulletin de l'Académie de médecine*, 2e série, 48, 1884, t. XIII, p. 1071-1085.

LAGNEAU (G.), « Influence du milieu sur la race. Modifications mésologiques des caractères ethniques de notre population », dans *Comptes rendus des séances et travaux de l'Académie des sciences morales et politiques*, 43, 1895, p. 290-311 et 412-444.

LAGNEAU (G.), compte rendu du livre de Gustave Lagneau (*Modifications mésologiques des caractères ethniques de notre population*), suivi d'une discussion (p. 147-155), dans *BSAP*, 4e série, 6, 1895, p. 143-155.

LAPOUGE (G. de), « Matériaux pour la géographie anthropologique du département de l'Hérault », dans *Bulletin de la Société languedocienne de géographie*, 17, 1894, p. 350-386 et 472-509.

LAURENT (A.), *Les Lois de la croissance et l'éducation physique*, Rouen, 1895, extrait de *La Médecine infantile*, 15.11 et 15. 12 1894 et du *Bulletin de la Société industrielle de Rouen*, 6, 1894.

LEBON (G.), *Etude anthropométrique sur le conscrit français*, thèse de médecine, Lille, 1955.

LE CARGUET, TOPINARD (P.), « Contribution à l'anthropologie de la Basse-Bretagne. La population de l'ancien pagus Cap Sizun (pointe du Raz) », dans *Revue d'anthropologie*, 3e série, 3, 1888, p. 159-168.

LEDOUX (V.), « Normes biométriques d'apprentis parisiens », dans *Biotypologie*, 13, 1952, p. 62-67.

LELUT (F.), « Recherches pour servir à la détermination de la taille moyenne de l'homme en France », dans *Gazette médicale de Paris*, 7 août 1841, p. 500-504.

LELUT (F.), « Essai d'une détermination ethnologique de la taille moyenne de l'homme en France », dans *AHPML*, 31, 1844, p. 297-316, repris dans *Physiologie de la pensée. Recherche critique des rapports du corps à l'esprit*, t. II, Paris, 1862, p. 98-123.

LEVY (M.), *Traité d'hygiène publique et privée*, t. II, Paris, 1862^4.

LIETARD, « De la résistance des types anthropologiques aux influences des milieux », dans *Bulletin de l'Académie de médecine*, 3e série, 1898, p. 539-551.

LONGUET (R.), « Etude sur le recrutement dans l'Isère. Etiologie du goitre », dans *Archives de médecine et de pharmacie militaires*, 3, 1884, p. 162-179.

LONGUET (R.), « Etude sur le recrutement dans la Haute-Savoie (1873-1885). Etiologie du goitre », dans *Archives de médecine et de pharmacie militaires*, 6, 1885, p. 449-481.

MAC-AULIFFE (L.), MARIE (A.), « Statistique anthropométrique. Influence du milieu social sur le développement de la taille chez la femme », dans *Comptes rendus de l'Académie des sciences*, 1911, p. 1499-1500.

MANOUVRIER (L.), « Sur la taille des Parisiens », dans *BSAP*, 3e série, 11, 1888, p. 156-178.

MARQUER (P.), « L'évolution de la stature et de deux caractères de la pigmentation (couleurs des cheveux et des yeux) chez les conscrits basques des Basses-Pyrénées, de 1870 à 1960 », dans *BMSAP*, 11e série, 3, 1962, p. 337-353.

MARTIN (R.), *Lehrbuch der Anthropologie in systematischer Darstellung*, Jena, 1914 (à propos du problème de l'évaluation de la croissance staturale de l'adolescence en Alsace au début du XXe siècle).

MASFRAND (A.) « Anthropologie », dans ASSOCIATION FRANCAISE POUR L'AVANCEMENT DES SCIENCES, *Le Limousin. Notices scientifiques, historiques, économiques*, Limoges, 1890, p. 91-104.

MENARD (S.-Y.), *Contribution à l'étude de la croissance chez l'homme et les animaux. Physiologie et hygiène comparées*, Paris, 1885.

MILHAUD (F.), «Etude sur les courbes de fréquence des tailles et des poids des conscrits manuels et non manuels», dans *Biotypologie*, 11, 1950, p. 81-87.

MONOD (H.), PINEAU (H.), «Nouvelles données anthropométriques concernant les jeunes adultes français», dans *Biotypologie*, 19, 1958, p. 24-31.

MOUILLE (G.), «Des causes d'exemption du service militaire dans le département de la Haute-Loire», dans *RMMCPM*, 3e série, 18, 1867, p. 273-318.

OLIVIER (G.), «Documents anthropométriques sur les conscrits du nord de la France», dans *BMSAP*, 10e série, 8, 1957, p. 47-60.

PAPILLAULT (G.), «L'homme moyen à Paris. Variations suivant le sexe et suivant la taille. Recherches anthropométriques sur 200 cadavres», dans *BMSAP*, 5e série, 3, 1902, p. 393-526.

PARRON (V.), «Notice sur l'aptitude militaire en France suivie d'un essai de statistique militaire de la Haute-Loire sous le rapport physique et moral», dans *Annales de la Société d'agriculture, sciences, arts et commerce du Puy*, 28, 1866-67, p. 349-438.

PERIER, «Discussion sur le croisement des races humaines» suivi d'une discussion (p. 190-218), dans *BSAP*, 1re série, 1, 1860, p. 187-218.

PINEAU (M.), «Evolution à 10 ans d'intervalle du poids et de la stature chez les filles de 13-14 ans en fin d'études primaires», dans *Biotypologie*, 26, 1965, p. 171-202.

PITTARD (E.), «Influence du milieu géographique sur le développement de la taille humaine», dans *Comptes rendus de l'Académie des sciences*, 1906, p. 1186-1188.

PUEL DE FIGEAC (T.), *Essai sur les causes locales de la différence de taille qu'on observe chez les habitants des deux cantons de Latronquière et de Livernon (arrondissement de Figeac, département du Lot)*, thèse de médecine, Paris, 1840.

QUEYROI (P.), «Evolution sociale et alimentation dans les campagnes», dans *Annales d'Hygiène Publique Industrielle et Sociale* (fait suite à *AHPML*), 1930, p. 609-630.

ROBERT, «Notice sur la taille et le poids du fantassin français», dans *RMMCPM*, 3e série, 10, 1863, p. 171-179.

SPALIKOWSKI (E.), *Etudes d'anthropologie normande, 3e fascicule: anatomie anthropologique de l'adulte*, Paris, 1898.

SISTACH, «Etude statistique sur les infirmités et le défaut de taille», dans *RMMCPM*, 1861, p. 353-389.

TOPINARD (P.), «Etude sur la taille», dans *Revue d'anthropologie*, 1re série, 5, 1876, p. 34-83.

TOPINARD (P.), «Sur la taille considérée suivant l'âge, le sexe, l'individu, les milieux et les races», dans *BSAP*, 2e série, 11, 1876, p. 418-419.

TEISSIER (G.), « Etude quantitative des proportions du corps humain : I. la morphologie de l'adulte en fonction de la taille. II. Croissance relative et étapes de développement », dans *Biotypologie*, 3, 1935, p. 58-78.

TSCHOURILOFF (M.), « De l'accroissement de la taille en France », dans *Journal de la Société de statistique de Paris*, 16, 1875, p. 5-8.

TSCHOURILOFF (M.), « Etude sur la dégénérescence physiologique des peuples civilisés », dans *Revue d'anthropologie*, 1re série, 5, 1876, p. 605-664.

VALLOIS (H.), *Anthropologie de la population française*, Toulouse, 1943 (Didier, collection « Connais ton pays ! »).

VARRIOT (G.), « L'atrophie infantile comme facteur de l'abaissement de la taille dans les faubourgs de Paris », dans *BMSAP*, 5e série, 5, 1904, p. 633-637.

VIGNE (P.), WEIL (L.), « Quelques expériences concluantes de distribution de lait aux enfants des écoles », dans *Avenir médical*, 31, 1934, p. 56-58.

VILLERME (L.-R.), « Mémoire sur la taille de l'homme en France », dans *AHPML*, 1, 1829, p. 351-399.

VILLERME (L.-R.), « Extrait de notes manuscrites relatives à la stature et au poids de l'homme, lesquelles notes, ont été trouvées dans les papiers de feu Tenon, membre de l'Institut de France », dans *AHPML*, 5, 1833, p. 27-35.

VINCENT (F.), « Etudes anthropologiques sur le département de la Creuse », dans *Bulletins de la Société des Sciences naturelles et archéologiques de la Creuse*, 1, 1864, p. 9-65.

VIREY (J.-J.), article « géant », dans *Dictionnaire des sciences médicales*, t. XVII, Paris, 1816, p. 546-568.

ZABOROWSKI, « Taille des Parisiens à 20 ans », dans *Revue d'anthropologie*, 5, 1882, p. 180.

ZABOROWSKI, « Anthropologie. Les chemins de fer et l'accroissement de la taille. L'accroissement de la taille en Savoie », dans *Revue scientifique*, t. 50, 29e année, 1892, p. 302-306.

B – Nouvelle histoire anthropométrique et approche contemporaine

ARON (J.-P.), DUMONT (P.), LE ROY LADURIE (E.), *Anthropologie du conscrit français d'après les comptes numériques et sommaires du recrutement de l'armée 1819-1826*, Paris, 1972.

BATEN (J.), « Kartographische Residuenanalyse am Beispiel der Regionalökonomischen Lebensstandardforschung über Baden, Württemberg und Frankreich », dans *Historisch-thematische Kartographie. Konzepte-Methoden-Anwendung*, dir. EBELING (D.), Bielefeld, 1999, p. 98-109.

BERLANSTEIN (L.), «The Health of Recruits from Paris at the End of the Nineteenth Century», dans *The working people of Paris, 1871-1914*, Baltimore, 1984, réimpression dans CUFF (T.), KOMLOS (J.), *Classics in anthropometric history*, Sankt Katharinen, 1998, p. 298-306.

BERNAGEAU (N.), LE ROY LADURIE (E.), PASQUET (Y.), «Le conscrit et l'ordinateur. Perspectives de recherche sur les archives militaires du XIXe siècle français», dans *Studi Storici*, 10, 1969, p. 260-308.

BERNAGEAU (N.), LE ROY LADURIE (E.), «Etude sur un contingent militaire (1868), mobilité géographique, délinquance et stature mises en rapport avec d'autres aspects de la situation des conscrits», dans *Annales de démographie historique*, 1971, p. 311-337.

BLEY (D.), *Démographie et anthropologie d'une population agricole limousine. Ses conditions de travail*, thèse de doctorat, spécialité biologie animale, mention anthropologie, Paris VII, 1978.

BOETSCH (G.), *Anthropologie et socio-démographie d'une population agricole limousine. Habitation et habitat*, thèse de doctorat, spécialité biologie animale, mention anthropologie, Paris VII, 1978.

CASPARD-PRANGE (R.), *Anthropologie des ruraux du vignoble alsacien 1806-1870*, mémoire de maîtrise de l'Université des Sciences humaines de Strasbourg, Strasbourg, 1983.

CHAMLA (M.-C.), MARQUER (P.), VACHER (J.), «Les variations de la stature en fonction des milieux socio-professionnels», dans *L'Anthropologie*, 63, 1959, p. 37-61 et 269-294.

CHAMLA (M.-C.), MARQUER (P.), «Stature et niveau économique en France», dans *L'Anthropologie*, 65, 1961, p. 277-280.

CHAMLA (M.-C.), «L'accroissement de la stature en France de 1880 à 1960; comparaison avec les pays d'Europe occidentale», dans *BMSAP*, 11e série, 6, 1964, p. 201-278.

CHAMLA (M.-C.), DEVIGNE (G.), IAGOLNITZER (E.-R.) *et alii*, «L'accroissement de la stature en France. I. L'accélération du phénomène II. Les causes du phénomène: analyse univariée», dans *BMSAP*, 13e série, 4, 1977, p. 197-214.

CHAMLA (M.-C.), «L'évolution récente de la stature en Europe occidentale (période 1960-1980)», dans *BMSAP*, 13e série, 10, 1983, p. 195-224.

DEMONET (M.), DUMONT (P.), LE ROY LADURIE (E.), «Anthropologie de la jeunesse masculine en France au niveau d'une cartographie cantonale (1819-1830)», dans *Annales Economies Sociétés Civilisations*, 31, 1976, p. 700-760.

DEMONET (M.), LE ROY LADURIE (E.), «Alphabétisation et stature: un tableau comparé», dans *Annales Economies Sociétés Civilisations*, 35, 1980, p. 1329-1332.

DEVIGNE (G.), OLIVIER (G.), « Données nouvelles sur la stature et la corpulence en France », dans *Cahiers d'anthropologie et de biométrie humaine*, vol. III, Paris, 1985, p. 111-123.

HENRY (J.-P.), *Evolution démographique de la population rurale de Châteauponsac (Haute-Vienne) : milieu familiale et croissance des enfants*, thèse de doctorat, spécialité biologie animale, mention anthropologie, Paris VII, 1979.

HEYBERGER (L.), *Santé et développement économique en France au XIXe siècle. Essai d'histoire anthropométrique*, Paris, 2003 (L'Harmattan, collection « Acteur de la Science »).

HEYBERGER (L.), « Gesundheit und Ernährung in Frankreich im 19. Jahrhundert », dans *Vierteljahrschrift für Sozial-und Wirtschaftsgeschichte*, 90, 2003, p. 316-326.

HEYBERGER (L.), « Estimer la stature des Alsaciens (1780-1794). Problèmes méthodologiques et résultats », dans *Histoire et Mesure*, 18, 2003, p. 73-94.

HEYBERGER (L.), « Les conscrits alsaciens de la Grande Armée étaient-ils des nains ? Ou : y a-t-il eu une crise de surpopulation en Alsace à la fin du XVIIIe siècle ? Une tentative de réponse par l'histoire anthropométrique », dans *Revue d'Alsace*, 129, 2003, p. 41-67.

HOUDAILLE (J.), « La taille des Français au début du XIXe siècle », dans *Population*, 25, 1970, p. 1297-1298.

HOUDAILLE (J.), « La croissance des enfants au début du XIXe siècle », dans *Population*, 33, 1978, p. 185-187.

HOUDAILLE (J.), « Stature et promotion sociale au début du XIXe siècle », dans *Population*, 34, 1979, p. 1145-1147.

HOUDAILLE (J.), « La taille des Parisiens en 1793 », dans *Population*, 38, 1983, p. 173-177.

KOMLOS (J.), « The Nutritional Status of French Students », dans *Journal of Interdisciplinary History*, 24, 1993, p. 493-508.

KOMLOS (J.), « Histoire anthropométrique de la France de l'Ancien Régime », dans *Histoire, Economie et Société*, 22, 2003, p. 519-536.

KOMLOS (J.), « An anthropometric history of early-modern France », dans *European Review of Economic History*, 7, 2003, p. 159-189 (version anglaise plus complète que la version française précédente).

LAVOUX (T.), *Châteauponsac (Haute-Vienne) de 1820 à nos jours, évolution démographique, avenir scolaire et professionnel des enfants et influence de la dimension de la famille sur leur croissance*, thèse de doctorat, spécialité biologie animale, mention anthropologie, Paris VII, 1979.

LE ROY LADURIE (E.), ZYSBERG (A.), « Anthropologie des conscrits français (1868-1887) », dans *Ethnologie française*, 9, 1979, p. 47-68.

MEYER (B.), *Anthropologie des ruraux du nord de l'Alsace au XIXe siècle. Physiologie des conscrits des cantons de Sarre-Union et de Drulingen (1805-1868)*, mémoire de maîtrise de l'Université des Sciences Humaines de Strasbourg, Strasbourg, 1983.

Bibliographie

SELIG (J.-M.), *Malnutrition et développement économique dans l'Alsace du XIXe siècle*, Strasbourg, 1996.
SCHULTZ (V.), *Avoir vingt ans à Strasbourg au tournant du XIXe siècle. Le niveau de vie des milieux modestes et défavorisés : approche par les registres de conscription et présentation de l'école de travail*, thèse de l'Ecole des Chartes, Paris, 2004.
SOUDJIAN (G.), *La population parisienne à la fin du Second-Empire d'après les archives du recrutement militaire*, thèse d'histoire, Paris I Sorbonne, 1978.
SOUDJIAN (G.), « Quelques réflexions sur les statures des jeunes Parisiens sous le second empire », dans *Ethnologie française*, 9, 1979, p. 69-84.
SUTTER (J.), « L'accroissement de la taille moyenne et ses causes », dans *Informations sociales*, 9, 1955, p. 849-855.
SUTTER (J.), « l'évolution de la taille des polytechniciens (1801-1954) », dans *Population*, 13, 1958, p. 373-406.
VAN MEERTEN (M. A.), « Développement économique et stature en France, XIXe-XXe siècles », dans *Annales Economies Sociétés Civilisations*, 45, 1990, p. 755-778.
WEIR (D.R.), « Parental Consumption Decisions and Child Health During the Early French Fertility Decline, 1790-1914 », dans *The Journal of Economic History*, 53, 1993, p. 259-274.
WEIR (D.R.), « Economic Welfare and Physical Well-Being in France, 1750-1990 », dans *Health and Welfare during Industrialization*, R.H. STECKEL, R. FLOUD (sous la direction de), Chicago, 1997, p. 161-200.
WUNSCH (Y.), *La Physiopathologie des conscrits strasbourgeois de 1816 à 1869*, mémoire de maîtrise, Université Marc Bloch, Strasbourg, 2003.

II – Nouvelle histoire anthropométrique d'autres pays

A'HEARN (B.), « Anthropometric Evidence on Living Standards in Northern Italy, 1730-1860 », dans *Journal of Economic History*, 63, 2003, p. 351-381.
A'HEARN (B.), « A restricted maximum likelihood estimator for truncated height samples », dans *Economics and Human Biology*, 2, 2004, p. 5-19. (décrit l'estimateur statistique que nous employons dans notre travail).
BATEN (J.), HEINTEL (M.), « Smallpox and Nutritional Status in England, 1770-1873 : on the Difficulties of Estimating Historicals Heights », dans *The Economic History Review*, 51, 1998, p. 360-371.
BATEN (J.), MURRAY (J. E.), « Bastardy in South Germany Revisited : an Anthropometric Synthesis », dans *Journal of Interdisciplinary History*, 28, 1997, p. 47-56.
BATEN (J.), MURRAY (J. E.), « Women's Stature and Marriage Markets in Preindustrial Bavaria », dans *Journal of Family History*, 23, 1998, p. 124-135.

BATEN (J.), *Ernährung und Wirtschaftliche Entwicklung in Bayern (1730-1880)*, Stuttgart, 1999.

BATEN (J.), FERTIG (G.), «After the Railway Came: Was the Health of Your Children Declining? A Hierarchical Mixed Models Analysis of German Heights», contribution présentée à l'ESSHC, Amsterdam, avril 2000, aimablement communiquée par l'auteur.

BODENHORN (H.), «A Troublesome Caste: Height and Nutrition of Antebellum Virginia's Rural Free Blacks», dans *Journal of Economic History*, 59, 1999, p. 972-996.

BRENNAN (L.), MAC DONALD (J.), SHLOMOWITZ (R.), «The Heights and Economic Well-being of North Indians under British Rule», dans *Social Science History*, 18, 1994, p. 271-307.

BRENNAN (L.), MAC DONALD (J.), SHLOMOWITZ (R.), «Trends in the Economic Well-Being of South Indians under British Rule: the Anthropometric Evidence», dans *Explorations in Economic History*, 31, 1994, p. 225-260.

BRENNAN (L.), MAC DONALD (J.), SHLOMOWITZ (R.), «Long-term Change and Sex Differences in the Heights of Afro-caribbeans and Indo-carribeans», dans *Social and Economic Studies*, 44, 1995, p. 73-93.

BRENNAN (L.), MAC DONALD (J.), SHLOMOWITZ (R.), «Toward an anthropometric history of Indians under British rule», dans *Research in Economic History*, 17, 1997, p. 185-246.

COSTA (D. L.), «Height, Weight, Wartime Stress, and Older Age Mortality: Evidence from the Union Army Records», dans *Explorations in Economic History*, 25, 1993, p. 424-449.

COSTA (D. L.); «The Measure of Man and Older Age Mortality: Evidence from the Gould Sample», dans *Journal of Economic History*, 64, 2004, p. 1-23.

CRAIG (L. A.), HAINES (M. R.), WEISS (T.), «The Short and the Dead: Nutrition, Mortality, and the "Antebellum Puzzle" in the United States», dans *Journal of Economic History*, 63, 2003, p. 382-413.

DE BEER (H.), «Observations on the history of Dutch physical stature from the late-Middle Ages to the present», dans *Economics and Human Biology*, 2, 2004, p. 45-55.

ELTES (D.), «Welfare Trends among the Yoruba in the Early Nineteenth Century: the Anthropometric Evidence», dans *Journal of Economic History*, 50, 1990, p. 521-540.

FLOUD (R.), WACHTER (K. W.), «Poverty and Physical Stature: Evidence on the Standard of Living of London Boys 1770-1870», dans *Social Science History*, 6, 1982, p. 422-452.

FLOUD (R.), GREGORY (A.), WACHTER (K.), *Height, health and history. Nutritional status in the United Kingdom, 1750-1980*, Cambridge, 1990, réimpression, Cambridge, 2004.

FOGEL (R.), « New Sources and New Techniques for the Study of Secular Trends in Nutritional Status, Health, Mortality, and the Process of Aging », dans *Historicals Methods*, 26, 1993, p. 5-43.

FRIEDMAN (G.), « The heights of Slaves in Trinidad », dans *Social Science History*, 6, 1982, p. 482-515.

HARRIS (B.), « Health, Height, and History: an Overview of Recent Developments in Anthropometric History », dans *Social History of Medicine*, 7, 1994, p. 297-320.

HEINTEL (M.), « Historical Height Samples with Shortfall: A Computational Approach », dans *History and Computing*, 8, 1996, p. 24-37.

HORREL (S.), HUMPHRIES (J.), VOTH (H. J.), « Stature and Relative Deprivation: Fatherless Children in Early Industrial Britain », dans *Continuity and Change*, 13, 1998, p. 73-115.

HUMPHRIES (J.), « Short Stature among Coalmining Children: a Comment », dans *The Economic History Review*, 50, 1997, p. 531-537.

JACKSON (R. V.), THOMAS (M.), « Height, Weight, and Well-being: Sydney Schoolchildren in the Early Twentieenth Century », dans *Australian Economic History Review*, 35, 1995, p. 39-65.

JACOBS (J.), TASSENAAR (V.), « Height, income, and nutrition in the Netherlands: the second half of the 19th century », dans *Economics and Human Biology*, 2, 2004, p. 181-195.

JOHNSON (P.), NICHOLAS (S.), « Male and Female Living Standards in England and Wales, 1812-1857: Evidence from Criminal Height Records », dans *The Economic History Review* 48, 1995, p. 470-481.

KIRBY (P.), « Causes of Short Stature among Coalmining Children, 1823-1850 », dans *The Economic History Review* 48, 1995, p. 687-699.

KIRBY (P.), « Short Stature among Coalmining Children: a Rejoinder », dans *The Economic History Review*, 50, 1997, p. 538-541.

KOMLOS (J.), *Nutrition and economic development in the eighteenth-century Habsburg monarchy. An anthropometric history*, Princeton, 1989.

KOMLOS (J.) (sous la direction de), *Stature, Living Standards, and Economic Development. Essays in Anthropometric History*, Chicago, 1994.

KOMLOS (J.) (sous la direction de), *The biological standard of living in Europe and America, 1700-1900: studies in anthropometric history*, Aldershot, 1995.

KOMLOS (J.) (sous la direction de), *The biological standard of living on three continents, further explorations in anthropometric history*, Boulder, 1995.

KOMLOS (J.), « De l'importance de l'histoire anthropométrique », dans *Annales de démographie historique*, 1995, p. 211-223.

KOMLOS (J.), « Warum wurden die Leute kleiner in einer wachsenden Volkswirtschaft? », dans *Historical Social Research*, 22, 1997, p. 150-161.

KOMLOS (J.), « Shrinking in a Growing Economy ? The Mystery of Physical Stature during the Industrial Revolution », dans *Journal of Economic History*, 58, 1998, p. 779-802.

KOMLOS (J.), « Histoire anthropométrique : bilan de deux décennies de recherche », dans *Cahiers de l'ISMEA, Economies et Sociétés, Série histoire économique quantitative*, AF 29, 2003, p. 1-24.

KOMLOS (J.), « On the Size of Horses during the Industrial Revolution », dans *Historical Methods*, 37, 2004, p. 1-7.

KOMLOS (J.), MEERMANN (L.), « The Introduction of Anthropometrics into Development and Labor Economics », note de travail inédite, Université de Munich, 2004.

KOMLOS (J.), « How to (and How Not to) Analyse Historical Heights Samples », à paraître dans *Historical Methods*, aimablement communiqué par l'auteur (méthode d'analyse que nous employons dans notre travail).

KUNITZ (S. L.), « Making a Long Story Short : a Note on Men's Height and Mortality in England from the first through the Nineteenth Centuries », dans *Medical History*, 31, 1987, p. 269-280.

LEUNIG (T.), VOTH (H.J.), « Did Smallpox Reduce Height ? Stature and the Standard of Living in London, 1770-1873 », dans *The Economic History Review*, 49, 1996, p. 541-560.

LEUNIG (T.), VOTH (H.J.), « Smallpox did Reduce Height : A Reply to our Critics », dans *The Economic History Review*, 51, 1998, p. 372-381.

MANDEMAKERS (C. A.), VAN ZANDEN (J. L.), « The Height of Conscripts and National Income : Apparent Relations and Misconceptions », dans *Explorations in Economic History*, 30, 1993, p. 81-97.

MARTINEZ CARRION (J. M.), PEREZ CASTEJON (J.J.), « Height and standards of living during the industrialisation of Spain : The case of Elche », dans *European Review of Economic History*, 2, 1998, p. 201-230.

MOKYR (J.), O'GRADA (C.), « Height and Health in the United Kingdom 1815-1860 : Evidence from the East India Company army », dans *Explorations in Economic History*, 33, 1996, p. 141-168.

MORGAN (S. L.), « Economic growth and the biological standard of living in China, 1880-1930 », dans *Economics and Human Biology*, 2, 2004, p. 197-218.

NICHOLAS (S.), STECKEL (R.H.), « Heights and Living Standards of English Workers during the Early Years of Industrialization, 1770-1815 », dans *Journal of Economic History*, 51, 1991, p. 937-957.

NICHOLAS (S.), STECKEL (R.H.), « Tall but Poor : Living Standards of Men and Women in Pre-famine Ireland », dans *Journal of European Economic History*, 26, 1997, p. 105-134.

Bibliographie

O'GRADA (C.), « Anthropometric History: What's in for Ireland? », dans *Histoire et mesure*, 11, 1996, p. 139-166.

RAZZELL (P.), « Did Smallpox reduce Height? », dans *The Economic History Review*, 51, 1998, p. 351-359.

RILEY (J. C.), « Height, Nutrition, and Mortality Risk Reconsidered », dans *Journal of Interdisciplinary History*, 24, 1994, p. 465-492.

ROSE (J.C.), STECKEL (R.H.) (sous la direction de), *The backbone of history, health and nutrition in the Western Hemisphere*, Cambridge (EUA), 2002.

STECKEL (R.H.), « Slave Height Profiles from Coastwise Manifests », dans *Explorations in Economic History*, 16, 1979, p. 363-380.

STECKEL (R.H.), *Stature and living standards in the United States*, Cambridge (EUA), 1991.

STECKEL (R.H.), « Stature and the Standard of Living », dans *Journal of Economic Literature*, 33, 1995, p. 1903-1940.

STECKEL (R.H.), « Percentiles of Modern Height Standards for Use in Historical Research », dans *Historical Methods*, 29, 1996, p. 157-166.

STECKEL (R.H.), « Strategic Ideas in the Rise of the New Anthropometric History and their Implications for Interdisciplinary Research », dans *Journal of Economic History*, 58, 1998, p. 804-821.

STECKEL (R.H.), ROSE (J.C.), (sous la direction de), *The backbone of history, health and nutrition in the Western Hemisphere*, Cambridge (EUA), 2002.

SUNDER (M.), « The height of Tennessee convicts: another piece of the "antebellum puzzle" », dans *Economics and Human Biology*, 2, 2004, p. 75-86.

VOTH (H.J.), « Height, Nutrition, and Labor: recasting the "Australian model" », dans *Journal of Interdisciplinary History*, 25, 1995, p. 627-636.

WOITEK (U.), « Height cycles in the 18th and 19th centuries », dans *Economics and Human Biology*, 1, 2003, p. 243-257.

III – Histoire économique et sociale de la France, fin XVIIIe-XXe siècles

A – Généralités

ACOT (P.), *Histoire du climat*, Paris, 2003.

AGULHON (M.) (sous la direction de), *Histoire de la France urbaine. IV. La ville de l'âge industriel. Le cycle haussmannien*, Paris, 1983.

ARMENGAUD (A.), *La Population française au XIXe siècle*, Paris, 1971.

ARON (J.-P.), *Le Mangeur au XIXᵉ siècle*, Paris, 1976.
ASSELAIN (J.-C.), *Histoire économique de la France du XVIIIᵉ siècle à nos jours. 1. De l'Ancien Régime à la Première Guerre mondiale*, Paris, 1984.
AUGE-LARIBE (M.), *La Politique agricole de la France de 1880 à 1940*, Paris, 1950.
BARRAL (P.), *Les Agrariens français de Méline à Pisani*, Paris, 1968 (Cahiers de la Fondation Nationale des sciences politiques, n° 164).
BAZIL (B.), FOURASTIE (J.), *Le Jardin du voisin. Essai sur les inégalités en France*, Paris, 1980.
BEAUR (G.), *Histoire agraire de la France au XVIIIᵉ siècle : inerties et changements dans les campagnes françaises entre 1715 et 1815*, Paris, 2000 (Sedes, collection « regards sur l'histoire »).
BELTRAN (A.), GRISET (P.), *L'Economie française. 1914-1945*, Paris, 1994.
BELTRAN (A.), *Un Siècle d'histoire industrielle en France (1880-1970) Industrialisation et sociétés*, Paris, 1998 (SEDES, collection « Regards sur l'histoire »).
BLAYOT (Y.), HENRY (L.), « La population de la France de 1740 à 1829 », dans *Population*, 30, 1975, p. 71-122.
BOMPART (J.-P.), MAGNAC (T.), POSTEL-VINAY (G.), « Emploi, mobilité et chômage en France au XIXᵉ siècle : migrations saisonnières entre industrie et agriculture », dans *Annales Economies Sociétés Civilisations*, 45, 1990, p. 55-76.
BONIN (S.), LANGLOIS (C.) (sous la direction de), *Atlas de la Révolution française. 7 Médecine et santé*, Paris, 1993.
BONIN (S.), LANGLOIS (C.) (sous la direction de), *Atlas de la Révolution française. 10 Economie*, Paris, 1997.
BONNAIN-MOERDIJK (R.), « L'alimentation paysanne en France entre 1850 et 1936 », dans *Etudes rurales*, 58, 1975, p. 29-49.
BOURDELAIS (P.) (sous la direction de), *Les Hygiénistes, enjeux, modèles et pratiques (XVIIIᵉ-XXᵉ siècles)*, Paris, 2001 (Belin, collection « Histoire et société. Modernités »).
BOURGEOIS-PICHAT (J.), « Note sur l'évolution générale de la population française depuis le XVIIIᵉ siècle », dans *Population*, 6, 1951, p. 319-329.
BOURGUIGNON (F.), LEVY-LEBOYER (M.), *L'Economie française au XIXᵉ siècle : analyse macro économique*, Paris, 1985.
BOURGUIGNON (F.), « La chute des inégalités françaises au XXᵉ siècle. Explications alternatives », dans *Annales Histoire, Sciences Sociales*, 58, 2003, p. 675-686.
BOURGUINAT (N.), « Libre-commerce du blé et représentations de l'espace français. Les crises frumentaires au début du XIXᵉ siècle », dans *Annales Histoire, Sciences Sociales*, 56, 2001, p. 125-152.
BOURGUINAT (N.), *Les Grains du désordre : l'Etat face aux violences frumentaires dans la première moitié du XIXᵉ siècle*, Paris, 2001.
BOURILLON (F.), *Les Villes en France au XIXᵉ siècle*, Paris, 1992, 1995².

BRAUDEL (F.), LABROUSSE (E.) (sous la direction de), *Histoire économique et sociale de la France. III. 1-2 L'avènement de l'ère industrielle (1789-années 1880)*, Paris, 1976.

BRAUDEL (F.), LABROUSSE (E.) (sous la direction de), *Histoire économique et sociale de la France. IV. 1-2 Années 1880-1950 La croissance industrielle. Le temps des Guerres mondiales et de la Grande Crise*, Paris, 1979 et 1980.

BROCHIER (T.-E.), «Deux mille ans d'histoire du climat», dans *Annales Economies Sociétés Civilisations*, 38, 1983, p. 425-438.

BRUNETON-GOVERNATORI (A.), «Alimentation et idéologie: le cas de la châtaigne», dans *Annales Economies Sociétés Civilisations*, 39, 1984, p. 1161-1189.

CAROL (A.), *Histoire de l'eugénisme en France, les médecins et la procréation XIXe-XXe siècle*, Paris, 1995.

CARON (J.-C.), *Histoire économique de la France XIXe -XXe siècle*, Paris, 1995.

CARRE (J.-J.), DUBOIS (P.), MALINVAUD (E.), *La Croissance française. Un essai d'analyse économique causale de l'après-guerre*, Paris, 1972^2.

CASANOVA (J.-C.), LEVY-LEBOYER (M.) (sous la direction de), *Entre Etat et marché. L'économie française des années 1880 à nos jours*, Paris, 1991.

CATY (R.), *La Commission des subsistances. Politique et action du gouvernement de Louis XVIII devant la disette de 1816-1817*, thèse, Université de Provence, 1977.

CHALMIN (P.), GUESLIN (A.) (sous la direction de), *Un Siècle d'histoire agricole française, 1880-1980. Actes du colloque de la Société française d'économie rurale*, Paris, 1988 (*Economie Rurale*, 184, 185, 186).

CHARLE (C.), *Histoire sociale de la France au XIXe siècle*, Paris, 1991.

CHARLE (C.), *Histoire sociale, histoire globale? Actes du colloque des 27-28 janvier 1989*, Paris, 1993.

CHARON-BORDAS (J.), *Ouvriers et paysans au milieu du XIXe siècle. L'enquête de 1848 sur le travail*, Paris, 1994 (Publisud, collection «La France au fil des siècles»).

CHATELAIN (A.), «Les migrations temporaires françaises au XIXe siècle», dans *Annales de démographie historique*, 1967, p. 2-28.

CHAUNU (P.), *Histoire science sociale*, Paris, 1974.

CHEVET (M.), SAINT-AMOUR (P.), «L'intégration des marchés du blé en France aux XVIIIe et XIXe siècles», dans *Cahiers d'économie et de sociologie rurale*, 1992, p. 152-175.

CREBOUW (Y.), *Salaires et salariés agricoles en France des débuts de la Révolution aux approches du XXe siècle*, thèse Paris I, atelier de reproduction des thèse Lille III, 1986.

CROUZET (F.), LESCENT-GILES (I.), «French Economic History in the past 20 years», dans *Nederlandsch Economisch-Historisch Archief bulletin*, 12, 1998, p. 75-101.

DELAHAYE (M.-C.), *Tétons et tétines. Histoire de l'allaitement*, Paris, 1990.

DEMIER (F.), *Nation, marché et développement de la France sous la Restauration*, Paris, 1991.

DEMONET (M.), *Tableau de l'agriculture française au milieu du 19e siècle. L'enquête agricole de 1852,* Paris, 1990.

DESERT (G.), « Viande et poisson dans l'alimentation des Français au milieu du XIXe siècle », dans *Annales Economies Sociétés Civilisations,* 30, 1975, p. 519-536.

DEVAISE (J.-P.), GOUBERT (J.-P.), LE ROY LADURIE (E.) *et alii, Médecins, climat et épidémies à la fin du XVIIIe siècle,* Paris, 1972.

DIEBOLT (C.), GUIRAUD (V.), MONTEILS (M.), *Education, Knowledge and Economic Growth: France and Germany in the 19th and 20th centuries,* Frankfurt-am-Main, 2003.

DORMOIS (J.-P.), *The French Economy in the Twentieth Century,* Cambridge, 2004.

DREYFUS (G.), LABROUSSE (E.), ROMANO (R.), *Le Prix du froment en France au temps de la monnaie stable (1726-1913). Réedition de grands tableaux statistiques,* Paris, 1970.

DUBY (G.), WALLON (A.) (sous la direction de), *Histoire de la France rurale. II L'Age classique des paysans de 1340 à 1789,* Paris, 1975.

DUBY (G.), WALLON (A.) (sous la direction de), *Histoire de la France rurale. III Apogée et crise de la civilisation paysanne de 1789 à 1914,* Paris, 1976.

DUBY (G.), WALLON (A.) (sous la direction de), *Histoire de la France rurale. IV. La fin de la France paysanne de 1914 à nos jours,* Paris, 1976.

DUPAQUIER (J.), *Histoire de la population française III. De 1789 à 1914,* Paris, 1988, 1995².

DUPAQUIER (J.), *Histoire de la population française IV. De 1914 à nos jours,* Paris, 1988, 1995².

FARCY (J.-C.), « Bibliographie des thèses de droit portant sur le monde rural (1885-1959) », dans *Recherches contemporaines,* 1993, p. 109-190.

FARCY (J.-C.), FAURE (A.), PLESSIS (A.) (sous la direction de), *La Terre et la cité. Mélanges offerts à Philippe Vigier,* Paris, 1994.

FARCY (J.-C.), HUBSCHER (R.), *La Moisson des autres. Les salariés agricoles aux XIXe et XXe siècles,* Paris, 1996 (Creaphis, collection « Rencontres à Royaumont »).

FOURASTIE (J.), *L'Evolution des prix à long terme,* Paris, 1969.

FREVERT (U.), HAUPT (H.-G.) (sous la direction de), *Der Mensch des 19. Jahrhunderts,* Frankfurt-am-Main, 1999.

FRIDENSON (P.), STRAUS (A.) (sous la direction de), *Le Capitalisme français, XIXe-XXe siècle. Blocages et dynamisme d'une croissance,* Paris, 1987.

GARRIER (G.), HUBSCHER (R.) (sous la direction de), *Entre Faucilles et marteaux: pluriactivités et stratégies paysannes,* Paris, 1988.

GAVIGNAUD (G.), *Les Campagnes en France au XIXe siècle (1780-1914),* Paris, 1990.

GAVIGNAUD (G.), *Les Campagnes en France au XXe siècle (1914-1989),* Paris, 1990.

GOREUX (L.), « Les migrations agricoles en France depuis un siècle et leur relation avec certains facteurs économiques », dans *Etudes et Conjoncture*, 4, 1956, p. 327-376.

GRANTHAM (G. W.), « Agricultural Supply during the Industrialization: French Evidence and European Implications », dans *Journal of Economic History*, 49, 1989, p. 43-71.

GRANTHAM (G. W.), « Food rations in France in the eighteenth and early nineteenth century: a reply », dans *Economic History Review*, 48, 1995, p. 774-777.

GRANTHAM (G. W.), « The French cliometric revolution: A survey of cliometric contributions to French economic history », dans *European Review of Economic History*, 1, 1997, p. 353-405.

GRANTHAM (G. W.), « Espaces privilégiés: productivité agraire et zone d'approvisionnement des villes dans l'Europe préindustrielle », dans *Annales Histoire, Sciences Sociales,* 52, 1997, p. 695-725.

GUESLIN (A.), *Gens pauvres, pauvres gens dans la France du XIXe siècle*, Paris, 1998.

GUILLAUME (P.), *Histoire sociale de la France au XXe siècle*, Paris, 1993.

GUILLAUME (P.), *Histoire sociale du lait*, Paris, 2003.

HAUPT (H.-G.), VIGIER (P.), *L'Atelier et la boutique, études sur la bourgeoisie au XIXe siècle*, Paris, 1979.

HAUPT (H.-G.), *Histoire sociale de la France depuis 1789*, Paris, 1993 (*Sozialgeschichte Frankreichs seit 1789*, Frankfurt-am-Main, 1989.)

HUBSCHER (R.), « La petite exploitation en France: reproduction et compétitivité (fin XIXe-début XXe siècle) », dans *Annales Economies Sociétés Civilisations*, 40, 1985, p. 3-32.

HUBSCHER (R.), *Les Maîtres des bêtes. Les vétérinaires dans la société française (XVIIIe-XXe siècle)*, Paris, 1999.

KAPLAN (S. L.), *Les Ventres de Paris. Pouvoir et approvisionnement dans la France d'Ancien Régime*, Paris, 1988 (*Provisioning Paris. Merchants and Millers in the grain and flour trade during the eighteenth century*, Londres, 1984).

KINDELBERGER (C.), *Economic growth in France and Britain, 1851-1950*, Cambridge, 1964.

LABROUSSE (E.), *La Crise de l'économie française à la fin de l'Ancien Régime et au début de la Révolution*, Paris, 1944, 1990².

LABROUSSE (E.), *Aspects de la crise et de la dépression de l'économie française au milieu du XIXe siècle, 1846-1851*, Paris, 1956 (Société d'histoire de 1848, collection « Bibliothèque de la Révolution de 1848 », 19.)

LAURENT (R.), « Les variations départementales du prix du froment en France (1801-1870) », dans *Histoire, économies, sociétés. Journées d'étude en l'honneur de Pierre Léon (6-7 mai 1977)*, Lyon, 1977.

LE BRAS (H.), TODD (E.), *L'Invention de la France. Atlas anthropologique et politique*, Paris, 1981.

LE GOFF (T.), SUTHERLAND (D.), « La Révolution française et l'économie rurale », dans *Histoire et mesure*, 14, 1999, p. 79-120.

LE MEE (R.), « Les villes en France et leur population de 1806 à 1851 », dans *Annales de démographie historique*, 1989, p. 321-394.

LEPETIT (B.), « Sur les dénivellations de l'espace économique en France, dans les années 1830 », dans *Annales Economies Sociétés Civilisations*, 41, 1986, p. 1243-1272.

LEPETIT (B.), *Les Villes dans la France moderne (1740-1840)*, Paris, 1988.

LE ROY LADURIE (E.), *Le Territoire de l'historien*, Paris, 1973.

LE ROY LADURIE (E.), *Histoire du climat depuis l'an mil*, 2ᵉ vol., Paris, 1983, 1991².

LEVY-LEBOYER (M.), « Les inégalités interrégionales : évolution au XIXᵉ siècle », dans *Economie rurale*, 152, 1982.

MACLOUF (P.) (sous la direction de), *La Pauvreté dans le monde rural*, Paris, 1986.

MADDISON (A.), *Les Phases du développement capitaliste*, Paris, 1981.

MARCHAND (O.), THELOT (C.), *Deux Siècles de travail en France*, Paris, 1991.

MARGAIRAZ (D.), *Les Dénivellations interrégionales des prix du froment en France 1756-1870*, Paris, 1982.

MATYJA-OCHS (C.), *Aspects de la croissance de l'agriculture française : Etude départementale 1852-1882*, Montpellier, 1974.

MAYAUD (J.-L.), La *Petite exploitation rurale triomphante. France XIXᵉ siècle*, Paris, 1999.

MEUVRET (J.), « Les crises de subsistance et la démographie de la France d'Ancien Régime », dans *Population*, 1, 1946, p. 643-650, repris dans *Etudes d'histoire économique*, Paris, 1971, p. 271-278 (Cahiers des Annales, 32).

MILLER (J. A.), *Mastering the Market. The State and the Grain Trade in Nothern France, 1700-1860*, Cambridge, 1999.

MORICEAU (J.-M.), « Le changement agricole. Transformations culturales et innovations XIIᵉ – XIXᵉ siècle », dans *Histoire et Sociétés Rurales*, 1, 1994, p. 37-66.

MORICEAU (J.-M.), *Terres mouvantes. Les campagnes françaises du féodalisme à la mondialisation 1150-1850*, Paris, 2002.

MORICEAU (J.-M.), *Histoire et géographie de l'élevage français (XVᵉ-XVIIIᵉ siècles)*, Paris, 2005.

MORINEAU (M.), « Budgets populaires en France au XVIIIᵉ siècle », dans *Revue d'Histoire Economique et Sociale*, 1972, p. 203-237 et 449-481.

MORINEAU (M.), « Révolution agricole, révolution alimentaire, révolution démographique », dans *Annales de démographie historique*, 1974, p. 335-371.

MORINEAU (M.), *Les Faux-semblants d'un démarrage économique : agriculture et démographie en France au XVIIIᵉ siècle*, Paris, 1971.

Bibliographie

MOULIN (A.), *Les Paysans dans la société française. De la Révolution à nos jours*, Paris, 1988, 1992².

MULLIEZ (J.), « Du blé, mal nécessaire. Réflexion sur le progrès de l'agriculture (1750-1850) », dans *Revue d'histoire moderne et contemporaine*, 26, 1979, p. 3-47.

NESME-RIBES (C.), PECKER (J.-C.), THUILLIER (G.), *Histoire solaire et climatique*, Paris, 2000.

PAUTARD (J.), *Les Disparités régionales dans la croissance de l'agriculture française*, Paris, 1965.

PETITEAU (N.) (sous la direction de), *Voies nouvelles pour l'histoire du Premier Empire*, Paris, 2002.

PFISTER (C.), « Fluctuations climatiques et prix céréaliers, XVIᵉ XXᵉ siècles », dans *Annales Economies Sociétés Civilisations*, 43, 1988, p. 25-54.

PIKETTY (T.), *Les Hauts revenus en France au XXᵉ siècle. Inégalités et redistributions 1901-1998*, Paris, 2001.

PIKETTY (T.), « Réponse à François Bourguignon et Gilles Postel-Vinay », dans *Annales Histoire, Sciences Sociales*, 58, 2003, p. 699-702.

POSTEL-VINAY (G.), ROBIN (J.-M.), « Eating, Working and Saving in an Unstable World : Consumers in Ninetheenth-century France », dans *Economic History Review*, 45, 1992, p. 494-513.

POSTEL-VINAY (G.), « La question des hauts revenus. Un programme ? Des programmes », dans *Annales Histoire, Sciences Sociales*, 58, 2003, p. 687-697.

POUTHAS (C.), *La Population française pendant la première moitié du XIXᵉ siècle*, Paris, 1956.

PRESTON (S.), WALLE (E. van den), « Urban French Mortality in the Nineteenth Century », dans *Population Studies*, 32, 1978, p. 275-297.

PRICE (R.), *A Social History of XIXth Century France*, New York, 1988.

PUMAIN (D.), « Chemin de fer et croissance urbaine en France au XIXᵉ siècle », dans *Annales de géographie*, 91, 1982, p. 529-550.

QUELENEC (M.), *Analyse structurelle du développement économique des régions françaises, 1864-1970*, Paris, 1972.

RENAUDO (Y.), « Un travail en plus : les paysans d'un métier à l'autre (vers 1800-vers 1950) », dans *Annales Economies Sociétés Civilisations*, 42, 1987, p. 283-302.

RENOUARD (D.), *Les Transports de marchandises par fer, route et eau depuis 1850*, Paris, 1960.

ROLLET (C.), « L'effet des crises économiques du début du XIXᵉ siècle sur la population », dans *Revue d'histoire moderne et contemporaine*, 17, 1970, p. 391-410.

ROLLET (C.), « Allaitement, mise en nourrice et mortalité en France à la fin du XIXᵉ siècle », dans *Population*, 33, 1978, p. 1189-1203.

ROLLET (C.), *Les Enfants au XIXe siècle*, Paris, 2001 (Hachette, collection « la vie quotidienne »).

ROSENTAL (P.-A.), *Les Sentiers invisibles: espace, familles et migrations dans la France du 19e siècle*, Paris, 1999.

ROUGERIE (J.), « Faut-il départementaliser l'histoire de France ? », dans *Annales Economies Sociétés Civilisations*, 21, 1966, p. 178-193.

ROUGERIE (J.), « Remarques sur l'histoire des salaires à Paris au XIXe siècle », dans *Le Mouvement Social*, 63, 1968, p. 71-108.

SAUVY (A.) (sous la direction de), *Histoire économique de la France entre les deux guerres*, 4 tomes, Paris, 1965, 1967, 1972, 1975.

SIMONIN (J.-P.), « La crise d'Ancien Régime: un essai de justification théorique », dans *Histoire et mesure*, 6, 1992, p. 231-247.

SUTHERLAND (D. M. G.), « Peasants, Lords and Leviathan: Winners ans Losers from Abolition of French Feudalism, 1780-1820 », dans *Journal of Economic History*, 62, 2002, p. 1-23.

TOUTAIN (J.-C.), « La consommation alimentaire en France de 1789 à 1964 », dans *Cahiers de l'ISEA, Economies et sociétés*, t. V, 9, 1971, p. 1909-2049.

TOUTAIN (J.-C.), « Le produit intérieur brut de la France de 1789 à 1982 », dans *Cahiers de l'ISEA, Economies et Sociétés. Histoire quantitative de l'économie française*, AF 21, 1987, p. 49-237.

TOUTAIN (J.-C.), « La production agricole de la France de 1810 à 1990: départements et régions. Croissance, productivité, structures », dans *Cahiers de l'ISMEA, Economies et Sociétés. Histoire quantitative de l'économie française*, AF 17, 3 vol., 1992.

TOUTAIN (J.-C.), « Food rations in France in the eighteenth and early nineteenth centuries: a comment », dans *Economic History Review*, 48, 1995, p. 769-773.

-VATIN (F.), *L'Industrie du lait. Essai d'histoire économique*, Paris, 1990 (L'Harmattan, collection « Logiques économiques »).

B – Etudes régionales, France fin XVIIIe-XXe siècles

1) Alsace

BOEHLER (J.-M.), *Une Société rurale en milieu rhénan: la paysannerie de la plaine d'Alsace (1648-1789)*, 3 tomes, Strasbourg, 1995².

BRAUN (A.), SCHLIENGER (J.-L.), « Histoire de l'alimentation en Alsace du Moyen Age à l'Annexion. 2e partie de la Réforme à la Révolution », et « 3e partie: le XIXe siècle » dans *Journal de médecine de Strasbourg*, 20, 1989, p. 114-117 et 178-180.

BRAUN (A.), SCHLIENGER (J.-L.), *Le Mangeur alsacien. Histoire de l'alimentation en Alsace de la Renaissance à l'Annexion*, Strasbourg, 1990.

Bibliographie

HARTMANN (E.), *La Révolution française en Alsace et en Lorraine*, Paris, 1990.

HAU (M.), *L'Industrialisation de l'Alsace (1803-1939)*, Strasbourg, 1987.

HAU (M.), « Pauvreté rurale et dynamisme économique : le cas de l'Alsace au XIXe siècle », dans *Histoire Economie et Société*, 1, 1987, p. 113-138.

HAU (M.), SELIG (J.-M.), « Malnutrition in XIXth Century Alsace », dans *The Journal of European Economic History*, 31, 2003, p. 61-75.

JUILLARD (E.), *La Vie rurale de la plaine de Basse-Alsace. Essai de géographie sociale*, Strasbourg, 1953, 1992^2.

JONAS (S.), *Le Mulhouse industriel : un siècle d'histoire urbaine, 1740-1848*, 2 t., Paris, 1994.

KINTZ (J.-P.), *Paroisses et communes de France. Dictionnaire d'histoire administrative et démographique. Bas-Rhin*, Paris, 1977.

KINTZ (J.-P.), *Paroisses et communes de France. Dictionnaire d'histoire administrative et démographique. Haut-Rhin. Territoire de Belfort*, Paris, 1994.

LEUILLIOT (P.), *L'Alsace au début du XIXe siècle. Essais d'histoire politique, économique et religieuse (1815-1830) II. Les transformations économiques*, Paris, 1959.

MARX (R.), *Recherches sur la vie politique de l'Alsace prérévolutionnaire et révolutionnaire*, Strasbourg, 1966.

SPIES (A.), « La disette des grains à Sélestat en 1770-71 et en 1788-89 », dans *Revue d'Alsace*, 84, 1937, p. 189-228.

VITOUX (M.-C.), *Paupérisme et assistance à Mulhouse au XIXe siècle, 1800-1870*, Strasbourg, 1984.

VITOUX (M.-C.), « Les prémisses d'une politique de la petite enfance sous le Second Empire : l'Association des femmes en couches de Mulhouse », dans *Annales de démographie historique*, 1995, p. 277-290.

VOILLARD (O.), « Nouvelles recherches d'histoire économique et sociale. Méthode et exemples alsaciens (1785-1869) », dans *Revue d'Alsace*, 103, 1965, p. 59-79.

WERNER (R.), *L'Approvisionnement en pain de la population du Bas-Rhin et de l'armée du Rhin pendant la Révolution (1789-1797)*, Strasbourg, 1951.

2) Brie et régions de grande culture

BAILLY (P.), « Aperçu sur les vins, vignes et vignerons de la régions de Meaux », dans *Bulletin de la Société littéraire et historique de la Brie*, 19, 1954, p. 15-30.

BAUBANT (M.), « L'enfant de Brie, avec ou sans famille, XVIIe-XVIIIe siècles (1re partie) », dans *Bulletin de la Société littéraire et historique de la Brie*, 45, 1989, p. 43-55.

BAUBANT (M.), « L'enfant de Brie, avec ou sans famille, XVIIe-XVIIIe siècles (2nde partie) », dans *Bulletin de la Société littéraire et historique de la Brie*, 46, 1990, p. 49-54.

BAUBANT (M.), «Les progrès du niveau de vie à Meaux au XVIIIe siècle», dans *Bulletin de la Société littéraire et historique de la Brie*, 47, 1992, p. 5-21.

BERNARD (P.), *Economie et sociologie de la Seine-et-Marne, 1850-1950*, Paris, 1953 (Cahiers de la Fondation Nationale des sciences politiques, n° 43).

BRUNET (P.), *Structure Agraire et Economie Rurale des Plateaux Tertiaires entre la Seine et l'Oise*, Caen, 1960.

DEREX (J.-M.), *Intérêts privés, intérêts généraux et intérêts communautaires : la gestion de l'eau et des zones humides en Brie*, thèse, Paris, 1999 (thèse publiée : *La Gestion de l'eau et des zones humides en Brie : fin de l'Ancien Régime-fin XIXe siècle*, Paris, 2001.)

DEREX (J.-M.), «Les étangs briards de la région de Meaux à la veille de la Révolution», dans *Bulletin de la Société littéraire et historique de la Brie*, 55, 2000, p. 138-152.

DUPAQUIER (J.), FELKAY (N.), GUEROUT (J.) *et alii*, *Paroisses et communes de France. Dictionnaire d'histoire administrative et démographique. Région parisienne*, Paris, 1974.

ENDRES (A.), «Une émeute de subsistance à Meaux en 1790», dans *Bulletin de la Société littéraire et historique de la Brie*, 35, 1978, p. 49-54.

FARCY (J.-C.), *Les Paysans beaucerons au XIXe siècle*, 2 t., Chartres, 1988.

LECOMTE (M.), *La Question des subsistances en Brie et en Gâtinais en 1788-1795*, Meaux, 1905.

LE MEE (R.), LE MEE-ORSETTI (M.), *Paroisses et communes de France. Dictionnaire d'histoire administrative et démographique. Seine-et-Marne*, Paris, 1988.

PONCHELET (D.), *Ouvriers nomades et patrons briards. Les grandes exploitations agricoles dans la Brie. 1848-1938*, thèse de sociologie, Paris X Nanterre, 1987.

POSTEL-VINAY (G.), *La Rente foncière dans le capitalisme agricole. Analyse de la voie «classique» du développement du capitalisme dans l'agriculture à partir de l'exemple du Soissonnais*, Paris, 1974.

VALENTIN (M.), «de la Marne au Buisson-Saint-Antoine. Première partie : Naissance d'un horizon agraire et émergence d'un projet agricole», dans *Bulletin de la Société littéraire et historique de la Brie*, 52, 1997, p. 17-34.

3) Limousin

BORZEIX (D.), *Histoire du Limousin*, Limoges, 1975.

BRELINGARD (D.), *Histoire du Limousin et de la Marche*, Paris, 1971².

CHATREIX (R.), *Histoire de la Creuse*, Guéret, 1955.

CORBIN (A.), «Migrations temporaires et sociétés rurales au XIXe siècle. Le cas du Limousin», dans *Revue historique*, 1971, p. 293-334.

Bibliographie

CORBIN (A.), « Limousins migrants, Limousins sédentaires. Contribution à l'histoire de la région limousine au XIXe siècle (1845-1880) », dans *Le Mouvement Social*, 88, 1974, p. 113-125.
CORBIN (A.), *Archaïsme et modernité en Limousin au XIXe siècle 1845-1880. I La rigidité des structures économiques, sociales et mentales II. La naissance d'une tradition de gauche*, Paris, 1975, réimpression Limoges, 1998.
CORBIN (A.), « Les paysans de Paris. Histoire des Limousins du bâtiment au XIXe siècle », dans *Ethnologie française*, 10, 1980, p. 169-176.
DAUGER (G.), DAYEN (D.*), Histoire du Limousin contemporain (Creuse, Corrèze, Haute-Vienne) de 1789 à nos jours*, Limoges, 1997².
DELHOUME (J.-P.), « L'Elevage bovin en Limousin au XVIIIe siècle. Des bœufs gras pour Paris », dans *Histoire et Sociétés Rurales*, 22, 2004, p. 65-101.
EMPEREUR-BISSONNET (I.), *Paroisses et communes de France. Dictionnaire d'histoire administrative et démographique. Haute-Vienne*, Paris, 1981.
GRANDCOING (P.), « Comment naît une race ? La race bovine limousine dans la première moitié du XIXe siècle », dans *Histoire et Sociétés Rurales*, 20, 2003, p. 121-146.
GLANCIER (G.-E.), *La Vie quotidienne en Limousin au XIXe siècle*, Paris, 1976.
LIPPOLD (C.), *Paroisses et communes de France. Dictionnaire d'histoire administrative et démographique. Corrèze*, Paris, 1988.
MORICHOND (R.) (sous la direction de), *Histoire du Limousin et de la Marche t. II De la Révolution à la Première Guerre mondiale*, Limoges, 1975, t. *III De la Première Guerre mondiale à nos jours*, 1976.
MOULIN (A.), *Les Maçons de la Creuse. Les origines du mouvement*, Limoges, 1986, 1994².
PEYRONNET (J.-C.), « Famille élargie ou famille nucléaire ? l'exemple du Limousin au début du XIXe siècle », dans *Revue d'histoire moderne et contemporaine*, 22, 1975, p. 568-582.
POITOU (C.), *Paroisses et communes de France. Dictionnaire d'histoire administrative et démographique. Creuse*, Paris, 2000.
ROBERT (M.), *La Société limousine 1870-1914*, Limoges, 1971.
TUYERAS (P.), « Histoire de la race bovine limousine, 1759-1965 », supplément à *L'Union Agricole*, Limoges, 1966.

4) Autres régions

ABAD (R.), *Le Grand marché. L'approvisionnement alimentaire de Paris sous l'Ancien Régime*, Paris, 2002.
AGULHON (M.), *La Vie sociale en Provence intérieure au lendemain de la Révolution française*, Paris, 1971.

ARMENGAUD (A.), *Les Populations de l'Est-Aquitain au début de l'époque contemporaine: recherches sur une région moins développée, vers 1845-vers 1871*, Paris, 1961.

CHEVALIER (L.), *La Formation de la population parisienne au XIXe siècle*, Paris, 1950.

CHEVALIER (L.), *Classes laborieuses et classes dangereuses à Paris pendant la première moitié du XIXe siècle*, Paris, 1958, réimpression, Paris, 2002.

DESERT (G.), *Les Paysans du Calvados, 1815-1895*, Paris, 1975.

DUPEUX (L.), *Aspects de l'histoire sociale et politique du Loir-et-Cher*, Paris, 1962.

GAILLARD (J.), *Paris, la Ville (1852-1870)*, Paris, 1976.

GARNIER (B.), « Viande et bêtes. Variations saisonnières de l'approvisionnement de Paris aux XVIIIe et XIXe siècles », dans BARDET (J.-P.), FOISIL (M.) (sous la direction de), *La Vie, la mort, la foi, le temps: mélanges offerts à Pierre Chaunu*, Paris, 1993, p. 147-170.

GARNIER (B.), « Des bœufs pour Paris », dans *Annales de Bretagne et des Pays de l'Ouest*, 106, 1999, p. 101-120.

GARRIER (G.), *Paysans du Beaujolais et du Lyonnais: 1800-1970*, Grenoble, 1973.

GAVIGNAUD (G.), *Propriétaires-viticulteurs en Roussillon: structures, conjonctures, société, XVIIIe- XXe siècles*, Paris, 1983.

HAU (M.), *La Croissance économique de la Champagne de 1810 à 1969*, Paris, 1976.

HIGOURNET (C.), *Bordeaux au XIXe siècle*, Bordeaux, 1969.

HUBSCHER (R.), *L'Agriculture et la Société rurale dans le Pas-de-Calais du milieu du XIXe siècle à 1914*, Arras, 1980.

LAURENT (R.), *L'Octroi de Dijon au XIXe siècle*, Paris, 1960.

LEMENOREL (A.), « Pourquoi la Basse-Normandie s'est-elle désindustrialisée au XIXe siècle? », dans *L'Information géographique*, 47, 1985, p. 183.

LEQUIN (Y.), *Les Ouvriers de la région lyonnaise (1848-1914) 1. La formation de la classe ouvrière régionale 2. Les intérêts de classe et la république*, Lyon, 1977.

LEVEQUE (P.), *Une Société provinciale: la Bourgogne sous la monarchie de Juillet*, Paris, 1983.

LEVY-LEBOYER (M.), *Le Revenu agricole et la rente foncière en Basse-Normandie. Etude de croissance régionale*, Paris, 1972.

MARCONIS (R.), *Midi-Pyrénées. XIXe-XXe siècles. Transports-Espace-Société. t. 1 Genèse et fonctionnement de la région*, Toulouse, 1984.

MAYAUD (J.-L.), *Les Paysans du Doubs au temps de Courbet*, Paris, 1979.

MERLEY (J.), *La Haute-Loire de la fin de l'Ancien Régime aux débuts de la Troisième République, 1776-1886*, Le Puy, 1974.

MESLIAND (C.), *Paysans du Vaucluse*, Aix-en-Provence, 1989.

MORICEAU (J.-M.), POSTEL-VINAY (G.), *Ferme, entreprise familiale, grande exploitation et changements agricoles. Les Chartier XVIIe- XIXe siècles*, Paris, 1992.

Bibliographie

PINCHEMEL (G.), *Structures sociales et dépopulation rurale dans les campagnes picardes de 1836 à 1936*, Paris, 1957.
POSTEL-VINAY (G.), *Note sur les revenus régionaux dans le Bassin parisien*, Paris, 1978.
SINGER-KEREL (J.), *Le Coût de la vie à Paris de 1840 à 1954*, Paris, 1961.
TERRIER (D.), *Les Deux âges de la proto-industrie : les tisserands du Cambrésis et du Saint-Quentinois, 1730-1880*, Paris, 1996 (EHESS, collection « Recherches d'histoire et de sciences sociales »).
THUILLIER (G.), *Aspects de l'économie nivernaise au XIXe siècle*, Paris, 1966.
THUILLIER (G.), *La Révolution de l'élevage en Nivernais de 1800 à 1855*, Nevers, 1975.
VIDALENC (J.), *Le Département de l'Eure sous la Monarchie constitutionnelle*, Paris, 1952.
VIGREUX (M.), *Paysans et Notables du Morvan*, Château-Chinon, 1987.

C – Armée de métier, conscription et milice

BERGES (L.), *Résister à la conscription : 1798-1814. Le cas des départements aquitains*, Paris, 2002.
BONIN (S.), LANGLOIS (C.) (sous la direction de), *Atlas de la Révolution française. 3 L'armée et la guerre*, Paris, 1989.
BOULANGER (P.), *La France devant la conscription. Géographie historique d'une institution républicaine. 1914-1922*, Paris, 2001.
CONTAMINE (P.) (sous la direction de), *Histoire militaire de la France. 1 Des origines à 1715*, Paris, 1992.
CORVISIER (A.), *L'Armée française de la fin du XVIIe siècle au ministère de Choiseul. Le soldat*, 2 t., Paris, 1964.
CREPIN (A.), *Levées d'hommes et esprit public en Seine-et-Marne de la Révolution à la fin de l'Empire (1791-1815)*, atelier de reproduction des thèses, Lille III, 1990.
CREPIN (A.), *La Conscription en débat ou le triple apprentissage de la nation, de la citoyenneté, de la République (1798-1889)*, Arras, 1998.
DELMAS (J.) (sous la direction de), *Histoire militaire de la France. 2 De 1715 à 1871*, Paris, 1992.
PEDRONCINI (G.) (sous la direction de), *Histoire militaire de la France. 3 De 1871 à 1940*, Paris, 1992.
PIGEARD (A.), *L'Armée de Napoléon 1800-1815. Organisation et vie quotidienne*, Paris, 2000.
ROYNETTE (O.), *« Bons pour le service », l'expérience de la caserne en France à la fin du XIXe siècle*, Paris, 2000 (Belin, collection « Modernités »).

IV – Contexte européen : santé, développement économique et marché au XIXe siècle

BAIROCH (P.), « Les trois révolutions agricoles du monde développé : rendements et productivité de 1800 à 1985 », dans *Annales Economies Sociétés Civilisations*, 44, 1989, p. 317-353.

BAIROCH (P.), « The Impact of Crop Yields, Agricultural Productivity, and Transport Costs on Urban Growth between 1800 and 1910 », dans *Urbanization in History. A Process of Dynamic Interactions*, A. HAYAMI, A.D. VAN DER WOERDE, J. DE VRIES (sous la direction de), New York, 1990, p. 134-151.

BAIROCH (P.), *Mythes et paradoxes de l'histoire économique*, Paris, 1995 (*Economics and World History. Mythes and Paradoxes*, Hemel Hempstead, 1993.)

BAIROCH (P.), *L'Agriculture des pays développés : 1800 à nos jours : production, productivité, rendements*, Paris, 1999.

BERGERON (L.) (sous la direction de), *La Croissance régionale dans l'Europe méditerranéenne : XVIIIe-XXe siècles. Actes du colloque de Marseille, 16 au 16 juin 1988*, Paris, 1992 (EHESS, collection « Recherches d'histoire et de sciences sociales »).

BOURDELAIS (P.), *Les Epidémies terrassées : une histoire de pays riches*, Paris, 2003.

BURNETT (J.), « les enquêtes sur l'alimentation et la mesure de la pauvreté (1790-1945) », dans J.-J. CARRE, J.-P. REVAUGER (sous la direction de), *Ecrire la pauvreté. Les enquêtes sociales britanniques aux XIXe et XXe siècles*, Paris, 1995.

CASELLI (G.), « Transition sanitaire et structure par cause de mortalité : anciennes et nouvelles causes », dans *Annales de démographie historique*, 1989, p. 55-78.

FLOUD (R.), « La médecine et le déclin de la mortalité : indicateur de l'état nutritionnel », dans *Annales de démographie historique*, 1989, p. 125-138.

HAINES (M. R.), « Déclin de la mortalité et condition de travail », dans *Annales de démographie historique*, 1989, p. 139-156.

JONES (E. C.), PARKER (W. N.) (sous la direction de), *European Peasants and their Markets : Essays in Agrarian Economic History*, Princeton, 1975.

LUNN (P.), « Nutrition, immunité et infection », dans *Annales de démographie historique*, 1989, p. 111-124.

MALTHUS (T.R.), *Essai sur le principe de population*, Paris, 1991. (éd. originale 1798).

MONTANARI, *La Faim et l'abondance. Histoire de l'alimentation en Europe*, Paris, 1995.

MOREL (M.-F.), « Les soins prodigués aux enfants : influence des innovations médicales et des institutions médicalisées (1750-1914). Médecine et déclin de la mortalité », dans *Annales de démographie historique*, 1989, p. 157-183.

MORINEAU (M.), « D'Amsterdam à Séville : de quelle histoire les prix sont-ils le miroir ? », dans *Annales Economies Sociétés Civilisations*, 23, 1968, p. 178-205.

Bibliographie

MORINEAU (M.), «Histoire sans frontière: Prix et «Révolution agricole»», dans *Annales Economies Sociétés Civilisations*, 24, 1969, p. 403-423.

PERRENOUD (A.), «Atténuation des crises et déclin de la mortalité», dans *Annales de démographie historique*, 1989, p. 13-30.

PERRENOUD (A.), «La mortalité des enfants en Europe francophone: état de la question», dans *Annales de démographie historique*, 1994, p. 76-96.

ROLLET (C.), «La mortalité des enfants dans le passé: au-delà des apparences», dans *Annales de démographie historique*, 1994, p. 7-22.

SEGERS (Y.), «Oysters and Rye Bread: Polasiring Living Standards in Flanders, 1800-1860», dans *European Review of Economic History*, 5, 2001, p. 301-336.

VALLIN (J.), «Mortalité en Europe de 1720 à 1914: tendances à long terme et changement de structure par âge et par sexe», dans *Annales de démographie historique*, 1989, p. 31-54.

VIAZZO (P.-P.), «Les modèles alpins de mortalité infantile», dans *Annales de démographie historique*, 1994, p. 97-119.

V – Ouvrages de recherche et divers

ANONYME, *Les Communes de l'Alsace-Lorraine. Répertoire alphabétique avec l'indication de la dépendance administrative*, Nancy, Paris, Strasbourg, 1919.

ARNOULD (J.), GOUYON (P.-H.), HENRY (J.-P.), *Les Avatars du gène. La théorie néodarwinienne de l'évolution*, Paris, 1997.

BONIN (S.), LANGLOIS (C.) (sous la direction de), *Atlas de la Révolution française. 5 Le territoire (2) les limites administratives*, Paris, 1989.

BOSERUP (E.), *Evolution agraire et pression démographique*, Paris, 1970 (Flammarion, collection «Nouvelle bibliothèque scientifique», *The conditions of agricultural growth*, Londres, 1965).

CORBIN (A.), COURTINE (J.-J.), VIGARELLO (G.), *Histoire du corps. 2. de la Révolution à la Grande Guerre 3. les Mutations du regards. Le XXe siècle*, Paris, 2005.

CORVISIER (A.), *Les Contrôles de troupes de l'Ancien Régime. t. 1 Une source d'histoire sociale. Guide des recherches*, Vincennes, 1968.

CORVISIER (A.), «Les soldats noirs du maréchal de Saxe. Le problème des Antillais et Africains sous les armes en France au XVIIIe siècle», dans *Revue française d'histoire d'Outre-mer*, 55, 1968, p. 367-413.

DASGUPTA (P.), HAUSPIE (R.), *Perspectives in Human Growth, Development and Maturation*, Dordrecht, 2001.

DARTOIS (A.-M.), FRAYSSEIX (M.), FRICKER (J.), *Guide de l'alimentation de l'enfant de la conception à l'adolecence*, Paris, 1998.
DESROSIERES (A.), *La Politique des grands nombres. Histoire de la raison statistique*, Paris, 1993, 2002².
DUPIN (H.), *Apports nutritionnels conseillés pour la population française*, Paris, 1982.
ELEVETH (P. B.), TANNER (J.), *Worldwide Variation in Human Growth*, Cambridge, 1990².
ESAUPE 77, *Pages de terroir. Catalogue collectif des fonds locaux conservés dans les bibliothèques de Seine-et-Marne. t. 1 Généralités*, Meaux, 1995.
FAVIER (J.-C.) FEINBERG (M.), IRELAND-RIPERT (J.), *Répertoire général des aliments. Table de composition*, Paris, vol. 1 corps gras, vol. 2 produits laitiers, 1987, 1995², vol. 4 composition minérale, 1996.
GILLE (B.), *Les Sources statistiques de l'histoire de France des enquêtes du XVIIIe siècle à 1870*, Paris, 1964.
HARTOG (F.), *Le XIXe siècle et l'histoire. Le cas Fustel de Coulanges*, Paris, 1988.
LACHIVER (M.), *Dictionnaire du monde rural. Les mots du passé*, Paris, 1997.
LEBRAS (H.), «L'Etat: la SGF», dans *Les Lieux de mémoire. II La nation, 2*, NORA (P.) (sous la direction de), Paris, 1986, p. 317-353.
LEONARD (J.), *La Médecine entre les pouvoirs et les savoirs. Histoire intellectuelle et politique de la médecine française au XIXe siècle*, Paris, 1981.
MALCOM (L. A.), «Ecological Factors Relating to Child Growth and Nutritional Status», dans *Nutrition and Malnutrition: Identification and Measurement*, ROCHE (A. F.), FALKNER (F.) (sous la direction de), New York, 1974, p. 329-352.
MARTIN (A.), *Apports nutritionnels conseillés pour la population française*, Paris, 2001.
MARTORREL (R.), «Child Growth Retardation: A Discussion of its Causes and its Relationship to Health», dans *Nutritional Adaptation in Man*, BLAXTER (K.), WATERLOW (J. C.) (sous la direction de), Londres, 1985, p. 13-29.
MARTORREL (R.), HABITCHT (J. P.), «Growth in Early Childhood in Developing Countries», dans *Human Growth: a Comprehensive Treatise*, vol. 3, FALKNER (F.), TANNER (J. M.) (sous la direction de), New York, 1986, p. 241-262.
MASCIE-TAYLOR (G.G.N.), ULIJASZEK (S.J.), *Anthropometry: the Individual and the Population*, Cambridge, 1994.
MOREL (M.-F.), ROLLET (C.), *Des Bébés et des hommes. Traditions et modernité des soins aux tous petits*, Paris, 2000.
MOUSSA (S.) (sous la direction de), *L'Idée de «race» dans les sciences humaines et la littérature (XVIIIe-XIXe siècles). Actes du colloque international de Lyon (16 au 18 novembre 2000)*, Paris, 2003.
OMS, série des rapports techniques, 854, *Utilisation et interprétation de l'anthropométrie. Rapport d'un comité OMS d'experts*, Genève, 1995.

Bibliographie

PEDRON (G.), ROY-PERNOT (M.-P.), SEMPE (M) *et alii*, *Auxologie, méthodes et séquences*, Paris, 1979, Lyon, 1995.

PELTRE (J.), THOUVENOT (C.) (sous la direction de), *Alimentation et régions (actes du colloque « cuisines, régimes alimentaires, espaces régionaux »)*, Nancy, 1989.

PEROUAS (L.), SEMEILHON (G.), *Thèses, Diplômes, Mémoires d'Universités et de Grandes Ecoles concernant le Limousin (état au 31 décembre 1992)*, Limoges, 1995.

PLAT (P.), « Responsabilité familiale, hygiène et nutrition de l'enfant », dans *La Médecine infantile*, 86, 5, 1979.

PLAT (P.), « Considérations biologiques sur la nutrition des enfants occidentaux », dans *L'Alimentation et la vie*, 67, 3, 1979.

POUTRIN (I.) (sous la direction de), *Le XIXe siècle: science, politique et tradition*, Paris, 1995.

SCHURCH (B.), WATERLOW (J. C.), « Causes and Mechanism of Linear Growth Retardation », dans *European Journal of Clinical Nutrition*, 48, (suppl. 1), 1994, p. 1-216.

SERVICE HISTORIQUE DE L'ARMEE DE TERRE, *Guide des archives et sources complémentaires*, (réed. par M.-A. CORVISIER-DE VILLELE, J.-C. DEVOS), Vincennes, 1996.

STIGLER (S.), *Statistics on the Table. The History of Statistical Concepts and Methods*, Londres, 1999.

STRAUSS (J.), « Does Better Nutrition Raise Labor Productivity? », dans *Journal of Political Economy*, 94, mars 1986, p. 297-320.

TANNER (J. M.), *Fetus into Man: Physical Growth from Conception to Maturity*, Cambridge, 1978.

TANNER (J. M.), *A History of the study of human growth*, Cambridge, 1981.

TREMOLIERES (J.), *Manuel élémentaire d'alimentation humaine*, Paris, 1968.

TREMOLIERES (J.), *Biologie générale, t. 4, Physiologie de la nutrition et du comportement animal*, Paris, 1969.

TUETEY (L.), *Catalogue général des manuscrits des bibliothèques publiques de France. Archives de la Guerre*, t. 1, Paris, 1912.

VITZTHUM (V.), « A Number No Greater than the Sum of Its Parts: The Use and Abuse of Heritability », dans *Human Biology*, 75, 2003, p. 539-558.

Table des tableaux

Tableau 1 : Croissance des Français et des Allemands au XVIIIe siècle entre 18,5 et 22,5 ans 157

Tableau 2 : Statures minimales légales de l'an IX à 1814 167

Tableau 3 : Hiérarchie des professions, cohortes de naissance 1778-1783, Alsace, Limousin, Seine-et-Marne 187

Tableau 4 : Stature des principales professions des conscrits de Seine-et-Marne, cohorte de naissance 1781-1782 (année d'examen an XI) 187

Tableau 5 : Salaire réel à Mulhouse (1821-1875) 208

Tableau 6 : Stature des principales professions des conscrits de Haute-Vienne, cohortes de naissance 1823-1851 220

Tableau 7 : Stature des principales professions des conscrits de l'arrondissement de Sélestat, cohortes de naissance 1811-1848 229

Tableau 8 : Stature des conscrits du canton de Mulhouse, cohortes de naissance 1822-1850 248

Tableau 9 : L'importance des prairies artificielles en Seine-et-Marne au milieu du XIXe siècle 269

Tableau 10 : Stature des conscrits de l'arrondissement de Melun, cohortes de naissance 1816-1856 275

Tableau 11 : Anthropologie des niveaux de vie des conscrits de quatre ensembles territoriaux, classes examinées en 1842-1845 290

Tableau 12 : Anthropologie des genres de vie des conscrits de quatre ensembles territoriaux, classes examinées en 1842-1845 291

Tableau 13 : Anthropologie des niveaux de vie des conscrits de Haute-Vienne, classes examinées en 1843-1845 292

Tableau 14 : Anthropologie des genres de vie des conscrits de Haute-Vienne, classes examinées en 1843-1845 293

Tableau 15 : Anthropologie des niveaux de vie des conscrits de l'arrondissement de Sélestat, classes examinées en 1842-1844 294

Tableau 16 : Anthropologie des genres de vie des conscrits de l'arrondissement de Sélestat, classes examinées en 1842-1844 295

Tableau 17 : Anthropologie des niveaux de vie des conscrits de l'arrondissement de Melun, classes examinées en 1843-1845 296

Tableau 18 : Anthropologie des genres de vie des conscrits de l'arrondissement de Melun, classes examinées en 1843-1845 297

Tableau 19 : Anthropologie des niveaux de vie des conscrits du canton de Mulhouse, classes examinées en 1843-1845 298

Tableau 20 : Anthropologie des genres de vie des conscrits du canton de Mulhouse, classes examinées en 1843-1845 298

Tableau 21 : Anthropologie des niveaux de vie des conscrits de même profession de différents ensembles territoriaux, classes examinées en 1842-1845 299

Tableau 22 : Religion et stature en Alsace rurale et urbaine, cohortes de naissance 1856-1862 340

Tableau 23 : Hiérarchie des professions, cohorte de naissance 1848, Alsace, Limousin, Seine-et-Marne 345

Tableau 24 : Comparaison des statures par profession pour les cohortes 1778-1783 et 1848, Alsace, Limousin, Seine-et-Marne 347

Tableau 25 : Stature des conscrits de l'arrondissement de Melun, cohortes de naissance 1857-1883 359

Tableau 26 : Stature des principales professions des conscrits du *Kreis* de Sélestat, cohortes de naissance 1852-1894 375

Tableau 27 : Stature des principales professions des conscrits de la ville de Mulhouse, cohortes de naissance 1856-1894 395

Tableau 28 : Stature des principales professions des conscrits de la Haute-Vienne, cohortes de naissance 1853-1884 431

Tableau 29 : Stature des principales professions des conscrits de la ville de Mulhouse, cohortes de naissance 1900-1920 492

Tableau 30 : Stature des principales professions des conscrits de l'arrondissement de Sélestat, cohortes de naissance 1902-1919 495

Tableau 31 : Stature des professions des conscrits de la Haute-Vienne, cohortes de naissance 1887-1893 et 1900-1920 499

Tableau 32 : Stature des conscrits de l'arrondissement de Melun, cohortes de naissance 1888-1893 et 1900-1920 503

Tableau 33 : Gains et pertes des principales professions des conscrits de Brie entre la fin du XIXe siècle et le début du XXe siècle 507

Tableau 34 : Hiérarchie des professions, cohortes de naissance 1920, Alsace, Haute-Vienne, Seine-et-Marne 552

Tableau 35 : Comparaison des statures par profession pour les cohortes de naissance 1848 et 1920, Alsace, Haute-Vienne, Seine-et-Marne 557

Tableau 36 : Taille de la fratrie et stature moyenne des conscrits de toutes professions nés en 1920 (Alsace, Haute-Vienne, Seine-et-Marne) 567

Tableau 37 : Taille de la fratrie et stature moyenne des cultivateurs nés en 1920 (Alsace, Haute-Vienne, Seine-et-Marne) 567

Table des graphiques

Graphique 1: Histogramme de distribution des effectifs des conscrits briards par classes de stature telles que figurant dans le compte rendu départemental utilisé par A. Bertillon, classes 1851-1860 (N = 4139) 74

Graphique 2: Histogramme de distribution des effectifs des conscrits briards par classes de stature de 1 cm cl. ex. 1851-1860 (N = 4139) 74

Graphique 3: Histogramme de distribution des effectifs des conscrits alsaciens par classes de stature telles que figurant dans le compte rendu départemental utilisé par A. Bertillon, classes 1851-1860 (N = 5785) 75

Graphique 4: Histogramme de distribution des effectifs des conscrits alsaciens par classes de stature de 1 cm cl. ex. 1851-1860 (N = 5785) 75

Graphique 5: Stature des Français et des Néerlandais, cohortes de naissance 1784-1920 108

Graphique 6: Trois estimations de la stature des Français (cohortes de naissance 1784-1966) 110

Graphique 7: Deux estimations de la stature des Français, cohortes de naissance 1796-1902 111

Graphique 8: Estimation de la stature des Français d'après le PIB et d'après les sources militaires cohortes de naissance 1816-1902 111

Graphique 9: Stature médiane calculée et observée d'après M.A. Van Meerten cohortes nées en 1902-1966 112

Graphique 10: Stature observée et stature calculée d'après le PIB (Van Meerten), données corrigées par les estimations de D.R. Weir, cohortes de naissance 1903-1920 112

Graphique 11: Stature des conscrits exprimée en millimètres arr. Melun et Provins cl. ex. an X, XI et XIII (N = 2178) 133

Graphique 12: Stature des conscrits exprimée en pouces arr. Melun et Provins cl. ex. an X, XI et XIII (N = 2178) 133

Graphique 13: Stature des conscrits bons pour le service dép. Seine-et-Marne cl. ex. 1816-1836 (N = 10916) 135

Graphique 14: Stature des conscrits arr. Sélestat cl. ex. 1831-1868 (N = 23066) 137

Graphique 15: Stature des conscrits arr. Melun cl. ex. 1872-1903 (N = 13326) .. 137

Graphique 16: Stature des conscrits arr. Bellac et Saint-Yrieix cl. ex. 1907-1940 (N = 16310) 139

Graphique 17: Stature des conscrits arr. Saint-Yrieix cl. ex. 1843-1872 (N = 7966) .. 153

Graphique 18: Croissance entre l'âge de 19 ans 9 mois et de 20 ans 9 mois des *Wehrpflichtigen* ruraux examinés entre 1873 et 1913 (N = 14062) 159

Graphique 19: Croissance entre l'âge de 19 ans 9 mois et de 20 ans 9 mois des *Wehrpflichtigen* mulhousiens examinés entre 1876 et 1913 (N = 10 274) 159
Graphique 20: Stature des conscrits dép. Haute-Vienne cl. ex. 1810, (N = 800) .. 169
Graphique 21: Stature des conscrits dép. Creuse cl. ex. an XI, (N = 1 201) 169
Graphique 22: Stature des conscrits dép. Corrèze cl. ex. an IX, (N = 1 008) 170
Graphique 23: Stature des hommes réformés pour défaut de taille de la milice, subdélégations: Treignac, Neuvic et Bort année d'examen: 1 778, (N = 739) .. 170
Graphique 24: Stature des conscrits arr. Bellac et Saint-Yrieix cl. ex. 1843-1867, (N = 13 772) 172
Graphique 25: Stature des conscrits commune de Mulhouse cl. ex. 1885-1916 (N = 15 155) 172
Graphique 26: Prix annuel du froment 181
Graphique 27: Croissance démographique en Alsace, 1806-1866 206
Graphique 28: Croissance démographique de Mulhouse, 1806-1866 206
Graphique 29: Disponibilité en lait l/hab./an dans le Bas-Rhin, 1813-1857 207
Graphique 30: Consommation de viande porcine et bovine sur pied à Colmar (1820-1852) 207
Graphique 31: Consommation d'alcool à Colmar (l/hab./an), 1820-1852 208
Graphique 32: Stature en Limousin (N = 28 262) et en France, cohortes de naissance 1782-1851 215
Graphique 33: Stature des conscrits de l'arrondissement de Bellac (Limousin maçonnant) et de l'arrondissement de Saint-Yrieix (Limousin agricole archaïque), cohortes de naissance 1823-1851 (N = 15 535) 215
Graphique 34: Proportion de conscrits limousins cultivateurs et agriculteurs dépendants (années d'examen 1807-1851) 217
Graphique 35: Proportion de conscrits limousins maçons et artisans (années d'examen 1807-1851) 217
Graphique 36: Stature en Alsace rurale (N = 34 646) et en France, cohortes de naissance 1780-1841 224
Graphique 37: Proportion de conscrits alsaciens agriculteurs dépendants et indépendants (années d'examen an IX-1841) 232
Graphique 38: Proportion de conscrits alsaciens vignerons (années d'examen an IX-1841) 232
Graphique 39: Proportion de conscrits alsaciens artisans du textile et artisans divers (années d'examen an IX-1841) 233
Graphique 40: Proportion de conscrits alsaciens agriculteurs (années d'examen an IX-1841) 233
Graphique 41: Stature à Mulhouse (N = 13 461) et en France, cohortes de naissance 1796-1859 242

Table des graphiques

Graphique 42 : Misère importée ou non ? stature des natifs de Mulhouse et des néo-citadins, cohortes de naissance 1822-1859 (N = 12 260) 242

Graphique 43 : Prix du kg de viande à Mulhouse de 1824 à 1875 d'après Hanauer 243

Graphique 44 : Stature dans les espaces menacés de crise malthusienne, cohortes de naissance 1796-1806/1859 (N = 69 630)........................ 245

Graphique 45 : La société urbaine du XIXe siècle telle qu'elle est : statures de quelques professions dans le canton de Mulhouse, cohortes de naissance 1822-1850 254

Graphique 46 : Importance du secteur textile à Mulhouse et dans les campagnes (années d'examen an IX-1859) 256

Graphique 47 : Ouvriers de la première et de la deuxième vague d'industrialisation à Mulhouse, années d'examen 1816-1859 256

Graphique 48 : Fonctions tertiaires exercées par les conscrits et liées à l'industrie à Mulhouse, années d'examen 1816-1859 257

Graphique 49 : Les conscrits de l'industrie à Mulhouse, années d'examen 1816-1859 257

Graphique 50 : Croissance démographique de la Seine-et-Marne et de l'Eure-et-Loir, 1801-1856 263

Graphique 51 : Stature en Brie (N = 19 530) et en France, cohortes de naissance 1781-1821... 263

Graphique 52 : Stature en Brie (N = 14 553) et en France, cohortes de naissance 1822-1856... 268

Graphique 53 : Stature en Brie (N = 34 083) et en France, cohortes de naissance 1781-1856... 268

Graphique 54 : Proportion de conscrits briards agriculteurs dépendants, années de conscription an X-1856 280

Graphique 55 : Proportion de conscrits briards agriculteurs indépendants dont jardiniers (vignerons exclus), années d'examen an X à 1856 280

Graphique 56 : Le déclin de la vigne en Brie et en Alsace, années d'examen an IX-1856 281

Graphique 57 : Micro-exploitants et agriculteurs indépendants en Brie, années d'examen an X-1856 281

Graphique 58 : Proportion de conscrits briards artisans et du secteur du bâtiment années de conscription an X-1856 282

Graphique 59 : Stature dans trois espaces ruraux (N = 83 326) et en France, cohortes de naisssance 1782-1848 301

Graphique 60 : Stature à Mulhouse et en Brie, cohortes de naissance 1781-1859 (N = 48 824) 302

Graphique 61 : Corrélation entre le pourcentage du budget alloué aux protéines d'origine panifiée dans une famille de cinq journaliers et la stature de la cohorte née en 1848 (N = 78 cantons) 327

Graphique 62 : Corrélation entre le pourcentage du budget alloué aux protéines d'origine animale dans une famille de cinq journaliers et la stature de la cohorte née en 1848 (N = 78 cantons) 328

Graphique 63 : Corrélation entre la disponibilité en lait par habitant/an et la stature de la cohorte née en 1848 (N = 62 cantons) 331

Graphique 64 : Corrélation entre la disponibilité en lait par habitant/an et la stature de la cohorte née en 1848, Haute-Vienne et Bas-Rhin (N = 39 cantons) 332

Graphique 65 : Corrélation entre taux de population urbaine agglomérée (1846) et stature de la cohorte née en 1848 en Alsace (N = 58 cantons) 335

Graphique 66 : Corrélation entre taux de population urbaine agglomérée et stature de la cohorte née en 1848 en Alsace sans le canton de Lapoutroie (N = 57 cantons) 335

Graphique 67 : Corrélation entre la durée du travail des enfants (1852) et la stature de la cohorte née en 1848 (N = 77 cantons) 336

Graphique 68 : Corrélation entre la durée du travail des enfants (1852) et la stature de la cohorte née en 1848 (N = 60 cantons) 336

Graphique 69 : Instruction et stature en 1848-1868 (année de naissance-classe) (Alsace, Seine-et-Marne, Limousin, N = 13 968) 338

Graphique 70 : Religion et stature en Alsace rurale et à Mulhouse, cohortes de naissance 1856-1862 (N = 6 789) 338

Graphique 71 : Corrélation des statures par métiers entre les cohortes 1778-1783 et la cohorte 1848 (N = 16 professions) 348

Graphique 72 : Stature en Brie (N = 9 126) et en France cohortes de naissance 1856-1876 353

Graphique 73 : Stature en Brie (N = 42 788) et en France, cohortes de naissance 1781-1876 353

Graphique 74 : Proportion de conscrits briards agriculteurs dépendants, années de conscription 1856-1896 364

Graphique 75 : Proportion de conscrits briards agriculteurs indépendants dont jardiniers (vignerons exclus), années d'examen 1856 à 1896 364

Graphique 76 : La disparition de la vigne en Brie, années d'examen 1856 à 1896 365

Graphique 77 : Micro-exploitants et agriculteurs indépendants en Brie, années d'examen 1856-1896 365

Graphique 78 : Proportion de conscrits briards artisans et du secteur du bâtiment, années de conscription 1856-1896 366

Table des graphiques

Graphique 79 : Stature en Alsace rurale (N = 19 877) et en France, cohortes de naissance 1841-1876 371

Graphique 80 : Stature en Alsace (N = 53 904) et en France, cohortes de naissance 1780-1876 371

Graphique 81 : Proportion de conscrits alsaciens agriculteurs dépendants et indépendants (années d'examen 1841-1896) 384

Graphique 82 : Proportion de conscrits alsaciens vignerons (années d'examen 1841-1896) 384

Graphique 83 : Proportion de conscrits alsaciens artisans du textile et artisans divers (années d'examen 1841-1896) 385

Graphique 84 : Proportion de conscrits alsaciens agriculteurs (années d'examen 1841-1896) 385

Graphique 85 : Stature en Brie et en Alsace rurale (N = 35 166) cohortes de naissance 1841-1876 387

Graphique 86 : Stature à Mulhouse (N = 8 274) et en France, cohortes de naissance 1859-1876 391

Graphique 87 : Stature des néo-citadins et des Mulhousiens d'origine (N = 8 274), cohortes de naissance 1859-1876 391

Graphique 88 : Stature à Mulhouse, cohortes de naissance 1796-1806/1876, (N = 21 217) et en France 392

Graphique 89 : Stature des ruraux et des néo-citadins en Alsace (cohortes de naissance 1841-1876, N = 25 169) 392

Graphique 90 : Part du secteur textile chez les conscrits de Mulhouse et dans les campagnes alsaciennes, années d'examen 1859 à 1896 402

Graphique 91 : Part des trois vagues d'industrialisation à Mulhouse, années d'examen 1859-1896 402

Graphique 92 : Fonctions tertiaires exercées par les conscrits et liées à l'industrie à Mulhouse, années d'examen 1859-1896 403

Graphique 93 : Les conscrits de l'industrie à Mulhouse, années d'examen 1859-1896 403

Graphique 94 : Stature en Limousin (N = 12 937) et en France, cohortes de naissance 1851-1876 408

Graphique 95 : Stature des conscrits de l'arrondissement de Bellac (Limousin ouvert au marché) et de l'arrondissement de Saint-Yrieix (Limousin agricole archaïque) cohortes de naissance 1851-1873 (N = 12 030) 408

Graphique 96 : Croissance démographique des cantons sélectionnés pour le *trend* de la stature en Limousin (1831 à 1936) indice 100 en 1831 409

Graphique 97 : Salaire nominal à Paris et stature limousine (années de conscription 1817-1911) 409

Graphique 98 : Stature en Limousin (N = 40 701) et en France, cohortes de naissance 1782-1876 410

Graphique 99 : Niveau de vie humain (N = 31 530) et niveau de vie animal en Limousin, cohortes de naissance 1814 à 1876 (corrélation poids des bovins-stature humaine : R^2 = 0,5 ; N = 26 observations) 421

Graphique 100 : Niveau de vie animal, niveau de vie humain (N = 44 846), (corrélation poids des bovins-stature humaine : R^2 = 0,59 cohortes de naissance 1814-1917, N = 53 observations) 422

Graphique 101 : Evolution de la population bovine de 1790 à 1929 (arrondissements de Bellac et Saint-Yrieix) 423

Graphique 102 : Prix du kg de viande des mercuriales de Haute-Vienne (1853-1914) 423

Graphique 103 : Ventes réalisées sur le marché de la viande bovine en Haute-Vienne, 1854-1914 (millions de francs courants) 424

Graphique 104 : Prix du bœuf et ventes réalisées sur le marché bovin en Haute-Vienne, 1854-1914 (francs courants) 424

Graphique 105 : Proportion de conscrits limousins cultivateurs et agriculteurs dépendants (années d'examen 1851-1893) 434

Graphique 106 : Proportion de conscrits limousins maçons et artisans (années d'examen 1851-1893) 434

Graphique 107 : Part des conscrits limousins maçons (années d'examen 1807-1893) 436

Graphique 108 : Stature moyenne dans trois espaces ruraux (N = 38 797) et en France, cohortes de naissance 1848-1876 438

Graphique 109 : Stature en Alsace rurale et à Mulhouse cohortes de naissance 1848-1876 (N = 26 348) 441

Graphique 110 : Stature des conscrits briards et limousins, cohortes de naissance 1848-1876 (N = 26 601) 441

Graphique 111 : Stature en Alsace rurale et à Mulhouse (N = 37 356), cohortes de naissance 1876-1920 459

Graphique 112 : Stature en Alsace rurale et à Mulhouse (N = 37 356), cohortes de naissance 1876-1920 (droites de régression) 460

Graphique 113 : Stature des néo-citadins et des Mulhousiens d'origine (N = 14 710), cohortes de naissance 1876-1920 461

Graphique 114 : Stature des ouvriers non qualifiés et de tous les conscrits de Mulhouse (N = 4 602), cohortes de naissance 1902-1920 461

Graphique 115 : Prix du kilogramme de viande (francs courants) des mercuriales de Haute-Vienne, 1876-1917 473

Graphique 116 : Prix du kilogramme de viande (francs courants) des mercuriales de Haute-Vienne, 1924-1938 473

Graphique 117 : Ventes réalisées sur le marché de la viande bovine en Haute-Vienne, 1924-1938 (millions de francs courants) 474

Table des graphiques

Graphique 118 : Stature en Limousin, Brie (N = 30 169) et en France, cohortes de naissance 1876-1920 478

Graphique 119 : Stature en Limousin, Brie (N = 30 169) et en France, cohortes de naissance 1876-1920 (droites de régression) 479

Graphique 120 : Stature des actifs du secteur primaire et des autres secteurs en Brie, cohortes de naissance 1901-1920 (N = 9 240, moyenne mobile de 3 ans pour le secteur primaire) 481

Graphique 121 : Stature des actifs du secteur primaire en Alsace et en Brie, cohortes de naissance 1901-1920 (N = 5 920, moyenne mobile de 3 ans pour la Brie, de 2 ans pour l'Alsace) 481

Graphique 122 : Stature dans les arrondissements de Saint-Yrieix et de Bellac (N = 14 703) cohortes de naissance 1876-1920 485

Graphique 123 : Stature des ouvriers non qualifiés de l'arrondissement de Sélestat et de Mulhouse, cohortes de naissance 1900-1920 (N = 1 146) 496

Graphique 124 : Proportion de conscrits agriculteurs dépendants en Brie et en Alsace, années d'examen 1896-1940 511

Graphique 125 : Proportion de conscrits briards agriculteurs indépendants et jardiniers, années d'examen 1896-1940 511

Graphique 126 : Proportion de conscrits briards artisans divers et du bâtiment, années d'examen 1896-1940 512

Graphique 127 : Proportion de conscrits briards de l'industrie, années d'examen 1896-1940 512

Graphique 128 : Proportion de conscrits briards employés et intellectuels, années d'examen 1896-1940 513

Graphique 129 : Proportion de conscrits briards agriculteurs dépendants et indépendants, années d'examen an X-1940 513

Graphique 130 : Proportion de conscrits alsaciens agriculteurs indépendants et dépendants, années d'examen 1896-1939 519

Graphique 131 : Proportion de conscrits alsaciens agriculteurs indépendants et dépendants, années d'examen an IX-1939 519

Graphique 132 : Proportion de conscrits alsaciens vignerons, années d'examen an IX-1939 520

Graphique 133 : Proportion de conscrits alsaciens artisans du textile et artisans divers, années d'examen 1896-1939 520

Graphique 134 : Proportion de conscrits agriculteurs en Brie et en Alsace, années d'examen 1896-1940 521

Graphique 135 : Proportion de conscrits alsaciens intellectuels et commerçants, années d'examen 1896-1939 521

Graphique 136 : Proportion de conscrits alsaciens travaillant dans la métallurgie, années d'examen 1896-1939 522

Graphique 137 : Proportion des conscrits limousins cultivateurs et agriculteurs
dépendants, années d'examen 1890-1940 526

Graphique 138 : Proportion de conscrits limousins agriculteurs dépendants,
années d'examen 1807-1940 526

Graphique 139 : Proportion de conscrits limousins cultivateurs,
années d'examen 1807-1940 527

Graphique 140 : Proportion de conscrits limousins maçons et artisans divers,
années d'examen 1890-1940 527

Graphique 141 : Proportion de conscrits limousins maçons,
années d'examen 1807-1940 528

Graphique 142 : Proportion de conscrits limousins artisans divers, années
d'examen 1807-1940 528

Graphique 143 : Proportion de conscrits du textile à Mulhouse et
dans l'arrondissement de Sélestat, années d'examen 1896-1940 533

Graphique 144 : Proportion de conscrits du secteur textile à Mulhouse et
dans l'arrondissement de Sélestat, années d'examen an IX-1940 533

Graphique 145 : Les trois vagues d'industrialisation à Mulhouse,
années d'examen 1896-1940 534

Graphique 146 : Les trois vagues d'industrialisation à Mulhouse,
années d'examen 1816-1940 534

Graphique 147 : Proportion de conscrits mulhousiens commerçants et
employés, années d'examen 1896-1940 535

Graphique 148 : Proportion de conscrits mulhousiens employés,
années d'examen 1816-1940 535

Graphique 149 : Les conscrits mulhousiens de l'industrie,
années d'examen 1896-1940 536

Graphique 150 : conscrits mulhousiens de l'industrie,
années d'examen 1816-1940 536

Graphique 151 : Stature par matière des étudiants nés en 1920, Alsace,
Seine-et-Marne, Haute-Vienne (N = 187) 555

Graphique 152 : Corrélation des statures par métiers entre les cohortes
1848 et 1920 (N = 20 professions) 560

Graphique 153 : Répartition des conscrits nés en 1920 selon le nombre de
frères et sœurs (N = 13 541) 563

Graphique 154 : Corrélation entre la stature des conscrits nés en 1920 et
le nombre de frères et sœurs (N = 10 tailles de fratrie) 566

Graphique 155 : Corrélation entre la stature des conscrits cultivateurs
nés en 1920 et le nombre de frères et sœurs (N = 7 tailles de fratrie) 566

Graphique 156 : Stature dans trois espaces ruraux (N = 163 139) et en France,
cohortes de naissance 1782-1919 572

Table des graphiques

Graphique 157 : Stature dans l'arrondissement de Sélestat (N = 75 805) et
    en France, cohortes de naisssance 1780-1919 574
Graphique 158 : Stature en Brie (N = 57 814) et en France,
    cohortes de naissance 1781-1920 577
Graphique 159 : Stature à Mulhouse (N = 35 854) et en France,
    cohortes de naissance 1796/1806-1920 581
Graphique 160 : Stature en Limousin (N = 55 084) et en France,
    cohortes de naissance 1782-1920 582
Graphique 161 : Evolution des inégalités de niveau de vie biologique des
    principales professions de Seine-et-Marne, Alsace et Haute-Vienne,
    cohortes de naissance 1778-1783/1848/1920 (N = 14 810) 583
Graphique 162 : Stature dans trois espaces ruraux (N = 44 050) et en France,
    cohortes de naissance 1876-1919 587
Graphique 163 : Stature dans trois espaces ruraux (N = 44 050) et en France,
    cohortes de naissance 1876-1919 (droites de régression) 587

Table des figures

Figure 1 : La première carte anthropométrique de la France par d'Angeville (1836) 58
Figure 2 : Les deux races gauloises d'Adolphe Bertillon (1876) 59
Figure 3 : La carte de France des Celtes et des Kimris selon Jacques Bertillon (1885) 60
Figures 4 : Les Celtes et les Kimris vosgiens de Liétard (1898) 61
Figures 5 : Les histogrammes de Carret (1882) 63
Figure 6 : Quételet et la girafe ou la zootechnie au secours de la thèse mésologique selon Ménard (1885) 65
Figure 7 : Tableau modèle en allemand servant à la bonne rédaction des tableaux de conscrits pour le Bas-Rhin 142
Figure 8 : Tableau de la conscription du Bas-Rhin pour l'an XIII 143
Figure 9 : Tableau de la conscription du Bas-Rhin pour l'an XIV 144
Figure 10 : Tableau de la conscription du Bas-Rhin, classe 1813 (examinée en 1812), page de gauche 145
Figure 11 : Liste de tirage au sort, arrondissement de Sélestat, classe 1842, page de gauche 146
Figure 12 : Liste de tirage au sort et de recrutement, canton de Mormant, classe 1893, page de gauche 147
Figure 13 : Liste de tirage au sort et de recrutement, canton de Mormant, classe 1893, page de droite 148
Figure 14 : *Alphabetische Liste pro 1856*, *Kreis* de Sélestat, page de gauche 149
Figure 15 : *Alphabetische Liste pro 1856*, *Kreis* de Sélestat, page de droite 150
Figure 16 : Tableau de conversion servant à l'adunation traduit en allemand ... 151
Figure 17 : La société urbaine du XIXe siècle telle que fantasmée par Galton 255
Figures 18 : La race bovine limousine, actrice et témoin du mieux-être de la population limousine 429

Planches hors-texte

Figure 19 : La carte anthropométrique du *Reichsland* d'Alsace-Lorraine par Brandt (1898) I
Figure 20 : Affiche appelant les conscrits de l'an XV à se présenter devant les maires de Haute-Vienne pour être inscrits sur la liste de la conscription et pour être toisés II
Figure 21 : Extrait du tableau de conversion servant à l'adunation III
Figure 22 : La toise métrique de l'ébéniste Holstein de Melun (échelle originale : 1/10) IV

Table des Cartes

Planches hors-texte

Carte 1 : Stature des conscrits de Seine-et-Marne par canton, cohorte née en 1781-1782 (examinée en l'an XI) (N = 2 126) V

Carte 2 : Proportion de vignerons parmi les conscrits de Seine-et-Marne par canton, classe examinée en l'an XI (N = 2 126) VI

Carte 3 : Stature des conscrits alsaciens par canton, cohortes de naissance 1777-1779, classes de l'an VII (Haut-Rhin) et de l'an VIII (Bas-Rhin) (N = 4 517) VII

Carte 4 : Stature des miliciens de Haute-Alsace par bailliage, année moyenne de naissance 1738, âge d'examen standardisé à 20 ans (âges réels d'examen 23-50 ans) (N = 3 744) VIII

Carte 5 : Stature des conscrits limousins par canton, cohorte née en 1848 (N = 6 790) IX

Carte 6 : Stature des conscrits alsaciens par canton, cohorte née en 1848 (N = 6 108) X

Carte 7 : Stature des conscrits de Seine-et-Marne par canton, cohorte née en 1848 (N = 2 633) XI

Carte 8 : Stature des *Wehrpflichtigen* du *Kreis* de Sélestat par commune, à l'âge de 19 ans 9 mois, cohortes nées en 1853-1894 (N = 26 807) XII

Carte 9 : Evolution de la stature moyenne en Europe occidentale, cohortes de naissance 1860-1940 environ XIII

Carte 10 : Stature des conscrits alsaciens par canton, cohortes nées en 1917 (Strasbourg) et 1919-1920 (reste de l'Alsace) (N = 8 081) XIV

Carte 11 : Stature des conscrits de Seine-et-Marne par canton, cohorte née en 1920 (N = 3 207) XV

Carte 12 : Stature des conscrits de Haute-Vienne par canton, cohorte née en 1920 (N = 2 454) XVI

Table des matières

Préface 5

Liste des abréviations 11

Introduction 15

Partie I
Les sources anthropométriques interprétations passées et actuelle, problèmes épistémologiques et méthodologie 25

Chapitre I
Naissance de deux traditions : interprétations sociales et raciales de la stature (années 1780-1859) 33

I – Le temps des précurseurs et des « théoriciens du développement » (années 1780 – années 1830) 33
    a) Les études antérieures à Villermé (années 1780-1828) 33
    b) L'apport fondamental de Villermé (1829) 36
    c) Les « théoriciens du développement » : Dupin et d'Angeville ... 41

II – L'invention du conte racial (années 1820-1859) 43
    a) Le rôle des historiens libéraux (années 1820) 43
    b) L'apport du physiologiste William Edwards (1829) 46
    c) Les Séquanais de Lélut (1841) 47
    d) Broca : la première anthropométrie nationale à fondement racial (1859) .. 48

Chapitre II
Apogée et déclin du conte racial (années 1860 – années 1950) 53

I – Le succès de Boudin et Broca ou l'apogée du conte racial (années 1860 – années 1890) 53

a) Le mandarinat de Boudin et Broca et la multiplication des études anthropométriques à fondement racial (années 1860 – années 1890) 53
b) L'Alsace-Lorraine, enjeu ethnologique et politique entre France et Allemagne (1898-1901) 56

II – La démystification statistique du conte racial ou du bon usage des histogrammes 67

a) Les distributions bimodales découvertes par Adolphe et Jacques Bertillon (1876 et 1885) 67
b) Liétard et les conscrits vosgiens : raffinement statistique, apogée et crise du conte racial (1898) 68
c) La non validité de l'hypothèse d'une distribution professionnelle bimodale 71
d) La tentative d'explication de Desrosières 72
e) L'effet de la conversion des toises en mètres : l'importance des intervalles de classe et des arrondis 73

III – Les thèses économiques et sociales : de la marginalité à l'autorité (années 1880 – années 1950) 77

a) Les Savoyards de Jules Carret : une étude très novatrice (1882) 78
b) Ironie statistique : les tenants du conte racial répondent à Carret........ 82
c) Controverse à propos du rôle des chemins de fer dans l'élévation de la stature (années 1880-1890) 83
d) Quételet et la girafe Clotilde : l'apport des zootechniciens et des vétérinaires au renouveau de la thèse mésologique (années 1860-1880) ... 84
e) Des anthropologues aux pédiatres : changement de modèle, changement de société (années 1890-1960) 87
f) Henri Vallois et les derniers avatars de la thèse raciale (1943-1962) 92

Chapitre III

Le renouveau des études anthropométriques (des années 1960 à nos jours) .. 95

I – De Chamla à Le Roy Ladurie : le temps des pionniers (années 1960-1980) 95

a) Chamla : la première étude diachronique d'envergure (1964 et 1977) ... 95
b) Le Roy Ladurie et ses successeurs français : l'invention de l'anthropométrie historique (de 1969 à nos jours) 98

II – La naissance et le développement de la *New Anthropometric History* (de 1979 à nos jours) 103

III – La nouvelle histoire anthropométrique de la France (des années 1990 à nos jours) 105
    a) Les travaux établissant un lien direct entre nutrition et stature 105
    b) Les trends de Van Meerten et de Weir (1990-1997) :
       une histoire anthropométrique nationale sans à-coup 106
    c) Comparaison de la fiabilité des estimations proposées pour
       le *trend* national 109
    d) Le problème du rapport entre PIB et stature moyenne nationale 113

Chapitre IV
Des sources diverses pour un objet unique : le conscrit 115
I – La représentativité sociologique du conscrit : question de sexe,
question d'âge, question d'occupation 115
    a) Une histoire d'hommes 115
    b) Une histoire de jeunes 116
    c) Une histoire qui exclut les intellectuels ? 117
II – La Ire République et l'Empire : les tableaux de la conscription 118
III – La Restauration et les débuts de la monarchie de Juillet :
recours forcé aux listes du contingent 121
IV – De Louis-Philippe à Albert Lebrun : liste de tirage, liste de
recrutement et liste de recensement 124
    a) Le déroulement des opérations de la conscription et les listes de
       tirage au sort (1818-1872) 124
    b) Les opérations de conscription après la loi de Cissey (27 juillet 1872) .. 126
V – Les *Rekrutierungsstammrollen* : le cas particulier de l'Alsace
de 1871 à 1918 127
    a) Le *Kreis* et la commune, bases administratives civiles de la conscription ... 127
    b) Intérêts et limites des sources allemandes 129

Chapitre V
Le conscrit et la toise : la mesure du problème 131
I – La Ire République et l'Empire : les difficultés de l'adunation 131
    a) L'application de la réforme métrique : pragmatisme des républicains
       et autoritarisme de Napoléon... 131
    b) La nécessaire reconversion des mesures originales en pouces
       décimaux 132

II – De la Restauration à la fin de la IIIe République : histoire d'arrondis, histoire de zèle administratif 134
    a) Les années 1816-1901 : l'âge d'or du mètre............................. 134
    b) Le xxe siècle : lacunes et arrondis 138
III – La toise, objet de tous les soins 140
    a) Les somatomètres Lavergne et Naudin (milieu du xixe siècle) 140
    b) L'adunation en pratique : l'exemple du département de Seine-et-Marne (début des années 1840) 141
    c) La toise de l'ébéniste Holstein de Melun : un modèle répandu au xixe siècle 152

Chapitre VI
Le conscrit et la guerre : un problème d'âge 155

I – La Révolution, l'Empire et le début de la Restauration : période troublée de grandes variations 155
    a) La fixation de l'âge de référence de notre étude 155
    b) La croissance staturale de l'adolescence retenue pour corriger les données de 1800 à 1869 et les problèmes liés à la période 1800-1818... 156
II – De 1819 à 1914 : un long fleuve tranquille 157
III – Le xxe siècle : la Grande Guerre et ses conséquences dans l'organisation de la conscription jusqu'en 1940 160
    a) Les levées anticipées de la Première Guerre mondiale et l'évolution de la croissance staturale de l'adolecence des conscrits alsaciens entre 1873 et 1914... 160
    b) La croissance staturale de l'adolescence dans les années 1920-1930 161

Chapitre VII
La stature minimale légale, un problème statistique délicat 163

I – Fondements statistiques du problème 163
    a) Le problème des échantillons tronqués et sa solution statistique........ 163
    b) Le point effectif de troncation α 164
II – Le point effectif de troncation α et son rapport ambigu à la stature minimale de réforme 165
    a) Les incertitudes de la période 1800-1814 165
    b) La période 1816-1918 : la rigueur des préposés à la toise 171

Table des matières

Partie II
Le défi du surpeuplement, cohortes de naissance 1780-1850 (classes 1800-1870) 177

Chapitre VIII
Portrait de la génération des années 1780 183
I – La France des années 1760-1780 : la disette larvée 183
    a) Tentative de reconstitution du *trend* de la stature moyenne nationale entre 1666 et 1784 183
    b) Première approche anthropométrique des espaces étudiés à la fin du XVIIIe siècle 184
II – Une société rurale fortement hiérarchisée (cohortes de naissance 1778-1783) 186
III – Une géographie de physiocrates ? 189
    a) La Seine-et-Marne : prospérité des zones de grande culture 189
    b) L'Alsace : une géographie contrastée 192

Chapitre IX
La France sous menace malthusienne : Alsace et Limousin (cohortes de naissance 1780-1850) 195
I – Les indices d'une menace malthusienne : les témoignages littéraires ... 196
    a) L'Alsace rurale : la petite exploitation en question 196
    b) Mulhouse : le débat Villermé-Penot 198
    c) Le Limousin : stagnation ou régression ? 202
II – Les indices d'une menace malthusienne : croissance démographique, revenu paysan, salaires urbains et consommation alimentaire 203
    a) Densités et croissances démographiques : des indices très relatifs ... 203
    b) Stagnation du revenu paysan en Limousin ? 204
    c) L'évolution des salaires à Mulhouse : un indice discutable 205
    d) L'évolution des consommations de produits d'origine animale dans l'arrondissement de Sélestat et à Colmar 209
III – Le Limousin : la très grande pauvreté d'une région à la structure sociale binaire (cohortes de naissance 1782-1851) 213
    a) La stagnation du niveau de vie biologique entre les cohortes de naissance 1782 à 1851 213

    b) Des contrastes anthropométriques entre professions très marqués 219
    c) Les migrations saisonnières, témoins du malaise régional?............. 222
IV – L'Alsace rurale: l'érosion du niveau de vie élevé d'une région de
petite culture (cohortes de naissance 1780-1841) 223
    a) Récupération puis difficultés dans l'arrondissement de Sélestat......... 223
    b) Importance numérique d'un artisanat rural aux niveaux de
        vie biologiques contrastés 228
    c) Déclin de la vigne et essor de l'artisanat textile à domicile 231
V – L'agglomération mulhousienne: la dégradation sensible du
niveau de vie du Manchester français (1796-1859) 236
    a) Paupérisation importée ou paupérisation autochtone? 236
    b) Structure socioprofessionnelle et lieux de naissance:
        démêler l'écheveau 245
    c) Des rattacheurs aux mécaniciens, infériorité des ouvriers du textile,
        supériorité des ouvriers de la métallurgie 247
    d) Galton et les conscrits mulhousiens: fantasme et réalité 252
    e) Le paradoxe d'une modification de la structure socioprofessionnelle
        favorable à l'élévation de la stature 255

Chapitre X
La révolution agricole a eu lieu ou le succès de la salarisation des campagnes briardes 261

I – Les années de contraste: difficultés et prospérité, cohortes
de naissance 1781-1821 262
    a) Bas niveau de vie biologique puis amélioration au tournant du siècle
        (cohortes de naissance 1781-1799) 262
    b) Stabilisation puis dégradation du niveau de vie biologique
        (cohortes de naissance 1799-1821) 264
II – Les «Trente Glorieuses» de la Brie: une croissance de pays développé
(1821-1856) 265
    a) Des rythmes de croissance staturale très soutenus 265
    b) Les améliorations de l'agriculture briarde dans les deux premiers
        tiers du XIXe siècle 267
III – Le paradoxe d'une société rurale relativement égalitaire en pays
de capitalisme agraire 274
    a) Une société rurale plutôt équilibrée selon l'indice anthropométrique 274

b) La situation relativement bonne des salariés de la grande culture 275
c) Le niveau de vie biologique supérieur des artisans 277
d) La stature des agriculteurs indépendants, témoin de la réussite de l'agriculture briarde 277
IV – Le changement du paysage agraire et social: une révolution méconnue .. 279
a) Toute puissance de la grande culture et modeste développement du jardinage 279
b) Importance considérable puis déclin de la vigne 279
c) Importance de l'artisanat rural en région de grande culture 285

Chapitre XI
Anthropologie des conscrits examinés sous Louis-Philippe 287
I – Les critères anthropologiques retenus 287
II – Une anthropologie régionale 289
a) L'anthropologie confirme l'approche anthropométrique des niveaux de vie biologiques 289
b) Anthropologie des genres de vie: la disgrâce physique, produit de la modernité agricole et industrielle 291
III – Une anthropologie professionnelle 292
a) Le Limousin: contraste entre maçons et monde paysan 292
b) L'Alsace: fort contraste entre vignerons et tisserands 294
c) La Brie: des salariés agricoles relativement sains, mais des vignerons en mauvaise santé 295
d) Mulhouse: l'industrialisation détériore le corps des fileurs 297
e) Meilleure santé des principales professions briardes et alsaciennes par rapport aux cultivateurs limousins 298

Partie III
Les conséquences inégales de l'ouverture des marchés et de la Grande Dépression, cohortes de naissance 1850-1880 (classes 1870-1900) 307

Chapitre XII
Les statures des conscrits de 169 cantons nés en 1848 et la recherche de facteurs explicatifs 315
I – France de la disette et France de l'aisance relative 316

    a) Le Limousin : forte opposition entre le Nord et le Sud 316
    b) L'Alsace : des inégalités de développement humain moins marquées ... 319
    c) La Seine-et-Marne : une opposition classique entre grande et
       petite culture ? 321

II – Une écologie quantitative des niveaux de vie biologiques ou la stature de la cohorte 1848 expliquée par l'enquête agricole de 1852 et le recensement de la population de 1846 322
    a) L'intérêt d'une analyse à l'échelle cantonale 322
    b) Le problème posé par les salaires agricoles 323
    c) Une alimentation entre pain et châtaigne ? 324
    d) Le rôle primordial des apports en protéines d'origine animale et
       le problème de l'ouverture au marché 327
    e) Les densités de peuplement : un facteur qui n'a pas de rôle explicatif
       dans la répartition des niveaux de vie biologique 332
    f) Taux d'urbanisation et stature des Alsaciens 333
    g) Le rôle de la scolarisation : moins de travail ou un capital culturel
       plus important ? 337
    h) Religion, milieux et stature en Alsace 340

III – Stature et professions de la cohorte née en 1848 : les changements intervenus depuis les années 1780 343
    a) Du tailleur au laboureur : une hiérarchie sociale encore empreinte
       d'archaïsme 343
    b) Des années de naissance 1780 aux années 1840 : performance de
       l'agriculture et contreperformance de l'artisanat rural 346

Chapitre XIII
Grande Dépression et baisse du niveau de vie biologique : les cas briard et alsacien 351

I – La Brie : l'appauvrissement d'une région de céréaliculture avec l'ouverture du marché international (cohortes de naissance 1856-1876, examinées en 1876-1896) 351
    a) Le *trend* dégagé de 1856 à 1876 (années de naissance) 351
    b) Les migrations d'ouvriers agricoles, cause de la baisse de la stature ? 352
    c) Une adolescence difficile marquée par la Grande Dépression et par
       la prolétarisation des salariés agricoles 355
    d) Petits commerçants et cultivateurs sont les plus touchés par la
       Grande Dépression 358

e) Résistance de la petite propriété paysanne malgré tout? 361

II – L'Alsace rurale: prospérité du Second Empire puis difficultés de
la Grande Dépression (cohortes de naissance 1841-1867, examinées
en 1861-1887) 368
    a) Des conditions de vie difficiles jusqu'au début des années 1850 368
    b) La belle croissance des années d'examen 1860 369
    c) La dégradation du niveau de vie biologique des classes examinées
       entre 1874 et 1887 370
    d) La réorientation de l'agriculture et la fin des difficultés
       (années d'examen 1887-1896) 372
    e) Une hiérarchie des professions sans grand changement mais mieux
       cernée 374
    f) Difficultés des commerçants et sort inégal des agriculteurs 378
    g) A l'échelle d'une cartographie communale des niveaux de vie:
       permanence d'anciennes lignes de clivage 380
    h) Le recul timide des activités agricoles et le net déclin du travail textile
       dans les campagnes 381

Chapitre XIV
Grande Dépression et hausse du niveau de vie biologique: Mulhouse et le Limousin 389

I – Mulhouse: enfin la hausse de la stature des citadins (cohortes de
naissance 1859-1876, examinées en 1879-1896) 389
    a) L'amélioration des conditions de vie à partir de la décennie
       d'examen 1870 389
    b) Une pyramide socioprofessionnelle toujours fortement hiérarchisée ... 393
    c) L'influence du milieu sur les niveaux de vie: rééquilibrage en faveur
       de la ville 398
    d) L'amélioration des conditions de vie ouvrières 400
    e) Modernisation et tertiarisation de la ville industrielle 401

II – Le conscrit et le bœuf (Limousin, cohortes de naissance 1851-1876,
examinées en 1871-1896) 406
    a) Le paradoxe d'une croissance anthropométrique soutenue dans une
       région où la transition démographique est tardive 406
    b) Le rôle discutable de l'augmentation des salaires du bâtiment dans
       l'amélioration du niveau de vie biologique 412
    c) L'importance croissante de l'élevage bovin dans l'économie régionale .. 413

d) Le rôle discutable des prix de la viande dans l'élévation de la stature ... 415
e) Le succès croissant de la race bovine limousine sur les marchés français ... 416
f) Niveaux de vie biologiques des bovins et des conscrits :
deux facettes de la même histoire naturelle et sociale 418
g) Les facteurs expliquant l'amélioration des niveaux de vie biologiques
humain et animal 427
h) Les modifications sensibles de la pyramide socioprofessionnelle,
témoins des changements économiques contemporains importants 430
i) Fin des grands mouvements de migrations temporaires et
déprolétarisation des campagnes limousines 435

Partie IV
La première croissance nationale vraie, cohortes de naissance 1880-1920 (classes 1900-1940) 445

Chapitre XV
Quatre *trends* régionaux très proches 455

I – La croissance alsacienne : Mulhouse dépasse la campagne 455
a) Ce que disent les indices traditionnels du niveau de vie 455
b) Difficultés de la Grande Dépression puis croissance anthropométrique
soutenue 459
c) Des rythmes de croissance légèrement différents entre ville et
campagne 463
d) Les ouvriers les moins qualifiés souffrent davantage de
la Grande Crise 464
e) Hygiène et salubrité : la campagne rattrape la ville 466

II – Les croissances limousine et briarde : la performance de la région
la plus archaïque 469
a) Des indices traditionnels de niveau de vie favorables aux pays
d'éleveurs 469
b) La croissance anthropométrique du Limousin plus rapide que
celle de la Brie 474
c) Les actifs briards du secteur primaire souffrent de la Grande Crise 479
d) Le Limousin archaïque : modification spectaculaire du régime
alimentaire rural et de la stature moyenne 483
e) La révolution agricole du Limousin au début du XXe siècle 487

Table des matières

Chapitre XVI
La croissance profite-t-elle à toutes les professions ? 491
I – Mulhouse : fort contraste entre cols blancs et cols bleus 491
II – La campagne alsacienne : la terre comme assurance chômage
mais plus comme motrice du changement 494
    a) La terre : une assurance chômage 494
    b) La terre n'est plus motrice du changement 497
III – Le Limousin : la petite culture, principal facteur de croissance
mais non meilleur facteur de croissance 498
IV – La Brie : crise de la grande culture et succès de l'urbanisation 501
    a) La mauvaise place des actifs agricoles briards dans la hiérarchie
    anthropométrique du début du xxe siècle 501
    b) La dégradation du niveau de vie biologique des actifs de l'agriculture
    briarde et la croissance des artisans, ouvriers et employés depuis la fin
    du xixe siècle 505

Chapitre XVII
**Evolutions socioprofessionnelles : le choc de la Première Guerre mondiale
et ses conséquences** 509
I – Mécanisation de l'agriculture briarde, industrialisation et urbanisation
de Melun 509
    a) La fin du règne séculaire des salariés agricoles suite à la guerre et à une
    mécanisation rapide 509
    b) Urbanisation, industrialisation, tertiarisation suite à la guerre 514
II – L'Alsace rurale : renforcement de la petite propriété et modernisation
de la société 516
III – Le Limousin : stabilité relative de la petite exploitation agricole
et disparition des maçons (années d'examen 1890-1940) 523
    a) L'agriculture toujours dominante 523
    b) La fin des maçons limousins et l'affirmation des autres activités
    artisanales 529
IV – Mulhouse : une ville modernisée mais aux ouvriers de moins
en moins qualifiés 531
    a) La diminution ambiguë de la part des ouvriers du textile 531
    b) Evolutions contrastées des effectifs des conscrits de la première et
    de la seconde révolution industrielle 532

  c) Tertiarisation des métiers mulhousiens et déqualification des ouvriers :
deux mouvements aux effets anthropométriques inverses 537

Chapitre XVIII

Les Français de la classe 1940 (nés en 1920) : un mieux-être inégal qui rend compte de croissances sectorielles disparates 541

I – Géographie anthropométrique d'un mieux-être national 541
  a) Le rattrapage des cantons vosgiens du centre de l'Alsace 541
  b) La Seine-et-Marne : un nouveau contraste entre ville et campagne 543
  c) Le Limousin : l'amélioration très sensible du niveau de vie biologique des espaces les plus archaïques 545

II – La nouvelle hiérarchie des professions : la ville avant la campagne mais des inégalités professionnelles stables depuis 1780 546
  a) Une société profondément modernisée 546
  b) L'évolution contrastée des écarts sociaux moyens et maximum depuis les années 1780 548
  c) La hiérarchie anthropométrique des professions de la cohorte de naissance 1920 : mauvaise position des actifs du secteur primaire par rapport aux deux autres secteurs 550
  d) Le baccalauréat, diplôme de bourgeoisie 554
  e) Les changements dans la hiérarchie anthropométrique depuis le milieu du XIXe siècle : atonie relative de la terre et dynamisme du monde des villes .. 556

III – La France de 1940, une France malthusienne ? 561
  a) Le malthusianisme : un problème de définition 561
  b) La taille de la fratrie des conscrits nés en 1920 : problèmes méthodologiques et résultats 562
  c) L'influence de la taille de la fratrie sur la stature moyenne des conscrits nés en 1920 564
  d) Stature, taille de la fratrie et milieux socioprofessionnels 565

Chapitre XIX

Synthèse des croissances anthropométriques des quatre espaces retenus pour les années 1780-1920 569

I – Similitudes et dissemblances entre les *trends* des espaces retenus et le *trend* national de Weir et Van Meerten 569

II – La France des cohortes de naissance 1780-1850 : les faux-semblants d'un démarrage économique et le creusement des écarts entre régions 570

a) Un niveau de départ très bas (décennie de naissance 1780) 570
b) Le redressement rapide de la fin des années 1790 (années de naissance) et la stabilisation impériale 571
c) La dépression sensible du début de la Restauration et de la fin de la monarchie de Juillet (cohortes de naissance 1817-1826, examinées en 1837-1846) 572
d) Alsace et Limousin : des régions sous la menace malthusienne (cohortes de naissance 1780-1850) 573
e) La révolution agricole et anthropométrique de la Brie (cohortes de naissance 1821-1856, examinées en 1841-1876) 575

III – Le rapprochement paradoxal des niveaux de vie biologiques avec la Grande Dépression et l'ouverture aux marchés (cohortes de naissance 1854-1876, examinés en 1874-1896) 576
a) La baisse de la stature moyenne des conscrits briards et ruraux alsaciens ... 576
b) L'augmentation du niveau de vie biologique des conscrits limousins et mulhousiens 578

IV – La poursuite du rapprochement des niveaux de vie biologiques régionaux avec les croissances anthropométriques du XXe siècle (cohortes de naissance 1876-1920, examinées en 1896-1940) 579
a) L'évolution différente des indices traditionnels de niveau de vie et de la stature dans la première moitié du XXe siècle 579
b) De la Brie à Mulhouse, des rythmes inégaux d'augmentation de la stature 580

V – Une croissance anthropométrique séculaire sans réduction des inégalités sociales (années de naissance 1780-1920) 582

Planches hors-texte (I à XVI) 591

Conclusion 593

Annexes statistiques 601
I – Séries chronologiques 603
   A. Séries anthropométriques 603
   B. Séries professionnelles 616
   C. Série économique 632

II – Séries anthropométriques, analyses spatiales et professionnelles 634
    A. Séries spatiales (stature moyenne par canton ou par commune) 634
    B. Séries spatiales : résidus des corrélations à l'échelle cantonale entre données anthropométriques et données socioéconomiques pour la cohorte de naissance 1848 (Alsace, Seine-et-Marne, Limousin) 642
    C. Série professionnelle (stature moyenne par profession) 657
III – Série professionnelle et spatiale (proportion de conscrits vignerons en Seine-et-Marne, année d'examen an XI) 659

Annexes cartographique 661
    Annexe IV : Carte repère des bailliages de Haute-Alsace 662
    Annexe V : Carte repère de l'Alsace en l'an VII (Haut-Rhin) et l'an VIII (Bas-Rhin) 663
    Annexe VI : Carte repère de l'Alsace en 1868 664
    Annexe VII : Carte repère de l'Alsace en 1940 665
    Annexe VIII : Carte repère du *Kreis* de Sélestat en 1872 666
    Annexe IX : Carte repère du Limousin 667
    Annexe X : Carte repère de la Seine-et-Marne 668

Sources 669
    I – Sources manuscrites 671
    II – Sources imprimées 686

Bibliographie 689
    I – Anthropométrie de la France xviiie-xxe siècles 691
    II – Nouvelle histoire anthropométrique d'autres pays 701
    III – Histoire économique et sociale de la France, fin xviiie-xxe siècles ... 705
    IV – Contexte européen : santé, développement économique et marché au xxe siècle 718
    V – Ouvrages de recherche et divers 719

Table des tableaux 723

Table des graphiques 725

Table des figures 734

Table des Cartes 735

© 2005, Université de Technologie de Belfort-Montbéliard,
site de Sévenans. Rue du Château. 90 010 Belfort-cedex
03 84 58 32 73

COORDINATEUR DE LA PUBLICATION
Yves-Claude Lequin (yves.lequin@utbm.fr)

© 2005, Presses universitaires de Strasbourg.
Palais universitaire. 9 place de l'Université. 67 000 Strasbourg

DIRECTEURS DE LA PUBLICATION
Pascal Fournier (Président UTBM)
Lucien Braun (Presses universitaires de Strasbourg)

CONCEPTION GRAPHIQUE
Couverture: Atelier Gaia. Elizabeth Fuhrer, Montbéliard
(fuhrer.elisabeth@wanadoo.fr)
Maquette et mise en pages: Alain Barrère, Strasbourg
(barrere.graphisme@wanadoo.fr)

IMPRIMÉ PAR
Saint-Paul Imprimeur
Dépôt légal: 3ᵉ trimestre 2005 - N° 10-05-0779